창립: 1903년 11월 10일
미주지역 최초 한인교회
하와이 그리스도 교회. Honolulu. Hawaii

EST. November 10. 1903
Christ United Methodist Church
The First Korean Church In The U.S (Honolulu, Hawaii)

Artist: Danny Kim (2021)

120TH ANNIVERSARY
HISTORY OF THE KOREAN CHURCH IN AMERICA
미주한인교회사

120TH ANNIVERSARY

HISTORY OF THE KOREAN CHURCH IN AMERICA

미주한인교회사

발행인 인사말

박희민 목사
KCMUSA 이사장

미주 한인 교회의 새로운 도약과 발전의 전환점이 되길 바라며

할렐루야! 2023년 1월 13일은 미주한인이민 120주년을 맞는 날입니다.

미주 한인 이민의 역사 120주년을 맞이하여『미주한인교회사』를 출간하게 된 것을 진심으로 하나님께 영광 돌리며 감사드립니다.

영국의 역사가 에드워드 카(Edward H. Carr)는『역사란 무엇인가』라는 그의 저서에서 "역사는 현재와 과거 사이의 끊임없는 대화"라고 하였습니다. 현재와 과거의 역사적 사실 사이의 끊임없는 상호작용을 통해 과거 역사를 재해석하고 조명해 봄으로써 현재와 미래를 새롭게 계획하고 설계할 수 있다는 의미입니다.

이 점에서 120주년을 맞이하여 출간되는 미주 한인 이민 교회 역사는 큰 의미를 갖는다고 생각합니다. 미주 한인 교회의 새로운 도약과 발전의 전환점이 될 뿐 아니라 200주년을 향한 미주 한인 이민 교회의 비전을 바라보게 하는 도전이 될 것입니다

아쉬운 것은 영어로 함께 출판되어 미 주류 사회와 다른 소수 민족들과 차세대들이 함께 읽을 수 있으면 얼마나 좋을까 하는 것입니다. 이 소원도 곧 이루어지리라 믿습니다.

특별히 바쁘신 중에도『미주한인교회사』를 집필해주신 김홍기 박사, 조명환 목사께 감사드리며, 각 분야별 역사와 교단 역사, 그리고 50개 주 최초의 교회 역사를 집필해주신 많은 분들에게 심심한 감사를 드리고 싶습니다.

끝으로 어려운 가운데도 출판을 결정해 주시고 후원해 주신 KCMUSA 관계자 및 직원들, 그리고 한국 교회와 이민 교회뿐 아니라 많은 성도들이 미주 한인 이민 교회를 이해하는 데 큰 도움이 되기를 기도하면서 발행사를 대신합니다.

2022년 11월

부이사장 인사말

민종기 목사
KCMUSA 부이사장

민족 교회의 정체성 확립을 위하여

수년 전, 미대륙 분수령(Continental Divide)에서 사역하시는 한 원주민 선교사님의 한숨 어린 고백을 들었습니다. 원주민들의 문제의 핵심은 경제문제나 정치문제가 아니라, "원주민이 자신의 정체성을 잃고 자신이 누구인지 모르는 것"이라 했습니다. 자신의 정체성을 깨닫는 것은 의미 있는 삶의 출발점입니다. 자신이 속한 공동체의 역사를 살펴본다는 것, 특별히 하나님이 인도하신 이민교회의 과거를 반추해본다는 것은 성숙을 위한 발돋움이 됩니다.

민족 교회에 대한 냉철한 자성(自省)이 없으면, 미래의 올곧음을 기약하기 어렵습니다. 하버드대의 조지 산타야나 교수는 "과거의 일을 기억하지 못하는 자들은 과거의 일을 반복한다"라고 했습니다. 나라의 운명이 위태로웠을 때 시작된 이민교회는 이민 120년이 다가오는 현재까지 하나님의 은혜 가운데 성장하고, 번성했습니다. 하나님 나라의 역사적 현현일 뿐 아니라 이민 사회의 커뮤니티센터로서 교회의 역할에 감사가 넘칠 뿐입니다. 교회가 천국운동의 토대, 독립운동의 최전방 진지, 민족의 지도자들을 배출한 학교, 이민자들을 위로하고 치유하는 언덕이 된 것은 전적으로 하나님의 은혜입니다.

박희민 이사장님과 이사들의 물심양면의 지원에 감사합니다. 아울러 이민교회 초기 역사를 정리해주신 김흥기 박사님, 이후 교계의 변동을 생생하게 기술하신 조명환 목사님께 찬사를 보냅니다. 미국 50개 주 최초 한인교회의 뿌리를 소개한 50명의 구름 같은 증인들과 26개 주요 교단사를 집필하신 필자들께 경의를 표합니다. 성현도 "옛것을 익혀 새것을 알게 되면 가히 스승이 될 만하다"라고 말한 바 있습니다. 우리의 후손들이 지난 138년의 한국 교회사만 아니라 120년의 이민 교회사를 참고하여 새 시대를 준비하는 다니엘과 에스더가 되고, 좋은 지도적 공동체가 되기를 간절히 기대합니다.

2022년 11월

출판위원장 발간사

조명환 목사
미주한인교회사
출판위원장

한인 이민 120주년 이정표로서의
『미주한인교회사』

120년 전 갤릭호를 타고 하와이 사탕수수농장에 도착하여 이민 첫발을 내디딘 한인 이민자들의 후손이 지금은 연방하원은 물론 법원, 대학, 기업, 상업, 문화 등 각 분야에서 눈부신 두각을 나타내며, 코리안 아메리칸의 저력을 과시하고 있습니다. 그 뒤에 누가 있었는가? 바로 교회였습니다. 코리안이 가는 곳에는 교회가 있었습니다. 교회는 미주 한인 120년 역사의 예언자요, 선지자였고, 보호막이자 교두보였습니다. 미주 한인 역사가 곧 미주 한인 교회 역사였습니다. 그렇기에 120주년을 맞이하면서 펴낸 이민교회사 출판은 아마도 그 누구도 간과해선 안 될 과업이었다고 생각합니다.

이민 초기 역사의 현장을 찾아다니며 기록해 주신 김흥기 박사님의 협력과 수고가 큰 힘이 되었습니다. 또 미주 한인 교회가 하와이에서 시작되었지만 50개 주로 뻗어나가 최초로 세워진 교회를 찾는 일에서부터 접촉하여 취재에 이르는 과정이 쉽지 않은 도전이긴 했지만 이에 협력해 주신 50개 주 최초 교회사 집필자들, 그리고 미주 한인 교회들이 많이 속한 26개 한인 교단사를 정리, 기록해 주신 목사님들의 협력이 있어서 교회사 출간이 가능할 수 있었습니다. 또 교단적 배경 등을 고려해 모신 자문위원들과 감수위원의 수고와 협력으로 이민 교회사는 가능한 한 정직하고 균형 있는 안목으로 기술되었다고 자부하며 감사를 드립니다.

무엇보다도 코로나 팬데믹을 뚫고 편찬작업에 집중, 방대한 자료들을 정리 편집할 수 있었던 모든 이들의 건강, KCMUSA의 강력한 출판 의지와 재정적 뒷받침, 그리고 100여 명에 가까운 필자들이 놀라운 하모니를 이루어 마침내 거대한 역사의 심포니로서 『미주한인교회사』라는 작품을 탄생하게 하신 하나님께 "할렐루야!" 찬양을 올려드립니다.

2022년 11월

미주한인교회사 저자 및 출판자문위원 및 감수위원

(저자 이름 순은 편집 순서, 출판자문위원과 감수위원은 한글 자모순서를 따름)

발행인　　박희민 목사
출판위원장　조명환 목사

PART I

김홍기 박사

PART II

조명환 목사, 김찬희 박사, 진정우 박사, 백승철 목사, 이승종 목사, 김정한 선교사, 남철우 목사, 박준호 박사, 박희민 목사

PART III

박윤기 목사(SBC), 유승현 목사(PCUSA), 조용호 목사(PCUSA), 오윤희 목사(SBC), 이창민 목사(UMC), 송병일 목사(독립), 최운돈 목사(UMC), 송종남 목사(UMC), 황의상 목사(SBC), 정해군 목사(UMC), 한의준 목사(UMC), 정은표 목사(KAPC), 김광태 목사(UMC), 이기채 목사(UMC), 이병훈 목사(UMC), 김경민 목사(순복음), 김민수 목사(SBC), 노용승 전도사(PCUSA), 이길표 목사(UMC), 박영호 목사(SBC), 이영길 목사(PCUSA), 주광우 목사(PCUSA), 백성범 목사(UMC), 장기원 목사(PCA), 강원용 목사(KAPC), 정 부 목사(PCA), 이조연 장로(PCUSA), 장기상 장로(PCUSA), 한상신 목사(UMC), 강상석 목사(재미 고신), 윤성열 목사(SBC), 이용보 목사(PCUSA), 채 건 장로(PCUSA), 석성유 목사(PCUSA), 임병회 목사(KPCA), 백종석 목사(PCUSA), 박성하 목사(KPCA), 고 오기항 목사(PCA), 노용환 목사(UCC), 김동영 목사(PCUSA), 남영식 목사(PCUSA), 김찬희 박사(UMC), 이요한 목사(KPCA), 한만식 목사(PCUSA), 구정훈 목사(UMC), 박영환 장로(UMC), 권 준 목사(PCUSA), 박태석 목사(C&MA), 문성호 목사(독립), 조윤각 목사(PCUSA)

PART IV

이주철 사관(ARPC), 육기드온 목사(국제포스퀘어복음교회), 지성은 목사(KMC), 허종수 목사(SBC), 김종옥 목사(PCIGA), 한선희 목사(예장 미주합동), 이유신 목사(PCUSA), 박상목 목사(PCA), 한상신 목사(UMC), 신원규 목사(KEPCA), 이상복 목사(KECA), 이계선 목사(미주한인나사렛성결교회), 오세훈 목사(KAPC), 고태형 목사(ECO), 송진엽 목사(북미루터교회), 박동건 목사(CRC), 남종성 목사(WEMA), 박헌성 목사(WKPC), 김판호 목사(순복음), 강양규 목사(JKSCA), 이창성 목사(UPCA), 나삼진 목사(고신, KPCA), 엄규서 목사(제자회), 심상은 목사(하나님의성회 한국총회), 이상명 박사(KPCA), 정재호 목사(C&MA)

출판자문위원　김찬희 박사, 남종성 목사, 박동건 목사, 신원규 목사, 심상은 목사, 오세훈 목사, 이상명 총장, 이상복 목사, 이승종 목사, 이창민 목사
감수위원　　서동성 변호사, 이상명 박사

발행인 인사말	박희민 목사 KCMUSA 이사장	5
부이사장 인사말	민종기 목사 KCMUSA 부이사장	6
출판위원장 발간사	조명환 목사 미주한인교회사 출판위원장	7

PART I | 초기 미주한인교회사(1903년~1970년) / 김홍기 박사

들어가는 말 ·· 16

I. 하와이 그리스도연합감리교회의 창립(1903년) ·· 21
II. 하와이 올리브연합감리교회의 창립(1903년) ·· 43
III. 상항한국인연합감리교회의 창립(1903년) ··· 50
IV. LA한인연합감리교회의 창립(1904년) ·· 60
V. 오클랜드한인연합감리교회의 창립(1905년) ··· 64
VI. 라성한인연합장로교회의 창립(1906년) ··· 70
VII. 다뉴바한인장로교회(북장로교)의 창립(1912년) ··· 76
VIII. 시카고한인제일연합감리교회의 창립(1919년) ··· 80
IX. 리들리한인장로교회(북장로교)의 창립(1919년) ··· 88
X. 뉴욕한인교회의 창립(1922년) ·· 91
XI. 와싱톤한인교회의 창립(1951년) ·· 96
XII. 보스톤한인교회(PCUSA)의 창립(1953년) ·· 108
XIII. 미주한인교회와 독립운동(1920-1930년) ·· 115
XIV. 미주한인교회와 문화계몽운동(1930-1945년) ·· 141
XV. 신앙공동체로서의 미주 한인 교회(1945-1970년) ·· 152
XVI. 미주 한인 교회의 독립운동과 회고의 빛에서 본 통일운동 전망 ············ 191

나오는 말 ·· 196

PART II | 부흥의 꽃 피우며 미 전역으로 퍼진 한인 교회사
(1970년대~현재) / 조명환 목사

들어가는 말 ··· 210

I. 한인 교회와 한인 사회 • **김찬희 박사** ·· 212
II. 미주 한인 교회의 성장과 정착 시기(1970년대부터 현재까지) ·············· 221
III. 1970년대 이후 각 지역 교협이 결성되다 ··· 275
IV. 연합부흥회 및 영성집회가 활발해지다 ··· 285
V. 1990년대 미주 한인 사회와 미주 한인 교회 ····································· 295
VI. 교회의 성장과 더불어 다양한 사역이 전개되다 ······························· 302
VII. 영적 성장을 위한 세미나 및 교재와 영성 프로그램 ·························· 331
VIII. 예배와 믿음의 고백: 크리스천 찬양과 문학사역 ······························· 341
    미주 한인 교회 음악사 • **진정우 박사** ··· 342
    미주 기독교 문인단체의 역사 • **백승철 목사** ···································· 359
IX. 선교: 한인 교회의 중심 관심사가 되다 ·· 366
    북미주 한인 교회의 세계선교 • **이승종 목사** ···································· 367
    포스트 코로나 시대 미주 한인 교회들의 단기선교 분석과 전망 • **김정한 박사** ········ 374
X. 활발해진 크리스천 미디어사역 ·· 379
    미주 한인 기독방송의 어제와 오늘 • **남철우 목사** ···························· 380
    미주 한인 기독언론사의 발자취 • **박준호 박사** ································ 386
XI. 미주 한인 이민 100주년 기념 회고와 전망 ······································ 393
    1세대 목회자가 본 하와이 이민 110주년 • **박희민 목사** ··················· 396
XII. 2000년대 이후 미주 한인 교계 ··· 404

나오는 말 ··· 452

PART III | 50개 주 최초 한인교회사

Alabama	헌츠빌한인제일침례교회·박윤기 목사	456
Alaska	앵커리지제일한인장로교회·유승현 목사	462
Arizona	아리조나한인장로교회·조용호 목사	467
Arkansas	생수교회·오윤희 목사	475
California	LA연합감리교회·이창민 목사	480
Colorado	한인기독교회·송병일 목사	487
Connecticut	하트포드한인교회·최운돈 목사	492
Delaware	델라웨어한인감리교회·송종남 목사	497
Florida	탬파한인침례교회·황의상 목사	501
Georgia	아틀란타한인교회·정해군 목사	505
Hawaii	그리스도연합감리교회·한의준 목사	513
Idaho	아이다호한인장로교회·정은표 목사	522
Illinois	시카고한인제일연합감리교회·김광태 목사	527
Indiana	인디애나폴리스제일한인연합감리교회·이기채 목사	538
Iowa	디모인한인연합감리교회·이병훈 목사	543
Kansas	캔사스순복음교회·김경민 목사	547
Kentucky	루이빌제일한인침례교회·김민수 목사	554
Louisiana	뉴올리언즈한인장로교회·노용승 전도사	558
Maine	무지개연합감리교회·이길표 목사	562
Maryland	워싱톤한인침례교회·박영호 목사	568
Massachusetts	보스톤한인교회·이영길 목사	575
Michigan	디트로이트한인연합장로교회·주광우 목사	588
Minnesota	미네소타연합감리교회·백승범 목사	593
Mississippi	미시시피잭슨한인교회·장기원 목사	596
Missouri	세인트루이스한인소망교회·강원용 목사	600

Montana	한미연합교회 • 정 부 목사	605
Nebraska	오마하한인장로교회 • 이조연 장로	610
Nevada	라스베가스제일장로교회 • 장기상 장로	613
New Hampshire	그린랜드연합감리교회 • 한상신 목사	618
New Jersey	뉴저지제일한인교회 • 강상석 목사	623
New Mexico	앨버커키한미침례교회 • 윤성열 목사	629
New York	뉴욕한인교회 • 이용보 목사	633
North Carolina	노스캐롤라이나한인교회 • 채 건 장로	641
North Dakota	그랜드폭스한인소망교회 • 석성유 목사	645
Ohio	클리블랜드한인장로교회 • 임병회 목사	648
Oklahoma	오클라호마한인제일장로교회 • 백종석 목사	653
Oregon	포틀랜드영락교회 • 박성하 목사	656
Pennsylvania	필라델피아한인장로교회 • 고 오기항 목사	661
Rhode Island	로드아일랜드제일한인교회 • 노용환 목사	668
South Carolina	콜럼비아한인연합장로교회 • 김동영 목사	676
South Dakota	수폴스한인교회 • 남영식 목사	682
Tennessee	내쉬빌한인교회 • 김찬희 박사	685
Texas	달라스연합교회 • 이요한 목사	693
Utah	유타한인장로교회 • 한만식 목사	700
Vermont	버몬트한미연합감리교회 • 구정훈 목사	704
Virginia	와싱톤한인교회 • 박영환 장로	707
Washington	시애틀형제교회 • 권 준 목사	713
West Virginia	모건타운한인교회 • 박태석 목사	718
Wisconsin	라이프크릭교회 • 문성호 목사	723
Wyoming	샤이엔한인장로교회 • 조윤각 목사	727

PART IV | 한인 교회들이 소속된 한인 교단사

구세군 한인 교회 • 이주철 사관(구세군 나성교회) ········· 734
국제포스퀘어복음교회 한인교구 • 육기드온 목사(소금과빛교회) ········· 739
기독교대한감리회 미주 자치연회(KMC) • 지성은 목사(새생명교회) ········· 744
남침례회(SBC) 한인교회 총회 • 허종수 목사(한마음교회) ········· 750
대한예수교장로회 국제총회(PCIGA) • 김종옥 목사(예장 국제총회 상임총무) ········· 755
대한예수교장로회 미주합동총회 • 한선희 목사(이단대책위원장) ········· 759
미국장로교(PCUSA) 한인교회 전국 총회 • 이유신 목사(현 NCKPC 역사위원) ········· 763
미국장로교(PCA) 한인교회협의회 • 박상목 목사(가주 주님의교회 은퇴) ········· 771
미연합감리교회(UMC) 한인전국연합회 • 한상신 목사(그린랜드연합감리교회 은퇴) ········· 777
미주복음주의장로교회 총회(KEPCA) • 신원규 목사(좋은마을교회) ········· 782
미주성결교회(KECA) • 이상복 목사(연합선교교회) ········· 786
미주한인나사렛성결교회 • 이계선 목사(LA 찬양교회) ········· 792
미주한인예수교장로회(KAPC) • 오세훈 목사(세계소망교회) ········· 797
복음언약장로교(ECO) • 고태형 목사(선한목자교회) ········· 803
북미루터교회 한인총회 • 송진엽 목사(베다니루터교회) ········· 807
북미주개혁교회(CRC) 한인교회협의회 • 박동건 목사(CRM/NOVO Korea 국제 대표) ········· 811
세계복음선교연합회(WEMA) • 남종성 목사(LA 디사이플교회) ········· 818
세계예수교장로회(WPC) • 박헌성 목사(나성열린문교회) ········· 823
순복음세계선교회 북미총회(AG) • 김판호 목사(베데스다대학교 총장) ········· 827
예수교미주성결교회(미주예성) • 강양규 목사(남가주새언약교회) ········· 832

예수교장로회 국제연합총회(UPCA) • **이창성 목사**(뉴저지 팰리세이드교회) · · · · · · · · · · · · · · · · 838
재미한인예수교장로회(KPCA, 고신) • **나삼진 목사**(오렌지카운티 샬롬교회) · · · · · · · · · · · 845
크리스천교회(제자회) • **엄규서 목사**(윌셔크리스천교회 원로) · 852
하나님의성회 한국총회 • **심상은 목사**(갈보리선교교회) · 857
해외한인장로회(KPCA) • **이상명 박사**(미주장로회신학대학교 총장) · · · · · · · · · · · · · · · · 860
C&MA 한인총회 • **정재호 목사**(워싱턴제일교회) · 866

편집후기　　　　　　　　　　　　　　　　　　　　　　　　　　　　871

PART I
초기 미주한인교회사
(1903년~1970년)

들어가는 말

김홍기 박사

감리교신학대학 12대 총장 역임
감리교신학대학 신학사
연세대학교 연합신학대학원 역사신학 신학석사
Wartburg Theological Seminary 역사신학 신학석사
드류신학대학원 철학박사(Ph.D.)

　필자는 9년간 미국에서 공부도 하고 목회도 하다가, 박사학위를 마친 후에 한국에서 감리교신학대학교에서 교수와 총장으로 지내다가, 아내가 목회하고 있고 딸들이 사는 미국으로 다시 와서, 샌프란시스코에서 9년, 애틀랜타에서 1년을 살고 있는 나그네요, 한인 이민 디아스포라이다. 영주권을 포기했었는데, 다시 영주권과 시민권자가 되었다. 그리고 복수국적을 가질 수 있게 되어서 필자는 미국 시민권자이면서 동시에 한국 국적도 회복하였다. 한국에 입국할 때는 인천 공항에서 한국 여권을 갖고 입국 절차를 밟고, 미국 공항에 다시 입국할 때는 미국 여권을 갖고 입국 절차를 밟는 흥미로운 복수국적자 생을 즐기고 있다.
　그래서 필자는 미주 한인 디아스포라로서의 나그네 서러움과 기쁨, 도전과 응전, 긴장과 발전, 방황과 비전, 갈등과 승리, 절망과 희망, 육체적 질병과 치유, 영적인 연약함과 성숙함의 명암을 누구보다도 처절하고 뼈저리게 경험하였고 또 지금도 실존적으로 체험하고 있다.
　지금도 디아스포라 이민자로, 이민 목회자로 목회를 하고 있다는 심정으로 이 역사를 쓰고 싶다. 이민자들의 최종 승리를 내다보는 목자요, 아버지의 기도하는 마음으로 이 역사를 써 내려가고 싶은 것이다. 글을 쓰는 이 시간에도 내가 섬겼던 많은 서류 미비자(불법체류자)들의 얼굴이 내 눈앞에 스쳐 가고 있다. 내가 섬겼던 많은 국제결혼 여성들이 내 눈앞에 스쳐 가고 있다. 소외당하고, 가난과 씨름하며, 비인간적인 대우를 당하고, 나그네로 방황하는 그들의 눈물 속에서 필자는 예수를 보았다. 지금도 그들과 함께 울고 있는 예수를 보고 있다. 한국 역사의 고난을 온통 한 몸에 지니고 비틀거리고 있는 그들의 모습 속에서 십자가를 지고 고난당하는 고난의 종 예수를 연상하지 않을 수 없다. 그들은 진정 한국 역사의 희생 제물이 되어 비틀거리는 작은 예수였다. 다시 그들의 목사가 되어 그들과 함께 울고 함께 기뻐하고 함께 기도하는 심정으로 그들의 역사를 쓰고 싶은 것이다.

우리의 2세와 3세들은 더 이상 변두리 인간(Marginal People)이 아니라 창조적 소수(Creative Minority)들로, 지구적 리더(Global Leader)로 부상하고 있다. 필자의 딸 헬렌 김 박사(Dr. Helen Jin Kim)는 스탠퍼드대학교(Stanford University) 영문과를 졸업한 후에, 하버드대학교(Harvard University) 대학원에서 목회학 석사(M.Div.), 교회사로 철학박사(Ph.D.)를 받았으며, 지금은 에모리대학교 캔들러신학대학(Emory University Candler Theological School)에서 교회사 교수를 하고 있다. 2019년에 에모리신학대학 교수들과 학생들이 투표한 최고 교수로 선정되었고, 4천 달러 상금까지 받았다. 또 같은 해 학생들이 선정한 최고 인기 강의 교수상까지 받아서 2관왕이 되었다. 2022년 봄학기 미국 교회사(America Church History) 수업도 학생 수가 25명으로 제한되었는데, 50명이 신청하여 학교 당국이 클래스 정원을 40명으로 늘려 줄 정도로 인기가 좋다.

헬렌 김 박사는 "환태평양적 시각"(Transpacific Perspective)이 한국 교회 지도자들과 미국 교회 지도자들이 서로 협력하고 경쟁하면서 "지구적 복음주의 부흥운동"을 창출해 내고 있다고 해석하고 있다. 헬렌 교수의 첫 책, 『Race for Revival』이 옥스퍼드대학교 출판부(Oxford University Press)에서 나왔는데, 책 이름은 부흥운동을 위한 경주를 한다는 의미이다. 미국과 한국은 복음주의 부흥운동이 일어난 나라다. 그런데 일제 식민지통치, 공산주의와 자본주의의 냉전 대립, 군사독재의 억압을 통하여 뜨거운 복음주의 부흥운동이 일어난 한국의 영적 부흥운동의 열기는 복음의 씨앗을 심어준 미국보다 더 뜨겁게 달아올랐다는 것이다. 과거 미국 복음주의 부흥운동이 한국에 영향을 미치기도 하였지만, 지금의 한국 복음주의 부흥운동이 미국에 더욱 강하게 영향을 주고 있다는 것이다. 빌리 그레이엄 박사가 한국 여의도에서 부흥집회를 했을 때 당시 120만 명의 청중이 모였는데, 이는 빌리 그레이엄의 생애 최고의 부흥운동의 역사를 기록하게 되었다는 것이다. 한국이 빌리 그레이엄을 최대의 부흥사로 만드는 데 일조했다는 것이다.

그러한 환태평양적 시각으로 우리는 우리 민족이 한국과 미국을 넘나드는 지구적 리더(Global Leader)로 비상할 수 있다는 세계관을 가질 필요가 있다. 우리가 통일되면 미국 다음으로 잘사는 나라가 될 수 있다고 골드만 삭스는 예언하고 있다. 한국은 이미 세계 10위의 경제 대국에 들어갔다. BTS, 여성 골퍼, 영화감독, 배우, 그리고 드라마 감독이 세계적 대상을 휩쓸고 있다. 반도체, 배터리, 자동차, 스마트폰, TV, 냉장고 등 세계 일등제품만 생산하는 나라가 되었다.

특히 세계선교는 한국 교회와 미주 한인 교회가 가장 많은 세계 선교사(Global Missionary)를 파송하는 교회 중 세계 2위로 부상하고 있다. 미 연합감리교회(United Methodist Church)는 280명의 선교사를 해외에 파송하고 있지만, 한국 감리교회(Korean Methodist Church)는 1,350명의 선교사를 해외에 파송하고 있다. 모든 교파가 계속해서 해외선교사들을 더 많이 파송하는 추세가 나타날 것이다. 이미 영국 감리교회 회장과 총무가 한국에 방문하여 1천 명의 평신도 설교자들이 설교하는 영국 감리교회에 안수받은 1천 명의 설교할 목사들을 보내 달라고 요청하고 있다. 최근 신문보도에 의하면 2040년이면 영국 감리교회가 사라질 것이라고 한다. 또 일본 교회 대표들이 한국에 찾아와서 1천 명의 평신도 설교가들이 설교하는 일본 교회에 목사안수 받고 설교할 수 있는 1천 명의 한국 선교사들을 보내달라고 요청하고 있다고 한다.

한국 교회나 미주 한인 교회 목사들이나 교인들이, 현지 선교사들의 요청으로 단기선교에 굉장히 집중적으로 참여하고 있는 현상을 볼 수 있다. 교수, 변호사, 경영인 등 평신도들이 은퇴 이후에 선교사가 되기 위하여 야간 신학대학원에서 공부하는 일도 급증하고 있다. 미주 한인 교회의 역사는 그 가능성을 강하게 시사하고 있다. 18세기 존 웨슬리가 외쳤던 세계적 선교 비전, 곧 "세계는 나의 교구다!"(All the world is my parish!)를 우리 미주 한인 교회가 함께 강하게 공유하고 있다.

환태평양적 시각에서 볼 때 한국은 지구적 경제(Global Economy)를 살리는 나라, 지구적 문화(Global Culture)를 일으키는 나라, 지구적 영성(Global Spirituality)을 부흥시키는 나라로 발전하고 있다. 아프리카, 동남아시아, 라틴아메리카 교회들과 성도들이 한국적 복음주의 부흥운동의 영성으로 영적 부흥을 일으키기를 열망하고 있다. 그런 열정적인 영성(Passionate Spirituality)으로 경제도 살아나길 소망하고, 열정적인 영성으로 문화도 발전하기를 꿈꾸고 있다.

1903년부터 1910년까지 세워진 열 곳의 교회 중 두 교회(라성장로교회와 보스톤한인교회)만 장로교이고, 여덟 교회는 모두 감리교회이다. 물론 하와이에 지금보다는 훨씬 더 많은 교회가 있었으나 사탕수수밭 노동자들이 줄어들면서 없어진 교회들이 많고, 이승만 박사의 이상을 추종하던 한인기독교회는 오늘날에는 호놀룰루 한인기독교회와 하와이 힐로 또 하나의 한인기독교회밖에 남아 있는 곳이 없다. 호놀룰루 한인기독교회는 여러 차례 방문을 시도하였으나 담임목사가 인터뷰에 응하지 않아 만날 수가 없었다.

한국에는 1885년 부활절에 아펜젤러와 언더우드가 함께 제물포항으로 들어옴으로 장로교회와 감리교회가 함께 들어왔으나, 미주에는 인천 내리감리교회 존스 선교사가 한인 이민자들을 소집하였기에 자연히 감리교회 성도들이 중심이 되어 이민 배를 탈 수밖에 없었다. 성공회의 경우 1905년 4월 3일 하와이 성공회가 시작되었으나 그 수가 적었다. 1906년 5월 1일에는 라성한인장로교회가 시작하였다. 보스톤한인교회는 1951년에 유학 온 감리교의 박대선 박사가 초교파로 시작하는 바람에 후에 장로교회로 발전할 수 있었다. 그리고 이후에 타 지역에도 장로교회들이 간간이 있었으나 노동자들이 줄어든 데다가 워싱턴 지역의 미국 장로교회의 선교적 자세가 소극적이어서 초기에는 한인 장로교회들이 생존력을 유지하기가 어려웠다.

1903년부터 1920년까지 대부분의 초기 이민 교회들이 창립되고 개척되었다. 민족의 앞날이 어두워지면서 점점 일본의 세력이 한반도를 지배하려는 기운이 감도는 상황에서 경제적 자립을 갈망하면서 이민 배를 탄 초기 이민자들의 사회심리적(Socio Psychology) 상황을 이해할 수 있다. 그리고 민족의 고난에 동참하는 교회의 모습을 분석할 수 있다. 한일병합 조약이 체결되면서 미주 한인들은 한국에 돌아가려는 희망을 포기하고 미주에서 정착하여 살고자 마음먹기에 이르렀다. 그들은 민족의 고난과 아픔에 함께 울고, 함께 기도하며 민족과 운명을 같이하는 사회심리적 모습을 보이기 시작하였다.

1920년부터 1930년까지 1919년 3·1독립 만세운동에서 시작된 한국의 독립운동이 미주에도 확산되어 미주 한인 교회는 독립운동을 지원하는 중심지 역할을 하게 되었다. 독립운동의 지도자들은 거의 대부분 교인이었고, 그들의 교회는 독립운동의 중심지가 되었다. 이 시기의 한인 이민자들의 사회심리적인 심리에는 독립운동이 그 중심에 있었다고 볼 수 있다.

1930년부터 1945년까지 미주 한인 교회는 독립운동을 넘어서 문화적 공동체를 형성하여 갈 수밖에 없었다. 한인 교회는 한인 사회의 문화적 센터의 역할을 감당해야 했다. 한인 교회는 미국 사회 속에 문화적 동화를 잘 할 수 있도록 언어 문제와 문화 적응을 위해 적극적으로 돕는 역할을 할 뿐만 아니라, 교회가 시작할 때부터 한글학교를 시작해서 2세들에게 한국 문화와 한국어와 역사와 음식에 대해서 가르침으로써 한국인으로서의 정체성을 잊지 않게 하는 역할을 감당해왔다. 한국적 신앙과 영성을 계속 계승시켜 가기 위해서는 한국어와 한국 문화를 지켜가는 것이 아주 중요한 일이다. 그러니까 미국 문화 동화와 함께 한국 문화 유지라는 사회심리적인 양면적 요소들이 중요해지는 시기라고 볼 수 있다.

1945년부터 1970년까지 미주 한인 교회가 비로소 신앙공동체의 뿌리를 내리는 시기로 볼 수 있다. 한국이 일본 제국주의로부터 해방돼 자유를 얻었지만, 공산주의와 자본주의적 민주주의의 냉전이 시작되었다. 더구나 6·25전쟁의 아픔을 겪으면서, 신앙인들은 영성과 신앙의 깊이와 높이를 더욱 갈망하는 시대로 발전해 나갔다. 한국적 복음주의는 일제 식민주의와 제국주의, 공산주의와 자본주의의 냉전, 군사독재의 박해 속에서 더욱 강하게 자리 잡게 되고, 더욱 뜨겁게 경건주의적 마음의 종교(Religion of Heart)로 발전하게 되었다. 한국 교회와 성도들이 이 당시에 이용도, 길선주, 김익두, 이성봉 등의 부흥운동에 깊이 심취하였던 것처럼 이때 미주 한인 교회 속에서도 열정적 부흥운동 현상이 나타났다. 정치적 유토피아가 이루어지지 못하였기에 영원을 더욱 사모하는 묵시문학적 종말론적 갈망과 뜨거운 영성이 함께 나타난 것이다.

한편 필자는 이승만 박사, 김창준 박사, 황사용 목사, 윤치호 선생을 재해석해야 한다고 본다. 한국의 정치, 사회, 교회의 지도자들은 너무나 극명하게 진보와 보수로 양극화되어 있다. 그러나 국민의 정치의식은 지구적 수준(Global Level)에 이르렀다고 이야기할 수 있는데, 이는 보수당 정권 대통령과 진보당 정권 대통령을 선출하는 정치적 조화와 균형을 잘 이루어가는 성숙한 시민의식을 보여주고 있기 때문이다.

교회의 영성도 너무나 양극화되어 있다. "중도적인" 열린 보수와 열린 진보의 영성을 만들어가는 시각이 필요하다. 이승만 박사의 장기집권 독재 야욕은 비판받아야 마땅하지만, 그가 외교를 통해서 독립을 이루려고 노력한 공헌과 남한만이라도 대한민국 정부를 수립한 것은 크나큰 공헌이라고 보아야 한다. 이 박사가 비록 하와이에서 교회를 분열시킨 부정적인 차원도 있지만, 교회가 한국 사람들에 의해 자치적으로 운영되어야 한다고 생각한 것은 건전한 것이라고 보아야 한다. 김창준 박사도 북한의 2인자가 된 것은 비판받아야 마땅하지만, 그가 독립선언 33인으로 헌신한 것과 독립운동에 앞장선 공헌은 인정해야 한다. 그의 기독교 사회주의적 의식은 자본주의적 번영을 이룩하면서, 나눔과 분배를 이루려는 건전한 경제윤리적 영성으로, 긍정적인 차원도 있음을 인정할 때가 왔다고 생각한다.

그런 의미에서 오클랜드연합감리교회와 LA한인감리교회의 담임목사였던 황사용 목사도 재해석할 필요가 있다고 본다. 그의 목회사역에서 복음주의적인 면은 강조되었으나 사회주의적인 면이 강조되지는 않았다는 것이다. 그런데 그를 사회주의자로만 내모는 것은 다시 생각해봐야 한다. 윤치호 선생이 일본제국이 연세대학교나 이화여자대학교를 말살하려 할 때 선교사들이 세운 명문 사학 대학들을 살리려고 친일적인 입장에 설 수밖에 없었던 것을 이해하고, 이제는 그가 애국가의 작사자임을 널리 알릴 때가 되었다고 본다. 그런 의미에서 필자는 통일을 내다보는 미래지향적 시각에서 한국사와 교회사를 어느 한쪽의 시각에서 바라보는 것이 아니라 이제는 통전적으로 재해석하는 시각이 등장해야 한다고 본다.

역사는 과거와 현재의 부단한 대화, 과거의 사실과 현재의 역사와의 부단한 만남을 통하여 항상 재해석되어야 단순한 사실적 기록을 넘어서는, 보다 생생하고 의미있는 사실로 전달될 수 있다. 그런 의미에서 필자는 현재의 담임목사와 교인들과 그들의 과거사의 경험을 바탕으로 진지한 재해석의 대화와 만남을 갖기 위해 1903년에서 1970년까지의 오랜 역사를 가진 교회들을 일일이 방문하면서 인터뷰를 진행하고, 이를 바탕으로 초기 교회사를 서술하였다. 하여 오래된 기록은 이제 현재 우리 속에 살아 있는 교회사 이야기가 되었다고 본다.

I

하와이
그리스도연합감리교회의 창립
(1903년)

1. 현재의 한의준 담임목사와 역사탐구 사업부장 신찬재 권사와의 인터뷰

그리스도연합감리교회가 2017년 『그리스도연합감리교회 약사 1903-2017』를 출판하면서 한의준 담임목사는 흥미로운 간행사를 썼다.

> "한인 해외 이민 역사의 산실이요, 이민교회의 장자교회로서 114년의 역사를 가진 하와이그리스도연합감리교회의 간략한 약사를 발간하게 됨을 기쁘게 생각합니다. 간행사를 준비하면서 문득 대학 시절에 읽었던 E. H. 카의 『역사란 무엇인가』에서 '역사란 과거와 현재의 끊임없는 대화'라는 역사의 정의가 생각났습니다. 역사란 단순한 과거 사실의 서술이 아닌 현재와 과거와의 끊임없는 대화를 통해 오늘을 성찰하고 내일의 미래를 열어가는 상호작용이라 할 수 있습니다."[1]

한 목사는 아주 흥미로운 해석을 하였다. 오늘과 과거 역사의 만남과 대화를 통하여 내일의

---

1) 이덕희, 『그리스도연합감리교회 약사: 1903-2017』 (하와이: 그리스도연합감리교회, 2017) 4. 이하 『그리스도교회 약사』로 표기.

그리스도연합감리교회
한의준 담임목사

미래 역사를 열 수 있다는 것이다. 이것이 또한 필자의 새로운 『미주 한인 교회사(초교파) 1903-1970』 저술의 동기이기도 하다.

수많은 과거 역사의 사실 중에서 어차피 취사선택하여 오늘의 관점에서 서술할 수밖에 없기에 각 교회의 현재 담임목사와 현재 교인들의 해석의 관점을 살리고 또한 미래를 새롭게 열어가기 위해서 교회마다 방문하여 인터뷰하고 그것을 기초로 본 역사를 서술해야 생생한 살아 있는 역사가 되며, 또한 새 미래를 창조하는 지혜를 과거사와의 만남과 대화를 통하여 얻을 수 있다는 시각에서 본 역사를 쓰고자 하는 것이다.

그러나 이러한 현재와 과거의 부단한 만남과 대화를 하다 보면 주관적 역사서술에 빠질 가능성도 있다. 그러하기에 필자도 각 도시의 지역교회의 역사자료 보관소(Archive, 특히 감리교회 연회록이 보관된 곳)를 일일이 찾아가서 조사하는 과정을 거쳤다. 특히 샌프란시스코 베이 지역 연회록 조사에 스티븐 예일 박사(Dr. Stephen Yale)가 이틀간 동행하여 많은 시간 동안 연회록에 나타난 한인교회 기록들을 찾아주는 수고와 헌신을 아끼지 않았다. 워싱턴 D.C.에서는 국회도서관에서 라이브러리안 연세대 민경배 교수의 딸 민성의 선생의 도움을 아주 많이 받았고, 하버드 옌칭 도서관에서는 사서 강희경 선생이 논문에 나타난 자료들을 손수 찾아주었고, 남가주대학(University of Southern California) 아시아 도서관에서는 사서 조이 김(Joy Kim) 선생의 도움을 통해 많은 자료를 찾게 되었다. 그러한 객관적 사실 조사를 통해 많은 부분을 수정하게 되었고, 새로운 객관적 사실들을 많이 찾게 되었다.

그리스도연합감리교회의 역사탐구 사업부장 신찬재 권사는 25년간 그리스도연합감리교회에 출석하였다. 신 권사는 그 교회를 독립운동에 앞장선 교회로 자랑하였다. 그리고 연합감리교회 부설 한인의숙(기숙사를 갖춘 학교)의 이승만 학장에 의해 독립운동 교육이 이루어졌음을 자랑하였다. 120년을 이어오면서 다른 많은 교인도 이를 자랑스럽게 생각한다고 한다. 신 권사 자신이 이승만 숭모회 이사로 이승만 기념관을 건립하고자 하는 꿈을 피력하였다. 이승만 박사가 최후까지 살았던 집을 다시 사서 기념관으로 만들고자 하는 운동을 하고 있다는 것이다.

신 권사는 중학교 시절 교회를 다니기 시작했는데 아버지의 만류로 한때 중단했다가 다시 다녔다고 한다. 하와이로 오게 된 후 그리스도연합감리교회 다음에 설립된 올리브교회(사진신부 자녀들이 가장 많은 교회)에서 방을 제공해 주어 그곳에서 생활하면서 은혜를 체험하게 되었다고 고백하였다. 방언하기를 간절히 갈망하였더니 방언을 하게 되었고, 그 후로 부동산 사업을 할 때도 기도생활을 철저히 하면 막혔던 길이 열리는 체험을 많이 하였다고 고백하였다.

신 권사는 하와이그리스도연합감리교회 역사탐구 사업부장이 되면서 이민 역사와 교회 역사를 가장 많이 아는 이덕희 권사(한인이민연구소 소장)의 도움을 받아, 하와이 이민과 교회 역사 탐방 프로젝트를 지도로 설명하는 연구를 하게 되었다. 또한 유동식 박사의 『하와이의 한인과 교회: 그리스도연합감리교회 100년사』의 방대한 역사를 간단하게 정리해 놓은 이덕희 소장의 『그리스도연합감리교회 약사: 1903-2017』의 도움을 받아 하와이 이민과 교회 역사를 정리하게 되었다고 한다.[2]

신찬재 권사

2. 하와이 이민의 동기와 정착과정

조선의 정치적, 경제적, 역사적 상황은 미주 이민의 동기를 부여하기에 적절한 상황이었다. 1884년 청나라에 의존하는 수구파를 몰아내는 갑신정변이 일어났다. 김옥균, 박영효, 서재필 등이 조선의 개화를 불러들이는 3일혁명을 일으킨 것은 좋았으나, 그것을 계기로 일본의 세력이 조선에 들어오는 발판이 되었다. 1893년 3월에 전봉준 장군이 이끄는 2만 명의 동학교도 농민들이 척양(서양 반대), 척왜(일본 반대)를 외쳤다. 그것을 진압한다는 핑계로 1894년 6월 청일전쟁이 발발하여 청나라 군대가 들어오고, 일본군이 서울에까지 들어와 조선 조정이 깜짝 놀라게 되었다. 결국 1895년 10월 8일 명성황후가 살해되는 아픔을 겪게 되었다.

일본이 점점 제국주의와 식민지주의의 세력을 확대하는 역사적 상황 속에서 미주 이민은 하나의 정치적 해방과 경제적 해방 운동이 되었다. 기독교 신앙은 정치적 해방과 경제적 해방의 바람을 더욱 일으킨 것이다. 그런 의미에서 미주 이민은 신앙적 해방이기도 하다. 청교도들이 영국에서 미국으로 건너간 것이 영국 왕과 영국 성공회 대주교의 억압에서 벗어나 자유하려는 정치적 해방이요, 신앙적 해방인 것과도 유사하다.

1888년 5월에 선교사 존스(George Herbert Jones)가 내한하여 이미 아펜젤러(H. G. Appenzeller)가 시작한 배재학당에서 가르쳤으며, 목사안수를 받은 후에 1892년부터 인천, 강화, 부평, 남양 등지를 관할하는 감리사 겸 내리감리교회 목사로 파송을 받았다.

한편, 아펜젤러와 언더우드에 의해 한국 선교가 시작된 1885년보다 1년 빨리 1884년에 의

---

[2] 신찬재 권사 인터뷰: 2022년 3월 18일(금) 오전 10:00.

료선교사로 입국해서 1897년부터 주한미국공사가 된 알렌(Horace Allen)은 1902년 11월 15일 고종황제로부터 하와이 한인 이민사업을 허가받았다. 그리고 미국인 사업가 데쉴러(David W. Dashler)가 동서개발회사에서 이민을 관장하라는 허가를 받았다.

데쉴러가 이민 모집에 어려움을 겪게 되자, 존스 목사가 돕기 시작하였다. 존스 목사는 자신이 담임목사로 시무한 인천 내리교회와 자신의 감리사 관할 서부지방의 여러 교회 교인들에게 하와이 이민의 장점에 대해서 "기후 좋은 하와이는 자녀교육의 기회가 좋고, 급료가 높을 뿐더러 집과 의료비를 주며, 교회를 자유롭게 다닐 수 있다"라고 권면하기에 이르렀다. 경제적 자립과 신앙적 자유를 위해서 미국 행이 최고라는 호소였다. 존스의 설득으로 내리교회와 서부지방의 여러 교회에서 28가구 50명이 첫 이민대열에 나서게 되었다.[3]

1902년 12월 22일 존스 목사는 제물포항 부두에 천막을 치고, 일본 상선 겐카이마루에 승선하려는 50명과 또 70여 명의 다른 이민자들을 위한 환송예배를 은혜롭게 드림으로 첫출발을 하게 되었다. 존스 목사는 내리교회 교인 안정수와 김이제에게 하와이 감리사에게 전해 줄 소개장과 많은 책을 주었다. 겐카이마루가 이틀 후에 일본 나가사키에 도착하였고, 이민단은 그곳에서 기다렸다가, 1903년 1월 2일에 미국 증기선 갤릭호(S.S. Gaelic)를 타고 하와이로 향했다. 갤릭호에는 건강검진을 무사통과한 한국인들이 102인이었다.[4] 메이플라워(Mayflower)호를 타고 영국 플리머스(Plymouth) 항에서 출발하여 하나님의 은혜로 무사히 미국 플리머스(Plymouth) 항에 도착한 사람들처럼 102명이었다.[5]

첫 이민 배 갤릭호(메이플라워호처럼 102명이 승선함)
(사진: 재외동포재단)

---

3) 이덕희, 『그리스도교회 약사』, 9.
4) 이덕희, 위의 책, 10. 유동식 교수의 『하와이의 한인과 교회: 그리스도연합감리교회 백년사』에서는 101명으로 기록하고 있으나, 『한국일보』 2001년 7월 7일자에서는 101명이 아니라 102명(남자 56명, 여자 21명, 어린이 13명, 젖먹이 12명)으로 구체적으로 기록하고 있다. 『내리교회 백년사』에서도 101명이 아니라 102명으로 기록하고 있다. 또 102명 중에는 통역 2명, 장정 54명, 부인 21명, 아동 13명, 유아 12명으로 가장 상세하게 기록하고 있다. 더 많은 역사자료가 101명이 아니라 102명으로 기록하고 있다. 김홍기의 『미주 한인 교회 백년사』, 34-35를 참조하라.
5) 미국 청교도들은 그들이 도착한 곳의 이름을 영국 출발지와 똑같이 플리머스라고 지었다.

하와이로 향하는 갤릭호 선상에서는 목사와 전도사는 하나도 없었고, 평신도 안정수와 김이제가 매일 예배를 인도하였다. 10일의 항해 끝에 호놀룰루에 도착하였을 때는 8명이 새로 기독교 신자가 되어 교인들이 58명이 되었다.[6] 아주 흥미로운 일치를 또 발견하게 된다. 메이플라워호에도 목사는 한 사람도 없었다. 평신도 윌리엄 브루스터(William Brewster) 장로가 매일 예배를 인도하였다. 메이플라워호나 갤릭호나 모두 평신도 중심의 신앙공동체였다는 것이 아주 흥미로운 일치이다.

약 7천400명의 한인이 2년간의 계약을 맺고 30여 개 사탕수수 농장으로 나뉘어, 1905년 6월말까지 노동을 하게 되었다. 이들은 경제적 자립과 해방을 염원하면서 정든 고향을 떠나서 고된 사탕수수 노동자들이 된 것이다.[7] 1910년 대한인국민회의 인구조사에 의하며 하와이에 남아 있는 한인 이민의 수는 4천187명이고, 하와이에서 태어난 아이들이 107명이었다. 1907년에 이르기까지 무려 1천3명의 노동자가 사탕수수 농장을 나와 캘리포니아로 떠나갔다. 1910년까지는 2천여 명이 사탕수수 농장을 떠나서 미국 캘리포니아로 이주했다. 노동계약이 2년 후에는 끝나기 때문이기도 했지만, 중요한 이유는 노동 강도가 노예 수준으로 열악했기 때문이다.

두 번째 이유는 사탕수수 노동자 중 중국인이나 일본인은 노동이 몸에 익숙한 사람들이었으나 한인 이민자들은 대부분 농민 출신이 극소수이고, 대부분 도시적 직업에 익숙한 사람들이었기 때문이다. 인건비도 너무나 박하게 주었다. 한 달 26일 노동에 18달러를 주었는데 자취하면 3-4달러를 쓰지만 기숙하면 6-7달러를 쓰는데, 잡비 3-4달러를 제하면 한 달에 8달러 정도밖에 저축할 돈이 없다. 이렇듯 어렵게 이민의 개척을 시작하였으나, 세계를 향하여 진출하는 희망의 신호가 되었다. 오늘날 한국이 세계 10위 경제대국이 된 것은 이런 한인 이민 디아스포라의 세계 진출도 큰 몫을 차지한다고 말할 수 있을 것이다.

3. 그리스도연합감리교회의 탄생

최초의 미주 한인 교회인 그리스도연합감리교회는 인천 내리감리교회에서 존스(Jones: 조원시) 선교사의 주선으로 시작된 한인 이민 역사와 함께 시작되었다. 제1대 목회자가 된 홍승하 전도사의 이력을 『하와이 한인과 교회: 그리스도연합감리교회 백년사(1903-2003)』는 이렇게 서술

---

6) 이덕희, 앞의 책, 10.
7) 이덕희, 위의 책, 10.

하고 있다.

"1863년 경기도 영흥에서 출생한 홍승하는 1899년 기독교인이 되자 곧 한국 최초의 기독교 지도자 양성소인 감리교회의 '신학회'에 적을 두었다. 지방의 교역자 양성을 목적한 신학회가 시작된 것은 1896년부터였다. 아펜젤러(H.G. Appenzeller), 존스(G.H. Jones), 스웨어러(W.C. Swearer), 노블(W.A. Noble) 등이 강의하는 신학회(Theological Class)는 평양, 인천, 서울 등지에서 열렸다.

최초의 한인 목사가 된 김창식, 김기범, 최병헌 등이 모두 이 신학회 출신들이었다. 1901년에는 신학회 안에 권사(Exhorters)와 지방 전도사(Local Preachers) 양성반을 두었는데, 홍승하는 여기에서 교육을 받은 전도사였다. 1902년 5월에 1년 과정을 수료한 홍승하는 경기도 남양 구역의 담임전도사로 파송되어 일하다가 전도를 목적으로 하와이로 건너온 것이다."[8]

하와이한인교회
제1대 홍승하 목사
(사진: 그리스도연합감리교회)

1903년 7월 4일 한인기독교도들이 오하우 섬의 모쿨레이아(Mokuleia) 농장에 모여서 처음 예배를 드렸고, 1903년 11월 3일에 호놀룰루에 거주하던 한인들이 인천 내리교회에서 선교사로 파송을 받고 임명된 홍승하 전도사를 첫 담임목회자로 선정하며, 통역 안정수 권사와 우병길을 대표로 추대하여 하와이지방 감리교회 감리사 피어슨(George L. Pearson)과 상의하여 "한인감리교회선교회(Korean Methodist Mission)"를 조직하고 River Hotel Street에 집을 구하여 예배 장소를 만들었다.[9] 그리고 11월 10일 첫 개척예배를 드렸는데, 이것이 그리스도연합감리교회의 창립예배였고, 초교파적으로 미주 한인 교회가 처음으로 창립된 역사적 사건이 되었다.[10]

---

8) 유동식, 『하와이의 한인과 교회: 그리스도연합감리교회 백년사』(서울: 한들출판사, 2006), 42. 이하 『그리스도교회 백년사』로 표기함.
9) 김홍기, 『미주한인감리교회 백년사』(서울: 도서출판 KMC, 2003), 74-75. 이하 『감리교회 백년사』로 표기함.
10) 이덕희, 앞의 책, 13-16.

그런데 홍승하 전도사는 1903년 첫 이민 배인 갤릭호에는 타지 않았고, 그 이듬해 1904년 2월 18일에 호놀룰루에 도착하여 한인감리교회선교회를 맡기 시작하였다. 홍승하 전도사가 한인감리교회선교회를 맡아서 인도하던 중 와드맨(John W. Wadman) 감리사가 피어슨을 대신하여 감리사로 시무하기 시작하여, 약 20명으로 늘어난 한인감리교회선교회를 교회로 승격시켜 호놀룰루 한인감리교회(그리스도연합감리

이승만 박사가 1918년에 창립한 호놀룰루 한인기독교회 제1대 민찬호 담임목사 부부(앞줄 가운데 앉은 이)와 교인들(1919년)

교회)로 발전시켰다. 예배 장소도 더욱 큰 1485 누아누 스트리트(Nuuanu Street)로 이전시켜 주었다. 그동안 건강이 악화된 홍승하 전도사는 1905년 7월경 한국으로 귀환하였고, 8월경 서울 정동교회 '본처 전도사' 민찬호 전도사가 담임을 맡게 되었다.

민찬호 전도사는 1878년에 황해도 평산에서 출생하여 황해도가 고향인 이승만과 함께 배재학당에서 공부한 후, 평생 동안 이승만과 친분을 형성하였고, 하와이 한인 목회뿐만 아니라 조국의 독립운동에도 항상 앞장섰다. 한국에서는 감리교회의 신학회에서 선교사들을 통해 신학교육을 받고 전도사가 되었다. 민찬호 전도사는 호놀룰루 소재 하와이한인교회(후에 이름이 그리스도연합감리교회로 변경됨)를 담임할 때 「포와한인교보(Hawaiian-Korean Advocate)」를 출판하였다. 사설과 자보와 교보와 만국주일공과와 본국 소식으로 디자인하였다. 1907년 제2호 「포와한인교보」에 "야단났네"란 사설에서 한국에서 일어난 의병운동을 소개하기도 하였다.[11]

그는 LA의 나성감리교회에서 사역하다가 목사가 되었으나 후에 장로교회로 교파를 이동함으로 나성감리교회가 잠시 예배를 드릴 수 없게 만든 목회자이기도 하다.[12] 그리고 하와이로 다시 돌아와 1919년부터 1930년까지 이승만 박사를 따르던 성도들과 함께 이승만 박사가 설립한 하와이한인기독교회의 담임목사로 시무하기도 하였다. 1923년 7월 1일 교회부설 신흥국어학교를 설립하기도 하였다. 오아후 섬에 6개의 한글학교가 있었는데, 신흥국어학교는 학생들

---

11) 이덕주, "텃밭신학: 재미한인디아스포라 신학", 「아펜젤러신학저널」(Claremont, CA: 헨리 아펜젤러대학교, 2022), 154-155.
12) 김홍기, 「감리교회 백년사」, 77-78.

이 50명까지 모이는 가장 큰 학교였다.[13]

하와이에 도착한 이민 7천여 명 중에 기독교인이 400여 명이었으며, 교회 직분을 가진 사람들도 30여 명이 있었다. 그래서 하와이에 도착한 외로운 이민자들은 곳곳에 모여 기도회를 가졌다. 더구나 공휴일인 주일에는 교회에서 예배를 드리던 미국 사회의 문화에 자극을 받아 점점 예배와 기도회 갖기를 사모하게 되었다.[14] 이렇게 그리스도연합감리교회에서 시작한 이민 교회는 이민의 70%가 기독교 신자가 되는 놀라운 복음화의 성장과 부흥을 일으켰다.

미국 선교사들(아펜젤러와 언더우드 등)이 1885년 4월 5일 부활절에 한국에 들어와 교회 설립과 복음 선교와 학원 선교와 의료 선교를 개척한 지 18년 만에 그들이 설립한 교회의 복음 선교와 그들이 설립한 학교의 학원 선교를 통하여 믿음과 영성의 변화와 성숙을 체험한 형제와 자매들이 거꾸로 그 선교사들의 나라인 미국 하와이에서 교회를 시작하고 복음 선교활동을 시작한 것은 놀라운 부흥의 열매가 아닐 수 없다.[15]

이 책의 필자 김홍기는 2003년에 감리교회 백주년을 맞아 저술한 『미주 한인 교회 백년사』에서도 아래와 같이 신학적 의미를 총괄 요약하였다.

> "오순절 마가다락방에서 120문도가 처음 시작한 기독교회의 탄생이나, 1729년 11월 4명의 옥스퍼드 학생들이 모여 신성클럽(Holy Club)을 시작한 감리교회의 탄생이 초라하게 출발하였듯이 미주 한인 감리교회의 역사도 아주 조촐하게, 그러나 감격스럽게 성령의 강한 임재를 체험하는 임마누엘 은총 속에서 출범하게 되었다. 미주 한인 감리교회의 개척은 한인 이민들에게 마음과 영혼의 고향으로 자리 잡게 해주었고, 이민 생활의 온갖 고충과 문제를 해결하는 이민 사회의 센터가 되었으며, 동포를 만나려는 친목의 목적으로 찾아왔던 한인들이 성령으로 거듭나고 십자가의 은총으로 구원의 확신을 체험하는 신앙공동체가 되었고, 민족의 독립과 민주화와 통일의 역사를 창조해가는 민족사 창조의 모체가 되었으며, 세계를 향하여 선교의 문을 여는 세계선교의 센터가 되었고, 더욱 나아가 우리의 2세와 3세들에게 미주 사회와 세계를 위해 꿈을 갖고 사는 창조적 소수가 되게 하는 정신적 지주의 역할을 감당하게 되었던 것이다. 하와이 호놀룰루에서 붙여진 작은 복음의 불씨가 미주와 세계를 불

---

13) 이덕희, 『한인기독교회 한인기독학원 대한동지회』(Honolulu: 한인기독교동지회, 2008), 『한인기독교회』로 표기함. 58.
14) 유동식, 『그리스도교회 백년사』, 39.
15) 이덕희, 『그리스도교회 약사』, 13.

지르는 불꼬챙이로 확산되어 가는 횃불로 활활 타오르게 되었던 것이다. '일어나 빛을 발하라!', '네 지경을 넓혀라!'는 이사야의 예언대로 선교적 이상을 갖고 미주 한인 감리교회는 개척의 첫발을 내딛게 되었던 것이다. 이 하나님의 역사 섭리에 우리는 감사하고 감격할 뿐이다."[16]

4. 호놀룰루 이민과 교회의 사적지 탐방

하와이 최초의 교회인 그리스도연합감리교회의 역사연구 사업부장 신찬재 권사가 이덕희 권사(교회사 위원이며 이민연구소 소장)[17]의 도움을 받아 『해외이민 115주년 기념사업 그리스도연합감리교회 사적지 탐방』이란 소책자를 만들어, 앞으로 이민을 오거나 교회 탐방을 다닐 순례자들이 직접 지역을 찾아갈 수 있도록 안내서를 만들었는데, 순례자들이 탐방할 8개의 유명 교회 유적지는 다음과 같다.

1) 7번 선착장: 하와이로 향한 갤릭호 선상에서 안정수와 김이제는 매일 예배를 인도했으며, 10일의 항해 끝에 호놀룰루에 도착했을 때 예배에 참석하는 사람들이 58명으로 늘어나 있었다. 1903년 1월 13일 아침 호놀룰루 항에 처음 입항하게 된 첫 한인 이민자들은 7번 선착장에 내렸다. 이날 아침 7번 선착장에는 이들을 축하하기 위하여 하와이 감리교선교부 감리사 피어슨(George L. Pearson)이 환영 마중을 나왔다.

2) 그리스도연합감리교회를 최초로 시작한 장소: 1903년 11월 3일에 우병길과 안정수는 피어슨 감리사를 찾아가 호놀룰루에 있는 좋은 위치에서 교회를 시작하고 싶다고 요청하였다. 그리고 감리사의 주선으로 차이나타운 내에 리버 호텔 스트리트(River Hotel Street) 코너 집의 2층 다락방을 세내어 11월 10일(화) 윤병구, 안정수, 김또라(후에 문또라), 이교담, 임치정 등 창립 교인이 함께 모여 첫 예배를 드렸다. '한인감리교선교회'는 1905년 4월 1일 '호놀룰루한인교회'로, 1916년에는 연회에서 '제일감리교회'로 바꾸었으며, 교인들이 계속 증가해서 1917년 180명이 되었다. 1947년 현재의 위치(1639 Keeaumoku Street)로 이사하였다. 1998년 9월 김웅민 담임목사 때 '100주년 기념성전'을 봉헌하였다.

---

16) 김홍기, 『감리교회 백년사』, 75-76.
17) 하와이 이민과 교회의 역사를 평생토록 가장 많이 연구한 전문가이다.

3) 한인 기숙학교와 감리교회: 1905년 5월 7일에 감리교회의 박윤섭, 송헌주 등이 감리교선교부 감리사 와드맨(John Wadman)에게 2천 달러를 약정하면서 한인 학교 설립을 추진해 줄 것을 요청하였다. 감리교선교부가 마련한 1만 6천 달러를 합쳐서 1만 8천 달러에 폐교되었던 건물을 매입하게 되었다. 1906년에 한인 교회가 먼저 들어갔고, 한인 기숙학교는 1906년 가을학기에 학생 65명과 교사 5명으로 개교하기에 이르렀다. 교회와 학교가 공존하였기에 흔히 "코리아컴파운드(Korea Compound)"라고 부르게 되었다. 1913년 와드맨 감리사가 이승만 박사를 2대 교장으로 임명하였다. 이 박사는 "한인중앙학교"(중앙학원)로 이름을 바꾸면서 여학생들도 입학을 허가하였다. 첫 남녀공학제 학교였다. 학생 수가 120명까지 증가하였다.

교회와 학교가 공존한 코리아컴파운드와 하와이한인교회(그리스도연합감리교회 전신) 예배당(사진: 그리스도연합감리교회)

4) 국민회 총회관: 1909년 2월에 조직된 국민회가 1914년 12월 5천2백 달러를 들여 총회관을 지었다. 이후 하와이 정부가 지사 관저를 확장한다고 하여 국민회 총회관을 2756 Rooke Ave.로 이전하게 되었다.

5) 한인기독학원: 이승만 박사가 1918년 가을학기부터 개교한 한인기독학원으로 와이알라(Waialae Ave.)의 한 건물을 임대해서 운영하다가 1923년 건물을 짓고 새로 이사하였다. 1947년까지 운영되었고, 1950년 36에이커의 부지를 매각하였다. 개발업자가 한인 학교를 기념하기 위하여 길 이름을 Jula(school) Kolea(Korea)라고 지었고, 1954년 기독학원 자리에다 칼리히초등학교(Kalihi Elementary School)를 신설하였다. 1950년 학교부지 매각자금을 인하공과대학 설립 종잣돈으로 사용하게 되었다. 인하는 '인천'과 '하와이'의 합성어이다.

6) 와이알루아 농장의 모클레이아 주거지: 첫 이민단이 7번 선착장에 도착한 후에 전차를

타거나 기차를 타고 도착해서 여장을 풀었던 곳이다. 오아후 섬의 기차는 1889년부터 운영되기 시작하여 1898년에는 섬의 전체 사탕수수밭까지 연결되었다. 객차도 있어 승객들이 편하게 이용할 수 있었다.

    7) 와이알루아 사탕수수 공장: 와이알루아 사탕수수 농장이 1874년 세워져서 1996년에 문을 닫았다. 공장도 1898년 문을 열었다가 농장과 함께 문을 닫게 되었다.

    8) 푸우이키 묘지: 1880년경부터 와이알루아 사탕수수 농장 노동자 가족 묘지로 사용된 곳으로 추측된다. 1986년에는 715기의 묘가 발견되었다. 민족 별로 포르투갈인, 중국인, 일본인, 한국인 어린이 묘들도 많다. 1910-1920년에는 아동 사망률이 높아서 한인 2세 아동들도 이곳에서 사망한 것으로 추측된다. 2003년 1월 서울의 박부찬 조각가가 제작, "미주 한인 이민 100주년 추모비"를 설립하였다.[18]

5. 사진신부 이야기[19]

    사진결혼은 하와이와 미주 본토에 이민 온 중국인, 일본인, 한국인 남자 노총각이 많이 증가하자 사탕수수 농장의 사장들이 미국 정부와 논의한 끝에 200달러의 경비를 지불하고 사진을 통해 결혼하고 영주권을 주는 제도를 말한다. 노총각들의 사진을 본국 처녀들에게 보내 처녀들이 시집가기를 원하면 신부를 미국으로 데려다가 결혼하는 한시적 잠정적인 풍습이다.

    사진신부 제1호는 1910년 11월 28일에 하와이에 들어온 리내수 옹의 부인 최사라 여사였다. 1910년 12월 2일 민찬호 목사는 사진신부를 결혼시키는 새로운 사역을 시작하였다. 국민회 회장 리내수(39세)와 부인 최사라(23세)의 결혼식을 이민국에서 거행하였다. 이민국에서 결혼을 인증하는 제도 때문이었다. 그러나 그 이후에는 이민국이 아니라 교회에서 결혼식을 거행하게 되었다.[20] 1924년 10월 동양인 배척법안이 통과되어 이민의 문이 잠시 닫힐 때까지 하와이와 미주 본토를 합쳐 도합 966명이었다.[21]

---

18) 신찬재, 『해외이민 115주년 기념사업 그리스도연합교회: 사적지 탐방』(하와이: 그리스도연합감리교회, 2018), 1-9.
19) 이 사진신부 이야기는 필자가 쓴 졸서 『미주한인감리교회 백년사』, 42-60에서 나오는데, 하와이대학교 사회학과 교수였던 엘리스 최(Dr. Alice Chai) 박사의 많은 논문 자료에 의거하여 서술했음을 참고 바란다. 여기서는 지면 관계로 축약해서 소개하고자 한다.
20) 이덕희, 앞의 책, 25.
21) 김원용, 『재미한인 50년사』(California: Korean Affair Institute, 1959), 29.

사진결혼에 대한 역사적 의의를 부정적인 요소와 긍정적인 요소로 정리할 수 있다.

부정적인 요소를 말한다면, 첫째로 그것은 남성우월주의적인 발상이다. 남성우월주의에 의한 여성들의 한 맺힌 아픔을 찾아볼 수 있다. 사진결혼은 절대적으로 남성을 위한 것이다. 남성이 사진결혼의 주체요, 여성은 객체라고 볼 수 있다. 사진신부들 가운데는 사진을 보고 속아서 미국에 온 여성들이 많았다.

둘째로 사진결혼은 여성들이 남성들보다 훨씬 학력이 높았다. 주로 평안도 쪽에서 처음 사진신부들이 왔는데, 그들은 학력이 아주 높은 여성들이었다. 그녀들은 고등교육을 받은 사람들이 많고, 심지어 몇 사람들은 대학교육까지 받은 여성들이었다.

사진신부 이남수(오른쪽)가 사진신부로 온 친구들과 자리를 함께하고 있다(크리스천 헤럴드, 윌리리 제공)

셋째로 사진신부들은 더 나은 교육의 기회를 얻기 위하여 미국에 왔는데 그 꿈을 이루지 못한 신부들이 대부분이었다. 나중에 들어온 여인들은 주로 경상도 쪽에서 들어왔는데, 서양 선교사들을 통해 서양문화에 눈을 떠서 더 나은 교육을 받으려고 미국행을 원한 것이다. 교회에서 배운 한글교육과 성경교육이 여성들에게는 새로운 가치관과 세계관을 열어준 것이다. 한국을 넘어서 더 넓은 우주와 세계를 사랑하고 주관하시는 하나님을 발견하고 더 넓은 세계로 우리를 인도하시는 하나님의 부르심도 깨닫게 된 것이다. 그러나 더 나은 교육의 기회를 위해서 미국에 왔는데, 교육수준이 신부들과 상대적으로 낮은 노동자 신랑들과 결혼해야 하는 운명을 맞은 것이다.

미세스 박(Mrs. Park)은 그녀가 공부하고 싶어서 사진신부가 되었음을 이렇게 고백하고 있다.

"내가 사진을 받은 후에 즉시 나의 사진도 보냈다. 사진결혼의 절차는 오래 걸리지 않았다. 나는 하와이에 도착한 후에 결혼하거나 집안일을 하려고 하지 않았다. 나는 동부로 가서 공부하기를 원했다. 그러나 나의 남편은 너무 늙었기에 나를 보내

주지 않았다."[22]

미세스 리(Mrs. Lee)의 경우도 공부하려는 마음에서 이민의 길을 택하였다.

"나의 의도는 도착하자마자 공부하기 위하여 나의 유망한 남편을 떠나는 것이었다.…약 열흘 동안 나는 남편을 택하여야 할지, 공부를 택하여야 할지 심각하게 혼란스러웠다."[23]

넷째로 노총각들이 나이도, 사진도 속이는 사례들이 속출하였다. 노총각 노동자들이 나이도 젊다고 속이고, 심지어 사진도 자신보다 젊고 잘생긴 젊은이의 사진을 자신의 것이라고 속여서 보낸 것이다. 방사겸 여사가 그것을 증언해 주었다.

"하와이 동포의 사진결혼에 대해서도 별의별 소리가 다 돌았다. 어떤 사람은 나이가 많으니 나이를 줄인 사람도 있고, 어떤 사람은 얼굴이 못 생겨서 남의 사진을 빌어서 자기 사진이라고 여자한테 보낸 사람도 있고, 또 어떤 사람은 무식해서 결혼할 사람에게 편지 한 장 쓰지도 못했다."[24]

하와이대학교 사회학과 엘리스 최(Alice Chai) 교수는 결혼한 후 3달 동안 말을 안 한 여인의 한에 대해 다음과 같이 인터뷰 내용을 소개하였다.

"나는 처음 이민국에서 남편이 될 남자를 보았다. 그는 너무 늙어 보였다. 그래서 나는 심장이 멎는 것을 느꼈다. 나는 8일 동안 울었다…나는 한밤중에 나와서 자살을 기도하였으나 죽지 않았다. 만일 결혼하지 않으면 다음 배로 한국으로 다시 돌아가야 함을 알았다. 그래서 9일 만에 나는 결혼을 하게 되었다. 나는 남편에게 3달 동

---

22) Sun Bin Yim, "Korean Immigrant Women in Early Twentieth-Century America" 『Making Waves: An Anthology of Writings by and about Asian American Women』, ed. Asian American Women United of California(Boston: Beacon Press, 1989), 53.
23) Sun Bin Yim, 위의 책, 53.
24) 민병용, 『미주한인이민 100년: 초기 이민 인맥을 캔다』(로스앤젤레스: 한국일보 출판사, 1985), 64.

안 아무 말도 하지 않았다."[25]

이렇게 신랑들이 사진에서 본 것과는 다르게 못 생겨서, 늙어서 너무나 충격적이었다. 어떤 여인들은 한국에 돌아가기도 하였고, 교회 보호처에 기거하기도 하였으나, 많은 여인이 이렇게 몰상식한 대우와 상상을 초월하는 상황에 처하면서도 한 많은 미국생활을 운명처럼 받아들였다.

사진신부의 결혼사건은 긍정적 면도 많았다고 평가할 수 있다.

첫째로, 이민 2세와 3세의 번성이라고 해석할 수 있다. 사진신부들의 희생을 통하여 이민 사회가 활기차게 되었고, 자손을 번성시키며, 한인 사회가 미국문화에 뿌리를 내리는 계기를 만들어 주었다. 966명의 사진신부야말로 한인 이민 사회와 한인 교회사의 기초를 반석 위에 세우게 되는 역사의 원동력이 되었다.

1914년경 샌프란시스코에서 신부와 신랑이 결혼식 올린 후 들러리와 함께 기념촬영하고 있다(크리스천 헤럴드)

둘째로, 사진신부들은 경제적으로 큰 공헌을 각 가정과 한인 사회에 이룩하였다. 사진신부들이 사탕수수 농장에서 노동을 하면서 가정경제를 살리는 데 기여하였음을 엘리스 최 교수는 강조한다. 사진신부들은 사탕수수밭에서 10시간 노동하였고, 밤에는 독신 남자들의 식사와 빨래를 돌보는 심한 고생을 하였음을 밝히고 있다. 작은 옷가게, 세탁소, 하숙집, 손빨래, 석탄 다림질 등을 헌신적으로 감당해 냈다. 더욱 남편이 일찍 죽은 경우에는 가정경제를 책임지는 수고를 하기도 하였다.[26]

사진신부 유분조 여사(101세, 2001년 현재)는 유도번 옹과 결혼하여 5남매를 잘 양육시켰고

---

25) Alice Chai, "Korean Women in Hawaii, 1903-1945." 『Asian and Pacific American Experience: Women's Perspectives』. ed. Npbuya Tsuchid(Minneapolis: University of Minnesota, 1982), 78.
26) Alice Chai, 위의 책, 79.

4대 증손자만 20명을 두었다. 73세의 사진신부의 딸 앨리스 유 김이 풍을 맞아 병상에 누웠던 어머니 유분조 할머니를 기억하면서 이렇게 한국일보 기자들에게 증언하였다.

> "엄니는 고생 많이 했어. 아버지가 막내를 낳은 후 병들었기 때문에 엄니 혼자서 우리를 키웠어. 신혼 때부터 1달러 25센트를 받고 매일 수십 명에 달하는 노동자들의 옷을 빨아대느라 손의 허물이 모두 벗겨졌어. 삯바느질도 했고 호놀룰루에서 '분조 그로서리'라는 식품점도 운영했어. 그러면서도 엄니는 우리 5남매를 모두 대학에 보냈어.[27]

큰 꿈을 품고 미국 하와이에 시집을 와서 따뜻한 남편의 사랑도 제대로 받아 보지 못하고, 남편이 죽은 후에는 과부로서 억척스러운 생활력으로 자녀를 키운 사진신부의 한 많은 이민 세월을 아주 뼈저리게 딸이 증언해 주고 있다.

사진결혼으로 미주에 정착한 김도연 여사는 어린 시절부터 부모의 이끌림을 받아 기독교 신자가 되었으며, 13세에 부모의 뜻에 따라 원산 루씨여고에 입학하였다. 3년간 동대문의 간호학교에서 공부하여 간호사가 되었다. 같이 공부하던 친구 간호사들이 미주로 이민 가는 것을 보고 동경심이 생겼다. 사탕수수밭 노동자 윤응호 옹의 사진을 받고 이민을 결심하였다. 아버지의 반대에도 불구하고 강한 의지를 보여 샌프란시스코로 오게 되었다.

윤응호 옹은 하와이에서 본토 샌프란시스코로 가장 먼저 이주한 최장수 한인이 되었다(1987년 99세에 별세함). 이대위 목사의 주례로 1916년 22세의 김도연과 13살 위였던 윤응호가 결혼하였다. 윤응호 옹은 아내 될 김도연을 보자 "사진과 별다름이 없었다"라고 말하였고, 김도연 여사도 "사진과 별다름이 없었다"라고 그날의 감격을 회상하였다. 윤응호 옹은 평생을 농사를 지으면서 아들 다섯을 낳아 모두 대학에 보냈고, 1913년부터 흥사단 단우로 60년간 흥사단에서 활동하였다. 김도연 여사는 1919년 대한여자애국단에 가입하여 50여 년 동안 월례회를 참석하고, 도산의 정신에 따라 교회의 의무와 사회의 의무를 모두 다 잘하는 부부로 살았다.[28]

이성금 여사는 1916년 12월 25일 크리스마스에 15세의 꽃다운 나이에 친정의 경제적 위기를 극복하기 위하여 조영호 옹과 시애틀에서 결혼하였다. 3남 1녀를 낳고 이혼하였다. 이혼 후에 뉴욕에서 18년간 백인 식당에서 요리사 일을 하였다. 그러다가 캘리포니아 리들리(Reedly)로 이

---

27) 『한국일보』, 2001년 7월 7일, A8.
28) 김홍기, 『감리교회 백년사』, 45-46.

사와서 복숭아와 포도를 따는 십장이 되었다. 거기서 일본 경찰의 체포령을 피하기 위해 도망 온 옥은호(옥은 사별한 첫 부인의 성을 딴 것이고, 은호는 숨어 사는 호랑이란 뜻의 이름을 만든 것)를 만나게 되었다. 본명은 허영호였다. 그를 측은하게 여겨 결혼을 하게 되었다. 70세의 옥은호 옹은 자신보다 14살이나 어린 이성금과 결혼하여 20년간 행복하게 살게 되었다. 모든 것을 희생한 사진신부 이성금 여사의 애정은 하나님을 믿는 신앙의 힘에서 우러나온 이웃사랑의 마음과 실천이었다.[29]

셋째로 사진신부들은 이민 사회의 신앙적 활력소를 일으키는 것에 크게 공헌하였다. 여성들 중에 성경부인들(Bible women)이 있었다. 그들은 전도사, 선생, 공중건강교육사, 사회복지사의 역할을 하였다. 이민 3세의 손녀가 할머니를 이렇게 회상하였다.

> "그녀의 가족은 기독교 신앙 때문에 그녀를 가족으로부터 쫓아냈다. 그녀의 남편으로부터 또한 배척을 당하였다. 그녀는 '성경부인'으로서 하와이로 가기로 결단하였다. 많은 여성을 상담하고 용기를 북돋아 주었다. 할머니는 남자가 됐어야 했다!"[30]

그 당시의 이민 사회를 하나 되게 하며, 한국인의 정체성을 찾게 하는 조직화의 근거 역할을 하였던 것이다. 사진신부 여성들은 교회참여와 다양한 교회활동을 통하여 조직화된 지식과 경험을 배우게 되었다. 사진신부들은 기독교회의 핵심적인 전도사들이었다. 그들은 주일예배를 열심히 출석할 뿐 아니라 기도회 모임과 성경공부 모임의 선생, 조력자, 혹은 회원으로 다양하게 출석하였다. 특히 사진신부들은 주일학교 성경공부나 한글공부 프로그램에 잘 참여하는 핵심적인 교인들이었다. 그들의 다양한 전도와 선교와 사회활동은 여러 이민 교포들을 교회로 끌어들였다. 예비역 군인들, 학자들, 심지어는 한국에서는 불교신자들이었으나 기독교인들이 되는 변화의 바람이 불었다. 미국화, 서구화, 사회심리적인 안정 등을 교회에서 얻게 된 것이다. 이민 사회의 인구 3분의 2가 기독교인들이었다.[31] 그 전도 활성화에 사진신부들의 노력과 공헌이 지대하였다.

---

29) 김홍기, 앞의 책, 47.
30) Esther K. Arinaga, "Contributions of Korean Immigrant Woman," 『Montage: An Ethnic History of Women in Hawaii』, ed. Nancy Foon Young and Judy R. Parrish(Honolulu: General Assistance Center for the Pacific College of Educational Foundations, University of Hawaii, 1970), 74. Alice Chai, 『Korean Women in Hawaii』, 77에서 재인용.
31) Eun Sik Yang, "Korean Women of America: From Subordination to Partnership, 1903-1930", 『Amerasia』 Vol 11 Issue 2(1984), 10-11.

넷째로 사진신부들은 2세들에게 한국인의 정체성을 확립시켜주는 것에 크게 공헌하였다. 사진신부들은 한국어와 한국문화를 2세들에게 열심히 의식화시키고, 교육시킴으로써 한국인의 긍지와 정체성을 갖고 미국 사회에서 적극적으로 살고, 살아남게 만드는 뿌리가 되어 주었다. 가장 한국적인 사람, 아시아적인 사람이 가장 미국적인 사람, 가장 지구적인 사람이 되는 문화적 동화를 잘 할 수 있다는 의식을 심어준 것이다.

다섯째로 사진신부들은 독립운동에 크게 공헌하였다. 첫 번째 조직은 1908년 샌프란시스코에서 교회 밖의 여성조직으로 멜리사 김(Melissa Kim)이 주도한 '한국부인회'였다. 두 번째 조직은 1913년에 하와이의 마리아 황(Maria Hwang)이 조직한 '대한부인회'였다. 세 번째 조직은 1919년 하와이에서 만들어진 국제적십자회 지회로 역시 마리아 황의 주도로 조직되었다. 적십자운동을 넘어서서 독립운동으로 발전하였다. 하와이 각 섬에서 41명의 대표들이 모여 조직하였다. 1919년 3·1운동 유가족을 돕는 것과 독립군을 지원하는 것과 상해임시정부를 돕는 것에 경제적으로 지원하였다. 사탕수수와 파인애플 농장의 고된 노동, 바느질, 떡과 김치 판매 등으로 20만 달러를 모아 조선일보와 동아일보를 통하여 경제적으로 헌신, 봉사활동을 하였다.[32]

6. 이승만 박사와 한인기독교회의 설립

이승만 박사는 한인학교의 교장으로 한인의 교육에 지대한 공헌을 하였고, 최초의 교회인 하와이 그리스도연합감리교회의 '평신도 설교가'로도 큰 영향력을 미쳤다. 그것이 발전하여 한인기독교회의 설립까지 나아가게 된 것이다. 교회분열의 과오도 있었지만, 또한 한인 계몽 교육과 신앙교육에도 큰 공헌을 남겼다.

고 이승만 박사

1905년 박윤성과 송헌주 등 몇 명이 와드맨 감리사에게 한인 학교 설립을 요청했다. 연령제한으로 공립 초등학교, 중학교에 다닐 수 없는 청년들이 신학문과 영어를 배우도록 기회를 주자는 것이었다. 그래서 와드맨 감리사가 교장으로, 민찬호 전도사가 교감으로 1906년 9월초에 남학생 65명이 8학년까지 다니는 한인기숙학교를 개교하기에 이르렀다. 미국인 여성교사들이 3명, 한인 교사들은 민찬호, 윤병구, 이지성 등

---

32) Eun Sik Yang, 위의 논문, 14.

이었고, 이지성은 기숙사 사감이기도 하였다. 교과과정은 공립 초등학교, 중학교 과정이었으며, 오후 수업으로 한글과 한국 역사도 가르쳤다. 힐로한인교회(하와이에서 제일 큰 섬인 빅 아일랜드에 위치)에서 1907년부터 한글학교가 시작되면서 대부분의 교회가 한글학교를 운영하기 시작하였다.

1913년 2월에 호놀룰루에 도착한 이승만 박사가 2월 27일부터 3월 1일까지 열린 감리교회 연회(Methodist Annual Conference)에 참석하였다. 연회가 끝난 바로 직후에 3일 동안 한인 교회 교역자들을 위한 첫 영성집회를 주관하였다.

1913년 가을학기부터 이승만 박사가 제2대 교장으로 임명되면서 한인중앙학교(흔히 중앙학원으로 부름)로 이름을 바꾸면서 여학생들도 받아들이는 남녀공학 학교로 획기적으로 확장하였다. 여학생 기숙사가 없었기 때문에 여학생 기숙사도 따로 마련하게 되었다.[33]

그러니까 이승만 박사는 감리교회의 지도자로서 한인 학교 교장과 동시에 한인 교역자 양성 교육과 교인교육과 평신도 설교가로 급부상하게 되었다. 이승만 박사는 홍치범 목사의 목회 후반기에 폐간되었던 「포와한인교보」를 계속 출판하기 시작하였는데, 교회소식과 성경공부 공과를 실은 「한인교회보」와 일반 잡지 내용을 담은 「태평양잡지」를 둘로 나누어 보급하기 시작하였다. 이러한 제반활동은 하버드 학사와 프린스턴 석사와 박사 교육을 통해서 나타난 것이다. 또한 홍치범의 후임 송헌주가 1915년에 임명될 때까지 목회자의 공백 기간에 매주 이승만 박사가 평신도 설교자로서 설교를 도맡아 하게 되었다. 이승만 박사와 함께 평신도 권사들 안원규, 한제명, 조석진 등이 교회의 주체세력이 되었다.[34]

감리교회 지방감리사 프라이(Fry) 감리사가 3년간 한인 중학교를 위해 봉급도 받지 않고 자원봉사한 이승만 박사에게 시계와 잉크병이 달린 탁상시계를 선물하였고, 루이스 감독도 이승만 박사의 공로와 헌신을 치하하였다. 송헌주가 담임목회자로 부임한 지 2년도 안 되어 1917년 사임하였고, 다시 안원규 권사, 조석진 권사, 윤계상 권사와 김 여전도사가 교회를 이끌어가고, 이승만 박사는 평신도 설교자로 매주 설교를 담당하였다.

이승만 박사는 1915년 한인여학원을 설립하면서 한인중앙학원 교장직을 사임하였다. 주일 설교들을 통하여 친교가 잘 이루어져 친목모임도 자주 갖게 되었다. 처음에는 교인들 약 30명이 박내선, 박애나 성도 집에서 모였는데, 정기 친목모임이 70-80명으로 늘어나게 되었다. 결국 개인 집에서 모일 수가 없어서 1917년 초부터 이승만 박사가 설립한 한인여학원에서 모임을 가짐으로 "신립교회"(감리교회가 아닌 새로운 교회를 설립하는 의미로 만든 이름)로 발전하게 되었다.

---

33) 이덕희, 「그리스도교회 약사」, 23.
34) 이덕희, 위의 책, 27.

1918년 11월 8일 그리스도연합감리교회 임원회에서 이승만 박사에게 "본 교회를 배반하고 장정을 어긴 고로 탁사 임무를 면허하고, 3삭(개월) 동안에 본 교회로 돌아오기를 기다리기로 하였으니 조량하시오"라는 편지를 보냈다.

이승만 박사는 한인감리교회(현 그리스도연합교회)로 돌아오지 않았다.[35] 이승만 박사는 교회로 돌아가지 않았는데, 신립교회에 참석하는 교인 수가 200여 명이 넘었다. 1918년 말에는 성인 230명과 아동 165명이 모이고 있었다.[36] 1918년 12월 23일 여러 섬과 오아후 섬의 대표 14명이 모여 함께 예배드리며, 이 신립교회 이름을 "한인기독교회"(Korean Christian Church)라고 부를 것을 합의하였다. 이때 모인 14명의 대표들은 이승만, 윤계상, 신성일, 송경신, 이누신다, 박영기, 이종관, 임평순, 장재현, 박원백, 김경준, 노성현, 조석진, 고성준이다.[37] 이승만 박사의 신앙과 정신을 추종하는 여러 교회들이 "한인기독교회"(Korean Christian Church)라는 이름으로 설립되었다. 이것은 이승만 박사가 하와이 호놀룰루 제일한인교회(현재의 그리스도연합감리교회)로부터 제적통고서를 받은(1918년 11월 8일) 후 1개월 반 만에 이루어진 일이다.[38]

이승만 박사는 「신한민보」 1918년 11월 14일자에 게재한 "국민보의 창조하는 교회의 기회"라는 글에서 한인기독교회를 개척하는 이유를 자세히 밝혔다. 한인이 소유하는 교회, 한인이 자치하는 교회의 정신을 피력하였다:

> "마틴 루터가 천주교회의 속박을 타파한 후 유럽 열강의 독립사상이 발달되었으며, 영국 왕 헨리 8세가 영국 교회를 세운 후로 독립국권을 완전케 하였으며, 근래에 이르러 일본 교회가 모든 명목을 합하여 독립적 교회를 세운 것이 또한 이 연고라…하와이 형편으로는 능히 교회도 자치할 만치 된 지라…이 중에서 한두 가지 주의할 바는 우리가 아주 따로 떨어져서 미미미 교회와 영영히 남이 된다 함도 아니요, 아무쪼록 미미미 교회 안에 있는 교우들을 우리에게로 오게 만들자는 주의도 아니며, 모든 관계는 다 여전히 지켜서 미미미 교회와 합력하여 한인의 사업을 할 수 있는 데까지 합동할 것이오, 믿지 않는 동포들을 주 앞에 나아오게 할 것이며…우리 동지인끼리 따로 하나님을 섬기며 영혼상 복리를 더욱 힘써 도모하여 한인의 희망을 잃지 말

---

35) 1916년 2월 17–21일 사이에 열린 연회에서 교회 이름을 "제일한인감리교회(First Korean Methodist Church)"로 바꾸었다.
36) 이덕희, 「한인기독교회」, 35.
37) 이덕희, 위의 책, 36.
38) 이덕희, 앞의 책, 36

게 하자 함이니…모든 유지인사가 다 운동에 합동하기를 바라노라."[39]

　독일 종교개혁운동을 일으킨 마틴 루터와 영국의 종교개혁운동을 일으킨 헨리 8세까지 언급하면서 자유독립정신을 주장한 것은 긍정적으로 평가할 수 있다. 그러나 일본 교회의 경우 모든 교파를 떠나서 통합한 것은, 일본제국주의와 식민지주의로 통치하려고 일본과 한국 등에서 통합을 시도한 것인데, 역사를 잘못 오해한 것에서 나온 해석이다. 어쨌든 이 박사는 감리교회와의 좋은 관계를 유지하면서 우리 민족교회의 독립을 하고자 하는 의지를 잘 피력하였다. 그리고 한국에 돌아가서 정동제일감리교회의 장로로 봉사할 정도로 감리교회와의 인연을 이어갔다.

　힐로한인기독교회는 현재 미국 침례회 교단에 소속한 한인 교회로 남아 있고, 1918년 12월 23일 이승만과 그를 따르던 헌신적인 이민 기독교인들이 세운 한인기독교회는 한때 UCC교단 소속이었으나 1999년 탈퇴하고 현재는 처음 시작할 때처럼 독립교단으로 남아 있다.[40]

　이승만 박사는 『한국교회 핍박』이라는 책을 저술하고 그 책에서 그의 신앙관, 역사관, 혁명관을 피력하고 있다. 이승만 박사는 이 책을 통해 일본이 105인 사건을 조작해 기독교 박해 구실로 삼았음을 고발하고 있다. 이승만 박사는 이 책을 통해서 하나님이 아시아에 기독교국가를 이루게 하려고 한국 민족을 특별히 선택한 것을 힘주어 강조하고 있다. 그렇기 때문에 일본이 한국 교회를 핍박하고 있다고 주장하고, 믿고 있다. 특히 중국과 일본을 비롯한 동북아시아가 한국 교회 때문에 복음화된다는 것을 미리 예언하고 있다. 이것은 한국 교회의 미래적 사명과 하나님의 선교적 섭리를 미리 내다보고 있는 이승만 박사의 예언자적 통찰력이라고 하지 않을 수 없다.

　사실 20세기와 21세기를 통하여 그 예언이 실현되고 있는 현실을 우리는 눈으로 보고 있다. 중국의 복음화와 선교는 한국 선교사들이 크게 활동하고 그 문을 열어 시작된 것이 선교사적 현실이다. 지금은 시진핑의 쇄국정책으로 잠시 문이 닫혀 있지만, 하나님은 반드시 중국 선교의 문을 한국을 통하여 다시 여실 것이다. 그리고 일본 선교의 문도 한국 교회가 크게 열고 있는 것을 자타가 공인하고 있다.

　필자가 감리교신학대학교 12대 총장을 역임하고 있는 동안, 일본 기독교회 대표들이 찾아와

---

39) 이덕희, 위의 책, 37-38.
40) 필자가 그 예배당을 방문하여 교회 사무담당 직원에게 담임목사와의 인터뷰를 요청하였으나 연락이 없어서 인터뷰할 수 없었다. 예배당 내부에 파이프 오르간까지 있는 아담한 예배당이었으나 사진을 못 찍게 해서 사진으로 내부는 소개할 수 없다.

서 현재 일본에는 1천 개의 교회에서 평신도 설교자들이 설교하고 있는 형편이기에 앞으로 목사, 선교사들 1천 명을 보내어 일본 교회들을 살려달라고 호소하기도 했다. 또 영국 감리교회 회장과 총무가 감신대 총장실로 찾아와 영국 감리교회도 1천 명의 목사, 선교사들이 필요하다는 것이다. 1천 교회가 평신도 설교자들이 설교하는 형편이라는 것이다.

이렇듯 학생들에게 영어와 일본어와 중국어만 잘하면 선교사로 선교할 가능성이 열려 있다

하와이 호놀룰루에 있는, 이승만이 세운 한인기독교회로 서울 경복궁 모습으로 지었다

는 것을 감리교신학대학교 개강과 종강 설교 때마다 강조하였다. 한국의 민족적 고난, 일본 식민주의와 제국주의의 강점으로 인한 36년간의 수난, 6·25전쟁과 그 이후의 분단으로 인한 마지막 냉전적 갈등과 수난, 박정희와 신군부의 세력으로 인한 수난을 통하여 사회심리학적 아픔이 세계 최대의 복음주의 국가를 만드는 원동력이 되었고, 기독교 선교뿐 아니라 문화와 예술, 영화와 드라마, 반도체와 배터리, 자동차와 휴대폰, TV와 냉장고 등의 가전제품, 여자골프와 여자배구 등을 통해서도 세계를 선도해 가는 나라가 되었다. 그러한 글로벌 역사 섭리를 역사의 주인이신 하나님이 한국을 통해 펼치고 계신다.

일본은 한국 교회가 일본 내지정책에 방해요소가 되기 때문에 한국 교회를 박해한다고 이승만 박사는 지적한다. 그것을 여덟 가지로 제시하였다.[41]

첫째로, 교회는 한인들이 자유롭게 회집하는 공동체인데, 대체로 사람들이 함께 회집하면 자연히 공동의 여론이 형성되며 단체로 단결되는 결집력이 생긴다.

둘째로, 이 교회 안에 유동적, 기동성이 가동되는 활동력이 많이 일어난다는 것이다.

셋째로, 교회가 조직적 합심의 능력을 발휘한다는 것이다. 한국인들이 역사적으로 외국과의 교류와 교제가 없이 소외되고, 폐쇄된 울타리 속에서 조그마한 이해와 권리 다툼으로 단합할 줄 몰랐다. 그러나 예수 앞에 나와서 변화를 경험하면 남을 위해 사는 사람이 됨을 아래와 같이 강조한다.

---

41) 이덕희, 앞의 책, 23.

"예수 앞에 나와서 참 감화력을 얻은 사람들은 이전에 자기 몸만을 위하여 살려던 생각과 남의 살을 베어다가 자기 배만을 불리려 하며, 남의 목숨을 끊어다가 자기 목숨을 살리려던 모든 죄악을 회개하고, 남을 이해하며 남과 화목하기를 먼저 생각하려 하며, 성경의 말씀을 의지하여 형제자매가 서로 사랑하기를 힘쓰며 전도하는 말이, '예수는 나무요 우리는 다 가지니 가지가 나무에 붙지 아니하면 결실하지 못할지라. 우리가 다 한 주에 속하였은즉 한 몸의 지체와 같고 한 집의 식구와 같다' 하여, 동서남북을 무론하고 다 단체가 되어 일하는지라."[42]

넷째로, 교회에서 국민의 원기와 원동력을 얻기 때문이다.
다섯째로, 교회에서 청년의 교육을 힘쓰기 때문이다.
여섯째로, 한국 교인들은 일본 불교처럼 신도(神道)의 우상을 섬기지 않기 때문이다.
일곱째로, 선교사들의 도덕적 덕의 세력이 한국에 확장되기 때문이다.
여덟째로, 혁명사상의 풍조가 동양 아시아에 전파되기 때문이다.

여기서 이승만 박사의 혁명관이 나타난다. 다시 말해서 혁명은 백성들이 일어나서 정부를 전복하고 백성들의 뜻대로 다시 조직하는 것을 지적하는데, 동양역사에는 일찍이 그 사례가 없었다. 자유·평등 사상을 가진 앵글로색슨(영·미 인종의 통칭)의 서양역사에서만 혁명이 일어났는데, 그 이유는 인종의 차이에 있는 것이 아니라 종교의 성격에 기인한다고 이승만 박사는 주장한다.[43]

---

42) 이승만, 『한국교회 핍박』(서울: 청미디어, 2009), 57.
43) 이승만, 위의 책, 87.

하와이
올리브연합감리교회의 창립
(1903년)

올리브한인연합감리교회의 원래 이름은 하와이 호놀룰루가 있는 오아후 섬의 와히아와(Wahiawa) 지역의 이름을 붙인 "와히아와한인감리교회"였다. 와히아와는 하와이의 6개 섬(Hawaii, Maui, O'hau, Kaua'i, Moloka'i, Lana'i) 중에서도 하와이 전체 인구의 4분의 3이 거주하는 오아후(O'hau) 섬의 북서쪽에 위치한 도시이다. 그러니까 그리스도한인연합감리교회가 위치하고 있는 호놀룰루는 이 오아후 섬의 중심부라고 말할 수 있다.

이 와히아와한인감리교회에서 멀지 않은 곳(10마일)에 하와이 최초의 이민자들이 일하던 와일루아 농장이 있다.[1] 1903년 1월 13일 한인 이민들이 제일 처음 정착하여 일하던 곳이기에 청교도들이 미국에 처음 정착하여 살던 플리머스와 같은 역사적인 농장이다. 그리고 이 농장에서 가장 가까운 도시인 와히아와는 1900년대 초에 사탕수수 농장에서 일하는 농부들과 미 육군기지 스코필드 배랙(Schofield Barrack)에 주둔하고 있는 사단 규모 40,000여 명의 군인들을 상대로 세탁소, 양복점, 구두 수선소, 잡화상 등을 하던 사람들이 모여 살던 도시로서, 1920년대에는 1,000여 명이 넘는 한인들이 거주하는 미주 최대의 한인타운이었다. 따라서 최초 한인 이민들도 군인들을 상대로 세탁소들을 운영하였다.

---

1) Hyung-Ju Ahn(안형주), 『Remembering our Korean Brethren: A Centennial History of Olive United Methodist Church』(Hawaii: Olive United Methodist Church, Wahiawa, 2007), 3.

현 올리브연합감리교회 예배당 내부와 김배선 담임목사

그 세탁노동으로 상해 김구 선생에게 독립운동자금 1천 달러를 보내어 윤봉길, 이봉창 등이 거사를 하기도 하였다. 그들은 "애국단"을 결성하였는데, 애국단 8명 중 5명이 올리브한인연합감리교회 교인이었다. 임성우, 현도명, 김경옥, 김귀순, 김예준 등이다. 한국 EBS TV가 역사적 사실을 밝혀서, 노동자 애국단이 독립운동에 기여한 사실을 다큐멘터리로 보도하기도 하였다(2019년 3월 4일 방영). 사진신부와 결혼한 김예준 성도는 세탁업 노동을 해서 독립자금을 지원하였다. 김예준 성도의 2세 아들 김영호가 아직까지 이 교회 성도로 출석하고 있다.

따라서 와일루아 농장에서 가장 가까운 최초의 한인타운인 와히아와에 한인들이 모여 예배드리던 작은 예배처의 모습이 있었음이 틀림없다. 102명이 갤릭호를 타고 태평양을 건너올 때 선상에서 예배를 드렸기 때문에 오아후 섬에 도착해서도 와일루아 농장과 와히아와에 틀림없이 예배처소가 있었을 것이다. 1906년 기록에 의하면 감리교회에 의해 하와이 군도 전체에 30개의 한인 전도관(mission)과 20개의 예배처(worship station)가 있었다고 전하고 있다.

그리고 현재 생존하고 있는 1900년 초기의 교인들의 증언에 의하면 이미 1903년 1월경부터 소위 "Mission House"에서 예배를 드렸다고 한다. 더욱 흥미로운 사실은 웨인 패터슨(Wayne Patterson)의 저서 『The Korean Frontier in America』에는 다음과 같은 기록이 있다.

> "김찬제는 서양문물을 배우기 위한 목적으로 그의 형 김이제 목사(당시 권사)와 함께 갤릭호를 타고 하와이에 내렸다. 그들은 1903년 1월 13일에 도착했다. 김이제는 선상에서 복음을 전파했다. 최초의 이민선을 타고 온 이민자들은 모두 기독교인들이었다…최초의 이민선을 타고 온 첫 한인들은 1903년 1월 13일 와일루아 농장으로 보내졌다."

여기서 우리는 새로운 역사적 사실을 접하게 된다. 지금까지 최초의 미주 한인 교회 목회자는 인천 내리감리교회에서 보낸 홍승하 전도사로 알려졌는데, 홍승하 전도사는 갤릭호를 타지 않고 후에 다른 배로 하와이에 도착하였다. 그러니까 와히아와한인감리교회를 시무했던 김이

제 목사는 지금까지 알려진 하와이 그리스도한인연합감리교회 제1대 담임교역자 홍승하 전도사보다 더 먼저 들어온 최초의 한인 목회자라는 말이 된다. 기록된 문서에 의하면 김이제 목사는 1903년 7월 4일 예배를 드렸다고 한다.[2] 1905년 9월 모쿨레이아의 한인들이 그들의 농장 근처에 예배당을 지었다고 한다.[3]

올리브연합감리교회에 비치된 옛 성경주석

특히 와히아와한인감리교회의 창립 교인이었던 고 유복선 성도의 증언에 의하면 당시 한국학교 역할을 하였던 "배영의숙"이라 이름 하는 곳에서 1903년부터 주일예배를 드렸고, 후에는 와히아와초등학교 교실을 빌려 기도회를 가지다가 성도들의 숫자가 증가하자 1907년 9월 46명의 성도가 뜻을 모아 공식적으로 와히아와한인감리교회를 탄생시켰다는 것이다. 이것을 근거로 분석해 보면 와히아와한인감리교회의 공식적 탄생은 1907년이지만, 비공식적 탄생은 1903년이다.

교회의 창립은 언제로 보아야 하는가? 보이는 제도적 교회의 형성을 역사적 기점으로 보기보다는, 예수를 그리스도로 고백하는 다수의 무리가 예배드리기 시작한 것을 교회의 기원으로 보아야 한다. 초대교회도 마가의 다락방에서 120문도가 성령을 체험한 오순절을 그 탄생 창립일로 생각하듯이, 와히아와한인감리교회의 기원도 와일루아 농장에서 일하던 최초 한인 이민자들이 제단을 쌓고 주일예배를 드리던 배영의숙의 모임의 시작을 역사적 창립일로 보아야 한다. 다만 그날이 정확하게 언제인지는 아직 밝혀지지 않았기에 1903년 초였다고 추측할 뿐이다.

그러므로 필자는 와히아와한인감리교회 곧 올리브한인연합감리교회의 창립연도를 1907년에서 1903년으로 수정한다. 이 교회 이름이 와히아와한인감리교회에서 올리브한인연합감리교회로 이름이 바뀌게 된 것은 1917년 예배당을 336 Olive Ave.로 이전하면서 그 거리 이름을 따서 올리브한인연합감리교회로 변경했기 때문으로, 유력한 사업가 퍼시 폰드(Percy Pond)가 당시의 임춘호 담임목사에게 그의 땅과 건물을 한인교회를 위해 기증한 것이다. 임춘호 목사는 조선 왕궁의 장군의 손자로 배재학당에서 이승만과 동기생으로 공부하였고, 노블 여사(Mrs.

---

2) Hyung-Ju Ahn(안형주), 앞의 책, 3.
3) Hyung-Ju Ahn(안형주), 위의 책, 3.

독립자금을 김구에게 보낸 세탁노동자 애국단과 사진신부의 2세 아들 김영호 씨(Mr. Lowrence Kim. 그는 한글을 전혀 몰라 올리브한인교회 영어예배에 참석하고 있다)와 올리브한인감리교회의 김창환 전 담임목사 (Rev. David Kim, 오른쪽)

Arthur Noble)로부터 영어를 배웠기에 미국에 와서 한인들을 위한 통역관 일을 할 수 있었다. 25세에 도마리아(Mary Doh)와 결혼하여 1904년 30세에 이민 오게 되면서, 에바(Ewa)의 농장 노동자로 일하게 되었다. 그는 영어를 잘하여 통역관으로 일하다가, 1905년 감리사 와드맨의 신임을 얻어 선교센터에서 무보수로 일하면서 꽃 장사로 생계를 이어가다가, 그 후에 목회자가 되었다.

이 교회 역사상 가장 오래 시무하였던 안창호 목사(1927-1945)는 도산 안창호와 이름이 같았을 뿐 아니라 독립운동에도 적극적으로 앞장서서 일해서 현재 국립묘지 독립운동 유공자 묘소에 묻히게 되었다. 그리고 안 목사는 1931년 최초의 아름다운 성전을 지어 봉헌하였다. 안 목사의 헌신적인 목회로 교회를 반석 위에 올려놓게 되었다.[4] 한인 초기 이민들은 한국 정부의 영사업무의 도움이 아직 없을 때 그들 나름의 보호를 위해, 그리고 자녀들의 교육을 위해 자치 동회(Donghoe: 동사무소)와 예배당을 만들었던 것이다.[5]

2022년 현재 88세인 김창환(David Kim) 목사는 올리브한인연합감리교회 담임목사로 12년간 시무하였다(1975-1987). 김 목사는 목사 집안에서 자라났으며, 연세대학교 신과대학을 졸업하였고, 영국에서 교회음악을 전공하였으며, 클레어몬트신학교에서도 신학공부를 하였다. 열린 신학교에서 열린 신학적 시각으로 공부한 김창환 목사는 『야 이놈아 그것도 목회라고 하니?』(Hey Jerk, You call this a Ministry?)라는 기발한 제목의 올리브한인연합감리교회 역사를 저술하였다. 아래의 글은 목회 체험과 역사적 사실을 간증 형식으로 필자와 인터뷰한 것이다:

> "1968년부터 다시 한국어로 예배드리게 되었다. 백인 목사 세 명(Rev. Clell C. Gray, Rev. Thomas E. Waltrabenstein, Rev. James Terauchi)이 영어로 설교하고 영어 회중 중심으로 예배를 드렸다. 그 이유는 1세들은 죽고, 12명 정도의 2, 3세가 주류를 이루었기 때문이다. 그런데 이름도 올리브교회로 바꾸면서 다시 한국어예배를 드리게 되었

---

4) Hyung-Ju Ahn(안형주)는 안창호 목사의 손자로, LA한인연합감리교회 역사편찬위원장을 지냈다.
5) Hyung-Ju Ahn(안형주), 위의 책, 4.

다. 1968년경부터 한인 이민자들이 다시 대거 이주하게 되었기 때문이다. 인천 내리교회 출신 김이제 전도사가 1903년 1월 13일부터 와히아와(Wahiawa)의 사탕수수 농장에서 일하면서 1903년 7월부터 농장에서 김이제 전도사를 중심으로 예배를 드렸다.[6] 7천 명 노동자들이 네 섬으로 흩어졌는데 에바 지역은 거의 모두 사탕수수밭으로, 에바에만 50개 이상 감리교회가 생겼다. 예수를 믿으면 일을 잘한다고 생각하여 농장에서 교회를 지어주었다. 세례문답 속에 '몇 사람을 교회로 인도하였나?' 하는 물음이 포함되어 있었다. 한인 이민자들은 배 승선 값 100달러를 빚져서 그것을 갚아야 했다. 뱃삯을 모두 치르고, 사탕수수밭에서의 노동계약이 끝나면 시민권자와 영주권자가 되어 한국에서 친척들을 초청할 수 있었다. 미군들과 결혼해서 하와이에 들어온 국제결혼 여성들 중에 사병 남편을 둔 여성들은 그 당시 봉급이 얼마 안 되어 어렵게 살았다. 하와이에 술집 바(bar)가 100여 개, 와히아와에 술집 바가 12개 있었다. 매매춘 행위도 바 주위에서 일어났다. 한 달 수입이 1천 달러 이상 되면 한국에 계신 부모에게 경제적으로 도움을 드릴 수가 있었다. 1천 명 이상의 한인 여성들이 바텐더로 일하였다. 미군들이 팀스피릿(team spirit) 훈련을 위해 한국에 나갔다가 오면 한인 여성 1명씩 데리고 온다. 중매쟁이가 미국인과의 결혼을 주선하였는데, 한국 여성들은 농촌 부모를 돕기 위해 3천 달러를 받고 미국인과 결혼하기도 했다. 한국 식품점과 교회도 국제결혼 여성들이 내는 현금(cash)으로 많이 번창하였다. 개인 사업들도 바텐더들이 바에서 번 현금으로 많이 발전하였다. 이민 사회의 경제를 부흥시킨 주역들이 국제결혼 여성들이다. 총영사관의 통계에 의하면 한국 부모들에게 보내준 돈이 200만 달러나 되었다. 200여 만의 한인 이민자 중 국제결혼한 여성 때문에 이민 온 한인 교포들이 75만이나 된다고 한다. 나도 한국 부모들에게 여러 번 돈을 전해주었다. 국제결혼 여성들이 오면서 올리브교회가 살아나기 시작하였다. 5만여 명 가족들이 살게 되니까 교회가 번창하게 되었다. 부모들도 수십 명, 수백 명들이 한국에서 와서 거주하게 되었다. 나는 새벽 2시, 3시에 그들이 어려운 처지에 처할 때마다 그들을 도우러 갈 수밖에 없었다. 그리고 또한 한인 노인회를 조직하게 되었다. 교회가 그 센터가 되었다. 샤머니즘을 믿던 사람들이 교회에 오니까 두 신이 싸워서 머리가 빠질 정도로 아파서 교회를 못 나오겠다고 한다. 무당굿을 하게 해주었다. 목사로

---

6) Wayne Patterson의 저술과 같은 증언을 김창환 목사도 하고 있다.

서 못 할 짓을 했다. 장구와 악기들까지 사주었다. 농악대까지 만들어주었다. 굿의 대사 내용이 남을 저주하고 심판만 하는 내용이라 대사를 바꾸자고 제안하였더니 목사가 만들어 보라고 했다. 그래서 내가 용서와 화해와 사랑과 평화의 내용으로 바꾸어주었다. 그랬더니 그들이 예배당에 와도 머리가 안 아파진다고 하였다. 이왕이면 굿을 예배시간에 하도록 허용해주었다. 그랬더니 교인들이 모두 좋아하였다. 마침내 무당들이 회개하고, 세례를 받으며, 권사들이 되었다. 모두 아멘 하며 권사들이 되었다. 감신대 변선환 박사가 방문하였을 때, 토착화 선교를 칭찬하였다. 최초로 조직된 농악대가 많은 공헌을 하였다. 주지사 취임식에까지 농악대가 초대되었다."[7]

김창환 목사가 쓴 역사책, 『야 이놈아 그것도 목회라고 하니?』를 좀 더 살펴볼 필요가 있다. 국제결혼한 여성들이 한국식품점을 경영하는 주인들에게 좋은 고객이 되어 주었다. 한 식품점 주인의 말을 이렇게 인용하고 있다. "한국 여자들이 와서 식품을 사는 것을 보면 자기도 모르게 입이 떡 벌어진다"[8]고 했다. 한 번에 몇 백 달러짜리 물건들을 사면서도 전혀 주저하는 기색도 없이 담대하게 현찰로 척척 돈을 낸 주인들을 놀라게 만든다는 것이다. "바에서 일하는 여자 몇 분이 친구 따라서 그 교회에 나왔다가 현찰을 헌금그릇에 넣었다"[9]는 것이다. 개척교회 목사가 오늘은 부자 아주머니들이 교회에 오셔서 연보가 많이 나왔다고 즐거워하더라[10]는 것이다.

김창환 목사는 이런 증언도 하고 있다.

"내가 아는 여자 한 사람은 한 달에 800달러씩을 부모님께 보내고 있었다. 내가 직접 그 부모님들을 만나 그들이 지내는 사정 이야기도 듣고 직접 돈을 전한 일도 있었다. 그 부모님들은 서울 사직동 근처에 살고 있었는데 아버지는 병들어 누워 있고 어린 동생들이 돈을 벌어 살림을 꾸려 나가고 있었다. 그 당시 한국 경제사정으로는 이해가 가는 말이다. 나는 그들이 부모에게 효도하는 것을 보며 만일 나의 부모님

---

7) David Kim(김창환 목사) 인터뷰: 2022년 3월 18일(금) 오전 10:30-11:30.
8) David Kim, 『야 이놈아 그것도 목회라고 하니?』(하와이: 올리브한인교회, 2007), 99.
9) David Kim, 위의 책, 99.
10) David Kim, 앞의 책, 99.

들이 살아 계시다면 나도 저렇게 할 수 있을까 몇 번이고 생각해 보며 부끄럽게 느낄 때가 한두 번이 아니었다."[11]

어느 날은 8백 달러를 도둑 맞은 일을 도와달라고 바에서 일하는 아주머니가 김창환 목사에게 전화했었다고 한다.

"도둑맞은 돈이 800달러나 된다고 하며, 그 돈이 어떻게 모아진 돈인지 또 어떻게 도둑을 맞았는지를 말해 주었다. 참으로 딱한 사정이었다. 자기 바에서 일하며 팁 받은 돈을 현찰로 꼬박꼬박 모았다고 했다. 언젠가는 자기도 바를 차려 바 주인이 되고 싶은 마음에서였다."[12]

그런데 그 여인의 남자친구가 함께 잠자리를 한 후 그 여인이 자는 사이에 돈을 훔쳐서 달아난 것이다. 이런 한 많은 여인의 이야기를 김창환 목사는 『야 이놈아 그것도 목회라고 하니?』라는 책에서 기록하고 있다. 그 여인들의 한 많은 애환을 들어주고, 함께 울어주며 함께 아파하며 함께 달래며, 때로는 함께 문제를 해결해가는 목회를 15년이나 했다. 이렇게 이름도 없이, 빛도 없이 섬기며, 발을 씻기는 목회자들이 미주 한인 목회를 하는 목사들이다. 때로는 이삿짐도 옮겨주고, 방도 구해주며, 직장도 알선해주고, 통역도 해주며, 서류미비자(불법체류자)들의 병원 무료치료도 도와주고, 부당한 사업자금의 손해도 해결해주는 '영육 전인목회'를 하고 있는 사람들이 이민 목회자들이다.

---

11) David Kim, 앞의 책, 100.
12) David Kim, 위의 책, 101.

III
상항
한국인연합감리교회의 창립
(1903년)

1. 역사를 회상하는 목회자와 평신도와의 인터뷰

송계영 목사: "상항은 미국의 관문이다. 엔젤 아일랜드(Angel's Island)에서 입국수속을 해야 미국 땅을 밟을 수 있다. 1903년 9월 23일 인삼장사 3명을 포함하여 상항친목회가 시작되었다. 하와이의 1903년 11월보다 먼저 시작되었다. 개화의 교회였다. 1882년 한미 통상수호조약 후에 도산 안창호가 교육을 위해 미국에 왔다가 독립운동가로 발전하였다. 안창호가 시작한 '대한국민회'가 '대한민국'이라는 나라 이름으로 발전하였다. 안창호가 국민회와 흥사단 운동을 조직으로 다져갔다.

필자와 인터뷰한 오인근 권사(왼쪽), 송계영 담임목사 (중앙), 이재남 권사(오른쪽)

안익태가 스페인 민요를 상항한국인연합감리교회에서 한국적 가락으로 작곡, 애국가를 만들기 시작하여 뉴욕한인감리교회에서 완성하였다. 윤치호가 상항한국인연합감리교회에서 연설했던 애국가 작사설도 밝혀져야 한다(에모리대학교 도서관에 소장된 윤치호의 친필 작사 가사가 나음). 옛날 역사 이야기로만 뜨겁지 말고, 오늘의 신앙과 영성으로도 뜨거워져야 한다."[1]

이재남 권사(상항한국인연합감리교회에 67년간 출석했다. 살아 있는 역사의 전설임): "상항한국인교회는 가르치는 교회다. 연장교육 수료증들이 많다. 평신도설교가(Lay Speaker) 교육을 3번이나 받았다. 한 달 교육을 3번이나 받았다. 영성과 신앙과 신학 훈련을 많이 받았다. "감리교회의 유래"라는 논문을 써서 Spiritual Formation 수료증을 받았다. 주일학교 부장으로 오랫동안 봉사하였다. 기초부터 성경통독을 하게 하였다. 바로 쓰고 바로 통독하게 하였다. 중요한 성경구절을 쓰게 하였다. 예를 들면 시편 1편 같은 것이다. 교회력(lectionary)에 따라서 성경통독을 하게 하였다. 1천 일 동안 매일 아침 6시에 교회에 와서 7시까지 기도하였다. 하루 1달러씩 1천 번제를 솔로몬처럼 바쳤다. 결국 1천 달러를 헌금하였다."[2]

오인근 권사: "1971년 5월 5일부터 51년간 출석하였다. 교회에서 모든 이민 생활에 관한 도움을 받았다. 공항 라이드, 직장 알선, 아파트 구입, 이사, 유학생 결혼, 여권 문제 등을 교회에서 해결해 주었다. 교회는 이민 사회의 센터였다. 2005년 10월 이대위 목사(대한민국 독립유공자로 인정받음)의 시신을 샌프란시스코에서 대전 현충원으로 이장하였다. 1975년 8월 3일 장인환 의사(역시 독립유공자로 인정받음) 유해를 샌프란시스코에서 동작동 국립묘지로 이장하였다. 상항한국인연합감리교회는 이화여대 출신이 50% 이상이다. 이화여대 출신의 수준으로 교회를 성숙시키면 더욱 좋은 교회가 될 수 있다. 상항한국인교회는 위치가 좋고, 역사가 깊어서 다시 부흥할 수 있는 저력이 있다. 경쟁하다가 수그릴 줄 아는 교인들이 많다. 역사와 독립운동을 자랑스럽게 여기는 교인들이 많다. 속회가 잘 운영되었다. 모르는 질문은 솔직하게 속회 지도자에게 질문하고, 속회 지도자는 모르면 모른다고 시인하고 목회자에게 물어봐서 대답을 해주었다. 심방과 전화심방을 통해서 교회와 교인들이 잘 연결되면 좋겠다."[3]

독립운동과 사회봉사의 역사를 자랑스럽게 여기는 교인들이 많은 것을 보게 된다. 이민 한인 교회는 나라사랑과 이민 생활의 구심점이 되어왔다. 헌신적이고 희생적인 신앙인, 작은 예수를 많이 배출하였다. 이재남 권사 같은 분은 한인 사회가 인정하는 모범적인 신앙인이다. 담

---

1) 송계영 목사 인터뷰: 2022년 3월 25일(금) 오후 7:00.
2) 이재남 권사 인터뷰: 2022년 3월 25일(금) 오후 7:30.
3) 오인근 권사 인터뷰: 2022년 3월 25일(금) 오후 8:00.

임목사가 외국여행을 하고 오면 반드시 공항에 나가 환영하는 성화된 권사이다. 어려운 사람들을 돕는 일에도 앞장서고, 평화통일자문위원회를 통하여 오랫동안 통일운동에 헌신해온 사회적 성화의 모범이다.

2. 상항한국인연합감리교회의 창립과정

도산 안창호 선생은 1903년 9월 22일 중국인 광덕호의 지하실을 얻어 회관으로 자리 잡고 상항친목회를 조직하였다. 이때의 동포 수는 25명뿐이었다. 노재연의 『재미한인사략』에는 안창호, 박선겸, 이대위, 김성무, 위영민, 박영순, 홍종술, 김병모, 정동삼 등 9인이 발기하여 '상항친목회'를 조직하면서, 초대회장으로 도산 안창호를 선출하였다고 되어 있다. 그러나 서광운의 『미주한인 70년사』에는 9명 이외에 장 경, 박승지, 김찬일 등을 추가하여 12명이 시작한 것으로 되어 있다. 그들은 하와이 사탕수수 농장에 일하러 온 노동자들이 아니라, 유학생이나 인삼 장사들이었다.

독립운동가 도산 안창호 선생

그러니까 상항한국인연합감리교회는 하와이 그리스도연합감리교회와는 미주 이민 교회의 성격이 다른 출발이었다. 이들은 한인 노동자들을 친목회를 통해 공급하면서 최저임금을 보장하도록 요구하였고, 민중의 자각을 기다려서 민중 자신 속에서 지도자가 나오도록 육성시켰다. 하와이에서 노동자 동포들이 2년간의 노동계약이 끝나자, 하와이에서 상항으로 건너와서 늘어난 동포들이 49명에 달하던 1905년 4월 5일 다시 '상항친목회'를 '상항공립협회'로 이름을 바꾸고 역시 회장에 도산 안창호를 선출하였다.

도산 안창호를 중심으로 조직된 상항친목회에서, 도산 안창호 선생, 이대위 선생(제3대 담임목사가 됨), 한학자 장 경 선생 등 9명의 한인 교포들이 모여 가정예배를 드리기 시작하였으니, 이것이 상항한국인연합감리교회 창립의 기초가 된 것이다. 이 첫 예배를 드린 것이 1904년 9월 5일이라고 『상항한국인연합감리교회 95년사』는 말하고 있으나,[4] 상항친목회를 창립한 1903년 9월 22일부터 예배를 시작하였다고 해석하기도 한다. 상항친목회 조직이 1903년 9월 22일로 되어 있기도 하고, 1904년 9월 5일로 기록되어 있기도 하다.

---

4) 박장희, 『상항한국인연합감리교회 95년 약사』(상항: 상항한국인연합감리교회, 1999), 14. 김택용, 『재미한인교회 75년사』(서울: 생명의 말씀사, 1979), 42. 송정률, 『샌프란시스코한국인감리교회 60년사』(상항: 상항한국인교회, 1963), 2.

만일 1903년 9월 22일을 상항한국인연합감리교회 창립일로 생각한다면, 하와이 그리스도감리교회 창립일인 1903년 11월 10일보다 더 빠르게 된다. 그리고 만일 1904년 9월 5일을 창립일로 정한다면, LA한인연합감리교회가 시작된 1904년 3월 11일보다 오히려 창립이 늦어진다. 그러므로 비행기가 없던 시대에 하와이에서 미주 대륙으로 들어오려면 반드시 샌프란시스코 금문교 앞바다 가운데 있는 엔젤 아일랜드(Engel's Island: 천사도)에서 입국수속을 마친 후에 샌프란시스코로, 그 후에 기차를 타고 나성 등으로 가야 하는 이민 역사의 전개과정으로 볼 때도 하와이 그리스도연합감리교회, 상항한국인연합감리교회, LA한인교회의 창립순서가 맞고, 1903년에 샌프란시스코에서 상항친목회가 조직되고, 이 친목회와 긴밀한 연락을 주고받으며 각 가정을 순회하면서 예배를 드렸다는 것도 역사적 사실로 알려져서 본 역사서에서는 그렇게 창립 순서를 정해야 한다고 생각한다. 그러므로 상항에서 첫 예배를 드린 것은 1903년 9월 22일~1904년 9월 5일 사이가 확실하다.

LA한인감리교회에서 나온 『로벗슨한인연합감리교회 팔십년사』에서도 샌프란시스코가 LA보다 먼저 이민 사회의 중심지였음을 다음과 같이 밝히고 있다.

> "1910년의 인구조사에 의하면 하와이의 한인 수는 4,000명을 약간 넘었는데 그중의 반 수 가량이 더 좋은 수입을 찾아 미국 본토로 이주해 왔다. 그 당시 동양인들에게 가능했던 일이라고는 식당 잡일이나 농장 일, 철도부역, 탄광 일 등이 대부분이었으나 그나마도 일을 얻기란 그리 쉬운 것은 아니었다. 이렇게 하와이로부터 이주해 온 한인들이 서부 지역에서는 주로 상항에 거주하였고 이에 "국민회"가 세워져 저들의 정착을 돕게 되었다. 상항에 거하며 자리를 잡은 사람들은 일자리를 찾아 새크라멘토, 리들리, 나성, 시애틀, 덴버 등 타 지역으로 흩어져 나갔다. 낯선 환경 속에서 어려움을 겪었던 저들은 자연 함께 모이게 되고 자체 내의 안녕과 발전을 도모하기 위하여 정치, 사회, 교육 및 종교단체들을 세우게 되었다. 이러한 상황 속에서 1904년 3월 11일 로벗슨한인감리교회의 전신인 지금의 'LA한인연합감리교회'가 탄생한다."5)

이 글에서 샌프란시스코가 LA보다 먼저 미주 본토의 이민 출발지였음을 밝히고 있다. 그리고 이민 사회의 어려움을 극복하는 마음의 고향과 이민 사회의 구심점으로 상항한국인연합감

---

5) 로벗슨한인감리교회, 『로벗슨한인감리교회 80년사』(L.A.: 로벗슨한인감리교회, 1984), 12-13. 이하 『로벗슨감리교회사』로 표기함.

양주삼 총리사, 김매륜 부부, 1930년 (사진: 옥성득 교수의 「한국 기독교 역사」)

리교회가 설립되었음을 언급하고 있다. 상항한국인연합감리교회는 목회자가 없이 평신도들에 의해 시작된 교회, 청교도적인 기상이 서려 있는 교회였다. 이 교회는 단순히 신앙공동체만 아니라 이민 생활의 어려움을 달래고 상부상조하는 이민 생활의 센터였고, 또한 독립운동을 전개하던 중심지였다.

1905년 10월 8일 교포 수가 50명 정도로 증가하자 두 평신도 전도사(lay speaker 혹은 lay preacher)가 '한인전도회'를 조직하여 평신도 전도인 문경호가 전도사로 봉사하게 되었고, 1906년 7월 평신도 전도인 방화중이 예배를 인도하기 시작하였다. 웨슬리는 초기 영국 감리교회를 영국 성공회로부터 분리시키지 않으려고 목사안수를 주지 않고 평신도 설교가 50명을 임명하기도 하였다. 프로테스탄트 역사상 처음으로, 1787년부터는 여성 평신도 설교가 새러 말렛(Sarah Mallet)을 맨체스터 연회(Manchester Annual Conference)에서 임명하기도 하였다.

1906년 3월 양주삼 전도사가 상해와 런던과 뉴욕을 거쳐 오클랜드로 왔는데 동포들의 신앙 향상을 위해 당분간 유학을 포기하고 상항한국인연합감리교회 담임전도사로 일하게 되었다. 흥미로운 사실은 양주삼 전도사는 상항한국인연합감리교회를 담임하는 전도사와 목사가 되기 위해 왔는데 지진이 일어나 샌프란시스코의 한인들이 오클랜드에서 피난생활을 하였기에 자연스럽게 양주삼 전도사는 오클랜드에서 먼저 목회활동과 전도활동을 하게 되었다는 것이다. 18세기 웨슬리 당시처럼 '순회설교가'(ciruit rider)가 오클랜드와 샌프란시스코에서 동시에 설교하고 동시에 심방하고 전도하게 되었다는 것이다. 그러니까 양주삼 전도사는 오클랜드한인연합감리교회와 상항한국인연합감리교회를 동시에 목회하는 '두 구역 담임자'(two point charge pastor)로 활동한 것이다. 따라서 양주삼 전도사는 제1대 상항한국인연합감리교회 담임전도사인 동시에 오클랜드한인연합감리교회 제1대 담임전도사였다.

1906년 12월 16일부터 남감리교회 내국 여자선교회의 관리로 캘리포니아 스트리트(California Street) 2350번지에 3층 개인주택을 임대하여 예배와 교인들의 숙소로 사용하면서 미국 남감리교단 소속 상항한국인연합감리교회를 설립하고 양주삼 전도사를 정식으로 담임전도사로 임명하였다. 그때의 창립교인은 20명이었다. 양주삼 전도사는 「대도(大道)」라는 교회지를 발행하여 교인들을 교육시켰다. 「대도」의 목적을 다음과 같이 말하고 있다.

> "도라하는 거슨 이 세상에 하나히오 둘이 업스며 도라하난 거슨 하나님의 말씀이오 참 리타라. 하나님의 말삼은 신약 구약으로 일홈한 책이니 그 책이 안이면 엇지 하나님의 말씀을 들을 수 잇스며 하나님의 말삼을 듯지 못하면 엇지 하나님의 도를 알 수 잇스리오. 그런고로 신구약을 공부하며 도성인신한 예수를 밋난거슨 하나님께로 나오난 큰길이니(大道) 인생의게 관계됨이 긴요 막심하도다. 어늬 격물학사가 말하기를 공긔라난 거시 인민생활에 긴요 막심하야 만일 사람이 2, 3분 동안만 먹지 못하여도 즉시 생명이 끊어질 터이라 하나 하나님의 도난 사람의 육신과 령혼에 관계됨이 공긔보다 천 배나 더 밀절 긴요하야 사람이 만일 1초 동안만 먹지 못하여도 생존을 부득할이로다…하나님께서 우리 2천만 인민에게 대도를 주시와 구원을 엇게 하소서 긔도하노라."⁶⁾

대도란 하나님께로부터 나오는 큰 길이란 뜻이고, 그 큰 길의 핵심은 도성인신하신 그리스도를 믿는 것임을 말한다. 그리스도를 믿는 하나님의 도는 육신과 영혼을 살리는 것으로 1초 동안만 먹지 못하여도 살 수 없음을 강조한다.

양주삼 전도사는 "교훈"이란 논문에서 "이상한 일"이라는 소제목으로 신앙생활의 거듭남을 촉구하고 있다.

> "학문은 부러워하면서도 공붙이 안난 것이 이상한 일, 돈 없다고 하면서도 일하지 안난 것이 이상한 일, 자유난 하려면서도 법에만 범하난 것이 이상한 일, 저 속기난 스려하면서도 남 속이난 것 이상한 일, 취하기난 스려하면서도 술 먹난 것 이상한 일, 더럽다고 하면서도 담배 먹는 것 이상한 일, 자식은 귀히 여기면서도 교육지 안난 것 이상한 일, 합한다고 하면서도 싸홈만 하난 것 이상한 일, 됴흔 일은 알면서도 행치 안난 것 이상한 일, 교육은 한다 하면서도 어둡게만 하난 것 이상한 일…하나님은 안다 하면서 예수 밋지 안난 것 이상한 일, 예수난 밋난다면서도 마귀의 일만 하난 것 이상한 일…문명은 하려면서도 사회개량치 안난 갓 이상한 일, 민권이 잇스야 된다면서도

---

6) 양주삼, "대도보 뎨1호 발행축사", 「대도(大道)」, Vol 제1호(상항: 상항한국인감리교회, 1908), 20-21.

> 벼슬만 구하난 것 이상한 일…나라난 사랑한다면서도 파라먹는 것 이상한 일, 백성은 보호한다면서도 학정질만 하난 것 이상한 일…자기는 대접밧기난 됴아하면서도 남 대접하기난 스려하난 것 이상한 일… 죄 있난 줄 알면서도 회개치 안난 것 이상한 일."[7]

죄를 회개치 않는 것이 이상하고, 예수를 믿지 않고 교회 다니는 것이 이상하다고 한 것은 그가 얼마나 복음적이었는지 말해 주고 있다. 그리고 이 당시의 기독교 신앙이 얼마나 경건주의적이며 웨슬리적인 것이었는지 보여주고 있다. 술과 담배를 금하는 금욕주의적인 신앙을 강조하는 인격적 성화와 새로운 문명을 창조하는 사회개혁운동과 사회적 성화에 깊은 관심을 갖고 있음을 알 수 있다. 더욱 나아가 양주삼의 신앙과 신학은 나라를 사랑하고 나라를 구하는 민족운동으로 이어지고 있음을 보여주고 있다.

> "「대도」는 두 가지 목적으로 창간되었다. 첫째는 예수 그리스도의 복음을 한인들에게 전하여 구원과 생명의 도를 받아들여 새로운 삶을 살도록 하는 것이다. 둘째는 세계문명의 실상과 발전을 알려주어 나라와 민족의 발전과 개혁을 이룩하여 가는 것이다."[8]

그러나 1910년 한일 병합으로 인하여 「대도」는 1910년 11월호를 내고 정간 당하는 운명을 맞았다. 윤병구는 주필직을 사임하였고, 상항교회 전도사직까지 사면당하였다. 「신한민보」가 일본의 독재가 "「대도」에까지 미치게 되었음"을 고발하였다.[9]

양주삼 다음으로 큰 목회자가 이대위 목사였다. 이대위 목사는 문화변혁자적 목회와 선교를 실천한 대단한 목회자였다. 리처드 니버가 『그리스도와 문화』에서 지적한 대로 바람직한 교회와 문화의 관계는 교회가 문화 위에 군림하는 중세교회적 관계를 가져서도 안 되고, 교회가 문화와 갈등을 일으키는 초대교회적 관계도 안 되며, 교회가 문화에 예속되는 히틀러 시대나 독재정권시대처럼 되어서도 안 되고, 교회가 문화에 대해서 무관심한 경건주의시대처럼 되어서도 안 되며, 종교개혁 시대처럼 교회는 문화를 변혁시켜 가는 문화변혁자(transformer)의 역할을 해야 한다. 그런데 미주 한인 감리교회의 초창기 개척의 모습은 이민 사회의 문화와 운명을

---

7) 양주삼, "이상한 일", 「대도」, 33.
8) 성백걸, 『샌프란시스코의 한인과 교회: 상항한국인연합감리교회의 역사』(서울: 한들출판사, 2003), 139.
9) 성백걸, 위의 책, 145.

같이하면서 이민 사회의 문화에 어용화 되지도 않고, 그 위에 군림하지도 않으며, 그 문화와 갈등을 일으키지도 않고, 그 문화에 무관심하지도 않으며, 그 이민 사회의 문화를 새롭게 창조하고 이민 사회의 문화를 개혁해가는 주체 노릇을 하였다. 이것은 지금까지 한인감리교회를 비롯하여 거의 모든 미주 한인 교회의 모습으로 이어져 왔다.

한인 교회의 목회자는 설교와 성경공부와 심방 등 영적인 것에만 관여하지 않고, 이민들의 모든 삶을 돌보며 섬기는 일을 통하여 한인 사회의 지도자로서 문화변혁자의 이미지를 만들어 왔다. 사회적 성화, 문화적 성화활동도 전개하였다. 초월적, 미래적 천국이 내재적, 현재적 천국으로 이미 역사 속에서 임재하는 천국 확산운동이고, 겨자씨 한 알같이 천국이 현재 역사 속에서 자라가는 운동이라 할 수 있다. 이것은 또한 기독교대한감리회의 교리적 선언(미국연합감리교회 찬송가 속에 실려 있음) 제7항처럼 "하나님의 뜻이 실현된 인류사회가 천국임을 믿으며"의 현실화(realization)이다. 이것은 다른 의미로 지상에서 실현되는 완전성화(entire sanctification)의 사회적 실현의 모습이기도 하다. 다시 말해서 웨슬리도 강조한 희년(Jubilee)의 현실화이기도 하다.

이 당시 가장 많이 문화변혁자적인 이미지를 보여준 목사가 상항한국인연합감리교회를 담임하였던 이대위 목사였다. 1903년 유학을 목적으로 샌프란시스코에 와서 1903년 9월에 도산 안창호 선생과 함께 상항친목회를 조직하고 회원이 되었고, 1908년 6월 오리곤주의 포틀랜드 아카데미(고등학교 과정)를 졸업하였으며, 1916년 UC(University of California) 버클리를 한인 최초로 졸업하였고, 그 후 태평양신학교(Pacific School of Religion)를 졸업하고 목사가 되었다. 1909년 상항감리교회 제1대 양주삼 담임전도사가 공부를 위해 동부로 떠나고, 제2대 윤병구 전도사가 1년간 목회한 후, 1910년 이대위 목사가 제3대 상항한국인연합감리교회의 담임목사로 초빙되어 1911년부터 본격적인 목회를 하게 되었다.

그는 한인 사회의 지도자이며, 봉사하는 일꾼으로, 영혼들을 뜨겁게 돌보는 목회자였으며 내 몸을 돌보지 않고 헌신적으로 한 알의 밀알처럼 희생하는 목회를 하였다. 1913년 북가주 대한인국민회 총회장으로 선출되면서 「신한일보」의 주필도 겸하였다. 그는 교회와 언론을 이끌어 가는 것만 아니라 독립운동까지 앞장섰다. 이 목사는 첫째로 내 동포와 내 민족을 사랑하는 것이 바탕을 이루었고, 둘째로 주야로 뛰어다니면서 온몸으로 이민 교포들을 섬기는 목사였다.

그는 망명객들을 위해서 그들의 잠자리와 먹거리와 일자리 창출을 위해 동분서주하였다. 이대위 목사의 목회기간 동안 유학생들을 500여 명 이상 돌보았고, 사진결혼한 신부들은 70여 명이었다. 이 70여 명의 사진결혼 신부들이 천사도(Angel's Island)에 도착하면 신랑감들을 데리고 가서 이민국 직원들과 입국수속 인터뷰를 하고 상항에 들어오게 하는 모든 일을 이 목사가 도맡아서 하였고, 그 사진결혼 부부들 거의 모두를 결혼 주례하였다.

1913년 6월 27일 리버사이드(Riverside) 지역에 살던 한인들 11명이 헤르멧(Hermet) 지방에 있는 영국인 농장에서 일본인으로 오해를 받아 쫓겨나게 되었다. 이때 국민회 총회장 이대위 목사는 미국의 국무장관 브라이언(Brian)에게 다음과 같은 서신을 보냈다.

> "…귀국 법률 밑에서 사는 한인들은 대개 한일합방 전에 한국을 떠난 사람들이고 한일합방을 반대하며 해가 하늘에 떠 있는 한 일본 정부의 간섭을 받지 않을 터이니 전시나 평시를 물론 하고 한인에 관한 문제는 한인 사회와 교섭하시기 바랍니다."[10]

이 서신을 받은 브라이언 국무장관은 이틀 후 한인들을 독립된 집단으로 인정하고, 한인 사회에 관계되는 일은 일본 정부나 일본 관리를 통하지 않을 것이라는 답장을 보내왔다. 일본 영사관이 재미한인 사회에 개입하려던 농장사건에 대해서 이대위 목사는 도리어 한인들의 권리와 이익을 찾는 기회로 발전시켰고, 미국 정부도 한인국민회의 주장을 존중하고 배려해 주게 되었다. 이러한 미국 정부로부터의 공식적인 인정이 있은 후 1914년 4월 6일 캘리포니아 정부에 정식으로 사단법인 허락을 받았고, 그리하여 국민회는 더욱 교포사회를 이끌어 가는 주체적인 단체로 발전하게 되었다.

이 목사는 또한 국문활자 발명으로 미주언론사에 남을 역사적 업적을 이루었다. 1915년 "인터타입(Intertype) 한글식자기"를 만들었다. 국문 자음과 모음을 이 목사 자신이 만들었고, 동포들이 모금해 준 돈으로 기계를 사서 독창적인 한글식자기로 발전시킨 것이다. 이 인터타입 식자기로 1915년부터 1970년까지 「신한민보」를 출판, 인쇄하게 되었다.

그리고 그는 1927년 그 지방감리사가 일본인 교회를 세운 일을 보고하는 자리에서, 그 감리사의 멱살을 잡고 "당신은 한인을 위해서 교회를 하나 세워주겠다고 약속을 해놓고 일본인만을 위해서 교회당을 세워주었느냐?"라고 항의함으로써, 감리사로부터 다음 해까지 한인 교회를 지어주겠다는 약속을 받아냈다. 그래서 1928년 감리교단이 돈을 주어서 1930년에 한인 소유 예배당을 구입하게 되었다.

---

10) 민병용, 『미주이민100년』(로스앤젤레스: 한국일보 출판사, 1985), 22.

그는 17년간 상항한국인연합감리교회를 목회하면서 이웃을 돌보고 섬기느라고 너무나 과로하여 1928년 6월, 49세의 나이로 생을 마쳤다. 그는 하나님의 부름을 받기까지 10년간의 병고 속에서도 늘 화평한 얼굴을 잃지 않았고, 희생정신과 이웃 사랑의 정신이 충만한 한인 이민 목회의 모범이 되는 목사였다. 예수처럼 짧은 인생을 살았으나 굵은 발자취를 남겨 희생과 헌신으로 발을 씻어주는 작은 예수로, 그리스도의 마음으로 목회한, 천사 같은 하나님의 사람이었다.

IV

LA 한인연합감리교회의 창립
(1904년)

1. 역사를 회상하는 이창민 담임목사, 김광진 은퇴목사, 역사편찬위원장 안성주 장로

현재 이창민 담임목사는 다음과 같이 LA한인연합감리교회가 "오래됨의 이유를 증명하는 교회"임을 강조하였다.

> "오래된 역사의 장점을 나타내주는 것은 끊임없이 선교한다는 것이다. 멕시코 선교도 30년째 하고 있고, 카자흐스탄 선교도 20년째 선교하고 있다. 지역사회 봉사도 꾸준히 섬기는 교회다. 20년 이상 영어부도 100명 이상 잘 모이는 교회다. 100주년 음악회도 성대하게 개최하였고, 115주년 기념 장학금도 100만 달러를 모금하였다."[1]

김광진 은퇴목사는 LA한인연합감리교회의 자랑스러운 교회 역사에 대해서 다음과 같이 소개하였다.

---

1) 이창민 목사 인터뷰: 2022년 3월 15일(화) 오전 10:00.

"최초의 우수 직업인(professional)을 배출한 교회이다. 한인회장, 최초의 의사, 최초의 상공회의 소장, 최초의 변호사로 서동성 변호사(서재필의 후손)를 양성한 것을 자랑스럽게 생각한다. 한 번도 싸움이 없는 교회로, 1910년에는 우파 이승만 교회와 좌파 장로교회와 합동야유회를 갖기도 하였다. 김하태 박사(USC에서 Ph.D.를 받음)가 목회하면서 조화와 평화를 이루었다."[2]

안성주 장로(역사편찬위원장)의 증언이다.

"최영용 목사의 뜨거운 사랑의 목회에 모두 감동을 받아 목사로 인정하고 존경하게 되었다. 최 목사는 감신대를 졸업하고, 프린스턴신학교를 졸업하였다. 인격적이고, 수준급 성경공부와 신학공부를 시켰다. 모두 '아버지'라고 불렀다. 28년을 시무하는 가운데 그가 기른 사람들이 모두 성공하였다. 나는 버클리대학교 건축학과를 졸업하고 건축사업을 하는 가운데 교회건축위원장으로 봉사하였다. 외조부 김홍호 씨가 독립유공자이고, 백만장자였는데 6·25동란 때 북한으로 납치되셨고, 나의 어머니는 영문과 교수였는데 북한으로 납치되기 전에 조사받는 중에 도망 나와, 미국으로 오게 되었다. 후에 LA한인회관에 할아버지 재산의 95%를 기증하였다. 조부 안창호 목사는 1천500명이 출석하는 하늘중앙교회를 목회하면서 유관순을 보호하기도 하고, 미국에 오신 뒤로는 하와이 올리브연합감리교회 2대 담임목사로 봉사하기도 하였다. 화합을 잘 이루셨고, 매일 새벽기도를 출석하셨다."[3]

2. LA한인연합감리교회의 창립과정

한국 호남지방에서 선교활동을 하다가 은퇴한 감리교 여선교사 미세스 셔만(Mrs. Sherman)이 주선하여 남감리교회의 협조를 얻어 매그놀리아 스트리트(Magnolia Street)에서 1904년 3월 11일 첫 예배를 드린 것이 LA한인감리교회(이전 교회명은 로벗슨한인감리교회, 현재는 LA한인연합감리교회)의 창립예배였다. 그녀는 예배를 드리는 장소뿐만 아니라 한인 기숙사까지 세워 주일 낮에는 예

---

[2] 김광진 목사 인터뷰: 2022년 3월 15일(화) 오전 10:30.
[3] 안성주 장로 인터뷰: 2022년 3월 15일(화) 오전 11:00.

2004년 3월 교회창립 100주년을 맞이 백주년 기념탑을 세우고 교인들이 축하행사를 하고 있다

배를 드리는 동시에 저녁에는 영어와 성경을 배우게 하였다. 하와이감리교회나 상항감리교회와 마찬가지로 LA한인감리교회도 예배당과 함께 기숙사가 있어서 교회가 단순히 예배공동체가 아니라, 친교의 공동체요, 이민 사회를 섬기는 사회복지적 공동체이며, 이민 한인들을 교육시키는 교육공동체였음을 알 수 있다. 교회는 이민 사회 봉사와 문화센터 역할을 함으로써 이민자들의 마음의 고향이 되었으며, 이러한 긍정적 이미지는 선교의 문을 더욱 활짝 열게 하였다. 한인 교회가 단순히 신앙공동체만이 아니라 사회복지, 교육공동체, 민회공동체였으며, 이를 위해서 헌신함으로써 미주의 한인 이민 공동체의 원동력이었음을 재삼 발견할 수 있다.

미세스 셔만은 자신이 설교한 것이 아니라 여러 한인 설교자들을 초청하여 한국말로 설교를 들을 수 있게 하였다. 그 당시에 설교했던 목회자들은 남가주대학교(University of Southern California, USC)에서 유학하던 신흥우 선생, 김인제 전도사, 염달욱 전도사 등이었다. 그러나 『로벗슨한인연합감리교회 80년사』(1985년 발간)에 나오는 역대 담임목사 일람에는 염달욱 전도사의 이름이 없고, 김인제(1904년), 홍승학(1904년), 신흥우(1905년) 순으로 되어 있다.

그 후에 1911년 3월 3일 하와이 그리스도감리교회를 담임했던 민찬호 목사가 신학공부를 위해서 나성에 와서 공부하게 되면서 LA한인감리교회를 담임하게 되었다. 그러나 『로벗슨한인연합감리교회 80년사』의 역대 담임목사 일람에는 민찬호 목사가 1910-1911년까지 봉직한 것으로 기록되어 있다. 그 해에 담임목사가 없어서 어려움을 겪던 나성한인장로교회의 담임목사로 민찬호 목사가 초빙되어 가게 되어, 사실상 담임목회자를 잃어버린 LA한인감리교회는 예배를 비롯하여 모든 모임을 중단할 수밖에 없었다. 그러다가 13년 후인 1924년에 다시 LA한인감리교회에서는 예배가 부활하게 되었다. 그리고 1924년 10월 24일 나성한인장로교회에 나가던 교인 일부가 독립해서 나와서 버드롱 스트리트(Budlong Street)에 있는 건물에서 "자유교회"를 세웠다.[4] 1930년 자유교회의 한승곤 목사, 김관우, 김성권, 황성택, 박재형, 이영수, 임정수 등이 감리교 선교본부와 접촉하여, 그해 7월 10일 잠시 중단되었던 "LA한인감리교회"를 다시 시작하였다.[5]

그 당시 나성 지방 감리사였던 데이비스(Davis) 목사는 오클랜드한인감리교회 담임이었던 황사용 목사를 공식 담임목사로 파송하였다. LA한인감리교회는 미국 감리교회의 지원 아래 성장해 나갔다. 1939년에 미국 감리교회에서 동양인들에 대한 특별 선교대책의 일환으로 따로 설립한 캘리포니아 동양선교부(California Oriental Mission)가 조직되어 LA한인감리교회가 정식으로 등록, 가입하게 되었고, 중국과 필리핀 등 다른 소수민족 교회들과 상호협조하여 교회 발전을 도모하였다. 1939년 7월 6-8일까지 캘리포니아 동양선교부 제1회 연회가 샌프란시스코에서 열렸다. 이때 기록된 연회록에는 LA한인감리교회가 재적인원 125명, 평균 참석인원 75명, 주일학교 52명이라고 보고했다고 기록되어 있다.[6]

2019년 창립 115주년 기념 및 임직 예배를 드린 후 이창민 목사(오른쪽에서 두 번째)와 임직자들이 기념 사진을 찍고 있다

이 시기의 하와이, 상항, 나성의 한인감리교회는 한인 이민 사회를 개척해가는 중요한 센터의 역할을 하였다. 교회는 한인 사회 공동체의 모든 문제를 풀어가는 중심 역할을 한 셈이다. 낯선 땅에서 새롭게 정착하려는 이민자들에게 모든 정보를 제공해주고, 방도 구해주고, 직장도 알선해주며, 때로는 통역도 해주고, 한인들의 억울함을 대변해주는 센터 역할을 하였다. 그야말로 교회는 마음의 고향이었다. 고향을 떠난 실향민들이 그들의 서러움을 달래며 타향살이를 성공적으로 살아가게 하는 센터가 바로 지역 교회들이었다.

---

4) 그 후 6년간 그 자유교회가 어떤 과정을 겪었는지는 알려진 바 없다.

5) 1904년 3월 감리교회 은퇴 선교사 미세스 셔만이 심은 작은 선교의 씨앗이 26년이라는 세월 후에 감리교회로 부활하는 역사의 장을 열게 된 것이다.

6) 1939년 USC 학생이었던 헬렌 루이스 기븐스(Helen Lewis Givens)의 석사논문 "The Korean Community in LA"에 의하면 나성한인감리교회는 주일예배만을 위해 아프리칸-아메리칸들의 제칠일안식일교회를 주 2달러에 빌려 썼다. 김홍기의 『감리교회 백년사』, 317에서 재인용.

오클랜드
한인연합감리교회의 창립
(1905년)

1. 역사를 회상하는 정현섭 담임목사와 손수락 장로와의 인터뷰

정현섭 담임목사: "안정적인 교회다. 독립운동 유공자 훈장을 받은 분이 5명이다. 안조앤과 김자혜(안창호 가족)는 독립운동과 절제운동을 같이 전개한 사회적 성화운동가다. 독립이 될 때까지는 빵에 버터를 발라 먹지 말라는 것이 이들의 주장이었다. 여선교회가 두 개의 태극기를 만들었다. 김광진 목사의 목회 이후 40년 동안 신앙이 잘

정현섭 담임목사(오른쪽)와 손수락 장로. 한국인 독립운동 표석 제1호, 1905년 태동과 1914년 창립을 동시에 기록한 동판

다져졌다. 예배당이 침례교회에 팔렸다가 다시 연합감리교회당으로 샀다. 이스트 베이(East Bay, 샌프란시스코 만의 동쪽) 한인봉사회가 이 교회에서 시작되었다. 매스터 코랄(Master Chorale) 합창

단(샌프란시스코 베이 지역의 한인 사회에서 최대와 최고의 합창단으로 발전함)이 정지선 장로(합창단 사업으로 한국 정부로부터 문화훈장을 받음)와 교인들에 의하여 발전하였다. 지역사회 장학금운동을 전개해 왔다. 교회 헌금의 3분의 1은 사회봉사에 사용해 왔다. 대학 진학생 27명에게 장학금을 수여하였다. 코로나 팬데믹 시대에도 헌금이 줄지 않고 잘 유지되어 왔다."[1]

손수락 장로: "복음만 아니라 독립운동을 위해 헌신한 역사적인 교회였다. 어려운 상황에서도 전도에 심혈을 기울였다. 우리 교회에서 4시간 걸리는 프레즈노 같은 지역에도 선교하러 다니는 열심 있는 교회였다. 독립유공자 5명을 배출하고, 미주 한국인 독립운동 표석 제1호를 받은 교회가 되었다. 지역 사회를 위해 봉사도 많이 하였다. 순직 경찰 3명을 위한 헌금과 위로를 하는 행사를 가졌다. 가난한 사람들을 위한 음식 봉사를 일주일에 한 번씩 하였다. 한흑 갈등을 극복하기 위해 한흑 연합예배와 찬양 행사를 여러 해 동안 해 왔다. 2021년 선교헌금을 10만 달러 모아서 선교활동에 썼다. 2022년에도 이미 5만 달러의 선교헌금이 들어왔다. 교회 예산의 3분의 1은 선교헌금에 쓰기로 하였다."[2]

독립운동과 함께 인종갈등 화해운동과 선교운동 등 교회 밖 사회적 성화와 선교에 열심을 내는 바람직한 교회의 모습을 보여주고 있다. 특히 교회 예산의 3분의 1을 선교와 사회봉사에 쓴다는 것은 모범적인 교회의 모습이 아닐 수 없다.

2. 오클랜드한인연합감리교회의 창립과정

황사용 목사가 1914년 남감리교회 연회 회원이 되면서 오클랜드한인연합감리교회의 담임목회자가 되었다. 조성학과 함께 4명이 개척한 것으로 기록하고 있다. 이것을 근거로 오클랜드한인연합감리교회는 2014년 백주년 행사를 가졌다. 그러나 이미 황사용 목사가 담임으로 임명되기 전에 1913년 연회보고서에는 14명의 교인이 존재한 것을 보고한다.[3] 더욱 놀라운 것은 1916

---

1) 정현섭 목사 인터뷰: 2022년 3월 26일(토) 오후 3:00.
2) 손수락 장로 인터뷰: 2022년 3월 26일(토) 오후 3:30.
3) 황사용 목사와 문원칠과 조성학 등 4명이 1914년에 예배를 드렸다며 창립을 주장하는데, 그 이전에 이미 연회록에는 14명이 출석했다고 기록하고 있다. 그것을 액튼(William Acton) 감리사가 보고했다.

년 연회록에서는 오클랜드한인연합감리교회 교인들이 성인 69명, 주일학교 학생 49명 도합 118명으로 기록하고 있다[4]는 것이다. 만약 1914년에 창립되었다면 4명으로 창립된 지 2년 만에 어떻게 118명으로 부흥 발전할 수 있을까 의문이 든다.

　1968년과 1973년 연회록에도 오클랜드한인연합감리교회의 창립 연도를 1905년으로 밝히고 있다. 상항한국인연합감리교회의 담임목사와 오클랜드한인연합감리교회의 대리목사(1943년)를 맡은 김하태 박사는 9년 후인 1952년 11개의 한국인, 중국인, 필리핀인 선교교회들이 캘리포니아-네바다 연회에 통합되는 연회의 증언에서(1952년) 상항한국인연합감리교회와 오클랜드한인연합감리교회가 모두 1905년 북감리교회의 재정후원을 받아 한인 선교가 같이 시작하였음을 증언하였다.

황사용 오클랜드한인연합감리교회의 초대 담임목사

　김하태 목사는 한인 선교의 역사에 대하여 다음과 같이 이야기하고 있다.

　　"나는 이 연회에 입회하게 되는 한국 교회를 대표해서 이야기해 보려 합니다. 우리의 교회 중 하나인 상항한국인연합감리교회는 윌리엄 테일러에 의해서 샌프란시스코에 건축된 첫 번째 감리교회라는 특별한 위치를 차지하고 있습니다. 그곳은 또한 성서공회가 세워진 첫 번째 장소이기도 합니다. 한인 선교는 1905년 북감리교회의 재정 지원하에 어느 한인 목회자에 의해 개척되었습니다. 샌프란시스코에 한 그룹이 조직되었고, 몇 개의 다른 지역 공동체와 연결이 되었습니다. 그러나 문경호 목사가 그다음 해에 한국으로 돌아가게 되면서 그 그룹은 해체되었습니다. 같은 시기에 중국 선교지에서 돌아온 남감리교의 이 덕 박사가 기도 모임과 성경공부 모임을 위한 그룹을 모으게 되었습니다. 샌프란시스코에서 교회가 조직되었고, 후에 한국 감리교회의 초대 총리사(감독)가 된 양주삼 목사가 담임목사로 청빙을 받게 되었습니다. 양 목사는 캘리포니아의 한인들을 위해서 한국어로 「대도」라는 종교잡지를 발행하기도 했습니다. 다른 그룹들은 오클랜드, 새크라멘토, 스탁턴, 로스앤젤레스에서 시작되었습니다. 그러나 우리 교인들은 숫자상 적었으며, 거주하는 지역도 여기저기

---

4) Pacific Annual Conference Minute 1916, 34. 상항한국인교회는 같은 해에 성인 79명, 주일학교 학생 43명 도합 122명으로 기록되어 있다.

흩어져 있었습니다."5)

김하태 목사의 보고는 북감리교회의 재정후원으로 한인 선교가 1905년부터 시작되었다는 것과 상항한국인연갑감리교회와 오클랜드한인연합감리교회 등이 같이 창립되었다는 것을 보여주고 있다. 김하태 목사의 증언대로 감리교단은 1905년 샌프란시스코, 오클랜드 지역에 안정수와 박용만, 1906년 문경호 전도사, 이어서 양주삼 전도사(1906-1909)를 파송하였다.

양주삼은 1906년 7월에 중국과 러시아를 거쳐서 유학을 위해 뉴욕에서 오클랜드에 도착하였다. 그는 한인들이 많이 살고 있는 샌프란시스코를 방문하기 위해 오클랜드로 왔으나, 4월 18일 샌프란시스코에 지진이 발생해, 샌프란시스코로 가지 못하고 오클랜드에 상당 기간 머물러 있었다. 그러니까 목적지가 샌프란시스코인데도 지진 때문에 오클랜드에 머무르면서, 샌프란시스코에서 피난 온 한인 교포들을 오클랜드에서 돌보면서 목회하는 전도사가 된 것이다. 양주삼은 샌프란시스코에서 피난 오게 된 한인들의 상황과 어려움을 확인하였고, 로스앤젤레스, 리버사이드(Riverside), 레드랜드(Redland), 남가주의 업랜드(Upland), 쿠가몽가(Cucamonga), 바인랜드(Vinland) 등지를 다니면서 순회설교가로 설교활동을 전개하였다.

그러니까 양주삼 전도사는 한 지역교회만 매여 있는 개체교회 목사(local church pastor)가 아니라 여러 지역을 순회하면서 설교하는 '순회설교가'(circuit rider)였던 것이다. 18세기 초 영국 감리교회에서는 순회설교가를 '협력목사'(assistant), 개체교회를 돌보는 담임목사를 '보조목사'(helper)라고 불렀다. 그리고 나중에는 '협력목사'가 순회교구와 지방회를 관장하고, '보조목사'는 영적으로 지도하고 돌보는 '감리사'(district superintendent)가 되었다.6)

2002년 오클랜드한인연합감리교회 창립 88주년을 맞이하여 로승목 교우가 보낸 편지에서는 교회가 오클랜드의 맥아더 길 359번지에 있었을 때 예배당에서 기거하면서 지냈을 때를 증언하고 있다. 1906년 샌프란시스코 대지진 당시 샌프란시스코에서 오클랜드로 피난 온 한인들을 오클랜드 예수교회의 교회 마당에서 돌보았고, 이렇게 피난 온 한인들이 1908년부터 예배를 드렸다는 것이다.7) 상항한국인연합감리교회를 오랫동안 담임하였던 차원태 목사도 이 예수교회가 오클랜드한인연합감리교회라고 시인하고 있다.8) 그러니까 이미 1914년 이전 1906년

---

5) Methodist Church(U.S.), 『Journal and Year Book』 Fourth Session, the California-Nevada Annual Conference(1952), 91.
6) 김규현, 『오클랜드한인교회 100년사』, 58-59.
7) 『공립신보(公立新報)』 1906년 4월 25일 3면 1단 기사와 일치한다.
8) 필자와의 인터뷰에서 증언하였다.

에도 오클랜드한인연합감리교회는 예수교회란 이름으로 존재하고 있었던 것이다.

도산 안창호의 사촌동생 안영호와 결혼하여 여성독립운동가로 대한민국정부의 훈장까지 받은 안조앤 권사도 오클랜드한인연합감리교회의 창립연도를 1914년이 아닌 1912년으로 기억하였다.[9] 이런 많은 역사적 사실들이 1914년이 아닌 1905년으로 교회창립을 9년 앞당길 수 있는 근거가 되고 있다. 그런데도 오클랜드한인연합감리교회는 교인들의 많은 역사적 증언과 사실 발견에도 불구하고 합의가 안 되어서 아직도 1905년 창립을 선언하지 못하고 있는 실정이다.

1914년 황사용 목사와 함께 오클랜드한인연합감리교회 창립예배를 드린 것으로 알려진 조성학은 이미 상항한국인연합감리교회 교인이었다. 그러다가 오클랜드연합감리교회에서 장로까지 되고, 독립유공자로 인정될 정도로 민족운동을 하다가, 다시 시카고 제일한인교회 5대 목사로 담임목회까지 한다.

조성학 목사

조성학은 「대도」 1권 4호에 기록된 것으로 보면, 유아 시절에 미국 소살리토에 와서 미국 소학교를 다니다가 황인종이라고 퇴학을 당하였다. 그런데 집주인 변호사 슈터 씨 내외(Mr. & Mrs. Suter)가 그들 집에서 낮에는 미세스 슈터가 문법과 역사 등을 가르치고 밤에는 미스터 슈터가 지리학과 대수와 기하학과 애국지사 행적과 긴요한 정치정보 등을 가르쳐서 대학예비과에 들어갈 정도로 교육시켰다. 상항한국인연합감리교회를 출석하면서 미국인 장로교회 주일학교(성일학당)를 52주 중 51주를 출석하여서 상을 받았는데, 『한국의 풍습』이란 영어책(한국에서 일하는 미국인 선교사가 쓴)을 선물로 받았다. 그다음 해에는 52주를 한 주도 안 빠지겠다고 다짐하기도 하였다.[10]

조성학은 상항한국인연합감리교회에서 여러 가지 논문을 「대도」에 쓸 정도로 능력있는 사람이 되었다. 1권 5호에서는 "자택결혼"이란 제하의 논문에서 한국사람들의 결혼은 부모가 정해주는 결혼이라 조혼도 많아서 어린 신랑과 어린 신부가 부실한 아이를 낳는다고 지적하면서, 자기 의사로 자유롭게 선택하는 결혼, 여자도 안에서 가사만 하지 않고 바깥 사농공상 일도 하는 결혼을 해야 한다고 주장한다. 1권 6호에서는 "허한 데서 실한 것을 얻지 못함"이란 제하의 논문에서 오이를 심으면 오이가 나오고, 팥을 심으면 팥이 나온다는 이야기를 거론하면서 육체와 영혼을 잘 수련해야 건강한 열매를 맺고 인격의 성숙을 이룰 수 있다는 것을 주

---

9) 1943년 5월에 감리교회 캘리포니아 동양선교회의 감리사 라이언으로부터 전도사로 임명받기도 하였다.
10) 『대도』, 1권 4호(1909년 3월), 41.

장한다. 그리고 2권 1호에서 "물리문답"이란 제호의 논문에서는 달리는 전차에서 달리는 방향으로 뛰면 안 넘어지고, 뒤로 돌아서 반대방향으로 뛰면 넘어진다는 물리학 이론의 논문도 썼다.

오클랜드한인연합감리교회가 1914년에 공식적인 남감리교회 연회 회원이 되면서 초기 교회는 조성학과 문원칠의 헌신과 희생으로 보다 안정적이고 활성화된 목회구조를 가지게 되었

2014년 오클랜드한인연합감리교회에서 100주년 기념 음악회가 열리고 있다

다. 1912년부터 이미 지방 순회설교가로 봉사하였던 황사용 목사는 샌프란시스코를 제외한 다른 지역의 한인들을 위해 선교사업에 크게 헌신하였다.[11]

문원칠은 1905년 부모와 함께 하와이 노동이민을 와서 샌프란시스코를 거쳐서 새크라멘토에서 농장노동자로 일하였다. 그 후에 오클랜드로 이사 와서 1907년 12월경에 노동주선소를 열고 한인들에게 일자리를 제공하는 일을 주도하게 되었다. 1908년 4월 알래스카 노동자들을 모집하다가 인원을 채우지 못하게 되자 아버지와 함께 알래스카에 노동자로 가서 사람들을 모아들였다. 문원칠은 자신의 사업장을 예배 처소로 제공하였다.[12]

조성학은 헌신적으로, 희생적으로 교회가 자리 잡도록 노력 봉사하였다. 오클랜드한인연합감리교회는 조성학과 문원칠, 이 두 사람의 공헌을 영원히 역사적으로 기억해야 한다. 조성학에 관한 기록은 문원칠에 비하여 많이 나온다. 문원칠이 사업장을 예배 장소로 제공할 때 합류함으로써 황사용 목사가 설교하였다.[13]

---

11) 김규현, 『오클랜드 한인연합감리교회 100년사』, 김홍기 감수(서울: 신앙과 지성사, 2014), 67.
12) 김규현, 위의 책, 69.
13) 김규현, 앞의 책, 67-69.

라성
한인연합장로교회의 창립
(1906년)

1906년 초에 샌프란시스코에 있었던 방화중 전도사가 개척교회 담임으로 오게 되었다. 평양 신학교 교장이던 마포삼열(Samuel A. Moffett)이 안식년으로 미국에 왔다가 방 전도사를 만나게 되었다. 실상 방화중 전도사는 샌프란시스코에 있을 때 상항한국인연합감리교회의 전도사였다. 방화중은 최초의 이민선을 탄 102명 중 한 사람이었다. 그 후에 상항에 가서 평신도 설교가로 상항을 섬기다가 양주삼 전도사가 오면서 인계하고 LA로 내려왔다. 마포삼열 목사가 교회 설립의 긴급성을 말하니까 방 전도사도 교회 설립에 동의하여 라성노회를 찾아가게 된 것이다.

1906년 5월 10일 주일, 라성에서 처음 18명의 교인들이 모여 감격스럽게 라성장로교회의 창립예배를 드리게 되었다.[1] 방 전도사는 약 6년 동안 창립 초기에 충성을 다해 수고하였고, 1909년 6월부터 샌프란시스코에서 잘 알던 오클랜드한인연합감리교회 담임목회자인 황사용 목사와 함께 멕시코 이민 노동자들을 돕는 선교사업에 몰두하였다.

그러다가 황사용 목사는 오클랜드한인연합감리교회에서 LA한인감리교회로 담임목사직을 옮기게 되었다. 방화중 전도사는 1912년 초 부친이 한국에서 사망하여서 귀국하였다가 돌아와서는 목회자가 아닌 평신도로 교회를 출석하게 되었고, 하와이 제일한인감리교회(현재 그리스도

---

1) 라성한인연합장로교회 70년사편찬위원회, 『라성한인연합장로교회 70년사(1906-1976)』(Los Angeles: 라성한인연합장로교회, 1976), 35.

연합감리교회)의 담임을 했던 민찬호 전도사가 1911년 3월 로스앤젤레스신학교(Los Angeles Theological Seminary)에 공부하게 되면서 라성한인연합장로교회 담임전도사로 시무하기 시작하였다.

민 전도사는 1912년 6월에 로스앤젤레스신학교를 졸업하였고, 명성이 높은 남가주대학교(USC: University of Southern California)에서 더 공부하여 1916년에 졸업하였다. 그 당시만 해도 전도사와 목사가 부족하였기에 여러 교회를 담당하는

1906년 5월 10일 라성한인연합장로교회의 창립예배를 드린 LA다운타운의 벙커힐 건물

순회목회자(Circuit Rider)로 순방하였다. 1919년 3월 1일 이후에 조국 독립운동에 적극적으로 참여하기 위하여 다시 하와이로 돌아가게 되었다. 그 후에 민찬호 목사는 독립운동을 하면서 이승만 박사가 설립한 한인기독교회의 담임목사가 되기도 하였다.

하와이에서 제일한인감리교회(현재 그리스도연합감리교회)를 목회하던 홍치범 목사가 순회목사로 도와주게 되었다고 『신한민보』는 기록하고 있다.[2] 홍치범은 평양 남산현감리교회 청년이었고, 1905년 12월에 부모형제와 부인과 함께 하와이로 이민 온 하와이 제일감리교회 3대 담임목사였다.[3]

1912년 9월 25일 라성에 있던 또 하나의 초교파적인 미이미(감리교회) 교회와 합동하여 장로교회로 성장해 왔다고 『라성한인연합장로교회 70년사』는 기록하고 있다. 미국 북장로교회 선교부, 북감리교회 선교부, 남감리교회 선교부가 함께 모여 교회 설립 한계 지역을 결정하였다고 기록하고 있다.

---

2) 『신한민보』 1919년 11월 25일자. 『라성한인연합장로교회 70년사』, 37에서 재인용함. 이하 『라성한인연합장로교회 70년사』라고 표기함.
3) 이덕희, 『그리스도교회 약사』, 27.

"하와이는 북감리교회 선교구역, 북가주는 남감리교회 선교구역, 남가주는 북장로교회 선교구역으로 한다."

이어서 『라성한인연합장로교회 70년사』는 이렇게 기록하고 있다.

"이러한 협정에 의하여 하와이에서는 전부 감리교회가 세워졌던 것이다. 이것이 최근까지 장로교회가 없었던 이유이다."[4]

필자가 이해하기는 1903년 첫 이민 배 갤릭호를 탄 사람들은 내리감리교회 담임목사 존스 선교사의 이민 모집으로 인해 거의 대부분 내리감리교회 성도들이었다. 그러니까 자연스럽게 하와이에는 감리교회 중심으로 형성될 수밖에 없었다고 본다. 후에 지역 분할을 할 때도 이미 기존의 하와이 교회들이 감리교회들이기에 하와이를 감리교회 지역으로 분할했을 가능성이 크다.

그러다가 1924년 10월 14일 라성한인연합장로교회에서 분열된 일파가 '자유교회'를 설립하였고, 1930년 7월 10일에 한승곤 목사를 중심으로 김관옥, 김상권, 임정수 등이 감리교회 선교부와 연락하여 'LA한인감리교회'(현 LA한인연합감리교회)를 재건하게 되었다고 기록하고 있다.[5] 『LA한인연합감리교회 100년사』에서는 감리교회와 장로교회가 합하였다가 다시 LA한인연합감리교회로 부활하였다고 기록하고 있다.

"The Hill Street Group의 남감리교 California Oriental Mission의 입회지원서는 만장일치로 승인되어 민찬호의 잠적과 함께 중단됐던 감리교회가 14년 만에 '자유교회'로 복귀하였다가 다시 라성한인감리교회로 재건되었다. LA감리교회의 복귀, 혹은 재조직, 혹은 재탄생(The Rebirth)에 관해서는 여러 가지 추측이 있으나 자료가 불충분한 관계로 정확한 진실을 가려내기가 어렵고, 바로 이 이유 때문에 복귀, 재조직, 재생 등의 단어가 쓰이고 있다."[6]

---

4) 『라성한인연합장로교회 70년사』, 37.
5) 위의 책, 38.
6) 김신행, 『LA한인연합감리교회 100년사』, 128.

많은 학자는 '부활'이란 표현을 쓰고 있다. 민찬호와 함께 LA한인감리교회가 잠시 중단되었다가 부활했다는 말은 역사적 근거가 있는 말이다. 하와이 제일감리교회 2대 민찬호 목사가 LA에 온 것은 신학교의 과정을 마치고 목사안수를 받으려는 목적과 함께 LA한인감리교회 2대 목회자로 먼저 파송을 받은 것이다. 그런데 감리교단의 재정적인 원조가 끝나게 되었고, 라성장로교회의 방화중 전도사가 부친 장례식차 1년간 한국을 가는 바람에 두 교회가 합치는 문제가 대두된 것이다.

한승곤 목사가 자유교회, 그리고 감리교회로 복귀시켰다고 『라성한인연합장로교회 70년사』나 『LA한인연합감리교회 100년사』나 모두 서술하고 있다. 한승곤 목사는 반대로 장로교회 목사였다. 1913년 미국으로 망명왔다. 시카고한인감리교회, 다뉴바한인장로교회 등에서 시무하였고, 흥사단을 통하여 독립운동에 적극 참여하였다. 1936년 5월에 개최된 북미대한인국민회에 대표로 참석하여 상해임시정부 지원과 항일독립운동 세력 규합 등 독립운동에 일생 동안 헌신한 민족지도자였다.[7]

결국 목회자들의 교단적 정체성보다는 목회적, 선교적 상황에 응답하는 것이 강하게 요구되었다고 보아야 할 것이다. 왜냐하면 목회자들의 절대적 부족 사태가 교단적, 신학적 정체성보다 더 큰 결단을 촉구하였을 것이다.

교회의 확립과 비전(1928-1936): 김종수 목사를 중심으로

1928년 7월 11일부터 일주간 세계주일학교협회에서 주관하는 '세계주일학교대회'가 있었다. 그 모임에 김관식 목사, 김종수 목사, 김준옥 목사, 변성옥 목사 등이 참석하였다. 물론 15명의 주일학교 교사들도 참석하였다. 라성한인연합장로교회 임원들은 그 기회를 놓치지 않고 김종수 목사를 청빙 대상으로 교섭하

현재 제퍼슨 길에 위치한 나성한인연합장로교회

---

7) 김신행, 위의 책, 131.

게 되었다. 김 목사는 평양신학교와 일본 고베신학교를 졸업하고 목사안수를 받아 전라남·북도를 중심으로 목회하고, 전남노회장도 역임한 목회자였다.

1928년 12월 2일 교회청년회 학무부 주최 신앙토론회를 가졌는데, 이 시대에 처한 기독청년의 사명이 무엇인지 깨닫게 함으로써 청년들의 가슴속에 신앙의 불이 붙게 되었다. 1929년 2월 24일에는 청년들을 위한 웅변대회도 개최하였다. 복음을 전하는 일과 남을 섬기는 봉사의 일은 신앙생활의 척도가 되고, 그 양면이 없으면 온전한 그리스도의 사람이 될 수 없다고 생각하였다. 또한 교회의 생명력은 이 두 가지에서 솟아오른다고 생각하였다. 1934년 4월에는 한국선교 50주년을 맞아 온 교인이 적극적 선교를 결의하였고, 1928년 11월 감사절에는 특별연보를 모아 조국 한국의 가난한 동포들에게 구제비를 보내기로 합의하고 37달러 50센트를 송금하기도 하였다.[8]

때로는 장로교회와 감리교회가 에큐메니칼적으로 연합하여 친교하는 활동을 전개하게 되었다. 연합하여 특별예배도 드리고, 야외공원집회도 갖곤 하였다. 1933년 야외예배에서 사회와 기도는 김종수 목사가 하였으며, 설교는 감리교회의 황사용 목사가 "너희는 먼저 그의 나라와 그의 의를 구하라"는 제목으로 말씀을 전했다.

교회의 성장과 활동(1937-1958): 김성락 목사를 중심으로

김종수 목사의 건강이 안 좋아 사임하게 되자 새 목사를 구하는 것을 네 가지 조건으로 찾기로 하였다. 첫째, 한국에서 목사가 된 사람, 둘째, 예배당을 지은 경험이 있는 사람, 셋째, 미국에서 신학을 공부한 사람, 넷째, 젊은 사람을 찾는다는 조건이다. 이 네 가지를 구비한 목회자로 평양의 김성락 목사를 추천하게 되었다.

김 목사는 5년간 미국에서 대학과 프린스턴신학교에서 공부하여 철학박사(Ph.D.) 학위를 받은 후에 평양노회에서 목사안수를 받고 예배당을 신축하였다. 목회를 하면서 숭실대학 교목이자 교수로서 성경을 가르쳤고, 평양신학교와 평양여자성경학교에서도 가르쳤다. 결국 신사참배 거부로 교수직에서 물러나 교회만을 돌보던 중에 라성장로교회로부터 청빙을 받았다.

---

8) 『라성한인연합장로교회 70년사』, 56-58.

김 목사는 부임 즉시 예배당 건축에 헌신하게 되었다. 이미 교회에서 1936년 가을 1,400달러에 사두었던 제퍼슨 가의 대지 옆에 있는 또 한 대지를 1,700달러에 사들였다. 그리고 노회에다 "우리는 앞으로의 부흥을 위해 건축비 1만5천 달러의 예배당을 짓고자 하며 노회가 재정이 부족하면 우리 손으로 모금하겠으니 허락해 달라"고 제안하였다. 그날부터 모금운동을 벌이게 되었다. 모금을 위해 전차를 타고 다니면서 76회 교회들을 방문하였다. 미국 교인 스튜워트(Mrs. Stewart)가 500달러, 그 언니가 2천 달러, 다른 한 분이 3천 달러를 헌금하여 결국 9천 달러가 되자 노회의 교회확장위원회가 4천 달러를 지원하기로 하여 결국 1938년 4월 16일 부활주일에 새 예배당에 입당할 수 있는 영광을 누리게 되었다. 새 예배당에서 예배를 드리게 되자 교세는 눈에 띄게 확장되어 나갔다.

두 청년 목사도 배출하는 영광을 얻게 되었다. 레스터 킴(Lester Kim)과 워렌 리(Warren Lee)였다. 레스터 킴은 샌프란시스코신학교(San Francisco Theological Seminary)를 졸업한 후, 1950년 9월 12일 라성노회에서 시취를 통과했으며, 1953년 9월 20일 목사 안수식을 교회에서 거행하였다. 워렌 리는 1963년 남가주대학교(U.S.C.)를 졸업한 후 명문 프린스턴신학교(Princeton Theological Seminary)에서 철학박사 학위를 받고 1966년 9월 목사안수를 받고, 미국인 장로교회에서 5년간 보조목사로 시무하다가 샌프란시스코신학교의 실천신학 교수가 되었다.

1957년 5월 5일 김성락 목사는 근속 20주년 축하식을 가진 후 1년 더 봉사하다가 21년간 목회생활을 끝맺고, 서울에 재건된 숭실대학 학장에 취임, 서울로 금의환향하였다. 그는 『라성한인연합장로교회 70년사』에서 가장 많은 일과 가장 큰 열매를 맺은 목사로 추억되는 인물이 되었다.

VII
다뉴바 한인장로교회(북장로교)의 창립
(1912년)

    1910년경부터 하와이를 떠나 미국 본토로 건너오는 한인 노동자들은 다뉴바와 리들리 농장지대로 몰려들었다. 델라노(Delano), 리들리(Reedley), 다뉴바(Dinuba), 팔리어(Parlier) 등의 중가주 지역은 미국 내 과일 생산지로 유명하다. 다뉴바 포도농장에서 일하는 한인들이 증가하면서 한인들의 구심점 역할을 할 한인 교회를 설립하고자 하는 분위기가 조성되었다.

    1912년 8월 민찬호 목사 부부가 남장로교 순회목사(지역을 돌아다니며 예배를 인도하는 목사)로 찾아와 설교했고, 이어 한인들과 가까운 메리 엘리자베스 스튜어트(Mary Elizabeth Stewart) 부인도 미국인 목사를 대동하고 2주간 머물렀다. 같은 해 9월 6일 다뉴바 한인들이 장로교선교부 샌호킨노회(San Joaquin Presbytery)에 한인 선교부의 설립을 청원하였고, 노회에서 승인하자 이치완 전도사의 인도로 교회가 시작되었다.

    초기엔 방 2칸 정도의 작은 교회에서 예배를 드리기 시작하였으나, 교인이 증가하자 2,000달러를 모금해 1915년 10월 15일 다뉴바 노스 오 스트리트(North O Street)와 사우스 알타 애비뉴(South Alta Ave.)의 교차로에 150명 이상을 수용할 수 있는 교회 건축을 시작하고 같은 해 12월 23일 헌당식을 거행하였다. 미국인 린들리(Lindley) 부부의 도움으로 주일학교를 운영하여 한인 어린이들에게 영어와 성경을 가르쳤다. 1917년 3월 8일에는 목사실을 건축하였고, 1920년 2월 15일 정식 교회로 인가받았다.

1920년 3월 1일 미국 캘리포니아주 다뉴바(Danuba)에서 거행된 3·1운동 1주년 기념행사에 참석한 교포들이 행사를 마치고 찍은 기념사진. 안창호 선생과 막내아들 안필영 씨도 함께 사진을 찍었다고 알려졌다(사진: 독립기념관)

「미주크리스천신문」에서 "선교 한국, 그 역사를 찾아서"라는 제목의 시리즈로 미주 한인 교회사를 발표한 손상웅 목사(한미교회사연구소 소장)는 "임성택(1972-1968년)" 편에서 다음과 같이 기술하고 있다. 다뉴바한인장로교회는 "당시에는 신문에 헌금명단과 헌금액수를 공개하였으므로 성도 중 임성택이 건축헌금으로 44달러를 헌금했고 교인 중 제일 많이 헌금하였음을 알 수 있다…당시 교인이 드린 헌금액이 508달러 70센트, 구 예배당 매매비가 250달러, 그리고 재목 매매비가 11달러 50센트여서 총수입이 770달러 20센트였다. 건축경비 지출에는 재목 구매비가 456달러 13센트, 목수 공전이 157달러 80센트, 철물 구매비가 17달러 10센트, 굴통 임대비가 14달러, 도배 공전이 30달러, 마차비가 1달러, 전기동가설비가 50달러, 페인트 비가 32달러 50센트, 그리고 은행이자가 28달러여서 총 786달러 8센트였다. 부족액이 15달러 80센트였으니 자조 정신을 보게 된다"[1)]고 하였다.

해외에서 열린 세계 최초의 3·1운동 1주년 기념행사

다뉴바한인장로교회는 중부캘리포니아 지역 한인 교회 가운데 가장 먼저 설립된 교회로 이 지역 한인들과 한인 교회들의 구심점이었다. 3·1운동 이후 교민들이 다양한 독립운동을 전개했던 다뉴바에서는 이를 기념하기 위해 1920년부터 매년 다뉴바의 중심가에서 3·1운동 기

---

1) 「미주크리스천신문」, 2019년 8월 23일자

념 행진을 벌였다.

1920년 3월 1일 정오, 다뉴바에서는 인근 지역의 한인들이 모여 해외에서 세계 최초로 3·1운동 1주년 기념행사를 개최했다. 대한여자애국단과 대한인국민회, 다뉴바한인장로교회 등이 힘을 합쳐 마련한 행사였다. 이 행사에 참여한 한인들은 350여 명, 당시 지역에 거주한 한인들이 500명 내외였으니 한인 대부분이 참석한 거와 진배없었다. 흰옷을 입은 여성들과 정장한 남자들이 도열한 가운데 대한제국군인 복장을 한 대표가 말을 타고 독립선언서를 낭독하고 수십 대의 자동차와 도보로 태극기와 성조기를 휘날리며 시가행진을 하여 미국 주류사회에 한국이 독립국임을 알린 것이다.

다뉴바 지역 등 한인 이민 사회에서 앞장서서 한인 아동들에게 우리말을 가르치는 곳은 교회였다. 1921년에 이 교회의 담임목사로 부임한 사병순(1880-1944) 목사가 특히 역점을 두었던 것은 한글학교였다고 한다. 손상웅 목사는 다음과 같이 전한다.

> "한국학교는 사병순에게 역점사역이었고, 교장이면서도 '대한역사'를 가르쳤다. 그해 여름학기에 등록한 학생은 남녀 43명이었고, 임시 교감에 홍치범, 교사는 최능익과 김덕세였다. 1923년 5월 3일자 「신한민보」는 그의 열심 전도로 매우 은혜가 있었다고 보도한다. 사병순에 따르면 한인들이 사업상 기회를 찾아 이동하여 50-60명이 주일예배에 출석하였는데 이중에 30-40명이 어린이였으니 그의 사역이 주일학교가 중심이 된 듯하다. 주일학교 교장은 최능익이었고, 송매리는 20여 명의 유치반을 가르쳤다."[2]

다뉴바한인장로교회는 한때 교인 수가 150명에 달하기도 했고, 최소는 15명 정도였다. 그러다 한인 동포의 급감으로 1958년 2월 4일 교회가 폐쇄되었다. 역대 교역자로는 이치완, 홍치범 전도사를 비롯해 라플린, 한승권, 사병순, 이살음, 이기준, 구왕도, 김형태, 김형일, 최중섭 목사 등이 언급된다.

다뉴바한인장로교회는 미주 독립운동의 요람으로 독립자금을 모아 임시정부를 지원하였고, 기독교 예배뿐만 아니라 3·1운동 기념식 등 한인들에게 민족의식을 고취하는 각종 행사의 개최, 민족운동 단체의 설립, 만주에 있는 한인 동포들의 구제, 중경 임시정부 지원 등 한인 교

---

2) 위의 신문, 2020년 5월 16일자

회를 중심으로 상호 연결이 되어 활발한 활동을 하였다. 이로써 리들리한인교회와 함께 미국 중가주 지역 한인들의 독립운동사에서 큰 위치를 차지한다고 하겠다.

VIII

시카고
한인제일연합감리교회의 창립
(1919년)

1. 역사를 회고하는 김광태 담임목사와 교인들과의 인터뷰

김광태 담임목사는 다음과 같이 교회 역사를 회고한다.

"시카고한인제일연합감리교회는 미국 중서부 최초의 한인 교회이다. 민족대표 33인 중 한 분이신 김창준 목사가 창립한 이 교회는 매해 태극기를 양손에 들고 만세를 부른다. 독립선언문(새 번역)을 낭독한다. 앞으로 독립기념관을 건립하려고 한다. 2023년에 백주년을 기념하여 3·1절 음악회와 심포지엄을 개최하려고 한다. 북미주 유학생본부를 뉴욕에서 시카고로 옮겨 왔다. 시카고한인회를 교회가 중심이 되어 구성하였다. 그래서 한인회 행사, 삼일절 기념식, 광복절 기념식 등도 교회에서 모인다.

우리 교회는 시카고 한인 사회의 센터이다. 정신적, 문화적 센터이다. 독도 표기운동도 교회가 중심이 되어 활동한다. 한·흑 갈등 해소운동도 이 교회가 중심이 되어 전개하였다. '메시아' 공연도 한인과 흑인이 함께 찬양하였다. 제시 잭슨도 왔었다. 한인 신앙공동체와 민족정체성의 회복과 한인 동포 사회의 결집이 우리 교회 중심으로 이루어져 왔다. 주지사 출마자들이 인사를 온다. '사랑과 꿈을 말씀과 기도로 함께 가꾸어 가는 사람'이란 주제의 평신도 아카데미를 통해서 거듭나는 신앙과 거듭나는 삶을 함께 열망하고 있다. 말씀과 기도로 함께 가꾸어

가는 것이다. 4차 특별새벽기도회를 신년, 사순절, 여름방학, 겨울방학에 가진다. 중보기도회를 100여 명, 30여 명 모여서 가진다. 2004년부터 2022년까지 18년간 목회하였다."[1]

김광태 목사의 역사회상 증언 속에서 발견할 수 있는 것은 시카고한인제일연합감리교회는 민족 독립운동의 구심점이었고, 한인 교포 사회의 센터 역할을 감당해 왔으며, 인종간의 화합과 치유를 이루는 평화의 공동체였고, 그 원동력 속에는 말씀과 기도로 영성을 수련하는 작은 예수화 운동이 자리잡고 있음을 알 수 있다.

이어서 조은철 은퇴목사(감신대 출신, 전임 담임목회자, 시카고 한인 교회 역사자료를 많이 소장하고 있는 분으로, 특히 김창준 자료들을 많이 보관하고 있는 분), 조시자 사모, 김홍건 장로, 이춘화 전도사, 김동준 권사와의 공동 인터뷰한 내용을 아래와 같이 소개한다.

김홍건 장로: "나는 1974년부터 49년간 시카고제일한인연합감리교회에 출석했다. 매해 12월 첫 주 메시아 공연을 연례적으로 행사할 때 성가대장 부인이 60-70여 명의 식사대접을 하였다. 내 아내도 함께 봉사했다. 조은철 목사 사모가 식사봉사에 앞장섰다. 사랑의 식탁을 통하여 많은 열매가 나타났다. 전 교인들이 속회 별로 봉사했다."

조시자 사모: "교인들이 자발적으로 헌금을 내서 사랑의 식탁을 준비하였다."

김홍건 장로: "4번 성가대장으로 봉사했다."

조은철 목사: "코리안 커뮤니티의 어머니 교회, 문화적 공연을 하는 센터(이민 사회의 피곤을 위로하고 치료하는 행사)였다. 미 연합감리교회 총회에서 두 번이나 '메시아'와 '우리는 하나' 공연을 하였다. 한·흑 성가대가 연속적으로 해마다 한·흑 갈등 해소를 위한 공연을 하였다. 이민 생활에서 오는 영적 고갈을 구원의 확신을 체험케 하는 부흥회를 통하여 극복하였다. 한인타운의 중앙에 있는 시카고한인제일연합감리교회가 실업인을 위하여 '정오에 하나님을 향하여'라는 모임을 가졌다."

---

[1] 김광태 목사 인터뷰: 2022년 3월 11일(금) 오전 9:00.

김동준 권사: "2005년 선교지역(멕시코 유카탄)부터 시작했다."

조은철 목사: "55주년에 55개 지역돕기운동을 전개하고, 65주년에는 65개 교회돕기운동을 전개하였다."

김홍건 장로: "가까운 지역에서 선교현장 체험을 하자고 독려하는 운동이 일어났다. 그 이후로 과테말라로 갔다."

김동준 권사: "사할린 선교를 시작했다. 매번 단기선교를 실천하는 운동이 일어났다."

김홍건 장로: "선교지에 있는 천주교 성당은 어마어마한데, 현지 사람들은 너무 피폐한 생활을 하는 것을 보았다."

김홍건 장로: "100주년(2023년)을 맞아 여덟 가지 목표를 세워놓고 준비하는 중이다. 김광태 목사가 평신도아카데미(제자훈련, 묵상훈련, 중보기도, 새가족 사역 등)를 계획하고 있다. 2014년부터 붓글씨, 하모니카 등 노인학교 강좌를 시작했다."

조은철 목사: "1970년대에 자녀에게 좋은 교육을 받게 하려고 미국에 왔는데, 2중의 목표 곧 영어교육과 베이비시터 학교(부모들이 일하기 위해 아이들을 돌보는 학교)를 여는 '제일아카데미'를 할 수 있게 되었다."

김홍건 장로: 평신도아카데미를 통해 평신도를 깨우게 되었다. 에버그린(노인)아카데미와 어린이아카데미를 통해 교회가 사회에 크게 봉사하게 되었다. 신앙훈련과 함께 크게 선교적 확장을 하게 되었다. 김광태 목사가 18년 이상 영성 훈련을 철저히 시켰다."

이춘화 전도사(이화여대를 졸업하고, 대한민국 내무부 이익흥 장관의 자부): "새벽기도와 말씀체험으로 림프암을 극복하고 완전치유를 받았다. 그 후에 탄자니아 선교에 헌신하게 되었다."

김동준 권사: "1985년부터 37년간 이 교회를 섬겼다. 성지순례, 터키 등 단기선교에 헌신하게 되었다. 아버지와 어머니와 형과 함께 이 교회를 출석하였다. 예수님의 생애를 통해 은혜와 감동

을 받았다."[2]

결국, 시카고한인제일연합감리교회는 한·흑 갈등을 해소하는 인종차별 반대운동의 센터가 되고, "세계는 나의 교구다"라고 선언한 웨슬리의 선교정신에 따라 여러 종족을 위해 단기선교를 시행하는 센터가 되기도 하고, 한인 노인들의 문화센터로 봉사도 하며, 육신적 질병의 치유와 영적인 성숙 수련의 장으로 쓰

왼쪽부터 김동준 권사, 이춘화 전도사, 조시자 사모, 조은태 원로목사, 필자 김홍기 목사, 김광태 현 담임목사, 김홍건 장로

임을 받기도 하였다. 그러니까 내면적 성화와 사회적 성화를 동시에 이루는 총체적 선교와 성숙의 센터였음을 평신도들과 목사들의 역사 이야기를 통해 총괄요약할 수 있다.

2. 시카고한인제일연합감리교회 창립과정

시카고한인제일연합감리교회의 창립에는 여러 복잡한 배경이 있다. 흥사단의 탄생과 유학생회의 발기와 시카고한인제일연합감리교회 창립과의 관계이다. 1913년 12월에 샌프란시스코에서 흥사단이 출발하면서, 그 지부가 시카고에도 조직되었다. 그리고 박용만이 독립군 양성을 목적으로 네브라스카에 군사학교를 창설한 후, 1913년 6월 4일 미주 내 한인유학생들을 중심으로 유학생회를 조직하였다. 학생들 간의 연락과 친목과 학술 지식 교환을 목적으로 조직된 네브라스카의 첫 한인학생회에 이어, 곳곳에서 학생회가 조직되었는데 시카고에서도 1918년 10월 8일 처음 조직되기에 이르렀다. 이 흥사단과 유학생회가 시카고 지역사회에서 한인공동체 모임으로는 첫 그룹 조직이었다고 볼 수 있다.

---

2) 조은철 목사, 조시자 사모, 김홍건 장로, 김동준 권사, 이춘화 전도사와의 인터뷰: 2022년 3월 11일(금) 오전 10:00-1200.

이러한 유학생회나 흥사단 모임 이외에 다른 여러 한인들의 모임이 시작된 것은 1919년 한국의 3·1운동이 계기가 되었다. 김원용이 저술한 『미주한인 50년사』에는 교회 창립 과정을 아래와 같이 설명하고 있다.

> "1919년 8월 30일에 시카고 거류 동포들이 설립한 예배당이 중단된 후 1923년 9월 9일 강영소, 김 경, 박장순, 차의석, 김원용, 조희렴, 염광섭 등의 발기로 감리교회를 설립하고 링큰 에비뉴에 있는 미국인 교회 지하실을 예배당으로 사용하며 김창준 목사의 주례로 예배를 시작하였다. 1927년 5월 8일 레익 팍 에비뉴에 예배당을 설비하였다가 1928년 2월 5일 옥데이일 에비뉴에 있는 집을 월세로 얻어서 이전하였는데 이것이 현재(1953년) 예배당이다."[3]

이 기록에 근거하면 이미 1919년에 교인 모임이 있었고, 그것이 본격화되기는 1924년이라고 말하고 있다. 여기서 언급된 최초의 담임목사 김창준에 대해서 역사적 서술을 새로운 시각에서 살펴볼 필요가 있다. 김창준은 1919년 3·1운동 민족대표 중 한 사람이고 감리교신학대학교 출신이다. 후에 북한에 가서 김일성의 2인자가 되기도 하였다. 자원해서 월북한 것이 아니라, 남쪽의 정당 대표로 갔다가 운명적으로 남하하지 못한 것이다. 게렛신학교에서 구약학으로 박사학위까지 받은 그가 왜 기독교사회주의적 입장을 취하였는지도 이해해야 한다. 김창준 목사는 게렛신학교 재학 시절 1924년 7월 27일 제1대 시카고제일한인연합감리교회 담임 목회를 하게 되었다.

김창준 시카고한인제일연합감리교회 초대 담임목사(사진: 드류대학교 미국연합감리회 역사센터 한국감리교회 앨범)

김창준 목사는 평양에서 숭실전문학교와 협성신학교(감리교신학대학교 전신)를 졸업한 후 1918년 서리목사로 허입한 후 1919년 3·1독립선언문에 서명한 33인 중의 한 사람이 되었다(독립선언문에 서명한 33명 중 감신 졸업생은 일곱 명이었다). 김창준은 월북하였다고 하여 여섯 명만 흉상을 제작하였다가 2006년 역사적 사실이 인정되어 일곱 명의 흉상 제작에 들어가고 아무 반대 없이 감리교신학교 대학원 정문 벽에 설치되었다.[4] 감신 중퇴생 한 명이 더 추가되면 여덟 명

---

3) 김원용, 『미주한인50년사』, 시카고제일연합감리교회, 『70년사, 1923-1993』, 46에서 재인용. 이하 『70년사』.
4) 당시에 필자가 역사준비위원장으로 역사적 사실은 있는 그대로 인정해야 한다는 역사 인식 하에 김창준 흉상을 추진하였다.

이 된다. 애국자요, 민족독립해방운동의 지도자인 김창준 목사를 초대 목사로 모신 시카고한인제일연합감리교회는 해마다 3·1절이 되면 애국가를 부르고, 많은 한인들이 모여 3·1절 기념예배를 드렸다.[5]

그런가 하면 미국 북감리교회(Methodist Episcopal Church)의 '국내선교회'(Home Missionary Society) 실행위원회의 1919년 6월 11일 회의록에 의하면, 시카고한인제일연합감리교회의 창립이 이미 1919년에 이루어졌음을 알 수 있다.

> "탐슨 박사는 교인 약 35명 내지 80명 되는 한인 개척교회가 감리교회에 소속되기를 원한다고 전했다. 그리고 게렛에 있는 학생 한 사람이 목사직을 맡을 준비가 되어 있다고 하면서 우리가 이 개척교회를 인수하자고 동의했다. 이 동의안은 재청을 받아 통과되었다(Dr. Thompson stated that the Korean Mission with about 35 to 80 members desired to become affiliated with the Methodist Episcopal Church, and that a student in Garrett was ready to take the pastorate, and moved that we take over this mission. The motion was duly seconded and carried.)."[6]

이 기록 속에서 'Korean Mission'의 형태로 이미 1919년에 한인 교회가 모이고 있었음을 역사적 사실로 분명히 말해 주고 있다. 미국 감리교회가 고유명사를 표기할 만큼 한인 신앙공동체의 실체를 확증해 주고 있다는 사실이다. 개척교회에 출석하고 있는 숫자가 35명이라 하면 시카고에 당시 살았던 거의 모든 한인을 말하고 있는 것이라고 상상할 수 있다. 80명이란 숫자는 타 지방에서 여름방학 때 일자리를 찾아 시카고에 잠시 체류하였던 유학생들의 숫자일 것이라고 추측할 수 있다.

그 이유는 연방인구조사(U.S. Census)에서 1910년에는 일리노이주에 사는 한인이 한 명도 없었고, 1920년에는 일리노이 전체에 32명, 시카고에만 27명이 등록된 것으로 나타났다. 또한 이 기록을 근거로 추정한다면, 김원용의 『재미 한인 50년사』에 기록된 1919년 8월 20일 창립설보다 몇 개월 빠른 것으로 이해할 수 있다. 왜냐하면 이 기록은 1919년 6월 11일자로 되어 있기 때문이다. 그러니까 1919년 3·1운동이 터지고 그것이 미주에는 도산 안창호의 3월 9일자 전보

---

5) 김홍기, 『미주한인감리교회백년사』 1부(1903-1965), 127.
6) 『70년사』, 47. 이 동의안을 제출한 탐슨 박사는 시카고 템플처치의 담임목사로서 국내선교회의 책임자(감리사 급)였으며, 계속해서 한인 교회를 공식적으로 지원한 인물이었다.

문으로 알려졌으니, 그즈음에 조국을 사랑하고 기도하는 마음으로 시카고한인제일연합감리교회가 창립되었을 가능성이 크다. 어쨌든 이 기록을 근거로 필자는 시카고한인제일연합감리교회의 창립은 1923년이 아니라 1919년으로 해석하고자 한다.

6·25전쟁이 터지자 와싱톤한인교회가 창립되었듯이, 시카고교회도 3·1운동이 터지자 시작되었던 것이다. 한인 교회는 항상 민족의 역사적 운명과 같이하려는 지극히 애국적인 공동체였다. 제도적인 교회의 창립이라기보다 몇몇 사람이 공동으로 예배를 드리기 시작한 것을 교회의 창립으로 보아야 한다. 그것이 초대교회의 마가다락방 사건에서도 역사적으로 입증되고 있다.

그 후 4년이 지난 1923년의 설립과정은 창립 교인이었던 염광섭의 증언에서 다음과 같이 알려지고 있다.

> "한인들이 모였을 때 우리는 자연히 먼저 감사예배를 드리게 되었고 따라서 이런 기도하는 모임을 주일마다 갖기를 원하게 되었다…그들을 인도하는 목회자도 없었고 특정 교단과 연락도 없이 기도회 형식으로 시작된 이 모임이 시카고한인제일연합감리교회의 모태였다…학생들이 함께 모였을 때 자연적으로 그들은 교회를 원했다. 그래서 그들은 어느 교단에 소속되지도 않은 채 한인 교회를 시작한 것이었다. 레익 팍 에비뉴 39가에 한인 셋집이 있었는데 그것이 첫(교회) 건물이었다. 우리는 목사가 없었지만 기도회 모임을 가졌다."[7]

이렇게 1919년 첫 창립의 출발은 독립운동의 연장선상에서 나라를 사랑하고 민족을 위해서 기도하는 동기로 이루어졌다. 1922년 또 하나의 창립 이야기는 유학생들의 자발적인 한인 공동체 성격이라는 동기로 이루어졌다는 점이다. 그리고 이 두 창립은 모두 목사에 의해서 이루어진 창립이 아니라 평신도들의 자발적인 신앙심과 참여로 이루어진 것에서 역사적인 의미를 발견할 수 있다. 그러니까 여기서 잠시 지적하고 넘어가야 할 것은 1919년에 시작한 교회 모임이 염광섭에 의해 시작된 1922년 봄에는 존속하지 않았던 것으로 추정된다. 그러므로 1922년 3, 4월경 레익 팍 애비뉴(Lake Park Ave.) 39가에서 김일선 부부가 경영하던 셋집에서 다시 시카고한인제일연합감리교회가 부활한 것이라고 보아야 할 것이다.

또 하나 흥미로운 사실은 염광섭은 자기들이 설립한 시카고 남부의 기도처 이외에 1922년에

---

7) 김원용, 『70년사』, 50.

서 1924년 사이에 북부 링컨 애비뉴에 또 하나의 기도처를 만들었다는 것이다.

> "그즈음에 시카고에 식당업으로 성공한 김 경의 도움으로 강영소는 1922년 후반에서 1923년 초반 사이에 식당을 개업했고, 강영승, 강영문 형제가 합세했다. 강영소 부부는 자기들이 주체가 되어 자기들의 집에서 교회를 열기를 원하였다. 그리하여 몇 명 안 되는 시카고의 한인들은 강영소의 집에 참여할지, 남쪽의 김일선의 셋집에서 정태훈 등과 예배를 함께 드릴 것인지를 선택해야 했다…."[8]

그러므로 당시 두 개의 그룹(기도모임: Prayer Groups)이 있었다고 무리 없는 결론을 내릴 수 있다. 하나는 1922년에 남쪽 레익 팍, 다른 하나는 1923년 무렵에 생긴 북쪽의 링컨 애비뉴 그룹이다. 또한 양쪽 모임이 약간의 불협화음도 있어서 염광섭, 황창하, 현정염 등은 양쪽 모임에 모두 나가기도 하였다. 담임목사 없이 신학생들이 번갈아 가면서 매주 설교와 예배를 인도하였다. 그러던 중에 1924년에 이르러서는 남·북 양쪽 기도처의 한인들이 화해와 대화의 대표단을 위임해서 미북감리교회(Methodist Episcopal Church) 연회 소속 '국내선교회'(Home Missionary Society)와 교섭하여 은혜롭게, 그리고 재정적인 지원을 받으면서 감리교단에 가입하는 교회가 되었다.

1928년에 장면, 현제명, 오천석 등 대한민국 건국에 중요한 역할을 한 인물들이 시카고한인제일연합감리교회 교인들이었다. 그리고 이승만 박사가 방문하였을 때는 교회가 한인 사회의 산실이고, 중심이었음을 자타가 공인하였다. 특히 현 김광태 담임목사가 증언하였듯이, 시카고한인제일연합감리교회는 한인회의 중심센터였으며, 교회에서 갖는 독립기념일 감사예배나 행사는 교회만이 아니라 한인 공동체 전체의 축제행사였다.

---

8) 김원용, 앞의 책, 52.

리들리
한인장로교회(북장로교)의 창립
(1919년)

하와이에서 미국 본토로 이주한 후, 중부 캘리포니아 지역 포도농장에서 일하던 한인들은 1910년대에는 주로 다뉴바한인장로교회에서 모여 예배를 드렸다. 그러나 리들리 지역은 다뉴바와의 거리가 6-7마일이나 되어 다소 불편해서, 리들리 한인들은 이 지역에도 교회가 필요하다고 생각하게 되었다.

1919년 2월 리들리에 사는 전성룡 성도의 집에서 모인 한인들은 남감리교 순회전도사 임정구를 초빙해 예배를 드리게 되었다. 그 후 김 호와 김형순이 경영했던 김형제상회

리들리한인장로교회, 현재는 멕시칸 교회(사진: 대한인국민회 기념재단)

의 가옥을 빌려 예배를 드리다가, 1922년 3월 26일 남감리교 선교부의 정식 인준을 받았다. 이날 선정된 교회 임원은 윤병구, 윤병희, 이범녕, 안석중이고, 예배당은 전성룡의 주택을 계속해서 임시로 사용하기로 했다. 당시 교인은 60-70여 명, 여름과 겨울에는 1백여 명이나 되었다. 1936년 신사참배 문제로 미국 남감리교와 충돌하자 남감리교를 탈퇴하고, 1939년 미국 북장로교 총회 총무 페인 박사를 초청하여 새 예배당 헌당식을 가진 후 샌호킨노회에 가입하였다.

1938년 당시에는 리들리 지역 한인 가정이 11호이고 교인 수가 50여 명이었다. 이때 김형제 상회의 김 호, 김형순이 지금의 위치인 제이 스트리트(J. Street) 1408번지에 부지를 제공하였고, 1939년 교인들이 특별 기부금을 내어 건물을 신축, 3월 1일 헌당식을 거행하였다.

1939년 4월에는 샌호킨노회(San Joaquin Presbytery)에 가입하였다. 1939년 6월 20일 리들리한인장로교회 법인 인가를 청해 7월 21일 인가받았다. 1952년 12월 1일 목사관을 따로 건립하였다. 역대 교역자는 권종흡, 마준홍 전도사와 임정구, 한석원, 송헌영, 이살음, 윤병구, 이기준, 김종성, 김형일, 최중섭 목사 등이다. 장로로는 김형순, 이영수, 김응규, 조성학 등이 시무하였다.

리들리교회에서는 매년 3·1절 독립만세운동 기념식을 개최하였는데, 1929년 3·1절 10주년을 기념하여 한석원 목사는 "앞으로 우리의 임무"라는 선언서를 통해 독립의 그날까지 한인들이 열심히 싸우자고 독려하였다. 또한 1929년에 캘리포니아 지역 한인 아동들의 국어교육을 위해 영구적인 교육기관을 조직하기로 하고, 이 지역 한인들과 여러 단체들이 참여하였는데, 여기에 리들리한인교회의 한석원 목사, 권종흡 전도사, 진영규가 기성위원으로 참여하였다.

1932년 상해사변 이후 다뉴바한인교회와 리들리한인교회 교인들이 연합으로 민중기도회를 개최하였다. 여기서 상해 지역 민족 지도자들의 안전을 위해 기도하고 도산 안창호의 가족에게 위문 서한을 보냈다. 1937년에는 중가주 지역 팔리어(Parlier), 생거(Sanger), 다뉴바(Dinuba), 델라노(Delano), 리들리 다섯 지방의 한인들이 연합으로 3·1절 기념경축식을 개최하였다. 이후 1940년대까지 기념식을 연합으로 거행하고 성금을 걷어 구제하기도 했다. 국민회 창립기념식도 리들리한인교회와 다뉴바한인교회에서 주로 개최하였다. 이외에도 리들리한인교회에서는 순국선열기념식, 국치기념식 등을 개최하여 한인들에게 민족의식을 고취시켰다. 리들리한인교회의 이살음 목사, 교인 김 호 등은 1922년 북미대한인국민회에 중가주 대표로 참가하여, 임시정부를 지원하고 한국의 독립운동을 도왔다.

리들리한인교회는 미주 독립운동의 요람지로 독립자금을 모아 임시정부를 지원하였고, 한인 아동의 국어교육과 장례식, 결혼식 등 한인들의 만남의 장소로서 이 지역 한인 사회에서는 없어서는 안될 구심점 역할을 했다. 기독교 예배뿐만 아니라

리들리장로교회 교인들이 1920년 3월 1일 삼일절 기념식 후 기념사진을 찍고 있다(사진: 대한인국민회 기념재단)

3·1절 기념경축식, 국치기념식, 순국선열기념식 등 한인들에게 민족의식을 고취시키는 각종 행사의 개최, 만주에 있는 한인 동포들의 구제, 중경 임시정부 지원 등 한인 교회를 중심으로 상호 연결이 되어 활발한 활동을 하였다. 이로써 다뉴바델라노한인교회와 함께 미국 중가주 지역 한인들의 독립운동사에서 큰 위치를 차지한다고 하겠다.

그러나 1972년부터 리들리한인교회 교인 수가 점차 줄어들어, 1978년 멕시코계 주민에게 팔려 지금은 연합오순절교회(United Pentecostal Church)가 되었다. 한편 2004년 3월 '리들리한인장로교회'를 다시 찾자는 운동이 열려 모금 캠페인 확산과 애국선열 추모행사가 열리기도 했는데, 미주 기독언론 「크리스챤투데이」는 이 행사에 대해서 다음과 같이 보도했다.

> 초창기 한인 이민 사회의 중심역할을 담당했던 중가주 애국선열추모대회가 3월 13일 오후 1시 전 리들리한인장로교회에서 열렸다. 이날 참석자들은 중가주 지역의 한인 사회를 이끌었던 한인장로교회를 되찾기 위한 모금 캠페인에 박차를 가할 것을 다짐했다. 리들리시는 이날을 '한국인의 날'(Korean American Day)로 선포했다. 조셉 로즈 리들리 시장은 축사에서 "한인 사회가 한인장로교회 건물을 재매입할 수 있도록 지원금 혜택과 건물 이전 등 최대한 지원할 것"이라고 밝혔다.[1]

---

1) 「크리스챤투데이」, 2004년 3월 17일자

X

뉴욕 한인교회의 창립
(1922년)

1. 역사를 회고하는 이용보 전 담임목사와 목회자와 교인들과의 인터뷰

먼저 이용보 전 담임목사는 역사를 회고하는 인터뷰에서 다음과 같이 기억하고 있다.

"첫째, 교회이면서도 사회와 분리할 수 없는 사회 공동체(institute)였다.[1] 뉴욕한인교회의 영문이름은 'Korean Church and Institute'이다. 뉴욕한인교회는 끊임없이 역사참여, 사회 속에 성육신하는 교회였다. 군사독재에 항거하는 민주화 운동에 참여하는 목요기도회도 차원태 목사 시절까지 이어갔다. 민족운동과 민주화 운동에 잘 참여하였다. 그러나 1990년부터 방향성을 잃었다. 옛 향수에 젖어 있었다. 담임목사들이 복음적이면서도 진보적인 사회참여에 조화를 이루어야 하는데 그 조화를 상실하였다. 부활을 부정하는 목사, 백팔번뇌를 강조하는 목사도 있었다. 칭의와 성화의 양면성의 균형과 조화를 이루어야 한다. 성서적이면서도 사회참여적인 교회가 되어야 한다. 이승만 내각의 3분의 1이 뉴욕한인교회 교인이었다. 대한민국 정부가 독립

---

[1] 교회의 처음 이름은 'New York Korean Church and Institute'였다.

유공자로 훈장을 수여한 뉴욕한인교회 교인들이 30명이었다. 독립운동 단체가 17개나 되었다.

둘째, 다음세대의 지도자를 길러야 한다. 삼일장학금을 수여한다. 대학생과 대학원생 중심으로 교인이 아닌 외부 사람들에게 수여한다. '3·1절과 나의 비전'이 장학금 에세이 제목이다. 2022년 6명에게 수여하고자 하는데, 2대 1의 경쟁을 보이고 있다. 민족교회의 역사성이 살아나게 하려고 한다. 교회 내부 학생들에게는 4·18 창립기념일 장학금을 수여한다.

셋째, 문화와 예술을 강조하는 교회를 지향한다. 맨해튼이 문화와 예술의 중심지이기에 음악전공자들이 20-30명이나 출석한다. 서울대학교 최연소 교수였던 백혜선 교수(피아니스트)가 교회 성가대 지휘자로 활동하고 있다. 오하이오 클리블랜드음악원(Cleveland Institute of Music)과 뉴잉글랜드 컨서버토리(New England Conservatory)에서 교수로 재직 중이다. 백 교수를 중심으로 문화와 예술 중심의 교회 프로그램을 살리고 있다.

넷째, 독립기념관을 건립하고 있다. 독립유공자 30명을 배출한 것을 인정받아 독립기념관 건립을 위해 15억 원을 한국 정부로부터 지원받았다. 교인이었던 황기환(Earl Hwang)이 드라마 "미스터 션샤인"(Mr. Sunshine)의 주인공이다(이병헌이 주연한 드라마). 매년 3·1절마다 무덤에 참배한다. 독립기념관을 2023년 4월이나 12월에 개관하려고 한다. 독립기념관을 뉴욕 관광코스로 만들려고 한다.

다섯째, 40년 동안 추진해온 새 예배당 건물을(이미 500만 달러를 들여서 완공) 다양하게 활용하려고 한다. 매주 수요일 오전 9시부터 오후 5시까지 노인교육 프로그램을 하려고 한다. 지역 노인들과 상의하여 프로그램을 구상하려고 한다."[2]

그러니까 이용보 목사는 역사성을 계속 살리려면 사회적 성화의 영성을 살려서 다양한 사회참여와 통일운동 등을 이어가면서, 내면적 구원의 확신과 칭의와 거듭남의 영성을 강조하는 교회가 되어야 함을 강조한다.

이어서 역사를 회고하는 장기 출석 교인들과의 인터뷰를 가졌다. 임권택 장로는 52년간 교회를 출석한 살아 있는 역사이다. 재정부장으로 오래 봉사하였고 임원회장과 속회인도자의 풍

---

2) 이용보 목사 인터뷰: 2022년 3월 4일(금) 오전 10:00.

부한 경험을 가진 성도다. 부인 임성혜 권사는 47년간 교회를 출석했고, 연합감리교회 한인 여선교회 전국연합회장이라는 화려한 경력을 가지고 있으면서, 교회 안에서는 목회협력위원회장, 교육부장, 예배부장, 친교부장, 성가대원 등으로 봉사했다. 전득주 장로는 42년간 교회를 출석했고, 현재 역사편찬위원장이며, 임원회장, 청년회장 등으로 봉사했다.

왼쪽부터 필자 김홍기 목사, 임권택 장로, 임성혜 권사, 전득주 장로

임권택 장로: "예수 성품을 가진 제자화가 되어야 한다. 성화 중심의 교회가 되어야 한다. 그래야 재정적 성화가 될 수 있다. 성화적 영성을 많이 잃어버렸다. 최고의 지성인들이 교회의 중심이 되어 민족운동, 독립운동, 민주화 운동을 교회에서 주도하였다."

임성혜 권사: "교회를 사랑하는 교인들이 살아남아 있다. 이 교회는 첫사랑이니까…나라 사랑의 전통은 자랑스럽다. 결혼과 같이 첫사랑의 정신이 살아 있는 교회이다. 공동체와 사람들을 사랑한다. Being이 Doing보다 더 중요하다. 좋은 성도와 훌륭한 예수의 제자가 되는 것이 더 중요하다."

임권택 장로: "'교회에 나가는 사람들은 좋은 사람이다'라는 평가가 있어야 한다."

전득주 장로: "이 교회 역사는 다른 교회보다 이성적, 민주적, 관용적 공동체였다. 순발력은 떨어진다. 발상의 전환도 약하다."

임권택 장로: "회개운동도 부족했다. 회개만이 교회가 사는 길이다."

임성혜 권사: "지혜의 빛을 한마음으로 비추어야 한다. 예배당을 잘 지었으니(역사적 장소에다 거액을 들여 잘 신축함), 영적으로 하나 되어야 한다."

임권택 장로: "새 예배당이 새 사람, 예수의 제자를 요구한다."

전득주 장로: "'역사가 육신이 되는 교회'(100년사 제목)가 말하듯이, 교회의 생명력(vitality)이 살아나야 한다. 뉴욕의 어머니교회로서의 역할을 해야 한다. 청년사역이 활성화되어야 한다."[3]

역사를 다시 살리는 길은 내면적 영성의 활성화에 있음을 간절히 요구하고 있다. 예수의 제자, 작은 예수의 성화운동을 통하여 영혼이 살아나는 영적 회개운동과 각성운동을 갈망하고 있다. 그 내면 속에 일어나는 불길이 다시 사회와 민족을 살리고 통일운동으로 확산되는 사회적 성화의 불을 붙이기를 소망하고 있다.

2. 뉴욕한인교회의 창립과정

뉴욕한인교회는 아예 독립운동을 위해 교회를 창립하였다. 미주 한인 교회 중에 동부에서는 여섯 번째로 창립된 뉴욕한인교회는 1922년 그 목적을 위해 창립하였다. 종교와 정치 사이에 갈등과 긴장관계는 전혀 찾아볼 수 없었다. 뉴욕의 한인들은 1921년 3·1운동 제2주년 기념식을 1921년 3월 2일 뉴욕 맨해튼에서 개최했는데, 무려 1,300명이 모여들었다. 한인들은 불과 100여 명이었고, 미국인들이 훨씬 많이 몰려들었다. 친한회(The League of Friends of Korea) 인사들이 모여들었는데, 그중의 킴버랜드 여사(Mrs. Angie Graham Kimberland)는 킴버랜드 준장의 부인으로 1910년

뉴욕한인교회 신축 정문(옛 정문을 복원한 모습)

고종과의 친분으로 서재필, 조병옥 등과 친하게 되면서 교회에 관심을 갖게 되었다.[4]

---

3) 임권택 장로, 임성혜 권사, 전득주 장로 인터뷰: 2022년 3월 4일(금) 낮 12:00.
4) 김홍기, 『미주한인감리교회백년사』, 133-137.

서재필, 조병옥 박사는 콜롬비아대학교에서 경제학 박사과정을 공부하면서 뉴욕한인회의 총무 역할을 했다. 안창호 선생의 흥사단 입단과 동시에 뉴욕한인교회의 창립회원이었고, 서재필과 이승만을 도와 민족의 독립운동을 추진하였다. 조병옥 박사는 회고록에서 독립운동의 정신과 활동을 다음과 같이 서술하고 있다.

> 나는 한인회의 총무로 있으면서 갑신정변에 참가한 바 있었던 서재필 박사와…'구미위원회 위원장'인 이승만 박사를 모시고 윌슨 대통령의 민족자결 원칙에 따르는 우리 민족의 3·1운동 내용을 한인 거류민들에게 상세히 알리는 동시에 미국 정부의 각 요로와 정당 사회단체 요인들에게 3·1운동에 대한 진상과 호소문을 발송하였던 것이다. 그리하여 우리 민족의 독립 정신을 내외에 선양하였다.[5]

정일형 박사는 1935년 한국인으로는 처음으로 드류대학교(Drew University)에서 종교사회학으로 박사학위를 받았다. 감리교회 목사로서 감리교신학대학교 교수와 기숙사 사감이었고, 후에 외무부 장관과 8대 국회의원을 하면서 군사독재에 항거하다가 국회에서 제명되었다. 훗날 아들 정대철 박사와 손자까지 3대가 국회의원에 당선된 정일형 박사는 드류대학교 박사과정을 공부하던 당시에 뉴욕한인교회를 통하여 독립운동을 전개하였다. 정일형 박사는 국민회의 신문「신한민보」에 "풍차의 노래"라는 칼럼을 연재하기도 하였다.[6] 그의 저서『오직 한길로』는 하나님의 정의를 한국사 속에 실현하는 목사로서 민족의 독립을 위해 일본제국주의에 항거하고, 이후 군사독재에 저항하는 민주화 운동을 위해 평생토록 살았음을 고백하는 책으로 아모스나 미가서 유형의 신앙고백적 저서였다.[7]

---

5) 조병옥,「나의 회고록」66-67,「뉴욕한인교회 70년사」, 95에서 재인용.
6) 김홍기, 앞의 책, 138.
7) 필자는 평생에 정일형 박사를 두 번 만났는데, 그분의 인상은 정치가가 아니라 목사다운 아주 순수하고 따뜻한 목자의 이미지를 풍겼다. 4대 국회의원을 했고, 민주당 대표도 했으며, 정치학 박사였던 아들 정대철 박사가 내게 기도를 부탁하여 봉천동 자택을 방문한 적이 있었다. 자신도 모르는 사이에 민주화 투쟁을 하시다가 제명되었던 한을 달래며, 정의의 승리와 민주화의 강력한 성취를 믿는 기도를 한 시간 정도 하게 되었다. 그 후에 사모님 이태영 박사와 아들 정대철 박사가 화장실에 들어가 30분 이상을 울고 나왔다. 나는 정일형 박사를 한국이 낳은 간디 같은 인물이라고 생각한다. 1991년에는 대통령 후보도 김대중 씨에게 양보하고 선배지만 선거대책위원장까지 맡았던 성자이자 독립운동과 민주화운동의 투사이자 예언자였다.

와싱톤
한인교회의 창립
(1951년)

1. 역사를 회상하는 김영훈 담임목사와 역사편찬위원장 박영환 장로와의 인터뷰

당시 담임이었던 김영훈 담임목사는 다섯 가지 포인트로 와싱톤한인교회의 역사적 특징과 장점을 이야기하였다.

"첫째, 6·25전쟁 이후에 민족교회로 탄생하였다. 미 연합감리교회와 잘 연대하여 영어에 능숙한 교인들이기에 한민족을 미국 내의 주류사회(main society)에 잘 동화하는 교회로 만들었다. 둘째, 성경공부와 선교에 동력을 부여해준 교회로 활성화시켰다. 와싱톤한인침례교회에서 이동하는 교인들을 조영진 목사가 부임하면서 잘 정착시켰다. 셋째, 공무원, 의사와 박사 중심의 교회였다. 70-80명이 그런 전문직 종사의 교인들이 많았기에 한인 사회의 중심으로 발전하는 교회가 될 수 있었다. 넷째, 사회참여를 강조하는 교회였다. 내면적 영성에만 갇혀 있지 않고, 그 내면적 구원 확신이 사회적 성결운동으로 이어지는 교회였기에 한인 사회의 구심적이 되는 교회가 될 수 있었다. 특히 인종차별 반대운동, 흑인인권운동(Black Matter)에 앞장서는 교회였다. 다섯째, 사회복지 헌금에 열심인 교회이다. 사회복지운동을 위해서 팬데믹 시대에도 10만 달러 이상을 헌금하였다. 5만 달러를 헌금한 성도가 있어서 한미장학회가 이 교회에서부터 시작되었다."[1]

박영환 장로는 이 교회예배당을 설계하고 건축한 공로자였고, 역사편찬위원장으로『생명의 샘터: 와싱톤한인교회 60년사』의 저자이기도 하다. 그래서 왕성한 의욕을 갖고 3시간 동안이나 와싱톤한인연합감리교회의 역사를 다음과 같이 요약정리하며 자랑하였다.

"1951년 6·25전쟁의 아픔을 끌어안고 1951년 10월 10일 32명이 모여 첫 교포 기도회를 가졌다. 기독교인이 아닌 사람들도 나라를 위해 기도에 동참하였다. 교회 설립이 아닌 민족 고난을 위한 기도회가 자연히 교회 설립으로 이어졌다. 1977년 재정적인 지원을 약속하는 미 연합감리교회에 장로교 출신 황재경 목사가 주선하여 교회가 가입하여 일원이 되는 절차를 밟았고, 1983년에는 처음으로 교회의 자체 건물을 구입하게 되었다. 1984년(1차), 1990년(2차), 1998년(3차), 2020년(4차), 4차에 걸쳐서 새로운 캠퍼스에 건축을 완공하였다. 1983년 조영진 목사가 6대 담임목사로 취임하면서 장기계획과 제도화를 포함한 내적 성숙과 성장의 5개년 장기계획으로 부흥 발전하게 되었다. 후에 미 연합감리교회 감독에 선출되기도 하였다. 1998년부터 멕시코, 중국, 아프리카, 방글라데시, 도미니카 등에서 단기선교를 시작하였다. 2016년부터 한국 협성대학교 신약학 교수를 하던 김영봉 목사가 담임하면서 교회가 더욱 활성화되었다. 조영진 목사와 김영봉 목사가 담임 목회하면서 와싱톤한인교회는 절정기에 이르러 예배 출석자 수가 1천여 명에 이르게 되었다."[2]

2. 와싱톤한인교회의 창립과정

와싱톤한인교회는 1951년 10월 14일(주일)에 창립되었다. 당시 조국은 6·25전쟁으로 인해 민족의 운명과 개인의 생존을 지키기 위해 안간힘을 쓰고 있을 때였다. 이는 조국을 떠나 먼 이국땅에서 살고 있는 한인 교포들에게도 마찬가지였다. 전쟁의 상황을 직접 목격할 수는 없었지만, 애타는 마음은 한결같았다. 8·15광복 이전에는 나라를 잃어버리고 타향을 떠도는 디아

---

1) 김영훈 목사 인터뷰: 2022년 3월 1일(화) 오전 10:00.
2) 박영환 장로 인터뷰: 2022년 3월 1일(화) 오전 10:30.

스포라들이었다가 자주국가의 당당한 국민이 된 지도 얼마 되지 않아서, 남북의 전쟁으로 인해 동족끼리 서로 총을 겨누는 원수관계가 되었던 것이었다.

같이 민족의 위기를 아파하고 기도하는 동포들 가운데에는 이미 예수를 영접한 그리스도인들이 있었다. 이들은 6·25한국전쟁으로 인해 불안한 마음을 하나님께 호소하기 위해 "우리 함께 기도합시다"라는 인사로 위로하였다. 그러나 기독교인들뿐만 아니라, 당시의 모든 교포들은 조국에 대해 하나의 마음을 가지고 있었다. 처음에 한국에서 기독교인이었던 신자들이 미국 교회에 나갔었으나, 세 가지 이유 때문에 이들의 마음은 항상 공허하였다. 첫째는 언어의 장벽, 둘째는 미국인 성도와의 친교와 교제가 잘 이루어지지 않는 문화적 장벽이 있었다. 그리고 셋째는 전쟁 중인 조국과 민족을 향한 평화와 안정의 염원이 공감을 형성할 수 없었던 것이었다.

마침내 한인 교포들은 기독교인이든 기독교인이 아니든 뜻을 같이하는 한인들끼리 한자리에 모여 예배를 드리게 되었다. 전쟁의 죽음과 고난이라는 비보가 전해 오는 고국을 위해 기도하고 하나님께 구원을 호소하고, 나그네의 외로움을 달랠 수밖에 없었다. 이 예배에는 기독교인들만 모인 것이 아니라, 같은 마음을 가지고 있는 비기독교인들도 함께 모였다. 1951년 10월 10일 32명이 나라를 위해 기도하기 시작하였고, 점차 50여 명으로 늘었고, 53년에는 100명을 넘게 되어 회칙을 만들고 정규적인 교회공동체로 발전하게 되었다.[3] 이때부터 시작된 교회와 한인 교포 사회는 긴밀한 결속관계를 1970년까지 계속 이어가게 되었다. 독립운동만 아니라 6·25전쟁, 그 후에 독재에 항거하는 민주화 운동, 경제적 근대화 운동 등 한인 교회는 민족교회로서의 운명을 같이하게 되었다.

와싱톤한인교회 구성원의 성격을 한마디로 말하자면, 엘리트(elite) 계층이었다. 그도 그럴 것이 당시 워싱턴에 들어와 있던 교포들은 대부분 한국 정부 또는 미국 정부 기관의 공무원이거나, 유학생, 의사, 그리고 그 전부터 정착해 있던 몇 안 되는 가정이 전부였기 때문이다. 이런 모습은 19세기 말엽, 대한제국 시대의 이민으로 거슬러 올라가는 서부(West Coast)의 교포 사회와 다르다고 할 수 있겠다.

워싱턴에 온 최초의 한국인은 1883년 9월 15일에 도착한 한국 정부의 보빙사(報聘使) 일행이었다. 그 전 해(1882년) 5월에 주한미국공사관이 서울에 개관되었는데 그 답례로서 구 한국 정부가 보빙사를 미국에 파견했던 것이다. 보빙사 일행은 같은 해 10월 12일 일정을 마치고 귀국

---

3) 박영환, 『생명의 샘터: 와싱톤한인교회 60년사』(Washington: CNC Printing, 2012), 2.

했다. 보빙사 일행 중에 유길준이 일행과 떨어져 최초의 한국 유학생이 되었고, 다음 해 9월에는 하버드(Harvard)대학에 입학하였다.

보빙사 사절단 중에 변 수(邊 燧)라는 사람이 있었는데, 그는 다른 일행과 함께 귀국하여 개화당원으로서 1884년 12월 갑신정변에 참여했으나 정변이 실패하자 김옥균 등과 같이 일본에 망명했다가 다시 미국에 건너왔다. 그는 워싱턴 근방의 메릴랜드대학 농과대에서 수학하고 졸업 후에는 미국 정부에 취직했다가 불행히 1891년에 기차사고로 사망했는데, 한국인으로 대학학위를 가진 최초의 미국 정부 공무원이었다. 또 그의 무덤이 워싱턴 근교 가톨릭 묘지에서 발견되었다. 이 또한 한국인으로서 워싱턴 지역에 묘지가 있는 첫 번째 사례가 된다.

그러나 워싱턴 지역의 정식 거주자는 아마도 1888년 정월에 개관한 주미한국공사관 직원들로 보아야 할 것이다. 공사 박정양을 도와서 국서봉정식에 청국 공사의 배석을 배제하는 등 자주독립국의 대표로서 활약한 분이 다름 아닌 월남 이상재(月南 李商在) 어른이다. 월남 선생은 서기관으로서 공사와 함께 부임했다. 일찍이 민족의 소망은 기독교에 있다고 믿으며 신자가 되었고 일제 아래서는 한국 교계와 민족의 지도자로서 한국 현대사에 커다란 족적을 남겼다. 한편 박정양 공사의 부관이었던 이완용은 뒷날 나라를 일본에 넘겨주는 역할을 하였다.

1905년 일본과의 을사늑약으로 대한제국이 외교권을 일본에게 빼앗기며 사실상 주권을 잃었고 재외한국공사관이 모두 철수하면서 워싱턴의 주미한국공사관도 폐쇄되었다. 이후 워싱턴의 한인 상황은 알 수 없지만, 1919년 3·1운동 이후에 중국 상해에 대한민국임시정부가 조직되고 그 구미 대표부가 워싱턴에 있었던 것은 확실하다. 이 대표부가 이승만 박사의 독립운동의 총 본산이었다.

1948년 8월 대한민국이 선포되고 워싱턴에 주미대한민국대사관이 개관되었다. 이에 따라 대사관 직원도 미국으로 오고 학생 수도 늘어나 교포 수가 증가했으나, 그래도 그 수는 얼마 되지 않았고 그나마 대사관 직원과 관계되어 온 사람들이 대부분이었다. 운명의 날, 한반도에 6·25전쟁이 발발했다. 전쟁 초기에 국군의 후퇴로 대사관 사무는 일시 중단되었고, 교포들은 우울한 나날을 보내는 수밖에 없었다. 그러던 중 전세는 잠시 호전되어 한국군과 연합군이 압록강까지 북진을 계속했으나 이도 잠시, 연합군은 다시 후퇴하여 38선 근방에서 교착하게 되었다. 이러한 상황에서 멀리 고국을 떠난 교포들, 특히 가족을 고국에 두고 온 교포들의 마음의 답답함은 이루 말할 수 없었다.

이러한 상황에서 할 수 있는 일은 오직 하나님께 기도하는 일이었고, 너나 할 것 없이 교인들은 힘을 모아 피난민들을 도와야 한다는 일념을 갖게 되었다. 이제는 꼭 제단을 쌓아야만 했다. 교회를 세우는 일에는 믿는 자들뿐만 아니라 신앙이 없는 교포들도 참여했는데, 이들은 외지에서의 외롭고 호젓한 생활을 달래며 전란에 둘러싸인 조국을 향한 근심을 함께 나누고자 함이었다. 때문에 교회는 예배 처소 이상의 교포들 간의 회합 장소가 되었다. 이러한 특징은 오랫동안 계속되어서 1960년대까지는 교회와 한인회가 거의 구별이 되지 않을 정도였다.

와싱톤한인교회의 설립은 1951년 봄, 하와이 한인기독교회를 담임하던 김태묵 목사가 워싱턴으로 이주해 오면서부터 논의가 시작되었다. 김태묵 목사는 일본 동지사대학을 졸업하여 1937년 목사안수를 받고 1939년 미국으로 건너와 시카고의 맥코믹신학교에서 신학을 공부하였는데, 1941년 제2차 세계대전이 발발하자 전쟁 중에는 미국 정부에서 근무하였고 1948년 7월부터 하와이 한인기독교회를 담임하였던 엘리트 목사였다.

그는 워싱턴으로 이주해 온 후 교회에 대한 강한 소망을 가지고 있는 박원규를 만나 교회 개척의 뜻을 모으고 곧 준비에 나섰다. 김태묵 목사와 박원규는 예배 처소를 구하기 위해 장로교회를 찾아다녔다. 김태묵 목사나 박원규가 모두 장로교인이었기 때문이었다. 그들이 처음으로 만난 목사는 당시 코네티컷 가와 N 거리(Conn. Ave. and N St.)가 만나는 곳에 위치한 장로교회의 엘손(Ellson) 목사였다. 엘손 목사는 두 사람의 간절한 호소를 듣고 나서 소수민족의 독립교회보다는 현지 미국인 교회에 참석하는 것이 바람직하다고 했고, 한 걸음 더 나아가서 소수민족 교회의 장래성까지 의문시하였다. 거절이었다.

아이러니하게도 장로교회에서 거절당한 장로교인들을 품어준 것은 감리교회였다. 한인들이 예배드릴 교회를 찾고 있다는 소문이 파운드리감리교회(Foundry United Methodist Church) 담임인 해리스(Frederick Harris) 목사에게 알려졌다. 파운드리교회는 8·15 이전에 이승만 박사가 미국 망명 시절에 출석하던 교회일 뿐 아니라 해리스 목사는 이 박사와 친분까지 있는 관계로 파운드리교회는 한인과 인연이 없지 않았다. 고맙게도 해리스 목사는 자청하다시피 허락해서 와싱톤한인교회는 파운드리교회를 예배 처소로 정하였다. 게다가 파운드리교회는 1년에 한 번씩 와싱톤한인교회를 위해 특별헌금을 해주었으니 교회는 실로 커다란 은혜를 입은 셈이다.

여기서 우리가 관심을 갖게 되는 것은 교포교회 초창기에 있어서 소수민족 교회에 대한 접근이 미국의 감리교회와 장로교회의 시각이 서로 달랐다는 것이다. 감리교회는 개방적이며 협조적인 데 비해 장로교는 미국 교회에 참여할 것을 권유하는 등 비협조적이었기 때문이다. 그래서인지 미국 전 지역의 모교회격으로 역사가 가장 오래된 하와이한인교회, 상항한인교회, LA로벗슨한인교회, 오클랜드교회, 시카고한인교회, 뉴욕한인교회가 모두 미국 감리교회의 협조와 지원을 받았다.

이렇게 어려움을 뚫고 시작된 와싱톤한인교회는 파운드리교회와 해리스 담임목사를 통해 볼티모어 연회(Baltimore Conference)와 연결되었고, 훗날 교회의 교단적 성격에 대한 논의가 불거지는 계기가 되었다. 볼티모어 연회는 1784년 크리스마스에 요한 웨슬리에게서 총 감리사(General Superintendent) 안수를 받은 토마스 콕(Thomas Coke)이 후에 미국 감리교회 최초의 감독이 된 프랜시스 애즈베리에게 목사안수식을 베풀어주어(첫날 준회원 안수, 둘째날 정회원 안수, 셋째날 감리사 안수), 미국 감리교회를 공식적으로 탄생시킨 연회였기에 그 역사적 의미가 크다고 할 수 있다.

1951년 10월 14일 오후 3시에 파운드리교회에서 예배를 드리며 와싱톤한인교회가 탄생했다. 이에 앞서 10월 10일 날짜로 김태묵, 박원규, 고병철 3인의 이름으로 초청장을 발송했는데, 이 중 김태묵은 목사요, 박원규는 평신도 대표, 고병철은 학생 대표였다. 초청장의 내용이 흥미롭다.

> "몬저 우리가 모여서 예배(김태묵 목사 지도하에)를 보고, 그 후 사무처리회를 열고 교회건설에 관한 구체적 안을 토의하고저 합니다. 이날은 만사제폐하시고 참석하야 주심을 앙망하나이다."

흥미로운 것은 서두의 미사여구가 없이 본론만을 이야기했다는 것이며, 또 하나는 그 내용이 교회를 창립하였으니 와서 축하해 달라는 것이 아니라, 함께 모여 교회창립을 토의하자는 내용을 담았다는 것이다. 창립예배는 성공적이었다. 김태묵 목사의 설교와 이순영의 독창, 최경숙의 반주가 있었다. 김태묵 목사의 창립예배 설교제목은 "조국과 민족을 위하여 기도하자"였다. 첫 찬양은 이순영의 독창으로 "하늘 가는 밝은 길"이었다.[4] 참석인원은 모두 32명이었는데, 창립 후 1년 반이 지난 1953년 2월의 총 교포수가 118명이었던 것을 감안하여 볼 때, 많은 수의 교포들이 참석한 것이었다.

예배 후에는 회의실에서 '사무처리회'를 가졌는데, 임시의장으로 박원규를 선출하고 회의를 진행하였다. 여기서 정식으로 교회설립을 가결하고 '담임목사로 김태묵, 재무 박원규, 통신서기 고병철, 기록서기 양기백'을 선출하였고, '무임소재'에 박원규, 양기백, 고병철, 홍성욱, 김세선으로 구성하였다. 여기서 '무임소재'라는 직책이 생소한데, 아마도 직함을 가리지 않고 봉사하는 실행위원 혹은 상임임원 격이었을 것이다. 실로 개척교회의 상황을 짐작하게 하는 명칭이다.

결정사항의 제3항이 "명칭을 '화부한인감리교회'로 함"인데 이와는 달리 회의록에는 토의사항으로서 '미국화성돈한인교회창립에 관한 건'이라고 명시하였다. '화부'나 '화성돈'은 모두 워

---

4) 박영환, 앞의 책, 5.

싱턴(Washington)을 가리키는 말이니 문제가 없었으나 '감리교회'가 문제가 되었다.

교포 교인의 다수는 장로교인이었다. 창립자이며 초대목사인 김태묵 목사, 박원규가 모두 장로교인이요, 교인의 90%가 장로교인이었다. 그러나 앞에서 설명한 것처럼 미국의 장로교회는 소수민족의 교회 설립에 비협조적이었고, 감리교회는 거의 자청하여 이들에게 교회를 내어주었다. 그뿐만 아니었다. 교회를 내준 파운드리교회에서는 매년 와싱톤한인교회를 위해 특별헌금을 해주었고, 소속되어 있는 볼티모어 연회에서도 여러 가지 모양으로 지원을 아끼지 않았다. 다시 말해, 교인은 장로교인인데 교회는 감리교회인 셈이다. 이 때문에 처음부터 교회의 교파 관념이 혼돈을 일으켰던 것이다.

창립 다음 해인 1952년 3월 18일 '제직원회'에서 김태묵 목사는 감리교회의 장정을 따르도록 종용하였다. 하지만 그날의 직원회 결정은 '가급적' 그렇게 한다는 것이었다. 사실, 감리교

파운드리교회가 교회 설립을 허가한다는 편지를 보냄.
고 이승만 대통령이 이 파운드리교회에 출석한 적이 있다고 언급됨

회의 장정에 대해 잘 알고 있는 사람도 없었을 뿐만 아니라, 장로회의 행정에 익숙한 이들이기에 굳이 감리교회의 장정을 따라야 하는 필요성을 느끼지 못했다. 결국 1952년 미국 와싱톤교회협의회에 '화부한인교회'라는 명칭으로 가입했고, 1956년 11월에는 'Korean Church in Washington, D.C.'로 워싱턴 시정부에 등록하였다. 그러면서도 직원회 명칭은 그대로 '화부한인감리교회 제직원회'라 하였던 것이다. 그러던 중 1954년 4월 18일 김태묵 목사의 후임으로 오창희 목사가 부임하였다.

오창희 목사는 연희전문을 졸업하고 협성신학교(현 감리교신학대학교 전신)를 거쳐 8·15 이후 도미하여 드류(Drew)신학교에서 공부하였다. 그 후 로스앤젤레스의 로벗슨한인연합감리교회(Robertson Korean United Methodist Church)에서 목회하던 중에 와싱톤한인교회의 청빙을 받은 것이다. 그의 이력이 말해 주듯이 오창희 목사는 감리교 목사이다.

오창희 목사는 부임 초기부터 교단문제에 대해 애매모호한 자세를 취하고 있는 와싱톤한인교회를 감리교회 체제로 전환하기 위해 애썼다. 그는 1953년 11월까지 8회에 걸쳐서 계속된 직원회의록의 일련번호를 따르지 않고, 1954년 4월 25일 본인이 사회한 첫 직원회를 제1회로 삼았다. 또한 직원회 직후에 열린 구역회(Charge Conference)에서는 워싱턴 중앙 지방 감리사였던 스미스(Dr. Smith) 목사도 감리교 체제로 개편하고 정식으로 '창립예배주일'을 가지도록 권고하였고, 이에 따라 오창희 목사와 박원규가 1954년 볼티모어 연회에 참석하기에 이르렀다. 담임으로 부임한 감리교 목사의 입장에서 볼 때, 당연한 일이다. 그러나 평신도 중심의 장로교인들을 목회자 중심의 감리교인으로 바꾸는 것은 쉬운 일이 아니었다. 직원회는 오창희 목사와 스미스 감리사의 권고에 전혀 반응을 보이지 않았던 것이다. 오히려 2년이 지난 1956년 6월에 오창희 목사는 아무것도 변한 것이 없는 교회를 뒤로 하고 이임하게 되었다.

1956년 7월 1일에 오창희 목사의 후임을 물색하기 위한 제직회가 감리사 스미스 목사의 사회로 열렸다. 이 자리에서 감리사는 후임 목사는 꼭 감리교 목사에 한정하지 말고 적당한 목사를 청빙하되 사전에 알려 달라고 했을 뿐이었다. 감리교 목사에 대한 반발이 얼마나 심했는지, 혹은 교인들의 태도가 얼마나 완강했는지를 짐작하게 한다. 결국 오창희 목사의 후임으로는 장로교 목사가 왔는데, 그것도 2명으로 황재경, 김성덕 두 목사가 동역으로 취임하게 되었다. 그리고 취임 후 첫 제직회부터 '감리교'라는 명칭을 떼어버렸다. 다수 장로교인이 모여서 감리교회를 세웠기에 생기는 일이었다. 후에 교세가 확장되어 더 이상 교단에 대해 엉거주춤한 자세를 고집할 수 없어 감리교 체제를 따르게 되지만, 평신도들의 자세는 변함이 없었다.

와싱톤한인교회의 창립예배 때부터 한 번도 빠지지 않은 것이 있는데 바로 성가대의 찬양이다. 처음에는 이순영이 혼자 독창을 한 것으로 시작되었는데, 같은 해 11월에는 8명의 성가대원이 생겼다. 인원은 얼마 되지 않았지만, 전체 출석교인이 16명 정도였던 것을 감안할 때, 교인의 절반이 성가대였던 셈이다. 하지만 성가대의 악보 읽는 수준은 매우 높았다. 미국 교회의 초청에도 응했고, TV에도 출연했다는 기록도 있으니 그 활동을 짐작할 수 있다. 이 성가대를 한결같이 섬긴 이가 바로 이순영이다.

성가대는 1950년대 후반에 접어들면서 질과 양으로 발전하여 대원이 30여 명으로 늘어났다. 그 중에는 피아노에 능숙한 이가 있어 찬송가만 부르던 성가대가 대곡을 부르기 시작했다. 이순영은 무보수로 헌신하였다. 11년 동안 헌신한 후 대장직을 넘기면서도 새로운 대장에게는 약간의 교통비라도 사례를 하도록 하였고, 이후에도 성가대를 위한 헌신을 아끼지 않았다. 와싱톤한인교회로서는 큰 보배가 아닐 수 없다. 그녀의 헌신은 성가대뿐이 아니었다. 거의 모든 한국 교회가 그렇듯이 이름도 없이, 빛도 없이 교회의 궂은일을 도맡아 하는 이들은 여선교회이다. 와싱톤한인교회도 예외가 아니었다. 창립예배, 처음 맞는 성탄절, 감리사를 위한 다과회 등 회합의 뒷바라지를 모두 부인들이 하였는데, 바로 그 책임을 이순영이 감당한 것이다.

1952년 2월에는 포트 벨보아(Fort Belvoir)에서 훈련을 받고 있던 우리나라 공병대 60명을 알렉산드리아 포토맥 강변에 초대하여 접대하였고, 같은 해 10월 26일에는 노르폭(Norfolk, VA)에서 훈련을 마치고 경비함 2척에 분승하여 포토맥 강변에 기항한 우리나라 해군 200명에게 김치와 고추장을 제공하였다. 특히, 이 당시에는 한국 정부 정책으로 정부직원의 가족동반을 허락하지 않았기 때문에 외로운 공무원과 학생 등 오가는 손님이 많았는데, 그들을 대접하는 일도 여선교회의 일이었다.

여선교회의 창립은 1956년 9월에 있었다. 이순영의 집에서 이영실, 한혜경 등 11명이 모여서 조직하였는데, 회원은 교회 내로 국한하지 않고 워싱턴 지역을 대상으로 하였다. 이는 교회의 문을 더 넓게 여는 일이기도 했지만, 여선교회가 감당하고 있는 교회의 일과 한인 부인회의 일이 구별되지 않았기 때문이기도 하다. 때문에 명칭도 '화부 한인 부인회'라 하였는데, '화부 한인교회 부인회'로 고친 것은 훨씬 후의 일이다. 이렇게 해서 모인 회원이 20명 가량이었고, 국제결혼한 이들도 몇 있었다. 첫 모임에서 이순영은 회장으로 선출되었고 1961년까지 5년 동안 회장직을 연임하였다.

이순영이 여성도의 입지를 세운 것인지, 와싱톤한인교회 여성도들이 엘리트들이기 때문인지는 알 수 없으나, 교회임원의 절반 가량은 항상 여성도들로 구성되어 있었다. 1957년부터는 아예 제직 임원명단을 '김성덕 부부, 박관부 부부, 고병철 부부'처럼 내외를 모두 임원으로 임명한 것을 볼 수 있다. 남자 성도들만큼 여자 성도들도 결정권을 가지고 있는 셈이다. 21세기의 한국 교회는 아직도 남성 중심적인 것을 생각해 볼 때, 1950년대의 와싱톤한인교회는 실로 진보적이며, 당시의 한국인 정서로 볼 때, 파격적인 인사라고 할 수 있다.

와싱톤한인교회를 이야기할 때, 박원규를 빼놓을 수 없다. 그는 김태묵 목사, 고병철과 함께 교회창립을 추진한 개척자이며, 평신도 대표로서 항상 교회를 제일선에서 섬긴 사람이었다. 목회자는 바뀌었지만, 그는 창립부터 계속해서 와싱톤한인교회와 함께했으니 교회의 산역사라고 해도 과언이 아니다. 헌신하는 곳에 항상 그도 있었다.

1952년 10월 포토맥 강변에 온 우리 해군 200명을 위로할 때, 그는 장교 20명을 따로 그의 집에서

초기의 헌신적인 봉사로 교회를 섬긴 박원규(평신도 대표 및 교회학교 교장)와 이순영(성가대지휘자 및 여선교회 회장) 부부

접대했다. 그리고 1953년 교회학교를 시작할 때, 박원규는 그가 이미 맡고 있던 교회의 중책 외에 교회학교 교장직을 더했다. 일하는 만큼 그의 영향력도 대단했다. 1951년부터 박원규는 교회의 재정을 관리하는 회계를 맡았는데, 감리교 목사인 오창희 목사가 부임한 첫 해인 1954년과 10주년 행사가 있었던 1961년, 그리고 이듬해인 1962년을 제외하고는 계속해서 재정을 관리하였다.

열악한 교회 형편 속에서도 의미 있는 사업을 하기도 했다. 1957년 봄에는 부산 아미동에서 천막을 치고 예배드리는 피난민교회를 도왔다. 어린 학생들이 낡은 신문과 잡지를 팔아서 15.09달러를 모으고, 같은 노력을 해서 김성덕 목사의 6자녀들이 별도로 129.67달러를 모았다. 그리고 한혜경 교회학교 교장이 개인과 단체를 대상으로 155.23달러를 모금하여 총 300달러를 부산 아미동교회 신축에 보태도록 하였다. 아미동교회는 이 성금으로 지붕을 수리하고 비를 맞는 곤란을 면했다며 감사의 회신을 보냈다. 이때만 해도 국제환금이 어려워서 선교사 로저(Ms. Helen Rosser) 편으로 송금하였다. 교회학교의 규모와 형편을 생각할 때, 교회학교 교장 한혜경의 헌신과 열정이 아니고는 불가능한 일이었다.

1956년 6월 황재경 목사와 김성덕 목사가 동역으로 교회를 섬기게 되면서 교회는 안정기에 들어섰다. 이 시기부터는 교회의 자체건물을 갖는 것이 중심의제가 되었다. 자체건물을 갖기 위해서는 기성건물을 매입하는 것과 새로 건축하는 것이 모두 고려되었으나 어느 경우가 되든지 간에 건축기금 조성이 문제였다. 1958년 3월 2일 제직회에서 황재경 목사가 교회 명칭을 'Korean Community Church'로 변경하자는 의견을 제시했다. 건축기금 조달에 있어서 일반 교포 사회와 미국 사회에 접근하자는 의도에서였다.

와싱톤한인교회 담임이었던 황재경 목사

황재경 목사는 다시 뉴욕에 있는 장로교회의 국내선교부(National Mission Board)에 문의하기도 했으나 아무런 대답을 얻지 못하였다. 위에서 제기된 황재경 목사의 교회 명칭 변경 제의에 대해서는 신중히 숙고하자는 정도 외에 다른 도리가 없었다. 그도 그럴 것이 와싱톤한인교회는 감리교 테두리 안에 있을 뿐만 아니라 볼티모어 연회로부터 재정적 지원을 받고 있으며 교회로서도 연회 부담금을 이행하고 있는 실정이었기 때문이었다. 이러한 상황 속에서 몸에 맞는 옷인 장로교회로 바꾼다는 것은 실로 어려운 일이었다. 교회의 교단문제가 종종 대두되기는 하였지만, 교포 사회는 성장일변도를 보였다. 또한 1960년 봄에는 4·19학생의거가 있었고, 다음 해인 1961년에는 5·16군사혁명이 있었지만, 워싱턴 교포 사회는 큰 변화 없이 한결같았다.

해가 더할수록 워싱턴 지역에는 유학생 수가 늘어났고 본국에서 내왕하는 손님들이 부쩍 늘었다. 특히 국회의원, 중·고등학교 교장이 많았다. 워싱턴을 지나는 손님들은 의례 교포 사회의 중추인 와싱톤한인교회를 찾았으며, 교회도 그들을 반갑게 환영하였고, 교회로서, 개인으로서 힘닿는 대로 극진히 대접하였다. 이렇게 와싱톤한인교회는 민간사절의 역할을 다해서 교회와 교포 사회의 구별을 느끼지 못할 정도로 긴밀히 연결되어 있었다.

황재경 목사와 김성덕 목사는 다같이 미 정부기관인 "미국의 소리" 한국어과에 봉직하고 있었는데, 교회가 후임 목회자를 구하고 있던 1956년에 "미국의 소리"가 뉴욕에서 워싱턴으로 이동하게 되어 와싱톤한인교회를 담임하게 된 것이다. 황재경 목사는 함경남도 안변 출신으로서 서울의 연희전문을 졸업하고 일본으로 건너가 일본신학교(현 일본 기독교대학)를 졸업하고 동경의 한인중앙교회 부목사로 시무하다가 제2차 세계대전 당시 귀국하였다. 그 후 '조선예수교 장로회총회 전도목사'로 있으면서 찬송가 번역, 편집 및 종교교육 지도자 훈련에 참여하다가 8·15광복을 맞았고 그 후 미국으로 왔다.

와싱톤한인교회의 교인들은 강단의 황재경 목사를 은혜롭고 훌륭했다고 평가하고 있다. 해박한 신학지식과 한국 현대교회의 산증인으로서 영적 설교와 아울러 설교를 전달하는 화려한 음색의 음성과 간간이 섞는 유머는 설교의 매력을 더하였다. 황재경 목사는 다재다능한 사람이었다. 만년의 자필이력서에서 그는 자신에 대해 이렇게 기록하고 있다.

"처음 반생은 학교 선생으로, 만담가로, 연극과 영화배우로, 나머지 반생은 방송과 교회 목사로 37년을 살았다." 실제로 8·15광복 직후에 주기철 목사의 일생을 주제로 한 영화 "죄 없는 죄인"을 제작 감독하면서 주연을 맡았고, 6·25전쟁 시에는 국군병사들이 "미국의 소리"를 통해서 황재경 목사의 방송을 들으며 위로와 격려를 받았다. 한국의 인간문화재로 자인하였으며,

은퇴 후에도 전 미국을 누비며 사경회를 인도하였고 사경회 중간에는 한국 고전악기를 연주하며 고전음악을 통해서 계몽하였다.

김성덕 목사는 평양 출신으로 평양의 숭실대학(후에 숭실전문, 현 숭실대학교 전신)과 장로회신학교를 졸업한 후 전도사 시절을 거쳐서 1936년경 미국으로 건너왔다. 미국에서는 웨스턴신학교, 프린스톤신학대학원에서 각각 STB, Th.M. 학위를 취득하고 계속해서 유니온신학교 등 여러 신학교에서 수학하였으며, 1942년에는 북미 장로교 뉴욕노회 선교목사로 안수를 받았다. 부친 김선두 목사도 평양신학교 출신으로 제7대 조선예수교장로회 총회장(1918)을 역임한 교계의 원로였다. 이렇게 김성덕 목사는 출생부터 장로교인이요, 장로교 목사로서 수련을 쌓았다. 때문에, 비록 와싱톤한인교회가 감리교 테두리 안에 있었지만 그는 철저한 장로교 목사로 목회하였다.

김성덕 목사

그의 학력이 말하듯이 김성덕 목사는 신학자이다. 그의 설교는 신학자다운 향기와 영적 은혜가 풍겼다. 신앙에 갈급한 청년들이 자체건물이 없는 상황에서도 회원 집을 돌아가며 김성덕 목사를 모시고 정기적으로 성서연구 모임을 가진 것도 그의 신학과 아울러 학자 기질의 소박한 인품 때문이었다. 제2차 세계대전 중에는 미국에서 지내면서 미국 정부에 근무하였으며, 8·15 직후에는 일시 귀국하여 서울대학교 학생처장을 역임하였고, 만년에 설교집 『구름을 뚫고 나가는 사람들』을 출간하였다.

황재경 목사의 단독목회 2년을 포함해서 황재경, 김성덕 두 목사의 동역목회는 1956-1976년에 걸친 20년간이었다. 이 기간에는 이민 사회가 급속도로 팽창하였고 교포 교회도 그런 기세로 증가하였다. 교포 교계 일부에서는 한국적 신앙을 고집하여 성령운동이 고조에 이르기도 하였다. 이 시기는 실로 교포 교계에나 교포 사회에나 모두 과도기적 격동기였다. 이런 시기에 교회가 흔들리지 않고 본연의 위치를 지킬 수 있었던 것은 황재경 목사, 김성덕 목사의 한결같은 동역목회 때문이었다.

보스톤 한인교회(PCUSA)의 창립
(1953년)

이영길 목사는 3세대가 함께 배우는 교회의 희년 비전을 선포하였다. 자라나는 2세, 3세들이 함께 한국어로 예배드리는 교회를 꿈꾼다. 2세, 3세들이 주님의 말씀을 가르치며, 말씀대로 양육하고, 청, 장년과 노년들이 모두가 말씀으로 계속 새로워지는 가운데 3세대가 모두 다 함께 서로 소통하며 사랑의 공동체를 이루어가는 희년의 비전을 선포하고, 또 함께 만들어가고 있다. 풍성하고, 균형 잡힌 영적 성장을 위하여 1, 2, 3세대가 함께 어울려 문화적 사랑을 지역사회에서 함께 실천하고, 다양한 문화들을 함께 이해하며, 권면과 기도를 통하여 그리스도의 사

이영길 현 담임목사

랑과 진리의 말씀을 함께 배워가는 교회를 창조해 가는 비전을 갖고 있다. 사회적 성화와 사회적 정의실현의 역사를 가진 교회로 1, 2, 3세대가 함께 다양한 지역사회를 섬기는 실천을 전개해 가고 있다. 곧 소외당하고 가난한 이웃을 돕는 지역사회 섬김의 실천을 1, 2, 3세대가 공동으로 참여해 가고 있다.

부목사 윤경문 목사는 연세대학교 신과대학을 졸업하고 보스턴대학교에서 목회학 석사를 마친 후 비교적 장기간(2007-2022년 현재) 부목사를 하는데, 삶과 교회가 연결되어 있는 교회로 보스톤한인교회를 분석하였다. 열린 장로들과 교인들이 여성목사안수를 잘 받아줘 감사한다고 하였다.

인터뷰 내용을 소개한다.

"Career Woman들이 많아서 여성목사에 대해 열려 있다고 생각했다. 'B 40' 곧 보스톤한인교회가 있는 브루클린(Brookline) 시의 40%가 기독교인이 되게 하는 꿈을 갖고 있다. 주변 타 종족들에게도 다가가는 나눔과 돌봄 운동을 통해, 일반 교인들이 할 수 없는 것을 보스톤한인교회가 주도하고 있다. 교회 안과 교회 밖의 '다름'을 배우고 '다름'을 이해하려고 하는 것이 이 교회의 장점이고, 이 교회가 새로운 열림을 향하여 진보할 수 있다. 이것이 1, 2, 3세대 간의 '다름'을 극복하고 '열림'의 새 창조를 이룰 수 있는 원동력으로 해석한다. 두 문화 내지 세 문화의 시너지로 독특함을 창출할 수 있다는 것이 이 교회의 강점이다. 2세와 3세들은 한국인의 뿌리를 찾고 싶어 한다. 한국인의 정체성을 회복하고, 한국인의 역사를 찾아주는 공동체라고 할 수 있다. 그래서 3세대가 함께하는 희년의 공동체를 새롭게 창조해 가고 있다."[1]

3세대가 2개월에 한 번씩 쉐마의 밤 기도회를 갖고 있다.[2] 앞으로는 4분기마다 3세대가 다 함께 드리는 예배를 가지는 비전으로 발전하면 좋을 것이다. 1세대, 2세대, 3세대가 예배 사회, 회중 기도, 특별찬양 성가대나 중창, 심지어 설교까지(2, 3세의 목사가 아직 준비되지 않았으면 평신도 설교자를 활용할 수 있을 것임, 혹은 설교는 1세의 담임목사가 3부를 다 설교하는 것도 좋다고 생각함)도 공동 참여하게 할 수 있을 것이다. 4분기마다 1부 8시 예배, 2부 9시 반 예배, 3부 11시 반 예배를 3세대가 함께 참여하는 예배를 드리면 한인 이민 교회의 모델이 될 것이다. 또한 2세, 3세를 위

윤경문 부목사

한 한글교육, 한글성경교육, 한글로 배우는 한국문화교육, 한글로 배우는 한국역사교육, 한글로 배우는 한국음식만들기 등을 통한 '같음'의 의식화 교육이 계속 일어날 때 이런 3세대 교회의 활성화가 일어날 것이다.

---

1) 윤경문 부목사 인터뷰: 2022년 3월 9일(수) 오후 14:00.
2) 김정선, 『보스톤한인교회 60년사(보스톤에 옮겨 심어진 순례자들의 이야기)』(서울: 쿰란출판사, 2015), 303.

1. 유학생들에 의해 창립된 보스톤한인교회

미국 매사추세츠(Massachusetts) 주 보스턴(Boston)은 영국 청교도 102명이 신앙과 정치적 자유를 위해 미국 땅으로 이주하여 미국 역사를 연 역사적 도시이다. 1620년 메이플라워(Mayflower)호를 타고 보스턴 남쪽 해안 플리머스(Plymouth, MA)에 도착하였다. 그로부터 300년이 지난 1953년 추수감사절에 하나님께 감사하는 제단을 쌓았다. 보스턴대학교 유학생 박대선 박사와 소수의 한인들이 첫 예배를 드림으로 시작하였다. 1903년 102명의 한인이민들이 하와이에 정착한 지 50년 후에 보스턴에서 한인 디아스포라들이 신앙의 순례자와 선구자의 문을 연 것이기도 하다.

처음 예배처소로 사용한 보스턴대학교 Marsh Chapel에서 1955년 3·1절 예배를 드리고 난 후 박대선 목사와 교우들

6·25전쟁 이후 와싱톤한인교회(1951년) 다음으로 세워진 교회임을 『보스톤한인교회 60년사』가 강조하고 있다.[3] 앞서 살펴본 대로 미주 한인 교회들은 민족의 교회로서 민족의 아픔과 운명을 같이하는 나라사랑 공동체임을 강하게 의식할 수 있다. 대부분의 교회들이 독립운동의 센터로 세워졌고, 이 두 교회들은 냉전의 아픔을 함께 하나님께 호소하고 민족의 구원을 간절히 열망하는 공동체로 출발하였음을 알 수 있다. 일본 제국주의와 식민주의의 압제, 6·25전쟁

---

3) 김정선, 위의 책, 109.

과 냉전의 수난, 박정희 독재정권에 항거하는 민주화의 시련 때문에 한국 교회와 미주 한인 교회는 세계 선교 역사에서 유례를 찾아볼 수 없을 정도로 신앙과 영성의 열정이 뜨거운 교회였다. 특히 미주 한인 교회는 초기에 미주 한인들의 70%가 교인들이었으니, 한국의 25%보다 더 부흥하는 공동체였다고 볼 수 있다.

보스톤한인교회는 유학생들에 의해 창립된 특이한 교회였다. 초대목사는 보스턴대학교 구약 박사과정으로 공부하던 박대선 박사였다. 박대선 박사를 중심으로 1953년 11월 추수감사주일에 첫 예배의 제단을 쌓았다. 보스톤한인교회는 박대선 초대목사와 발기위원 안승화 장로, 김선하, 김솔근, 김정옥, 박관주, 박돈욱, 이동일, 추애정에 의해 창립되어, 1953년 11월 22일 추수감사주일 오후 2시에 보스턴대학교의 Marsh Chapel 아래층에 있는 Robinson Chapel에 40여 명이 모여 첫 예배를 드렸다. 박대선 박사는 "11월 셋째 주일은 감사주일로서 한 해 동안 하나님으로부터 받은 축복과 은혜에 대하여 감사함을 표시하는 날이기 때문에 저희들은 이날을 택한 것입니다"라고 고백하였다.[4]

박대선 박사와 백 린 장로가 『보스톤한인교회 60년사』에 기록된 뉴잉글랜드한인사에 의하면, 그 가운데는 고려대 총장을 지낸 유진오 박사, 김준엽 박사, 서울대 총장을 지낸 유기선 박사, 윤천주 박사, 연세대 의과대학 민광식 교수와 박종무 박사, 세브란스 병원장을 지낸 임의선 박사, 연세대 치과대학장을 지낸 김귀선 박사, 민영규 교수, 고려대 김정학 교수, 이화여대 박용구 교수, 서울대 김재근 교수, 하버드에서 박사과정을

초대담임 박대선 박사(중앙)와 김동길 박사(왼쪽에서 네 번째)가 함께 찍은 모습

밟던 전해종 교수, 서울대 피천득 교수 등이 있었다. 연세대 역사학 교수가 된 김동길 박사도 있었다.[5]

초교파 독립교회로 창립된 보스톤한인교회의 교단 소속은 감리교회를 선호하는 쪽이 많았다. 하와이, 상항, 로스앤젤레스, 오클랜드, 시카고, 뉴욕, 와싱톤교회 등이 모두 감리교회였기 때문이다. 미주 한인회들은 미국내의 제일 큰 교단인 감리교회로부터 경제적인 도움을 많이

---

4) 김정선, 앞의 책, 110.
5) 김정선, 위의 책, 116.

받기도 하였다. 게다가 박대선 박사도 감리교단 목사였다.[6] 하지만 박대선 박사는 교파에 상관없이 초교파 교회를 세우는 것을 더 선호하였다.[7]

1953년부터 약 10년 간 한 달에 1번씩 주일예배를 드렸다. 1955년부터 1966년까지 담임목사로 2대 박봉랑 목사, 3대 공동담임 김용식 목사, 조찬선 목사, 한승호 목사, 4대 김용식 목사, 5대 공동담임 이상현 목사, 이계준 목사, 함성국 목사, 6대 함성국 목사, 7대 안상엽 목사가 사역하였다. 1963년 4월부터 한 달에 두 번 주일예배를 드리기 시작하였다. 8대 김광원 목사가 1966년 5월부터 1968년 7월까지, 9대 이상호 목사가 1968년 9월부터 1969년 5월까지, 10대 김광원 목사가 1969년 6월부터 1971년 10월까지 사역하였다.

초창기 1953년부터 25년간(1971년 권진태 목사의 전임 담임 이전까지) 전임 담임 목회자를 모실 수도 없었고, 대부분 유학생 목사로 파트타임 설교자가 될 수밖에 없었다. 11대 권진태 목사가 첫 전임 담임목사로 1971년 11월부터 1974년 3월까지 사역하였다. 12대 담임 김갑동 목사가 1974년 6월부터 1977년 12월까지 사역하였다.

그리고 1978년 13대 홍근수 목사 취임 전까지 20명의 저명한 목사들이 강단을 지켰다. 박대선 박사, 박봉랑 목사(후에 한신대 교수), 조찬선 목사(후에 이화여대 기독교학과 교수), 김용식 목사, 이계준 목사(후에 연세대 교목실장), 함성국 목사[후에 연세대 신과대학과 연합신학대원 교수, 미연합감리교회 선교국 부장(UMC GBGM Director)], 이상현 목사(후에 프린스턴신학교 교수), 유철옥 목사, 안상엽 목사, 유시욱 목사, 신성국 목사, 김중기 목사(후에 연세대 신과대학 교수), 박원기 목사(후에 이화여대 기독교학과 교수), 이상호 목사(후에 연세대 신과대학 교수), 권진태 목사(후에 성요한연합감리교회 목사), 김갑동 목사, 노정선 목사(후에 연세대 신과대학 교수) 등이었다.[8] 한국과 미국의 중요한 신학교육자들과 목회의 거장들이 즐비하게 설교하고 목회하였던 것을 알 수 있다.

제2대 박봉랑 담임목사
(후에 한신대학교 조직신학 교수 역임)

---

6) 후에 박대선 박사는 감리교신학대학교 구약교수요, 교무처장이었고, 감신대 교무처장 재직시 연세대학교 총장으로 선출되어, 총장으로 취임하였다. 교수 은퇴 이후에 감리교단의 동부연회 감독이었으며, 감리교회 동부신학교 학장을 역임하였다. 필자와의 인연을 언급하면, 결혼식 주례자였고, 연세대학교 연합신학대학원 신학 석사학위(Th.M.)를 받을 때 박대선 총장의 지도를 받았다. 그리고 필자를 동부신학교 강사로 임명해서 교회사와 희랍어 강사를 하기도 하였다.
7) 김정선, 앞의 책, 118.
8) 김정선, 위의 책, 148-149.

2. 장로교단 가입

1979년 11월 전교인 설문조사를 통해 장로교단 가입문제를 조사하였다. 가입 찬성 37명(47%), 반대 30명(38%), 상관없음 7명(13%)으로 힘있는 중론이 모이지 않아 교단 가입을 결정하지 못하였다. 1982년 11~12월 걸쳐 교단 가입문제에 관한 설문조사를 다시 실시하였다. 126명의 응답자들을 분석한 결과 85명(70%)의 찬성, 73명의 6개월 이내 가입 찬성(60%)이 나왔는데, 응답자 중의 58명(48%)이 장로교인이었다. 대다수의 찬성을 보였으나, 은혜롭게 교단 가입을 추진하기 위해 2년 더 보류하기로 합의하였다. 1985년 3월 이사회에서 본 교회는 미국 장로교 PCUSA에 회원교회로 가입하기로 만장일치로 가결하였고, 임시제직회에서도 원안대로 통과하였으며, 4월 임시공동의회에서도 대다수의 찬성으로(76명 중 63명의 찬성: 83%) 결의안을 통과시켰다.[9]

3. 민주화 운동: 사랑으로 정의를 이 땅에 세워가는 교회

홍근수 목사는 인권과 자유, 민주화 운동, 산업선교, 민중신학, 해방신학 등에 관심을 많이 표명하였고, 1983년부터 뉴잉글랜드 목요기도회 조직하여 회장으로 선지자적 이미지의 활동을 열심히 하였다.[10] 보스톤한인교회가 희년비전선언을 선포한 것 중에 "사랑으로 정의를 이 땅에 세워가는 교회"의 이상을 가장 잘 실현한 시기가 홍근수 목사가 목회

보스톤한인교회는 1985년 미장로교단 PCUSA 노회에 가입했다

하던 1978년 12월부터 1986년 8월까지 약 8년간으로, 이 시기가 정의를 세워가는 보스톤한인교회의 이미지를 가장 잘 부각시켜 준 때였다.

---

9) 김정선, 앞의 책, 209.
10) 필자도 보스턴대학교 박사과정 학생과 케임브리지한인교회 담임목사, 보스톤한인교회 담임목사를 하면서 목요기도회 초대 총무로 회장 홍 목사를 도와 동참하였고, 후에 2대 회장까지 맡았다.

뉴잉글랜드 목요기도회는 이웃사랑을 실천하고, 사회정의를 구현하며, 특히 군부독재와 싸워서 민주화를 실현한다는 기치 아래 활발히 활동하였다. 목요기도회는 한 달에 한 번 보스톤한인교회와 하버드 옌칭 도서관에서 30-40명이 모였다. 하버드대학교 행정대학원 케네디 스쿨에서는 김지하의 "금관의 예수" 등의 공연도 가졌다.

뉴잉글랜드 목요기도회에서는 한국에서 진행되는 민주화 운동에 관한 정보 교환은 물론 투옥된 민주인사를 위한 모금과 외부인사(함석헌, 김재준, 문동환, 서대숙, 강위조 등) 초청강연도 개최되었다. 신군부 전두환, 노태우 정권에 대한 반대운동도 전개하였다. 교인들로는 홍근수 목사를 도와 이일영 장로[11], 조준호 집사, 김영경 장로 등이 동참하였고, 보스턴대학교 박사과정 학생 최종식 목사, 하버드 경제학박사과정 유종일 박사, 보스턴대학교 박사과정 이 철 박사[12] 등이 동참하였다. 보스턴대학교 박사과정에 있었던 필자도 뉴잉글랜드 목요기도회의 총무로, 회장으로 "통일신학의 접근" 등의 강연도 하였다.[13] 보스톤한인교회 전교인 여름수양회 강사로도 필자가 참여하였다.[14]

뉴잉글랜드 목요기도회 부회장 이일영 장로 (아주대학교 정형외과 교수 역임)

---

11) 이일영 장로는 후에 아주대학교 의과대학 교수가 되었다.
12) 이 철 박사는 후에 숭실대학교 종교사회학 교수가 되었다. 이 박사는 한신대학교 신과대학 교회사 교수 이장식의 아들이기도 하다.
13) 김정선, 앞의 책, 223.
14) 김정선, 위의 책, 227.

미주한인교회와 독립운동
(1920-1930년)

1. 하와이 그리스도연합감리교회와 독립운동: 비둘기파 이승만 박사의 외교적 독립운동과 매파 박용만의 무력저항운동, 이승만의 동지회와 안창호의 국민회

1903년 8월 7일 하와이 그리스도연합감리교회 최초의 목회자인 홍승하 전도사를 중심으로 '신민회'를 조직하였다. 안정수 권사, 윤병구, 문홍식, 박윤섭, 리치정, 임형주, 김정국, 리교담 등이 참여하였다. 홍승하 전도사가 자연히 회장이 되었다. 교회가 조직되기 전에 이미 한인 사회의 단결을 추진하는 독립운동 사회조직이 기독교인들 중심으로 형성되었다. 신민회의 목적은 구국정신 고취와 일본 침략에 대한 저항운동이었다. 신민회의 강령은 동족단결, 민지계발, 국정쇄신이다. 애국심과 민족정신의 표출이다.

한인 이민 사회는 초기부터 민족의 아픔에 동참하는 민족사랑과 독립운동에 기초한 사회였다. 그들의 하루 인건비는 69센트밖에 안 되었지만, 5백만 달러의 독립기금을 모으는 저력을 보였다.[1] 가와이 섬 갑파 지방에도 신민회를 조직하여 회장 한주동, 부회장 장영환, 서기 정신상을 선출하였고, 양천태, 고석주, 고병록이 회원이 되었다.[2]

---

1) 『한국일보』, 2001년, 7월 7일, A9.
2) 노재연, 『재미한인사략, 상권(1902-1924년)』 (상항: 신한민보사, 1937), 11.

1905년 7월 7일에 개최된 러·일 포츠머스 평화회담에 조지 워싱턴대학교의 유학생 이승만 박사와 하와이 윤병구 목사가 7천 미주 한인들을 대표하여 위기에 처한 한국의 미래를 위해 루즈벨트 대통령에게 호소하려고 했다. 루즈벨트는 김윤정 공사를 통하여 요청할 것을 제안하였다. 그래서 한국공사 김윤정을 찾았으나, 본국 조선 정부의 훈령이 없으면 무슨 소개나 협조도 불가능하다고 거부하였다. 그리하여 양 대표는 교섭도 하지 못하고 돌아올 수밖에 없었다. 그러나 미주 한인들과 이승만 박사는 이때부터 외교를 통한 독립운동을 전개하게 되었고, 조국의 미래와 민족의 아픔에 운명을 같이하면서 동참하려고 하였다.[3]

　1905년 8월 24일 호놀룰루 누아누 스트리트 148번지 그리스도한인연합감리교회에서 호놀룰루, 와이파후, 에바, 와일루아, 카후쿠 등 각 지방 한인들이 함께 모여 재정을 와드맨 감리사에게 의탁하는 것이 동기가 되어 '한인상조회'를 조직하게 되었다. 회장에 송헌주, 부회장에 민찬호, 박윤섭, 서기에 김성권, 재무에 이지성, 명예재무에 와드맨 등을 선출하였다. 상무위원은 각 지역별로 한 명씩 4명을 두었다. 에바에 김영식, 와이파후에 김이제, 카후쿠에 김응구, 호놀룰루에 신판석 등을 임명하였다. 상무위원은 매월 1회 모여서 재정출납을 정리하였는데, 입회금 1달러와 매달 회비 50센트를 내면 회원이 될 수 있었다. 그리고 매년 5달러 이상을 내면 명예회원의 자격을 부여하였다. 초기의 '신민회'가 '한인상조회'로 더욱 체계화되고, 경제적인 조직으로 발전하였다.

　한인상조회나 신민회나 홍승하 전도사와 민찬호 목사를 중심으로 교회가 주체가 되어 한인들끼리 경제적으로 상부상조하고, 조국독립을 함께 일하는 독립운동 단체로 활성화되어 간 것이다.[4]

　그 이외에도 혈성단(1906년 5월), 자강회(1906년 6월), 신간회(1907년 7월) 등 28개의 단체들이 우후죽순으로 발생하였다. 그러나 두드러진 24개 단체들의 대표들 30명이 호놀룰루에 모여들어서 5일 동안 발기대회를 열어 '한인합성협회'를 결국 조직하기에 이르렀다. 목적은 조국의 광복, 국권 회복, 동포의 안녕과 교육 장려였다. 주의주장으로 민족주의를 중심으로 내세웠다. 회비를 열납금이라고 이름하고, 1년에 2달러 25센트를 받기로 하였는데, 등록 회원이 무려 1천 51명에 달하였다.[5]

　1908년 10월 23일 샌프란시스코 '공립협회'와 하와이 '합성협회'가 공동연대 모임을 만들기

---

3) 김홍기, 『감리교회 백년사』, 61.
4) 김홍기, 위의 책, 62.
5) 서광운, 『미주 한인 교회 70년사』(서울: 해외동포문제연구소, 1973), 69.

위해서 1909년 2월 1일 합동하기로 합의하였다. 하와이 측에서는 민찬호 목사, 이래수 등 7명이 대표가 되었고, 샌프란시스코 측에서는 최정익, 이대위 목사 등 6명이 대표가 되어, 1909년 2월 1일 '국민회'라는 이름으로 합동하였고, 하와이 국민총회장에 정원병이 선출되고, 미주 국민총회장에 정재관이 선출되어 그날 해외 이민 동포들이 하루 종일 일도 안 하고 잔치를 벌여 축하하기도 하였다.[6]

1913년 5월 13일 도산 안창호는 샌프란시스코에서 흥사단을 조직하였다. 흥사단의 목적은 품행이 단정하고, 평생 신의 있는 생활을 맹약하며, 인격자를 만드는 데 있다. 이 무실역행의 정신이란 철저한 실천을 강조하는 면에서 실학정신의 후예이고, 기독교적 사랑을 실천하고, 인격적 성숙을 강조하는 면에서 웨슬리적 성화정신이 살아 있었다. 예를 들면 무실역행의 규칙 중에 "죽더라도 거짓말하지 말라," "그대는 조국을 사랑하는가? 그러면 먼저 건전한 인격이 되라" 등은 예수님의 산상수훈을 연상케 한다.[7]

1915년 4월 22일 '국민회' 중앙총회장에 안창호가 선출되었으며, 부회장에 박용만이 임명되었다. 박용만은 이승만 박사보다 여섯 살 아래였고, 안창호보다 세 살 아래였다. 박용만은 1919년 네브라스카대학교 정치학과를 졸업한 후 조국광복에 무력운동이 중요하다 하여 1910년초 네브라스카주의 허락을 받아 커니 농장에서 소년병 학교를 설립하였다. 6월에는 헤스팅스대학의 운동장과 교실까지 빌려서 군사훈련까지 하였다.[8] 그런 다음 박상하의 초청으로 하와이로 가서 하와이 국민회 지방총회가 발행하는 주간지 「신한국보」의 주필이 되었다.[9] 1914년 6월부터 마후마누 농장에 103명의 한인군인을 훈련시키는 군영까지 짓기 시작하였다. 6백여 명을 초대하여 1914년 8월 29일 낙성식을 성대하게 거행하였다. 참석한 한인들이 눈시울이 뜨거워질 정도로 감탄하였다.[10] 그리고 1935년에는 『소년척후조직과 훈련법』이라는 책을 감리교총리원교육국에서 발행하였다.

그러나 이승만의 비둘기파적 외교적 독립운동은 이러한 박용만의 매파적 무력투쟁의 독립운동을 반대하면서 정면으로 대립하는 양상을 형성하게 되었다. 그 결정적인 계기는 하와이 국민회 건축자금 중에 박상하가 831달러 15센트를 유용하고, 홍인표가 1,548달러 17센트를 유

---

6) 서광운, 앞의 책, 69.
7) 김홍기, 앞의 책, 68.
8) 서광운, 앞의 책, 74.
9) 유동식, 『그리스도교 85년사』, 77.
10) 서광운, 앞의 책, 97.

용한 것을 이승만 박사가 밝혀낸 것이다. 억울하게 누명을 쓰고 3개월 간 법정조사를 받다가 무죄판결을 받은 김종학은 자살하기에 이르렀다. 이승만 박사는 재정보관인까지 하게 되었다. 그리하여 이 사건으로 박용만은 국민회에서 밀려나 상항으로 갈 수밖에 없었다. 국민회 총회장 도산 안창호 선생이 하와이로 와서 분규를 수습하려고 노력하였으나 이승만 박사가 양보를 하지 않았다. 결국 안창호 선생은 1915년 돌아갈 수밖에 없었다.[11] 마침내 하와이 독립운동은 국민회 지지파와 이승만의 동지회 지지파로 분열하게 되었다. 그리고 이승만 박사는 황해도 출신이고, 안창호 선생은 평안도 출신이어서, 이승만 박사는 흥사단과 국민회를 평안도 패당이라고 비판하기도 하였다.[12]

이승만 박사의 동지회는 경제활동, 정치활동, 사회복지활동, 출판활동과 방송활동, 장학활동 등을 통해서 활발한 독립운동을 전개하였다. 1913년 2월 하와이에 본거지를 두고, 이승만 박사는 주로 교육가로 활동하면서 점차 임시정부 요원으로 관계하기 시작하였다. 1919년 3·1운동 후에 해삼위(블라디보스톡), 상해, 한성(서울)에 대한민국 임시정부를 세 갈래로 두었다. 만주와 러시아 영토에 있던 동포 대표자들이 3월 17일 해삼위에 있는 임시정부에서 일할 사람으로 선정한 각원은 대통령 손병희, 부통령 박영효, 국무총리 이승만, 군무총장 이동휘, 내무총장 안창호 등이었다. 해삼위 혹은 연해주 곧 러시아의 블라디보스톡은 독립운동만 아니라, 지금 통일운동의 중요한 센터로도 활용되고 있다. 조선족 목사와 선교사들이 활동할 수 있고, 3천 명의 북한 노동자들이 노동하고 있는 현장이다.

1919년 4월 10일 정부를 조직하고, 선포문과 각원을 발표하였다. 상해임시정부 국무총리로 이승만 박사를 추대하였고, 내무총장 안창호, 외무총장 김규식, 군무총장 이동휘 등을 선출하였다. 1919년 4월 23일 서울에서 한성정부를 조직하였다. 13도 대표들이 비밀리에 모여 한성 임시정부의 집정관 총재(이승만은 영어 president를 사용함)로 추대되었다. 1919년 9월 15일 해삼위, 상해, 한성(서울) 세 곳의 통합임시정부의 대통령으로 이승만 박사가 선출되었다. 세 곳의 정부를 해소하고, 한성정부를 계승하되, 정부의 위치는 당분간 상해에 둘 것을 합의하였다. 사실상 이승만 박사를 수반으로 통합정부가 구성된 셈이다.[13]

이승만 박사는 미국에서 구미위원부를 만들고 미국 정부로 하여금 임시정부를 승인하도록 외교활동을 하였다. 집정관 총재 이승만은 내외적 직함으로는 자의로 대통령이라고 했다. 파

---

11) 서광운, 앞의 책, 101
12) 김홍기, 앞의 책, 71.
13) 유동식, 『하와이의 한인과 교회(그리스도연합감리교회백년사)』, 142.

리에서 돌아온 김규식을 구미위원부 부위원장으로 임명했다. 이에 상해임시의정원은 임시헌법을 개정하고 이승만을 임시대통령으로 명명하였다.[14] 1921년 1월 5일 최초의 상해임시정부 국무회의를 하였다. 이승만 박사는 정책도 발표하지 않았고, 국무위원들과 의견충돌을 일으켰다. 실망한 안창호, 이동휘, 김규식 등이 모두 총장직을 사퇴하였고, 이동녕과 이시영만 총장으로 남게 되었다.

1921년 5월 20일 이승만 박사는 소식도 없이 상해를 떠나 다시 호놀룰루에 도착하였다. 1913년부터 이승만 박사를 지지하고 후원하던 동지들을 규합하고 조직화하려는 것이었다. 7월 7일에는 민찬호 목사, 안현경 등으로 하여금 새 독립운동 단체 동지회를 구성하게 했다.[15] 그래서 국민통일의 중대한 토의를 위해 '대한인 동지회'를 구성하기에 이르렀다. 1919년 세 곳의 임시정부가 하나로 통합된 후에도 여러 가지 분쟁이 일어난 것을 없애기 위해서 동지회를 구성한 것이다. 상해에 위치한 통합정부를 옹호하고 교포의 대동단결을 모색함에 목적이 있었다. 민찬호, 안현경, 이종관 등이 임원으로 활동하였다.[16]

미주 안에서 상해임시정부를 지지하는 안창호의 국민회 계열과 이승만 박사의 동지회 계열 사이의 파쟁이 더욱 심해져 갔다. 1922년 6월에 임시정부 의정원에서 이승만 내각 불신임안을 가결 통과시켰다. 1925년 3월엔 임시대통령 이승만 박사를 탄핵 면직 처분했다. 따라서 동지회는 처음 창립 목적과는 다르게 이제는 임시정부 거부와 반대 투쟁을 하게 되었다.[17]

도산 안창호 선생의 도덕실천과 인격적 성화 중심의 독립운동은 이승만 박사의 비폭력 무저항의 외교적 독립운동과 상당히 근접한 독립운동의 방향이라고 할 수 있다. 그런데 그 중간에 박용만의 무력저항 통일운동은 긴장을 촉구하는 방법이라고 말할 수 있다. 사실상 대립각을 세웠다. 안창호와 이승만이 평화적 연대를 이루었더라면 미주독립운동이 더 활성화될 수 있지 않았을까 하는 아쉬움을 남겼다. 두 지도자 모두 기독교적인 사랑과 평화와 성화적 실천운동을 강조하였는데 보다 더 조화를 이룰 수 있었으면 하는 아쉬움을 느낀다. 또 안창호 선생의 도덕실천운동과 이승만 박사의 외교독립운동이 아름답게 조화를 이루는 양보와 화합의 정신을 보여주었으면 하는 아쉬움이 있다. 그러나 각각의 모임은 그 나름대로 중요한 역할을 감당하였다고 보아야 할 것이다.

---

14) 유동식, 앞의 책, 142.
15) 유동식, 위의 책, 143
16) 이덕희, 『한인기독교회, 한인기독학원, 대한인 동지회』(서울: 한국기독교역사연구소, 2008), 297-302.
17) 유동식, 앞의 책, 145.

이승만 박사의 외교적 독립운동이나 대한민국 건국이나 남한만이라도 독립국가를 형성하게 한 지도자적 노력은 높이 평가해야 할 것이다. 남한만이라도 강하게 지키려는 이승만 박사의 기도와 신앙과 의지가 한국을 살렸고, 오늘날 세계 10위 선진국의 대열에 설 수 있게 하였다. 상해임시정부를 진짜 한국의 정부로 인정하려는 역사의 곡해는 국민들의 중론적 저항을 받을 수밖에 없다. 한반도 내에서 독립국가를 만든 것을 역사적 사실로 인정하지 않는 것은 역사왜곡이라고 보아야 할 것이다. 그 후의 삼선개헌을 통하여 부정선거를 저지른 것은 4·19 혁명으로 역사의 심판을 받았다. 그것도 또 다른 역사적 사실로 인정해야 한다. 역사는 사실에 기초해야 한다. 그 사실을 바로 이해하려는 노력이 역사가의 자세이다. 그 사실을 정죄하려는 것은 역사가의 태도가 아니다.

2. 상항한국인교회와 독립운동: 도산 안창호의 실천적 리더십과 장인환 의사의 저격 사건

1) 도산 안창호의 실천적 리더십과 독립운동

1902년 10월 새로운 문명과 문화를 배우기 위해 유학을 목적으로 샌프란시스코에 도착한 도산 안창호 선생은 무질서하고 수준이 낮은 한인 문화를 목격하고 한인 사회를 건전한 기독교신앙과 인격적, 도덕적 재무장운동으로 정화시키고 성화시키려고 결심하게 되었다. 도산이 도착한 지 며칠 안 되어 한인 인삼장사 두 사람이 인삼 판매구역 때문에 노상에서 상투를 마주 잡고 싸움을 벌이는 추한 장면을 보게 되었다. 미국인들이 재미나게 구경하는 것을 보고 당장 달려들어 싸움을 중지시켰다. 이 사건 이후 한국인이 문명한 국민으로 독립국가를 만들기 위한 국민계몽운동과 기독교 윤리실천운동이 필요함을 절실히 깨달은 것이다. 한인 집 유리창이 지저분하고, 화초가 없고, 방 안이 어지럽고, 퀴퀴한 냄새가 나므로, 서양인들이 무시하는 것을 보았다. 도산은 집집마다 찾아다니면서 화장실 청소, 부엌 청소 등 청소운동을 추진하였다. 한인들이 면도도 자주 하고, 의복도 단정히 입기 시작하였다. 인천에서 도산과 함께 온 이 강, 김성무, 정재관 등이 돈을 벌어 도산의 국민계몽운동 자금을 지원하였다.[18]

---

18) 서광운, 앞의 책, 38.

도산은 1903년 9월 22일 중국인 광덕호의 지하실에서 '상항친목회'를 조직하였다. 회원 수는 스물다섯 명이었다.[19] 노재연의 『재미한인사략』에서는 안창호, 박선겸, 이대위, 김성무, 위영민, 박영순, 홍종술, 김병모, 정동삼 등 아홉 명이 발기하고, 초대 회장에 도산을 선출하며, 이름을 '상항친목회'로 조직하였다고 기술하고 있다. 서광운의『미주한인교회 70년사』에서는 아홉 명 이외에 장 경, 박승지, 김찬일 등을 추가하여 열두 명이 시작한 것으로 되어 있다. 하와이에서 건너온 사람을 합치면서 마흔아홉 명으로 늘어났고, 1905년 '상항공립협회'로 명칭을 바꾸고 회장은 역시 도산이 맡았다.[20]

2) 장인환의 스티븐스 저격사건

1908년 스티븐스 저격사건이 발생하였다. 1908년 3월 21일 외교고문 더럼 스티븐스(Durham White Stevens)가 특별한 비밀임무 수행을 위해 워싱턴 DC로 가는 길에 샌프란시스코에 잠시 머물게 되었다. 그는 미국인으로 일본의 외교고문 직책을 거쳐 1904년부터 고종 황제의 인가를 받아서 한국 정부로부터 봉급을 받으면서 한국을 위한 외교자문관의 직무를 수행하였다. 그런 그가 샌프란시스코의 유명일간지「크로니클 (Chronicle)」지와의 인터뷰 기사에서 "일본의 한국 통치는 모든 한국 국민이 바라는 것이다"라는 대단한 망언을 서슴지 않았다.

아연실색할 발언에 분노한 한인들은 문양목, 정제관, 이학현, 최정익 등을 대표로 보내 호텔에 묵고 있었던 스티븐스의 멱살을 잡고서 "한국 정부의 봉급을 받으면서 한국 국민을 우롱하는가?"라고 강하게 항의하였다. 그렇지만 스티븐스는 전혀 사과도, 발언수정도 안 하겠다고 고집을 부렸다. 대표들이 이 경과과정을 상항공립협회에 와서 소상하게 보고하자 상항한국인감리교회 창립교인인 장인환과 전명운이 스티븐스 저격을 결심하게 되었다.

3월 23일 한인들의 거센 저항에 겁을 잔뜩 먹은 스티븐스가 워싱턴 DC로 가기 위해 오클랜드로 향하는 기차를 타려고 페리 정거장에 막 도착하였을 때 24세의 전명운이 먼저 총을 쏘았으나 불발했다. 그래서 뒤에 서 있던 32세의 장인환이 세 발을 발사하여 결국 저격 명중에 성공하였다.[21]

그는 법정 진술에서 뜨거운 애국심과 자유정신을 밝혔다.

---

19) 서광운, 앞의 책, 38. 노재연의『재미한인사략』, 14쪽에는 20명으로 기록하고 있다.
20) 서광운, 위의 책, 39.
21) 장인환 의사는 그 후 1급 살인혐의로 25년 형을 받고 10년 만에 가석방되었고, 15년 만에 완전석방되어 1927년 평양에서 윤 씨와 결혼하였으나, 1930년 상항에서 54세에 자살하였다.

"스티븐스는 대한의 녹을 먹으면서 대한을 일본의 식민지화 하려 하니 그것이 역적이 아니고 무엇인가? 나는 죽어 자유로운 몸이 될지언정, 살아서 노예는 결단코 될 수가 없다. 4천 년 대한역사 모독한 자 죽어 마땅, 친구여 어서 배워 고국에 나가 공헌하라. 자주독립의 대한, 출옥해서 꼭 보게 되길…"[22]

상항한국인감리교회 창립교인 장인환 의사(왼쪽)와 전명운 의사는 스티븐스를 저격, 사망에 이르게 했다

장인환 의사는 옥중에서도 매주일에는 항상 옥중교회를 출석하였고, 모범수가 되었다. 함께 저격사건에 동참하였던 전명운 의사도 상항한국인연합감리교회를 다녔던 청년이었다. 두 청년 성도에게는 기독교신앙과 조국사랑은 둘이 아니고 하나라는 정신이 강하였다. 하나님은 교회 밖의 역사 속에서도 일하시고 우리를 역사 속으로 부르신다는 "하나님의 선교"(Missio Dei)적 발상을 볼 수 있다. 그러한 조국사랑의 정신과 신앙은 그 후에 상동감리교회 청년 이 준 열사에게서도, 천주교회 신자인 안중근 의사에게서도, 감리교 미션스쿨 이화여고의 학생 유관순 열사에게서도 계속해서 나타났다. 예수를 믿는 것과 나라를 사랑하는 것은 둘이 아니고 하나였다. 내면적 성화의 영성과 신앙은 사회적 성화의 운동으로 나타나는 건전한 복음주의(healthy evangelism)의 모습으로 표출된 것이다.

3) 남감리교인 윤치호와 애국가 작사

에모리대학교에서 신학전공으로 박사공부를 하면서, 그 인연으로 한국에 남감리교회(종교교회, 자교교회, 광희문교회 등)를 시작한 윤치호 선생이 상항한국인교회를 방문하면서 애국가를 작사하는 역사를 만들었다. 윤치호 선생이 하와이를 거쳐 상항에 당도한 것은 1910년 1월 30일이었다. 5월 19일에서 24일까지 워싱턴에서 열리는 만국주일학교 대회의 연사로 초청되어 오게 되었다. 이미 1907년 일본 동경에서 있었던 만국주일학교 대회에서 호소력 있는 연사로 인정

---

22) 민병용, 『미주이민 100년』, 11.

을 받아 또 강연자로 선정되었다.

미국 샌프란시스코에 온 윤치호 선생은 상항한국인교회에서 한인들에게 도전적인 배움의 태도와 자세를 불러일으키는 연설을 하였다.

"그러면 우리는 남과 같이 배우지 아니하고 능히 남을 대적할 수 있겠오. 내가 보건대, 우리 동포는 분해야 할 때는 아프다, 쓰리다 하고 떠들기도 하며, 참을 때에는 남이 무슨 욕을 주든지 꿀떡 삼키기도 잘하나, 배움에 들어서는 남과 같다 할 수 없소이다. 재미동포 제군은 분한 걸 참고 배우는 것을 다 능히 할 중을 내가 들었소만은 아무쪼록 사람마다 무엇이든지 남의 하는 일을 한 가지씩 배우시오."[23]

윤치호는 1910년 9월 21일자 「신한민보」에 실린 "국민가"는 현재도 부르고 있는 애국가가 되었다. 1908년 『찬미가』에 실린 것과 거의 대동소이한 내용이다. "국민가"는 "동해물과 백두산이 말으고 달토록 하나님이 보호하사 우리나라 만세 무궁화 삼천리 화려강산 대한사람 대한으로 길히 보전하세"라고 되어 있다. 선정 찬송가에도 애국가가 찬송가처럼 실려 있었고, 교인들이 예배 중에 불렀다. "하나님이 보호하사 우리 대한 만세"는 하나님이 한국 역사의 주인으로 섭리하신다는 분명한 신앙고백이다.

그런데 필자가 최근에 에모리대학교를 방문하였을 때(2018년 10월), 그 학교 도서관에서 윤치호의 친필 서예가 발견되었다고 해서 보았는데, "하느님"이 아니라 "하나님"으로 되어 있고, "보우하사"가 아니라 "보호하사"로 되어 있으며, "우리나라 만세"가 아니라 "우리 대한 만세"로 되어 있고, 2절에 "바람소리"가 아니라 "바람이슬"로 되어

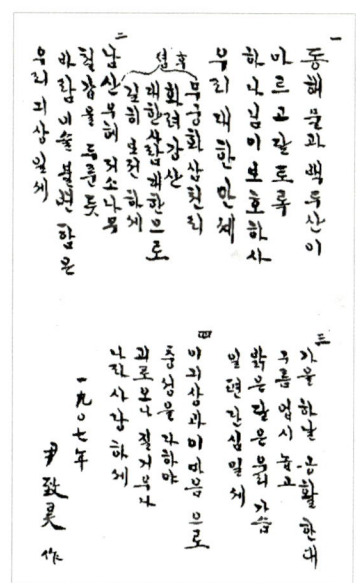

애모리대학에 소장되어 있는 윤치호의 "국민가" 친필 가사

있으며, "4절에 괴로우나 즐거우나"가 아니라 "괴로우나 질거우나"로 되어 있다. 연대가 일 년 더 빨리 1907년으로 되어 있으며, "윤치호 작"이 "윤치호 作"으로 되어 있어 '작'이 한문으로 되

---

23) "윤씨 연설", 「대도」, 제2권 3호(1910년, 2월), 16–18. 성백걸, 『샌프란시스코의 한인과 교회–상항한국인연합감리교회의 역사』, (서울: 한들출판사, 2003), 177. 재인용.

어 있음을 발견하였다.

연세대학교 미국사 교수였고, 부총장을 역임한 고 김동길 박사는 그의 논문에서 흥미로운 사실을 기록하고 있다. 개성에서 은둔생활을 하던 윤치호 선생을 찾아간 김활란 박사에게 윤치호 선생은 자신이 애국가 작사자란 말을 안 하면 좋겠다고 말했다는 것이다. 사람들이 친일파로 생각하니까 자신이 작사했다면 안 부를까 걱정하더라는 것이다.[24] 윤치호 선생이나 김활란 박사가 연세대학교와 이화여자대학교가 일본제국에 의해 폐교될 위기에 처하자 일본에 협조함으로 폐교 당하지 않게 한 것을 이제는 우리 온 국민들이 이해해야 할 것이다. 이화여대 영문과를 졸업한 친척이요 작가인 윤경남 선생이 이렇게 지적한다.

> "1938년 당시 일본은 연희전문학교와 이화여전 등 기독교학교를 없애려고 혈안이 되어 있었다…윤치호 선생을 협박하며 회유하고 있었다. 드디어 윤치호 선생은 '흥업구락부사건'으로 구속된 이들의 석방과 조선의 장래를 이끌어 갈 학교들을 살리는 것을 조건부로, 일본에 협력하기로 약속한다…당시 교육체제와 역사가 함몰되었다면, 지금의 이화여자대학이나 연세대학은 존재하지도 않았을 것이기 때문이다."[25]

그래서 윤석열 정부가 윤치호의 친필 서예가 보존되어 있는 에모리대학교의 친필 서예를 역사적으로 고증해서, 온 국민에게 이제는 윤치호 선생을 애국가 작사자로 공포해야 할 때가 된 것이다. 필자는 에모리대학교 도서관에 보관되어 있는 친필서예를 사진 찍게 허용해 달라고 도서관에 편지를 쓰고 있고, 윤석열 대통령에게 청원서를 쓰려고 한다.

> "에모리대학교 도서관에 보존되어 있는 애국가 가사 서예가 과연 윤치호 선생 본인의 것인지 고문서 전문가를 통하여 조사해 주시고, 윤치호 선생의 필체가 정확하다면 모든 국민에게 애국가 가사 저자는 윤치호 선생이라고 공포해 주십시오."

윤치호는 1919년 3·1운동의 중요한 역할을 한 YMCA 총무로 1923년부터 취임하였고[26], 한국인 최초의 유학생으로 밴더빌트와 에모리대학교에서 유학, 밴더빌트 신학부를 졸업하였다.

---

24) 김동길, 「애국가는 누가 지었나?」, 윤경남 편저, 『좌옹 윤치호 평전』(서울: 신앙과 지성사, 2017), 419.
25) 윤경남, 『좌옹 윤치호 평전』, 25.
26) 민경배, 「현대 근대화와 거대인물, 윤치호와 신흥」, 윤경남 편저, 앞의 책, 75.

또 에모리대학교 석사과정 시절 신학대학 학장 캔들러에게 한국 선교비 200달러를 기탁하여 첫 남감리교회 신자로 남감리교회를 한국에 처음 들어오게 하고 그 첫 교회 광희문교회에서 자기 딸을 유아세례를 받게 하였다. 그 후 종교교회, 자교교회 등이 대표적인 남감리교회로 설립되게 되었다.[27] 윤치호는 평신도 설교가로 설교까지 했다.[28] 고종 황제로부터 외부협판이란 고위관직(종2품)까지 받았다.[29]

4) 이대위 목사의 목회와 독립운동

이대위 목사는 상항한국인교회 담임목사이면서 동시에 국민회 총회장이었다. 1913년부터 대한인국민회 북미지방 총회장에 선출되었는데, 한인 사회 한인 동포들이 그를 국민회 총회장이라고 부르기를 좋아하였다. 국민회의 기관지인 「신한민보」가 1912년 12월 9일 제276호를 내고 재정 악화로 정간하였는데, 다시 1913년 6월 23일 제277호를 내면서 주필을 맡고, 동포사회 모금도 하여 복간하게 되었다.

무엇보다도 특기할 일은 국민회가 상해 임시정부와 같은 '상항 임시정부' 역할을 감당하였다는 것이다. 성백걸 박사는 북미지방 국민회가 '가정부(假政府)' 같은 역할을 하였다고 하였는데, 필자가 보기에는 상해 임시정부 같은 '상항 임시정부'의 역할을 톡톡히 한 셈이다.

"국민의 권리와 의무"라는 제목하에 실린 「신한민보」의 기사는 다음과 같다.

> "금년에 미국 정부와 교섭하여 미주에 있는 한인은 일본 정부에 딸리지 않고 한인 사회에서 자치하는 허가를 얻은 후에, 다시 미국 상공부와 교섭하여 한인은 여행권 없이 미국에 상륙하게 한 후로 벌써 수십 명이 여행권 없이 미국에 상륙하였는데, 미국 이민국에서 우리 국민회를 한국 정부와 같이 대접하니, 이러한 때를 당하여 우리의 책임이 적다 할 수 없도다."[30]

이렇게 국민회는 나라 잃은 한인들에게 상항 임시정부 노릇을 단단히 하고 있었던 것이다.

---

27) 이덕주, 『기독교인 윤치호』, 윤경남 편저, 위의 책, 107-108.
28) 이덕주, 위의 책, 120.
29) 이덕주, 앞의 책, 126.
30) "국민의 의무와 권리" 「신한민보」, 1913년 9월 12일, 1면. 성백걸, 『상항한국인연합감리교회의 역사』, 290. 재인용.

국민회는 대한국민의 자격을 보호해 주었고, 외국인 회사에서 한인들이 일을 하다가 손해를 보면 손해금도 받아 주었으며, 1914년 2월 1일 국민회 창립 5주년 기념식에서는 한인정부로서의 위치와 역할을 명확하게 밝혔다. 그러니까 이대위 목사는 감히 상해 임시정부의 김구 선생과 같은 위상에서 상항 한인들의 지위향상을 위해 혁혁한 공을 세웠던 것이다.

5) 6명의 독립운동 유공자 훈장 수여

결국 상항한국인교회 교인으로 대한민국 정부로부터 독립유공자로 인정되어 훈장을 받은 사람은 안창호, 장인환, 전명운, 이대위, 양주은, 김찬도 6명이다.

안창호, 장인환, 전명운, 이대위, 양주은, 김찬도

3. LA한인연합감리교회와 독립운동: 좌파와 우파의 대립을 극복한 독립운동

김규식은 독실한 기독교인으로 공산당 유물론에 반대했지만, 사회혁명의 주체는 근로대중이라고 생각하며, 기독교사회주의에 입각하여 상해 임시정부의 국무위원 자격으로 조선혁명당과 의열단 등과 연합하여 중한민중대동맹을 결성하였다. 1930년대 하와이와 LA를 방문하였을 때 진보적인 사회주의적 사상을 갖고 과격한 활동을 하는 교포 한인과 교인들이 생기기 시작했다. 1943년에는 「독립」이라는 신문을 창간하기도 했다. 오클랜드한인연합감리교회도 담임으로 시무했던 황사용 목사, 김성권, 곽 임 등 40여 명이 대부분 LA한인연합감리교회 목사와 교인들이었다. 「독립」 신문의 발기인 변준호, 김성권, 최능익, 김 상, 전경준, 신두식, 박상엽, 김혜란, 정덕근, 장기형, 황성택, 이창하, 최봉윤 등이 모두 LA한인연합감리교회의 목사와 교인이었다.

특히 김 강 전도사와 이경선 목사는 나성한인연합감리교회 목회자로 조선의용대 미주후원회와 조선민족혁명당 북미 지부의 활동에 참여하였다. 그런데 그들과 연대한 의열단 김원용 장군은 문재인 정부에서 독립운동가로 인정하여 훈장까지 수여하고 김원용 장군의 묘까지 중국에서 한국으로 이장하였다. 역사의 재해석이 필요하다. 나성한인연합감리교회 내부에서 강경파와 온건파의 분쟁이 있었다. 강경파는 Marxism에 기울었고, 변준호, 김 강, 이경선, 신두식, 김혜란, 최봉윤, 선우학원, 전경준, 이득환 등이었고, 온건파는 사회민주주의 경향을 띤 최능익, 정기형, 이창희 등이었다.[31]

사회주의 목사로 알려진 황사용 목사가 1938년 3월 1일 삼일거사 기념예배에서 드린 기도문은 아주 눈물 나는 애국충정이 담긴 기도문이었다.

> "자비하시고 거룩하신 하나님 아버지시여, 아름다운 금수강산을 주시어 우리 한국민족이 대대로 오천 년 동안 평안하고 행복하게 살게 하심을 감사드립니다. 그러나 우리의 잘못으로 인하여 이웃의 적에게 나라의 주권을 빼앗기고, 정치적으로 노예가 되었으며, 경제적으로 파산하여 이렇게 무참한 생활을 한 지 이제 삼십 년이 되었습니다. 우리는 그동안 노예 취급을 받으면서 짐승처럼 학대를 받고, 우리 동포는 매일매일 죄 없이 희생을 당하고 있습니다. 하나님이시여, 이러한 비극을 더 이상 내버려 두지 마시고 우리 동포가 해방되게 도와주시옵소서. 겸손히 주 앞에 비나이다. 새로운 영과 열심을 주시고 더 큰 용기로 깨어나 지혜롭게 서로 단합하여 한 가지 목표를 향하여 나아갈 수 있게 인도하여 주시옵소서. 온 백성이 하나 되어 힘을 합하여 우리의 적을 무찌르고 지난날의 평안과 화평을 되찾게 하옵소서. 우리가 오늘 지키는 삼월 일일이 곧 조국의 영광을 회복하는 날이 되고 축복의 때가 하옵시기를 우리 구주 예수 그리스도의 이름을 받들어 기도하옵나이다. 아멘."

나무랄 데 없는 완벽하고 은혜스러운 기도다. 『LA한인연합감리교회 100년사』에서 저자 김신행 교수는 황사용 목사를 아주 긍정적으로 표현하였다.

> "황사용의 사역은 종교도덕(복음전파), 민족교육, 그리고 공덕심 배양이 모두 하나가 된 큰 사역이었으나 당시의 상황으로 보아 조국의 독립이라는 특별과제를 앞에 두

---

31) 김신행, 『새 하늘과 새 땅을 향하여: LA연합감리교회 100년 역사』(Los Angeles: LA연합감리교회, 2004), 171. 이하는 『LA한인연합감리교회 100년사』로 표기함

고 그의 사역이 독립에 집중되어 있음을 볼 수 있다. 그의 설교 중에 성경말씀 풀이도 결국 그리스도의 복음이 국민의 도덕과 공덕심 배양을 위한 것이며 이는 곧 조국의 광복과 독립으로 연결되었다. 이것은 앞에서 우리가 언급한 바대로 황사용 이전의 역대 교역자가 모두 한결같이 보여준 교역의 모습이었다. 그만큼 그들은 모두 애국자들이었다. 그들이 다 애국자로 한국 독립 유공자 훈장을 받았는데 유독 황사용만 빠진 것을 아쉬워하면서 Ralph Ahn은 안형주와의 면담에서 황사용을 유공자로 표창할 것을 담당기관에 원서를 제출("apply")해 보겠다고 말했다."[32]

이렇게 오클랜드한인연합감리교회나 LA한인연합감리교회 모두 황 목사의 독립운동과 애국운동을 높이 평가하고 있다. 이런 내면적 구원 확신과 복음적 성결이 사랑의 크기와 높이로 사회 속에 나타나야 한다는 요한 웨슬리의 사회적 성결(social holiness)의 신학과 정신에서는 건전한 복음주의(healthy evangelicalism)로 해석되어야 마땅하다. 예수 사랑과 나라 사랑은 웨슬리의 시각에서 둘이 아니고 하나다. 웨슬리가 하나님이 감리교 설교가들을 부르신 목적을 "민족의 개혁을 위하여"(to reform the nation) 즉 사회적 성화정신으로 해석한 것에 대하여 알버트 아우틀러(Albert Outler)는 그의 책 『Evangelism & Theology in the Wesleyan Spirit』에서 복음의 내면적 확신(essence)은 사회적 증거(social evidence)로 나타나야 건전한 복음주의라고 설명해서 웨슬리를 재해석하였다. 오히려 불건전한 복음주의(unhealthy evangelicalism)는 구원의 확신을 내면적인 것으로만 머물게 한다고 비판하였다.

소위 기독교사회주의자 목사라고 혹평을 받는 사람은 이경선 목사이다. 1930년 LA한인연합감리교회에서 기독교 사회주의자로 알려진 황사용 목사의 부목사로 목회를 시작해서, 1940년 이진묵 목사가 부임한 이후에도 부목사로 계속 시무하였다. 이경선 목사의 신학을 나타내는 아래의 표현을 해석해 보기로 하자.

"하느님의 절대 권위를 주장하여 우주와 인간의 범사를 하느님께 신뢰 귀의함으로 해결함이니 인간의 노력을 전연 부인함은 아니나 극히 소극적으로 취급하는 데 근거를 둠이오. 하나는 하느님의 절대권위를 신뢰하지 않음은 아니나 반면에 인간의 노력을 주장하야 신, 인의 활동을 경시하면 아니 된다는 관념 하에 근거를 둔 이념이

---

32) 김신행, 『LA한인연합감리교회 100년사』, 155-156.

다. 두 가지 신념에서 우리의 신앙은 지배되고 있다고 보았다. 따라서 이론적으로는 '천국은 너희 마음에 있다'와 같은 성구를 깊이 음미할 때에 하느님의 축복받은 천국이 지상에 건설될 것을 확실히 믿게 되는 것이다. 그리하여 혹자는 천국을 지상 천국, 초월적 천국 이원을 말하는 자도 있다. 그러나 지상의 천국을 떠나 초월적 천국을 상상할 수도 없다…그러므로 지상천국, 초월적 천국은 둘이 아니요, 하나이다."[33]

이 표현을 두고 신학적 해석을 해봄이 상당히 흥미롭다. 우선 '하느님'이라고 표현하는 것은 진보적인 시각이다. 필자 자신은 스스로를 보수적인 입장이라고 생각하지 않고, 다소 진보적인 경향이 많지만, '하나님'이란 칭호를 더 선호한다. 왜냐하면 한국 프로테스탄트 성도 90% 이상이 '하나님'이란 고백을 더 선호하기 때문이다. 그 면에서는 이경선 목사를 진보적이라고 말하고 싶다. 그러나 하나님의 권위를 인정하지만 인간의 노력을 배제하지 않는 사상은 다분히 웨슬리적이다. 웨슬리는 "내 아버지께서 일하시니 나도 일한다"(요 5:17)는 말씀을 아주 좋아한다. 출발은 먼저 하나님이다. 그러나 웨슬리는 인간이 반드시 하나님의 은총에 응답하는 복음적 신인협조설(evangelical synergism)을 강조한다. 신·구약성경 전체가 하나님이 먼저 은총으로 역사하고, 우리 인간이 그 일을 하는 응답으로 되어 있다고 어느 저명한 구약학자인 장로교 목사도 강의하는 것을 보고, 후에 그것이 웨슬리 신학의 핵심이라고 말하여 주었다. 그랬더니 깜짝 놀라는 것이었다.

또한 이경선 목사는 지상의 천국을 더 강조하는 것처럼 보이지만 미래적, 초월적 천국을 전혀 배제하지 않고 있다. 정말 공산주의나 철저한 사회주의자라면 지상의 유토피아만 말할 것이다. 공산주의나 사회주의는 미래적, 초월적 천국을 절대 믿지 않는다. 이경선 목사는 물론 현재적 지상적, 사회적 천국을 강조하면서도 초월적, 영적 천국을 동시에 강조한다. 이것도 지극히 웨슬리적이다. 웨슬리는 예수님처럼 죄를 안 짓는 절대적 완전은 인간에게 불가능하고, 부활한 후에 가능하지만, 상대적 완전(완전한 성결과 완전한 사랑)은 지상에서도 가능하다고 믿는다. 이 현재적 완전의 천국이 미래적, 초월적 완전의 천국으로 이어진다는 것을 웨슬리는 강조한다. 웨슬리적인 인간 참여를 강조하면서도 칼빈적 신적 권위를 전반부에서 언급하고 있는 것도 흥미롭다. 사회주의나 공산주의는 하나님의 절대권위를 아예 인정하지 않는다.

---

33) 김신행, 앞의 책, 190.

필자가 이렇게 장황하게 해석하는 이유가 있다. 필자가 20여 년간 섬겨온 감신대만 아니라 한국의 거의 모든 대학과 신학대학의 총학생회장이 N.L.(National Liberation: 미 제국주의로부터의 해방 염원)34)이나 P.D.(People's Democracy: 노동자들이 지배하는 사회주의의 한국 염원)35) 출신의 사회주의자들이었던 시절이 있었다. 민족을 더 강조하든가, 민중을 더 강조하든가 약간 다르지만 사회주의적 이상으로 한국의 민주주의를 실현해야 한다고 생각하는 청년들이 총학생회장들이었다. 1988년 올림픽과 김영삼 대통령과 김대중 대통령에 의해 민주화되면서 총학생회장 중에 N.L이나 P.D. 출신은 이제 아예 찾아볼 수 없게 되었다.

더군다나 N.L. 출신 총학생회장이었던 목사가 지금은 기도학교를 아주 잘 인도하는 영적인 성령 충만한 목사로 활동하고 있다. P.D. 출신 총학생회장이었던 목사가 지금은 중산층 교회에서 목회를 잘하고 있다. 지금은 왜 목사들이 그런 입장에 서지 않게 되었는가? 한국이 선진국 10위에 들어가고, 점점 삶이 윤택해지면서, 목사들이나 국민들의 생각과 의식이 전환된 것이다. 필자가 각주에서 언급한 대로 P.D.나 N.L.이 정치세력 중에는 미미하게 남아 있지만, 기독교 지도자들과 대학생 세력 속에서는 거의 전무한 상태이다.

정치 민주화와 경제 근대화가 한국처럼 잘되고 있는 나라는 보기 힘들다. 그래서 아프리카나 남미나 동남아시아 개발도상 국가들이 한국을 가장 부러워하고, 한국이 가장 아이디얼한 모델이 된 것이다. 한국이 미국의 예속 국가로 해방의 대상이 아니라 이제는 한국의 자동차, 배터리, 반도체를 사기 위해 바이든 미국 대통령이 일본보다 먼저 방문한 나라가 되었다. 미국과 경쟁하는 한국이 되었다. 골드만 삭스는 남북한이 통일이 되면, 미국 다음으로 한국이 잘 사는 나라가 될 것이라고 보도하기도 하였다.

보수적인 사람들은 문재인 대통령을 좌익 빨갱이라고 말하지만, 국민의 40% 이상의 표를 얻어 대통령이 되었는데, 그러면 그분에게 표를 던진 40% 이상 국민들이 모두 좌익 빨갱이란 말인가? 경제를 못 살리고 세금 문제와 부동산 문제를 못 살려서 정권교체가 되었지만, 분배만 아니라 번영을 강조하지 않고는 자본주의 국가의 대통령이 될 수 없다. 의열단의 김원봉을 훈장수여한 것을 역사의 발전으로 보아야 한다. 그러나 상해 임시정부만 인정하고, 1948년 이승만 정부가 남한만이라도 살려서 정부를 만든 공로를 인정하지 않음으로 국민들의 지지를 못 받아 정권을 연장하지 못한 것이다. 역사적 사실을 인정하는 열린 보수와 열린 진보가 더 많아야 민주주의가 더욱 발전할 수 있다. 우리는 너무 좌우의 양극화 시대를 살고 있다. 촛불 시

---

34) 북한이 미제로부터 해방된 진정한 독립국가라고 생각하는 입장. 국회의원을 하다가 감옥에 갔던 L의원 같은 경우의 입장.
35) 자본주의와 가진 자들을 증오의 대상으로 생각하는 입장. 진보정당의 S의원이나 전 국회의원이었던 L의원의 입장.

위와 태극기 시위의 양극화 시대를 산다. 더욱 화합의 역사가 일어나서 닫힌 보수와 닫힌 진보가 이제는 마음의 문을 열어야 한다. 열린 보수와 열린 진보가 더 많아져야 나라가 경제적으로나 정치적으로 발전할 수 있다.

경상도와 전라도가 화해하는 역사, 번영과 분배가 조화를 이루는 역사를 지향해야 한다. 우리 국민은 참으로 현명하다. 번영은 되고 분배가 안 되면 진보당을 밀어주고, 분배는 되는데 번영이 안 되면 보수당을 밀어주는 정권교체를 하는 것이 대한민국 국민이다. 그렇게 민주의식과 정치의식이 잘 발전한 나라는 한국과 미국이라고 생각한다. 대한민국 국민들에게 박수를 세게 쳐 드려야 한다.

사회주의나 자본주의의 갈등, 국민회와 동지회의 갈등, 보수적 입장과 진보적 입장의 갈등이 LA한인연합감리교회를 통하여 하나가 되었고, 그래서 다시 LA한인연합감리교회가 부활하여 새 창조를 이룸으로 이민 사회와 이민 교회를 살렸던 것이다. 공산주의나 사회주의는 미래적, 초월적 천국을 절대 믿지 않는다. 예수의 가르침을 따르는 기독교인들이 현재적 천국이 겨자씨처럼 자라서 미래적 천국을 이룸을 확신한다. 그래서 겨자씨 같은 천국이 자라고 다시 부활함으로 LA한인연합감리교회가 한인 이민 교회의 기둥으로 자리매김을 하는 교회로 일어나 빛을 발하게 된 것이다. 그러면서도 사회주의적 생각을 가진 사람들을 안아줌으로 그들이 변화되게 한 것이 LA한인연합감리교회의 사랑과 능력이다.

4. 오클랜드한인연합감리교회의 독립운동: 다수의 독립유공자를 배출

1) 황사용 목사와 독립운동

황사용 목사는 이승만, 안창호와 함께 민족의 독립운동에 헌신적으로 봉사하였다고 여러 기록들이 말하고 있다. 황 목사는 오자마자 도산 안창호 선생이 시작한 '상항공립협회'에 가입하였고, 1907년 LA지방회 부회장이 되었으며, 1909년 2월에는 하와이 한인합성협회와 교류하면서 '국민회'를 출범시켰다. 1909년 4월 3일 국민회북미지방총회 특파위원으로 방하중과 함께 멕시코로 파견되기도 하였다.

1909년 12월 국민회 북미지방총회에서 황사용에게 미국으로 다시 돌아올 것을 명하였고, 황사용 목사는 멕시코의 성공적인 활동을 인정받아 1910년 2월 국민회가 '대한인국민회'로 이름이 바뀌면서 대한인국민회 중앙총회장으로 선임되기도 하였다. 그 후 북미 지역 순회위원으로 미주 본토에 거주하는 한인들을 찾아다니면서 한인들의 결속과 권익을 위해 봉사하면서 민족 독립과 해방운동에 적극 참여하였다.[36]

그 외에도 상해 임시정부 연합국회의 대표, 1919년 대한인국민회 중앙총회 특파위원으로 하와이에 파견되어 상해 임시정부 지지를 이끌어 내기도 하며, 고국에 돌아가 각종 강연회들을 통해 국민 계몽과 애국심 고취에 공헌하기도 하였다.[37] 그 후에 황 목사는 사회주의자가 되었다는 이유로 대한민국 정부로부터 훈장을 받지 못하였다. 황사용 목사에 대한 역사연구가 더 이루어져야 한다고 본다. 그 장기간의 공헌에 비하여 사회주의자가 되었다는 간단한 이유를 들어 대한민국 정부가 훈장을 주지 않았다는 것은 통일을 눈앞에 둔 오늘날의 역사관에서 볼 때는 지극히 편견에 사로잡힌 속단일 수 있다. 『오클랜드한인연합감리교회 100년사』는 이렇게 기록하고 있다.

> "황사용 목사에게도 건국훈장에 추서될 가능성을 감안한다면 한 교회공동체가 대한민국 독립과 건국을 위해 얼마나 많이 노력하였는가를 보여주는 좋은 예라고 할 수 있다. 오클랜드교회 100년 역사에서 발굴된 믿음의 선배들의 정신을 이어받아 앞으로 100년 동안 오클랜드교회에서 함께하게 될 교인들이 시대가 요구하는 더 큰 책임을 감당하기를 기대한다."[38]

2) 임정구 목사와 독립운동

임정구 목사는 황사용 목사의 뒤를 이어받아 오클랜드한인연합감리교회의 지방전도사로 임명을 받은 후 전도사로 6년, 목사 안수를 받은 후 18년간, 총 24년간 오클랜드한인연합감리교회를 담임하였다. 상항한국인연합감리교회의 이대위 목사와 함께 한인 목회에 심혈을 기울여 봉사하였다. 복음 전도만 아니라 민족의 독립과 해방운동을 위해서도 크게 헌신하였다.

명문 버클리대학교(University of California in Berkeley) 경제학부를 졸업하고, 샌프란시스코신학교(San Francisco Theological Seminary: SFTS), 태평양신학교(Pacific School of Religion: PSR)에서 문학석사(M.A.)와 신학박사를 공부할 정도의 석학이었다. 자신이 섬겼던 교회와 지역을 중심으

---

36) 김규현, 『오클랜드한인연합감리교회 100년사』, 93.
37) 김규현, 위의 책, 94-95.
38) 김규현, 위의 책, 323-324.

로 공립협회와 이를 이어받은 대한인국민회 활동을 통해 민족의 독립운동을 추진하였다.

임 목사는 1906년 공립협회 로스앤젤레스지방회에 가입하여 활동하였고, 1908년 나라의 독립과 해방을 위해 학생들을 양성해야 한다는 생각에서 방화중, 이순기, 강영대, 박춘식, 정원현, 조제근, 임두화, 한기갑, 서례순 등과 함께[39] 클레어몬트 한인학생양성소 발기인으로 참여하였다. 그 후에 공립협회가 하와이 한인합성협회(1909. 2)와 대동보국회(1910. 5)와 통합하여 '대한인국민회'로 발전한 이후에도 임 목사는 한인학생양

임정구 목사

성소 활동을 계속 추진하였다. 그리고 1919년 대한인국민회 북미지방총회 부회장으로, 대한인국민회 북미지방총회 대의원회의 대의장으로 선출되어 민족 독립운동 지도자로 크게 활약하였다. 임 목사는 또한 1919년 3월 상항한국인연합감리교회 이대위 목사가 북미 지방총회의 회장을 사임하게 되었을 때, 회장직 대리로 봉사하게 되었다.[40] 2013년 제74회 순국선열의 날을 기념하여 대한민국 정부는 그의 독립운동 기여한 공로를 인정하여 건국훈장 애국장을 수여하였다.

3) 김자혜와 안조앤 등 여성독립운동가

오클랜드한인연합감리교회 교인이었던 김자혜와 그녀의 딸 안조앤도 여성독립운동가로 공헌이 컸다. 김자혜는 「신한민보」에 독립자금 모금활동의 명단에 나올 정도로 활약이 컸다. 「신한민보」의 사설이나 대표연설 및 1923년 3·1절 대표기도로 유명하였다. 배일활동 중 하나로, 여성들은 새크라멘토에 위치한 새크라멘토 장회사가 간장, 고추장 등을 만들어 판매하는 것에 대해서 문제제기를 하였다. "왜적의 장을 먹지 마소"라는 글을 「신한민보」에 실어 일본제품 불매운동을 전개하였다. '오클랜드 여자애국단'이 결성되었을 때도 지부 단장으로 김자혜가 선출되었다. 그녀는 장인환 의사가 석방되었을 때, 상항한국인연합감리교회 교인들과 이대위 목사와 기념사진을 찍을 때도 참석하였다.[41]

1936년 대한여자애국단 창단 기념 17주년 행사에서 독립과 해방을 염원하는 김자혜는 다음

---

39) 김규현, 앞의 책, 107.
40) 김규현, 위의 책, 108.
41) 김규현, 앞의 책, 136.

과 같은 감동적인 연설을 하였다.

> "…나는 그때 내 속으로 작정하기를, 할 수 있으면 아침마다 브레드에 버터를 안 발라 먹길 작정하여 오늘까지 내가 내 손으로 브레드에 버터를 발라본 적이 없습니다…"[42]

이와 같이 김자혜는 빵에 버터를 발라 먹지 않는 작은 실천을 통해서 독립과 해방을 위해 자금을 모을 때 독립의 그날이 온다는 희망과 꿈을 가졌다. 안창호 선생의 사촌동생인 안영호와 김자혜의 딸 안조앤이 결혼하여 사돈의 인연을 맺었다. 안조앤은 교회활동, 한인 사회 봉사활동뿐만 아니라 민족의 독립운동에 크게 기여하였다. 조앤은 안창호 선생의 사촌동생과 결혼한 인연으로 안창호 선생이 샌프란시스코를 방문할 때마다 모신 체험을 통하여 간접적으로, 또한 직접적으로 안창호의 영향을 받지 않을 수 없게 되었다. 안조앤이 안창호를 통하여 깨달은 것은 크게 두 가지이다. 하나는 한글을 통해 애국정신을 가져야 한다는 것이고, 또 하나는 한인들이 하나 되어 힘을 모아야 한다는 것이다.[43] 그리고 안조앤은 74년간 오클랜드한인연합감리교회를 섬겼고, 자신의 남은 재산을 교회에 전부 기부하는 모범을 보여 주었다.[44]

4) 5명의 독립유공자 훈장수여

결국 임정구 목사가 건국훈장 애국장을 받았다. 노신태와 조성학이 건국훈장 애족장을, 김자혜와 안영호가 건국 포장을 받았다. 5명이나 독립운동의 공헌을 인정받아 대한민국 정부의 훈장을 받았다는 것은 미주 한인 교회사의 명예와 자랑이고, 특기할 사항이다.

---

42) 김규현, 앞의 책, 137.
43) 김규현, 위의 책, 145.
44) 김규현, 앞의 책, 145.

5. 시카고한인연합감리교회의 독립운동: 김창준 목사(민족대표 33인)의 기독교사회주의 독립운동

이미 앞에서 언급한 대로 애국자요, 민족독립 해방운동의 지도자인 김창준 목사를 초대 목사로 모신 시카고제일한인감리교회는 해마다 3·1절이 되면 애국가를 부르고, 독립선언문을 낭독하며, 많은 교인뿐 아니라 많은 한인들이 모여 3·1절 기념예배를 드리는 전통이 이루어졌다.[45]

훗날 독립장을 받은, 젊은 날의 강영소 씨의 모습

그리고 안창호 중심의 흥사단과 이승만 중심의 동지회가 시카고제일한인감리교회 중심으로 화합하고 연대하는 아름다운 분위기를 만들었다. 1913년 시카고한인제일감리교회가 창립되기(1924년) 전에 흥사단 시카고 지부가 먼저 결성되었다.

강영소와 강영승 형제는 도산 안창호와 아주 친근하게 관계를 가지면서 흥사단을 창립하였던 것이다. 강영소는 부친 강명화를 따라 4형제들과 함께 이민 초기 1903년 하와이로 이민을 왔고, 1908년 대한인국민회를 결성할 때 5인 대표 중 하나가 되었다. 또한 다시 샌프란시스코로 이사하여 1915년 5월 자신의 집에서 흥사단을 발기하였다. 1916년과 1920년에 대한인국민회 중앙총회 회장직을 맡았다. 그리고 열심히 일하여 많은 수입이 생기자 상해임시정부, 국민회, 흥사단을 돕는 재정적 독립운동가였다.

강영소의 동생 강영승 씨도 애국장을 받았다 (사진: 대한인국민회기념재단)

강영승은 1922년 시카고의 해밀턴법학대학(Hamilton College, 후에 Northwestern University Law School이 됨)에서 법학박사 학위를 받고, 상항으로 이사하여 대한인국민회 총회장이 되어 1년간 봉사하면서 상해 임시정부의 독립운동을 재정적으로 후원하였으며, 「신한민보」 발행인 겸 편집인으로 미주 교민을 통합하는 언론인으로 공헌하였다. 1932년 강영승 박사 가족은 시카고로 이사하여, 도산이 시카고로 올 때마다 강 박사 집에서 머물 정도로 친분이 두터웠다. 강영소와 강영승 형제는 대한민국 정부로부터 강영소는 독립장, 강영승은 애국장을 수여받았다. 강영문도 애국장을 수여받았다.

---

45) 김홍기, 『감리교회 백년사』, 127.

시카고제일교회를 창립하고, 종교교회를 담임하며, 감신대에서 구약교수를 하였던 김창준 목사가 왜 기독교사회주의자가 되었는가? 웨슬리는 경제적 성결(economic holiness) 윤리를 주장하면서, 시장과 대지의 독점화를 야기한 아담 스미스의 시장경제원리를 비판하면서, 사유재산을 인정하고 할 수 있는 대로 잘 버는 것(gain all you can!)은 강조하면서도, 그것을 독점화하지 않고 할 수 있는 대로 다 나누어주는 것(give all you can!)을 강조함으로 경제적 성결운동(economic holiness)을 주장하였다는 것을 감신 선배들은 제대로 인식하지 못한 것이다. 번영과 나눔을 성결운동으로 이해하는 웨슬리 경제관을 오늘이나 그 당시의 감신 출신 목사들이나 웨슬리안들이 제대로 인식하지 못하고 있다.[46]

이러한 나눔의 경제윤리를 통한 통일운동을 김창준 목사도 의식을 갖고, 보다 더 큰 조직화를 하고 싶었으나, 김일성 체제의 구조악의 조직화 속에서 힘을 발휘하지 못한 상황이 되었을 것이라고 조심스럽게 이해를 추구해 본다. 김창준 박사는 게렛신학교에서 박사학위를 공부할 때 1920-1930년의 경제공황과 사회복음운동(social gospel movement)에 상당한 영향을 받았다. 그래서 교회와 사회를 분리시키는 교회주의를 상당히 비판하였다. 도시와 농촌의 천국운동은 교회만이 아니라 도시 전체 사회와 농촌 전체 사회에 전개하는 운동이 되어야 한다는 것이다. 15센트의 하루 인건비를 받은 아동노동자가 그 15센트로 식사를 사 먹고도 부족하여 주인집 가게의 빵을 훔쳐 먹었을 때, 그 아이의 가게 주인이 사회적인 죄악을 저지른 것으로 이해한다. 사회가 저지르는 구조악을 이미 본 것이다.

그리고 김창준 박사는 십자가 사랑이 우주의 중심임을 강하게 주장하고, 그 사랑과 평화와 정의로 지상에 천국을 건설하는 것을 간절히 신봉하였다. 그리고 그의 중생론은 개인만 내면적, 영적으로 거듭나는 것이 아니라, 개인과 국가와 세계가 거듭나는 중생론을 주장하였다. 1930년에 남북 감리교회가 합동할 때 만들어진 교리적 선언 [미 연합감리교회 찬송가(UMC Hymnal) 교독문에도 들어가 있음]의 제7조 "하나님의 뜻이 실현된 인류 사회가 천국임을 믿으며"를 강조하는 신학이다. 이것은 웨슬리의 완전성화론에 기초한 사회 속에서 완전성화의 천국을 이룰 수 있다는 사상이다. 미래적 초월적 천국을 믿지 않는 것이 아니고, 제8조 "우리는 의의 최후 승리와 영생을 믿노라"는 미래적 천국을 확신한다. 웨슬리는 절대적 완전은 미래적 초월적 천국에서 실현되지만, 지상에서도 상대적 완전의 천국을 개인적으로도, 사회적으로도 실현

---

46) 필자가 저술한 『존 웨슬리의 경제윤리』(서울: 기독교서회, 1995)는 보수적인 기독교회나 단체들도, 진보적인 교회나 단체들도 아주 좋아하는 책이다. 경제학자들이 그의 경제윤리대로 살 때 한국 교회가 제대로 살고, 한국 사회가 새로워지며, 한국의 통일운동이 잘 전개될 것이라고 평가하기도 하였다.

할 수 있다고 보았다. 예수님의 겨자씨 비유와 마찬가지로 우리 속에서 현재 자라가는 천국이 점점 자라 아름다운 천국나무를 완성할 수 있다는 것이다.[47]

6. 뉴욕한인연합감리교회의 독립운동: '미스터 션샤인 드라마 주인공 황기환 열사' 등 30명의 독립유공자 배출과 독립기념관 건립

뉴욕한인교회는 30명의 독립유공자 훈장을 받은 가장 많은 애국지도자들을 배출한 교회다. 그래서 한국 정부로부터 15억을 기증받아 2023년에 현재 완공된 신축 예배당 2층을 독립기념관으로 리모델링할 계획이다. 독립유공자 30명을 소개한다.

　　　　대한민국장: 안창호, 이승만, 서재필, 장면
　　　　독립장(전 태극장): 천세헌, 김마리아, 윤병구, 조병옥, 정한경
　　　　애국장: 곽림대, 김도연, 황애덕, 정일형, 이복원, 황기환, 배민수, 김 경, 김양수, 변준호
　　　　애족장: 김여제, 안정수, 임 초, 남궁염, 정태진
　　　　건국포장: 이진일, 최용진, 김창제, 차진주
　　　　대통령 표창: 신마실라

한 교회가 이렇게 많은 훈장을 받은 것은 미주나 한반도에서 전무후무한 역사적 사건이다. 뉴욕한인교회만 아니라 미주 한인 교회가 민족의 운명을 끌어안고 기도하는 민족교회임을 증명하는 것이고, 미주 한인 교회가 예수 사랑과 나라 사랑을 동일시하는 사회성화(social holiness, social sanctification)의 공동체임을 만방에 선포하는 것이다. 뉴욕한인교회가 내년에 독립기념관을 건립할 때 모든 미주 한인 교회가 공동으로 경축해야 할 것이다. 환태평양 시각에서 이 사회성화의 빛은 아시아만 아니라 세계를 비추는 동방의 등촉으로 미국 복음주의와 세계 복음주의가 함께 배워야 할 사회성화의 등촉으로 타오를 것이다.

30명의 훈장 수여자 중에서도 황기환 열사의 이야기는 "미스터 션샤인"이라는 드라마(이병헌 주연)로 상영되어 많은 국민들의 뜨거운 사랑을 받았다. 1900년대 일본의 식민지주의와 제국주

---

47) "기독교 민족사회주의자 김창준에 대한 고찰", 『감리교와 역사』, 한국감리교회사학회(1937년 7월), 221-225.

의의 침략에 맞선 조선 젊은이들의 조국 사랑과 남녀간의 사랑 이야기를 다룬 드라마이다. 논산에서 신미양요(1871년) 때 노비의 아들로 황기환(드라마 상의 이름 유진 초이: 이병헌 분)은 아버지와 어머니가 처참한 죽임을 당한 환경에서 미국 선교사 요셉 스텐슨의 도움으로 미국으로 건너가 미국인 가정에 입양되었다.

황기환 열사는 미국 해병장교로 입대하여 1차 세계대전에 참전하여 독일군과 치열한 전투를 벌였으나 구사일생으로 살아나게 되었다. 파리에 체류하면서 상해 임시정부 대표 김규식 부주석으로부터 서기장으로 임명되어 활동하였다. 또한 대한인국민회 뉴욕지부 부회장으로 뉴욕한인교회를 활동무대로 독립자금을 모아 상해 임시정부로 보냈다. 같은 뉴욕한인교회 염세우 성도가 국민회 회장을 하면서 함께 독립자금을 모았다.

그는 꿈에도 그리던 고국으로 금의환향하여 미국 공사가 되어 활동하기 시작하였다. 그 후 독립운동을 하는 민간인 중심의 의병대에 가담하여 조국을 식민지화하려는 일본의 잔악한 책략에 맞서 애국활동을 하다가 만주행 기차 안에서 마지막 전투를 하던 중 일본에 의해 총살당했다. 1907년 영국인 종군기자 멕켄지가 마지막 순간을 사진 찍었다. 그는 의병활동과 3·1운동을 열심히 취재하여 『한국의 독립운동』이란 책까지 저술하였다.

7년 전 한인 교포들, 특히 뉴욕한인교회 장철우 목사를 중심으로 그의 묘를 찾기 시작, "대한인" "황기환 지묘"라고 적힌 한글비석까지 세워져 있는 것을 발견하였다. 『뉴욕한인교회 70년사』에서도 마운트 올리벳 묘지에 안장된 것으로 나온다. 그는 결혼도 안 하고 41세의 청년으로 숭고한 생명을 조국과 나라사랑에 바쳤다. 예수처럼 살다간 작은 예수였다. 뉴욕한인교회에서 독실한 신자로 봉사하였기에 뉴욕한인교회 성도들이 해마다 참배하고 있다. 아직 한국 현충원에 이장되지 못한 상태이다. 장철우 목사는 「미주중앙일보」에 실린 특별 기고문에서 "제2, 3의 미스터 션샤인을 기대한다"고 하였다.[48]

뉴욕한인교회는 여성독립운동가의 활동이 돋보이는 교회이기도 하다. 김활란 박사는 부친 김진윤과 모친 박또라에 의하여 기독교신앙으로 어려서부터 철저히 교육받았으며, 7세 때의 세례명이 헬렌(Helen)이었다. 1920년 이화학당 교사 시절 하기방학을 이용하여 7인 전도대를 조직하여 전국을 순회하면서 농촌전도와 계몽운동을 하였다. 낮에는 집집마다 축호전도를 하였고, 밤이면 교회나 학교를 이용하여 강연회와 복음전도집회를 가졌다. 3·1운동의 열기가 사라지지 않은 터라, 김활란의 전도대는 가는 곳마다 일본 경찰의 감시와 제재를 받았다. 마침내

---

48) 장철우, 특별기고 "미스터 션샤인과 황기환 열사" 「미주중앙일보」, 2019년 1월 10일

일본 경찰은 이 농촌전도 계몽운동이 민족정신을 고무한다는 이유를 들어 금지시켰다.

그러나 1960년 4·19가 터지던 날 동시에 이화여대학교 농촌전도 다락방전도협회로 다시 부활하였다. 미국 연합감리교회의 전도왕 덴만 박사가 미 연합감리회의 기금으로 다락방 건물까지 지어서 전도운동센터가 되

2021년 창립 100주년을 맞은 뉴욕한인교회가 3월 1일 오전 11시 황기환 애국지사가 묻힌 퀸즈 올리벳 묘지에서 추모예배를 드렸다. 앞줄 가운데 흰 옷을 입은 이는 유관순 열사 조카손녀 유혜경 여사(사진: 뉴욕한인연합감리교회)

었다. 김활란 박사만 아니라 역대 김옥길 총장, 장 상 총장 등이 회장을 이어받았고, 서용원 박사(호서대학교 신약교수)도 총무로 대학생 영성과 전도활성화운동을 눈부시게 전개하였다. 농촌계몽과 농촌복음전도운동으로 조국의 독립과 민주화와 근대화의 정신적, 영적 각성을 일으키는 도덕적, 영적 각성운동이었다.[49]

김활란 박사는 콜롬비아대학교 사범대학 박사과정을 공부하면서 한 주일도 교회를 빠지지 않고, 찬양대도 열심히 봉사하여 교인들의 모범이 되었다. 1928년 4월 신흥우와 함께 예루살렘 국제선교대회에 참석하였다. 이 대회에서 일본 감리교 감독 우사카가 일본에는 인종차별이 존재하지 않는다고 발언하였을 때, 김활란은 즉석에서 반발하는 발언과 함께 한국에서의 일본 식민통치문제를 세계에 호소하였다. AP통신은 김활란의 도전이 인종문제와 관련하여 가장 드라마틱한 사건이었다고 평가하였다("The incident was the most dramatic of session devoted to this discussion of race relation.").

뉴욕한인교회가 자랑하는 또 하나의 여성 지도자는 박인덕 여사였다. 박인덕은 의지와 생활력이 강한 어머니 때문에 남장을 하고 서당을 다녀서 일곱 살에 천자문을 깨우쳤다. 이화학당의 고등부를 5년 동안 다녔고, 대학부를 3회로 졸업하였다. 이화학당의 수학, 체육, 음악교사

---

[49] 필자는 이 다락방전도협회의 회원, 성경교사, 농촌전도 대원, 농촌전도 대장, 이사, 부회장으로 40년 간 농촌전도운동에 참여하여 왔다. 감리교신학대학(서대문구 냉천동) 교수 20여 년 동안 여름방학과 겨울방학에는 학생들과 함께 농촌을 다니면서 다락방전도협회의 방법대로 전도 및 봉사활동을 계속 전개하였다.

로 학생들을 가르쳤다. 3·1운동이 일어나자 교사로서 3·1운동에 참여하여 만세를 불렀는데, 만세운동 주모자로 수업 도중 체포당했다. 수감 후 4개월 만에 서대문형무소를 출옥하였다.

그 후 1926년 미국조지아 주 웨슬리안대학에서 공부하기 위해 도미했다. Student Volunteer Movement 대회에 참여하게 되어 "한국 여성의 발견은 20세기의 발견"(The Discovery of Women in Korea is One of the Discoveries of the Twentieth Century)이란 연설을 하면서 어린 여성이 남장을 하고 학교를 다녀야 할 정도로 남자 중심적인 한국 사회에서 기독교를 통해 자신을 발견하였다고 강연함으로써 청중들의 박수로 강연이 중단되기도 하였다. 마침내 Student Volunteer Movement의 재정적인 지원을 받아 미국 전역을 순회 강연하게 되었다. 1930년에서 1931년까지 컬럼비아대학교 사범대학원에서 김활란과 같이 공부하여 뉴욕한인교회를 출석하였고, 헌신적인 성가대원이 되었다. 한 사람은 한국 최초이며, 세계 최대 여성대학교인 이화여자대학교의 총장으로 이화여대를 놀랍게 발전시켰고, 한 사람은 인덕실업대학(현재 인덕대학)을 독자적으로 설립하였다.[50] 이 교회 출신 독립유공자 30명이 표창받음으로 미주 최대의 독립운동센터로 인정받게 되었다. 그래서 한국 정부가 15억을 하사하여 독립기념관을 건립하게 되었다. 현재 5백만 달러를 들여 새로 건립한 예배당의 2층을 앞으로 독립기념관으로 리모델링하려고 계획을 세우고 있다.

---

50) 김홍기, 『감리교회 백년사』, 141-142.

미주한인교회와 문화계몽운동
(1930-1945년)

1. 역사적 상황

1919년부터 1930년까지 일어났던 독립운동이 점차 한인 사회의 발전운동, 문화발전운동으로 확산되기 시작하였다. 조국광복을 염원하던 열정과 성심이 사회문화와 경제부흥에 집중되면서 미주 한인 사회를 진보하게 만든 것이다. 그 문화운동의 중심에 한인 교회가 자리 잡고 있었다. 한글과 영어교육사업, 실업장려, 문화운동, 노소협동 등의 여러 가지 사업들이 교회를 통하여 활성화되었다. 미주 이민 사회의 문화계몽운동은 영어와 한글을 배우는 성인교육으로 출발하게 되었다. 10여 년 동안의 교육의 열매로 미주 이민 교포 중에 60%가 넘던 문맹이 사라지게 되어 1915년 이후에는 재미 한인들 중에 한글신문을 못 읽는 사람들이 거의 없게 되었다. 그리고 저녁과 토요일 시간에는 2세들에게 한국인으로서의 정체성을 발견하게 하는 한국역사와 한글교육이 아주 중요한 문화활동으로 등장하게 되었다.

하와이에서는 1911년 6월 10일 초등 국어교과서 상·하권이 출간되었는데, 후에 1917년 2월 8일 『국민국어과정』 상·중·하 3권을 편찬하였으며, 1923년 8월에는 『국민국어과정』 상·중·하 3권을 출판하였다. 1923년 8월 대한인교민단이 『국민교본』 상·중·하 3권을 출판하였다. 대한인국민회 북미 지방총회가 1909년 11월 2일 『국민독본』을 출판하였고, 1921년 6월 2일에는 『초등국민독습』 상·중·하 3권을 출판하였다.

1931년에서 1945년 사이에는 문화공동체 혹은 문화센터의 이미지로 미주 한인 교회가 떠오르게 되었다. 영어를 한글보다 더 잘하고, 한국 문화보다 미국 문화를 더 선호하는 미주 이민 2세들은 한인 교회를 떠났고, 하와이에 있었던 20여 개 이상의 미주 한인 교회들은 거의 문을 닫게 되었다. 하와이 그리스도연합감리교회와 올리브연합감리교회만이 살아남게 되었다. 그리고 호놀룰루 다운타운에 이승만 박사가 창립한 초교파 한인기독교회만 남게 되었다. 그러면서도 한편 미주 한인 교회에서는 자기 정체성을 찾아가는 생존운동이 일어나게 되었다. 서구 문화와 미국 문화에 동화해 가면서도 아시아 문화와 한국 문화를 유지하면서 한국적 신앙과 영성을 부활시키는 것이 미주 한인 교회의 심각한 자기 생존의 아픔과 고민이었다.

2. 문화공동체로서의 미주 한인 교회

1세와 2세가 공존하고 있는 하와이 그리스도한인연합감리교회는 영어와 한국어를 능수능란하게 구사할 수 있는 변홍규 목사를 담임목사로 임명하였다.[1] 변 목사는 1899년 충청도 천안에서 출생하였다. 1913년에는 공주영명학교를 졸업한 후 만주로 갔다.[2] 그리고 상해에 가서 독일 선교사 집에 거주하면서 독일계 덕화서원을 다니면서, 거기서 독일어와 영어를 배웠다. 독일 선교사가 변홍규에게 이름을 '프리츠(Fritz)'라고 지어주었다. 1919년에는 만주 하얼빈으로 가서 4년간 학교에서 한인들을 가르쳤다. 낮에는 미국계 은행에서 일하였으며, 사업가로서의 꿈을 가지고 있었다. 그 후 미국에 건너가 미네소타의 햄린대학교(Hamlin)에서 장

하와이 그리스도연합 감리교회의 담임이었던 변홍규 감독

학금을 받아 1926년 학사학위를 받고, 1928년에는 뉴저지의 드류대학교 신학석사, 1930년 8월에는 철학박사 학위를 받았다.[3]

변 목사의 드류대학교 철학박사 학위 논문 제목은 "구약에 나타난 성화론"이었다. 아브라함, 이삭, 야곱, 모세, 다윗, 이사야 등이 성숙한 하나님의 사람으로 자라가는 성화론적 시각에서 구약을 연구한 것이 흥미로운 탐구방법이다. 신약도 작은 예수, 예수 신부, 예수의 품성으

---

1) 변홍규 목사는 후에 남산교회도 담임하고, 기독교대한감리회 감독으로도 선출되었다.
2) 이덕희, 『그리스도교회 백년사』, 45.
3) 이덕희, 위의 책, 45.

로 성숙해 가는 성화론적 관점에서 탐구하면 아주 탁월한 설교와 성경공부 방법론이 나올 수 있다. 또한 성품 중에 거룩한 기질이 풍부하여 '세인트 변'(Saint Pyun)이란 별명이 붙었다.

변홍규 박사의 박사 논문의 핵심은 "성(聖)하라"라는 제목으로 다음과 같이 감신대의 신학 잡지 「신학과 세계」에 요약되어 있다.

> "내가 거룩하니 너희도 거룩하라는 것은 하나님이 인류를 창조하신 목적이요, 따라서 성서의 열쇠요, 신학의 열쇠요, 또 천국의 열쇠이다. 구약의 대지는 거룩이요, 신학의 대지는 사랑이다. 그런데 사랑의 근본이 신성한 것이고 보면 성경 전체를 꿰뚫고 있는 근본 사상은 거룩이라 하겠다. 거룩(카도쉬)이란 본래 별다르다, 깨끗하다, 광채난다, 무섭다 등의 뜻을 가지고 있다. 모세가 가졌던 종교경험이란 바로 이런 거룩의 경험이었다. 야곱, 아브라함, 이사야, 사도 요한 등이 가졌던 종교 체험 역시 이러한 내용의 거룩이었던 것이다."[4]

1931년에서 1945년 사이의 한인 감리교회들은 웨슬리의 사회적 성화(social sanctification)의 정신을 이어받은, 내리교회 중심의 웨슬리안 영성을 가진 감리교인들이 초기 이민 선조들의 대부분이었기 때문에, 자연스럽게 신앙을 통한 내면적 구원의 확신을 강조할 뿐 아니라, 그들이 흩어져 찾아가는 지역마다 하와이만 아니라 샌프란시스코, LA, 시카고, 뉴욕 등에서 미주 이민 사회와 문화 속에 성육신하는 사회적 성결(social holiness)의 모습을 확산시켜 나갔다.

미주 이민 교회는 한국 가곡과 동요를 자주 부르면서, 한국적 가락의 복음성가를 더 좋아하며, 고향을 그리워하는 디아스포라들의 마음의 고향이요, 나그네들이 서로 위로받고 사랑을 나누며, 정과 힘을 얻는 친교의 공동체이고, 삶의 모든 정보를 신속하게 알려주는 정보센터요, 살 집과 직장까지 소개해주는 생활의 터전이며, 한국적 복음주의 신앙이 미국 사회 속에서 토착화하며 생활화하여 건전한 복음주의 이민 문화를 형성해가는 센터로서의 역할을 하였다.

그런데 흥미로운 사실은 개인적 성화(personal sanctification)를 강조하는 신앙공동체 형성보다 사회적 성화(social sanctification)를 강조하는 이민 사회와 문화센터로서의 교회 형성이 더 일찍 나타났다는 점이다. 물론 초창기부터 신앙과 구원에 관하여 교회의 설교에서 강조된 것은 사실이지만, 복음이 옥토에 뿌리내리기 위해서 한인들의 삶의 자리와 상황이 더 빨리 개선되

---

4) 변홍규, "성(聖)하라", 「신학과 세계」, 제18권 1호(1933년 1월호), 44-47. 유동식, 「그리스도연합감리교회 백년사」, 189, 재인용.

어야만 했음을 역사가 보여 주고 있다. 이것은 아주 흥미로운 사실이다. 흔히 미주 한인 교회 주변에 돌아다니는 말이 있다. 그것은 "목사가 이민 생활의 정착을 위해 도와준 만큼 교회를 다니다가 어느 기간이 딸이 지나면, 예를 들어 약 3년 정도가 지나면, 교회를 나오지 않는다"는 것이다. 또한 '공항목회'라는 말이 있다. 목사가 공항에서 픽업한 기억과 고마움이 사라지면 교회를 안 나온다는 것이다. 그러나 대부분의 이민자들은 교회를 통해 생활과 직장의 정보를 얻고 한인들을 만나서 친목하다가, 마음의 토양과 심성이 변화되어 기독교문화에 빠져 들어가, 어느새 신앙이 들어가 참 기독교인들로 변해 가는 것을 볼 수 있다.[5]

시카고한인감리교회의 담임목사로 1931-1932년에 시무하였던 갈홍기 박사가 이러한 문화적 공동체로서의 교회의 역할을 뒷받침해 주는 고백을 한 바 있다.

> "언어장벽 및 인종차별뿐 아니라 이역에서의 보장 없는 생활 타개를 위하여 당시 한인들에게 가장 필요하였던 것은 무엇보다도 신앙을 통해서 얻을 수 있는 정신적인 위로와 격려였는데 그들의 공동생활에 유일한 중심인 우리 교회가 이들에게 바로 이 정신적인 힘을 제공하여 현실에서 부닥치는 모든 장애물과 저항요소를 극복할 수 있게 해주었던 것은 우리 교회가 이바지한 최대의 업적이었다…당시 교회는 교포의 취직 및 정보교환의 중심이었으며…교회에 별도로 학생관, 교육관 등의 독립시설이 없었으나 실제로 교회 전체가 그대로 시카고 및 인근에 거주하는 교포들과 학생들의 정신과 생활의 중심지였다."[6]

시카고한인교회 창립 때부터 어려운 유학생들을 위해 아르바이트 자리를 알선해 주고, 잠잘 숙소를 소개해 주는 일이 1930년대부터 더욱 교회의 중심 사회봉사사업이 되어 한인 교인과 한인 교포들이 협력하여 생활해 갔다. 법적으로 유학생들의 취업이 제한되었던 당시에 유학생들은 대부분 교인이 경영하는 식당 요리사, 웨이터와 웨이트레스, 바스보이와 바스걸, 그리고 여러 가지 잡역 등의 일자리를 구할 수 있었다. 어떤 학생들은 잠잘 숙소가 마땅치 않아서

---

5) 필자는 현재 은퇴 후에 딸의 직장이 가까운 조지아주 애틀랜타에 살고 있다. 애틀랜타에 살다 보니, 보스턴, 뉴욕, 뉴저지, 아이오와, 샌프란시스코에서 살 때보다 생활비도 적게 들 뿐만 아니라, 바이블 벨트(Bible Belt) 지역인 남부라서 그런지 기독교 문화가 더 강하고, 한인 크리스천들도 타지역보다 많다. 일반 한인 TV채널에서도 한국의 기독교채널(CBS) 프로그램인 설교와 성경강해 등도 자주 나오고 있다.
6) 이윤모, 『시카고한인제일연합감리교회 70년사』, 79-80. 이하 『70년사』.

식당 부엌 구석이나 감자 포대 위에서 잠자리를 해결하는 최악의 경우도 있었다.

그리고 1932년 북미한인유학생총회의 회장으로 갈홍기 목사가 선출되면서 북미유학생총회 본부를 시카고로 옮기게 되었고, 1933년에는 시카고대학교 인터내셔널 홀에서 중서부대회를 개최하게 되었다. 이 대회 때에 시카고한인교회 교인들의 수고가 많았다. 갈홍기 목사는 그때의 교인들의 노고를 다음과 같이 회상하였다.

> "그때 우리 교우들이 그 다망한 타향살이 중에서도 힘을 다하여 대회 준비와 학생들의 환송 및 체류 중의 제반 편의를 제공하느라고 성의를 다하여 모처럼 가진 역사적인 대회를 성공리에 마치게 하였다. 우리 교포 사회에 있는 모든 궂은일이나 경사스러운 일에 우리 교우들의 봉사와 협동 및 민족정신이 항상 빛나던 것이 지금도 자랑스럽게 느껴진다."[7]

갈 목사는 1928년 연희전문 문과를 졸업하고 시카고에 와서 게렛신학교에 입학하였고 1931년 6월 석사학위를 받았으며, 이어서 박사과정을 시카고대학교에서 공부하여 철학박사학위(Ph. D.)를 1934년 6월에 받았는데, 박사학위과정 중에 미국 감리교회에서 목사안수를 받고 1932년부터 1934년까지 시카고한인교회 담임목사가 되었다.

갈 목사는 공부와 목회를 동시에 할 뿐만 아니라 매우 활동적이어서 1932년 북미한인유학생총회의 회장직을 맡기도 하였다. 교회와 한인 사회, 그리고 유학생 사회는 떼려야 뗄 수 없는 상관관계 속에 서로 협력

갈홍기 박사

하여 공동의 운명과 공동의 역사를 만들어 갔음을 갈 목사의 활동을 통해 알 수 있다. 그리고 갈 목사의 지도력은 단순히 교회공동체 안에만 갇혀 있었던 것이 아니라 이민 사회와 유학생 사회에 큰 영향력을 발휘하여 건전한 이민 문화를 만들었음을 알 수 있다.

1933년 시카고대학교 사회학과 유학생 최경식의 장례식을 교회가 주관하여 거의 모든 시카고 한인들이 모여들어서 함께 애도하는 뜻깊은 행사도 있었다. 최경식은 연희전문학교를 졸업하고 시카고대학교 대학원에서 사회학 박사과정을 수업하던 박사학위 후보생이었다. 특별히 신앙이 돈독하고 많은 사람들의 사랑과 신임을 받는 학생이었다. 갈홍기 목사는 교회중진들과

---

7) 이윤모, 앞의 책, 80.

의논한 후 시카고대학교 신학부 강당을 빌려, 대학교회 교목 찰스 휫트니 박사의 집례와 설교로 은혜롭고 엄숙한 영결식을 가졌다. 이날 모든 한인들이 힘을 모아 타향에서 짧은 생애를 마친 젊은이의 영혼을 위로하고 영생과 부활을 간구한 것은 동족애를 표출한 감격스러운 사건이었다고 갈홍기 목사는 회상하였다. 이렇게 교회는 교포사회와 함께 울고 함께 아파하는 동족의 마음의 고향이요, 이민 사회의 구심체였다.

3. 한인 사회의 센터로서의 교회

하와이, 상항, 나성, 뉴욕, 시카고 등 한인 사회의 센터는 역시 한인 교회였다. 그중에 시카고의 경우를 언급할 필요가 있다. 시카고 한인 사회의 발전과 한인 문화의 발전에 기여한 지도자들로는 임배세, 현제명, 김 경 등을 거론할 수 있다. 여성지도자 임배세는 사업으로 성공한 김 경의 부인으로서 한국적 찬송가 중에 '금주가'를 지어서 금주운동으로 영적 성숙을 도모하는 성화생활과 육신의 건강을 지키는 절제생활에 크게 기여하였다. 그리하여 한인 사회가 보다 건전해지고 성숙해지는 사회적 성화운동으로까지 발전하게 되었다.

이 "금주가"는 해방 이후에도 널리 불리기도 하였다. 가사는 다음과 같다.

> 1. 금수강산 내 동포여 술을 입에 대지 마라
>   건강 지력 손상하니 천치 될까 늘 두렵다.
>
> 후렴: 아! 마시지 마라 그 술, 아! 보지도 마라 그 술
>   우리나라 복 받기는 금주함에 있나니라.
>
> 2. 전국 술값 다 합하여 곳곳마다 학교 세워
>   자녀 교육 늘 힘쓰면 동서 간에 잘 빛내리.[8]

임배세의 남편 김 경은 1923년 시카고한인제일감리교회 발기인의 한 사람으로 1905년경 15세

---

8) 이윤모, 앞의 책, 97.

소년으로 어린 나이에 유학의 길을 시작하였다. LA에서 영어를 배우다가 1910년 박용만이 네브라스카 헤스팅스에 설립한 군사훈련소 소년병 학교에 입학하였다. 낮에는 농장에서 일하고, 밤에는 조국을 되찾겠다는 일념으로 군사훈련과 군사학에 심취하였다.

2년 후에 시카고로 가서 3백 명 규모의 큰 식당을 경영하게 되었다. 이 식당 운영에 성공하여 5개의 식당을 더 경영하게 되었고, 건축사업에도 투자하여 약관 30대에 시카고 교포 제일의 기업인이 되었다. 김 경의 식당에서 유학생들이나 새 이민자들이 일자리를 얻을 수 있었고, 다른 한인들도 식당을 열게 되어 사업 면에서 교포들을 돕는 데 인색하지 않았다. 백인여성과 결혼하였다가 아들을 둔 채 이혼하고, 금주가를 작사한 임배세와 결혼하였다. 그는 신앙으로 사업에 성공하여 교포들을 돕고 후원하는 일에 앞장섬으로써 교포 사회가 경제적으로 발전하는 일에 공헌하게 된 것이다.

4. 한글타자기 발명

최초로 한글타자기를 발명한 사람은 로나녹크대학에서 상업을 전공한 이원익(Wonic Leigh)으로 전해지는데, 그는 1913년 84개의 키로 이루어진 최초의 타자기를 발명했다. 그 후에 송기주(Keith C. Song)는 공병우 타자기의 원조인 송기주 타자기를 발명하였다.

그는 연희전문을 졸업한 후 25세 때인 1925년 도미하여 텍사스 주립대학교에서 학사학위(B.S.)를 받고 1926년 시카고의 랜드 맥넬리 회사에서 일하면서 시카고대학교 대학원 과정을 이수하다가 뉴욕으로 갔다. 그는 시카고에 머무는 동안에는 시카고한인제일교회의 교인으로 출석하였고, 뉴욕에 머무는 동안에는 뉴욕한인교회의 교인으로 출석하였다.

송기주는 한글타자기를 고안하여 7년간의 연구 끝에 1933년 뉴욕의 타자기 제조회사 언더우드(Underwood-Elliott-Fisher)와 제작에 합의하였다. 종전에 타자기가 있었으나 자판이 복잡하고 타자 열이 고르지 않아 실용성이 없었는데 언더우드-송기주 타자기는 42개 키로 완성되어 현대체 한글을 고르게 칠 수 있는 타자기로 각광을 받았다. 송기주가 귀국하면서 공병우 박사가 발명권 양도를 교섭했는데 이를 거절했다. 그 후 6·25 때 송기주가 납북된 후 그 방식의 타자기가 공병우 박사에 의해 시장화되었다.[9]

---

9) 『뉴욕한인교회70년사』, 200.

5. 한국인의 정체성을 확립시켜 주는 교회: 한글교육

　미주 한인 교회의 교육사업으로 가장 중요한 사업은 역시 2세들에게 한국역사와 한국어를 가르침으로 한국인의 정체성(identity)과 자부심을 갖게 하는 것이었다. 1905년부터 1925년까지 각 지방 예배당마다 국어학교를 설립하여 매일 몇 시간씩 가르쳤다. 교포들이 많이 사는 곳에는 어느 곳이나 반드시 국어학교를 설립하고 대한국민회가 매월 보조금을 주어서 국어와 국사의 의무교육을 실시하였다. 가장 대표적인 국어학교들은 다음과 같다.

　1906년 9월 2일 하와이 그리스도연합감리교회는 호놀룰루 한인기숙학교를 설립하고 각 지방으로부터 호놀룰루에 모여 와서 공부하던 학생들에게 기숙의 편의를 주며 국어를 가르쳤고, 이민 와서 나이 때문에 중학교에 입학하지 못한 학생들에게 중학교 입학준비를 위한 속성과를 설립하였다. 1913년부터 명칭을 '한인중앙학원'이라 부르고 학제를 개편하여 고등과, 소학과, 국어과, 한문과 등을 두었다. 1923년 7월 1일 호놀룰루한인기독교회(이승만 박사와 그를 지지하던 동지교인들이 설립한 교회)에서 '신흥국어학교'를 설립하였고, 1929년 3월 5일 하와이 힐로한인감리교회에서 '보영학교'를 설립하였다.[10]

　그리고 거의 모든 미주 한인 감리교회들은 주말에 2세들에게 한글과 한국역사를 가르쳐 줌으로써 한국인의 정체성을 확립시켜 주는 일에 큰 기여를 하였다.[11] 뉴욕에서는 변금일 선생과 허병렬 선생이 중심이 되어 활발한 한글교육이 이루어졌다.

6. 문화적 공동체를 형성한 한인 교회: 음악과 문학

　현제명은 1920년대 말에서 1930년대까지 시카고에 거주하면서 음악 공부를 하였고(Chicago Conservatory), 귀국 후 연세대 음대 교수로서 한국 작곡인으로서 모든 국민이 알 정도로 크게 명성을 날렸다. 그의 유명한 가요 "고향 생각"은 유학생 시절 시카고 호수 해변에서 외국생활과 유학공부의 어려움과 외로움을 달래며 지었다고 전해진다.

---

10) 김원용, 『재미한인50년사』, 248.
11) 예를 들면 필자의 두 딸은 주말에 한인 교회에서 배운 한글 실력이 일취월장했다. 한국에 가서 큰딸 에스더는 서문여자중학교 3년 과정을 우등생으로 졸업하였고, 작은딸 헬렌은 방배초등학교 4-6학년 과정을 우수하게 마치고 전교 1등으로 졸업하였다.

"해는 져서 어두운데 찾아오는 사람 없어
밝은 달만 쳐다보니 외롭기 한이 없네.
내 동무 어디 두고 이 홀로 앉아서
이 일 저 일을 생각하니 눈물만 흐른다."[12]

뉴욕한인교회 교인이었던 안익태는 음악을 통해 한국을 세계에 알렸다. 안익태가 뉴욕한인교회와 관계를 맺게 된 것은 그가 필라델피아에 있는 커티스 음악학교에 입학하면서, 뉴욕에서 자주 연주할 기회를 갖게 되면서였다. 그는 연주가 있는 여름 기간을 대부분 뉴욕한인교회에서 지내곤 하였다. 애국가 역시 뉴욕한인교회와 깊은 인연이 있다. 가장 눈에 띄는 증거는 1942년에 애국가가 뉴욕한인교회 이름으로 출판된 것이다. 그런데 출판은 뉴욕에서 하였지만, 애국가를 작곡하게 된 발상은 1930년 상항한국인연합감리교회에서의 영감으로 시작하였다.

일본 동경에서 음악대학을 졸업하고 고향인 평양에서 고별 연주를 끝낸 안익태는 1930년 초 음악 연구차 도미하게 되었다. 미국에 도착, 상항한국인연합감리교회에서 첫 주일예배를 드린 그는 교우들과 교포들의 간청 때문에 예배시간에 몇 곡의 첼로 연주를 하였다. 연주를 하는 이나 듣는 이들이나 모두 하나같이 벅찬 감격으로 환호하였다. 멀리 타향에 와서 정든 고국을 그리며 사는 동포들의 얼굴에 사무친 애국의 정신과 신앙이 청년 음악가의 마음을 극도로 감동시켰다.

그러나 무엇보다도 그가 아득한 어린 시절에 들어서 어렴풋이 기억하는 애국가를 예배 때 회중들이 부르는 것을 들으면서 동시에 교회에 비치된 태극기를 바라볼 때, 그의 마음은 조국과 민족에 대한 사랑에 사로잡혔고 그의 눈에서는 눈물이 걷잡을 수 없을 정도로 흘러나왔다. 이 애국가 가사가 그의 가슴에 울려오고 또 울려왔다. 그러나 한 가지 크게 유감스럽고 부끄러운 것은 이 웅장한 애국가가 외국의 민요 가곡에 붙여서 불렸다는 사실이었다.

그는 한국인의 이 불멸의 애국가를 한국의 혼이 흐르는 가락으로 불러야 한다고 생각하였다. 이런 생각 속에서 영적 영감에 이끌림을 받아 애국가 곡조를 작곡하게 되었던 것이다. 그러니까 1930년의 상항한국인연합감리교회에서의 감동을 살려서, 1942년 작곡하여 뉴욕한인교회를 통하여 출판하여 세상에 내놓게 된 것이다. 안익태의 음악 주제는 언제나 한국이었다. 애국가를 위시하여 "아리랑 고개", "목가", "코리아 환타지"는 한국의 자연과 문화적 경험을 표현

---

12) 이윤모, 앞의 책, 99.

하고 있다. 따라서 안익태 역시 세계의 무대에서 한국 문화를 대표하는 대사의 역할을 담당했고, 그의 예술 활동은 한국을 세계 속에 새롭게 인식시키는 데 중요한 역할을 했다.

『초당(草堂)』의 작가 강용흘

그리고 『초당』(草堂, The Grass Roof)의 작가 강용흘은 1920년대 말 뉴욕 한인교회에서 다른 한인학생들과 더불어 기숙을 하고 있었다. 강용흘은 1929년 하버드대학에서 영문학 석사를 마치고 뉴욕주립대학에서 비교문학을 강의하게 되었는데, 이것이 그가 뉴욕한인교회와 인연을 맺는 계기가 되었다. 그는 어려서는 중국 고전을 비롯한 한학을, 미국에서는 영문학을 공부해 문학에 대한 자부심만은 대단하였다.

강용흘은 하버드대학을 졸업할 무렵에 동양시를 번역해 출판하고, 그 이듬해인 1931년에도 역시 부인인 프랜시스 킬리와 공동으로 중국, 일본, 한국시 번역선집을 출판했다. 그는 한용운의 "님의 침묵"을 아내와 같이 영역해서 한국 문학을 미국에 널리 알리고자 했다. 그러나 강용흘을 일약 세계적인 작가로 부각시킨 것은 그의 자전적 소설인 『초당』(The Grass Roof)이었다.

1931년 미국에서 발표된 영문소설인 『초당』의 줄거리는 주인공 한청파가 이북 송둔지라는 작은 마을에서 태어나 일제 식민지하에 시시각각으로 악화되어 가는 사회적 전환기를 체험하면서 마침내 18세 때 조국을 등지고 탈출과도 비슷하게 미국 유학길에 오르는 이야기이다. 제1권은 청파의 어린 시절에 대한 에피소드로 그는 시인인 자기의 미치광이 숙부와 마찬가지로 시에 뛰어난 재질을 과시하면서 부러운 것이 없는 유토피아의 어린 시절을 보내게 된다. 1권에 나오는 자연의 탐색이나 귀신이야기, 어린 시절의 장난은 워즈워드의 시처럼 자연예찬적이거나 마크 트웨인의 소설처럼 어린이만이 가질 수 있는 흥미로운 세계로 가득 차 있다. 그러나 청파의 꿈같은 유년 시절은 한국에 대한 일제의 탄압이 날로 심해지면서 어두운 그늘이 드리워지기 시작한다.

2015년 범우사에서 나온 『초당』 번역본 표지

제2권은 청파가 박순천이란 청년을 알게 되면서 서양의 학문과 세계에 눈을 뜨게 되는 것으로 시작된다. 그는 자신이 영원불변한 진리로 배워왔던 공자나 유교 사상이 점점 과거의 뒤안길로 사라지고 있음을 느꼈다. 문학과 역사에 있어서 뛰어난 식견을 가진 청파는 일본인 교사들과 충돌하게 되고 결국 학교로부터 쫓겨나게 된다. 파커라는 선교사를 통해 미국 유학을 시도하였으나 그것이 실패로 돌아가자 밀항으로 일본에 도착, 그곳에서 고학으로 일본학교에 다니게 된다. 청파의 일본생활은 한때 자살을 시도하려고 할 정도로 고달프고 힘든 것이었다.

그러나 청파는 그 과정에서 일본의 장점 역시 발견하게 되고, 일본어 번역을 통해서 서구 작가들을 알게 되고 더욱더 견문을 넓히게 된다. 또 독립운동하는 한인학생들과 접촉을 갖기도 했다. 자살을 시도하다가 깨달은 바가 있어 고향으로 돌아간 청파는 너무나 변한 고향의 모습에 놀라게 된다. 고향 사람들은 대부분 북만주나 시베리아로 떠나버리고 고향 송둔지는 마치 버려진 마을 같았다.

『초당』은 마지막 부분에서 3·1독립운동이 일어나는 장면을 그리고 있다. 청파 역시 만세를 부르다 체포되어 투옥되는 고난을 당한다. 감옥에서 해방된 후엔 만주와 시베리아로 탈출을 시도하지만 일본 경찰에 발각되어 다시 고향으로 복귀하게 된다. 그리고 마지막으로 미국인 선교사인 루터를 따라 극적으로 미국 유학길에 오르게 된다.

『초당』은 출판 후 즉시 베스트셀러가 되었고 세계 비평가들의 극찬을 받았다. 영국의 「맨체스터 가디언」지는 "동양에 대해 쓰여진 책 가운데 가장 훌륭한 책"이라고 평하기도 했다. 「런던 타임즈」, 「헤럴드 트리뷴」, 「더 네이션」, 「뉴욕타임즈」 등의 신문에서 강용흘은 세계적인 작가인 마크 트웨인이나 찰스 디킨스, 또는 허드슨과 같은 소설가와 비교되기도 하였다. 강용흘은 1931년 『초당』에 이어, 1933년에는 『The Happy Grove』(행복의 숲)를 출판했고, 권위 있는 구겐하임 휄로우십(Guggenheim Fellowship) 상을 받기도 했다. 이를 계기로 이탈리아로 여행을 갔고, 그곳에서 작품을 쓰기도 했는데, 1937년에 출판된 『동양인 서양에 가다』(East goes West)는 이 시기에 구상된 것으로 보인다.

강용흘의 작품은 그것이 지니고 있는 순수한 미적 감각에도 불구하고, 서양 독자들을 위해서 의식적으로 한국의 정치적, 사회적인 문제를 설명하는 경향이 강하고, 이광수와 같은 계몽주의적인 색채도 농후해서 비판을 받기도 한다. 그러나 독립운동사 또는 미주 한인사의 입장에서 볼 때 강용흘의 작품은 재평가될 필요가 있다. 무엇보다도 그가 작품을 통해 한국의 상황을 가장 호소력 있게 전 세계에 알렸다는 사실이 중요하다고 하겠다.[13]

---

13) 이상 『초당』의 줄거리는 『뉴욕한인교회70년사』, 189-193쪽을 요약한 것이다.

신앙공동체로서의
미주 한인 교회
(1945-1970년)

1. 역사적 배경과 한인 사회 상황

    1943년에 들어서자 독립에 대한 전망이 훨씬 밝아지기 시작하였다. 1942년부터 연합군은 독일의 도시에 대규모 폭격을 감행하기 시작하였다. 연합군사령관 아이젠하워는 1942년 11월 독일의 점령지 북아프리카를 공격하는 데 성공하였다. 연합군은 이것을 출발점으로 하여 독일의 롬멜이 이끄는 탱크부대를 무찌르고 시실리와 이탈리아를 거쳐 독일 쪽으로 북상해 올라갔다. 한편 소련군은 레닌그라드, 모스크바, 스탈린그라드에서부터 폴란드, 루마니아, 헝가리 등 동구를 거쳐 독일을 향해 남하 반격해 내려왔다. 이와 같은 남북협공의 하나로 1944년 6월 6일 연합군이 노르망디 상륙작전을 감행, 대서양 쪽에서 독일을 공격하게 되자, 독일은 사면초가 상태에 처하게 되었다.
    미국과 일본과의 태평양전쟁에서도 1942년 6월 하와이 서부에 위치한 미드웨이 섬 전투를 계기로 미국이 기선을 잡은 뒤 1943년부터는 맥아더 장군과 니미츠(Nimitz) 제독이 각기 필리핀과 일본 쪽으로 공격해 들어갔다. 미국과 연합군의 승리만을 고대하던 한국인들은 마음속으로 새로운 의심으로 반신반의하기 시작하였다. 과연 종전 후 한국의 독립이 이루어질 것인가? 이루어진다면 어떤 방식으로 이루어질 것인가 하는 문제였다. 한인들의 이러한 의구심은 미국이 한국 임시정부에 대한 승인을 미루면 미룰수록, 혹은 한국에 대한 위임통치안이 거론되면 될수록, 더욱더 심화되어

갔다. 미국인들 중에는 친한 인사임에도 불구하고 한국의 자치능력을 우려한 나머지 강대국의 신탁통치도 과히 나쁘지 않다는 식의 사고를 가진 자들이 많았다.

한국의 독립에 대한 희망과 우려는 1943년 11월 12일 미국, 영국, 중국이 이집트 수도 카이로에서 회동하여 소위 카이로선언을 발표함으로써 더욱 고조되었다. 이 선언 7항에서 "세 강대국은 한국이 적절한 시기에(in due course) 해방되고 독립할 것을 결의한다"라고 언급하였다. 한국의 독립에 대한 가능성은 이 선언을 통해 더욱 확실해졌으나 동시에 "적절한 시기에 독립시킨다"는 표현이 의혹을 일으키게 되었다.

더욱이 1945년 2월 미국, 소련, 영국 삼국이 얄타에 모여 소위 얄타협정을 체결하게 되자 한국을 비롯한 약소민족들은 신경이 더욱 예민해질 대로 예민해졌다. 루즈벨트와 처칠은 이 얄타협정에서 소련의 권리를 인정하고 폴란드를 사실상 소련이 지배하게 넘겨주었다. 그리고 동양에서는 외몽고, 만주의 일부, 남부 사할린, 그리고 북한까지도 영향력을 행사할 수 있도록 양보하였다. 1945년 미국 역사상 이례적으로 4선 대통령이 된 루즈벨트는 병색이 완연한 환자였다. 그는 얄타회담이 끝난 2개월 후에 사망하였다. 그래서 부통령 트루만이 그의 직책을 계승하게 되었다. 그러나 얄타협정은 전쟁의 마무리를 소홀히 함으로써 트루만 이후 동서의 냉전체제에 돌입하게 되었다.

1945년 8월 15일의 해방과 독립은 이러한 미소간의 냉전의 조짐 속에서 밝아왔다. 그러나 한민족에게 하나님의 은총과 섭리 속에서 밤의 도적같이 다가온 해방과 독립은 새 하늘과 새 땅의 복음이었다. 36년간의 식민주의와 제국주의의 억압 아래 시달려 온 한민족은 태극기를 흔들면서 서로 얼싸안고 춤추면서 대한독립만세를 힘 있게 외쳤다. 정치가 이승만은 1945년 10월 16일 미국에서 서울로 입성하여 미군사령관 하지 중장의 소개로 대대적인 국민의 환영을 받았다. 대한민국 임시정부 주석 김구는 11월 23일 중경으로부터 서울에 도착하였다. 하와이의 한인대표단 김원용, 도진호, 안정송, 박금우, 최두옥, 조제언, 안창호(목사), 정두옥 등은 1946년 2월 17일 서울에 입국하였다.

그런데 해방을 계기로 일본인이 한국에서 썰물처럼 빠져나갔으나, 미군과 소련군이 다시 남북으로 밀물처럼 밀려오기 시작하였다. 해방의 기쁨 뒤에 민족상잔과 전쟁이라는 아픔이 엄습해 오고 있었다. 1945년 12월 모스크바 3상회담에서 조선 문제의 해결책으로 결정된 것은 미국, 영국, 중국, 소련의 네 나라가 최고 5년간의 신탁통치를 한다는 안이었다. 이에 따라 몇 차례의 미·소공동위원회를 열었지만 거기에서는 하등의 합의도 이루지 못하였다. 또한 한인들의 신탁통치 반대운동에 직면하게 된 미국은 조선독립 문제의 해결을 국제연합에 제출하였다.

그리하여 국제연합은 UN 감시하에 총선거를 실시하여 정부가 수립되면 모든 군대는 한반도로부터 철수한다는 안을 결정하였다. 이에 따라 UN조선위원회가 형성되었다. 1948년 3월말까지 총선거가 이루어져야 하는 데, 소련측은 UN위원단이 38선 이북으로 넘어오는 것을 반대하였다. 그래서 결국 남한 만의 총선거를 실시하고 헌법을 제정한 후 1948년 8월 15일 이승만을 초대 대통령으로 선출하여 대한민국 정부를 수립하였다.

북쪽에서는 이에 앞서 1947년 2월 북조선인민위원회를 조직하였고, 1948년 9월 9일 김일성을 주석으로 선출하고 조선민주주의인민공화국을 수립하였다. 그리고 1949년 미국군은 군사고문단만을 남긴 채 한국으로부터 철수하였다. 게다가 1950년의 제2차 총선거에서 국민들의 불신임으로 정부 여당이 패배하고 말았다. 이러한 정치적 상황을 이용하여 1950년 6월 25일 북한은 남한 침략전을 전개하였다. UN안전보장이사회는 한국을 군사적으로 원조할 것을 결정하였고, 미국군을 중심으로 16개국의 군대로 이루어진 UN군을 파견하였다.

역사상 가장 비참한 전쟁 중의 하나인 6·25전쟁은 사상자만도 300만 명이 넘었다. 전쟁과 정치적 부패로 국민의 지지를 잃어가던 이승만은 1952년 제2대 대통령 선거를 앞두고 유리하게 헌법을 개정하였고, 다시 1954년에는 대통령 재선 제한을 폐지하도록 헌법을 강제로 개정하여 종신집정 독재체제로 만들었다. 그의 정치적 야욕은 1960년 제4대 대통령 선거에서 극에 달하였다.

이승만 정부는 공공연하게 부정선거를 자행함으로써 국민 전체의 항의시위운동이 일어났고, 4월 19일 학생혁명이 일어나게 되었다. 학생들의 데모에서 경찰관들이 발포함으로써 142명의 희생자를 만들었다. 이것이 결국 이승만 독재정권을 쓰러뜨리는 계기가 되었다. 이 4·19혁명은 한국 역사상 처음 있는 민중봉기에 의해서 혁명이 성공한 사건이 되었다. 이 4·19혁명은 3·1운동과 함께 한민족의 자유와 해방과 민주주의 정신의 초석을 놓는 역사적 사건이 되었다.

이러한 조국의 정치적 격변을 지켜보는 미국의 한인들은 감회가 남달랐다. 더욱이 대한민국 초대 대통령으로 취임한 이승만의 면면을 직접 경험한 하와이의 한인들은 조국의 장래에 대해 우려를 금할 수가 없었다. 그동안 모든 한인들의 열망이었던 조국의 독립이 불완전하게 이루어졌기에 그 민족적인 과제는 새로운 방향으로 이어질 수밖에 없었다.

재미 한인들의 첫 번째 과제는 분단된 조국의 화해와 통일이었다. 한국은 자유 민주주의와 공산주의 양 진영의 냉전 속에서 민족이 하나가 되지 못한 상태였기 때문이다.

두 번째의 과제는 조국의 진정한 민주주의 실현이었다. 새로 건국된 한국의 주도권을 잡은 세력은, 해외에서 항일투쟁에 앞장섰던 하와이의 한인들이 보기에는 용서할 수 없는 친일파들이었다. 그뿐만 아니라 대한민국의 초석을 놓았던 공로를 인정받은 이승만은 민주주의의 이상을 끝까지 실현하기보다는 독재권력 장기화의 틀을 놓았던 것이다. 재미 한인들은 조국에 진정한 민주주의를 실현하기 위해서 노력을 계속할 수밖에 없었다.

세 번째의 과제는 재미 한인 사회의 문화적 변동과 이에 따르는 한인 교회의 과제였다. 제2차 세계 대전이 끝날 무렵 재미 한인의 수는 약 1만 명이었으며 그중 약 7천 명이 하와이에 살고 있었다. 그리고 그중 약 반수는 미국에서 태어난 2, 3세였으며 또 그 반수 이상이 타민족과 결혼한 한인들이었다. 여기에 케네디 법안이 통과된 1965년부터 새롭게 미국 이민의 물결이 시작되었고, 그 이전인 1964년까지 한인 이민자 수는 약 1만 5천 명에 달하게 되었다. 대략적으로 이들은 주한미군과 결혼해서 미국으로 온 6천423명의 여성들, 미국 가정에 입양해 온 전쟁고아 5천348명, 그리고 유학 후 눌러 앉은 3천278명의 이민자들이었다.[1] 다시 말해서, 한인 교회의 목회의 대상이 확대되어 대체적으로 세 종류의 문화집단이 이루어졌던 것이다. 곧 1세의 한인들과 2, 3세의 영어세대와 새로 이민 온 사람들이다. 목회적인 다양성과 함께 조화를 모색해야 하는 한인 교회의 새로운 과제가 나타나게 되었다.

미주 한인 교회들은 무엇보다도 신앙공동체로서의 정체성을 확립해 가는 일에 주력하기 시작하였다. 조국의 독립과 해방이 기대하는 것과는 다른 모습으로 나타나면서 미주 한인 교회는 문화적이고 역사적인 공동체의 모습을 여전히 유지하면서도 가장 중요한 신앙성장과 영적 성숙을 도모함으로써 민족적 허탈감을 영적인 만족으로 극복하려고 안간힘을 다하기 시작하였다. 비로소 영원한 하나님 나라와 영생에 대한 구원 확신이 무엇보다도 미주 한인 교회의 중심기둥으로 자리잡게 된 것이다.

2. 신앙공동체로서의 미주 한인 감리교회

1) 하와이 그리스도연합감리교회의 신앙공동체 부흥운동

1945년부터 1970년까지 하와이 제일한인감리교회(그리스도연합감리교회)는 비로소 신앙공동체로의 모습을 갖추기 시작한다. 신앙공동체를 형성시켜 가는 신앙부흥운동은 다양한 모습으로 나타났다.

---

1) 뉴욕한인회, 『미국 속의 한인 사회』(뉴욕: 뉴욕한인회, 1986), 14.

(1) 엘리스 아펜젤러(Alice Appenzeller)에 의한 신앙부흥운동

1943년 1월 15일 임두화 목사는 한국에서 일본 관헌에게 추방되어 내쉬빌 테네시에 돌아와 있던 한국 최초의 감리교회 선교사 헨리 아펜젤러(Henry G. Appenzeller) 선교사의 친딸 엘리스 아펜젤러 여사에게 다음과 같은 편지를 썼다.

> 친애하는 아펜젤러 여사,
> 약 3년 전에 한국에 있던 선교사들이 미국으로 귀환했을 때에 감리교 선교본부는 하와이의 한인 교회를 도와줄 선교사 두 분을 보내줄 예정이라고 전해왔습니다.
> 그리하여 우선 당신의 오빠 헨리 아펜젤러 박사(한국 최초의 선교사 아펜젤러의 아들)가 1941년 9월에 호놀룰루에 도착했습니다. 그러나 몇 달 후에 그가 제일감리교회(백인교회) 담임목사로 부임하게 됨으로써 우리는 그를 잃고 말았습니다. 그리하여 나는 베이커 감독에게 당신을 곧 보내주도록 편지했더니 그는 전적으로 동의했습니다. 하지만 일이 순조로이 진행되지 않는 것 같습니다…여사께서 한국에서 가졌던 오랜 기간의 경험과 한인에 대한 애정과 한국어에 대한 지식, 그리고 한국의 젊은 남녀들에게 베풀었던 교육 경험이 우리의 선교사업을 위해서는 큰 보배라고 생각합니다. 당신은 두 나라의 문화를 잘 알기 때문에 우리의 젊은이나 장년들에게 크게 봉사할 수 있을 것입니다. 그러므로 당신께서 하루 속히 이곳에 올 수 있기를 간절히 바랍니다.(후략)
>
> 임두화 올림[2]

엘리스 아펜젤러(Allice R. Appenzeller, 1885-1950)는 한국 개신교 최초의 감리교선교사 H.G. 아펜젤러의 장녀로 1885년 11월 9일 서울 정동에서 출생, 한국에서 태어난 최초의 백인이었다. 1902년 부친이 순직한 후 미국에 돌아와 교육을 받고 웨슬리안신학교를 졸업한 후 1915년에 부친의 유업을 이어 한국에 선교사로 부임하였다. 주로 이화학당 발전에 전념해 온 그녀는 이화학당 교장으로 있던 1925년에 이화여자전문학교(현재의 이화여자대학교)를 창설하고 초대 교장으로 일하는 한편, 모금한 돈으로 신촌에 5만 평 대지를 매입하여 새로운 교사를 지었다. 1943년 일제의 탄압으로 미국으로 추방되었다가 임두화 목사의 초청으로 그리스도연합감리교회에

---

2) 유동식, 『그리스도연합감리교회100년사』, 214.

서 봉사하던 그녀는 해방 후 다시 이화여대 명예총장으로 일하다가 1950년 2월 20일 학생예배에서 설교하던 도중 쓰러짐으로써 그의 선친을 따라 한국에서 순직했고 한국 땅에 묻혔다.

호놀룰루에서 아펜젤러 여사의 신앙운동은 놀라운 것이었다. 그녀는 1943년 3월 20일에 호놀룰루에 도착하였지만 4월 10일에 낙상하여 발목을 다치는 바람에, 7월 27일부터 사역을 시작했다. 처음에 15명이던 주일학교 학생이 연말에는 65명으로 늘어났고, 그간 중단했던 찬양대를 박관두 씨와 함께 다시 시작했으며 다음 해에는 25명의 대원으로 찬양대를 구성하였다. 아펜젤러 여사는 임 목사를 대신해서 평신도 설교가로 자주 강단에 서게 되었는데 모든 사람들이 참여할 수 있도록 한국어와 영어로 설교를 했다. 그녀는 1943년 10월에 25명으로 구성된 감리교청년친목회를 조직하고, 1943년 9월부터는 「하와이 한인기독교회보」의 영문 편집을 또한 맡았다. 한편 박에스더가 지도하고 있는 YWCA의 위원으로도 활약했고, 호놀룰루 교회 부인연합회의 회원으로서 "세계 기도일"의 프로그램을 맡기도 하였다.

당시 하와이의 한인들은 근면과 성실로 미국 사회에 잘 적응했고 대부분 경제적으로도 여유 있는 생활을 하고 있었다. 그러나 그들이 갈망하는 한 가지는 조국의 해방과 독립이었다. 아펜젤러 여사는 교회가 마땅히 그리스도의 복음을 통해 그 갈망에 응답하지 않으면 안 된다고 역설했다. 그러면서도 아펜젤러 여사는 독립운동보다 복음을 통한 구원의 확신을 더욱 강조하였고, 그 구원의 확신을 일으키는 복음은 독립운동의 원동력이라고 생각하였다. 다시 말해서, 웨슬리가 강조한 내면적 성화와 구원의 확신이 사회적 성화로 이어진다는 신학적 입장에서 하와이 그리스도연합감리교회가 복음을 통한 신앙공동체로서의 자기정체성을 찾게 하였던 것이다. 지금까지 십자가의 복음을 강조하지 않은 것은 아니나 교회가 민족독립의 센터와 문화적 센터로서의 모습을 더욱 강하게 보여주었다면, 이제부터는 복음의 확신을 통한 신앙공동체로서의 정체성을 더욱 찾게 되었다는 것이다.

해방 전후 하와이의 한인감리교회의 상황에 대해서는 호놀룰루 그리스도연합감리교회에서 교육을 담당하던 아펜젤러 여사의 연회 보고 안에 잘 반영되어 있다. 해방 직전인 1945년 4월 12일의 보고에 의하면 아펜젤러 여사는 프라이 감리사의 주선으로 각 섬의 한인 감리교회들을 방문할 수 있었다. 첫째로 그녀는 라나이(Lanai) 섬의 파인애플 농장을 방문하였는데 거기에는 상당수의 한인들이 있었고 박앤드류 전도사 내외가 목회하는 감리교회가 있었다. 요청에 따라 한 주간을 머물면서 사경회를 가졌다. 다음으로는 하와이 섬의 힐로를 방문했는데 그곳에서는 정의조 목사가 오랫동안 목회하고 있는 교회가 있어서 그들을 환영했다. 거기에서 그는 특히 그 근처에 있는 한인 전쟁포로들을 위한 예배에 참석하여 설교하는 기회를 가질 수 있었.

와히아와에 있는 두 감리교회(그중 하나가 현재의 올리브한인교회)는 18년간 목회해 온 안창호 목사가 돌보고 있었다. 특별히 그 교회는 문화적인 전환기를 맞이하여 새로운 도움이 필요하게 되었는데 그것은 새로운 영어세대들이 한국어를 모르기에 교회를 멀리하게 되었기 때문이었다. 이러한 도움이 절실하게 필요하다는 것을 발견하고 그해 9월에 아펜젤러 여사는 그리로 사역지를 옮겨 젊은이들을 위한 영어예배를 개최하기 시작하였다. 그곳에서 약 10마일 떨어져 있는 와이알루아에는 한인들이 거의 도시로 떠나버렸기 때문에 교회를 닫아야 할 형편이었는데 교회에 남은 15명 가량의 한인들이 교회의 폐쇄를 원치 않았기 때문에 안 목사와 아펜젤러 여사는 번갈아 가며 예배를 인도했다.

1945년 4월의 파송기록에 의하면, 호놀룰루 그리스도연합감리교회에 정의조, 와히아와한인감리교회에 안창호, 기독교교육 책임자 아펜젤러 여사, 라나이한인감리교회에 박앤드류, 마우이 섬의 하나한인감리교회와 스프렉클스빌 한인감리교회는 공석으로 되어 있다. 그러니까 하와이의 한인 감리교회들을 담당하고 있는 한인 목회자로는 정의조, 안창호 두 목사와 박 전도사뿐이었다. 정 목사가 그동안 담임하고 있던 힐로한인감리교회에 캔달(William A. Kendall)이 파송됨으로써 점차 한인 감리교회의 성격을 잃어가게 되었다.

1946년 아펜젤러 여사의 연회 보고는 한인 감리교회에 또 다른 변화를 보여주고 있다. 해방을 맞이한 한인들이 새로운 희망을 갖고 조국에 봉사하기 위하여 귀국을 서둘렀던 것이다. 와히아와에서(올리브한인교회) 19년 동안 목회하던 안창호 목사가 귀국하게 되어 목회에 큰 공백이 생겼고 정작 아펜젤러 여사도 이화여자대학교로 돌아가 일할 날을 기다리고 있었던 것이다. 한 가지 특기할 만한 사실은 안창호 목사가 임두화 목사와 아펜젤러 여사와 함께 오하우 섬에 와 있는 한인 전쟁포로들을 위해 주일마다 예배를 인도하여 그중 426명의 한인들이 그리스도인이 되어 귀국하게 된 것이었다. 당시의 교인 수를 보면 그리스도연합감리교회에 391명, 와히아와교회에 156명, 라나이교회에 31명, 켄달 목사가 시무하고 있는 힐로한인감리교회에 65명의 교인이 있었다.

(2) 목사들의 헌신적 목회에 의한 신앙공동체 부흥운동

1934-1945년 동안 11년간 임두화 목사가 담임으로 목회하면서 225명의 교인을 391명의 교인으로 증가시키면서 교회를 크게 부흥시켰다. 1945년 4월 29일 임두화 목사는 미국 본토로 파송되었고 후임으로 힐로에서 목회하던 정의조 목사가 제일한인감리교회(현 그리스도연합감리교회)에 파송되었다. 12년간에 걸친 성실한 목회를 통해 교회는 질적, 양적으로 성장시켜 신앙공동체로서 부흥시키는 데 큰 일익을 감당하였다. 정의조 목사는 1904년 3세 때에 부모를 따라 하와이로 이민 와서 영어교육을 받은 이른바 1.5세였다. 호놀룰루 제일한인감리교회에서 운영

하는 한인기숙학교 출신이며 프라이 감리사의 권면에 의해 목회자가 되기로 결심하고 1933년부터 임두화 목사가 시무하는 제일한인감리교회의 전도사로 일해 왔다. 1937년에 목사 안수를 받고 힐로한인감리교회를 담임하다가 8년 후 하와이 제일한인감리교회의 담임자가 되었던 것이다. 정의조 목사가 주력한 것은 앞날의 교회를 이끌어 갈 젊은 세대들을 키우는 목회였다. 그것이 가능한 이유는 정 목사 자신이 어려서 미국에 건너와 완전히 미국교육을 받은 새로운 세대였기 때문이다.

그는 청년회(MYF) 회원들과 함께 해방된 조국에 구제품을 수집하여 보내는 운동을 벌이는 한편 예배에 있어서도 영어와 한국어를 함께 사용하도록 하였다. 1947년부터는 예배를 2부로 나누고 아침 10시 20분에는 영어예배를, 11시 15분에는 한국어예배를 드리도록 했다. 부인봉사회도 언어 소통 문제로 둘로 나누었다. 약 60명의 회원을 가진 한어 부인회는 심방으로부터 구제사업에 이르는 모든 교회일을 돌보도록 했고, 약 15명의 영어 부인회는 어머니날 등 특별 프로그램을 돕도록 했다. 영어 부인회의 이러한 노력에도 불구하고 점차 확대되어 거의 180명에 육박하는 교회학교 영어 세대들에 대한 배려가 요구되었기에 직원회는 감리사에게 청하여 전임 영어 청년 지도자를 확보하도록 요청했다. 그리하여 1950년에는 프로테로(Protheroe) 양을 교회 직원으로 채용했다.

그리고 예배당의 확대, 신축에 대한 필요성은 이미 1940년부터 제기되었지만 전쟁으로 중지되었다가 종전과 더불어 다시 활성화되었다. 1947년 제일한인감리교회는 포트 스트리트(Fort Street)에 있던 예배당을 매각하고 새로운 교회부지로 키아우모쿠 스트리트(KeeaumoKu Street)의 넓은 대지(현재 예배당 캠퍼스)를 구입하였다. 1949년 9월 4일 주일 아침 예배 후에 새로운 예배당 건축 기공식을 가졌다. 예배당은 착공한 지 5개월 만에 완공되어 1950년 2월 12일에는 성대한 헌당예배를 드리게 되었다. 정의조 목사가 사회를 담당한 이 헌당식에는 베이커 감독을 위시하여 오치시 감리사 및 프라이 박사와 고무로 목사 등이 참석했다. 새로운 교회 대지와 예배당 건축에 들은 총경비는 6만4천793.49달러였는데 그중 3만1천 달러는 하와이 선교부에서 보조했고, 2만 달러는 이전 예배당을 판 금액이며, 1만4천316.92달러는 교인들이 헌금한 돈이었다. 새로운 목사관도 다음 해에 완공되어 1951년 2월 11일에 봉헌식을 갖게 되었다.

예배당을 완공하고 1951년 정의조 목사가 사임하자 당시의 하와이 한인 사회와 교회의 상황에 적합한 감리교 목사를 찾기 어려웠다. 한인들의 이민사가 50년에 가까워지고 이와 함께 한 교회의 역사가 깊어질수록 이제 완전한 이중문화의 목회가 요구되고 이를 충족할 목회자는 드물었기 때문이다. 교파를 초월하여 목회자를 구하던 중 1952년 장로교 출신의 이동진 목사가 파송되었다. 이동진 목사는 1915년 평안남도 강서에서 장로교 목사의 아들로 태어났다.

그는 평양숭실학교를 졸업하고 일본대학을 졸업한 후 1939년 미국에 건너와 켄터키 루이빌장로교신학교에 입학하여 1943년 졸업했다. 졸업 후 주로 인디언 선교에 헌신하다가 백인 교회의 담임목사로 부름을 받은 바, 제일한인감리교회의 초청을 받고 교파를 옮겨가며 응하여 부임했던 것이다.

당시의 교회 내적 상황은 서로 다른 집단간의 조화와 화합을 절실히 필요로 하는 상태였고 이동진 목사의 목회적 과제와 방침은 자연히 이에 초점이 맞춰졌다. 복음에 입각하여 서로 화해하고 하나 되게 만드는 목회적 노력은 세 가지 방향으로 나타났다. 첫 번째로는 한어세대와 영어세대 사이의 화합과 두 번째로는 한인 사회 안에서 이념을 달리하는 집단 사이의 화해, 그리고 마지막으로는 교회와 대학 사이의 긴밀한 관계형성이 절실했다. 교회의 예배가 영어부, 한어부로 나누어진 것은 이미 이전 목회자들부터 이어왔던 전통이었다. 한어부의 구성원이 이민 1세대였다면, 영어부는 1.5세나 2세들 즉 젊은이들 중심의 예배였다. 이동진 목사는 한 지붕, 한 직원, 한 목사를 중심으로 언어를 달리하는 두 개의 별개 회중으로 이루어진 특수한 목회상황에 직면했다. 이동진 목사가 부임했을 때 교회의 주축은 한어부 교인들이었다. 그들의 바람은 오히려 한국어를 모르는 2세들 특히 아직 믿지 않는 청년들을 인도해 달라는 것이었다. 이동진 목사가 1년 가까이 목회한 후 1952년에는 영어부 70명, 한어부 125명의 예배 참석인원이 있었던 반면, 1954년에는 오히려 영어부 교인들이 한어부를 앞서게 되는 고무적인 현상이 일어났다.

> "…이제는 영어부 교인들의 힘이 한어부보다 다소 앞서게 되었습니다. 그리하여 젊은이들은 그들이 더욱 하늘나라에서의 봉사의 기쁨을 맛보게 된 것을 기뻐하며, 한어부의 부형들 역시 그들이 오랫동안 기도해 오던 것이 응답되게 된 데 대해 기뻐하고 있습니다. 그간 그들은 실로 그들의 자녀들이 교회에서 주도권을 가지고 봉사하기를 간구해 왔던 것입니다."[3]

1953년에는 영어부 젊은이들의 요청으로 교회를 다른 민족에게도 개방하는 놀라운 변화가 일어났다. 연회에 보고된 바에 의하면 중국인 2명, 일본인 4명, 포르투갈인 1명이 각각 교회에 등록하였는데 이 밖에도 예배에 계속 참석하는 몇몇 외부 젊은이들이 있었다. 1954년에는

---

3) 유동식, 『그리스도연합감리교회100년사』, 253.

영어부 회원들의 남선교부가 조직되었고, 1955년에는 '마르다회'(Martha's Circle)라는 영어부 여선교회가 조직되었다. 한어부 남선교회가 조직된 것은 그다음 해 9월의 일이었다.

두 번째로 이동진 목사는 정치문제로 갈라진 한인 사회를 화합하는 데 목회적인 노력을 기울였다. 이 목사 자신의 회고담에 의하면 하와이에 온 지 얼마 되지 않아서 한인들 사이에 독특한 38선이 있다는 사실을 발견했다. 그는 다음과 같이 증언한다.

이동진 목사

> "한편에는 이민 초기부터 계속되어 오는 국민회라는 것이 있었고, 또 한편에는 이승만 박사의 독립운동을 지지하는 동지회라는 그룹이 있었습니다. 국민회에서는 상해 임시정부를 전적으로 지지했지요. 38선이 생기고 남북의 분단과 두 정부가 생기자 이 두 그룹 사이의 갈등은 더욱 심해졌습니다. 우리 교회는 교인의 대다수가 국민회에 속해 있었고, 이승만 박사가 세운 한인기독교회는 동지회 회원으로 되어 있었습니다. 따라서 이 두 기관 사이에는 전혀 교통이 없었습니다. 한국 정부가 수립된 후에도 4·19혁명 이전에는 국민회 회원이나 우리 감리교 교인은 한국 방문의 허락을 받을 수 없었습니다. 한국 해군이 미국에서 군함을 인수해 가다가 진주만에 기항했을 때도 그 환영과 전송은 동지회의 단독 행사로 이루어지고 하와이의 한인 전체의 행사가 되지를 못했습니다. 한국 영사관에서도 물론 일방적인 사무를 보고 있었지요."[4]

이러한 상황에서 호놀룰루로 부임한 이 목사는 그의 목회적 과제가 분열된 한인 사회를 화해시키는 일이라고 믿었다. 그래서 그는 먼저 영사관 직원들과 사귀고, 이승만 박사의 동지들이 설립한 한인기독교회 교인들과 사귀려고 노력했다. 물론 양쪽에서 모두 오해와 시비를 불러일으켰지만 화해의 복음을 들고 적대관계를 해소시키는 것이 사명이라고 믿었기에 이 목사는 이 일을 그만두지 않았다. 6·25전쟁이 끝나고 상황이 호전되어 가는 것처럼 보이기도 했지만, 이승만 정권의 부패상이 하와이에 알려지면서 서로의 적개심은 더 커졌다. 이승만 정권을 비판하는 감리교인들은 용공분자로 매도되고 정치적인 각종 불이익을 감수해야 했다. 4·19혁명

---

4) 유동식, 앞의 책, 254.

으로 이승만이 하야한 후 국민회와 동지회의 입장이 뒤바뀌기도 했지만 화해의 목회는 계속되었고 결국에는 적지 않은 성과를 거두었다.[5]

세 번째로 하와이대학 안에 동서문화원(East-West Center)이 개관되고 한국으로부터 학생들과 연구원들이 방문하게 되자 제일한인감리교회는 이들에 대한 목회적인 책임을 느끼고 그들을 교회로 초청하기에 이르게 된다. 1960년부터 시작된 초청행사는 동서문화원과 제일한인감리교회의 친밀한 관계를 지속적으로 유지시키게 되었다.

(3) 희년을 맞이한 제일한인감리교회(현재의 그리스도연합감리교회)

하와이에 한인 교회가 처음 생긴 것은 1903년이지만 1905년까지는 '한인감리교선교회'였고 1905년에야 교회로 승격되고 감리교회에 소속되었기에 제일한인감리교회(현재 그리스도연합감리교회)는 1955년을 희년으로 정하고 50주년 기념행사(Golden Jubilee Anniversary)를 갖게 되었다. 이 희년행사를 통하여 더욱 신앙공동체로서의 모습을 확실히 갖기에 이르게 되었다. 창립 50주년 기념행사 준비위원이 구성된 것은 1955년 7월 7일이었다. 이러한 창립 50주년 기념행사는 호놀룰루 전체의 사회적인 사건으로 부각되기 시작하였다. 「Honolulu Star-Bulletin」 지는 10월 22일, 11월 1일, 이듬해 5월 3일에 이를 보도했고, 「The Honolulu Advertiser」도 10월 29일, 30일, 11월 5일 등 3일에 걸쳐 대대적으로 보도했다. 임원회의 결의에 따라 희년장학금 1천200달

1955년 그리스도연합감리교회가 50주년 희년행사를 가졌다

---

5) 2022년 현재에도 그리스도연합감리교회 중직들 중에 이승만 박사의 외교독립운동을 지지하고 1948년 정부수립의 공을 인정하며 이승만 박사를 이해하려는 입장을 가진 교인들이 많이 있다.

러를 연희대학교 백낙준 총장에게 보냈는데 하와이와 연세대학교와의 긴밀한 관계는 이보다 앞서 시작되었다. 1954년 봄 하와이의 한인 부인들이 모은 돈 1천 달러를 연희대학교(연세대학교 이전 이름)에 보냈다. 이 돈을 여학생을 위해 써달라고 하였는데, 대학에서는 이 돈을 그해 10월 28일에 준공한 여학생 기숙사의 방 하나를 꾸미는 데 사용했다. 그리고 이 기숙사를 '알로하'(Aloha)로 명명했다. 다음 해 10월에 한국을 방문한 하와이 교포단은 이 알로하관을 찾아보고는, 깊은 감회에 잠기며 기뻐했다고 한다.

1964년에 부임한 버터워스(Frank E. Butterworth) 감리사는 모든 교회 이름에서 민족 표기를 배제할 것을 요구하여 '제일한인교회'가 '그리스도감리교회'로 바뀌었다. 그러다가 1968년 미 감리교단과 복음주의연합형제교단이(E.U.B.) 합치면서 '연합감리교회'가 됨으로 인하여 자연히 교회 이름이 '그리스도연합감리교회'로 바뀌게 되었다. 1963년 5월 영어부 해리 박(Harry Park)과 한어부 부목사 박대희 목사가 공동목회를 하였으나, 감리사 버터워스가 두 박 목사가 목회하는 것을 좋지 않게 여겨 해리 박 목사를 하와이섬의 힐로로 파송하였다. 그리고 아이잭슨(Richard Isakson)을 담임목사로 영어부 예배를 집례하게 하고, 협동목사로 박대희 목사를 한어부 예배를 집례하게 하였으나 1년 만에 영어부는 20명밖에 안 모이고, 한어부는 200여 명이 출석하여 결국 박대희 목사가 담임목사가 되고, 아이잭슨 목사는 캘리포니아교회로 파송받게 되었다. 마침내 박대희 목사는 9년 만에(1962년부터 1971년까지) 담임목사가 되었다.[6]

박대희 목사는 1925년 출생으로 1948년 감리교신학대학교를 졸업하고 경기도 신도감리교회에서 11년간 목회한 후, 1959년 미 감리교회 십자군 장학생으로 워싱톤 DC 웨슬리신학교에서 3년간 석사학위를 마친 후에 그리스도연합감리교회에 파송을 받은 것이다.[7]

결국, 9년간 담임목사가 네 번 바뀌었다. 백인들이 한인 문화와 영성과 신앙을 이해하는 데 한계가 있었던 것이다. 한국적 웨슬리안 경건주의 영성이 체질화된 박대희 목사가 한인 감리교회로 출발한 그리스도연합감리교회의 정체성을 찾아주었다고 보아야 할 것이다. 박대희 목사의 19년간의 목회를 통하여 교인수가 500명을 능가하게 되고 예배당을 확장하게 되었다. 새로운 이민자들을 위한 이민봉사소, 복덕방, 직업소개소, 가정상담소, 통역관, 대서소, 탁아소 등 역할을 감당하는 실생활의 복음화 사역을 펼쳤다. 그리스도연합감리교회에서 자란 청소년들 중에서 목회자의 길을 가게 된 조인균, 이경식, 신영각, 김종일 목사 등은 박대희 목사의 인

---

6) 유동식, 『그리스도연합감리교회100년사』, 317.
7) 이덕희, 『그리스도교회 약사』, 56.

격적, 성화적 영성의 열매였다.[8]

2) 상항한국인교회의 신앙공동체 부흥운동

1949년 6월 김하태 박사가 다시 연회의 파송을 받아 상항한국인교회에 두 번째로 부임하기까지 담임자로서의 사명에 충성을 다하였다. 김하태 박사는 남가주대학교에서 철학박사 학위(Ph.D.)를 받은 후에 상항한국인교회를 담임 목회하면서 버클리대학교에서 한국문화사 강의를 하였다. 그는 1953년 7월까지 상항한국인교회를 목회하다가 오하이오주 노던대학교의 교수로 초청을 받아 떠나게 되었다. 그 후에 연세대학교 신학대학과 연합신학원 교수와 원장이 되었다.

1953년 8월 안병주 목사가 김하태 목사의 뒤를 이어 감독의 파송으로 취임하게 되었다. 그는 감리교신학대학 및 일본 리꼬대학교 종교학과를 졸업하였으며, 1948년 1월 도미하여 게렛신학대학원과 보스턴대학교 대학원을 졸업하고, 1954년 캘리포니아-네바다 연회의 정회원으로 안수를 받으면서 담임목사로 부임하였다. 그의 목회기간 중에 임두화 목사 재임 당시에 계획하였던 목사관 건축 공사가 기공되어 1955년 가을에 가족이 입주하였다. 이 건축공사는 그리 쉬운 일이 아니었다. 건축에 소요되는 1만3천500달러의 거금은 그 당시 교회 상황으로는 도저히 만들 수 없는 자금이었다. 안 목사는 당시 북가주, 중가주, 남가주에 흩어져 사는 교포들과 교우들에게 간청하는 편지를 보내고 한 달간 여행하면서 모금한 결과 5천 달러를 모금하기에 성공하였다. 그리고 교회가 적립하여 두었던 선교본부의 기증금을 합쳐서 1만3천500달러를 들여 목사관을 완공하는 기적을 이룩하게 되었다.

11월 9일 송정률 목사가 담임목사로 부임하게 되었다. 송정률 목사는 서울 감리교신학교를 졸업한 후에 만주신학교에서 2년간 조직신학과 신약신학을 가르쳤고 황해도 해주지방에서 목회하였으며, 1948년 십자군 장학금으로 도미하여 조지아주 에모리대학교 신학대학원에서 신학석사와 문학석사의 학위를 받았다. 그리고 1951년 12월에 귀국하여 감리교신학대학교의 부학장, 학감, 교수 등을 역임하였고, 1954년 감리교 총리원 교육국 총무로 피선되어 1958년 10월까지 복무하였으며, 동년 11월부터 서울 동대문감리교회 목사로 취임하였다가, 1959년 6월 대한기독교교육협회 총무로 추대되어 1960년 11월까지 시무하였다. 그 이외에 세계교회협의회 동아시아지역 창립총회 한국대표, 일본과 필리핀 등지에서 열린 기독교국제회의 한국대표로

---

8) 이덕희, 앞의 책, 58

활약하였던 탁월한 지도자였다. 송 목사는 양주은 전도사, 김동우 이사장, 로신태 전도사, 신선희 전도위원장, 김근숙 선교위원장 등이 주축으로 열심히 교회를 성장시키는 목회를 하게 되었다. 특히 그의 탁월한 신학적 지식과 통찰력으로 송 목사는 교회를 신앙공동체의 반석 위에 세워놓는 큰 역할을 감당하게 되었다.

1962년 말부터 1966년 2월까지 교회주차장 공사, 사교실 확장과 주택 확장 공사 등을 추진하여 1966년 2월 22일 성별봉헌식을 거행하였다. 송 목사의 신학훈련과 신앙훈련과 영성훈련이 이런 일련의 큰 사업을 만들어갈 수 있는 정신적 원동력이 되었다. 송 목사는 모든 사업이 제때 시작되고, 합리적으로 계획 진행되며, 목적한 결과가 잘 이루어지도록 임원들과 협력하기를 힘썼으며, 모든 교우들이 이 교회가 자기들의 교회임을 자각하고 의식하도록 교육시키기에 최선을 다하였다. 그리고 여성들의 신앙 확신과 열심은 이러한 아름다운 신앙의 열매들로 나타나게 되었다.

송 목사의 교육적인 목회와 교인들의 헌신적인 봉사로 1966년 현재 정회원 교인 91명, 준회원 교인 76명, 매주 집회 인원은 평균 100여 명에 이르게 되었다. 상항한국인감리교회는 예배, 전도, 봉사, 성도들의 교제를 통하여 신앙공동체를 확고하게 정립하고, 그 신앙의 뿌리 위에서 상항 지역 교포들의 영적 복리와 사회적 섬김을 더하며, 그리스도 안에 있는 하나님의 사랑을 증거하면서 하나님께 영광을 돌리기를 바라며 부흥 발전하게 되었다.

60년간의 신앙공동체 형성에 가장 많은 기여를 한 성도들이 많았지만 그 중에서도 상항한국인감리교회가 가장 감사하게 생각하는 성도의 모범은 평신도 전도사 양주은이었다. 그는 1904년 청운의 꿈을 갖고 고향 개성을 떠나 하와이에 이민 와서 약 2년간 거주하였고, 1906년에 상항에 상륙하였다. 그는 본래 개성을 중심으로 삼포를 경영하던 부농의 아들로 태어나 인삼의 해외 진출의 기회를 열어보려고 미국에 왔다. 그는 한편으로는 인삼 판로의 개척에 종사하면서 다른 한편으로는 애국운동에 적극적으로 참여하였다. 그러면서 그는 상항한인교회 개척에 협력하여 창립교인의 한 사람이 되었다. 1913년 평신도 전도사로서의 직첩을 받았다. 말하자면 웨슬리 당시의 평신도 설교가(lay preacher) 같은 임명을 받은 것이다. 동시에 그는 대한인국민회, 흥사단 등 애국단체와 수양단체의 창립회원이기도 하였다.

그는 교인으로서, 평신도 전도사로서만 60년에 걸친 세월에 전도, 선교, 봉사, 애국적 헌신을 일상생활로 삼아왔다. 목사가 부재시에는 강단을 맡아 설교하였고, 교우들을 심방하면서 위로와 격려에 앞장섰다. 그리고 교회나 교포 사회가 봉사를 요구할 때는 언제나 솔선하여 일하였다. 그는 새롭게 고국에서 오는 학생들과 교포의 부모와 벗이 되었고, 오고 가는 많은 손님을 접대하는 일에 항상 모범을 보여주었다. 또한 망명 정치인들의 힘이 되어 주었고, 아세아 대륙을 중심 무대로 하는 독립투쟁을 항상 뒷받침하였다. 그는 미주에서 발행되는 「신한민보」나 애국잡지들을 정성껏 수집하였다가 독립 후 본국 도서관에 기증하는 일을 하기도 하였다. 그는 아무도 미워할 줄 모르는 사랑의 사람이며, 아무에게도 실망하지 않는 소망의 사람이었다. 그는 암담한 현실에서도 희망을 붙들고 살았고, 순탄한 살림을 할 때면 남을 위한 봉사의 기회를 항상 찾았다. 상항한국인감리교회의 발전과 상항 한국인 사회의 발전은 이 양주은 전도사의 숨은 헌신과 봉사의 결과라고 말해도 결코 그 칭찬이 지나치지 않는 하나님의 사람이었다. 이러한 하나님의 사람들이 있었기에 상항한국인감리교회가 신앙공동체로서 확실하게 자리 잡을 수 있었다.

3) 나성한인연합감리교회(LA한인연합감리교회)와 신앙공동체의 부흥운동

1947년에 김하태 목사가 나성한인연합감리교회 담임목사로 봉직하게 되면서 그동안 모은 건축비 8천750달러와 대출 2천600달러를 얻어 총 1만1천350달러 상당하는 29th Street와 Orchard Street의 스칸디나비안 교회 건물을 구입하게 되었다.

1949년에 교회에는 큰 변화 없이 오창희 목사를 나성한인연합감리교회의 담임목회자로 맞았다. 당시 오창희 목사의 활발한 지도력으로 교우들은 한 가족처럼 뭉쳤다. 특히, 오창희 목사가 온 뒤로 청년 활동이 활발하게 일어났는데, 그 이유 중 하나가 미국 한인 교회사의 초창기 지도자로 일하였던 임두화 목사의 딸 펄 림(Pearl Lim)의 뛰어난 지도력으로 성가대가 활발하게 활동하였기 때문일 것이다. 그 후 오창희 목사는 1952년 10월 마지막 주일날 나성한인연합감리교회를 사임하고 연회에서 모은 구제물을 가지고 한국으로 떠났다. 왜냐하면 한국 전쟁으로 인해 어려움을 당한 고국의 피난민들을 위하여, 캘리포니아-아리조나 연회에서 수집한 구제품 4천 파운드를 가지고 한국으로 떠나기 위해서였다. 오창희 목사는 한국인을 잘 도왔던 조지 워너 감리사의 도움으로 한국에서 9개월간 구제사업에 종사하였다.

1953년 7월 1일 오창희 목사를 이어, 프린스턴신학교에서 공부를 마친 젊은 교역자인 최영용 목사가 나성한인연합감리교회에 파송 받고, 담임목회자로 부임하였다. 이때도 동일하게 교회는 부흥하였다. 특히, 최영용 목사가 시무할 때는 이민 1세들이 교회의 활동에서 한발 물러나고 대부분 이민 2세들이 교회의 활동을 맡아서 하였다. 그러나 이렇게 교회의 역사가 길어지고 이민 2세들이 교회의 활동을 맡는다고 하여도 우리 민족의 정체성이라 말할 수 있는 우리말(한글)은 여전히 잘 사용되었다. 한 예로 교회의 회의나 예배의 설교, 기도 등에서도 영어만을 사용하는 것이 아니라 항상 우리말을 같이 사용하였다.

최영용 목사가 부임한 지 5년쯤 되어(1958년) 교회가 협소하고, 낡아서 더 이상 새 교우들을 받아들이지를 못할 뿐더러 조지 워너(George Warner) 감리사에 이어 감리사가 된 레이 렉스데일(Ray Rexdale)이 연회 보조금(Week of Dedication Fund) 2만 달러를 줄 테니 수리를 하든지, 이전하라고 요구하였다. 그래서 29가에 있던 교회 건물(전 스칸디나비아교회)을 5만9천 달러에 팔고 2만 달러를 보조받아 Washington Boulevard와 Virginia Road에 있던 대지를 매입하여 건축을 시작하였다. 건축 중에는 예배를 Vermont Square 감리교회 청년관(Youth Hall)을 임시로 사용하였다. 그 후 2년이 지난 1960년에 나성한인연합감리교회의 성전을 완공하였다. 교회 완공 후, 교우들은 더욱 늘어났다. 얼마나 교우들이 늘어났던지 1968년까지 수많은 교우들이 뒤에 선 채로 예배를 드렸다. 교회는 더 이상 비좁아서 예배드리기 힘든 상황까지 이르렀다. 결국 영어예배에 참석한 Dr. Cain의 주선으로 기울어져 가는 Robertson Community Church를 양도할 것을 제의받고, 1968년에 나성한인연합감리교회를 로벗슨교회(Robertson Church)로 옮기게 되었다. 그래서 교회 이름도 '로벗슨한인감리교회'로 바꾸게 된 것이다.

이렇듯 충분한 시설을 갖춘 아름다운 교회로 이전해 온 나성한인연합감리교회는 최영용 목사의 차분한 신앙지도 하에 명실공히 미주 한인 교회의 모교회로서의 면모를 다져가게 되었다. 그 당시 미국에 온 한인들이면, 나성한인연합감리교회와 최영용 목사를 모르는 사람이 없을 정도로 한인 교포들, 유학생들을 위한 갖가지 봉사와 교포들을 위한 정신적, 영적 안식처를 제공하였다. 한때 최영용 목사는 교포들의 늘어나는 이민 문제를 돕기 위해 이민국에서 파트타임으로 일을 하기도 했다. 당시 타국에서의 외로움과 어려움 속에서 공부하며 교회를 통하여 위로와 용기를 얻고 신앙생활을 하던 많은 유학생들이 이제는 대부분 교회를 짊어지고 나가는 기둥들이 되었다.

로벗슨(Robertson)으로 이전해 온 후, 1973년에 교회 공식 명칭을 "로벗슨한인연합감리교회"로 개칭하였다. 또한 그 후, 2세들의 수가 늘어나고 이들에 대한 신앙교육이 시급해지자 1973년에는 교육을 전문적으로 담당하는 이로 이 준 목사를 모시기도 하였다. 여호수아 4장 24절의 "이는 땅의 모든 백성에게 여호와의 손이 강하신 것을 알게 하며 너희가 너희의 하나님 여호와를 항상 경외하게 하려 하심이라"라는 말씀은 바로 나성한인연합감리교회의 역사를 말해주는 말씀이다. 최영용 목사의 탁월한 지도력과 뛰어난 영성과 훌륭한 인격은 많은 성도들을 변화시켜 성숙한 신앙인으로 만들었고, 미국 사회의 각계각층의 많은 지도자들을 배출하게 되었다.

1981년 부임한 박대희 목사는 미주 전역을 섬기며 헌신하고 탁월한 지도력을 발휘한 목회자였다. 그는 개체 교회는 물론 전국 한인 연합감리교회와 교포사회 전체를 위해 봉사했다. 『LA 한인연합감리교회 100년사』에서 저자 김신행 교수는 이렇게 높이 평가하였다.

> "유능한 행정가요, 전국적으로 존경받는 지도자였다. 1986년부터 1988년까지 재미 한인 연합감리교회 회장으로 한인 연합감리교회의 위상과 사역에 수많은 공헌을 하였다. 그중 중요한 예는 500교회 10만 성도운동, 선교감리사제도 설치, Claremont 신학교에 한영이중언어 신학교육 실시, 속회교본 출판, 신도지침 등 신앙서적 출판, New York의 연합감리교회 선교국(GBGM)에 한인사무소 설치, 전국한미목회위원회 설립 등이다. 특히 Wesley Theological Seminary를 위해 220만 달러, 그리고 장홍식과 함께 Claremont 신학대학원의 장학금으로 일백삼십만 달러를 모금하였다. 이 기금으로 현재 Wesley와 Claremont 신학교에서는 매년 수십 명의 학생들이 장학금을 받으며 공부하고 있다. 눈부신 업적이다."[9]

필자가 목회할 때 부흥회 강사로 모시고 며칠간 집회를 가졌는데, 박대희 목사는 온유하고 겸손한 작은 예수의 성화적 인격을 갖추셨고, 깊은 성령충만의 영성을 겸비하셨으며, 사람들의 마음을 모아서 모금도 아주 잘하는 리더십을 발휘하는 지도자였다. 그만한 감동을 불러일으키는 목회자와 지도자를 우리는 만나기 힘들다. 항상 만나서 대화할 때마다 아름다운 예수 향기와 예수의 에너지가 분출되는 분이다.

나성한인연합감리교회는 1990년 박진성 목사 부임 이후 이경식, 박준성, 김광진으로 이어지는 목회사역을 김신행 교수는 도약을 위해 터를 다지는 사역이라고 해석하였다.

> "이것을 나는 한마음 한사랑의 사역이라고 표현하였다. 네 목회자들이 평신도 지도자들과 전 교인 모두와 '한마음'으로 예수 그리스도가 보여주신 '한사랑'을 배우는 사역이라는 뜻이다. 예수 그리스도의 가르침을 따르는 나그넷길을 배우는 사역이었다."[10]

그러니까 그리스도가 가르친 한사랑, 곧 네 이웃을 네 몸과 같이 사랑하는 것, 원수까지도 사랑하는 것을 한마음으로 본받기를 원하는 것은 작은 예수 되기를 열망하는 웨슬리안 성화 추구라고 해석할 수 있다. 이 담임목사들이 한결같이 성화적 가르침에 집중했다는 것은 얼마나 아름다운 예수의 목회인가? 범사에 그리스도의 분량까지 자라도록 성화와 완전성화 중심

---

9) 김신행, 「LA연합감리교회100년사」, 250.
10) 김신행, 위의 책, 254.

의 성결과 사랑의 마음으로 하나 되었다는 것은 가장 아이디얼한 그리스도인의 성숙의 순례길이다.

4) 오클랜드한인연합감리교회의 신앙공동체 부흥운동

오클랜드한인연합감리교회에서 사역한 목회자들 중에 김광진 목사와 김종원 목사가 있는데, 『오클랜드한인교회 100년사』를 저술한 김규현 목사는 "지성과 해학의 목회자 김광진 목사", "신학적 목회자 김종원 목사"라고 소개하였다.

오클랜드한인연합감리교회는 서울대학교 철학과를 졸업하고, 남감리교회대학교(SMU: Sourthern Methodist University)에서 목회학석사(M.Div.) 학위를 마친 후에, GTU(Graduate

김광진 목사와 김은숙 사모

Theological Union)에서 목회학 박사(Doctor of Ministry) 과정에서 공부하던 김광진 목사를 찾아가서 설교자로 초빙하였다. 그리고 이후 김광진 목사는 설교 전도사와 서리 담임을 거쳐 정식으로 담임목사로 부임하였다.

김광진 목사가 부임하기 전, 교회는 서울신학대학교 교수가 된 천병욱 전도사가 목회할 때 100여 명으로 모이던 교인수가 갑자기 10여 명으로 줄어든 상태였다. 60년 역사를 가진 교회를 재건하는 일은 결코 쉽지 않았다. 교인수나 재정상황이나 60년 된 교회가 아니라 개척교회 수준이었다. 음악을 전공하여 성가대 지휘와 반주로 헌신한 김은숙 사모의 내조와 봉사는 교회 활성화의 큰 힘이 되었다. 설교 비판 내조와 찬송 반주 내조 등 사모의 역할이 교회를 살리는 요소의 큰 비중을 차지한다. 특히 사모의 내조를 잘 활용한 김광진 목사 같은 목사가 많이 나와야 교회가 건전하게 발전할 수 있다.

민태왕, 한정식, 로승목, 이왕곤 성도와 부모들, 김보원 권사와 민종숙 권사, 김활선 전도사 등의 간절한 기도와 열심으로 첫 주일에 20명, 그다음 주일에 25명, 그다음 주일에는 30-40명으로 늘어났다. 첫 목회라 열과 성을 다하였고, 버클리, 오클랜드, 샌프란시스코에 이르기까지 30-40여 명 교인들이 모여들기 시작하였다. 1973년 연회보고에는 성인 45명, 아동 23명, 1974년 연회보고에는 성인 95명, 아동 58명, 1975년 연회보고에는 성인 117명, 아동 75명으로 갈수록 해마다 부흥하는 역사가 일어났다.

김광진 목사는 16년간 교회를 부흥시키고, 1988년에 서부 지역 한인 선교구 초대 선교감리사(Korean Mission Superintendent)가 되었다.[11] 김 목사의 설교에는 해학과 지혜가 넘쳤다. 신학적, 철학적 통찰력을 넘나들면서 교회들을 기쁘게 만들어주는 은총의 낙관주의는 교회를 천국으로 만드는 원동력이 된 것이다. 폭발적인 웃음과 평화의 분위기가 넘치게 하는 설교는 교회를 양적으로나 질적으로 부흥케 하였다.[12]

김종원 목사

김종원 목사는 일본에서 신학공부를 하였고, 한국에서는 기독교장로회 교단의 한국신학대학교를 나왔으며, 버클리 GTU대학원에서 신학박사(Th.D.)를 받았다. 주로 영어회중이 출석하는 미국 교회를 목회하였다. 1988년 10월에 부임하면서 교인들의 형편을 파악하려고 대심방을 계획하고 철저히 다 마쳤다. 심방을 모두 마친 후에 약 1년간 전교인 제자화 훈련을 시켰다. 양적 성장 후에 신학적 신앙 성숙의 훈련이 필요하다고 인식하였다. 김종원 목사의 목회방향은 양적 성장보다는 질적 성숙에 목회철학을 두었다. 신학적 고민과 신학적 훈련을 통하여 신앙과 영성이 성화지향적으로 성숙하기를 꿈꾼 것이다. 진정한 웨슬리안으로 작은 예수로 살고, 작은 예수의 성품의 사람이 되기를 희망하였다.[13] 그리고 그 목표를 달성하기 위하여 전교인 성경공부반을 개설함으로 정기적인 성경공부 운동을 펼쳤다. 교인들의 신앙과 영성이 성숙하려면 성경적 이해를 높이고 깊이를 더할 뿐 아니라, 아는 만큼 그리스도인의 사회적 성화의 실천도 강조함으로 사회봉사 속에서 그리스도를 본받는 진정한 그리스도인으로 열매 맺도록 지도하는 것이었다.

김종원 목사는 네 가지 목회방침을 설정하였다. 첫째는 모나지 않게 다양성을 존중하고 갈등을 극복하고 평화스러운 상생의 공동체를 창조한다는 것이다. 두 번째는 하나님만 바라보는 하나님의 뜻과 영광을 인생의 목표로 삼게 훈련시키는 것이다. 세 번째는 어느 누구에게나 평등하게 대하는 것이다. 미국 속에서 살면서 특히 인종차별이 없는 공동체를 만드는 것이 중요함을 강조한 것이다. 평등은 조건과 상황에 맞추는 것이 아니라, 원칙과 공정성을 상실하지 않고 건전한 리더십을 키워가는 것이다. 네 번째는 10년 목회 후에는 미련을 버리고 모든 것을

---

11) 김규현, 『오클랜드교회100년사』, 220–226.
12) 필자가 LA 지역 교역자수련회를 두 번이나 인도하는 강사였는데, 김광진 목사는 유머와 해학과 위트가 넘치는 명 사회자로, 행사 때마다 폭소가 터지게 하는 목회자였다.
13) 김규현, 앞의 책, 228–229

내려놓는 자기 비움의 자세를 갖는 것이다. 목회자들이 욕심을 갖고 비우지 않고, 떠나지 않으려고 하는데, 예수의 마음으로 자기 비움을 실천하겠다는 것이다.

그래서 김 목사의 목회로 신앙과 영성과 신학이 더욱 자라며 성숙해졌고, 주일학교와 청년부도 지속적으로 부흥하는 열매를 맺었다.[14] 1988년부터 1998년까지 10년간 큰 잡음이 없이 평화스러운 가운데 성화적인 빛과 열매가 드러나는 질적 향상과 함께 교인들도 많이 출석하는 영적인 성장도 따라오는 축복된 목회기간이었다고 평가할 수 있다. 교회 주변은 점차 도시빈민화가 되어감에도 불구하고, 교회는 총체적으로 건전하게 성장했다고 볼 수 있다. 또한 1997년 12월 30일에는 김 목사의 소유 장서 1,050권을 교회에 기증하여 오클랜드교회 도서관을 만드는 것에 기여하는 모범도 보였다.[15]

5) 시카고제일한인교회의 신앙공동체 부흥운동

⑴ 새 성전 마련을 통한 부흥운동

당시 시카고제일한인교회의 이은택 담임목사는 1954년 5월 계삭회 보고서에서 "교인 수가 5백 명을 넘을 때 새 건물을 가져야 할 것"이라며, 당시 실정에서는 상상조차 불가능한 소망을 피력했다. 이 꿈은 25년이 더 지난 1981년에 마침내 현실화되지만 그에 앞서 1962년에 교회성장에 따라 예배당을 이전하게 된다. 1962년 교회 이전에 앞서 시카고제일한인교회 이사회는 옥데일 건물 2층을 목사관으로 사용하기로 하고 지하실과 1층 아파트를 학생관으로 임대하는 원칙을 재확인했다. 당시 교회 이전 문제는 본 교회가 요청했던 것이 아니고 1962년 정초까지도 본 교회 측에서 교회를 옮겨야 하겠다는 확정적인 의견이 없었다. 교회는 피동적이었으나 '홈미션'(home mission)의 주도하에 그해 9월 28일 다운타운의 22 W. Erie Street의 3층 건물로 이사하게 됐다.

이 건물의 마련과정은 당시 '홈미션'(The Chicago Home Missionary and Church Extension Society로 개칭)의 감리사였던 존 해거(John H. Hager) 박사가 작성한 경위서에 대략 다음과 같이 설명되어 있다. 해거 감리사는 1961년 말 당시 시카고 지역의 한인 학생 약 2백 명 가운데 절반이 교

---

14) 김규현, 앞의 책, 230-231.
15) 감리교신학대학교에서도 필자가 교수로 재직할 당시 김종원 목사에게 두 학기나 강의할 기회를 주었는데, 철저한 강의 준비와 알찬 내용의 강의, 그리고 현장 목회와 신학적 지식이 어우러져서, 학생들이 모두 좋아하는 수업이 되었다. 설교 강단과 신학 강의실의 조화를 보여주는 이런 지도자가 앞으로도 많이 나와야 교회와 신학교가 함께 살아날 것이다.

회와 학생관을 영적, 사회적 중심으로 활용하므로 이들을 위해 더 넓은 장소가 필요하다고 판단했다. 그리고 이은택 목사가 늦어도 1964년 6월 연회를 기해 은퇴할 예정이므로 그 전에 교회를 확장시켜야 된다고 전망했다. 그런데 시카고제일한인교회가 약 30년간 사용한 826 W. 옥데일의 건물은 장소가 적당하지 않고 시청 화재조례에 맞게 개조, 수리하려면 약 1만5천-2만 달러가 필요하고 수리하더라도 장소가 작아서 다시 이전해야 된다고 판단했다.

시카고제일한인교회
5대 담임 이은택 목사

그때 감리교여선교사은퇴관(Chicago Deaconess Home)이 22 W. Erie Street에 있는 건물을 팔려고 내놓았기 때문에 미국 감리교회의 '홈미션'은 한인 교회를 위해 이 건물을 3만 달러에 구입하기로 결정했다. 건물 대금은 '홈미션'이 1만 달러를 다운페이(down pay)하고, 2만 달러를 5년 상환조로 한인 교회에 융자하며, 수리비 4만9천 달러는 옥데일 건물 매각 환수금 1만2백 달러, 시카고 탬플교회의 선교비 1만5백 달러를 비롯해 여러 출처에서 모금하기로 했다.

1928년 입주한 옥데일 애비뉴 건물에서 34년 만에 이사를 한 Erie Street 건물은 지하 1층 지상 3층의 벽돌 건물(3플랫 아파트)로 1층에는 예배실과 친교실, 목사 사무실, 2층에는 주일학교 교실 겸 아파트와 목사관, 그리고 3층에는 학생관용 아파트를 갖추도록 개조하게 됐다. 이 건물의 매입은 1961년 1월에 완결되었으며 새 교회의 헌당예배는 1963년 1월 13일 거행됐고 선명회 합창단이 방미 중 시카고의 새 한인교회에 들러 환영회 겸 특별찬양을 했다. 새 성전에 대해 이은택 목사는 처음에 설계도를 보았을 때는 흡족하지 않았지만 건축을 끝내고 보니 미주의 한인 교회들 중에서 가장 아름다운 성전을 갖게 되었다고 계삭회에서 보고했다.

(2) 평신도 협력 사역자들에 의한 신앙공동체의 부흥운동

1949년부터 약 20년간 시카고제일한인교회의 평신도로서 중심적인 역할을 한 사람으로 손원태 의사가 있는데, 그는 이 시기에 교회 일에 참여하기 시작했다. 청년 손원태(손정도 목사의 차남)는 세브란스의학전문학교를 졸업하고 장학생으로 노스웨스턴대학교에 와서 석사학위를 받고 쿡카운티병원에서 레지던트로 일하면서 1949년 8월부터 교회 일을 시작했다. 그는 1972년 네브라스카주 오마하로 이사하기 전까지 이은택, 은준관, 차현회 등 3대 담임목사를 차례로 보좌하며 이사장, 직원 회장, 평신도 대표 등 중직을 여러 차례 맡아 격변기의 발전을 뒷받침했다. 오늘날까지 시카고 한인 사회 올드 타이머들에게 '손 박사'로 존경과 사랑을 받는 그는 북한의 김일성과 유년 시절의 특별한 관계가 다시 이어져서 김일성 사후 북한 관계에서 독특

한 민간사절로 각광을 받기도 했다.[16]

1957년부터 강성보 목사 부부가 시카고감리교회에 나오면서 각각 성인 주일학교와 어린이 주일학교를 지도하여 이은택 목사는 이들의 도움을 많이 받았다고 회고했다. 1960년대 중반기에 새 이민 물결이 시작된 후 한인선교전도센터(Korean United Mission and Evangelical Center)를 다운타운의 본 교회 부근에 설립하여(1966년 57 W. Ohio Street에 위치) 유학생 선교를 시도했다. 이런 조처는 한국에서 오는 유학생들이 늘어나서 이 목사의 목회와 행정 부담을 돕기 위해 '홈 미션'이 주선한 것이며 하티네스 선교사는 본 교회의 목회협력위원, 전도위원으로 교회 치리를 도왔다.

(3) 한국 선교사 후보 수련활동과 신앙부흥운동

한국 선교사업을 위해 결정적으로 큰 역할을 감당하게 된 두 선교사들이 시카고감리교회를 통하여 선교사 수련과정을 갖게 되고 시카고감리교회를 통해서 한국에 파송되는 큰 결실을 거두게 되었다. 1957년부터 맥코믹신학에 다니던 조지 오글(George Ogle)이 실습생으로 시카고감리교회에 출석했는데 그는 후에 한국에 나가서 도시산업선교를 위해 적극적으로 헌신하는 선교사로 봉사했다. 1970년대에 박정희 정권을 비판하며 노동자 권익을 대변하게 되어 한국 정보계에서 요시찰 인물로 주시되어 결국 한국 정부로부터 추방당하였다.

이어 진 매튜(Gene Matthew)라는 게렛신학교 학생도 1961년부터 시카고감리교회 실습생으로 나와 학생부 사업을 도왔는데, 그는 한국 여성과 결혼하고 한국에 선교사로 가겠다고 해서, 교회는 1963년 6월 연회에서 그가 목사안수를 받도록 추천하기로 결정했다. 시카고감리교회에서 목사 안수를 받도록 신학생을 연회에 추천한 것은 비록 한인이 아니지만, 진 매튜가 그 첫 번째로 기록됐다. 진 매튜는 한국에서 선교사로 크게 봉사하였다.

(4) 이은택 목사의 목회와 은준관 목사의 목회를 통한 신앙부흥

이은택 목사는 1964년 2월 16일 계삭회 목사 보고서에서 자신이 부임한 1936년 이후 1963년에 교회가 가장 많은 부흥 발전을 했다고 기록하였다. 1963년 4월 이경화 교우를 대장으로 하여 성가대가 재조직됐고, 주일예배 시간이 사람이 모이지 않아 오후 3시로 밀려난 지 20년 만에

---

[16] 손원태 박사의 부친 손정도 목사는 감신대 출신 목사로 정동제일교회를 담임하기도 했으며, 중국에서 김일성이 일본경찰에 체포당할 뻔했을 때 도와준 목사로 북한 교과서에 나올 정도로 김일성의 은인이었다. 손 박사의 형 손원일 제독은 해군 제독으로 이름을 날리기도 했다.

6월 16일부터 오전 11시로 환원됐다. 1963년 8월 18일에는 민족의 독립을 기념하는 음악회를 열고 12월에 청장년회가 재조직됐다. 교인수는 2백 명을 넘어섰으며 재정수입은 1963년에 4천 784달러를 확보했고, 1964년 예산은 주일헌금 2천 달러와 자급 헌금 2천5백 달러를 포함한 6천 6백 달러로 정하고 목사 연봉을 4천8백 달러로 파격적으로 인상하기로 계획했다. 헌신과 희생으로 28년을 섬겨온 그의 목회의 마지막 정점에서 은퇴를 반 년 앞둔 이 목사는 심고 가꾼 포도원의 결실을 보며 "우리가 하나님과 함께 일하면 교회 일에 불가능한 것이 없다"고, 그의 마지막 목사 보고서를 끝맺었다. 이 목사는 시카고에 온 지 28년 만인 1964년 9월 30일부로 충성과 고난의 사역에서 은퇴했다.

28년 간 목회하던 이은택 목사의 후임으로 1964년 11월 은준관 목사가 담임목사로 부임하던 때도 시카고 한인 사회는 주로 유학생들이나 공부를 마치고 정착한 사람들로 구성되어 있었다. 은 목사 자신도 30대의 젊은 유학생이었으며 목회의 대상인 성도들도 이은택 목사 시무 시기와 별로 다를 것이 없었다. 은준관 목사는 1957년 서울 감리교신학교를 졸업하고 육군 군목으로서 복무한 후 노스캐롤라이나의 듀크대학교로 유학차 도미하여 그곳에서 1962년 신학석사를 받았다. 이어 캘리포니아 버클리에 있는 태평양신학교에서 신학박사(Th. D.)과정을 마치고 마침 이은택 목사의 후임 자리가 비었던 시카고제일한인교회에 부임하게 된 것이다. 그의 부임으로 교회는 현저하게 활기를 띠게 되었고 교회 조직과 행정이 체계를 갖추게 되었다.

6대 은준관 담임목사

은 목사는 부임예배(1964년 10월 25일) 전인 10월 4일부터 직원회를 주도하여 이은택 목사 은퇴 절차를 협의하는 등 20개 항을 결정했다. 그 중에 새로운 것은 교회 회보(뉴스레터)를 3개월마다 발간할 것, 교인들을 찾아서 대화하는 심방을 강화하고 직원들이 함께 다닐 것, 예배실 앞에 태극기를 비치할 것, 예배시간에 탁아실(Nursing Room)을 운영할 것(10월 25일부터 실시), 직원회를 매월 둘째 토요일 정기적으로 모일 것, 교회 청년회를 재조직하되 과거의 MYF 대신 '한인감리교회 기독청년회'로 할 것, 교회 정문의 표지판을 'Korean Student Center'에서 'Korean Christian Student Center'로 바꿀 것 등이다.

은 목사는 당시 시카고 한인 사회에서 교회의 기능을 세 가지로 보았는데 첫째는 공동체로서의 교회, 둘째는 치유하는 기능의 교회, 셋째는 봉사기능을 수행하는 교회였다. 첫째, 공동체 기능은 예배와 성도의 교제(코이노니아)를 중심으로 한 목회로 구현하되, 공동체의 관심에 맞추어 진행한다는 것이다. 이것은 예배와 신앙강좌, 피크닉, 특별집회, 생활정보 교환 등으로 실천되었다. 둘째, 치유의 기능은 고국을 떠나 외롭게 공부하는 젊은이들에게 카운슬링이나 목회적 보살핌을 통해 정신적 격려와 영적 치유를 준다는 것이었다. 셋째, 봉사의 기능은 유학생들에게 기숙사를 제공하고 이민국과의 법적 지위 문제나 대학입학 안내, 졸업자의 취업알선, 그리고 때로는 재정적인 도움을 주는 일들이었다.

은 목사 부임 후 교인들을 일깨우는 소리는 활발한 목회서신으로 나타났다. 1964년 10월 20일자 첫 목회서신에서 은 목사는 긴 세월 동안 시카고 내 한인커뮤니티의 '중심'이었고 '위안처'가 되어 왔던 이 교회가 신앙과 책임에서 서로 도우며 연합해야 되겠다는 방향을 제시했다. 은 목사는 교인들에게 거의 2주마다 목회서신을 보내 교회와의 유대를 이으면서 자신은 "신앙 안에서 여러분의 동역자 된 은준관", "믿음 안에서 형제 된 은준관 목사"라는 표현으로 평신도들과 목사가 대등한 공동 사역자 됨을 강조했다. 마틴 루터의 '만인 사제설'이 목회에 반영된 것이다. 이에 따라 1965년 1월 3일 본 교회 역사에 처음 기록된 직원 헌신예배가 있었으며 1965년 5월 15일 본 교회 기록상 최초의 평신도 주일을 지키며 이중식, 이선배 교우가 예배를 인도했다. 그 후 매년 두 차례씩 평신도 주일을 지키게 되었다.

1964년 12월 20일 제4분기 계삭회의 목회 보고서에서 은 목사는 시카고 지역 한인을 약 4백 명으로 추산했다. 그중 한 그룹은 대학원까지 졸업한 후 전문직에 취업한 사람들과 둘째 그룹은 아직 재학 중인 사람이라고 했다. 은 목사는 "봉사와 참여, 신중한 사색, 하나님에 대한 믿음과 헌신으로 한인들이 공동 유대를 갖도록 하는 것이 본 교회의 중요하고 긴급한 사명"이라고 밝혔다. 은 목사는 주일 11시의 정규예배, 가정 심방, 상담, 전도, 새로운 가정 형성을 위한 혼례, 주일학교 교육, 학생반을 통한 사회봉사와 문화 프로그램 전개, 교회 행정의 체계화 등 세부적인 실천 목표를 내걸고 추진하기 시작했다.

은 목사 부임 후 1964년 12월 20일 계삭회에서 교인수는 성인 150명, 가족 25세대에 어린이 22명으로 보고됐는데, 이듬해에 2백 명을 넘어선 212명으로 보고됐다. 교회 살림을 교인들 스스로 부담하자는 청지기 정신이 장려되어 1964년 12월 계삭회는 1965년도 수입예산안 4천975달러 중에서 2천485달러를 자립 지불(self supporting pledge)로 충당하도록 작성하여 통과시켰다. 이 자립 목표액은 1964년의 전체 수입예산과 거의 비슷한 금액이며 그 결과 1965년에는 전년의 2배인 5천621달러로 결산을 보았다.

은 목사의 교인 동원과 선교 방침은 미국인 교회의 교우들과 한인 교회가 상호 방문해서 서로 이해를 증진시키며 궁극적으로 하나인 '그리스도의 선교'에서 각기 한 부분임을 다시 찾는 것이었다. 그의 임기 중, 이 교류는 미국인 교회 청소년들의 본 교회 방문, 은 목사의 미국인 교회 방문 설교, 성가대의 방문 찬양, 한·미 성도의 밤 행사(Korean American Christian Fellowship Night) 등으로 활발히 진행되었다. 은 목사는 부임 즉시 지역별로 친목, 전도, 성경연구를 하는 모임(속회)을 구상했으나 바로 실행하지는 않고 청년 수요성경공부반을 매월 1회 갖도록 했다. 1964년 10월 은 목사 부임 후 청년 성경공부가 시작되어 매주 수요일 저녁에 계속됐다. 그동안 신앙의 배경이 없이 교회를 드나들던 사람들의 기독교 기반을 다져주는 이 프로그램은 요한복음 공부로 시작해 예수의 생애로부터 깊은 신앙 지식으로 청년들을 이끌어 갔다. 또한 격주간으로 청년교육 강좌와 토론 모임이 청년회 주최로 열렸다.[17]

6) 뉴욕한인교회의 신앙공동체 부흥운동

(1) 1940년대의 목회자들(김준성 목사와 배민수 목사)의 헌신을 통한 신앙부흥운동

김준성 목사는 1942년 5월부터 1945년 1월까지 뉴욕한인교회에서 담임목회했다. 상해 임시정부 국무총리인 이동휘의 고향인 함경남도 단천 출신인 그는 교회가 복음과 더불어 애국사상을 전파한 것에 이끌려 10세 때부터 교회에 다니게 되었다고 전해진다. 경신학교 재학 중 3·1독립운동에 가담해 감옥에서 옥고를 치렀다. 1923년 일본으로 가 동양대학을 거쳐 일본대학을 졸업했다. 그 후 귀국해 원산에 있는 YMCA 총무로 활동하는 한편 청운학원을 설립하고, 원산지역을 대상으로 덴마크식 협동조합을 창설했으며 여러 학교에서 교편을 잡았다. 그러다가 1929년 광주학생운동이 발발하여 전국적으로 확대되었을 때, 기독청년들을 규합해 투사정신으로 가두시위를 벌이기도 했다.

잠시 일본 생활을 한 그는 1931년 다시 귀국해 영생고등보통학교 교사 및 학감으로 취임했다. 그 시절 김 목사는 다른 동시대인에 비해 약간 색다른 운동을 전개하게 되는데, 그것은 반공산주의 운동이었다. 당시 함흥이나 흥남에 '조선 공산당' 본부가 설립되어 활동하였는데, 김 목사는 이것을 우려하여 학생들에게 반공교육을 실시했을 뿐 아니라 공산주의를 반박하는 여러 편의 글을 발표하기도 했다.

1934년 김 목사는 캐나다선교부 주선으로 토론토에 있는 임마누엘신학교로 유학하였고, 졸업 후 프린스턴신학교에 진학, 1939년 졸업하였고, 필라델피아 웨스트민스터신학교, 보스턴대학원을 거쳐 1942년 드류대학에 진학하였다. 그리고 거의 동시에 뉴욕한인교회에 담임목사로 취임했다. 그는 임창영 목사와의 갈등으로 인해 다른 곳에 예배를 드리던 신학생 그룹을 다시 교회 안으로 끌어들이는 중재역을 담당하면서 자신의 목회를 시작해야 했다. 그럼에도 그는

---

17) 이윤모, 『70년사』, 189.

1960년 뉴욕한인교회에서 새롭게 한인회가 창립되었을 때 창립멤버로서 참여했고 부회장까지 역임한 바 있다. 1940년대 이후 1970년대에 이르기까지 뉴욕에서 조직된 한인단체 중에 김 목사가 포함되지 않은 단체가 거의 없을 정도였다.

1945년 해방이 되고 1948년 대한민국 정부가 수립되자 1920년대에서 1940년대에 이르기까지 뉴욕한인교회를 거쳐 간 많은 교인들이 정치, 종교, 교육, 경제 등 여러 분야에 진출하게 되었다. 이는 뉴욕한인교회의 위상과 특징을 그대로 반영하고 있기 때문에 여기서 그 인물들의 특징을 간략하게 요약한다.

해방되자마자 미 군정에서 두각을 나타낸 사람은 1918년부터 1925년까지 컬럼비아대학에 다니면서 교회 창립과 발전에 공이 컸던 조병옥이었다. 해방 후 조병옥은 뉴욕한인교회의 회중 성도였던 장덕수와 더불어 한국민주당 창설에 참여했고 같은 한민당 소속인 송진우의 도움으로 미 군정청에서 경무부장을 맡아 한국의 치안 책임자가 되었다. 1948년 정부수립 후 조병옥은 이승만 대통령의 특사로 세계 각국을 순방하고 이 순방 여행 중에 파리에 들러 유엔총회가 대한민국을 승인하게 하기 위해서 장면 수석대표와 더불어 활약했다. 후에 그는 이승만 정부의 내무장관을 역임했고, 이승만과 의견충돌을 가진 후에는 제3대 민의원에 당선, 1956년 대통령 후보였던 신익희의 돌연한 죽음 이후 야당의 최고 지도자와 대통령 후보까지 되었다.

정일형은 1929년 도미해서 웨슬리안대학과 뉴욕신학교, 시라큐즈대학, 오번신학교 등에서 종교교육과 신학을 전공하고 1935년에 드루대학에서 사회학으로 박사학위를 취득했다. 뉴욕한인교회를 다니면서 북미유학생 잡지「우라키」를 편집하기도 한 그는 일제 강점기에는 목사로 생활하다가 대한민국 정부수립 후 정계에 진출하여, 조병옥 대통령 특사와 더불어 세계 각국을 순방하고, 장면 정권 때 외무부 장관을 역임했다. 그는 또한 8차례나 국회의원에 당선되어 낙선을 모르는 국회의원으로 유명하기도 했다.

오천석도 정일형과 같은 해인 1929년에 뉴욕에 도착해 1931년 컬럼비아대학에서 교육학으로 박사학위를 마칠 때까지 뉴욕한인교회에 기숙하면서 북미유학생총회와「우라키」와 K.S.B 등의 편집을 위해 많은 활동을 했다. 그는 1932년 귀국해 보성전문학교 교수로 일하다가 미군정 시절에 문교부장관, 이화여대 대학원 원장, 대한교육연합회 회장을 역임했고, 장면 정권 때는 다시 문교부 장관으로 활약했고, 공화당 정권 시절엔 멕시코 대사, 유엔총회 한국대표 등을 역임했으며, 학술원 회원으로 많은 책을 저술했다.

컬럼비아사범대학을 졸업한 윤성순은 문교부 장관, 그리고 역시 컬럼비아에서 저널리즘을 전공했다. 북미유학생총회와 K.S.B 발행에 공헌했던 이철원은 이승만 정권 때 공보부 장관이 되었다. 장리옥은 1927년 컬럼비아대학을 마치고 귀국해서 신성학교 교장으로 근무하다 해방

후 서울대 총장과 주미대사를 역임했다. 노재명은 컬럼비아사범대학 출신으로 뉴욕한인교회 청년회장으로 활약, 귀국 후 문교부 장관을 역임했다. 이순용은 뉴욕 할렘 지역에 거주하면서 동지회에 가담, 이승만의 심복으로 활약하다 1951년 부산 피난 시절에 내무 장관과 체신부 장관을 역임했다.

제2대 김영섭 목사는 하와이 초대영사가 되었고, 남궁염은 뉴욕 초대총영사로 부임했으며, 최용진은 뉴욕 부영사가 되었고, 제4대 목사 임창영은 유엔대사로 부임하였다. 한승인 장로는 주불공사가 되었다. 주로 외교분야에서 공직에 진출했다.

위와 같이 정치나 외교분야 외에도 뉴욕한인교회 교인들은 교육계나 종교계의 지도자로서 활약이 컸다. 김활란은 이화여대 총장으로, 서은숙은 이화여대 부총장으로, 박은혜(장덕수의 부인)는 경기여고 교장으로 활약하였다.

뉴욕한인교회 70년사는 해방 후 군정과 대한민국 정부수립에 있어 뉴욕한인교회 출신의 많은 교인들이 지도자로 참여하게 되자 1950년대 제1공화국의 이승만 정권과 뉴욕한인교회 사이에는 보이지 않는 커넥션의 기류가 형성되었다고 해석한다. 갈등은 특히 이승만 정권의 독재가 표면화되어 갈수록 깊어졌는데, 교인들 가운데는 환멸을 느껴서 교회를 떠나는 경우도 있었다. 뉴욕한인교회와 한국 정부 사이에 형성된 긴밀한 커넥션으로 기독교적인 인도주의 원칙에서 벗어나 반기독교적인 탐욕과 인권에 대한 침해를 가져오게 되었다는 비판도 있었다. 그러나 어쨌든 뉴욕한인교회는 한국 정치에 적극적으로 참여하는 교인들로 인하여 역사의 중심에 서 있는 교회로 각광을 받게 되었고 그로 인하여 교회가 상당히 생기 있고 활성화되고 부흥의 열기를 더하여 가게 되었다. 건전하고 바른 기독교 성화론적 도덕성에 기초한 정치참여는 사람을 살리고, 국가를 살리는 큰 정치에 이바지할 수도 있었다. 그러나 자칫 이기주의적인 욕심에 현혹되어 남을 죽이는 정치에 이용당할 수도 있었다.

뉴욕한인교회 윤응팔 목사는 1945년부터 1966년까지 21년간 목회를 하였다. 그는 해방부터 정부수립, 6·25전쟁, 4·19혁명, 5·16군사정변, 1960년대의 한인 이민 증가 등 격동기의 역사를 뉴욕한인교회와 함께했다. 윤 목사는 1908년 황해도 장연군에서 출생, 1923년 김덕회 목사에게 세례를 받고 숭실전문을 거쳐 1935년 평양신학교를 졸업한 후 재령동부교회에서 전도사로 일하다가 1938년 일본신학교(현 동경신학대학)에서 신학을 공부했다. 1939년 도미하여 프린스턴 신학교에 입학한 그는 1942년부터 뉴욕한인교회 청년부 회원으로 활동하기 시작했고 부인 김상순도 여기서 만났다. 전시였기 때문에 뉴욕시 검열국(The Office of Censorship)에서 일하기도 했다.

윤 목사가 부임할 당시 뉴욕한인교회는 해방과 동시에 많은 교인들이 한국으로 떠날 준비를 하던 상황이었다. 그가 담임목사가 되어 "씨를 뿌리는 자"라는 취임설교를 한 1945년 10월 7일, 출석 교인은 불과 20명 내외였다. 그럼에도 그가 김상순 여사의 내조를 받으며 부임한 지 2년 만에 교회건물의 부채를 청산한 것에서 그의 목회자다운 헌신적인 노력이 엿보인다. 부유한 교인들이 대부분 한국으로 귀국하였기에 교회가 한때 어려운 상황을 맞았지만, 그러나 그 극도의 난관을 믿음으로 잘 승리한 것은 윤 목사의 돈독한 신앙과 추진력 덕분이라고 말할 수 있다. 그는 설교 준비와 심방 이외에도 교회건물을 관리하는 것은 물론 청소와 수리, 페인트칠 등 온갖 잡역을 말없이 수행해 나갔다. 겨울날, 주일이 되면 새벽부터 교회에 나가 석탄불을 지피는 것으로 시작해 주중에도 심방과 병원 방문 등으로 한밤중에 귀가하는 일이 허다하였다. 또 한국에서 손님이 오면 으레 뉴욕한인교회에 들르기 때문에 적은 봉급을 털어 손님을 접대해야 했고, 교인들이 찾아오면 국수라도 끓여내야 했다. 그는 목사요, 청소부요, 기숙사 관리인까지 맡아서 돌보는 1인 10역을 하면서 충성을 다하는 목회자였다.

그는 성격이 온순하고 침착하며, 생각이 세밀하고 주도면밀하며, 무뚝뚝해 보이나 다정다감한 목사였다. 그는 1957년 부인의 내조와 절약으로 코네티컷주 예일대학교로부터 멀지 않은 햄튼에 집을 장만하였다. 부인 김상순 여사가 예일대학에서 한국어를 가르치기 위해 학교 근처로 옮겨가게 된 것이었다. 그러나 윤 목사는 목회를 위해서 교회 근처 리버사이드 드라이브 128번지 4층에 아파트를 따로 얻어 노모와 생활하기도 했으며, 1966년 병을 얻어 은퇴한 후 1968년 노모보다 먼저 병으로 세상을 떠났다. 그는 "죽도록 충성하라. 그리하면 생명의 면류관을 얻으리라"는 말씀에 순종하는 참 목자였다. 역사의식을 갖고 교인들에게 사회참여에 앞장서게 하지는 못하였지만, 신앙공동체로서의 정체성을 확립시켜 주는 것에서는 크게 공헌한 목사라고 평가할 수 있다. 뉴욕한인교회가 민족의 수난 속에서 민족의 독립운동에 크게 기여한 역사의식을 가진 공동체임을 자타가 공인하는 바이지만, 신앙공동체로서의 기반이 약하였는데 윤 목사의 신앙 중심의 목회활동이 교회로서의 정체성을 확립시켜 주는 것에 크게 공헌하였다.

1965년 3월 21일 뉴욕한인교회는 역사상으로 처음으로 세 사람의 장로를 탄생시키게 되었다. 한 사람은 미주 한인 유학생 운동의 선구자이자 한인 사회의 원로였고, 두 사람은 1950년대에 도미한 젊은 의사들이었다. 이들은 신앙이나 경륜, 사회적 또는 경제적 지위와 지도력이 상당한 사람들이었다. 이병두 장로는 1894년 4월 28일 평안남도 삼화에서 출생, 1916년에 도미, 웨슬리안대학과 미시간대학교와 오하이오주립대학교를 다니면서 서재필 박사를 도와 미주 학생운동과 독립운동을 주도한 인물이었다. 1938년 모교인 오하이오주립대학교로부터 명예공학박사학위를 받기도 하였고, 친구를 도와 TV와 미사일 등의 부품을 생산하는 회사를 창설하였다. 그가 장로로 취임할 당시의 나이가 71세였다. 이날 모임에는 이 장로를 축하하기 위해 백낙준 박사 부부가 출석하고 축사를 했다. 이 장로는 연세대를 재정적으로 도운 공로를 인정받아 명예박사학위를 수여받기도 하였다. 또한 대통령과 서울특별시장으로부터 감사장을 받은 명사이기도 하였다. 이 장로는 매주일 친교시간마다 다과와 커피 등을 준비해 봉사하였다. 그러나 1968년 12월 15일 가정사정으로 하와이로 떠나야 했다.

주영빈 장로는 이 장로에 비해 30년 가량 연하였다. 그는 1928년 서울에서 출생하여 해방 때까지 주로 외가 평양에서 성장하였다. 그의 외조부는 남강 이승훈 선생이었고, 아버지는 오산학교 교장 주기용 선생이었다. 순교자 주기철 목사는 당숙이었다. 세브란스의대를 1949년에 졸업하였고, 1953년 도미하여 뉴욕에서 이비인후과 레지던트를 훈련받았고, 1955년 뉴욕주립대학에서 Post-graduate medical training을 이수하였다. 주 장로는 1953년 뉴욕한인교회에 나오자마자 재무일을 담당하면서 교인들과 긴밀한 대인관계를 형성하였다. 37세에 장로가 될 만큼 교인들의 사랑과 신임과 존경을 받아왔다. 교회를 위해 봉사한 교인들에게 수여하는 A.D.K.(사랑, 봉사, 친목) 상을 수상하였다. 그를 장로로 장립한 것은 그의 헌신과 섬김 때문이었다.

김정식 장로는 1926년 전남 목포에서 출생하였다. 그의 부친 김영윤 목사는 6·25전쟁 때까지 16년간 봉직하던 안악읍교회에서 공산당에 의해 살해되어 수장당하는 비참한 순교를 당하였다. 세브란스의대를 졸업하고, 1958년 의학수련을 위하여 뉴욕에 오게 되어 뉴저지 주립대학교의 내과 교수 및 심장내과 과장으로 근무하게 되었다. 은퇴를 기념하여 뉴저지 주립대학교 의과대학에 그의 흉상을 건립할 만큼 학교로부터 인정을 받은 의대 교수였다. 친구 주영빈 장로와 함께 뉴욕한인교회를 출석하면서 함께 장로로 장립되었다. 교회교육 활동에 많이 참여하였고, 아침 성경공부반에 부지런히 출석하였으며, 항상 신중하고 침착하게 교회일에 충성을 다하여 봉사하였다. 아버지의 순교신앙을 본받아서 김정식 장로뿐 아니라 동생 김정실 권사도 아이오와주 콰드시티한인연합감리교회 장로로 성가대 지휘자 및 속회지도자로 충성스럽게 교회를 위해 봉사하였다.

김홍준 장로는 김정식 장로가 직장 때문에 내슈빌로 떠남에 따라 1967년 장로로 장립되었다. 그는 황해도 해주 출신으로 연세대학교 이공대학 교수로 근무하다가 1950년대 말 학업과 연구를 계속하기 위해 오하이오주에 유학차 도미하였다. 그가 뉴욕한인교회에 출석하게 된 것은 1961년 여름 뉴욕으로 이주하면서부터였다. 그는 교회에 나오자마자 청소부터 했다. 남을 섬기는 신앙과 봉사의 생활을 하고 싶었기 때문이었다. 그는 목요기도회의 주요 회원으로 조국의 민주화를 위해 기도하고 민주화운동에 앞장서기도 하였다. 그 영향으로 김 장로의 딸 김난원이 예일대학교신학대학원을 졸업하고 미 연합감리교회 목사가 되었다.

1970년 한승인 장로가 장로로 장립되었다. 그것은 당시의 교회 상황과 무관하지 않았다.

1970년은 정달빈 목사가 사임하고 김병서 목사가 부임하던 해였다. 이 담임목사의 교체과정에서 장로들 간에 이견과 잡음이 생기자 모두에게 존경받는 한승인 장로가 추대되었다. 그는 교회를 잘 섬기는 분이었을 뿐 아니라 조국의 독립과 민주화를 위해 앞장서 일해 온 역사의식이 투철한 분이었고, 『뉴욕한인교회 70년사』를 집필하기도 하였다.

7) 와싱톤한인교회의 신앙공동체의 부흥운동

윤명호 목사가 1970년 11월 와싱톤한인교회 담임으로 부임한 이후 '한국적 신앙'과 '초대교회의 신앙'을 주장하였다. 교회 내외에 동조하는 사람들이 많이 일어났다. 1971년 10월경부터 윤 목사는 권사와 청년층을 중심으로 범교포적인 새벽기도회를 매 주일 각 가정을 방문하면서 드렸는데, 윤 목사가 교회를 떠나는 1973년 10월까지 2년간 빠짐없이 계속되었다. 1972년 9월 8일부터 10일 동안 서울 충현교회의 김창인 목사를 부흥강사로 모시고 '심령대부흥회'를 윤 목사가 중심이 되어 주도하였다. 이 부흥회는 처음 있는 사건이었고, 이 당시에 선풍을 일으킨 성령운동의 출발점이 되었다. '심령대부흥운동'이란 용어도 처음 사용되었다.[18]

1984년 부활주일예배 후 와싱톤한인교회 교인들(사진: 워싱턴한인교회)

이 당시에 청년회에 노원진, 양승길, 이우진 등이 주동이 되어 모였는데, 1970년에 들어서면

---

18) 박영환, 『와싱톤한인교회 60년사』, 62.

서 오창환, 손형식, 임청빈 등 새로운 청년 교우들이 늘어나면서 활기를 더하였다. 이들은 타성에 붙은 기존 교우들을 깨우는 각성운동을 일으켰다. 그리고 매달 월 1회 혹은 월 2회씩 김성덕 목사를 모시고 성경공부를 가졌다. 1971년부터 1973년까지 사도신경, 마가복음과 바울서신을 공부하는 베뢰아교회 같은 말씀사모운동이 일어났다. 목회자가 주도하지 않고 평신도들이 주도하였다는 점에서 괄목할 만한 부흥운동이다. 그런데 매번 모일 때마다 헌금을 거두어 파주 지석교회를 도와서 경제적 자립교회로 발전시켰다. 상당히 고무적인 말씀연구와 선교운동의 바람을 일으킨 것이다. 성경공부 전통이 역사적으로 이어져 내려오고, 그 결과 박대근, 임철빈, 손인식 등의 교역자가 탄생되는 열매를 맺기도 하였다. 이렇게 부흥운동이 교회 내부와 외부, 목회자와 평신도 주도로 일어났다.[19]

동시대에 교포 교회들 속에서도 성령운동이 일어났다. 심령대부흥운동이 와싱톤교회에서 시작되었는데, 그 후에 각 교회에서 경쟁적으로 매 주일 빠짐없이 연이어졌다. 이 열기에 대한 교회들의 반응은 달랐으나, 찬성이나 반대의 경지를 훨씬 넘어서는 확산운동을 일으켰다. 성령운동은 교회학교와 고등부와 여선교회에도 깊은 영향을 주었다.[20]

1970년 11월에 윤명호 목사가 성가대를 전담하면서 청년성가대원들이 합류하면서 성가대뿐 아니라 청년회가 살아나는 교회의 새 활기를 불어넣게 되었다. 심령부흥운동에도 젊은이들이 앞장서게 되었다. 1971년 교회창립 20주년 기념음악예배를 조지타운대학교 가스톤 홀에서 거행하였는데, 그 규모가 교포 사회 역사상 최대였다. 지휘에 윤명호 목사, 반주에 장미영, 노장파의 이영실, 김현숙, 이순자 등도 참여하였고, 황재경 목사는 가야금과 장구를 연주하였으며, 대원은 서준택, 안상현, 장 진, 손형식, 임철빈, 황이연, 노원진, 박영환, 김명희, 홍성자, 홍정옥, 홍춘혜 등이 활약하였고, 그 후에 오창환, 유강희, 김창웅, 전은명, 이정애 등이 가담하

와싱톤한인교회 간판

---

19) 박영환, 앞의 책, 62.
20) 박영환, 위의 책, 62.

여 질적으로나 양적으로 놀라운 성장을 이룩하였다. 바이올린, 첼로, 플루트가 포함된 오케스트라 반주를 매주 실시했다.[21]

구역 속회예배 활성화와 조직을 통하여 교회 부흥의 열기를 더해 갔다. 윤명호 목사는 6개 구역 구역장을 선출하고 1972년 제직회에서 "구역장의 협조를 얻어 심방관계를 조직적으로 운영할 것"이라고 하였다. 이런 구역예배 활성화는 웨슬리 영성수련 전통에 따라 조직적인 영성수련으로 교회부흥의 바람을 역사적으로 18세기에 일으켰는데, 워싱턴에서도 월 1회, 2주에 1회 등으로 점차 부흥의 열기를 더해 갔다.[22] 교인들이 증가하는 추세에 따라 조직적인 영성수련을 정례화함으로 작은 예수가 되는 성화를 더 사모하기에 이르렀다.

8) 보스톤한인교회의 신앙공동체 부흥운동

⑴ 성장주의가 아닌 성숙 지향적 부흥의 불길이 일어나는 보스톤한인교회

보스톤한인교회는 이영길 목사가 1995년부터 담임목회자로 시무하기 시작하면서 예배 공간이 부족할 정도로 교회성장이 일어나기 시작하였다. 매년 눈에 띄게 성장을 거듭하면서 장년부, 영어예배부, 유년초등주일학교, 중·고등부, 청년부 등 모든 그룹의 모임이 2배 내지 3배로 활성화되고 증가하게 되었다. 1997년 6월부터는 1부 예배(오전 9시)와 2부 예배(12시)로 나누어 두 번 예배를 드리기 시작하였으며, 2부 예배 때 영어 동시통역을 시작하게 되었다. 그래서 1부 찬양대도 새로 구성하게 되었고, 영어 회중예배도 본당에서 주일 오후 2시에 모이기 시작하였다. 2007년에는 장년예배 출석자들이 450여 명, 유년초등주일학교가 100명, 중·고등부가 50명에 이르러 평균 주일 예배 인원이 600명 선을 넘게 되었다. 각 부서별 모임이 다르긴 하지만 금요성경공부, 토요기도회, 주중인도자 모임 등으로 주일 모임 이외에도 많은 집회들의 장소가 부족하였다.[23]

2001년부터 윤경문 목사가 예배 주보 준비를 맡게 되었고, 2007년부터 행정 부목사로 예배예술위원회와 함께 예배준비를 총괄하게 되었다. 2002년부터는 이영길 목사가 전 주일 설교전문을 "보스톤강단"이란 이름으로 모든 이들에게 배포하였다. 이 목사는 1부와 2부 예배 인도

---

21) 박영환, 앞의 책, 63.
22) 박영환, 위의 책, 65.
23) 김정선, 『보스톤교회 60년사』, 312.

와 설교를 함께 주관하다가 2003년부터 예배 인도는 장로들이 맡고, 장로들이 인도하던 회중기도를 집사들이 맡게 되면서 교회예배가 더 민주화되고, 전교인이 적극적으로 참여하는 예배로 변모하면서 부흥의 열기도 더 붙게 되었다.[24] 2004년부터 교회건축과 희년행사를 위해서 건축기금모금위원회, 비전선언문준비위원회, 역사편찬위원회가 신설되었고, 2008년 이후부터는 은사공동체가 동우회 모양으로 형성되어 서예동우회, 골프동우회, 탁구동우회, 시내산동우회, 하늘소리 풍물팀이 등장하기도 하였다.[25] 다양한 재능을 수련하는 은사동우회가 영적 은사동우회처럼 만들어져 가는 것도 고무적인 발상이라 보여진다.

(2) 희년의 비전을 실현해가는 이영길 목사의 목회

이미 언급하였지만 이영길 목사의 27년(1995년 5월부터 2022년 5월 현재까지) 목회사역에 많은 열매들이 나타나고 있다. 교회성장주의 이론과 방법론으로 물량적이고, 의도적인 교회성장 동력을 사용하지는 않았지만, 목회자와 성도들의 마음이 합해지고, 복음적이고 영적인 성숙지향적인 설교가 선포되며, 성도 간의 말씀과 사랑의 나눔의 친교가 이루어지다 보니, 놀라운 교회부흥의 역사들이 나타나게 되었다.

1998년 평균 예배 출석인원이 1부 91명, 2부 226명이었고, 영어회중이 95명, 중·고등부가 29명, 유년부가 61명으로 전체 주일예배 출석 성도들이 평균 500여 명에 이르게 되었다.[26] 2000년에는 주일 출석성도가 평균 600여 명을 넘었고, 2부 예배 출석 인원이 260여 명이 되었다. 2부 예배 때 본당 뒤쪽과 양측 복도에 임시 좌석을 추가로 배치해야 했다. 2002년에도 대형 스크린과 프로젝터를 설치한 친교실에서도 동시에 2부 예배를 드리게 되었다. 2006년 5월부터 3세대가 함께하는 찬양과 기도를 드리는 "쉐마의 밤"이 시작되어 2개월에 한 번씩 모임을 가졌다. 2008년부터 1부 예배시간을 조정하여 8시 45분에 시작하였다. 영적 성숙 지향의 목회가 자연적인 양적 성장의 열매를 가져오게 하였다는 의미이다.[27]

창립 50주년이 되는 2003년에는 "희년신앙고백서"를 채택했고, 2004년에는 제2희년을 향한 "비전선언문"을 2004년 11월 21일에 채택하였다. 네 가지 비전을 선언하였는데, 1) 3세대(1,2,3세대)가 함께 배우는 교회, 2) 세계를 향한 교회, 3) 한민족의 문화를 이어가는 교회, 4) 사랑으로

---

24) 김정선, 앞의 책, 313.
25) 김정선, 위의 책, 315.
26) 김정선, 앞의 책, 313.
27) 김정선, 위의 책, 313.

정의를 이 땅에 세워가는 교회였다. 이 네 가지 비전에 대해서 교회는 다음과 같이 설명하고 있다.

    1) 1세대, 2세대, 3세대가 함께 배우는 교회란 "우리들의 자라나는 2세들에게 주님의 말씀을 가르치고 양육하며, 청·장년과 노년 모두가 말씀으로 계속 새로워지는 가운데 3세대 모두가 사랑의 공동체를 이루어가는 교회"

    2) 세계를 향한 교회란 "우리는 모두 세상을 향한 주님의 사역에 부르심을 받은 자들임을 고백하며(중략), 소속 교단인 미국장로교(PCUSA)와 협력하여 우리가 속한 지역사회, 미국, 조국과 세계 속의 한민족(중국 연변 등)과 타민족(중남미 등)을 향해 그리스도를 증거하는 교회"

    3) 한민족의 문화를 이어가는 교회란 "우리는 우리 민족의 아름다운 문화와 고유한 정체성을 재발견하고, 한민족 안에 역사하시는 하나님의 축복을 다음 세대와 다른 민족들에게 나누는 교회"

    4) 사랑으로 정의를 이 땅에 세워가는 교회란 "우리는 불의와 편견으로 막힌 장벽들을 사랑과 인내로 허물고, 그리스도의 정의를 일상생활 속에서 실천하고 노력하는 교회이다.(중략) 불의한 사회 구조를 성령의 능력으로 변화시켜 정의롭고 아름다운 세상을 만들어가는 교회이다."

이영길 목사는 이민 신학을 갖고 목회하는 목사이다. 이민교회의 두 가지 특징을 흥미롭게 분석한다. 첫째는 모든 기독교인은 하나님이 세상에서 불러내어 세상적 가치를 떠난 사람들이다. 둘째는 이민 교회 성도들은 고향을 떠난 자들이다. 또 한 번 고향의 가치를 떠난 자들이라는 분석이다. 따라서 이민 교회는 두 가지 아픔을 갖고 있다는 것이다. 곧 '좁다'와 '다르다'이다. 그래서 21세기 한인 이민 교회는 "넓히는 교회"와 "다양성을 살리는 교회"가 되어야 함을 강조한다. 세상의 가치와 문화를 떠나고 동시에 고향 한국과 아시아의 가치와 문화를 떠나면서 더 나은 '크리스천'(Christian), '글로벌'(global) 문화를 새롭게 창조해가는 한인 이민 교회 공동체가 되어야 한다. 성령을 체험하고 그리스도를 본받아 가는 성화적(sanctification) 공동체를 형성해 가면서도 바울처럼 글로벌 크리스천 문화를 창조해야 한다. 그 글로벌은 한국적이고, 아시아적인 문화를 버리는 것이 아니라 그것을 끌어안고(local), 유럽과 미국의 서구문화도 끌어안는 글로벌(global)한 문화를 창조해가는 운동이다. 쉬운 최근 용어를 빌린다면 글로컬(glocal)한 것이다.

마침 한국의 자동차, 반도체, 배터리, 휴대폰, 냉장고, TV가 세계경제를 살리고 있다. 한국의 영화, 한국의 드라마, K-pop, 한국 여성골프 등의 예술과 문화와 스포츠가 세계를 앞서 가고 있다. 미주 한인 기독교 문화는 이런 세계적인 경제와 세계적인 문화를 더욱 성결하게 하고, 더욱 성숙하게 하는 데 공헌할 수 있다.

아놀드 토인비(Arnold Toynbee)가 일찍이 방대한 32개의 문명사를 다루는 『역사의 연구』(A Study of History)의 역사관과 역사철학을 하나의 작은 책으로 집대성한 『시련에 선 문명』(Civilization on Trial)에서 세계사를 해석한 것이, 미주 한인 교회사를 해석하는 아주 흥미로운 통로가 될 수 있다. 32개의 문명들이 쇠퇴하고, 해체되는 동안, 폭력을 사용하는 지배적 소수(dominant minority)와 폭력으로 저항하는 외재적 민중(external proletariat)이 서로 싸우는 과정에서, 새로운 문명이 탄생되는 원동력은 사랑과 정의로 민중을 섬기는 창조적 소수(creative minority)와 평화지향적인 내재적 민중(inner proletariat)에 있다는 것이다. 창조적 소수와 그들을 존경하고 사랑하는 내재적 민중이 새 역사를 만들어 간다는 것이다. 그리고 그 창조적 소수와 내재적 민중이 '우주적 교회'(universal church)를 만들어 가는 역사의 목표로 전진한다는 것이다. 그 우주적인 교회는 좁은 의미의 교회가 아니고 넓은 의미의 우주적 종교문화이다.

2세와 3세를 보스톤한인교회가 희망하는 윤동주와 바울과 마틴 루터 킹 목사 같은 창조적 소수로 만들어 가는 과정에서 3세대가 함께 배우고 예배하는 내재적 민중(보스톤한인교회만 아니라 모든 한인 이민 교회)은 우주적 종교문화를 창조해 갈 수 있다고 해석할 수 있을 것이다. 물론 '좁음'의 문화와 '다름'의 문화의 도전(challenge)이 너무 심해서 응전(response)하는 힘이 약할 수도 있으나, 지금 보스톤한인교회처럼 응전을 아주 잘해서 새로운 기독교 한인 이민 문화를 잘 창조해 갈 수 있다.

특히 이영길 목사는 "세물신학"을 말한다. 세는 세 사람, 세 공동체, 세 교회이며, 물은 물구나무서기 즉 세상을 거꾸로 볼 줄 아는 지혜를 지칭한다. 세 사람은 아브라함, 이삭, 야곱의 세 사람 즉 세상을 떠난 사람들을 의미하고, 세상을 거꾸로 볼 줄 아는 지혜를 가진 자들이라고 해석한다. 아브라함과 이삭과 야곱이 세상을 거꾸로 보았다는 것은 성화(sanctification)의 가치 곧 성결(holiness)과 사랑(love)으로 세상을 새롭게 보는 시각을 의미한다. 숫자를 따지는 성장 위주의 성장주의가 아니라 수많은 이야기가 늘어나는 공동체를 지향한다. 이야기란 작은 예수로 성숙해 가는 신앙과 영성의 순례 이야기이다. 존 번연의 『천로역정』 같은 이야기이다. 특히 이영길 목사는 『야곱의 춤』(1998년), 『야곱의 웃음』(2000년), 『야곱의 기다림』(2002년), 『희년의 노래』(2003년), 『빛진 나그네』(2005년), 『어머니교회』(2006년), 『르호봇의 노래』(2008년), 『희년의 노래』(2013

년) 등의 설교집을 쿰란출판사에서 출판했다.[28]

이영길 목사는 쌍둥이로 태어나서 야곱을 유독 좋아하는 경향이 있다. 야곱이 이스라엘로 성장하고, 성숙해 가는 성화적 이야기 중심의 설교(story telling)가 아주 돋보인다. 드류대학교에서 구약박사 학위를 받은 변홍규 감독[29]의 박사논문 제목이 "구약의 성화론"이다. 아브라함, 이삭, 야곱, 다윗, 사무엘 등의 이야기들은 성화적 시각에서 보면 아주 흥미롭다. 그들이 하나님의 형상으로, 하나님의 사람으로 성숙해 가는 이야기가 구약에 가득하게 차 있다. 신약도 작은 예수로, 예수님의 신부로, 예수님의 성품으로 성숙해 가는 이야기로 가득차 있다고 볼 수 있다. 성화론적 시각에서 보면 예수를 믿는 것만 구원이 아니라, 예수를 닮아가는 것이 구원이다. 그런 시각에서 성경 전체를 배우려고 하고 성경을 영적 성숙의 교과서로 보는 이야기 중심의 이해가 필요하다.

특히 교수인 김정선 장로가 저술한 『보스톤한인교회 60년사』는 부제이고, 주 제목은 『보스톤에 옮겨 심어진 순례자들의 이야기』라는 흥미로운 제목을 붙였다. 더구나 영어도 함께 번역한 것이 지금까지 미주 한인 교회사로는 독특한 작품이다. 이민 나그네는 고향 한국을 떠나온 순례자들이다. 그러나 하나님 나라의 가나안을 목표로 순례하는 성화의 순례자들이다. 4세기의 카파도키아학파의 세 신학자[30] 중 한 학자인 니사의 성 그레고리우스(St. Gregory of Nyssa)가 쓴 『모세의 생애』(From Gory To Glory)의 핵심내용이 가나안을 향한 40년 광야의 순례는 성화의 순례라는 것이다.[31] 때로는 하나님이 불기둥으로 자신을 계시하시고, 만나와 메추라기를 주시는 하나님으로서의 카타페틱(Kataphatic) 영성으로 인도하시지만,[32] 때로는 구름기둥으로 숨어계시는 하나님으로서의 아포페틱(Apophatic) 영성으로(의식과 감각을 초월하는)도 인도하신다는 것이다.

---

28) 김정선, 앞의 책, 309-311.
29) 하와이 그리스도교회한인연합감리교회, 남산감리교회 담임, 기독교대한감리회 감독 역임.
30) Cappadochian School: St. Basil of Caesarea, St. Gregory of Nazianzus, St. Gregory of Nyssa.
31) 필자는 아리조나 투산 사막수도원에서 14일간 매일 오후마다 사막을 두세 시간 걷는 침묵의 영성수련을 가졌다. 사막 모래길을 걷는 것이 바다 모래보다 훨씬 걷기가 쉬웠다. 바다 모래보다 사막 모래가 훨씬 딱딱하여 쿠션이 좋다. 그런데 평지보다 사막을 걷는 시간이 더 걸리는 것을 발견하였다. 평지는 1시간에 2마일을 걸을 수 있다면, 사막은 1시간에 1마일밖에 못 걷는다.
32) 카타페틱(Kataphatic)은 하나님이 의식과 감각 속에서 임재하시기에 긍정신학이라고 표현하고, 아포페틱(Apophatic)은 무의식과 감각을 초월하는 침묵(헤시카즘) 속에 임재하시기에 부정신학이라고도 한다. 이것이 동방희랍정교회의 신학의 핵심이다. 또한 동방교회의 예수 기도도 이런 침묵기도 전통에서 나온 것이다.

(3) 신앙체험과 단기선교 역사이야기

E.C.C.(Education and Community Center)교육관 건축위원장 한승희 장로는 52년째(1970년부터 2022년 현재까지) 보스톤한인교회를 출석하고 있는 장로로 다음과 같이 건축 착공의 의미를 고백하고 있다.

"1967년 현재의 장소로 이전하여 정착하였으나 그 후 30년간은 셋방살이의 연속으로 사경회나 부흥회의 날짜조차 마음대로 정하지 못하는 불편함과 언제 떠나야 할지 모르는 불안감 속에서 살아왔습니다.(중략) 1997년 9월에 지금의 이 교회당을 보스톤노회를 통하여 브루클라인(Brookline)제일장로교회로부터 교회건물의 소유권을 무상으로 이양 받는 엄청난 축복을 내려주셨습니다. 우리들을 마침내 가나안 복지로 인도하신 것이 아닐까요?(중략) 아울러 우리들의 이웃과 지역사회에 봉사할 수 있는 Community Center를 포함한 ECC교육관 건축을 통하여 우리들의 꿈을 실현하려고 합니다. 그리고 무엇보다도 더 감사한 것은 New Children's Chapel이 ECC교육관 증축의 중심을 차지하고 있다는 것입니다.(중략) 아울러 ECC교육관을 설계한 Brian Healy Architects의 연구조사에 의하면 이런 어린이 예배당은 건축 역사상 전례가 없는 새로운 아이디어라고 하였습니다. 그리고 ECC교육관의 디자인은 그 건축 설계의 우수성을 건축가들 사이에서 널리 인정을 받아 건축가에게 주어지는 명성이 높은 설계상을 최근에 수상하였습니다."[33]

김경애 권사는 1949년부터 보스톤한인교회를 출석한 분으로 이화여대 의과대학을 졸업하였다. 이화여대 김활란 총장의 다락방 선교정신을 이어받아 열심히 평생 재활의사로서 단기선교를 다녀왔다. 김경애 권사의 니카라과 단기선교 체험간증은 다음과 같다.

"우리는 간단한 아침 식사 후 선교장비를 모두 버스에 싣고 언덕을 넘고 꼬불꼬불한 시골길을 달려서 산 카라람피오(San Cararampio) 지역 디리호모(Dirihomo) 마을에 있는 교회를 향해 달려갔습니다. 비가 오면 강으로 변한다는 개울을 쉽게 건너서 교회에 도착하니 알베르토 로드리게스(Alberto Rodriguez) 목사님과 교인들, 또 동네 사

---

33) 한승희 장로 인터뷰: 2022년 3월 9일(수) 오전 10:00.

람들이 우리를 기다리고 있었습니다. 교회건물은 아직 완성이 안 된 상태였고, 교회 옆 목사님 사택 마당엔 돼지, 닭, 개, 고양이, 염소들이 우리를 환영해 주었습니다. 우리는 교회 마당에 있는 몇 개의 야자수 나무를 기둥 삼아 간단한 천막을 치고, 의료진료 할 곳과 약국, 치과, 안경점 등을 차리고, 교육팀은 어린이들을 모아 성경학교를 시작하였습니다(중략) 우리는 '주님이 우리와 함께하신다', '두려울 것이 하나도 없다'고 생각하면서 금방 폭풍이 몰아칠 것 같은 하늘과 거센 바람에도 아랑곳하지 않고 환자들을 보면서 우리의 선교활동을 계속하였습니다."[34]

계속해서 마취과 의사인 최연일 장로의 단기선교 역사체험 간증이 이어졌다. 최 장로도 1970년도 중반부터 보스톤한인교회를 출석하여 거의 50년 이상을 교인생활을 하였다. 그는 홍근수 목사를 선지자적 목회를 성공적으로 한 분이자 교회 중흥의 기초를 놓은 분으로 기억한다. 그리고 이영길 목사를 심령부흥의 역사를 이룬 역사

2022년 3월 『미주 한인 교회사』 편찬을 위해 필자가 직접 방문하여 담임목사와 성도들을 인터뷰하고 있다

상 최고 목회자로 기억한다. 1998년부터 해외 단기선교를 의료선교와 교육선교와 안경과 이·미용 봉사활동을 하였다. 의사들이 많은 관계로 의료선교활동이 활발해졌다. 페루, 니카라과, 도미니카, 과테말라, 프랑스, 이집트, 칠레, 북한선교(나진·선봉의 신발공장 봉사), 히스패닉 단기선교도 참여하였다.[35]

김문수 장로도 1975년부터 보스톤한인교회에 출석하여 47년간 출석하고 수의사로 40년간 봉직하였다. 김 장로는 브루클라인 시에서 한국 문화 소개 행사를 5년마다 개최하게 한 것을 보람 있는 사업으로 추억하였다.[36]

---

34) 김경애 권사 인터뷰: 2022년 3월 9일(수) 오전 10:30.
35) 최연일 장로 인터뷰: 2022년 3월 9일(수) 오전 11:00.
36) 김문수 장로 인터뷰: 2022년 3월 9일(수) 오전 11:30.

최송자 권사는 치료방사선과 의사로 2000년부터 20년 이상 단기선교를 다녔다. 페루는 3년, 니카라과는 10년, 도미니카는 3년, 어머니들과 자녀들을 치료하고 봉사했다. 히스패닉 교회를 주로 다니면서 선교봉사를 하였다. 선교 지역 사람들이 자기들의 이야기들을 누군가가 들어준다는 것에 행복해하고 기뻐하는 기쁨을 맛보았다고 간증한다. 중·고등부 학생들이 대화하면서 계속 운다는 것이다. 사랑의 공감대를 느꼈다는 것이다. 벽촌을 찾아가서 새로운 세계를 배웠다고 한다. 최 권사는 그들에게 무엇을 주기보다 선교를 통하여 많이 배울 수 있었음을 기뻐하였다. 교육부와 봉사부가 같이 가는 것이 보람을 더 느끼게 만든다고 고백하였다. 그들을 통해 따뜻함, 순수함, 사랑을 배운다고 간증한다. 인간미가 넘침을 체험하였다는 것이다. 과일을 손에 쥐어주면서 정을 통하고, 삶에 대하여 많이 배운다는 것이다. 그들이 잡은 손을 놓지 않으려고 하는 모습에서 선교를 통하여 재충전을 받는다고 고백한다. 무엇을 주기보다 오히려 많이 배우는 선교라고 간증하는 것이 아름답게 느껴졌다.[37]

---

37) 최송자 권사 인터뷰: 2022년 3월 9일(수) 오후 1:00.

미주 한인 교회의
독립운동과 회고의 빛에서 본
통일운동 전망

1. 역사에 앞장서서 선구자적 역할을 해야 하는 미주 한인 교회

위에서 고찰한 바처럼 미주 한인 교회는 나라를 잃은 배달겨레, 특히 미주 이민들은 바벨론 강가에서 수금을 걸어놓고 나라사랑을 노래했던 이스라엘 백성들처럼 바벨론 강가 노래를 불러야 했다. 안식처뿐만 이니라 상항국민회처럼 기독교 목사와 교인들이 주축이 되어 상항 임시정부 역할도 감당했다는 역사적 사실을 오늘의 기독교인들은 결코 잊어서는 안 된다. 오늘의 미주 한인 교회는 한국에 있는 교회보다 더 보수적이다. 하와이 그리스도연합감리교회나 상항한국인교회나 오클랜드연합감리교회나 LA연합감리교회나 시카고한인제일연합감리교회도 과거의 독립운동은 자랑하지만, 지금은 예전에 비해 통일운동의 선구자적 역할에 대한 열의가 줄어든 듯하다.

2. 민족의 영원한 독립과 해방은 통일로 이루어져야 한다는 신앙인식

3·1운동 백주년을 맞이하여 2019년에 상영된 "1919 유관순"(윤학렬 감독작)이 중요한 이유는 천안 아우내 장터에서, 개성에서, 수원에서 여성들이 독립운동을 주도했고, 그것이 세계교회

사나 세계사에서는 세계 최초의 여성운동이라는 새로운 시각이 나오고 있다. 이 영화는 크게 세 부분, 곧 「뉴욕타임스」 기자의 인터뷰, 서대문형무소 8호실에 갇힌 여러 여성 독립운동가들의 이야기, 여성 독립운동가에 대한 각계각층 인사들의 인터뷰로 나뉜다. 그런데 한국의 독립운동에 관심을 가진 「뉴욕타임스」 강인영 기자로 나온 황연주와의 인터뷰에서 유관순은 "해방은 되었습니까? 밥은 잘 먹고 삽니까?"라고 묻고 있다. 하늘나라에서 온전한 독립과 온전한 해방은 통일이라고 우리에게 도전적인 질문을 하고 있는 것이다. "북한 동포들은 아직도 북한이 남한에 비해 경제력이 40분의 1밖에 안 되기에 밥도 제대로 먹지 못하고 있지 않느냐, 오늘의 한국 사람, 오늘의 한국 기독교인이 정신을 차리고 그들을 영원히 독립시키고 해방시켜야 하지 않겠는가?"라고 질문하고 있는 것이다.

3. 경제적 성결운동으로서의 독립운동과 통일운동

김창준과 현 순과 손정도는 왜 기독교사회주의를 지향했는가? 감리교신학대학교 출신 김창준 목사는 월북하여 북한의 2인자가 되기까지 왜 기독교사회주의자가 되었는가? 감신 출신 손정도 목사는 유관순에게 하나님 사랑은 나라 사랑이라고 가르치다가 왜 기독교사회주의자가 되었는가? 중국에서 김일성이 일본경찰에게 잡혀서 죽게 된 상황에서 그를 구출해줌으로 손정도는 북한의 영웅이 되었다. 왜 감신 출신 현 순 목사는 하와이한인교회 목사와 정동제일교회 담임목회까지 하다가 이승만 대통령에 시달리어 기독교사회주의자가 되었는가? 그들은 한국을 살리는 길, "할 수 있는 대로 많이 나누어주라"(give all you can!)는 웨슬리의 경제윤리를 살리는 길은 기독교사회주의밖에 없다고 생각하게 된 것 같다.

그러나 웨슬리는 경제적 성결 윤리를 주장하면서, 시장과 대지의 독점화의 아담 스미스의 시장경제원리는 비판하면서 사유재산을 인정하고 "할 수 있는 대로 잘 버는 것"(gain all you can!)과 "할 수 있는 대로 잘 저축하는 것"(save all you can!)은 강조하면서도 그것을 독점화하지 않고 "할 수 있는 대로 다 나누어주는 것"(give all you can!)을 강조함으로 경제적 성결운동(economic holiness)을 주장하였다는 것을 감신 선배들은 제대로 인식하지 못한 것 같다. 번영과 나눔의 두 차원을 함께 아우르는 성결운동으로 이해하는 웨슬리 경제관을 오늘이나 그 당시의 감신 출신 목사들이나 웨슬리안들이 제대로 인식하지 못하고 있다. 너무나 번영만을 추구하는 우 경향이나 너무나 나눔만을 추구하는 좌 경향의 양극화가 항상 문제다.

공산당 정권의 문제는 노동자가 역사의 주체가 되는 것이 아니라 일부 독재 엘리트 집단이 역사의 주체가 되는 것이다. 사회주의는 독재 엘리트 집단과 노동자가 역사의 주체가 되는 것이다. 모든 민중과 백성이 시장경제의 주체가 되고 약간의 정부의 컨트롤만 인정하는 인간의 얼굴을 가진 후기 자본주의적 생각을 웨슬리에게서 배우지 못한 탓이라고 할 수 있다. 웨슬리는 초기 자본주의 시대에 살면서, 이미 시장경제를 인정하면서도 시장경제에 의한 자본의 독점화, 대지의 독점화 등의 문제를 지적하였다. 1930년 경제공황시대처럼, 후기 자본주의처럼, 어느 정도 정부가 연금과 복지와 시장을 견제하는 제도를 가짐으로 가난한 사람들에게 더욱 분배가 이루어지는 것을 웨슬리는 생각하였던 것이다.

북한에는 이미 900여 개의 '장마당' 때문에 이미 초기 자본주의 체제로 들어가고 있으므로, 다시 독재정부가 주도하는 공산주의 체제로 돌아갈 수가 없다. 문재인 정부 시절 미주를 다녀간 김덕룡 민주평통 전 수석부의장(민주평통은 대통령이 의장이며, 수석부의장은 장관 대우를 받는 직책)도 이미 북한에 장마당으로 인하여 초기 자본주의 시대에 들어갔음을 지적하였다.

미주 한인 교회와 한국 교회는 서독 교회가 교회 예산의 42%를 해마다 사회간접자본 곧, 철도, 도로, 학교건축, 교육, 고아, 노인복지를 위해 나누어 준 운동을 교훈 삼아 '나누는 운동'에 앞장서야 한다. 신창민 교수는 그의 책 『통일은 대박이다』에서 박근혜 대통령보다 먼저 통일은 대박이라고 강조하였다. 그것이 영어로 번역되어 오바마를 비롯하여 미국 정치인들도 동조하기 시작하였다는 것이다. 박 대통령이 허락도 받지 않고 신창민 교수의 표현을 쓰기 시작하였다는 것이다. 그의 책의 초판 출판은 박 대통령 취임(2013년 1월) 이전 2012년 7월 16일이다.

통일 이후 남한의 협력에 북한 주민이 함께 노력하여 생산과 소득의 급속한 증대에 따라 1인당 평균 소득이 미국 다음 세계 제2위로 발전할 수 있다고 한다. 남한의 GDP의 1%가 약 140억 달러 정도로, 이는 현재 북한의 GDP의 50% 정도가 된다고 한다. 남한이 그것을(GDP 1%) 10년간 북한을 위해 사회간접자본으로 지원하면, GDP가 6만 2천 달러 정도로(남북한 주민 모두) 발전하는데, 국민 1인당 소득이 미국의 7만 3천 달러 정도 다음의 세계 제2위가 된다는 것이다. 골드만 삭스도 한국이 미국 다음으로 잘사는 나라가 된다고 이미 보도하였다.

북한의 경제력은 현재 남한의 40분의 1 수준밖에 안 되지만 그런 나눔운동이 놀라운 기적을 일으킬 수 있다고 한다. 독일의 통일과 베트남의 통일의 경우에도 민심이 중요한 역할을 하였는데, 이런 나눔운동이 민심을 하나로 모은다는 것이다. 의식화란 표현으로 바꿀 수 있을 것이다. 북한 주민들이 우리의 진정성을 보고 신뢰를 느끼며, 그들에게도 통일의식화의 문이 열린다는 것이다. 북한 정부와 북한 주민을 분리하여 정경분리의 원칙을 갖고서 북한 주민을 경제적으로 활성화시키는 운동이 필요하다는 것이다. 한국 교회와 미주 한인 교회가 주도하여 국민적, 민족적 합의가 이루어지는 민심과 의식화가 이루어질 때 남한 정부도 GDP의 1%를 지원하도록 마음이 움직일 수밖에 없을 것이다.

독일처럼 한국과 해외동포 그리스도인들이 먼저 나눔과 분배운동을 실천할 때 이러한 국민적, 민족적 의식화 운동이 일어날 수밖에 없다. 통일이 된 다음에야 남한 정부가 GDP의 1%를 나누어 줄 수 있을 것이다. 그러나 한국 교회와 미주 한인 교회가 먼저 나누어주는 운동을 하여 남한 정부를 계속 각성시켜야 하고, 남한 사람들을 깨우치게 만들어야 한다. 우리는 오병이어의 기적을 믿는 예수의 제자들이다. 우리의 나눔이 오병이어밖에 안 되더라도 낙심하지 말고 계속해서 나눔을 실천할 때 오병이어의 기적은 일어날 수밖에 없다.

오클랜드한인교회 김자혜 권사가 제안한 대로, 독립이 이루어질 때까지 빵(브레드)에 버터를 발라 먹지 않겠다는 정신으로, 우리는 다시 통일이 될 때까지 빵(브레드)에 버터를 발라 먹지 않는 운동을 시작해야 할 것이다. 웨슬리가 가르친 청지기 정신에서 "할 수 있는 대로 열심히 나누어주는 정신"으로 속회헌금 및 구역예배 헌금을 통일 기금화하는 운동을 일으켜야 할 것이다. 1천만 기독교도들이 일주일에 2천 원씩(2달러 씩) 52주를 헌금한다면 일 년에 1천 4백 억 원이 될 것이고 그것을 10년만 하면 1조4천 억을 북한 돕기를 위해 쓸 수 있을 것이다. 미주에서도 속회헌금이나 구역예배 헌금에서도 매주 2달러씩 북한주민 돕기에 쓰는 운동을 일으켜야 한다.

샌프란시스코 베이 지역에서 통일운동을 시작한 '겨자씨선교회'는 해마다 평양과학기술대학교를 집중적으로 지원하고 있다. 평양과학기술대학교 전유택 전 총장과 이승율 현 총장과 겨자씨선교회가 한국 교회를 순회하면서 모금하고 있다. 이미 광림교회와 여의도순복음교회에서 각각 3천만 원씩 평양과기대 학생 750명의 한 달 식사비를 모금하였다. 계속해서 모금운동을 하여 12교회가 매달 책임을 지면 계속해서 지원을 받을 수 있을 것으로 생각한다. 교육을 통해 북한 사회의 개혁과 개방을 이룰 수 있다고 믿기 때문이다. 평양과기대 750여 명이 모두 영어로 공부하고, 그들의 가족과 친척들이 좋은 반응을 보이고 있어서 북한 주민들의 인식변화에 많은 새 바람을 일으키고 있다.

4. 오늘의 미주 한인 기독교 여성은 통일의식화 운동에 앞장서야

사진신부들, 김자혜 권사와 안조앤 권사, 김활란과 박인덕처럼 많은 한인 여성 성도들이 일어나 빛을 발휘할 때가 되었다. 어떤 목사 사모는 하숙 손님을 받아서 번 돈 현금 7천 달러를 평양과기대를 도우라고 '겨자씨선교회'에 헌금하였다. 겨자씨선교회는 통일음악회도 열고, 이사들이 모금헌금도 하여, 2년간 매해 1만 달러씩 평양과기대 학생들의 급식비를 지원하였다. 그 후에 파라다이스 도시에 불이 나서 그 사모의 집이 몽땅 타버렸다. 다시 보험회사에서 집을 지어 주는 작업을 하였다. 만약 겨자씨선교회에 7천 달러를 헌금하지 않았더라면 그 헌금이 모두 불타버릴 뻔하였다. 그런 여성운동이 3·1운동 당시처럼 불일 듯 우후죽순처럼 일어나야 한다.

    2017년 겨자씨선교회 심포지엄에서 박준서 박사는 중요한 해석을 하였다. 그는 요한복음 5장 17절을 들어 "하나님이 일하시니 나도 일한다"는 주제로 독일처럼 통일을 이룩할 수도 있고, 이스라엘처럼 못 이룰 수도 있다고 하였다. 이것은 지극히 웨슬리의 복음적 신인협조설(evangelical synergism)을 지지하는 성서적 근거이다. 하나님이 통일을 원하셔도 우리가 일하지 않으면 통일을 이룩하지 못 할 수도 있다. 우리는 통일을 원하시는 하나님의 역사섭리의 옷깃을 부여잡고 열심히 놓치지 말고 따라가야 한다. 독일이 못한 냉전의 종지부를 찍고, 독일이 못한 세계사의 새 창조의 주체로 쓰시려는 하나님의 역사섭리를 잘 간파하고 하나님이 일하시니, 우리가 일할 수 있고(we can), 우리가 일해야 한다(we must). 애국가의 가사대로 "하나님이 보우하사 우리나라 만세"다. 아멘.

나오는 말

1903년에서 1970년까지 우리는 미주 한인 교회사의 발자취를 살펴보았다. 독립유공자들을 많이 배출하면서 독립운동에 적극적으로 참여하는 민족공동체, 6·25전쟁으로 인한 냉전 분단의 아픔을 함께 아파하고 기도하는 민족공동체, 민주화운동에 앞장서는 민족공동체를 살펴보았다. 한국어와 한국 문화를 열심히 지켜내고 보급하는 문화공동체, 경건주의적 마음의 종교 전통을 이어오는 신앙공동체의 발전과정을 고찰하였다. 더구나 경건주의적 선교열정이 면면히 이어져서 단기선교가 오늘날의 교회의 가장 두드러진 프로그램으로 자리잡게 된 선교지향적 교회의 모습을 탐구하였다.

그러한 역사적 유산을 잘 살려내면서 미래의 한인 교회의 비전을 주는 지도자상을 또한 발견하게 되었다. 필자는 1903년에서 1970년까지의 역사적인 교회들의 역사사료를 모으러 몇 지역을 방문하면서 미래에 희망의 빛을 주는 몇 분의 목사들에게서 참된 지도자상을 발견하게 되었다. 1903년부터 1970년까지 뿌리내린 영성과 신앙의 텃밭 위에서 아름다운 지도자상의 열매가 나타났던 것이다.

보스톤한인교회의 이영길 목사의 3세대가 함께 하는 교회상이 앞으로 새 역사를 창조해가는 비전을 제시해주고 있다. 이영길 목사는 희년의 비전을 갖고 1, 2, 3세대가 함께 예배드리고, 함께 말씀을 배우며, 함께 사회에 봉사하고, 함께 서로 세대 간의 다름을 인정하면서, 극복하고 소통하며 사랑하는 공동체를 꿈꾸는 가장 이상적인 한인 이민 교회를 새 창조하고 있다. 서울대 의대에서 공부하고 의사로 군의관을 한 경험을 갖고 미국에 와서 어려운 의사고시에 합격하고 난 다음 목회적 소명을 체험하였고 웨스트민스터(M.Div.)와 프린스턴(M.Th.)신학교에서 공부한 분이다. 그래서인지 교인들 중에 유독 의사들이 많고 의사 교인들이 단기선교를 많이 다녀왔다. 육체를 치유하는 의사의 경험을 갖고 영혼을 치유하는 목회를 하니까 교회를 아주 많이 부흥시켜서, 부임한 지 2년 후 1997년 6월부터 2부 예배까지 드리고 역사상 교회를 가장 부흥시킨 최대의 목회자로 27년 이상(1995-2022년 현재) 장기목회를 하고 있다.

이영길 목사와의 인터뷰가 아주 흥미로웠다.

"사도행전 11장의 안디옥 교회가 이민 교회라고 생각하였다. 예루살렘교회보다 안디옥교회가 세계적인 교회라고 생각한다. 만주 조선족들 중에 집에서 쫓겨난 사람들이 생겼는데 그들을 위해 11개 동의 희망촌을, 만주 명동교회(윤동주 시인 고향 교회)를 지어주었다. 5천 달러로 1동씩 지었다.[1] 이삭이 그랄 골짜기에서 르호봇 샘물(넓다)을 중요하게 생각하였다. 르호봇 이야기가 곧 이민이야기로 1년 3개월 동안 수요예배 때마다 강의하였다. 이삭, 야곱, 요셉 이야기를 '넓다'는 관점에서 소개하였다. 이민의 상황은 좁은 상황이지만 넓은 것으로 생각하자는 것이다. '다르다'를 극복해야 한다. '다르다'는 것을 인식하는 eye opening 하는 것에서부터 시작하였다. 청중들이 설교자의 설교를 알아들을 수 있는 것은 4분의 1이다. 그것을 이해하지 못하는 것이 다름이다. 그 다름의 4분의 3을 의식화하게 하는 것이 목회다. 그리고 그 다름을 극복하고 100% 이해하게 만드는 것이 교육목회라고 생각한다. 그것이 목사와 교인들과의 소통과 대화를 통하여 기적을 만드는 것이 또 하나의 의식화이다. 그래서 1, 2, 3세대가 다 다른데 그 다름을 극복하고 함께 배우게 하는 목회자가 되어야 한다. 다름을 대화와 토론과 성경공부와 설교를 통하여 극복하는 의식화, 의식개발(consciousness raising) 목회를 해야 한다.[2] 내가 담임으로 부임한 지 2년 후부터 2부 예배를 시작하였다. 한인 교인이 주인이 되고 미국 교인이 셋방살이가 되었다. E.C.C.(Education Community Center) 희년 기념관을 지었다. 2세와 3세들이 한국말을 배우는 공간, 한국어 성경공부를 하는 공간, 한국어 예배를 드리는 공간이 되었다.

---

1) 이영길 목사는 YPK의 비전을 제시한다. Y는 이민교회의 모델이 되는 만주 명동교회의 윤동주(Y), 기독교 역사상 최초로 선교사를 파송한 안디옥 교회의 사도 바울(P), 할아버지와 아버지와 마틴 루터 킹의 3세대가 이어온 에벤에셀의 마틴 루터 킹(K) 같은 인물을 많이 배출하는 교회를 꿈꾼다. 개인적 성화의 복음선교사 바울과 함께 사회적 성화의 행동주의 예언자 윤동주와 마틴 루터 킹을 모델로 제시하는 것도 흥미롭다. 이 목사는 홍근수 목사의 사회적 성화 중심의 목자와 달리 통전적이다. 보수적인 신학교 웨스트민스터와 진보적인 신학교 프린스턴에서 공부한 것이 통전적인 선교신학을 형성하게 한 것이다. 김정선, 『보스톤 한인교회 60년사』, 303.
2) 파울로 프레이리(Paulo Freire)의 『Pedagogy of the Oppressed』를 필자는 연상하였다. '내가 미국 사회에서 소외당하였고, 미주 한인 1세들에게 소외당하였다'는 의식에서 깨어나 마침내 자기정체성을 찾는 2세와 3세들이 나타나는 한인 교회 설교와 교육이 되기를 소원한다. 그리고 마틴 부버(Martin Buber)가 『The Life of Dialogue』에서 말한 대화의 기적이 우리의 한인 교회 2세와 3세의 교회 속에서 일어나길 열망한다. 그래서 2세와 3세들이 미국 사회와 세계 사회 속에서 창조적 소수(Creative Minority)로 거듭나는, 3세대가 함께 배우는 교회가 되길 기도한다.

1부와 2부 예배 사이에 성경공부를 시작하게 되었다. '다름'을 극복할 수 있는 기반을 장로들이 닦아 놓았다."[3]

이렇게 1세, 2세, 3세가 함께 배우며, 함께 예배를 드리는 교회야말로 가장 이상적 한인 교회의 미래를 제시해 주는 교회의 모습이다. 이런 비전을 갖고 목회하는 목회자가 많이 나와야 한인 교회의 미래가 열릴 수 있다. 역사서술의 가장 중요한 의의는 과거와의 만남과 대화를 통하여 새로운 미래를 창조하는 지혜를 얻는 것이다. 3세대가 함께 예배드리고, 함께 배우는 교회야말로 미주 한인 교회가 지향해야 할 가장 큰 비전이라고 필자는 생각한다. 그런 꿈과 비전을 갖는 교회들과 목회자들이 계속 많이 일어나고 나타나야 희망이 생긴다.

또 하나의 목회자 상을 우리는 발견해야 한다. 미주 한인 교회의 목회를 성실히 감당하고 하와이 그리스도연합감리교회, 미 연합감리교회 지방감리사, 선교감리사, 감독직무대행 등을 잘 감당하였던 김웅민 목사를 역사 속에서 발견한 인물, 미래 한인 교회 새 역사창조의 비전을 주는 목회자 상으로 소개하고 싶다. 김 목사는 감리교신학대학교, 연세대연합신학대학원 신학석사(M.Th.), 에모리대학교 목회학 석사(M.Div.), 클레어몬트신학교 목회학 박사(D.Min.)를 통하여 신학과 실천목회를 위한 든든한 토대를 닦은 실력 있는 목회자다. 김웅민 목사는 필자와의 인터뷰에서 그의 목회경험을 다음과 같이 회상하고 있다.[4]

"첫째, 북한 선교(사리원 국수공장): 1997년 5월경 하와이 코나에서 열렸던 북한 실정을 알리는 보고회에 갔다가 북한에 굶어 죽고 얼어 죽는 사람이 많다는 보고를 듣게 되었다. 북한과 왕래가 있던 서계옥 권사(무역업)가 기차를 타고 압록강을 넘어 신의주에 들어가면서 강변에 움직이지 않는 사람들이 누워 있는 것을 보았는데, 그것이 시체였다는 사실을 알게 되어 충격을 받았다고 보고하였다. 그 보고를 받고 내 마음에 '저런 소식을 듣고 어떻게 편안하게 밥을 먹을 수 있겠나? 무엇이라도 해야겠다'고 생각하였다. 교회에 돌아와 그 소식을 나누고, 아주 작은 노력이지만, 이제 나는 매주 금요일 북한을 위해 기도하며 한 끼를 금식하며, 금식헌금을 모아 북한에 보내려 한다는 이야기를 설교 중에 했다. 그리고 동참할 사람들은 참여하라고 초청했더니, 다음 주일 200여 명이 자원했다. 이렇게 시작하게 되어 하와이 그리스도한인연

---

3) 이영길 담임목사 인터뷰: 2022년 3월 9일(수) 오후 13:30.
4) 김웅민 목사 인터뷰: 2022년 3월 12일(토) 오전 10:00–1100.

합감리교회가 주동이 되어 1년에 8만 달러 이상을 들여 북한 사리원에 밥공장을 인수해서 2년 동안 국수를 생산해 인근의 고아원, 학교, 주민들에게 공급하였다. 후에 이 사업에 한인 연합감리교회 전국연합회가 참여하게 되었고, 지금의 오병이어 사업의 시작이 되었다.

둘째, 목회자 학교: 2010년 미 연합감리교회에 속한 한인 목회자들을 위한 목회자 학교가 열렸고, 1기(2010-2012년)에 20여 명의 젊은 목사들을 지도하며 매해 4번씩 모여 보람 있는 시간을 가졌다. 아울러 성 바울신학교(St. Paul Theological Seminary in Cansas City)에서 목사안수를 받는 데 필요한 교리와 장정을 두 번에 걸쳐서 가르쳤다.

셋째, UMC 서부지역 한인 목회 코디네이터(Coordinator: 선교감리사의 새 이름): 현직 목회에서 은퇴한 후(2013년) 2015년부터 6년간 서부 지역 한인 교회와 서부 지역 교단 지도자들 간에 교량역할과 한인 목회를 돕는 프로그램들을 관할하는 코디네이터(자원봉사) 역할을 하였다. 선교감리사 직책이 없어지고, 그 공백을 메우는 취지로 신설된 직책이었다. 많은 한인 교회들을 방문하고, 부흥회를 비롯한 설교 등으로 한인 목회위원회의 프로그램들이 잘 이루어지도록 돕는 일이었다. 보람 있는 사역이었다. 해마다 목회자 가족 수련회, Growing Church Conference, 평신도 지도력 세미나 등 한인 교회 목회를 돕는 행사들을 진행하였다.

넷째, Pim(Partners in Ministry): 서부 지역 코디네이터로 부임한 후, 작은 교회와 목회자들의 어려운 형편에 관심이 가게 되었다. 그들의 이야기를 들으면서 재정이나 인원수의 적음보다 더 큰 문제는 소외감이라는 사실을 알게 되었다. 연합감리교회는 연대정신(connectionalism)이 장점이요 자랑인데, 작은 교회와 목회자들이 소외되었다는 것이 매우 잘못되었다는 사실에 주목하게 되었다. 그래서 구체적으로 도울 수 있는 방법을 생각하다가 Pim을 구상하게 되었다. 큰 교회들과 작은 교회들이 1:1 관계를 맺고, 서로 돕고 상생하는 일들을 해나가자는 취지의 프로그램이다. 2015년 이 일에 동참할 교회들을 모집하였는데, 13교회가 A교회(지원하는 교회)로 참여하겠다고 자원하였고, 이에 상응하는 B교회(개척, 선교교회)가 선정되었다. 2016년 1월부터 시작된 이 프로그램은 A교회가 매달 1천 달러를 지원하며, 프로그램을 공유하며(단기선교, 성경학교 등), 강단을 교류하고, 평신도들이 서로 방문하여 친교하는 일들로 이루어졌다. 3년을 한 term으로 시행하는데, 갈수록 참여 교회가 많아져서 2022년 3기를 시작하면서 참여 교회가 45개 교회가 되었다.

다섯째, 클레어몬트신학교 발전위원장: 2018년부터 클레어몬트신학교를 위해 일해 달라는 부탁을 받고 주로 장학기금을 위해 돕고 있다. 직함은 '발전위원장'이라고 해서 거창하지만, 내용은 한인 신학생들을 위해 기금을 모으는 일이었다. 총장과 부총장을 도와 내가 할 수 있는 범위 안에서 신학교에 기부할 것을 교회와 개인에게 독려하는 일을 하고 있다. 교회를 위해 미래 지도자를 길러내는 신학교가 요즈음 많은 어려움을 겪고 있다. 신학교 지원자 수가 줄거나 학비의 부담으로 뜻이 있어도 재정적 어려움 때문에 꿈을 접는 학생들이 많다는 소식에 안타까움을 가지고 일하고 있다.

여섯째, 하와이 그리스도연합감리교회 100주년 기념교회 건립: 미주 목회 34년 중 그리스도연합감리교회에서의 13년 목회가 가장 활발한 시간이 아니었나 생각된다. 재임 중 100주년 기념교회를 건축한 일이 기억에 많이 남는다. 보이는 건물을 짓기 위해 사람들의 마음을 모으고 실수와 실패를 극복하고, 목표를 정하고 그것을 이루는 과정에서 많은 감격이 있었다. 교회건축은 돈으로 이룰 수 없고, 마음을 모으며 기도로 힘을 얻는 영적 종합예술이라는 사실을 경험하게 되었다."

또한 미주 한인 교회가 자랑할 수 있는 목회자는 김중언 목사이다. 김목사는 한국 최고의 중·고등학교인 경기중학교와 경기고등학교를 졸업한 수재이다. 그리고 감리교신학대학교, 드류대학교(목회학석사, 목회학 박사, 철학박사 과정 수료) 통하여 신학적, 목회적 기초를 탁월하게 닦은 목회자이다. 2년간 모교 감리교신학대학교에서 목회경험을 토대로 리더십 강의를 하였는데, 매 시간 학생들의 박수를 받는 명강의였다. 2022년 6월 27일에 인터뷰한 내용을 소개한다.[5]

김중언 목사

"전화벨이 울렸다. 한국에서 온 전화다. 감리교신학대학 총장 김홍기 박사로부터 온 전화다. '목사님, 은퇴하신다면서요? 감신에 와서 강의 좀 해주시지 않으시겠어요?' 은퇴를 2개월 앞둔 때에 뜻밖에 주어진 기회였다. 2007년 10월 감리교신학대학 창립 120주년 기념 때에 영광스럽게도 '자랑스런 해외 동문상'을 받았다. 그때 은퇴하면 와서 강의해 달라고 했는데 잊지 않고 초청을 해 주셨다. 1969년 미국에 공부하기 위해 조국을 떠난 후 42년 만의 일이다. 모교에서 2년간 '현대 목회자의 리더십'을

---

5) 김중언 목사 인터뷰: 2022년 6월 27일(월) 오전 10:00.

비롯해 '요한 웨슬리의 영성', '교회성장학' 등의 과목을 강의했다. 후러싱제일교회에서 13년을 목회한 후 정년 은퇴를 3년 앞두고 조기 은퇴를 한 후 하나님께서 마련해 주신 잊지 못할 좋은 기회였다.

지나온 시간을 돌이켜 보면 하나님께서 항상 좋은 기회를 마련해 나의 가는 길을 인도해 주셨다. 이상하리만치 모든 목회지가 문제 있는 교회의 문제를 수습하기 위한 파송 기간이 아닌 중간 파송이었다. 처음에는 불평하는 마음이 들기도 하였다. 오하이오의 영스타운한인교회(4년), 뉴욕 퍼킵시의 미드허드슨한인교회(8년), 그리고 후러싱제일교회(13년)에 이르기까지 모두 그렇게 갑작스런 감독의 파송으로 부임해서 섬긴 교회들이다.

나의 목회는 처음 미국인 교회에 파송 받아 세 교회를 4년간 섬기며 시작되었다. 파송 후 1년이 지나, 감리사가 염려되어 묻는 질문에 '김 목사 설교가 그 전 목사 설교보다 더 알아듣기 좋습니다'라고 교인들이 이야기하더라는 대답을 해주었다. 한 교인은 내게 '목사님이 이 곳 세 교회에서 모두 좋아하는 처음 목사입니다'라고 말해주었다. 서투른 영어에 처음 배우는 목회였지만 사랑을 받고 함께 성장한 잊지 못할 교회들이었다. 펜실베이니아주에 있는 와이오밍 연회에서 그곳에 있는 동안 Elder 목사 안수를 받았다. 그때가 1975년 드류대학원에서 윤리학으로 박사 과정을 마친 후였다.

다음 부임지는 오하이오에 있는 맨스필드한인교회로서 한인교회 목회를 처음 시작한 교회이다. 창립된 지 얼마 되지 않은 작은 교회다. 당시 미국인 교회 부목으로 일하던 전상이 목사님이 개척한 교회다. 그곳에서 4년을 섬기는 동안 그 지역 한인들의 80%가 모이는 화목한 교회가 되었다. 그러던 어느 날 갑자기 감리사가 나를 불러 약 1시간 반 거리에 있는 영스타운 교회로 가라고 하였다. 교회의 열심 있는 사람들이 단체로 나가 교회를 세웠다. 위기에 처한 교회의 담임목사를 떠나게 하고 나를 파송한 것이다. 30여 명 남은 교인들마저 떠날까 말까 뒤숭숭한 때였다. 그곳에서 4년 목회를 하는 동안 80여 명 모이는 교회로 회복이 되었다. 아담한 교회를 사서 자체 교회 건물도 가지게 되었다. 청소년 사역이 활발하게 되었고 설교도 영어로 통역하여 이중문화 가정과 미국인 남편들도 함께 예배하게 되었다.

1983년 10월 어느 날 뉴욕에 계시는 조영준 감리사님이 전화를 해서 퍼킵시라는 뉴욕 시내에서 북쪽으로 약 한 시간 반 거리에 있는 미드허드슨한인교회에 오지 않겠냐고 말씀하셨다. 당시 교회는 병든 사람에게서 귀신을 쫓아내야 한다는 베뢰아교회의 가르침의 영향으로 성도들이 신앙의 혼란을 겪고 있던 때였다. 처음에는 100여 명 모이는 교회였으나 8년 후 떠날 때는 거의 200여 명의 성인들과 70-80명의 아이들이 모이는 교회로 성장했다. 지역에 있던 IBM 회사에 고용된 젊은 한인 엘리트들이 새로 교회에 와서 열심 있는 교회의 주축이 되었다. 15에이커의 땅을 사서 300명이 예배드릴 수 있는 예배당과 친교실 교육관을 가진 성전으로, 동산 위에 우뚝 서게 건축하였다. 교회가 그 지역사회 한인들의 중심이 되었다.

그렇게 그곳에서 목회하던 어느 날 뉴욕 연회의 매튜(Matthew) 감독이 전화를 했다. 감독 사무실을 찾은 나에게 감리사직을 부탁했다. 후임 어네스트 라이트(Ernest Lyght) 감독과 함께 뉴욕 연회의 cabinet member로 일했다. 특히 한인 목사님들의 파송과 진급을 위해 많은 신경을 쓰고 배려를 했다. '내가 감리사 자리에 있게 된 것이 이때를 위함인지 누가 알겠느냐?'라는 생각을 마음에 가지고 일했다.

1998년 10월 후러싱제일교회를 15년 동안 목회하시면서 크게 부흥 성장시키신 이승운 목사님이 갑자기 하나님의 부르심을 받았다. 이 교회는 당시 미국 전역 한인감리교회 중에서, 그리고 연합감리교 뉴욕연회에서도 제일 큰 교회로 소문난 교회였다. 교회의 혼란스런 위기상황을 감지한 감독은 마침 시카고 회의에 참석하고 있던 나에게 전화를 해서 후러싱교회에 내가 가야 되겠다고 말했다. 그야말로 낙하산 파송이었다. 그 후 1주일 만에 교회 담임목사로 파송 받아 부임하였다. 내 평생 가장 힘들고 어려운 목회지였다. 이사 갔을 때 어느 교인 하나도 환영하고 맞아 주지 않은 교회였다. 그곳에서 13년을 목회하고 은퇴했다는 것은 기적 중 기적이었다.

교회다운 교회로서 본이 되는 교회가 되자는 뜻에서 'Flagship Church' 기치를 세우고 목회를 했다. 2년 동안 가지가지의 힘든 시간과 시련을 겪었다. 다행히 처음부터 예배에 모인 성도들의 전폭적 지지와 사랑으로 모든 난관을 이길 수 있었다. 주일 세 번 드리는 예배에 1천여 명의 성인 성도들이 예배를 드렸다. 10여 명에 달하는 교회 직원들과 함께 일했다. 복음적인 설교와 은혜로운 예배, 새벽 기도와 성경공부에 주력을 했다. 청년, 학생 및 어린아이들의 교육과 사역에 신경을 썼다. 차별 없는 성도들의 공동체와 친교와 협력을 중요하게 생각했다. 선교는 선교부를 3부로 나누어 해외 선교부, 국내 선교부, 지역 선교부로 조직함으로 소홀해지던 지역 선교가 많은 힘을 얻고 일들을 하게 되었다. '목사님, 후러싱 교인인 것이 자랑스러워요!'라고 교인들이 말하게 되었다. 교인으로서 지역사회에서 인정과 존경을 받게 되기 때문이었다.

매년 후러싱에서 열리는 지역 중국인들과 함께 개최하는 음력설 퍼레이드에도 교회로는 유일하게 참가했다. 가장 많은 인원이 동원되는 단체였다. 심지어는 구경하던 중국인들도 우리 교회가 지나가면 박수를 쳤다. 해마다 인근 10개의 고등학교에 '사회봉사 장학금' 상을 주었다. 목회 후반기에 교회는 매년 연 예산 약 20%인 60만 달러 정도를 연회 부담금과 선교를 위해 사용하였다. 약 150명의 젊은이로 구성된 2세 교회를 창립해 독립시켜 나가게 하였고 교육관도 신축했다.

13년의 목회를 마감하고 조기 은퇴할 때는 주일이면 4부 예배를 드리며 장년 평균 1천1백 명의 출석에 청년, 학생 및 아이들이 400여 명 모이는 교회가 되었다. 은퇴할 때는 하나님이 아니라 은퇴하는 사람이 예배의 중심이 된다고 생각해 '은퇴찬양예배'를 굳이 사양하여 화제가 되기도 하였다.

서울 감리교신학대학교에서 2년, 미국으로 귀국해서 뉴욕신학대학원(New York Theological Seminary)에서 3년을 부교수(adjunct professor)로 강의하였다. 경기중·고등학교를 거쳐 감리교신학대학에서 신학석사, 오하이오감리교신학교에서 공부하고 드루신학교에서 신학석사, 기독교윤리 철학박사 과정을 이수하고, 2012년에 뉴욕신학대학원에서 '현대 교회의 목회 지도자론'이라는 제목의 논문으로 목회학 박사 학위를 받았다. 2008년에는 100년 역사를 가진 뉴욕지구 한인교회협의회로부터 '2008 Clergy of the Year Award'을 수상하고, 뉴욕한인회로부터 종교인으로서는 처음으로 '2007 the Korean of the Year Award'를 받는 영광을 누렸다.

나의 목회 철학은 교회 평화가 가장 중요하다고 생각한다. 화목한 교회는 담임목사의 차별 없는 성도 존중과 공정한 치리가 복음적 신앙 위에서 이루어져야 한다고 믿는다. 후러싱교회 재임 기간 동안 많은 장례예배를 드리게 되었다. 바쁜 중에도 장로님이나 교회에 처음 나온 성도이거나, 차별 없이 장례예배는 담임목사가 직접 집례하였다. 담임목사는 복음을 선포하는 설교자인 동시에 교인을 선한 목자로서 돌보는 목회자다. 그 토대 위에 교회의 목회자로서 리더십을 가진 치리자가 되어야 한다. 목사는 입으로 설교하는 사람이 아니라 삶으로 함께 설교한다고 생각하고 살았다."

위의 세 목사들의 공통적인 특징을 분석해 본다. 예수 닮기를 사모하는 성화지향적 '거룩한 품성'(holy temper)의 사람들이다. 김웅민 목사나 김중언 목사는 많은 만남을 통한 경험으로 알고, 이영길 목사는 짧은 한 번의 방문으로 만났지만 그의 설교와 보스톤교회 역사 이야기를 통하여 알게 된 경험을 통하여 판단해 보면, 세 목회자의 공통적인 특징은 작은 예수의 성품을 소유하고 있다는 점이다. 다시 말해서 온유하고, 겸손하며, 섬기는 자세로 성도들의 발을 씻기고, 소외당하고 가난한 이웃과 함께 사랑을 나누는 거룩한 성품을 열망하는 목사들이다. 좀

처럼 화와 분노와 신경질을 내지 않는 품성의 소유자들이다. 그리고 이 세 목사를 통하여 느끼는 에너지는 '나를 따라오라'는 모세 같은 코치의 지도력의 에너지보다는, 여호수아같이 함께 법궤를 메고 요단강물 속으로 들어가는 동역자형(cooperator) 지도력의 에너지를 느낀다. 성도들과 동료 목사들과 함께 창조를 이루어내는 지도력을 발휘한다는 것이다.

또한 이 세 목사들은 과거에 매이지 않고 미래를 향하여 개척하는 비전을 제시하는 지도자이다. 3세대가 배우고 예배드리면서 연대하는 비전, 작은 교회와 큰 교회와 함께 상생하면서 발전하는 비전, 내면적 성결과 사회적 성결 곧 믿음의 확신과 사랑의 실천과 성숙의 영성이 함께 나타나는 비전을 제시해주는 것이 미주 한인 교회를 더욱 부흥시키고, 발전시키는 원동력을 제공한다는 것이다. 토마스 칼라일(Thomas Carlyle)이 『영웅숭배론』(Hero and Hero's Worship)에서 주장하는 역사관을 굳이 들먹거리지 않아도, 진실성(faithfulness)과 성실성(sincerity)을 가진 사람들은 토인비(Arnold Toynbee)의 『시련에 선 문명』(Civilization on Trial)을 언급하지 않아도 정의와 평화와 사랑을 원하는 내재적 민중(inner proletariat)에 의하여 창조적 소수(creative minority)로 등장할 것이다.

그들은 민주화운동이나 통일운동에 앞장서면서도, 보수와 진보를 통전적으로 아우르는 노력을 하는 열린 시각의 소유자이다. 그리고 경제적 성결(economic holiness)의 모범을 보인 지도자들이다. 미주 한인 교회도 불건전한 자본주의의 영향을 받아 돈과 뇌물을 좋아하는 목사들이 점점 많아지고 있다. 그런데 이 세 목사들은 경제적 유혹을 받지 않는 목회를 추구하였다는 것이 이들의 리더십을 생명력 있게 만들었다고 분석할 수 있다.

거룩한 성품과 협동적 지도력과 통전적 영성과 경제적 성결이 잘 드러나는 미주 한인 교회가 되어야 한다. 그러한 창조적 소수를 따르고, 협력하며, 신뢰하는 성도들의 참여로 놀라운 새 창조의 역사를 계속 만들어 갈 때 미주 한인 교회는 희망이 넘친다. 창조적 동역자 의식으로 복음적 신인협조(evangelical synergistic)가 계속 살아나야 한다. 하나님(100%)이 일하시니 인간도(100%) 일한다. 목사가 일하니(100%) 평신도도 일한다(100%). 그러면 미주 한인 교회는 더욱 아름답게 도약할 것이다. 미주 한인 교회는 일어나 빛을 발할 것이다.

환태평양 시각(transpacific perspective)에서 한국 교회와 미주 한인 교회의 한국적 복음주의가 미국 교회를 살릴 것이고, 유럽 교회를 살릴 것이며, 동남아 교회를 살릴 것이고, 남미 교회를 살릴 것이며, 아프리카 교회를 살릴 것이다. 한국이 세계 선교를 주도한다는 제국주의적 발상보다, 한국 교회와 미주 한인 교회가 세계를 섬기고 세계 만민과 함께 울고, 함께 웃는 선교의 신바람으로 춤추는 복음화의 빛을 발할 것이다. 앞으로 한국 교회보다 미주 한인 교회가 더 환태평양 시각에서 세계를 살리고, 세계 교회를 살릴 것이다. 왜냐하면 미주 한인 교회는 한국어와 영어가 서로 소통하는 공간이고, 한국과 미국이 만나는 삶의 자리를 제공하며, 아시아 문화와 서구 문화가 만나는 지구적 만남이 발생하는 곳이기 때문이다. 우리의 2세, 3세는 우리 1세보다 더 지구적 리더십(global leadership)을 발휘할 것이다. 그런 의미에서 1세 교회만 고집하지 않고, 2세와 3세와 더불어 배우고, 더불어 예배하며, 더불어 새 역사를 창조해가는 교회를 만들어 가야 한다.

또한 통일한국을 만들어가는 미주 한인 교회가 될 때 이 지구적 선교, 지구적 리더십이 살아날 것이다. 남북철도잇기 모금운동, 통일 요원을 훈련해가는 일, 평양과기대 후원 등 교회 중심의 남북협력 사업을 증대시켜 가야 한다. 지속적으로 교회예산의 많은 비중을 북의 동포들과 나누며, 분배하는 일에 더욱 동참해야 한다. 통일한국으로 말미암아 골드만 삭스가 예언한 것처럼 한국의 GDP가 미국 다음으로 상승할 때 한국과 한국 교회와 미주 한인 교회는 새로운 세계질서를 창조해가는 지구적 리더가 될 것이다.

참고도서

그리스도연합감리교회. 『기아모쿠 생명샘』(아가도스편, 부제: 복음만이). 하와이: 그리스도연합감리교회, 2021.

김규현 지음. 김홍기 감수. 『오클랜드한인연합감리교회』. 서울: 신앙과 지성사, 2014.

김신행. 『LA연합감리교회의 100년 역사: 새 하늘과 새 땅을 향하여』. 로스앤젤레스: LA연합감리교회, 2004.

김원용. 『재미한인50년사』. California: Korean Affair Institute, 1959.

김재현 류명균 최선화. 『하와이 디아스포라 이야기』. 하와이: 카아츠, 2020.

김정선. 『보스톤한인교회60년사: 보스톤에 옮겨 심어진 순례자들의 이야기』. 서울: 쿰란출판사, 2015.

김택용. 『재미한인교회75년사』. 서울: 생명의 말씀사.

김창환(David Kim). 『야 이놈아 그것도 목회라고 하니?』. 하와이: 올리브한인교회, 2007.

김홍기. 『미주한인교회 백년사 제1권 제1부(1903-1965)』. 서울: 기독교대한감리회 홍보출판국, 2003.

노재연. 『재미한인사략』. 상권(1902-1924년). 로스앤젤레스: 아미리가인쇄회사, 1951.

미국장로교회전국총회. 『미국장로교 한인교회사: 한인교회전국총회40주년기념(1972-2012)』. 서울: 한국장로교출판사, 2014.

민병용. 『미주이민 100년: 초기 이민 인맥을 캔다』. 로스앤젤레스: 한국일보출판사, 1985.

박영환. 『와싱톤한인교회 60년사: 생명의 샘터』. 워싱턴: 와싱톤한인교회, 2011.

박영환. 『별들의 꿈을 닮아』(산문집, 회고록: 간증과 감사). 워싱턴: 와싱톤한인교회, 2021.

박용만. 『국민개병설』. 상항: 신한민보사, 1911.

박용만. 『소년척후조직과 훈련법』. 서울: 기독교조선감리회 총리원교육국, 1935.

박장희. 『상항한국인연합감리교회 95년 약사』. 상항: 상항한국인연합감리교회, 1999.

라성한인연합장로교회70년사편찬위원회. 『라성한인연합장로교회 70년사』(1906-1976). 로스앤젤레스: 라성한인연합장로교회, 1976.

로벗슨한인감리교회. 『로벗슨한인감리교회 80년사』. 로스앤젤레스: 로벗슨한인감리교회, 1984.

샌프란시스코이민100주년기념사업회. 『샌프란시스코지역과 한인들 I, II.: 샌프란시스코 한인 이민 100년사』. 샌프란시스코: 샌프란시스코이민100주년기념사업회, 2004.

서광운. 『미주한인70년사』. 서울: 해외동포연구소. 1973.
송정률. 『샌프란시스코한국인감리교회 60년사』. 상항: 상항한국인교회, 1963.
시카고한인감리교회. 『시카고한인감리교회약사』(1923-1965).
시카고한인사출판위원회. 『시카고한인이민사 1893-2012』. 서울: 도서출판 코람데오, 2012.
신장현. 『믿음의 강: 이화국제재단 40년사』. 서울: 이화여자대학교출판부, 2014.
양주삼 편저. 「대도」. 상항: 상항한국인교회. I권 1-4호, 1908-1909. II권 1-4호, 1909.
원준상. 『한국의 세계화와 미국이민사』. 서울: 도서출판 삶과 꿈, 1997.
와싱톤한인교회. 『아가페: 교회설립 50주년기념특집』. 워싱턴: 와싱톤한인교회, 2001.
유동식. 『하와이의 한인과 교회(그리스도한인연합감리교회 85년사)』. 서울: 그리스도한인연합감리교회, 1988.
유동식. 『하와이의 한인과 교회: 그리스도연합감리교회 100년사』. 서울: 한들출판사, 2006.
유동식. 『상항한국인연합감리교회100년사: 샌프란시스코의 한인과 교회』. 서울: 한들출판사, 2003
유영익 편. 『이승만 연구』. 서울: 연세대학교출판부, 2000.
윤경남 편저. 『좌옹 윤치호 평전: 윤치호, 그는 누구인가?』 서울: 신앙과 지성사, 2017.
이덕주. "텃밭신학: 재미 한인디아스포라 신학의 모색: 하와이 「포와한인교보」와 샌프란시스코 「대도」를 중심으로". 『아펜젤러신학저널』. Claremont, 로스앤젤레스: 헨리아펜젤러대학교. 제1권 창간호, 2022.
이덕희. 『한인기독교회 한인기독학원 대한인동지회』. 서울: 한국기독교역사연구소, 2008.
이덕희. 『그리스도연합감리교회 약사』. 1903-2017. 하와이: 그리스도연합감리교회, 2017.
이윤모. 『시카고한인연합감리교회 칠십년사』. 서울: 고려인쇄공사, 1995.
이승만. 『한국교회 핍박』. 서울: 청미디어, 2009.
이 준. 『미국에 살고 있는 한인』. 서울: 도서출판 한울, 2001.
장대욱. 『와싱톤한인교회 35년사』. 서울: 성광문화사, 1988.
최병현. 『강변에서 울었노라(뉴욕한인교회70년사)』. 서울: 뉴욕한인교회, 1992.
웨인 페터슨 지음. 정대화 옮김. 『아메리카로 가는 길(The Korean Frontier in America), 1896- 서울: 들녘, 2002.
한인기독교회. 『한인기독교회100년사진역사, 1918-2018』. 하와이: 한인기독교회, 2018.
현 순. 『포와유람기』 1909. 1. 20.
홍기표. 『내리백년사』. 인천: 인천 내리감리교회, 1985.
한국학중앙연구원 편찬부. "한국민족문화대백과사전", 서울: 한국학중앙연구원, 1991.

LA연합감리교회. 『L.A. 연합감리교회 115주년 역사포럼: 미주 이민 사회와 기독교』. 로스앤젤레스: LA연합감리교회, 2019.

Ahn, Hyng-Ju(안형주). 『Remembering Our Korean Brethren』. Hawaii: 2007.

Arinaga, Esther K. "Contributions of Korean Immigrant Women", in 『Montage: An Ethnic History of Women in Hawaii』. edited by Nancy Foon Young and Judy R. Parrish. Honolulu: General Assistance Center for Pacific College of Educational Foundations, University of Hawaii, 1970.

Choi, Alice. "Korean Women in Hawaii, 1903-1945" in 『Asian and Pacific American Experiences: Women's Perspectives』. edited by Nobuya Tsuchid. Minneapolis: University of Minnesota, 1982.

Kim, Il-soo. "Organizational Patterns of Korean-American Methodist Churches: Denominationlism and Personal Community" in 『A Paper Presented at Bicentennial Consultation on Methodism and Ministry』. April, 1983, Drew University.

Methodist Church(U.S.A.). 『Journal and Year Book』 Fourth Session, the California-Nevada Annual Conference. 1914, 1916, 1952.

Methodist Church(U.S.A.). 『Journal and Year book』, the California Annual Conference, 1904-1930.

Methodist Church(U.S.A.). 『Journal and Year book』. the Chicago Annual Conference. 1919-1940.

Methodist Church(U.S.A.). 『Journal and Year book』. the New York Annual Conference. 1922-1950.

Petterson, Wayne. 『The Korean Frontier in America』. Hawii: Hawaii University Press. 1988.

Yang, Eun Sik. "Korean Women of America: From Subordination to Partnership". 1903-1930. 『AMERASIA』 11: 2(1984).

Yim, Sun Bin. "Korean Immigrant Women in Early Twentieth-Century America". 『Making Waves: An Anthology of Writings by and about Asian American Women』. Ed. Asian American Women United of California. Boston: Beacon Press, 1989.

PART II

부흥의 꽃 피우며
미 전역으로 퍼진 한인 교회사
(1970년대~현재)

들어가는 말

조명환 목사

미주 한인 교회사 출판위원장
크리스천 위클리 발행인
연합감리교 정회원 목사
감리교신학대학 졸업
클레어몬트신학대학원 목회학석사
세계기독언론인협회 회장 역임
미주웨슬리언연합회 사무총장

1903년 하와이 호놀룰루에 도착한 한인 101명과 1명의 통역관으로 시작된 한인 이민은 1965년 제2차 이민 물결이 일어나기 전 50년 동안은 초창기였다고 할 수 있다. 한인 이민이 시작되어 60년이 지나도록 하와이를 포함한 전 미주에는 약 21개 한인 교회만이 존재하고 있었다.

그러다가 이민 사회를 변화시키는 놀라운 변화가 찾아들었다. 1960년대 미국 사회를 흔드는 변화의 큰 물결이기도 했다. 바로 공민권법(Civil Rights Act)과 투표권리법(Voting Rights Act)이 그것이었다. 마틴 루터 킹 목사를 주축으로 전개된 인종차별 반대운동이 마침내 1964년 공민권법을 탄생시켰다. 또 1965년엔 투표권리법이 제정되었다. 영국과 독일계 유럽인들에게만 특혜를 주던 이민법을 전적으로 수정해 먼저 온 순서대로 서비스를 제공하는 원칙(first come, first served)에 입각한 새 이민법이 제정됨에 따라 그동안 출신국에 근거한 차별적 할당제가 철폐되었다.

이민연구센터(Center for Immigration Studies)와 퓨 리서치센터(Pew Research Center)에 따르면 새 이민법이 1968년부터 완전히 시행됨에 따라 1970년 초부터 한국에서 많은 이민자가 왔는데 바로 그 시기가 한인 교회가 본격적으로 증가되는 시기였다. 한인 숫자는 매년 증가해 1965년 이민법 개정 전의 한인 수는 대략 2만 5천 명, 1970년대에 5만 명, 1980년대에 35만7천 명, 1987년은 절정에 이르러 한 해에 3만6천 명 가까이 이민 비자를 받게 될 것이다.

많은 한인 이민 교회가 이 시기에 우후죽순처럼 창립되기 시작했다. 당시 교회만이 유일하게 모일 수 있는 공간이었기에 기독교인이 아니더라도 많은 사람이 교회를 찾아오게 된 것이다. 그래서 이민 후 처음으로 교회에 다니는 인구가 40%나 되고 미주 한인 사회의 개신교인 비율이 70%에 가까운 놀라운 현상이 일어났다. 그 후 1990년대에는 70만 명, 2000년에는 87만 명, 2010년에는 110만 4천 명, 2020년 말 미국 내 한인 인구는 191만 명, 이중 영어권 한인 2세의 비율이 거의 절반에 가까운 것으로 발표되었다.

미주의 한인 이민 교회는 대부분 65세 이상 되는 연령층이 평균 40% 이상을 넘어 절반 가까이 차지하고 있다. 이 수치는 앞으로 계속 늘어날 것으로 보인다. 아울러 1세대의 품을 떠난 2세, 3세들이 한인 교회와 커뮤니티를 떠나 타인종과 결혼하고 타인종 교회와 커뮤니티로 이동하는 비율도 높아질 것으로 보인다.

인천내리교회에 세워진 미주한인선교 100주년 기념탑

지금까지 미주 한인 교회는 이민 사회와 밀접한 연관을 맺어 신앙공동체를 넘어 사회공동체적 기능을 수행하는 역할을 감당해왔다. 그동안 이민 사회와 함께 울고 웃으며 이민사의 구심점 역할을 해온 한인 교회가 향후 어떤 구체적인 비전을 가지고 나아가야 할 것인가? 깊이 고민하며 행동해야 할 때이다. 미래는 개척하며 만들어가는 것이지 저절로 이루어지는 것이 아니기 때문이다.

클레어몬트신학대학원의 김찬희 교수는 1970년대는 교회를 개척하며 이식하는(implantation) 시기, 1980년대는 교회가 계속 성장하며 정착한(settlement) 시기, 1990년대는 교회가 안정된(stabilization) 시기, 2000년대 이후는 이민 인구가 감소되고 교회가 고령화되면서 성장과 쇠퇴(growth and decline)를 반복한 시기라고 분석한다. 많은 이민 전문가들이 예상하기를 향후 50년 이내에 단기체류자를 제외한 미국 내 한인 인구 중 3분의 2 이상이 영어권에 들어가게 될 것으로 보고 있다. 아울러 한인 이민 교회의 고령화 현상과 젊은이들이 교회를 외면하고 떠나 젊은 층의 감소가 심해지고 더욱 가속화될 것으로 예상하고 있다. 영어권 2세들이 이미 한인 교회를 떠난 지 오래된 사실이 이를 증명해주고 있다.

기고

I

한인 교회와 한인 사회

김찬희 박사

전 클레어몬트신학대학 교수
내쉬빌한인연합감리교회 창립 목사
연세대 철학과 졸업
밴더빌트대학 신약학 박사

　미주 한인 교회를 하나의 한인 사회 공동체로 볼 때, 교회만큼 한인 사회에 영향력이 큰 공동체는 찾아볼 수 없다. 그리고 아직도 가장 의미 있는 공동체로서 한인 사회에 크게 공헌하고 있는 공동체는 미주 한인 사회에서 교회밖에 없다. 그렇다면, 이렇게 거침없이 단정할 수 있는 근거는 무엇일까?
　그 까닭에 대하여 간단하게 답을 하자면, 이는 한인 교회가 한인 사회에서 가지고 있는, 이민 역사의 특수성 때문에 현재까지도 여러 면에서 한인 사회에 크게 공헌하며 영향력을 발휘하고 있다고 할 수 있다. 그렇다면, 그 특수성은 무엇이며 공헌이란 무엇인가? 필자는 여기서 다른 인종이나 국가의 이민 사회에서 보기 드문, 한인 교회만의 사회학적 특수성을, 아래와 같은 현상 내지 현황에 대하여 두 가지 의문을 제기하면서 알아보려고 한다.

첫째, 미주 한인 사회에서 제일 먼저 생겨난 공동체는 한인 교회이며, 또한 이 한인 교회를 중심으로 여러 가지 단체가 생겨나기 시작하였고, 한인 사회가 형성되기 시작하였다. 그렇게 된 이유가 무엇인가? 어떻게 그 많은 개체 교회가 생겨날 수 있었는가?

둘째, 한 가지 종류의 단체나 조직체에 전체 인구의 70% 이상이 소속되어 있는 단체는 미주 한인 사회에서 교회밖에 없다. 한국에 비하여 왜 그리 많은 크리스천이 이민 왔으며 또한 왜 그렇게 많은 비신자가 미국에 와서 크리스천이 되었는가? 이러한 특별한 현실 내지 현상이 보여주고 있는 그 뜻은 무엇일까?

두 시기의 한인 이민 역사(1965년 이전과 그 이후)를 돌이켜 봄으로써 이에 대한 해답을 찾아보고자 한다.

1. 1965년 이전(1903년부터-1965년까지)

우리가 잘 알고 있는 바와 같이, 미주 한인 사회는 1903년 초 겨울에 처음으로 하와이 사탕수수 농장에 102명의 한인들이 노동자로 이민 옴으로써 시작되었다. 그런데 이때부터 이후 한인 교회가 가지고 있는 특성이 나타나기 시작하였다. 그것은 곧 첫 배를 타고 온 사람 중에 절반 이상이 개신교 기독교인들이었다는 사실이다. 이뿐만 아니라 이후 1905년까지 하와이에 온 7천여 명의 한인들 가운데 첫 배에서처럼 많은 기독교인이 계속 이민 행렬에 참여하였다. 이것은 부인할 수 없는 사실이다. 왜냐하면, 한때 하와이 섬 전체에 39개[1]라는 한인 감리교도들의 예배 처소가 있었고, 비한인들을 포함하여 당시 하와이 전체 감리교도들의 절반 이상이 한인들이었다는 통계를 볼 때, 이는 참으로 놀라운 일이 아닐 수 없다.

1620년 이후 영국에서 미국 식민지로 이민 온 사람들 중 거의 100%가 기독교인들이었다는 것은 하나도 놀라워할 일이 아니다. 그러나 당시 조선에서 이 많은 크리스천이 왔다는 것은 역사적으로 특기할 만한 큰 사건이다. 기독교인들이 전체 인구의 1%도 되지 않던 나라에서 이렇게 많은 기독교인이 왔다는 것은 특기할 만한 사건이다. 물론 크리스천들이 특히 많이 오게 된

---

1) 예배 처소가 당시 하와이에 39개 있었다는 것과 한인 교회가 모두 21개였다는 것은, 고 손명걸 박사가 사십여 년 전에 필자에게 전해 준 것으로서 확실한 문서적 근거를 아직까지 본 적이 없다. 당시 장로교회와 기타 교파 교회의 기록 등을 파헤쳐 보면 정확한 정보를 얻을 수가 있을 것이다. 그 당시에 한인 감리교회들은 Honolulu, Los Angeles, San Francisco, Wahiawa, Oakland, New York, Chicago, Washington 등에 모두 8개가 있었다.

이유는 미국 선교사들의 권유 때문이었다는 것은 우리가 다 잘 알고 있다.

1965년 이전에 정확히 몇 퍼센트의 미주 한인들이 개신교회나 가톨릭교회의 교인들이었는지 통계자료가 없어서 정확히는 말할 수는 없으나, 1965년 이후와 마찬가지로, 적어도 절반 이상의 한인들이 기독교인이었다는 것은 여러 가지 방증을 통하여 알 수 있다. 그리고 하나 확실한 사실은, 그러기 때문에, 한인 사회의 모든 의미 있는 활동은 교회를 중심으로 활발히 움직이고 있었다는 것이다. 조선에서 교역자들 한두 명이 이민 오기는 하였으나 많은 이들이 하와이에서 본처 전도사가 되어 사역에 종사하였기 때문에 아무 문제가 없었다. 이들은 사탕수수 농장에서 함께 일하며 주말에는 모여 예배를 드림으로써 기독교공동체를 이루기 시작하였다. 이 당시에도 교회는 그들이 유일하게 함께 모여 성도의 교제를 나누며 타향살이의 고독함을 달랠 수 있는 유일한 장소였다. '당시에 이러한 예배 처소가 없었더라면, 이들은 어떤 사회공동체를 형성하며 생활하였을까?' 하는 의문을 제기해 보며, 비신자들은 아마도 도박이나 술이 그들의 유일한 친구가 되지 않았을까 하는 상상도 해 볼 수 있다.

1941년 이전 교인들은 주로 초기 이민자들과 후에 온 사진신부들과 유학생들로 구성되어 있었다. 따라서 당시 이민 교회들의 주된 사회활동은 독립운동과 유학생들을 돕는 일이었다. 이승만과 안창호의 독립운동은 교회를 주축으로 하고 있었다. 이뿐만 아니라 크고 작은 사회단체들도 교회와 교인들을 중심으로 활동하였다. 대한국민회와 흥사단은 주로 교인들을 중심으로 이루어져 있었으며, 교인들을 통하여 여러 가지 활동을 하였다. 「신한민보」 발행이나 수많은 출판물도 모두 독립을 갈망하는 교인들로 조직되어 있었다.

하와이 사탕수수 농장에서 노동하는 한인 이민자들(사진: LA한국교육원)

당시 교회는 독립운동을 하는 단체인지 예배드리는 곳인지 알 수 없을 정도로 사회활동과 종교활동이 복합적으로 엉켜져 있었다. 모이는 장소도 늘 교회였으며, 신문을 비롯한 여러 가지 간행물들도 교회 건물이나 교회 시설 안에서 제작되었다. 이는 한인 사회가 곧 교회였다는 사실을 말해 주고 있다. 지금과 달리 그 당시의 한인 사회

다뉴바한인장로교회 교인들이 1930년 3·1절 기념 예배를 마친 뒤 기념 촬영을 하고 있다

는 위에서 언급한 것처럼 규모가 작았다. 한인의 수도 적었을 뿐만 아니라 교회의 수도 전국적으로 20여 개밖에 되지 않았기 때문에 자연히 이렇게 될 수밖에 없었다. 그 당시 하와이를 포함한 미 전국에 있었던 한인 개신교회는 모두 21개였으며, 이 가운데 8개가 감리교회였다.[2]

1920년대 후반, 특히 1930년대에 식민지 조선에서 선교사들의 도움으로 많은 유학생이 미국에 오게 되었다. 지금의 유학생 수에 비하면 참으로 미미한 수에 지나지 않았지만, 그래도 이 유학생들이 해방 후에 대한민국 건설에 큰 역할을 하였다. 그들의 이름을 여기서 일일이 나열할 수 없지만 이들 대부분이 기독교인이었기 때문에 고향을 떠나서 사는 고독을 교회에서 달랬다. 한 분만 예로 들자면 조선 감리회 최초 전도사였던 노병선의 사위였던 조병옥 박사를 들 수 있다. 그는 컬럼비아대학에서 박사과정을 마칠 때까지 뉴욕한인감리교회에서 많은 활동을 하였다.

이뿐만이 아니다. 6·25전쟁 이후 미국에 온 유학생들을 교회의 목사들과 교인들이 극진히 돌보아주었으며, 한국 음식을 늘 만들어 주었다. 1930년대에 온 유학생들과 마찬가지로 교회는 그들을 아끼고 사랑을 베풀어주었다. 교회는 주로 이민 온 적은 수의 교인들과 유학생들로 구성되어 있었기에, 재정적으로 매우 빈곤하여 담임자들은 다른 직업을 가질 수밖에 없었다. 당시 연희전문학교를 졸업한 시카고교회의 이은택 목사는 행상하면서 생활하였다. 그럼에도 불구하고 유학생들을 극진히 돌보아주었다. 워싱턴의 황재경 목사는 "미국의 소리" 방송국에 취

---

2) 위 주 1을 참조.

직하여 한국어방송을 하면서 교회를 섬겼다. LA의 최영용 목사는 법정 통역과 기타 일들을 하면서 새 이민자들을 돌보며 20여 년 동안 목회 일을 돌보았다.

이런 면에서 1965년 이전의 미주 한인 사회의 중심은 교회였으며, 교회를 통하여 의미 있는 모든 사회적, 정치적 활동이 진행되고 있었다는 것을 알 수 있다.

2. 1965년 이후(1965년부터 현재까지)

1905년 이후 60년이 지난 1965년에 미국에서 현행 새 이민법이 개정되어, 1968년부터 완전히 시행되기 시작하였다. 이로 인하여 1970년대 초부터 제2의 이민 물결이 몰려오기 시작하였다. 새 이민들이 들어올 때 교회는 더 바빠지기 시작하였다. 그들이 새 터전에서 자리를 잡을 수 있도록 누구보다도 교회의 성도들과 목사들이 앞장서서 많은 수고를 하였다. 어떤 때에는 비행장에 나가서 새로 미국에 오는 가정들을 데려와 셋방을 구해 주고 직장을 찾아주는 일까지 교회는 분주하게 움직였다. 1970년대에 와서 새 이민들을 돌보아주느라 주야로 분주하게 지내던 목사들의 회고담은 수없이 많다. 교회가 새 이민들로 형성되어 가고 있는 한인 사회에 공헌한 교회와 사역자들의 노고에 대하여 대부분의 이민자는 지금도 기억하고 있을 것이다. 한인 사회를 위한 이와 같은 교회의 활동과 노고는 영원히 기억될 것이다.

그러면 제2차 이민 행렬에도 기독교인들이 많이 섞여 있었단 말인가? 그 답은 다시 놀랍게도 그렇다. 이때 한국의 크리스천 인구는 가톨릭 교회 교인들을 합하여 전체 인구의 약 20% 정도밖에 안 되었는데, 이민의 약 30%가 한국에서 이미 크리스천이었던 사람들이었다. 제1차 이민 때와 마찬가지로, 이때에도 많은 기독교인이 이민 대열에 동참했던 것이다. 그런데 1981년 3월에 실시한 한 연구

1965년 10월 3일 린든 B. 존슨 대통령이 허버트 험프리 부통령, 에드워드 M. 케네디 상원의원, 로버트 F. 케네디 등이 지켜보는 가운데 이민 및 국적법 법안에 서명하고 있다

는, 미주 한인의 74.1%(개신교 64.8%, 가톨릭 9.3%)가 크리스천이었으며 이 가운데 35%의 미주 한인들이 이민 온 후에 교인이 되어 있었음을 보여주고 있다.[3]

이 현상은 그 후 31년 만에 행한 조사에서도 별 큰 차이 없이 거의 같게 나타나고 있다. 2012년에 행한 Pew Research Center의 보고에 의하면, 남한의 크리스천(신·구교 합하여) 인구가 29%밖에 안 되는데, 미주의 한인들은 71%가 크리스천이었다. 또한 한국의 불교신자는 인구의 23%인데, 미주 내의 한인 불교신자는 오히려 더 적어 미주 한인들의 6%에 지나지 않았다. 불교나 기독교의 신자가 아닌 사람이 한국에서는 모두 48%, 곧 거의 절반이지만, 미국 내의 한인들은 23%만이 그렇다.[4]

이 통계가 무엇을 말하고 있는가? 10년 후인 지금 2022년에도 이 비율이 변함없으리라고 본다. 따라서 한인 사회에서 이만큼 많은 회원을 가지고 있는 조직체나 단체는 그리스도의 교회밖에 없다. 현재 개체 교회들을 방문하여 살펴보아도 절반 이상의 교인들이 미국에 이민 온 후에 교인이 된 것을 곧 인지할 수 있다. 거듭 말하자면, 한인 교회는 한인 사회에서 가장 많은 멤버십을 가지고 있는 단체라는 사실이다. 이 통계로만 보아도 한인 사회에서 교회가 차지하고 있는 위치가 어떤 것인지 능히 짐작할 수 있다. 이것 역시 한인 사회에서만 볼 수 있는 특수한 현상이 아닐 수 없다. 그렇다면 왜 35%가 넘는 많은 한인이 이민을 와서 교회에 다니게 되었을까? 미국이 기독교 국가라서 그런 것일까?

필자는 그 이유를 한인 사회가 처한 현실적인 커뮤니티의 상황을 보면서 이렇게 설명하고 싶다. 교회는 피곤하고 고달픈 이민자들에게 가장 큰 안식처요 피난처이고, 이민 생활에서 상처받고 지쳐 있는 이들에게 삶의 용기를 주며, 잃어버렸던 자신의 위신(威信)을 다시 찾아주고 있는 곳이기 때문이다. 또한 교회에 오면 다른 곳에서 찾아볼 수 없는 진정한 성도의 교제를 체험하게 되고, 이민자들에게 삶의 용기를 주며, 쓰러져도 다시 힘차게 일어날 수 있는 활력을 불어넣어 주고 있기 때문이다. 또한 교회에는 높은 사람도 없고 낮은 사람도 없는, 그야말로 모든 인간이 귀천이 없고 평등하다는 것을 깨닫게 하는 곳이기 때문이다. 교회는 곧 자신을 다시 일깨워 주는 곳이기 때문이다. 이런 의미에서 교회는 이민자들에게 한인 사회에서 가장

---

3) Chan-Hie Kim and others, "Opinion Survey on Korea's Unification, survey report presented to the Ministry of Unification, Republic of Korea"(Center for Asian-American Ministries, Claremont School of Theology, March 1981), 24. 이 연구는 당시 통일부 장관이었던 이범석 장관의 요청과 후원으로 Cal State LA의 유의영 교수가 주도하여 본인을 포함한 5명의 교수가 수집한 자료이다. 이것은 주로 미주 한인들의 통일 문제에 관한 인식을 알아보는 것이 목적이었으나, 그 외에도 다른 정보를 얻기 위하여 설문지를 더 첨가하였다. 기독교인들에 관한 것도 그중 하나였다.

4) Pew Research Center, "Asian-American: A Mosaic of Faiths" and "Global Religious Landscape," 2012 report.

중요한 위치를 차지하고 있으며, 한인 사회에도 가장 영향력이 크고 의미 있는 단체가 되었다.

교회는 미국 사회에서 'nobody'가 된 사람을 'somebody precious'로 되살려 주는 곳이다. 이것을 영어로 표현하자면, "Nobody is not anybody"인 곳이다. 보잘것없는 사람을 함부로 부릴 수 있는 사람이 되지 않게 하는 곳이다. 미국의 이민 생활은 생각보다 그리 쉽게 살 수 있는 곳이 아니다. 무엇보다 한인들이 견디기 힘든 것은 한국에서 누리던 사회적 지위가 미국에 옴으로써 완전히 바닥으로 떨어지는 것을 경험하는 것이다. 이민자 대부분은 한국에서 중산층에 속한 사람들이었다. 그런데 미국에 이민 옴으로써 그 위상이 떨어지고 만 것이다. 미국에 와서도 한국에서 일하던 업종을 살려 계속 같은 업종에 종사하는 사람들은 그리 흔하지 않다. 아마도 목사와 의사들 이외에는 거의 같은 직업에 종사하는 이민자들은 거의 없을 것이다. 물론 미국에서 고등교육을 받은 사람이나 돈을 많이 가지고 온 사람들은 예외일 수 있다. 그러나 대부분의 이민자는 그렇지 못하다.

한국군 고급장교가 자동차 수리공으로 일하기도 하고, 일류기업의 간부가 구멍가게를 열고 장사하거나, 한국에서 괜찮은 화이트 칼라(white collar) 직장에서 일하던 이들이 미국에 와서 블루 칼라(blue collar) 노동자로 일하게 되는 경우가 허다하다. 아무리 한국에서 좋은 대학을 나왔어도 미국에서는 그에 상응하는 직장을 구하지 못하고 막노동을 하는 경우도 흔하다. 한국에서의 사회적 지위가 미국에 와서는 땅에 떨어져 'nobody'가 되어버린 경우가 너무나 허다하다. 예술인들도 예외는 아니다. 한국에서 가졌던 직장과 같은 레벨의 직장을 미국에 와서도 계속 유지하고 있는 사람들은 별로 많지 않다. 목회를 하지 못하고 있는 목사들이 택시 운전기사를 하는 경우를 많이 보았다. 수입이 적어서 아내가 일해야만 살 수 있는 가정도 많이 보았다. 이뿐만이 아니다. 미국 사회에는 아직도 눈에 보이지 않는 인종차별이 도사리고 있어서 이들과 마음 놓고 대화도 할 수 없을 뿐만 아니라 쉽게 어울릴 수도 없다. 이에 더하여 영어가 아직 잘되지 않기 때문에 이민들은 늘 이방인의 신세를 면치 못하고 있다.

이러한 상황에서 교회는 이들에게 편안한 안식처가 된다. 교회공동체에 합류하게 되면 모든 교인이 너나 할 것 없이 한국에 살던 삶으로 돌아가, 미국에서의 고된 삶을 잊어버리고 고향에서 살던 생활 패턴으로 돌아가게 된다. 교회에 오면 자동차 정비기사가 다시 고급 장교가 된다. 블루 칼라 노동자(blue collar worker)가 다시 화이트 칼라 직장인(white collar worker)으로 돌아간다. 기업 상사들도 옛 위치로 돌아간다. 교회공동체의 일원이 되면 자신을 다시 찾게 되는 경험을 누구나 하게 된다. 교회에 오면 잃어버렸던 자아를 다시 찾게 된다. 이것이 교회가 한인 사회에 공헌하는 하나의 큰 선물이다.

많은 비신자가 미국에 와서 교인이 되는 것은, 이러한 이유보다도 더 큰 이유가 또 하나 있다. 비록 공식적인 조사를 하지 않았어도 이를 알 수 있는 것은, 한인 교회가 우리말을 편안하고 자유롭게 할 수 있는 자리를 마련하여 주고 있기 때문이다. 여기에서 진정한 공동체가 형성되고 있기 때문이다. 주일날에 공동식

2017년 10월에 열린 제44회 로스앤젤레스 한인축제 "코리안 퍼레이드"의 선두에 선 김동석 사물놀이팀이 행진하고 있다

사를 하는 것은 아주 큰 의미를 제공해 주고 있다.

본디 사람은 말하며 사는 동물이다. 이 말문이 막히면, 숨을 제대로 쉬지 못하는 것과 같은 답답함과 아픔을 느끼게 된다. 그런데 미국 사회에서 일할 때 막혔던 말문이 교회에 와서 트인다. 스트레스를 받지 않고, 자유스럽게 부담 없이 의사소통함으로써 막혔던 마음 문이 활짝 열린다. 그러나 이보다 더 중요하고 의미 있는 것은, 그렇게 의사소통을 하면서 타인종들 사이에서 경험하지 못했던 친근함과 동포애를 느끼게 되는 것이다. 타인종들과 섞여서 하나의 그룹을 형성한다거나 어떤 공동체를 형성하는 것은, 이곳에서 출생한 사람이 아닌 이상, 거의 불가능하다. 언어의 장벽 내지 문화적인 차이가 있기 때문에 감정이 통하지 않으므로, 자연히 마음 터놓고 교제하는 것이 이민자들에게는 거의 불가능하다. 이럴 때 교회는 이러한 모든 문제를 해결해 주고 있음으로써 한인 사회에 크게 공헌하고 있었으며 지금도 그렇게 하고 있다.

교회는 한인들의 근본적인 미주생활에 이렇게 크게 공헌하고 있는 것에 더하여, 한국의 문화적인 유산을 2세, 3세들에게 전하는 일에 앞장서 있기도 하다. 한글 및 한어학교를 비롯하여 한국의 춤과 장구, 붓글씨, 태권도교실을 교회 내에 설치하여 이곳에서 출생한 한인들에게 Korean-American Identity를 심어주는 일에도 어느 사회단체보다도 먼저 시작하였다. 오늘날에는 교회 밖에 태권도 도장도 생기고 주말 한글학교도 생겼으며, 문화활동과 취미생활을 즐기게 하는 많은 'interest group'이 여기저기에 생겨났다. 이뿐만 아니라 고등학교 및 대학 동창회들, 도민회, 군 동지회, 골프클럽 등 다양한 그룹들이 지금 활발하게 활동하고 있다. 이러한

크고 작은 단체나 그룹들은 대부분 교회에서 싹트기 시작하였다.

이렇게 한인 교회가 한인 사회에 크게 기여할 수 있었던 주요한 요인 가운데 우리가 미처 생각하지 못하고 있었던 것이 하나 있다. 그것은 바로 이민의 인파 속에 많은 교역자가 함께 있었다는 사실이다. 이들 교역자들이 없었더라면, 지금과 같은 많은 한인 교회가 생겨날 수가 없었다. 제1차 이민 때나 제2차 이민 때나, 한인 교회는 목회자 부족이라는 어려움을 겪은 적이 없다. 이는 한인 사회와 한인 교회에 참으로 다행스러운 일이요, 큰 복이며 은혜가 아닐 수 없다.

이제 새 한국 이민의 역사가 50년을 넘기 시작하면서, 한인 사회가 안정적인 생활 터전을 마련해 감에 따라, 개체 교회들도 이 사회에 적응하며 융합하려는 노력을 시작하였다. 백인들을 비롯하여 다른 인종 그룹들과 화합하려는 일에 힘쓰고 있다. 한인 사회뿐만 아니라 자신이 속해 있는 지역사회에 눈을 돌리기 시작하여 이를 위하여 구제 사역도 시작하였다. 이제 한인 교회는 한인들만을 위한 교회가 아니라 타인종 그룹과 지역사회에 공헌하는 교회로 변하기 시작하였다.

미주 한인 교회가 미주 한인 사회에 이렇게 크게 공헌할 수 있었고 지금까지 할 수 있는 것은, 미주 한인 사회가 한인 기독교인들의 신앙공동체로부터 형성되기 시작하였으며, 미주 한인들의 70% 이상이 한인 교회의 교인이었고, 교인이기 때문에 가능하였고, 지금도 가능하다고 볼 수 있다. 이제 한국어를 하는 한인 교회가 계속 존재하는 한, 이러한 사역과 사회에 대한 공헌은 계속 이어져 나갈 것이다.

II

미주 한인 교회의 성장과 정착 시기
(1970년대부터 현재까지)

● 1970년-1980년대 성장한 대표적인 미주 한인 교회들

1970년대를 거쳐 1980년대에 이르면서 미주 한인 교회는 전성기를 맞기 시작했다. 이민자들이 미국으로 밀려왔다. 한인 교회들은 공항까지 나가서 이들을 영접하여 이튿날부터 교회로 이들을 안내했다. 그중에는 미국에 오면서 처음 교회에 출석하는 이들도 많았다. 이런 분위기 때문에 "미국에 가면 우선 교회에 나가야 된다"는 게 이민 가이드처럼 알려지기 시작했다. 이런 이민자들의 물결 때문에 교회는 빠른 속도로 성장했다.

1989년 필자(조명환 목사)는 신망애출판사(발행인 박종구 목사, 「월간 목회」)의 '신망애총서' 중 한 권으로 『미국의 8대 한인교회』를 출간했다. 필자(당시 미주동아일보 취재부장)의 처녀작이었다. 이때 소개된 8대 한인 교회를 중심으로 1980년대 한인 교회를 살펴본다.

저자는 서문에서 "여기 소개되는 8대 한인 교회는 미주 지역 한인 교회 가운데 대표적인 교회들로, 성장 면에서 모델처치라고 볼 수 있다. 그렇다고 해서 양적인 숫자만을 따져서 최대 교회 순서를 선별원칙으로 삼아 첫 번째부터 8번째를 뽑은 것은 아니다. 사실 그런 작업은 불가능하거나 흥미로운 일도 아니다. 다만 미국의 한인 교회 가운데 모범적인 8개 교회를 선별했다는 말이 옳다. 그 과정에서 지역성과 교단 상의 적절한 조화를 염두에 두지 않을 수 없었

다. 따라서 이 8개 교회보다 더 큰 교회도 있고 더 모범적인 교회도 있을 수 있다는 사실을 배제할 수 없다"고 쓰고 있다.

여기 소개하는 8개 교회 가운데 뉴욕한인교회(차원태 목사), 시카고제일교회(조은철 목사)는 제1장에서 김홍기 총장의 원고에서 소개되었으므로 여기에서는 생략한다.

나성영락교회(Young Nak Church of L.A.)

나성영락교회는 1973년 3월에 창립되었다. 교회 회지인 「한마음」 제24호 창간 15주년 특집에 따르면, 서울 영락교회를 섬기던 이들이 함께 모여 예배드리고 싶은 마음으로 한두 가정이 모이기 시작했고 서울 영락교회를 섬기던 고 백경보 장로를 비롯하여 5명의 장로를 포함 39명이 오관정 집사 집에 모여 드린 것이 창립예배가 되었다.

고 김계용 1대 담임목사

그해 마침 한국에서 브라질로 가는 김계용 목사가 LA에 들렀다. 이때 교인들이 공항에 나가서 뜨겁게 환영했고 주일에 설교도 했다. 당시 예배 참석인원은 164명이었다. 담임목사가 없는 동안 이동준 목사, 김충국 목사 등이 초청되어 설교했다. 그 이듬해인 1974년 창립 1주년을 맞은 3월 10일 브라질에 있던 김계용 목사가 정식으로 담임목사로 부임했다. 김 목사가 부임한 후 첫 번째 주일예배 참석인원은 236명이었다. 2년 만에 LA페어팩스 길에 있는 유대인 회당 건물을 구입했다. 당시 건물가격은 30만 달러, 200명이 들어갈 수 있는 예배당과 400여 명이 들어갈 수 있는 친교실이 있었다.

당시 LA 지역에는 로벗슨한인감리교회(현 LA한인연합감리교회), 제퍼슨 블러버드에 있는 나성한인연합장로교회, LA침례교회, 제일장로교회 등 손가락으로 꼽을 정도의 한인 교회가 있었다. 자체 예배당을 마련한 영락교회는 LA 동부 지역에 있는 로즈힐 메모리얼 공원에 교회용 공동묘지를 구입하기도 했다. 이름을 '영락장미동산'으로 붙였다.

나성영락교회는 1978년부터 1980년 사이에 교인이 두 배로 뛰었다. 1978년 장년 등록자 수가 790명이던 것이 1980년엔 1천497명으로 늘어났다. 그러니까 교회 창립 6년 만에 1천 명 교회로 성장한 것이다.

나성영락교회가 이 시절 크게 성장할 수 있었던 것은 방송선교 때문이었다. LA 지역에서 방영되는 채널 22(KWHY)를 통해 김계용 목사의 설교가 처음 전파를 탄 것이 1978년 8월 20일로, '소망의 아침'이란 제목으로 주일 9시부터 30분 동안 방영되었다. 촬영기재도 부족하고 영세적 방법을 면할 수 없었다. 김 목사의 사진이나 예배광경을 찍은 스틸사진을 번갈아 가며 보여주고 음성만 나가는 저급한 수준이었다. 그러나 이 방송설교를 듣고 교회를 찾았다는 첫 방문자가 거의 60% 수준이었다. 1980년부터는 '소망의 시간'으로 이름을 바꿔 방영되었는데, 이때 1년 전파료는 8만 달러 정도였다. 고 김정태 장로가 이 선교방송을 전담하다가 이를 물려받은 심재인 장로는 "당시 매 주일 100여 명씩 새로 온 신자들이 소개되곤 했다"고 회상하고 있다.

교회 예배당과 파킹랏 부족으로 새 예배당을 찾던 교회는 1986년 LA다운타운 북쪽에 5에이커 땅을 170만 달러를 다운하여 구입하는 데 성공했다. 교인들의 오랜 염원이 이뤄진 셈이었다. 새 예배당은 건평 3만2천 평방피트였다. 총 9백만 달러를 들여 건축했다. 창립 15주년을 맞을 당시인 1988년 3월 현재 교인 세대수는 1천492세대에 세례교인은 2천280명이었다.

1970년대와 1980년대 미주 한인 교계의 대표적인 교회로 성장시킨 김계용 목사의 목회 철학은 무엇이었을까? 첫째는 사랑하는 마음이 목회자 자질상 가장 요구되는 조건이라고 강조했다. 둘째는 적극적인 사고방식, 셋째는 신념을 갖고 일하되 교인들과의 관계에선 늘 인내와 관용이 필요하다고 강조했다. 넷째는 이민자들이 미국에 와서 두 개, 세 개씩 직장을 뛰며 일하고 있는데 목회자들도 부단한 노력 없이는 성공적인 목회가 불가능하다는 주장이었다.

방송설교를 통해 모든 이들에게 감동을 주게 된 이유도 특별하다. 신의주에서부터 한경직 목사를 존경해 온 김계용 목사는 한 목사를 늘 목회의 롤모델로 존경해 왔다. 그렇기에 "깊은 진리를 쉽게 해석하는" 한 목사의 설교방법에 큰 감화를 받아 왔다. 그래서인지 김계용 목사의 설교는 남녀노소 누구나 이해하기 쉽도록 깊은 진리를 알아듣기 쉽게 전달하는 게 특징이었다.

1988년 2월 캐나다 토론토교회에서 14년간 시무하던 박희민 목사가 나성영락교회의 행정목사로 부임해 왔다. 김계용 목사의 후임으로 내정된 후 1년 동안 행정목사로 일하면서 교회를 파악하고 2대 담임목사로 취임했다. 경북 김천에서 태어난 박 목사는 14세 때 6·25전쟁을 경험한 후 인생을 보람 있고 가치 있게 살기 위해 전도자나 선교사로 살겠다고 결심하고 마침내 장로회신학교에 들어갔다.

목회현장에서 너무 합리적이고 지적이다 보면 영적 부족을 느끼게 되고 반대로 지나치게 체험적이고 신유적이면 미신적으로 흐르기 쉽기 때문에 이 두 가지의 조화와 균형에 늘 관심을 쏟아 목회해 왔다는 박 목사는 서울 덕수교회 부목사, 피어선성서학원 교무과장을 거쳐 아프리카 에티오피아 선교사로 약 3년 동안 사역하기도 했다. 프린스턴신학교 유학 중 토론토교회 청빙을 받았고 그 교회에서 시무하는 동안 토론토대학 내 녹스신학교에서 목회학 박사학위를 받고 그 학교에서 에이전트 교수(Teachable Agent)로 아시안계 학생들의 연장교육과 카운슬링을 맡기도 했다.

나성한인교회(Los Angeles Christian Presbyterian Church)

고 김의환 창립 담임 목사

나성한인교회는 1976년 1월 4일 LA다운타운에서 약 20분 거리에 있는 글렌데일에서 창립되었다. 당시 김의환 목사가 풀러신학교에서 머물 때였다. 김 목사는 일찍이 미시간에 있는 칼빈신학교에서 1962년 목회학 석사를 받고 웨스트민스터신학교에서 신학석사, 템플대학에서 Ph.D.를 받은 후였다.

학위를 받고 귀국한 김 목사는 총회신학대학에서 역사신학 교수로 일했다. 목회를 병행하기 위해 1968년부터 1972년까지 서울 새한교회를 개척 시무했고 1972년부터 1975년까지는 서울 에덴교회를 개척 시무했다. 1970년부터 5년 동안 「신학지남」의 편집위원으로도 일했다. 1975년부터 총신대학교에서 안식년을 맞게 된 김 목사는 연구교수 자격으로 풀러신학교에 머물게 되었다. 안식년을 맞은 김 목사의 두 번째 도미가 결국은 나성한인교회가 태동하는 계기가 되었다.

당시 LA에는 수십 개의 한인 교회가 있었으나 이민자들의 정신적 공허를 제대로 충족시켜 주지 못할 때였다. 김 목사가 풀러신학교에 머물고 있다는 소문을 듣고 기숙사로 그를 찾는 이들이 늘어났다. 1975년 겨울이었다. 김 목사와 함께 교회를 시작하겠다는 사람들이었다. 그래서 1976년 1월에 서찬봉 씨를 비롯한 세 가족이 모여 첫 예배를 드렸다. 그 후 한인들이 많이 사는 현재 코리아타운으로 이전하자는 의견에 따라 6가와 웨스트모어랜드에 있는 새예루살렘교회로 예배당을 이전했다.

김 목사는 예배가 끝나자마자 성경공부를 밀고 나갔다. 교회론을 중심으로 한 "에베소서 강해"였다. 그해 김의환 목사 취임예배를 드리고 10월 LA 커뮤니티 칼리지 앞에 있는 '그릭커뮤니티 홀'로 이사할 때 교인들은 100여 명으로 불어났다. 개척 일 년 만에 700석 일본인 극장을 사서 이사했다. 가격은 18만 달러였다. 교인이 100명인데 어떻게 700석을 채우느냐고 비판하는 교인들도 있었다. 김 목사는 일본인 극장 앞에서 "100명 교인으로 7백 석을 채워야 하는 이 도전, 주님의 영광을 위하여 이 도전을 받아들입니다. 주님! 힘을 주시옵소서!"라고 기도했다. 교회 건물을 이사하고 김양태, 임호 장로의 장로 취임식, 민종식, 박의삼, 서인준 장로의 장로 장립식을 거행했다.

700석에 도전했던 이 교회는 5년 후인 1982년 재적교인 수 1천125명, 출석교인 수 1천23명, 주일학교 학생 수는 679명으로 늘어났다. 1982년 예산은 54만9천 달러였다. 주차장 문제로 다른 건물을 물색하자는 여론이 일기 시작했다. 당시 한인타운에 널리 알려진 부동산업자인 소니아 석 여사를 통해 소개받은 땅이 에스크로 회사가 있는 13에이커의 넓은 대지였다. 언덕에 올라 지형을 살피던 김 목사가 "됐다. 이곳이다!" 하였고, 결국 협상가격 1백45만 달러를 주고 사들인 2241 N. Eastern Ave.에 현재까지 존재하는 예배당을 건축한 것이다. 총 공사비 6백5만 달러를 들여 완공한 예배당은 2천 6백 석 규모에 2층 건물로 건평이 6만 평방피트였다.

나성한인교회가 창립 6년 만에 1천 명 교인으로 성장할 수 있었던 이유는 우선 교회성장을 위한 세 가지 조건인 목사, 교인, 교회 위치가 리드미컬하게 3박자 조화를 이룬 것이 성장의 추진력이 되었다. 김의환 목사의 목회철학은 두 가지 단어로 표현될 수 있었다. '선교와 교육'이었다. 김 목사의 설교는 매우 지성적이고 기독교인들의 삶에 구체적으로 적용할 수 있는 실제적인 메시지였다. 현대인과 현대사회를 직시하는 역사신학자로서의 그의 안목은 그의 목회 성공에 일조한 셈이다.

김 목사는 특히 선교에 대한 관심이 많았다. 그는 한국 교회가 제3세계 선교를 위해 우선 문화, 인종, 언어상의 유사성이 있고 전혀 외국을 침략해 보지 않은 국가이기 때문에 한국 선교사는 세계 어느 나라에서든지 환영받을 수 있다고 생각했다. 그러나 한국에서는 재정적 어려움과 제3세계로부터 비자를 받기가 어렵다는 외교상의 난제가 있었다. 그러나 미국으로 이민 온 한인 교회는 두 가지 문제를 모두 해결할 수 있는 축복과 기회가 있다고 그는 믿고 있었다.

또 한국 선교사가 직접 파송되는 것보다 현지 국가의 목사 지망생들을 불러 교육을 시킨 후 다시 자국선교를 위해 파송하는 것이 훨씬 효과적이란 판단 아래 김 목사가 창립한 신학교육기관이 국제신학대학(International Theological Seminary)이었다. 이 ITS는 1982년 패사디나에 있는 윌리엄 캐리 인터내셔날 유니버시티 건물 안에 있는 프랜슨 홀(Franson Hall)에서 개교되었다. 개교와 함께 인도, 파키스탄, 브라질, 멕시코 등 20개국에서 유학생들이 왔다. 나성한인교회의 상록회, 남녀선교회, 청년선교회 등 각 선교회가 ITS 학생들을 한 명씩 분담하여 장학금을 지불했는데 한 달에 지불되는 지원비가 1만8천 달러에 달했다.

나성한인교회 1988년 3월 20일자 주일의 십일조 헌금은 1만2천940달러, 감사헌금 1천190달러, 주일헌금 264달러, 건축헌금 150달러, 주교헌금 277달러, 선교헌금 2천900달러, 기타헌금 525달러로 총 1만8천227달러였다. 당시 교회 입구엔 무인 설교카세트 판매대가 있었고 그 옆에는 1988년도 당회장 추천도서 목록이 1년 내내 게시되어 있었다. 추천도서는 엠마오사에서 발간한 옥한흠 목사의 『현대교회와 성령운동』 등 19권이었다.

평소 신학자와 목회자 사이에 선을 긋지 않고 열심히 목회현장에서 일하면서도 신학교 강의 등 신학자로서의 일면도 게을리하지 않았던 김 목사는 10여 년쯤 목회자로서 일한 후에 후진 양성을 위해 서울 총회신학교나 마땅한 신학교에서 노후를 보내고 싶다고 말했다.

동양선교교회(The Oriental Mission Church)

고 임동선 창립 담임 목사

남가주의 '문화 아이콘'이라 할 수 있는 야외음악당 '헐리웃볼'에서는 1921년부터 매년 부활절 새벽에 교파를 초월한 일출예배를 드렸다. 그때마다 세계적인 유명 목사들이 초청되어 새벽예배 설교를 인도했는데 68번째 열리는 1988년 헐리웃볼 일출예배에는 사상 처음으로 한인 목사가 설교자로 초청되었다. 임동선 목사였다. 88서울올림픽이 한국에서 열리는 만큼 1988년 부활절엔 한국 목회자를 초청하자는 제안이 받아들여진 것이었다. 한국인 목사가 우리말로 보통 1만여 명이 모이는 헐리웃볼에서 미국인 신도들에게 설교한다는 것은 역사적이며 자랑스러운 일이었다.

임 목사의 부활절 일출예배 설교와 때를 같이하여 미국 3대 일간지 중 하나였던「LA타임스」가 1988년 4월 2일자 종교란에 동양선교교회를 특집으로 소개했다. "From Faith and Scotch Tape"이란 제목으로 종교담당 매티스 차차노프 기자와 사진기자 2명이 두 차례에 걸쳐 동양선교교회를 방문하고 쓴 기사였다. "미국 속에는 약 70만 명의 한국인 이민자가 있는데 이 가운데 70%가 주일이면 예배당에 나간다"고 밝힌 이 기사는 "랄프스 슈퍼마켓을 리모델해서 세운 동양선교교회는 미주 한인 교회 가운데 가장 성공적으로 발전한 교회"라고 쓰고 있다. 1988년 동양선교교회 예산은 약 285만 달러였다. 주차장에 비해 교인들이 너무 붐벼 교회에서 3마일 떨어진 LA시티 칼리지 주차장을 일요일마다 빌려 그곳에서 다시 교회까지 셔틀버스를 이용, 예배당으로 교인들을 이동시켰다. 교회 성장의 한 단면이었다. 주일 출석교인은 주일학생을 합쳐 5천 명에 이르고 있다고 밝힌 이 기사는 임 목사의 회심의 동기, 교회 발전사, 선교현황, 코리안 이민자들의 교회공동체의 특성 등을 소상하게 다뤘다.

한인 이민자들이 해외에 세운 교회 가운데 가장 대표적인 교회로 꼽히고 있던 동양선교교회는 임동선 목사를 떼어놓고 생각할 수가 없었다. 거친 아메리카 대륙에 한국인이 뿌린 복음의 씨앗이 19개의 지교회를 설립하고 한국의 가난한 교회 175개 교회를 지원할 뿐 아니라 27명의 해외선교사를 돕는 5천 명 성도의 대교회로 성장한 동양선교교회는 당시 미주 한인 신앙공동체 전체의 자랑이자 상징이기도 했다.

임동선 목사는 1923년 11월 23일 경기도 부천군 대부동에서 태어났다. 20대 젊은 나이에 일제에 짓밟힌 조국을 위해 무언가를 해보겠다고 만주로 갔다가 광복 직후 김구, 이승만 타도를 반대하다가 진남포에서 투옥되어 사형선고를 받았다. 이때 감옥에서 "살려주시면 주의 종이 되겠다"는 서원기도를 드렸다. 이때 세 마디의 음성을 들었다고 한다. "안심하라, 죽지 않는다, 너는 나의 일꾼이 될 것이다." 그 후 극적으로 38선을 넘어 남한으로 내려온 그는 1947년 서울신학대학에 입학했다. 그는 신학교 때 인생을 밑바닥부터 알아야 된다고 생각하여 서울역에서 지게꾼으로 막노동을 했다. 당시 서울역에는 지게꾼 고학도가 10여 명에 이르렀다고 한다.

임 목사는 1954년에 성결교단 군목요원의 추천을 받아 대전 항공병학교를 거쳐 공군 중위로 임관했다. 7년 만에 대령으로 진급, 공군 군종감이 되었다. 1964년 11년간 몸담았던 공군제복을 벗고 민간인이 된 임 목사는 곧바로 미국 유학을 결심했다. 1965년 5월 19일 가족들을 남겨둔 채 김포공항을 거쳐 시애틀에 도착 후 이튿날 LA로 내려왔다. 처음엔 켄터키주에 있는 애즈베리신학대학에서 공부할 예정이었으나 생계가 막막하여 LA에서 일자리를 찾았다. 인쇄소였다.

한때는 공군대령, 군종감, 목사, 부흥사였지만 새 인생의 출발을 위해선 과거에 집착할 수 없었다. 당시 최저임금 1달러 65센트, 회사에 취직한 지 3개월 만에 10년이 넘은 중고차를 350달러를 주고 샀다. 1967년 임재순 사모가 LA에 와서 가족 상봉이 이뤄졌으나 오자마자 사모는 유태인이 경영하는 봉제공장에 나가 바느질을 시작했다. 코비나에 있는 북침례신학교에 들어가 3년 만에 졸업했다.

한국으로 돌아가려던 임 목사에게 마침 LA를 방문한 서울신학교 교수였던 이천영 목사가 LA에서 교회를 시작하라고 간곡하게 부탁했다. 그래서 1970년 7월 14일 교회 창립을 결정, 7월 29일 교회 명칭을 '동양선교교회'라 정하고 926 Irolo St.에 있는 임 목사 집에서 첫 예배를 드렸다. 장년 15명, 학생과 어린이 15명, 모두 30명이었다. 첫 예배 헌금 400달러는 한국 농어촌 교회를 돕기 위해 한국으로 보냈다.

이렇게 개척된 교회는 1971년 12월 5일 크렌셔 블러버드에 예배당을 마련했다. 철야기도도 마음대로 할 수 있었고 한국음식을 먹어도 김치 냄새 때문에 불평하는 사람도 없었다. 3년 후엔 2부 예배를 드릴 만큼 교회가 성장했다. 교인들은 400여 명으로 불어났다. 이때 김명균 집사(『크리스천 헤럴드』 전 발행인)가 웨스턴 가에 있는 랄프스 마켓을 추천했다. 구매액은 62만5천 달러였고 우선 12만5천 달러를 다운페이하고 나머지는 매월 5천500달러 페이먼트하는 조건이었다. 수용인원 1천500명, 파킹랏은 130대로 널찍했으나 페이먼트가 문제였다. 교회 이전 후 3개월 동안은 교역자 사례비가 없었다.

그러나 동양선교교회는 이 랄프스 마켓 자리를 선교사령탑으로 삼고 LA 지역의 복음화는 물론 한국 농촌교회, 세계 구석구석에 선교의 횃불을 지펴가기 시작했다. 1970년에 어린이 포함 30명으로 출발한 교회가 1975년엔 464명, 1980년엔 850명, 1988년엔 6천 명 교인으로 성장했다. 교회 예산은 1971년 1만 달러, 1975년 13만4천 달러, 1980년 50만 달러, 1982년 1백2만3천 달러, 1988년은 2백85만6천 달러에 달했다.

동양선교교회 부흥의 가장 중요했던 키는 바로 임동선 목사의 메시지였다. 임 목사의 설교는 언제나 희망적이었다. 이민자들의 좌절과 패배감이 그의 설교를 통해 위로를 받았다. 그래서 그는 욥기와 시편을 많이 인용하는 편이었고 설교 본문은 사복음서가 중심이었다. 임 목사의 특별한 목회 방법론 가운데 특이한 점 하나는 가능하면 교인 가족들의 이름을 다 외우는 것이요, 처음 이민 오는 가정들을 자기 집에 초대하거나 심방해서 위로와 용기를 심어주는 것이었다.

선교, 봉사, 교육을 창립 슬로건으로 내세웠던 교회는 1987년 현재 독일을 비롯한 해외 20개국에 직접 선교사 파송 및 지원, 미국 내에는 사우스베이, 오렌지카운티, 밸리, 온타리오, 뉴욕, 필라델피아, 애리조나, 유타 주 등에 9개 지교회를 세우기도 했다. 임 목사는 1987년 7월 11일 새로운 교단 성격의 세계복음선교연합회를 창립하여 회장직을 맡으면서 목회자 양성을 위해 월드미션대학교를 세워 초대 총장을 맡기도 했다. 초교파 교단이라고 할 수 있는 Alliance of World Gospel Mission(1992년 총회에서 World Evangelical Mission Alliance로 명칭 변경)은 창립 당시 미주 지역 15개 교회, 남미 5개 교회, 유럽 4개 교회, 남태평양 1개 교회 등 25개 교회로 출발했다.

라성빌라델비아교회(Korean Philadelphia Presbyterian Church of L.A.)

고 조천일 창립 담임 목사

로스앤젤레스 코리아타운 아파트 밀집 지역에 자리 잡은 라성빌라델비아교회 예배당은 아름다운 스테인드글라스와 평면 조각이 매우 인상적인 교회였다. 교회 이름이 성서에서 유래되기는 했으나 한인들은 미국 동부 지역의 지명대로 필라델피아로 발음하면 굳이 '빌라델비아'라고 발음해 줄 것을 요구했다. 영어 표기는 같지만 우리말성경에 빌라델비아로 번역되어 있기 때문에 그것이 성서적이라는 것이었다.

이 교회를 창립한 조천일 목사는 1927년 평북 의주군 월화면에서 태어났다. 당시 들어가기 힘들었던 동경무선이란 체신학교를 졸업하고 19세의 나이에 1급 통신사가 되었다. 48명의 직원을 거느린 의주 부근의 지방우체국 국장 대리를 지내던 그는 해방과 더불어 새로운 인생의 전기를 맞게 되었다. 20세에 단독 남하한 조 목사는 서울에서 한국일보 기자 생활을 했다. 한때 국회부의장을 거쳐 로스앤젤레스 충현교회 담임목사를 지낸 황성수 목사가 논설위원으로 일할 때였다. 그러나 기자 생활도 잠시, 곧 6·25전쟁이 일어났다. 통신장교로 군대에 입대, 전쟁을 치르게 되었다. 군인 조천일은 바로 6·25전쟁터에서 인생의 허무를 깨닫는 순간 하나님의 음성을 듣게 되었다.

휴전 후 대구 육본 한미합동 검열장교로 근무하면서 영남대학을 졸업했고 총회신학교에서 공부하면서 목사의 꿈을 키웠다. 군에서 전역한 후 대구 서현교회 전도사, 서울 충현교회 부목사로 10년간을 재직했다. 이때 유학길에 오르게 되었다. 1964년부터 5년 동안 칼빈신학교에서 유학했다. 당시 CCC 총재였던 빌 브라이트 박사의 도움으로 미국 전역을 여행할 기회가 있었는데 그 여행을 마치면서 "단지 유학으로 끝날 것이 아니라 미국이 바로 선교의 대상 지역이 되어야 한다"고 깨달았다.

"이제 복음을 역수출해야 한다"는 신념을 갖고 한국으로 귀국한 조 목사는 1969년 충현선교교회 제1대 해외선교사로 파송 명령을 받았다. 그해 김준곤 목사가 나성제일교회에 추천서를 보냈고 미국 대통령 조찬기도회 참석을 겸해 미국 땅을 다시 밟았다. 미국 선교를 위한 영주계획이었다. 1970년 3월부터 나성제일교회 담임목사로 1976년 8월까지 시무하던 중 교회 내분이 생겼다. 이때 담임목사에 연연하지 않고 사임하는 것이 교회에 유익이라 판단하고 사표를 냈다. 플로리다로 가서 목회할 계획을 세우고 이삿짐을 쌌으나 그날 저녁 찾아온 세 명의 집사, 이상채, 이연근, 김봉식 집사가 조 목사를 뜯어말렸다. 또 교인 30명이 찾아와서 나성제일교회 사임은 찬성하나 나성에 새로운 교회를 개척하겠다는 자신들의 계획에 동참해 달라는 것이었다.

조 목사는 제일교회가 다치지 않도록 거기 남아 있는 교인들을 오히려 축복해주고 남은 교인들에게 전혀 동요가 없도록 행동하자는 제안을 하고 교회 개척에 동의했다. 이렇게 창립된 라성빌라델리비아교회는 당시 대한남가주교회(박영창 담임목사)가 사용하던 예배당을 극적으로 물려받게 되었다. 예배당이 없어 그리피스 공원에서 예배드릴 뻔했기에 1976년 12월 19일 창립 1개월 만에 드려진 입당 예배는 눈물의 감사예배였다.

교회 창립 11주년 기념 메시지(교회 회지 「열린문」)에서 조 목사는 "창립 1개월 미만의 교회가 지금의 성전건물을 구입하게 된 이적을 기억합니다. 남청여바(남자는 청소부, 여자는 바느질공장 기술공)의 피나는 고생으로 모은 돈을 그대로 바치고 기뻐하던 그 광경! 잊을 수 없는 역사였습니다"라고 회고했다.

1977년 2월 26일 조천일 목사 위임예배를 드리고, 1978년에 휴스턴교회를 설립, 정재숙 목사를 파송했고 1979년엔 벤추라교회를 설립, 이인범 목사를, 그해 12월엔 오렌지카운티 남부 지역에 미션힐교회를 설립, 송용걸 목사를 파송했다. 조 목사는 1984년 남가주기독교교회협의회 회장, 휴스턴에서 열렸던 미주 전국 한인교회협의회 회장으로 선출되기도 했다.

조천일 목사의 목회철학은 이민 목회자는 '팔방미인'이 되어야 한다는 것이었다. 주일 메시지를 통해 영적 양식을 공급하는 일 외에도 그들의 법률적인 문제, 정신건강, 사회문화적 문제 등 모든 생활 전반의 안내역을 담당해야 한다고 강조했다. 그래서 팔방미인이었다. 이민국이나 경찰서에 가서, 혹은 학교에 가서도 대신 항의도 하고 통역관 노릇도 하고 때로는 변호사 노릇도 해야 한다. 조천일 목사의 목회 성공비결은 바로 교인들이 이 같은 교회 밖의 요구에 최선을 다하려는 노력이었고, 이러한 목회가 크게 결실을 거둔 케이스라 할 수 있다.

그는 설교를 통해 가장 많이 강조하는 부분은 교회관이었다. 교인들에게 교회란 무엇인가를 올바르게 가르쳐야 한다는 것이다. 그래서 성경에 나오는 빌라델비아 교회의 모습을 강조한다. 그는 창립 당시 "빌라델비아교회의 길"(계 3:17-12)이란 제목의 설교에서 "우리 교회의 세 가지 목표는 다시 오실 주님을 의지하고 대망하는 교회, 신앙 진리를 파수하는 교회, 승리의 면류관을 쟁취하는 교회"라고 말했다.

1988년 총예산은 2백26만4천 달러였다. 1988년 11월 13일 주보에 발표된 지난주 헌금 총액은 1만9천561달러였다. 빌라델비아교회는 주일에도 직장에 나가는 이들의 가정 문제, 인생 문제를 해결하기 위해 "생명의 다이얼"을 24시간 운영했다. 1979년 창간된 교회지 「열린문」이 발간되었고, 미주한인예수교장로회 총회 직영의 개혁장로회신학교가 1977년 개교 당시에는 '국제개혁신학교'라는 이름이었으나 1979년에 '개혁장로회신학교'로 이름이 바뀌었다. 김의환 목사가 초대교장, 조천일 목사가 초대 이사장을 맡았는데 1978년에 학교가 라성빌라델비아교회로 이전하면서

학교 이름을 '국제개혁신학교'로 환원시켰다. 1986년엔 조 목사가 4대 교장을 맡았다.

1987년 회갑을 맞은 조천일 목사는 성역 30주년 기념 설교집『산제물 되어 헌신 충성하자』를 펴냈다. 1987년 12월 31일 성역 30주년 기념식과 설교집 출판기념회가 열렸다. 김풍운 목사의 사회로 시작된 예배에서 최헌우 목사(오렌지카운티 제일장로교회)의 기도, 박윤선 목사(합동신학원 명예원장)의 설교, 김계용, 임동선, 김의환, 강순경 목사(보영여중고 교장) 등이 축사했다.

조천일 목사는 성역 30주년을 맞으면서 이민 교회의 미래가 밝고도 어둡다고 전망했다. 1988년엔 남가주 한인 교회 수가 600여 개로 집계되었다. 한인 교회의 성장은 반갑고 희망적이지만 교인들이 이 교회 저 교회를 돌아다니며 2중, 3중으로 등록하고 교회와 교회, 교역자와 교역자 사이의 갈등이 표면화되는 현상을 우려했다. 또 교리도 불투명하고, 신학도 불투명한 정체불명의 한인 교회들이 교계 전체의 융화와 단결을 저해한다고 지적했다. 빠른 성장의 주변에 맴돌고 있는 한인 교계의 부정적인 문제점들을 힘을 모아 극복해간다면 한인 이민 교회는 제2의 청교도로서 미국의 퇴폐한 정신문명을 변혁시키고 우리 민족의 전통을 자랑스럽게 계승해나가며 이를 꽃 피우는 데 크게 공헌할 것이라고 내다봤다.

순복음뉴욕교회(Full Gospel New York Church)

순복음뉴욕교회(현 프라미스교회)의 초창기 역사는 우선 조용기 목사와 관련을 맺고 있다. 1975년에 열린 최자실 목사의 심령부흥회가 교회 창립의 씨앗이 되었다. 그해 7월 27일 창립 준비를 위한 첫 예배 때 조용기 목사의 설교테이프를 틀어놓고 예배를 드렸다. 첫날 6명이 모여 예배를 드린 후 가정예배 형식으로 돌아가며 예배를 드렸는데 초대목사로 최자실 목사의 아들 김성광 목사가 부임하여 뉴욕 중심 맨해튼에서 1975년 12월 14일 교회 창립예배를 드렸다.

2018년 1월 7일 창립 김남수 원로목사 추대 및 2대 허연행 담임목사 취임식이 열렸다

교회 창립 2년 만에 교인들은 150여 명으로 늘어나 주변의 화제가 되었다. 이 같은 빠른 교세 성장엔 물론 조용기 목사의 영향이 컸다. 한국에서 순복음교회를 나가던 사람이면 뉴욕에 올 경우 곧바로 순복음뉴욕교회를 찾았다. 순복음 스타일의 체험신앙을 사모하는 사람들이었다.

1970년 순복음신학교를 졸업하고 충북 순복음음성교회를 개척한 뒤 1975년 월남 선교사로 파송되었던 김남수 목사가 2대 담임목사로 부임하면서 교회는 새로운 선교의 장을 열어가기 시작했다. 여의도순복음교회 선교사 자격으로 1977년 담임목사로 부임한 김남수 목사는 전통적인 장로교 보수신앙을 배경으로 성장해 왔다. 1968년 서대문 로터리에 있던 순복음교회에서 최자실 목사의 설교를 통해 중생을 체험한 뒤 신학교에 입학하여 목사가 된 '순복음 맨'이었다.

그의 뉴욕 파송은 순복음교회 오순절 성령운동의 본류를 미국 동부 지역에 끌어들여 이를 활발하게 꽃피우는 계기가 되었다. 김 목사의 열정적인 성령운동은 성령체험을 갈구해 온 사람들에게 모여들 구심점이 되었으며, 김 목사의 영적 리더십을 통해 1980년에 이르러 500여 명 성도로 늘어나는 '맨해튼의 기적'이 일어났다. 1988년에 이르러서는 재적교인이 3천 명으로 늘어났다. 그러자 미국 교계까지 교회의 성장을 관심있게 지켜보기 시작했다.

양적 성장을 거듭해 가면서 1978년엔 방송선교를 시작, "순복음의 시간"(WPOW, 1330kHz)을 내보내기 시작했다. 같은 해 목회자 훈련을 위해 순복음신학대학을 설립, 개강예배를 드렸다. 이 순복음신학대학은 청소년 문제와 더불어 김 목사가 가장 역점을 두어온 교육사업이었다. 1988년까지 140명의 목사후보생을 배출했다. 그 가운데 100여 명이 목회 일선에서 활약하고 있는데 순복음 교단 성장의 결정적인 밑거름이 되고 있다고 평가받는다. 1988년 4월 개교 10주년을 맞았을 때 당시 워싱턴 DC 제일한인침례교회를 담임하던 이동원 목사를 초청, "성서해석학과 현대설교"란 제목으로 특별세미나를 개최했다. 맨해튼 중심에 있는 교회로서는 시도하기조차 힘든 매일 새벽예배를 실시하여 맨해튼 주변에 영적 안식처를 제공했다.

그러다 1983년에 이르러 순복음뉴욕교회가 미국 교단인 "하나님의성회"(Assembly of God)에 가입하는 놀라운 변화를 시도하게 된다. 이제까지 한국의 순복음교회와 맺어온 모든 행정상의 관계를 청산하고 미국 교단에 가입함으로 한국의 순복음교회와는 정신적 유대에 치중하는 변화를 보인 것이다. 그러나 하나님의 성회 가입은 단순하게 이루어진 것은 아니었다. 1981년 당시 조용기 목사가 이단시비에 말려들면서 그 여파는 뉴욕까지 파급되었다. 그 여파가 어찌나 강했던지 매주 교인들이 20-30여 명씩 등록하다가 근 1년간 새 교인 증가가 멈추는 사태를 맞게 되었다. 빠져나가는 교인도 없지 않았다. 뉴욕의 개신교 한인 교회들의 공격도 한몫했다.

순복음뉴욕교회는 교단 배경과 관련, 위상을 재정립해야 할 처지에 놓이게 되었다. 이같은 진통이 시작되자 서울 조용기 목사의 권고와 양해 아래 교단을 이적함으로써 이단시비로 인한 충격파를 극소화하려 시도했고 교회 초창기부터 조용기 목사의 후광을 업고 있다는 종래의 이미지를 벗는 계기가 되기도 했다. 이로써 여의도순복음교회에 대한 상대적인 자율성을 확보하기에 이르렀고 김 목사 역시 조용기 목사의 그늘에서 벗어나는 출구를 연 계기가 되었다고 평가받고 있다.

　자체 건물을 소유한다는 꿈에 부푼 순복음뉴욕교회는 1989년 봄, 교회 건축 계획을 발표하고 국제적인 기독교센터를 마련하는 계획을 실현으로 옮기기 시작했다. 김 목사는 오순절 풍토 위에 말씀 중심의 신앙 원칙을 강조했다. 신앙체험을 강조하지만 성서교육을 통해 뒷받침되고 양육되지 않으면 균형 잡힌 신앙생활을 할 수 없다고 믿었다. 김 목사의 이런 목회 스타일 때문에 순복음 스타일을 기대하고 처음 교회를 찾는 이들이 실망하는 경우도 많았다고 한다. 순복음 스타일에 거부감을 느끼는 사람들도 김 목사의 설교와 예배 인도에 거부감을 느끼지 않았다. 이 같은 '탈순복음' 의지는 조용기 스타일에서 벗어나 김남수 고유의 스타일을 창조하려는 그의 숨은 의도가 작용했기 때문이었다.

　1988년 교회의 표어는 "배우며 섬기자"였다. 1970년대 초반부터 1980년대 초까지 교회 행사는 거의 부흥회 일색이었다. 한국의 부흥회 강사들이 미주 한인 교회에 줄지어 강사로 밀려오곤 했다. 1980년대 중반에 접어들면서 욕설과 코미디로 교인들을 웃기기 일쑤였던 저질 부흥회 강사들은 자취를 감추게 되었다. 부흥회보다 성경에 매달리기 시작했다. 크로스웨이 성경공부, 베델, 엠마오, 네비게이토 성경공부 등이었다. 한인 교회들이 부흥회 중심에서 성경공부 중심으로 변모하는 추세와 김남수 목사의 목회방향이 교육 중심으로 강화된 것과 깊은 관련성을 갖고 있었다.

　성령 체험이 지나치게 강조되다 보니 건강한 영적 성장이 등한시되었고 이에 따라 균형을 상실한 믿음 생활로 치닫는 경우를 수없이 목격한 김 목사는 소그룹 제자훈련을 1990년대 추진해야 할 교회 성장의 최선의 추진력으로 간주했다. 순복음뉴욕교회로 부흥회를 인도하러 갔던 김의환 목사(나성한인교회 담임)가 "순복음교회라는 선입관이 있어 교회가 떠들썩할 줄 알았는데 오히려 성경공부나 제자훈련을 통해 훈련에 열중하는 것을 보고 깜짝 놀랐다. 말이 순복음이지 영락없는 장로교 스타일이었다. 그래서 김남수 목사에게 '순복음뉴욕장로교회'로 이름을 바꾸라고 농담한 적이 있다"라고 말하기도 했다.

　성령 체험과 경건주의 훈련을 동시에 강조해 온 김남수 목사가 맨해튼 한복판에 이루어 놓은 초대형 한인 교회는 한인 이민자들의 신앙적 긍지를 높여주는 하나의 상징이 되었고 미국 속의 한인들이 경제적 안정뿐 아니라 신앙적 풍요를 위해 얼마나 큰 관심과 정성을 쏟고 있는지를 시사해주는 성공사례였다. 즉 김남수 목사가 교단의 특징을 그대로 신앙생활의 뿌리로 보존하면서도 미국 속의 한인 커뮤니티란 특수한 요구를 조화시켜 나가며 독자적인 목회노선을 창출해 나갔던 점이 순복음뉴욕교회의 중요한 기초가 된 셈이다.

제일한인침례교회(Global Mission Church of Greater Washington)

이동원 2대 담임목사

워싱턴 DC에 있는 제일한인침례교회를 창립한 김현칠 목사는 1933년 평양에서 멀지 않은 승허리에서 태어났다. 경신중학교 2학년 때 6·25전쟁을 겪게 된 그는 미군 정보계통 분야에서 통역을 맡아 일하면서 영어에 숙달하게 되었다. 숭실대학 영문과를 졸업하고 루터교선교부 총무로 일했던 그가 1964년 유학생 자격으로 워싱턴 DC에 도착했다. 하워드대학에서 목회학 석사과정을 밟기 위해서였다.

당시 워싱턴에는 황재경 목사가 담임하던 워싱턴한인교회(감리교)와 안병국 목사가 담임하던 워싱턴침례교회 2개 교회가 있었다. 1950년에 세워진 워싱턴침례교회는 미국에서 가장 오래된 한인 침례교회로서 유학생 중심의 교회였다. 50명 교인 가운데 Ph.D.가 25명, 의사가 19명, 그러니까 '인텔리 교회'였다. 신앙공동체라기보다는 사회적 친교 중심으로 모이는 소셜그룹 성격이 강했다. 하워드대학에서 공부를 마친 김 목사는 워싱턴에 있는 웨슬리신학교에 들어갔다. 여기서 광림교회 김선도 목사, 연세대 교목 김기복 목사를 만났다.

1969년 설교 전도사로 시작해서 1970년도엔 담임목사 청빙 제의를 받고 김 목사는 워싱턴침례교회의 제5대 목사로 취임했다. 당시 교인은 60여 명이었다. 모이면 위스키를 마시고 포커놀이를 즐기던 교인들의 습성도 하나하나 고쳐나갔다. 1974년에 이르자 교인이 250여 명으로 불어났다. 이렇게 교회가 급성장하자 교회 내 목사 반대그룹이 형성되기 시작했다. 김 목사는 조용히 교회를 사임하기로 결심했다. 이 같은 심경변화를 읽어낸 교인들이 교회 개척론을 들고 나왔다.

일단 워싱턴침례교회에서 떨어져 나갔다는 인상을 주지 않기 위해 사표를 내고 기다렸다. 1974년 11월 10일 드디어 켄싱턴침례교회당을 빌려 창립예배를 드렸다. 이름은 '워싱턴제일침례교회'였다. 이날 워싱턴제일침례교회 창립예배엔 성인 101명, 어린이 35명이 참석했다. 워싱턴침례교회는 '박사교회'로 소문이 나자 이민자들은 주로 제일침례교회를 찾았다. 당시 교인 중엔 자동차 기술자가 가장 많았다. 창립 6개월 후에 재정난에 허덕이던 노스게이트침례교회를 사기로 했다. 교회의 부채를 모두 끌어안고 9만 달러에 교회당을 사기로 합의했다. 2에이커의 대지에 6천 평방미터의 본당과 목사관이 자리 잡고 있었다. 창립 1주년을 맞으면서 교인 수는 150명으로 성장했다.

1980년도엔 총 72만 달러를 들여 기존 교회당 터에 800석에 이르는 새 성전을 건축했다. 교인 수가 650여 명에 이르고 집사만 70여 명에 이르는 대형 교회로 성장했다. 교회당 건축을 끝내고 나니 교회에 시험이 찾아들었다. 교회 신축 반대 그룹들이 의사결정과정에서 소외되었다며 100여 명이 교회를 떠났다. 집사들끼리의 헤게모니 전쟁이었다.

김 목사는 초기 이민자들의 정착을 위해 온갖 심혈을 기울이다 보니 영적 훈련을 게을리해서 찾아온 결과라고 생각했다. 특별히 성전건축 때의 열기를 영적 성장 열기로 지속시켜 나가기 위해서는 우선 성경공부가 중요하다는 자신의 목회 중간 평가를 내렸다. 그러나 자신에게는 교회 개척의 은사는 있으나 철저한 성경공부를 통한 영적 훈련은 자질이 부족하다고 느껴왔다. 그래서 적임자를 찾아 물려주는 것이 옳다는 결론에 이르렀다.

이때 남침례교 국내선교부의 디렉터 로니 샤베즈 목사의 방문을 받았다. 그의 제의는 캘리포니아 한인침례교회 코디네이터를 맡아보라는 제의였다. 캘리포니아는 한인들이 가장 많이 거주하고 한인침례교회도 빠르게 성장하고 있으니 교단 본부와의 교량 역할로 김 목사가 적임자라는 설명이었다. 개척교회 8년 만에 교인 600여 명, 16개 미자립교회를 돕는 그의 능력과 영어실력을 교단본부가 인정하고 있었다. 이미 묘지를 4개나 사놓고 워싱턴에서 평생을 살겠다고 각오했던 그에게 김동명 목사(LA 한인침례교회), 박충직 목사(어바인제일침례교회)도 코디네이터로 오는 일을 적극 찬성하고 나섰다.

1982년 5월 서울침례교회를 담임하던 이동원 목사가 워싱턴 지역 한인 교회연합회 주최 복음화대회 강사로 왔다. 그가 제일침례교회 강단에 섰을 때 교인들은 그의 설교에 큰 감동을 받았다. 김 목사는 이 목사를 목사관으로 초청, 하룻밤을 보내면서 조심스럽게 제일침례교회 담임목사 초청문제를 타진했다. 철저한 성경공부와 영적 훈련을 필요로 하는 제일교회를 위해 이동원 목사가 적임자라고 판단한 것이다. 초청 설교에서 교인들이 큰 감동을 받자 김 목사는 더욱 확신을 갖게 되었다. 갑작스러운 청빙 제의에 이동원 목사의 반응은 "노!"였다. 그러나 집요하게 가능성을 묻자 귀국해서 생각해보고 연락하겠다고 했다.

한 달 만에 국제전화가 왔다. 청빙 제의를 수락하겠다는 것이었다. 1982년 12월에 이 목사가 미국에 들어오고 김 목사는 1983년 1월 1일부로 캘리포니아로 떠난다는 약속을 주고받았다. 이 목사의 결심을 전해 들은 김 목사는 비로소 자신의 각오를 교인들에게 공표했다. 교인들은 깜짝 놀랐다. 그러나 이동원 목사가 후임으로 온다는 말에 "이동원 목사라면 오케이"라는 동의를 얻어냈다.

이때 한국에서 김현칠 목사에게 편지가 날아왔다. 호소문이었다. 서울침례교회가 보낸 것이었다. 내용은 "하나 있는 인재를 꼭 미국으로 데려가야겠느냐?"며, 이 목사 청빙 문제를 백지화해 달라는 요구였다. 이때 회의론이 대두되기도 했다. 서울에서 3천 명 모이는 교회 담임목사가 왜 여기 오겠느냐는 것이었다. 그러나 모실 수만 있으면 영광이라며 교인들은 합심기도에 들어갔다.

이동원 목사도 섬기던 교회의 강한 반발에 직면하자 난감했으나 약속은 약속대로 지켜져야 한다고 결심하고 1983년 7월에 부임할 테니 자신이 추천하는 세 명의 전도사를 찾아 먼저 교육전도사로 세워달라고 요청했다. 이런 우여곡절 끝에 1983년 8월 1일 이동원 목사가 워싱턴에 도착했다. 그리고 8월 27일 취임예배를 드렸다.

이 목사 부임 5년 만에 교인은 1천 명을 넘어서기 시작했다. 1988년 11월 현재 출석교인은 1천2백 명이었다. 제일침례교회 주보는 특징이 있다. 지난주 출석 교인에 대한 통계가 없다. 헌금 수령액이나 헌금명단도 없다. 자칫 출석 교인이 많다는 것으로 교회의 크기를 과시하려는 위험한 생각이 뒤따른다는 판단 때문이었다. 오히려 그런 지면에 해외 파송선교사들의 선교지 소식이 깨알같이 소개되었다.

이동원 목사는 목회하면서 시카고 트리니티신학대학원에서 박사과정을 이수했다. 선교학 박사 논문 제목은 놀랍게도 "해방신학에 대한 복음주의적 성찰"이었다. 복음주의자들이 사회 참여를 못 하는 것을 회개해야 한다고 말하는 이 목사는 개인 구원도 중요하지만 사회적 구원에 관한 관심도 게을리해서는 안 된다고 강조했다. 한 달에 50여 통의 부흥집회 요청 전화가 걸려오지만, 지역을 안배하여 '한 달에 한 번'의 원칙을 고수하는 이 목사는 "강해설교의 대가"답게 나침반출판사 등을 통해 수십 권의 설교집을 펴냈고, 그의 설교 카세트 테이프는 매 주일 제작되자마자 미국 전역으로 순식간에 배포되곤 했다.

● 1990년대 이후 괄목할 성장을 이룬 미주 한인 교회들

1990년대 들어서면서 한인 교회들은 미국 전역에서 뚜렷한 성장세를 이어갔다. 교회마다 성령부흥회, 전도부흥회가 열리고 목회자들을 대상으로 한 다양한 세미나가 쉬지 않고 개최되었다. 교회 개척도 활발해졌다. 신학교들은 한국어 프로그램을 개설하고 한인 신학생들을 유치하기에 열심을 냈다. 1970-1980년대 같은 이민의 물결이 다소 감소하기는 했지만 그래도 한인 교회들은 전국적으로 성장의 기틀을 마련하고 부흥의 물결을 이루기 시작했다. 이때 아름다운 본보기로 성장을 이룬 교회들을 소개한다. 다음은 교단 배경과 지역성을 두루 살펴 선정된 30대 한인 교회들의 비교적 간략한 교회 약사이다.

나성순복음교회(Full Gospel LA Church)

순복음 선교 역사에서 북미 지역 선교는 오랜 전통을 가지고 있다. 1971년 미국 선교를 시작으로 북미총회는 미국과 캐나다에 순복음의 영성과 성령운동을 확산하는 데 주력해왔다. 뉴욕과 LA, 워싱턴 등을 기점으로 세워진 순복음의 교회들(LA 나성순복음교회, 뉴욕순복음연합교회, 순복음시카고교회, 순복음타코마제일교회, 워싱턴순복음제일교회)은 북미 지역 교민 복음화에 큰 역할을 감당하며, 세대를 이어 지역 교민 사회에서 대표적 교회로 자리매김하고 있다.

김성수 1대 담임목사

나성순복음교회는 남가주 로스앤젤레스, 동쪽으로는 미국 서부 경제의 중심지인 LA 다운타운, 서쪽으로는 세계 영화와 문화 산업의 중심지 헐리우드, 북쪽으로는 LA 전체가 내려다보이는 그리피스 천문대, 남쪽으로는 세계 최대의 한인 타운이 내려다보이는 그 한가운데 자리 잡고 있다. 2022년, 46주년을 맞은 교회에는 무엇보다도 여의도순복음교회의 선교 열정, 즉 선교의 DNA가 흐르고 있다.

나성순복음교회는 고 조용기 원로목사의 세계선교를 위한 기도와 열망 속에서 1974년 7월 고 최자실 목사가 LA 범교민 전도집회를 인도한 이후 1975년 1월 정식으로 창립됐다. 1975년 8월 김성수 목사가 1대 담임목사로 부임하고 1976년 3월 당회를 발족시키면서 거친 이민 생활에 외롭고 상처받고 지친 교민들에게 '영혼이 잘 되고 범사가 잘 되며 강건하게 되는' 오중복음

삼중축복의 복음이 전파되었다.

2001년 10월 부임한 이태근 2대 담임목사, 2005년 7월에 부임한 이영훈 3대 담임목사의 리더십을 거치면서 교회는 놀랍도록 성장했다. 초창기부터 계속해서 최자실 목사, 조용기 목사 초청 부흥성회를 개최해 온 교회는 2005년 창립 30주년을 맞아, 성령충만과 순복음신학으로 무장된 이영훈 목사의 지휘 아래, 또 한 번 성장했다. 연세대 신학과를 나와 순복음교회에서 목사안수를 받고 미국에서 신학박사 학위를 받은 이영훈 목사는 한국 순복음교회를 대표하는 신학자라고 할 수 있다. 그는 한국 교회 안에서 한때 이단시비에 휘말렸던 조용기 목사의 '3박자 축복'과 뜨거운 성령운동을 신학적으로 정리해 주류 교회와 접목시킨 공로를 인정받아 조 목사의 돈독한 신임을 받았다.

이영훈 목사가 여의도순복음교회 담임목사로 부름을 받은 후 2007년 3월 16년간 파라과이, 5년간 브라질에서 선교하며 순복음중남미총회장까지 지낸 베테랑 선교사 출신 진유철 목사가 담임으로 부임했다. 그는 여의도순복음교회 선교사 출신답게 한인 교민 복음화와 함께 세계선교를 교회의 최대 사명으로 삼고 그동안 잘 훈련된 교회를 '선교적 교회'로 변모시키고 있다.

남가주사랑의교회(Sa-Rang Community Church)

오정현 창립 담임목사

1대 오정현 담임목사가 12명의 성도와 함께 교회 개척을 위한 70일 연쇄 금식기도를 가진 후, 1988년 1월 17일 세리토스의 피아노 가게에서 첫 번째 비공식 예배를 드렸다. 그 후 3월 20일에 교회 탄생 공고를 정식으로 낸 후 입당 예배를 드림으로써 교회가 시작되었다.

남가주사랑의교회는 개척과 동시에 복음전도집회부터 열었다. 단순한 수평이동(이미 믿는 신자가 교회를 옮기는 일)으로 인한 성장이 아니라, 아이를 잉태하는 심정으로 영혼을 살리는 일을 통해 건강하게 성장해 온 것이 큰 자랑이요, 힘이 아닐 수 없다고 교회는 말하고 있다.

또한 교회는 개척 첫해부터 평신도 순장이 인도하는 다락방 모임을 시작했다. 첫해인 1988년 11월 13일에는 10개의 다락방이 세워진 일을 축하하는 예배를 드렸다. 다락방은 성경공부, 전도, 양육, 사랑의 교제에 중점을 두고 평신도를 인도하는 소중한 교제 공간, 양육 산실로서 모든 교회 사역의 중심이며 영적 재생산의 산실로 발전했다. 지금은 다락방이 지역별로 나누어져 있으며, 싱글 다락방, 홀리웨이브 다락방, 특수 다락방 등 교우들의 필요에 따라 맞춤형으로 운영되고 있다.

많은 사람이 남가주사랑의교회라고 하면 '제자훈련'을 떠올린다. 개척 원년인 1988년 6월 12일에 장년 3개 반, 청년 1개 반으로 시작된 제자훈련의 성과는 놀라웠다. 많은 성도가 하나님의 부르심 안에서 자신의 사명을 발견하고, 그 사명을 이루기 위한 힘의 원천을 찾았다. 이름만 크리스천이 아니라, 자기 믿음의 근거와 이유를 확실하게 제시하고, 다른 사람들에게 신앙을 강권하는 전도자로 거듭났다고 한다. 제자훈련을 통해 하나님의 뜻을 알고, 그 뜻을 이루어드리는 삶이 얼마나 소중한 인생인지 고백하는 사람들이 늘어나기 시작했다.

깨어난 평신도를 사역자로 세우는 일은 남가주사랑의교회의 핵심 사역 가운데 하나였다. 이 일을 위해 시작한 사역반, 전도 사명자들을 훈련하는 전도폭발, 성경묵상을 통한 개인의 영적 성숙을 돕는 QT 상설반 등 많은 훈련 프로그램들이 활발하게 돌아갔다. 제자훈련이 심장이고 사역훈련이 손과 발이라면, 연말특별새벽부흥회, 영적 각성집회와 새생명축제는 심장과 손발을 연결하며 흐르는 실핏줄이다. 지난 30여 년간 매년 연말특별새벽부흥회와 영적 각성집회 등을 통해서 이웃과 지역사회를 향해 나아가는 새생명축제를 열어왔다.

현재 장년 등록이 2만2천800명, 교회학교가 6천 명 규모의 대형 교회로 성장했다. 그러나 남가주사랑의교회의 꿈은 덩치 큰 교회가 아니라 시대에 모범을 남기는 모델 교회라고 한다. 사람이 많이 모이는 교회가 아니라 복음적인 평신도 사역자들의 헌신과 수고를 통해 우리 삶의 구석구석을 제자답게 세우는 역동성 있는 교회로 자라가기를 원하고 있다. 이러한 꿈의 실현을 위해서 매년 전 세계에 흩어진 한인 목회자를 위해 개최하는 제자훈련 지도자 세미나(CAL Seminar)가 그들의 꿈을 가장 잘 대변하는 사역이라고 한다.

개척하여 15년을 섬기던 오정현 목사가 서울 사랑의교회로 이임한 뒤, 김승욱 목사(당시 필라델피아한인연합장로교회 담임)가 2대 목사로 2004년부터 2010년까지 '킹덤드림'의 기치 아래 2기 사역을 펼쳤다. 그 후 2012년 10월, 노창수 목사(당시 와싱톤중앙장로교회 담임)가 3대 담임목사로 취임했다. 2022년 현재 34주년을 맞은 남가주사랑의교회는 '다음세대를 세우는 교회, 이웃을 사랑하는 교회, 평신도를 깨우는 교회, 선교명령에 순종하는 교회, 가정을 회복시키는 교회'라는 5대 비전을 가지고 한인 커뮤니티를 넘어 미국 사회와 전 세계에 그리스도의 교회로서의 빛을 비추는 사역에 헌신하고 있다.

남가주새누리교회(Berendo Street Baptist Church)

박성근 현 담임목사

로스앤젤스한인침례교회(현 남가주새누리교회)는 1957년 3월 10일 김동명 목사와 안이숙 사모에 의해 개척되었다. 개척 당시 유학생을 포함해 한인 교포 숫자가 300여 명밖에 되지 않던 시기에 '광야의 소리'를 외치며 교회가 시작되었다. 로스앤젤레스한인침례교회는 남침례회(SBC) 국내선교부의 지원으로 시작된 미국 내 최초의 한인 침례교회로서 북미주 800여 한인 침례교회의 모 교회이며, 해외선교와 제자훈련을 통해 하나님 나라의 확장을 추구해왔다.

김동명 목사는 '용서받은 탕자'와 '빚진 자'의 자세로 성도들을 양육하였고, '착한 양, 착한 목자'라는 목회철학에 대해 교인들에게 깊이 각인시켜 주었다. 특별히 1977년 이 지역 최초로 자체 건물을 건축함으로써 교회 성장의 도약기를 맞이하게 되었다. 그 후 남미의 아르헨티나, 브라질, 베네수엘라, 파라과이 등에 여러 개의 지 교회를 개척했는데, 2000년도에는 그 숫자가 16개로 늘어났다. 그리고 수많은 사역자를 배출해 세계 곳곳에 복음을 전파했다.

김동명 목사가 1989년 버클랜드침례교회(현 새누리침례교회)의 청빙을 받아 2대 담임으로 부임하게 되어서 떠나자 로스엔젤레스한인침례교회는 제2대 담임으로 박성근 목사를 청빙, 1990년 박 목사가 2대 담임으로 취임했다. 박 목사 부임 후 말씀과 복음 중심의 교회를 표방하며 새로운 부흥의 시기를 맞이하게 되었다. 특별히 1990년에 가진 "10·7 예수 모신 복음잔치"는 6천여 명이 참석한 가운데 수많은 사람이 예수님을 영접하는 역사가 일어났으며, 이것이 교회 성장의 새로운 발판이 되었다. 제자훈련과 전도훈련의 강화로 많은 평신도지도자가 양육되었고 신약교회적 목회상을 확립하게 되었다.

교회가 수적으로 증가하는 가운데, 공간의 부족과 교육시설의 필요성을 절감하고, 1994년 두 번째 건축이 시작되었다. 체육관을 포함한 교육선교관과 본당을 증축했고, 지하의 주차장도 건축되었다. 숫자적인 성장도 중요하지만 건강한 공동체의 성장이 더 중요했기에 2001년부터 양무리 사역이 시작되었다. 양무리는 SBC의 주일학교(SS) 사역을 수정 보완한 것으로 주일 예배 전후에 모이는 소그룹 모임이다. 연령별로 교구를 나누고, 교구에는 8-10명의 목자가 세워져서 '착한 양, 착한 목자'의 사역이 이루어졌다. 그 결과 평신도가 사역자(Lay Pastor)가 되는 모델을 실현할 수 있었다. 그뿐만 아니라, 2004년 FAITH 훈련이 시작되면서 그리스도의 군사를 양성하는 든든한 교회가 되었다.

한편 교회가 성장하는 과정에 크고 작은 어려움이 찾아왔으며 이 과정을 통해 기도 외에는 다른 길이 없음을 깨닫게 되었다. 그래서 2006년부터 "40일 기적의 대장정"을 비롯해서 특별새벽기도회가 매년 실시되었다. 2009년부터는 중보기도 축제가 시작되었다. 매년 8월 한 달을 체육관에서 전 성도가 함께 모여 부르짖는 시간을 가졌다.

기도의 열매와 하나님 나라 비전의 확신은 세 번째 건축으로 이어졌다. 2014년에 시작된 건축이 완공되어 2018년 8월 5일 하나님께 봉헌하게 되었다. 건물은 1천500명 수용 규모의 본당과 450대 주차장, 교육관 및 커뮤니티센터 등으로 이뤄져 있다. 커뮤니티센터 1층에는 카페테리아, 2층에는 방송국을 비롯한 선교와 봉사를 위한 시설이 있다. 이것을 계기로 교회 이름을 '남가주새누리교회'로 변경했다. 새로 건축된 교회는 지역사회 행사를 위해 종종 사용되고 있다. 우선 타운 내에서 개최되었던 음악회는 물론, 3.1절과 6·25, 그리고 8·15 기념행사가 이곳에서 개최되었다. 그리고 남가주밀알선교단의 밀알의 밤 행사가 해마다 이곳에서 열렸다. 교단 행사로는 미주 남침례회 한인 총회 제41차 총회가 2022년 6월 이곳에서 개최되었다. 그 외에 옛 본관 내에 소망소사이어티 LA지부 사무실이 마련되었으며, 생명의전화 행사도 이곳에서 열리는 등 남가주새누리교회는 닫힌 공간이 아니라 열린 공간을 지향하면서, 지역사회를 섬기고 있다.

베델교회(Bethel Church)

캘리포니아 오렌지카운티 남단에 있는 아름답고 기후 좋은 계획도시 얼바인에 위치한 베델교회는 1976년 9월 창립되었다. 본 교회가 소속된 C&MA 교단은 미국에서 설립된 순수복음주의 교단으로, 특히 선교에 많은 힘을 쏟고 있다.

고 손인식 3대 담임목사

1976년 9월 12일 1대 담임목사인 윤용오 목사가 개척했다. 6년 후 4개 교회가 연합으로 기공예배를 드리며 2대 담임목사로 백태현 목사가 부임했고 1990년, 3대 담임목사로 손인식 목사가 부임해 약 23년간 부흥운동을 주도했다. 손인식 목사가 조기 은퇴 후 선교사로 떠나고, 2014년 현 4대 담임목사인 김한요 목사가 부임해 지금의 베델교회를 이끌고 있다.

캘리포니아 명문대학인 캘리포니아대학교 어바인(UC 어바인)이 바로 옆에 자리하고 있어, 고등학교 졸업 후에 UC 어바인으로 진학한 학생들은 어느 순간 베델교회 교인이 된다. 그래서 그 어느 교회들보다 2세 혹은 유학생들이 많고, 초·중·고 학생들의 젊은 부모들이 많다. 교회는 생활강좌 프로그램을 실시해 지역사회의 문화교육기관으로 자리 잡았다.

코비드 바이러스가 시작되기 전인 2018년 봄학기에는 퀼트 교실, 꽃꽂이 교실, 기초 미술, 유화 고급, 한국화, 한글 서예, 오토하프 기초, 북카페, 독서 치유, 쉬운 영문소설, 일본어 회화, ESL 말하기와 듣기 등의 강좌가 수요일부터 토요일까지 개설되었는데, 강사진은 다년간 강좌를 지도하거나 해당 분야의 전문가들로 구성되었다.

베델교회를 대형 교회로 키운 손인식 목사는 황해도에서 월남한 손원국 장로와 김화비 권사의 차남으로 1948년 12월 30일 강원도 철원에서 출생했고 대광고등학교를 졸업하고 고려대학교에 입학했다. 고대 재학 중 군에 입대했으며 제대 후 워싱턴 DC로 이민(1973), Washington Bible College(BA), Capital Bible Seminary(M.Div.)를 졸업했다.

메릴랜드와 미시간에서 각각 전도사(3년), 유학생교회 담임목사(1년 반), 부목사(7년)로 사역하고 1990년 42세 때 베델한인교회 담임목사로 부임해 2013년 65세까지 23년 동안 목회했으며 은퇴 후에도 '그날까지선교연합' 국제대표로 미국, 한국, 유럽을 오가며 북한동포를 위한 복음화 사역을 활발히 펼쳐왔다. 은퇴 후에도 왕성하게 활동하던 손인식 목사는 2020년 3월 28일 새벽 갑자기 하나님의 부르심을 받았다. 2019년 1월 6일 저녁 미끄러져 바닥에 머리를 부딪치는 사고로 뇌출혈 수술을 받다가 회복 중 향년 72세로 주님 품에 안긴 것이다.

김한요 담임목사는 베델교회에 대해서 다음과 같이 소개하고 있다.

"베델교회는 이민 교회, 혹은 디아스포라 교회이다. 한국 고향을 떠나온 이민자들, 주재원들, 유학생들 그리고 정년퇴직하여 새로운 삶을 찾아 이사 오신 분들을 위해 약 반세기 전에 이곳 남가주에 세워진 교회이다. 거시적인 눈으로 보면 소수민족을 위한 교회로 출발했지만, 지금은 교회 역사 반세기를 향하여 가고 있는 교회로서 지역사회를 넘어 세계선교를 사명으로 품고 가는 교회이다. 다음 세대를 위한 교회를 독립시켜 한 캠퍼스에서 교회학교를 같이 세워가는 파트너십으로 믿음의 전수를 실천하고 있으며, 더 나아가 크리스천 기독교 학교를 설립하여, 미국 주류사회에 건강한 영향력을 미칠 인재 양성에 최선을 다하고 있다."

새생명비전교회(New Life Vision Church)

강준민 창립 담임목사

2009년 11월 8일 주일예배를 끝으로 동양선교교회 담임목사를 사임한 강준민 목사가 바로 다음 주일인 15일에 새생명비전교회에서 첫 예배를 드렸다. 교회가 빌린 건물은 같은 LA 코리아타운 내에 있는 에티오피안 교회였다. 개척 첫 주일예배에 800석 규모의 예배당이 예배 전부터 발 디딜 틈 없이 가득 찼다고 알려졌다. 이날 "주님이 세우시는 교회"라는 제목으로 설교한 강준민 목사는 "교회의 초점을 영혼 구원에 맞춰야 한다"며, "교회 탄생 기념으로 한 사람이 한 명씩 전도하자"라고 권면했다.

새생명비전교회는 강 목사에 의해서 개척된 교회는 아니다. 동양선교교회 행정목사였던 오은철 목사가 먼저 사임한 후 그가 개척한 조이풀제자교회와 합쳐 '새생명비전교회'로 교회 이름을 바꾼 후, 7년여 만에 출석 교인이 2천여 명에 달하는 큰 규모의 교회로 성장했다. 새생명비전교회는 2009년 11월에 창립해 2년 가까이 에티오피안 교회와 LA하이스쿨 두 곳에서 주일예배를 드리던 중, 2011년 협소한 장소 문제를 해결하기 위해 글렌데일 지역 샌퍼난도 로드 선상에 있는 8만여 스퀘어피트에 달하는 부지에 있는 건물을 매입해 예배당으로 사용하는 프로젝트를 진행했으나 최종 융자심사를 통과하지 못해 좌절됐다. 이후, 2013년 1월 담임목사가 공석이었던 뉴호프채플(2861 Los Feliz Blvd)과 통합하면서 20에이커에 달하는 교회를 건축할 수 있는 부지를 확보했다. 당시 새생명비전교회는 뉴호프채플의 403만 달러에 달하는 채무문제를 분담하기로 하면서 통합을 이룰 수 있었다.

패서디나에 있는 로고스교회, 동양선교교회, 새생명비전교회 등 강준민 목사가 사역한 교회 중에서 수적으로 성장하지 않은 교회가 없다. 어떤 사람들은 교회성장의 비결을 그의 설교에서 찾는다. 2005년 한 기독언론사와의 인터뷰에서 강준민 목사는 본인의 설교에 대해서 다음과 같이 이야기한 바 있다.

> "내 설교에 가장 큰 열정을 불러일으키는 것은 조용기 목사님의 균형 잡힌 설교가 아닌가 한다. 복음주의적 설교인 찰스 스펄전의 설교도 물론 큰 영향을 주었다. 또 지성적인 설교라 하면 곽선희 목사님이다. 내 설교의 특징은 하용조 목사님과 이동원 목사님의 특징을 둘 다 갖고 있다. 하용조 목사님은 그냥 그분의 설교를 듣고 읽는 것만으로도 은혜가 있다. 반면에 이동원 목사님은 첫째, 둘째, 셋째 이렇게 순서

를 정해놓고 설교한다. 나는 이 두 가지를 같이 활용한다. 또 한 가지는 강해설교다. 모든 설교는 다 성경본문에서 나오고 성경 전체의 경륜적인 원리에 근거한 설교다. 나는 성경을 근거로 성경을 보여주는 설교를 지향한다. 다만 설교에 차이가 있는 것은 그 주제를 어떻게 다루느냐의 문제다. 가장 좋은 설교는 강해설교라고 생각한다."

한편 강준민 목사는 베스트셀러 저자로 한국에서도 널리 알려진 '스타 목사'로, 수십여 권의 저서를 통해 성도들의 영성을 일깨워오고, 독자들의 마음이 주를 향하여 뿌리내리도록 돕는다. 저서로는 『뿌리 깊은 영성』, 『확신 기도의 힘』, 『성경 암송과 거룩한 습관』, 『하나님을 아는 지식의 영광』, 『절망을 희망으로 바꾸는 생수의 은혜』, 『꿈꾸는 자가 오는도다』 등이 있다.

윌셔연합감리교회(Wilshire United Methodist Church)

이창순 초대 담임목사

윌셔연합감리교회는 로스앤젤레스 시의 문화재로 지정된 유서 깊고 아름다운 교회 건물로 유명하다. 13세기 이탈리아 종탑 스타일의 144피트 높이의 타워가 있는 Wilshire Congregational Church(현재 월셔연합감리교회)는 6가와 커몬웰스에 있는 First Congregational Church와 UCLA의 건물을 설계한 유명 건축가인 Allison이 지은 고딕 양식의 교회당이다.

교통이 편리한 윌셔가와 넓은 파킹랏으로 한인들이 선호하는 이 교회는 봄과 가을로 거의 주말마다 결혼식이, 또 11월 말부터 연초까지는 다양한 음악회가 열리는데 2011년에는 LA 필하모닉(LA Phil) 공연과 앤젤시티코랄(Angel City Chorale) 공연이 열렸다고 한다. 특히 앤젤시티코랄은 순수 아마추어 합창단이지만, 관객들과 함께하는 독특하고 친근한 공연으로 LA 지역에서는 제법 유명한데 매년 12월 첫 주에 이 교회당에서 공연을 한다.

한인 교계의 다양한 공연장으로 널리 개방되어 문화발전에 기여해 온 이 교회는 한인 교회, 영어권 성도가 모이는 미국 교회, 히스패닉 교회, 그리고 필리핀 교회가 소속되어 있었다. 1979년 미국 교회 안에 한인 목회가 창립되어 이창순 목사가 창립목사가 되었다. 그리고 이듬해 바로 자립 교회로서의 예산과 조직을 갖추었다. 1982년이 되자 채플실이 아닌, 본당에서 예배를 드리기 시작했다. 1992년에는 "사랑의 불꽃"(LTD, 레인보우 뜨레스 디아스) 프로그램을 시작했다. 이 프로그램에 참여했던 많은 교인이 주위의 믿지 않은 영혼들에게 관심을 갖고 그들을 위해서 기도하고, 전도했다.

1994년 6월 19일 4개 회중 담임목사로 이창순 목사가 취임하고, 2001년 7월 1일 제2대 담임으로 김웅민 목사가 부임하면서부터 교회는 더욱 성장하기 시작했다. 김웅민 목사가 하와이 지역 감리사로 파송된 뒤 2004년 7월 4일 제3대 담임으로 곽철환 목사가 부임했다. 그 당시 전체 1천 명의 성인 교인 가운데 700명 정도가 한인이었다.

2011년 창립 32주년을 기념해 월셔연합감리교회는 다양한 선교활동을 벌여 우크라이나 오십시교회 건립 결정, 과테말라 끼살교회 건축 봉헌, 2012년 미얀마 슈뻬따교회 & 따두간교회 건축 봉헌, 2014년 창립 34주년 기념 완네차웅교회 건축 봉헌, 2015년 미얀마 로가교회를 건축 봉헌 등 해외선교에 박차를 가하기도 했다. 연합감리교회 중 LA한인타운에 자리 잡고 있는 대표적인 교회인 월셔연합감리교회는 현재 구진모 목사가 담임목사로 있다.

은혜한인교회(Grace Korean Church)

은혜한인교회는 1982년 5월 9일 오후 2시에 플러턴(620 S. Roosevelt Ave. Fullerton California)의 한 미국 교회를 빌려서 창립예배를 드렸다. 은혜한인교회의 창립 멤버들은 모두 여덟 가정으로 이영철과 안동옥, 김용치, 허영조, 오인환, 이상건(이반석), 김영식, 그리고 조영섭 가정이다. 창립예배에 참석한 교인 수는 모두 77명이었다.

한기홍 2대 담임목사

개척 담임목사였던 김광신 목사는 사랑하는 성도들에게 가장 좋은 것을 주되 이 세상 어느 것과 비교할 수 없는 영원토록 녹슬지 않고 도둑맞을 염려가 없는 하늘에 상급을 쌓도록 도와주어야 한다는 생각을 갖게 되었다. 영혼 구원이 하나님께서 가장 귀히 여기시는 일이므로 그는 목회방향을 크게 두 가지로 설정하였다. 첫째, 잃어버린 영혼을 구원하자. 둘째, 이미 믿는 성도들이 하늘나라에서 가장 많은 상급을 받게 하자.

개척 당시부터 시작한 '테이프 선교'는 은혜한인교회의 부흥에 날개를 달아주었다. 카세트 테이프 선교의 주된 내용은 토요 성경공부, 찬양과 말씀이었으며 오렌지카운티에서 시작하여 LA 지역, 미국 전역으로 퍼져나갔고 한국과 유럽의 친지들에게도 보급되면서 1983년 8월 21일 김광신 목사의 설교 테이프는 매월 발송 숫자가 3천500개를 돌파하였다.

1984년 2월 29일 은혜한인교회의 350명의 성도는 놀웍에 있는 교회당으로 이전, 1천960석의 본당이 채워지는 하나님의 비전을 꿈꾸며 부흥의 시대로 가는 감격의 첫 수요예배를 기도실에서 이전 감사예배로 드렸다. 1985년 7월 처음으로 '대학생 사랑의 불꽃'이 시작됨으로 뜨레스디아스(Tres Dias) 영성훈련을 시작하게 되었다.

'대학생 사랑의 불꽃'이 기대했던 것 이상으로 대성공을 거둠으로 이에 확신을 갖고 일 년여의 준비 기간을 거쳐 1986년 10월 29일, 성인을 대상으로 하는 제1기 그레이스 뜨레스디아스(GTD)가 개최되어 33명의 페스카도르가 탄생되었고, 해를 거듭하면서 수많은 TD 수료자들을 배출했다. 1986년부터 시작된 GTD는 160기를 거치면서 약 1만5천 명의 성도들이 주님의 사랑을 경험했고 그들을 통해 남가주를 비롯, 세계 각처에 수많은 TD 커뮤니티가 형성되었다.

남가주 지역 초대형 교회 중 하나인 은혜한인교회의 특징 중 하나는 교회역사와 선교역사가 동일하게 시작되었다는 것과 매해 교회 예산의 50%가 선교비로 책정되어 전 세계에 파송된 선교사들에게 전달하고 있다는 것이다. 그리고 창립 이듬해인 1883년 1월 9일 첫 공동회의에서 1983년도 예산 32만6천360달러를 통과시키고 50%를 선교비로 책정했다. 1985년 1월 27일 공동회의에서 신년도 예산 150만 달러를 통과시키고 예산의 50%인 75만 달러를 선교비로 책정했다. 1987년 1월 12일에 열린 공동회의에서도 예산 2백8만318달러를 통과시켜, 선교예산이 연 100만 달러를 초과하게 되었다.

교회의 성장을 이끈 초대 김광신 목사는 1935년 1월 2일 부산에서 출생, 부산중학교와 마산고등학교를 거쳐 서울대학교 문리대 영문과를 졸업했다. 43세의 비교적 늦은 나이에 소명을 받아 44세에 탈봇신학교에 입학해 복음 사역자의 길에 들어섰다.

김 목사는 "땅끝까지 복음 전파하자"는 선교 비전 아래 은혜한인교회의 부흥을 주도했으며, 단일 교회로서는 가장 많은 전 세계 6천 개 교회를 개척했다. 은혜한인교회는 러시아를 비롯해 57개국에 선교사 329명을 파송하는 등 '선교하는 교회'로도 세계적으로 유명하다.

한편 김광신 목사의 뒤를 이어 목회하고 있는 한기홍 목사는 1992년 샌디에이고 갈보리장로교회의 담임목사로 청빙받아 70명이 모이던 교회를 1천 명이 넘는 샌디에이고 최대 한인 교회로 성장시켰다. 2004년에는 해외 선교지에 가장 많은 교회를 개척한 남가주 은혜한인교회의 2대 담임목사로 청빙을 받아 현재까지 사역하고 있다. 2009년에는 2천5백 명이 동시에 예배드릴 수 있는 초대형 성전을 건축, 지역사회 주류 언론들에 대서특필된 바 있다.

한기홍 목사는 세계선교동역 네트워크 킴넷(KIMNET) 국제 대표, 미주 성시화운동본부 공동회장, 미주 복음방송 이사장, 기독교한인세계선교협의회(KWMC) 대표의장을 역임했으며, 2015

년에 개최된 '미국을 위한 국가 기도의 날'에 한국인 목사 중 처음으로 기도자로 초청되어 "동성결혼은 하나님의 법을 대적하는 일"이라고 선포하기도 했다. 2022년 5월 교회는 창립 40주년 기념예배와 축복 성회를 드렸다. 이 자리에는 은혜한인교회에서 은퇴하고 나서 서울 은혜교회를 개척, 한국에서 목회를 계속하던 김광신 원로목사가 참석, 함께 기쁨을 나누었다. 그리고 사흘 후 김광신 목사는 향년 87세로 별세했다.

주님의영광교회(Glory Church of Jesus Christ)

신승훈 창립 담임목사

주님의영광교회는 '오직 주님의 영광만을 위해' 지난 1999년 1월 17일 신승훈 목사에 의해서 세워진 교회이다. 주님의영광교회의 전신인 "주님의체육인교회"는 1998년 7월 김광자 전도사의 인도로 12명이 모인 가운데 개척되었다가 이듬해 1월 3일 신승훈 목사를 담임목사로 청빙하면서 '주님의영광교회'로 개명했다. 이어 한 달 뒤인 2월 21일 박문정 목사가 시무하고 있던 LA 주사랑교회(932 S. Crenshaw Bl.)와 합병했다. 같은 해 5월 5일 예배 장소를 Korea Frontier Mission(현재 컴미션 자리)으로 이전했으며, 10월 10일 갑자기 늘어나는 예배 참석자들을 감당하기 위해 주일예배 장소를 LA 다운타운에 있는 Patriotic Hall로 옮겼다.

2001년은 교회가 폭발적인 성장세를 지속하면서 뜨거운 성령집회, 예배를 통해 많은 성도가 정착하는 한 해였다고 평가되고 있다. 특히 GYF청소년 사역에 불이 붙어 많은 청소년이 은혜를 체험하고 변화되었다. 급성장한 주님의영광교회는 2002년 현재 성인 출석인원 1천400명, 학생 청소년 5백여 명 등 총 2천여 명의 가족으로 성장, 실로 3년 만에 한인 타운에서 기적과 같은 교회 성장을 이룬 교회로 주목받았다.

2006년 3월 19일 현재 예배 처소인 비전센터(1801 S. Grand Ave., Los Angeles, CA 90015) 건물을 구입하고, 이전하였다. 2008년 창립 9주년을 맞아 교회는 5대 비전을 추진하게 되었다. '성령의 불을 나눠주는 교회, 기도의 불이 꺼지지 않는 교회, 세계선교와 교회부흥의 진원지가 되는 교회, 전 교인과 가족 구원, 2세가 더 잘되는 교회'라는 비전을 가지고 2010년까지 일만 명을 구원하는 교회가 되기 위해 기도했다.

2009년 교회 창립기념 10주년을 맞아 교회는 제2기 도약의 발판으로 '두 날개 시스템'을 실시했다. 전도의 사명을 잘 감당하기 위해 두 날개 양육과정을 교구장과 목자로부터 시작하여 모든 성도가 훈련된 그리스도인이 되도록 훈련을 실시했다. 2011년에는 특별히 선교사역에 박차를 가했다. 1박2일로 진행된 멕시코 어린이 전도축제, 담임목사가 인도한 중국선교, 우크라이나 선교(목회자세미나), 케냐선교와 멕시코 일일선교가 실시되어, 잃어버린 한 영혼 구원을 위해 복음을 증거하는 증인 된 삶을 살도록 도왔다. 교인들이 선교에 대해 열정적이고 헌신하는 이유 중 하나는 신승훈 담임목사가 아프리카 케냐 선교사 출신이란 것과 무관하지 않은 듯하다.

주님의영광교회의 성장 비결은 바로 신승훈 담임목사와 교인들이다. 이 교회 교인들은 다양한 사역 및 봉사 프로그램이 일주일 내내 교회에서 진행되고 있기 때문에 거의 교회에서 살다시피 하는 것으로 유명하다. 또 LA한인타운에서 약간 떨어진 LA 다운타운 한복판에 자리 잡고 있긴 하지만 세계에서 가장 트래픽이 심한 것으로 알려진 10번 프리웨이와 110번 프리웨이 주변의 큰 대형건물 예배당 외벽에 한글로 쓰인 '주님의영광교회'란 이름이 한인 교회를 널리 알리는 광고 효과가 될 뿐 아니라 예배당에 그려진 거대한 예수님 벽화는 바쁘게 살아가는 도시인들에게 시각적인 힐링의 기회를 선사하고 있는 듯하다.

충현선교교회(Choong Hyun Mission Church)

고 정상우 창립 담임 목사

충현선교교회는 "나의 힘이 되신 여호와여 내가 주를 사랑하나이다"라는 말씀을 붙들고 이민자에게 복음을 전하고 세계선교의 사명을 감당하기 위하여 1985년 8월 11일 고 정상우 목사와 여러 동역자가 함께 세웠다. 교회를 개척하고 18년 동안 기초를 튼튼히 다져놓은 후 은퇴한 정상우 목사는 "미국 교회를 전세 내, 50여 명의 교인으로 시작한 것이 엊그제 같은데 이제 보금자리를 마련하고 1천여 명의 신자로 늘어난 모습을 보면 너무나 뿌듯하다"라고 소감을 밝히고 "교회 이름에도 나타나 있듯 복음을 전세계 사람들에게 전하는 '선교교회'의 역할을 충실히 하기 위해 1989년부터 거의 매년 선교사를 파송하며 최선을 다했다"라고 말했다.

2002년 2대 담임목사인 민종기 목사로 리더십이 교체되며, 예배가 모든 사역의 핵심임을 강조한 가운데 기도하며 하나님께 나아가고 있다. 온 성도가 사랑으로 화평을 이룬 가운데, 말씀으로 양육 받으며, 기쁨으로 섬김을 통해 이민 사회와 교계에 건전한 영향력을 주는 교회가 되기 위함이다. 충현선교교회는 '불고기 맞'이라는 독특한 비전을 가지고 있다. 즉, 불러서(Calling), 고치고(Healing), 기르며(Maturing), 맞선다(Confronting)는 비전으로 불신자를 불러, 복음으로 성도의 내면과 가정을 치유하고, 양육과 훈련을 통하여 성숙한 신자로서 성장을 돕고, 선교와 문화변혁을 위하여 세속에 대항하는 구체적인 삶 속에서의 비전이다.

충현선교교회는 2019년 1월 현재까지 31개국에 77명의 선교사를 파송했으며(현역 20개국 42명의 선교사 사역 중) 11개국 28명의 선교사를 협력 지원하고 있다. 1989년 과테말라를 시작으로 멕시코, 가이아나, 몽고, 엘살바도르, 캄보디아, 이스라엘 등에 선교사를 파송했으며 사역지를 점차 확대해 나가고 있다.

교회는 2010년 4월 4일(일) 오후 4시 입당예배를 드렸다. 지난 2003년 정원 같은 분위기의 현 건물을 구입하여 예배당으로 개조했고 이후 지속적인 성장에 따라 마당 끝 창고를 허물고 새 본당을 짓는 프로젝트를 5년 전에 착수, 기공식을 가진 지 1년 3개월 만에 완공해 시로부터 입당 허가를 받았다. 새 본당은 1천 석 규모 건물(1만6천 스퀘어피트)로 서양 현대식으로 설계하면서 한국의 전통미를 가미했다. 천장 중앙에 초대형 방패연을 매달고 기둥과 계단 난간에는 한국 고유의 격자 문양을 새겨 넣었다. 민 목사는 "하나님이 우리의 방패가 되신다는 믿음의 고백으로 방패연을 설치했다. 방패연에 그려진 8개의 삼(3) 태극은 천지인, 즉 하나님과 이 땅과 사람을 사랑하겠다는 우리의 결심을 상징한다"고 설명했다.

한편 2015년에는 설립 30주년을 기념하여 『충현선교교회 30년사』 책자를 발간했다. "내 잔이 넘치나이다"를 부제로 총 333면으로 발간된 책자는 사명선언, 예배드리는 전경과 교회건물 사진, 목회비전, 발간사, 편찬사, 각계각층의 축하의 글과 축시에 이어 모두 9부로 편찬되었다. 30년사는 제1부 정상우 목사 사역(복된 장마비의 시대), 제2부 민종기 목사 사역(기쁨의 단을 거두는 시대), 제3부 선교(열방을 향한 복음 전파), 제4부 차세대 교육과 영어목회(EM), 제5부 위원회와 제직회 사역, 제6부 섬기는 사람들, 제7부 교회당 건축사, 제8부 연혁 및 부록, 제9부 화보에 이어 편찬위원 후기, 편집인의 글 순으로 구성되었다.

충현선교교회는 창립 30주년을 맞아 선교사들을 위한 수양관을 글렌데일에 마련하고 선교사들의 미국 방문시 휴식을 제공하고 있는 선교관 '수넴홀'을 개관했다. 선지자 엘리사를 극진히 섬겼던 수넴 여인으로부터 이름을 따왔다. 이 선교관은 총 5개의 방을 갖추고 있으며 선교사들의 쉼을 위한 각종 편의시설이 갖춰져 있다. 수넴홀은 충현선교교회 파송선교사는 물론 선교사라면 누구라도 이용할 수 있도록 개방되어 있다.

코너스톤교회(Cornerstone Church)

이종용 창립 담임목사

남가주 토랜스 인근에 위치한 코너스톤교회는 2008년 말, 창립 시부터 15년의 선교역사를 담은 『One Heart』를 출간했다. 코너스톤교회의 선교 발자취인 이 책은 선교의 비전과 모든 단기선교의 기록·사진·간증 등을 담고 있다. 104시간 버스를 타고 화씨 89도의 기온과 74%의 습도를 보이는 날씨에, 하루 15시간씩 전도사역을 펼친 사도행전적 역사적 현장이 고스란히 담겨 있다. 또 선교를 떠나기 전 실시하는 약 12주간의 선교훈련 내용도 실었다. 부록으로는 2008년 브라질 선교의 여정을 동영상으로 제작한 "회상"(Encounter)을 첨부했다.

이종용 담임목사는 "매번 선교를 다녀올 때마다 책을 만들어 주님께 올려드리고 싶었는데, 이번에 이렇게 주님께서 사용하시고 역사하신 코너스톤 선교의 발자취를 책으로 낼 수 있도록 허락하신 주님을 찬양한다"면서, "이 책이 선교의 역사 기록뿐만 아니라 다녀온 분들이 다시 보고 그때의 선교를 회상하면서 다시 도전을 받기를 기대한다"고 밝혔다.

이종용 목사는 단국대 행정학과와 International Bible College(San Antonio, TX)를 졸업하고, 1985년 샌안토니오 한인남부침례교회를 개척했다. 1993년 8명의 청년과 함께 현재 담임하고 있는 코너스톤교회를 개척했다. 그날 첫 주일설교의 제목이 "하나님이 칭찬하시는 교회"였다. 코너스톤교회는 이 시대의 문화를 통해 복음을 전하고 하나님께 영광을 올려드리는 교회, 예배가 살아 있는 교회, 은사를 개발하여 마음껏 은사를 통해 사역하는 교회, 그 누구도 높아지지 않고 서로 낮아져서 섬기는 교회, 오로지 말씀으로만 다스려지는 교회, 중형 교회로서 다른 중소형 교회를 돕는 교회, 그리하여 모든 성도가 그리스도의 장성한 분량까지 자라나는 교회를 비전으로 삼고 있는 교회이다.

코너스톤교회는 큐티(QT)를 하지 않으면 정착을 할 수 없는 교회로 유명하다. 이 목사는 "부흥회는 가끔 하지만, 큐티는 월화수목금토일 매일 하는 것이기 때문에 중요하다"라고 말하고 있다. 주일설교도 큐티를 기반으로 한다. 이 목사의 한 주 큐티를 마무리하는 시간이다. 이 목사는 "묵상한 말씀에 주석과 책의 내용을 더해서 설교문을 작성해 내 것으로 만든다. 큐티를 제대로 하면 교회가 양적으로 큰 성장은 이루지 못한다고 생각한다. 그렇지만 건강한 교회가 될 수 있다고 자부한다. 전교인이 천국가족이 될 수 있다. 요즘 교회들을 보면 가족 개념이 많이 없어졌는데 교회는 성도 간에 잘 알아야 한다. 왜냐하면 그리스도 안에서 한 지체이기 때문"이라고 강조했다.

1970년대 "너", "난 바보처럼 살았군요", "겨울 아이" 등을 부른 유명 가수에서 목회자로 부름 받은 이종용 목사는 유럽 파리 커넥션 집회에서 "큐티가 내 목회의 중심이고 핵심"이라면서, 큐티뿐만 아니라, 시편만을 하루에 5장씩 소리 내어 읽는다고 소개했다.

그에 따르면 시편이 기도이기 때문이다. 그는 어느 날 성경 100독 정도 했는데 그때 교회가 보이고 목회가 보이기 시작했다면서, "영적 성장을 위한 기본진리는 4가지인데, 첫째는 하나님과 나와의 관계인 말씀묵상, 둘째는 예배인데, 예배는 천국에서 사는 훈련, 셋째는 사랑, 목양은 예수님을 닮아가는 것이고 교회는 회사가 아니라 가족이어야 한다. 넷째는 전도, 예수님의 제자들은 삶을 통해 복음을 전해야 한다"라고 강조했다.

또한 코너스톤교회는 "첫 예배 감사예배"라는 이름으로 창립 기념예배를 드린다. 이종용 목사가 타 지역 집회를 다니다가 정말 쉼과 재충전이 필요한 목회자들을 발견하고, 이들을 섬기겠다는 비전을 세웠다. 그리고 이 비전을 실천하기 위해 매년 창립을 기념하는 "첫 예배 감사예배"에 화려한 축하의 꽃들 대신, 많은 목사, 사모를 초청해서 섬기는 커넥션(Connection) 행사를 펼친다.

토랜스제일장로교회(Torrance First Presbyterian Church)

LA의 남쪽 사우스베이 지역의 대표적인 교회로 성장 발전한 PCUSA 교단 소속인 토랜스제일장로교회는 1979년 2월 11일 믿음의 일곱 가족이 아론드라 공원에 모여 첫 예배를 드림으로써 시작되었다. 1979년 3월 11일 안동성 목사가 초대 담임목사로 부임했다. 1979년 5월 6일 교회명을 '토랜스제일장로교회'라고 정했다. 1980년 1월 20일 안동성 초대 담임목사가 사임하고, 같은 해 1월 27일 이필재 목사가 담임으로 부임했다. 1989년 3월 24일 현재 예배당 건물(1900 Crenshaw Blvd., Torrance)을 구입하고 1997년 11월 30일 성전 건축을 완성했다. 1998년 10월 25일 영어목회부를 2세 교회로 독립하기로 결의했다.

이필재 2대 담임목사

경기도 광주 출신으로, 남가주 대표적인 목회자 중 한 명이었던 이필재 목사는 23년간 토랜스제일장로교회를 담임하면서 재적 4천여 명 교회로 크게 성장시켰다. 그리고 2012년 말 교회를 사임하고 한국 대형교회인 갈보리교회 담임목사로 취임했다. 한국의 갈보리교회 박조준 담임목사가 전격적으로 은퇴를 발표하자 이 교회가 후임으로 이필재 목사를 모셔간 것이다.

미국을 떠나면서 "앞으로 한국과 미국 내 한인 교회를 잇는 가교 역할을 하겠다"라고 말한 이 목사는 "그동안 수차례 60세가 되기 전에 교회를 떠날 것을 말해 왔으며 갈보리교회로 가는 것은 그 같은 공언을 실천한 것"이라고 말했다. 그는 "교회 건축을 이룬 뒤에 떠나게 되어 더없이 기쁘다"라고 말했다. 이필재 목사는 분당 갈보리교회를 크게 부흥시키고 지난해 12월 은퇴한 후 교회 공로목사로 추대되고 평택대학 이사장으로 부임했다.

토랜스제일장로교회는 2004년 8월 1일 박성규 목사가 취임하여 목회하다 사임했고, 2009년 2월 1일 김준식 목사가 담임으로 부임했으나 또 사임했다. 그 후 2016년 1월 1일부터 고창현 목사가 담임으로 부임하여 현재에 이르고 있다.

남부플로리다한인연합감리교회(Korean United Methodist Church of South Florida)

장찬영 5대 담임목사

남부플로리다한인연합감리교회는 성경에 소개된 최초의 이민 교회라고 할 수 있는 안디옥교회를 모델로 삼아 "예배, 교육, 선교, 구제"를 4대 핵심가치로 삼고 사역하는 "하나님의 은혜가 보이는 교회"(행 11:23)로, 1981년 1월 20일 창립되어 2022년 1월로 창립 41주년을 맞았다.

1대 김정백 목사, 2대 남병희 목사, 3대 이우현 목사, 4대 양재성 목사, 5대 장찬영 목사에 이어 6대 이철구 목사(2013. 7.1-현재)로 이어지는 40년이 넘는 긴 시간 동안 남부플로리다한인연합감리교회에 부어주신 하나님의 축복은 놀라운 것이었다. 미국 최남단인 플로리다 지역에 터를 잡은 본 교회는 지금까지 하나님의 특별하신 섭리 가운데 극복이 불가능할 것만 같았던 지역적, 정서적 한계를 뛰어넘는 부흥을 이루어 왔다.

특히 이민자가 많지 않았던 1980년대 중반, 2대 남병희 목사의 재임 기간에 교회는 장년 출석 3백 명의 성장을 이루었는데, 당시 전국의 한인 교회들과 비교해도 뒤지지 않는 규모로, 이는 당시 남부 플로리다 한인 인구의 10분의 1에 해당하는 것이었다. 그 후 5대 장찬영 목사의 부임으로 크게 부흥(5백 명)하여 오늘에 이르렀다.

6대 이철구 목사 부임 후, 교회는 이런 하나님의 특별한 은혜를 지역 복음화와 세계선교에 대한 거룩한 부담으로 여겨, '구제와 선교' 사역에 최선을 다하고 있는데, 창립 이후 끊임없이 이어오고 있는 '구제' 사역은 지난 2년의 팬데믹 기간에 만개하여 "오병이어"(Food Pantry)라는 이름으로 매주 최대 2천 명의 이웃을 섬김으로 주님의 사랑을 나누고 있으며, '선교' 사역은

2010년 세계 최빈국 아이티 대지진 때, 시티 솔레이에 설립한 "Hope & Love" 선교센터를 중심으로 초·중·고등학교, 신학교를 지원하는 학원 사역과 예수병원, 고아원 사역은 물론 중남미 여러 지역과 유럽 아시아 지역의 선교에 최선을 다하고 있다.

남부플로리다한인연합감리교회가 모든 한계를 극복하고 오늘의 부흥을 이룬 것은 복음 중심의 목회자와 신실한 성도들의 조화와 창립 이후 한결같이 감당해 오고 있는 이런 '섬김의 사역'이 주요한 원인이었다고 감히 말할 수 있다. 앞으로도 하나님께서 남부 플로리다 지역에 교회를 세우신 뜻을 잊지 않고 '지역을 품고 열방을 향하여 주의 복음을 전하는 교회'의 사명을 감당할 것으로 보인다.

아틀란타벧엘교회(Atlanta Bethel Church)

애틀랜타 스와니 시에 위치한 아틀란타벧엘교회(이혜진 담임목사)는 2015년 11월 8일에 '하나님의 말씀을 배우고, 하나님의 능력을 경험하며, 성령의 아름다운 열매를 맺는 교회'라는 비전으로 창립되었다. 개척 당시 교인은 목회자 가정을 제외하고는 담임목사 부인이 중고 피아노를 구입하려다 만난 집사 부부가 전부였다. 그 후 3년 8개월, 190여 차례의 주일예배를 드리는 동안 재적교인 600명 규모로 성장했다.

이혜진 창립 담임목사

그리고 창립 6주년을 맞은 2021년 11월 창립 6주년 감사예배에 900여 명의 교인이 함께 감사예배를 드렸다. 이날 이혜진 담임목사는 "하나님의 은혜로 지난 6년간 양적인 성장을 거듭해 현재 1천 명 재적 규모가 됐다"면서 "내적인 성장을 함께 이뤄 사랑하는 교회, 나누고 돕는 교회가 되도록 노력하자"고 권면했다.

벧엘교회의 놀라운 성장의 비밀은 '말씀'에 있었다. 이 목사는 개척 초기부터 '말씀'에 집중했다. 교회의 모든 프로그램이 말씀과 기도를 중심으로 진행되도록 만들었다. 먼저 모든 설교를 강해설교로 원칙을 삼았다. 그러면서도 최대한 쉽게, 특별히 불신자들도 이해하고 공감할 수 있는 비유를 사용했다. 내용을 깊이 추구하면서도 전달은 쉽게 한 것이 주효했다. 물론 '본문에 대한 정확한 이해와 우리 삶에 구체적인 적용'에 초점을 두었다.

처음 출석한 사람들은 4주의 새신자교육을 받는데 첫 주에 교회 소개, 둘째 주에 교단 소개, 셋째와 넷째 주에 부교역자들이 교육을 담당한다. 매달 30-40명의 새신자 교육을 이혜진 목사가 직접 담당하고 있는데, 세 번의 주일예배 인도 중에 1부와 2부 예배 사이에 2명, 2부와

3부 사이에 3명의 면담을 한다. 3부 예배를 마치고 1시 반부터 3시까지 홀리클럽이나 기독교 에센스 교육을 하고 있는데, 이때 사용하는 『기독교 에센스』라는 책은 아멘, 할렐루야도 모르는, 교회를 처음 나온 사람들을 위해 만들어진 책이다. 기독교 에센스는 교인들이 교회에 등록을 한 후에도 하나님, 예수님, 인간, 성경이 무엇인지 아무도 설명을 자세히 해주지 않는다는 것을 깨닫게 되어 지금은 아주 유용하게 사용되고 있는, 아틀란타벧엘교회 전 교인이 배우는 필수과정이다. 이것을 배우는 7주의 과정을 통해 형식적인 신자들이 변화되고, 내가 믿는 것이 무엇인지 확실히 알게 된다.

아틀란타벧엘교회의 구성원들은 대부분 20대에서부터 40대가 교회의 다수를 이루고 있다. 교회가 성장하면서 자연스럽게 지역사회 가운데 역할이 요청되기에 이에 대한 비전은 장학, 선교, 구제헌금 등을 합쳐 전체 재정의 십일조 이상을 지출하는 것을 지키고 있다. 그러나 교회의 가장 큰 공헌은 '교회다운 교회, 예배다운 예배'를 언제든 드릴 수 있는 교회로 그 자리에 있다는 것이다. 2022년 하반기에는 1천150석을 갖춘 5만2천 평방피트 규모의 예배당을 지을 예정이다.

아틀란타연합장로교회(Korean Community Presbyterian Church of Atlanta)

고 정인수 6대 담임목사

아틀란타연합장로교회는 1977년 3월 13일 김인식 목사를 중심으로 클레어몬트장로교회 본당에서 창립예배를 드렸다. 그해 9월 1일 오은수 목사가 초대 목사로 부임했다. 1980년 5월 25일 미국(남) 장로교회와 미국 연합장로교회에 동시 가입하고 교회조직 예배를 드렸다. 1995년 고 정인수 목사가 6대 목사로 부임하고 2002년 둘루스 새성전 시대를 열면서 큰 도약을 이뤘다.

부임 당시 300명이던 교인을 현재 2천여 명 이상이 출석하는 동남부 최대의 한인 교회로 성장시켰다. 160개의 평신도 사역팀이 가동되는 역동적인 평신도 사역, 생명력 있는 사랑의 교제를 나누는 150개의 가정 공동체 사역, 새로운 차세대 목회 패러다임의 개발 사역 등으로 건강하고 다이내믹한 성장을 이루어가고 있다. 그리고 지역사회와 미주 교계에 롤모델이 되는 교회, 니카라과, 케냐 등 많은 선교를 감당하는 교회로 성장해 왔다.

아틀란타연합장로교회는 2019년 11월, 제7대 손정훈 담임목사가 부임해 새로운 부흥의 물결이 흐르는 선교 지향적인 교회, 하나님의 비전과 사랑을 전하는 영혼 구원하는 교회, 연합교회의 미래인 차세대들에게 믿음의 유산을 잘 전수하여 이 땅에 책임 있는 그리스도인으로 하나님 나라의 통로로 쓰임 받는 교회로 한 단계 더 도약을 꿈꾸며 나아가고 있다.

2015년 12월 7일 미국 장로교(PCUSA)의 동성애 관련 정책에 맞서 PCUSA 교단 내 보수적인 신학(결혼의 정의를 "한 남자와 한 여자가 하나님 앞에서 함께 그리스도의 제자로서 살아가도록 부름받은 가운데서 맺는 언약"으로 봄)을 지키기 위해 결성된 복음주의연합에 가입했다. 그리고 2016년 3월 복음주의연합 교회로서의 출범 예배를 드렸다.

아틀란타 제일장로교회(Korean First Presbyterian Church)

아틀란타 제일장로교회는 1976년 11월 6일 웨스턴민스터장로교회에서 서삼정 목사가 여덟 가구와 함께 교회 창립예배를 드린 후 1980년 애틀랜타 내 한인 교회 중 처음으로 디케이터 시 글렌우드 로드에 예배당을 마련했다. 개척 당시 애틀랜타는 한국인이 800명에서 1천 명 정도 거주하고 있었으며 한인 간호사들이 대다수를 차지했다. 그리고 유학생과 소수의 엔지니어가 한인 사회의 인구를 구성하고 있었다.

서삼정 창립 담임목사

서삼정 목사는 이민자나 유학생이 왔을 때 공항 픽업부터 임시 거주지 마련, 운전면허 취득, 구직, 병원, 교통사고 처리 등 미국 생활 전반을 도왔다. 서 목사는 개척 초기부터 이스라엘 선교사를 후원했다. 1982년 인도네시아에 단독선교사를 파송하기 시작해 지금까지 250여 명의 선교사를 돕고 있다. 중국, 인도, 볼리비아 등 31개 선교지에 교회를 개척했다.

그는 1988년부터 한국세계선교협의회(KWMC)를 통해 미주 한인 교회의 세계선교 운동을 이끄는 목회자 중 하나다. KWMC 대표의장을 4차례 역임했으며, 3-5천 명이 모이는 한인 세계 선교대회를 아주사퍼시픽대와 휘튼대 등에서 개최했다. 선교운동가로서 미주 한인 교회에 선교의 불을 붙이는 중추적인 역할을 한 것이다.

이후 지속적으로 성장해 1990년 지금의 터커 자리에 21.83에이커 규모의 부지를 구입, 1994년부터 '터커 시대'가 시작되었다. 현재 2천여 석 규모의 본당과 약 1천 명을 수용할 수 있는 친교관 및 교육시설, 운동장, 대형 어린이놀이터, 청소년을 위한 2만여 스퀘어피트 규모의 비전센터 등을 구축하고, 그동안 선교사 350명을 해외 각지에 파송함으로써 애틀랜타 한인 기독교계가 세계선교의 주축으로서 자리 잡는 데 기여했다. 아틀란타 제일장로교회는 현재 600여 가정이 등록해 있으며 450여 가정이 정기적으로 출석하고 있다. 코로나 팬데믹으로 온라인과 오프라인을 병행하여 예배를 드리고 있다.

벧엘교회(Bethel Korean Presbyterian Church)

김상복 1대 담임목사

1979년 6월 3일 문기성 집사 가정에서 13명(일곱 가정)이 모여 예배를 드림으로 시작된 벧엘교회는 7월 1일 Columbia Interfaith Center를 예배 장소로 사용했으며 한 주 뒤 7월 8일 교회 이름을 벧엘교회를 정했다. 같은 해 10월 28일 교인총회에서 김상복 목사(현 할렐루야교회 원로)를 담임목사로 청빙하기로 했으며 이듬해 1980년 1월 6일 김상복 초대 담임목사 위임예배를 드렸다.

김상복 목사는 11월 첫 수요일 저녁에 당시 예배공간을 빌려 쓰고 있던 리버티교회 소예배실에서 성경공부를 시작했다. 김 목사는 신앙생활에 꼭 필요한 기초적인 영어원문 자료들을 한국어로 번역해가면서 소개하는가 하면, 룻기, 느헤미야서 등 강해 성경공부도 이어졌다. 벧엘교회 교인들은 '7단계 성경공부'에서 배우는 신앙의 기초, 구원 및 용서의 확신 등 '확신 시리즈' 강해를 통해 굳건한 신앙의 터전을 닦을 기회를 갖게 되었다. 김 목사는 당시 워싱턴바이블대학에서 풀타임 교수로 후학을 길러내면서 늘 시간에 쫓기면서도 수요성경공부에 모든 시간과 정성을 쏟았다.

또 "아워 데일리 브레드 미니스트리"(Our Daily Bread Ministry)가 발행하는 책자를 한국어로 번역, 편집한 「오늘의 양식」 제1호를 발간했다. 「오늘의 양식」은 신앙의 확신을 가진 교인들이 매일매일의 생활 속에서 하나님을 어떻게 만나고 교제하는가를 안내하는 QT 소책자다. 이 책은 1982년 2월 문서선교를 위해서 창립된 벧엘출판사에서 출판이 되어 매년 10만 달러를 투입해 25만 권 가량을 찍어 70여 개국 선교지와 미주 지역 한인 교회에 보급했다. 2017년에는 3개월마다 영어와 한국어 대조판으로 8만 부가 발간되었다. 책자에는 성경 중심, 예수 중심, 생활 중심을 내용으로 하여 믿지 않는 사람들을 예수 그리스도에게로 인도하며, 또한 믿는 사람들에게도 성령 안에서의 풍성한 삶이 무엇인지를 깨닫고 생활화하도록 안내해주는 매일매일의 기도와 생활지침을 담고 있다.

한국에서는 할렐루야교회 원로목사가 된 김상복 목사가 발행인으로 있는 '한국오늘의양식사'가 벧엘출판사의 번역 원고를 인쇄 출판하여, 한국 및 일부 인접 국가에 보급하고 있다.

김상복 목사가 10년간 교회를 담임하면서 인격적으로 탁월한 목회와 말씀 목회로 이민 목회의 모델을 보여주었고 그때 신앙적으로 성장한 성도들이 교회의 주요 역할을 감당해 2천 명이 모이는 한인 교회로 성장하면서 한인 사회에서 모범적으로 성장해가는 중견 교회 가운데 하나로 자리매김했다.

1990년 6월 김상복 목사가 사임했고 2대 김영진 목사(나성한인교회 2대 담임), 3대 이호영 목사(로체스터 대학 명예교수), 4대 이순근 목사(서울다애교회 담임목사, 『어 성경이 읽어지네』의 저자 이애실 사모의 남편), 5대 진용태 목사를 거쳐 현재 백신종 목사가 2015년 8월 11일부터 6대 담임목사로 시무하고 있다. 벧엘교회는 백경환 목사가 음악목사로 사역했으며, 고 손인식 목사(얼바인베델교회), 송영선 목사(빌립보교회), 이승렬 목사(탈봇신학교 교수), 이영호 목사(리치몬드한인장로교회), 김기동 목사(소중한교회) 등이 부교역자로 사역했다. 벧엘교회는 2018년 10월 체육관과 예배실 3개, 21개의 교실 등을 갖춘 프라미스센터(교육관)를 건립했다. 교실들은 지역 한글학교와 시니어아카데미, 벧엘신학원 등 다양한 사역을 위해 활용되고 있다.

빌립보교회(Church of Philippi)

빌립보교회는 1993년 10월 31일, 워싱턴과 볼티모어 근처에 있는 한 창고에서 시작하여 2010년 현 하노버에 새로 예배당을 건축하고 이전했다. "하늘과 땅에 다리가 되어"라는 표어 아래 빌립보 제자훈련과 사랑방·목자라는 평신도 사역을 통해 성장하며 워싱턴 일원의 대표적인 한인 교회로 자리 잡았다. 또한 '머슴교회', '만나며 사랑하며', '미셔널 처치 컨퍼런스' 등을 통해 미주는 물론 전 세계 목회자 및 평신도들에게 알려졌다.

송영선 창립 담임목사

이 교회 창립목사인 송영선 목사는 나성영락교회 대학부 담당교역자로 선교단체가 아닌 지역 교회의 청년들이 예수의 제자로 만들어져 가는 복음의 능력을 경험하고, 미국 동부 볼티모어 벧엘교회와 빌립보교회 장년사역을 통해 젊은이들의 제자화 원리들이 지역교회의 장년들에게도 적용되는 것을 체험했다. 이러한 경험을 토대로 빌립보교회 창립 후 그의 머슴교회 사역을 준비하게 되었으며 교회는 부흥의 원동력을 "머슴목회론"으로 보고 이를 한인 교회에 나누기 위해 세미나를 준비했다.

"머슴교회" 사역은 교회 성장이 아닌 교회의 본질 회복에 초점을 맞추고 있다. 성경적 가치관을 바탕으로 올바른 교회의 모습을 제시하며 평신도 동역자를 양육과 재생산의 목양자로 일으켜 세우는 데 핵심이 있다. 하지만 빌립보교회가 창립되고 5년 동안 교회에는 아무런 일도 일어나지 않았다. 그러나 빌립보교회는 열매보다 과정을 중시하며 교회 본질에 대한 말씀으로 세워나갔다. 제자가 제자를 낳기 시작하면서 교회는 성장했으며 개척 13년 만에 5백 가정, 2천여 명의 성도로 부흥했다. 한편 빌립보교회에서 시작된 2009년 동부 지역 한인 교회를 대상으로 처음 시작된 "머슴교회 세미나"는 2018년부터 캘리포니아 주 한인 교회로 사역 범위가 넓혀졌다.

빌립보교회는 기존 교회와 몇 가지 구분되는 점이 있다. 우선 당회 대신 목회협의회를 운영하고 있다. 장로 5명과 집사 5명으로 구성되어 있다. 인사, 건축 등 교회 내 주요사역을 위임하고 추인하는 역할을 한다. 최근 봉헌한 교회 건축도 이 협의회를 통해 구성된 프로젝트팀에서 추진했다. 설계와 재정 등을 그 팀에서 다 충당했다고 한다. 협의회가 위임하는 팀은 그만큼 자치권을 갖는다는 이야기이다. 하지만 협의회가 당회처럼 치리권을 갖지는 못한다. 파워 싸움을 우려해서이다. 이 교회는 훈련받은 평신도를 목자라고 부른다. 장로가 되려면 1년 동안 목자 훈련 과정을 거쳐야 한다. 치리 장로가 아닌 목양 장로가 성경적이라고 보기 때문이다. 교회 주보의 '목회칼럼' 필자엔 목사와 함께 장로의 이름도 등장한다. 목사와 함께 장로도 소그룹 등을 맡아 목회를 하기 때문이다.

교회가 위치한 하노버 지역은 군산복합체와 대학이 밀집된 지역이다. 고급 인력이 몰려들 수밖에 없다. 빌립보교회 교인들도 마찬가지다. 이렇게 되면 목회자가 스스로 권위를 내세우기는 쉽지 않다. 송 목사는 "목회자들의 권위는 섬길 때 나온다"며 "밑바닥까지 내려가서 내 속까지 보여줄 때 사람들은 감동하게 되는 것"이라고 말했다.

현재 빌립보교회는 송영선 목사가 2016년 10월 30일 은퇴하고 원로목사가 되었으며 박동훈 목사가 담임목사로 시무하고 있다.

훼로쉽교회(New Covenant Fellowship Church)

1990년 9월 9일 창립예배를 매릴랜드 베데스타에 있는 월터 존슨 하이스쿨에서 약 80여 명이 모여 1부(오전 10시) 영어예배, 2부(12시) 한국어예배를 드렸다. 김원기 목사를 담임목사로 개척된 교회는 1992년부터 예배 처소를 옮겨 락빌에 있는 창고건물을 임대하기도 했다. 1994년 훼로십교회에 출석하던 존스홉킨스대학 학생들을 중심으로 지교회 그레이스라이프교회를 세워 오픈하우스를 가졌고 1996년엔 보스턴 지교회(Cambridge Community Fellowship Church) 창립

예배를 드렸다. 1997년 6월 1일 예배 장소를 게이더스벅에 있는 왓킨스밀 하이스쿨로 이전했다.

교회 개척 2년 만에 교인이 600명으로 늘어났고 창립 8주년 때 교인 수는 1천500명이 되었다. 김원기 목사는 "사람들이 많이 모이게 된 원인은 예배 가운데 성령의 치유하심과 힐링 사역에 있었다. 실제적으로 사람들 마음이 예배를 통해서 치유되고 회복되며 그 사람이 변화되고 그런 것들이 사람들이 모여든 결정적 이유"라고 말했다. 김원기 목사는 휄로쉽교회 예배는 성령이 자유스럽게 역사할 수 있는 분위기를 가능한 한 많이 만들겠다는 의도로 예배를 드리려고 했는데 그것이 통한 것이라고 설명했다.

김원기 창립 담임목사

휄로십교회는 초신자와 불신자들이 굉장히 많고, 문제가 많고 소외된 사람들이 많이 모이는 교회였다. 교회는 매년 100명, 150명씩 계속 늘어났고 2천 명으로 교인 숫자가 증가하게 되었다. 2000년 5월에는 지교회인 버지니아 주 오이코스 휄로쉽교회의 창립예배(김병한 목사)를 드렸다.

2001년 2월 저맨타운 건물로 이전하여 그해 4월 헌당예배를 드렸다. 그리고 제1회 세계선교대회를 이재환 선교사를 비롯한 선교사들을 강사로 초청하여 개최했다. 2003년 9월엔 커버넌트기독학교(Covenant Christian School)를 설립했고 2004년엔 휄로쉽시니어센터를 시작했다. 2010년 9월 창립 20주년을 맞아 선교사 초청 포럼을 멕시코 칸쿤에서 가졌고 창립 20주년 선교대회를 개최했다. 2013년 6월 김원기 목사가 사임하고 2014년 12월 김대영 담임목사가 취임했다. 그리고 2020년 11월 김대영 목사는 재신임 투표를 거쳐 현재까지 담임목사로 시무하고 있다.

디트로이트한인연합감리교회(Korean United Methodist Church of Metro Detroit)

디트로이트한인연합감리교회는 광대한 미국 중서부의 오대호를 "믿음의 갈릴리"로 삼고 미시간의 아름다운 사계절을 배경으로, 지난 1972년 고 윤영봉 목사가 교인 6명으로 사가에서 창립예배를 드림으로 시작되었다. 창립 이후 3차에 걸친 교회 건축을 했는데 현재는 디트로이트 북방, 교육의 요람이자 한인 타운의 중심지인 트로이(Troy)에 교회 본당, 교육관, 체육관 등 5만5천 스퀘어피트의 대형 교회당을 마련하고 주차장 500대, 교인 수 2천5백 명의 교회로 성장했다.

디트로이트한인연합감리교회는 한결같은 주님의 은혜로 지역사회의 섬김은 물론 미주 한인교회를 대표하고 나아가 전 세계에 복음을 전하는 선교적인 교회로 성장을 거듭하고 있다. 담

고 윤영봉 창립 담임 목사

임목회자로는 윤영봉 목사(1972-1994)와 이훈경 목사(1995-2013), 장찬영 목사(2013-2018), 신경림 목사(2018-2019)에 이어 2019년 1월부터 김응용 목사가 파송 받아 섬기고 있다.

디트로이트한인연합감리교회는 한어 회중을 중심으로, 차세대 사역인 어린이교회(Children Church), Junior High(중등부)와 Senior High(고등부)로 구성된 청소년교회(Youth Church), 한국어권 청년예배 하람 청년부 그리고 영어 회중인 'Troy Hope Church', 부속학교인 자녀들을 위한 한글학교와 어르신들을 위한 소망학교 등 현재 2천여 명의 성도들이 행복한 신앙생활을 하고 있다. 교회는 은혜와 감동, 눈물과 회복이 있는 예배, 진정한 섬김과 나눔의 셀 모임, 은사와 기쁨으로 섬기는 다양한 사역, 체계적이고 생명력 넘치는 양육 프로그램, 자녀들에게 믿음을 전승하는 풍성한 차세대 교육, 가까이 지역사회와 멀리 온 세계에 복음을 전하는 전도와 선교사역 등 주님이 기뻐하시는 건강한 교회로 성장하고 있다.

교리적으로 요한 웨슬리의 신앙노선을 따르며, 교단적으로는 연합감리교회(UMC)에 속해 그 조직과 강령을 따르고 있다. 그러나 이민 교회와 복음적인 교회로서의 특성을 살린 포용적 조직과 운영을 추구하며, 어느 제도나 전통에 제한되지 않는 복음적이고 균형 있는 교회론을 추구하고 있다.

그리고 "진리와 가치를 나누는 건강한 교회, 영적 유산과 사랑을 계승하는 행복한 가정, 하나님 나라를 이 땅에 이루는 생명 공동체"라는 비전 아래 첫째, 우리를 부르신 하나님을 영화롭게 하고 사랑하는 '예배자의 삶', 둘째, 그 부르신 감격을 이웃과 세상에 전하고 나누는 '선교사의 삶', 셋째, 이를 잘 나누기 위해 그리스도를 배우고 본받는 '제자도의 삶', 넷째, 이 모든 것을 위해 재물, 시간, 재능을 드리는 '청지기의 삶'을 추구하는 '하나님 나라를 이 땅에 이루는' 건강하고 행복한 생명 공동체로 발전해 가고 있다.

뉴저지찬양교회(Praise Presbyterian Church)

1989년 1월 1일 문정선 목사 집에서 창립한 뉴저지찬양교회는 같은 해 3월 26일 바운드브룩장로교회, 1990년 1월 뉴브런즈윅장로교회로 예배 처소를 옮겼다. 같은 해 미국장로교단(PCUSA)에 가입했으며 1992년 10월 다시 섬머셋장로교회로 예배 처소를 옮겼다. 1998년 5월 10일 교회 영어 명칭을 'Praise Presbyterian Church'로 개명했다.

1999년부터 허봉기 목사가 시무하던 뉴저지찬양교회는 2013년부터 한인 교회로서는 파격적인 새로운 직분제와 호칭제를 도입했다. 시무장로를 제외한 다른 직분은 모두 없애고 시무장로를 포함해 모든 성도에게는 '형제' 또는 '자매'로 호칭하는 제도를 실시했다. 허봉기 목사 시무기간 동안 교인이 1천여 명으로 불어났고 2001년부터는 가정교회를 정착시켰다.

문정선 창립 담임목사

예루살렘교회가 보여준 신앙의 모습을 보여주는 가정교회를 통해 '크고도 작은 교회'를 추구했다. 허봉기 목사는 교회성장에 대해 "불신자가 있는 이상 교회는 성장할 수밖에 없다"고 주장했다. 찬양교회는 가정교회를 정착시키기 위해 수요예배, 제직회, 남녀 선교회 등을 과감하게 폐지했다. 허 목사는 이에 대해 "가정교회는 프로그램이 아니라 교회 시스템"이라고 설명했다. 교회 내에 54개의 가정교회가 있다. 40대가 주류를 이루는 젊은 교회인 찬양교회는 예배(하나님과의 관계), 친교(성도와의 관계), 선교(세상과의 관계)가 서로 균형을 이루며 발전해 갔다. 2022년 3월 27일 허봉기 목사가 은퇴하면서 현재 노승환 목사가 담임으로 시무하고 있다.

뉴저지초대교회(NJ Chodae Community Church)

1985년 5월 평신도 다섯 가정이 헤브론수양관에서 교회를 위해 철야기도 하던 중에 주님의 이름으로 초대교회를 세우기로 서약하고 7월 첫째 주일 70여 명의 성도가 모여 예배를 드림으로 초대교회가 시작되었다. 9월 미주 한인장로회(동노회)에 가입했으며 10월 제1대 김종혁 초대 담임목사를 청빙하여 7월 둘째 주일에 노회 주관으로 창립예배를 드렸다.

조영진 4대 담임목사

1985년 설립한 이 교회는 초창기에 그리 순탄치 못했다. 대형 교회로 성장한 여느 교회와는 달리 설립 후 9년 동안 담임목사가 3번이나 바뀌는 등 가시밭길이었다. 하지만 조영진 목사가 1994년 4대 목사로 부임하면서 교회는 꾸준히 성장하기 시작했다. 당시 뉴저지 파라무스에서 학교 강당을 빌려 예배를 드리면서도 주일 출석교인이 2천 명에 이르렀다. 뉴저지에서 가장 대표적인 한인 교회로 성장하던 교회는 조 목사가 2004년 개인사정으로 물러나면서 또 한 번의 위기가 찾아왔다.

때마침 조 목사가 물러나기 전 현재 교회가 있는 노우드에 건축한 예배당이 2005년 마련됐고, 워낙 안정되고 탄탄한 교회로 이미 자리 잡아 꾸준히 성장했다. 2008년 서울로 떠난 이재훈 목사에 이어 6대 목사로 LA 세계로교회에서 목회하던 한규삼 목사가 부임했다. 한 목사는 노회법에 따라 부임 후 1년을 거쳐 교인 투표로 정식으로 위임(담임)목사에 취임했다. 한 목사 부임 후 교회는 뉴저지에서 출석교인 3천 명 고지를 넘어섰다. 그동안 뉴욕·뉴저지 대형 한인 교회들이 출석교인 3천 명의 벽을 넘기기가 쉽지 않았다. 몇 해 전부터 한국뿐 아니라 미주 한인 교회에서 교세가 정체 내지 감소하는 상황이라 더욱 뜻깊은 통계였다.

뉴저지초대교회는 여느 한인 교회와 달리 교인 구성에서 조금은 특별난 교회이다. 한국 주재원이나 주재원 출신으로 미국에 정착한 교인, 박사학위 등 고학력 유학생, 전문직 1.5세 그룹 등이 절반을 넘는다. 이 때문에 한 목사 표현처럼 "긍정적 합리성"이 두드러지게 나타나는 교회다. 억지 주장이나 비합리적인 제안·내용을 두고 다투는 일은 거의 없다. 한 목사는 이 점에 대해 "합리성도 상당히 중요하지만 교회에서 감동이나 선한 에너지가 생성되어야 하는데 이런 효과는 떨어지는 면도 있다"고 경계했다. 그래서 한 목사는 참다운 부흥을 더욱 강조했다. 그가 말하는 교회 부흥은 결국 땅끝 선교를 위한 것이라고 말했다. 교회는 이를 위해 교인들이 잘 모이고 양육을 받고 다음 세대를 준비해야 한다는 것이다.

한 목사는 부흥 모델을 성경에 나오는 안디옥 초대교회에서 찾았다. 예루살렘 초대교회와는 달리 안디옥 초대교회는 부흥의 축복으로 선교를 통해 또 다른 교회가 부흥할 수 있도록 도왔기 때문이다. 교회가 꾸준히 성장하자 당장 예배당이 좁아 많은 불편을 겪었다. 주일예배는 한국어 4번, EM(영어권)·젊은이 예배 각 1번, 영아·중·고등부·특수교육부 등 8번 등 총 14번 드렸다. 건축할 때부터 500여 명을 수용하는 예배당이 비좁을 것을 예상했다. 하지만 타운 정부와 기나긴 소송 끝에 교회 규모를 축소할 수밖에 없었다.

교회는 수용 한계점을 넘었다고 판단해 신축에 나섰다. 교회 인근에 5.9에이커 부지를 구입했다. 이곳에 우선 교실·채플 등으로 꾸며지는 3만 평방피트 규모의 교육관을 마련했다. 그리고 교육관이나 예배당 등으로 사용할 다목적홀(3만 평방피트, 600명 수용)을 마련했다. 뉴저지초대교회는 한규삼 목사가 서울 충현교회 담임으로 청빙되어 2017년 4월 사임했으며, 박형은 목사가 7월 부임하여 2022년 4월까지 시무했다. 그리고 2022년 10월 16일 박찬섭 목사가 8대 담임으로 부임했다.

필그림선교교회(Pilgrim Mission Church)

1997년 양춘길 목사를 비롯한 열한 가정이 개척한 뉴저지 소재 필그림교회는 창립 10년 만에 다섯 명의 목사, 10여 명의 전도사, 30여 명의 장로와 1천5백여 명의 출석교인(성인 및 학생 포함)이 있는 중대형 교회로 성장했다. 한인 밀집 지역인 버겐카운티 소재 미국 교회에서 교회가 급성장하자 2002년 10월 파라무스에 새성전 건물을 구입하고 입당 예배를 드렸다.

양춘길 창립 목사

필그림교회는 교회 개척 시부터 네 가지 비전을 가졌다. 첫째 가정목회이다. 힘든 이민 사회의 가정이 자주 문제가 생겨 가정을 튼튼히 하는 것이 중요하다고 보았다. 둘째는 영어목회이다. 2세들은 한인 교회의 미래이다. 셋째는 평신도 사역이다. 과거는 전문교육을 받은 교역자 중심 목회였다. 하지만 평신도 중에 은사를 가진 사람이 많다. 그리고 넷째는 세계선교이다. 네 가지 목회비전 중 가장 강조하는 것은 평신도 사역이었다. 먼저 교회 내부적으로는 가정교회처럼 평신도를 목양에 참가하게 한다. 전통적인 조직인 구역은 있지만 구역에서 성경공부, 나눔 등을 평신도가 인도한다. 또 과거에 목회자가 하던 소그룹 공부와 중보기도도 평신도가 인도한다.

매년 초에는 평신도 사역 박람회를 연다. 박람회를 통해 평신도가 참가할 수 있는 사역을 소개하고 평신도들은 자원한다. 단지 자원하는 것으로 끝나는 것이 아니라 사역에 필요한 교육을 받으며 헌신하겠다는 사인을 해야 한다. 과거의 평신도 사역은 은사와는 상관없이 배치했는데 이제 은사에 따라 자원할 수 있게 되었다. 교회 외부적으로는 사역센터를 운영한다. 사역센터는 지역사회 봉사센터로 평신도가 선교지는 가지 못하지만 지역을 선교지로 생각하고 지역 선교사로 사역을 하는 것인데 노숙자, 병원, 상담, 청소년 선교, 영어, 장애인사역 등이 평신도에 의해 이뤄진다.

필그림교회는 2015년부터 동성애 이슈로 PCUSA와 갈등이 시작되었는데 2017년 8월 13일 임시공동의회에서 교단 탈퇴를 결정했다(1천22명 투표 98.1% 찬성으로 가결). 그리고 ECO 교단(복음언약장로교단, A Covenant Order of Evangelical Presbyterians) 가입을 압도적으로(찬성 96.7% 가결) 결의한 후 2017년 9월 2일 ECO에 가입했다. 새로운 교단 가입과 함께 교회 이름을 "필그림선교교회"로 바꾸었으며 현재는 Hackensack에서 예배를 드리고 있다.

퀸즈장로교회(The Korean American Presbyterian Church of Queens)

2013년 11월 10일 3대 담임으로 확정된 김성국 목사(왼쪽)와 창립자인 장영춘 목사

1973년 9월 18일 7 Franklin St, Brooklyn, NY 한 교우의 아파트에서 4명의 성인과 3명의 아동이 장영춘 목사와 함께 가정예배 형식으로 예배를 드리며 퀸즈장로교회 시작을 알렸다. 같은 해 10월 14일 예배 장소를 69-56 43rd Ave, Woodside, NY 가정집으로 옮겨 예배를 드렸다. 이날 40여 명의 교인이 함께 예배를 드렸는데 이때부터 교회창립의 구체안을 모색하게 되었다.

그리고 12월 9일 퀸즈장로교회라는 명칭을 사용하기 시작했다. 1974년 2월 24일 플러싱 소재 리디머루터교회를 빌려 60여 명의 교우가 장영춘 목사를 담임으로 퀸즈장로교회 설립 예배를 드렸다. 이로부터 퀸즈장로교회는 "사도행전의 역사를 재현하는 교회"를 모토로 40년을 은혜 가운데 달려왔다. 1976년 건축위원회를 조직하고 1981년 성전건축 기공 예배, 1983년 2월 27일 설립 9주년 기념 및 입당 예배를 드렸다.

장영춘 목사는 예배 중심과 교육목회로 퀸즈장로교회를 38년 동안 섬겼으며 퀸즈장로교회를 3천5백여 명이 모이는 대형 교회로 일구었다. 그리고 퀸즈장로교회를 뉴욕 지역을 비롯해 미동부 지역을 대표하는 한인 교회로 성장시켰다. 1987년에는 동부개혁장로회신학교를 설립해서 수많은 후학을 양성했는데, 현재 미주 한인 예수교장로회(KAPC)에 소속된 대부분의 목회자가 그의 제자들이다. 1992년 9월부터 문서선교사역을 위해 '미주 크리스천 신문사'를 인수하여 현재에 이르고 있고 2018년 가을 문화출판 '히즈펑거'를 출범하여 다양한 출판사업을 해 오고 있다.

퀸즈장로교회는 다민족 선교의 비전을 품은 다민족 예배 공동체이다. 세계에서 가장 많은 민족과 언어가 함께 공존하는 도시 뉴욕에서, 열방을 향한 복음의 사명을 감당하고자 한국어, 영어, 중국어, 러시아어 회중이 함께 예배를 드리고 있다. 같은 신학과 비전을 공유하는 하나의 공동체이지만, 각 회중의 개성과 장점을 살리는 독립적 사역도 함께 감당하며, 세계를 품고 복음의 지경을 넓혀가고 있다. 3대 김성국 담임목사는 영어권, 중국어권, 러시아어권 성도들의 예배를 위해 2014년 8월 새 성전 건축위원회를 조직해 2016년 12월 건축 설계 계약, 2018년 12월 시공계약을 체결했고 2019년 4월 착공에 들어갔다.

퀸즈한인교회(The Korean Church of Queens)

퀸즈한인교회는 1969년 7월 27일 한진관 강도사와 장년 65명, 어린이 15명이 함께 해 퀸즈제일회중교회에서 설립되었다. 퀸즈한인교회는 뉴욕에서 세 번째이며 퀸즈에서 첫 번째로 세워진 한인 교회다. 1969년 한진관 강도사가 목사안수를 받고 위임목사가 되었다.

1970년대 퀸즈한인교회는 뉴욕 한인 이민자를 정착시키는 역할을 했다. 그래서 뉴욕에 자리 잡은 사람들 중에 퀸즈한인교회를 거쳐 가지 않은 사람이 없다고 할 정도였다. 성도들의 정착을 돕기 위해 교회 내에 한인봉사센터를 발족했으며, 1977년 독립하여 뉴욕에서 가장 큰 봉사단체가 되었다.

고 한진관 1대 담임목사

1984년 현재의 예배당이 있는 잭슨하이츠로 이전하고 하나님의 크신 은혜로 1986년 지금의 성전을 완공하며 1987년 9월 27일 입당예배를 드렸다. 1990년대 초에는 출석교인 2천 명이 넘는 교회로 성장하여 이민 사회와 선교에 앞장서는 대표적인 교회가 되었다. 1991년 9월 교육관을 준공했으며 1993년부터 "사랑의 불꽃운동"을 전개하는 등 영성운동에도 힘썼다. 모두가 어려웠던 시절에 이민자들의 눈물을 닦아주며 모든 성도를 말씀과 성령의 능력으로 훈련시켰다.

2005년 1월 한진관 목사 정년은퇴 및 원로목사 추대와 함께 2대 고성삼 목사가 취임했고, 2008년에는 3대 이규섭 목사가 취임했다. 현재 4대 김바나바 담임목사를 중심으로 "KCQ는 멈추지 않는다"는 슬로건을 내걸고 다음 세대를 품고, 22세기를 준비하는 교회로 힘차게 나아가고 있다.

후러싱 제일교회(The First United Methodist Church in Flushing)

후러싱 제일교회 한어회중교회는 1975년에 김병서 목사가 미국인 교회 제62대 담임목사로 파송받으며 창립되었다. 후러싱 제일교회 미국인 회중들의 역사는 1811년 벤자민 그리핀 전도사가 감리교 뉴욕연회 감독으로부터 파송받아 미국인 교회로 첫 예배를 드림으로써 시작됐다. 유럽에서 미국에 이민을 온 사람들이 1822년 첫 번째 건물을 세웠으며 1870년대까지 플러싱의 비즈니스 영역이 확장되어 교회 건물을 Amity

고 이승운 3대 담임목사

Street(현재 Roosevelt Avenue)의 새 위치로 옮기게 되었다.

현재 예배당을 70년 전에 건축하고 세월이 지나 후러싱 지역이 1970년대 한인 이민 1번지가 되었다. 1988년 12월 20일 190차 뉴욕연회에서 미국인과 한국인 교회 통합을 승인하여 후러싱 제일교회로 되었으나, 1991년 12월 29일, 남아 있던 미국 교인들이 결의하여, 마지막 예배를 드리고 떠남으로써, 1811년에 창립된 미국 교회의 시대는 막을 내리고, 한인 회중이 복음사역의 바통을 넘겨받게 되면서 이 지역의 대표적인 교회로 오늘까지 교회 존재 목적에 최선을 다하고 있다.

후러싱 제일교회는 3대 담임이었던 고 이승운 목사가 1998년 9월 28일 소천할 때까지 15년 동안 100여 명에 불과하던 교회가 1천여 명이 훌쩍 넘어서고 청소년 400여 명이 출석하는 교회로 성장했으며 UMC만 아니라 뉴욕 교계의 대표적인 교회로 부흥시켰다.

UMC 뉴욕연회는 250주년이던 2016년, 한인 코커스의 추천을 받아 뉴욕연회 250년 역사를 빛낸 25인 중 한인 목사로서는 유일하게 고 이승운 목사를 선정했다. 그리고 4대 담임 김중언 목사가 시무하던 2008년 9월 뉴욕시 미국 교회협의회(CCCNY)의 "올해의 목회자(The Clergy Leader of the Year)"상 수상자로 선정됐다.

후러싱 제일교회 역대 담임목사는 김병서 목사가 1대, 1982년 조영준 목사가 2대, 1983년 이승운 목사가 3대이며, 이승운 목사 재직시 1988년 미국인 교회와 통합되었고, 1998년 김중언 목사가 4대, 2011년 장동일 목사가 5대 담임으로 부임했으며, 김정호 목사가 2015년부터 6대 담임으로 부임해 지금에 이르고 있다.

필라안디옥교회(Antioch Church of Philadelphia)

호성기 창립 담임목사

필라안디옥교회는 KPCA(해외한인장로회)에 속한 교회로 미국 건국 수도였던 필라델피아 시의 근교인 콘쇼켄(Conshohocken)에서 1994년 10월에 창립되었다. 이 교회의 구성원들은 한국인 1세를 비롯하여 2세, 3세까지 출석하고 있다. 이는 이민 교회가 선교의 현장이란 뜻도 된다. 멀리 가는 선교도 중요하지만 이제는 가까운 곳에서도 세계선교를 다민족에게 할 수 있는 최상의 기회가 이민 교회에 있다는 것이 호성기 담임목사의 목회철학이다.

호 목사는 "선교의 대상은 지역사회와 차세대이다. 세대 차이와 종족의 차이를 뛰어넘는 것이 필요하다. 그래서 예배를 이중언어로 다민족과 함께 드리고 있다. 영아부 어린이로부터 2세, 3세 자녀들과 영어부 교인들도 한인 1세들과 함께 매주일 예배를 같이 드리고 있다"며, "이것이 바로 OICC(One in Christ Church)의 비전이다. 하나 되는 것은 주님의 뜻이고, 영성이 하나 될 때 하나가 된다. 3대와 다민족이 함께 어우러져 성령 안에 하나가 되어 선교의 한 사명으로 하나 될 때 비로소 이민 교회를 향한 하나님의 뜻을 이루는 것"이라 말한다.

필라안디옥교회는 한국인뿐만이 아니라 백인, 중국인, 멕시코인 등 다민족이 함께 어울려서 예수 안에 하나 되어가고 있는 교회다. 2007년에는 1천 명이 넘는 교인이 출석하는 교회로 성장했다. 교인 중에 30-40대의 젊은 층이 많다. 필라안디옥교회는 선교하는 교회(Mission Church), 한 사명으로 하나 되는 교회(One-in-Christ Church), 성령님의 비전으로 인도받는 교회(Vision Church), 도움을 주는 모범적인 교회(Exemplary Church) 등 네 가지의 비전을 가지고 있다.

2013년 11월 24일(주일)에 필라안디옥교회 창립 19주년 기념 및 새 성전 입당예배를 드렸다. 필라안디옥교회는 또한 한인 1세 주도 선교에서 2, 3세 주도 선교로, 한인 선교에서 다민족 선교로, 선교의 지평을 세대적, 민족적으로 넓혀가는 데 그 목적을 두고 1998년 11월 PGM(Professionals for Global Missions)를 설립했다. PGM 선교회는 전 세계에 흩어져 있는 한인 디아스포라 지역 교회를 깨워 '선교적인 교회'(Missional Church)로 목회의 본질을 회복하게 하고 지역 교회의 지체가 된 모든 성도는 만인 제사장에서 만인 선교사로 부르심과 세우심을 받은 선교사임을 깨우치게 하고 있다.

달라스중앙연합감리교회(Korean Central United Methodist Church in Dallas)

1981년 1월 유남열, 김재호, 김광재, 황주효, 미세스 페이지(Mrs. Page), 미세스 수 게이트(Mrs. Sue Gate) 등이 예배를 드림으로 시작된 달라스중앙연합 감리교회는 예배 처소를 클리어뷰 UMC로 정했다. 1981년 5월 창립예배를 드리면서 박기석 목사가 1대 담임으로 취임했다. 1985년 4월 28일 연합감리교단에 가입했다. 1988년 7월 제2대 정인경 목사가 취임했으며, 1990년 8월 제3대 이성철 목사가 부임하여 오늘이 이르고 있다.

이성철 3대 담임목사

1992년 6월 어빙 다운타운 지역에 3.8에이커 교회부지를 구입하여 같은 해 8월 새 예배당 기공예배를 드렸다. 2001년엔 새성전 기공예배를 드리고 2003년 더 넓어진 새 성전으로 이전했다.

2008년 당시 등록교인 3천500명이며 주일 출석인원은 2천여 명이었다. 이성철 목사는 성령님이 주도하는 교회(Spirit-Driven Church), 목적이 이끄는 교회(Purpose-Driven Church), 평신도가 사역하는 교회(Laity-Driven Church)라는 목회철학을 가지고 사역하고 있다.

평신도 선교사역과 2세 교육에 중점을 두고 있다. 이성철 목사는 "교회는 하나님 나라의 건설과 섬김을 위해 하나님께서 보내신 사역의 주체, 평신도가 일하는 곳이다. 이를 위해 하나님께서 각자에게 주신 은사와 달란트로 그 사역을 감당할 것"이라고 밝혔다. 이성철 목사는 "우리 교회가 성장한 중요한 요인 중 하나가 교회학교 성장에 있다. 우리 교회는 90여 명의 교사가 헌신하고 있다"며, "교회학교의 건강한 성장이 없다면 교회의 건강한 성장도 일어날 수 없다"라고 강조했다.

이를 위해 달라스중앙연합감리교회는 2세들의 전도와 양육을 위한 '어와나' 프로그램을 진행하고 있다. '어와나'(awana)는 "부끄러울 것이 없는 인정된 일꾼"(approved workmen are not ashamed)이라는 뜻으로 디모데후서 2장 15절의 말씀을 영어성경(KJ Version)의 첫 글자를 따서 만든 이름이다. '어와나'는 약 50년 동안 연구되고 발전된 세계적인 청소년 선교 프로그램으로 세계 115개국에서 실시되고 있다.

세미한교회(Semihan Church)

최병락 2대 담임목사

세미한교회는 그 이름처럼 "세계, 미국, 한국을 그리스도께로!"라는 비전을 품고 "오직 복음! 오직 예수!"의 신앙을 키워가고 있다. 세미한교회는 최병락 목사(현 강남중앙침례교회 담임)가 사우스웨스턴신학대학 졸업을 한 학기 남겨둔 2000년 1월 26일 '사랑마을교회'라는 이름으로 설립되었다. 사랑마을교회는 한때 6개월 만에 130명이 넘게 성장했다. 그 때 최병락 목사(당시에는 전도사)는 부사역자로 교회를 섬겼다.

어느 날 문제가 생기더니 눈덩이처럼 급속히 커져 2주 만에 80명이 나가고 나중에는 20명이 남았다. 사역자도 다 나가고 담임목사 가정과 최병락 목사 가정만 남았다. 그 후 담임목사는 신학교 교수로 떠나게 되면서 최병락 목사에게 교회가 맡겨졌다. 2002년 7월 목사안수 겸 담임목사 취임식을 했다. 또 직전 담임목사의 퇴임식도 있었다. 한 달 만에 이루어진 일이었다. 교회에는 남은 성도가 15명에 불과했으며, 2년 동안 새 가족이 한 가정도 없었다. 더구나 교회에 열심이었던 두 가정이 다른 곳으로 이주해서 사정은 더 어려워졌다.

당시 성도 대부분은 도넛 가게에서 일했기 때문에 오후에 예배 한 번 드리는 것만으로도 충분하니 아무것도 하지 말아 달라고 했다. 최 목사는 "예배를 드리는 것만으로도 만족하는 성도들에게 예배에 은혜를 못 받게 하면 아무것도 못 주는 교회가 되겠더라"는 위기감을 느꼈으며, 1년 반을 예배에만 집중하게 됐고, 훌륭한 예배팀이 조인하며 1년 반이 지나자 50명이 모이게 되었다. 예배가 살아나고, 뜨거운 예배를 드리니 말씀을 배우고 싶은 사람들이 생겨나게 되어 Discipling Church가 진행되었다. 훈련된 일꾼들은 그 다음 단계인 "Oikos Church(목장)"로 자연스레 연결되었다. 그 목장이 선교하면서 "Reaching Church", 전도하면서 "Life Church" 이렇게 WORLD 시스템은 집중력있게 사역하는 일종의 목회 순환 시스템이 되었다.

목회 순환 시스템이 마련이 된 후 10년이 지난 2012년 교인 수는 1천여 명으로 늘어났고 2018년에는 1천6백 명으로 부흥하게 되었다. 최병락 목사가 강남중앙침례교회 담임으로 부임하기 위해 사임하던 2018년 8월 본 교회 교인은 2천여 명이 되었다.

현재 담임은 2018년 12월 30일 취임한 이은상 목사이며, 세미한교회는 모든 족속으로 제자를 삼으라는 예수님의 지상명령을 따라, 먼저 우리 고국인 한국을 위해 사역하고, 우리의 터전인 미국, 그리고 더 나아가 세계를 그리스도께로 돌아오게 하는 사명을 위해 헌신하고 있다. 임산부와 영아들을 위한 스프라웃, 유치원 아이들을 위한 드림키드, 초등학교 저학년을 위한 팀키드 램, 초등학교 고학년을 위한 팀키드 라이온, 중·고등부를 위한 파워유스, 청년을 위한 세청, 35세 이상 싱글들의 모임인 Salt 35, 목장으로 교제하는 장년, 65세 이상 성도들을 위한 시니어 모임에 이르기까지, 전 세대가 예수님을 바라보고 사랑으로 교제하는 교회이다.

수년간 북댈러스 지역으로 인구가 지속적으로 유입되고 한인 인구의 거주지가 확장됨에 따라 북댈러스 지역의 복음화를 위해 2021년 11월 코람데오크리스천학교(Coram Deo Academy)의 체육관을 예배처로 삼아 노스캠퍼스 예배를 시작했다.

휴스턴서울교회(Seoul Baptist Church of Houston)

1978년 2월 5일 일곱 가정이 사우스메인 웨스트모어랜드 채플(South Main Westmoreland Chapel)에 모여 '서울침례교회'라는 이름으로 설립된 휴스턴서울교회에 같은 해 3월 5일 이상훈 목사가 초대 담임목사로 부임했다. 1981년 현재의 교회대지 7에이커를 구입했다. 1984년 6월 김순일 목사가 2대 담임목사로 부임했으며 그해 현 위치에 교회 건축을 시작하여 1987년

최영기 3대 담임목사

8월 9일 새성전 입당예배를 드렸다.

1993년 1월 최영기 목사가 제3대 담임목사로 부임했다. 최 목사는 10월 1일 23개 목장으로 가정교회를 시작했다. 이때부터 휴스턴서울교회는 가정교회운동을 시작하여 1996년 10월 제1차 목회자 초청 가정교회 세미나를 개최했다. 이때 한국을 비롯한 미국 15개 주에서 36명이 참석했다. 1997년 8월 제1차 가정교회 컨퍼런스를 아틀란타한인침례교회에서 개최했으며 1998년 7월 제1차 평신도 세미나를 개최했다. 2000년 10월엔 목회자를 위한 가정교회 연수원을 신설했다.

휴스턴서울교회의 가정교회 세미나는 2002년 한국으로 지경을 넓혀 울산큰빛교회에서 개최했다. 2003년 10월 14일부터 19일까지 타교회에서 최초로 목회자를 위한 가정교회 세미나를 개최했고 2004년 11월에는 남침례교단 국제선교부의 도움으로 선교축제를 열었다. 2007년에는 교회 이름을 휴스턴서울교회로 개명했다. 미주와 한국에서 1990년대 이후 "가정교회 신드롬"을 불러일으켰던 최영기 목사는 2012년 8월 26일 은퇴하고, 현재는 4대 담임목사로 이수관 목사가 사역하고 있다.

열린문장로교회(Open Door Presbyterian Church)

1984년, 1월 1일 새해 첫날 40여 가정, 68명의 장년 성도가 박채곤 장로 집 지하실에 모여 창립예배를 드렸다. 예배 후 첫 공동의회를 열어 차문제 목사를 담임목사로, 이병인 장로와 박채곤 장로를 시무장로로 추대하였다. 1월 첫 예배 후 차문제 목사는 적극적으로 새 예배 처소를 찾아 두 번째 주일인 1월 8일부터 알링턴에 위치한 순복음교단의 갈보리복음교회를 빌려 예배를 드리게 되었다. 이곳에서 차 목사의 리더십과 주님의 도우심으로 교인들은 하나가 되어갔고 주일예배와 삼일 기도회, 그리고 토요집회로 모이기에 힘쓰며 남녀 전도회 활동과 청년회 활동이 활발하게 일어났다.

차문제 1대 담임목사

교회 가족들은 곧 220여 명, 어린이 교회학교 학생과 중·고등부 학생은 120명을 넘었다. 1986년은 성도 배가운동과 성전 마련을 목표로 온 교회가 힘을 합했다. 초기 정착 단계에서 여러 가지 어려운 여건에도 불구하고 차문제 목사는 교회를 자신의 가정보다 더 귀히 여기며 영혼을 휘어잡는 힘있는 설교로 교인들의 믿음을 세워나갔다.

1987년 차문제 목사가 건강 악화로 정상적인 목회 활동을 할 수 없게 되자 차문제 목사는 목회 일선에서 은퇴하고 원로목사로 추대되면서 교회는 후임 담임목사를 찾기 시작했다. 그 동안 1987년 7월 김태권 전도사가 중·고등부 담당 사역자로 새로 부임하였는데 예정대로 맡기로 한 중·고등부뿐 아니라 장년사역까지 담당하게 되어 이듬해 9월까지 교역자로 시무하며 담임목사가 없는 교회의 사역을 감당하였다.

1988년 8월 3일 김병원 목사가 제2대 담임목사로 부임함으로써 교회는 지난 1년간의 담임목사 부재라는 고비를 넘기게 되었다. 고신대학 학장을 역임했던 김병원 목사가 2대 담임목사로 오면서 그동안 침체되었던 분위기에 새로운 영적 바람을 불러일으켜 교회는 안정 속에 커다란 변화나 혼란을 거치지 않고 차분하고 지속적으로 성장해 갈 수 있었다. 김 목사는 신학자로 논리정연하게 가르치는 달란트를 가진 분이어서 그의 복음주의 강해설교나 체계적인 성경공부를 통해 교인들은 그동안의 아픈 마음들을 치유받고 오묘한 진리의 말씀에 더 깊이 다가갈 수 있었다. 또한 김 목사는 워싱턴 지역 교역자들의 성경공부를 지도하기도 하였다.

1989년 10월, 최일영 목사가 36년간 목회한 고신교단의 대표적 교회인 부산 대신동교회의 초빙을 받고 14개월의 시무를 마치고 김병원 목사가 한국으로 귀국하면서 교회는 김태권 목사를 1990년 10월 공동의회를 통해 담임목사로 청빙하게 되었다. 제3대 담임목사로 부임한 김태권 목사의 목회 철학은 제자훈련을 통해 구체화되었다. 김 목사는 2세들을 위한 예배에도 심혈을 기울였다.

1992년 5월에는 김용훈 목사가 제4대 담임목사로 결정되었고 그해 12월 헌당예배와 함께 위임예배를 드렸다. 김용훈 목사는 우선 영어 회중을 전담할 영어권 전담 목회자인 김형수 전도사를 세우고 한어권 장년예배에 더욱 집중하며 선교 지향적인 상호의존 교회의 골격을 다져나갔다. 맥클린으로 이전해 올 무렵 출석인원이 3백60명 정도였는데 1996년부터 1, 2, 3부로 나뉘어 예배를 드릴 만큼 교회는 성장했고 1998년에는 7백 명, 2001년에는 1천 명에 육박했다.

한편 교회 번역위원회에서 두 달에 한 번씩 발행한 「주님과 만남」이라는 경건의 시간을 위한 소책자를 나누어 교인들이 매일 묵상을 통해 하나님의 말씀에 더 가까이 할 수 있도록 도왔으며 김용훈 목사의 지도 아래 체계적인 성경공부가 이루어지며 주님의 제자들이 속속 배출되어 교회 성장에 이바지할 일꾼들이 늘어나게 되었다.

2001년 12월 드디어 현재의 부지와 건물을 구입했다. 교회를 알리는 간판도 없고 전형적인 교회 건물의 모습이 아니었는데도 교회가 급속도로 부흥하며 연구실이었던 장소에 조립식 의자만 놓고 예배를 드리는 것도 모자라 본당 증축이 2003년 12월 시공예배와 함께 시작되었다. 본격적인 공사는 2005년에 속도가 붙기 시작하였지만 그해 5월 다른 구역담당 소방서장이 제재를 가하여 공사 중인 건물이 위험하니 예배를 드릴 수 없다고 알려왔다.

이때부터 매주 이곳저곳 호텔을 빌려 예배를 드리는 '호텔 예배'가 시작되었고 매번 예배 장소를 알리는 공지사항부터 주차, 음향장비를 비롯하여 예배를 위한 여러 장비들을 매주일 나르고 설치하고 철거하는 일들을 반복해야 했다. 여러 제약이 따르자 지금은 주차장이 되어버린 잔디밭에 4백 명이 들어가는 대형 천막을 설치하였고 2005년 성탄축하예배도 천막에서 드리게 되었다. 마침내 2006년 1월 15일 새 성전에서 첫 주일예배를 드리고, 2월 12일 입당 감사예배를 드림으로 진정한 헌던(Herndon, 교회가 위치한 시의 이름) 시대의 새 막이 열리게 되었다.

와싱톤중앙장로교회(Korean Central Presbyterian Church)

고 이원상 2대 담임목사

와싱톤중앙장로교회는 초대 담임목사인 윤명호 목사가 1973년 11월 4일에 설립했고 그 후 고 이원상 목사와 노창수 목사가 목회했다. 2013년 4월부터 류응렬 목사가 담임목사가 되어 많은 교역자와 아름다운 동역으로 성도들을 섬기고 있다. 고 이원상 목사가 1977년 12월 4일 전도사의 신분으로 담임교역자로 부임, 2003년까지 26년간 줄곧 이 교회에서 시무하면서 교회를 워싱턴 지역뿐 아니라 미국 전역에서 양적으로나 질적으로 손꼽히는 한인 교회로 성장시키는 데 결정적 역할을 했다는 게 교회 안팎의 일치된 평가이다.

특히 교인 수가 4천 명에 달하는 워싱턴 일원 최대 한인 교회의 담임목사로서 교인 가정 하나하나를 직접 심방하며 교인들을 돌보아온 것은 교계에서 항상 화제였고 타 교회 교인들의 부러움을 사곤 했다. 노창수 목사(현 남가주사랑의교회)가 시무했던 2005년에는 서든뱁티스트와 빌리그레이엄센터가 5만여 교회 중에서 뽑은 13개 모범 교회 중 하나로 선정되기도 했었다.

와싱톤중앙장로교회는 "성도를 살리고 훈련해 지역과 세상을 변화시키는 글로컬교회(Glocal Church)"라는 비전으로 예수님의 목회 정신을 따라 말씀, 기도, 전도의 정신으로 한 사람 한 사람을 그리스도의 제자로 세우려 노력하고 있다. 이 비전을 위해 먼저 은혜가 충만한 예배를 체험하고, 다양한 소그룹 모임과 제자훈련을 통해 인격과 성품이 변화되고, 성령이 충만한 그리스도의 제자를 세워 가정과 직장, 세상에서 소금과 빛의 역할을 감당해 하나님께 영광을 돌리고 있다.

또한 2020년 4월 코로나로 어려움을 겪는 지역교회 렌트비 지원 사업을 펼쳐 신청한 모든 교회를 지원했다. 렌트비 지원사업에 10만 달러를 책정하고, 워싱턴지역한인교회협의회 산하

미자립교회 60여 개 교회에 월 1천 달러씩 두 달 간 렌트비를 지원하는 것으로 총 12만 달러가 사용되었다. 한편 코로나19가 확산되자 교회에서는 어려움을 겪는 교인들과 지역사회를 위해 20만 달러를 책정하고 이중 10만 달러는 지역교회를 위해, 나머지 10만 달러는 성도들을 위해 사용했다. 시니어 아파트 식사 제공, 사랑의 쌀 나누기, 그리고 직업을 잃었으나 체류 신분으로 인해 정부지원을 받지 못하는 성도들을 돕는다. 또한 목회자와 장로 등이 시니어 아파트 150가정에 식료품을 전달하고 안부를 확인했다.

교회는 "하나님 교회의 내일은 다음 세대에 달려 있다"는 생각으로, 절대가치가 무너지는 시대 속에 우리 어린이들과 청소년, 그리고 대학생과 청년들을 하나님의 말씀으로 무장시켜 가정에서는 자랑스러운 자녀로, 일터에서는 탁월한 일꾼으로, 교회에서는 신실한 성도로, 그리고 세상에서는 겸손하나 당당한 하나님의 사람으로 하나님 앞에 영광을 돌리는 제자로 세우려 최선을 다하고 있다.

또 기독교 신앙에서 점차 벗어나고 있는 미국의 공교육에 대한 기독교인들의 우려가 커지고 있는 가운데 이에 대한 대안으로 2022년 4월 기독교학교를 시작했다. 기독교학교 사역은 고 이원상 원로목사 때부터 추진됐던 것으로, 학교 이름은 세상으로 보냄을 받은 기독교인의 사명을 강조하기 위해 '더센트기독교학교'(The Sent Christian School)로 정했다. 교회는 이에 대해 "이름 자체에 좋은 인재를 양성해 세상에 파송하고자 하는 정신을 담고, 기억하기 쉽도록 단순하게 지었다"면서 "모세와 다니엘처럼 세상에서도 탁월한 재능을 지닌 사람으로 키워내어 세상을 변화시키는 하나님의 사람으로 세우길 기도한다"고 밝혔다. 학생 구성은 한인뿐만 아니라 타민족 학생도 수용할 방침이며, 18개월부터 초등학교 2학년까지 우선 운영을 시작하고 점차 범위를 늘려나갈 계획이다.

타코마중앙장로교회(Tacoma Central Presbyterian Church)

1972년 3월 19일 설립된 타코마중앙장로교회는 오세철 목사, 송천호 선교사가 주축이 되어 임마누엘침례교회에서 첫 예배를 드리며 시작되었다. 한 달 후 주정부로부터 '타코마한인장로교회'로 인가를 받았다. 그리고 1973년 2월에 서울 새문안교회에서 정남식 목사가 담임목사로 청빙받아 부임했다. 1974년 10월 교회명칭을 '타코마한인중앙교회'로 개명했으며, 1979년에는 미국 장로교 올림피아노회에 가입했다. 성장을 거듭하며 1989년에는 창립 20주년을 기념해 새 성전 건축위원회가 조직되

고 정남식 1대 담임목사

었으며 1991년 10월 13일 교회명 표기를 '타코마중앙장로교회'로 결정했다. 1993년에 새 성전 건축 기공예배를 드리고 이듬해 입당예배를 드렸다.

1998년 정남식 제1대 담임목사가 은퇴하고 원로목사로 추대되었으며, 2대 박성규 목사에 이어 2006년 이형석 목사가 3대 목사로 부임했다. 당시 43세의 젊은 나이로 부임한 이형석 목사는 분열과 갈등을 겪고 있던 본 교회의 안정과 부흥을 이끌며 튼튼한 교회로 체질을 바꾼 장본인으로서 지역 교계의 두터운 신임을 얻으며 교회와 함께 선한 영향력을 발휘하고 있는 인물로 평가받고 있다.

이형석 목사 부임 3년 후 2009년 당시 교회는 제자훈련을 통해 장로와 목사가 사역철학을 함께할 수 있었으며 출석 교인은 8백여 명이었다. 특히 타코마중앙장로교회는 새신자 가정이 1년 안에 정착하는 비율이 85%일 정도였다. "건강한 교회, 행복한 가정, 성숙하는 신앙"을 모토로 사역을 하고 있는 타코마중앙장로교회는 성도들이 세 가지 모토가 모두 균형을 이뤄 신앙과 인격이 모두 성숙한 크리스천이 되도록 하고 있다.

타코마중앙장로교회는 2014년 공동의회에서 PCUSA와 교단 관계를 끊고 복음언약장로교(ECO)에 가입했다. 40여 곳의 기관과 선교지를 후원하고 있으며, 주말마다 2세 교육부와 함께 실버 세대를 위한 '늘푸른 대학'과 한국학교 운영으로 차세대 한국 전통 문화 계승 및 지역사회 노인복지에 이바지해 왔다. 그리고 장애인을 섬기는 밀알선교단과 함께 운영하는 사랑의 교실로 사용되고 있다.

1970년대 이후
각 지역 교협이 결성되다
한인 밀집 LA, 뉴욕, 뉴저지, 시카고를 중심으로

한인 이민자가 있는 곳에 교회가 있었다. 그것은 비단 미국만의 현상은 아니었다. 전 세계로 흩어지는 한인 디아스포라와 함께 거기엔 반드시 한인 교회가 존재하기 마련이었다. 이민자들의 향수와 고달픔을 달래주는 인종적, 민족적 공간이요, 생존을 돕고 꿈을 나누는 나눔과 희망의 공동체였다. 개체교회가 성장하면서 자연스럽게 교회연합의 필요성이 대두되기 시작했다. 성경을 기반으로 선교, 친교, 봉사, 연구, 훈련 등을 통해 교회들의 공동 사명을 수행하기 위한 단체의 필요성이 대두되었는데, 그래서 시작된 것이 기독교교회협의회였다. 기독교교회협의회는 특정한 개신교 교리나 법규를 고집하지 않고 모든 회원 교회들의 경험을 존중하고 인정하면서, 그리스도 안에서 하나 됨을 구현하고 연합활동을 통해 교회와 지역사회를 섬기기 위한 초교파적 협의체이다.

미주 한인 사회에서 제일 먼저 발족된 교회협의회는 1971년 발족된 남가주기독교교회협의회였다. 이후 1974년 시카고지역한인교회협의회, 1975년 뉴욕지구한인교회협의회, 1987년 뉴저지한인교회협의회가 결성되었다. 이외에도 다른 지역교회협의회가 있지만, 여기서는 지면 관계상 다음 네 지역 교회협의회만 소개한다.

● 남가주기독교교회협의회 (The Christian Church Council)
(설립 연도: 1971년/ 초대 회장: 최영용 목사)

고 최영용 초대 회장

한인 교회들이 늘어나면서 교회들의 연합체가 필요하다는 공감대가 형성되었는데, 그 첫 번째 산물이 남가주기독교교회협의회(남가주교협)이다. 남가주교협은 1971년도에 결성되었는데, 초대 회장은 당시 로벗슨한인연합감리교회를 담임하던 최영용 목사(현 UMC 톰 최 목사의 부친)였고 임기는 1년이었다.

28대 회장을 지낸 고 김도석 목사는 "남가주교협 40주년" 발자취에서 이렇게 쓰고 있다.

"1970년 이전에 남가주 한인 교회는 불과 10개 정도에 지나지 않았다. 로벗슨한인연합감리교회를 비롯하여 제퍼슨한인장로교회, 대한인동지교회였다. 대한인동지교회는 이승만 박사가 출석할 정도로 독립운동에 대한 갈망이 강했다. 당시 많은 교회들은 독립운동에 적극적이었다. 독립운동을 하는 인사들을 돕기도 했고 적극적으로 독립운동에 참여한 사람들도 많았다. 안창호, 서재필 등 많은 지도자들이 독립운동에 참여했다. 한인 인구가 대거 유입된 것은 1967년 이민법 제정 이후였다. 유학생을 비롯해 이민자들이 대거 유입되었고 1973년에는 독일 광부로 갔던 광부와 간호사들이 미국으로 이민 오면서 숫자가 증가했다. 게다가 1974년에는 1950년대에 남미로 이민 갔던 남미 이민자들이 미국으로 많이 유입되었다. 이에 따라 10개에 지나지 않던 한인 교회들이 급격히 늘어나기 시작했다. LA한인침례교회를 비롯하여 동양선교교회, 나성영락교회, 윌튼장로교회가 새로 개척되었고 대형교회도 나타나기 시작했다."

남가주교협이 남가주 지역의 대표적인 초교파 연합기구로서 역할을 해오다 1990년대 중반부터 교단별로 회장을 선출하는 과정에서 갈등이 노출되기 시작했다. 교단별 안배는 좋은 발상이기는 했으나 교단의 적극적인 지지를 얻지 못하고 총회에서 선출되거나 혹은 마지못해 회장직을 맡는 경우, 과열된 선거로 인해 선거 후 파열음을 겪는 사례도 적지 않았다. 이로 인해 대형 교회와 목회자들이 교협의 운영과 재정적 지원을 외면하기 시작하면서 교계 주류를 대표하는 기관으로서의 정체성을 잃어가기 시작했다.

남가주교협 역대 회장

1대(1971년) 최영용 목사, 2대(1972년) 손순열 목사, 3-4대(1973-1974년) 안수훈 목사, 5대(1975년) 임동선 목사, 6대(1976년) 이금식 목사, 7대(1977년) 오은철 목사, 8대(1978년) 차국찬 목사, 9대(1979년) 정시화 목사, 10대(1980년) 박영창 목사, 11대(1981년) 한성욱 목사/김계용 목사, 12대(1982년) 윤철주 목사, 13대(1983년) 김의환 목사, 14대(1984년) 조천일 목사, 15대(1985년) 조문경 목사, 16대(1986년) 오은철 목사, 17대(1987년) 이기홍 목사, 18대(1988년) 김달생 목사, 19대(1989년) 안재관 목사, 20대(1990년) 김진영 목사, 21대(1991년) 황성수 목사, 22대(1992년) 심항구 목사, 23대(1993년) 정구훈 목사, 24대(1994년) 서정이 목사, 25대(1995년) 조석환 목사, 26대(1996년) 이수민 목사, 27대(1997년) 김사무엘 목사, 28대(1998년) 김도석 목사, 29대(1999년) 류당열 목사, 30대(2000년) 김경서 목사, 31대(2001년) 이정근 목사·한기형 목사·김건태 목사·이성엽 목사, 32대(2002년) 정지한 목사, 33대(2003년) 정해진 목사·홍영환 목사, 34대(2004년) 최학량 목사, 35대(2005년) 이정남 목사, 36대(2006년) 한기형 목사, 37대(2007년) 박종대 목사, 38대(2008년) 신승훈 목사, 39대(2009년) 한종수 목사, 40대(2010년) 지용덕 목사, 41대(2011년) 민종기 목사, 42대(2012년) 변영익 목사, 43대(2013년) 진유철 목사, 44대(2014년) 박효우 목사, 45대(2015년) 최 혁 목사, 46대(2016년) 강신권 목사, 47-48대(2017년-2018년) 김재율 목사, 49대(2019년) 한기형 목사, 제50대(2020년) 정완기 목사, 제51대(2021년) 조병국 목사, 제52대(2021년) 김용준 목사

● 뉴욕지구한인교회협의회(The Council of Korean Church of Greater New York)
(설립 연도: 1975년/ 초대 회장: 한영교 목사)

1965년 이민법이 개정되어 미국의 문호가 개방됨에 따라 한인 이민이 증가하기 시작했다. 새로 이주한 교포들은 브로드웨이를 중심으로 가발업과 야채, 수산업, 의류산업, 무역사업 등을 운영했고 사업이 점차 번창했다. 이로 인하여 1970년대에 들어서면서 뉴욕 일원에 40여 교회가 설립되자 교회와 목회자들 간에 교류와 협력의 필요성을 느끼며, 또한 뉴욕 교포 복음화와 전도에 깊은 뜻을 가진 목회자들이 여러 번의 모임과 회의를 거쳐 뉴욕지구한인교회협의회(뉴욕교협)를 창립하기로 결의하였다.

1975년 6월 27일(금) 오후 8시 퀸즈 엘머스트 소재 기독교대한감리회 뉴욕교회에서 창립총회를 개최하여 한영교 목사가 뉴욕교협 초대 회장으로 선임되었다. 이로써 뉴욕지구한인교회

협의회가 탄생한 것이다.

주요사역

신년하례만찬

뉴욕교협은 창립 5년 후인 1980년부터 매년 1월에 신년조찬 모임을 갖고 있다. 1980년 첫 회 조찬기도회로 모였으며, 1982년부터 1월 중 신년예배 및 하례만찬행사로 모임을 갖고 있다. 또한 1994년부터 1996년까지 3년간 교협 주소록을 발간 및 배부했다. 신년하례 강사로는 고 임동선 목사(동양선교교회), 고 김의환 목사(나성한인교회), 곽선희 목사(소망교회), 고 조천

1985년 7월 퀸즈칼리지 대강당 골든센터에서 할렐루야 85 대뉴욕 전도대회가 성황리에 개최되었다

일 목사(라성빌라델비아교회), 고 이원상 목사(워싱턴중앙장로교회), 박희소 목사(뉴욕동부교회), 박희민 목사(나성영락교회), 이강평 목사(서울기독대학교 총장), 고 장영춘 목사(퀸즈장로교회), 방지각 목사(뉴욕효신장로교회), 김남수 목사(프라미스교회), 허연행 목사(프라미스교회), 김성국 목사(퀸즈장로교회), 이선영 목사(시카고 시온장로교회), 이용걸 목사(필라영생교회), 신승훈 목사(주님의영광교회), 한영태 목사(서울신학대학 전 총장) 등이다.

2010년부터 교계와 동포사회와 교협에 그리스도의 사랑과 덕을 세우고 실천하여 타의 귀감이 되는 목회자 한 명을 선정하여 뉴욕 목회자상과 평신도 공로상을 시상하고 있다.

부활절 연합예배

1980년부터 부활절 새벽에 지역별로 연합예배를 드렸다. 1980년 연합예배 지역은 뉴욕(Flushing Meadow Park), 저지시티(Lincon Park), 스태든아일랜드(South Beach) 3개 지역에서 드렸으며, 1986년에는 10개 지역에서 드렸다. 1990년에는 12개 지역, 1991년에는 14개 지역, 1993년에는 15개 지역, 1994년에는 16개 지역에서 부활절 연합예배를 드렸다. 1998년에는 18개 지역별로 모였다. 2005년에는 17개 지역에서, 2006년에는 19개 지역에서, 2007년에는 23개 지역에서, 2008

년 26개 지역에서, 2016년 3월 27일에는 21개 지역에서 부활주일 새벽연합예배를 드렸다.

할렐루야 전도대회

1979년 2월 15-18일까지 "청소년의 가슴마다 그리스도를"라는 주제로 개최된 청소년 신앙수련회(강사 변한규 목사)는 1980년부터 할렐루야 대회로 이어졌다. 할렐루야 대회는 고 한경직 목사, 박조준 목사, 고 정진경 목사, 김장환 목사, 곽선희 목사, 이동원 목사 등과 고 김계용 목사 등 한국과 미국의 영적 지도자들이 강사로 초빙되어 은혜와 도전의 말씀을 전해주었으며 크리스천 연예인들의 신앙간증을 듣는 시간으로 진행되었다. 1982년부터 청소년 신앙수련회를 함께 열었고, 1992년부터는 어린이대회도 함께 열고 있다.

뉴욕교협 역대 회장

1대 한영교 목사, 2대 유태영 목사, 3대 김해종 목사, 4대 장영춘 목사, 5대 이재은 목사, 6대 신성국 목사, 7대 박희소 목사, 8대 김용주 목사, 9대 홍효균 목사, 10대 남학희 목사, 11대 이문구 목사, 12대 김용설 신부, 13대 김상모 목사, 14대 김정국 목사, 15대 양희철 목사, 16대 장석진 목사, 17대 방지각 목사, 18대 정태진 목사, 19대 김남수 목사, 20대 조덕현 목사, 21대 박순종 목사, 22대 한재홍 목사, 23대 한세원 목사, 24대 박수복 목사, 25대 최웅렬 목사, 26대 안창의 목사, 27대 송병기 목사, 28대 황경일 목사, 29대 김영식 목사, 30대 허 걸 목사, 31대 김종덕 목사, 32대 이병홍 목사, 3대 정수명 목사, 34대 황동익 목사, 35대 최창섭 목사, 36대 신현택 목사, 37대 김원기 목사, 38대 양승호 목사, 39대 김종훈 목사, 40대 김승희 목사, 41대 이재덕 목사, 42대 이종명 목사, 43대 김홍석 목사, 44대 이만호 목사, 45대 정순원 목사, 46대 양민석 목사, 47대 문석호 목사, 48대 김희복 목사

뉴저지한인교회협의회 (The Council of Korean Churches of New Jersey)
(설립 연도: 1987년/ 초대 회장: 박재영 목사)

초대 회장 박재영 목사

뉴저지한인교회협의회(뉴저지교협)는 1987년 2월 23일 창립을 위한 준비모임을 가졌다. 김용주 목사, 주선영 목사, 박재영 목사, 이승제 목사, 윤명호 목사 등 5인이 뉴저지교협 발족을 준비하기로 하고, 3월 9일 제1회 창립총회를 뉴저지 성은장로교회에서 개최하고 초대 회장에 박재영 목사를 선출했다(부회장 윤명호 목사, 고 이희철 목사, 고 이승제 목사, 총무 고 변의찬 목사, 서기 김영규 목사, 부서기 이문기 목사, 회계 이훈경 목사, 부회계 김경철 장로). 뉴저지교협 첫 회기의 행사로 부활절 새벽 연합예배를 4월 19일 뉴저지연합감리교회에서 드렸다.

현재 뉴저지교협에 등록한 교회는 약 150개이다. 뉴저지교협은 뉴저지의 모든 교회와 함께 연합하여 복음을 전하고 하나님 나라를 세우는 데에 목적을 두고 있다. 뉴저지교협의 중점 행사인 '사순절 특별연합새벽기도회'는 목사들이 40일 동안 영상설교를 만들어 교회와 나누며 함께 특별새벽기도회로 진행한다. 이 특별새벽기도회를 통해 많은 교회가 같은 말씀을 듣고 함께 기도하게 된다. 더불어 설교하는 목사들에게 지원금을 드려 목회의 회복을 위해 격려하고 있다.

코로나 팬데믹이 계속된 2022년에는 3월 2일부터 4월 16일까지 '사순절 특별연합새벽기도회'를 온라인으로 진행했다. 기도회는 "회복과 연합"(대하 7:14)이라는 주제로 주말을 제외한 매일 오전 6시에 교협 인터넷 홈페이지(www.ckcnj.org)를 통해 참여하도록 했다. 이번 특별기도회는 출석 100명 미만(팬데믹 전)의 교회를 담임하는 33명의 목사를 강사로, 주제 본문을 기초로 성경봉독과 기도를 포함해서 20-25분짜리 영상설교를 만들어 보내게 했고, 이들 강사 목사들에게는 격려금을 지원했다.

이 외에도 1987년부터 부활절 연합예배, 1988년부터 12월 초에 크리스마스 축하 연합예배를 드리고 있으며 1989년부터 호산나 전도대회, 세미나를 개최하고 있다. 2002년부터 어린이 찬양대회와 어린이 성경암송대회를 열고 있다. 2008년부터 뉴저지교협회장배 탁구대회를 열어 뉴저지 지역 교회들의 친목을 도모하고 있다.

모금운동

1994년 2월 26일 LA 지진 피해자들을 위한 성금모금(750달러 모금, 남가주교협에 전달), 1996년

11월 21일 영락교회에서 사랑의 터키 전달식을 가졌다. 이후 해마다 연말에 사랑의 터키 전달식을 실시하고 있으며 이때 모금액을 기독교방송국 등에 전달하고 있다. 2002년 5월 20일 9·11 희생자 가족초청 만찬 및 성금 전달식을 신궁전식당에서 가졌으며, 10월 24일에는 고국 수재민 돕기운동으로 모금된 2만4천842.49달러를 강원도 속초 영동 극동방송국에 전달했다. 2015년 6월 26일에는 네팔 구호기금 전달식을 가졌으며, 2020년 8월 14일 오늘의목양교회(장동신 담임목사)에서 임원들과 암투병 중인 김흥교 목사와 만남의 시간을 갖고 2천 달러를 전달했다.

이단 관련 집회

1990년 7월 14-15일에 에덴장로교회에서 베뢰아 귀신론 비판 강연회(강사 원세호 박사)를 가졌다. 1994년 12월 20일 "레마선교회 이명범은 이단이다"라는 발표 및 각 회원 교회와 각 신문사에 발송작업을 실시했다. 2005년 11월 21일에는 뉴저지장로교회와 아콜라장로교회에서 최삼경 목사(빛과소금교회)를 강사로 초청한 가운데 이단사이비세미나를 열었다. 2006년 7월 27-29일까지 메디슨 스퀘어가든 건너편에서 이재록 뉴욕집회 반대 항의시위를 했다. 2008년 4월 22일 "이단이란 무엇인가"라는 주제의 이단대책세미나를 행복한교회(이병준 목사)에서 열었다. 이날 세미나는 주로 신천지에 대해 강의했다. 2011년 7월 8-9일 특별세미나를 뉴저지프라미스교회에서 가졌는데 "신천지"를 주제로 열린 첫날 강사는 신형욱 전도사였다.

뉴저지교협 역대 회장

1대 박재영 목사(고신), 2대 이승제 목사(독립), 3대 윤명호 목사(PCUSA), 4대 김창길 목사(KPCA), 5대 오다위 신부(성공회), 6대 정성만 목사(UMC), 7대 신의철 목사(PCA). 8대 황의곤 목사(KPCA), 9대 김병도 목사(KAPC), 10대 이성재 목사(KPCA), 11대 김도언 목사(AG), 12대 김정문 목사(PCUSA), 13대 이희문 목사(UMC), 14대 강세대 목사(PCA), 15대 신명동 목사(KPCA), 16대 황은영 목사(KAPC), 17대 이우용 목사(AG), 18대 장철우 목사(UMC), 19대 박찬순 목사(성결교), 20대 허상회 목사(KAPC), 21대 정창수 목사(RCA), 22대 백성민 목사(UMC), 23대 양춘길 목사(PCUSA), 24대 유병우 목사(AG), 25대 유대도 목사(KPCA), 26대 박상천 목사(PCUSA), 27대 김동욱 목사(C&MA), 28대 이병준 목사(KMC), 29대 이의철 목사(성결교), 30대 김종국 목사(RCA), 31대 윤명호 목사(C&MA), 32대 홍인석 목사(KPCA), 33대 장동신 목사(미주예성), 34대 이정환 목사(순복음), 35대 고한승 목사(UMC), 36대 박근재 목사(SBC)

● 시카고지역한인교회협의회(The Korean Churches Federation of Greater Chicago)
(설립 연도: 1974년/ 초대 회장: 이선영 목사)

시카고지역한인교회협의회(시카고교협)는 1974년 시카고 시와 교외 지역에 있는 한인 교회들이 서로 친교를 나누며 연합하여 시카고 지역에 복음을 전하기 위해 설립했다. 초대 회장은 시카고시온장로교회의 이선영 목사였다. 2022년 제48대 장에즈라 목사(예본교회)가 시카고지역한인교회협의회를 이끌어가고 있으며, 소속된 교회는 200여 교회가 있으며, 약 10개의 선교기관이 협력하고 있다.

주요사역

이단반대 집회

시카고한인교회협의회는 한인교역자회와 함께 2010년 12월 13-15일까지 개최되는 이초석 목사 집회에 대하여 8일 기자회견을 열고, 한국 교회에서 이단 판정받은 바 있는 이초석 목사(예수중심교회)가 시카고 지역에서 집회를 개최하는 데 깊은 우려를 표명하고 반대 공동성명을 발표했다. 이초석 목사(예수중심교회)는 김기동 목사의 귀신론을 추종한다는 이유로 한국기독교총연합회 이단대책위원회를 비롯, 예장 합동·통합 등 한국 주요 교단으로부터 이단 규정을 받은 바 있다. 이들은 성명에서 "최근 시카고 지역에서 신천지를 비롯한 이단 및 불건전한 단체들이 은밀히 활동하며 성도들에게 접근하고 있다"면서 "이에 각 교회는 깨어 기도해야 하고, 교협과 교역자회는 성도들을 보호하기 위하여 적극적으로 대처해 나갈 것"이라고 밝혔다.

연합집회

시카고교협은 매년 1월 초에 신년하례회를 갖는다. 그리고 시카고교협이 창립된 다음 해인 1975년부터 매년 부활절 새벽연합예배와 할렐루야대성회가 매년 여름철에 개최됐으며, 목회자 세미나를 열어 시카고 지역 교회의 연합과 성도들의 신앙성장을 위하여 힘쓰고 있다. 2014년 11월 2일에는 시카고교협 창립 40주년 감사예배 및 제9차 부흥시카고 미스바기도회가 시카고한인제일연합감리교회(김광태 목사)에서 개최되었다. 서창권 목사의 인도로 개인과 가정과 섬기는 교회를 위한 기도, 시카고 한인동포와 지역사회를 위한 기도, 한국과 북한과 미국과 세계선교를 위한 기도, 논산훈련소 진중 세례식을 위한 기도, 시카고 영적 대각성과 부흥을 위한 기도를 드렸다. 예배 후에 시카고제일연합감리교회에서 저녁 식사를 제공했다. 2015년부터 시카고 일원 한인 기독청년들을 대상으로 청년 연합예배를 드렸다.

2022년 1월 17일 시카고지역한인교회협의회가 시카고한인제일연합감리교회에서 제53주년 기념 '신년예배 및 하례회'를 가졌다.

이웃돕기

시카고교협은 어려움에 처한 이웃들을 위한 모금운동을 통해 이웃사랑을 실천하고 있다. 대표적으로는 지난 2005년 뉴올리언스에서 발생된 허리케인 카트리나로 인해 발생된 이재민들을 돕기 위해 모금된 성금을 현지에 전달했으며, 2007년 버지니아텍 총격사건 발생 후 모금운동을 벌여 10월에 버지니아텍 찰스 스태거 총장에게 성금을 전달했다. 2010년 1월 아이티에 지진이 나자마자 모금을 시작하여 2만여 달러를 모금했으며 부활절 새벽 연합예배에서 1만여 달러를 모금해 이 헌금을 아이티로 보냈다. 2020년 초에는 코로나19로 실의에 빠져 있는 교민들을 위한 모금운동을 시카고한인회 등과 함께 전개했다. 2022년 5월 러시아의 우크라이나 침공으로 인해 발생된 난민들을 위해 선교팀을 구성하여 우크라이나, 헝가리, 루마니아 3개국을 방문, 생필품과 난민구호품을 전달했다.

시카고교협 역대 회장

1대 이선영 목사(시카고시온장로교회), 2대 이종욱 목사(베다니장로교회), 3대 방신학 목사(영락교회), 4대 나윤태 목사(시카고성결교회), 5대 이창수 목사(베다니감리교회), 6대 박영희 목사(연합장로교회), 7대 이영재 목사(시카고중앙교회), 8대 심만수 목사(세광연합장로교회), 9대 백인규 목사(한인언약장로교회), 10대 이진삼 목사(서북장로교회), 11대 방지형 목사(시카고서울교회), 12대 최준희 목사(제일영락교회), 13대 최순국 목사(시카고그리스도교회), 14대 노재상 목사(시카고장로교회), 15대 장철우 목사(에즈베리한인연합감리교회), 16대 홍일천 목사(샴버그침례교회), 17대 김은용 목사(에반스톤침례교회), 18대 김원삼 목사(시카고연합선교교회), 19대 강인덕 목사(시카고한인제일교회), 20대 강신원 목사(한미장로교회), 21대 박이섭 목사(남부시카고한인연합감리교회), 22대 김순철 목사(새소망교회), 23대 박상현 목사(시카고성광침례교회), 24대 조규현 목사(호산나성결교회), 25대 한창완 목사(시카고영락교회), 26대 이석진 목사(시카고성경장로교회), 27대 김명남 목사(하나님의성회시카고교회), 28대 강덕수 목사(시카고성경장로교회), 29대 박인혁 목사(새롬장로교회) 30대 양대식 목사(노스웨스트장로교회), 31대 김용준 목사(순복음시카고교회), 32대 이대열 목사(전원교회), 33대 조현배 목사(한인서부교회), 34대 전성철 목사(여수룬교회), 35대 김광태 목사(시카고한인제일연합감리교회), 36대 신광해 목사(아가페장로교회), 37대 원종훈 목사(그레이스교회), 38대 곽호경 목사(시카고나사렛교회), 39대 서창권 목사(시카고한인교회), 40대 최문선 목사(굳뉴스교회), 41대 강민수 목사(레익부언약교회), 42대 이철원 목사(엑소더스교회), 43대 이 준 목사(두란노교회), 44대 조은성 목사(시카고한인연합장로교회), 45대 나성환 목사(시카고아름다운교회), 46대 김판호 목사(시카고순복음교회), 47대 김광섭 목사(샴버그한인침례교회), 48대 장에즈라 목사(예본교회)

연합부흥회 및 영성집회가 활발해지다

1970년대 지역 교협이 출범한 후 교인들의 영적 성장과 믿지 않는 사람들에게 복음을 전해 예수님의 제자가 되게 하는 전도집회 성격의 연합집회들이 미주 전역으로 확산되기 시작했다. 한국의 유명 목회자들이 줄지어 한인 교계의 연합집회 강사로 초청되고 그런 집회를 통해 성도들은 영적 목마름에서 벗어났고 개체 교회를 더욱 충성스럽게 섬기는 변화의 물결이 일어났다. 그 가운데서도 오랜 역사를 자랑해 오고 있는 한인 교계의 대표적인 연합성회는 다음과 같다.

● 뉴욕할렐루야복음화대회

1975년 6월 27일 뉴욕교협 출범 후 뉴욕 지역의 복음화에 거룩한 열정이 꽃을 피우게 되었다. 이러한 열정은 뉴욕 지역의 청소년들을 대상으로 개최한 신앙수련회를 통해 현실화되었다. 1979년 2월 15-18일까지 "청소년의 가슴마다 그리스도를"이라는 주제로 변한규 목사를 강사로 초청한 가운데 개최한 청소년 신앙수련회는 교협 태동 이후 간직해 왔던 거룩한 열정이 뉴욕할렐루야복음화대회 개최로 이어지게 되었다. 뉴욕할렐루야복음대회는 대뉴욕전도대회라는 이름으로 시작되었다. 그리고 1986년부터 청소년대회가 시작되었으며 1992년 어린이대회가 시작되었다. 주요대회를 연도별로 나누어 살펴본다.

1980년-1985년

첫 번째 대회는 1980년 7월 3-5일 열린 "할렐루야 80 대뉴욕전도대회"로 퀸즈대학 강당(골든센터)에서 개최했으며 강사에 임동선 목사(LA동양선교교회)가 초청됐다. 그리고 연예인 곽규석 장로, 고은아 집사, 방은미 집사, 허 림 집사를 초청해 신앙 간증의 시간을 가졌다. 1981년 대회는 5월 15-17일 뉴욕의 한복판 메디슨 스퀘어가든(Madison Square Garden)에서 개최했다. 강사로 박조준 목사(한국 영락교회 담임)와 연예인 구봉서, 윤복희, 서수남, 김희자를 초청, 신앙특별 간증을 했다.

1983년 대회는 6월 30일-7월 3일 퀸즈대학 대강당에서 개최, 강사는 김선도 목사였으며 연예인 이용복, 김희자, 이종용이 간증했다. 1984년 대회는 7월 5-8일 퀸즈대학 대강당에서 "한국 기독교 100주년 기념 대뉴욕전도대회"로 개최했다. 강사에 신현균 목사(한국 성민교회)와 임희숙 집사가 간증했으며 대회 마지막 날엔 사무엘 H 선교사와 한위렴 선교사, 2세인 한부선 선교사의 사역 보고를 듣고 표창했다. 1985년 대회는 1985년 7월 4-7일 퀸즈대학 대강당에서 개최하였다. 이때 강사는 한경직 목사(한국 영락교회 원로)와 김종기 목사(라스베이거스 순복음교회), 그리고 김 브라더스(가수) 집사들이 간증했다.

1990년-2000년

1990년대 중반에 들어서면서 이민자 유입의 증가와 한인 교회의 증가로 뉴욕 지역 복음화에 박차를 가해야 한다는 인식이 자리잡게 되었다. 따라서 뉴욕교협은 대회 명칭을 "할렐루야 대뉴욕복음화대회"로 변경했다. 1998년 대회에서 처음으로 세 대회(복음화대회, 청소년대회, 어린이대회)가 각각 다른 날에 열렸다. "할렐루야 98대뉴욕복음화대회"가 7월 9-12일 퀸즈칼리지 대강당(골든센터)에서 개최했다. 이 당시 나겸일 목사(인천주안장로교회)가 강사로 참여했다. 1999년 7월 8-11일 퀸즈칼리지 대강당(골든센터)에서 열린 대회는 김시철 목사(서울 벧엘중앙교회)가 강사로 참여했다. 2000년 대회는 7월 14-16일 뉴욕장로교회당에서 개최하였으며 김삼환 목사(서울 명성교회)가 강사로 참가했다.

PART II. 부흥의 꽃 피우며 미 전역으로 퍼진 한인 교회사(1970년대~현재) | 287

2018년 7월 9-11일 뉴욕할렐루야복음화대회가 프라미스교회에서 열렸다

2004년-2009년

2004년 대회는 7월 2-4일 김정훈 목사(한국 축복교회)가 강사로 나선 가운데 퀸즈칼리지 대강당(골든센터)에서 개최됐다. 2005년은 복음화대회와 더불어 "빌리그래함전도대회"도 열린 해였다. 6월 10-12일 순복음뉴욕교회에서 2005년 대회를 개최하였고 강사에 하용조 목사(한국 온누리교회)가 참여했다. 복음화대회를 마치고 10일 후인 24일 빌리 그레이엄(전에는 그래함이라고 발음함) 목사의 다민족전도집회가 뉴욕 플러싱 메도우 코로나파크에서 열렸다. 전도집회는 26일까지 열렸는데 대뉴욕지구한인교회협의회와 500여 회원 교회들이 적극 동역하여 연인원 80만 동원으로 주님이 기뻐하는 집회가 되었다.

2007년 대회는 7월 20-22일 퀸즈한인교회에서 열렸으며 오정현 목사(서울 사랑의교회)가 강사로 참석했다. 그리고 목회자세미나를 7월 23일 개최하였고, 56명에게 장학금을 수여했다. 2008년 대회는 7월 11일에 순복음뉴욕교회에서 개최하여 13일까지 진행했는데 김문훈 목사(부산 포도원교회)가 강사로 참석했다. 2009년 대회는 7월 10-12일에 개최되었는데 복음화대회는 복음뉴욕교회에서 이동원 목사(한국 지구촌교회)가 강사로 참여하여 은혜의 말씀을 전했다. 대회기간 중 목회자세미나를 10일에 개최했다.

2011년-2019년

2011년 대회는 9월 9-11일 서임중 목사(한국 포항중앙교회)가 강사로 초청된 가운데 프라미스교회에서 개최하였다. 2012년 대회는 "변하여 새사람이 되어라"(삼상 10:6)라는 주제로 7월 6-8일 퀸즈한인교회에서 개최하였다. 강사에 이태희 목사(한국 성복교회)가 참여했다. 2014년 6월 13-15일 2014년 대회를 프라미스교회에서 개최하였으며 고 훈 목사가 강사로 참여했다. 2016년 대회도 프라미스교회에서 열렸다. "하나님을 감동케 하면"이라는 주제로 7월 15-17일에 열린 대회의 강사는 원팔연 목사였다. 대회 둘째 날인 16일엔 21명의 학생들에게 장학금을 수여하는 시간을 가졌으며 대회를 마치는 마지막날인 18일 목회자세미나를 금강산 홀에서 개최했다.

2018년 대회는 "대뉴욕복음화대성회"라는 이름으로 7월 9-11일 프라미스교회(허연행 담임목사)에서 열렸는데, "오직 성령으로!"(행 1:8)라는 주제로 초청강사는 여의도순복음교회 이영훈 목사였다. 2019년 대회는 7월 12-14일 프라미스교회에서 "성결의 삶"이란 주제로 열었으며 정연철 목사(한국 양산 삼양교회 담임)가 강사로 말씀을 전했고, 13일 오전에 열린 목회자세미나는 이용걸 목사(필라델피아 영생장로교회 원로)가 강사로 참여했다.

2020년-2022년

2020년 대회는 "미래를 위해 함께 갑시다"라는 주제로 9월 18일(금)부터 3일간 프라미스교회에서 현장과 온라인으로 진행되었다. 강사는 마이클 조 선교사(IM선교회)와 황성주 박사였다. "선교 부흥과 영성 회복"이란 주제로 열린 2021년 대회는 양창근 선교사(파라과이 선교사)가 강사로 참여한 가운데 9월 10-12일에 뉴욕장로교회에서 열렸다. 그리고 10일 오전에는 목회자세미나를 뉴욕대한교회에서 가졌다. 2022년 뉴욕할렐루야복음화대회가 8월 28-31일에 4일간 뉴욕 프라미스교회(담임 허연행 목사)에서 임현수 목사(토론토 큰빛교회 원로)와 최혁 목사(주안에교회)를 강사로 초청한 가운데 개최되었다.

● 뉴저지호산나복음화대회

뉴저지호산나복음화대회는 뉴저지의 한인 교회들이 하나님의 복음사역에 동참하여, 연합해서 하나님을 믿지 않는 사람들을 전도하여 결실을 맺게 하며, 믿는 사람들이 영적 침체에서 벗어나 믿음이 되살아나게 하는 기회로 삼기 위한 목적으로 1987년 창립되었다. 주요 대회를 연도별로 살펴보면 다음과 같다.

1989년-2008년

뉴저지한인교회협의회는 제1회 대회를 1989년 4월 28-30일에 개최했다(준비위원장: 윤명호 목사). 또한 5월 25일 청소년위원회를 뉴저지영락교회에서 결성했으며 12월 26-28일에 겨울 청소년 복음화대회를 피터 민 목사를 강사로 초청한 가운데 뉴저지영락교회에서 개최했다. 1991년 3월 22-24일 청소년전도대회를 허드슨장로교회에서 열었으며 1000여 명이 참석했다. 4월 12-14일 호산나91뉴저지복음화대회를 가든교회에서 열었으며 김선도 목사가 강사로 참여했다. 1996년 2월 23-26일 청소년대회, 4월 25-28일 전도대회를 열었다. 이때 강사는 박희민 목사(나성영락교회 담임)이었다.

2001년 2월 24-26일 테넥고등학교에서 연인원 3천5백 명이 참석한 가운데 청소년대회를 열었으며 4월 26-29일 포트리고등학교에서 연인원 1천5백 명이 참석한 가운데 전도대회를 열었다. 2005년 2월 24일 청소년대회가 연 3천 명이 참석한 가운데 베다니연합감리교회에서 열렸으며 Pat Nam 목사가 강사로 참여했다. 그리고 6월 5-7일 뉴저지베델교회(정성만 목사)에서 이호문 감독(숭의교회)이 강사로 참여한 가운데 전도대회를 개최했으며, 연 1천5백 명이 참석했다. 2008년 3월 7-8일 청소년대회가 필그림교회(양춘길 목사)에서 열렸다. Seth Kim 목사가 강사였으며 천여 명이 참석했다. 그리고 청소년지도자들의 네트워크를 만들었다. 6월 20일 전도대회를 초대교회(이재훈 목사)에서 열었으며 김동호 목사(높은뜻숭의교회)가 강사로 참석했다. 이 대회에서 만 달러를 중국 및 미얀마에 구호금으로 전달했다.

2010년-2014년

2010년 2월 19-20일 펠리컨대학교에서 청소년대회를 개최했으며 제프 프랫(Jeff Pratt) 목사가 강사로 참여했다. 그리고 5월 14-16일 전도대회가 필그림교회(양춘길 목사)에서 열렸으며 림형천 목사(나성영락교회)가 강사로 참석했다. 이 대회는 연인원 1천8백 명이 참석했다. 2012년 3월 4-5일 청소년대회를 펠리컨대학교에서 열었다. 그리고 6월 15-17일 2012년 호산나성회를 뉴저지필그림교회(양춘길 목사)에서 열었으며 장순직 목사(서울성북교회, 민족복음화운동대표)가 강사로 참석했다. 같은 기간 선교컨퍼런스가 뉴저지벧엘교회(정선만 목사)에서 열렸다. 2014년 7월 11-13일 잉글우드고등학교에서 전도대회가 열렸고 호성기 목사가 강사로 참석했으며 같은 기간 어린이대회가 열렸는데 캐디 김 전도사가 강사로 참석했다.

2015년-2021년

2015년부터는 대회 명칭을 호산나복음화대회로 변경했다. 2015년 7월 28-31일 복음화대회와 어린이대회가 필그림교회에서 열렸으며 한기홍 목사가 강사로 참석했다. 2016년 3월 11-12일 청소년복음화대회가 한소망교회에서 열렸으며 복음화대회는 6월 27-29일 필그림교회에서 열었다. 이 대회의 강사는 이영훈 목사였다. 2018년 6월 22-25일 전도대회 및 목회자세미나가 한소망교회에서 이정익 목사가 강사로 참석한 가운데 열렸다. 같은 기간 열린 어린이대회는 고 유지나 전도사가 강사로 참석했다.

2019년 전도대회를 6월 7-9일 한소망교회에서 "일어나라 빛을 발하라"(사 60:1)라는 주제로 열렸다. 강사는 이승종 목사였으며 함께 열린 어린이대회는 조안나 강 전도사와 유니스 김 전도사가 강사로 참여했다. 그리고 6월 10일 오전 "차세대 양육과 통일선교"라는 주제의 목회자세미나가 한소망교회에서 열렸다. 청소년대회가 6월 28-29일에 열렸다. 2020년 대회는 코로나 팬데믹으로 취소됐다. 2021년 뉴저지 호산나대회가 9월 10-12일 저녁에 뉴저지연합교회(고한승 목사)에서 "펜데믹, 노아에게 묻다"(히 11:7)라는 주제로 열렸으며 진유철 목사(나성순복음교회)가 강사로 참석했다. 목회자세미나는 9월 13일(월) 오전 10시 뉴저지순복음교회(이정환 목사)에서 열렸다.

● 남가주 다민족연합기도대회

남가주 지역의 대표적인 연합사업인 다민족연합기도회는 미국의 영적 대각성을 지향하여 2011년부터 미국 단체들이 주도하고 한인 교회들이 참여하는 형식으로 열렸으나 차츰 한인 교계가 중심이 되어 대규모로 열리기 시작했다.

2011년 11월 11일 로즈보울 구장에서 열린 다민족기도대회에서 뜨겁게 기도하고 있는 한인 목회자들

2011년 11월 11일 로스앤젤레스 인근 파사데나 소재 로즈보울에서 열린 다민족연합기도대회에는 한인을 포함해 7개 민족 2만여 명이 참여해 한마음으로 미국의 영성회복을 위해 부르짖었다. '11/11/11 다민족연합기도회'는 한인 기독교커뮤니티가 타민족 기독교커뮤니티와의 연대를 통해 보다 더 주류 교계에 다가가는 기회가 되기도 했다. 이날 기도회 진행은 7개 커뮤니티가 나누어 담당했는데 한인 교계는 오후 7시 20분부터 1시간 가까이 기도와 찬양, 메시지 등을 담당했다. 한편 11/11/11 대회를 시작으로 남가주 교계는 연합으로 다민족연합기도대회를 열게 되었다.

2012년 대회는 10월 27일 LA Crenshaw Christian Center Faith Dome에서 "이때를 위함이 아닌지 누가 알겠느냐"(에 4:14)를 표어로 미국 주류 교회와 함께한 이 기도회는 이스라엘 교인들에 이어 한인 기독교인들이 모여 오후 3시 45분부터 6시까지 진행됐다. 한인 교인들의 기도회는 송정명 목사(대표대회장)의 개회기도와 변영익 목사(남가주교협회장), 한기형 목사(나성동산교회)의 기도로 시작되었다. 이어서 박성규, 김성민, 박용덕, 이정현, 전두승, 신승훈, 손병열, 민경업, 김동환 목사 등이 "미국 사회와 경제 회복", "차세대 젊은이들을 위하여" 등 각기 주어진 제목을 가지고 기도하고 박희민 목사(명예대회장)가 마무리 기도와 축도를 했다.

2014년 11월 11일 캘리포니아와 미국의 영적 부흥과 대각성을 위한 다민족연합기도회가 얼바인에 소재한 버라이즌 와이어레스 원형극장에서 오후 1-9시에 "A Line in the Sand"라는 주제로 열렸다. 오후 6시 45분부터 열린 한인기도회는 찬양팀(인도 박종술 목사)의 뜨거운 찬양인도로 시작, 한기홍 목사(대표대회장/은혜한인교회)의 인사와 기도가 있었으며 20명의 강사들이 각각 기도제목을 놓고 기도를 인도했다.

2015년 대회부터 다민족연합기도회가 한인 주도로 열렸으며 그동안 해왔던 각 민족별 기도회를 탈피해 모든 민족이 한자리에서 기도회를 가진 진정한 다민족연합기도회로 드려지게 되었다. 11월 29일 "이 땅을 고쳐주소서"라는 주제로 열린 미국의 부흥과 회복을 위한 다민족연합기도회가 애나하임 컨벤션센터에서 성황리에 열렸다. KCCC 찬양팀(인도 박종술 목사)의 찬양 인도로 시작된 기도회는 한기홍 목사(대표대회장/은혜한인교회)의 환영인사, 루 잉글 목사(The Call 공동 창립자)와 제리 디어맨 목사(더락처치 담임), 김춘근 장로(자마)가 말씀을 전했다. 이어 '회개', '교회와 가정', '학교와 문화', '국가지도자', '사회정의와 변화', '부흥과 선교'라는 주제로 기도회가 진행되었다.

2016 다민족기도회가 10월 23일 남가주 애나하임 컨벤션센터에서 개최되었다. "이 땅을 고쳐 주소서"(Heal Our Land)라는 주제로 2,000여 명의 한인 성도들과 미국 교회 단체 관계자, 다민족 대표들이 참석해 영적으로 무너져가는 미국 사회의 현실을 우려하면서 회개와 회복, 선거와 지도자, 부흥과 차세대에 주제를 맞춰 하나님의 긍휼과 자비를 구하는 기도로 3시간 동안 진행되었다.

2017년 대회부터는 은혜한인교회에서 열렸다. 특별히 2017년은 종교개혁 500주년을 맞이하여 교계 12개 단체가 주최하고 종교개혁 500주년 기념대회 및 2017 다민족연합기도대회 준비위원회(대표대회장 한기홍 목사)가 주관으로 1천5백여 명이 참석한 가운데 열렸다. 이날 기도대회는 지난해보다 다민족 참여율이 눈에 띄게 높아진 것이 특징이었다. 라티노교회인 엘림처치에서 2백여 명을 비롯해 백인, 중국인, 유태인, 아프리칸 아메리칸, 중동인 등 3백50여 명의 다민족들이 이날 기도회에 참석했다. 종교개혁 500주년 참회실천선언문은 한국어와 영어로 발표되었다.

2020년은 코로나 팬데믹과 11월 대통령 선거라는 시급히 기도가 필요한 핫이슈가 있었다. 마침내 다민족연합기도회가 2020년 10월 16일(금) 오후 7시 30분부터 2시간 동안 열렸다. 은혜한인교회에서 현장 기도회가 열렸으며, 방송과 온라인으로 중계되었으며 2021년 10월 29일 오후 7시 30분부터 은혜한인교회(한기홍 담임목사)에서 열렸다. 현장 및 온라인으로 개최된 이 대회는 한인을 비롯해 히스패닉, 백인, 흑인, 일본 등 타민족 교회 지도자들이 함께 참가했다.

● 뉴욕 다민족선교대회

　대뉴욕지구한인장로연합회가 주최하는 뉴욕 다민족선교대회는 뉴욕 지역에 거주하고 있는 신앙을 가진 한인들이 먼저 어려운 처지의 다민족 이웃들에게 다가가 복음을 전하고 친교와 화합에 힘써 아름다운 사회를 만들고, 나아가 세계선교를 위해 협력의 토대를 구축하고자 마련된 대회이다.

　이 대회는 2013년부터 시작되었다. 제1-3차 대회는 후러싱제일교회에서 열렸다. 2013년 대회는 1부 예배와 한국을 비롯한 여러 다민족 성도들이 각자의 언어로 하나님을 찬양하는 2부 찬양축제가 진행되었고, 3부에는 만찬과 친교 시간을 가졌다. 1부 예배에서 뉴욕교협 회장 김종훈 목사는 설교를 통해 "모든 족속이 하나 되어 세계 복음화를 위하여 말씀 안에 거할 수 있도록 말씀 전하는 일에 힘써야 한다"고 강조했다. 2014년 대회는 한국, 중국, 칠레, 파키스탄, 캐리비안 해 국가 등 5개국에서 7개 팀이 참가해 찬양을 드렸으며, 2015년 대회 1부 예배에서 교협 증경회장 김남수 목사가 말씀을 전했고, 2부 찬양축제에서는 다민족 찬양팀들이 나와 찬양의 축제를 벌였다.

　제4-6차 대회까지는 뉴욕효신장로교회에서 열렸다. 2016년 8월 28일 오후 5시 뉴욕효신장로교회(문석호 목사)에서 진행된 4차 대회는 참석자들이 한국어를 비롯하여 영어와 스페인어 그리고 중국어와 러시아어로 주님을 찬양하고 기도했다. 선교대회 1부 예배에서 장로연합회 회장 손성대 장로는 참가한 다민족을 환영했으며, 다민족교회 루이스 장로의 무릎을 꿇고 한 뜨거운 기도, 장로성가단의 찬양이 이어졌다. 이어 17년 전부터 뉴욕에서 다민족선교를 하고 있는 래리 홀콤브 목사(Urban Nations Outreach 대표)가 "그의 영광을 백성들 가운데에, 그의 기이한 행적을 만민 가운데에 선포할지어다"(시 96:3)라는 말씀을 선포했다. 2부 찬양과 선교나눔의 시간에는 6개 참가팀이 나와 선교비전을 나누었는데, 참가팀은 한어권 3팀(할렐루야국악찬양선교팀, 다민족농아인교회, 뉴욕효신장로교회), 중국어권 플러싱커뮤니티처치(박마이클 목사), 러시아어권 퀸즈장로교회의 러시아 회중(송요한 목사), 스페인어권의 엘살바도르교회(노엘 소사 목사) 등이다. 이어 박마이클 목사의 인도로 자신들의 언어로 주여 삼창을 부르고 선교를 위한 기도를 했다. 회장 손성대 장로는 각 다민족 팀들의 복음전파 사명을 위해 참가한 6개 팀에게 선교후원금을 전달했으며, 다함께 앞으로 나가 찬양하며 피날레를 장식했다.

　2017년 9월 10일에 "진정한 이웃사랑"이라는 주제로 열린 제5차 다민족선교대회의 1부는 메시지가 핵심이고, 2부에서는 다민족교회와 단체들이 자신들의 모국어로 하나님을 찬양했다. 2018년 8월 12일 개최된 6차 대회는 1부 예배와 2부 Praise & Mission Sharing으로 진행되었다.

1부 예배에서 최창섭 목사(에벤에셀선교교회 공동담임)가 주강사로 "열방의 구원을 위한 그리스도의 대사들"(고후 5:18-20)이란 제목으로 말씀을 전했으며, 뉴욕교협 회장 이만호 목사가 축도했다. 2부 Praise & Mission Sharing은 박 마이클 목사의 사회로 진행되었다. 뉴욕장로연합회는 찬양에 참가한 다민족교회 및 기관, 그리고 한인 단체에 500달러씩의 선교후원금을 전달했으며, 뉴욕목사회 문석호 회장이 마침기도를 했다.

제7-8차 대회는 프라미스교회에서 열렸다. 2019년 8월 25일에 열린 7차 대회의 1부 예배에서는 교협 증경회장 김남수 목사가 말씀을 전했으며, 2부 찬양축제에서는 다민족 찬양팀들이 나와 찬양의 축제를 벌였다. 주강사 허연행 목사가 "빚진 자의 심정으로"(롬 1:13-15)라는 제목으로 설교했다. 2부 찬양과 선교나눔의 시간에는 한국, 중국과 대만, 자메이카, 러시아 회중들이 순서를 맡아 공연을 했다. 한인 교계에서는 뉴욕밀알선교합창단(단장 이 다니엘), 뉴욕필그림선교무용단(단장 최윤자), 한국고전선교무용팀(감독 박원희) 등이 출연했다. 또 중국과 대만에서는 "Global Church for All"(박 마이클 목사)와 "NY Chinese Christian Choral Society and Chorus of Harvest Church of NY"(리더 피터 용)이 출연했다. 러시아에서는 "All Nation Baptist Church Choir"(레오나드 김 목사), 자메이카에서는 "New York City Harvest Army Chorale"(Mckoy 목사)가 출연했다. 다민족으로는 "Flushing First Church of Nazarene"(박해림 목사)와 "Shining Star Steel Band"(리더 Roy Gomes) 등이 출연했다. 공연에 참가한 다민족 팀들에게 선교후원금을 전달했다.

2021년 11월 14일에 "온 세상에 복음을 전하자"란 주제로 열린 8차대회에서 제1부 예배는 박 마이클 목사의 사회, 뉴저지선한목자교회 찬양팀의 찬양과 경배, 송윤섭 장로의 대회사 및 기도, 성경봉독, 케리그마남성앙상블의 찬양(모퉁이돌), 김남수 목사가 "요셉의 장막"(시 78:67-72)이란 제목으로 설교하였고, 김경열 목사(뉴욕영안교회)의 헌금기도, 뉴욕크로마하프기도선교회의 헌금송, 김희복 목사의 축도로 진행되었다.

1990년대
미주 한인 사회와
미주 한인 교회

● 4·29LA폭동은 한인 교회에도 충격이었다

　1992년 4월 29일에 발생한 흑인폭동을 흔히 '4·29폭동'이라 부른다. 4·29폭동은 로드니 킹 구타사건 재판 결과 구속된 4명의 백인 경찰 중 3명이 당일 오후 3시 30분 무죄 석방되면서 흑인들이 곳곳에서 항의 시위를 벌이면서 촉발되었다.

　오후 5시 사우스LA 플로렌스와 놀만디 교차점의 탐스 리커에 대한 약탈행위를 시작으로 본격적인 흑인폭동으로 비화하여 삽시간에 무법천지가 되었다. 사우스센트럴 지역 한인 업소들의 피해가 극심했고 오후 8시 45분 LA 시는 비상사태를 선포했다. 오후 9시 30분 이후 폭도들이 코리아타운으로 북상하자 한인타운 업주들과 청년단 등이 자원봉사로 자경대를 급조하게 되었다.

　4월 30일 0시를 기해 캘리포니아 주 전역에 비상사태가 선포되었고 폭동 지역에 일몰부터 일출까지 통행금지가 실시되었다. 오전 10시부터 코리아타운 약탈이 본격화되어 오후 2시 무렵 완전히 무법지대가 되었다. 흑인 폭도에 히스패닉이 가세하여 하루 종일 방화, 약탈이 계속되었고 오후 4시 주방위군이 코리아타운에 투입되었다. 5월 1일에는 LA총영사관과 20여 단체들이 연대하여 "범교포 4·29폭동 비상대책 임시본부"를 구성하고 사후 수습에 나섰다. 그리고 이튿날인 5월 2일엔 한인 등 10만 명의 인파가 참여하는 평화대행진이 한인 타운에서 열렸다.

1992년에 발생한 4·29폭동 당시 한인 등 10만 인파가 모인 평화 대행진이 한인 타운에서 열렸다(사진: 크리스천 헤럴드)

4·29폭동으로 사망자 53명, 부상자 4천여 명의 인명피해가 발생했고 물적 피해는 10억 달러를 기록했다. 당시 피해 한인 업소는 2,300개, 재산피해 3억 달러, 사망자 이재성 군, 부상 46명으로 집계되었다. 5월 4일엔 김대중 당시 한국 민주당 대표가 폭동 피해 지역을 방문했고, 5월 7일엔 부시 대통령이 코리아타운에 방문하여 한인들과 간담회를 갖고 총 6억 달러 규모의 연방정부의 복구지원책을 제시했다. 그리고 폭동 당시 생중계를 통해 한인 보호에 앞장섰던 라디오코리아(Radio Korea)방송국을 방문, 치하하기도 했다. 4·29폭동에 충격을 받은 전 세계 한인들이 폭동 피해 성금을 모아 그해 7월까지 총 1천1백만 달러가 전달되기도 했다.

이 같은 흑인폭동은 한인 교계에 큰 충격을 던져주었다. 우선은 흑인들을 비롯 더불어 살아가야 할 다민족들과의 교류, 그리고 상호신뢰의 문을 활짝 열어가야 한다는 깨달음을 얻게 했다. 이에 따라 한인 교계를 중심으로 한·흑교류가 활발하게 전개되는 계기가 되었다.

따라서 한인 교회들은 △지속적인 흑인커뮤니티와의 대화 △다양한 인종과 문화에 대한 성경적인 교육 △다민족 세미나 및 연합행사 △주일학교 교육에서부터 타민족 특히 흑인 교회와의 만남 및 연합행사 △타민족(특히 흑인) 친구 사귀기 운동 등이 필요함을 역설했다.

다인종이 모여 사는 미국에 터를 내리고 있는 한인 교회들은 마치 한국에 있는 교회인양 타민족 교회들과 전혀 소통이 없는 고립된 섬이었다는 성찰의 계기를 4·29폭동이 제공한 셈이 되었다. 4·29폭동으로 받은 충격 때문에 한인 교계는 이후 타인종과 더불어 연합기도회를 갖는 등 타민족 끌어안기와 이해하기에 노력을 기울였다.

●고 김해종 감독 포함 4명의 한인 감독 선출되다

미국 연합감리교에서 감독(Bishop)은 대개 500개에서 1,500개 교회로 구성된 행정기구인 '연회'(Annual Conference)를 책임지고 이끄는 최고 책임자다. 그런 연합감리교단에서 1992년 김해종 목사가 최초로 감독으로 선출되었다. 한인 감독 제1호였다.

그는 경복고와 감리교신학대를 졸업하고 1961년 도미해 오하이오감리교신학교 신학석사, 드류신학대학원에서 성서신학 박사과정과 종교사회학 박사과정을 수료했으며 목회학 박사와 명예철학박사 학위를 받았다. 김 감독은 1963년 오하이오 연회에서 목사안수를 받은 뒤 뉴저지연회에서 미국인 교회를 15년간 목회하고 뉴저지한인연합감리교회를 창립했다. 또 1978년 뉴욕교협 회장을 역임했고 뉴욕교협 로고를 직접 만들어 지금도 사용되고 있다. 감독으로 12년 동안 사역하다 2004년 은퇴했으나 생전 '최초의 한인 감독'이란 수식어가 늘 붙어 다녔다. 향년 85세로 2020년 11월 3일 별세했다. 부인 박화세 사모가 2019년 9월 먼저 별세하자 머지않아 뒤를 따랐다.

김 감독의 뒤를 이어 2004년엔 한인 감독 2명이 탄생했다. 박정찬 감리사(뉴저지 팰리세이드)가 동북부 지역에서, 정희수 감리사(위스콘신 니콜레이)가 중북부 지역에서 각각 감독으로 선출되었다. 뉴저지총회에서 선출된 박정찬 감독은 대광고와 감리교신학대학을 졸업하고 드류신학대학에서 목회학 석사와 박사학위를 각각 취득했다. 서부뉴욕연회에서 장로목사로 안수받은 그는 모래내제일감리교회와 스테이튼아일랜드한인연합감리교회에서 전도사, 로체스터한인연합감리교회와 다이어몬드힐연합감리교회에서 담임목사를 지냈다.

중북부 지역 총회에서 감독으로 선출된 정희수 감독은 감리교신학대와 동국대에서 학사와 석사학위를, 또 퍼시픽종교대학과 위스콘신주립대에서 석사와 박사학위를 각각 취득했다. 위스콘신연회에서 장로목사 안수를 받았으며 소망연합감리교회와 샌타클라라한인연합감리교회 전도사를 거쳐 한국대학교회 및 갈보리연합감리교회, 세인트제임스연합감리교회 담임목사를 역임한 후 1994-1997년 강남대 신학대학 종교철학과 교수를 지냈다.

고 김해종 감독, 박정찬 감독, 정희수 감독, 조영진 감독

2012년엔 또 한 명의 한인감독이 탄생했다. 지난 2012년 7월 미 연합감리교 동남부 지역총회에서 조영진 목사가 감독으로 선출되었다. 조영진 감독은 1983년부터 2005년까지 워싱턴한인교회를 섬겼고 2005년부터 버지니아 연회 알링턴 지구 감리사를 역임했다. 조영진 감독은 감리교신학대학교에서 신학학사(Th.B.)와 석사(TH.M.)과정을 수료하고 1979년 도미해 워싱턴 DC 소재 웨슬리신학교에서 목회학석사(M.Div.)와 목회학박사(D.Min.)를 마쳤다.

● 1978년 최초로 발간된 한영찬송가

미국연합장로회 한인협의회(회장 김득렬 목사) 한영찬송가위원회가 1978년 부활절에 미주 한인 교회 최초의 『한영찬송가』(Korean-English Hymnbook)를 출간했다. 찬송가위원회는 찬송가 서문에서 "북미대륙에서 70여 년 동안 믿음의 순례를 계속해 온 우리 교포 그리스도인들은 해가 거듭함에 따라 우리에게 닥쳐온 새로운 문제들을 어쩔 수 없이 깨닫지 않을 수 없게 되었다. 같은 민족, 심지어는 한 가족이라 할지라도 세대와 배경에 따라서는 언어를 서로 달리할 수도 있는 현실로 말미암아 한믿음, 한사랑, 한소망을 함께 찬양하는 데 어려움이 있는 게 현실이다. 이에 미주 교포들의 선교를 위해 2중 언어로 된 찬송가의 필요성을 절감한 나머지 기도와 정성으로 엮어낸 것이 한영찬송가"라고 말하고 있다.

1978년에 발간된 미주 한인 교회 최초의 한영찬송가 표지

미국 전역에서 범교포적으로 구성된 찬송가위원회 위원은 다음과 같다. 강형길, 권희상, 김계용, 김득렬(회장), 김상옥, 김윤국, 노원철, 박재훈, 박태준, 박필립, 심상권, 양치관, 유효근, 이병규, 이성영, 이철순, 정용철, 조열하. 한영찬송가에는 혼인찬송(398장)과 어머니날 찬송(396장, 주요한/구두회), 감사절 찬송(397장, 임옥인/박재훈) 등을 비롯하여 미국 국가(The Star Spangled Banner), 캐나다 국가(O Canada!), 애국가(Ai Gook Ga)도 수록되어 있다.

김득렬 회장은 감사의 말씀에서 "본 찬송가 간행작업의 핵심인 편집 실무를 담당하여 역사적 과업을 완수하여 주신 편집위원장 심상권 박사, 주야결행의 노고와 자문을 해주신 박태준 박사, 찬송 편집을 전담하신 박재훈 박사, 교독문 편집을 전담하신 김계용 박사, 수록된 찬송가의 원문 고증을 전담하신 노원철 목사님의 희생적 공헌을 감사드리며 이룩하신 업적은 후세에 길이 기억될 것입니다"라고 말하고 있다.

● CCM에 밀려나는 찬송가 회복을 위해 창립된 미주찬송가공회

미주 한인 교회들도 1990년대를 거치면서 CCM(Contemporary Christian Music)이 예배의 중요한 부분으로 자리 잡기 시작했다. CCM은 찬송가 외의 대중적인 교회음악을 복음송, 또는 가스펠 송이라고 불러오다가 1980년대부터 미국에서 CCM이란 단어를 사용하게 되었다. 한인 교회들도 예배 전에 복음성가를 부르는 교회가 다수를 차지하기 시작했고 교회가 풀타임 혹은 파트타임 CCM 사역자들을 찾기 시작했다. 예배당마다 키보드와 기타, 드럼 같은 타악기도 고정으로 자리잡기 시작했다. 그래서 찬송가를 중심으로 하는 전통적인 교회음악이 CCM에 밀려나는 분위기가 감지되곤 했다.

이러자 교회음악은 전통음악인 찬송가가 주축을 이루어야 하며 홀대받는 찬송가의 중요성을 일깨우고 더 영감이 넘치는 찬송가를 개발, 보급한다는 비전을 갖고 탄생된 것이 '미주찬송가공회'(The Hymn Society of Korean in America, 이하 찬송가공회)였다.

브라질 새소망교회를 담임하고 있던 박재호 목사가 중심이 되어 2002년 5월에 창립된 찬송가공회는 같은 해 9월 19일 발기총회를 개최했다. 당시 조직은 회장에 박재호 목사, 고문 조천일 목사, 명예회장 이유선 장로, 부회장 문경원 목사, 총무 백경환 목사, 협동총무 오성애 권사, 회계 김용섭 장로, 감사 김상우 목사, 송정명 목사, 가사분과 임종빈 목사, 작곡분과 김순세 장로, 연주분과 노혜숙 집사, 출판분과 전인철 강도사였다.

2011년 JJ그랜드호텔에서 열린 미주찬송가공회 총회 및 신임이사 환영회

찬송가공회는 미주 한인 이민 100주년 기념으로 제1회 교회음악 공로자 표창식을 개최했다. 2003년 5월 29일 미주평안교회에서 열린 표창식은 문경원 목사의 사회, 박형주 목사(당시 남가주한인목사회장)의 기도, 김용섭 장로의 기도, 박재호 목사의 설교 순으로 진행됐다. 이날 표창식에서는 이유선 장로, 한인환 장로, 임만섭 선교사, 조광혁 목사, 박재훈 목사, 반병섭 목사, 권길상 장로, 김시봉 안수집사, 이우근 장로, 김순세 장로, 한순민 집사, 정용철 목사 등이 각각 공로자로 추대되어 상을 받았다.

그 후 찬송가공회는 2008년 찬송가 신작발표회, 21세기 새 찬송가 홍보 디너 콘서트, 2011년 한국찬송가공회의 미주찬송가공회장 박재호 목사에 대한 특별공로상 시상식, 2011년 제2회 찬송가페스티벌 및 이귀임 권사에 대한 교회음악 공로자 시상식 등을 개최해 왔다. 2013년엔 미주찬송가공회와 한국찬송가공회가 업무협약을 맺고 상호 협력하기로 결의한 바 있다.

초대 회장 박재호 목사 후임으로 백경환 목사가 2대, 다시 박재호 목사가 3대 회장을 맡고 4대 회장엔 오성애 권사가 선출되었다. 찬송가공회는 2013년 교회음악 발전과 교회음악 전공자를 위한 진흥재단 설립과 미주 교회음악 경연대회 등을 계획했으나 실현되지 못했고 창립회장인 박재호 목사가 2019년 별세함에 따라 유명무실해진 상태이다.

교회의 성장과 더불어 다양한 사역이 전개되다

1970년대 이후 이민의 문호가 확대되면서 수많은 한인 이민자들이 미주 지역으로 몰려왔다. 그들은 교회를 통해 아메리칸드림을 이루어가며 신앙생활도 성숙해지기에 이른다. 교회와 성도들은 단순히 교회에서의 봉사에 그치는 것이 아니라 지역사회에서 "네 이웃을 네 몸과 같이 사랑하라"는 예수님의 말씀을 실천하기 위해 다양한 봉사활동을 펼쳐왔다. 그중 개체 교회가 가장 많이 참여해온 사역이 긍휼사역, 홈리스사역이었다. 미국 전역에는 도시마다 헤아릴 수 없을 만큼 수많은 홈리스들이 거리를 떠돌고 있다. 마약이나 도박에 빠져서 경제적으로 파산에 이르게 된 사람들을 돌보고, 음식을 나누어주고, 겨울에는 점퍼나 담요를 나누어주는 사역에 앞장선 것이 한인 교회였다. 또 한인 사회가 고령화되면서 한인 노인들을 대상으로 한 노인사역, 장애인사역, 상담사역 등 다양한 단체들의 아름다운 사역들도 꽃을 피우기 시작했다.

● 평신도 중심의 활발해진 선교사역

OC기독교전도회연합회(OCKCA)

오렌지카운티기독교전도회연합회는 1981년, 고 정호영 장로(오렌지한인교회)를 주축으로 각 교회 대표 1인씩 참석하여 12명이 발기인 준비위원회를 조직하면서 시작되었다. 앙문국 장로(오렌지한인교회, 현재 목사), 고 방인호 장로(2020년 소천), 양금호 집사(현재 목사) 등이 선임되어 발기대회를 준비했다. 1981년 3월 22일, 가든그로브장로교회에서 12개 교회에서 파송한 각 교회 대표 대의원들이 참석한 가운데 'OC기독교남전도회연합회' 창립총회를 가졌다.

2016년 10월 1일 은혜한인교회에서 제36회 교계 연합합창제가 열렸다

첫 2년간은 초대 회장 양문국 장로를 중심으로 임원들이 운영했으며 1983년 8월 13일, 임시총회를 통해 정식으로 비영리단체 등록을 추진했다. 초대 이사 12명을 선출, 초대 이사장에 방인호 장로, 부이사장에 초대 회장이었던 양문국 장로, 주도진 장로를 선임, 미국 내 최초 초교파적인 정식 한인 기독교 비영리단체로 탄생했다.

2015년 총회에서 연합회의 공식명칭을 '평신도연합회'로 변경했다. 그러나 불과 4년 뒤, 연합회 한글 공식명칭이 다시 '전도회연합회'로 개명되는 등 우여곡절이 있었으나 영어명칭은 한결같이 'Korean Christian Association'으로 직책에 관계없이 교계의 모든 남녀 평신도를 대표하는 연합회로서의 자리매김을 확실히 하며 오늘에 이르고 있다.

주된 사업은 창립 첫해부터 시작된 교회 대항 친선 배구대회였다. 배구대회는 당시 교계에 엄청난 관심을 불러 일으켜 12개 교회 대표선수들과 성도 5백여 명이 어바인 소재 윌리엄메이슨파크에 운집하는 큰 성과를 냈다. 두 번째 대표 행사는 1982년, 2대 회장인 주도진 장로(현 부모님선교회 대표 목사)가 추진한 "성가의 밤"으로 매년 은혜교회, 베델교회, 남가주사랑의교회, 오렌지한인교회, 오렌지카운티한인교회 등을 순회하며 열리는데, 12-15개의 크고 작은 찬양대가 참석했다. 특별히 2004년에는 전 세계적으로 유명한 가든그로브 소재 수정교회(로버트 슐러 목사)에서 찬양제를 개최, 8백여 명의 찬양대원, 3천여 명의 성도들이 운집하는 등 가을을 대표하는 행사가 되었으며, 수정교회가 가톨릭교회 소유가 되던 2012년까지 계속되었다.

연합회는 성도들의 영성훈련과 말씀집회를 주요사업으로 펼치기도 했는데 2001년부터 2003년까지 이재철 목사, 최일도 목사, 김진홍 목사 등을 초청, 남가주사랑의교회, 주님의영광교회, 은혜한인교회에서 수천 명이 참석했다. 그 외에도 2011년 장경동 목사 초청집회와 가수 심수봉 집사 간증집회 등이 은혜한인교회와 주님의영광교회에서 열렸으며, 2016년에는 광복절기념 말씀집회로 박보영 목사를 초청, 감사한인교회를 가득 채우며 치렀다. 당일 모금된 기금은 마약중독회복 단체인 길갈미션으로 전달했다. 2022년 3월 조정민 목사 초청말씀집회, 8월 광복절기념음악회가 열렸다. 2019년에 홈페이지(www.ockca.org)를 개설 운영 중이며, 1981년부터 시작된 월례 조찬기도회는 매월 첫 번째 토요일 오전 8시, 애너하임 소재 에반겔리아대학 2층 예배실에서 열리고 있다. 본 연합회는 『2023년 40년사』를 완료하게 된다.

북미주한인기독실업인회(KCBMC)

북미주한인기독실업인회(KCBMC)는 실업인(사업가)과 전문인을 대상으로 전도·양육, 리더십 개발, 일터 변화를 통하여 비즈니스 세계에 하나님 나라가 임하게 하는 비영리 국제단체이다. '비즈니스 세계에 하나님의 나라가 임하게 한다'는 것이 KCBMC의 사역의 비전이다. CBMC의 핵심은 예수 그리스도다. 비즈니스 세계를 그리스도에게 인도하여, 결국에는 하나님의 나라가 비즈니스 세계에 임하길 바라는 비전이다. 즉, 성도들이 일하는 일터 세계에 예수 그리스도가 구

제25차 북미주 KCBMC 필라델피아 대회가 2022년 6월 30일-7월 2일에 280여 명의 회원과 가족들이 참석한 가운데 웨스틴 엘레멘트 필라델피아 호텔에서 개최되었다

주이심을 증거하고 또한 크리스천 실업인과 전문인을 도전하고 양육하여 지상명령을 준행하게 하는 것이 CBMC의 미션이다.

현재 전 세계 95개국에 조직되어 있으며 CBMC란 "Connecting Business and Marketplace to Christ"의 약자로 비즈니스 세계에서 크리스천 리더를 발굴하고 전도와 양육을 통해 개인의 변화, 일터의 변화, 공동체의 변화를 추구하여 주님께서 말씀하신 선교 지상명령을 준행하는 사명 공동체다. KCBMC는 '북미주한인기독실업인회'로 지칭하며, 영문으로는 Korean CBMC of North America라고 표기한다. CBMC는 1975년 남가주한인지회가 창립되었으며 성장 발전하여 미국 전역에 10개 연합회(동북부, 동부, 중북부, 중부, 남부, 남가주, 북가주, 캐나다, yCBMC, eCBMC)로 확장되었다. 그 후 서북부와 북가주, 남가주 지역의 CBMC연합회와 지회, 개인 회원들이 미국 서부 지역을 중심으로 활동하고자 2019년 1월 25일 미주한인기독실업인 서부총회가 창립되었으며 2020년 미주한인기독실업인 총회로 개명했다.

KCBMC는 1995년 제1차 북미주 KCBMC대회를 시작으로 2019년까지 매년 2박 3일간 북미주 지역에서 북미주 KCBMC대회를 개최하고 있다. 2020년 대회는 코로나19 팬데믹으로 연기되었다. 2022년 6월 30일-7월 2일 제25차 북미주 KCBMC대회를 필라델피아에서 개최했다. KCBMC는 각 개인과 지회의 사역을 나누고 간증하는 '우리들의 사역 이야기'를 통해 사역의 열매를 나누고, 한인 비즈니스 리더들의 사역과 사업을 위한 상호 협력을 하고 있다.

역대 총연회장

1대 고 정호영, 2대 안기식, 3대 임정규, 4대 강현석, 5대 이정기, 6대 오대기, 7대 최화섭, 8대 이광익, 9대 권 정, 10대 은종국, 11대 김기일, 12대 박상근, 13대 김영균

● 한인 교회의 고령화 현상과 더불어 시작된 노인사역

2000년도를 넘어서면서 한인 교회도 고령화 현상을 나타내기 시작했다. 교회에서 고등학교까지는 유스그룹에 소속되어 신앙생활을 하던 2세들이 대학에 진학하면서 부모와 출석하던 교회에서 물리적으로 멀어지면서 신앙생활도 멀어지는 현상이 두드러지게 나타나기 시작했다. 그래서 대학에 가면 그동안 부모 밑에서 신앙생활을 하던 자녀들의 탈교회화 현상이 나타났다. 이를 방지하는 것이 미주 한인 교회의 당면한 숙제가 되었고 대책을 모색하는 일은 쉬워 보이지 않았다. 그러다 보니 젊은이들은 교회를 떠나가고 점점 교회 구성원의 대다수가 노년층으로 형성되는 이른바 한인 교회의 고령화 현상이 시작되었다. 또 한인 이민 역사가 깊어지면서 노인들이 차지하는 비중이 점점 높아지기 시작하자 이들에 대한 사역의 필요성도 당연하게 대두되었다.

소망소사이어티(Somang Society)

소망소사이어티(Somang Society)는 "아름다운 삶, 아름다운 마무리"라는 슬로건을 걸고 '재미간호사들의 대모'로 알려진 유분자 장로가 설립한 봉사단체이다. 출생과 결혼을 준비하듯 죽음 또한 삶의 과정 중 하나로 자연스럽게 받아들이고 준비하는 "웰에이징, 웰다잉" 캠페인을 벌이고 있고, 이와 함께 생명을 살리기 위해 아프리카와 중남미 등지에 우물과 유치원을 만드는 운동도 벌이고 있다.

유분자 이사장

유 이사장은 '준비 없이 당하는 죽음'이 아니라 '준비해서 맞이하는 죽음', 바로 '아름다운 삶, 아름다운 마무리'에 대한 교육이 필요하다고 생각하고 교육을 통해 모든 사람들이 평화롭고 값진 죽음을 맞이할 수 있도록 돕고 있다. 구체적으로는 장기 및 재산의 기부, 장례 절차의 간소화와 화장 장려 등을 통해 나눔문화를 실천하고 장례 문화를 개선하는 데 노력하고 있다. 또 유언장 쓰기 운동도 벌이고 있고 치매 전문 간병인 교육, 죽음 준비 전문 교육인 양성, 아름다운 황혼을 맞고 있는 롤 모델을 선발하여 '웰에이징 어워드'도 시행하고 있다. 2021년도엔 노인들의 건강정보와 법률상식들을 한 권의 책으로 엮은 『시니어 생활, 건강 가이드 북』을 출간하기도 했다.

유분자 이사장은 재미 간호협회 창설 및 초대 회장, LA가정법률상담소와 OC가정법률상담소 창설 및 이사장을 역임했고 재외한인간호사회 회장을 역임했다. 또 한국 정부로부터 국민

훈장 목련장을 비롯 미주 동포 후원재단 '자랑스런 한국인상'을 수상하는 등 그의 봉사활동에 대한 수많은 수상경력을 갖고 있다.

코이노니아선교회(Koinonia Mission)

코이노니아선교회(대표 박종희 목사)는 2009년에 창립되어 양로병원, 양로원, 노인케어센터 등의 양로기관을 방문하여 예배와 찬양, 특별활동 등 다양한 프로그램으로 노인과 환자들을 섬겨오고 있는 선교단체다. 양로기관에서는 미처 베풀지 못하는 음악, 미술 등의 프로그램을 제공하여 노인들이 여가시간을 효율적으로 사용할수 있도록 돕기도 한다.

해마다 5월과 11월이면 노인들을 위한 일일관광 및 노인잔치 등을 개최한다. 또 11월에는 저소득 노인아파트에 거주하는 노인들을 초청하여 추수감사절 맞이 노인잔치를 베풀고 있다. 또 남가주 사우스베이 지역의 노숙자들을 정기적으로 찾아가 음식을 나누는 등 봉사활동도 펼치고 있다.

부모님선교회(Mom & Dad Mission)

1995년 오렌지카운티에서 창립된 선교회로서 기독교의 효와 사랑을 강조하고 있다. 부모님선교회(연합회장 주도진 목사)는 남가주에 6개 지역 선교회를 갖고 있는데 기독교 신자와 비신자를 막론하고 노부모에 대한 효의 정신이 사라져버리고 있다고 개탄하면서 양로병원 선교의 중요성을 강조하고 있다. 부모님선교회는 1995년 10월 주도진 목사가 양로병원에서 거주하는 병약한 노인들의 기독교 복음 전도와 바른 믿음생활을 돕고, 자녀들을 전도하자는 의도로 시작되었다.

현재는 남가주 지역에 6개 지역으로 발전되어, 부모님선교회 이름으로 독립적인 사역을 펼치는 연합단체의 성격을 갖고 있다. 동 선교회는 6개 사역 지역에 소재한 50여 개의 양로병원과 노인관계 시설을 방문 혹은 픽업해, 매주 혹은 매월, 말씀과 찬양 등 다양한 프로그램을 통해 섬기고 있다. 양로병원은, 한인 노인들이 많게는 100여 명, 적게는 2-3명이 타인종과 함께 주거하는 것으로 알려졌다. 대부분 양로병원 종사자들이 영어와 스패니쉬를 사용하고 있고, 한인 직원은 극소수인 관계로 한인 노인들이 언어 불통 등 많은 문제를 겪고 있는 실정이라고 지적하고 있다.

● 넘쳐나는 홈리스들을 위한 긍휼사역

시온복음선교회(Zion Gospel Mission)

날씨가 따뜻한 남가주는 노숙자들이 많기로 유명하다. 따라서 노숙자문제는 캘리포니아와 한인들이 많이 거주하는 남가주 지역의 정치, 사회적 이슈로 지속되고 있는 중이다. 노숙자들에 대한 안타까운 마음으로 이들에 대한 사역을 처음 시작한 이는 글로리아 김 선교사다. 주류 신문이나 방송매체에도 소개될 만큼 그는 LA다운타운의 '노숙자들의 마마'로 알려진 선교사이다.

1986년 10월 4일 LA의 한 창고에서 글로리아 김 선교사는 '시온복음선교회'라는 노숙자 선교단체를 창립했다. 여러 차례 건물과 창고를 임대하여 홈리스들에게 샤워 장소를 제공했고 새벽 2시부터 김 선교사가 손수 준비한 빵과 과일, 그리고 야채 스프 등 건강식으로 식사를 하고 술, 담배, 마약 등이 인체에 미치는 악영향 등을 집중 교육하는 데이케어 활동까지 펼쳤다.

가녀린 몸을 이끌고 여러 마켓을 돌며 무상으로 받은 음식들을 모아 스프와 빵을 만들어 억척같이 노숙자들을 섬겼던 김 선교사가 노숙자들의 허기를 해결해주고 더러운 몸을 씻는 샤워장을 마련하려고 수고했던 봉사와 희생의 세월이 이제 40년을 앞두고 있다.

시온복음선교회 글로리아 김 선교사(왼쪽에서 다섯 번째)와 후원자들

전예인 목사의 거리의교회

전예인 목사가 1990년 시작한 '거리의교회'는 노숙자들을 섬기기 위해 창립된 교회였다. 전 목사는 "어느날 LA한인타운 인근 맥아더 팍을 지나다가 수십 명의 노숙자들이 모닥불을 피워놓고 있는 것이 심령에 깊이 새겨졌고 이때 노숙자들에 대한 하나님의 강렬한 선교 소명을 받았다"라고 말하고 있다.

LA다운타운에서 홈리스 사역을 펼치고 있는 거리의교회 전예인 목사

그리고 1990년 지금의 거리의교회를 설립했다. 거리의교회는 눈물 흘리는 사람의 눈물을 조금이라도 닦아주고, 배고픈 사람들에게 작은 음식을 전해주며, 옷과 집이 없는 자에게 입을 작은 옷과 덮을 것을 예수 그리스도의 이름으로 전하며 사랑의 복음을 전하는 것이 목적이었다.

고 김수철 목사의 거리선교회

지금은 고인이 된 김수철 목사가 세운 거리선교회는 2002년 시작되었다. 이 거리선교회는 후에 '소중한 사람들'로 이름을 바꿨다. 거리선교회는 2002년 2월 1일 홈리스들에게 새로운 희망과 삶의 기회를 제공하기 위한 사역단체로 출발하면서 LA다운타운의 6가와 7가 사이 샌페드로 거리에서 오전 7시 홈리스들을 위한 예배를 드리기 시작했다. 예배 후에는 랄프스 마켓과 스타벅스 커피숍에서 가져온 아침을 제공했고 차츰 한인 교회와 기관 등이 봉사에 참여하면서 사역이 확대되어 갔

2008년 9월 거리선교회에서 홈리스 사역을 하는 박영빈 목사, 이은주 선교사, 고 김수철 목사 (맨 오른쪽)

다. 홈리스들에게 이발을 시켜주고 텐트, 담요, 양말, 장갑, 옷 등을 나누어주었으며 홈리스들이 생활하는 거리의 소독과 청소 등도 이어졌다.

거리선교회는 2008년 '소중한 사람들 교회'를 오픈했다. LA다운타운에 8천 스퀘어피트 규모로 세워진 이 교회는 노숙자들이 편히 식사하고 샤워하고 쉴 수 있는 셸터로서 '소중한 사람들 센터'를 겸해서 사용했다.

사역이 확대되면서 박영빈 목사, 이은주 전도사가 합류했고 마침내 서울에까지 진출하여 이

주민센터를 세워 노숙자사역을 펼쳐갔다. 또 한국을 포함 중국, 미얀마, 멕시코, 아이티 등 여러 나라의 불우한 이들에게 도움의 손길을 펼치기도 했다. 그러나 김 목사는 소뇌위축병이란 희귀한 병에 걸려 투병해 오다 2013년 7월 13일 별세했다. 김수철 목사는 노숙자들을 섬기며 재활센터를 통해 노숙자들의 재활을 위해 노력했던 자신의 경험담을 모아 2006년 『담요와 스프』란 제목의 책을 발간하기도 했다. 그 책의 부제는 "따뜻한 세상 만들기"였다.

울타리선교회(The Well Mission)

LA다운타운의 다인종 노숙자를 대상으로 사역하고 있는 울타리선교회는 1998년 7월 12일 나주옥 목사에 의해 창립되었다. 울타리선교회는 교회사역 외 월요일부터 토요일까지 LA다운타운 6가와 타운(Towne)이 만나는 길거리에서 아침 7시 30분부터 크리스피 크림 도넛을 평균 250여 명에게 나눠주며 토요일에는 사발면과 도넛을 나눠주는 구제사역을 하며 주 3일은 드림센터, 에코 하우스웨어, 자연나라, 농심, 해태, 팔도 등 식품회사에서 기증받은 식품을 빈민층이나 저소득층, 또는 작은 교회 및 단체에 나누어주고 있다.

또한 빈곤층이나 저소득층 가정의 자녀들에게 악기와 수강료를 무료로 제공하는 프로그램인 Love in Music Program을 3년째 진행하고 있으며 불량청소년방지 프로그램의 일환으로 Foster Family Home을 1999년부터 2009년까지 10년간 운영하며 20명의 아이들을 돌보기도 했다. 이외 2009년부터는 얼바인온누리교회 의료선교사역팀이 진행하는 무료 틀니 및 치과 진료 프로그램을 울타리선교회 교인들에게 해줄 수 있도록 도움을 얻어 일주일에 한 번 월밍턴 시에 있는 치과에서 치료받고 있으며 같은 해부터는 렌트비를 보조하는 프로그램을 제공하고 있다. 또한 2016년부터 월트디즈니 콘서트홀에서 노숙자돕기 음악회를 열고 있다.

평화나눔공동체(APPA)

미국의 수도 워싱턴 DC에 위치한 평화나눔공동체(Action for Peace through Player and Aid, APPA, 대표 최상진 목사)는 흑인 노숙자들과 빈민들을 위해 마련한 쉼터이다. 이 공동체의 창설자 최상진 목사는 1994년 미국 유학길에 올라 1996년 워싱턴 DC 부근의 조지메이슨대학에서 분쟁해결학 박사과정을 밟던 중 한·흑 갈등 문제에 대해 깊은 관심을 갖게 되었고, 한인과 흑인들과의 갈등 해소를 위해 후원자 100인을 조직해 1998년 10월 '평화의 집'(House of Peace)이라는 쉼터의 문을 열었다.

쉼터의 문을 열고 그가 처음 한 일은 김치를 나눠주는 것이었다. 두꺼운 방탄유리 사이로 대화마저 단절되어 있던 한인들과 흑인들이 김치를 통해 서로를 알아가기 시작했다. 흑인교회를 겸하고 있는 평화의 집에서는 매주 흑인들을 위한 예배를 드리고, 거리의 노숙자들을 위해 매일 음식을 나눠주는 일을 했다. 바캉스는 꿈꿀 수 없는 빈민가 아이들을 모아 캠프를 열고, 일주일에 한 번씩 무용과 피아노도 가르쳤으며 이발, 헌옷 나눠주기 등 나눌 수 있는 모든 것들을 나누고 있다. 흑인 빈민가에 화단을 예쁘게 가꿔 죽어 가는 도시를 생동감이 넘치는 도시로 탈바꿈시키기도 했다. 이 공동체는 2004년 7월부터 주로 노숙자들에게 음식과 옷가지 등 단순한 도움을 제공하는 방식에서 노숙자들을 변화시켜 노숙자들 스스로 당면 문제를 해결하도록 하는 데 초점을 맞추었다.

둥지선교회(Nest Mission)

미국 워싱턴주에서 노숙자들에게 예수님의 사랑을 전하고 이웃 사랑을 실천하고 있는 둥지선교회(대표 이경호 목사)는 이 땅에서 받은 축복의 일부를 지역사회의 가난한 노숙자들을 위해 내어놓는 것을 목적으로, 2006년 지금은 고인이 된 두 목사(옥민권 목사와 김진숙 목사)에 의해 시작되었으며, 280세대의 노숙자들이 노숙생활을 끝낼 수 있도록 자립의 기반을 마련해 왔다.

또한 노숙자들의 렌트비 지원과 함께 응급 모텔 사역으로 병원에서 회복되지 않은 채 퇴원한 노숙자들에게 위기를 넘어갈 수 있는 안식처를 제공하고 있다. 더불어 생활 물품과 장학금 지원, 빨래 세탁 사역 등 노숙자들의 재활을 돕고 있으며, 에드몬드 소재 메이플우드장로교회에서 노숙자들에게 매 주일마다 저녁식사를 제공하며 노숙자사역에 앞장서고 있다.

애틀랜타 디딤돌선교회(Stepping Stone Mission)

2009년 설립된 디딤돌선교회(대표 송요셉 목사)는 노숙자들에게 말씀을 전파하고 훈련시키는 일에 초점을 두고 나눔과 돌봄사역을 병행하고 있다. 매주 금요일 200명 분의 도시락을 노숙자 구호단체인 애틀랜타미션에 제공하고 있으며, 매주 토요일 봉사활동을 계속하고 있다. 특히 노숙자들에게 식품과 생필품 전달하는 시간을 복음 전파의 접촉점으로 활용하고 있다. 디딤돌선교회는 사랑의 점퍼 나눔 행사를 진행하고 있다.

아가페노숙자교회(Agape Church for the Homeless)

코네티컷 뉴헤이븐에서 다민족 노숙자들을 위해 사역하고 있는 아가페노숙자교회는 2002년 3월, 코네티컷 뉴헤이븐시의 재정부족으로 노숙자들이 셸터에서 나와 막막한 생활을 하던 중 김진숙(WA동지선교회) 목사가 시애틀에서 온 유은주 선교사와 함께 노숙자들을 만나 그들을 도와주는 가운데 복음을 전해줌으로써 시작되었다. "조건 없는 하나님의 아가페 사랑"을 모토로 삼고 시작된 교회로 미국인 노숙자 형제자매들을 섬기며 예배와 기도, 성경공부를 통해 새로운 삶으로 인도하고 직업과 집을 얻어주고 있다.

특히 아가페노숙자교회는 코네티컷에 하나밖에 없는 노숙자사역으로, 그 사역을 한인들이 중심이 되어 감당하고 있다. 부활절, 성탄절 등 특별예배 때는 트리니티루터교회에서 무료로 장소를 제공해 100여 명의 노숙자들과 함께 예배를 드리고 있다. 아가페노숙자교회는 노숙자들에게 예배를 통해 복음을 전할 뿐만 아니라(주일예배, 수요성경공부 등), 직업 훈련(화-목요일)도 실시한다. 금요일엔 12시부터 2시까지 컴퓨터 트레이닝이 있고 2시 30분부터 기도훈련이 있다. 뉴헤이븐 지역은 겨울이면 몹시 춥고 여름이면 아주 더운 곳이다. 6-8월에는 공원에서 오전 9시 30분-11시 30분까지 예배를 드린다. 그 시기에는 모든 노숙자들이 밖에서 살기 때문에 성경공부와 상담도 공원에서 진행된다. 이후 9월부터는 교회로 다시 돌아온다.

시카고 기도의 집(House of Prayer)

2000년부터 김광수 목사가 사비를 들여 만든 기도의 집은 시카고 노숙자들을 대상으로 알코올, 마약 중독, 우울증 등의 내적 치유를 돕는 사역으로 활발하게 활동하고 있다. 기도의 집은 미국인 노숙자들의 삶을 하나님 말씀과 기도, 예배를 통해 새롭게 변화시켜 새 삶을 되찾는 사역을 펼치고 있다. 사역 대상자 98%가 노숙자들이며 이를 위해 노숙자들을 대상으로 하는 노방전도를 실시하고 있다. 사역을 통해 노숙자들을 주일예배, 성경공부, 세례교육, 제자훈련, 중보기도 모임으로 인도했고, 이를 통해 노숙자들 사이에서 회개운동이 일어나고, 질병이 치유되고 있다.

홈리스선교단체협의회 발족

2009년엔 노숙자사역에 동참하고 있는 한인 교회와 선교회들이 'LA홈리스선교단체협의회'(HMALA)를 창립했다. 창립총회는 2009년 7월 미주양곡교회(지용덕 목사)에서 열렸다. 이날 창립총회에서는 전예인 목사(거리의교회)가 초대 회장으로 선출되었다.

이 창립총회에는 거리의교회와 시온복음선교회(글로리아 김 선교사), 울타리선교회(나주옥 목사), 소중한사람들(김수철 목사), 아가페홈미션(이강원 전도사), 월드아가페(우연식 선교사), Roll Foundation(이진덕 집사) 등 7개 단체와 교회가 참여했다.

2009년 LA홈리스선교단체협의회 창립총회 참석자들

한편 전예인 목사의 홈리스사역 20주년 기념 감사예배가 같은 날 같은 장소에서 열렸다. 김수철 목사의 사회로 진행된 감사예배는 나주옥 목사 기도, 이강원 전도사 성경봉독, 지용덕 목사 설교, 엄규서 목사 축사에 이어 이기홍 목사의 축도로 마쳤다. 전 목사는 1990년 1월 거리의교회를 설립해 남가주 한인 교계에서는 최초로 홈리스사역을 시작했다.

● 더불어 사는 사회를 위한 장애인사역

밀알선교단(America Wheat Mission)

밀알선교단은 장애인들에 대한 전도, 봉사, 계몽을 주목적으로 하는 비영리선교단체다. 장애인들에게 복음을 전하여 예수 그리스도에 대한 믿음 안에서 기쁨과 평강을 누리도록 인도하고(전도), 장애인으로 겪어야 하는 연약함과 불편함을 조금이라도 덜어주기 위해 각종 도움과 서비스를 제공하며(봉사), 장애를 지니고도 세상을 당당하고 떳떳하게 살아갈 수 있도록 훈련시키며 비장애인들에게도 장애인들에 대한 잘못된 인식을 개선하고 보다 평등하고 수평적인 관계를 정립하도록 선도, 계몽하는 역할을 하고 있다.

1979년 당시 총신대학교 신학생이었던 시각장애인 이재서 박사(총신대 총장 역임)에 의해 창단된 밀알선교단은 현재 한국에는 세계밀알연합(본부)을 포함하여 28개 지역에서 사역을 감당하고 있으며 국제적으로는 미국을 비롯하여 캐나다, 남미, 호주, 뉴질랜드, 유럽, 러시아, C국, 방글라데시 등 전 세계 총 100여 선교지에서 동일한 취지로 활동하고 있다.

미주 밀알선교단은 1987년 필라델피아에서 처음 사역이 시작되었다. 1990년 9월 13일에 LA밀알선교단, 1991년 11월 2일에 워싱턴밀알선교단이 설립되었다. 2022년 현재 미주밀알선교단 현황은 미국 동부에 뉴욕, 뉴저지, 필라델피아, 워싱턴, 리치몬드, 캐롤라이나, 마이애미, 중부

2019년 칼스테이트 롱비치에서 열린 밀알 사랑의 캠프

에 시카고, 애틀랜타, 마이애미, 서부에 남가주, 북가주, 시애틀, 텍사스, 캐나다 밴쿠버, 토론토, 남미의 브라질, 파라과이, 아르헨티나에서 사역하고 있다. 밀알은 현재 정기모임, 사랑의교실, 사랑의 캠프, 밀알장애인복지기금 수여식, 밀알의 밤을 개최하고 있으며, 월간 「밀알&세계」를 발행하고 있다.

샬롬장애인선교회(Shalom Disabilities Ministry)

샬롬장애인선교회(Shalom Disabilities Ministry)는 1999년 6월 1일 박모세 목사에 의해 창립되었다. 1989년 한국에서 불의의 교통사고로 두 딸을 모두 잃고 운전하던 아내마저 사지마비의 중증장애인이 된 비극적인 사건을 통해 하나님의 부르심을 받은 박모세 목사는 샬롬장애인선교회를 통해 장애

2019년 6월 6일 샬롬장애인선교회 창립 20주년 감사예배

인사역에 대한 비전을 갖게 되었다. 장애로 인하여 사회로부터 소외된 이웃들에게 복음을 전하라는 것이었다. 10년 동안의 준비기간을 거쳐 본격적으로 사역이 시작되었다.

샬롬장애인선교회는 자체 건물을 갖고 정기목요예배, 사랑의 휠체어 보내기, 샬롬중보기도팀 운영, 한방 및 물리치료·샬롬 미용실, 재활운동실, 장학금 수여, 경로잔치, 장애인가족 초청 야유회, 가족수련회, 휠체어 사랑이야기 음악회 등을 개최해 오고 있다.

특별히 해외의 불우한 장애인들에게 실질적인 도움과 함께 그리스도의 평안의 복음을 전하기 위해 시작된 '사랑의 휠체어 보내기' 사업은 2020년 5월 현재 43회 완료하였고 선교회가 존속하는 한 계속 추진될 사업이다.

1999년 9월 30일 첫 번째로 휠체어 보내기 사업 이후 현재까지 휠체어 총 1만3천291대와 기타 의료보조기구 약 5만4천882점을 한국과 중국, 북한, 필리핀, 캄보디아, 카자흐스탄, 키르기스스탄, 우즈베키스탄, 부룬디, 우간다, 과테말라, 파라과이 및 여러 곳으로 선적하여 약 6만8천173명의 장애인들을 도왔다. 이 사업은 매년 개최하는 기금 마련을 위한 콘서트 "휠체어 사랑이야기"를 통해 주로 준비되고 있고, 후원금과 의료보조기구 등은 연중 수시로 기증받고 있다.

비전시각장애인선교회(Hope Sight Mission)

시각장애인들의 꿈과 쉼터가 되겠다고 2005년 창립된 비전시각장애인센터(선교회)는 추영수 목사에 의해 창립되었다. 추 목사는 한국에서 군복무 중이던 1983년 레이더 폭발사고로 시력을 잃었다. 1997년 도미하여 헬렌 켈러재단이 설립한 시각장애인 교육기관 LA브레일 인스티튜트(Braille Institute)에서 영어와 신학을 공부하고 목사안수를 받았다.

2005년 10월 15일 LA에 있는 복의근원교회에서 개원예배를 드리고 본격적인 사역을 시작했다. 비전시각장애인센터는 매주 월요일부터 금요일까지 한영점자교육과 컴퓨터교육, 영어 등 어학교육, 보행훈련, 악기 레슨, 운동 프로그램 등을 무료로 제공했다.

추영수 목사는 창립 당시 "미국이 장애인의 천국이라 하지만, 정작 한인 커뮤니티에는 시각장애인을 위한 전문기관이 하나도 없는 현실이 안타까웠다"며, "시각장애인들에게 신체의 한계를 뛰어넘어 '할 수 있다'는 희망을 심어주고 그리스도의 사랑을 전하겠다"는 비전으로 창립되었다고 설명했다.

물댄동산장애인선교회(Watered Garden Mission)

물댄동산장애인선교회는 1983년 9월에 세워진 비영리선교단체로 지체장애인 여성 4명이 함

세리토스선교교회에서 열린 물댄동산장애인선교회 주최 "2017년 찬양과 간증의 밤"

께 모여 발족시켰다. 교제와 정보교환을 목적으로 모이다가 세상 밖으로 나와 서로가 삶을 함께 나누며 친구가 될 수 있다는 자신감을 갖고 선교회 활동을 시작하였다. 모임뿐만 아니라 다양한 행사를 통하여 기금을 모으고 여러 사업을 진행하고 있다.

물댄동산은 "여호와가 너를 항상 인도하여 메마른 곳에서도 네 영혼을 만족하게 하며 네 뼈를 견고하게 하리니 너는 물 댄 동산 같겠고"라는 이사야 58장 11절에 나오는 '물 댄 동산'의 역할을 감당해야 할 사명이라 믿고 발족되었다.

정기적인 프로그램은 매달 마지막 주를 제외한 첫 주에서 셋째 주까지 토요일 3시부터 8시까지 교제, 다양한 재활 프로그램, 예배, 식사와 교제 등으로 진행되고 있다. 여러 교회에서 찬양, 말씀, 식사로 섬겨주고 있다.

나눔선교회(Nanoom Christian Fellowship)

나눔선교회는 청소년 재활을 돕는 선교단체로 1997년에 창립되었다. 1972년도에 이민 온 창립자 한영호 목사는 1.5세이다. 그는 개체교회를 대상으로 중독예방 및 치유세미나 등을 인도하고 있는데 스스로 자신은 "갱단 생활 20년, 마약 생활도 20년을 했다" 하면서 "마약세계에서 저를 모른다면 간첩"이라고 할 정도로 그 세계에서는 꽤나 유명한 사람이었다고 한다.

그는 또 "총도 두 번이나 맞아보고 절체절명의 위기에서도 하나님은 그때마다 저를 살려 주셨다. 감옥은 골고루 여러 군데 다녀 봤다"라고 말하고 있다. 그가 중독에서 벗어나면서 자신처럼 마약, 도박, 알코올 등 중독에 빠져 있는 사람들을 돕기 위해 발족시킨 선교회가 나눔선교회이다.

2018년 12월 성탄절 축하행사를 마치고 기념사진을 찍고 있다. 앞줄 중앙이 대표 한영호 목사

● 이민 사회의 기초를 다지는 가정사역

CMF선교원

김철민 장로

1991년 결혼교실사역을 시작하고 그 사역의 확장으로 1999년도에 CMF Ministries로 창립된 CMF는 Christian Marriage & Family의 약자다. 이 가정사역을 시작한 김철민 장로는 1992년 시작된 미주복음방송(GBC) "크리스천 결혼교실"을 30년간 진행했다. 그는 이민 사회와 크리스천 한인 가정의 문제와 아픔을 경험적으로 가장 많이 간파하고 있었다. 그래서 가정사역에 헌신하기로 결심하고 모든 난관을 감내하며 이끌어 온 사역이 CMF이다.

모든 가정이 하나님을 중심으로 그분께서 주신 사명을 알고 감당하며 행복한 가정을 통해 하나님 나라를 확장한다는 비전을 갖고 김철민 장로가 시작한 이 사역은 크게 가정사역인 Christian Marriage & Family와 선교사역인 Christian Mission Fellowship을 두 축으로 지금까지 30여 년 사역을 굳세고 아름답게 감당해 왔다.

글로벌 선교사역 지원을 위해 노르웨이, 그리스, 네팔, 코스타리카, 멕시코, 불가리아, 영국, 이집트, 우크라이나, 캄보디아, 키르기스스탄, 필리핀, 인도, 러시아, 중국, 태국, 파라과이, 페루 선교사들과 자녀들을 지원해 왔다. 특수사역으로는 CMF 선교사 부부축제, 사랑의 찬양제, MK Celebration, 장애인사역, 노숙자사역 등을 진행해 왔고 '크리스천 결혼교실'을 통해 크리스천 신앙을 바탕으로 결혼을 준비하고 건강하고 믿음으로 세워지는 새 가정을 이루어가는 가이드 역할을 해 왔다.

또 가정사역을 위해 부부교실, 아내교실, 싱글맘교실 등을 운영하고 청소년 사역과 치유상담교실을 열어 건강하고 행복한 기독교 가정을 세워가는 일에 헌신했다. 특히 "하는 일은 많은데 정작 포지션이 없다"는 목회자 사모들을 위해 사모교실, 사모상담과 대화방 등을 운영하면서 사모들에게 위로와 용기, 치유를 제공하는 프로그램들도 운영해 왔다.

연세대학교를 졸업하고 1975년 물리학 박사를 꿈꾸며 미국 유학길에 올랐던 김 장로는 미국 국방성 협력업체인 항공우주기업 연구원으로 31년을 근무하면서 가정사역의 중요성을 깨닫게 되었고 그 후 본격적인 가정사역자로 변신하여 코스타, 자마 등의 주강사로도 활동하면서 전 세계를 다니며 복음을 전파해 오고 있다.

뉴욕가정상담소(KAFSC)

1989년 10월 맨해튼 115번가에 있는 뉴욕한인교회 사무실 한 귀퉁이에 문을 열고 가정폭력 피해자를 돕기 위해 설립되었다. 1991년 뉴욕여성재단으로부터 1만5천 달러의 기금을 받아 사회복지사를 고용할 수 있게 되었고, 현재는 총 24명의 유급 전문 직원과 여러 명의 자원봉사자들이 일하고 있는 기관으로 성장했다. 상담소는 초창기부터 1년에 두 차례 봄과 가을에 자원봉사자 교육을 실시하고 있다.

뉴욕가정상담소(현재 소장 이지혜)는 지역사회를 중심으로 활동하는 비영리기관으로 뉴욕, 뉴저지 지역에 거주하는 성인, 어린이 그리고 가족을 대상으로 상담과 교육뿐 아니라 법률 지원 등 종합 복지 서비스를 제공하여 폭력 없는 안전하고 건강한 가정과 지역사회를 만들어가는 것을 사명으로 하고 있다. 이를 위해 가정폭력, 성폭력 방지를 위한 24시간 핫라인을 운영하고 부모 교육, 취업 프로그램, 법률 서비스, 청소년 프로그램 서비스를 제공하고 있다.

한인가정상담소(KFAM)

한인가정상담소는 1983년 한국가정법률상담소(1956년 창립)의 남가주 지부로 첫발을 내디뎠다. 당시 한국 최초의 여성 변호사이자 아동 권익 옹호의 선구자였던 이태영 박사와 그와 뜻을 같이한 한인 1세 여성들이 지부 창립에 중추적인 역할을 했다. 이후 한인가정상담소로 명칭을 바꿨으며, "고통받는 이웃과 함께한다"는 최초의 슬로건대로 지난 30여 년을 각종 어려움에 처한 한인 이민 가정들을 도우며 걸어왔다.

1983년 창립된 이후 현재까지 미주 한인들, 특히 여성들과 어린이, 이민 가정 및 저소득층 가정에서 쉽게 일어날 수 있는 가정폭력을 근절하고 정신건강을 증진하도록 돕고 있다. 한인 가정의 건강한 관계 회복을 돕고, 어려운 이민생활의 길잡이 역할을 하는 등 매년 6,000여 명의 성인, 어린이 및 청소년에게 서비스를 제공하고 있다.

1992년 LA폭동이나 1994년 노스리지 대지진 당시 피해자들에게 상담 및 지원 서비스를 제공했으며, 1999년에는 여러 기관과의 협력으로 가정폭력 피해자들에게 보다 많은 다각도의 서비스가 가능해졌다. 2010년에는 한인 사회 최초로 정신건강 관련 기관과 전문가들이 한자리에 모이는 컨퍼런스를 기획, 한인 사회에 정신건강의 중요성을 일깨우고 관계자들의 네트워킹하는 데 기여했다. 지난 2013년에는 창립 30주년을 맞아 상담소의 영어명을 현재의 KFAM으로 새롭게 정립했다. 2012년 가정폭력 전담 부서를 신설하고 관련 서비스를 강화했으며, 2014년에는 친부모의 양육을 받을 수 없는 아이들을 돌보는 포스터 홈 프로젝트를 시작했다.

한인기독교상담소(KACC)

한인기독교상담소는 미주 한인들이 겪는 다양한 정신적인 스트레스를 해소하는 데 앞장서기 위해 2014년에 설립된 비영리기독교상담소이다. 2016년에는 오렌지카운티 지역 부에나팍에도 상담소를 열고 현재 두 곳에서 미주 한인 커뮤니티 가정을 위해 봉사하고 있다.

한인기독교상담소는 기독교신학, 영성과 심리학의 통합을 바탕으로 상담을 가르치는 월드미션대학교 상담학과 대학원의 부설 상담센터이다. 상담센터 센터장인 송경화 교수는 서울대학교에서 심리학을 전공한 후 ACTS와 이화여대를 거쳐 Claremont School of Theology에서 Practical theology, Spiritual Care and Counseling, Spiritually Integrative Psychotherapy 전공으로 석사와 박사학위를 받았으며, 한국기독교상담학회(구: 한국복음주의상담학회) 감독 상담사이다.

상담센터는 미국 서부 LA에 있는 월드미션대학 내부에 위치하고 있는데, 아름답게 단장된 두 개의 넓고 쾌적한 상담실이 내담자를 위해 준비되어 있다. 상담은 상담학 임상심리 박사 또는 석사를 마쳤거나 과정 중인 인턴 상담원들이 송경화 교수(상담소장)의 슈퍼비전 아래 전문적인 일대일 상담을 제공하고 있다.

심리상담 서비스는 개인(성인, 아동/청소년), 부부 및 커플, 가족 상담이 있으며, 교육 프로그램으로는 커뮤니티 정신건강 세미나, 북클럽, 인턴교육 및 훈련, 그룹 상담 등이 있다. 상담의 주제는 우울, 불안, 분노 조절, 트라우마, 대인관계 갈등, 스트레스 관리 및 대처기술, 부부문제, 자녀와의 갈등, 애도, 중독, 부모교육, 자아 성장, 성격 등 다양하다.

● 도시를 거룩하게 변화시키는 도시선교사역

미주성시화운동(Holy City Movement)

성시화운동(Holy City Movement)이란, 문자 그대로 '도시를 거룩하게 변화시키는 운동'이다. 이는 "내가 거룩하니 너희도 거룩하라"(벧전 1:16)는 말씀에 그 중심을 두고 있다. 소돔과 고모라 땅에서 의인 한 명을 찾으시고, 등불을 들고 예루살렘에서 사람을 찾으시는 하나님의 마음으로, 오늘 우리가 사는 이 땅과 그 백성을 회복시키기 위한 총체적인 복음운동이라고 정의할 수 있다.

미주성시화운동본부와 홀리클럽운동은 2003년 2월 17일 남가주사랑의교회에서 창립예배를 드림으로써 도시선교를 시작했다. 그동안 홀리클럽운동으로 수요일 아침마다 지도자 홀리클럽, 여성홀리클럽을 열고 목회자들이 모여 말씀을 나누며 미주 땅이 거룩해지도록 중보기도를 해왔다. 2005년 10월엔 세계성시화대회가 LA에서 개최되었다. 3일 동안 크렌셔크리스천센터라는 이름의 교회에서 열린 최초의 세계성시화대회에 이어 한국, 과테말라, 유럽에서도 개최되었다. 미주에서는 상임본부가 세워지고 운동본부 사무실이 마련되면서 성시화운동 발전에 결정적 계기가 마련되었다.

성시화운동본부가 꾸준히 전개해 온 운동은 한국과 미국 간의 청소년 교류를 위한 미주, 한국 체험학교운동이다. 2007년 4월에는 라스베이거스에서 세계성시화운동 전략회의를 열면서 성시화운동과 홀리클럽운동은 전체 미주 35개 도시로 그 사역을 넓히기 시작했고 대표회장에 박희민 목사, 6개 지역 공동회장, 상임본부장 이성우 목사가 세워지고 LA에서 미주성시화운동본부가 태동되었다.

2008년 10월엔 LA에서 미주성시화운동본부 주관 하에 다민족성시화대회가 열렸고 2011년, 2012년에 패사디나 로즈볼과 크렌셔크리스천센터교회에서 열린 다민족연합기도회를 통해 다민족사역이 시작되었다.

2005년 10월 LA 크렌셔크리스천센터교회에서 열린 세계성시화대회

2012년 한인과 히스패닉 연합부흥성회와 교회성장세미나가 한국의 이영훈 목사를 초청하여 개최되었고 이를 계기로 한인들뿐 아니라 다민족을 향한 선교적 사명을 일으키는 계기가 되었다.

또한 미주성시화운동본부는 전 교계와 한인 사회 단체와 연합하여 어려운 이웃을 돕는 성탄절 '사랑의 쌀 나눔 운동'을 4년 동안 펼쳐오기도 했다.

2016년 4월에는 아주사 부흥 110주년을 기념하여 전 도시 총력 전도를 위한 다민족연합기도회인 'Azusa Now'(대표 루 잉글) 집회가 열렸다. LA 콜로세움 경기장에서 12만 명이 동원된 가운데 초청전도집회와 기도회를 미주성시화운동본부가 주관하여 진행했다.

코로나 팬데믹 중에도 지난 2020년 성시화운동본부는 중단 없는 사역을 이어갔다. 월례기도회를 통해 조국을 위한 구국기도회를 시행해 왔고, 청교도 400주년 기념 연합포럼과 미국 대통령 선거를 위한 기도회를 개최하기도 했다. 2020년 11월 17일 새생명비전교회에서 줌(Zoom)으로 열린 포럼 내용을 단행본으로 엮어 출간했다. 10월에는 5회 신학대학연합 설교페스티벌을 동양선교교회에서 개최했다. 또 청소년들을 대상으로 고국체험학교, 미주체험학교를 열었다.

2021년에는 홍콩에 있는 독지가로부터 전달받은, 날개 없는 선풍기 1만570대를 미주 전역에 있는 선교단체와 교계로 보급하면서 캄보디아, 필리핀, 인도, 아이티, 콜롬비아, 네팔 지역에 3만6천 달러를 지원하고, 국내적으로는 선교지에 의약품을 보급하는 Mom선교회, 나바호 인디언선교회, 푸른초장의 집, 아버지밥상 등에 1만4천 달러를 지원해주는 사역도 지속해왔다.

국제도시선교회(ICM)

국제도시선교회(대표 김호성 목사)는 1993년 12월 24일 뉴욕 맨해튼에서 김호성 목사와 30여 명의 청년들(1.5세, 2세, 대학 및 대학원생)이 모여 길거리에 다니는 사람들에게 "단 한 번의 복음을 들려줄 기회"(The One Chance To Share the Gospel)라는 슬로건을 내걸고 기도하며 전도를 시작했다.

국제도시선교회는 시대의 변천을 통해 각 나라와 도시를 향해 스스로 오고 있는 연간 6억에 이르는 여행자들을 포함한 미전도종족들인 외국 방문자들에게 복음을 전하여 선교지를 가지 않고도 복음을 전파하는 "가지 않고 오는 선교사역"을 위해 설립되었다.

김호성 목사는 "특히 미국 뉴욕은 187개의 언어가 쓰이고 있고 전 세계 열방에서 온 400여 민족이 살고 있다. 이러한 세계 최고의 전략적 선교지인 뉴욕을 복음화하는 것은 세계를 복음화하는 가장 중요한 지름길"이라 말한다. ICM 사역 팀들은 6개국 10개 주요 도시의 사역을 통해 지난 15년간 약 190만 명을 만나 일생에 단 한 번의 복음조차 들어보지 못한 영혼들에게 복음을 들려주었다.

● 이민 2세와 3세를 위한 차세대 선교 사역

어린이전도협회(Child Evangelism Fellowship)

어린이전도협회(CEF)는 1937년 미국의 오버홀쳐 목사가 창설한 선교 기관으로 현재까지 세계 150여 국가에서 교회 바깥의 어린이들을 전도하는 데 초점을 두고 활동해왔다. 1956년 런시포드 여사가 처음 시작한 한국에서는 현재 본부와 전국 38개 지회가 사역하는 중이다.

여병현 목사는 1981년 서울 어린이전도협회에서 사역을 시작해 1985년 원주지회를 개척해 사역하다 1990년 9월 한국에서 미국 어린이전도협회 한인지회 선교사로 파송 받아 지금까지 어린이들과 청소년 선교를 위해 40년 동안 한 길을 걸어오고 있다. 해마다 미국 전 지역과 전 세계를 순회하며 주일학교 및 여름성경학교 교사교육과 학부모세미나, 어린이부흥회 및 캠프를 인도하고 있다.

여병현 목사

갓스이미지(God's Image)

갓스이미지는 변용진 목사와 변은경 사모가 어린 영혼들의 관심 코드인 찬양과 춤을 매개로 예수님의 복음을 전하며 이 땅에 아름다운 하나님의 문화를 심고 그의 나라를 확장시키고 주님을 증거하며 또 그들의 삶을 변화시켜 주님의 일꾼으로 키우는 데 중점을 두고 있는 청소년 음악사역 단체이다. 1990년 변은경(Sandy Byon) 사모의 지도로 12명의 아이들이 추수감사절 뮤지컬을 만들어 공연하게 된 것이 계기가 되었고 그 후 발전하는 가운데 2000년도부터 주정부에 등록된 정식 선교단체로 서게 되었다.

갓스이미지는 그동안 수많은 해외공연 및 미주 순회공연을 가졌고 또한 그곳에서 많은 열매들을 맺는 데 힘써왔다. 그 결과로 이제 미주와 해외지부들이 탄생했으며 앞으로도 계속해서 청소년들을 통하여 주님의 나라를 확장하는 데 이바지할 것이다. 현재 캘리포니아 라미라다, 로스앤젤레스, 샌프란시스코, 산호세, 워싱턴 주 시애틀, 워싱턴 DC, 텍사스 어스틴, 애리조나 피닉스, 브라질 상파울로, 캐나다 벤쿠버에서 우리 미래의 어린 선교사들이 활동하고 있다.

매주 토요일에 모여 짧게는 3시간 길게는 8시간 동안 연습을 하고, 예배를 드린다. 한 달에 한두 번 학생들의 영성 훈련을 위해 부흥회를 열고, 3박 4일간 캠프를 열어 말씀, 기도 훈련을 하고 워크숍도 진행한다. 또 케어그룹을 통해 선배가 후배를 돌보며 영적 성장을 돕고 있다.

2022년 8월 27일 나성한인교회에서 열린 연합찬양집회에서 찬양하는 갓스이미지

씨즈오브워십(Seeds Of Worship)

씨즈오브워십(Seeds Of Worship)은 갓스이미지 출신 에스더 박 디렉터가 2010년 남가주에서 창단한 소년소녀 찬양 뮤지컬 공연단이다. 씨즈오브워십은 정서가 메말라버린 하이테크 시대를 살아가는 청소년과 어린이들의 마음에 찬양의 씨앗을 뿌리고 그들의 은사를 계발해주는 한편 하나님 나라를 책임질 미래의 리더로 키우기 위하여 창단되었다.

초등학교 1학년생부터 고등학교 3학년까지 참여하고 있다. 월넛 및 로랜하이츠, 하시엔다, 다이아몬드바, 치노, 포모나, 라푸엔테 지역을 중심으로 이스트LA 지부를 운영하고 있다. 2011년부터 해마다 정기공연을 갖고 있다. 에스더 박 디렉터는 "요즘 아이들은 정서가 메말라 있다. 이들 마음에 찬양의 씨앗을 심어 풍성한 정서를 키우려 한다"며 "단순한 예술단원이 아닌 미래의 리더로도 키우고 싶다"라고 포부를 밝혔다.

오페라캘리포니아소년소녀합창단(Opera California Youth Choir)

오페라캘리포니아소년소녀합창단은 초등학생부터 중·고등학생까지 구성된 청소년 뮤지컬팀으로, 1991년에 노형건 선교사가 캘리포니아 소년소녀합창단으로 창립했다. 한인 선교와 타민족선교를 목적으로 처음 설립한 캘리포니아소년소녀합창단은 미국 이민 사회에서 다른 민족과 지역을 섬겨왔다. 단원들은 초등학교 어린이부터 사춘기 고등학생까지 토요일이면 어김없이 훈련과 연습에 몰두해야 한다. 지금까지 거쳐간 2세와 1.5세 청소년이 1천여 명에 달한다.

공연이 열리면 60여 명의 단원들이 노래와 춤, 연기와 악기 연주 등으로 재능과 열정을 분출한다. 전문 뮤지컬 수준의 무대와 의상을 마련하고 수개월에 걸친 연습 끝에 무대에 오른 수십 명의 청소년이 펼치는 찬양과 뮤지컬은 부모세대까지 감동으로 몰아넣는다.

노성혜 단장은 세 가지 원칙을 세우고 청소년 단원들을 이끌어 간다. '반드시 신앙을 심어준다', '성령의 단체가 되어야 한다', '복음을 전도한다'는 것 등이다. 노 단장은 "신앙 안에서 코리안 아메리칸이라는 정체성을 공유하고 자긍심과 뿌리 의식을 갖는 게 소중하다"며 "다른 민족을 섬기고 전도하는 사역에 아이들이 참여하는 과정에서 올바른 가치관과 경험을 쌓아가게 된다"라고 덧붙였다.

지저스홀릭무브먼트(Jesusholic Movement)

지저스홀릭무브먼트는 2002년 한인 1.5세 청소년의 복음화와 성경적 정체성 확립을 목적으로 휜돌선교회라는 이름으로 창립되었다. 창립당시 회장은 서인애 목사였다. 구도자 사역과 영성훈련, 가정사역, 은사개발 등의 4대 비전을 전개하고 있다. 7명의 간사와 30명의 헌신된 청년들이 스텝으로 활동하고 있으며 초교파적 1.5세 청소년들의 모임인 'Jesus Holy'와 찬양팀인 'Jesusholic Band'를 지원하고 있다.

LA 청소년 전도대집회 'Reborn'을 2003년부터 2009년까지 개최했다. 역대 강사로는 신승훈 목사, 원 베네딕트 선교사, 이동현 목사, 메튜 바넷 목사 등이다. 2013년 지저스홀릭무브먼트로 이름을 변경했으며 사역의 방향을 젊은이들에게 더 명확하게 복음을 전하는 것에 초점을 두었다. 교재를 만들어 제자화를 목적으로 UP(Urban Pilgrim) 훈련을 실시하고 있다. 복음으로 세대를 이어주는 선교적 제자공동체를 지향한다. 단순히 지식을 전달해주는 것이 아니라 공동체 안에서 복음으로 살아갈 수 있도록 동기부여를 해주고 방향성을 제시해 자기만 복음을 아는 것으로 끝나는 것이 아니라 다음 세대까지 복음을 전할 수 있도록 돕는다.

선교회 비전은 러브(love), 리브(live), 리브(leave)로 이 땅의 젊은이들이 하나님을 사랑하고 헌신함으로, 공동체를 통해 영적인 생명력을 가진 자로 세워지고, 지역사회와 온 땅이 영적인 회복을 일으키는 것을 목적으로 한다. 보통 모임에서는 강의보다 하나님의 말씀으로 친교하고 나누는 시간을 많이 갖는다. 현재는 2021년 창립된 얼반필그림교회(박용수 담임목사)에서 사역을 담당하고 있다.

자마(Jesus Awakening Movement for America, JAMA)

자마를 이끌고 있는 김춘근 교수(왼쪽)와 강순영 목사

JAMA는 김춘근 교수와 강순영 목사를 중심으로 한 몇몇 사람이 함께 1993년에 시작한 젊은이들을 위한 영적 대각성운동이다. JAMA 컨퍼런스는 세 가지 목적을 가지고 실시되고 있다. 첫째, 우리 다음 세대들에게 신앙을 전수해주고, 둘째, 우리 다음 세대들에게 미국을 세우신 하나님의 자녀로서 미국에 대한 Ownership을 갖게 해주고, 셋째, 그들로 하여금 미국의 부흥과 회복을 위해 기도하며, 최고의 실력자가 되어 미국을 변화시키는 주역들로 쓰임 받도록 도전하고 있다.

이를 위해 가장 성령충만하고 영향력 있는 미국 최고의 강사진(빌 브라이트, 로렌 커닝햄, 존 파이퍼, 루이 기글리오, 오스 기니스, 프랜시스 챈 등)들을 자마대회에 자주 초청했다. 그리고 김춘근 교수를 비롯한 한인 1세, 2세 강사 등 매회 40-50여 명의 강사들이 초청되었고, 찬양인도자로는 데이빗 크라우더 밴드, 크리스 탐린, 맷 레드먼 등의 찬양팀들이 자주 초청되었다. 'JAMA New Awakening Conference'라는 이름으로 전국 주요 도시들을 순회하며 지금까지 14회 대형컨퍼런스(참가 규모 2천5백-6천5백 명)를 실시함으로 수많은 젊은이들에게 복음을 전했다. 이 이외에도 JAMA 중보기도 컨퍼런스, 국가기도의 날(National Day of Prayer) 연합기도회, 다민족연합기도대회 등을 개최하고 있다.

순무브먼트(SOON Movement Global)

순무브먼트(SOON Movement Global)는 1971년, 한국 CCC에서 제자화 훈련을 받은 사역자들에 의해 사역의 씨앗이 미주 땅에 심어진 대학생선교단체이다(전 KCCC). 1981년 한국 CCC가 최초로 강순영 전임간사를 미주로 파송하여 LA KCCC 캠퍼스 사역을 본격적으로 시작하게 되었다.

1982년, 강용원 간사를 뉴욕 KCCC 대표로 임명하여 뉴욕 캠퍼스 사역을 시작하게 되었는데, 강용원 간사의 리더십을 통해 1.5세 한인 대학생들을 중심으로 대학캠퍼스 복음화운동이 활발히 일어났다. 1980년대와 1990년대 초반에 LA에서는 강순영 간사의 리더십을 통해 QT, 결혼교실, 가정세미나 등 교회 평신도 사역이 활발히 일어났다.

2021년 10월 8일 열린 야유회에 참석한 순무브먼트 소속 학생들

1980년대에 미주 동부에서 시작한 캠퍼스 사역의 부흥 성장은 1997년, 서부로 불일듯 급속히 번지게 된다. 미주 서부 지역에서 최초로 GCTC(Great Commission Training Center) 전임간사 훈련을 시작하게 되면서 획기적인 전환기를 맞게 된다. 한국에서 파송된 김동환 간사는 미주에서 대학을 졸업한 KCCC 순장들을 중심으로 전임간사를 훈련하기 시작하였고 미주 출신의 1.5세, 2세 전임간사가 배출되기 시작하면서 KCCC 캠퍼스 사역은 폭발적인 부흥의 계기를 맞게 되었다. 2017년 미주 KCCC는 국제 CCC의 정책에 따라 미국 CCC 캠퍼스 사역(Cru Campus Ministry) 팀 안으로 소속과 행정을 옮겨 사역을 하게 되면서 그 이름을 '순무브먼트'(SOON Movement)로 바꾸었다.

하이어콜링(Higher Calling/ 지킴, GKYMF)

하이어콜링은 세계 한인청년선교축제(GKYMF, Global Korean Young Adult Mission Festival)로 2008년에 12월 캐나다에서 시작되었다. "열방을 향한 위대한 세대"를 표어로 온타리오 청년선교네트워크가 주최하고 세계협력선교회가 주관한 이 선교축제는 전 세계의 한인 청년을 일으켜 남아 있는 선교의 대과업을 완수하기 위한 목적으로 마련되었다.

강사는 오대원 YWAM 대표, 이태식 주미 대사, 신호범 워싱턴주상원 부의장, 고형원 부흥한국 대표, 유은성 CCC 찬양사역자, 한철호 선교한국 대표, 장도원 포에버21 대표, 김범일 가나안농군학교 대표, 안강희 선교사, 안찬호 선교사, 박원철 LA 다솜교회 담임목사 등이었다. 참석자들은 주제 강의, 성경강해, 저녁집회, 간증, 특별공연, 기도합주회, 소그룹 모임 등을 통해 은혜를 체험하게 된다. 총 1천9백80명이 참석했으며 90개의 교회와 단체가 연합했으며 7백 명이 장기선교사로 헌신한 놀라운 역사가 일어났다.

지킴대회는 2회 대회부터 장소를 캐나다에서 미국으로 옮겨 개최했다. 2회 대회는 2009년 12월 27-30일에 뉴욕 업스테이트 로체스터리버사이드 컨벤션센터(Rochester Riverside Convention Center)에서 "나는 선교사입니다"(마 24:14)라는 주제로 개최되었다. 한편 2021년 12월 27-29일까지 열린 2021 하이어콜링컨퍼런스는 오미크론으로 인해 온라인집회로 열렸다.

코스타(KOSTA/USA)

1983년부터 1985년에 걸쳐 미국 매릴랜드주 실버스프링에 위치한 Hewitt Avenue에서 소수의 유학생들과 복음주의적 사역자들이 미국 내 모든 유학생들의 영적 필요를 놓고 기도하던 중 유학생들에게 복음을 전하고('복음'의 비전), 조국 사회의 복음적 변혁을 위해 섬길 사람들로 양육하며('민족'의 비전), 나아가 학문과 신앙의 통합을 주도할('학문'의 비전) 미래의 크리스천 지도자들로 키워내야 한다는 비전을 보게 되었다.

이 비전은 미국 한인 교회와 한국 교회로부터 소수 복음주의적 지도자들의 기도, 지원, 헌신에 힘입어 1986년 초 KOSTA(KOrean STudents in America, 복음주의 유학생 수양회)란 이름으로 약 200여 명의 유학생들이 워싱턴 DC 근교의 Summit Lake에서 모여 "우리는 어디로"라는 주제로

2017년 코스타대회

첫 복음주의 유학생 운동 집회를 갖게 되면서 현실화되었다. 그리고 2021년까지 미국 전역에 흩어져 있던 유학생들이 주로 모여 매년 수양회를 갖게 되었다.

KOSTA 운동은 하나님과 조국 앞에서 자신들의 할 일을 찾고자 고민했던 유학생들에게 복음과 구원, 조국과 민족, 학문과 신앙의 통합, 그리고 세계 비전에 대한 꿈과 도전을 제공해 왔을 뿐만 아니라 유학생들이 하나님께서 각자에게 주신 그리스도의 제자로서의 소명을 확인하며 실현할 수 있도록 도움을 주며 지금까지 성장해 왔다.

HYM(남가주청년연합회)

HYM은 남가주교회들의 청년공동체 연합과 영적 각성 및 헌신을 통한 영성 부흥에 목적을 두고 1999년 고 더글러스 김 목사가 '남가주청년연합회'라는 이름으로 설립했다. HYM은 이사야서 6장 8절 "내가 또 주의 목소리를 들은 즉 이르시되 내가 누구를 보내며 누가 우리를 위하여 갈꼬 그때에 내가 가로되 내가 여기 있나이다 나를 보내소서"(Here am I Send Me)의 첫 글자 'H', Young Christian에서 'Y', Movement의 'M'을 따서 조합한 것이다.

고 더글러스 김 목사

HYM의 사역대상은 남가주로 유학 혹은 이민온 한어권 1세와 1.5세 청년들이다. 1999년 HYM은 당시 남가주의 4교회(베델한인교회, 남가주사랑의교회, 오렌지한인교회, 나성한인교회)의 청년공동체 연합으로 사역이 진행되었다. 이후 오렌지카운티한인교회, 은혜한인교회 한어청년부가 합류하게 되었으며 그 후 충현선교교회, 미주성산교회, 대흥장로교회, 하나교회, 유니온교회, 선한목자교회, 감사한인교회, 나성영락교회, 올림픽장로교회 등 한어권 대학청년부 사역이 진행되고 있는 20여 교회로 확대되었다.

HYM은 고 더글러스 김 목사가 부동산 에이전트로 일하면서 지난 21년 동안 매년 봄, 가을 2회씩 자비를 들여 HYM집회를 개최해 왔다. HYM집회의 개최 장소는 남가주 한어권 청년부 사역을 하고 있는 교회들이다. 지금까지 HYM 집회를 거쳐 간 청년들은 2만여 명에 이르는 것으로 알려졌다.

ReNEW(Revive the New England Wave)

리뉴컨퍼런스는 뉴욕과 뉴저지 그리고 뉴잉글랜드 지역 청년들의 영적 재부흥을 위한 청년연합집회이다. 약 200년 전 뉴잉글랜드 지역에서 일어났던 부흥운동의 영향으로 놀라운 부흥과 축복을 경험한 한국의 그리스도인들이, 이제는 복음에 빚진 자의 심정으로 과거 부흥의 진원지였던 이 땅에 새로운 부흥을 일으키자는 거룩한 비전을 안고 2010년부터 2019년까지 열렸다.

뉴욕과 뉴저지 차세대 선교사역인 뉴욕과 뉴저지의 청년연합집회로 뉴욕교협이 주관한 청소년할렐루야대회, 그리고 뉴저지교협이 주관한 호산나청소년대회를 들 수 있다. 뉴욕교협이 1986년 7월 3-5일 퀸즈장로교회에서 주관한 할렐루야 86 대뉴욕청소년대회를 시작으로 해마다 열리고 있다. 주요 강사로는 정진경 목사(신촌성결교회), 오대원 목사(예수전도단 단장), 김춘근 박사(알라스카주립대학 교수), 짐 신발라 목사, 김영철 목사(필라임마누엘교회 교육목사), 김삼환 목사(명성교회), 서정인 목사(L.A동양선교교회), 노진산 목사, 최정규 목사(온누리교회 영어예배담당), 오석환 목사, Paul Cody 목사, Sam Won 전도사 등이다.

뉴저지교협이 1989년 5월 청소년위원회를 결성하고 청소년들을 위한 집회를 열어왔다. 1989년 12월 26-28일 뉴저지영락교회에서 겨울 청소년복음화대회를 열었다. 1991년 3월에 허드슨장로교회에서 1천여 명이 모인 가운데 개최된 91호산나 청소년전도대회가 열렸다. 이후 호산나청소년복음화대회는 1992년, 1994년, 1998년, 1999년, 2002년, 2005년, 2007년, 2010년, 2011년, 2013년, 2016년에 열렸으며 테넥고등학교, 파라무스가톨릭고등학교, 팰리컨컬리지 등에서 열렸다. 또한 2014년 호산나청소년찬양대회를 개최했다.

VII

영적 성장을 위한 세미나 및 교재와 영성 프로그램

한인 기독교인들은 개인의 영적 성장에 매우 관심이 높았다. 한인 교계에서 '뜨레스디아스'와 같은 영성 프로그램이 크게 유행한 이유도 이같은 맥락이라고 할 수 있다. 또 '커피브레이크' 등의 성경공부 교재나 "생명의 삶"이나 "매일성경" 등 QT 자료 등도 널리 사용되어 성도들에게 일용할 영적 양식을 제공해주었다. 다양한 영성 프로그램 중에서 대표적인 것들은 아래와 같다.

● 미주 한인 목회자세미나

세계한인목회자세미나(미주크리스천신문 주최)

미주크리스천신문사는 이민 목회자와 선교사, 평신도지도자들의 사명감 고취, 신앙 재충전을 위해 세계한인목회자 및 평신도세미나를 매년 개최해왔다. 재미교역자세미나라는 이름으로 시작된 세미나는 국내외 저명한 목회자들이 신학이나 이론 강의가 아닌 목회 현장에서 체험한 전도와 양육 방법을 생생하게 전달한다는 점에서 크게 환영받았다.

2012년 한국 금란교회에서 열린 제27회 세계한인목회자세미나

　1986년 고 김순명 목사에 의해 시작된 목회자세미나는 1992년 김순명 목사가 소천하던 해까지 남가주 중심으로 개최했다. 세미나는 보통 15-20명의 강사를 세워 한 장소에서 유명 강사들의 다양한 내용의 강의를 들을 기회를 제공했으며, 본 세미나는 그런 이점을 십분 활용해서 참가자들에게 육신적인 쉼은 물론 영적 회복과 도전을 줄 수 있도록 최대한 배려했다. 1991년에는 봄과 가을 두 차례 열었다. 1991년 4월 22-25일까지 나성한인교회에서 개최한 제5회 재미교역자 목회자세미나는 "오늘의 교회갱신"이라는 주제로 열렸다. 6회 세미나는 국제교역자 목회세미나라는 명칭으로 같은 해 10월 29일-11월 1일 일본 동경에 위치한 소암영광그리스도교회에서 개최했다.

　1992년 2대 발행인으로 취임한 고 장영춘 목사는 세미나 개최장소를 미국 전역은 물론 지구촌 곳곳으로 확대했으며 1995년부터는 세미나 명칭을 '세계한인목회자세미나'로 결정했다. 또한 세미나 개최시기를 부활절 다음 주로 결정하였다. 다음은 세계한인목회자세미나 주요 연혁이다.

1992년-2000년

　△7회(1992년) 장소: 뉴욕(주제: 내 양을 치라), △8회(1993년) 장소: 하와이(주제: 내 양을 먹이라) △10회(1995년) 장소: 일본 오사카교회(주제: 21세기 한인 목회자의 역할) △11회(1996년) 장소: 미국 시애틀연합장로교회(주제: 21세기 지구촌시대의 목회전략), △12회(1997년) 장소: 호주 시드니순복음교회(주제: 21세기 세속화의 극복과 세계 속의 한인 교회 부흥전략) △13회(1998년) 장소: 미국 필라영생교회(주제: 바른신학, 바른목회), △14회(1999년) 장소: 일본 동경중앙교회(주제: 마지막 때를 대비하는 목회전략) △15회(2000년) 장소: 서울금란교회(주제: 새천년 목회-새 비전 새 사명 새 헌신)

2001년-2013년

△16회(2001년) 장소: 브라질 상파울루(주제: 지속적 교회성장, 어떻게 할 것인가) △17회(2002년) 장소: 휴스톤한인교회(주제: 기독교의 종말론적 도전과 목회자의 사명) △18회(2003년) 장소: 서울명성교회(주제: 21세기를 이끄는 기도목회), 주강사: 김삼환 목사(서울명성교회), 김홍도 목사(금란교회), 길자연 목사(왕성교회), 박종순 목사(충신교회) △19회(2004년) 장소: 애나하임 더블트리호텔(주제: 예배가 살아야 교회가 산다), 주강사: 임동선 목사(LA동양선교교회), 장영춘 목사(뉴욕 퀸즈장로교회), 척 스미스 목사(갈보리채플) △20회(2005년) 장소: 일본 나리타(주제: 교육목회), 주강사: 이원설 박사(숭실대학교 이사장), 김규동 목사(요한동경교회), 김홍도 목사(금란교회) △21회(2006년) 장소: 캐나다 밴쿠버(주제: 미래를 준비하는 바른 목회와 그 비전), 주강사: 김홍도 목사(금란교회), 박재호 목사(상파울 새소망교회), 김성길 목사(시은소교회) △22회(2007년) 장소: 서울 금란교회(주제: 성령이 교회들에게 하시는 말씀을 들을지어다), 주강사: 김홍도 목사(금란교회), 김성길 목사(시은소교회) △23회(2008년) 장소 하와이(주제: 교회부흥과 목회자의 역할), 주강사: 소강석 목사(새에덴교회), 김홍도 목사(금란교회), 김충기 목사, 박재호 목사 △24회(2009년) 장소: 아르헨티나 제일교회(주제: 교회가 살아야 세상이 변한다), 주강사: 김은수 목사(RTS 교수), 소강석 목사(새에덴교회), 최강언 목사(아르헨티나제일장로교회) △25회(2010년) 장소: 케냐(주제: 이 시대에 예수님이 원하시는 교회), 주강사: 황의영 목사, 피종진 목사, 권태진 목사 △26회(2011년) 장소: 라스베가스(주제: 다음세대에게 그리스도를), 주강사: 김홍도 목사(금란교회), 지용수 목사(군포제일교회) △27회(2012년) 장소: 금란교회(주제: 너는 말씀을 가지고 여호와께로 돌아오라), 주강사: 김홍도 목사(금란교회), 권태진 목사, 소강석 목사(새에덴교회) △28회(2013년) 장소: 이스라엘[주제: 들으라! 이스라엘아(신 6:4-9) 생명의 말씀을 자녀들에게)], 주강사: 김성길 목사(서울 시은소교회), 김종준 목사(서울 꽃동산교회), 장영춘 목사(뉴욕퀸즈장로교회)

제자훈련 지도자세미나(미주국제제자훈련원 주최)

미주국제제자훈련원이 주최하는 제자훈련 지도자세미나 "평신도를 깨운다"는 1993년 1기를 시작으로 해마다 4월과 5월 중에 남가주사랑의교회에서 열리고 있다. 예수 그리스도와 그의 사도들이 교회의 초석을 놓는 순간부터 '건강한 교회'를 향한 사역이 시작되었다. 1986년 3월부터 시작되어 지금까지 진행되어 온 제자훈련 지도자세미나는 바로 지상의 교회가 그동안 잃어버렸던 이 부분을 회복하기 위한 끊임없는 노력이었다.

2005년에 열린 제65기(미주 12기) 제자훈련 세미나

    이 세미나의 가장 큰 특징은 참석자들이 본 세미나를 통해 교회와 목회현장을 바라보는 새로운 패러다임과 만나게 된다는 데 있다. 이 세미나에서는 제자훈련 목회로의 전환이 갖는 의미의 가치, 필요성과 철학부터 목회 현장에 실제 적용할 때 필요한 실질적인 원리와 단계적 전략에까지의 강의가 실습과 함께 이루어진다. 제자훈련 지도자세미나는 이민 교회의 목회자들을 대상으로 교회론, 제자도, 제자훈련과 성령 충만, 제자훈련과 교회성장, 제자훈련의 시작과 운영, 소그룹 인도법(소그룹 환경과 성격, 소그룹 환경과 리더십, 귀납적 개인 성경 연구, 귀납적 성경 연구의 실제) 등 풍성한 강의로 진행된다.

    또한 제자훈련의 철학에서부터 구체적인 소그룹 이론에까지 제자훈련 사역 전반을 소개하고 제자훈련 내용과 함께 직접 소그룹을 참관하고 또 귀납적인 방법으로 소그룹을 인도할 수 있는 기회도 얻게 된다. 더불어 제자훈련을 하는 다른 이민 교회의 현장에 대한 간증 시간도 마련되었다. 필라델피아에 위치한 웨스트민스터신학교는 이 세미나를 목회학박사(D.Min.) 과정의 학점으로 인정하고 있다. 세미나는 2010년까지 고 옥한흠 목사와 오정현 목사가 주강사로 나섰으며 2011년과 2012년에는 고 옥한흠 목사 강의는 영상으로 진행됐다. 2013년부터 오정현 목사와 노창수 목사가 주강사로 참여하고 있다.

● 미주 한인 교회 성장의 밑거름 성경공부 교재 및 영성 프로그램

한국 교회 부흥과 더불어 각광받던 성경공부 교재가 미주 한인 교회에서도 그대로 전달되었는데 한인 교회에서 널리 사용했던 성경공부 교재가 베델성서연구와 크로스웨이였다.

베델성서연구(The Bethel Series)

1969년 2월 베델성서연구의 저자인 할레이 스위감(Harley Swiggum)이 한국에 와서 기독교한국루터회 지도자들과 이 프로그램을 한국에서 실시하는 문제를 의논함으로써, 베델성서연구가 한국에 도입되는 첫 발걸음을 내딛게 되었다.

이 성서연구 과정은 1974년 제1회 강습회 실시 이후 1998년 6월까지 30만 명에 이르는 회원이 가입하여 성경을 공부하였고 지금도 공부하고 있다. 이것은 한국에서 실시하는 여러 가지 성경공부 가운데

베델성서연구 교재

가장 많은 회원을 가진 교재 중 하나이며 한국 교회 교인들의 성경지식을 매우 향상시켰고 신앙생활에 큰 활력을 불어넣어 준 프로그램으로 자리잡았다.

할레이 스위감은 노르웨이에서 이민 온 제2세대 미국인으로서 위스콘신주 마운튼 호렙(Mt. Horeb)에 사는 루터교 가정에서 태어났다. 그는 미국 아이오와주 데코라(Decorah)에 있는 루터대학을 졸업하였고, 1957년에 미네소타주 센트 폴(St. Paul) 소재 루터신학대학원을 졸업하여 목회학석사(M. Div)를 받았다.

1998년 당시 ACEF(장년 기독교 교육재단의 약칭)의 통계에 따르면 미국 내에서 베델성서연구원에 가입한 교회 6천518교회, 미국 내에서 베델성서연구원에 참여한 교단 47교단, 미국 내에서 베델성서연구를 훈련받은 교사는 8만9천390명으로 집계되었다. 한인 교회 통계는 존재하지 않으나 많은 수의 교회들이 베델성서연구를 성경공부 교재로 사용하고 있다.

크로스웨이(Crossway) 성경연구

크로스웨이 성경연구 교재의 저자는 미국의 해리 웬트(Harry N. Wendt) 박사로, 루터교 목사이며, 뉴질랜드와 오스트레일리아와 미국의 여섯 교회에서 목회하였고, 이 교재의 개발을 위해서 20여 년간 연구하여 완성시켰다. 극단적인 보수주의와 진보주의를 배제하고 성경 중심적

바탕에서 집필되었다는 장점이 있다. 또한 크로스웨이 성경 연구의 특징은 성경 전체의 내용을 주제별로 이해하기 쉬운 시청각 교재로 준비하여 성경의 주제들에 쉽게 다가갈 수 있도록 만들어졌다.

한국 교회에 크로스웨이를 소개하여 전 세계 한인 교회로 확대시킨 장본인은 「월간목회」 발행인 박종구 목사다. 박 목사는 크로스웨이성경연구원을 창립하여 자신이 세미나 강사로 수차례 미국을 방문하여 한인 목회자들을 중심으로 세미나를 인도했으며 미주 크로스웨이연구원(원장 김성훈 장로)을 세워 정기적으로 세미나를 개최하여 미주 한인 교회 대표적인 성경공부 교재로 자리잡게 했다. 북미주 전임강사로는 홍춘만 목사, 송천호 목사 등이 세미나를 인도하기도 했다.

커피브레이크(Coffee Break)

커피브레이크는 '영혼 구원'을 위한 말씀 소그룹 사역으로 출발하였다. 커피브레이크 사역은 칼빈신학교가 속해 있는 CRCNA(Christian Reformed Church of North America: 북미주 개혁장로교회)의 사역 중 하나지만, 교파와 교단을 초월하여 누구에게나 열려 있어 전도와 인도자 양육의 목적으로 쓰임 받고 있는 중이다.

1970년대 시카고 근교의 개척교회였던 Peace Church(CRC)에서 불신자 전도를 위해 무릎 꿇고 기도했던 앨빈 반더 그리엔드(Alvin J. Vander Griend) 목사와 네바 이븐하우스(Neva Evenhouse) 집사에 의해 시작되어 1980년도에 북미주개혁장로교회(CRCNA)의 정식 프로그램으로 채택되었다. 남가주 한인교회에서는 1990년도에 오렌지한인교회(Orange Korean CRC)의 이명숙 권사를 초대 한인 대표로 인준하며 북미주 한인교회에 전파되었다.

이후 미주 한인들을 통해서 세계 여러 나라로 전해지면서 국제적인 사역으로 확장되었다. 2022년 현재 미주에서는 550여 곳 이상의 교회에서 6천8백 명 이상의 그리스도인들이 커피브레이크 교재를 이용하여 말씀 묵상 및 소그룹 모임을 하고 있다. 미주에서 각 나라로 확장되어진 커피브레이크를 후원하기 위해서 2011년부터 글로벌 커피브레이크(Global Coffee Break) 사역이 시작되어 26개국 이상 약 55개 이상의 교단들에서 널리 전도 목적을 위한 말씀 소그룹 사역으로 활용되고 있다.

2019년 남가주 퍼시픽팜스 리조트에서 열린 제12회 커피브레이크 국제컨퍼런스 후에 기념사진을 찍고 있다

큐티자료: 「생명의 삶」과 「매일성경」

큐티는 Quiet Time의 약자로서 조용한 시간과 장소를 정하여 하나님을 일대일로 만나는 시간을 말한다. 성령님의 인도하심 가운데 말씀을 통하여 하나님의 음성을 듣고, 들은 대로 실천하고, 실천한 것을 서로 나눔으로써 성숙한 그리스도인이 되기 위한 경건훈련이다.

한국 교회에서 큐티를 보편화시킨 고 하용조 목사는 "설교는 화려한데 은혜가 없는 이유는 그 속에 깊은 묵상이 없기 때문"이라고 조언하며 큐티를 강조했다. 그는 "설교 훈련의 기초는 큐티 훈련"이라고 말하면서 "목회설교는 강해설교"이며 "강해설교의 핵심은 큐티"라고 강조했다.

1) 두란노서원에서 나오는 「생명의 삶」

두란노서원이 출간하는 「생명의 삶」은 미주 한인 교회의 대표적인 큐티북으로 활용되어 한인 기독교 서점에는 「생명의 삶」을 구하려는 사람들로 한때 줄을 서기도 했다. 「생명의 삶」은 한국 교회의 말씀 묵상을 이끌어 온 대표적인 QT지로, 하루하루, 하나님이 주시는 말씀을 깨달아 나가는 성도들의 삶에 은혜를 끼치고, 묵상과 나눔을 통해 하나님이 우리에게 주시는 한

두란노서원의 「생명의 삶」

없는 사랑을 느끼고, 더불어 크리스천의 변화와 영성 회복을 통해 사회를 변화시키기 위한 묵상집이다.

지도자용인 「생명의 삶 PLUS」는 2007년 1월에 창간되었다. 개인적인 큐티에서부터 설교 준비에 이르기까지 목회자와 큐티 리더들이 유용하게 사용할 수 있는 자료집이다. 4가지 성경 역본(개역개정, 새번역, NIV, KJV)을 수록해 본문을 서로 비교하며 말씀을 묵상하도록 했다. 원어에 대한 해설이 필요한 단어나 문맥은 원어해설을 통해 자세히 설명해주며, 본문의 시대적 상황과 문화 및 풍습 등에 대한 유용한 배경자료를 제공하고 있다.

각 분야 전공 교수님들의 탁월한 해설과 주해를 싣고 있으며, 설교 초보자 혹은 설교 작성 시 도움을 얻기 원하는 목회자들을 위해 설교 길잡이를 수록하고 있다. 매일 본문은 10페이지 분량으로 되어 있으며, 편집된 순서를 따라 큐티하고 또 설교 준비 자료로 활용하면 좋다. 책의 마지막 부분에 싣고 있는 '나눔식 소그룹'에서 다루는 질문은 「생명의 삶」과 같은 내용으로, 「생명의 삶 PLUS」에서는 질문들에 대한 지도자용 해설을 추가해서 싣고 있다.

2) 성서유니온에서 나오는 「매일성경」

성서유니온의 「매일성경」

「매일성경」은 성서유니온선교회(Scripture Union)가 지난 48년간 한국 교회와 성도들을 위해 꾸준히 발행해 온 큐티집이다. 그리스도인들이 「매일성경」을 통해 하나님을 만나도록 돕기 위해 독자가 최대한 성경 본문에 집중할 수 있도록 한다. 곁가지들은 과감히 생략하고 대신 성경 본문의 이해를 돕는 해설과 적용을 풍성하고 충실하게 제공하고 있다.

「매일성경」은 신·구약성경 66권 전체를 차례대로 같은 무게로 다룸으로써, 잊히고 멀어진 본문이 없도록 모든 성경 구절에서 감춰진 보물을 찾아내도록 돕는다. 또 모든 연령의 그리스도인을 대상으로 눈높이를 맞춘 매일성경을 제공한다. 유아, 어린이, 청소년, 청년, 성인, 시니어를 위한 「매일성경」이 모두 준비되어 있다. 한글 사용자 외에도 영어와 중국어를 사용하는 그리스도인을 위해 「영한매일성경」과 「한중매일성경」을 제공하고 있다. 기도, 읽기, 묵상, 적용, 해설, 기도 순으로 진행되는 「매일성경」은 두 달에 한 권씩 발행되고 있다.

● 한인 교회에 번진 3박4일 영성프로그램 "뜨레스디아스"(Tres Dias)

1990년대 이후 미주 한인 교계에 도입된 뜨레스디아스(Tres Dias)는 대표적인 영성훈련으로 크게 확산되었다. 뜨레스디아스는 스페인 말로 "3일"이라는 뜻이다. 제2차 세계대전이 끝난 지 얼마 안 되었을 때, 스페인의 가톨릭 성직자들은 당시 남자들이 교회로부터 멀어져가고 사회가 피폐해 있는 것을 염려하던 중, 1949년에 성직자와 평신도들이 함께 "꾸르시오"(Cursillo)라는 영성훈련 프로그램을 시작한 것에서 유래되었다.

처음에는 남성들만 참가하는 프로그램이었는데 참가자들의 삶에 변화를 불어넣기 시작하자 스페인 전역으로 급속하게 번져나갔다. 1957년에 스페인의 공군 사관생도들이 미국 텍사스주로 교육훈련을 받으러 왔을 때 그들에 의하여 이 사역이 미국에 처음으로 소개되었다. 가브리엘 페르난데즈 신부가 스페인 공군사관 생도들의 보조를 얻어 첫 번째 쿠르시오(Cursillo: 스페인어로 '기독교 세미나'라는 뜻)를 텍사스주의 웨이코(Waco)에서 시작한 이래 다음 해인 1959년에는 텍사스 전 지역과 애리조나주까지 급속히 퍼져나갔다. 처음에는 전부 스페인어로 진행되었으나 1961년부터 영어로 진행되면서 미국 전역으로 확산되었다.

2018년 3월 24일 은혜한인교회에서 열린 GTD 페스티벌

개신교에서도 이 프로그램이 적용되어 1972년 뉴욕 뉴버그(Newburgh)에서 첫 주말 프로그램을 시작한 뒤 뉴잉글랜드, 뉴저지, 펜실베이니아, 캐나다, 일본, 한국, 브라질, 우크라이나, 러시아, 영국 등으로 퍼져나갔다.

미주 한인 교회에 뜨레스디아스를 선도한 목회자는 김광신 목사(은혜한인교회)가 대표적이다. 1986년 뉴욕 지역에서 실시된 '롱아일랜드 뜨레스디아스'를 통하여 큰 은혜를 받은 김광신 목사는 이 프로그램이야말로 모든 크리스천들에게 꼭 필요한 프로그램이라 여기고 1986년 10월 29일 LA에서 제1기 GTD(Grace Tres Dias)를 실시, 35명의 페스카도르(Pescador: 여기서는 사람을 낚는 어부의 의미)가 탄생되었다. 그때부터 은혜교회는 뜨레스디아스를 전파하는 전진기지 역할을 했다.

뜨레스디아스는 그로부터 주말 3박4일 영성 프로그램으로 교파를 초월하여 널리 확산되어 나갔는데 그동안 'Love TD', '레인보우 TD', 혹은 '은혜의 동산', '사랑의 불꽃' 등 다양한 이름으로 교단별 혹은 개체 교회 단위로 꾸준히 실시되어 오다 코로나19으로 인해 중단된 상태이다.

한때는 신학적으로 불건전한 영성훈련이라는 비판을 받아 뜨레스디아스에 참여금지 등을 결의하는 보수적인 교단들도 있었다. 그러나 신학적으로는 전혀 문제 되지 않는 건강한 평신도 운동이라는 여러 차례의 조사결과가 발표되는 등의 과정을 거치며 지금은 신학적 오류 시비는 사라진 상태이다.

예배와 믿음의 고백: 크리스천 찬양과 문학사역

 이번 챕터에서는 미주 한인 교회의 부흥의 역사와 함께해 온 한인 교회 음악사, 기독교 문학역사, 그리고 찬양 및 공연문화사역을 정리해 본다. 미주 한인 사회에는 수많은 음악가들이 존재한다. 미국으로 유학 온 많은 음악가들이 거의 대부분 기독교인들이고 이들은 자연스럽게 교회 성가대나 찬양팀에서 활동했다. 다양한 성격의 찬양팀이 발족되어 크고 작은 무대, 풍성하고 수준높은 크리스천 공연 무대를 선사해 주었다.

기고

미주 한인 교회 음악사

진정우 박사

지휘자 · 작곡가 · 피아니스트
ASCAP, NARAS 등 음악상 수상
해외민족상(문화예술체육부문) 수상
UCLA와 Cal Poly Pomona 음대 교수 역임
UCLA 음악박사(Ph.D. in Music)

　1960년대 이전까지의 미주 한인 교회음악은 몇 안 되는 한인 교회와 더불어 전문음악인의 부재로 지휘, 반주 등 예배음악을 비전문인들의 봉사와 헌신으로 지탱하고 있었다. 그러던 중 1964년 서울 음대 출신이자 한인 최초로 국비장학생으로 필리핀국립음악대학에 유학을 다녀 온 성악가 김창무가 로벗슨한인연합감리교회(현 LA연합감리교회)의 지휘자로 초빙되어, 한인 교회에서 전문성을 갖춘 예배음악을 시작함으로써 비로소 교회음악적 요소를 제대로 갖춘 온전한 예배를 드리게 된다.

● 1970년대의 찬양사역

1970년대 들어서는 한인 이민 물결이 일기 시작하면서 자연히 새로운 교회들이 많이 생겨나게 되었는데 동양선교교회, 나성영락교회, 나성빌라델비아교회, 나성한인교회 등이 이 시기에 설립된 교회들이다.

남가주한인교회음악협회

1971년에는 서울 음대를 졸업한 조광혁 목사를 초대 회장으로 '남가주한인교회음악협회'가 탄생했다. 한인 인구가 그리 많지 않았던 관계로 한인 교회들 역시 열악한 상황이라 얼마 안 되는 교회음악인들이 서로 뭉쳐서 교회음악 발전을 꾀하고자 출발한 전문인 단체이다. 시작은 미미하였으나 이 씨앗이 대를 이어오면서 많은 열매를 맺게 된다. 조광혁 목사를 시작으로 권길상, 김정진, 김광은, 박환철, 김순세, 이영애, 임대수, 고용범, 김풍일, 백경환, 진정우, 오성애, 이영두, 전중재, 지성심, 황성삼, 김미선, 조성환, 서병호, 김원재를 거쳐 현재 전현미로 이어져 오고 있다.

제2대 선명회어린이합창단 지휘자였던 김종일이 나성영락교회 지휘자로 부임한 후 박재훈, 백효죽, 이동일, 김순세, 윤민재, 이유선 등 한국 교회음악계의 선구자들인 기라성 같은 음악인들이 LA로 이주하여 미주 한인 이민 교회에 예배를 위한 체계적인 교회성가대를 뿌리내리게 하는 데 선구자 역할을 담당하게 된다.

LA서울코랄

1974년 한국 교회음악계의 선구자인 박재훈 목사가 기독교 정신에 입각한 'LA서울코랄'(LA Seoul Chorale)을 창단하게 된다. 한인들의 수가 그리 많지 않아 이민 사회의 어려움과 외로움이 많을 때라 성가 합창을 통해 기독교 정신을 이웃들과 공유하고, 합창단원 스스로도 치유가 되는 한국 가곡과 성가 합창 음악을 통해 기독교 정신을 이웃들(타 커뮤니티 포함)과 나누고 공유하고 전파하자는 목적 아래 창단된 것이다.

고 박재훈 목사

창단 지휘자 박재훈 목사가 몇 년 후 캐나다로 이주함으로써 당시 칼스테이트LA(Cal State LA) 음대 교수인 김병곤 박사가 2대 지휘자로 바통을 이어받아 'LA서울코랄'은 전문합창단으로서의 모든 필수조건들을 갖추어 비영리단체로 등록하고, 이후 미주 사회에 내놔도 손색없는 합창단으로 발전하게 된다. 김병곤 박사에 이어 조광혁 음악목사, 윤민재 장로, 이춘길 교수, 김순세 장로, 김동현 장로를 거쳐 진정우 박사로 지금껏 이어오고 있다.

시온성가인

노스웨스턴대학(North-Western University) 등 동부에서 유학한 백효죽은 1977년 로벗슨한인연합감리교회 지휘자를 거쳐 나성영락교회에서 뿌리내리는 동안 미주 한인 교회의 음악 발전에 지대한 공헌을 세운다. 또한 1960년대 초 한인 최초로 미국 최고의 교회음악 교육기관인 웨스트민스터합창대학(Westminster Choir College)을 졸업하고 한국 감리교신학대, 목원대 등에서 후진 양성에 힘쓰다가 1979년 LA로 돌아온 이동일 교수는 로벗슨연합감리교회에서 음악사역을 시작함과 동시에 '시온성가인'이란 전문 성가합창단을 만든다.

그는 교회음악에 대한 깊은 지식과 경험을 토대로 고전성가에서 현대성가에 이르기까지 폭넓은 레퍼토리, 특히 미국 교회에서 많이 불리는 새로운 성가곡들을 발굴하여 보급함은 물론, 교회음악 사역자들(지휘자, 반주자, 독창자 등) 지위 향상에도 지대한 영향력을 발휘하게 된다.

● 1980년대의 찬양사역

1980년대에 와서는 한인 사회가 커짐과 동시에 교회 또한 양적으로 성장하는 시기였는데, 체계화된 교회성가대가 많이 생겨남으로써 교회음악의 질적 향상이 요구되던 시기였다. 1981년 남가주한인교회음악협회 주최로 10여 개의 각 교회 성가대가 한자리에 모여 서로 간의 유대와 교회음악의 흐름 등을 공유하고자 제1회 "성가합창제"를 열게 된다.

이동일에 이어 로벗슨감리교회 지휘자로 부임한 이춘길(연세대, 칼스테이트LA 석사)은 1984년 로벗슨교회 창립 80주년 기념음악회를 윌셔연합감리교회당에서 개최했는데, 옥인걸(테너, 매사추세츠대학 로웰음대 교수), 최인달(바리톤, 버지니아음대 교수) 등의 독창자들을 초청, 로벗슨교회 성가대와 함께 하이든의 오라토리오 "천지창조"를 Full Orchestra와 함께 공연한다. 이는 한인 사회 최초로 모든 격식을 갖춘 교회음악을 교포사회에 선보인 것으로서 예배음악뿐만 아니라 대외적으로 수준 높은 교회음악을 연주함으로써 하나님께 무한한 영광을 돌리게 된다.

한인기독합창단

같은 해인 1984년, 나성한인교회 지휘자 박환철 장로를 초대 지휘자로 '한인기독합창단'이 창단된다. 창단멤버는 모두 지휘자, 반주자, 독창자들로 구성되었으며 윌셔 이벨극장(Wilshire Ebell)에서 Full Orchestra 협연으로 모차르트(Mozart)의 "레퀴엠"(Requiem)을 공연했다.

10년 전 창단된 LA서울코랄은 UCLA에서 한인 최초로 음악박사(Ph.D. in Music) 학위를 받은 진정우가 1997년 부임하여 기독교 바탕의 순수예술단체로 전환 발전시켰다면, '한인기독합창단'은 순전히 교회음악(Church Music)을 위한 합창단으로서 출발하게 된다. 지휘자 박환철에 이어 동부에서 음악활동을 하다가 LA동양선교교회 음악감독으로 부임한 백경환 지휘자가 한인기독합창단을 이끌게 되는데, 한인 사회에 체계적이고 전문성 있는 교회음악의 진수를 보여주는 합창단으로 자리매김하게 된다.

남가주 한인 교회들에서의 성악가들의 활약

남가주 한인 연합감리교회 문화부 주최로 1986년 남가주에 위치한 한인 연합감리교회들이 연합해서 '남가주한인연합감리교회 연합성가대'를 조직, 김순세 장로가 초대 지휘자가 되었다. 세계적인 소프라노 김영미와 Full Orchestra 협연으로 연례 "메시아"(Messiah) 공연을 글렌데일

2019년 8월 한인기독합창단 창단 35주년 기념으로 하이든의 오라토리오 "천지창조"를 공연한 후 출연진들이 무대 인사를 하고 있다

연합감리교회(Glendale United Methodist Church)에서 시작했는데, 그 뒤에 진정우, 임대수, 이영두, 이천희, 이선경 등으로 이어져, 2004년까지 윌셔연합감리교회(Wilshire UMC), 이벨극장(Ebell Theater), 스코티쉬 라잇 오디토리움(Scottish Rite Auditorium) 등의 연주회장에서 헨델의 "메시아" 연주를 통해, 남가주 한인 연합감리교회들이 주 안에서 하나 됨을 보여주게 된다.

1984년, 세계적인 소프라노 김영미는 로벗슨연합감리교회 독창자로 부임하여 1992년 한국예술종합대학 교수로 귀국할 때까지 그의 찬양을 통하여 많은 이들에게 영감과 치유와 회복을 주는 크나큰 사역을 담당하게 된다.

한편 오렌지카운티제일장로교회에서는 캘리포니아루터성경학교(California Lutheran Bible Institute)에서 교회음악(Church Music)을 공부하기 위해 유학 온 송규식 지휘자가 이끄는 성가대가 1984년부터 12년 동안 "메시아" 전곡을 오케스트라와 함께 풀버전(Full Version)으로 전문합창단 못지 않게 연주함으로써 오렌지카운티 지역 한인 사회는 물론 타 커뮤니티까지 음악을 통한 선교사역을 감당하게 된다. 1988년, 은혜한인교회는 윤민제 장로를 음악감독으로 하여 교회 성가대를 이끌고 구소련 선교를 시작했는데, 이 사역은 2001년까지 계속되었다.

● 1990년대의 찬양사역

1990년대에 와서는 이민 물결이 거세지면서 교회는 양적으로 크게 발전하게 된다. 교회가 커지면서 자연히 교회음악가들의 수요도 늘게 된다. 교회마다 좋은 지휘자, 반주자, 독창자 등을 확보하려는 노력이 눈에 띄게 나타났으며, 교회를 바탕으로 한 선교합창단들이 생겨나 그야말로 한인 교회 음악의 르네상스 시대가 도래하게 된다.

미주여성코랄과 남가주장로성가단

1991년 LA동부 지역을 중심으로 오스트리아에서 유학한 오성애 지휘자가 선교를 목적으로 '미주여성코랄'을 창단하여 홈리스 돕기, 교도소 선교, 탈북자 돕기 등을 위한 찬양선교사역을 지속적으로 해오고 있으며, 1992년에는 박환철 장로를 초대 지휘자로 '남가주장로성가단'이 창단된다. 영적으로 좀더 성숙한 남성합창을 통하여 많은 사람들에게 은혜를 끼치는 성가단으로, 박환철 장로를 이어 서문욱, 윤임상, 이정욱, 김원재, 조성환을 거쳐 지금은 서울 음대, USC를 나온 장진영이 맡고 있다.

홀리보이스미션콰이어

1996년, 하나님을 찬양하고 노래로 복음을 전하는 '홀리보이스미션콰이어'(Holy Voice Mission Choir)가 창단되어, 서양음악을 한인 합창단이 노래함으로써 오렌지카운티를 중심으로 한인 선교는 물론, 미국 커뮤니티까지 크나큰 은혜와 감동을 선사하게 된다.

「교회음악 저널」 발간

1990년대 중반, 인터넷 시대가 도래할 때를 즈음하여 남가주한인교회음악협회에서는 1996년 교회음악 사역자들의 상호 정보교환 및 세계적인 교회음악의 흐름을 파악하고 이론적, 영적 지식을 공유하고자, 진정우(회장)와 송규식(부회장)이 협력하여 교회음협 웹사이트를 개설하고 「교회음악 저널」이라는 월간지도 발간하게 된다.

마틴루터킹주니어병원을 돕기 위한 기금모금음악회

1997년 조성환 교수(호프인터내셔널대학)를 지휘자로 '미주극동방송성가단'이 창단되었다. 같은 해 감리교비영리단체인 '매영숙 재단'(Y.S. Mae Foundation, 이사장 장흥식 장로)은 진정우 박사를 총 음악감독으로 한·흑 간의 유명음악가들과 함께, 재정난으로 폐쇄 위기에 처해 있는 마틴루터킹주니어병원(Martin Luther King Jr Hospital)을 돕기 위한 기금모금음악회 "A Bridge of Understanding Concert in Caring"을 윌셔가에 있는 임마누엘장로교회(Immanuel Presbyterian Church)에서 개최한다.

그리고 이듬해인 1998년 LA 뮤직센터 도로시 챈들러 파빌리온(LA Music Center Dorothy Chandler Pavilion)에서 앙콜 공연을 함으로 폐쇄 위기에 처한 흑인 사회 최고의 병원을 되살리게 된다. 이때 함께한 한인 음악가들은 미셸 김(뉴욕필하모닉오케스트라 부악장), 한학순(H.S. Swiatkowski, Mt. St. Mary's University 교수), 고봉신(Irene Ko, Cal State Fullerton 교수), 최덕식(한국 광주대 교수), 황혜경(La Verne대 교수), 곽신형(한양대 교수) 등이며, LA Pilgrim Men's Chorus와 LA서울코랄이 함께 무대에 섰다.

● 2000년대의 찬양사역

2001년 남가주한인교회음악협회는 교포 작곡가들이 작곡한 성가곡 보급을 위한 "창작 성가의 밤"을 개최한다. 또 2004년 미주 본토 최초의 한인 교회인 LA연합감리교회(1904년 설립)가 창립 100주년을 맞이하여 진정우 박사의 총 지휘 하에 소프라노 김영미, 피아노 한학순, LA연합감리교회 성가대 합창과 함께 Full Orchestra와의 협연으로 윌셔 이벨극장에서 "교회창립 100주년 기념음악회"를 공연, 종파를 초월한 한인 사회와 미주 사회에 하나님의 놀라운 선교 역사를 전하게 된다.

그해 10월 오렌지카운티전도회연합회가 주최한 "제24회 오렌지카운티교회연합성가제"가 수정교회(Christal Cathedral Church)에서 열렸는데, 800명 연합성가대가 송규식 음악목사의 지휘로 대연주회를 갖게 된다.

LA연합감리교회 창립 115주년 기념 음악회(2019)에서 진정우 지휘자가 인사를 하고 있다

2008년 원영진을 지휘자로 'LA남성선교합창단'이 창단되어 남가주장로성가단, 레위남성성가단과 함께 남성합창을 통한 찬양사역을 하게 된다. 같은 해 은혜한인교회 주관으로 이스라엘 예루살렘퍼포밍아트센터(Jerusalem Performing Arts Center)에서 "예루살렘 평화음악회"(Peace Concert of Jerusalem)로, 헨델의 "메시아"가 연주되었는데, 이스라엘심포니오케스트라와 함께 송규식 목사 지휘로 유럽에서 유학하고 있던 한인 음악가들이 함께 공연했다. 그즈음 중동 지역에서는 전쟁의 위기 상황이 이스라엘과 아랍인들의 삶에 큰 위협이 되고 있던 때라 평화를 기

원하는 마음이 누구보다 절실했기에 이스라엘 및 아랍 청중뿐만 아니라 함께한 연주자들 모두가 찬양 속에 거하시는 하나님을 통한 평화를 체험하는 크나큰 은혜와 깊은 감동의 순간이었다고 전해진다.

2010년대에 들어와서 한인교회음악협회가 2014년 학생찬양경연대회를 개최하였고, 2018년 남가주에 있는 한인 교회 찬양팀들이 모여 찬양축제 "CCM Festival"을 개최한다.

이 외에도 교회음악 사역자들의 교회음악 재충전을 위한 지휘자 세미나, 합창 세미나, 'Reading Session' 등을 꾸준히 해오고 있는 가운데, 회장 전현미는 이스라엘 베들레헴 시장 초청 "2013 베들레헴 크리스마스 국제음악 페스티벌"(2013 Bethlehem Christmas International Music Festival)에 미주 전 지역에서 50여 명의 성가단을 구성하여 참가하게 된다. 2020년대 와서는 코비드 19 팬데믹으로 인해 교회 대내외적으로 모든 음악활동이 중단되어 현재에 이르게 된다.

● 감리교, 성결교, 나사렛, 구세군의 연합 상징 웨슬리언찬양제

미주웨슬리언연합회가 발족되어 시작된 웨슬리언찬양제는 웨슬리언 계통 교회들의 연합운동으로 자리잡았다. 한인 연합감리교, 기감 미주 연회, 미주 예성, 미주 성결교회, 나사렛, 구세군 교회들이 찬양으로 한자리에 모이는 자리였다.

제1회 웨슬리언찬양제는 2005년 10월 23일(월) 오후 6시 유니온교회에서 열렸다. 축복교회(김인경 목사, 지휘 잔 김), 윌셔연합감리교회(곽철환 목사, 지휘 이경호), 구세군나성한인교회(김종선 사관, 지휘 김우영), 유니온교회(이정근 목사, 지휘 황성삼), 이화여고동문합창단(단장 황희경, 지휘 서지혜), 찬양교회(김성대 목사, 지휘 김혜숙), 헤세드교회(노정해 목사, 지휘 김갑춘), 언약교회(류재덕 목사, 지휘 이휘성), 연합선교교회(이상복 목사, 지휘 서 건), 배재코랄(단장 최종환, 지휘 백경환 목사), LA연합감리교회(김광진 목사, 지휘 진정우), 나성한인감리교회(송기성 목사, 지휘 계봉원)가 참여했다.

당시 이 찬양실황을 중계녹화한 한국의 CBS 이정식 사장은 인사말에서 「크리스천 뉴스위크」 창간 3주년을 맞아 열리는 처음 열리는 웨슬리언찬양제가 앞으로 크게 발전하여 미주 지역 교회의 일치와 화합에 크게 기여하기 바란다"라고 말했다.

제2회 웨슬리언찬양제는 2006년 10월 22일 오후 6시 역시 유니온교회에서 열렸다. 이때 참가 교회는 윌셔연합감리교회(곽철환 목사), 드림교회(이성현 목사), 유니온교회(이정근 목사), 미주송현교회(황영대 목사), 성문교회(김광수 목사), 연합선교교회(이상복 목사), 축복교회(김인경 목사), 찬양교회(김성대 목사), 헤세드교회(노정해 목사) 등 9개 교회 성가대와 찬양팀이 참가했다. 또 웨슬리언 목회자 부부의 특별찬양의 순서도 있었다. 당시 웨슬리언연합회 김인경 회장은 "요한 웨슬레의 전통 안에서 우리는 모두 하나라는 것을 경험키 위해 이 찬양축제를 여는 것"이라면서 "경쟁하면서 부르는 성가경연대회가 아니고 각 교회가 준비한 찬양을 다양한 모습으로 하나님께 올려드리게 될 것"이라고 밝혔다.

이렇게 시작된 웨슬리언찬양제는 그 후 매년 혹은 격년으로 미주웨슬리언연합회가 주최하고 「크리스천 뉴스위크」(후에 크리스천 위클리)가 주관하여 개최해 왔다. 웨슬리언찬양제는 2017년 10월 15일(주일) 오후 6시 월셔연합감리교회에서 제11회 찬양제를 개최한 후 지금은 중단된 상태이다.

2005년 10월 23일 유니온교회에서 열린 제1회 웨슬리언찬양제에서 한인연합감리교회, 기감 미주 연회, 미주 예성, 미주 성결교회, 나사렛, 구세군 교회 목회자 부부들이 찬양하고 있다

● 크리스천 찬양 및 공연문화사역

프뉴마워십(Pneuma Worship)

프뉴마워십은 남가주에서 시작된 찬양예배사역이다. 2009년 봄에 베델교회의 새 성전이 완공이 되었을 때, 2천 석의 아름다운 성전과 최첨단 디지털 음향과 영상장비들이 교회의 전유물이 되지 않고 지역교회 성도들과 예배자들을 위해서도 열려 있어야 한다는 생각을 가진 베델교회 부교역자 정유성 목사와 성도들에 의해서 시작되었다. 프뉴마워십은 청소년과 청년층에게 집중되어 있던 찬양예배 사역을 중·장년층 성도들에게까지 확장했다는 데 가장 큰 의의를 가진다.

프뉴마워십의 제1기 사역은 2009년부터 2015년으로, 이 시기는 베델교회 성도들과 남가주의 교회들이 함께 만들어가는 시기였다. 총 16회의 집회를 통해서, 현장예배에는 연인원 5천 명이 넘게 참석했다.

제2기 사역은 2016년부터 현재까지로, 이 시기는 특정한 지역을 중심으로 사역이 이뤄지지 않고, 정유성 목사가 사역하고 있는 콜로라도 덴버 지역을 중심으로 전 북미주 지역에 거쳐서 8번의 집회와 사역이 진행되었고 앞으로도 계속해서 온라인과 오프라인을 통해서 이민 교회의 중·장년 성도들을 향한 은혜의 자리가 이어질 계획이다.

2009년 베델한인교회에서 처음 열린 프뉴마워십 집회를 마치고 관계자들이 단체사진을 찍고 있다

원하트미니스트리(One Heart Ministry)

원하트미니스트리는 남가주 지역에서 찬양과 문화사역을 감당하고 있는 초교파 찬양문화 사역단체이다. "주 안에서 같은 마음을 품으라"(빌 4:2)라는 말씀을 기초로 2014년 5월 27일 KCCC 예배실에서 사역을 시작하고 감사예배를 드렸다.

대표적인 사역으로는 2014년 7월 12일과 2015년 8월 29일 CCM루키복음성가제, 강 찬 목사 미주투어, 동방현주 미주투어, 김명식 찬양사 미주투어, 교회음향세미나, 마커스 임선호 기타 클리닉세미나, 블루&블루 미주투어, 아름다운예배 동행 투어, 시와그림 미주투어, 김브라이언 미주투어, 디사이플스 미주투어, 박요한 목사 미주투어, 예배세미나, 반창꼬(나들, 하주리, 황종율) 콘서트, 한여름밤의 예배축제, 청년예배자 연합수련회, 작은 교회를 돕는 온라인콘서트, 심플워십 등이 있다. 또한 병하, 우성혜 등 찬양사역자들의 음원 제작발매 등 예배사역에 필요한 콘텐츠를 제작하고 있다.

이노비(EnoB)

이노비(EnoB)는 "변화를 이끄는 아름다운 다리"(Innovative Bridge)라는 뜻으로, 2006년 미국 뉴욕 맨해튼에서 각 고유영역에서 역량을 발휘하고 있던 콜럼비아, NYU, 줄리아드 출신의 젊은 전문가 및 뉴욕의 전문 음악인들이 주축이 되어 설립된 예술, 교육 전문 비영리단체(NGO)다. 2012년부터 봉사 지역을 확대하여 서울에 지부를 설립하고 활동하고 있다.

이노비는 사회·문화적으로 소외된 장애인, 입원환자, 노인, 다문화 가정을 대상으로

문화복지 NGO 이노비가 코비드19으로 중단됐던 아웃리치콘서트 프로그램을 재개했다

공연 프로그램을 개발 및 제공해 정서적 안정과 사회적 동화를 도모하고 있다. 이노비는 "우리의 재능은 가장 절실한 도움을 필요로 하는 이들과 공유되어야 한다"는 사명을 실천하고 있으며 세상과 단절감을 느끼고 있는 사회 구성원들과 그 가족들이 문화·예술 프로그램에 참여하면서 정서적, 신체적 치유가 이루어질 수 있도록 돕는다. 신체적인 한계나 경제적, 문화적 환경의 영향으로 인해 혜택을 누리지 못하고 있는 사회 구성원들이 직접 경험하고 즐길 수 있는 문

화·예술·교육의 기회를 제공, 문화활동을 함께 즐기며 사회 구성원 간의 벽을 없애고 더불어 사는 세상을 만들 수 있는 기반을 닦기 위한 목표로 운영되고 있다.

남가주연세콰이어(Yonsei Choir)

2005년 창단된 남가주연세콰이어의 초대 단장은 박주봉, 이용우 씨였다. 현재 단장은 김영욱 씨, 지휘자는 이정욱 씨이다. 그동안 연 1회 정기연주회, 음악대축제, 장애인 및 소외된 불우 이웃을 돕기 위한 병원 순회 및 양로원 위문 공연 등 지역커뮤니티 행사에 적극 참여하였으며, 다채로운 공연을 통해 연세의 이름을 널리 알리고 있다.

2006년 10월 창단음악회부터 해마다 정기연주회를 가진 남가주연세콰이어는 2015년 8월 모교를 방문해 작은음악회를 개최했으며, 광복 70주년기념 한민족 합창축제에 참가했다. 2017년 11월 종교개혁 500주년 추수감사절 기념 사랑의 나눔 콘서트를 개최했으며 2019년 10월에는 연세대학교 백주년기념관에서 연세음대동문합창단과 함께 연주회를 가졌다.

2019년 10월 윌셔연합감리교회에서 열린 남가주연세콰이어 정기연주회

소노로스싱어즈(Sonorous Singers)

소노로스싱어즈는 1993년 창단 이후 현재까지 정기연주회를 비롯해 해마다 10회 이상 랭커스터와 라스베이거스, 샌프란시스코 등에서 초청 연주무대에 서 왔고 다저스 스타디움에서 열렸던 "코리안 나잇"에서 미국 국가를 부르기도 했다. 소노러스싱어즈 단원은 퍼스트 테너 이종헌, 홍순태, 나충길, 세컨 테너 최순식, 한홍윤, 퍼스트 베이스 조덕희, 김경태, 세컨 베이스 유정상, 장남식 씨이며, 홍영례 씨가 피아노 반주를 맡았다.

LA남성선교합창단(LA Men's Mission Choir)

LA남성선교합창단은 생명의 복음을 음악에 실어 선포하길 원하는 LA 지역 남성들이 모여 2008년 11월에 기도하는 무릎으로 그 첫 발을 내디뎠다. 전체 단원이 비성악 전공자로 구성되어 있는 이 합창단은 하나님의 영광을 곡조로 나타내고, 주를 향한 사랑을 한마음과 한 소리로 고백하며, 주께서 명하신 복음전파 사역을 다방면으로 감당하는 것을 목표로 하고 있다. 이를 위해 정기연주와 음반 발표, 그리고 선교 및 구호행사에 협조함으로써, 하나님의 나라를 확장하는 일에 한 축을 담당하고 있다. 단장은 유창호 장로이며, 지휘자는 원영진 씨이다.

시카고워십(Chicago Worship)

시카고워십은 복음주의적 신앙을 가진 청년들의 연합예배 공동체로 시카고 청년들의 복음화를 위해 연합하여 은사와 자원을 공유하고 있다. 2003년 12월 기도모임을 계기로 시작되어 2005년 2월부터 격월 둘째 주일마다 정기적인 찬양예배를 드리고 있다. 2010년 6월 27일 제1회 시카고워십 오픈하우스를 열었으며 이 행사에는 시카고 지역의 연주자들을 대상으로 찬양집회의 활동들과 노하우를 나누는 포럼 형식으로 진행되었다. 시카고워십은 정기모임 외에 2012년 7월 예배사역자 강명식과 함께하는 찬양사역자 컨퍼런스, 미주청년학생선교대회, 시카고연합찬양집회에 참여했다.

라크마(LAKMA: Los Angeles Korean-American Musicians' Association)

라크마는 2010년 남부 캘리포니아 전역의 다양한 문화와 배경을 가진 기악 및 성악가들로 구성된 음악단체이다. 라크마는 공연을 통해 클래식교향곡 및 합창작품과 함께 한국 전통음악을 새로운 관객에게 제공하고 있다. 라크마는 음악활동을 통해 어린이와 노인, 병자와 가난한 사람들에게 재정적 지원을 제공하고 우리 음악문화의 전통을 이어갈 관심이 있는 학생들을 지원하고 있다. 2012년부터 해마다 월트디즈니 콘서트홀에서 다양한 주제로 수준 높은 음악을 선사해왔으며, 창단 이후 해마다 장학사업을 펼쳐 클래식 음악 분야와 사회에 큰 기여를 해왔다. 단장은 최승호, 뮤직 디렉터는 윤임상 교수(월드미션대학교)이다.

2022년 8월 6일 디즈니콘서트홀에서 열린 평화콘서트에서 라크마 뮤직디렉터 윤임상 교수와 단원들이 인사하고 있다

뉴욕밀알선교합창단(NY Milal Choir)

1987년 고 윤영애 권사의 기도가 불씨가 되어 뉴욕밀알선교합창단(단장 이 다니엘 장로)이 창단되었다. 초기 유학 온 줄리아드와 맨해튼 음대생이 주축이 되어 세속 노래를 배제하고 오직 하나님만 찬양하는 합창단이 되기 위해, 개조한 봉제공장 창고에서 모임을 시작한 이후 31년이 지난 현재, 뉴욕을 포함하여 전 세계 곳곳에 무려 31개의 지회를 둔 월드밀알선교합창단으로 성장했다.

뉴욕밀알선교합창단은 고아원, 양로원, 학교, 교도소, 병원, 교회, 길거리 등 복음이 필요한 곳을 찾아가 찬양을 통해 하나님의 사랑과 은혜를 전하고 있다. 또한, 지구촌 20여 곳의 도시에서 매주 1천 명 이상의 밀알단원들이 찬양으로 복음을 자랑하고 있으며 열방에 흩어져 있는 월드밀알단원들이 매년, 해외찬양선교활동(여름)과 카네기 찬양대축제(가을)의 자리로 달려와 한목소리로 하나님을 선포하고 있다. 한편, 기도하며 태동을 준비해 온 춘천밀알이 2019년 3월 9일 창단예배를 드리게 됨으로써 32번째, 월드밀알선교합창단의 가족이 되었다.

뉴욕권사합창단

뉴욕권사합창단(단장 이윤숙 권사, 지휘 양재원)은 2001년 9·11을 겪으면서 몇몇 권사들이 뜻을 모아 남은 삶을 주님을 찬양하며 어지러운 세상을 위하여 기도하고, 작은 힘이나마 이웃에게 도움이 되고 주님 닮은 아름다운 삶을 살기로 다짐하며 시작되었다. 양재원 교수를 상임지휘자로 위촉, 창단식을 가진 이후 현재 뉴욕 지역 30여 교회 51명의 권사들이 참여하고 있다. 뉴욕권사합창단은 하나님 나라의 공의와 세상의 평화를 위해 기도하고 매년 불우이웃돕기 정기연주회를 통해 감동의 찬양 무대를 선사해왔다.

정기연주회뿐 아니라 미국 순회, 한국, 캐나다 등 해외연주를 비롯해 수백 회의 교계의 크고 작은 행사와 선교찬양을 통해 하나님께 영광을 돌리고 있다. 합창단은 2021년 9월 14일 지난 20년 역사를 기록한 '창단 20년사', 단원들의 문집 '우리들의 이야기' 등을 담은 『감추어 쓰임 받는 여인들』을 발간, 출판기념회를 열고 20년 근속단원에게 공로상을 수여하며 창단 20주년을 축하하는 시간을 가졌다.

2019년 9월 15일 라크네시야교회에서 열린 뉴욕권사합창단 제18회 정기연주회

LA숭실OB합창단(LA Soongsil OB Men's Choir)

1897년 평양에서 미국 북장로교 베어드 선교사에 의해 개교한 이래 많은 음악가를 배출한 서울 숭실고 졸업생으로 구성된 숭실OB남성합창단은 1973년 한국에서 창단되었는데, LA숭실OB합창단(단장 김정석)은 1988년 8월, 미국 동부 숭실OB합창단(단장 김용기)은 2004년에 창단되었다.

"참과 사랑으로 사는 사명인"이라는 학교 교훈을 긴 세월 동안 품에 안고 살아가는 숭실인들의 마음을 LA한인에게 음악으로 알리고자 창단된 LA숭실OB남성합창단은 정기연주회를 통해 중후하고 멋진 합창곡을 선사해 왔다. 또 미국 동부 숭실OB남성합창단과 함께 LA월트디즈니홀, 세종문화회관, 예술의전당 등에서 정기합동연주회를 갖기도 하고, 2019년 5월 6일에는 미국 뉴욕카네기홀에서 열린 "3·1운동 100주년 기념음악회 미주공연"에 참가하는 등 미주 지역 동포들에게도 큰 감동을 선사해왔다.

애틀랜타기독남성합창단(Atlanta Christian Men's Choir)

애틀랜타기독남성합창단(단장 강석원)은 2002년에, 음악을 사랑하는 일반인들이 결성한 그룹이다. 음악을 전공한 지휘자와 반주자를 제외하고는 자영업, 카이로프랙터, 직장인, 학생, 변호사 등 여러 직종에 종사하고 있다. 이들은 정기연주회 이외에도 애틀랜타의 지역 행사와 교회들의 기념식, 그리고 타 지역의 크고 작은 한인 행사 등에 초청되어 공연을 펼쳐왔다.

예울림여성합창단

예울림여성합창단(단장 김숙영, 지휘 김근영)은 "울림을 통해 찬양한다"는 뜻으로, 지난 1993년 12월 창단되었다. 시카고를 대표하는 기독여성합창단으로 매년 개최되는 공연 수익금은 아이티 의료선교, 한국 혼혈어린이선교, 밀알선교를 포함해 시카고 일원의 어려운 형편에 처한 개인 혹은 단체에 전달되고 있다.

미션스쿨동문합창제

한국을 대표하는 미션스쿨 동문들이 연합해 합창제로 하나님께 영광을 돌리는 미션스쿨동문합창제는 2002년 제1회 대회를 시작으로 매회 남가주 지역 교회에서 열리고 있다. 이 합창제에 참여하는 학교는 배재고, 이화여고, 경신고, 정신여고, 숭실고, 숭의여고, 대광고, 금란여고 등이다. 이 행사는 매년 각 학교가 돌아가며 주최하고 있고 각 학교마다 성가 1곡과 자유곡 2곡을 부르고 모든 참석자들이 연합찬양을 하면서 마치는 것이 특징이다.

'아프가니스탄 전쟁고아 돕기' 제12회 미션스쿨동문합창제가 2013년 6월 23일(주일) 오후 7시 남가주 동신교회에서 열렸다. 사진은 공연하고 있는 정신동문코러스

미션스쿨동문합창제는 공연을 통해서 남가주 한인 커뮤니티에서 활발히 사역을 펼쳐나가고 있는 선교단체 혹은 사회단체를 후원하고 있다. 대표적으로는 2018년에는 소망소사이어티의 우물선교를 후원했으며, 2019년에는 가정폭력 피해여성을 돕는 푸른초장의 집을 후원했다.

극단 이즈키엘(Ezekiel Drama Ministry)

극단 이즈키엘(단장 전수경)은 전문 기독교 공연예술 단체로서 각 분야에서 활동하고 있는 문화, 예술, 연극 분야 전문가들과 전문배우들이 "관객을 성도에서 일반인으로 확대시키자"라는 취지로 2013년 3월 창단되었으며 "생명의 예술 예수님을 통해 하나님의 생명이 불어넣어진 자들이 전하는 예술"을 수많은 성도와 일반인 관객에게 선보이고 있다.

이즈키엘은 2013년 7-11월에 제1회 공연 실험성극 "만남"을 시작으로 제2회 정기 공연 성탄극 "그 맑고 환한 밤중에", 2014년 제3회 정기공연 창작 뮤지컬 "마루마을", 2015년 제4회 정기공연 옴니버스 성극 "문", 제5회 정기공연 퓨전사극 "살로메", 2016년 제6회 정기공연 미스테리 2인극 "귀향", 제7회 정기공연 뮤지컬 "청년 예수" 등을 공연했다. 2017년 뮤지컬 "청년 예수", "마론인형", "포밀러 3"을 공연했고, 2019년 뮤직비디오 "사랑이라는 건"을 출시했다. 그리고 같은 해 "마루마을"을 재공연했다.

기고

미주 기독교 문인단체의 역사

백승철 목사

시인·문학평론가
사모하는교회(Epipodo Christian Church) 담임
에피포도 예술과문학 대표
고려신학대학원
Oral Roberts University 박사

    미주 지역 기독교 문인단체 역사를 엮으면서 우선 놀란 것은 일반 문인단체보다 그 수가 현저히 적거나 규모 면에서 열악하다는 것이다. 그것도 시간이 지나면서 도태되거나, 사라지거나, 지역에서 소모임 정도로 움직이고 있었다. 여기에 소개되는 단체는 미주 지역을 대표하는 성격으로 전 미주를 커버하는 기독 문학단체들이다. 이 단체가 시작된 연도를 기준으로 해서 순차적으로 소개한다.

미주크리스챤문인협회(Korean Christian Literature Association in USA)

미주크리스챤문인협회는 1983년 11월 7일 LA 용궁에서 8명(김문희, 강 일, 정지윤, 이윤희, 남해성, 남정자, 권구철, 이영일)이 모여 창립총회를 열고 시작한 기독교 문인단체이다. 미주 서부 지역에서 가장 오래된 전통을 자랑하는 단체로, 문학지를 계속 출간, 지금까지 「크리스챤문학」 33집이 출판되었다. 창립 다음 해(1984년 7월 1일)에 서정주 시인을 초청해 "문학의 밤"을 개최하여 기독교문학의 정신을 되새겼다(장소, 강남회관). 1985년 11월 1일부터 12월 10일까지 현대화랑에서 제1회 회원 시화전에 20여 명의 문인들이 참여하였으며 기념 문집을 발간하였다.

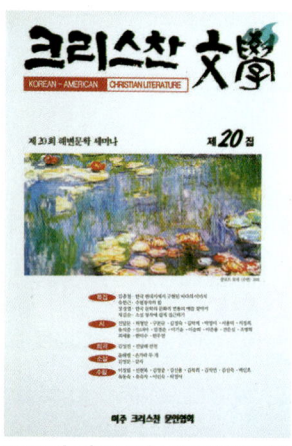

2010년 미주크리스챤문인협회가 발간한 「크리스챤문학」 제20집

1985년부터 미주 크리스천 신인작품공모를 시작으로 새로운 기독교 작가들을 발굴하기 시작해 12집까지 매년 작품집을 간행하고 있다. 1987년 4월 16일에 제1회 "크리스챤문학상" 시상이 있었다. 시 부문에 송순태(별), 조성희(별실), 수필 부문에 김문희(고독을 넘어온 이야기), 소설 부문에 박요한(다시 뜨는 눈) 씨가 수상했다.

1988년 1월 12일에는 한국크리스챤문학가협회(회장 최은하)와 미주크리스챤문인협회(회장 김문희)가 자매결연을 맺고 상호 결연패를 교환하였으며, 재미시인협회와 공동으로 해변문학세미나를 주관하고 있다(1-9회). 한국의 날 기념 '백일장'이 교민회 주최, 본 협회 주관으로 매년 시행되고 있다. 그 외 초대시인문학의 밤, 송년 시낭송의 밤, 송년 문학의 밤, 송년 문학강연회 등 회원 상호간의 문학적 역량을 높이기 위해 교류하고 있다. 1990년 6월 19일에 LA한국문화원에서 "미국 작가와 교류의 밤" 행사에 James Ragan(USC 교수, 시인이며 희곡작가), Mary Rudge(샌프란시스코의 Poetic Dancing Group 대표), Judy Hadin(캘리포니아 시인협회 회장), Francis Wolf(LA 거주 여류시인)가 참여하였다.

미주크리스챤문인협회(Korean Christian Literature Association in USA)
주소: 1655 W Marine Ave, Gardena, CA 90247
연락처: 213 249 0771/ koreansam2002@msn.com

미주한인기독문인협회(Korean Christian Literary Writer's Association in USA)

미주한인기독문인협회는 처음에 미주한국기독문인협회라는 이름으로 출발했다. 1994년 3월 6일 장동섭 목사(시인·초대 회장) 외 목회자들이 모여 창립총회를 개최하고 정관을 통과함으로 창립되었다. 2014년에 현재의 명칭으로 개정되었다.

미주한인기독문인협회의 활동상황은 다음과 같다. 첫째, 1996년 창간

2017년 2월 22일에 미주한인기독문인협회 주최 「기독문학」 제21집 출판감사예배가 열렸다

호 「기독문학」을 발간한 이래 현재 제23집까지 출판하고 있다. 둘째, 해마다 기독문학 신인상을 공모하여 수상하고 있다. 그뿐만 아니라 기독문학 창달에 공이 있거나 모범이 되는 작가를 추천받아 기독문학상을 수상하고 있다. 2012년 최초 수상자로 고 최선호 목사(시인·문학평론가), 고 장동섭 목사(시인·초대 회장)가 선정되었다. 셋째, 다양한 문학 세미나와 문학수업을 통해 협회 회원들에게 문학의 양적 질을 높이고 있다. 초청된 주요강사는 박화목 시인(1995년), 황금찬 시인(1996년), 성기조 교수(1998년), 김신웅 시인(2008년), 박이도 교수(2014년) 등이다. 문학수업으로 배정웅 시인, 백승철 시인, 최선호 시인, 고영준 시인 등이 함께 했다. 넷째, 본 협회는 지역별로 문학아카데미(Valley Academy, LA Academy, Orange County Academy)를 운영해서 기독정신에 입각한 창작활동의 능력을 향상시키며 기독문학의 발전에 기여하고 저변 확대를 추진하고 있다. 다섯째, 남가주교회음악협회와 공동주관하는 창작 성가제와 창작 가곡에 본 협회 회원들이 작사가로 참여하고 있다.

미주한인기독문인협회(Korean Christian Literary Writer's Association in USA)
주소: 1300 W. Olympic Blvd., Los Angeles, CA 90015
연락처: 714-733-9870 / cypressko@gmail.com

에피포도 예술과 문학(Epipodo Art & Literature)

2021년 2월 26일 에피포도 창립 20주년 감사 및 출판기념식이 용수산에서 열렸다

'에피포도'(ἐπιποθῶ)는 그리스어로 '사랑하다, 사모하다, 그리워하다'는 의미로 신약성경 빌립보서 1장 8절에서 사용된 용어로, 한글성경에서는 '사모하다'는 뜻으로 번역되었다. 에피포도는 동적인 예수 그리스도의 심장을 말하며, 복음을 전하려는 전도자의 신앙양심과 열망, 간절함, 사람을 그리워하는 그리스도의 사랑을 예술과 문학을 통해 증거하고 있다.

에피포도 예술과 문학(Epipodo Art & Literature)은 1995년 10월 22일 샌프란시스코(San Francisco)에서 백승철 목사(시인·문학평론가)의 쪽지글로 시작하여, 백승철 시인, 오소미 시인, 최철미 시인, 3인이 활동하다 종합문학예술로 확장되었다. 레터 사이즈 크기의 종이에 1면에는 시, 2면에는 일상 이야기, 3-4면에는 성경에 관한 이야기를 적어 샌프란시스코 중심 지역의 한인 마켓, 상점 등에 갖다 놓았다. 그런데 매주 발행되는 에피포도(epipodo) 쪽지글을 읽는 사람들이 늘어나기 시작했다. 1997년 2월 7일 최초 영어판 에피포도가 제작되었으며 소외 지역, 교도소, 선교지, 일반인, 세계 각 나라 다양한 곳으로 우편 우송되면서 독자들이 기하급수적으로 늘어나기 시작하였다.

1996년부터 "에피포도 문학 신인상"을 시작으로 문학의 전 장르, 출판 저작, 연극, 미술, 음악(작사, 작곡), 사진 등 분야별 수상범위가 광범위하게 늘어나게 되면서, 에피포도(epipodo)는 공식적이든 비공식적이든 언론에 노출되었다. 에피포도 예술상은 에피포도가 추구하는 "맑은 양심, 거짓 없는 믿음의 생활화" 운동을 기초로, 복음 선교와 크리스천 예술의 발전을 위한 열린 예술, 넓은 예술을 지향하며 에피포도를 세계적인 크리스천 예술상으로 성장시키는 데 목적을 두고 있다. 전 세계 지역의 경계를 넘어 한국어와 영어로 동시에 공모되며 마감은 매년 6월 30일이다.

　에피포도 예술과 문학이 존재해야 될 이유와 특징은 비크리스천에게 에피포도 예술과 문학을 통해 복음을 소개하고, 크리스천에게는 기독교적인 삶에 대해서 풍요롭게 사색, 영유하게 하고, 크리스천의 진솔한 삶의 얘기를 찾아내어 함께 나누고, 크리스천 문화를 확장, 발전시키려는 것이다. 크리스천 예술과 문학을 새롭게 정립하고 교회 밖으로까지 확산하려는 의도에서 시작되었다. 에피포도는 각 지역별, 나라별 지회가 세워지고 있으며 각 지회별로 독자적인 활동영역을 구축하고 있다. 특별히 한국지회는 유영애(시인·작사가) 회장, 유석암(시인) 사무총장이 담당하고 있다. 현재까지 『에피포도문집』(13집)이 출판되었으며 유튜브에 에피포도문학관이 설립되어 에피포도 회원 작가들의 작품이 소개되고 있다.

에피포도 예술과 문학(Epipodo Art & Literature)
주소: 2907 N. Cottonwood St., #11., Orange, CA 92865
연락처: 714-907-7430/ www.epipodo.com

문화선교원 시전(Sanctuary of Poem & Praise)

　문화선교원 시전은 미국 LA에서 모국어를 지키며 시를 쓰고 언어를 통해 문화사역을 하는 단체이다. 이 사역은 2009년 로스펠리즈교회(1800 N Western Ave, LA, CA 90027) 문화원에서 시작되었고 13년을 이어가고 있다. 시전은 "우리가 하나님의 성전이듯 우리 자신이 시와 찬미의 전당"이라는 뜻이다. 시전에서는 성경을 묵상하므로 시를 쓰는 'QT를 통한 시창작' 교실이 봄·가을학기로 개강되고 있으며, 언어의 예물인 시를 언어의 주인이신 하나님께 올려드리는 '시로 드리는 예배'를 드리고 있는데, 2021년에 '제15회 시로 드리는 예배'를 드렸다. 그리고 일상의 언어를 정화하며 치유 회복하는 '생명언어' 교실과 말씀으로 복음을 전하는 '천서향 캘리그라피', 성경읽기 모임인 '말씀을 사랑하는 사람들'이 운영되고 있다. 시전의 시인들은 삶을 붓 삼아 시를 쓰고자 하는 열정이 있다.

　시전 대표 이인미 시인은 "우리에게 있어 시는 기도이며 언어로 드리는 예배이다. 예수님께 다가가는 영혼의 입맞춤이며 그 눈빛을 한시도 놓지 않으려는 사랑의 구애"라고 고백하고 있

2022년 4월 16일 문화선교원 시전의 시인들과 찬양 가수들이 함께 '시와 찬양으로 드리는 예배'를 드렸다

다. 동인 연합시집으로는 『나아드의 향유』와 『아가무』가 출간되었다. 창립 13년을 지난 현재 시전의 문학교실의 수료생은 100여 명이 넘었으며, '시로 드리는 예배' 및 시모임으로 활동하는 동인은 20여 명이다.

시전의 시들은 순수하다. 문학성을 위해서도 애쓰지만 무엇보다도 이민자의 삶 속에서 때 묻지 않고 세속에 타협하지 않은 깨끗한 시들이다. 시전은 영원에 의해 결산될 언어의 산실이며, 우리 시는 쇠하여도 진리가 승하기를, 늘 말씀을 앞세워 복음을 증언하는 시가 되고자, 생명 시인이신 주님을 찬미하고자 생명의 시를 지향해 가고 있다.

문화선교원 시전(Sanctuary of Poem & Praise)
주소: 797 S. Serrano Ave., #302, Los Angeles, CA 90006
연락처: 818-590-6469/ sichairos@hanmail.net

해외기독문학협회(Overseas Christian Writers Association, INC)

해외기독문학협회(회장: 윤세웅 목사)는 1995년 창립된 문학단체로 각자 받은 달란트인 문학을 통해 하나님께 영광을 돌려드리는 모임이다. 김상모, 이병준, 이계선, 김시환, 조의호 등 뉴욕을 비롯한 동부 지역에서 사역하는 5명의 목사들에 의해 발족되었다.

김상모, 이병준, 이계선, 김시환, 한재홍, 이성철, 조의호, 김해종, 이철수, 김길홍, 황동익 등 11명의 목사들이 차례로 회장을 맡아 오다가 2020년 12대에 들어 평신도인 이조앤 권사가 회장을 맡았으며 2021년 윤세웅 목사가 회장을 맡아 오늘에 이르렀다. 본 협회는 문인들의 원고를 모은 『해외기독문학』을 출판하고 있으며 협회문학상 시상식과 발표회를 정기적으로 갖고 있다.

해외기독문학협회
주소: 130-30 31 St Ave., 5th Floor, Flushing, NY(미주기독교 방송 KCBN)
연락처: 718-463-1700, 1701, 516-410-1962

　　미주 지역에서 시작된 기독교문학 단체의 면면을 살피면, 크리스천은 단순히 문학인으로 활동하는 것이 아니라 선교적 역량으로 문학을 도구로 사용하고 있음을 알 수 있다. 지극히 바람직한 기독교문학의 방향이다. 기독교문학의 특징은 구속 받은 성도의 문학으로 정의될 수 있다. 앞에 수식된 '구속 받은 성도'가 없다면 일반문학과 다를 바 없다. 특색 있는 문학적 역량이 각 단체별로 작가들에 의해서 완성되고 있다.

IX
선교:
한인 교회의
중심 관심사가 되다

한인교회들에게 선교는 곧 교회의 존재 이유라는 생각이 지배적이다. 그래서 선교를 외면하는 교회들은 거의 없다. 창립과 더불어 제일 먼저 서두르는 것이 선교활동이다. 직접 한인 선교사를 선교 지역에 파송하는 일에서부터 매년 단기선교를 준비해서 실시하는 교회들까지 선교의 방법과 대상은 다양하다. 미주 한인 교회들의 선교에 대한 열정과 그 현황을 살펴본다.

PART II. 부흥의 꽃 피우며 미 전역으로 퍼진 한인 교회사(1970년대~현재) | **367**

기고

북미주 한인 교회의 세계선교

이승종 목사

샌디에고 예수마을교회 담임
세계한인선교협의회(KWMC) 3대 사무총장, 현 대표의장
Liberty University, Central Baptist Theological Seminary(M.Div.)
San Francisco Theological Seminary(D.Min. 수료)

    선교는 예수 그리스도의 마지막 대위임 명령을 이루는 섬김이다. 북미주 한인 교회(이민 교회)는 30여 년 전 세계선교를 위한 의지와 결단으로 한인기독교세계선교협의회(KWMC)를 조직했다. 당시 북미주교계 뜻있는 지도자들의 세계선교를 위한 공동체적인 열정의 결실이다. 당시 한국은 올림픽을 개최하기에 국민적인 열기가 넘쳐났고 한인 교회는 디아스포라 교회의 새로운 사명을 확인하는 선지자적인 시각과 성령의 강권적인 역사를 경험했다.

    1792년 '현대 선교의 아버지'라 불리는 윌리엄 캐리(William Carrey 1761-1834)의 사역을 시작으로 점차 유럽과 북미주 교회가 각성하고 비서구권 교회로 영향이 확장되어 갔다. 한국 교회의 폭발적인 성장은 금세기 유래가 없는 세계 교회의 주목과 깊은 관심을 받아왔다.

    북미주 한인 교회가 주축이 되어서 시작된 1988년 시카고 근교의 휘튼칼리지(Wheaton

College)의 빌리그레이엄센터에서 열린 제1회 한인세계선교대회(Korean World Mission Conference)는 지구촌의 교회가 놀랄 정도로 경이적인 선교 동원과 응집력을 보여주며, 세계선교의 관심을 촉구한 기폭제 역할을 했다. 오대양 육대주에서 함께 모여 4박5일 동안 기도의 함성과 결기로 뜨겁게 다짐한 사명자들의 영적 대축제로, 새벽부터 밤늦게까지 임하신

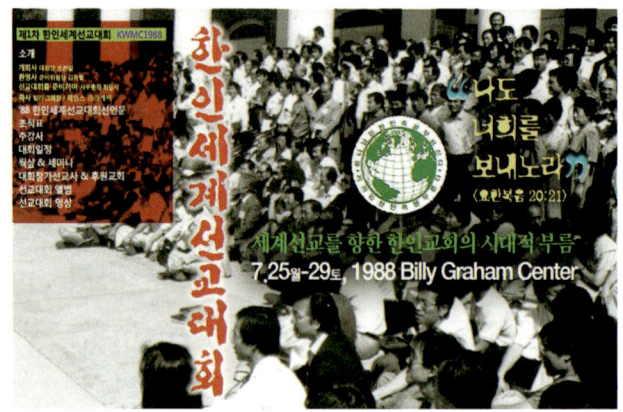

1988년 제1차 세계선교대회 포스터

성령의 역사는 선교 역사의 한 사건으로 영원히 기억되리라 믿는다.

대회는 초대교회를 방불케 하는 기쁨과 나눔, 격려로 성령의 새 술에 취한 시간이었다. 디아스포라 이민자의 공동체, 북미주 한인 교회가 기도와 말씀으로 시작한 선교운동이다. 격동하는 세계의 영적 해갈을 위한 예언자적인 선교운동이어서 그 충격과 여파는 너무나도 컸다. 그때만 해도 실제 해외 거주 한국 선교사들이 미국 비자를 받기가 수월하지 않았다. 하나님은 바로 이러한 상황에서 세계적인 전도자 빌리 그레이엄을 사용하셨다. 그의 초청장으로 선교대회가 가능했던 것은 한국 교회의 잊을 수 없는 커다란 축복이었다. 한 선교사도 미국 입국 비자가 거부되지 않고 대회에 참석할 수 있었다. 그뿐 아니라 선교대회를 준비할 기금(Seed Fund)을 선뜻 내어준 일은 잊지 않고 감사하며 기억해야 한다.

제1차 한인세계선교대회는 약 1천500명의 참가자들이 "88 한인 세계선교대회 선언문"을 채택하고 세계 복음화의 선봉에 설 것을 다짐했다. 대회 참석자들은 초대교회와 같은 회개와 성령의 부르심을 확인하는 놀라운 결실을 거두었다. 이를 계기로 한인 교회의 지도자들은 지구촌 복음화를 위한 교회의 성격과 방향을 분명히 확인했으며 지구촌 복음화운동의 새로운 장을 여는 한국 교회 선교 역사의 기념비적인 사건이라고 할 수 있다.

2016년 처음으로 대회의 장소를 서부 지역으로 옮겨서 로스앤젤레스 아주사퍼시픽대학교에서 모였다. 또 2022년 7월 11-14일에 열린 제9차 세계선교대회는 교회를 중심으로 모이자는 결의를 하고 처음으로 미국의 수도 워싱턴 DC에서 모였다. 특별히 이번 대회는 한인 교회 지도력 이양을 위해서 1·5세 목회자를 의장단으로 대거 영입, 새로운 세대를 지도자로 세우는 특별한 대회가 되었다고 한다. 30년 동안 희생으로 섬겨온 선배들의 수고와 희생의 열매를 대물

림하는 역사적인 대회이다. 더구나 제9차 세계선교대회는 본 행사뿐 아니라 2년여 팬데믹 상황으로 어려웠던 한인 교회의 새로운 도전과 응원의 계기가 되기를 기도했다.

2008년 7월 28일-8월 1일 시카고 휘튼대학에서 열린 제6차 한인세계선교대회

선교는 '예수운동'(Jesus Movement)이다.

선교는 단순히 대회(Conference)나 과업(Task), 전략(Strategy), 사역(Ministry)이 아니고 영혼을 사랑하는 열정이며 사랑이며 희생의 결단이다. 한인세계선교협의회(KWMC)는 지난 30여 년 동안 "1) 복음주의운동의 긴박성과 협력 선교, 2) 동반자 협력 선교의 결집, 3) 북미주 이민 교회의 선교의식과 결단, 4) 차세대의 지도력을 세우는 세계선교의 청사진을 세운다"는 핵심가치를 집중적으로 지켜오고 있다.

성경은 곧 선교의 역사다. 한인 교회는 디아스포라 교회이다. 하나님은 북미주 3천여 디아스포라 교회를 세우셨다. 디아스포라의 삶은 고향을 떠나서 다른 곳에 정착하는 것을 뜻한다. 세계선교는 성령 안에서 예수 그리스도를 구주로 고백하는 성도들이 모여서 기도하고 흩어져서 복음을 전파하는 일이다.

지난 2년여 팬데믹 상황에서 북미주 이민 교회수가 감소된 조사가 나왔다. 2019년도 조사에서 3천514개 교회와 비교해서 무려 658개의 교회가 줄었다(*기독교선교재단 KCMUSA, 2021년도 집계 보고서 참조). 이러한 교회의 감소현상은 한인 교회 역사상 처음 있는 일이다. 더구나 팬데믹 상황에서 한인 교회의 '빈익빈, 부익부' 구조가 심화된 현상으로 드러나기도 했다. 이민자의 감소와 함께 세계선교의 전략과 방법도 새롭게 분석하고 검토되어야 한다.

급성장의 황금기를 짧게 경험한 한국 교회는 지금 새로운 도약을 위한 검진의 시간을 맞이하고 있다. 전혀 예기치 않은 코로나바이러스의 팬데믹 상황에서 다시 일어서야 하는 절체절명의 시대적 상황에 직면했다. 최근의 한국 교회 선교사 감소 보고서는 어려움을 그대로 반영하고 있다. 지구촌 168개국을 대상으로 2만2천259명의 한국 국적의 장기선교사가 활동하고 있는 것으로 나타났다(*한국 세계선교협의회 KWMA주관, 한국 선교연구원 KRIM, 2020년 조사 보고서 참조).

● 초교파 한인 선교단체들

컴미션(Come Mission)

컴미션은 복음이 모든 민족에게 전해지면 주님이 다시 오신다는 마태복음 24장 14절의 말씀을 붙잡고 2000년 4월 미국 캘리포니아 주 로스앤젤레스에서 "Korean Frontier Mission"(KFM)의 박재옥 선교사로부터 이재환 선교사에게 사역이 이양되면서 탄생되었다.

2001년 KFM에서 컴미션으로 단체명을 변경했으며 제1회 인터컨퍼런스를 LA에서 개최했다. 이후 한국(대표대행 채부흥), 호주(대표 백부장 선교사), 프랑스(대표 고운님 선교사), 그리고 캐나다(대표 박신일 목사)에 지역 본부가 세워졌고 현재 23개국에서 84명의 선교사가 활동하고 있다.

컴미션의 이름은 주님의 나라가 이 땅에 속히 임하기를 바란다는 의미를 담고 있다. 이를 위해 컴미션은 미전도종족 선교공동체로서 선교사가 없고, 복음이 전해지지 않은 땅을 향해 모든 민족을 품고 나아가고 있다.

시드선교회(SEED International)

시드선교회는 북미주 교회 중심의 두 선교기관 즉, 워싱턴중앙장로교회에서 태동된 CMF(Central Missionary Fellowship, 1990)와 뉴욕장로교회에서 설립된 ROW선교회(Reaching out to the World, 1993)가 2000년 6월에 통합하여 시작된 초교파적 선교기관이다.

시드선교회는 "선교는 교회가 합니다"라는 비전을 가지고 있는데, 현재 미국, 한국, 캐나다, 브라질의 4개국에 파송 본부를 두고 있으며, 280여 명의 선교사들이 38개국에서 여러 가지 선교사역을 통해 하나님의 나라를 이루어가고 있다.

선미니스트리(Son Ministry)

케냐 마사이 부족을 대상으로 1986년부터 1991년 말까지 6년간 현지 선교사로 사역한 김정한 목사가 1995년 9월에 설립한 선미니스트리는 2세들을 위한 단기선교 전문단체이다. 1996년부터 선미니스트리는 훈련과 선교팀 파송이 어려운 지역 교회 2세들을 모아 선교훈련과 파송을 해왔으며 미주 지역 선교운동의 사역으로 지역 교회 단기선교 훈련, 상담, 선교강의, 선교대회 등을 실시해왔으며 44개국에 단기선교팀을 파송했다.

또한 선미니스트리는 청소년 신앙훈련을 위한 새로운 사역인 '차세대 지도자 학교(Next Generation Leadership School, 이하 NGLS)'를 개설했다. NGLS는 2세들이 당면한 인생의 사춘기-전환기(Transition) 시기에 올바른 신앙, 올바른 인격, 올바른 미래에 대한 꿈을 가지고 도전하며, 성장할 수 있는 지도자로서의 긍정적인 변화를 시작할 수 있는 기초를 만들어주는 데 목적을 두고 사역하고 있다.

로스앤젤레스기독교윤리실천운동(Christian Ethical Movement L.A.)

LA기윤실을 설립한 고 유용석 장로

로스앤젤레스기독교윤리실천운동(이하 LA기윤실)은 1987년 한국에서 시작된 기독교윤리실천운동에 발맞추어 1993년에 고 유용석 장로가 설립했으며, 현재 대표는 박문규 박사이다. 당시 이만열 교수(숙명여대 명예교수), 김인수 교수(고려대 경영학과), 손봉호 장로(고신대 석좌교수) 등이 유 장로를 도와 LA기윤실에 힘을 보탰다. "정직하고 검소하게 나누며 살자"는 생활신앙운동, 신앙공동체인 교회를 바로 세우려고 하나님의 뜻에 합당한 건강한 교회를 만들기 위한 건강교회운동, 그리고 이웃사랑의 일환으로 동족사랑 나눔운동을 실천해오고 있다.

현재 미국 전역 40여 개 주와 200여 개 교회와 600여 명의 회원들이 "나부터 사랑으로, 나부터 바르게"라는 마음으로 함께하고 있다. LA기윤실이 미주 한인 교계를 대상으로 펼친 활동은 그동안 미 육군사관생도 성덕바우만 군 골수기증운동 전개, 기독교윤리를 주제로 강연회 개최(강사 김동호 목사, 김진홍 목사), 교회개혁을 위한 '건강교회 포럼' 개최, 목회자 초청 간담회 개최(강사 박득훈 목사), 재미탈북자 지원운동 전개, 찬양밴드 경연대회, 정직한 세금내기 운동 등이 있다.

LA생명의전화(LA Shalom Lifeline)

LA생명의전화는 다인종, 다문화 사회에 섞여 살면서 감당하기 힘든 일을 만나 절망에 빠져있는 한인들의 고민과 애환을 들어주고자 박다윗 목사가 1998년 6월 1일 창립, 지난 24년을 한결같이 미주 전 지역의 한인 동포들을 섬기고, 살리는 단체이다. 생명의전화 원장 박다윗 목사는 "LA한인타운에 사무실을 두고 있으나 전 미주에 흩어져 살고 있는 한인들을 지난 24년간 무료 전화상담을 통해 섬겨온 생명의 전화는 전문교육을 받은 자원봉사상담원들이 1년 365일

연중무휴로 전화상담 봉사를 하고 있다"라고 말했다.

창립 후부터 2022년 5월까지 LA생명의전화에 상담 의뢰한 전화는 총 6만6천376건에 달한다. 특히 이민생활의 외로움과 이로 인한 정신장애 또는 우울증에 대한 상담이 크게 증가했으며, 부부갈등, 고부갈등, 자녀교육, 외로움, 정신장애, 질병 및 신체장애, 성도착, 치매, 비관자살 등 총 32개 분야에 관한 통계를 가지고 있다. LA생명의전화는 해마다 한인들의 고민과 애환을 들어줄 상담봉사원을 모집, 훈련하고 있으며, 2022년 현재 제24기 상담봉사원을 훈련하고 있다.

새생명선교회(New Life Mission Foundation)

새생명선교회(회장 박희민 목사, 이사장 박경우 장로)는 선교사와 크리스천 단체를 후원하는 미국 남가주 소재 선교단체로, 2004년 설립되었다. 그동안 중국에 15개, 과테말라에 5개, 동티모르에 1개, 몽골에 1개의 교회 설립을 지원하였고 중국, 과테말라, 몽골, 필리핀, 루마니아 등 현지에서 교회지도자 세미나를 개최했다. 한국의 농촌교회와 개척교회 3곳을 지원하고 있으며 베트남에 고아원 건축을 지원하였다. 현재 미국 내 기독교단체 미주성시화운동본부, 프론티어 벤처스, 씨드선교회, KCMUSA를 후원하고 있다.

2021년 새생명선교회가 실시한 소형 교회 목회자 후원 및 세미나 참석자들

선교 및 구제사역에 힘쓰고 있는 새생명선교회는 2020년 코로나19 팬데믹으로 경제적 어려움을 겪고 있는, 교인 수 50명 이하인 45개 소형 교회를 선정, 각각 1,000달러를 지원, 총 4만5천 달러의 지원금을 지역의 소형 교회들에 전달했다.

2021년에는 장학생 100명을 선발, 학생 당 1천500달러를 지원, 총 15만 달러를 지원하고, 소형 교회 목회자들도 지원했다. 지원 대상은 출석교인 수 25-70명 규모의 교회를 담임하는 목회자로서 총 50명을 선발해 각각 1천 달러씩 전달하는 등 총 20만 달러 규모로 재미한인커뮤니티를 지원했다. 2022년에도 계속되는 코로나19 팬데믹 등으로 인해서 재정적인 어려움을 당하고 있는 재미 한인 기독대학생과 신학대학생 100명을 선발, 장학생 1인당 1천500달러씩, 총 15만 달러를 지원했다.

기고

포스트 코로나 시대 미주 한인 교회들의 단기선교 분석과 전망

김정한 박사

선교사 · SON Ministries/GMAN 대표
Pacific Christian College(BA Cross-Cultural Mission)
Fuller Theological Seminary(MA, D.Miss. 선교학박사)

북미주 한인 교회 단기선교 운동의 역사적 시작

 미주 초기에 개척된 한인 교회들의 선교는 단기선교로 시작되었고 모국인 한국의 교회들보다 단기선교는 먼저 시작하였다. 1970년과 1980년대에 개척된 동부와 서부 한인 교회들은 선교의 열정을 가지고 세계선교에 대한 비전을 키워나갔다. 그때부터 미주 한인 교회들은 한국 본국의 교회들보다 먼저 단기선교를 시작했다. 이때는 2세들 중심의 단기선교 운동이 시작되었다.

 1970-1980년대 미주 한인 교회들 중에서 단기선교를 초기에 시작한 교회들을 개척된 순서로 나열하면 다음과 같다. 동양선교교회(임동선 목사), 뉴저지장로교회(장영춘 목사), 나성한인교

회(김의환 목사), 와싱톤중앙장로교회(이원상 목사), 은혜한인교회(김광신 목사), LA충현교회(정상우 목사), 나성영락교회(박희민 목사), 그 외 감리교의 차현희 목사 등 초기 한인 교회 성장기에 선교목회에 헌신하였다.

이때는 멀리 가는 단기선교를 시작하던 시대였다. 예를 들면 필자(김정한 선교사)가 케냐 마사이 부족의 선교사로 사역을 하고 있었을 때 1987년에 시카고에서, 1989년도에 워싱턴에서, 1990년에 뉴저지에서 2세 단기선교팀이 왔었다. 그 외에도 다른 선교사들에게도 미주에서 선교팀이 오기 시작하였다. 은혜한인교회는 1991년 이후에 러시아 지역에 본격적으로 단기선교팀을 해마다 보냈다. 그 외에 1979년부터 1980년 초기에 개척된 한인 교회들은 전 세계에 본격적으로 2세들 단기선교팀을 보내기 시작하였다.

1990년도 이후 단기선교

1990년도 이후에는 단기선교의 붐이 일어나기 시작하여 서부 캘리포니아 지역의 한인 교회들은 주말 단기선교로 멕시코 국경을 넘어서 1박2일 또는 정기적으로 주말 단기선교지에 가서 복음을 전하기 시작하였다. 그리고 이미 멕시코 국경 근처에서 활발히 선교를 하고 있던 한인 선교사들과 연합으로 복음을 전하고 교회개척과 건축, 의료선교, 구제선교 등을 활발히 하게 되었다. 이때는 서부 지역의 중소형 한인 교회들로 단기선교가 확대가 되어 상당히 많은 교회들이 참여하였다. 이때 비행기로 먼 나라까지는 가지 못해도 자동차로 국경을 넘어가는 근거리 단기선교가 진행되기 시작하였는데, 1990년대 후반에는 미주 한인 교회들의 단기선교 대상 지역이 중미와 남미로 넓어지기 시작되었다. 이때 한국에서는 88올림픽 이후에 해외여행 자유화와 경제성장으로 한국 교회들에서도 청년 단기선교팀의 활발한 단기선교 여행이 시작되었다.

2000년도 이후의 단기선교

2000년 이후는 2세 단기선교팀 파송 위주에서 1세팀, 전문인 단기선교팀, 의료단기선교팀으로 보편화되기 시작하였다. 다음 도표를 보면 미주 한인 교회들의 성장표를 볼 수 있다.

2000년 이후는 미주 한인 교회들의 "선교 개척기"로서 단기선교가 매우 중요한 역할을 감당하는 때였다. 단기선교를 일단 다녀와서 선교팀원들이 성령 충만하고 또 다른 선교 도전과 동원이 시작되고 그 영향이 교회들의 세계선교 확장으로 연결되었다.

2000년 이후에 미주 한인 교회들이 단기선교로 인하여 선교적 영향을 받은 것은 단기선교의 다음과 같은 특징이 있었기 때문이다. 단기선교는 교회의 선교 동원력을 가장 쉽게 보여줄 수 있는 사역이다. 선교 동원력은 교회와 선교현장이 만나게 하는 능력, 성도가 선교지 사역에 참여하도록 하는 능력을 말한다. 선교 동원력은

북미주 한인 교회들의 시대별 성장 특징

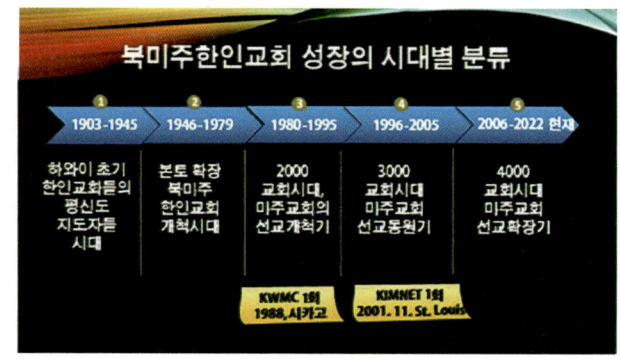

교회와 성도들이 선교에 대한 공감력을 얻은 후 자신의 삶의 장소를 벗어나는 변화를 통해 선교현장에 들어가 선교를 직접 경험하는 과정을 만드는 능력을 말한다.

앨런 록스버러(Alan J. Roxburgh)와 스캇 보렌(M. Scott Boren)은 『선교적 교회 입문』에서 "교회에는 항상 실험하기를 원하는 활기에 넘치는 사람들, 초기 수용자들(Early Adopters)은 대개 교회의 성도 중 10-15%가 있다"며, "선교지와 연결되는 변화를 시작하여 성도 중 20%가 선교에 참여하기 시작하면 교회는 선교적 교회로 성장할 수 있다"라고 설명했다.

한인 교회들은 처음에는 단기선교에 대한 선교학적 이해가 없었어도 단기선교에 많이 참여하였다. 그리고 그 결과로 2000년대의 한인 교회들은 단기선교 활성화를 통하여 선교적 교회로 또는 선교 동원력이 커지는 교회로 성장할 수 있었다. 단기선교는 코로나시대 이전에는 미주 한인 교회들의 선교 성장의 동력이 되었다.

2020년 코로나 시대 이후의 단기선교(Post Covid Short-term Mission) 전망과 제안

1) With Covid 단기선교

2020년 이후는 새로운 단기선교의 형태로 진행될 것이다. "코비드와 함께 가는 단기선교" 시대가 될 것이다. 이제 코비드는 평범한 일상이 되어가고 있다. 더 이상 코비드가 단기선교의 장애가 될 수 없는 시기가 왔다. "With Covid, New Normal" 선교시대가 되었다. 더 이상 두려워할 필요가 없다.

2) 다목적 단기선교

코로나로 위축되었던 여행이 풀리면서 이제는 다시 2세들과 청년들, 그리고 1세들까지 꼭 가야 하는 단기선교의 우선순위를 국가 또는 지역을 정해서 가게 될 것이다.

다목적에는 전문인 단기선교가 포함된다. 그동안 전도와 교육 사역이 중심이었던 단기선교가 이제는 미주 한인 교회 안에 성도 수가 증가되는 그룹이 은퇴세대이고, 전문인 그룹이다. 그러므로 1세, 2세, 3세라는 다세대 그룹, 의료, 교육, 번역 등 다양한 전문 분야의 선교가 한꺼번에 가능한 다목적 단기선교가 열리는 시대가 될 것이다.

3) 코비드 방어전략과 함께하는 단기선교

이제는 여행의 안전, 보안문제, 비자문제보다 더 중요한 단기선교의 중요한 요소가 선교여정 중에 필요한 코비드 방어전략이라고 할 수 있다. 그동안의 단기선교에서는 현지의 질병 예방을 위해 여행 전에 여러 대의 예방주사를 맞고 떠나면 됐다. 예를 들면 아프리카 지역에 가려면 보통 6가지의 예방주사를 맞고 가야 한다. 이제는 코비드 예방주사를 추가로 맞고, 안전에 유의하는 코비드 방어전략이 중요한 훈련과목으로 등장했다. 그동안 단기선교는 항상 위험요소를 안고 가는 것으로, 단기선교를 가는 팀이나 보내는 교회 지도자들이나 현지 선교사들 모두 알고 있는 사실이었다. 코비드로 인하여 더 많이 어려워진 것은 아니다.

4) 영적 전쟁에 더 중점을 두는 단기선교

이제는 코비드라는 새로운 영적 전쟁의 대상이 생겼다. 예수님의 이름의 권세와 보혈의 능력으로 싸워가며 복음을 전해야 하는 때가 되었다. 선교 기간이 길지 않은 단기선교를 떠나지만, 안전과 건강을 위한 영적 전쟁을 위해 좀 더 과학적이고, 의학적인 지식으로 무장하고, 열방에 복음을 전해야 하는 교회의 본질과 선교적 사명, 그리고 성도의 의무를 다하는 때가 되었다. 교회들은 더 열심히 기도하고 선교지의 선교사들도 더 진지한 영적 전쟁을 준비해야 하는 단기선교의 시대가 되었다.

5) 연합 단기선교

코비드 이후는 중·소형 교회들이 연합하여 2세 팀들과 1세 팀들을 모집하여 공동으로 파송하는 형태가 새로운 단기선교의 방향이 될 것이다. 한 교회에서 팀원이 부족하거나 재정이 부족할 때 같은 지역의 교회들이 연합팀을 만들어 단기선교를 보내면 여러 가지 시너지 효과가 생기게 될 것이다. 인적 자원, 물적 자원을 여러 교회에서 모집하는 것이 준비에 큰 도움이 될 것이다. 앞으로 코비드 이후의 미주 한인 교회들은 개교회 홀로 단기선교를 하는 것이 아니라 지역 교회들이 함께 연합하는 단기선교운동으로 확산되도록 노력해야 한다.

결론

하나님의 주권에 속한 선교에는 언제나 역사적 도전이 있었다. 선교에 있어서 편안하고 안전한 때와 지역은 없었다. 전쟁, 기근, 질병, 정치적 장벽, 재정 압박, 안전 등 언제나 위험과 방해가 있었다. 그러나 열방을 향하신 하나님의 사랑은 일점일획도 변함이 없었다. 이럴 때 교회들은 믿음의 용기를 가지고 세계선교에 더욱 도전해야 한다. 아직 예수님을 모르고 영원한 지옥불로 향하는 한 영혼을 안타깝게 여기고 선교에 헌신해야 한다. 내 교회 크기, 내 상황, 내 재정을 기준으로 선교하려면 아무도 할 수 없다. 한인 교회들과 목회자들은 2세들을 일으켜 더욱 많이 단기선교를 보내야 한다. 그래야 그들이 미래의 선교일꾼으로 성장하게 될 것이다. 전문인들도 자신의 은사로 봉사하며 세계선교를 감당해야 한다. 은퇴한 황금기 성도들도 황금기 선교사로 헌신하여 단기선교와 세계선교에 더욱 헌신해야 한다.

활발해진 크리스천 미디어사역

 기독교인들의 숫자가 폭발적으로 늘어나면서 크리스천 미디어사역도 등장하게 되었다. 미주 지역에서 가장 먼저 생겨난 크리스천 미디어는 1975년 버지니아에서 창립된 「미주복음신문」(발행인 고 장진우 장로)이다. 이후 「크리스천 헤럴드」를 비롯한 많은 기독신문들이 생겨났다. 미주 지역에서 시작된 최초 한인 기독교 라디오방송은 1971년 워싱턴 지역에서 시작된 워싱턴기독교방송(WCBN 회장 김영호 장로)이다. 1991년 2월 11일에는 미주복음방송(GBC, 대표 임종희 목사)이 첫 방송을 시작했다.
 영어권에 살면서 한국어로 전하는 기독교신문과 방송은 한인 성도들에게 정보의 통로이자, 위로와 평안의 메시지요, 신앙성숙의 안내자이자 한인 교회 결집의 매개체 역할을 해왔다. 그동안 미주 한인 교회에 공헌해 온 기독언론사와 방송사의 역사를 살펴본다.

기고

미주 한인 기독방송의 어제와 오늘

남철우 목사

미주기독교방송(LA) 대표
세계한인방송협회 부회장
경희대학교 국문과 졸업
골든게이트침례신학대학 졸업
퍼시픽침례신학대학원 졸업

   2020년 새해 벽두부터 시작된 코로나 팬데믹은 우리 삶의 많은 부분에 변화를 가져오고 있다. 대면예배 대신 비대면(untact)예배가 활성화되어 교회는 홈페이지나 유튜브 등 소셜미디어나 디지털플랫폼을 적극 활용하는 온라인사역을 강화하고 있다. 이 시대에 복음을 전하는 방법은 여러모로 다양해지고 있다. 그럼에도 전파매체인 방송을 이용한 복음 전파는 시대가 바뀌어도 아직까지는 유용하고도 효율적인 방법이다.

   19세기 말 미국인 선교사들에 의해 한반도에 복음이 전해진 후 한국의 기독교는 근대화와 민주화에 기여했고 이제는 전 세계의 복음화를 위해 지구촌 곳곳에 선교사를 파송하여 "너희는 온 천하에 다니며 만민에게 복음을 전파하라"(마 16:15)는 선교적 사명을 감당하고 있다. 라디오방송이 처음 미국에서 송출된 것은 1920년 11월 피츠버그에 있는 100W 출력의 KDKA 방

미주기독교방송(KCBN) 윤세웅 목사

1991년 개국한 미주복음방송 창립자 임종희 목사

송국이었고 그 뒤 제너럴 일렉트릭, AT&T, 웨스팅하우스 등이 RCA를 설립해 본격적인 상업 라디오방송이 전파를 타기 시작했다.

LA지역 한인 사회 역사상 최초의 한국어방송은 1965년 7월 한국의 MBC 출신 김영우 아나운서가 남가주 잉글우드에 있는 KTYM FM 103.9에서 송출한 방송이다. 김영우 씨 외에도 전 KBS 아나운서였던 서정자, 이순재(전 미8군 AFKN-TV 엔지니어) 씨가 함께 했는데, 전 세계 첫 한인 방송국으로 야심차게 시작한 라디오방송은 1년을 넘기지 못한 채 중단됐다. 이후 김영우 씨는 1974년 「미주한국일보」와 함께 KTYM의 AM1460에서 라디오코리아방송을 했는데 그가 한국일보를 떠난 1981년까지 지속되었다. 1989년 2월 가수 출신 이장희 씨가 KAZN AM 1300을 통해 방송을 시작하며 본격적인 한국어 라디오방송 시대가 열렸다.

해외한인동포 750만 명 시대에 해외, 특히 미주 내 한인 동포 사회도 일찍부터 교회와 더불어 기독선교방송을 통해 한인 동포 사회에 복음을 전파했다. 미주 지역에서 활동한 최초의 한인 기독교 라디오방송은 워싱턴 지역을 중심으로 미국에 거주하는 한국인들을 위해 1971년에 창립한 "워싱턴기독교방송"(WCBN 회장 김영호 장로)이다.

1977년 오은철 목사가 창간한 기독교 주간지 「크리스천 헤럴드」는 김명균 장로가 2대 발행인으로 취임하면서 신문에 이어 미주한국일보사가 운영하는 "라디오 서울"에서 기독교방송을 시작했다. 그리고 2012년 양준호 선교사가 발행인을 맡으면서 공중파 채널을 통한 TV방송도 시작했다.

1978년 "시카고 기독교방송"(방송국장 서도권 목사)이 개국되었다. WCBN은 매일 오전 5시 57분부터 오후 11시 30분까지 방송되고 있으며 시카고 기독교방송(AM 1590)은 월요일부터 금요일까지 오전 5시부터 정오까지 7시간 방송했다.

1990년 8월 뉴욕에서 "미주기독교방송"(사장 윤세웅 목사)이 개

오렌지카운티 애나하임에 있는 미주복음방송(GBC) 사옥

국했다. 미주기독교방송은 매일 오전 7시부터 정오까지 5시간 방송했으며 서브 캐리어(SCA) 전용 수신기를 이용하여 24시간 방송됐다.

1990년 12월 20일 임종희 사장이 오렌지 카운티 소재 라디오방송국인 KORG와 오전 7시부터 11시까지 하루 4시간 전파 사용 계약을 맺고 1991년 2월 11일 "미주복음방송"(GBC) 첫 방송을 시작했다. 1991년

2018년 개국 10주년을 맞은 미주기독교방송 관계자들

5월 방송국 사옥을 LA코리아타운으로 옮겼으며, 2016년 8월에는 오렌지카운티 애나하임으로 사옥을 이전했다. 현재 미주복음방송은 이영선 목사가 사장으로 재직하고 있다.

1996년 5월 "필라기독교방송"(사장 박동배 목사)이 개국했으며, 1998년 11월 LA에서 "미주기독교방송"(설립자 남철우, 남태순 목사)이 개국했다. 대표는 남철우 목사이며 AM 1650으로 하루 5시간 방송되고 있고, 서브 캐리어(SCA)를 사용하여 1일 24시간 방송되고 있다. 미주기독교방송은 개국 시부터 100여 명 수용의 공개홀을 주 7일 지역사회에 무료로 개방하여 각종 행사와 모임 장소로 사용하게 했다. 또한 미션하우스 선교관을 건립하여 해외선교사를 비롯한 LA 체류 시 숙식에 어려움을 겪는 이들에게 숙식을 제공하는 등 방송사역 외에도 다양한 섬김을 실천하려 노력했다.

조지아주에서 활동한 최초의 한인 기독교방송국은 2004년 8월 15일 애틀랜타에서 개국한 "조지아 한인기독교 방송"(사장 조경근 목사)이다. SCA FM 94.9 채널을 이용 애틀랜타를 기점으로 직경 200km까지 청취가 가능한 이 기독교방송은 전용 수신기를 통해 청취할 수 있다.

한편 미주 지역에서 활동하는 한인 TV 방송사는 다음과 같다.

"단비기독교TV"(사장 정상교)는 TV프로그램을 통해 살아 있는 하나님의 말씀을 널리 전하는 사명을 감당하고 있는 비영리기관이다. 단비기독교TV의 전신은 "뉴욕기독교TV"이다. 1999년 개국한 뉴욕기독교TV(KCTS)는 뉴욕과 뉴저지 지역 케이블 방송망을 통해 목회자들의 영상설교를 중심으로 매일 1시간씩 방송을 했다. KCTS는 2015년 "단비TV"로 회사 이름을 변경하고, 같은 해 8월 28일(목) 오후 7시 대동연회장에서 단비TV 출범식을 가졌다. 단비기독교TV는 미국에서 가장 큰 케이블방송인 스펙트럼(Spectrum, 옛 타임워너케이블) 채널 1487번을 통해 매일 24시간 방영하고 있다. 20년 넘게 뉴욕과 뉴저지를 중심으로 방송하고 있는 단비기독교TV는 2020년부터 사역의 지경을 넓혀 LA를 포함한 캘리포니아 주에도 진출했다.

1999년 "하와이 기독교 TV"(김순관 목사)가 개국되었으며 2002년 "예수위성방송"(사장 이종문 목사)이 개국했다. 예수위성방송은 위성과 IPTV를 통해 방송서비스를 시작했다. 2004년 4월 "미드웨스트 기독교TV"(사장 김왕기)가 시카고에서 개국되었다. 같은 해인 2004년 "CTS아메리카"(대표 백승국 목사)가 남가주에서 설립되었다. 현재 남가주 플러턴에 위치한 CTS아메리카는 한국의 기독교방송사인 CTS기독교TV의 미주지사로 한인 기독교 미디어선교기관으로서는 최초로 24시간 복음방송을 전 미주에 전파하고 있고, 방송 전문인들과 자체 스튜디오를 통해 수준 높은 현지 콘텐츠를 제작하고 있다. CTS아메리카는 남가주에서 디지털 공중파(DTV) 채널 18.8을 통해 2021년 7월 1일부터 방송되고 있으며 동시에 CTS America 어플리케이션과 유튜브 라이브(cts America), Smart TV(Apple TV, ROKU, fire TV, Android TV)를 통해서도 24시간 생방송을 송출하고 있다.

2007년 10월 뉴욕에서 첫 방송을 시작한 "CTS뉴욕방송"은 CTS기독교TV의 뉴욕지사로 순수복음방송, 섬김과 나눔의 방송, 세계를 교구로 하는 방송을 목표로 프로그램을 제작, Cablevision과 Optimum으로 뉴욕, 뉴저지, 코네티컷 지역에 24시간 방송을 송출하고 있으며 위성 DirecTV 채널을 통해서도 미주 전역에 방송을 공급하고 있다. 또한 언제 어디서나 쉽게 복음을 접할 수 있도록 인터넷 홈페이지와 스마트폰 앱, 스마트TV, 유튜브 등 다양한 미디어 플랫폼을 연결하여 영상선교사역의 지경을 넓혀가고 있다. 2018년 6월에는 베이사이드 지역으로 사무실을 이전하고 CTS한국 본사와 제작 전문인력 교류를 통해 협력을 강화하며 새로운 시작을 알렸다. CTS뉴욕방송은 말씀과 찬양 이외에도 미주 한인 교회와 성도들의 소식이 담긴 프로그램들을 제작해 한국 본사로 공급하고 있으며, 이를 통해 미주 한인 디아스포라와 고국을 연결하는 통로가 되고 있다. 아울러 교회의 미래인 다음 세대를 세우는 일에 비전을 품고 뉴욕의 청소년 단체 및 사역자들과 연계해 다음 세대를 세워가는 미디어사역을 하고 있다.

2012년 7월 2일 "극동방송"이 미주 지역에서 송출되기 시작했으며, "CGN-TV아메리카"(CGN, 미주지사장 정현기 목사)도 같은 해 개국했다. CGN은 인터넷이 닿는 곳이면 CGN인터넷 수신기를 통해 시청할 수 있다. 그리고 LA 지역은 공중파 디지털채널 44.9번을 통해 방송되고 있다.

2014년 개국한 "뉴욕기독교방송"(사장 문석진 목사)도 인터넷으로 방송하고 있다. "C-채널"(사장 천영호 장로)도 미주 지역에 직접 진출하여 지상파와 케이블, 위성 등으로 방송되고 있다. C-채널은 2015년 5월 1일 미국 단비기독교TV와 협약, 미주(뉴욕 주, 뉴저지 주) 지역에 방송을 송출하고 있다.

2018년 7월 "Good-TV"(대표 김명전 장로)가 뉴욕에 미주지사(지사장 한은경)를 설립했다. Good-TV 뉴욕지사는 세계적인 영상서비스 업체 넷플릭스, 훌루, 아마존, HBO 등이 주도하는 방송 혁신에 발맞춰 미주 지역 최초로 기독교 OTT(Over The Top) 방송시스템을 도입했다. OTT는 인터넷을 통해 드라마나 영화 등의 다양한 미디어 콘텐츠를 제공하는 서비스로 PC, 스마트폰, TV를 넘나들며 시청하고 있던 영상을 다른 기기로 이어서 시청이 가능한 시스템을 말한다.

2021년 7월 "CBS미주기독교방송"(사장 한기형 목사)이 개국되었다. CBS미주기독교방송은 공중파 디지털 채널 20.12를 통해 방송되고 있다. 미주를 비롯한 해외 한인 기독교방송사는 1996년 주선영 목사(WMBC-TV 회장)에 의해 설립된 "세계한인방송협회"(WCBA)에 소속되어 해마다 1-2차 국내외에서 총회 및 현지 선교대회를 개최해왔다. 세계한인기독방송협회는 전세계 한인 기독방송인들의 구심점 역할을 하며 상호 협력과 긴밀한 유대관계 속에 방송선교사로서의 사명감을 갖고 한인 디아스포라의 중심역할을 감당하고 있다.

1996년 11월 4-6일 뉴저지 잉글우드 레디슨호텔에서 열린 세계한인기독교방송협회 제2차 총회 후 관계자들이 사진을 찍었다(앞줄 오른쪽에서 세 번째가 주선영 목사)

미주 기독방송 현황 및 특성

영어권 국가인 미국에서 한국어를 사용하는 사람들을 대상으로 방송을 제작하는 일은 쉬운 일이 아니다. 열악한 재정과 인력으로 양질의 방송을 제작 송출하는 일이 해외 방송사로는 역부족인 실정이다. 기독교방송은 더욱 어렵고 힘든 일이다. 이민 1세대를 위한 한국어 방송은 영어권인 2, 3세대 증가로 인해 열악한 환경이며, 해외 한인 방송시장은 앞으로는 더욱 작아지거나 없어질 수도 있는 현실에 직면해 있다. 더욱이 한국 메이저 방송사의 진출로 해외 한인 방송사의 입지는 점점 더 축소되고 있다. 예전 방송은 지상파 TV와 라디오가 전부인 세상이 있었다. 한때 한국에서는 TV드라마를 보기 위해 길에 다니는 사람이 없을 정도라는 이야기도 있었다. 하지만 인터넷이 발달하면서 다매체, 다채널 시대가 도래하여 TV시장은 케이블TV, IPTV, 위성TV, 디지털지상파방송(DTT)을 포함하는 유료방송 시장으로 많은 변화가 생겼고 그에 맞는 전문적 채널도 생겨나 현재 TV리모컨으로 볼 수 있는 방송국이 몇 개인지 가늠조차 되지 않는 시대에 살고 있다.

그뿐만이 아니다. 스마트폰의 발달로 내가 보고 싶은 것만 골라 볼 수 있는 세상이 되었다.

이제는 내가 좋아하는 프로그램을 보기 위해 방송 날짜만을 기다리며 TV 앞에 앉아 있는 것이 아니라, 스마트폰으로 어디에서든 내가 원하는 방송을 볼 수 있게 되었다. 내가 들고 다니는 스마트폰이 TV가 되었고, 내가 앉아 있는 곳이 안방극장이 된 셈이다. 이렇게 유료방송 사업자의 VOD서비스뿐만 아니라 OTT사업자와 넷플릭스(Netflix) 같은 스트리밍서비스 사업의 급발전으로 인해 현재 TV방송국과 라디오방송국들은 쇠퇴기를 걷게 된 것이다. 사람들은 이전보다 TV를 보거나 라디오를 듣지 않고 유튜브를 비롯한 각종 디지털 매체에 쉽게 접근하고 있다.

새로운 게임체인저가 생기면서 광고시장 역시 변화가 생겨났다. 자신의 판매 물건을 최대한 대중에게 많이 노출해야 하는 광고계는 TV, 라디오 광고는 줄이면서 VOD와 OTT광고 사업을 확장하게 된다. 이로써 기존의 방송국들은 수입원이 점점 줄어들어 양질의 방송 프로그램 제작이 점점 어려운 상황에 직면한다. 일반 방송국들은 이러한 어려움을 타개하고자 광고의 비중을 늘리거나 홈쇼핑 채널 개설 등으로 어느 정도의 재정적 어려움을 보완하고 있다. 하지만 기독교방송국은 비영리선교기관 특성상 일반 상업광고를 하지 못하고 수입원의 대부분이 목사님들의 주일설교 방송과 시청자, 또는 청취자들의 헌금과 모금에 의존하고 있는 실정으로 재정적 어려움이 일반 방송국보다 더욱 크다고 할 수 있다. 그러나 향후 해외한인기독교방송의 앞날은 하나님께서 지금까지도 인도해주셨듯이 새로운 방송환경에 잘 적응하여 타개해 나간다면 또다시 복음전파를 위해 쓰임을 받을 것이다.

기고

미주 한인 기독언론사의 발자취

박준호 박사

『미주한인교회사』 편집위원
미주크리스천신문 기자
그레이스신학대학교 프로그램 자문 교수
아주사퍼시픽대학교 목회학석사(M.Div)
그레이스신학대학교 문화교류학박사(D.Ics.)

미주 한인 언론의 태동

한국에서 하와이로의 이주는 1902년에 시작되었다. 이주 한인들의 신분은 유학생을 비롯하여 해산한 신식부대 군인, 머슴, 선비, 건달 등 매우 다양했다. 당시 한인들의 문맹률은 65%에 달했고 주로 사탕수수 농장 등 열악한 노동환경에서 생활했다. 이주 한인들은 어려운 생활 속에서도 상조회와 친목회 등을 조직하기 시작했고, 이를 바탕으로 한인들의 우호, 안녕, 교육 등을 도모했다. 한인들은 조국의 독립운동에도 적지 않은 역할을 하였다. 이와 함께 하와이에 거주하는 지식인과 선각자들은 신문간행과 출판활동을 통해 이주 한인들을 위한 지식보급, 문맹 퇴치, 계몽 활동에 주력했다.

미주 한인 신문들은 1904년 첫 번째 언론사가 탄생이 된 후 지금까지 숱한 부침을 거듭해 왔다. 미주 최초의 한인 신문은 1904년 3월 27일 미국 하와이주 호놀룰루시에서 이주 한인들을 대상으로 창간된 국문신문인 「신조신문」(新潮新聞)이다. 신조신문사는 사상, 주필, 번역 등 기본적인 조직은 갖추었지만, 언론사로서의 틀은 갖추지 못했다. 사장은 최운백(崔雲伯), 주필은 김익성(金益成), 번역은 최영만(崔永萬)이 맡았다. 활판 인쇄시설을 갖추지 못하여, 지면은 수기로 작성하고 등사판을 이용하여 신문을 제작하는 수준이었다. 신조신문의 지면은 논설과 잡보, 외보, 광고 등으로 구성되었고 이주 한인들을 대상으로 한글로만 제작, 월 2회 발간되었다. 그러나 1905년 4월 재정상의 어려움을 극복하지 못하고 폐간되었다.

미국 본토에서의 최초의 한인 언론은 「공립신보」였다. 주간지로 운영되었던 공립신보는 도산 안창호 선생이 1903년 샌프란시스코지역에 살고 있는 한인들의 생활개선과 친목단합을 목적으로 '한인친목회'를 조직하고, 2년 후 1905년 친목회를 '공립협회'로 개칭한 뒤에 이 단체에서 발행한 언론이었다.

해방이 되고 이민문호가 개방이 된 후 시작된 이민 초기 한인들의 정보 욕구를 해소하고 하나의 공동체로 결집시켜 준 것은 한인 교회와 매스 미디어였다. 또한 교포언론은 한국과 이민 현지사회를 연결해주는 중재자 역할을 수행했다. 미주 한인 언론은 1969년 「한국일보」 미주판이 언론의 닻을 올린 이래 「미주 한국일보」와 「미주 중앙일보」가 양대 축을 형성해왔다. 하지만 미주 지역의 한인 언론이 가장 어려움을 겪었던 때는 1992년 LA 흑인폭동이 일어났을 때였다. 폭동이 일어난 3일간은 신문으로서의 역할을 다할 수 없기 때문이다. 이를 계기로 미주 지역 한인 언론들은 한인 사회의 공동이익을 위해 결집체를 마련해야 한다는 점에 주목하기 시작했다.

21세기에 접어들면서 언론의 기능들 중에서 사회 부조리를 감시하는 기능의 비중이 높아지고 있음을 볼 수 있다. 이는 이민 사회가 1988-1990년대 무조건 이민 정착에 관한 보도에만 급급했었던 초기 상황에서 탈피하고 있음을 보여주고 있다. 이러한 상황은 영어가 불편한 연령대보다 이중언어 이상 가능한 세대들이 한인 사회의 중심으로 자리 잡고 있으며, 인터넷의 발달로 인해 미국 주류 사회와 한국의 소식을 발빠르게 접할 수 있는 시대가 되었기 때문이다.

미주 한인 기독언론의 역사

1975년 버지니아에서 북미주 최초의 한인 기독신문인 「미주복음신문」(발행인 고 장진우 장로)이 창간되었다. 미주복음신문은 초교파, 범교단적 평신도 사역을 위해 발행이 되었으며, 매주

1회 발간, 우편을 통해 미국 전역 독자들에게 우송되었다. 「미주복음신문」은 신문 발행 외에 2009년까지 34년간 목회자 세미나, 수련회, 교육 프로그램을 통해 미주 지역 목회자 교육과 교회 부흥에 앞장서 왔다. 하지만 재정난으로 2009년 휴간되었다가 2011년 11월 3일 2년 만에 제1470호로 다시 발행되었다. 「미주복음신문」의 신임 발행인은 강경구 목사(한국 구미 푸른교회 담임/ 필그림국제크리스천스쿨 설립자)이다. 하지만 열악한 언론환경으로 인해 두 차례 신문이 발간된 후 활동이 중단되었다.

북미주 최초의 한인 기독 신문인 「미주복음신문」 발행인 고 장진우 장로

1977년 캘리포니아 LA에서 「크리스천 헤럴드」가 고 오은철 목사에 의해 창간되었다. 2대 발행인 김명균 장로를 거쳐 현재 양준호 대표가 발행인을 맡고 있다. 「크리스천 헤럴드」는 2006년 8월 미주 한인 이민 역사를 담은 북미주 한인 이민 100주년 기념화보 『태평양을 가로지른 무지개』를 발간했다. 지난 100년 동안 미국과 멕시코, 쿠바에서 생활하였던 한인 이민 사회 역사를 묶어낸 책이며 총 6권이다. 한국 일간지 기자 출신의 고 이선주 목사를 위원장으로 하여 10명의 편찬위원들과 그 외 24명이 교회사 편찬작업에 참여했다. 또한 미주 이민 100주년 기념행사와 해마다 광복절 주간에 개최한 광복절 기념예배, 그리고 연초에 열렸던 남가주교계 단체 조찬기도회를 주관했다.

「크리스천 헤럴드」는 신문 외에 라디오방송을 병행해왔으며 2015년 chTV를 개국하여 TV방송으로 사역의 지경을 넓혔다. 2019년 하반기 중국발 코로나19 바이러스 창궐로 인해 지면신문 발행을 중단했으며 현재는 온라인으로 운영이 되고 있다.

「크리스천 저널」(발행인 박도원 목사)의 탄생은 1976년 10월 창립된 로고스선교회로 거슬러 올라간다. 박도원 목사가 로고스선교회를 창립하고 12월 일리노이주정부에 비영리단체로 등록을 한 후 신문사 창간을 준비했으며 1978년 「월간 로고스」로 시작이 되었다. 「월간 로고스」는 1981년 「크리스천 저널」로 제호가 변경되었다.

「크리스천 헤럴드」 창간호(사진: 크리스천 헤럴드)

1978년 4월-1981년 9월에는 월간으로, 1981년 10월-2013년 8월은 주간으로, 그리고 2013년 9월-현재 월간으로 발행되고 있다. 크리스천 저널 지면신문은 미국 전역으로 배포되고 있으며, 온라인 신문을 통해서도 문서선교사역을 감당하고 있다.

1983년 1월 3일 남가주 LA에서 「미주 크리스천 신문」(발행인 고 김순명 목사)이 창간되었다. 「미주 크리스천 신문」은 1992년 9월 11일 장영춘 목사(퀸즈장로교회)가 2대 발행인으로 취임했다. 2019년 1월 김성국 목사(퀸즈장로교회)가 3대 발행인으로 취임하여 사역 중에 있다. 미주 지역에서 활동하는 신문사들은 주로 LA, 뉴욕, 시카고, 애틀랜타 등 한인들이 많이 거주하는 지역을 기반으로 운영되고 있으며 로컬신문 형태의 성격을 갖고 있다. 하지만 「미주 크리스천 신문」은 본사가 위치한 뉴욕을 중심으로 동부 지역 소식과 지사가 위치한 LA를 중심으로 서부 지역 소식을 다루고 있어 전국지의 성격을 띠고 있다. 1983년 창간 당시에는 2주에 한 번 발행되었다(창간 당시 발행 부수는 5천 부였다). 당시 「미주 크리스천 신문」의 본사는 LA에 있었다. 그러나 2대 발행인으로 장영춘 목사가 취임했던 1992년, 본사는 LA에서 뉴욕으로 이전되었다. 그리고 그 동안 격주간으로 발행되던 것을 본사 이전과 함께 주간으로 전환하게 되었다.

미주 크리스천 신문사의 대표적인 사역으로는 '세계한인목회자 및 평신도 세미나'가 있다. 이 세미나는 1985년부터 2013년까지 28회에 걸쳐 개최했으며 세미나 개최 시기는 부활주일을 마친 그다음 주 5일간이다. 세계한인목회자세미나는 지구촌 곳곳을 순회하며 목회자들의 영적 재충전과 목회에 새로운 도전을 주었다. 또한 2020년까지 『세계한인교회주소록』을 발간하여 세계 한인 기독교계와 목회자들에게 정보의 산실 역할을 담당했다.

1985년 뉴욕에서 「기독뉴스」(발행인 문석진 목사)가 창간되었다. 기독뉴스는 뉴욕에서 자체적으로 발행된 최초의 기독신문사이며 인터넷과 지면신문으로 운영되고 있다.

1995년에는 조지아주 애틀랜타 인근 위성도시 둘루스에서 「크리스천 타임즈」(발행인 이윤태 장로)가 발간되기 시작했다.

1997년 남가주 LA에서 「크리스찬 투데이」(발행인 서종천 목사)가 창간되었다. 「크리스찬 투데이」는 주간신문이었지만 월간을 거쳐 현재는 인터넷으로 운영이 되고 있다. 「크리스찬 투데이」는 「미주 크리스천 신문」과 마찬가지로 『한인 교회주소록』을 2018년까지 발간했다. 「크리스찬 투데이」는 지면신문과 인터넷신문을 넘어 CTNMEDIA라는 유튜브 방송을 운영하고 있다.

2000년 워싱턴주 시애틀에서 격주간으로 발행하는 지면신문인 「크리스천 미디어」(발행인 박재건 목사)가 창간되었다.

2001년에는 하와이 호놀룰루에서 「하와이 크리스천 신문」(발행인 김인찬 장로)이 창간되었지만 현재 폐간된 상태이다.

2002년 「크리스천 위클리」(발행인 조명환 목사)가 창간되었다. 창간 당시 「크리스천 뉴스위크」라는 이름으로 창간되었지만 그후 「크리스천 위클리」로 변경되었다. 교계신문 중 웨슬리언교회(감리교, 성결교, 구세군, 나사렛 등)와 우호관계가 돈독했던 이유는 발행인 조명환 목사가 연합감리교 목회자였기 때문이다. 「크리스천 위클리」에서 펼친 대표적인 사업으로는 "웨슬리언찬양제"와 "웨슬리언지도자대회"가 있다. 웨슬리언 교회들의 연합찬양제인 웨슬리언찬양제는 교회연합의 상징적인 행사로 12회까지 개최되었고 미주 찬송가공회(초대 회장 박재호 목사)가 창립될 때 주도적인 역할을 해 왔다. 또한 종교개혁 발상지 여행을 독자적으로 개발하여 코로나 팬데믹 이전까지 꾸준하게 진행해 왔고 "바울의 성지, 터키와 그리스 성지순례", "요르단과 이스라엘 성지순례" 등을 정기적으로 실시해 왔다. 또 LA연합감리교회(이창민 담임목사)가 창립 115주년을 맞아 2019년 8월 16일에 개최한 '역사 포럼'을 클레어몬트신학대학원과 공동으로 후원하기도 했다.

2003년에는 캘리포니아 오클랜드에서 「크리스천 타임스」(발행인 임승쾌 장로)가 창간되었으며, 2004년에는 「미주 크리스천 투데이」가 창간되었다. 「미주 크리스천 투데이」는 현재 「기독일보」라는 이름으로 운영되고 있다. 「기독일보」는 창립자 장재형 씨의 재림예수 의혹이 불거져 이단 옹호 언론사 혹은 이단 언론사로 논란을 불러일으켰다. 「기독일보」는 「크리스찬 투데이」와 마찬가지로 CDTV라는 유튜브 방송을 운영하고 있다.

이미 미주에서 발행되고 있던 「크리스찬 투데이」(발행인 서종천 목사)와 신문 제호가 동일하여 큰 마찰을 빚어오다 후에 「기독일보」로 이름을 바꿨지만 한국에서는 여전히 「크리스찬 투데이」라는 이름을 쓰고 있다. 즉 「기독일보」의 본사인 셈이다. 특히 「기독일보」는 이름 때문에 마치 일간신문인 양 오해를 불러일으켰는데 창간 때부터 주간으로 발행되다가 코로나19 이후 현재는 온라인 신문에 의존하고 있는 실정이다.

2012년 「크리스천 비전」(발행인 이정현 목사)이 창간되었다. 그리고 인터넷으로만 운영되는 언론사로는 2003년 창간된 "아멘넷"(발행인 이종철 집사), 2007년 창간된 "미주뉴스엔조이"(발행인 김종희)가 창간되었다. 미주뉴스엔조이는 2010년부터 최병인 대표 체제로 운영되고 있다. 현재 미주뉴스엔조이는 "뉴스엠"이라는 이름으로 운영되고 있다.

2017년 「복음뉴스」(발행인 김동욱)가 뉴저지에서 창간되었다. 「복음뉴스」는 처음에는 인터넷으로 운영되었는데 2021년 12월부터 지면 신문을 발간하여 사역의 지경을 넓혀나갔다.

이외에 「국민일보」가 2016년 미주 지역에 진출했다. 「미주국민일보」는 지면신문으로 시작되었지만 현재는 인터넷으로만 운영되고 있다. 그리고 「기독신문」(발행인 안기정 목사)은 2014년부터 2017년까지 지면과 인터넷으로 운영되다가 중단되었다. 한국의 굿티비에서 운영하고 있는

「데일리굿뉴스」는 글로벌선교방송단 제도를 마련하고 2017년부터 현지 기자들을 통해 미주 지역 소식을 다루고 있다.

2021년 메릴랜드 엘리콧 시티에서 창간된 「만나24뉴스」(대표 박노경)가 있다. 「만나24뉴스」는 매릴랜드, 버지니아, 워싱턴DC 중심으로 운영되고 있다. DK미디어 그룹(대표 스캇 김)이 「텍사스 크리스천 뉴스」(Texas Christian New, TCN)를 2022년 4월 8일 창간했다. TCN은 DFW(달라스 포트워스) 지역 및 텍사스를 포함해 한국과 미국, 세계의 기독교 관련 소식들을 전하고 다양한 기독교 콘텐츠를 담고 있으며 한인 이민자들에게 필요한 유익한 정보와 소식들을 함께 전달하기 위한 목적으로 발행되었다.

이외 교단지로 「미주침례신문」(발행인 임경철)이 2012년 6월 창간호를 시작하여, 지금까지 미주 한인 침례교단의 소통의 장(場)으로, 한국과 미국을 비롯해 전 세계 침례교단을 이어주는 가교로 섬겨왔다.

기독언론은 아니지만 「미주한국일보」와 「미주중앙일보」, 「미주조선일보」, 그리고 「코리아타운 데일리」가 교계소식을 알리는 종교면을 두고 있다. 그외 1983년 텍사스에서 운영 중인 「코리언 저널」(창립자 김세호), 1991년 창간된 플로리다의 「플로리다 코리아」(발행인 이승봉), 2000년에 창간된 「콜로라도 타임스」(발행인 이현진), 2004년에 창간된 「아리조나 타임즈」(발행인 장재원), 2012년 노스캐롤라이나주 캐리에서 창간된 「NC한국인 뉴스」(발행인 이 영) 등에서 지역 교계소식을 다루고 있다.

미주 한인 기독언론사의 협의체인 세계기독언론협회

세계기독언론협회(이하 세기언)는 미국 서부 캘리포니아에서 운영하고 있는 기독언론사를 중심으로 1998년 이정근 목사(유니온교회 원로, 「크리스천 헤럴드」 초대주필), 조명환 목사(「크리스천 위클리」 발행인) 그리고 서종천 목사(「크리스찬 투데이」 발행인) 주도로 창립되었다. 창립 당시 이름은 "미주기독언론인협의회"였다. 세기언의 초대 회장은 이정근 목사이다. 이 협회는 2009년 호주, 브라질, 독일, 캐나다 등 해외 기독언론사들이 회원사로 가입, 협회 명칭을 미주에서 세계로 바꾸는 한편 남가주, 타주, 해외 부회장 제도를 두어 조직의 활성화를 도모하고 있다.

세기언(구 미주기독언론인협의회)은 2008년 7월 예수청년회와 「기독일보」, 그리고 장재형 씨의 이단성에 대한 토마스 왕 선교사의 기자회견을 개최했다. 그리고 같은 해 8월 한국 기독언론인협회(회장 김형원)가 한국기독교총연합회(한기총)에 의뢰한 「크리스천 투데이」(미주 지역에선 기독일보)의 이단 연루 확인 요청과 때를 같이하여 미주 지역에서도 남가주기독교교회협의회(회장 신승훈 목사)와 남가주한인목사회(회장 김재연 목사)에 「기독일보」 배후의 이단 관련 여부를 조사, 만약 연루사실이 확인되면 예수 그리스도의 복음을 수호하고 교회를 보호하는 차원에서 강경 대응해 줄 것을 요청했다. 한편 장재형 씨는 2012년 자신의 재림예수 의혹에 대해 "통일교에서 활동한 사실은 인정하나, 사상적으로 접했을 뿐"이라며 재림주 의혹을 부인하는 기자회견을 서울에서 연 바 있다.

2010년 5월에는 "한국 교회의 오늘과 내일"을 주제로 '미래학자 박종구 박사 초청 강연회'를 열었으며 2013년 9월과 2014년 7월 기독교이단대책 세미나를 주관하여 열었다. 또한 2014년부터 신앙도서 읽기를 통해 기독교인들의 성숙한 신앙생활 향상을 지원하기 위해 신앙도서 독후감 공모전을 매년 실시하고 있다.

세기언의 역대 회장

1대 이정근 목사, 2-3대 서종천 목사, 4대 남철우 목사, 5, 7대 임종희 목사, 6, 12-13, 22-23대 조명환 목사, 8대 정요한 목사, 9대 김창호 목사, 10-11, 14-15대 서인실 사장, 16-17대 고 박재호 목사, 18-19대 고 장영춘 목사, 20-21대 임승쾌 장로, 24대 이영선 목사

1대 이정근 목사, 2-3대 서종천 목사, 4대 남철우 목사, 5, 7대 임종희 목사, 6, 12-13, 22-23대 조명환 목사, 8대 정요한 목사

9대 김창호 목사, 10-11, 14-15대 서인실 사장, 16-17대 고 박재호 목사, 18-19대 고 장영춘 목사, 20-21대 임승쾌 장로, 24대 이영선 목사

미주
한인 이민 100주년 기념
회고와 전망

2003년 미주 한인들은 이민 100주년을 맞았다. 1903년 하와이에서 시작된 이민 생활 100년을 맞아 그동안의 역사적 공헌과 성과를 돌아보는 포럼이나 글을 소개한다. 앞으로 이민 150주년, 200주년을 향해 나아갈 한인 교회의 과제에 대해 살펴본다.

● 2003년 미주 한인 교회 100주년을 맞다

2003년은 미주 한인 교회가 시작된 지 100주년이 되는 해였다. 이를 기념하는 각종 대회와 행사가 열렸다. 최초로 한인 교회가 설립됐던 하와이에서 전 세계 한인 기독인 6천여 명이 모인 가운데 2월 3-5일에 "한인 기독교 이민 100주년 세계선교대회"가 열렸다. 하와이한인기독교교회협의회와 기독교한인세계선교협의회(KWMC), 한국세계선교협의회(KWMA)가 공동주최한 이 집회는 하와이 호놀룰루 시민회관에서 열렸다. 매일 저녁 선교대회를 비롯 새벽기도와 찬양, 성경강해, 주제 강연, 선교전략 패널, 선택강좌 등으로 진행되었다.

2003년 11월 9일 미주 한인 교회 창립 100주년 감사대축제가 LA컨벤션센터에서 열렸다

또 미주한인기독교연합회(대표회장 서삼정 목사)는 3월 3-5일 동양선교교회(강준민 목사)에서 "미주 한인 교회 이민 100주년 기념대회"를 개최했다. "이민 100주년 미주 한인 교회의 시대적 사명"이란 주제로 곽선희, 길자연, 최성규, 이정근, 손인식, 박희민, 방지각, 정인찬, 서삼정, 이복렬, 백도용, 백영률 목사 등이 강의를 맡았다. 한국기독교총연합회, 한국기독교교회협의회가 후원하고 한국 문화관광부 장관, 재외동포재단 이사장, 주미 한국 대사 등이 초청되기도 했다.

한국기독교TV(사장 감경철 장로)는 미주 한인 교회 100주년을 맞는 2003년 특별기획으로 "이민 1백주년 선교 1백주년, 워십 코리아 아메리카" 순회공연을 갖기도 했다. 3월 1일 워싱턴 DC에 있는 힐튼메모리얼 채플 공연을 시작으로 3월 8일 뉴욕장로교회(이영희 목사), 3월 9일 베다니교회(장동찬 목사) 등 미주 12개 도시의 교회들에서 잇따라 열린 공연에는 복음성가 가수 이강혁, 김승희, 최인혁, 최명자 씨와 황국명 목사(다윗과 요나단) 등이 출연했다.

같은 해에 "미주 한인 감리교회 100주년 기념대회"는 4월 24-27일 하와이 그리스도연합감리교회(이은철 목사)와 하와이 컨벤션센터에서 열렸다. "Remember the Past, Celebrate the Present, Envision the Future"란 주제로 미주 한인 감리교회 이민 선교 100주년 기념사업회(회장 김해종 감독)가 주최한 이 대회에는 미주에서 900여 명, 한국에 100여 명 등 1천여 명의 감리교회 지도자들이 참석한 가운데 열렸다.

또 5월에는 이민 교회 100주년을 맞아 LA에서 대형 선교대회가 열렸다. 5월 19-23일 남가주

대학교(USC)에서 200여 명의 한인 선교사를 비롯해 2천여 명이 참석한 가운데 'LA선교대회'(총무 고승희 목사)가 개최되었는데 "하나 되는 교회, 확장되는 선교"란 주제로 열린 이 대회에는 이동휘 목사(전주안디옥교회)와 찰스 벤 엥겐 교수(풀러신학교)가 주강사로 참여했고 9번의 전체 강의와 30개의 주제별 트랙, 360개의 워크샵이 있었다.

미국장로교전국한인교회협의회(NKPC, 총회장 조덕현 목사)는 이민 교회 1백주년을 맞아 '미주한인 이민 1백주년 기념대회'를 6월 24-28일 하와이에서 개최했다. 32차 NKPC 총회를 겸해 열린 이 대회는 "그리스도 안에서 1백년의 꿈을 함께"(Visioning the Next Century Together in Christ)라는 주제로 미국 장로교(PCUSA)에 속한 400여 개의 한인 교회가 참여했다. 대회 주강사에는 이종민 목사(시카고레익뷰한인장로교회), 림형천 목사(아름다운교회), 윤 사무엘 목사(뉴저지프린스턴한인장로교회), 박응천 목사(샌프란시스코신학교 교수) 등이 초청되었다. 또 NKPC는 1백주년 기념대회를 시작으로 1년에 2명씩 10년 동안 20명의 한인 선교사를 해외에 파송할 계획을 세웠다.

기고

1세대 목회자가 본
하와이 이민 110주년

박희민 목사

『미주한인교회사』 발행인
KCMUSA 재단이사장
새생명선교회 대표
나성영락교회 담임 역임
토론토한인장로교회 담임 역임
토론토대학 낙스신학대학원 목회학박사(D.Min.)
아주사퍼시픽대학교 명예박사

하와이 이민 기독교 110주년을 맞는 2013년에 하와이에서는 '한민족 복음화 2013 디아스포라 선교포럼'이 열렸다. 미주 한인 교회를 회고 및 전망하는 자리였다. 이때 포럼 발제자는 박희민 박사(한미선교재단 이사장), 박신욱 목사(미주복음방송 사장), 김기섭 목사(LA사랑의교회 담임), 양은순 박사(히스대학교 총장), 김경일 박사(뉴마케도니아세계선교 대표) 등이었다. 이때 박희민 목사는 1903년 하와이로 이주한 한인 이민의 발걸음은 한인 청교도의 발걸음이었다고 말할 수 있다고 하면서 미주 한인 역사를 3단계로 나누어 고찰했다.

첫째 단계: 1903년부터 1945년 해방될 때까지

1882년 5월 22일 한·미수호통상조약을 체결한 이후 1902년 말까지 50명 미만의 한인이 개별적으로 미국에 들어와 살게 되었다. 외교 사절단, 망명자들, 유학생, 상인 그리고 10여 명의 하와이 노동자들이었다. 이때는 신앙공동체로서의 교회가 형성되지 않았다. 그러다가 1903년 1월 13일 갤릭호를 타고 하와이 호놀룰루에 도착한 노동이민자들에 의해 그해 11월 10일 교회가 정식으로 세워졌다. 이것이 가장 오래된 그리스도연합감리교회의 전신인 한인감리교선교회이다.

초기에는 하나의 예배 처소 형태로서 교역자도 없이 수십 명이 모여 예배드리고 성경공부를 했지만, 교회는 단순히 신앙공동체 이상으로 이민자들의 향수를 달래고 함께 삶을 나누는 곳이었고 이민자들의 유일한 만남과 사귐의 센터였다. 일부는 미국 본토로 건너가 오렌지밭에서 일하고 공부하며 새 생활을 개척하기 시작했다. 조국에서 1919년 기미 3·1독립운동이 일어나자 한인 이민 교회는 조국의 독립운동을 지원하는 일에 힘썼다. 1941년 일본의 호놀룰루 진주만 공격이 시작되었을 때는 하와이와 캘리포니아의 한인 교회들이 중심이 되어 지원병을 모집하는 일에 앞장섰으며, 워싱턴 DC에서는 구미위원부를 두어 독립외교를 펼치기도 했다.

둘째 단계: 1945년부터 1967년 개정이민법이 시행되기까지

이때는 정부관리, 유학생들, 상사직원들, 국제결혼한 가정들, 그리고 입양아들이 많이 늘어나면서 한인 인구가 크게 증가한 기간이다. 1950년에서 1965년까지 미국에 들어온 한인 1만5천 명 중에 미군과 국제결혼한 부인들이 6천여 명, 입양자가 5천여 명, 유학생들이 4천여 명이 되었다. 그런데 1967년에는 유학생이 6천300명으로 늘어났다. 말하자면 차차 유학생들이 증가 추세에 있었음을 보여준다.

셋째 단계: 1968년부터 현재에 이르기까지

이 단계는 민중이 대량으로 미국에 들어온 기간이다. 그들 가운데에는 한국에서 대학을 졸업한 중산층이 많았다. 실제로 미주 한인의 인구가 대폭적으로 늘어난 때가 이 기간이다. 1964년 3만2천952명이던 교민 수가 현재 250만 명에 이르게 되었다. 한인 교회 수도 4천275개나 되는 것으로 집계되고 있다. 한인 이민 교회는 그동안 독립과 해방을 위해 노력했고, 한글교육과 뿌리교육을 위해서도 애썼으며, 해방 후에는 재건과 민주화 그리고 민족의 화해와 통일을 위해 힘써왔다고 말할 수 있다. 특히 이 기간 중 괄목할 만한 것은 한인들의 비즈니스도 많이 확장되었고, 한인들의 주류사회 진출도 많아지게 되었다. 1.5세, 2세들이 각 분야에 진출하여 전문직에 종사하게 되고 영향력을 미치게 되었다고 말할 수 있다.

한인 이민자들의 적응 과정에서 문제들

한인 이민자들이 이 땅에 적응하는 과정에서 많은 문제와 아픔도 있었던 것을 우리는 간과할 수 없다. 이민자들이 새 땅에 와서 겪는 어려운 점은 언어, 생존의 위협, 직업과 사업에서 오는 어려움, 문화충격, 인종차별, 정체성, 고립, 우울증, 정신질환, 세대 간의 갈등 등 많은 문제들이 있다.

교회 갈등과 분열

한국과 미국 주류사회나 교회도 갈등이 있지만 이민 교회는 몇 배나 더 되는 갈등이 있으며 이로 인한 분열도 심각하다. 이것이 많은 신자들과 자녀들의 신앙생활에 상처를 주며 전도의 문을 가로막는 것을 보게 된다.

개교회주의

한국 교회의 고질적인 병폐 중 하나가 지나친 개교회주의와 교파주의다. 이러한 현상은 이민 교회에도 존속하는 것을 경험하게 된다. 그래서 연합집회나 연합사업이 쉽지 않다. 우리는 이 개교회주의의 장벽을 허물고 함께 사역할 수 있는 아름다운 동행과 동역이 필요하다.

교회의 영세성

이민 교회의 3분의 2 이상이 100명 미만의 영세적인 교회다. 그러다 보니 생존의 위협 때문에 교회의 본질적인 사명을 다하지 못하고 생존에 매달려 교회를 겨우 유지해나가는 것을 본다. 교회가 크고 교인 수가 많아야 건강하고 좋은 교회는 아니지만, 교회의 모습을 제대로 갖추고 본질적인 사명을 감당하기 위해 기본적인 수는 갖추어야 하지 않을까 생각된다.

리더십 부족

이중문화권이나 다문화권에서 리더십을 발휘하고 사역할 수 있는 리더십의 자격이나 훈련이 부족한 목회자들이 대부분이며, 2세 목회를 이끌어갈 목회자들도 많이 부족한 현실이다. 그러다 보니 자격이 미비한 교역자들이나 교사들이 자녀들을 가르치고 사역하는 형편이다. 경험 있는 1세들 중에는 관심은 있지만 언어의 장벽 때문에 가르치지 못하는 형편이다.

도덕성과 목회 윤리

지나친 교회 난립과 교회 생존과 성장을 위해 교인 쟁탈전을 하기 때문에 교인들의 교육이나 훈련이 제대로 이루어지지 못하는 형편이다. 권징은 이미 사라진 지 오래되었다. 여기서 발생하는 문제가 목회 윤리의 문제이다.

미주 한인 교회의 미래에 대한 전망

하와이 이민 초기에 40여 개 교회가 우후죽순으로 생겼다가 거의 다 없어지고, 2세 교회는 7-8개 교회로 정리되었듯이, 북미 본토의 교회도 많이 정리되지 않을까 생각된다. 하와이 교회는 이민법 개정으로 많은 이민자들이 들어오면서 다시 1세 교회들이 많이 생겨나게 되었다.

건강한 복음적인 교회로의 회복

지난 40-50년간 세계교회 속에 새로운 바람이 불었다. 그 하나가 율법적이고 형식적인 공동체를 어떻게 복음적인 은혜공동체로 회복시키고 변화시킬 수 있느냐 하는 과제였다. 오늘날 많은 교인들이 복음을 믿는다고 하면서도 복음 안에서 경험하는 진정한 기쁨과 평화, 자유와 해방감을 맛보지 못하고, 서로 정죄하고 비판하고 상처를 주고 상처를 받는 경우가 너무나 많다는 것이다.

리더십 양성

현재 미국의 다문화 상황에서 복음을 이해하고 재해석하며 변화에 대처해 갈 수 있는 리더십이 필요하다. 복음은 변하지 않지만 복음을 담는 그릇이나 전하는 방법이나 전략은 새로운 시대와 문화상황에 따라 변해야 한다. 보다 창의적이고 효율적인 접근과 노력이 필요하다. 무엇보다도 한인 2세, 3세들이 제2의 요셉, 제2의 모세, 다니엘, 에스더로 성장하도록 길러내고, 미국과 세계를 이끌어갈 리더로 세우기 위해서 어떻게 할 것이냐 하는 큰 과제와 도전을 받고 있다.

협력과 네트워크

현대사회는 독불장군의 시대가 아니라 협력의 시대이다. 협력과 네트워크를 잘하는 사람이 큰 지도자가 되고 큰일을 하게 된다. 우리는 종종 한국인은 개개인은 똑똑하고 훌륭한데 더불어서 함께하는 팀워크는 잘 못한다는 말을 듣는다. 한인 교회도 마찬가지이다. 우리가 이러한 개교회주의와 교파주의 장벽을 넘어 서로 손잡고 연합하고 팀워크를 이룰 때 여리고성 같은 세상의 불신과 의심의 벽들을 무너뜨릴 수 있다. 4천여 한인 이민 교회가 연합할 때 미국 사회를 치유하고 변화시킬 수 있는 역동적인 사역이 일어날 수 있다.

크리스천의 실질적인 삶

오늘 한국 교회나 이민 교회는 목회자가 신학을 잘 모르고 설교를 잘 못해서 문제가 생기는 것이 아니고 말씀대로 사는 크리스천의 진실된 삶이 없는 데서 문제가 생기는 것이 아니겠는가? 앞으로 한 세기는 한인 이민 교회가 미국 주류사회 속에서 건강하고 밝은 사회를 만들고, 청교도의 정신을 토대로 세워진 이 땅을 타 소수민족과 미국 주류사회 교회와 연합하고 협력하여 치유하고 회복시키기 위해서 어떻게 해야 할 것인가 하는 큰 과제를 안고 있다.

선교의 사명

19세기는 유럽 교회가 세계선교의 리더십을 발휘했다. 그러다가 20세기에 와서는 미국 교회가 세계선교의 리더십을 수행해 왔다. 이제 21세기는 어느 교회가 세계선교의 리더십을 발휘할 것인가? 그 점에서 많은 선교학자들이 21세기 초반에는 한국이 세계선교 리더십을 행사하게 되리라고 말하고 있다. 지금도 2만4천 명이 되는 한인 선교사들이 세계 각 곳에서 활동하고 있다. 미국 교회 다음으로 선교사를 많이 파송한 교회가 되었다. 공산권이나 이슬람권에서 한국 선교사들이 가장 활발하게 활동하고 있다.

세계선교 리더십 발휘를 위한 여건들

하나님이 20세기에 들어서면서 한인들을 세계 각 곳에 흩어주신 것은 세계선교의 일익을 담당하게 하시기 위한 섭리와 뜻이 있는 줄 안다. 물론 세계선교 리더십을 발휘하려면 몇 가지 여건을 갖추어야 한다.

교회성장이다

선교하는 교회가 되려면 무엇보다도 교회가 성장해야 한다. 한국 교회는 미국 다음으로 많은 선교사를 파송한 나라가 되었다. 앞으로 더 많은 선교사가 파송될 줄 안다. 물론 숫자도 중요하지만 더 중요한 것은 보다 효율적인 선교이다. 이것이 한국 교회가 극복하고 시정해 가야 할 과제이다.

경제적으로 중진국 이상이 되어야 한다

선교국가가 되려면 교회가 성장해야 하지만, 또한 선교를 뒷받침할 수 있는 경제력이 있어야 한다. 적어도 중진국 이상이 되어야 선교국가가 될 수 있다. 그러나 한두 가지 더 중요한 것을 보지 못한 점이 있다. 그것은 1천만 한국 교회 성도이며, 해외에 흩어진 750만 명의 코리아 디아스포라들이 지닌 잠재력과 가능성이다. 이것을 잘 훈련하고 활성화하면 엄청난 한국 민족의 힘이 되고 소망이 될 수 있는 것이다.

인물이 많아야 한다

교회가 성장하고 돈이 있다고 선교할 수 있는 것은 아니다. 인물이 있어야 하고 인재가 있어야 한다.

선교에 대한 비전과 열정이 있어야 한다

가장 중요한 것은 선교에 대한 비전과 열정이다. 그런데 한국 교회는 초창기부터 선교하는 교회로 출발하였다. 그래서 중국에 이대영 선교사와 방지일 선교사를 파송하였고, 일본에는 한석진 선교사를 파송하였으며, 제주도도 외국처럼 느껴져 이기풍 목사를 보냈으며, 만주에서 북미로 사병순 선교사를 파송하였다.

미국에 대한 역선교의 사명

미국이 기독교 신앙에 든든히 세워졌을 때는 도덕적으로 건강하였고, 세계로부터 존경받는 지도력을 발휘하였다. 그러나 지나치게 인본주의와 세속주의 가치관에 기울어졌을 때 미국은 도덕적으로 타락하고 자국의 이기주의에 빠져들어 세계 속에 나쁜 영향을 미쳤다. 미국은 가장 기독교적인 국가인 동시에 가장 세속적인 국가이다. 그래서 미국은 복음과 함께 민주주의 등 좋은 것도 많이 세계에 수출하지만, 반면에 문란한 성문화, 폭력 등 나쁜 것도 많이 수출한다. 그러므로 미국을 복음화하는 것이 대단히 중요하다.

한인 교회의 신학과 신앙의 재정립

현재 미주에 사는 코리안 디아스포라는 아직 정치적으로나 경제적으로나 사회적으로 마이너리티이다. 힘없는 약자이다. 그럼에도 불구하고 약자의 힘을 깨달을 때 미국과 세계를 변화시켜 갈 수 있는 창조적인 소수자로 살며 한인 교회에 주어진 역동적인 사명을 잘 감당할 수 있다고 생각한다.

한 걸음 더 나아가, 이민 교회의 중요한 과제 중 하나인 '이중문화 또는 다문화 상황에서 어떻게 목회할 것인가? 이민 신학을 정립하고 특별히 갈등 속에서 어떻게 효율적인 리더십을 발휘할 것인가?'를 연구하고 리더십을 길러가며 이민의 정착과정에서 생기는 문제와 필요에 구체적으로 부응하고 대처하는 교육, 상담, 돌봄, 설교, 선교, 목양 등 효율적인 목회를 하기 위해 이민 목회신학을 개발해가야 할 과제가 놓여 있다고 생각한다.

이민 교회 최대 문제인 신앙과 삶의 불일치

이민 교회가 크게 성장하면서 서서히 문제점도 노출되기 시작했다. 교회 갈등과 분열이 이민 교회의 어두운 면으로 지적되고 목회자의 자질 부족과 성장지상주의에 대한 반성의 목소리도 나오기 시작했다. 지난 2004년 「크리스찬 투데이」(발행인 서종천 목사)가 창간 7주년 특집으로 목회자 의식을 설문조사한 결과 현재 미주 한인 교회의 가장 큰 문제점은 '신앙과 삶의 불일치'와 '목회자 자질 부족'인 것으로 나타났다. 또 우선적으로 지향해야 할 방향은 '2세 목회자 양성'과 '목회 윤리·평신도 교육 강화'인 것으로 조사되었다. 조사대상은 미국 전역의 한인 교회 목회자를 대상으로 28개 주 81명이 설문에 응했다. 미주 한인 교회 100주년이 지나고, 새

100년의 첫해를 맞아 이민 교회가 처한 가장 큰 문제점과 방향을 짚어 본 것이다.

우선 미주 한인 교회의 문제는 '신앙과 삶의 불일치'(17.1%), '목회자 자질 부족'(15.8%), '교회 갈등·분열'과 '떠돌이 교인들'(10%), '성장지상주의'와 '2세 교인과 단절'(9.2%), '2세 목회자 부족'(7.1%) 순으로 나타났다. 미주 한인 사회의 복음화율이 50-70%까지 높게 추정되고 있지만, 빛과 소금의 역할을 제대로 감당치 못하고 있는 이유가 바로 '신앙과 삶의 불일치'로 밝혀진 셈이다. 또 성도들의 '신앙과 삶의 불일치'와 '교회 갈등·분열', '성장지상주의' 등의 문제는 '목회자 자질 부족'으로 인한 지도력 부재에 상당히 기인하고 있는 것으로 해석할 수 있을 것이다. 그 외에도 '한인 신학교 난립'(8.3%), '교회직분 남발'(5.4%), '이웃사랑 부족'(3.3%), '재정 불투명성'과 '교회 내 권위주의'(2.5%) 등도 문제점으로 지적되었다. '이단 사이비 난무'와 '과다한 교회'가 가장 큰 문제라고 답한 응답자도 각각 1명씩 있었다.

미주 한인 교회가 최우선 지향해야 할 방향은 '2세 사역자 양성'(20.3%)인 것으로 나타났다. 이민 교회 상황이 1세 교회에서 2세 교회로 전환되고 있음을 여실히 보여 주고 있다. 2세기를 맞은 이민 교회가 가장 관심을 가져야 할 것으로 '2세 사역자 양성'을 꼽은 것은 이민 세대간의 지도력 이양이 그만큼 쉽지 않다는 반증이기도 하다. 또 부모·자녀와의 세대 갈등과 한·미간 문화 차이를 극복할 수 있는 길을 교회가 앞장서 제시해야 한다는 책임감의 발로로 볼 수 있다. 다음으로는 '목회 윤리 강화'와 '평신도 교육 강화'(13.6%), '목회자 재교육'(11.0%), '가정사역 강화'(8.9%), '목회자 리더십 확보'(7.6%), '교회 화합'과 '신학 교육'(5.5%), '재정의 공개'와 '적극적인 전도'(3.4%), '교회 개척'(2.1%0 순으로 조사되었다. '이단 사이비 대책'과 '전문인 선교사 양육', '구제 봉사 사역', '엄격한 교회 치리'를 우선 지향해야 할 방향으로 답한 응답자도 각각 1명씩 있었다.

이 기사는 "목회자의 질적 저하가 가장 심각하다. 목회자의 이중적 모습으로 교회 내 갈등과 분열, 교인쟁탈전, 인기작전, 상대 목회자 비난 등이 발생한다. 목회자들이 말씀 앞에 가슴을 찢으며 통회하는 회개와 부흥의 역사가 일어나야 한다"라고 지적했다.

또 "2세와의 단절이 큰 문제이다. 2세들을 위한 독립된 영어예배는 세대간 단절을 심화시키고, Korean American Christian이란 문화와 신앙의 정체성을 회복하기 어렵다는 단점이 있었다. 대안으로는 성만찬의 회복을 통한 다세대 예배이다. 한국 문화와 이민 문화가 적극적으로 표현되는 교회음악과 상징의 사용도 필요하다"라고 말했다.

2000년대 이후 미주 한인 교계

이제 2000년대 이후 미주 한인 교계에서 일어났던 일들을 소개한다. 한인 이민 120주년을 맞은 현재까지 교계나 지역사회에서 수 많은 일들이 일어났지만 그중에서도 꼭 기억하거나 짚고 나갈 뉴스나 사건들을 모았다. 2022년 현재까지 살펴본 한인 교회 역사에서 발견되는 깨달음 한 가지는 미주 한인 교회 120년 역사를 관통하고 있는 불변하는 한 가지는 '하나님의 은혜와 사랑'이라는 점이다. "지금까지 지내온 것 주의 크신 은혜라." 미주 한인 교회 역사의 결론은 이 한마디에 함축되어 있다고 볼 수 있다.

● 미주에서 웨슬리 부흥운동이 시작되다

2003년 7월 14일(월)부터 17일까지 LA에서는 18세기 종교개혁의 완성자 '요한 웨슬리 탄생 300주년 기념 세미나'가 열렸다. LA다운타운에 있는 하이얏 리젠시 호텔에서 모이고 저녁집회는 윌셔연합감리교회에서 개최되었다. 주제는 "웨슬리의 신학과 목회의 재조명", 표어는 "다시 웨슬리를 배우자"였다. 주최는 미주웨슬리학회였고 주관은 「크리스천 뉴스위크」(후에 「크리스천 위클리」로 바뀜)가 했다. 후원은 한인 연합감리교회 전국연합회, 기독교대한감리회 미주 연회, 기독교 미주 성결교 총회, 예수교성결교 미주 지방회, 나사렛교회 미주 한인 총회, 그리고 구세군 교회였다.

미주 지역 웨슬리언교회 지도자들이 대거 참석했고 한국에서도 조종남 박사(한국웨슬리학회장), 이만신 목사(한국중앙성결교회 원로목사), 이정익 목사(신촌성결교회 담임), 임승안 박사(나사렛대학교 교수), 장학일 목사(서울 신당제일교회 담임), 한영태 목사(서울신대 전 총장), 그리고 양기성 목사(청주 새세상교회 담임) 등이 참석했다.

세미나는 낮 시간엔 강의와 워크샵, 3일간 저녁은 웨슬리탄생기념 부흥집회로 열렸다. 한국에서 웨슬리 대가로 알려진 조종남 박사가 "웨슬리의 구원론의 특징"에 관해 강의했고 김인경 박사(축복교회 담임)가 웨슬리와 복음의 현장화, 김홍규 목사(텍사스 성 누가연합감리교회, 현 인천내리교회 담임)이 요한 웨슬리와 선교, 류기종 박사(미주감신대 총장)가 웨슬리의 신학방법론, 박희민 목사(나성영락교회 담임)가 칼빈주의 입장에서 본 웨슬리, 장학일 목사(서울 신당제일교회)가 웨슬리의 밴드와 셀교회에 관해 워크샵을 이끌었다. 이밖에도 워크숍 주제는 웨슬리와 관련한 23개의 주제로 열렸다.

3일간의 부흥회 첫날 집회는 김웅민 목사(윌셔연합감리교회)의 사회, 연합감리교회 메리앤 스웬슨(Mary Ann Swenson) 감독의 축사(통역 곽철환 목사), 클레어몬트신학대학원 총장 필립 에머슨(Philip Emerson) 박사의 축사(통역 김찬희 박사), 송기성 목사(나성한인감리교회)의 기도, LA연합감리교회 찬양대(지휘 진정우 박사)와 남가주장로성가단(지휘 서문욱)의 찬양, 장동찬 목사(뉴저지 베다니교회)의 "올더스케이트의 뜨거움을 회복하자"는 제목의 설교, 차현회 목사(웨슬리세계선교회 회장)의 축도로 마쳤다.

2003년 7월 14-17일에 열린 웨슬리 탄생 300주년 기념 세미나 참석자들

둘째날 집회는 성창용 목사(연합선교회)의 사회로 시작되어 임원준 목사(나성성결교회)의 기도, 성결교연합성가대(지휘 황성삼)의 찬양, 박재호 목사(브라질 새소망교회)의 "덕을 세워라"라는 제목의 설교, 이기홍 목사(사우스베이선교회 원로목사)의 축도로 마쳤다.

셋째날 저녁집회는 정용치 목사(밴나이스연합감리교회)의 사회로 시작되어 정소영 목사(샌디에고연합감리교회)의 기도, 윌셔연합감리교회 찬양대(지휘 박찬규)의 찬양, 장학일 목사(신당제일감리교회)가 "성령의 나타남"이란 제목으로 설교했고 김거정 목사(연합감리교 원로목사)의 축도로 마쳤다.

웨슬리 300주년 기념 세미나는 한국과 미국의 웨슬리언 지도자들이 한자리에 모이는 역사적인 자리였다. 동시에 한국과 미국에서 웨슬리운동의 불을 지피는 계기가 되었다. 우선 미국에선 미주 웨슬리언협의회가 발족되어 초대 회장에 김찬희 박사(클레어몬트신대 교수), 2대 회장에 이정근 목사(유니온교회 담임, 미성대학교 초대총장), 3대 김인경 목사(나사렛한인교회 코디네이터), 4대에 차현회 목사(밸리연합감리교회), 5대에 박재호 목사(브라질새소망교회), 6대에 김성대 목사(나사렛 찬양교회), 7대에 황기호 목사(윌셔연합감리교회)를 거쳐 8대에 이상복 목사(연합선교회)가 맡고 있다. 또 창립 초기부터 미주 웨슬리언연합회는 조명환 목사(현 「크리스천 위클리」 발행인)가 사무총장을, 한국에서 발족된 한국 웨슬리언지도자협의회 사무총장은 양기성 목사가 맡아 오고 있다.

2003년 이후 매 2년마다 한국과 미국에서 웨슬리언 학술대회 겸 부흥집회를 개최하기로 하고 미주 웨슬리언연합회와 한국의 웨슬리언지도자협의회가 상호 합의했다. 이에 따라 2005년에는 한국의 신촌성결교회(이정익 목사)에서 제2차 웨슬리언지도자대회가 열렸고, 2007년엔 다시 미국 LA윌셔연합감리교회에서 제3차 웨슬리언지도자대회가 개최되었다. 제3차 대회에서는 임동선 목사(동양선교교회) 등이 부흥집회를 인도했다. 그리고 2009년엔 정동제일교회(송기성 목사)에서 제4차 대회를 개최했다. 원팔연 목사(전주바울교회), 김정호 목사(아틀란타한인교회) 등이 부흥강사로, 장학순 목사(UMC한목협 총무) 등이 워크숍 강사로 참여했다.

한편 한국에선 양기성 목사를 중심으로 2006년 5월 웨슬리언지도자협의회가 창립되어 19년째 웨슬리운동을 주도하면서 국내외 목회자세미나와 학술대회, 국내선교대회를 57차까지 개최했다. 2022년 7월 17일 동탄순복음교회에서, 8월 19일에는 여의도순복음교회에서 웨슬리언대학 총장과 교단장, 증경대표회장 등 웨슬리언 6개 교단 지도자회의를 개최했다.

● 카트리나 피해 돕기에 한마음으로 동참한 한인 교회

허리케인 카트리나(Hurricane Katrina)는 2005년 8월 말, 루이지애나 지역을 강타한 초대형 허리케인으로 역사상 북대서양에서 발생한 허리케인 중 6번째로 강한 태풍이었다. 엄청난 인명피해와 재산피해가 발생했다. 이 지역 한인 교회들 역시 상당한 피해를 입었다.

당시 배톤루지 카트리나 한인 재해대책본부 최정인 목사(배톤루지한인중앙교회)가 파악한 피해 한인 교회들은 뉴올리언즈한인장로교회(박관준 목사), 뉴올리언스제일장로교회(박혜성 목사), 뉴올리언스제일침례교회(송관수 목사), 뉴올리언스사랑의교회(신용남 목사), 뉴올리언스한인침례교회(이덕재 목사), 뉴올리언즈갈보리한인침례교회(오명환 목사), 한인연합감리교회(이현수 목사), 미시시피한인침례교회(두지철 목사), 제일한인장로교회(김원주 목사), 해티스버그한인장로교회(오성진 목사) 등이었다.

이에 카트리나 이재민을 돕기 위한 한인 교회와 단체들의 사랑의 손길이 이어졌다. 동양선교교회(강준민 목사)는 같은 해 9월 22일 카트리나 피해 돕기 성금 10만 달러를 월드비전에 전달했다. 또 미주복음방송(사장 임종희 목사)은 성금 1만8천 달러를 월드비전에 전달했다.

이재민에 대한 구호활동을 벌이기 위해 일부 한인 목회자들은 현지에서 수 주일을 머물며 구호활동을 벌였다. 한국 작은교회연합(대표 최온유 목사) 소속 목사 6명과 남가주의 이필성, 박찬수 목사, 김태현 선교사 등이 참여, 식수와 컵라면, 티셔츠 등을 이재민들에게 전달하고 가옥 철거 및 청소를 도왔다.

남가주기독교교회협의회, 남가주한인목사회, 남가주한인장로협의회, 자마 등 4개 단체는 "우리 한인이 이 나라의 주인으로서, 한국전쟁과 이민 등으로 미국에 빚진 자로서 피해 복구에 적극 나설 것"을 다짐했다. 4개 단체는 9월 12일 로텍스호텔에서 열린 기자회견에서 개인적으로 교회적으로 미국을 대신해 하나님께 회개하고 부흥을 간구하는 중보기도자가 되자, 전 미주의 한인 교회가 이재민 가정을 6개월 동안 후원하며 돌보는 운동을 벌이자, 수재헌금을 모아 전달하자고 결의했다.

2005년 9월 남가주교계 단체 임원들이 "카트리나 수재민을 돕자"라는 성명서를 발표하고 있다

장로교 재난구조회는 당시 카트리나에 천만 달러를 지원하기로 했고, 남침례교는 피해를 입은 미시시피, 앨라배마, 조지아 지역으로 1천여 명의 자원봉사자와 100대의 차량구조대를 보냈

다. 또 연합감리교회는 총회산하 구제위원회(UMCOR)를 통해 허리케인 피해 지역을 지원했다.

한국 교회도 모금에 나섰다. 한국기독교총연합회(한기총·대표회장 최성규 목사) 사회위원회는 9월 2일(금) 임원회를 갖고 최악의 피해를 입은 카트리나 피해 지역 구호를 위해 「국민일보」와 함께 모금운동을 벌였다.

● 2000년대 이후 미주 한인 교회 주요 뉴스

1990년대부터 미주 지역 기독교 주간지들과 일간지들은 매년 교계 10대 뉴스를 선정하여 발표했다. 다음은 교계 10대 뉴스를 통해 본 2000년대 이후 한인 교회 역사의 간략한 서술이다. 주요 교계 뉴스 출처는 「크리스천 투데이」(발행인 서종천), 「크리스천 헤럴드」(발행인 양준호), 「미주크리스천 신문」(발행인 김성국), 「크리스천 위클리」(발행인 조명환), 아멘넷(대표 이종철), 「기독일보」(발행인 이인규), 「크리스천 비전」(발행인 이정현)과 일간지인 「미주중앙일보」, 「미주한국일보」 등이다.

2000년

이승만 목사 미국 장로교 총회장 선출

1992년 미국 교회협의회(NCC-USA) 회장을 역임했던 이승만 목사(69)가 2000년 6월 24일부터 7월 1일까지 롱비치 컨벤션센터에서 열린 제212차 미국 장로교 총회의 총회장으로 입후보, 당선됐다. 총회장 선거 후보에는 미국인 2명과 또 다른 한인인 대학교수 조영일 장로(67)가 출마했는데, 이 목사는 미국 장로교 총회 역사상 첫 동양인 총회장이 됐다. 이 목사는 남북화해의 선구자 역할을 했다.

시카고에서 세계한인선교사대회 개최

선교사들의 올림픽이라는 불리우는 한인세계선교대회(공동대회장 박희민 목사외 11명)가 7월 24-28일 시카고 휘튼칼리지 빌리그레이엄센터에서 4000여 명의 세계선교사들이 참석한 가운데 성황리에 진행돼 한인 선교의 현주소를 극명하게 보여줬다. '새천년, 새도전, 새전략, 새헌신'이란 주제로 열린 이번 대회는 남가주 지역에서는 나성영락교회, 동양선교교회, 등대교회 등 100여 개의 한인 교회들을 비롯해 빌리 그레이엄 명예대회장 외에 루이스 부시, 로버트 콜만 등 세계적인 선교사들도 대거 참여했다.

UCLA 한국기독교학 개설

미국 대학으로는 최초로 한국기독교학이 UCLA에 개설돼 교계는 물론 한인 사회의 관심을 고조시켰다. UCLA 한국학연구소(소장 로버트 버스웰)는 지난 9월 학기부터 한국기독교학(Korean Christianity)을 개설, 수업에 들어갔다. UCLA 한국학연구소는 세계적으로도 큰 영향력을 가진 한국 기독교의 리더십과 선교활동을 체계적으로 분석, 연구하기 위해 이 프로그램을 신설했다고 밝혔으며 연구소는 헨리루이스재단으로부터 50만 4,000달러의 펀드를 영입했으며 앞으로 100만 달러의 추가 기금 조성 계획을 세워놓고 있다.

2001년

9·11 테러 참사 발생

2001년 9월 11일 아침 8시 46분 뉴욕 맨해튼의 100층짜리 쌍둥이빌딩을 비행기로 들이받는 테러가 발생했다. 이 테러로 2,977명이 사망하고 6,000여 명이 부상을 입었다. 미국 역사상 최초로 본토가 공격받은 참사였다. 이후로 미국에서는 국토안보부가 신설되고 '테러와의 전쟁'이 시작되었다.

미성대학교 개교

미성대학교는 2001년 1월 미주성결교회 교단신학교로 문을 연 뒤 많은 발전과 성장을 이루었다. 2012년 ABHE(Association for Biblical Higher Education)에 준회원으로 가입됐고 2013년에는 캘리포니아 주교육국으로부터 ESL과정을 비롯해 대다수 학위 허가를 받았다. 2013년 9월 ATS(Association of Theological Schools)에 회원으로 신청했으며 2014년 6월 준회원으로 가입됐다. 학교로서 가장 중요한 학위 인가와 관련해서 미성대학교는 2014년 11월 ABHE 정회원 심사를 받게 되며 2016년 초에는 ATS 정회원이 될 것으로 예측하고 있다. 미성대학교는 종전 미주성결대학교에서 학교명을 개명했다.

미주 웨슬리학회 탄생

감리교 창시자 존 웨슬리 목사의 회심 263주년을 맞아 그의 신앙과 영성을 미주 한인 크리스천들에게 알리기 위한 '미주 웨슬리학회'가 발족됐다. 2001년 5월 21-23일 월넛의 할러데이인 익스프레스에서 기념대회(대회장 김찬희 목사)와 함께 창립총회를 개최하는 미주 웨슬리학회는 감리교뿐 아니라 웨슬리의 신학전통을 계승한 성결교, 나사렛교단, 대한기독감리회 등 4개 교단 목회자들을 중심으로 결성된 학회로 '실천'을 중요시한 웨슬리 정신을 널리 알리는 데 목적을 두고 있다.

2002년

남가주 대형교회들의 목회자 세대교체

2002년 남가주 개신교계의 탑뉴스는 남가주 대형 교회들의 잇따른 목회자 세대교체 현상이다. 다음 세대 리더들은 1.5세 목회자들이 주를 이루었다. 2001년 연말 동양선교교회 담임목사로 강준민 목사가 부임했으며, 2002년 초 라성세계복음교회 이병희 목사의 은퇴와 더불어 이현수 목사가 한인 2세 중심의 뉴호프 채플을 설립했다. 후반기에는 토랜스제일장로교회 이필재 목사가 2002년 말 은퇴를 선언하고 한국의 갈보리교회로 떠났으며, 충현선교교회 정상우 목사는 민종기 목사에게 담임목사직을 위임하면서 2002년 말 은퇴, 원로목사로 추대됐다. 또한 나성영락교회 박희민 목사와 남가주동신교회 김상구 목사가 2003년 말 은퇴의사를 표명, 후임 청빙작업을 진행중이며 남가주사랑의교회 오정현 목사도 사임을 발표해 남가주 대형 교회 목회자들의 세대교체가 공식화된 한 해였다.

영어목회 독립

2세들이 대학에 들어가면서 교회를 떠난다는 지적이 팽배해짐에 따라 2세들의 교회를 1세들의 당회나 목회자의 행정압력에서 벗어나게 하는 해결책들이 시도됐다. 또한 2세 중심 선교단체들이 주축이 돼 미국 교계 지도자들을 집회 강사로 초청하는 등 주류 교계와의 활발한 교류를 벌인 한 해이기도 했다.

나성영락교회 영어목회(박형은 담임목사)가 처음으로 피택장로를 선출해 자체 당회를 설립했고 토랜스믿음장로교회(홍명의 담임목사)는 모교회와 한 지붕아래 있으면서도 재정, 행정적으로 독립해 미주 한인 교회의 새로운 모델을 제시했다.

재미한인기독선교재단 KCMUSA 탄생

교파를 초월한 순수 비영리재단인 재미한인기독선교재단(Korean Christian Mission USA, 이하 KCMUSA, 이사장 박희민 목사)이 2002년 7월 24일 인터넷을 통해 복음을 전 세계 땅끝까지 전파하기 위해 설립되었다. KCMUSA는 미주 한인 교회 및 기독교 기관, 신학교 정보를 보유한 Cyber Korean Christian Network(KCMUSA.ORG)을 구축, 운영하고 있어, 전 세계 어디서나 한인 교회 정보나 선교 정보, 목회자 청빙이나 각종 교계 뉴스 등을 검색하고 이용할 수 있다. 또 인터넷 방송의 역사와 함께하는 KCMUSA 설교방송은 초기에 각종 아날로그 소재에 저장되었던 방송을 디지털 파일로 전환하여, 인터넷을 통해 전 세계에서 복음방송을 시청할 수 있게 하였다.

2003년

기독교 이민 100주년 기념 준비대회 곳곳에서

2003년 미주 한인 기독교 100주년을 준비하는 모임들이 눈에 띄게 활동을 해왔다. 대표적인 행사는 뉴욕을 중심으로 하는 '미주 한인 기독교 100주년 기념사업회'(황경일 목사)와 '미주 한인 감리교 이민 선교 100주년 기념대회'(김해종 감독)였다. 특히 감리교는 뉴욕, 뉴저지, 시카고, 로스앤젤레스 등에서 지역대회를 개최, 2003년 4월 하와이 선교대회를 적극적으로 홍보했다.

남가주교협 한 지붕 두 가족

남가주교계에 두 개의 '기독교교회협의회'가 탄생함으로써, 분열과 부패상을 적나라하게 드러냈다는 비난을 받았다. 먼저 남가주교협이 회칙을 불법으로 개정하고 몇몇 이사들의 전횡과 편법이 난무하면서 파행을 불러왔다. 그러나 교계 개혁과 화합을 외치며 등장한 또 다른 남가주교협도 별다른 모습을 보여주지 못했다.

미주 찬송가공회 창립

미주에선 최초로 찬송가공회가 창립됐다. 창립총회에서는 박재호 목사(브라질새소망교회)를 회장으로 선출하고, "찬송의 질과 음악성, 영성을 높이기 위한 지속적인 연구와 새 찬송가 발굴, 복음성가의 검증 및 선별을 통해 교회음악과 찬송가의 건전한 발전을 도모할 것"을 선언했다.

웨슬리 탄생 300주년 기념 세계대회 준비

미주 웨슬리학회(회장 김찬희 박사)가 주최하고 「크리스천 뉴스위크」(발행인 조명환 목사)가 주관한 웨슬리 탄생 300주년 기념 세계대회가 7월 14-17일 LA다운타운에 있는 하이얏리전시호텔과 월셔연합감리교회(김민웅 목사)에서 개최됐다. "웨슬리 신학의 재조명"이란 주제로 열린 기념대회는 세미나와 웨슬리의 체험적 신앙회복을 위한 저녁부흥집회와 겸해서 열렸다.

2004년

뉴욕홀리클럽 창립

뉴욕홀리클럽(성시화운동) 창립예배 및 총회가 2004년 10월 5일 뉴욕효신장로교회에서 열려 초대 공동회장에 장영춘(퀸즈장로교회) 목사와 방지각(뉴욕효신장로교회) 목사가 선출됐고 평신도

홀리클럽 공동회장에는 강현석 장로와 전말용 장로가 선출됐다.

퀸즈한인교회 한진관 목사 은퇴선언

퀸즈한인교회는 '한진관 목사 원로목사 추대' 안을 통과시키고, 한 목사(당시 74세)가 현직에서 물러나게 됨에 따라 새로운 담임목사를 초빙하기 위한 청빙위원회를 구성했다. 한 목사는 후임목사가 결정되기까지 당회장직은 계속 맡는다. 한 목사는 "교회 일을 계속하면서 부흥회 인도와 해외선교에 힘쓰겠다"라고 말했다.

2005년

빌리 그레이엄 뉴욕전도대회 열려

60년 동안 185개국에서 2억 명이 넘는 이들에게 집회를 통해 복음을 전한 빌리 그레이엄 목사의 미국 내 마지막 집회가 6월 24일(금)부터 26일(주일)까지 열렸다. 대회에는 클린턴 전 미 대통령, 마이클 블룸버그 뉴욕시장 등 정계 인물도 많이 참석한 가운데 개최되었다. 대회본부 측은 3일간의 집회 기간 동안 총 23만 명 정도가 참석했으며 9천여 명이 결신카드를 작성한 것으로 밝혔다. 한인은 1만여 명이 대회에 참석해서 3백여 명의 결신자가 생긴 것으로 나타났다. 이 중 60% 이상이 10대와 20대라고 관계자는 밝혔다.

북한 인권을 위한 국제대회

워싱턴 DC에서 북한 인권의 실상을 알리고 인권개선을 촉구하기 위한 국제회의가 7월 18일부터 22일까지 열렸다. 대회를 위해서 한국에서 한기총 관계자 및 한국 교회 지도자 30명이 방미했으며 북한 인권 관련 NGO 대표와 실무자 및 탈북증언자 40여 명이 참석했다.

한인교회연합(KCC) 전국기도회 전미주 13개 도시서 개최

한인교회연합(KCC)이 주최하는 북한 인권을 위한 통곡기도회가 2005년 미주 전 지역에서 열렸다. 4월 10일 시애틀/타코마를 시작으로 미주 지역 13개 도시를 순회하며 열린 통곡기도회는 11월 27일 LA지역을 끝으로 매듭지어졌다.

이 자리에서는 한기총 인권위원장(당시) 서경석 목사와 뉴라이트운동 대표 김진홍 목사, 「미래한국신문」 발행인 김상철 장로를 비롯해 샘 브라운백 연방상원의원, 수잔 솔티 디펜스 포럼 회장, 데보라 파익스 미들랜드 목사회 사무총장, 탈북자 출신인 김성민 자유북한방송 국장과 두리하나선교회 마영애 씨 등이 참석해 북한 인권 참상에 대한 생생한 메시지와 함께 간증을 전했다.

LA성시화대회

"Whole Church, Whole Gospel, Whole LA"라는 주제로 진행된 LA성시화대회가 총 17,000여 명이 참석한 가운데 열렸다. 이 자리에는 성시화운동 세계총재 김준곤 목사, 은혜한인교회 한기홍 목사, 고 손인식 목사(당시 베델한인교회 담임), 김승욱 목사(당시 남가주사랑의교회 담임)가 강사로 나서 메시지를 전했으며 송기성 목사(당시 나성한인감리교회 담임), 민종기 목사(충현선교교회 담임), 김재문 목사(당시 사랑의빛선교교회 담임) 등 남가주 교계의 많은 목회자가 나와 기도를 인도했다.

'가스펠 코리아 2005' 미주 지역 방문

한국 복음성가 사역 30주년을 맞아 3월 26일 세종문화회관 대강당을 화려하게 수놓았던 '가스펠 코리아 2005'가 미주 지역을 찾아왔다. '2005 Gospel Korea in America' 공연은 10월 21일(금) 뉴저지베다니교회(장동찬 목사)에서 교회 창립 20주년 기념행사로 진행되었으며 22일(토)에는 뉴욕장로교회(이영희 목사)에서 뉴욕기독교TV방송(사장 박용기 장로) 창사 6주년 기념, 뉴욕장로교회 설립 35주년 기념으로 공연했다. 또한 LA지역에서 29일 오렌지제일장로교회와 30일 토랜스제일장로교회에서 공연을 펼쳤다.

이단 '만민TV방송' 송출 반대

뉴욕 뉴저지 한인 기독교계가 이단인 '만민TV방송' 송출 반대에 한목소리를 냈다. 뉴욕 일원의 한인 교회 500여 곳과 10만 성도를 보호하기 위해 각계 기관과 선교단체, 언론들이 총망라되어 구성된 '범기독교 이단대책협의회'는 성명서를 통해 △만민TV방송 시청을 거부하고 △방송에 관계된 홍보 및 광고를 재고하며 △교회와 성도들과 자녀, 이웃에 잘못된 이단성을 깨우치며 △방송이 성서적인 정상방송으로 돌아올 때까지 저지하기로 했다. 아울러 10만 명 서명운동도 전개키로 함으로써 KTV 채널17을 통하여 방영이 시작된 '만민TV(GCN TV)'의 이단성 성토가 더욱 가세되었다.

2006년

이영훈 목사 여의도순복음교회 부임

나성순복음교회 이영훈 목사가 세계 최대 교회인 여의도순복음교회 차기담임으로 12월 1일 부임했다. 담임목사 서리로 2년간 수련과정을 밟은 후, 2009년 2월 20세 이상 세례교인이 참석하는 공동의회에서 추대를 받아 담임목사로 취임하게 된다. 이 목사는 고별인터뷰를 통해 "조용기 목사의 오순절 성령신학을 잘 계승할 수 있도록 준비하겠다"라고 밝혔다.

남가주 첫 대각성집회

뉴욕 할렐루야 복음화대회와 같은 대규모 영성집회가 남가주에서 처음으로 열렸다. "이 민족을 살리소서"를 주제로 11월 3-5일 남가주교협이 주최한 '남가주 영적 대각성 대회'에는 연인원 3천여 명이 참석, 한반도에서의 핵 위협 제거와 LA의 영적 각성 부흥을 위해 한마음으로 기도했다. 또 8월 17-21일 산호세에서 첫 북가주선교대회가 열려 눈길을 끌었다.

나성청운교회 예배당 매각 사태

LA한인타운 내 대형교회당으로 널리 알려진 나성청운교회(이준만 목사)가 소속노회와 교단을 탈퇴하고 나성한인감리교회(송기성 목사)에 예배당 매각을 몰래 추진해 충격을 던졌다. 이에 KPCA 서노회(노회장: 림형천 목사)는 9월 7일 열린 정기노회에서 이준만 목사를 면직 결의했다.

시카고 가나안장로교회 분규

시카고 지역의 대표적인 대형 한인 교회 중 하나인 가나안장로교회가 후임선출을 둘러싸고 큰 갈등을 겪었다. 30년 전 이 교회를 개척, 시무해온 이용삼 목사의 은퇴와 후임선출 불간섭을 요구하는 평신도들의 요구가 커지고 결국 노회에서 전권위원회를 통한 중재를 시도했으나 이 목사와 견해를 같이하는 400여 명이 12월 5일 교인총회를 개최, 중서부한미노회 탈퇴를 결의함으로써 사태는 악화일로를 걷고 있다.

2007년

1907 평양대부흥 사모하며 개최한 각 지역별 대형집회

5월 뉴욕 지역에서 처음으로 작은 규모 지역 코스타 집회가 열렸다. 한인 디아스포라 청년을 위해 22년 전 시작한 코스타 집회에 지역 목회자와 유학생을 비롯한 많은 청년이 참여했다. 6월에는 뉴욕·뉴저지·필라 지역 54개 교회가 연합해 '1907 평양 대부흥운동 100주년 영적 대각성연합집회'를 개최했다.

이와 함께 뉴저지한인교회협의회에서 개최하는 '2007 호산나 전도대회'가 어른과 청소년 그룹을 대상으로 각각 펼쳐졌다. 남가주에서는 영적대각성과 회개운동을 위해 '남가주영적대각성대회'를 개최했다. 11월 30일부터 12월 3일까지 열린 대회는 '목회자 위로의 밤 행사'를 끝으로 폐막됐다.

PPP 미국 LA 시가지 행진 및 화해와 평화기원 LA 집회

2007년 9월 15일 오후 3시 LA 올림픽가는 십자가 물결로 넘실댔다. 2007 미주 화해와 평화의 PPP 십자가 대행진(Peace Parade for People, 본부대표: 김영진 의원, 미주대회장: 박희민 목사)이 LA한인회(회장 남문기)와 남가주기독교교회협의회(회장 박종대 목사) 공동주최로 LA에서 개최되었다.

D-12 USA 컨퍼런스

뉴욕 전도대학에서 선풍적인 인기를 모았던 '두날개양육시스템'이 지난 8월 20일부터 22일까지 열린 'D-12 컨퍼런스'를 통해 소개됐다. 컨퍼런스에는 뉴욕·뉴저지·필라 지역 목회자 및 성도가 대거 참석해 큰 호응을 얻었다. 김성곤 목사(부산 풍성한교회)가 직접 강사로 나섰으며 1단계 컨퍼런스와 12월 18-20일까지 순복음뉴욕교회(김남수 담임)에서 진행된 2단계 컨퍼런스에 각각 7백여 명이 참석했다.

2008년

장경동 목사 불교비하 발언 파문

순복음뉴욕교회에서 집회하던 장경동 목사(대전중문침례교회)가 불교 관련 발언으로 큰 구설수에 올랐다. "기독교는 가는 데마다 잘되고 불교가 들어간 나라는 못산다" 등의 발언으로 타종교 폄하라는 비난을 받았다.

이영희 목사, 교단서는 면직되고 목회는 시작

2007년 3월 뉴욕장로교회에서 간음죄를 고백한 후 소속교단으로부터 3년 정직처분을 받은 바있는 이영희 목사가 결국 소속교단을 탈퇴하고 뉴욕예람교회의 청빙을 받아들여 11월 9일 담임목사로 재기했다. 그러나 미주 한인 예수교장로회 뉴욕서노회에서는 교단의 치리에 불복한 이영희 씨에 대해 목사면직을 선언했다.

LA마라톤 일자 마침내 변경

지난 23년간 주일에 열려온 LA마라톤대회가 마침내 월요일로 변경되어 열리게 되었다. 이는 남가주 한인 교계와 백인·라티노·흑인 기독교계 등의 공동노력이 결실을 맺은 것으로 평가되고 있다. 1994년부터 마라톤 날짜변경 운동을 주도해 온 'LA마라톤 날짜변경추진회' 위원장 송정명 목사는 "지난 14년간의 기도제목에 하나님께서 응답해 주신 것을 깊이 감사드린다"라고 소감을 밝혔다. LA마라톤대회는 5월 넷째주 월요일인 '메모리얼 데이'로 최종 확정되었다.

이단·사이비 극성

신천지와 안산홍증인회(하나님의교회), 구원파(박옥수), 레마(이명범) 등 이단·사이비들이 미주로 몰려들어 극성을 부리고 있었다. 특히 한국 교회에 큰 피해를 입힌 신천지가 본격적으로 미주에 추수꾼을 파송하고 있으며, 현재 LA의 각 한인 교회에 400여 명의 추수꾼이 들어가 있는 것으로 파악되고 있다. 2008년에 몇몇 교회가 추수꾼들로 인해 심각한 어려움을 겪었으며, 2009년부터는 본격적으로 난리가 날 것으로 예상되기도 했다.

2009년

뉴욕교계 단체들, 한독선연 뉴욕안수 반대

한국독립교회 및 선교단체연합회(총회장 김상복 목사, 이하 한독선연)가 9월 뉴욕에서 목사안수식을 연다고 광고를 하자 뉴욕교협과 뉴욕목사회가 강하게 반발하고 반대성명서를 발표했다. 순복음뉴욕교회 측이 장소사용을 불허하자 한독선연 측은 리버사이드교회에서 안수식을 강행하고 15명에게 안수를 주었다.

뉴욕교계 선교 업그레이드

2009년 뉴욕에 선교바람이 불었다. 작은 교회들의 연합선교, 미전도종족선교, 이슬람선교,

어린이선교 등 다양한 바람이 불었다. 9월 열린 교육선교 전략회의에서는 10/40창을 주장한 세계선교전략가인 루이스 부쉬 목사와 김남수 목사가 손을 잡고 어린이선교에 포커스를 맞춘 "4/14 창"을 소개했다. 가장 강한 바람은 제2회 세계청년선교대회이다. 대회장 김혜택 목사 등 뉴욕교계 목회자들의 주도로 2천5백여 명이 참가한 가운데 12월 27-30일 뉴욕 업스테이트 로체스트 리버사이드 컨벤션센터에서 열렸다.

뉴욕의 한인 교회들 세대교체

한세원 목사(뉴욕영락교회)는 최호섭 목사에게, 김정국 목사(뉴욕한민교회)는 주영광 목사에게, 신석환 목사(뉴욕새빛교회)는 이영호 목사에게 세대교체를 하고 뉴욕을 떠났다. 또 박수복 목사(뉴욕수정교회)가 은퇴하고 1.5세 스티브 황 목사가 담임으로 취임했다. 퀸즈장로교회 장영춘 목사는 박규성 목사를 후임으로 결정하고 후임수업을 시키고 있다.

2010년

아이티, 칠레 대지진 피해복구 지원

2010년 1월 12일 발생한 아이티 지진과 2월 27일 칠레 지진 피해복구를 위해 남가주교계가 합심하여 기도하며, 구호물품과 기부금을 전달했다. 전 세계 최빈국 중 하나로 꼽히는 아이티는 지진으로 인해 22만 명이 사망했으며 지금은 극심한 지진 피해와 콜레라가 창궐해 지속적인 기도와 후원이 필요한 상태다.

남가주교계, 연평도 도발 규탄 선언문 채택

남가주교협, OC교협, 남가주한인목사회, OC목사회의 교계 지도자들은 2010년 11월 23일 발생한 북한의 연평도 포격사건이 발생하자, 규탄 선언문을 채택하고 대한민국의 본토를 포격한 것은 휴전 이후 60년간 전례가 없는 사건이라며 이를 평화를 깨뜨린 무력도발이며 야만적 공격행위라고 규정했다. 11월 28일과 12월 5일을 조국을 위한 기도의 날로 선포하고, 하나님께서 민족의 화합을 회복하게 해주시기를 기도하는 시간을 가졌다.

남가주 한인 교회들 젊은 리더십으로 교체

유니온교회(문병용 목사), 사랑의빛선교교회(최 혁 목사), 나성한인교회(김성민 목사), 남가주로고스교회(유재문 목사), 나성한미교회(전병주 목사), 선한청지기교회(송병주 목사) 등의 교회들이 2010

년 새로운 담임목회자를 청빙했다. 1세 원로목사들은 은퇴시기를 맞아 아름다운 마무리를 짓고 원로목사로서 동역하면서 해외선교사로 헌신하거나 대외 선교, 집회 인도를 위한 활동을 하고 있다. 젊은 목회자들은 대부분 1세 목회자들의 신앙과 전통을 이어받은 준비된 목회자이거나 1.5세로서 미국의 교육과 문화 등을 바르게 이해하고 있어 남가주교계에 신선한 영향력을 끼치고 있다.

연말 불우이웃 돕기 위한 '사랑의 쌀' 나눔운동 활성화

남가주 각 교회에서 실시되던 불우이웃을 위한 쌀 나눔운동이 2009년 LA총영사관, 한인회 등 한인단체 및 언론들과 함께 제1회 사랑의 쌀 나눔운동이 시작됐다. 2회를 맞은 2010년에도 독거노인들과 한인 커뮤니티 내 불우이웃들에게 사랑의 쌀을 전달해 훈훈한 감동을 전하고 있다.

한인 연합감리교회 전국지도자대회

40여 교회 200여 명의 미 연합감리교회(UMC) 한인교회 성도들과 목사들이 참가한 가운데 한인 연합감리교회 전국지도자대회가 2010년 5월 28일(금)부터 31일까지 후러싱제일교회(김중언 목사)에서 열렸다. 2010년 대회의 주제는 '쉼터'이다. 개회예배는 박정찬 감독(뉴욕연회), 저녁 연합집회는 김낙인 목사(하와이그리스도교회)와 이훈경 목사(디트로이트교회), 폐회예배는 맹의섭 장로(시카고제일연합감리교회)가 말씀을 전했다.

2011년

김정일 사망, 교계 지도자들도 충격

북한 김정일 국방위원장이 2011년 12월 17일 과로로 인한 급성 심근경색과 심장 쇼크로 사망했다. 사망 사실은 2일 동안 극비에 부쳐졌으며 19일 정오 조선중앙방송을 통해 사망 소식이 공식 발표됐다.

한인 2세 참여 늘어…북한 인권 개선 위한 움직임 KCC 햇불대회

북한자유를위한교회연합(KCC) 햇불대회가 "Voice for Freedom"이라는 주제로 7월 27일부터 열렸다. 기자회견을 시작으로 국회의사당 웨스트론 집회, 국회의원 방문, 저녁집회(28-29일) 등으로 이어지며 주류사회와 한인 사회에 북한 인권의 참상을 고발했다. 특히 KCC활동에 한인 2세들의 참여가 높아지면서, 북한 인권 개선을 위해 헌신하겠다는 차세대들도 등장하고 있다.

"고난 컸지만 축복 많았다" 강영우 박사 마지막 편지

갑자기 발견된 췌장암으로 한 달이라는 짧은 시한부 삶을 선고받은 강영우 박사가 지인들에게 보낸 마지막 작별의 편지가 워싱턴교계를 가슴 아프게 했다.

「워싱턴포스트」가 선정한 2011 슈퍼 닥터에 뽑힌 첫째 아들 진석 씨와 10월 미국 대통령 선임법률고문으로 뽑힌 둘째 진영 씨의 겹경사가 있던 2011년 뜻밖의 죽음의 문턱에 선 강 박사는 의외로 담담하게 지인들에게 작별을 고하고 있다. 그는 당시 「중앙일보」와의 인터뷰에서 "삶과 죽음은 하나님이 아시고 결정하는 것이다. 죽음은 나쁜 게 아니고 아름다운 세상으로 가기 위한 하나의 과정"이라며 신앙을 드러내기도 했다.

2012년

한미기독회관 건립 추진

남가주한인목사회(회장 김영대 목사)의 '한미기독교회관' 건립사업이 2012년 4월 본격 시작됐다. 예배실, 사무실, 휴게실 등을 갖추게 될 회관 건립에는 3년여의 기간과 500만 달러의 예산이 소요됐다. 109년이나 되는 미주 한인 기독교 역사에도 불구하고 교계 인사들이 한자리에 모여 교계의 전체적인 운영방안과 사업계획 등을 논의할 수 있는 자체 공간이 없는 것에 아쉬움을 가지고 있었던 한인 개신교계는 이번 건립사업이 완료되면 교계 활동이 더욱 조직적으로 활성화될 것으로 기대하고 있다.

이민신학연구소 서베이

이민신학연구소(소장 오상철 목사)와 내셔널서베이위원회(조직위원장 박희민 목사)가 한인 이민 역사상 처음으로 2011년 1월부터 2012년 3월까지 실시한 '2011-2012 북미주 전국 한인 교회 실태조사' 결과가 2012년 6월 19일 발표됐다. 이 결과에는 목회자와 신도들이 가지고 있는 다양한 생각과 기독교계의 흐름에 대한 객관적인 자료와 트렌드 등이 담겨 있어 앞으로 기독교계가 나가야 할 방향을 결정하는 데 상당히 유익한 자료가 될 것으로 전망되었다.

결혼 정의 변경 거부

다수의 한인 교회들이 소속되어 있는 미국의 대표적인 개신교교단인 미국 장로교(Presbyterian Church USA)가 동성애자들을 의식한 '전통적인 결혼의 정의 변경'을 거부했다. PCUSA 대의원들은 7월 5일 펜실베이니아 피츠버그에서 열린 제220차 총회에서 4시간에 가까운 토론 끝에 결혼의 정의를 '한 여자와 한 남자 간의 시민계약'(a civil contract between a woman and a man)에서 '두 사람 간의 언약'(a covenant between two people)으로 바꾸자는 내용의 헌법개정안을 338 대 308이라는 근소한 표차로 부결시켰다. PCUSA 교단에는 2012년 당시 한미노회 산하 24개(남가주 소재)를 비롯, 400개에 가까운 한인 교회가 속해 있는 것으로 알려졌다.

'주빌리 통일구국기도회 네트웍' 등 남북통일 기도 불길

한반도의 평화통일을 향한 크리스천들의 간절한 염원을 담은 기도의 불길이 타올랐다. 남가주기독교교회협의회, OC기독교교회협의회, 주빌리 통일구국기도회 네트워크는 2012년 10월 11일부터 은혜한인교회 세계기도센터에서 '주빌리 구국기도회'를 시작, 남가주 전역으로 확대되었다.

다민족연합기도회 성황

다민족연합기도회가 10월 27일 LA크렌셔 크리스천센터 페이스 돔에서 열렸다. 마지막 영적 보루를 뜻하는 "A Line in the Sand"(모래 위의 선)라는 주제로 "Rose Bowl Gathering"이 주최하고 남가주교협, 남가주한인목사회, OC교협, 미주성시화운동본부 등이 주관한 이 행사에는 약 1,500명의 한인 및 타인종 크리스천들이 참석했다. 참석자들은 여러 주에서 동성결혼이 합법화되고 음란문화가 창궐하고 있는 미국이 회복되도록, 일주일 앞으로 다가온 대선에서 하나님에 의해 쓰임 받을 수 있는 대통령이 선출되도록 간절히 기도했다.

2013년

동부 지역 열린말씀 컨퍼런스

'2013 동부 지역 열린말씀 컨퍼런스'가 4월 19-21일까지 기쁨의교회(박성일 목사)에서 개최됐다. 열린말씀 컨퍼런스는 지난 11년간 지속된 행사로 고정 강사들이 협력하여 매년 2-3회 미주 동부와 서부, 캐나다에서 열리고 있다.

한민족 복음화대회

한민족 복음화대회가 대한민국의 해외 이민의 첫 도래지요, 세계 한인 교회의 첫 열매요 시작인 하와이에서 한인 이민 기독교 110주년 기념과 더불어 4월 10일(수요일)에 하와이 한인기독교총연합회(회장 황성주 목사) 주최로 그리스도연합감리교회(김낙인 목사)에서 열렸다.

한민족 복음화대회의 주강사로는 여의도순복음교회 원로인 조용기 목사와 담임인 이영훈 목사 외 인천내리감리교회 담임인 김흥규 목사와 서울축복교회 담임인 김정훈 목사이다. 또한 복음화대회 기간 중 오전에는 목회자세미나와 해외선교사들을 위한 모임이 있었다.

풀러 목회자세미나

풀러신학교 한인 M.Div. 동문회(회장 박세헌 목사) 주관으로 '2013 Fuller 목회자세미나'가 2013 6월 10일 LA에 있는 JJ Grand Hotel에서 열렸다. 강사는 "깡통교회"로 널리 알려진, 전주 안디옥교회 제2대 담임목사인 박진구 목사(Fuller 한인 총동문회 회장)였다.

2014년

존 맥아더 목사 '한인 교계를 말하다'

미국교계와 언론이 꼽는 '21세기 가장 영향력 있는 목회자' 중 하나인 존 맥아더 목사는 2014년 2월 「LA중앙일보」와의 단독 인터뷰를 했다. 미국교계 흐름에 비추어 한국 교회를 진단했던 맥아더 목사의 발언은 한인 교계에 큰 반향을 일으켰다. 그는 "오늘날 교회가 정작 잃은 것은 성경"이라며 본질로의 회복을 강조했다.

세월호 참사 희생자 애도하며 부활의 소망을 전해

부활절을 맞아 미주 한인 기독교교계가 지역별로 연합예배를 드리면서 세월호 참사의 희생자들을 애도했다. 남가주교계는 2014년 4월 20일 오전 5시 30분, 동양선교교회에서 남가주교협 주최로 연합예배를 드렸다. 뉴욕교계와 뉴저지교계는 뉴욕 지역 25개 교회와 뉴저지 지역 13개 교회에서 4월 20일 오전 6시에 지역별 부활절 새벽연합예배를 드렸고, 특별히 세월호 참사의 희생자들과 유족들을 위한 특별기도의 시간을 가졌다. 애틀랜타교계도 애틀랜타한인교회협의회 주최로 애틀란타연합장로교회와 베다니장로교회에서 연합예배를 드렸다. 시카고교계도 지난 4월 20일(주) 오전 6시, 시카고 10개 지역에서 부활의 기쁨과 의미를 되새기는 한편, 세월호 참사 희생자들을 애도하는 부활절 새벽연합예배를 드렸다.

미국교계 흔든 성(性) 이슈

미국 최대 장로교단인 PCUSA가 2014년 6월 결혼에 대한 의미를 남자와 여자가 아닌 '두 사람의 결합'으로 재규정했다. 이는 미국 교회뿐 아니라 동성결혼 반대 인식이 높은 한인 교회까지 적극 반발하면서 교단 탈퇴 흐름으로까지 이어졌다. 미국 내 대형교회 목회자들이 잇달아 불륜 문제로 사임하는 사건도 발생했다. 한때 미국교계에서는 이를 '위험한 전염병'이라 부르며 우려를 표했다.

북한 억류 케네스 배 씨 석방

미국 시민권자로는 가장 긴 2년간 북한에 억류됐던 린우드의 케네스 배(한국명 배준호, 46) 씨가 2014년 11월 8일 전격적으로 석방돼 가족 품으로 돌아왔다. 선교사로 중국에서 북한전문 여행사를 운영하며 북한을 드나들었던 배 씨는 2012년 11월 3일 북한에서 억류된 뒤 2013년 4월에 15년의 노동교화형을 선고받고 2년 넘게 억류 생활을 해왔다.

2015년

'충격'과 '공포', IS

전 세계적으로 IS(이슬람국가)와 이슬람에 대한 관심이 뜨거웠다. 수니파 이슬람 무장단체인 IS는, 그 이름이 알려지기 시작한 지 얼마 되진 않았지만 잔인무도함으로 전 세계인들을 순식간에 공포에 빠뜨렸다. 특히 인질들을 잔인한 방식으로 처형하고 그 모습을 동영상으로 유포하는가 하면, 세계적 대도시인 프랑스 파리에서 테러를 벌이고, 고대 유적들을 훼파하는 등 끔찍한 만행들을 이어가고 있다. 이로 인해 중동 기독교 소멸 우려까지 나오고 세계적으로 다문화와 난민정책에 대해서도 논란이 이는 가운데, 생사를 초월한 많은 기독교인들의 숭고한 소식이 도전을 주기도 했다.

동성애 문제

미국 교회와 마찬가지로 동성애 문제가 여전히 핫이슈였다. 특히 미국 장로교 소속 한인 교회들의 이탈과 잔류가 여론의 중심에 있었는데, 이탈을 원하는 교회들은 교단과의 쉽지 않은 협상이 발목을 잡았으며 잔류 교회는 보수적인 교인들을 어떻게 설득해 나가느냐가 관건이었다. 한인 교회들이 많이 속해 있는 연합감리교단도 동성애 반대 여론이 높지만 불씨는 꺼지지 않은 채로 있다.

미주의 교회연합운동의 문제 노출

한국에서도 한국기독교교회협의회, 한기총, 한교연이 세력 싸움을 벌임으로써 대표성이 많이 상실되었듯이 미주의 교회연합운동도 대표성을 상실한 지 이미 오래다. 지난해 지면을 달구었던 남가주교회협의회를 비롯해 남가주목사회, 성시화운동본부, 미주 한기총 등 단체들이 저마다 대표성을 주장하고 있지만 대부분의 교회들은 외면하고 있는 상태다.

교계 한 언론인은 "1990년대 중반 이후 보여준 교협의 역사에 대해 'LA에서 없어져야 할 단체'라는 표현이 솔직한 평가이다"라고 하면서 "새 술은 새 부대에 담으라는 말과 맛을 잃은 소금은 거리에 버려져 발로 밟히게 된다는 표현은 지금의 교협에 대한 가장 적합한 예라 할 수 있다"라고 지적했다.

2016년

미주 세이연 한국 세이연과 잠정적 결별

세계한인기독교이단대책연합회(대표회장 진용식 목사, 이하 세이연)가 균열을 보이고 있다. 출범 5년째를 맞은 세이연은 잠정폐쇄를 결정하고 2월 15일 개최 예정인 총회를 무기한 연기했다. 미주 세이연 임원들은 1월 15일 LA에서 기자회견을 갖고 사실상 세이연이 둘로 갈라서게 됐음을 발표했다. 관계자들은 이번 사태의 배경에 이단시비가 끊이지 않고 있는 '두 날개'가 연관되어 있다고 밝혔으며, 세이연 미주 회장 김순관 목사는 "진용식 목사가 '두 날개'라는 특정단체에 대해 옹호 내지는 비호하려는 의도와 관련해 정치적 외압이나 금권유혹에 영향을 받지 않고 순수하고 건전하게 이단연구 및 대책을 하기로 한 세이연의 설립취지에 어긋난다"라고 한국 일부 회원들과의 단절 배경을 설명했다.

PCUSA 동성애정책대응 새 모델 '복음주의연합'

미국 장로교(PCUSA)의 동성애 정책에 반발하는 한인 교회들이 늘고 있는 상황에서 아틀란타노회에 소속된 10여 개 한인 교회들이 2월 29일 아틀란타연합장로교회에서 '복음주의연합' 결성을 위한 기자간담회를 가졌으며 3월 13일에는 출범 감사예배를 드렸다. '복음주의연합'은 △개교회 모든 목회 사역과 목회자들의 이동을 관장할 수 있는 자치성 △복음주의적이며 보수신학을 추구할 수 있는 자율성 △선교와 교회 개척의 주도성 △목회자 후보생 안수와 시험 등의 독립성 등을 보장한다.

AZUSA NOW 다민족기도대회

1906년 LA아주사 거리에서 시작된 미국의 부흥이 다시 한번 일어나기를 갈망하는 10만 기도의 함성이 로스앤젤레스 메모리얼 콜로세움에 울려 퍼졌다. 2016년 4월 9일 오전 7시부터 오후 10시30분까지 열린 '아주사 나우'(Azusa Now) 참석자들은 인종과 민족, 언어의 장벽을 초월해 한마음으로 LA와 캘리포니아, 미국과 세계의 부흥을 간구했다. 미국 중보기도단체인 더콜(The Call)이 주최한 아주사 나우 다민족기도대회는 비가 내리는 궂은 날씨임에도 불구하고 기도의 용사 10만여 명이 참석하는 열의를 보였다.

제8차 한인세계선교대회 개막

세계 한인들의 선교올림픽 한인세계선교대회(KWMC)가 아주사 퍼시픽대학교에서 6월 6-10일에 개최됐다. 그동안 동부 시카고에서 개최해왔던 대회가 이번에 처음으로 서부에서 개최되어 미주 선교계의 관심을 모았다. 대회는 1차 때부터 참석해 이 대회를 함께 이끌어온 차현회 목사의 환영사에 이어 존 R. 왈러스 박사(아주사 퍼시픽대학교 총장)가 설교("A City on a Hill")하고 마크 레버튼 박사(풀러신학대 총장)와 정운찬 박사(전 국무총리)가 축사를, 토마스 왕 박사(명예대회장)가 영상으로 축사의 말을 전했다.

2016 대뉴욕복음화대회

할렐루야 2016 대뉴욕복음화대회가 7월 15일부터 17일까지 프라미스교회(김남수 담임목사)에서 열렸다. 강사 원팔연 목사(전주바울교회 담임)는 성결교단 소속으로 정진경 목사 이후 성결교 목사로는 두 번째로 초청됐다. 원팔연 목사는 첫날 "선민이여! 하나님을 감동케 하십시다"(창 12:1-12), 둘째 날 "선민이여! 꿈을 가집시다"(창 37:5-11), 셋째 날 "하나님의 위대한 소원"(딤전 2:1-4)이라는 제목으로 설교했다.

2017년

종교개혁 500주년 기념행사들

미국 서부 지역에서 종교개혁 500주년을 맞이하여 개최된 행사들 중에서 LA기윤실이 기획한 두 번의 기념행사가 돋보였다. 2017년 4월에 열린 특별강연에는 숭실대 권연경 교수가 "건강한 교회를 꿈꾸고 가꾸는 그리스도인"이라는 제목으로 종교개혁을 통해 한국 교회의 현주소와 미래를 짚어보았다. 그는 한국 교회의 현실을 신랄하게 비판하는 한편, 이러한 현실의 갱신을 위해서는 사회윤리적 감수성을 갖춘 실천운동이 필수적이라고 지적하였다.

목회자 이동

뉴저지초대교회의 한규삼 목사가 한국의 충현교회로, 동양선교교회 박형은 목사가 뉴저지초대교회로 이동하는 것으로 알려졌다. 2016년 한 해 동안 내홍을 겪었던 나성영락교회가 2017년 첫날을 기점으로 박은성 목사를 담임목사로 청빙했다. 한국 명성교회 부목사 출신으로, 비교적 짧은 목회경험과 젊은 나이 등에 비추어 볼 때 예상치 못한 결정이었다는 평가를 받았다.

2018년

뒤집힌 명성교회 세습 판결

명성교회 세습 논란은 2018년 한해 한국을 비롯한 미주 한인교계에도 엄청난 파장을 불러왔다. 끝난 줄로만 알았던 논란에 다시 불이 붙었기 때문이다. 소속교단(예장통합) 재판국이 사실상 세습을 용인한 판결과 관련, 2018년 9월 총회가 이를 뒤집어서다. 이에 따라 교단 내부에서는 재심이 이루어지고, 명성교회 측은 향후 이 문제를 사회 법정으로까지 끌고 갈 수도 있다는 의사를 밝혔다. 미주 지역 최대 교단이자 예장통합을 전신으로 두고 있는 해외한인장로회(KPCA)에서도 명성교회 세습 반대성명을 발표해 이번 논란은 한인 교계로까지 번졌다.

'처치 투(church too)' 운동

2018년, 교계를 뒤흔든 이슈는 바로 '처치 투'(#Church Too, 교회에서도 당했다)였다. 이는 성폭력 피해를 고발하는 '미투'(#Me too) 캠페인을 통해 교회 내에서도 침전되어 있던 어두운 이야기가 속속 터져나왔기 때문이다. 유명 목회자였던 빌 하이벨스 목사(윌로크릭교회)가 과거 성추행 의혹이 불거져 사임했고 미주 한인교계 출신으로 한국 온누리교회에서 시무했던 한 1.5세 목회자 역시 교인과의 부적절한 관계가 드러나 목회를 그만뒀다.

빌리 그레이엄, 유진 피터슨 목사 별세

20세기 가장 위대한 복음 전도자이자 '국민 목사'로 불린 빌리 그레이엄 목사가 2018년 2월 눈을 감았다. 그레이엄 목사의 죽음은 미국교계뿐 아니라 한국교계에도 울림이 컸다. 과거 한국에도 수차례 방한해 집회를 개최하면서 한국교계에 미친 영향력이 컸기 때문이다. 또한 지난 10월

'목회자들의 목회자'로 불려왔던 유진 피터슨 목사의 별세 역시 교계에 안타까움을 전했다.

이민자보호교회 활동 본격화

이민자보호교회(이하 이보교)가 지난 7월 26일 저녁 7시 뉴저지 패어론에 위치한 뉴송교회(김신율 목사)에서 "뉴저지 이민자보호교회 설명회 및 무료 법률상담"이 열렸다고 전했다. 이민자보호교회가 주최하고 뉴저지교회협의회(회장 윤명호 목사)가 주관한 이 행사는 뉴저지에서 이민자보호교회 활동의 본격적 시작을 알리는 첫 행사였다. 이민자보호교회는 이민서류 미비 청소년들이 대규모 추방 당하는 것을 막기 위해 노력하는 미국 한인 교회들로 구성되어 있다. 행사를 마친 후에는 이민관련 무료 법률상담이 이어졌다. 또한, 참가자들 중 뉴저지 지역 목회자들 7명과 변호사들이 앞으로 뉴저지 이민자보호교회 활동에 함께할 것을 다짐하는 시간을 가졌다. 한편 뉴저지 이보교 TF는 8월부터 정기적인 모임과 활동을 시작할 계획이라고 전했다.

2019년

연합감리교, 동성애 입장 정리 위한 특별총회 개최

2017년 4월, 연합감리교 사제위원회는 2월 23일부터 26일까지 미주리주 세인트루이스에서 열리는 특별총회에서 장기간 논의해 온 동성애에 대한 입장을 정리하기로 했다. 이 특별총회에 앞서, 연합감리교는 위원회를 조직하고 분열된 내부논쟁을 해결하기 위해 '한 교회 계획', '전통적 계획', '연결된 콘퍼런스 실시 계획' 등 3개의 중요한 계획을 정했다.

2020년

연합감리교회 교단상황 설명회

2019년 2월 특별총회 이후 시작된 UMC의 진통이 새로운 연합감리교회의 출범으로 이어질 것인지 귀추가 주목된 가운데 이에 대한 설명회가 남가주주님의교회에서 2020년 2월 16일 오후 4시에 열렸다. 이날 열린 교단상황 설명회는 지난 2월 3일 총감독회의의 서명으로 이뤄지고 2월 7일 발표된 교단총회 교단분립 의정서에 의한 것으로 연합감리교회를 PSUMC(Post-Separation UMC)로 분리 후 연합감리교단(진보/중도교단)과 보수성향을 가진 새정통주의연합감리교단(New Methodist Church)으로 분리하는 것을 골자로 하고 있다.

한인 교회들 대부분 온라인예배

중국 우한에서 발생한 코로나19의 미국 상륙으로 트럼프 대통령이 미국을 재난 지역으로 선포하고 준전시체제에 돌입했다. 특히 한인들이 가장 많이 거주하고 있는 로스앤젤레스와 뉴욕은 대도시인 만큼 발병확률도 높아 대부분의 한인 교회들은 온라인예배를 실시하고 있다.

제69회 '국가기도의 날' 한인 교계 동참

지난 5월 7일 제69회 국가기도의 날을 맞아 미주 전 지역에서 기도회가 열리고 있는 가운데 남가주 한인 교계와 뉴욕교협, 뉴저지교협도 합류해 기도회를 개최했다. 하박국 2장 14절을 주제로 정하고 코로나19로 인해 순서자들만 참석한 가운데 온라인예배로 진행됐다.

대규모 온라인 찬양제 열려

미주 지역 한인 교회를 대상으로 '온라인 찬양제'가 열렸다. 주최 측인 KCMUSA(재미한인기독선교재단)는 대상 상금으로 1만 달러 등 각 수상팀을 위해 총 2만 달러의 상금도 마련했다. 이번 찬양대회는 미주 지역 내 한인 교회 소속, 12명 이상으로 구성된 교회 찬양대라면 참가할 수 있었다. 코로나19로 많은 팀이 참석하지 못한 아쉬움이 있었지만, 예선과 본선을 거치면서 새로운 찬양 형태인 Virtual Choir에 적응하면서 함께 모여 부르는 찬양 못지않은 음악의 완성도를 보여주었다.

2021년

한인 교회 주요 교단 총회 비대면으로

코로나바이러스 감염증(Covid-19) 확산의 장기화로 각종 모임이나 회의가 무산 또는 연기되고 있는 가운데 미주 지역의 주요 교단들 역시 2020년에 이어 2021년도 연기 또는 화상을 통한 비대면 중심으로 총회가 진행됐다. 대부분의 교단들은 소수의 관계자들만 참석하고 나머지는 온라인을 통해 총회에 참석하게 되는 온라인과 오프라인을 동시에 겸한 하이브리드 총회로 개최되었다.

2021년 미주 한인 교회 현황 발표

한인 교계가 팬데믹으로 인해 직격탄을 맞았다. 그동안 코로나 사태가 교계에 악영향을 미쳤다는 소리는 곳곳에서 들렸지만 이러한 실상이 통계적으로 확인이 됐다는 점에서 충격이다.

기독교 비영리기관인 재미한인기독선교재단(KCMUSA 이사장 박희민) 측이 2021년 미주 한인 교회 통계를 발표했다. 그 결과 미주 지역 내 한인 교회는 2,798개로 확인됐다. 이는 지난 2019년 조사(3514개) 때와 비교하면 무려 658개(약 20%)가 줄었다. 불과 2년 만에 한인 이민 교회 650여 개가 문을 닫았다. 한인 교회 5곳 중 1곳이 없어진 셈이다. 특히 이러한 감소는 팬데믹 사태 가운데 소형교회가 외적 여건에 상당히 취약하다는 점을 드러낸 것으로 분석된다.

● 대표적인 이단 다미선교회와 신천지로 놀란 이민 교회

다미선교회

1990년대 세기말을 틈타 한국의 이장림 목사(1948년생) 중심으로 생긴 유사 개신교 계열의 사이비종교로서 1992년 10월 28일 휴거가 일어난다는 유언비어로 한국 사회는 물론 미주 한인 사회에도 큰 물의를 일으켰다. 이장림 목사는 원래 기독교 서적을 전문적으로 번역, 출간하는 '생명의말씀사'의 번역가였다. 사건 이후에는 이름을 '-답게 살자'라고 해서 '이답게'로 바꿨다고 한다. 1980년대 후반에 출판한 이장림의 저서 『다가올 미래를 준비하라』에서 따와서 '다미선교회'라고 이름을 지었다.

이 이단종교가 유명한 이유는 바로 휴거 주장 때문이었다. 1990년대는 1999년 노스트라다무스의 예언으로 흉흉했던 세기말 분위기와 맞물려, 종말론을 내세우는 신흥종교들이 많이 탄생한 시절이었다. 다미선교회는 노스트라다무스의 예언과 요한계시록을 근거로 해서 1992년 10월 28일 휴거가 일어난다는 주장으로 신자들을 모았다. 그런데 성경만 봐도 복음서에서 그 날은 천사도 모르고 오직 하나님만이 아시며 예상치 못한 때에 갑자기 온다고 했다. 개신교계에서는 당연히 이단으로 취급되었지만 그럼에도 불구하고 많은 사람들이 이들의 종말론에 속아 넘어갔다.

이들이 활동하기 시작한 것은 대략 1980년대 후반이라고 알려졌는데 이때부터 명동이나 서울역 등 주요거리에서 길거리전도를 했다고는 하지만, 본격적으로 사회 이슈가 된 것은 1990-1991년 즈음부터였다. 시한부 종말론을 다룬 종교서적들이 서점에 다수 등장한 데다 1991년에 KBS 사랑방 중계, 뉴스비전 동서남북, MBC PD수첩 등이 다미선교회와 시한부 종말론에 대해 다루면서 이들의 존재가 널리 알려지게 되었다. 물론 방송에서 다미선교회를 딱히 긍정적으로 다룬 것은 아니었지만, 다미선교회에서는 이를 오히려 포교의 기회로 삼아 상당수 신도들을 흡수했다.

한편 이런 시한부 종말론이 사회 문제화 될 때 헐리우드에서 활동했던 홍의봉 감독은 '휴거'란 영화를 제작하여 선보이기도 했다. 이 영화는 성서에 나오는 종말적 상황이 여기저기 나타나는 오늘날의 세태를 그려가는 한편 신앙의 힘으로 이를 극복해내자는 내용의 영화로서 다미선교회의 휴거 주장과는 달랐다. 갈등과 싸움으로 대립하던 어느 재미교포 가족이 기독교에 귀의, 재림예수를 맞이하기 위해 화합의 용서로 옛 상처를 씻어간다는 것이 줄거리였고 탤런트 정영숙·이종만이 주연했다. 미주 한인 교회들이 이 영화를 단체로 관람하기도 했다.

신천지

현재까지도 미주 한인 교계에서 경계의 대상으로 삼는 이단 신천지의 활동은 계속되고 있는 중이다. 미국의 기독교 저널 「처치리더스」(ChurchLeaders)는 한국의 종교단체 '신천지예수교 증거장막성전'(이하 신천지·총회장 이만희)에 대한 기사를 보도했다. 총회장 이만희 씨의 영생을 믿는 이 단체는 한국 및 한인 교계에서 이단으로 규정되어 있다. 「처치리더스」는 "캘리포니아의 오렌지카운티가 신천지의 주요 활동 지역"이라며, "그들은 주로 대학교 캠퍼스에서 자신을 '기독교인'이라고 소개하고 설문조사나 간단한 퀴즈 등을 통해 포교활동을 펼치고 있다"고 보도했다.

미주 지역에서 활동 중인 신천지와 관련, 구체적인 내용도 공개됐다. 이 매체는 "캘리포니아 벨플라워 지역의 '시온한인교회'(Zion Korean Church)는 미국 내에서 활동하는 신천지교회 중 대표적인 곳의 하나"라며 "'Zion'은 미국에서 '이단'(cult)들이 주로 사용하는 이름 중 하나"라고 전했다. 특히 신천지의 포교 방법과 전략, 교세 등도 소개됐다. 이 매체에 따르면 신천지 회원은 현재 20만명 정도에 이르며 이 중 10% 정도가 해외에 있는 회원으로 최근에는 한국 내 회원 감소로 인해 케이팝(K-pop) 등을 이용한 해외전도로 영역을 넓히고 있다고 보도했다.

실제 신천지의 미주 지역 활동이 활발해지자 지난 2017년 공영라디오방송(PRI)의 매튜 벨 기자가 직접 신천지 내부 현장을 취재해 고발하는 기사가 보도되기도 했다(중앙일보 2017년 7월 25일). 당시 벨 기자는 가주에서 신천지 성경교사와 직접 인터뷰를 진행해 "미국 내에서 15개 신천지 지부가 있고 2천여 명의 신도가 있다"고 밝힌 바 있다.

그동안 미주 한인교계에서도 이 단체에 대한 논란은 계속돼왔다. 지난 2012년 남가주 지역구 수정교회(현 가톨릭오렌지카운티대성당)에서 대규모 성경세미나를 개최한다는 소식이 「중앙일보」 2012년 7월 17일자 지면을 통해 알려지면서 한인 교계 주요 목회자들이 대거 나서 세미나 당일 피켓 시위를 벌이기도 했다. 게다가 당시 남가주를 대표하는 유명 크리스천 라디오방송국(The Fish, FM 95.9)도 신천지가 일반 기독교단체인 줄 알고 광고까지 내보내 논란이 되기도 했다. 미주기독교이단대책연구회 한선희 목사는 "현재 오렌지카운티 지역에서 활동하는 신천지 신도 중 약 80%가 타인종"이라며 "기존의 한인 교회들을 대상으로 활동이 어려워지다 보니 타인종을 대상으로 포교활동을 펼치고 있다"고 전했다.

● 종교개혁 500주년(1517년-2017년)을 기념하다

2017년은 종교개혁 500주년을 맞는 해였다. 미주 한인 교회들도 이 뜻깊은 500주년 행사를 개최했다. 같은 해 독일에선 종교개혁기념일인 10월 31일을 국가공휴일로 선언했고 루터가 95개조 반박문을 써 붙인 비텐베르크, "루터의 도시"라 불린 아이스레벤, 루터가 고등학교를 다니고 성경을 번역한 아이제나흐 등 루터가 살거나 종교개혁에 결정적인 역할을 했던 도시들은 10월 31일을 임시공휴일로 지정해왔다.

우선 PCUSA 남가주하와이대회 KPC(회장 제리 앤드류 목사)는 2017년 9월 21일 토랜스제일장로교회(고창현 담임목사)에서 종교개혁 500주년 기념 세미나를 개최했다. 이 세미나는 종교개혁 500주년을 맞아 마틴 루터의 개혁정신을 되새기고 장로교단의 기본 정신을 재조명하기 위한 목적으로 열렸다. 첫 섹션에서 조셉 스몰 박사(전 PCUSA 총회장)는 연합장로교회의 규례서에 있는 6가지 교회가 가진 목적(복음의 선포, 양육, 거룩한 예배의 유전, 진리의 보존, 사회정의의 증진, 하나님 나라를 이 세상에 제시할 것)을 설명했다.

저녁집회에서는 강사인 김창환 박사(풀러신학교 코리안센터)가 문일명 목사(선한목자장로교회)의 소개를 받고 단상에 올라 "개혁신앙 중심의 공적 교회"라는 주제로 세미나를 진행했다. 또 LA 기독교윤리실천운동(대표 박문규 교수, 이하 LA기윤실)은 2017년 4월 캘리포니아국제대학(CIU) 강당에서 "건강한 교회를 꿈꾸고 가꾸는 그리스도인"이란 주제로 종교개혁 500주년 기념특별강연회를 개최했다.

이날 강사로 나선 권연경 교수(숭실대학교 기독교학과)는 "현재의 한국 교회는 '갈 데까지 간 비참한 현실', '임계지점을 이미 지난 구조할 수 없는 타이타닉'의 상황에 놓여 있다"며, "그 증상들로 목회자와 성도들의 타락, 도덕성 상실, 사회적 순화 기능의 상실, 교회 세습이라는 새로운 문화의 정착, 교회의 정치세력화, 즉 성경의 가르침 대신 정치적 이데올로기에 휘둘리는 현상"이라 지적했다.

권 교수는 "당시 가톨릭교회에서는 '공로 사상'이 '타락한 교회의 욕망을 채우는 신학적 수단으로' 변질됐다고 진단하고, 이에 대해 루터는 '구원의 유일한 근거인 하나님의 은혜'와 '그리스도의 공로에 대한 전적인 의존으로서의 믿음'을 강조함으로써 인간의 기여 가능성을 지우고자 했지만, 루터의 종교개혁 이후 500년이 지난 현재 개신교회는 '종교개혁'이라는 이름으로 종교개혁의 유산 지우기를 하고 있다고 비판했다.

미주성시화운동본부 주관으로 종교개혁 500주년 기념 개혁포럼이 열리기도 했다. 2017년 11월 7일(화) 주님의영광교회(신승훈 담임목사)에서 열렸다. 포럼은 4명의 발제자와 3명의 논찬자가 나와 토론과 질의응답 시간으로 이어서 진행됐다.

"종교개혁 500주년과 디아스포라 이민 교회의 현재적 진단"이란 주제를 들고 첫 번째 발제자로 나선 민종기 목사(충현선교교회 담임)는 "종교개혁 500주년을 맞이한 이민 교회는 중세말의 타락한 사회에 새로운 충격과 변화와 발전의 계기를

「크리스천 위클리」가 2017년 9월에 실시한 종교개혁 500주년 기념 종교개혁 발상지 학습여행 중 비텐베르크 성당 앞에서 사진을 찍고 있다

제공하였던 개혁교회의 역할을 돌아볼 필요가 있다"며, "한인 교회가 세대교체 문제, 교역자와 당회 갈등, 교인의 수평이동, 한인 신학교 난립, 신학교육의 질적 저하, 신학의 보수성과 공적 신앙에 대한 결여 등 당면한 문제들 앞에 한국 교회는 개교회주의를 극복하고 사회적 영성을 고취하며, 공동체로서의 교회에 대한 자의식을 회복하고 공적 신앙을 통한 신학적 반성이 요구된다"고 지적했다.

"종교개혁 500주년과 디아스포라 이민 교회의 미래적 전망"을 주제로 정성욱 박사(덴버신학교 기독교신학 교수)가 강연에 나섰고 "종교개혁 500주년과 현대교회의 위기 진단과 해결 모색"이라는 주제로 권연경 박사(숭실대학교 기독교학과 교수)가 발제강연을 했다.

또 베델한인교회(김한요 목사)는 2017년 7월 28-30일에 일반인들을 대상으로 한 신학강좌를 개최했는데 박응규 교수(아세아연합신대 역사신학 교수), 오태균 교수(총신대 목회신학전문대학원 교수), 정승원 교수(총신대 조직신학 교수) 등이 종교개혁의 기원과 배경, 종말론과 이신칭의 등의 주제로 강좌를 인도했다.

한편 「크리스천 위클리」는 종교개혁 500주년 기념 종교개혁 발상지 학습여행을 2017년 9월 11-29일에 영국 런던을 시작으로 유럽 5개국에서 실시했다. 총 30여 명이 참가한 여행에서는 존 낙스가 활동하던 스코틀랜드 에딘버러, 요한 웨슬리의 옥스퍼드와 런던, 프랑스 파리와 존 칼빈의 도시 스위스 제네바, 츠빙글리의 도시 취리히, 루터의 생애가 깃든 독일 보름스, 아이제나흐, 아이슬레벤, 비텐베르크, 그리고 체코의 개혁자 얀 후스의 도시 프라하 등지를 순례했다. 「크리스천 위클리」는 미주에서는 최초로 종교개혁 발상지 여행 코스(영국, 독일, 프랑스, 스위스, 체코)를 개발하여 2004년부터 실시해 왔다.

● 복음통일 기원하며 발족된 통곡기도회

"고난 받는 동족을 위해 통곡합니다. 주여, 분단 60년이 되기 전에 북한을 구원하소서."

미주한인교회연합(KCC)이 창립되어 주최한 제1차 전국대회 및 통곡기도회가 2004년 9월 27-28일 양일간 LAX힐튼호텔에서 열렸다. 미 전역에서 1천500여 명의 한인 목회자들이 대거 참석했다. 이들은 7번에 걸쳐 통곡기도회를 갖고, 동족의 참상을 침묵, 외면하고 탈북자 돕기에 소극적이었음을 회개했다.

2006년에 열린 KCC LA통곡기도대회는 5월 27일 LA컨벤션센터에서 1만여 명이 참석한 가운데 열렸다. 한국과 미국의 정치 및 종교계 인사들이 대거 참석한 이날 기도회에서 미국의 연사들은 특히 북한의 인권 탄압을 방관 내지는 동조하는 중국에 대한 비난의 목소리를 높였다.

수잔 솔티 디펜스 포럼 회장은 "북한 인권 문제가 한국 정부에서는 외면당하고 미국 정부는 2차적인 문제로 취급하지만 북한 핵 문제와 인권 문제는 똑같이 중요한 사안"이라고 지적하고, "북한 인권 탄압을 방관하는 중국 정부에 항의해 대사관 앞에서 시위하고 중국 상품 보이코트도 해야 한다"고 강력하게 주장했다.

샘 브라운백 연방상원의원도 "조만간 중국을 방문할 계획인데 반드시 북한 인권 문제를 언급할 것"이라고 밝혀, 북한 인권 문제에 결정적인 권한을 갖고 있는 중국에 압력을 가해야 한다는 미국 사회의 흐름을 분명하게 전달했다.

한편 한인 교회연합(KCC)이 주최한 이날 행사는 같은 해 4월 시애틀을 필두로 미국과 캐나다의 12개 주요도시에서 열린 기도회를 총결산하는 자리로 KCC선언문을 낭독하는 것으로 대단원의 막을 내렸다.

2012년 LA중국영사관 앞에서 열린 탈북민 북송반대 집회 모습

KCC 도시별 통곡기도회는 연인원 4만여 명이 참석해 미국 주류사회 정치권 및 종교계의 이목을 집중시켰으며, LA행사를 위해서는 조지 부시 대통령이 축하 메시지를 보냈다. 특히 당시 LA기도회는 2006년 서울에서 개최될 '서울 통곡기도대회'를 연결하는 교량 역할을 한다는 데 큰 의미를 두고 한국에서 뉴라이트운동 대표 김진홍 목사와 서경석 한국기독교총연합회 인권위원장, 김상철 미래한국신문 대표 등이 참석, 한국 정부가 북한 인권 문제

제기에 주도적 역할을 담당할 것을 촉구했다.

한편 통곡기도회를 주도해 왔던 손인식 목사가 지난 2020년 3월 28일 향년 72세로 별세했다. 그는 얼바인베델한인교회에서 23년(1990-2013년) 동안 시무하고 은퇴한 후 '그날까지 선교연합'(UTD-KCC)의 국제대표로 북한을 위한 통곡기도회와 탈북동포 강제북송 반대운동을 주도하며 미국에서 많은 집회를 이끌어 왔다.

● 미국의 동성결혼 합법화와 동성애 문제로 인한 교단분열

버락 오바마 대통령 재임 시절인 2015년 6월 26일 미국 연방대법원은 동성결혼은 헌법에서 보장받는 권리라고 판결을 내렸다. 이때부터 미국은 동성결혼이 합법화되었고 지금도 시행되고 있다. 이미 2003년 매사추세츠 주법원이 동성결혼을 허용하는 판결을 내리면서 처음으로 동성결혼 제도가 도입되기 시작하여 12년 만의 일이었다.

2014년 11월 제6순회 항소법원은 미시간주 등 4개 주에서 항소된 동성결혼 금지법 심리에서 1심을 뒤집고 합헌 판결을 내렸다. 이는 '결혼보호법' 위헌 판결 이후 순회 항소법원에서 동성결혼 금지법이 합헌 판결을 받은 첫 번째 사례이다. 이에 따라 미국 연방대법원은 원고의 상고를 받아들여 2015년 4월에 공판을 열었다.

2015년 6월 26일 미국 연방대법원은 제6순회 항소법원에서 상고된 오버거펠 대 호지스 사건에서 동성결혼 금지법 심리에 5대 4의 결정으로 동성결혼을 금지하는 주법은 위헌이며, 동성결혼이 가능한 주에서 공증된 동성결혼은 다른 모든 주에서도 인정해야 한다고 판결을 내려, 미국 전역에서 동성결혼이 가능하게 되었다.

미국장로교(PCUSA)

미국의 동성결혼 합법화가 사회전반, 그리고 기독교계에 큰 충격을 안겨주었지만 이미 2010년 미국장로교(PCUSA)는 동성애자 성직 임용을 허용했고 성직자들의 동성결혼 주례를 허가하고 교단규례집에 명시된 결혼의 정의까지 '한 남성과 한 여성'(a man and a woman)의 결합에서 '두 사람, 전통적으로는 한 남성과 한 여성'(between two people, traditionally a man and a woman)의 결합으로 바꾸는 개정안을 통과시켰다.

개신교 중에서 이 문제에 가장 앞선 결정을 내린 미국장로교에 속해 있던 한인 교회들에게도 충격이었다. 이 같은 교단의 결정에 따라 동성애 반대를 견지하며 교단을 떠나겠다는 입장, 혹은 교단에 계속 잔류하며 교단의 개혁을 추구하겠다는 입장으로 양분되었다. PCUSA 내의 보수세력인 장로교인회(Fellowship of Presbyterians)는 2012년 복음주의언약장로회(ECO, Evangelical Covenant Order of Presbyterians)라는 별도의 교단을 출범시켰다.

동성애자 목사안수가 결의되면서 교세는 약화되기 시작했다. 2006년만 해도 교인 226만 명이었던 PCUSA는 동성애자 안수가 총회에서 통과된 2010년에 201만 명으로 감소하고 이 헌법이 노회 과반수의 승인을 받아 발효된 2011년에는 195만 명으로 감소했다. 2012년 184만 명이던 교세는 2013년에는 176만 명으로 급감했다.

한편 한인 교회들도 교단탈퇴를 결의하는 교회들이 있었다. LA동부 지역 로렌하이츠에 위치한 선한목자장로교회는 PCUSA를 탈퇴하고 ECO(복음주의장로교언약회)에 가입했다. 교회 이름 역시 선한목자교회로 변경했다. 그러나 교단탈퇴 규정문제로 선한목자교회는 교회를 치노힐스로 이전했다. 다만 교단 탈퇴를 반대한 사람들은 계속 남아 예배를 드리고 있다.

2015년 진행한 뉴저지필그림교회 공동의회에서 교단 탈퇴를 98% 찬성률로 결의했다(「미주뉴스앤조이」 자료사진)

뉴저지필그림교회의 경우도 선한목자교회와 동일하다. 필그림교회는 2017년 8월 13일 임시 공동의회를 열어 PCUSA 탈퇴 및 새로운 ECO교단 가입을 다시금 결정했다. 교회 이름도 필그림선교교회로 변경했다. 필그림선교교회는 교단탈퇴 후 예배장소를 이전했다.

연합감리교회(UMC)

PCUSA와 마찬가지로 연합감리교회(UMC) 역시 수년간 동성애 이슈로 몸살을 앓아왔다. UMC에서 동성애 이슈가 수면 위로 올라온 것은 지난 2016년 7월 15일 캐런 올리베토가 UMC 서부 지역 총회의 감독으로 선출되면서다. 올리베토는 2014년 여성 파트너와 결혼한 레즈비언 목사이다. UMC는 교단법에 해당되는 교리장정을 중시하는데, 이 교리장정에는 결혼의 정의를 "한 남자와 한 여자의 결합"이라고 서술하고 있다. UMC 내 진보적 입장을 견지하는 연회와 목회자들이 교리장정에 명시된 결혼의 정의를 변경(결혼은 두 사람, 즉 두 남자 혹은 두 여자의 결합)하려는 시도를 해왔다. 수년간 교단총회에서 교리장정 변경이 시도되었지만 통과되지는 않았다. 2016년 총회에서는 2020년까지 동성애 관련 입장이 유보되었다.

UMC는 2020년 2월 23-26일 미국 중부 미주리주 세인트루이스 컨벤션센터에서 특별총회를 개최하기로 했다. 총회에서 '인간의 섹슈얼리티'(human sexuality)에 대한 의제를 다루는데 구체적으로는 △동성애 및 동성결혼의 인정 또는 묵인 △동성결혼의 주례 허용 △LGBTQ의 목사 안수 허용 △교회 안에서의 동성결혼 허용 △동성애에 대한 규정의 장정 삽입 또는 삭제 △연

"2019년 2월 특별총회 이후를 위한 한인연합감리교회 미래포럼"이 로렌하이츠에 위치한 남가주주님의교회에서 2018년 11월 25일 열렸다

회 또는 총회의 입장 △동성애에 반대하는 이들 또는 교회에 대한 처리 그리고 탈퇴 문제에 이르기까지 매우 폭넓은 의제들을 포함하고 있다.

그러나 UMC는 예정된 특별총회보다 1년 앞선 2019년 2월 23-26일 세인트루이스에서 특별총회를 열기로 결정했다. 특별총회에서는 세계의 플랜이 상정되었는데 △하나의 교회 플랜 즉, 현재 교단의 형태와 제도를 보존하며, 동성결혼의 주례 여부는 목회자가, 그리고 성소수자들의 안수 문제는 각 연회가 결정하게 된다는 안이었다. △연대적 총회 플랜, 즉 현재의 지역총회를 동성결혼과 성소수자 안수에 대한 신학적 입장에 따라 보수, 중도, 진보로 총회를 재편성하자는 안이었다. △전통주의 플랜, 즉 동성 간의 결혼과 성소수자 목회자를 더 강력하게 배제하려는 전통주의 플랜은 은혜로운 탈퇴(Grace exit)를 제공한다는 안이었다.

결국 총회에서는 전통주의 플랜과 하나의 교회 플랜이 상정되어 438 대 384로 총회 대의원들은 전통주의 플랜을 채택했다. 그러나 진보적 입장을 가진 연회와 목회자들이 총회 결정에 반발하고 나섰으며 결국 UMC는 전통주의 입장을 지지하는 그룹과 진보적 입장을 지지하는 그룹으로 나뉘게 되었다.

결국 LGBTQ를 반대하며 전통주의 입장을 따르는 교회들은 교단 분리를 위한 4년차 총회가 코로나를 문제 삼아 계속 지연되자 UMC를 탈퇴하여 글로벌감리교회(GMC·Global Methodist Church)란 새 교단을 2022년 5월 1일 출범시켰다. GMC 출범 이후 조지아주 70개 교회가 UMC 탈퇴를 결의했다. 교회 대부분은 교단의 성소수자 수용 입장에 반대하는 보수적인 교회들이다.

한편 UMC 내 한인 총회 가운데 한인 교회와 목회자들로 구성된 한인교회총회(한교총)는 이미 진보적이며 동성애를 인정하는 UMC에 남아 있을 수 없다고 결의하고 교단을 탈퇴하기로 결의했다. 다만 UMC 총회에서 교회건물 등을 절차에 따라 합법적으로 나누는 '은혜로운 결별'을 결의하고 분리되는 절차를 희망해 왔으나, 총회가 지연되자 분리가 아니라 교단을 탈퇴해서라도 UMC에서 벗어나겠다는 입장이다.

그러나 이런 교단 탈퇴과정이 각 연회마다 규정이 다르고 많은 한인 교회들이 미국인 등 타인종 회중들과 예배당을 함께 사용해 왔기 때문에 개체 교회마다 탈퇴에 따르는 절차와 재산상의 문제가 복잡할 뿐 아니라 탈퇴와 관련하여 UMC에 지불할 비용이 적지 않아 진통이 예상되고 있다.

한편 탈퇴란 극단적 선택보다는 동성애 반대란 신학적 입장에는 동조하지만 여전히 UMC에 남아 개혁과 변화를 이루어가는 쪽이 더 바람직하다는 견해를 가진 다수의 한인 연합감리교회들도 있다.

● 한국으로 초빙받아 영구 귀국한 한인 교회 목회자들

한국 교회 목회자의 대부분은 미국 유학 출신자들이 많다. 교회의 예배와 목회, 신학은 유럽보다는 단연 미국 유학파 목회자의 주도 아래 변해 왔다고 할 수 있다. 또 한국 교회에서 유행하는 목회의 모델들은 거의 미국 교회에서 왔다고 해도 과언이 아니다. 그리고 이들이 배운 로버트 슐러 목사의 "적극적 사고방식"이나 조엘 오스틴 목사의 "긍정의 힘", 빌 하이벨스 목사의 "시대가 바뀌어도 변하지 않는 절대 원리 액시엄(AXIOM)", 브루스 윌킨스의 "야베스의 기도", 릭 워렌 목사의 "목적이 이끄는 삶" 등이 한국 교계에 미친 영향은 지대했다.

이처럼 한국 교회가 미국 교회의 영향을 받은 것과 무관하지 않게 미주 한인 교회도 한국 교회와 무관하지 않았다. 유학이나 초청으로 미주 한인 교회를 목회하다 한국으로 초빙을 받아 되돌아간 목회자들이 한국 교회 리더십의 주류를 형성하게 되었고, 그것은 미주 한인 교회의 드러내지 않은 숨은 공헌이기도 했다. 특별히 한국에서 한인 교회 목회자를 선호하게 된 이유는 미국 신학교를 통한 학문적 경력도 선호대상이요, 언어능력과 다양한 문화 경험, 그리고 한인 교회 목회 중에 체질화된 겸손과 섬김의 모습을 장점으로 꼽았기 때문이었다. 권위주의적 경향의 한국 목회자와 크게 비교된다는 점을 많이 지적하곤 했다.

1990년대 들어 미국에서 목회하던 이민 교회 목회자들이 한국 교회로 부임하거나 교회개척을 위해 영구 귀국하는 사례들이 늘어나기 시작했다. 1993년 워싱턴 지구촌교회를 담임하던 이동원 목사는 한국의 지구촌교회 개척을 위해 영구 귀국했다. 2003년엔 토랜스제일장로교회를 담임하던 이필재 목사가 박조준 목사가 세운 분당갈보리교회로, 2008년엔 나성순복음교회를 담임하던 이영훈 목사가 조용기 목사의 뒤를 이어 제2대 담임목사로 부임했다. 다음은 한국에서 사역하고 있는 미주 한인 교회 출신 목회자들의 명단이다(가나다순).

강신승 목사(오버플로잉교회 → AG지구촌교회), 강신원 목사(시카고한미장로교회 → 노량진교회 원로목사), 강일용 목사(하나로커뮤니티교회 → 새동도교회), 고석찬 목사(남가주사랑의교회 → 대전중앙장로교회), 곽선희 목사(월톤교회 → 소망교회 원로목사), 길요나 목사(로고스 교회 → 왕성교회), 김경진 목사(영생장로교회 → 소망교회), 김다위 목사(켄사스한인중앙연합감리교회 → 선한목자교회), 김동일 목사(LA생명찬교회 → 서울 생명찬교회), 김무년 목사(갈보리장로교회 → 안동의료원 종교담당실장), 김상복 목사(볼티모어 벧엘장로교회 → 할렐루야교회 원로목사), 김서년 목사(영은장로교회 → 흑석동벧엘교회 원로목사), 김승욱 목사(남가주사랑의교회 → 할렐루야교회), 김우곤 목사(남가주로고스교회 → 성민교회), 김용준 목사(새생명장로교회 → 포항 영일만교회), 김유민 목사(베데스다순복음교회 → 여의도순복음 안산교회), 김인환 목사(뉴저지갈보리한인연합감리교회 → 성은교회 은퇴), 김종진 목사(뉴호프채플 → 한밭제일교회), 김주용 목사(시카고기쁨의교회 → 연동교회), 김태환 목사(나성순복음교회 → 성남순복음교회), 김형국 목사(시카고 뉴 커뮤니티 교회 → 나들목교회), 김형준 목사(베다니장로교회 → 동안교회), 김흥규 목사(텍사스 성루가 연합감리교회 → 인천내리교회), 도육환 목사(윌셔온누리교회 → 양지온누리교회), 림형석 목사(LA선한목자장로교회 → 평촌교회), 림형천 목사(나성영락교회 → 잠실교회), 명성훈 목사(남가주순복음교회 → 분당성시교회), 문병용 목사(유니온교회 → 오아시스교회), 박노훈 목사(내쉬빌연합교회 → 신촌성결교회), 박달진 목사(영은교회 → 평택대학교 교수), 박신철 목사(인랜드교회 → 신평로교회), 박영호 목사(시카고약속의교회 → 포항제일교회), 박정근 목사(달라스한우리교회 → 부산영안교회), 박조준 목사(말씀의집교회 → 세계지도력개발원장), 박종길 목사(얼바인온누리교회 → 서빙고온누리교회), 박진석 목사(남가주사랑의교회 → 포항기쁨의교회), 박형은 목사(뉴저지초대교회 → 한국 컴패션), 반태효 목사(얼바인온누리비전교회 → 방주교회), 서경남 목사(뉴호프채플 → 인천온누리교회), 서정인 목사(오렌지한인교회 → 한국 컴패션), 서창용 목사(LA 연합선교교회 → 충무교회), 성요한 목사(주님보라교회 → 인천만수교회), 손병렬 목사(남가주동신교회 → 포항중앙교회), 송기성 목사(나성한인감리교회 → 정동제일교회 은퇴), 신동희 목사(대흥장로교회 → 군포영광교회), 신성종 목사(미주성산교회 → 대전월평동산교회 은퇴), 신현모 목사(얼바인연합선교교회 → 전주바울교회), 안광복 목사(아틀란타 복음동산교회 → 청주상당교회), 안성복 목사(다우니제일교회 → 군포세린교회), 안용식 목사(임마누엘선교교회 → 김해제일교회), 양대식 목사(노스웨스트장로교회 → 전주성남교회), 유진소 목사(남가주 ANC교회 → 부산호산나교회), 오정현 목사(남가주사랑의 교회 → 사랑의교회), 우동은 목사(산호세 주사랑교회 → 청주소풍교회), 유재문 목사(로고스교회 → 목포온세대교회), 이강일 목사(샌프란시스코사랑의교회 → 청주중앙교회), 이국진 목사(필라델피아사랑의교회 → 전주예수비전교회), 이동원 목사(워싱턴지구촌교회 → 지구촌교회), 이문장 목사(보스턴밀알한인교회 → 새음교회), 이선목 목사(나성동산교회 → 숭의교회), 이성민 목사(시카고 참길장로교회 → 흑석동벧엘교회), 이성희 목사(남가주동신교회 → 연동교회 원로목사), 이순근 목사(볼티모어베델교회 → 다애교회), 이영훈 목사(LA나성순복음교회 → 여의도순복음교회), 이재학 목사(오렌지한인교회 → 디모데성경연구원장), 이재훈 목사(뉴저지초대교회 → 온누리교회), 이태근 목사(나성순복음교회 → 여의도순복음은혜교회), 이필재 목사(토랜스제일장로교회 → 분당갈보리교회), 장찬영 목사(디트로이트한인연합감리교회 → 강남중앙교회), 정장복 목사(대성장로교회 → 예배와 설교 멘토링센터 원장), 조우주 목사(유니온교회 → 예닮교회), 지성업 목사(밸리한인연합감리교회 → 산성교회), 진영선 목사(아리조나한인장로교회 → 조치원장로교회), 진재혁 목사(뉴비전교회 → 지구촌교회, 현재 케냐선교사 파송), 천영태 목사(LA연합감리교회 → 정동제일교회), 최병락 목사(세미한교회 → 강남중앙침례교회), 최상준 목사(얼바인 한민음교회 → 한세대학교 교수), 최성은 목사(타코마제일침례교회 → 지구촌교회), 최성인 목사(하나교회 → 목동벧엘교회), 최승근 목사(오렌지한인교회 → 장로회신학대학교 교수), 최용호 목사(어바나샴페인 한인 교회 → 인천순복음교회), 한규삼 목사(LA세계로교회 → 충현교회), 한기채 목사(내슈빌갈보리교회 → 중앙성결교회), 허 은 목사(동양선교교회 → 부산동현교회), 홍남표 목사(샌디에고동양선교교회 → 죽전새찬양교회), 홍민기 목사(퀸즈장로교회 → 라이트하우스 해운대교회)

강신원 목사, 강용규 목사, 강일용 목사, 고석찬 목사, 곽선희 목사, 곽재욱 목사, 길요나 목사, 김경진 목사

김다위 목사, 김동일 목사, 김상복 목사, 김서년 목사, 김승욱 목사, 김인환 목사, 김주용 목사, 김형준 목사

김흥규 목사, 도육환 목사, 림형석 목사, 림형천 목사, 문병용 목사, 박노훈 목사, 박신철 목사, 명성훈 목사

박조준 목사, 박종길 목사, 박형은 목사, 반태효 목사, 서정인 목사, 손병렬 목사, 송기성 목사, 신성종 목사

신현모 목사, 안성복 목사, 안용식 목사, 오정현 목사, 유진소 목사, 이국진 목사, 이동원 목사, 이선목 목사

이성희 목사, 이순근 목사, 이영훈 목사, 이재학 목사, 이재훈 목사, 이태근 목사, 이필재 목사, 장찬영 목사

지성업 목사, 진재혁 목사, 천영태 목사, 최병락 목사, 최성은 목사, 최용호 목사, 한규삼 목사, 한기채 목사

● 한인 교회 부흥과 성숙을 위해 공헌한 한인 신학교

미주에 한인 신학교가 우후죽순처럼 난립한다는 우려가 교계 안팎에서 제기되었다. 미주 한인 교회가 크게 부흥하던 1970-1980년대를 지나면서 교단별로 신학교가 들어서고 독립적인 신학교, 혹은 한국의 유명 신학교의 미주 분교 등이 개교되었다. 자격미달의 목회자를 배출하는 근원지라는 비난이 일기도 했고 유학생들에게 미국 체류를 위한 불법비자를 발급해 줌으로 '비자장사'를 한다는 비판도 있었다.

그런 부정적인 이미지에도 불구하고 꾸준하게 한인 교계의 요구에 부응하며 실력과 영성이 겸비된 준비된 예비목회자를 배출하여 세계선교에 이바지하겠다는 한인 신학교들의 노력과 열정은 보이지 않는 곳에서 한인 교회 성장의 자양분 역할을 하기도 했다.

또 미국의 유명 신학교에 한인 학생 및 유학생들이 꾸준히 증가세를 보이자 한인 교수들의 숫자도 더불어 증가세를 보였다. 미국 신학교의 재학생이 감소세를 보이는 것과는 대조적으로 한인 신학생들은 꾸준하게 증가세를 보이자 당연히 한인 신학교 교수 채용이 덩달아 증가하는 모습을 보여줬다. 한때는 한인 신학생이 없으면 미국 신학교 문 닫는다는 소문이 날 정도였다. 특히 서부 지역에서 한인 신학생의 숫자가 많았던 풀러신학교와 클레어몬트신학교에는 한국어 강의를 개설할 만큼 한인 신학생 모집에 공을 들였다.

특히 각 신학교에는 그 학교를 대표하는 한인 교수들이 있었으니 클레어몬트에 김찬희 교수, 풀러신학교에 김세윤 교수, 프린스턴신학교에 이상현 교수 등이 있었다. 이들 신학자들은 한인 교회와 미국 주류 신학교와의 가교역할을 하면서 한인 목회자들의 신학훈련, 목회자들의 연장교육, 목회현장 이슈들에 대한 신학적 견해 등을 주도해 왔다.

한편 지난해 KCMUSA가 교회주소록 2021년 판을 제작하면서 조사한 미주 지역

2015년부터 해마다 남가주한인신학교 연합 설교페스티벌이 열리고 있다
(제1회 설교페스티벌 참가자와 관계자들)

주요 한인 신학교와 한인들이 선호하는 미국 주류 신학교 명단은 다음과 같다.

한인 신학대학원

▶**캘리포니아(California)** : A/G 캘리포니아신학대학 대학원(California Theological Seminary, AG)/ 그레이스미션대학교(Grace Mission University, PCIGA)/ 미주성결대학교(America Evangelical University, KECA)/ 미주장로회신학대학교(Presbyterian Theological Seminary in America, KPCA)/ 베데스다신학대학교(Bethesda University)/ 에반겔리아복음대학교(Evangelia University, 재미고신)/ 월드미션대학교 신학대학원(World Mission University & Theological Seminary, WEMA)/ 헨리아펜젤러대학교(Henry Appenzeller University, KMC)/ ITS(International Theological Seminary) ▶**뉴저지(New Jersey)** : 미주성결신학대학교(America Evangelical Seminary, KECA) ▶**미주리(Missouri)** : 미드웨스트대학교(Midwest University) ▶**뉴욕(New York)** : 동부개혁장로회신학대학(The Reformed Presbyterian Theological Seminary of the East, KAPC)/ 해외한인장로회 뉴욕장로회신학대학(원)(College & Theological Seminary, KPCA)

미국 신학대학 중 한인 졸업생이 다수를 차지하는 신학대학원

▶**캘리포니아(California)** : 버클리신학대학교(Berkeley School of Theology)/ 퍼시픽신학대학원(Church Divinity School of the Pacific)/ 연합신학대학원 GTU(Graduate Theological Union)/ 샌프랜시스코신학대학원(San Francisco Theological Seminary)/ 탈봇신학대학원(Talbot School of Theology of Biola University)/ 아주사퍼시픽대학교 신학대학원(Azusa Pacific Seminary of Azusa Pacific University)/ 웨스트민스터신학교(Westminster Seminary California)/ 클레어몬트신학대학원(Claremont School of Theology, UMC)/ 풀러신학대학원 코리안센터(Fuller Theological Seminary, Korean Center) ▶**콜로라도(Colorado)** : 아일리프신학대학원(Iliff School of Theology(Denver) ▶**코네티컷(Connecticut)** : 예일신학대학원(Yale Divinity School) ▶**플로리다(Florida)** : 낙스신학대학원(Knox Theological Seminary) ▶**조지아(Georgia)** : 에모리대학 신학대학원(Candler School of Theology of Emory University) ▶**하와이(Hawaii)** : 코나열방대학(University of the Nations) ▶**일리노이(Illinois)** : 게렛복음신학대학원(Garrett-Evangelical Theological Seminary)/ 맥코믹신학대학원(McCormick Theological Seminary)/ 트리니티국제대학(Trinity International University(Deerfield, IL)/ 시카고대학교신학대학원(University of Chicago Divinity School) ▶**인디애나(Indiana)** : 그레이스대학교신학대학원(Grace Theological Seminary of Grace College) ▶**아이오와(Iowa)** : 듀뷰크대학신학대학원(University of Dubuque Theological Seminary) ▶**캔자스(Kansas)** : 세인트폴신학대학원(St. Paul

School of Theology) ▶켄터키(Kentucky) : 애즈베리 신학교(Asbury Theological Seminary, UMC) ▶매사추세츠(Massachusetts) : 고든-컨웰신학대학원(Gordon-Conwell Theological Seminary)/ 하버드신학대학원(Harvard Divinity School)/ 보스턴대학신학대학원(Boston University School of Theology, UMC) ▶미시건(Michigan) : 칼빈신학대학원(Calvin Theological Seminary)/ 그랜드레피즈신학대학원(Grand Rapids Seminary) ▶미네소타(Minnesota) : 루터신학대학원(Luther Seminary) ▶미주리(Missouri) : 콩코디아신학대학원(Concordia Seminary)/ 나자렛신학대학원(Nazarene Theological Seminary) ▶뉴저지(New Jersey) : 뉴브런즈윅신학교(New Brunswick Theological Seminary)/ 드류대학교(Drew University,UMC)/ 프린스턴신학대학원(Princeton Theological Seminary, PCUSA) ▶뉴욕(New York) : 유니온신학대학원(Union Theological Seminary) ▶노스캐롤라이나(North Carolina) : 듀크신학대학원(Duke Divinity School) ▶오하이오(Ohio) : 오하이오감리교신학대학원(Methodist Theological School in Ohio, UMC)/ United Theological Seminary ▶펜실베이니아(Pennsylvania) : 웨스트민스터신학대학원(Westminster Theological Seminary) ▶테네시(Tennessee) : 밴더빌트대학신학대학원(Vanderbilt University Divinity School, UMC) ▶텍사스(Texas) : 달라스신학대학원(Dallas Theological Seminary)/ 베일러대학 조지투렛신학대학원(George W. Truett Theological Seminary of Baylor University)/ 남감리교대학 퍼킨스신학대학원(Perkins School of Theology Southern Methodist University, UMC)/ 사우스웨스턴침례신학대학원(Southwestern Baptist Theological Seminary) ▶버지니아(Virginia) : 리젠트대학신학대학원(Regent University School of Divinity) ▶워싱턴(Washington) : 페이스복음주의대학교 및 신학대학원(Faith International University & Seminary)

● 2018년 미국 전역 한인 교회 4,454개로 1년 새 성장세 '주춤'

– 미국과 캐나다 합하면 4,937개로 전 세계적으로는 6,147개

　　미주 내 한인 교회가 4,454개 있는 것으로 집계되었다. 이는 한인들이 하와이 사탕수수 농장에 첫 발을 내딛 1903년 1월 13일로부터 정확히 115년이 된 2018년 1월 13일을 기준으로 집계된 수치이다. 4천454개 한인 교회 수치는 1년 전인 2017년 1월(4천421개)보다는 33개 늘어나 사실상 '주춤'한 성장세를 보였으나 10년 전인 2008년의 3천933개에 비해서는 521개가 늘어나 13%의 증가치를 보였다. 연방센서스국이 발표한 한인 인구 143만8,915명을 미주 한인 교회 4천454개와 대비해 보면 한인 323명 당 1개 꼴로 교회가 있는 셈이다. 이러한 미주 한인 교회의 성장 주춤 추세는 미주 내 한인 인구가 2016년에 143만 8,915명, 2015년에 146만483명 그리고 2014년의 147만6,577명으로 3년째 감소세를 보이는 것과 맥락을 같이하는 것으로 이해되고 있다(자료 출처=연방센서스국의 2016년 American Community Survey).

　　미주 내에서 한인 교회가 가장 많은 곳은 캘리포니아로 1,375개이고 뉴욕(461개), 뉴저지(263개), 텍사스(236개) 등이 그 뒤를 이었다. 이들 4개 주의 한인 교회들을 합한 2천335개는 미주 내 전체 한인 교회의 50%를 넘을 정도로 한인 교회들은 이들 4개 주에 밀집되어 있었다. 한편 지난 10년간 주별 교회 현황을 살펴보면 서부에서는 캘리포니아(87), 텍사스(53), 워싱턴(39) 그리고 동부에서는 매릴랜드(27), 노스캐롤라이나(124), 뉴저지(35), 버지니아(32), 조지아(34) 등에서 교회가 늘어났다. 반면에 델라웨어, 미주리, 일리노이, 메인, 몬태나, 뉴잉글랜드, 로드아일랜드 주에서는 한인 교회 수가 감소했다.

　　한편 미국(4,454)을 제외한 해외 한인 교회는 1천693개로 집계되었다. 따라서 미국과 해외 한인 교회들을 합하면 6천147개의 한인 교회가 한국 아닌 곳에서 한인 디아스포라 사역을 감당하고 있는 셈이다. 특히 미국과 캐나다를 합한 북미주 한인 교회는 4천937개로 전세계 한인 이민 교회의 80%라는 큰 비중을 차지하고 있었다. 이외에 한인 교회가 많은 나라들은 483개의 캐나다, 231개의 일본에 이어 오스트레일리아(205), 독일(138), 영국(73), 브라질(60), 아르헨티나(53), 뉴질랜드(37) 멕시코(27), 프랑스(25) 순이었다.

　　이번 통계는 「크리스천 투데이」(발행인 서종천 목사)가 발행하고 있는 『한인교회주소록』(www.koreanchurchyp.com)을 통해 집계되었다.

● 이민 급감과 2세들의 한인 교회 탈출

– LA연합감리교회 창립 115주년 기념 역사 포럼에 나온 옥성득 교수 진단

　한인 이민 교회를 역사적으로 돌아보고 미래를 전망하는 역사 포럼이 2019년 8월 LA에서 열렸다. 미주 지역 한인 교회는 급격한 한국으로부터의 이민감소와 2세들의 교회이탈 현상으로 비관적인 미래에 직면해 있다. 그러나 오히려 이를 전화위복의 기회로 삼아 성장주의 환상을 버리고 명목상의 그리스도인들이 '순전한 그리스도인'으로 거듭나는 한편 노인목회 등의 대안을 마련하여 여전히 이민 사회의 구심점 역할을 해야 한다는 지적이 나왔다.

　LA연합감리교회(이창민 담임목사) 창립 115주년 기념 역사 포럼에서 강사로 초청된 옥성득 박사(UCLA 한국기독교학 석좌교수)는 하와이 이민으로 시작된 초기 한인 교회의 발전과 성장을 되돌아보며 1980년대를 전후하여 놀라운 성장의 시대를 이룩하긴 했으나 영어하는 지도자 양성에 실패하고 2세들의 교회탈출을 방관하다 보니 한인 교회는 이제 '노인교회'로 변모하는 결과를 맞게 되었다고 진단했다.

　"이민 사회 미래와 교회의 역할"에 대해 강의한 옥성득 교수는 "한인1세들에겐 이민정착을 돕기 위한 교회의 사회봉사 기능이 대단히 중요했지만 2세들에겐 그런 것이 필요 없다. 정말 예수를 만나 삶이 변화되는 케리그마가 더 중요한 세대가 되었다"라고 진단했다. 옥 교수는 "미주 한인 교계의 중·대형 교회들이 지도자와 교인들의 세대교체에 실패하고 있다. 2세들이 한인 교회에서 탈출하는 이유는 단절감 때문이다. 그러면 2세 목회자를 배출해서라도 단절을 보완해야 하는데 2세 목사 지망생은 찾아볼 수 없다. 돈벌이가 안 되는 직업이라고 교회 지도자들부터 자녀들의 신학교행을 반대하고 있지 않은가?"라고 반문했다.

　옥 교수는 "나는 대학교 캠퍼스에 살고 있기 때문에 현실을 보고 있다. 이단들은 젊은이들에게 엄청 투자한다. 타종교도 마찬가지다. 이슬람교도 젊은이들에게 투자한다. 그런데 한인 교회들은 캠퍼스에 투자할 생각도 없고 관심도 없다. 이단과 타종교를 이해시키는 영문 책자가 대학가에 수두룩하다. 대학의 개신교 캠퍼스 미니스트리는 죽어 가고 있다. 투자를 안 하기 때문이다. 그런 상황에서 우리 2세들이 예수 믿고 교회의 지도자가 되기를 기대하는 것은 어이없는 환상"이라고 꼬집었다.

　옥 교수는 "한국 기독교 100주년을 맞이했을 때 한국에선 잔치 분위기였다. 교회가 계속 성장할 것이라고 믿었다. 그러나 한국 교회는 사실 그때부터 쇠퇴하기 시작했다. 1980년대와

1990년대의 한국 교회 지도자들은 한국 교회의 미래를 읽는 데 장님 수준이었다. 교회의 외연 확장에만 매달렸다. 그 결과 지금은 '종교난', 즉 제도종교를 싫어하는 사회적 현상이 팽배하게 되었다. 개신교는 물론 불교, 천주교, 종교란 이름을 가진 데는 모두 쇠퇴하거나 줄고 있다. 한국 감리교의 경

2019년 8월 16일 LA연합감리교회 115주년 역사포럼이 열렸다

우 공식적으로 교인 수를 110만 명으로 잡고 있지만 내가 보기엔 100만 명도 안 된다. 지난 10년간 30% 이상이 감소한 것이다. 장로교도 마찬가지다. 세습문제로 교단이 병들어 가다 보니 교인이 안 줄 수 있겠는가?"라고 말했다.

옥 교수는 한국 교회의 미래 전망에 대해 "불분명한 낙관주의에 빠진 사람들이 있다. 그래도 '다시 교회는 부흥할 수 있지 않을까?'라고 보는 견해다. 또 하나는 확고한 비관주의다. 한국 교회는 이제 망할 것이라고 내다보는 견해다. 나는 한국 교회 역사를 보면 늘 성장과 쇠퇴가 반복되어 왔다고 본다. 그때마다 변수가 있었다. 그럼 앞으로 한국 교회의 성장 변수는 무엇일까? 나는 통일이라고 본다. 만약 남북이 통일이 된다면 다시 한번 한국 교회가 크게 성장하는 변수로 작용할 것이라고 내다보고 있다"라고 말했다.

이어서 그는 "미주 한인 교회에겐 어떤 변수가 있을까? 이민이 다시 1970-1980년대처럼 밀려올 수 있을까? 그래서 정말 인구변동이 이민 교회 성장의 변수가 될 수 있을까? 이민 오는 사람들이 앞으로도 옛날처럼 교회를 찾을까? 이민의 물결이 다시 일어난다 해도 이미 한국에서 '종교난'을 거치면서 교회를 외면했던 사람들이 쉽게 이민 교회를 찾기는 어려울 것"이라고 진단했다.

● "팬데믹 기간 동안 미주 한인 교회 줄어들었다"

코로나19로 인한 팬데믹 영향으로 문을 닫는 교회들이 속출하는 가운데 미주에 있는 한인 교회 역시 영향을 받은 것으로 조사됐다.

2년마다 미주 한인 교회들의 실태를 조사해 온 재미한인기독교선교재단(이하 KCMUSA, 이사장 박희민 목사)는 지난해 실시한 설문조사를 통해 미국 내 한인 교회 수가 2,798개로 직전 조사해인 2019년 3,514개보다 무려 658개(18.7%)가 줄어들었다고 발표했다. 낮아진 수치 안에는 확인이 안 되는 교회들도 포함됐다.

KCMUSA가 2021년에 발행한 『미주한인교회주소록』 표지

KCMUSA의 이번 조사는 지난해 7월 중순부터 9월 중순까지 약 2개월 동안 전국의 한인 교회들의 연락처를 확인한 후 활동 여부를 조사했다. 한인 교회들의 연락처는 구글검색과 전화번호나 이메일 또는 각 교회 홈페이지 등의 연락처들을 토대로 진행했다. 한인 교회들이 소속되어 있는 통계자료(목회자들의 보고를 기초로 한 자료)와는 차이가 있다.

한인 교회들의 분포를 지역적으로 분류해 보면 캘리포니아가 가장 많았다. 830개의 한인 교회들이 캘리포니아에 몰려 전국의 교회분포와 비교해 보면 전체 29%를 차지했다. 다음으로 많은 지역은 뉴욕으로 272개(10%)로 나타났다. 다음은 텍사스 157개(6%), 뉴저지 139개, 조지아 135개, 워싱턴 125개 등으로 조사돼 각 5%씩 분포되어 있는 것으로 분석됐다.

KCMUSA 관계자는 "미국 서부를 제외한 다른 지역의 교회들이 서부와 비교해 보면 숫자적으로 매우 낮았지만 홈페이지를 운영하는 교회는 훨씬 많았다"라고 지적했다. 그리고 한인 교회들의 홈페이지들 중 그나마 관리가 가장 잘된 교단은 연합감리교회 소속 한인 교회들로 2년에 한 번씩 담임목사가 변경되기 때문에 관리를 할 수밖에 없는 상황인 것으로 추정했다.

캘리포니아 내에서도 한인 교회가 가장 많이 몰려있는 곳은 가장 큰 한인타운이 조성돼 있는 LA로 조사됐다. 또 미국 전역에 흩어져 있는 한인 교회들의 수를 교단별로 확인해 보면 미국의 가장 큰 개신교단 중 하나인 남침례회(SBC) 소속교회들이 가장 많았다. 전체 한인 교회들 중 415개로 전체 한인 교회 수 중 15%를 나타냈다. 미국 장로회(PCUSA)는 279개 교회로 10%, 미주 한인 예수교장로회(KAPC)는 252개(9%), 연합감리교회 한인 교회는 240개(9%), 해외한인장로회(KPCA)는 166개(6%) 등의 순이다. 그 외 기독교대한감리회, 미국 장로교, 독립교회, 기독교대한하나님의성회, 미주 성결교회 순이며 기타 교단에 속해 있는 교회는 769개인 것으로 분석됐다.

한편 KCMUSA는 이번에 조사한 한인 교회 실태를 바탕으로 『2022 미주한인교회주소록』을 제작해 보급했다. 주소록에는 지난해 조사된 한인 교회 주소들은 물론 한인 교회들이 소속되어 있는 각 교단들의 특징들이 부록으로 포함됐다.

나오는 말

　미국에 이민 오면 갈 곳은 딱 세 곳뿐이란 말이 있었다. 하나는 가정, 또 하나는 일터, 그리고 또 하나는 교회. 무거운 이민 가방을 메고 난생 처음 미국 공항에 도착하는 날 가족들과 함께 목사님이 마중 나가는 일은 흔한 일이었다. 그다음 주 그 교회 예배 광고시간에는 시차도 극복하지 못해 정신이 멍한 새 이민자가 새 교우 명찰을 달고 교인들에게 소개되고 그날부터 그는 미주 한인 교회의 일원으로 이민 생활을 시작하는 게 순서였다.

　교회는 그렇게 한인 이민자들을 받아들이며 교인으로 양육해 나갔고 그 이민자들이 물결을 이루던 1980년대를 지나면서 한인 교회는 놀라운 성장 가도를 달렸다. 교회는 대부분 섬기는 일에 충실했다. 교회의 역할이기도 했다. 한인들이 모여 살기 시작하는 곳에는 언제나 교회가 함께 갔다. 유학생들을 따라 유학생 도시에 들어서기도 했고 국제결혼한 가정들이 많은 도시에도 한인 교회가 들어섰다. 비즈니스가 잘 된다 싶으면 날씨나 환경에 상관하지 않고 미국 전역으로 흩어지는 한인 소상인들을 뒤따라 들어가 한인 교회가 들어섰다. 콜로라도 산골에도, 애리조나 사막지대에도, 자동차의 도시 디트로이트에도, 앨라배마나 앨버커키 같은 낯선 미국의 중부 지역에도, 그리고 동북부 메인주와 뉴햄프셔, 그리고 알래스카에도 한인 교회가 세워졌다.

　그렇게 세워진 교회들마다 부흥의 역사를 기록하며 미국의 부흥과 영적 회복을 소원하며 이민 사회는 물론 미국 속의 빛과 소금으로 살려고 노력했다. 대형교회로 성장한 대도시 중심의 교회들도 있었지만 몬태나, 노스다코다 같은 비교적 한인들의 거주가 뜸한 지역에도 한인 교회는 세워졌다. 물론 100명 이하의 작은 교회들이 대부분이었지만 한인 교회 존재 자체가 한인 선교요 그들은 한인 선교사나 다름없었다.

　요즘 한국에서 들어오는 음악을 K-팝이라 하고 음식은 K-Food라고 부르고 있다. 대한민국의 영어 이름인 Korea에서 첫 글자 K를 따와 한국산, 한국적, 한국식, 한국형임을 뜻하는 약자다. 그래서 K-드라마, K-무비, K-뷰티, K-웹툰 등 많은 한국산이 미국에 유입되고 있다.

　그런 식이라면 K-기독교도 있다. K-기독교의 대표적인 아이템(?)은 새벽예배, 통성기도, 그리

PART II. 부흥의 꽃 피우며 미 전역으로 퍼진 한인 교회사(1970년대~현재) | 453

고 십일조 등을 들 수 있을 것이다. 미국인들이 보고 놀라는, 일주일에 하루도 빠짐없이 진행되는 새벽기도회, 모이면 한목소리로 소리 질러 기도하는 통성기도, 그리고 수입의 10분의 1을 하나님께 바쳐야 한다는 한결같은 십일조 신앙…우리는 이 땅에 그런 K-기독교를 전파해 왔고, 지금도 전파 중이다.

그러나 부정적인 면도 없지 않았다. 끊임없는 교회 분열상, 자격 없는 목회자의 대량생산, 한국 교회에서 부르면 이민 교회를 쉽게 포기하고 달려가는 귀국 풍조, 이민 생활의 공허감을 교회 감투로 상쇄해보려는 교회직분 집착, 교회 지도자들의 감투싸움, 교회 부흥을 위해 크게 성행하던 저질 코미디 부흥성회 등이 그런 것이었다.

그런 부정적인 그늘에도 불구하고 한인 이민 교회는 양적, 질적으로 크게 성장하여 이제 2023년이면 120년 역사를 맞는다. 이런 역사적인 해를 앞두고 한인 이민 교회사를 정리하여 기록으로 남긴다는 것은 의미 있는 시도였다고 믿는다. '미주 한인 교회사는 한인 교회 120년 선교보고서'란 말과 크게 다르지 않다. 사실에 근거하여 기술하려고 노력했고 가능하면 긍정적인 면을 보면서 120년 역사에 공헌한 훌륭하신 목회자와 교회 지도자들, 그리고 묵묵히 미국 땅에 복음을 전하기 위해 주님의 십자가 아래 모인 소중한 한인 성도들의 충성과 헌신의 모습을 남겨보려고 노력했다. 또 그냥 묵인하고 넘어갈 수 없는 소중한 사역의 발자취를 담으려고 노력했다.

집필 과정에서 기사를 참고하거나 인용하게 해주신 한인 기독언론사에 우선 감사를 드린다. 이름을 열거하면 다음과 같다. 「미주 크리스천 신문」(발행인 김성국 목사), 「크리스찬 투데이」(발행인 서종천 목사), 「크리스천 헤럴드」(발행인 양준호 대표), 「기독일보」(발행인 이인규 목사), 「아멘넷」(발행인 이종철 대표), 「크리스천 비전」(발행인 이정현 목사), 「미주 뉴스앤조이」(발행인 최병인 대표), 「크리스천 타임스」(발행인 임승쾌 장로), 그리고 필자가 일하는 「크리스천 위클리」 등이다. 또한 미주 지역

2022년 5월 5일 「미주한인 교회사」 출판 자문위원 위촉식을 가졌다. 앞줄 왼쪽부터 출판위원장 조명환 목사, 발행인 박희민 목사, 출판 자문위원 김찬희 박사, 이상복 목사. 뒷줄 왼쪽부터 출판 자문위원 이상명 총장, 신원규 목사, 오세훈 목사, 남종성 목사, 이창민 목사, 심상은 목사 (이날 출판 자문위원 이승종 목사와 박동건 목사는 일정 관계로 참석하지 못했다)

에서 활동하고 있는 일간지 「미주중앙일보」(발행인 남윤호 대표), 「미주한국일보」(발행인 장재민 회장)에도 감사드린다.

보다 전문적인 한인 기독단체의 역사 서술을 위해서는 단체에 소속된 분들의 도움을 받기로 하였으며, 기고문 형식으로 참여해주신 필자들에게 감사를 드린다. 진정우 박사, 백승철 목사, 남철우 목사, 박준호 박사, 이승종 목사, 김정한 목사의 노고에 감사드리며, 이민 교회사의 한 페이지를 함께 기록할 수 있어 큰 기쁨이었다.

코로나 팬데믹을 거치면서 미주 한인 교회는 많이 위축되고 있다. 양적으로 다시 대면예배로 복귀하는 숫자가 크게 감소하고 있고 영적으로도 옛날 1980년대나 1990년대 같지가 않다. 그리고 2세들의 교회 복귀도 쉽지 않은 도전이며 과제이기도 하다. 도전이 없는 진보는 기대하기 어렵다. 미주 한인 교회가 당면한 다양한 도전적 이슈들을 공동의 관심사로 끌어안고 함께 기도하며 힘을 모을 때 극복이 가능하며 하나님은 새로운 진로를 열어주실 것이다.

지난 120년이 하나님의 은총의 여정이었다면 앞으로의 한인 교회 여정에도 분명 하나님은 동행하시며 우리의 패스파인더가 되어 주실 것이다. 그런 발전적 미래에 대한 믿음을 갖고 미주 한인 교회사 집필을 마감한다.

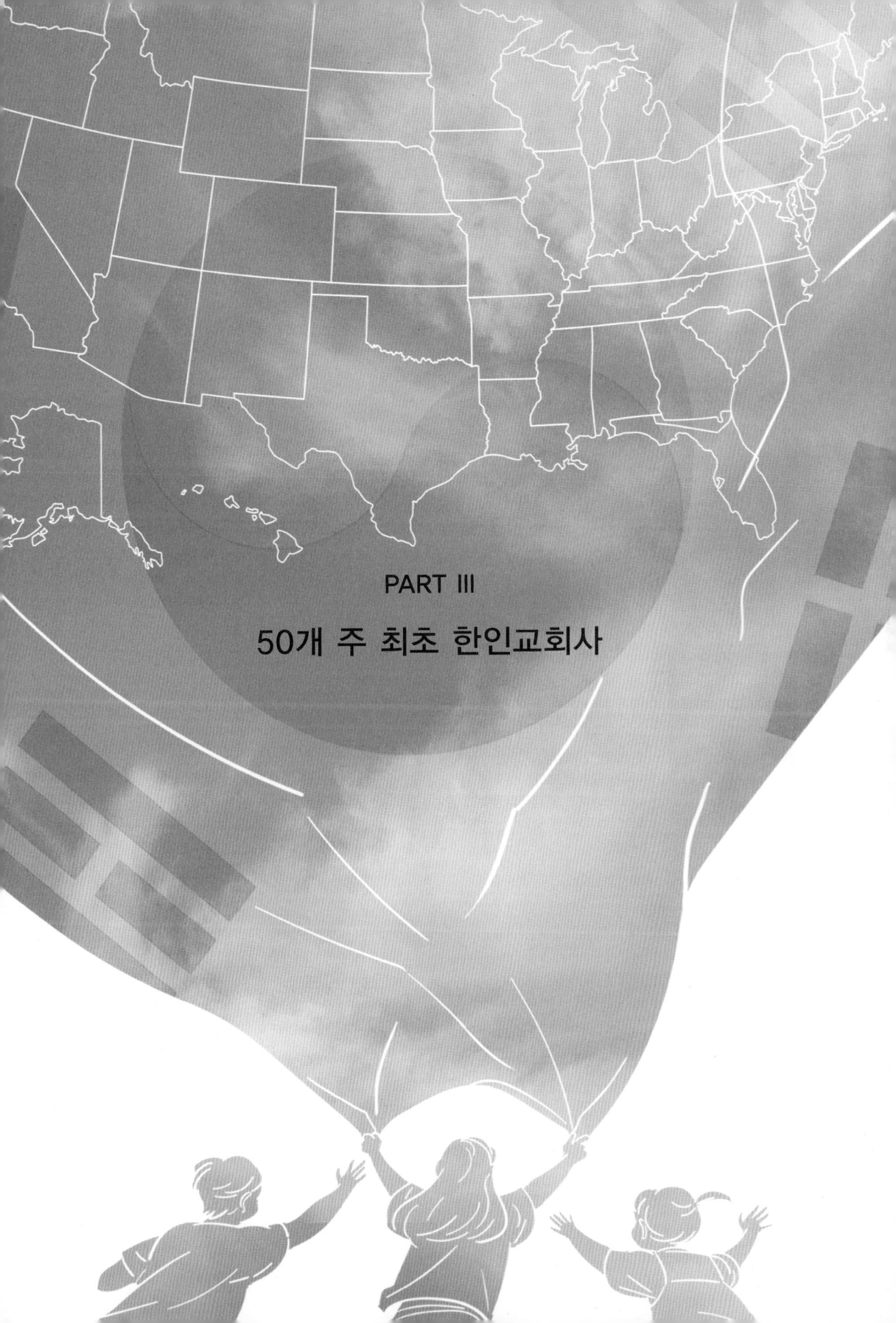

PART III

50개 주 최초 한인교회사

Alabama

교회 주소: 2807 Hood Rd., SW, Huntsville, AL 35805
연락처: (256) 881-0281/ koreanfbc.weebly.com

헌츠빌한인제일침례교회
Korean First Baptist Church of Huntsville
(창립 연도: 1976년/ 창립 목사: 이동근 목사)

박윤기 목사

헌츠빌한인제일침례교회 부목사
미주양곡장로교회 교육전도사
금오공과대학교 컴퓨터공학과 졸업
탈봇신학대학원 졸업

헌츠빌 지역 소개

헌츠빌(Huntsville)은 미국 앨라배마주 북동부에 있는, 인구 46만 명(2018년 기준)에 달하는 중소 도시이다. 앨라배마에는 4개의 주요 도시가 있는데 주도인 몽고메리(Montgomery), 버밍햄(Birmingham), 모빌(Mobile) 그리고 헌츠빌(Huntsville)이다. 헌츠빌(Huntsville)이라는 지명은 1805년 존 헌트가 이곳에 처음 정착해서 마을을 이룬 것에서 유래되었다. 이 지역은 1855년 미시시피강 유역과 대서양을 연결하는 철도가 통과하는 지점이 되면서 발전했으나, 남북전쟁으로 쇠퇴했다. 그 후 목화 지대의 중심지가 되었고, 제2차 세계대전 후 항공우주산업의 중심지로 발전했다. 20세기 후반부터 로켓·미사일 제조산업이 크게 발달하고 다양한 제조업의 발달로 고용이 늘어났으며, 2000년대 이후에도 STEM(Science, Technology, Engineering, Mathematics)과 관련된 산업들을 중심으로 계속 발전해 왔다.

헌츠빌은 현재 미국 전체에서 산호세 다음으로 도시 내에 STEM에 종사하는 인구 비율이 높은 도시이다. 현재는 우주, 방산기업뿐만 아니라 GE, 3M, 도요타, 마쓰다와

현재 예배당의 모습

같은 다국적 대기업들의 공장과 구글과 페이스북의 데이터 센터, 그리고 코카콜라 병 제조공장도 인근에 건설 중에 있다. 현재 헌츠빌에 거주하고 있는 한인은 약 3천 명이며, 한국 기업으로는 LG전자의 북미 서비스 법인과 태양광 모듈 생산공장, 그리고 효성이 있다. 한인 커뮤니티로는 한인 교회들 및 성당, 한국학교, 한인회를 비롯해 한국 마켓, 식당, 세탁소, 편의점, 옷가게, 미용재료상 등이 있으며, 한인들이 각종 산업군에서 활발하게 성장하고 있는 도시이다.

교회 설립자 이동근 목사

헌츠빌한인제일침례교회는 이동근 목사에 의해서 설립되었다. 당시 이 목사는 뉴올리언즈 침례신학대학원(New Orleans Baptist Theological Seminary)에서 상담학(Counseling)으로 박사학위를 받고 미 남침례회연맹 국내선교부(North American Mission Board of Southern Baptist Convention)에서 앨라배마주에 거주하는 소수민족을 돕는 선교사로 임명받고 헌츠빌에서 사역하고 있었다. 그때 앨라배마 지역에는 한인뿐 아니라 남미, 라오스, 인도 등지에서 온 여러 소수민족들이 있었고, 이 목사는 그들을 위해서 앨라배마와 미국 전체에 다니며 소수민족들을 미국 교회에 소개하고, 왜 그들에게 모국어를 쓰는 지역교회가 필요한지를 설명하고, 많은 미국 교회에서 후원을 받아 소수민족 교회들을 세우는 사역을 하고 있었다. 당시 헌츠빌에도 한인 교회가 없었기 때문에 한인 교회 설립에 대해서도 많은 관심을 가지고 있었다.

헌츠빌한인제일침례교회의 시작

1979년 개척 당시 앨빈 홉슨(Dr. Alvin Hopson) 헌츠빌제일침례교회 담임목사(왼쪽)와 이동근 헌츠빌한인제일침례교회 담임목사

이동근 목사는 헌츠빌 지역에 한인 교회를 세우고자 하는 비전을 품고 있던 중 마침 한국 평택에서 미군사령관을 지내다가, 당시는 헌츠빌의 레드스톤 아스널(Redstone Arsenal)에서 대령으로 근무하던 할 베넷(Hal Bennett)과 그의 아내 린다 베넷(Linda Bennett, 한국명 이정남) 부부를 만나게 되었다. 이 목사는 미군부대 안에 미군과 결혼해서 미국으로 이주해 온 많은 한인 부인이 있다는 것을 알게 되었고, 당시 이주해 온 소수의 한인 여성들이 여느 다른 소수민족처럼 문화와 언어의 차이로 인해서 미국 사회에서 어려움을 겪는 것을 보고 한인 교회를 세워 이들을 도와야겠다고 결심했다.

이 목사는 당장 교회 건물을 구입할 여건이 되지 않았기에 당시 헌츠빌에 있는 침례교회 중에 가장 영향력이 있는 미국 침례교회인 헌츠빌제일침례교회(First Baptist Church of Huntsville) 담임목사의 도움을 받아 한인 교회를 시작했다. 처음에는 사람이 많지 않았기에 소예배실을 예배 장소로 사용하기로 했다.

1976년 11월 추수감사절에 첫 예배를 드리기로 하고, 헌츠빌 지역에서 미군과 결혼해서 사는 한인 부인들과 미군 남편들을 헌츠빌제일침례교회의 소예배실로 초청했다. 이 소식은 한인 부인들 사이에서 빠르게 전파되었다. 그리고 많은 미군 남편과 한인 부인들이 초청에 응답해서 추수감사절 예배에 참석, 함께 모여 예배드림으로써 한인 교회를 시작하게 되었으며, 교회 이름은 헌츠빌제일침례교회의 이름을 따서 '헌츠빌한인제일교회'라고 지었다.

우리 교회의 특이점은 미국 사람과 한국 사람이 동시에 두 언어로 함께 예배를 드린다는 것이다. 처음에 교회를 시작할 때부터 교인들 대부분이 미군과 국제결혼한 한인 여성들이었고 미국 남편과 한인 부인이 함께 예배를 드렸기 때문에 처음부터 영어와 한국어를 사용해서 이중 언어로 예배를 드리기 시작했는데, 46년이 지난 현재까지 이중 언어로 예배드리고 있다.

처음 교회를 시작할 때는 한인 교회뿐 아니라 한인 커뮤니티도 거의 없었기 때문에 교회가 예배를 통한 영적인 공급뿐만 아니라 한인 부인들을 도와주는 일도 많이 했다. 미군 남편과 결혼해서 미국에 살면서 문화, 언어, 환경 등이 너무 달라서 어려움을 겪는 사람이 많았는데, 주중에 심방과 만남과 식사 나눔을 통해서 그들이 타향에서 겪고 있는 외로움과 한국 음식에 대한 그리움을 극복할 수 있도록 도와주었다. 당시는 한인 커뮤니티가 없었기에 한인이 도움을 받을 수 있는 곳은 한인 교회가 유일했다. 한인 이민자 중에는 미국 와서 예수를 처음 믿는 사람도 있었고, 불교 등 타 종교를 믿다가 기독교로 개종해서 교회에 처음 출석하는 사람들도 많았다. 주일예배, 수요예배, 그리고 소그룹 성경공부인 구역예배를 통해서 성도들의 영육 간의 필요들을 공급해 주었고 교회는 점점 성장해 갔다.

지역사회 전도

한인 교회가 생겼다는 소식을 듣고 찾아오는 사람들도 있었지만 몰라서 못 오거나, 또 알아도 혼자 오기 어려워서 교회에 나오지 못하는 사람들도 많았다. 이들을 위한 지역사회 전도는 십 년이 넘게 이어졌다. 처음에는 김문자 사모와 린다 집사 두 사람이 시작했지만, 그 후로 프롭스트(Propst) 집사의 모친이 함께 도와서 사역하였고 그 후로 프롭스트, 말데(Malde), 햄브리(Hembree), 조광순 집사 등이 군부대를 방문하고, 사람들을 식사에 초대하고, 구역모임에 초청해서 함께 음식도 나누며, 성경공부를 통해서 영혼도 살찌우는 사역을 계속했다. 교회가 계속 성장해서 성도가 150여 명 되었을 때, 미국 교회 소예배실이 너무 협소해서 교회 건물을 사기로 결정했다. 1992년 미국감리교회가 사용하던 교회를 구입, 이전해서 자체 건물을 가진 한인 교회가 되었다.

레드스톤 아스널(Redstone Arsenal)에서는 1980년 후반부터 군사훈련학교 프로그램이 시작됐는데, 이는 미군뿐 아니라 각 나라에서 파견받아 온 군인들을 위해 단기군사훈련을 하는 프로그램이었다. 한국에서 우수한 성과를 낸 많은 한국 군인들이 이 프로그램에 참석했는데, 짧게는 3개월, 길게는 1년 동안 이곳에서 훈련을 받았다. 훈련생들은 주로 하사, 중사 및 장교들로, 유치원 또는 초등학생을 가진 젊은 가정이 많았다. 이들을 위한 군인선교는 20년 이상 지속되었고 그 시기에 수백 명이 침례를 받고 신앙생활을 하게 되었다. 20년 넘도록 계속된 이 사역은 군사훈련학교가 사우스캐롤라이나로 이주함으로써 중단되었다.

1990년대에 교회를 이전하고 새롭게 시작한 사역이 바로 탈북민 사역이다. 이동근 담임목사는 고향이 북한에 있었기에 탈북해서 한국에 정착하는 탈북민 사역에 대한 관심이 많았다. 그러던 중 울산에서 병원을 운영하면서 탈북민들을 돕고 있는 임영훈 원장을 알게 되었다. 탈북자들이 아픈 몸을 치료받을 수 있도록 돕는 일도 중요하지만, 복음을 전하는 일도 시급한 과제였다. 헌즈빌한인제일침례교회는 그들을 돕기 위해서 울산의 임영훈 원장의 병원에 선교센터를 세우기로 하고, 당시 신학교를 졸업한 헤더 밀러(Heather Miller) 선교사를 한국으로 파송했다. 밀러 선교사는 한국에 머물며 사역할 수 있는 시설들을 만들고, 영어클래스를 만들어 지역사회 어린이들을 전도하고 어린이들의 부모를 초청해서 전도하려는 전략을 가지고 선교를 시작했다.

또 당시 남침례회연맹(South Baptist Convention)의 앨라배마 담당자 쟌 롱(John Long)도 이 사역에 참여해서 한국 울산에서의 선교사역을 도와주었으며, 쟌 롱 목사 자신이 한국을 방문해서 말씀을 전하고 사람들에게 침례를 베풀어주었다. 헤더 밀러 선교사가 이끄는 영어 수업도 인기가 많아서 많은 어린이가 참석해서 영어도 배우고 성경도 배웠다. 수년간 지속하던 이 사역은 임영훈 목사가 은퇴하고 고향인 제주도로 이주하면서 마무리되었다.

앞으로의 사역

헌츠빌한인제일침례교회는 1976년에 이동근 담임목사를 시작으로 많은 목회자들이 교회를 섬겨 왔다. 이동근 목사가 남침례회연맹 국내선교부에서 파송을 받아 앨라배마주에 거주하는

2017년 성탄예배 후 교인들이 기념 사진을 찍고 있다

소수민족을 돕는 사역을 마치고 은퇴하자, 평신도 리더인 할 베넷(Hal Bennett) 대령이 개인적으로 이 목사를 찾아가, 다시 담임목사로 사역해 달라고 요청해서 현재까지 섬기고 있다.

무엇보다도 감사한 것은 믿음으로 무장된 안수 집사들을 세워서 교회 재정의 50% 이상을 감당하게 한 것이다. 연령별로 안수집사들의 명단은 다음과 같다. 민수 Propst, Chae Yun Hembree, 박순자(Malde), 조광순(Stallworth), 박범의(Coleman), 박정숙, Byron Potts이다.

현재 교회의 영적 지도자로는 이동근 담임목사, 앨빈 펠튼(Dr. Alvin Pelton) 목사, 박윤기 목사가 수고하고 있다.

Alaska

교회 주소: 3300 Wyoming Dr., Anchorage, AK 99517
연락처: (907) 276-1082/ www.fkpcak.org

앵커리지제일한인장로교회
First Korean Presbyterian Church of Anchorage
(창립 연도: 1976년/ 창립 목사: 박준희 목사)

유승현 목사

앵커리지제일한인장로교회 담임
연세대학교 신학과
장로회신학대학교 신학대학원
GTU(Graduate Theological Union) 철학박사 과정중

알래스카의 배경과 교회의 뿌리

앵커리지제일한인장로교회는 1976년 4월 9일에 알래스카주에서 최초로 세워진 한인 교회다. 창립 당시 알래스카에는 약 40만 명이 살고 있었고, 최대 도시였던 앵커리지에는 약 17만 명이 거주했으며, 한인이 5백 명 정도 있었다고 한다. 교회가 창립되기 전 미국에서는 1973년 오일쇼크 이후 원유 가격이 급격하게 상승했고, 이에 따라 1968년 알래스카의 최북단 프루드호 베이(Prudhoe Bay)에서 발견된 거대한 유전을 개발해야 하는 상황이 조성되었다. 비슷한 시기에 한국에서 알래스카로 오는 이민자들도 크게 늘었다. 당시 알래스카로 이주한 한인 중에 원전 개발을 위한 엔지니어는 많지 않았으며, 교사, 의사 등 전문 직종에 종사하는 분들도 소

수였다. 대부분 호텔, 공항, 여행사 등에서 일하거나, 어업이나 개인 사업에 종사했다.

앵커리지제일한인장로교회의 역사는 창립 전인 1971년부터 그 뿌리를 찾을 수 있다. 1971년 7월 31일 한국에서 앵커리지로 이민 온 김진모 목사(Jim Kim, 당시 집사), 강향숙(Jane Kim) 부부가 이민 직후 미국 연합장로교단의 미국 교회인 앵커리지제일장로교회(Anchorage First Presbyterian Church)에 출석하기 시작했을 때도 그 미국 교회에 한인들은 별로 없었다고 한다. 주변에 한국에서 온 부부 몇 가족이 있었으나 한국어 예배와 모임이 없었고, 그들이 미국 교회에 출석할 수 있는 여건도 조성되지 않았다.

앵커리지제일한인장로교회 현 예배당 설경

1976년 교회 창립

그런 가운데 1974년부터 정원팔 장로(당시 집사)를 비롯해서 앵커리지에 이민 온 사람들 가운데 미국 교회인 앵커리지제일장로교회에 출석하는 성도들이 생기기 시작했다. 교회에 한인들이 늘어나자, 당시 그 교회 목사가 한인 교인들에게 한인 교회 공동체를 시작해 보도록 권면했다. 한인 교인들은 1975년부터 미국 교회에서 주일 오후에 한국어로 예배를 드리기 시작했다.

그러다가 한인 교회를 창립하기 위한 준비 모임이 1975년 가을부터 시작되었다. 당시 앵커리지제일장로교회에 출석하던 한인 성도들은 함께 모임을 갖고 복음을 향한 열망으로 기도하며, 1976년에 알래스카주에 첫 한인 교회를 창립하기로 하고, 이에 맞춰 부흥성회를 개최했다. 1976년 3월 25일 신필수 권사가 서정락 목사에게 앵커리지에서 부흥집회를 인도해주도록 건의하고, 4월 1일 부흥집회에 대한 홍보문을 지역 한인들에게 발송했다.

드디어 1976년 서정락 목사를 초청, 4월 6-9일까지 부흥집회를 개최했다. 그리고 부흥회 마지막 날인 4월 9일 서정락 목사가 앵커리지제일한인장로교회의 발족을 공포하고 제직을 임명했다. 박준희 전도사, 강유실 권사, 그리고 김진모, 장상익, 정원팔, 김길현, 김연도, 유태자, 김경순 등 집사 7인이 제직으로 세워졌다. 이틀 후 4월 11일 앵커리지제일장로교회에서 열린 첫 주일예배에는 20명이 모여 함께 예배를 드렸다.

이후 5월 16일 세례교인 39인, 미세례교인 43인이 발족문을 작성, 서명했으며, 미국 연합장로 교단의 유콘노회에 가입 허가를 신청했다. 1976년 10월 17일 앵커리지제일한인장로교회라는 이름으로 정식 가입되었다. 교회는 김진모 집사를 장로로 장립하고, 박준희 전도사를 목회자로 위임하여 교회의 기반을 세워나갔다. 창립 당시 교회를 섬겼던 박준희 전도사는 한국에서 성결교신학대학교를 졸업하고 앵커리지에 거주하고 있었으며, 이듬해인 1977년 5월 22일 목사 안수를 받고 초대 담임목사로 취임했다.

교회의 성장과 예배당 건축

1977년 5월 20일 초대 담임 박준희 목사안수식이 열린 후 기념사진을 찍고 있다

이후 교회는 하나님의 은혜로 아주 빠른 속도로 크게 성장했다. 1977년 1월 2일부터 주일학교를 시작했고, 1977년 11월 교회건축준비위원회를 구성하고 자체 성전을 갖기 위한 준비를 시작했다. 또한 1978년 7월부터 구역예배 모임을 시작했다. 마침내 1980년에는 15명의 안수집사와 3명의 시무장로, 240명의 활동 교인과 60명의 주일학교 어린이들이 모여, 일주일에 여섯 번 예배를 드리는 큰 신앙공동체가 되었다. 이에 따라 많은 성도가 함께 모여 예배드릴 수 있는 독립된 예배 장소가 필요하게 되었다.

당시 교회는 앵커리지 도심에 있는 제일장로교회 예배당을 빌려서 예배를 드리고 있었다. 1979년 1월 30일 교회 건축을 위해 대지 4.27에이커를 구입하기도 했지만, 기도 가운데 하나님이 이끄시는 대로 1980년 1월 20일 예배 처소를 미국 트리니티장로교회(Trinity Presbyterian Church)로 이전하게 되었다. 그리고 마침내 1981년 당시 트리니티장로교회 건물이었던 현재 예배당(3300 Wyoming Dr., Anchorage, AK)을 70만 달러에 매입, 자체 성전을 마련하게 되었고, 1981년 8월 입당예배를 드리게 되었다. 후에 트리니티장로교회가 도네이션으로 25만 달러 정도 줄여줘서 총 45만 달러에 자체 예배당을 헌당하는 기적도 일어났다.

이렇게 교회가 설립되고 발전해 나간 과정은 지역 발전에 따른 자연스러운 성장 결과일 뿐 아니라, 하나님께서 미리 계획하시고 하나님의 사람들을 통해서 이루신 복음 전파의 한 과정이었다. 1976년 교회 창립 후 현재에 이르기까지, 오랜 세월 그리스도의 복음의 씨앗을 뿌리고 있는 믿음의 공동체로서 계속해서 맡겨진 사명을 감당하고 있다.

우리 교회는 "기도에 힘쓰는 교회, 하나님을 기쁘시게 하는 교회, 주님의 평안을 누리는 교회"를 모토로 기도하는 가운데, 선교하는 교회로서 세계 각지에 많은 선교사를 파송하고 후원하고 있다. 또 미국 장로교 유콘노회와 함께 알래스카 오지에 있는 에스키모 마을에 있는 교회들을 후원하고, 많은 단기선교를 실시하고 있다. 최근에는 지역의 여러 교회와 연합하여 노숙자사역을 감당하고 있으며, 청소년들을 위한 예배가 따로 없는 한인 교회들을 위해 우리 교회에서 장소를 제공하고, 지역 연합 청소년 예배와 모임을 매주 갖도록 후원하는 등 앵커리지 한인 청소년들의 복음화에 앞장서고 있다.

앵커리지제일한인장로교회의 현재

2004년 주일예배 후 전 교인들이 기념사진을 찍고 있다

우리 교회는 2000년대에 들어서 몇 차례 분열의 아픔을 겪기도 했지만, 이 일을 통해 성도들의 믿음이 더 자라나고 단단해지는 계기가 되었다. 교회는 지금까지 초대 박준희 목사를 포함, 여섯 명의 담임목사들이 성도들과 하나 되어 교회를 전심으로 섬겼다. 최근 2021년 12월부

터 유승현 목사가 7대 담임목사로 부임, '예배하는 교회', '예수 닮는 교회,' 하나님께 맡겨진 달란트로 섬기는 '예술하는 교회'라는 목회 비전을 가지고 교회를 섬기고 있다.

2022년에는 지난 2년간 코로나바이러스로 인해 위축된 예배 공동체의 회복을 위해 기도하며 "풍성한 사랑으로 예배하는 교회"(시 5:7)라는 표어 아래 함께 모이며 그리스도의 복음 전파를 위해 전 교인이 힘쓰고 있다. 앵커리지제일한인장로교회는 미국에서 가장 높은 위도에 위치한 '최후의 개척자'(The Last Frontier)라고 불리는 알래스카주에서 가장 먼저 창립된 교회라는 자부심으로 미국 본토와 한국, 전 세계를 바라보며 계속 기도하며 선교해나갈 것이다.

역대 담임목사

초대 박준희 목사(1977-1981년), 제2대 이경천 목사(1982-1985년), 제3대 김명길 목사(1987-1993년), 제4대 김윤곤 목사(1994-2010년), 제5대 강명한 목사(2010-2013년), 제6대 신요한 목사(2015-2020년), 제7대 유승현 현 담임목사(2021년-현재)

초대 박준희 목사, 2대 이경천 목사, 3대 김명길 목사, 4대 김윤곤 목사, 7대 유승현 목사

Arizona

교회 주소: 10045 W. Clair Dr., Sun City, AZ 85351
연락처: (623) 293-1007/ www.azkpc.com

아리조나한인장로교회
Arizona Korean Presbyterian Church
(창립 연도: 1973년/ 창립 목사: 장은덕 목사)

조용호 목사

아리조나한인장로교회 담임
홍익대학교 졸업
장로회신학대학교 졸업(M.Div.)
풀러신학대학원 재학중

아리조나한인장로교회의 시작

1960년대 말부터 시작된 미국 이민 물결로 우리 교회가 창립될 무렵 700여 교민들이 애리조나 피닉스에 살고 있었다. 애리조나에 사는 교민들 중에 기독교 신앙인들이 있었는데 그들 중 이영수 장로, 김봉신 전도사, 이천진, 심재원 집사, 진광욱, 최인학, 차운영, 전형규, 이진우, 이신애 성도, 그리고 장은덕 목사 등 11명이 1973년 5월 30일 이신애 성도 가정에서 창립 준비 모임을 가졌다.

1973년 6월 3일 성인 남성 18명, 성인 여성 20명, 그리고 그들의 자녀 24명 등 총 62명이 모여 웨스트민스터장로교회(Westminster Presbyterian Church)에서 창립예배를 드렸다. 6월 5일 미국 장로교회의 그랜드캐년노회에 가입 허락을 받아, 9월 9일 정식으로 가입하게 되었다. 10월 7일 당시 노회장이었던 로버트 채프만 목사의 설교와 공동의회 진행으로 교회 창립예배를 드렸다. 10월 14일 예배 참석자들은 성인 남성 40명, 성인 여성 43명, 그들의 자녀 24명 등 총 107명으로 늘어났다.

지호영 목사가 4대 담임으로 부임하다(1974.7-1983.8)

교회 창립시 함께했던 장은덕 목사가 사임하고, 1973년 11월 11일 제직회의에서 박복경 목사를 2대 목사로 청빙하기로 했다. 그리고 1974년 2월 24일 박복경 목사가 사임하고, 같은 해 3월 3일 전덕성 목사가 3대 목사로 부임했으나 얼마 후에 사임하고, 그해 7월 28일에 지호영 목사가 4대 목사로 부임했다.

지호영 목사가 부임한 후, 11월 예배 처소를 커버넌트장로교회(Covenant PresbyterianChurch)로 옮겼다. 이전부터 피닉스 지역에서 한인회 결성의 필요를 인식한 사람들이 모임을 가졌으나 정식으로 한인회가 발족되지는 못했다. 그러나 1972년에 진광욱 씨가 주최한 한인 망년회에 120명 정도의 지역 한인들이 모였다. 진광욱 씨는 지호영 목사가 시무한 1975년 1월 5일 이영수, 이천진, 김영자, 이기경 씨 등과 함께 아리조나한인장로교회의 장로로 취임했다. 이어 1972년 4월 20일 노회 총무인 채프만 목사 인도로 지호영 목사 위임식이 개최되었다.

현재 교회 예배당

자체 예배당 구입, 독자적인 예배 처소를 갖다

지호영 목사가 담임으로 사역하는 동안 1975년 12월에 이상훈 목사 초청 부흥성회를 시작으로, 1976년에는 3월과 6월과 8월 세 차례, 1977년에는 7월에 한 차례 부흥성회를 열었다. 1978년 1월 15일 당회 요청과 노회 결정으로 당회가 해산되고 행정위원회가 조직되어 운영되었다. 그해 6월에는 창립 5주년 기념예배를 드렸으며, 교회 사무실을 이전하고, 교회 이름을 '아리조나한인연합장로교회'로 바꾸었다. 8월에는 광복 33주년 기념음악회를 개최했다.

1980년 창립 7주년 기념예배를 드리다

1979년에는 6월과 12월에 부흥성회를 가졌고, 1980년 6월 8일에는 주택(2811 N. 41st Ave. Phoenix, AZ 85019)을 구입, 예배 처소를 옮겼으며, 6월, 10월과 11월, 세 차례 부흥성회를 개최했다. 1981년에는 6월 14일 헌당예배를 드렸다. 4월, 7월, 11월 세 차례에 걸쳐 부흥성회를, 8월에는 청소년 캠프를 개최했다. 1982년 11월에는 탁명환 교수를 초청하여 이단 세미나를 가졌다. 1983년 8월 4일 지호영 목사가 숙환으로 치유 중 별세하였다. 10월 2일 청빙위원회가 조직되었고, 청빙 가능성이 있는 문홍국 목사를 초청하여 11월 10-11일까지 부흥성회를 가졌다.

문홍국 목사가 5대 담임으로 부임하다(1983.12-1991.11)

문홍국 목사의 부임 초인 1984년 1월 19일 문홍국 목사의 목회에 반발한 교우들 20여 명이 교회를 떠나 아가페선교교회를 세웠다. 11월 4일에 문홍국 목사의 위임식이 있었다. 문홍국 목사는 1985년 2월 1일부터 제자훈련을 시작하였고, 12월 25일에 제1기 제자반 수료식을 가졌다.

1986년 대학청년회가 세워지고, 6월에 전교인 수련회, 7월에 총 50여 명의 제자반 초급, 중급반 수료식을 가졌으며, 12월 13일 '호영기념관'으로 명명한 교육관 헌당식을 개최했다. 1987년 1월 25일 총동원 주일을, 3월에는 대학부 수양회, 5월 3일에는 본당 확장공사를 마무리하고 찬양대 의자 60개와 본당 의자 10개를 추가 설치했다.

교회 사역 범위가 확장되던 중 노회를 탈퇴하고 교회 폐쇄를 선언하다

1986년 교육관 공사현장에서 봉사하던 교인들이 잠시 포즈를 취하고 있다

1987년 10월 17일 애리조나 한인교포연합운동회로 교회 대항 배구대회를 개최했다. 1988년 10월 29일 지난해에 이어 미니 올림픽을 글렌데일 커뮤니티칼리지 체육관에서 개최했다. 1989년 2월 11일에는 애리조나에서 처음으로 한국학교를 개교했는데, 학교 이름은 '세종한국학교'라고 정했고, 초대 교장으로 이상윤 장로가 봉사했다. 4월에 각 교회 대항 친선 체육대회를 개최했고, 5월에 수양관으로 사용하기 위해 페이슨(Payson)에 있는 대지를 구입했다.

1991년 11월 17일 문홍국 목사가 공동의회를 열어 노회 탈퇴 및 이전을 논의하고 교회 폐쇄를 선언하였다. 같은 날 담임이었던 문홍국 목사와 당회가 노회를 탈퇴하고 사랑의교회를 설립, 이전하였다. 이로써 아리조나한인장로교회는 미자립교회가 되었다. 1991년 12월 29일 노회를 탈퇴하여 떠난 문홍국 목사와 그를 따라간 교우들을 제외한 남은 소수의 교인들 중 이상윤 장로가 교회 복구를 위해 노력, 노회에서 파견한 조수경 목사의 인도로 예배를 재개했다.

김경하 목사가 6대 담임으로 부임하다(1992.4-1996)

1992년 4월 11일 콜롬비아 선교사였던 김경하 목사가 담임으로 부임했다. 1992년 콜롬비아 바란끼아교회를 지원하기로 결정하고, 선교기금을 모으기 위해 김치바자회를 개최했다. 같은 해 9월 20일 유스 오케스트라를 조직하였다. 1995년 1월 프레스캇 파인탑에서 유스그룹 동계수련회를, 5월 7일에는 지난 1월 시작한 SAT반 수료식을 가졌다. 7월 7일 대학준비반 강의를 시작했다.

한의택 목사가 7대 담임으로 부임하다(1996.11-1999.9)

1996년 초기부터 외부 목사들이 돌아가면서 설교를 감당하던 중 9월 29일 청빙 대상자였던 한의택 목사(현 오리건선한목자장로교회 담임)가 와서 설교하였고, 11월 3일 담임으로서 첫 예배를 인도했다. 1997년 7월 20일 한의택 목사 위임예배를 드렸으며, 8월 전교인 여름수련회와 대각성 집회를 개최했다. 1998년 3월 민족을 위한 특별예배, 4월에는 청소년 찬양부흥성회를 개최했다. 12월 지역사회 교포들을 초청하여 성가와 가곡의 밤을 열었다. 1999년 9월 26일 목사 사임 건으로 임시 당회가 열렸고, 한의택 목사가 9월 30일에 사임했다.

송석민 목사가 8대 담임으로 부임하다(2000.11-2009.3)

2000년 11월 16일 송석민 목사가 부임, 2001년 7월 1일 취임예배를 드렸다. 노회의 돈 스완선 장로가 사회를 보았다. 11월 20일 교회에 화재가 발생하여 본당 일부와 유아실 및 사무실 내부가 전소되어 약 20만 달러의 피해를 입었다. 2002년 11월 교회 이전을 위한 공동의회가 열렸고 안건이 통과되었다. 2004년 3월 14일 건축 및 이전위원회 모임이 소집되었고, 6월 27일 웨스

2004년 봄 야외예배에 참석한 교인들이 단체 사진을 찍고 있다

트 인디언스쿨 로드에 위치한 그리스도장로교회(Christ Presbyterian Church) 건물을 답사했다.

2005년 6월 27일에서 7월 2일 사이에 새로 구입한 교회 건물(6440 W. Indian School Rd,Phoenix)로 예배 처소를 이전했다. 2006년 3월 5일 제33주년 창립 기념 책자 발간 준비위원회를 구성하고, 그해에 책자를 발간했다. 2009년 3월 29일 송석민 목사가 사임했다.

9대 진영선 목사, 10대 김용석 목사가 담임으로 부임하다

9대 담임으로 진영선 목사(조치원장로교회 시무)가 부임, 약 2년간 시무하다가 동부여행을 거쳐 한국 방문을 위해 출타했으나 그 후로 연락이 끊어졌다. 이어서 10대 담임으로 김용석 목사가 부임했다. 교회는 인디언스쿨에 소재한 건물을 매매하였다가, 다시 웨스트 클레어 길(10045 W. Clair Dr., Sun City)에 있는 건물을 구입, 이전했다. 2012년 7월 22일 새성전 헌당 및 위임예배를 드렸다.

조용호 목사가 11대 담임으로 부임하다(2014.4-현재)

조용호 목사는 2014년 4월 26일 부임했다. 조용호 목사가 부임했을 무렵 교회에는 성가대원들 중심으로 스무 명 남짓의 교우들만 남아 있었다. 이후 애리조나 주립대학(Arizona StateUniversity) 학생들과 타 주에서 피닉스로 이사 오는 사람들을 전도하면서 교인 수가 늘기 시작해 2015년 4월 12일 위임 감사예배를 드릴 때는 교인 수가 70여 명으로 늘어났다.

조용호 목사는 "믿음 소망 사랑으로 하나 되는 선교적 교회"라는 표어 아래 세상적 가치가 아니라 영원한 가치를 추구하며, 개교회 성장주의를 넘어 지역교회와 연합하는 교회로 세우고자 힘썼다. 따라서 이웃 교회에 도움이 될 일들을 찾아보고, 교회 홈페이지를 무료로 제작해 주거나 방송시스템을 정비하는 일을 도와주었다. 그리고 교회의 선교 재정의 절반을 애리조나 지역교회들의 사역을 돕기 위해 사용하였다. 팬데믹 시기에는 이웃 교회들의 온라인 방송시스템 구축을 도왔다.

팬데믹의 위기를 기회로 만들다

2020년 초 교인 수가 130여 명이 되었을 때 팬데믹이 시작되었고, 위기가 왔지만 빠르게 온라인 체제로 전환하면서 교회에서는 도리어 새벽예배가 더욱 활성화되었다. 연령이 높은 교우들이 안전 운전 문제로 참석이 어려웠던 현장 예배가 온라인 예배로 바뀌면서 참석률이 오히려 10배 정도 올랐다. 소그룹은 줌(Zoom)을 통해 지속되었으며, 각종 예배와 성경공부도 온라인으로 실시되면서 참여자가 더욱 늘어났다. 특히 오프라인상에서는 하지 못했던 해외에 있는 선교사님들의 선교사역 소개가 온라인을 통해 가능해졌다. 또한 유튜브와 줌(Zoom)을 병합해서 말씀 사경회를 개최했다. 교회는 온라인 예배만이 가능했던 상황에서도 예배의 본질에 초점을 맞추고자 유튜브 채팅창을 통해 소통하면서, 여행 중인 성도들과도 예배를 통해 코이노니아를 형성했다. 팬데믹 기간 중이었지만, 교회는 재정적인 어려움이 없었고, 교회 활동도 더욱 활성화되었다. 아리조나한인장로교회는 "예수님 닮은 성품"을 존경받는 성도의 기준으로 정하고, 하나님의 나라(통치)에서 오늘을 살아가면서 주의 재림 시 완성될 하나님 나라를 소망하고 있다.

2020년 성탄예배 후 전 교인들이 단체 사진을 찍고 있다

역대 담임목사

1대 장은덕 목사, 2대 박복경 목사, 3대 전덕성 목사, 4대 지호영 목사, 5대 문홍국 목사, 6대 김경하 목사, 7대 한의택 목사, 8대 송석민 목사, 9대 진영선 목사, 10대 김용석 목사, 11대 조용호 현 담임목사

1대 장은덕 목사, 4대 지호영 목사, 5대 문홍국 목사, 6대 김경하 목사, 7대 한의택 목사

8대 송석민 목사, 9대 진영선 목사, 10대 김용석 목사, 11대 조용호 목사

Arkansas

교회 주소: 927 E. Kiehl Ave., Sherwood, AR 72120
연락처: (501) 834-9191/ www.saengsoo.org

생수교회
Living Water Baptist Church
(창립 연도: 1982년/ 1대 담임: 이상기 목사)

오윤희 목사

생수교회 담임
계명대학 도시공학과 졸업
사우스웨스턴침례신학대학원 목회학 석사
사우스웨스턴침례신학대학원 신학 석사

교회의 시작

생수교회는 1982년 9월에 아칸소한인회 임원들에 의해 시작되었다. 이때 창립회원은 김영달, 남태열, 손길하, 유재선, 이 광, 정병훈, 최영자, 하종태, 하종호 씨 등 35명이다. 첫 번째 모였던 장소는 노스리틀락(North Little Rock)에 소재한 파크힐침례교회(Park Hill Baptist Church) 친교실이었고, 평신도 지도자인 정병훈 씨의 인도로 20여 명이 매주 모였다. 이때의 교회 이름은 '알칸소한인교회'(Korean Community Church of Arkansas)였다.

1983년 1월 교회는 황종호(감리교) 목사를 청빙, 파크힐침례교회(Park Hill Baptist Church)의 별관인 극장에서 모임을 가졌다. 한 달 후, 황종호 목사가 교회를 떠나고, 같은 해 2월부터 8월까

알칸소한인침례교회였다가 현재는 생수교회로 이름을 바꾸었다

지 이달모 목사가 임시목사(Interim Pastor)로 시무하게 되었다. 이때 장년 58명까지 모였으며, 하종백 씨가 한국 문화 계승을 위하여 한글학교 교사로 1983년 5월부터 1984년 5월까지 수고했다. 1983년 10월 김정칠(감리교) 목사가 알칸소한인교회에 부임, 1985년 4월까지 사역했다.

1985년 10월 이상기(그리스도교) 목사가 부임, 1994년 1월까지 사역했다. 이때 여선교회가 조직되고, 1986년 주일학교가 시작되었다. 같은 해 11월 건축위원회가 구성되어 1992년까지 활동했다. 1987년 장년 성경공부반이 시작되어 주일 아침마다 담임목사가 인도했다. 같은 해 일부 성도들이 교회에서 나가, 개척하는 이웃 교회에 동참했다. 1989년 8월 정수영 집사 인도로 평신도 성경공부 모임이 진행되었는데, 1991년까지 계속되었다. 같은 해 11월 달라스한인침례교회의 청년회와 휴스턴서울침례교회의 청년회와 함께 청·장년 연합수련회를 개최했다.

남침례회 소속 침례교회 정체성 확립과 자립

아칸소 한인 신앙공동체를 대표하는 우리 교회는 1990년 1월 교회 명칭을 '알칸소한인침례교회'(Korean Baptist Church of Arkansas)로 바꾸고, 아칸소침례회주연맹(Arkansas Baptist State Convention)에 등록했다. 1991년 1월 남전도회가 조직되었고, 같은 해 4월 이상기 목사가 모 교회인 파크힐침례교회에서 안수받아 남침례회 목사가 되었다. 이로써, 이상기 목사가 침례교회라는 정체성을 가진 우리 교회의 제1대 담임목사로 기록되었다.

1992년 건축 문제로 이견이 발생, 일부 교인들이 분리해 나가서 P교회를 개척했다. 이듬해 1월 키엘 에비뉴(927 E. Kiehl Ave.)에 위치한 오순절교회 건물과 대지를 매입, 입주했다. 이때부터 우리 교회는 파크힐침례교회의 선교 사역부에서 완전 독립된 한인 침례교회가 되었다. 1993년 5월 입당 감사예배를 드리고 부흥회를 개최했다. 1994년 1월 이상기 목사가 사임하고, 6개월 동안 정요섭 목사가 임시 목사로 수고했다.

지역 한인 교회간 협력과 지역사회에 대한 영향

1994년 7월 최철호 목사가 제2대 담임목사로 부임해서, 1999년 11월까지 수고했다. 그동안 중단했었던 한글학교를 오픈해 2002년까지 운영했다. 처음 입주한 예배당(현, 유스예배실)이 협소해서 건축을 준비하던 중, 1995년 7월 건축(현재 본당)을 허가받고 같은 해 10월 건축을 마치고, 헌당예배를 드렸다.

연도를 알 수 없으나 창립 초기일 것으로 추측됨. 왼쪽부터 제리, 조현아, 김정칠 목사, 남태열, 하종호, 김OO, 유재선, 손길하 성도

1996년부터는 교인들의 영적 성장을 위한 훈련 프로그램("생명의 삶", "최선의 삶", "하나님을 경험하는 삶", "크로스웨이")들을 실시했다. 또 이때부터 리틀락 지역에 산재한 여러 교회와 더불어 부활절 연합새벽예배와 추계 연합체육대회를 시작했다. 1997년 9월 "한마음"이라는 이름으로 교회 회지가 처음 출간되었다. 1998년부터 2002년까지 이민 2세들을 위한 영어부 사역이 실시되었다. 1999년 12월 남덕우 목사를 제3대 담임 목회자로 청빙, 2000년 4월 전임 최철호 목사와 신임 남덕우 목사의 이·취임예배를 드렸다. 남덕우 목사는 2003년 11월까지 4년간 교회를 섬겼다.

2000년 5월부터 홈페이지를 개설하여 리틀락을 찾는 사람들에게 도움을 주었으며, 2001년 2월부터 여선교회를 통해 아칸소대학(리틀락)의 한인 유학생들을 대상으로 학생선교의 문을 열어, 매학기 금요일마다 MSM(Metro Student Ministry) 빌딩에서 성경공부 모임을 가졌다. 2002년 5월에는 알칸소한인침례교회 성도들이 일 년 이상 공동작업을 하여 교회의 "비전 선언문"과 "사명 선언문"을 완성해서 내어놓았다. 같은 해 7월 안수집사 두 명을 선출했으며, 9월 6-8일에는 초대 임시 목사인 이달모 목사를 초청, 교회 창립 20주년 기념 부흥회를 개최했다.

2004년 1월 이종길 목사가 제4대 담임목사로 부임, 2011년 4월까지 교회를 섬겼다. 2006년 3월 친교실을 건축하여 성도들 간의 친교가 더욱 자유롭고 풍성해졌다. 2011년 7월 제5대 담임으로 정도영 목사가 부임, 2014년 5월까지 교회를 섬겼다.

교회명 변경과 현재

2012년 2월 교회 이름을 알칸소한인침례교회에서 '생수교회'(Saengsoo Church)로 변경했다. 2014년 10월 김선국 목사가 제6대 담임으로 부임해서 2019년 12월까지 사역했다. 2015년 9월

2021년 10월 10일 가을 전 교인 야외예배

노스푸와스키침례연합회(North Pulaski Baptist Association)와 연합해서 지역선교를 위한 무료 ESL 교실을 시작했다.

2016년 1월 그동안 중단되었던 한글학교를 셔우드한글학교라는 이름으로 새롭게 개교했다. 2016년 10월 교육부 목사를 청빙, 교회교육에 내실을 기하게 되었다. 같은 해 11월 주일예배 때 동시통역을 실시, 영어권 회중의 적극적인 예배 참여가 가능해졌다. 2017년 1월부터 2020년 2월까지 성진숙 선교사가 교회 선교사역에 동참하면서 캄보디아 선교지를 중심으로 선교에 대한 인식 전환이 이루어졌다. 2017년 10월 창립 35주년을 기념하여 기념예배를 드리고 음악회와 역사 사진전을 개최했다.

2020년 3월 오윤희 목사가 제7대 담임목사로 부임, 현재 교회를 섬기고 있다. 생수교회는 비전 선언문에서 밝힌 것처럼 "복음으로 세상과 소통하는 성령공동체"가 되고자 한다.

역대 담임목사

제1대 이상기 목사(1991-1994년), 제2대 최철호 목사(1994-1999년), 제3대 남덕우 목사(2000-2003년), 제4대 이종길 목사(2004-2011년), 제5대 정도영 목사(2011-2014년), 제6대 김선국 목사(2014-2019년), 제7대 오윤희 현 담임목사(2020-현재)

California

교회 주소: 7400 Osage Ave., Los Angeles, CA 90045
연락처: (310) 645-3699/ www.lakumc.org

LA연합감리교회
Los Angeles Korean United Methodist Church
(창립 연도: 1904년/ 초대 목사: 신흥우 목사)

이창민 목사

LA연합감리교회 담임
하와이 그리스도연합감리교회 부담임 역임
클레어몬트신학대학원 졸업(M.Div.)
하와이주립대학교 박사과정 수료(Ph.D. Cand.)

조선과 조선 사람을 사랑하시는 하나님의 품에서 태어난 교회

"1904년 3월, 감리교회에서 로스앤젤레스 다운타운 인근인 1519 사우스 힐 스트리트(South Hill St.)에 '한인 선교회'(Korean Mission)를 설립하였다. 한국에서 선교사로 사역했던 플로렌스 셔만(Mrs. Florence Sherman)이 '한인 선교회'의 책임자로 선정되었고, 한국에서 유학 온 신흥우(Hugh Cynn)가 전도사의 임무를 맡았다."

로스앤젤레스에 있는 제일감리교감독교회(First Methodist Episcopal Church)에서 발행하는 「하베스터」(Harvester)라는 회보에 실린 글이다. 여기에 등장하는 '한인 선교회'가 북미대륙 최초의 한인 교회인 현 'LA연합감리교회'이다. 1904년 당시 로스앤젤레스에는 약 20명의 한인이 있었는데, 이 중 9명이 플로렌스 셔만 여사가 세운 '한인 선교회' 숙소에 머물고 있었다.

플로렌스 셔만은 의료 선교사였던 남편 해리 셔만과 함께 1898년부터 조선에서 사역했다. 조선에서 사역하던 중 병을 얻은 해리 셔만 선교사는 치료를 위해 미국으로 돌아왔지만, 1900년 31세의 젊은 나이에 아내와 두 아이를 남기고 세상을 떠났다. 홀로 남은 플로렌스 셔만은 로스앤젤레스 인근에 있는 한인들에게 숙소를 제공하고, 성경을 가르치면서 한국에서 못다 한 선교 사명을 이어갔다.

LA연합감리교회를 시작한 플로렌스 셔만 선교사 (중앙)와 자녀들

당시 제일감리교감독교회(First Methodist Episcopal Church) 담임이었던 매킨타이어 목사의 후원으로 작은 건물을 빌려 한인을 위한 '한인 선교회'를 만들고 1904년 3월 11일 첫 예배를 드림으로, 미 본토 최초의 한인 교회가 탄생했다. 하나님은 조선을 사랑하셔서 젊은 선교사 부부를 조선 땅으로 보내셨고, 병으로 미국으로 돌아와 남편을 잃은 플로렌스 셔만 선교사를 통해 조선 사람에 대한 사랑을 이어가셨다.

LA연합감리교회가 '한인 선교회'(Korean Mission) 라는 이름으로 시작한 사우스 힐 스트리트(S. Hill St.)의 교회 건물

이민 사회를 책임지는 목회자들의 헌신과 기도가 배어 있는 교회

LA연합감리교회의 초대 설교자(1904-1911)였던 신흥우 목사는 한국으로 돌아가 배재학당의 한국인 첫 교장과 YMCA의 총재로 활동했다. 신흥우 목사의 뒤를 이어 하와이그리스도연합감리교회에서 목회하던 민찬호 전도사가 USC에 유학을 왔다가 1912년 LA연합감리교회의 제2대 담임 사역자가 되었다. 이후, 제3대 한승곤 목사(1926-1927), 제4대 황사용 목사(1930-1939), 제5대 이진묵 목사(1940-1941), 제6대 장기형 목사(1941-1947), 제7대 김하태 목사(1947-1949), 제8대 오창희 목사(1949-1953), 제9대 최영용 목사(1953-1981), 제10대 박대희 목사(1981-1990), 제11대 박진성 목사

(1990. 7월-12월), 임시담임 이경식 목사(1990. 12월-1991. 6월), 제12대 박준성 목사(1991-1996), 제13대 김광진 목사(1996-2007), 제14대 김세환 목사(2007-2015)가 사역하였으며, 현재는 제15대 이창민 목사(2015-현재)가 교회를 섬기고 있다.

LA연합감리교회를 거쳐간 역대 목회자들은 모두 거시적인 안목을 가지고 있었다. 정치적, 교단적 배경을 초월해서 모든 이에게 복음을 전해 정의와 평화의 세상을 살게 하려는 큰 뜻을 품었고, 굳건한 믿음을 통해 '땅끝까지' 선교해야 한다는 사명의식을 가지고 있었다. LA연합감리교회 목회자들은 한 교회의 담임목사로서가 아니라, 이민 사회를 대표해서 기독교적 가치를 전하는 사명을 감당해왔다.

초대 신흥우 목사, 2대 민찬호 전도사, 3대 한승곤 목사, 4대 황사용 목사, 5대 이진묵 목사, 6대 장기형 목사, 7대 김하태 목사, 8대 오창희 목사

9대 최영용 목사, 10대 박대희 목사, 11대 박진성 목사, 12대 박준성 목사, 13대 김광진 목사, 14대 김세환 목사, 15대 이창민 목사

나라와 민족을 사랑한 교회

교회가 처음 세워졌을 때부터 LA연합감리교회는 이민 사회의 중심이 되었다. 초창기에는 유학 온 학생들과 일자리를 찾기 위해 로스앤젤레스를 찾은 이민자들에게 잠자리를 제공하고 일거리를 알선해주는 역할을 했다. 고국이 일본의 식민지가 되자, 미주 한인 사회는 독립운동의 본거지가 되었다. 신흥우 목사는 1908년 샌프란시스코에서 일어난 스티븐스 저격 사건의 피의자였던 장인환 의사의 통역을 맡았다. 이승만이 거부한 통역을 신흥우 목사가 맡은 이유는 교회의 울타리를 넘어 사회 정의를 실천하는 것이야말로 참된 기독교적 가치임을 알았기 때문이다.

LA연합감리교회의 제3대 담임이었던 한승곤 목사는 미국 흥사단 본부 의장으로 대한민국 임시정부 재정 후원과 항일 독립운동 세력 규합을 위해서 일했고, 한국으로 돌아가서 항일 독립운동을 하다 일경에게 체포되기도 했다. 한국 정부에서는 그의 공훈을 기리어 1993년 건국 훈장 애족장을 추서했다. 이외에도 LA연합감리교회 출신으로 항일 독립유공자로 추서된 이들로는 강혜원, 곽임대, 김 호, 안혜련(도산 안창호 선생 부인), 최능익 등이 있다.

독립운동가 도산 안창호 선생의 부인 안혜련 여사(중앙)와 3남 2녀가 모두 LA연합감리교회 교인이었다

대한민국이 해방을 맞은 기쁨은 오래가지 못했다. 1950년 한국전쟁이 일어나자 LA연합감리교회의 제8대 담임이었던 오창희 목사는 미국 감리교인들이 모은 구제품 4천 파운드를 한국에 전달했다. LA연합감리교회는 이렇듯 고국을 위해 기도와 후원을 아끼지 않으며 나라와 민족에 대한 사랑을 나누었다. 나라와 민족에 대한 사랑은 이민자들을 섬기는 일로 이어졌다. LA연합감리교회의 역사는 곧 LA 한인 이민 사회의 역사와 궤를 같이한다. LA연합감리교회 성도들은 먼저 온 이민자로서 한인 이민 사회를 형성하는 데 중요한 역할을 감당했다.

위기를 견뎌낸 교회

교회는 그동안 숱한 위기 속에서도 살아남았다. 교단의 지원 축소와 재정 감소, 이민 중단으로 인한 위기도 있었다. 목회자가 없어 평신도들이 교회를 지켜야 할 때도 있었다. 한국은 물론 미주 이민 사회를 둘로 나눈 좌익과 우익의 이념 갈등의 한복판에 서야 할 때도 있었다. 초기 이민자의 후손들

8대 오창희 목사 때 교회를 수리한 후 기념 사진을 찍고 있다

1945년 10월에 최초로 구입한 교회 건물

이 모이던 교회에 유학생들이 오면서 언어적, 문화적 갈등이 생기기도 했고, 1970년대 중반 이민 문호가 열리자 1세 이민자들이 대거 몰려오면서 이런 갈등은 더 깊어졌다. 하지만 교회는 그리스도의 사랑으로 하나가 되어, 서로를 이해하고 품으며 아름다운 신앙공동체를 만들어왔다.

LA연합감리교회는 사우스힐 스트리트(S. Hill St.)에 첫 예배 처소를 마련한 이후 여덟 번 이사했는데, 1989년부터 LA공항 인근에 있는 현 위치(7400 Osage Ave., Los Angeles)에서 이민 사회와 지역사회를 섬기는 사명을 감당하고 있다.

성숙한 신앙으로 세상을 섬기는 교회

LA연합감리교회는 오랜 역사만큼이나 성숙한 신앙으로 세상을 섬기는 교회이다. 카자흐스탄을 중심으로 중앙아시아, 멕시코 코치미 마을, 캄보디아, 브라질, 몽골 등의 해외 선교지를 지원하고 있으며, 특히 멕시코 코치미 마을은 1992년부터 30년째 한결같이 섬기고 있다. 지역에 있는 장애인 선교단체는 물론, 미국 내 미자립교회를 돕는 "Partners In Ministry"를 통해 사랑을 나누고 있다.

LA연합감리교회는 이민 사회를 섬기기 위해 1984년 교회 창립 80주년 기념 대음악회를 윌셔연합감리교회에서 개최하였고, 2004년에는 100주년 기념 음악회, 2019년에는 115주년 기념 음악회를 통해 이민자들에게 감동을 주었다. 또한, 2019년 8월에는 클레어몬트신학대학원의 김찬희 교수, UCLA의 옥성득 교수, 한국의 감리교신학대학의 이덕주 교수를 초청하여 "미주 이민 사회와 기독교"라는 주제로 역사 포럼을 개최했다.

모든 이민 교회의 과제인 다음 세대의 복음화를 향해서도 LA연합감리교회의 사역은 멈추지 않았다. 영어권 교회를 세워 분가 독립시킨 후에, 새로운 영어권 사역을 시작하여 지역사회를 섬기는 일을 계속하고 있다. 2016년 9월에는 '예꿈학교'라는 이름으로 한글은 물론, 한국의 문화와 전통을 가르치는 토요 한글학교를 열어서 지역사회를 섬기는 일에 앞장서고 있다. 교

2018년 부활주일 2부 예배 후 전 교인들이 단체 사진을 찍고 있다

회 창립 100주년을 맞아 다음 세대를 위한 장학기금을 모금하여 100만 달러 이상의 장학기금을 조성, 여기서 나오는 이자로 매년 장학생을 선발, 지원하는 장학사업을 하고 있다.

오래됨의 이유를 증명하는 교회

지난 2004년에는 교회 창립 100주년을 맞아 두 권의 역사책을 냈다. 한 권은 『새 하늘과 새 땅을 향하여』라는 제목의 한글판으로 클레어몬트신학대학원의 김신행 교수가 집필하였고, 또 한 권은 UCLA의 데이빗 유(David Yoo) 교수가 집필한 『Faithful Witness』라는 제목의 영어판이다. LA연합감리교회는 두 권의 역사책을 통해 지난 세월 새 하늘과 새 땅을 향한 여정을 통해 예수 그리스도의 복음을 전하는 일에 신실한 증인으로서의 사명을 감당했는지에 관한 성찰과 함께, 다음 100년을 향해 하나님의 사랑을 전하는 일뿐 아니라 이민 사회와 다음 세대를 향한 신실한 증인이 되겠다고 결단하는 기회를 가졌다.

LA연합감리교회는 전통을 소중히 여기는 교회다. 그 전통이라는 그릇에 사랑이라는 기독교의 핵심 가치를 담아 세상과 다음 세대와 소통하는 교회이다. 노자의 『도덕경』에 "천장지구"(天長地久)라는 말이 나온다. "하늘과 땅은 영원하다"라는 뜻이다. 중국 고전을 영어로 번역해서 중국 문화를 외국에 소개한 중국 소설가이자 문명비평가인 임어당(林語堂)은 이 구절을 이렇게 번역했다. "우주는 영원하다. 우주가 영원한 이유는 자신을 위해 살지 않기 때문이다"(The universe is everlasting. The reason the universe is everlasting is that it does not live for Self. Therefore, it can long endure).

　　LA연합감리교회가 오랜 역사를 이어올 수 있었던 이유가 바로 여기에 있다. 자신을 위해 존재하는 교회가 아니라 세상을 위해 존재하는 교회이기 때문이다. 1904년부터 하나님이 세우신 교회로서 뿌리를 깊이 내리고 복음 전파의 사명을 감당하는 LA연합감리교회는 오래됨의 이유를 증명하기 위해 세상을 섬기고, 이민 사회를 섬기고, 다음 세대를 섬기며 아름다운 신앙 전통을 잇는 교회로, 오늘도 이민 교회 역사의 새로운 페이지를 써 내려가고 있다.

2019년 창립 115주년 기념음악회가 열렸다

Colorado

교회 주소: 1495 S. University Blvd., Denver, CO 80210
연락처: (303) 777-6566/ www.kccdenver.org

한인기독교회
Korean Christian Church
(창립 연도: 1968년/ 창립 목사: 고 선창균 목사)

송병일 목사

한인기독교회 담임
총신대학교신학대학원 졸업
탈봇신학교 신학석사
덴버신학대학원 목회학박사(D.Min.) 과정 중

한인기독교회 창립자 선창균 목사 가족 이야기

고 선창균 1대 담임목사

콜로라도주 한인기독교회의 창립자는 고 선창균 목사다. 1959년 부인 윤애원 사모가 먼저 미국에 왔는데, 뉴욕의 한 병원에서 산부인과 인턴과정을 밟기 위해서였다. 1960년 선창균 목사도 공부하기 위해서 뉴욕으로 왔다고 한다. 1963년 석사과정, 인턴, 레지던트 과정을 마친 이들 부부는 한국으로 돌아갔다. 귀국 후 선창균 목사는 대전 목원대학교에서 교회사 교수로 사역하고, 윤애원 사모는 미국 오기 전에 이미 개업한 개인병원에서 환자들을 돌봤다.

주성철 2대 담임목사

그렇게 몇 년을 한국에서 살아가던 중 1965년 선창균 목사는 박사과정을 이수하기 위해 다시 유학길에 올라 덴버로 왔다.

얼마 후 이번에는 세 명의 자녀를 비롯한 온 가족이 덴버로 왔다. 선창균 목사는 박사과정으로, 윤애원 사모는 또다시 레지던트 과정을 밟으면서 미국 의사시험을 치르기 위해서였다.

당시 덴버에는 한인이 10여 명 남짓 거주하고 있었다. 당시는 나중에 나성영락교회 담임이 된 고 김계용 목사가 자기 집에서 예배를 드리고 있을 때였다. 선창균 목사 부부도 그 가정예배에 참석하면서 교제를 나누었다. 선창균 목사 가정의 다섯 식구가 늘어나면서 가정예배는 활기를 띠게 되었고 초등학생이던 선 목사의 어린 딸이 예배 반주까지 맡았다. 그때부터 한국 음식이 그리워서 찾아오던 교인들은 감사와 감격의 예배를 경험하게 되었다.

교회의 창립

1968년 창립예배 후 교인과 내빈들이 모여서 기념 사진을 찍고 있다

얼마 후 그렇게 한 사람, 두 사람 늘어나던 가정교회에 큰 변화가 생겼다. 김계용 목사가 갑자기 한국 교회로 초청을 받아 떠나게 된 것이다. 김계용 목사가 선창균 목사에게 가정교회의 모든 사역을 맡기고 떠났다. 한편 한국 이민자들이 조금씩 늘어나면서 장소가 협소해졌다. 미국 교회를 잠시 빌려서 예배를 드리다가 다시 태권도 도장에서 모임을 가졌다. 그러나 여러 가지 여건상 어려움이 생겨서 다시 선창균 목사 가정에서 예배를 드리게 되었다.

교인들이 30여 명으로 늘어나면서 정식 교회를 시작하기로 결의, 드디어 1968년 7월 '한인기독교회'라는 이름으로 감사와 기쁨이 넘치는 창립예배를 드렸다. 집이 좀 넓었기에 거실에서 예배를 드리는 것이 크게 불편하지는 않았다. 무엇보다 김치를 마음대로 먹을 수 있고, 예배 후 저녁까지 마음 편하게 교제를 나눌 수 있었다. 하지만 목사의 가정집을 교회로 계속 사용할 수는 없었다. 주일예배로만 사용하는 게 아니었기 때문이었다. 수요 성경공부도 했고 수시로 기도모임도 가져야 했다. 더구나 주택가에 위치하고 있기에 많은 사람들이 모여 새벽예배를 드리는 것이 조심스러웠다. 교인들은 가정집을 교회 용도로 구입해서 그곳에서 예배를 드릴 계획을 세웠다.

교회로 사용할 좋은 조건의 집을 달라고 기도하던 중 넓은 거실을 가진 단층집을 발견하게 되었고, 계약이 급속도로 이루어졌다. 사람이 살고 있지 않았던 빈집이라 매매과정은 수월하게 이루어졌지만, 대대적인 수리가 필요했다. 처음으로 자기 예배당을 가졌다는 기쁨으로 온 교인이 직접 리모델링에 참여, 페인트칠을 하고, 부엌과 화장실 하나만 남기고 거실과 침실을 터서 예배실로 만들었다. 입당예배를 드릴 때 온 성도들이 감격의 눈물을 흘렸는데, 그날이 바로 한인기독교회 창립일인 1968년 10월 27일이었다. 비록 가정집이었지만 덴버에서 한인 이민자들이 자립으로 세운 최초의 예배당이었다.

교회의 성장

교회가 창립되면서 한인 사회에 교회가 새로 생겼다는 소문이 널리 퍼졌다. 곧이어 유초등부와 중고등부가 조직되고, 청년부 역시 사역을 시작했다. 그런데 아이들까지 포함해서 100여 명이 모이자 교회 건물로 사용하던 집에 문제가 생기기 시작했다. 아무리 수리를 해도 그 인원을 감당할 수가 없었던 것이다. 그때 마침 한 미국 교회가 부흥해서 큰 교회 건

2008년 장로회 체육대회에 참가한 한인기독교회 선수들과 응원단

물로 옮겨가면서, 기존 교회 건물이 비었다는 것을 알게 되었다. 교회 본당 건물과 교육관, 그리고 목회자 사택까지 포함됐기 때문에 당시 교회의 재정으로는 엄두도 나지 않는 큰 건물이었다. 하지만 교인들은 일심동체가 되어 최선을 다해 헌금하고 은행 융자를 얻어, 드디어 지금도 사용하고 있는 교회 건물을 구입했는데, 그때가 1974년 8월 23일이었다. 교회를 창립한 지 꼭 6년째가 되는 해였다.

선창균 목사와 한인기독교회는 덴버에 최초로 세워진 한인 교회로서 한인 사회의 구심점 역할을 감당하고자 했다. 선 목사는 한인들이 덴버에 들어오기 전부터 이미 덴버 지역사회를 잘 알고 있었기에 이민자들의 직장을 알선해 주는 일에 적극 나섰다. 여러 번 이름이 바뀌기는 했지만 지금도 아주 큰 건물과 직원 수천 명을 가진 덴버 굴지의 한 회사에 한인 이민자들이 입사할 수 있도록 많은 도움을 주었다. 처음에는 제조회사였기 때문에 특별한 기술이 없어도 누구나 입사하기가 수월했다. 제조업이 아닌 IT 회사로 업종 변경이 이루어진 10여 년 전까지만 해도 많은 한인이 그 회사에서 근무했다.

선창균 목사는 그 회사의 인사 담당 직원들을 만나 한국 사람들이 얼마나 성실한지, 그리고 얼마나 정교한 손기술을 가졌는지를 누누이 강조했다. 회사가 처음에 몇몇 한국인을 채용해 본 결과는 금방 나타났다. 한인 이민자들이 비록 영어는 조금 서툴지는 몰라도 이미 한국에서 대학까지 나온 지식인들이라서 일을 매우 잘했기 때문이다. 한 번 들어간 직장에서 은퇴할 때까지 평생을 근무한 한인들도 적지 않았다. 더구나 1970-1980년대 미국 직장은 직원 베네핏이 좋은 곳이 많았다. 특히 의료보험과 은퇴 연금제도가 잘 되어 있어서, 은퇴 후 큰 걱정 없이 평안한 삶을 누릴 수 있었다. 지금도 90세가 넘은 교인이 교회에 여러 명 계신데, 1970년대 그들이 다닌 직장 대부분은 선창균 목사가 연결해준 것이다.

그뿐만이 아니다. 선창균 목사의 아내 윤애원 사모는 덴버 최초의 한인 의사로 한인들의 건강 문제를 해결해 주는 데 앞장섰다. 언어도 잘 통하지 않고 처방전도 받기 어려운 한인들이 많은 도움을 얻었다. 당시 한인 이민자들의 출산은 윤애원 사모의 손을 거치지 않은 가정이 거의 없을 정도였다. 지금도 타주나 한국으로 돌아간 분들이 가끔 교회로 전화를 걸어올 때가 있다.

2009년 주일예배 모습

가장 어려웠던 이민 초기 도움을 받았던 일이 지금까지도 너무 고마워, 인사라도 하고 싶다며, 선 목사 부부의 근황을 묻기도 한다. 선창균 목사는 이미 작고했지만 윤애원 사모는 아직 생존해 계셔서 전화를 연결해주고 있다. 창립 당시 어린 초등학생으로 예배 반주를 맡아 했던 선 목사의 큰딸 역시 어머니를 따라 산부인과 의사가 되어 한인들에게 많은 도움을 주었다.

한인기독교회의 특징

한인기독교회의 특징 중의 하나는 덴버 지역에서 가장 오래된 교회답게 2세, 3세가 교회에 많이 출석한다는 것이다. 타주로 공부하러 가거나, 먼 곳으로 이주한 경우가 아니라면 자녀들 대부분이 대를 이어 교회에 출석하고 있다. 그래서 할머니, 할아버지와 함께 삼 세대가 한 교회를 섬기는 가정들이 많다. 창립 시기부터 부모와 자녀들이 함께 교회에 나오기 시작했기 때문이다.

교회는 자녀들에게도 고향과 같은 곳이었다. 타주에 나가 살더라도 덴버에 올 때는 반드시 교회를 찾아온다. 지금은 교회 연륜에 맞게 영어권 회중 중에도 나이가 50-60세 된 교인이 여럿 있다. 그들의 자녀들 중에도 이미 성년이 되어서 새 가정을 가진 사람들이 많다. 3세를 지나 4세 세대까지 하나둘 생겨나는 것이 요즈음 우리 교회의 분위기다. 덴버 한인 지역사회에서 이런 분위기를 가진 교회나 단체들은 찾아보기 쉽지 않다. 한인기독교회는 지금도 여러 세대가 함께 모여 믿음과 사랑의 공동체로서 한인 지역사회를 섬기는 모델이 되고 있다.

역대 담임목사

초대 선창균 목사(1968-1997년), 제2대 주성철 목사(1997-2007년), 제3대 송병일 현 담임목사(2007년-현재)

Connecticut

교회 주소: 711 New Britain Ave., Hartford, CT 06106
연락처: (860) 953-0141

하트포드한인교회
The Greater Hartford Korean United Methodist Church
(창립 연도: 1970년/ 창립 목사: 선윤경 목사)

최운돈 목사

하트포드한인교회 담임
오클라호마 툴사의 힐크레스트병원 원목 역임
장로회신학대학교(서울) 신학학사(Th.B.)
남감리교신학대학원 목회학석사(M.Div.)
뉴욕신학대학원 목회학박사(D.Min.)

미 연합감리교회(UMC)에 소속된 코네티컷주 수도인 하트포드에 위치한 하트포드한인교회(The Greater Hartford Korean United Methodist Church)는 1970년 9월 12일 당시 하트포드신학대학원(Hartford Seminary)에 재학 중이던 선윤경 목사(Ph.D.)와 송 자 장로(코네티컷대학 교수, 전 연세대 총장, Ph.D.) 등 12명의 지역 동포들과 유학생들이 제일연합감리교회(Famington Ave., West Hartford)에서 한국어 예배 그룹(Korean Language Worship Group)으로 발족, 첫 예배를 드리며 첫 한인 교회로서의 역사를 시작했다.

1972년 4월에 등사기로 인쇄한 첫 주보를 발행하였으며, 6월에는 성가대를 조직했다. 그리고 얼마 뒤, 1972년 7월에 제2대 담임목사인 장일선 목사와 함께 예배를 드렸으며 1973년 2월에는 초대 임원회를 구성하여 교회의 모습과 조직을 새롭게 갖추기 시작했다.

1973년 7월 제3대 최효섭 목사가 담임 목사로 부임하여 우리 교회를 섬기다가 떠나고, 1975년 5월 우리 교회를 가장 오래 섬긴 제4대 이상주 목사가 담임으로 부임했다. 이 목사는 여선교회를 조직하고, 전도와 선교뿐 아니라 이민 오는 한인들을 공항에서부터 맞이하고, 그들의 이민 생활의 시작과 생활 터전, 심지어 구직까지 물심양면으로 돌보며, 주님과 교회, 그리고 성도들에 이르기까지 정성을 다하여 섬겼다.

현재 교회 예배당

1976년 2월 20일 뉴욕 연회의 감독, 감리사, 보좌하는 목사들과 미국 성도들, 그리고 하나님의 은혜와 사랑으로 그리스도연합감리교회 건물과 사택 건물을 인수, 자체 교회 건물과 사택을 갖출 수 있는 축복을 누리게 되었다. 그리고 그해 6월 8일에 연합감리교회(UMC) 뉴욕 연회에 가입하고, '한국어 예배 그룹'(Korean Language Worship Group)에서 '하트포드한인교회'로 개명했다.

1977년 2월 13일에는 한국어 교육에 관심이 많은 성도로 구성된 한국어학교(교장 배은수 장로)를 설립, 개교하게 되었으며, 4월에는 교회 창립 이래 첫 평신도 리더들을 배출했는데, 배은수 장로, 김마르다 장로, 박영진 장로, 1979년 6월에는 김성곤 장로를 장립했다.

교회가 부흥하고, 조직을 갖추고, 목회의 역량이 확대되면서 온 성도들의 교육에 관한 열정과 헌신으로 1985년 4월에는 교육관을 새롭게 건축, 봉헌했으며, 교회 회보「등대」지를

1986년 신년예배를 마치고 단체사진을 찍고 있다

발간할 수 있었다. 5월에는 권영세 장로 임직을 시작으로, 1987년 5월 홍성휘 장로, 1988년 5월 박귀상 장로, 1990년 4월 전중태 장로를 장립했다. 1994년 6월 26일 20년간 우리 교회를 위해 수고하고 헌신했던 이상주 목사가 원로목사로 추대되었고, 9월 4일에 제5대 진성인 목사가 담임으로 부임했는데, 9월 19일에 이상주 원로목사가 하나님의 부르심을 받아 소천했다.

새로 부임한 진성인 목사는 선교와 영적 능력을 강조하여 모든 성도가 하늘의 축복을 받아 복음을 전하고, 번성하여 땅의 축복도 많이 누리기를 소망하며, 1994년 11월 청장년회, 여전도회 및 장년회를 디모데선교회, 마리아선교회, 마르다선교회 및 바울선교회로 개편했다. 1995년 2월 King's Kids와 크로스웨이 성경공부를 시작하였고, 이를 기점으로 3월에는 새벽기도회를 월요일부터 토요일까지 새롭게 시작했다. 7월에는 청소년 선교단을 창설하여 청소년 교육과 복음 전파 사역에 힘을 기울였으며, 1996년 7월에는 중국에 단기선교사를 파송했다.

1996년 2세 자녀들의 성장과 교회 성장에 맞추어 9월부터 예배 시간에 동시통역을 시작하고, 10월에는 성도들의 편의를 위하여 주차장 보수, 확장 공사를 했다. 1997년 9월부터 영어 회중 예배를 따로 시작하고, 1998년 7월에는 2세들의 신앙 교육에 더욱 집중, 여름성경학교를 시작했는데, 이는 여름 캠프로 확대 성장하였다.

그러나 1990년대에 교회에 아픔도 있었다. 교인들 가운데 생겨난 갈등으로 일부가 나가서 현재의 하트포드제일장로교회를 세웠는데, 우리 교회보다 더 크게 성장했다. 또 하트포드제일장로교회를 떠난 사람들이 뉴잉글랜드은혜교회를 창립해 잘 성장하고 있다. 현재 하트포드에 있는 모든 한인 교회에는 하트포드한인교회를 다니던 성도들이 많이 헌신하고 있다. 교회의 분열은 당연히 아픔과 고통으로 서로에게 상처를 주었으나 하나님은 그러한 갈등과 분열을 통해 교회들의 다양성과 지역 복음화가 확대되는 역사를 만들어내셨다.

뉴밀레니엄 시대인 2000년 1월에 들어서 교회는 사회와 문화 영역으로 사역의 대상을 확장했다. 먼저 북한 구제에 동참하여 북한 국수공장 운영을 위한 헌금 모금을 시작했고, 예배의 다양화를 이루어 금요일 저녁마다 구도자들을 위한 열린 예배를 시작했으며, 한국어와 한국 문화 교육에서 한 걸음 더 나아가 한미문화센터를 발족했다. 9월 24일에는 창립 30주년 기념 음악회를 개최하고, 음악회 기념 CD를 제작하여 보급했다.

2002년 7월 제6대 이대훈 목사가 담임으로 부임, 9월에 교회 리더십을 새롭게 세우기 위해 김우일 장로, 박사칠 장로, 장인용 장로, 신흥순 장로를 장립하였다. 그러나 또 다른 갈등으로 2004년 6월 교인 중 일부가 더 멀리 떠나 이스트햄튼(East Hampton)에 있는 주찬양교회(현 코네티컷중앙연합감리교회)를 세우게 되었고, 복음 전파의 지경이 더 넓혀졌다.

혼란의 시대를 넘어 2005년 2월 1일 송성모 목사가 제7대 담임목사로 부임하여 교회의 조직과 행정 체계를 쇄신하기 위해 노력했다. 송성모 목사는 2008년 5월 미 연합감리교회의 프로젝트 중 하나인 나진 선봉 고아원 기공식을 위해 북한을 방문하기도 했다. 2011년 7월 제8대 담임으로 이재삼 목사가 부임, 말씀 중심의 목회를 하

2005년 창립 35주년 기념예배 후 기념 사진을 찍고 있다

며 2019년 6월까지 8년간 교회를 섬겼다.

2019년 7월 제9대 담임으로 최운돈 목사가 부임했다. 최 목사는 먼저 연합감리교회의 행정 체계와 조직에 따르는 교회 운영, 관계 형성을 통한 복음 전파, 그리고 주님의 참 제자로서의 삶을 강조하고 있다. 또 진리의 말씀을 소유한 성도라는 수준을 넘어, 예수의 생명을 받은 자로서의 우리의 역량이 예수 그리스도의 장성한 분량에 이르고, 삶의 가치가 변화된 제자로서의 삶을 경험하도록 가르치고 훈련하면서 현재까지 교회를 섬기고 있다.

새천년까지 성장하던 교회는 2000년을 넘기며 서서히 힘을 잃어 작아졌지만 코비드19 시대를 넘어 2020년 9월 13일 교회는 시대적인 불안함 속에서도 창립 50주년 기념예배를 하나님께 올려드렸다. 교단과 주정부의 교회 폐쇄 기간을 제외하고는 항상 교회의 문을 열었으며, 대부분의 성도가 믿음으로 대면 예배와 수요 성경공부를 지속하고, 매월 마지막 주에는 교회 대청소와 식사를 함께했지만, 주님의 은혜와 사랑 가운데 2021년 12월까지 한 성도도 코로나바이러스에 감염되거나 아프지 않고 어려운 시기를 무사히 넘겼음을 하나님께 감사드린다.

2008년 뉴욕 연회 박정찬 감독(중앙)의 하트포드마라톤 참가를 환영하며 기념사진을 찍고 있다

역대 담임목사

제1대 선윤경 목사, 2대 장일선 목사, 3대 최효섭 목사, 4대 이상주 목사, 5대 진성인 목사, 6대 이대훈 목사, 7대 송성모 목사, 8대 이재삼 목사, 9대 최운돈 현 담임목사

제1대 선윤경 목사, 2대 장일선 목사, 3대 최효섭 목사, 4대 이상주 목사, 5대 진성인 목사

6대 이대훈 목사, 7대 송성모 목사, 8대 이재삼 목사, 9대 최운돈 목사

Delaware

교회 주소: 717 Loveville Rd., Hockessin, DE 19707
연락처: (302) 235-5735/ www.dkumc.org

델라웨어한인감리교회
Delaware Korean United Methodist Church
(창립 연도: 1979년/ 창립 목사: 박선용 목사)

송종남 목사

델라웨어한인감리교회 담임
성누가연합감리교회(TX) 담임 역임
감리교신학대학 및 신학대학원 졸업
클레어몬트신학대학원 목회학박사(D.Min.)

1979년 뉴저지에서 젊은 박선용 목사가 델라웨어로 왔다. 미 연합감리교 페닌슐라-볼티모어(Peninsula-Baltimore) 연회는 델라웨어 윌밍턴에 한인 교회를 창립할 목적으로 김해종 목사(후에 감독)의 추천으로 박선용 목사를 파송했다. 같은 해 7월 22일 뉴왁연합감리교회(Newark UMC)에서 드려진 델라웨어한인감리교회 창립예배에 담임목사 가족 4명을 비롯하여 6명의 교인과 20여 명의 방문객이 참석했다. 델라웨어 주 윌밍턴에 첫 한인 이민 교회가 탄생한 것이다.

미국에서 두 번째로 작은 델라웨어 주에는 당시에 200여 명 정도의 한인들이 있었는데, 그들은 거의 의사, 과학자(듀퐁 화학자), 유학생 그리고 소수의 상인들이었다. 1980년대 중반에 들어서면서 한국에서 이민 오는 사람들도 늘고 비즈니스를 하는 한인들이 점점 모여들기 시작하였다.

그로 인해 교회도 점점 부흥해서 주일예배에 100여 명이 참석했다. 미국 교회를 빌려서 예배를 드리는 많은 이민 교회들처럼, 우리 교회도 1985년 에벤에젤연합감리교회(Ebenezer UMC)로 예배 장소를 옮기는 등 세 번씩 예배 처소를 옮겨 다니다가 자체 건물을 마련해야겠다는 생각으로 성도들은 다 함께 기도하기 시작했다.

그리고 하나님께서 마침내 교회를 지을 수 있는 대지를 허락하셨다. 1996년에 교인들은 힘에 부치도록 헌금해서, 마침내 호케신(Hockessin)에 있는 4에이커의 성전 부지를 구입했다(지금의 교회 건물). 그리고 1998년에 1만 스퀘어피트의 아름다운 성전을 건축해서, 하나님께 봉헌했다. 새로운 건물이 완공된 후, 우리 교회는 성인 200명, 어린이와 청소년부를 합하여 거의 300명이 출석하는 중형교회로 성장했다(그 당시 교민 수는 2,000여 명).

초창기에 우리 교회는 한국의 연예인들, 또 유명한 목사님들을 모시고 많은 집회와 부흥회를 열었다. 당시 우리 교회를 구성하는 교인들 대부분이 의사와 과학자들이어서 이성적으로, 과학적으로 이해되지 않으면 믿지 않으려는 분위기여서 그랬는지, 하나님은 1984년에 열렸던 한 부흥회에서 사도행전 2장이 전하는 예루살렘교회에 임한 강한 성령의 역사를 우리 교회에 허락하셨다.

방언, 통역, 신유, 입신, 병 고침 등의 은사들이 많은 성도들에게 강하게 내렸고, 그것은 우리 교회 성도들이 이성으로만 믿으려 하는 신앙에서 뜨거운 성령 체험을 하고 과학을 뛰어넘는 절대자 하나님이 계시다는 것을 인정하고 믿게 되는 중요한 계기가 되었다. 그 이후 델라웨어교회는 성령으로 충만하여서 수요예배가 시작되었고 주중 성경공부, 새벽기도가 신설되는 등 하나님과 말씀을 사모하는 뜨거운 교회로 거듭나게 되었다.

우리 교회는 1980년대부터 2020년, 코비드19 팬데믹이 시작되기 전까지, 교회 근처에 있는 델라웨어대학(University of Delaware)으로 유학 온 학생들과 안식년을 맞아서 미국에 온 교수들, 그리고 정부의 공무원 등이 1년에 많을 때는 50여 명이나 되었다. 그들은 거의 다 우리 교회를 거쳐 갔다. 델라웨어대학 교수로 재직하는 장로님들이 자연스럽게 그들을 우리 교회로 인도한 것이다. 그들

현재 교회 예배당

중에는 한국에서 교회를 다녔던 사람도 있었지만, 비교인들도 많아서 그들이 이곳에 머무르는 동안에 그들의 생각과 마음에 복음이 들어가도록 힘쓰는 것이 우리 교회의 중요한 전도사역이었다. 델라웨어대학 교수였던 장로님들과 교회는 힘을 합쳐 한국에서 매 학기 찾아온 많은 사람들(모두 합하면 수천 명)에게 복음을 전하는 일에 헌신했다. 그들이 한국으로 돌아가서 한국사회 곳곳에서 크리스천 리더로서 모범을 보이고 있음은 참으로 자랑스러운 일이 아닐 수 없다.

1994년에는 웨슬리신학교의 장학금을 위해 6만 달러의 헌금을 지원했고, 1995년에는 청소년과 영어권 젊은이들을 위해 영어 예배를 시작하였다. 우리 교회는 델라웨어의 장자 교회로서 한인 사회의 발전을 위해서도 열심을 다하는 교회이다. 우리 교인 중에서 다섯 명이 한인회 회장을 역임했고, 1980년에 한국학교를 설립하여 우리 2세들에게 한글과 문화를 전수하고 있다.

우리 교회는 창립 이후, 예수님의 지상명령인 선교에 집중하는 교회이다. 각 목장마다 선교지를 하나씩 정해서 기도와 물질로 섬기고 있다. 도미니카와 아이티, 그리고 아르헨티나 과라니에는 매년 교인들이 찾아가서 의료선교를 하고 있다. 이라크, 카자흐스탄, 몽골, 아시아 전도부인 사역 등 해외선교는 물론이고, 지역사회 선교로는 "Emmanuel Dining Room", "Meals on Wheels", 홈리스 점심 봉사, 교도소사역, 시니어사역(아름다운 학교), 한글학교 지원 등이 있다.

그 외 중요 선교사역은 다음과 같다.

매년 도미니카 의료선교(2006-2010년), 도미니카 라페이교회 건축 봉헌(2010년), 매년 아이티 의료선교, 다섯 교회 건축 봉헌(2011년-현재), 매년 아르헨티나 과라니 의료선교 및 교회 건축 중(2012년-현재), 청소년 호피, 나바호 선교(2013-2016년), 쿠바 선교 시작(2014년), 쿠바 아바나교회 건축 봉헌(2017년) 등이다.

특히 2011년 송종남 목사 부임 후에는 2012년부터 전교인 한식 축제(Korean Food Festival)라는 이름으로 선교바자회를 시작, 지역사회 미국 사람들에게 한식을 통한 문화교류는 물론이고, 선교기금 마련에 큰 공을 세우고 있다. 주지사가 방문해서 우리를 격려하였고, 매년 수천 명의 미국 사람들이 찾아올 정도로 이 음식 축제는 지역사회에 소문이 났다. 한식을 통해 교회가 지역사회와 소통하는 좋은 통로가 되고 있다. 이 음

델라웨어한인연합감리교회의 음식바자회는 주지사와 수천 명의 미국인들이 찾아올 정도로 지역사회에 널리 알려진 행사이다

식바자회를 통해서 전 교인들이 한마음이 되는 것은 물론이고 선교에 대한 열정과 각오를 북돋는 귀한 사역이다.

전 교인들이 주일예배 후 사진을 찍고 있다

델라웨어한인교회는 전 교인이 매일 말씀을 묵상하는 교회이다. 큐티 나눔방이 활성화되어 있고, 각 목장에서도 새벽예배에서 묵상한 말씀을 나누며, 예배, 교육, 전도, 봉사, 친교 공동체로서의 기능을 다하는 건강한 교회이다. 열심히 모여서 하나님께 예배를 드림으로 모이는 교회가 되고, 은혜를 받은 성도들이 세상으로 나가 흩어지는 교회로서의 사명을 감당하기 위해 선교에 집중하는 교회이다. 2022년 7월 델라웨어한인교회는 창립 43주년을 맞았다.

역대 담임목사

1대 박선용 목사(1979-1985), 2대 김경락 목사(1985-1988), 3대 박종렬 목사(1988-1992), 임시 담임 이진호 목사(1992-1993), 4대 신영각 목사(1993-1999), 5대 최성남 목사(1999-2003), 6대 임찬순 목사 (2003-2010), 7대 송종남 현 담임목사(2011- 현재)

Florida

교회 주소: 6020 N. Church Ave., Tampa, FL 33614
연락처: (813) 888-9988/ kbcot.com

탬파한인침례교회
Korean Baptist Church of Tampa
(창립 연도: 1973년/ 창립 목사: 임춘식 목사)

황의상 목사

탬파한인침례교회 담임 역임
알칸사제일침례교회 청소년 부목사 역임
사우스웨스턴침례신학대학원 기독교교육학석사 및 목회학석사(M.Div.)

탬파한인침례교회는 1973년 플로리다 탬파 지역에 세워진 최초의 한인 교회로 미 남침례교단 소속이다. 탬파한인침례교회는 예수 그리스도를 구세주와 주님으로 믿는 믿음 위에 하나님의 사랑과 다시 오실 예수 그리스도께서 완성하실 하나님 나라에 대한 소망을 품고 복음으로 사람을 낚는 교회이다. 탬파한인침례교회는 성경통독 운동을 매년 실시하고 있다. 특별히, 모든 예배의 설교는 매주 배포되는 성경통독 본문 속에서 선택되기 때문에, 성도들과 목회자가 한 주간 같은 성경 본문을 가지고 말씀을 묵상하고 있으며, 예배를 통해서 그 은혜를 기쁨으로 나누고 있다.

1970-1980년대

1973년 3월 3일 한용석 장로 집에서 한용석, 임순덕 권사를 위시해 성도들이 탬파에서 첫 예배를 드렸다(628 Ontario Ave.). 첫 예배 참석자들은 한용석, 임순덕, 최병선, 한선주, 이계영, 이영순, 김춘환, 김용환, 김행자, 김정숙, 김계환, 김유환, 김영진, 김기영, 이기승, 이영심, 김석천 등이다.

1974년 5월 29일 플로리다 주정부에 탬파한인침례교회라는 이름으로 등록했다(The Korean Community Church of Tampa). 1975년 5월 1일 임춘식 목사를 임시 담임으로 결정했다. 5월 30일 최자실 목사를 강사로 초청한 가운데 첫 번째 부흥회를 열었다. 1976년 2월 1일 임춘식 목사를 담임목사로 인준했다. 3월 7일 예배 장소를 탬파연합감리교회로 옮겼다. 7월 18일 탬파한인장로교회가 같은 지역에서 시작했는데 우리 교회 교인 중 일부가 옮겨갔다.

1977년 3월 13일 교회에서의 갈등으로 임춘식 목사 측과 한용석 장로 측이 갈라졌다. 4월 4일 김세복 목사(한인장로교회)를 담임으로 초빙했다. 5월 15일 예배 장소를 제일침례교회(First Baptist Church) 별관으로 이전했다. 6월 19일 교회 주관으로 한국어방송을 시작했으며, 8월 7일 한국에 수재민 구호품을 보냈다(현금 75달러, 의료품 680점).

현재 교회 예배당

1978년 8월 19일 재정난으로 한국어방송을 중단했다. 8월 20일 한용석 장로가 교회를 순복음교회로 만들어서, 우리 교회는 김세복 목사와 함께 한인침례교회를 조직했다. 12월 17일 남침례회 교단 가입을 두고 오랜 기간 동안 논의하다 교인회의에서 남침례회교단에 소속하기로 결정했다. 1979년 1월 26일 안이숙 선교사 영화 상영 및 간증예배를 드렸다. 7월 25일 남침례회에서 김세복 목사가 침례교 목사로 안수를 받았다. 8월 26일 건축위원회가 조직되었다.

1980-1990년대

1981년 9월 6일 한국 어린이 심장수술을 위한 모금행사를 가졌으며 모금액 5백7달러 55센트를 한국에 전달했다. 1983년 3월 15일 예배당 건축헌금을 약정했다. 11월 27일 제직회에서 교회 신축을 결정했으며, 12월 25일 예배장소를 데일 마브리 프리웨이(Dale Mabry Hwy.) 길에 있는 노스웨스트기독교회(Northwest Christian Church)로 이전했다.

1991년 18주년 창립 기념예배를 인도하는 문종성 목사

1984년 1월 8일 교회 대지를 구입했으며 7월 27일 교회 부지 정지작업을 시작, 7월 29일 성전건축 기공예배를 드렸다. 9월 13-15일까지 이동원 목사 초청 성회를 가졌다. 11월 29일 새 성전부지에서 추수감사예배를 드렸다. 1985년 3월 3일 입당예배를 드렸으며 10월 5일 세종한글학교를 개교했다. 1987년 1월 18일 노인 세종학교가 시작되었다. 11월 26일 탬파연합 배구대회에 참여하여 우승했다.

2022년 4월 17일 부활절예배 후 교인들이 기념사진을 찍고 있다

1988년 12월 4일 윤명식 목사를 부목사로 결정했다. 1989년 1월 22일 윤명식 목사 인도로 새벽기도가 시작되었다. 3월 11일 김세복 목사와 윤명식 목사가 사임했다. 3월 26일 전바울 목사가 부임하여 11월 26일까지 사역했다. 12월 10일 장성환 목사가 새 담임으로 부임했다. 1990년 1월 28일 제자훈련 성경공부가 시작되었으며 6월 24일 장성환 목사 취임예배를 드렸다. 그해 12월 16일 장성환 목사가 사임했다. 12월 23일 문종성 목사의 청빙이 결정되었다.

1991-2000년대

1991년 6월 9일 문종성 목사가 사임하고, 8월 11일 유흥근 목사가 담임으로 부임했다. 1993년 9월 19일 유흥근 목사가 사임하고, 9월 26일 이태한 목사의 담임 청빙이 결정되었다. 1994년 1월 2일 한국어/영어 제자훈련이 시작되었다. 1995년 4월 23일 중국 선교사 송상호 목사에게 선교비 1천 달러를 전달했다.

2001년-현재

강병준 담임목사

2009년 6월 이태한 목사가 사임하고, 7월 정형남 목사가 담임으로 부임했다. 2020년 12월 27일 정형남 목사가 사임하고, 12월 29일 강병준 전도사가 담임목회자 대행을 했다. 2021년 2월 14일 첫 EM 예배가 시작되었다. 같은 해 3월 14일 교회 창립 48주년 기념예배를 드렸다. 또 7월 11일 황의상 목사가 담임목사로 부임했다. 2022년 3월 20일 황의상 목사가 사임을 하고, 3월 27일 강병준 전도사가 담임목회자 대행을 하다가, 7월 17일 강병준 전도사가 목사안수를 받은 후 담임목사로 인준되었다.

Georgia

교회 주소: 3205 Pleasant Hill Rd., Duluth, GA 30096
연락처: (678) 381-1004/ kcaumc.org

아틀란타한인교회
Korean Church of Atlanta UMC
(창립 연도: 1971년/ 창립 목사: 문희석 목사)

정해균 목사

아틀란타한인교회 기획/행정 담당
참빛교회 부사역자 역임
뉴올리언즈침례신학대학원(M.Div.)

　아틀란타한인교회의 시작은 이민이 본격화되기 시작한 1960년대 말부터 1970년대 초와 그 시기를 같이하고 있다. 1965년 10월 3일 존슨(Johnson) 대통령이 서명한 새 이민법은 1970년대 초 한인들이 미국으로 대거 이주하는 계기가 되었고, 그 결과 1970년대 후반에는 애틀랜타에도 한인들이 본격적으로 정착하게 되었다. 백여 년 전 한국에서 하와이로 온 한인 이민 첫 조상들이 그러했듯이 애틀랜타에 처음 정착한 동포들 역시 그들의 첫 공동체로 아틀란타한인교회를 세웠다.

아틀란타한인교회의 시작: 1971년 1월 10일, 에모리대학 캔들러신학교 강당

당시 유학생들을 중심으로 하는 전체 한인 교민들의 수는 250여 명 정도로 추산하고 있으며, 지금과는 비교되지 않을 정도로 생활이 어려웠다. 가정예배에서 시작한 이민 초기 한인 교회사에 관한 기록은 현재 남아 있는 것이 별로 없고, 이 또한 대부분 기억에 의존한 몇몇 교인들의 증언에 따르고 있다. 다행히 2002년에 발행된 『애틀랜타 한인이민사』는 1971년 1월 둘째 주일 에모리대학교 캔들러 강당에서 유학생을 포함한 몇몇 한인들이 모여 첫 예배를 드림으로써 조지아주에서 최초로 한인 교회가 시작되었다고 전하고 있다. 이는 아틀란타한인교회의 출발이 애틀랜타 한인 교회사의 시작이며, 애틀랜타 한인 이민사의 시작임을 의미한다. 아틀란타한인교회를 일컬어 장자 교회(the first-born church) 혹은 어머니 교회(mother church)라고 하는 이유도 이 때문이다.

현재 교회 예배당

50여 년 전 애틀랜타 지역에 세워진 첫 이민 교회인 우리 교회는 초기 이민자들의 신앙공동체인 만큼 정착 단계에서부터 어려움이 많을 수밖에 없었다. 앞서 언급한 대로 유학생들이 대부분인 우리 교회는 담임목회자가 없었으므로, 한국에서 이미 목사안수를 받고 유학 온 신학생들이 돌아가면서 설교를 해야 했다. 우리 교회가 드린 첫 예배에 참석했었던 조명규 장로(당시 조지아텍 재학생)는 당시 상황을 이렇게 설명하고 있다.

"그 당시 한인 교회 교인들의 과반수는 신학을 공부하는 목사님들이었다. 감리교, 장로교, 성결교, 안식교까지 여러 교파의 목사님들이 주일마다 교인의 자격으로 함께 예배를 드렸다. 그래서 문희석 목사님 사임 이후 이분들이 돌아가면서 몇 달씩 예배 설교를 하셨다. 연혁을 보게 되면 몇 대, 몇 대 목사님들이 있는데 이분들이 돌아가면서 설교를 하셨기 때문에 역대 담임목회자의 임기에 대한 정확한 기록은 알 수 없다."

이러던 중에 서울 영락교회 부목사로 시무하다 이민을 온 김세희 목사가 제3대 담임이 되었다. 조명규 장로의 증언에 따르면, 당시 김세희 목사는 유학생이 아닌 이민자로 미국에 온 목회자였기에 모든 여건상 목회에 전념할 수 있었다. 김세희 목사는 취임 후 예배 장소를 노스애비뉴장로교회(North Avenue Presbyterian Church)로 이전했다. 미국 교회의 건물을 빌리기는 했지만 대학 강당이 아닌 교회 건물로 이전해서 예배를 드리게 되었고, 이때부터 교인들도 조금씩 늘게 되었다. 교회가 수적으로 증가할 무렵 초교파 교회를 표방해 온 우리 교회는 또 다른 난관에 부딪히게 되었는데 이는 소속 교단이 없는 데서 오는 갈등이었다. 장로교에서 목사 안수를 받은 김세희 목사는 우리 교회가 장로교단에 소속될 것을 제안했고, 이러한 제안은 교인들 간에 예상치 못한 갈등을 가져와서 결국 두 교회로 나뉘는 결과를 초래했다.

1980년 와이유카침례교회에서 예배드릴 당시의 전 교인 사진

한인 교회를 이끈 힘, 교회 임원회

당시 우리 교회를 이끌던 중요한 원동력은 임원 중심의 교회 운영이었다. 초교파 교회였던 당시 교인들이 선출한 임원들이 자체적으로 임원회의를 통해 교회 운영 전반에 관해 결정을 내렸다. 우리 교회의 임원은 모두 다 똑같은 '집사'라는 직책을 맡았는데, 당시 우리 교회 집사들이 감당해야 했던 일들은 한인회 회장이 하는 일보다 더 힘들었다고 기억하는 사람들이 많았다. 한 장로의 말을 빌리자면 "그 당시 임원회 회장은 특별한 천거 없이 무조건 종이에 원하는 사람의 이름을 쓰고, 이름이 가장 많이 나온 사람을 회장으로 선출"하는 방식이었다. 임원회 회장 투표는 담임목사의 신임투표를 할 시기에 같이 했는데, 해마다 다른 임원이 새 회장으로 선출되었다.

함께 모여서 마음 놓고 기도할 예배당도 없고, 전임 목회자도 없던 시기에 세워진 아틀란타한인교회는 그야말로 하나님의 은혜 가운데 교인들의 노력과 힘과 꿈으로 이루어졌다고 할 수 있다. 세상적으로 볼 때 아무런 힘이 없었으나 하나님은 그들을 들어 아틀란타한인교회의 중요한 주춧돌로 삼으셨고, 이것이 우리가 기억하는 아틀란타한인교회의 제1세대 믿음의 조상들이었다.

위기를 넘어 화합으로

1974년 장로교로 교단을 정하기 원했던 김세희 목사와 초교파를 고수하던 임원들 간의 갈등으로 분리된 아틀란타한인교회는 스톤마운틴과 에모리대학 강당을 거쳐 와이유카침례교회로 장소를 이전한 뒤 조금씩 안정을 찾게 되었다. 당시 대부분의 한인이 다운타운 가까이에 거주했기 때문에 와이유카침례교회는 장소가 크고 거리상으로도 위치가 좋았다. 분리될 당시 20여 명에 불과하던 교

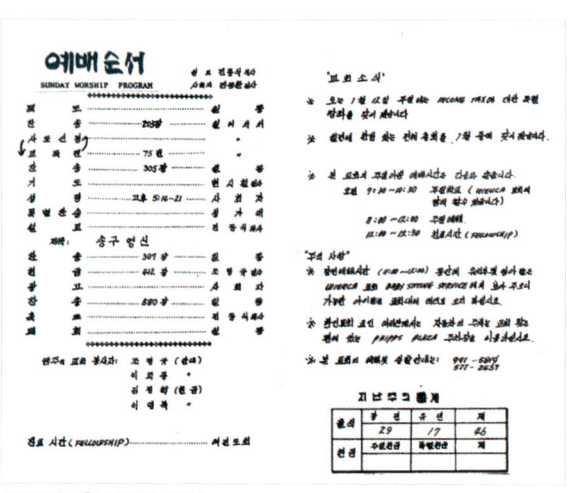

1975년 1월 5일자 주보

인 수도 전동식 목사와 남재현 목사를 거쳐 최원택 목사가 담임하던 때에는 300여 명까지 불어나고 교회가 다시 성장했다.

1975년 3대 담임으로 취임한 전동식 목사는 유학하기 위해 미국에 왔으므로 예정대로 공부를 마치고 1976년 한국으로 돌아갔다. 그 뒤를 이어 에모리대학에서 수학 중인 남재현 전도사가 와이유카교회에서 목사안수를 받고 교회를 떠나기까지 약 3년간 주일예배 설교를 담당했다.

1979년 송구영신예배를 마지막으로 남재현 목사가 떠난 이후 임원회에서는 "이민 교회의 목회자는 더 이상 유학생이 아닌 이민 목회자여야 한다"는 결정을 하게 되었다. 미국에 뿌리를 내리고 정착한 이민자로서의 목회자와 학업을 위해 잠시 미국에 머무르는 유학생 목회자는 목회 철학과 방향이 다를 수밖에 없었기 때문이었다. 이러한 결정 이후 임원회는 유학생이 아닌 LA에서 이민자로 살고 있는 최원택 목사를 풀타임 목회자로 청빙했다. 당시 교회의 주요 멤버로는 김선희, 김종환, 백낙영, 여상권, 여종순, 임수암, 정종숙, 조명규, 지흥구(고 지형석 목사), 이영복, 임양택 등이 있었고, 특히 많은 유학생이 교회에서 중심 역할을 맡고 있었다. 전체 교인이 어른만 60-70명 정도 모였는데 1976년 여상권 장로가 임원회장을 한 뒤 조명규 집사가 뒤를 이었고 이어 백낙영, 지흥구, 이성복 씨가 각각 1년씩 회장을 맡아 임원회를 이끌었다.

그런데 이성복 집사가 회장을 할 즈음 교회에 예기치 못한 문제가 발생했다. 당시 아틀란타한인교회에는 임원들이 만든 교회 헌장이 있었는데, 그 안에는 매년 1월 첫 주에 교인들에게 담임목사의 신임을 묻고 유임을 결정하는 조항이 있었다. 그런데 교회 헌장에 따라 실시한 신임투표에서 최원택 목사가 출석교인의 3분의 2의 찬성을 얻지 못해 사임할 수밖에 없게 되었다. 이 투표 결과로 교인들 사이에 갈등이 생겼고, 최원택 목사는 결국 1984년 뉴욕의 한 교회로 옮겨갔다.

던우디 교회 부지 매입

최원택 목사 당시에 아틀란타한인교회는 던우디(Dunwoody)의 필러 로드(Peeler Road)에 첫 예배당 부지를 매입했다. 던우디는 지금도 그렇지만 그 당시에도 유대인 커뮤니티가 강한 동네였다. 한인 교회가 들어선다는 소문이 돌자 지역 주민들의 반대가 예상보다 심했다. 교회가 예배당을 짓기 위해 매입한 땅은 주택가에 위치한 2.8에이커 규모의 부지였는데 종교 부지로서는 면적이 약간 작은 것이 문제였다.

카운티 규례 상 종교시설을 지으려면 부지 면적이 최소한 3에이커 이상이 되어야 했는데 교회에서 구입한 부지가 규정에 미치지 못해 카운티에 조닝 변경 신청을 해야 했다. 조닝 변경을 위한 카운티의 커미셔너(Board of Commissioner) 회의가 열리던 날, 변경 신청만 하면 되는 줄 알았던 교회 임원회는 카운티 위원들의 전원 반대로 예상치 못한 난관에 부딪혔다. 그러나 우여곡절 끝에 결국 1987년 구입했던 부지에 건축을 시작, 1989년 완공할 수 있었다.

1989년 던우디 부지에 지은 아틀란타한인교회 앞에서 전 교인이 단체 사진을 찍고 있다

초교파에서 연합감리교(UMC)로

한상휴 목사가 시무할 때, 초교파인 아틀란타한인교회에는 다시 교단 가입에 관한 문제가 불거지게 되었다. 그 이유 중 하나는 이미 교단으로부터 안수를 받은 목사들이 자신의 교단을 떠나 초교파 교회로 오려고 하지 않았고, 그러다 보니 초교파인 아틀란타한인교회에서 담임목회자를 청빙하기가 쉽지 않았기 때문이다. 이외에도 던우디에 교회를 건축하고 있을 당시 재정적으로 넉넉한 상황이 아니었기 때문에 완공하려면 재정적인 도움이 필요했다. 그리고 교회 건축을 위해 재정적 지원이 가능했던 교단이 연합감리교였다는 점은 교단 가입에 중요한 이유

중 하나가 되었다.

또 다른 이유를 들자면 아틀란타한인교회를 담임했던 목사들의 다수가 에모리신학교에서 공부했는데, 이 대학이 감리교단 소속이라는 점도 우리 교회가 연합감리교에 가입하는 데 자연스런 요소로 작용했다. 이러한 배경을 뒤로 하고 교회는 어느 교단에 가입해야 할 것인가를 놓고 전 교인 투표를 실시했다. 여러 의견이 있었지만, 투표 결과 아틀란타한인교회는 초교파에서 연합감리회(United Methodist Church)로 교단을 정하게 되었다. 교인들의 결정에 따라 1988년 6월 16일 북조지아 연회(North Georgia Conference) 연합감리교단에 가입했고, 한상휴 목사도 교회를 사임하기 전 연합감리교 목사로 가입하면서 같은 교단의 다른 교회로 이임할 수 있었다.

두 교회, 그리고 하나의 연합된 교회(United Church)

1980년대 초반부터 한인들의 이민과 이주가 계속되면서 1992년까지 애틀랜타 지역에는 약 120여 개의 한인 교회들이 있었다. 그중의 하나가 '애틀랜타제일감리교회'였다. 이 교회는 자체 예배당이 없었기 때문에 당시 다른 한인 교회들과 마찬가지로 미국 교회를 빌려서 예배를 드리고 있었다. 그러던 중 연합감리교 소속이 된 우리 교회와 애틀랜타제일감리교회가 하나로 합치면 어떻겠냐는 의견이 감리사를 통해 나오게 되었다. 결국 이석희 권사가 우리 교회 대표로, 오갑수 장로와 김용겸 장로가 애틀랜타제일감리교회 대표로 의견을 조율하면서 두 교회가 하나의 교회로 합치는 것으로 의견을 모으게 되었다.

당시 우리 교회는 교회 건축을 했으므로 자체 건물을 가지고 있었지만 재정적으로 어려운 상태였고 더욱이 담임목사를 청빙해야 하는 상황이었다. 반면 애틀랜타제일감리교회는 교회 건축을 위해 비축해 놓은 약 5만 달러가 있었지만, 자체 건물을 마련하기에는 액수가 부족한 상황이었다. 두 교회가 하나의 교회가 되면서, 건축을 위해 비축해 놓은 이 자금으로 아틀란타한인교회의 재정을 지원할 수

2019년 새가족 110기 입교식이 열렸다

있게 되었고, 이 자금은 교회 식당과 친교실을 마련하는 데 사용되었다. 남기철 목사가 담임목사를 맡게 되었고, 교회 이름은 역사적으로 가장 오래된 '아틀란타한인교회'(Korean Church of Atlanta UMC)라는 이름을 계속 사용하기로 두 교회가 합의를 했다.

아틀란타한인교회 설립에 대해서는 여러 가지 의견이 있었다. 1971년이 설립 연도가 아니라 그전에 있었던 몇 모임들의 시작 시기를 설립 연도로 정해야 한다고 생각하는 사람도 있었다. 그런가 하면 원래 '한인교회'는 현재의 우리 교회가 아니라, 김세희 목사가 장로교 교회를 세우기 위해 나가서 세운 교회가 원래의 전통을 이어받은 것이라고 주장하는 사람들도 있었다. 그런가 하면 애틀랜타제일감리교회와 통합을 하면서 원래의 '한인교회'는 없어졌기 때문에 교회 설립을 이야기할 때 제일감리교회의 설립도 같은 비중으로 다뤄야 한다는 주장도 계속 있었다.

결국 현재 우리 교회를 움직이는 중심 리더십이 설립일을 1971년 둘째 주일(1월 10일)로 확정하고, '분리된 교회'는 현재 우리 교회가 아니라 장로교가 된 교회라 생각하고, 애틀랜타제일감리교회와의 통합도 내용적으로는 한인 교회에 합병된 것으로 보았기 때문에, 오늘날과 같은 교회 역사와 기록을 갖게 되었다.

그 후 아틀란타한인교회는 10대 김정호 목사 재임 시 둘루스에 대지를 구입하고 두 번에 걸친 건축공사를 통해 오늘날의 성전과 부속시설을 완비하고, 비약적인 발전을 거듭한 결과 애틀랜타 지역은 물론이고 미국 내 한인 연합감리교회 가운데서도 가장 생동력 있고 영향력 있는 교회들 중 하나가 되었다.

역대 담임사

1대 문희석 목사(1971), 2대 조석환 목사(1971), 3대 김세희 목사(1971-1975), 4대 전동식 목사(1975-1976), 5대 남재현 전도사(1976-1979), 6대 최원택 목사(1980-1984), 7대 김종혁 목사(1984-1985), 8대 한상휴 목사(1985-1989), 9대 남기철 목사(1990-1997), 10대 김정호 목사(1997-2015), 11대 김세환 목사(2015-2021), 임시담임 조영진 감독(2021-현재)

Hawaii

교회 주소: 1639 Ke'eaumoku St., Honolulu, HI 96822
연락처: (808) 536-7244/ www.hawaiiumc.org

그리스도연합감리교회
Christ United Methodist Church
(창립 연도: 1903년/ 창립 목사: 윤병구 목사)

한의준 목사

그리스도연합감리교회 담임
남가주주님의교회 담임 역임
고려대학교 정치외교학과(B.A.)
장로회신학대학원(M.Div.)
클레어몬트신학대학원 목회상담학 박사과정 중

해외 최초의 한인 교회

하와이 그리스도연합감리교회는 1903년 11월에 시작되어 미주 한인 이민 역사와 함께하는 교회다. 1903년 1월 13일부터 1903년 10월 말까지 총 752명의 한인이 호놀룰루항에 도착, 여러 섬의 사탕수수 농장에 배치되었다. 그런데 10명 정도가 사탕수수 농장으로 가지 않고 호놀룰루 시내에 머물렀다. 이들은 호놀룰루항을 중심으로 전차 역에서 가까운 리버(River)와 킹(King) 스트리트 부근에 살았다.

1903년 초부터 와이알루아와 카후쿠 농장에 정착한 한인들과 호놀룰루에 남아있던 한인들 중 그리스도인들은 곳곳에 모여 예배를 드리기 시작하였다. 동년 11월 3일 배재학당 동기

왼쪽: 1903년 하와이에 도착한 최초의 한인 이민선 갤릭호(SS Gaelic)
중앙: 1903년 한인감리선교회(Korean Methodist Church)라는 이름으로 해외 최초의 한인 교회 창립
오른쪽: 1905년 호놀룰루한인감리교회(Honolulu Korean Methodist Church)라는 이름으로 사용한 예배당

왼쪽: 1916년 제일한인감리교회(First Korean Methodist Church)라는 이름으로 사용한 예배당
중앙: 1963년 그리스도감리교회(Christ Methodist Church)라는 이름이었을 때부터 그리스도연합감리교회(Christ United Methodist Church)라는 이름으로 바뀐 후 1968년까지 사용한 예배당
오른쪽: 1998년-현재 그리스도연합감리교회(Christ United Methodist Church) 100주년 기념 예배당

인 안정수와 우병길(후에 윤병구로 이름을 바꿈)이 하와이 감리교선교부 피어슨 감리사와 함께 호놀룰루 시내에서 한인교회를 시작할 것을 의논했다. 이들은 호놀룰루 항구 리버(River)와 호텔(Hotel) 스트리트 모퉁이 집의 2층 방을 빌려 1903년 11월 10일(화요일)에 김또라(후에 문또라)

1905년 한국으로 귀국한 홍승하 전도사(뒷줄 맨 왼쪽 양복 입은 이)

와 이교담, 임지청과 함께 마침내 한인 교회의 창립 예배를 드리게 된다. 이렇게 시작된 한인 교회는 '한인감리선교회'라고 불렸는데 이 교회가 해외 최초의 한인 교회인 지금의 하와이 그리스도연합감리교회(Christ United Methodist Church)이다.

교인인 안정수는 인천 내리교회의 권사로 첫 이민선의 통역관이었고 호놀룰루로 오는 동안에 인천 내리교회 김이제 권사와 함께 예배를 주도하였다. 윤병구(우병길)는 인천지방 감리교 선교부에서 통역관으로 있으면서 내리교회의 영화(여)학교에서 가르쳤다. 그후 개성 남부교회의 권사로 교회 사무를 도우면서 호수돈여학교에서 가르쳤다. 김또라는 평양 남산현감리교회 주일학교 교사였고, 이교담은 평안도 강서 함종읍 감리교회 교인이었다. 임지청은 평안도 진남포 출신으로 이교담과 같은 배를 타고 오면서, 기독교 신앙을 받아들였다. 이렇게 훈련받은 믿음의 형제들이 이역만리 호놀룰루에서 새로운 믿음의 공동체를 만들었다.

1904년-1919년

경기도 남양의 홍승하 전도사가 1904년 2월 18일에 호놀룰루에 도착해서 이미 시작된 한인선교회를 맡아 인도하기 시작했다. 홍 전도사가 선교회를 이끌어 가는 동안 1905년 4월에 한인감리선교회는 '호놀룰루한인감리교회'로 정식 승격되었다. 그러나 건강이 악화된 홍승하 전도사가 1905년 7월경 한국으로 돌아가게 되었고, 11월경 서울의 정동교회에서 온 민찬호가 교회를 섬겼다.

교회 초창기 여자 전도사들의 모습

1905년 12월 하와이 감리교선교부 제1차 연회가 열렸고, 백인, 일본인, 한인 등 모든 목회자가 공식 파송되었다. 민찬호도 정식으로 파송되어, 연회록에 기록된 호놀룰루한인감리교회의 첫 목회자가 되었다. 민찬호는 배재학당을 졸업하였고, 미국 선교사들이 만든 신학회에서 권사과정과 본처 전도사(평신도 사역자) 과정을 수료하고, 서울 정동교회 청년회 서기, 인사국장, 전도국장을 차례로 맡아 교회를 섬긴, 준비된 목회자였다.

1904년 말경에는 5명의 창립 교인을 포함하여 20명의 교인이 있었다. 그 중 10명은 이미 한국에서 세례를 받고 온 교인이었다. 20명 중 안정수, 이교담, 임치정, 박원영 등은 캘리포니아로 이주했고, 홍재우, 홍경춘, 홍승하, 임형주 등은 귀국했다. 피어슨 감리사의 주선으로 1904년 11월부터 월간 교회지를 등사판으로 발간하여 각 농장으로 보냈는데, 윤병구와 홍승하가 수고한 것 같다. 1906년 5월 한국에서 식자기를 들여와 좀 더 나은 「포와한인교보」가 나오게 되었다. 지금까지 남아 있는 교회보 중에 제일 오래된 것이 1907년 9월호인데, 와드맨 감리사가 사장 겸 주필이고 민찬호 목사가 부주필로 펀취볼 스트리트에서 제작한 것이다.

1904년 말경의 교인 명단

펀치볼 스트리트의 건물은 우리 교회가 네 번의 셋방살이를 거쳐서 1906년 6월에 이사한 곳이다(현 주 청사 건너편 주 사무실 건물 자리). 교회는 하와이 감리교 선교부가 운영하는 한인 남학생 기숙학교와 함께 이사해서, 그곳에 있던 건물을 교회로 사용하면서 교회보도 출간한 것이다. 당시에 주보를 만들었다면 주보도 식자기를 사용해서 만들었을 것 같지만, 현재 한 장도 남아 있지 않아 알 수가 없다. 교회보라는 소식지에는 논설, 주일성경공과, 교회 소식, 한국 소식, 호놀룰루 소식 이외에 상업광고도 실렸다. 1929년부터는 한·영 이중언어로 발간되었으며, 1945년 1월까지 계속 출판되었다.

1906년경에 (엡윗)청년회(18-35세 연령층)가 조직되었고, 청년들은 곧 병원과 호텔(여관) 선교사역을 시작했다. 해외 한인의 첫 병원/호텔 선교사역이었다. 또한 청년회는 1907년경에 한국에 있는 전도인을 후원하기로 하고, 한국에 있는 전답을 사서 여기서 나오는 수입으로 후원하였다. 해외동포의 첫 조국 전도인 후원이었다.

1913년 열린 연회 참석자들

교인들은 찬송가와 성경책을 한국에서 가져와 사용했는데, 곡조 없는 찬송가(1931년 발행) 한 권에 "The Korean

Methodist Church 1520 Fort Street"라는 도장이 찍혀 있었고, 또 다른 한 권에는 "호항감리교회 No. 6"라고 펜으로 쓰여 있었는데, 교회에 비치해 둔 찬송가를 교인들이 예배 때 사용했음을 알 수 있다. 성가대는 1920년대부터 "찬미대"라는 이름으로 시작되었다.

1916년 교회 이름을 '제일한인감리교회'(First Korean Methodist Church)로 바꾸었다. 교인들은 계속 증가

1913년 무렵 100명의 한인 교회 지도자들을 위한 특별 양성집회가 4일간 열렸다는 기록이 있다

해 1917년에는 180명이 되었다. 1918년 이승만 박사가 우리 교회에서 나가 한인기독교회를 개척했을 때 많은 교인이 그를 따라 이적, 1919년에는 교인 수가 60명으로 줄어드는 어려움을 겪었다. 한인 기숙학교가 폐교되었고, 교회는 1922년에 포트 스트리트(Fort Street)로 이사하게 되었다. 호놀룰루 지역의 한 영문 석간지는 우리 교회가 "펀치볼 스트리트에 있던 건물이 7년밖에 되지 않은 새 건물이었기에 이 구조물들을 여러 부분으로 나누어서 대형 트레일러에 실어 나를 것"이라고 보도하기도 했다. 이전 비용 3천500달러를 감리교 선교부가 지원해 주었다.

1920년-2015년

1920년도 중반부터는 교회를 떠났던 교인들이 다시 돌아오는 등 안정을 찾기 시작했다. 그러나 하와이에서 미국식 교육을 받은 2세들과 이민 1세들 사이에서 언어와 문화적 차이에서 오는 세대 간 갈등이 일어나기 시작했다. 그동안 황사용, 현 순, 홍한식 등의 목회자들이 잠깐씩 목회하였는데, 이들은 한국에서 훈련받은 목회자들이었다. 2세들은 미국에서 교육받고 영어와 한어를 자유롭게 구사할 수 있는 목회자를

1924년 3월 27일 현 순 목사가 발행한 유아반 인증서

원했지만, 그런 목회자를 찾기란 쉽지 않았다. 이민 교회가 세워진 지 30년이 지났지만, 감리교 선교부에서 차세대 이중언어 지도자 양성에 소홀했기 때문이다.

1930년부터 미국에서 대학과 대학원을 나온 변홍규 목사가 부임, 주일학교를 영어로 인도했고 주일예배를 한·영으로 인도하면서 설교도 두 나라 말로 했다. 이중언어 예배의 시작이었다. 다행스럽게도 우리 교회는 미국에서 교육받은 목사들을 계속 초청해 올 수 있었으나, 다른 한인 교회들은 그런 혜택을 누릴 수가 없었다. 1932년 9월에 변홍규 목사가 만주선교를 위해 떠나자, 문또라의 인도로 여성 교인들이 만주선교를 지원하기도 했다.

1933년 7월부터 1945년 6월까지 임두화 목사가 시무하면서 이중언어로 계속 목회하여 이민 한인 교회의 이중언어 사역의 모델이 되었다. 임두화 목사는 1905년에 호놀룰루로 왔다가 애틀랜타주 에모리 옥스퍼드신학교에서 신학학사를 받는 등 미국에서 교육받고 전도사로 사역했다. 1921년 귀국하여 목회자, 교육자로 활동하다가 다시 미국으로 온 이중언어 목회자였다. 임두화 목사는 1944년 2월부터 호노울리울리(Honouliuli) 수용소에 머물고 있던 한인 전쟁포로들을 위한 영어반을 시작했는데, 100여 명이 참석했다. 그 후에는 와히아와의 안창호 목사, 한국 선교사로 있다가 온 맥커친 선교사와 아펜젤러 목사 등과 함께 포로들을 위한 예배를 주관하기도 하였다. '전쟁포로사역'이라는 새로운 사역이었다.

임두화 목사의 12년 목회 후에 정의조 목사가 부임하여 영어 회중과 한어 회중을 분리, 영어예배와 한어예배로 따로 드렸다. 여선교회도 영어와 한어로 나누었는데, 한 교회 안에 두 나라 말 회중이 뚜렷이 갈라지는 계기가 되었다. 정 목사는 네 살 때 부모를 따라 이민 와서 한어를 구사하는 데에 지장이 있었다. 1947년 감리교 선교부가 포트 스트리트 교회당을 매각, 우리 교회는 현재 예배당이 있는 케에아우모쿠(Keeaumoku) 스트리트로 이전했다. 이곳에 있는 기존 예배당에서 예배드리다가 1950년 2월 새 교회당을 건축, 헌당하였다. 총건축비가 약 6만5천 달러였는데, 감리교 선교부가 5만1천 달러(포트 스트리트 매각금 2만 달러 포함)를 후원하였고, 교인들이 1만4천 달러를 헌금했다.

1952년 1월에 부임한 이동진 목사는 한어부와 영어부로 분리된 회중을 다시 합쳤다. 1935년에 미국에 와서 교육받고 목회한 경험을 가진 이동진 목사가 완전한 이중언어 목회자였기 때문에 가능하였다. 1958년에 교인들이 담임목사와 부목사의 봉급을 완전히 책임지면서 드디어 '자립교회'가 되었다. 이동진 목사가 떠난 후 1963년부터 레이 본드(Ray Bond), 한인 2세 해리 박(Harry Pak), 로버트 피스크(Robert Fisk), 리차드 아이잭슨(Richard Isakson) 목사의 영어 목회와 안창호 부목사, 박대희 부목사의 한어 목회로 다시 나뉘었다.

100주년 기념성전

    1965년 도시 교회들이 다민족 교회로 바뀌면서 교회 이름에서 민족 수식어를 빼는 추세에 따라 교회 이름도 지금의 '그리스도감리교회'로 바뀌었고, 1968년에는 미국 감리교회 체제의 변화로 '연합감리교회'로 불리게 되었다. 1965년 미국의 이민법 개정으로 새 이민의 물결이 시작되었고, 1970년에는 1세 할머니들을 포함한 교인 370명이 출석하는 한인 교회로 부흥하고 성장했다. 이후 1971년 박대희 목사, 1981년 이응균 목사, 1988년 김웅민 목사의 목회 후에 2001년에는 20대 이은철 목사가 부임, 시무했다. 2007년 7월에 은퇴한 이은철 목사의 후임으로 김낙인 목사가 부임, 2015년까지 9년 동안 교회를 섬겼다.

    지금의 '100주년 기념성전'은 케에아우모쿠에 지어진 두 번째 교회당으로 1998년 7월에 헌당했다. 565석의 본당과 150석의 내리 채플, 그리고 프라이 친교교육관 건축에 약 700만 달러가 들었다. 1958년에 자립교회가 된 후 다시 40년이 지나서 이룬 믿음의 성전이다. 내리 채플은 초기 창립교인들의 모 교회인 인천의 내리교회를 기념하여 이름 붙인 것이고, 프라이 친교교육관은 1914년부터 1948년까지 34년간 하와이 감리사로 한인 교회와 한인들을 위해 많은 수고와 헌신을 한 윌리엄 프라이 박사(Dr. William Fry)를 기념, 1960년에 신축한 교육관에 붙인 이름이다.

2016년–현재

    2016년 7월부터 한의준 목사가 캘리포니아 태평양 연회로부터 제22대 담임목사로 파송받았다. 그리고 교회는 "믿는 것이 참 행복한 교회"라는 캐치프레이즈 아래 역동적으로, 그리고 새

2021년 선교사 파송식에서 한의준 목사와 선교사들이 파이팅을 외치고 있다

롭게 부흥 성장하고 있다.

한의준 목사는 온 교회 성도들과 함께 2018년에 '이백만 달러 미래비전 프로젝트'를 추진했다. 코로나19라는 전염병이 전 세계를 강타, 일상의 삶이 멈추고 심지어 모든 교회에서 예배가 중단되는 전대미문의 상황을 경험하게 되었지만, 우리는 교회의 본질적 사명인 선교를 향한 비전을 결코 멈추지 않았다. 2021년 11월 1-7일까지 일주일 동안 러시아, 몽골, 방글라데시, 베트남, 브라질, 우크라이나, 카자흐스탄, 캄보디아, 케냐, 필리핀 등 전 세계 선교사들을 초청하여 '세계선교대회'를 개최했다. 코로나 와중에서도 25만 달러 예산보다 더 많은 35만 달러를 성도들이 헌신하여, 선교대회는 성공적으로 개최되었다. 일주일 내내 매일 새벽과 저녁집회로 이어지는 선교사들의 사역보고와 간증을 통해 온 성도들이 은혜를 받았고 또한 한마음이 되어 선교사들을 정성껏 섬김으로써 모두가 주 안에서 행복한 선교축제가 되었다.

120년의 긴 역사를 가진 하와이 그리스도연합감리교회는 해외 이민 역사의 시작이요, 해외 한인 교회의 장자 교회이다. 1910년부터 일제 치하에 있던 조국의 독립을 위해 상해 임시정부 및 독립지사들을 후원하고 독립운동자금을 지원했다. 대한민국 정부가 공식 인정한 해외 독립지사 100명 중 50여 명이 그리스도연합감리교회의 성도들이다. 이는 교회가 영혼 구원을 위한 복음 전파에 힘쓴 동시에, 국가 및 사회에 대한 책임을 다한 산 증거라 할 수 있다.

현재 그리스도연합감리교회는 대한민국 정부가 공식적으로 승인한 독립운동의 요람이요, 해외 역사 사적지로 등록되어 있다. 그리스도연합감리교회는 하나님이 주신 비전을 갖고 교회의 사명인 영혼 구원을 위한 전도와 선교적 사명을 신실하게 감당하기 위해 멈추지 않고 달려가고 있다. 온 성도와 교회가 하나님의 이름으로 선포한 교회의 사명선언문을 실현하고, 예수 그리스도의 복음을 증거하고 전파하기 위해 헌신하고 있다.

역대 담임목회자

초대 윤병구 목사(1903, 1904, 1905), 1대 홍승하 목사(1904), 2대 민찬호 목사(1905), 3대 홍치범 목사(1911), 4대 송헌주 목사(1916), 5대 방화중 목사(1918), 6대 황사용 목사(1920), 7대 현 순 목사(1923), 8대 홍한식 목사(1926), 9대 변홍규 목사(1930), 10대 임두화 목사(1933), 11대 정의조 목사(1945), 12대 이동진 목사(1952), 13대 레이 본 목사(1962), 14대 해리 박 목사(1963), 15대 로버트 피스크 목사(1967), 16대 리차드 아이잭슨 목사(1970), 17대 박대희 목사(1971), 18대 이응균 목사(1981), 19대 김웅민 목사(1988), 20대 이은철 목사(2001), 21대 김낙인 목사(2007), 22대 한의준 현 담임목사(2016-현재)

초대 윤병구 목사, 1대 홍승하 목사, 2대 민찬호 목사, 3대 홍치범 목사, 4대 송헌주 목사, 5대 방화중 목사, 6대 황사용 목사, 7대 현 순 목사

8대 홍한식 목사, 9대 변홍규 목사, 10대 임두화 목사, 11대 정의조 목사, 12대 이동진 목사, 13대 레이 본 목사, 14대 해리 박 목사, 15대 로버트 피스크 목사

16대 리차드 아이잭슨 목사, 17대 박대희 목사, 18대 이응균 목사, 19대 김웅민 목사, 20대 이은철 목사, 21대 김낙인 목사, 22대 한의준 목사

Idaho

교회 주소: 930 N. Cloverdale Rd., Boise, ID 83713
연락처: (208) 322-8440/ www.idahokoreanchurch.com

아이다호한인장로교회
(Idaho Korean Presbyterian Church
(창립 연도: 1985년/ 창립 목사: 정범진 목사)

정은표 목사

아이다호한인장로교회 담임 역임, 원로 목사
로렌하이장로교회와 카마리오장로교회 개척
한양대학교 공과대학 졸업(B.E.)
대한예수교장로회 합동신학원 졸업(M.Div.)

정범진 초대 담임목사

보석의 주(Gem State)라고 불리는 아이다호, 보이시(Boise)에 위치한 아이다호한인장로교회(Idaho Korean Presbyterian Church)는 미주 한인 예수교장로회(KAPC) 서북미노회에 소속되어 있다. 아이다호한인장로교회는 사랑 가운데 서로 격려하고 위로하는 교우들이 모여 아름다운 신앙공동체를 이루고 있다. 예배를 소중하게 생각하여 함께 모여 감격과 은혜 가득한 예배를 드리기에 힘쓰고 있으며, 일상의 삶 속에서도 하나님의 선하시고 기뻐하시고 온전하신 뜻을 따라 진정한 예배의 삶을 살아가려고 노력하고 있다.

아이다호한인장로교회는 "예수님의 제자로서 영적으로 성장하기 위해 제자훈련을 강조한다. 소그룹 가정교회를 통해 성도의 친밀한 영적 교제를 풍성히 나누고자 한다. 구원의 기쁜 소식을 전하기 위해 때를 얻든지 못 얻든지 증인이 되고자 하며, 또한 이웃을 사랑으로 섬기며 봉사하는 일꾼이 되고자 한다. 다음 세대의 신앙교육과 지도자를 키우는 일을 사명으로 믿고 실천하고자 한다"는 정신으로 사역하고 있다.

아이다호한인장로교회 역사

1982년 3월 박형우 목사를 모시고 박기순 안수집사, 김명자, 유정남, 황영선 성도 등이 그리스도의교회(Church Of Christ/ 클로버데일 로드와 레이크 헤첼 로드가 만나는 곳)를 빌려 예배를 드림으로 아이다호 지역 최초의 한인 교회가 시작되었다.

1984년 5월 박형우 목사가 떠나고 박기순, 이수웅, 김명자, 유정남, 안대우, 최원무 성도 등이 매주 각 가정에 모여 주일예배를 드렸다. 1985년 3월 원우연 목사가 초청되어 예배를 인도하고 있던 중 원 목사의 소개로 정범진 목사가 초대 담임목사로 부임하여 CRC 미국 교회(클로버데일 로드와 유스틱이 만나는 곳)를 빌려 아이다호한인장로교회가 설립되고 창립예배를 드렸다. 그리고 미주 한인 예수교장로회 가미노회에 가입했다.

1986년 1월 여전도회를 결성하고 정예순 집사를 초대 여전도회 회장으로 세웠다. 여전도회 회장 임기는 6개월로 정했다. 8월 정범진 목사가 사임하고, 송영걸 목사가 제2대 담임으로 부임했다. 1989년 3월 송영걸 목사가 사임하고, 김철진 목사가 제3대 담임으로 부임했다. 1990년 9월 예배당 건축 부지를 매입했다. 1991년 1월 예배당 건물이 착공되어, 그해 10월 완공되었다. 1993년 6월 김철진 목사가 사임하고, 김다윗 목사가 제4대 담임으로 부임했다.

1995년에 아이다호한인장로교회에 시련이 찾아왔다. 분규에 휘말린 교회는 9월에 결국 분열되어 아이다호한인장로교회와 보이지장로교회로 나누어지게 되었다. 1996년 5월 김다윗 목사가 사임하고, 6월 서재승 목사가 제5대 담임(임시)으로 부임했다. 1998년 8월 서재승 담임(임시)목사가 사임하고, 조성태 목

1985년 3월 교회 설립 감사예배 후 기념 사진을 찍고 있다

사가 제6대 담임으로 부임했으나, 2000년 7월 사임했다.

2000년 12월 10일 정은표 목사가 제7대 담임으로 부임했다. 2001년 정은표 담임목사는 아이다호한인장로교회 재정비에 들어갔다. 2001년 1월 우리 교회의 제직은 목사 2명, 시무장로 1명, 시무권사 1명, 협동권사 3명, 협동안수집사 1명, 서리집사(남) 11명, 서리집사(여) 18명으로 합계 37명이었다. 우선 이들을 5개 구역으로 편성하여 구역권사, 구역장, 권찰, 교사를 임명하고 중단되었던 구역활동을 재개했다. 정은표 목사는 교회조직을 재편성, 강화했다(당회장: 정은표, 영어부 부목사: 에드윈 크로포드, 제직회장: 정은표, 구역회 회장: 정은표, 예배위원회 위원장: 이수웅, 선교위원회 위원장: 정영기, 교육위원회 위원장: 에드윈 크로포드, 행정위원회 위원장: 이수웅, 성가대장: 최웅호, 주일학교 교장: 예정호, 선교교육훈련원 원장: 정영기, 교육훈련부장: 이수웅, 권사회 회장: 박옥선, 중보기도회 회장: 김옥순).

2월에 교회 웹사이트를 개설했으며 중단되었던 매일 새벽기도회를 재개했다. 3월에는 신구약성경 문답지를 통해 전 교인 신·구약 통독을 시작했다. 5월에는 재정비된 우리 교회 내규를 공동의회에서 승인했다. 10월 7일 교회 설립 제16주년 및 예배당 헌당 기념 찬양집회를 가졌으며 김영일 장로가 강사로 나서 강연했다. 10월 18-21일까지 교회 창립 제16주년 및 예배당 헌당 기념 심령부흥집회를 가졌는데 정상우 목사(당시 LA 충현선교교회 담임)가 강사로 나서 말씀을 전했으며, 21일에는 교회 설립 제16주년 감사 및 헌당예배를 드렸다. 이날 임직식도 함께 개최했는데, 임직식에서는 정은표 목사 위임, 강일균, 최웅호, 집사 임직, 정영기 집사 취임, 박옥선 원로 권사 추대, 오희식, 김명자 권사 취임이 행해졌다.

2002년 1월에는 여선교회를 여전도회로 개명했으며, 3월 31일 우리 교회가 주관해서 보이시 지역 4개 한인 교회와 함께 첫 부활주일 새벽 연합예배를 드렸다. 9월 12-15일 강학건 목사(당시 LA 브니엘교회 담임)를 강사로 초청, 교회 창립 17주년 감사 심령부흥성회를 개최했다. 11월 29일-12월 1일 김종승 목사(당시 코로나제일장로교회 담임)를 강사로 초청, 구약의 파노라마 세미나를 열었다.

2003년 3월 20-22일 첫 제직수련회를 개최했다. 제직수련회에 정상우 목사(당시 LA 충현선교교회 담임)가 강사로 참여했다. 3월 24일부터 5월 2일까지 교육관 건축을 위한 전 교인 40일 연속 기도를 실시했다. 4월 24-27일 이삼열 집사와 황혜경 집사가 강사로 참여한 가운데 교회성가세미나를 열었으며 5월 31일-6월 1일 첫 가정생활세미나를 정운섭 집사와 전미애 집사가 강사로 초청된 가운데 개최되었다.

8월에는 교육관 건축을 위한 건축위원회가 조직되었다(고문: 정은표, 위원장: 에드윈 크로포드). 9월 11-14일까지 교회 창립 18주년 감사 심령부흥성회를 개최했는데, 강사로 김풍운 목사(필라델피아 벅스카운티장로교회 담임)가 참여했다. 10월 12일 전교인 체육대회를 남전도회 주관으로 개최했다. 이어 11월 2일 주일 낮 예배 시 멀티비전 사용을 시작했다.

2004년 1월 9-11일, 그리고 4월 30일-5월 2일 김정복 목사(WMC 기도학교 교장)가 강사로 참여한 가운데 성경적기도세미나를 두 차례 개최했다. 1월 18일 열린 공동의회에서 교육관 신축이 결정되었다(후에

2001년 10월 정은표 담임목사 위임, 안수집사, 권사 취임 감사예배 후 사진을 찍고 있다

교회당 본당 증축으로 변경됨). 교회학교 교육세미나를 4월 4일과 4월 18일에 가졌으며 에드윈 크로포드 목사가 강사로 참여했다. 7월 교회 홈페이지를 개편했다. 그동안 사용한 웹사이트 주소를 폐쇄하고 새 주소를 개설했다. 9월 4-7일까지 천성덕 목사(당시 캐나다 벤쿠버빌라델비아교회 담임)를 강사로 초빙한 가운데 교회 창립 19주년 심령부흥성회를 개최했다. 이어 10월 전교인 가을 체육대회를 남전도회 주관으로 개최했다.

2005년 9월 교회 창립 20주년 감사 심령부흥성회를 개최했는데, 임동선 목사(당시 동양선교교회 담임)가 강사로 참여했다. 2006년 3월 한국어 예배 시 영어 동시통역이 시작되었다. 9월 2-4일까지 교회 창립 21주년 감사 심령부흥성회를 개최했는데, 김만풍 목사(워싱턴지구촌교회 담임)가 강사로 참여했다. 또한 4일 공동의회 본당 및 교육관 증축(5,530스퀘어피트, 예산 50만 달러) 계획이 가결되었으며, 29일에는 교회당 증축 기금 마련 음식바자회를 여전도회 주관으로 열었다. 9월 16일 전교인 비전성경공부가 시작되었다. 그리고 11월 13일 보이시 시로부터 본당(및 교육관) 건축허가를 받았다.

2007년 교회 창립 22주년 기념 심령부흥성회가 심영견 목사(당시 밸리한인커뮤니티교회 담임)를 강사로 초청한 가운데 9월 28-30일에 열렸다. 그리고 30일에는 심영은 사모가 강사로 참여한 가운데 가정사역 특강을 가졌다. 2008년 1월 6일 본당 증축공사 착공 감사예배를 드렸으며, 22일 본당 증축공사가 시작되었고, 2월 1일부터 본당 증축공사를 위한 매주 금요기도회가 시작되었다. 신년 심령부흥성회가 1월 11-13일 김홍덕 목사(당시 죠이장애인선교회 대표)를 강사로 초청한 가운데 열었다. 5월 9-11일까지 가정의달 특별집회를 열었으며 정도량 목사(당시 러시아 복음신학교 교수)가 강사로 참여했다. 7월 1-3일 샌프란시스코 Life & Light Church 한인 성도 13

명이 본당 증축공사 작업에 참여하여 봉사했으며, 9월 26일 교회당 증축이 완공(건물 내외)되었다. 그리고 최종 검사를 거쳐(구 건물과 증축 건물 합계 9,000스퀘어피트), 12월 7일 교회당 증축 완공 및 본당 입당 감사예배를 드렸다.

2009년 9월 20일 교회 창립 25주년 감사예배를 드렸으며 우리 교회 여전도회 후원선교사인 박찬신 선교사(크로아티아)가 강사로 참여했다. 2010년 2월 7일 전교인 웨스트민스터신앙고백 소요리문답 공부가 5개 반으로 시작되었다. 4월 4일 보이시 넴파(Nampa) 지역 한인 교회 부활절 연합새벽예배가 우리 교회 주관으로 개최되었다.

2011년 4월 22-24일 장경두 목사가 강사로 나선 가운데 봄 심령부흥성회를 개최했다. 6월 5일 공동의회, 김항록 목사를 8대 담임으로 청빙하기로 했다. 26일 남전도회 주관으로 전교인 야유회를 가졌다. 김항록 목사의 거절로 9월 18일 열린 공동의회에서 장용호 목사를 8대 목사로 청빙하기로 가결했다. 이어 25일 정은표 목사가 은퇴했으며 장용호 목사가 8대 담임으로 부임했다.

2012년 4월 정은표 목사 은퇴식 및 장용호 8대 담임목사 위임식을 가졌다. 2013년 10월 교인 열두 명이 필라영생장로교회를 방문했다. 2019년 9월 황규현 목사가 9대 담임으로 부임했으며, 2020년 9월에는 장익성 목사가 10대 담임으로 부임했다. 2021년 7월 4일 장익성 담임목사가 강사로 나선 가운데 신앙강좌를 실시했다.

역대 담임목사

초대 정범진 목사, 2대 송영걸 목사, 3대 김철진 목사, 4대 김다윗 목사, 5대 서재승 목사, 6대 조성태 목사, 7대 정은표 목사, 8대 장용호 목사, 9대 황규현 목사, 10대 장익성 현 담임목사

Illinois

교회 주소: 655 E. Hintz Rd., Wheeling, IL 60090
연락처: (847) 541-9538/ https://fkumc.business.site

시카고한인제일연합감리교회
First Korean United Methodist Church
(창립 연도: 1923년/ 초대 목사: 김창준 목사)

김광태 목사

시카고한인제일연합감리교회 담임
시카고 지역 한인교회사 편찬 공동위원장(현)
연합감리교회 한인총회 총회장 역임
시카고지역한인교회협의회 회장 역임
서울신학대학교, 동 대학원(BA, M.Div.)
Duke University Divinity School(Th.M. 과정 수료)

시카고 첫 한인 교회의 태동

구한 말 시카고에서는 하나님의 신비한 섭리 가운데 한인들의 새로운 역사가 시작되고 있었다. 시카고를 에워싼 미국 중서부 대륙의 첫 한인 교회가 한인 이민자들의 영적 모태와 처소로 태어난 것이다. 독립투사, 애국지사, 그리고 유학생들의 영적 안식처가 된 우리 교회는 1922년 3월 염광섭, 김일선, 그리고 황창하 씨를 중심으로 한 모임과, 같은 해 9월 하와이 이민자 출신인 강영소, 김 경 씨를 중심으로 한 기도모임이 교회의 기초가 되었다.

우리 교회는 1923년 9월 9일(둘째 주일), 기미년 독립선언문 민족대표 33인 중 한 분인 김창준 목사를 초대 목회자로 6명의 교인들이 첫 예배를 드린 날을 창립일로 지키고 있다. 그러나 1919

년 6월 11일 작성된 감리교연회 소속의 홈미션(Home Missionary Society) 문서에 "당시 한인 개척교회를 인수해 지원하기로 했다"는 기록이 있으므로 일각에서는 교회 창립연도를 4년 정도 앞당겨야 한다는 주장을 제기하기도 한다. 하지만 감리교단 내 홈미션과 꾸준한 관계가 이어진 것은 아니며, 교회가 감리교단의 공식적인 지원 하에 운영된 것은 1925년 이후로 알려졌다. 당시 자료들은 우리 교회의 창립이 당시 미국 감리교단에 의해서가 아니라 한인들에 의하여 자생적으로 이뤄졌음을 추정케 한다.

당시 우리 교회는 나라 잃은 설움을 달래던 위안처로, 그리고 독립투사, 애국지사, 유학생들이 조국을 향한 독립의 열정을 불태우던 기도처로서 역할했다. 이런 사실은 당시 우리 교회 교인들 중에 상해 독립운동가 출신이나 미국 내 독립운동 조직인 '대한인국민회'와 '북미 유학생총회' 관계 인사들이 많았다는 기록에서도 알 수 있다. 흥사단을 창립한 도산 안창호 선생이 1925-1926년에 우리 교회에서 집회를 갖기도 했다.

우리 교회가 현재의 감리교단 소속으로 인정을 받은 것은 1927년 2대 담임 한승곤 목사가 한인 개척교회 담임 협동목사로 첫 파송을 받으면서부터이다. 한승곤 목사가 부임한 1927년 9월 4일 당시, 감리사였던 에드워드 슈츠 목사의 집례로 우리 교회에서 처음으로 성만찬 예식이 행해졌다는 기록이 있다. 이때는 주로 예배를 오후에 드렸으며, 찬송가와 성경은 한국 개신교 공용출판본을 그대로 사용하고 모두 한국어로 예배가 진행되었다. 이 시기에 감리교 시카고 남부 지방회의 도움을 받아 우리 교회가 이사회(초대 이사장 김 경) 등 감리교회로서의 조직을 갖춘 것으로 알려졌다.

자체 예배당을 마련하다

1928년 2월 우리 교회는 홈미션의 도움으로 레익팍(Lake Park)에 소재한 기도처에서 지금의 다운타운 인근 826 웨스트 옥데일 에비뉴(W. Oakdale Ave.)에 소재한 아담한 2유닛의 2층 짜리 건물로 예배당을 옮겼다. 예배처를 옥데일 에비뉴로 이전한 것은 당시 우리 교회 이사회가 레익팍에 소재한 기도처 임대료를 제대로 지불하지 못하자 연회 소속 홈미션 측이 이전을 제안해서 추진된 것이다. 이후 우리 교회가 입주했던 옥데일 예배처는 임대매매 논란이 거듭되다가 20년이 지난 1949년에서야 홈미션의 소유권 확보가 이뤄져, 1962년 6월까지 35년 동안 한인들이 보다 안정된 환경에서 예배를 드릴 수 있게 되었다. 당시 담임목사였던 평양 출신의 김인준 목사는 시카고 무디성경학교에 유학하였으며, 1930년까지 2년간 담임을 맡았다.

1931년 7월 4대 담임목회자로 갈홍기 목사가 부임했다. 이때는 한인 교인들이 늘어나 매 주일 평균 50명이 예배에 참석했으며, 목사 월급으로 월 40달러가 책정되었다는 기록이 있다. 갈홍기 목사가 시무하던 1933년, 당시 시카고대학 대학원에서 사회학 박사학위 과정을 이수 중이던 최경식이 불의의 사고로 사망해 장례식을 치르게 되었는데 이 장례식이 한인 사회에서 치른 첫 한인 장례식으로 기록되었다. 당시에는 작곡가 홍난파(본명 홍영우) 학생이 예배처로 사용하는 옥데일 건물에 유숙하며 작곡 활동을 하기도 했다.

1930년 연방센서스는 일리노이 지역에 거주하는 한인은 시카고 지역 64명을 포함해 모두 76명으로 기록하고 있다. 이때 교회는 신앙을 통해 얻을 수 있는 정신적 위안과 격려의 장이자, 공동체로서 이민자들이 인종차별과 언어장벽이 존재하는 미국 사회로 나아갈 수 있도록 돕는 전진 기지였다. 노스웨스턴대학과 게렛신학대학에서 학업을 마친 갈홍기 목사는 이후 시카고대학에서 박사과정을 이수하면서 담임목사로 봉직했으며, 1932년에는 북미한인유학생총회 회장직을 맡기도 했다. 갈홍기 목사 후임으로 1933년 11월 조성학 목사가 부임해 1935년 4월까지 담임목사로 봉직했다. 이후 조성학 목사는 재미한인학생회 회장을 지냈다.

역경 속의 한인 이민 교회

1936년 4월 12일 6대 담임목회자인 이은택 목사가 부임하게 된다. 이때까지만 해도 클락 스트리트(Clark St.)를 중심으로 다운타운에 이르는 지금의 링컨팍(Lincoln Park) 지역이 한인들의 집단 거주지였으며, 한인들의 생활 근거지 한가운데 교회가 자리 잡고 있었다. 당시 시카고와 인근 지역에는 약 3백 명의 한인이 살고 있었다고 추정된다. 당시 연회에 보고된 한인 교회 출석 교인은 45명이었다. 그리고 1936년에 교회 역사상 처음으로 주일학교가 세워져 재학생 17명에 교사와 직원 2명이 있었으며, 연간 15달러의 예산이 지출되었다는 사실이 연회록에 기록되어 있다. 이 당시 이은택 목사는 정보라 박사(시카고 초대 한인회장)와 함께 행상을 하면서 돈을 벌어야 할 만큼 궁핍한 생활에 시달렸으며, 교회 출석 인원이 크게 줄어 예배조차 드리지 못할 정도로 어려웠다고 기록은 전하고 있다.

그러나 이때는 이렇게 어려운 상황 속에서도 조국의 독립을 열망하는 한인들의 독립의지가 분출되던 시기이기도 했다. 이런 분위기 속에서 1930년대 우리 교회에 출석하던 유학생 중 시카고 콘서바토리 오브 뮤직에서 첼로를 전공하던 안익태 선생이 1937년 애국가를 작곡해 오늘까지 불리고 있다. 이밖에 이화여대 총장을 지낸 김활란, 서울여대 창설자 고황경, 서울대 총장을 역임한 윤일선, 국회부의장 황성수, 정치가 조병옥, 농림부 장관을 지낸 이 훈, 그리고 음악가들 중에 홍난파, 윤심덕, 현제명 등이 당시 1930년대 교인들이었다.

제2차 세계대전과 격동기 교회

성장을 거듭하던 우리 교회는 제2차 세계대전이 발발하면서 침체기를 맞았다. 1939년 51명, 1940년 80명, 1942년 82명으로 증가하다가 전쟁으로 인한 징병 등의 이유로 이은택 목사 가족만 모여서 예배를 드려야 할 정도로 교인 수가 급격히 줄어드는 위기를 겪게 되었다. 더구나 일본군의 진주만 공격으로 인한 일본인 배척 분위기는 한인들에게도 차별과 수난으로 이어졌다.

이은택 목사는 교인들에게 "I am Korean"이라고 쓴 표찰을 주어 보호했고, 일본군에 징집되어 포로가 되어 위스콘신 포로수용소에 억류된 한국 청년들을 찾아가 위로했다. 제2차 세

1920년 우리 교회의 가장 오래된 사진. 3901 사우스 레익 팍 (S. Lake Park)에 위치

1932.10. 우리 교회 교인들의 모습(작곡가 홍난파 선생도 있음)

1927-1928 예배 모습(왼쪽에서 두 번째 앉은 사람이 발명가 송기주, 한 사람 건너 아이 뒤에 앉은 사람이 음악가 현제명 선생)

1923. 12. 28 흥사단 시카고 지역회 창립 10주년 기념사진

1928. 1. 15 우리 교회 건물(사우스 레익 팍) 앞에서

계대전이 끝나면서 교회는 귀환하는 참전 청년들과 새 유학생들을 통해서 도약기를 맞게 되었다. 1949년 첫 성가대가 이성희(이은택 목사 장녀) 씨를 지휘자로 조직되었고, 학생회 역할도 확대되어 갔다. 한국전쟁(6·25전쟁) 때에 조국을 위해 눈물의 기도를 이어갔으며, 헌금과 미국인 교회들의 협조로 구호품을 수집하여 조국으로 보냈다. 1953년 이승만 대통령이 우리 교회를 방문했다.

격동기를 넘어서

이은택 목사 시무 때인 1962년 6월 당시 한인감리교회로 불리던 우리 교회는 22 웨스트 에리 스트리트(W. Erie St.)로 터를 옮겨 그 후 10년 동안의 역사를 이어갔다. 지하실에 기숙사를 설치하고, 학생관을 운영하여 유학생들과 이민자들을 돌보았다.

1963년 1월 3일 교회 안에서 한인회 창립총회가 열렸으며, 초대 이사장에 손원태 박사(2004년 작고, 손정도 목사 차남), 초대 한인회장에 정보라 박사 등 모든 임원이 교인 가운데서 선출되었다. 1년 뒤 1964년 1월에는 2대 한인회장에 당시 교회 직원회장이었던 김봉오 박사가 선출되었다.

이은택 목사가 담임을 맡은 후 1964년까지 28년 동안 교회는 제2차 세계대전과 일본제국주의의 멸망, 조국 광복, 그리고 민족상잔의 비극인 6·25한국전쟁, 4·19혁명과 5·16군사쿠데타 등 격동기 조국의 모습을 이역만리 떨어진 곳에서 지켜봤다.

이은택 목사가 은퇴하기로 결정했던 1964년은 우리 교회 창립 31주년이 되던 해이기도 하지만 교인들 중 장로교인들이 분리해 나가서 4월 5일, 시카고한인장로교회가 창립된 해였다. 이후 시카고에는 1966년 말 당시 우리 교회를 비롯해 한인장로교회 등 5개 교회와 한 곳의 선교센터가 있었는데, 1971년까지 15개 한인 교회로 늘어나는 등 교회 공동체가 확장되어 갔다.

1964년 10월 7대 담임으로 은준관 목사가 부임했다. 은준관 목사는 교회 직원회를 재조직하고, 청년회를 신설하여 활성화하는 한편 교회 뉴스레터를 최초로 발간하여 새로운 비전으로 교인생활에 활기를 불어넣었다. "한미 성도의 밤" 행사를 개최하여 미국인 교회들과 교류하며 한국 문화를 소개하고, 자체 교회 건물 마련을 위한 기금 모금을 시작했다.

1969년 4월 5일 8대 담임목사로 차현회 목사가 부임했다. 이때는 한국 정부가 해외유학을 개방(1961년)하고 1965년 연방정부가 이민법을 개정, 아시안에 대한 가족초청 이민 문호를 허용하면서 이민자 수가 크게 증가하던 때였다. 한인 사회도 이를 계기로 양적 팽창을 이루게 되었다. 당시 인구조사 결과에 따르면 1960년 297명에 불과하던 시카고 지역 거주 한인 이민자가

1970년에는 1천666명으로 늘어났다. 그러나 실제 한인의 수는 조사 결과보다 2~3배는 더 많았을 것으로 추정된다.

이때는 우리 교회가 양적, 질적으로 성장을 도모한 시기이다. 1971년 10월 26일, 22 웨스트 에리 스트리트(West Erie St.)의 건물 소유권을 인수함으로써 당시 18개 한인 교회들 중 최초로 자체 건물에서 예배를 드릴 수 있게 되었다. 그리고 1969년 "교육, 선교, 봉사"를 교회의 표어로 정하고 한국의 개척교회 지원, 산업선교 지원 등으로 선교의 새 시대를 열었다.

조오지 스트리트(George Street) 성전과 '한인제일연합감리교회'로 개명

격동기를 보내고 한국에서의 산업화와 도시화가 가속되고, 월남전 등으로 전 세계가 동서 냉전의 갈등이 극치에 다다르면서 대내외적인 변화에 직면해 있을 당시, 우리 교회는 1973년 2월, 3246 웨스트 조오지 스트리트(West George Street)로 교회 창립 이후 4번째 성전 이전을 하게 되었다. 1973년에 속회가 조직되었으며, 직제개편과 한국식 신령직제 도입(1978년) 등을 통해 교회 조직을 강화했다. 이민 사회의 팽창과 더불어 복음 전파 사역의 기치를 내건 교회들이 속속 창립되기 시작하면서 1978년 우리 교회는 기존의 '한인감리교회'라는 이름을 '시카고 한인제일연합감리교회'(First Korean United Methodist Church)로 바꾸었다.

1936년 처음 발족되었다가 중단과 개교를 반복했던 어린이 교회학교가 1970년 9월 6일 다시 문을 열면서 2세대를 위한 교육 진흥에 박차를 가했다. 1976년에는 1927년부터 반세기 동안 받아 오던 감리교단의 보조금을 사절하고 자립 교회가 되었다. 1976년 기독교 사회관을 설립하여 이민 동포들을 위한 취업 교육과 상담, 그리고 어린이 예능 교육에 봉사했다. 한글학교는 1979년 1월 28일 개교, 영어권의 2세 자녀들에게 한글교육뿐 아니라, 한국인으로서의 민족적 자긍심을 길러주는 교육의 장이 되었다.

이밖에 1969년 3월에 중단되었던 성가대가 재출범하게 되었다. 1970년 4월 대외적인 '성금요일 특별찬양예배'가 한인 사회에서는 처음으로 우리 교회에서 개최되었다. 이후 1972년 7월 30일 최동수 권사가 지휘자가 되면서 미국 내 연합감리교단 전체에서 인정하는 높은 음악성을 가진 성가대로 알려진 우리 교회 성가대는 시카고 한인 사회의 명물로 평가되었고, 한인 사회를 위한 연례 "교민 초청 성가의 밤"을 개최하기도 했다. 중서부 첫 한인 교회인 우리 교회는 이렇게 주류사회에서는 한인 사회의 얼굴이요, 커뮤니티에서는 어머니 교회로 그 위상을 확립하게 되었다.

버나드 스트리트(Bernard St.) 성전에서의 제2의 도약

교세가 날로 성장하면서 조오지 스트리트(George Street)로 예배당을 옮긴 지 2년 만에 또다시 교회 건물 이전의 필요성이 거론되기 시작해 1981년 5월 2일, 4850 노스 버나드 스트리트(N. Bernard St.)로 성전을 이전하고 제2의 도약을 위한 기반을 마련하게 되었다.

1980년대 당시 가족 이민 초청이 활기를 띠면서 연간 3만 명 이상의 신규 이민자가 시카고와 LA 등 미국으로 이민 행렬을 이룬 데다가, 초창기 이민자들 사이에 사업기반을 다진 교우들이 늘고, 또한 교회가 한인 밀집 지역 한복판에 자리하게 되면서 교인 수는 꾸준히 증가했다. 대외적인 사회봉사나 연합사업도 활기를 띠었고, 1982년 3월 28일 인종주일을 맞아 남부 지역(흑인 지역)의 웨슬리감리교회와 강단 교환 예배를 드리며 한·흑 갈등을 해소하는 단초를 제공하기도 했다(당시 남부 흑인 지역에는 한인 업소가 약 800개 있었다). 1983년 3월 1일 시카고 지역 한인연합감리교회 여선교회연합회가 활동을 시작했다(초대 회장은 우리 교회 김애자 권사).

새로운 영적 활성화 선교 사명

월링에 있는 현재 교회 예배당

1988년 1월 3일 9대 담임목사로 부임한 조은철 목사는 영적 활성화를 위해 예배, 교육, 전도, 친교를 목회 중점 사항으로 실천해갔으며, 금요성경공부와 기도회, 평일의 새벽기도회 등

예배 기회를 확장하고 부설로 제일아카데미를 열어 한인 사회 아동들을 대상으로 민족 고유 정서 함양과 방과후 프로그램을 병행하며 2세 교육을 실시했다. 선교활동도 크게 늘어나 1990년 8월 12일 우리 교회 지원으로 인도네시아 수마트라교회가 준공된 것을 비롯해 아프리카, 인도, 중국, 칠레 등에 선교의 장을 넓혀나갔다.

당시에는 한인들의 남부 지역 상권 진출이 극대화를 이룰 때여서 한·흑 갈등의 소지가 상존하고 있었다. 이같은 사회적인 분위기를 해소하기 위해 시카고에서 한·흑 사회를 대표하는 우리 교회(제일연합감리교회)와 세인트마크연합감리교회(St. Mark United Methodist Church)가 강단과 성가대를 교환하여 예배를 드리는 합동성가제를 개최했다(1991년 10월 6일 노스웨스턴대학교 픽 스타이거 음악당, 1992년 12월 4일 IIT 강당). 이같은 소식은 그리스도 안에서 형제의 사랑으로 한·흑 갈등을 허물 수 있다는 메시지를 주류 사회에 전달하는 효과를 가져왔다.

1989년 창립 70주년 기념 성업으로 교육관 건축을 시작하여 1994년 7월 준공을 했다. 1974년 7개로 시작된 속회가 1993년에는 24개 속회로 성장하였고, 성가경연대회, 성경퀴즈대회, 속회와 선교회별 헌신예배 등이 연례행사로 자리를 잡아갔다.

또다시 새로운 땅으로

조은철 목사 후임으로 1997년 10대 담임목사에 손용억 목사가 파송되었다. 당초 시카고 버나드 길 성전 옆에 교육관을 신축하고 장기적인 비전을 마련하기로 했던 우리 교회는 1992년 비번 경찰관을 교회 경비원으로 고용할 만큼 주변환경이 범죄 위험이 높아지고, 또한 교인들의 대다수가 시카고를 떠나 노스부룩, 글렌뷰, 삼버그 등지로 거주지를 옮기면서 또다시 성전 이전의 필요성에 대한 의견이 제시되었다.

이런 주장은 우리 교회가 시카고의 어머니 교회라는 역사성과 시카고 도심의 새 이민자들을 위한 선교적 사명을 지속하기 위해 당시의 성전을 고수해야 한다는 입장과 배치되어 갈등이 노출되기도 했다. 결국 1997년 11월 30일 전교인 총회를 통해 성전 이전과 건축을 결의하고 윌링(Wheeling)에 약 8에이커의 대지를 구입하고 본격적인 새성전 건축의 기틀을 마련했다. 버나드 길의 성전 매각과 새 성전 완공까지 하이랜드팍에 소재한 베다니연합감리교회를 임시 예배 처소를 삼기로 하고 2002년 9월에 예배 처소를 옮겼다. 손용억 목사는 2004년 6월 30일까지 7년 6개월 동안 재임하며 제자성경공부반과 은사 개발 세미나를 통한 영성훈련, 에버그린 아카데미, 열린 예배 등을 통하여 교회의 새로운 비전을 제시함으로 교회의 사명을 다졌다.

새 성전에서 새 역사를 쓰다

창립 81주년을 맞은 2004년 7월 1일 김광태 목사가 제11대 담임목사로 부임하면서 우리 교회는 새 성전에서 새로운 역사를 쓰는 첫발을 내딛게 되었다. 선대 목회자가 추진해온 성전건축이 진행되고 있는 과정에 부임한 김광태 목사는 '여호수아 프로젝트'를 통하여 성전건축 완성을 위한 교회의 힘을 결집하였다. 창립 82주년을 맞는 2005년 9월 4일 윌링 지역에 새롭게

2015년 부활절예배 후 교인들이 한자리에 모였다

건축된 새 성전에서 입당예배를 드리고 새로운 부흥의 기회를 열었다. 이때까지 교회는 창립 후 83년 동안 모두 7차례 교회를 옮기게 된 것이다.

김광태 목사는 새 성전 입당 후에 새 시대를 열어갈 교회의 사명과 비전을 명확히 제시하고, 그에 따른 목회의 핵심 가치와 전략을 수립하여 실행해 오고 있다. 교회의 사명 선언문은 "사람들을 예수 그리스도께로 인도하여 예수 그리스도의 성숙한 제자로 훈련하고 세상을 변화시키기 위하여 파송한다"이다. 그리고 이러한 교회의 본질적 사명을 성취하기 위하여 교회론에 근거한 4가지 비전과 우리 교회 역사에 근거한 3가지를 제시했다. 1) 신앙 공동체(교회의 생명), 2) 사랑 공동체(교회의 존재 방식), 3) 훈련 공동체(교회 목회 전략), 4) 선교 공동체(교회 존재 목적), 5) 민족 교회(민족정신), 6) 장자 교회(교회 연합), 7) 어머니 교회(동포 돌봄) 등이다.

이와 같은 교회의 사명과 비전을 성취하기 위해서 김광태 목사는 "사랑과 꿈을 말씀과 기도로 함께 가꾸어 가는 그리스도의 사람들"이라는 표어를 외치며, '평신도 아카데미'를 개설하여 '제자훈련', '사역훈련', '리더십 훈련' 그리고 '영성훈련' 등을 조직적으로 실행하고 있다.

2005년부터 '5K Run for Love' 이웃 돕기 캠페인을 한인회를 비롯한 한인 단체, 그리고 교회들과 연합하여 매년 실행하고, 한·흑 갈등 해소와 아시안 혐오 범죄 퇴치를 위한 흑인 교회 및 단체, 그리고 타인종 교회들과 연대 활동에 집중하고 있다. 세계 선교를 위하여 100주년 기념 교회 설립, 단기 선교팀 파송, 선교사 후원 등에 힘쓰고, 『시카고 한인 교회사』 편찬 등 시카고 지역 한인 교회들의 연합사업에 힘쓰고 있다.

2009년에는 한인연합감리교회 전국지도자대회를 주최하여 목회 전략과 힘을 나누기도 했

다. 자녀들을 위한 '제일 한국학교', '제일 음악학교' 그리고 연장자를 위한 '에버그린 아카데미'를 운영하여 호평을 받고 있다. 미국의 추수감사절에 한인 유학생과 청년들 수백 명이 모이는 '2030 컨퍼런스'를 매년 유치하고 있다. 2013년에는 '교회 창립 90주년 기념 성업과 행사'를 통해 지역 한인 사회에 영향력을 끼쳤다. 2023년에 교회 창립 100주년을 맞이하며 "100년의 위업 성취하여 하나님께 영광과 찬송이 되자!"고 외치며 '교회 창립 100주년 성업'을 8가지 분야로 나누어 준비하고 있다.

시카고한인제일연합감리교회는 '교회의 본질적 사명'과 또한 '미 중서부의 장자 교회, 어머니 교회라는 역사적 사명'을 오늘 여기에 실현하기 위해 '지역공동체'(Wheeling Community)와 '시카고 지역 한인 한민족'을 가슴에 기도로 품고 모든 교우가 성령님의 도우심 속에 하나 되어 최선을 다하고 있다. "하나님의 영광과 찬송이 되게 하소서!"

역대 담임목사

1대 김창준 목사(1924년 7월 27일-1926년 12월), 2대 한승곤 목사(1927년 12월 2일-1928년 11월), 3대 김인준 목사(1930년 1월 12일-12월 말), 4대 갈홍기 목사(1931년 7월 19일 -1933년 2월 23일), 5대 조승학 목사(1933년 11월-1935년 4월 21일), 6대 이은택 목사(1936년 4월 12일-1964년 10월 10일), 7대 은준관 목사(1964년 10월 25일-1968년 6월 14일), 8대 차현회 목사(1969년 4월 13일-1987년 6월 21일), 9대 조은철 목사(1988년 1월 1일-1996년 7월 1일), 10대 손용억 목사(1997년 1월 1일-2004년 6월 27일), 11대 김광태현 담임목사(2004년 7월 1일-현재)

역대 임시 담임 목사

최능익 목사(1919년 8월 30일-10월), 노준택 전도사(1927년 1월-12월 초), 장세운 전도사(1928년 말 피션-1929년 12월 15일), 염광섭 목사(1931년 2월-7월), 전경무 전도사(1933년 2월 23일-6월 11일), 김거정 목사(1968년 7월 1일-12월 4일), 반병섭 목사(1968년 12월 11일-1969년 4월 13일)

PART III. 50개 주 최초 한인교회사 | **537**

1대 김창준 목사, 2대 한승곤 목사, 4대 갈홍기 목사, 6대 이은택 목사, 7대 은준관 목사

8대 차현회 목사, 9대 조은철 목사, 10대 손용억 목사, 11대 김광태 목사

Indiana

교회 주소: 10240 E. 21st St., Indianapolis, IN 46229
연락처: (317) 894-4456/ fkumcin.org

인디애나폴리스제일한인연합감리교회
First Korean United Methodist Church of Indianapolis
(창립 연도: 1971년/ 창립 목사: 이기종 목사)

이기채 목사

인디애나폴리스제일한인연합감리교회 담임
인디애나블루밍턴한인교회 담임 역임

    인디애나 주의 수도인 인디애나폴리스는 한인들이 본격적으로 이민 온 1970년대 초반에 한인 교회가 세워졌고, 점차 한인 인구가 많아지면서 한인회 등의 공식 한인 기구가 활동하다가, 한인 교회의 분열, 한인회의 갈등 등이 발생하기도 했다. 지금은 새로운 한인 인구의 유입이 정체된 미국 중서부의 도시이다. 현재 인디애나폴리스에는 10여 개의 한인 교회들이 복음을 전파하고 있다.
    1970년 여름 양종국 씨가 인디애나폴리스 다운타운 16가의 인디애나감리교병원(Methodist-Hospital of Indianapolis)에서 근무하고 있을 때, 병원 원목이 찾아와서 "손님이 오셨다" 하여 만나보니 한 한국인이 기다리고 있었다고 한다. 만나서 인사를 나누고 잠시 대화를 나누어보니, 그는 인디애나폴리스에서 열린 크리스천 청소년 캠프파이어(Christian Youth Camp Fire) 대회에 참석한 뒤, 이곳을 좀 더 알아보기 위해 찾아왔다고 했는데, 그가 바로 인디애나 주에서 처음으로 한인 교회를 시작한 이기종 목사이다.

당시 인디애나폴리스에는 2-3가정이 38가에 있는 노스연합감리교회(NorthUnited Methodist Church)에서 미국인 예배에 참석하고 있었다. 이들은 예배 후에 한쪽에 모여서 한국말로 간단히 기도하고

현재 교회 예배당

헤어지곤 했다. 하지만 어쩐지 만족스럽지 못했다고 한다. 1970년 11월 8일 인디애나폴리스에 한국말로 설교를 듣고 한국말로 성경을 읽고 한국말로 찬송가를 부르고 아이들에게 한국말과 글, 풍속을 가르칠 수 있는 한인 교회를 창립하자는 이기종 목사의 제안에 찬성하여, 노스연합감리교회(North United Methodist Church)의 담임인 스트로 박사(Dr. Stroh)를 만나 한인 교회 창립을 상의한 결과, 쾌히 승낙을 받았다. 다만 한 교회 안에 두 교회가 있을 수 없으므로, 이 교회에 속한 '한인 바이블 클럽'(Korean BibleClub)이라는 이름으로 등록했다. 이것이 인디애나폴리스한인교회가 창립하게 된 배경이다.

1971년 1월 16일 오후 2시에 인디애나폴리스한인교회 창립예배를 드렸다. 인디애나폴리스한인교회는 초교파 교회로 어느 특정 교파에도 속하지 않았다. 한글학교는 인디애나폴리스한인교회에서 첫 번째 예배를 드림과 동시에 시작했다. 노스연합감리교회 예배당에서 이기종 목사와 창립예배에 참석한 가정과 어린이들을 가나다순으로 정리하면 다음과 같다. 백한원 박사 부부와 자녀들, 양종국 부부와 자녀들, 이진옥 부부, 정흥식 부부와 자녀들, 조규섭 박사 부부와 자녀들, 그리고 싱글은 강계원 박사, 심경원, 최봉기 씨 등 장년 11명과 어린이 수지(Suzy), 낸시(Nancy), 데이빗(David), 카렌(Karen), 헨리(Henry), 승욱, 승희, 유미, 유진, 유선, 호일 12명이 모여 한국말로 창립예배를 드렸다. 그리고 옆 교실에서 주일학교와 한글학교를 시작했다.

교회의 초창기 역사에서 언급될 주요 행사들을 날짜별로 기록하면 다음과 같다. 1971년 4월 11일 한국 인천 천광교회 여일심 목사(양종국 씨 부인 여성숙의 부친)가 우리 교회에 찬송가 20권을 기증했다. 이 무렵에는 교회에 찬송가가 없어서 한 페이지당 25센트를 개인 부담으로 내고, 10장 정도 복사해 사용했다. 같은 해 6월 6일 예배 시간에 조규섭 성도의 지휘와 백한원 성도

1972년 3월 12일 창립 1주년 기념예배 주보

의 반주로 주일학교와 한글학교 학생 11명이 한국 노래 3곡을 특별 찬송을 하였고, 이날 오후에는 김상복 목사(후에 한국 할렐루야교회 원로목사)가 수고하던 양로원(nursing home)을 방문해 노래를 선사해서 큰 칭찬을 받았다.

같은 해 7월 6일에는 지금까지 두세 명의 성도가 수고를 너무 많이 하고 있어서 이를 분담하기 위해 운영위원회를 조직했다. 첫 임원회이었기에 이름을 기록하면, 총무 백한원, 총무위원 김영일, 양종국, 회계 백한원 씨 부인(이미 봉사하고 있었음), 서기 이진옥 씨 부인, 한글학교 백한원 씨 부인, 이진옥 씨 부인, 강계원 박사 부인, 봉사부 정흥식, 최봉기 성도였다. 이후 조금씩 일이 분담되었고 이후에도 많은 성도가 번갈아 가면서 봉사했다.

같은 해 8월 8일 최봉기 성도가 모국 방문 후에 성경 20권을 기증하여 교회의 제일 중요한 비품이 준비되었다. 이후에도 몇몇 성도가 한국 방문시 가져온 성경과 찬송가를 기증했다. 같은 해 8월 15일 양종국 성도와 정흥식 성도가 "인디애나 주 소식"이라는 타이틀로 이곳 한인들 전체의 소식과 3장의 주소록을 실은 뉴스레터를 제작, 발간했다. 1972년 1월 23일 노스연합감리교회가 주최한 "International Day" 행사에 우리 교회도 참석해서 지휘 양종국, 반주 김상복 목사, 그리고 우리 교회 합창단이 아리랑, 새타령을 부르고, 고전무용을 선보였고, 양종국, 정흥식, 최봉기 성도가 트리오 코러스로 출연해서 큰 박수와 칭찬을 받았다.

1972년 3월 5일 우리 교회는 한글 성경구절이 들어간 예수님 사진을 감사의 의미로 노스연합감리교회에 기증했다. 1972년 3월 12일 교회 창립 1주년 기념예배를 드렸는데, 이날 이기종 목사가 예배 사회를 보고, 전 교인이 다같이 애국가 합창을 했으며, 인디애나의 쉐리댄성경기독교회(Sheridan Bible Christian Church)를 시무하던 김상복 목사가 "완성되어 가는 한 건물"이란 제목으로 설교했다. 참고로 창립 1주년 기념예배에는 출석 24명, 헌금 17달러 25센트, 주일학교와 한글학교 학생 18명이 참석했다. 이해 여름에 이기종 목사의 전 가족이 미국에 도착했다.

1973년 3월 18일 창립 2주년을 맞아 약 50가정 총 인원 100여 명 정도가 참석해서 2주년 기념예배를 드렸다. 제2부의 다양한 행사에 주일학교 학생들이 동참했다.

1974년 3월 31일 창립 3주년 기념예배를 드렸다. 1975년 4월 13일 창립 4주년 기념예배를 드렸는데, 제2부 순서에 주일학교, 한글학교 학생들이 참여했다. 1971년 1월 창립부터 1975년 6월 말까지 교회를 섬겼던 이기종 목사가 사임했다. 말레이시아에서 약 8년간 선교하던 김성욱 목사가 인디애나폴리스 버틀러대학의 신학대학원인 크리스천신학대학원(Christian Theological Seminary)에서 목회학박사(D.Min.) 과정을 1년간 공부하고 한국으로 돌아갈 계획으로 신학대학원에 입학했다.

1975년 7월 1일부로 김성욱 목사가 인디애나폴리스한인교회의 제2대 목사로 부임했다. 같은 해 7월 29일 서울신학대학 학장 조종남 박사가 우리 교회를 방문했다. 또 이성환 목사가 7월에 이곳에 도착, 이곳 신학대학원에서 목회학박사(D.Min.) 과정에서 수학하면서 우리 교회를 위하여 많은 수고를 해주었다.

1976년 7월 4일 우리 교회 교인 100여 명과 한인회가 함께 미국 독립기념일 행사에 참여했는데, 총 인원은 300명 정도였다. 이 무렵 김성욱 목사가 총회에 다녀와서, 감리교회에 등록하면 퇴직 후에 교단에서 연금을 받을 수 있다고 주장해서, 당시에는 연합감리교단에 등록하는 것도 좋겠다고 생각하고, 교단에 등록하기로 했다. 하지만 이 일로 인하여 교회가 갈라지게 되는 원인이 될 줄 그때는 상상도 하지 못했다. 그 후 이곳에 여러 교파의 한인 교회가 설립되었다.

2018년 성탄절예배 후 교인들이 단체 사진을 찍고 있다

역대 담임목사

2021년 교회 창립 50주년을 맞이했다. 교회 창립 후 50년 동안 10명의 목사가 담임으로 교회를 섬겼다. 제1대 이기종 목사(1971-1975년), 제2대 김성욱 목사(1975-1983년): 김성욱 목사가 시무하는 동안 약 5년간 선교교회의 자격을 거쳐 1980년 10월 24일 연합감리교회(United Methodist Church)에 정식으로 가입하였고, 연합감리교단으로부터 목사관과 현재의 교회 건물과 땅의 사용 권한을 부여받았다. 당시 평신도 대표였던 염무남 권사(인디애나대학 의대 교수)가 세인트폴(St. Paul)교회 대표에게서 열쇠를 받았다.

제3대 백서영 목사(1983-1984년), 제4대 박선용 목사(1985-1987년), 제5대 이만길 목사(1987-1993년): 1991년 7월 14일 친교실 건물 정초식을 하고 그해 11월 건축을 완료했다. 제6대 박문종 목사(1993-1994년), 제7대 조태준 목사(1995-2000년), 제8대 송정명 목사(2000-2003년), 제9대 차승우 목사(2003-2011년), 제10대 이기채 현 담임목사(2011년-현재)

1991년 친교실 건물 정초식 사진

[인디애나 주의 한인 교회의 설립에 관한 이야기는 인디애나 주에 처음으로 한인 교회가 세워졌을 당시부터 교회생활을 한 양종국 씨의 증언과 보관 중인 자료를 기초로 작성했음을 밝힌다. - 필자 주]

Iowa

교회 주소: 1009 Guthrie Ave., Des Moines, IA 50316
연락처: (515) 203-7200

디모인한인연합감리교회
Korean United Methodist Church of Des Moines
(창립 연도: 1972년/ 창립 목사: 박진성 목사)

이병훈 목사

아이오와 디모인한인연합감리교회 담임
아이오와 에임스사랑의교회 담임 역임
연세대학교 연합신학대학원 졸업(교회사)
Berkeley School of Theology in GTU(D.Min. 과정중)

    아이오와주는 미국 최고의 농, 축산물의 산지로 농장이 90%를 차지하고 있으며 전 미국의 옥수수 생산량 20%, 돼지 사육의 25%를 공급하고 있다. 또한 유명한 배우 존 웨인, 대공황 시절의 허버트 후버 대통령을 배출한 고장이다. 아이오와는 인디언들이 많이 거주하던 곳으로 유명하여 호크아이 스테이트(The Hawkeye State)라는 애칭으로 불리는 곳이다. 아이오와는 인구의 93%가 백인으로 이루어져 보수적인 성향도 내재되어 있는 지역이다.
    이런 곳에 한인들은 정착하고 지역사회에 뿌리내리며 살아오고 있다. 한인들의 정체성과 신앙을 잘 지킬 수 있도록 구심점 역할을 하고, 미래를 이끌어갈 한인 2세와 한인들의 문화를 미국 사회의 다양한 구성원들에게 전파하고 있는 곳이 한인 교회들이다. 디모인한인연합감리교회도 설립된 때부터 50주년이 된 이 순간까지 바로 그런 역할을 해오고 있다.

1996년에 구입한 현재 자리의 디모인연합감리교회

디모인한인연합감리교회는 1972년 3월 둘째 주일에 디모인 지역에 살던 아홉 가정이 루이스 심(Mr. Lewis Sim) 씨 댁에 모여서 박진성 목사와 함께 교회 설립의 가능성에 관해 대화를 나누면서 그 싹이 트기 시작했다. 그 이후 1973년 봄까지 디모인(Des Moines)의 윈저헤이트(Windsor Height)의 루터교회에서 한 달에 한 번 예배를 드렸다.

그리고 같은 해 6월부터 하일랜드팍크리스천교회(Highland Park Christian Church)에서 격주로 예배를 드렸다. 이렇게 신앙을 지켜오던 중 1977년 5월부터는 매주 예배를 드리게 되었다. 우리에게 특히 고무적이었던 것은 아이오와의 주도 디모인 북쪽에 있는 아이오와주립대(Iowa State University)에서 유학하던 한인 학생들이 당시 박진성 목사가 담임으로 시무하던 네바다기독교회(Nevada Christian Church)에서 매월 셋째주일에 정기적인 예배를 드리게 된 것이다.

어려운 환경 속에서도 열심을 다하여 예배와 모임을 이어가던 우리 교회는 1978년 4월 16일 미국 연합감리교회 아이오와 연회(Iowa Annual Conference)에 정식 가입함으로 연합감리교회의 일원이 되었다. 아이오와 연회에 가입한 후 디모인 플랭클린 에비뉴(Franklin Ave.)에 위치한 그리스도연합감리교회(Christ UMC)에서 첫 예배를 드렸다. 초대 목사였던 박진성 목사가 남가주로 이주한 후 디모인한인연합감리교회에는 1978년 4월 30일 조창환 목사가 2대 담임자로 부임했다. 조창환 목사는 1980년 6월까지 교회를 시무했다.

그해 9월 아이오와주립대가 위치한 에임스에 또 다른 한인 교회가 설립되었다. 디모인에서 모여 우리 교회 교우들과 함께 예배드리던 에임스의 유학생들과 그들의 가정들이 에임스의 한인들의 증가로 교회를 새로 세우게 되었는데, 이 교회가 에임스한인교회였다.

이 시기에 우리 교회에는 노상국 목사가 제3대 담임으로 부임했다. 노상국 목사는 우리 교회와 에임스한인교회, 두 곳에서 사역했다. 그렇게 노상국 목사가 디모인과 에임스의 두 한인 교회를 담임하던 중, 1982년 6월 우리 교회는 디모인 사우스이스트 딜 에비뉴(1204 SE. Diehl Ave.)에 자체 건물을 마련하게 되었다. 그리고 이 무렵 노상국 목사는 에임스한인교회만을 전담하기 위해 에임스한인교회 담임으로 가고, 우리 교회는 1982년 8월 제4대 담임으로 김무영 목사를 맞이했다. 이후 1984년 10월 교회를 섬기던 김무영 목사가 미시건주로 이주하게 되자, 우리 교회는 수개월 동안 담임목사 자리가 공석이었다.

1995년 12월 3일 주일예배 후 전 교인이 단체 사진을 찍고 있다

1985년 6월 윤원경 목사가 제5대 담임으로 부임해서, 1988년 10월까지 사역을 한 후, 시카고로 이주했다. 교회는 다음 해인 1989년 1월 제6대 담임으로 조태준 목사를 맞이했다. 조태준 목사는 1995년 5월까지 사역한 후 인디애나폴리스로 이주했다.

그해 7월 우리 교회는 아이오와 콰드시티에서 온 홍진화 목사를 제7대 담임으로 모시게 되었다. 그러던 중 1996년 2월 28일 주님의 은혜로 현재의 자리(1009 Guthrie Ave.)에 있는 교회 건물을 구입하게 되었고, 같은 해 3월 24일 새 성전 성별 예식 및 입당예배를 드렸다. 9월 15일에는 부엌 시설과 교육관을 완공했다. 이전에 사용해 왔던 교회 구건물은 그해 10월 22일 매각했다. 1997년 9월 14일부터는 한인 자녀들 및 2세들의 정체성 및 한국어 교육을 위하여 한글학교를 시작했다. 그리고 국제가정의 원활한 예배를 위하여 그해 11월 23일 교회에 영어 동시통역 설비를 갖추었다.

7대 담임목사였던 홍진화 목사는 1998년 12월 31일 콜로라도로 이주했다. 홍진화 목사가 교회를 떠난 후에 우리 교회에서는 한동안 담임목사 자리가 공석이었지만, 1999년 8월 콜럼버스에서 온 송충섭 목사가 8대 담임으로 부임했다. 송충섭 목사는 2002년 6월까지 사역하다가 조지아로 떠났다.

그 후 2002년 7월 조현준 목사가 제9대 담임으로 부임했다. 조현준 목사가 교회를 떠난 후 2004년 9월 제10대 담임목사로 정건수 목사가 부임했는데, 정건수 목사는 2013년 10월까지 우리 교회를 섬긴 후 미시건으로 이주했다.

이후에 우리 교회는 한 목회자가 두 교회를 담임하는 교회(Two Point Charge)로 전환되었고, 2013년 12월 15일 성백은 목사가 11대 담임으로 부임했다. 성백은 목사는 두 교회를 담임하다가 2015년 6월 이스라엘로 떠나고, 2015년 7월부터 12월까지 이장욱 목사가 파트타임으로 교회를 담임했다.

2022년 3월 13일 창립 50주년을 맞아 창립 멤버인 정인보 장로(오른쪽), 정원희 권사(왼쪽)가 이병훈 담임목사로부터 감사패를 받았다

그 후에 에임스한인교회를 담임하던 이병훈 목사가 12대 담임으로 부임하여 2016년 1월부터 2019년 6월까지 에임스한인교회와 우리 교회의 담임목사로 사역했다. 두 교회에서 사역하던 이병훈 목사는 아이오와 연회의 새로운 파송으로 2019년 7월부터 현재까지 우리 교회, 미국인 회중 교회인 심슨연합감리교회(Simpson UMC)와 엡워스연합감리교회(Epworth UMC), 이렇게 세 교회(Three Point Charge)를 섬기고 있다.

Kansas

교회 주소: 1424 S. 55th St., Kansas City, KS 66106
전화: (913) 788-8828/ www.ksfgc.net

캔사스순복음교회
Assembly of God Kansas Full Gospel Korean Church

(창립 연도: 1977년/ 창립 목사: 박규봉 목사)

김경민 목사

캔사스순복음교회 담임
미국 베데스다대학교 교무담당 역임
숭실대학교 철학, 국문학사(B.A.)
한세대학교 목회학석사(M.Div.)
Midwestern Baptist Theological Seminary 성경사역학 철학박사(Ph.D.)

캔자스 한인 교회들의 초기 역사

1977년 1월 23일 창립된 캔사스순복음교회는 기쁨과 성령이 충만하여 세상의 희망이 되는 교회를 목표로, 예수님을 나타내는 신앙 성숙과 예수님을 증거하는 복음전파 사명을 충성스럽게 감당하고 있다. 캔자스주 최초 한인 교회인 우리 교회는 1800년대 말 캔자스주 토페카장로교회의 윌리엄 베어드 선교사가 한국에 나가서 복음을 전파한 일, 1920년대 한국 유학생들이 이곳에서 공부하고, 또 독립운동가들이 이곳을 방문해서 한인 이민자나 유학생들에게 민족정신을 고취했던 일, 그리고 1960년 초반에 본격적인 이민이 시작된 점 등의 역사적 배경을 가지고 있다.

현 캔자스순복음교회 전경

또한 캔자스 주 리븐워스(Leavenworth)시에 있는 군부대가 있다는 점과 중부 농촌이라는 지역적 특성이 한인 교회들의 지역적 배경이라 할 수 있다. 캔자스시티에서 서북쪽으로 40마일 정도 떨어진 리븐워스시에는 미 육군 영관급 장교들을 교육하는 육군훈련교리 사령부가 있다. 그래서 한국에서 국제결혼해서 살다가 이 부대로 전입해 와서 이곳에 정착한 미군 남편과 한인 아내, 그리고 이들의 초청으로 이주해 온 직계 가족들이 캔자스 한인 인구의 절반 정도였다. 그리고 교수, 의사, 간호사 등 한인 전문직 종사자들, 마지막으로 새마을운동의 일환인 결핵퇴치 및 농업기술 전수를 위해 농촌진흥청이 제공한 국비로 연수를 왔다가 정착한 한인 이민자들도 있었다.

이런 배경에서 창립된 우리 캔자스순복음교회의 역사를 소개하기에 앞서, 캔자스 한인 교회들의 초기 역사에 대해서 서술해야 할 필요가 있다. 현재는 우리 교회가 캔자스 지역에서 가장 오래된 교회지만, 우리 교회보다 먼저 세워졌으나, 지금은 문을 닫은 한인 교회가 있기 때문이다.

초기 한인 이민자들 중에서 지도자적 역할을 한 이재신 장로와 배 영 장로라는 분이 1968년 교단적 배경을 초월하여 초교파적인 신앙으로 이민 한인들을 규합, 다운타운에 위치한 YMCA에서 모임을 가지면서 시작된 것이 캔자스주 최초의 한인 교회였다. 초창기에는 교회를 중심으로 한인들이 모이는 것에 의의를 두었고, 이영진 전도사가 성경공부를 중심으로 예배를 인도했다. 점차 교세가 확장되면서 홈스(Holmes)에 위치한 웨스트민스터회중교회를 빌려 예배를 드려서, 교회 명칭이 캔사스한인교회, 혹은 홈스교회로 불렸다.

교단적 배경이나 신학적 특징을 주장하지 않고 다양한 배경의 한인 이민자들이 모였으므로 이후에 교단과 신학적 배경에 따라 교회들이 분리되고 새롭게 개척되었다. 1975년 몇몇 가족 중심으로 워널 로드와 75가 스트리트(Wornall Road & 75th Street)에서 캔사스제일침례교회가 개척되었고, 1977년도에는 캔사스순복음교회가 창립되었다. 1979년도에는 장로교신학대학교를 졸업하고 캔사스한인교회의 초대 담임이었던 이근영 목사를 중심으로 PCUSA 교단에 속하는 캔사스연합장로교회(개척 당시에는 은혜장로교회)가 개척되었다.

또 같은 1979년에 캔사스한인장로교회가 양창환 목사를 중심으로 개척되었다. 이후에 캔사스한인교회는 분리 개척되었던 캔사스연합장로교회와 통합하여 초기 한인 교회 역사를 이어 나갔다. 그러나 안타깝게도 캔사스연합장로교회와 캔사스제일침례교회는 50년에 가까운 역사를 뒤로하고 여러 가지 사정으로 문을 닫게 되었다. 그래서 2022년 기준으로 1977년 창립된 캔사스순복음교회가 캔자스 지역에서 가장 오래된 교회가 된 것이다.

캔사스순복음교회의 창립

캔사스순복음교회는 캔사스한인교회와 연관이 있으면서도 구별된 창립 역사가 있다. 캔사스순복음교회 창립 주역이었던 고 김상원 권사와 가족들이 캔자스로 이민 왔을 때, 그들은 캔사스한인교회에 참석하게 되었다. 그들이 캔사스한인교회를 나와서 캔사스순복음교회를 창립하게 된 계기는 교회 내 갈등 혹은 분쟁 때문이 아니라, 신앙적 차이 즉 한국에서부터 가지고 있었던 순복음 중심의 신앙생활을 원했기 때문이었다.

캔사스순복음교회 창립과 초기 성장 발전에는 고 김상원 권사와 초대 담임이었던 박규봉 목사의 헌신이 있었다. 고 김상원 권사(1924년 7월 13일-2016년 6월 29일)는 밤낮으로 기도하고 전도한 기도의 어머니이자 신앙의 용사였다. 김 권사는 한국에서 조용기 목사의 설교와 희망의 목회에 큰 감명을 받고 여의도순복음교회(당시 순복음중앙교회)에 출석하면서 구역장으로서 교회 부흥을 위해 전도에 헌신했다. 김 권사는 순복음중앙교회 구역장 시절, 자신의 교구장이었고, 후에 간접적으로 캔사스순복음교회 개척의 디딤돌 역할을 한 박여호수아 목사의 목회적 돌봄 아래 성실하게 신앙생활을 했다고 한다.

그러던 중 김 권사의 장남 배규태 장로가 1973년 간호사인 부인 박화자 권사와 함께 캔사스로 이민을 오자, 1975년도에 아들 가정에 방문차 왔다가 캔자스에 정착하게 되었다. 그리고 3남인 배규영 목사는 1976년 모친과 형님이 거주하고 있던 캔자스 시티 근처에 있는 미주리주립대학(UMKC)으로 유학 오게 되어 김 권사 가족이 모두 캔자스에 거주하게 되었다. 김 권사(개척 당시 집사)는 순복음중앙교회 시절 교구장이자, 후에 여의도순복음교회에서 파송을 받아 순복음세계선교회 미주연합회 초대회장으로 켄터키에서 이민목회를 하고 있던 박여호수아 목사와 지속적으로 연락을 하고 있었는데, 박여호수아 목사에게서 캔자스 지역에 순복음 신앙을 전할 순복음교회를 개척해 보면 어떻겠느냐는 권유를 받았다.

그 배경에는 박여호수아 목사와 박규봉 목사(개척 당시 전도사)와의 만남이 있었다. 박규봉 전도사는 순복음 신앙이라는 배경을 가지고 있지는 않았지만, 의사였던 아내와 시카고에 거주하고 있었다. 목회자로 부르심을 받은 그는 1976년도에 여의도순복음교회가 캘리포니아주에 설립한 베데스다신학교(Full Gospel Central Bible College, 현 베데스다대학교)에 입학하여 신학을 공부하던 중에 박여호수아 목사와 만나게 되었다. 그리고 의사였던 박규봉 전도사의 부인이 캔자스주 오사와토미시(City of Osawatomie)의 한 병원에서 근무하게 되었다. 이 소식을 들은 박여호수아 목사가 캔자스에 사는 김상원 권사와 캔자스로 이주하는 박규봉 전도사를 연결시켜 주었다. 박여호수아 목사는 김상원 권사에게 연락해서 박규봉 전도사를 도와 순복음교회를 개척할 것을, 박 전도사에게는 김 권사를 만나 정착에 도움도 받고 교회를 개척하여 신앙적으로 잘 이끌어 달라고 부탁했다. 그렇게 박규봉 전도사 부부와 김상원 권사, 그리고 배규영 청년(개척 당시 청년부, 나중에 목사가 됨)과 배우진 학생이 1977년 1월 23일 캔자스주 레넥사시에 있는 미국 하나님의성회 교회(10113 Lenexa Dr, Lenexa, KS 66215)에서 첫 예배를 드리면서 캔사스순복음교회가 창립되었다.

처음 목회를 시작하는 박규봉 전도사는 아내가 근무하는 오사와토미(캔자스스시티에서 60마일 정도 떨어진 곳)에 거주하면서도, 매일 같이 쌀과 음식을 차에 싣고 캔자스시티로 와서 성도들을 심방하고, 정착하는 한인 이민자들을 도왔다. 김상원 권사도 박 전도사를 도와 열심으로 기도하며 전도했다. 김상원 권사와 친밀한 관계를 맺고 있던 고 최자실 목사(여의도순복음교회 공동 설립자, 당시 오산리순복음금식기도원장)는 캔자스에 순복음교회가 창립되었다는 기쁜 소식을 듣고, 1977년 4월 1일 이곳을 방문해서 부흥성회를 인도했다. 참석자들이 병을 치유받고, 성령 침례를 받는 놀라운 성령의 역사가 일어나고, 많은 성도가 은혜받고, 예수 믿지 않던 사람들까지도 결신하는 기적이 일어났다.

1980년 청년 모임

또 부흥회와 함께 임직식을 거행, 박규봉 전도사가 목사안수를 받았으며, 김상원 집사는 권사로, 김영덕, 배규태, 서일로, 박운호, 임관섭, 임영찬 성도는 집사로 임명되었다. 이렇게 창립된 캔사스순복음교회는 성령의 역사와 박규봉 목사의 성실한 목회, 그리고 김상원 권사의 헌신으로 1년도 채 되지 않아 교인 수가 100명에 이를 정도로 부흥했다.

교회의 발전과 분열

하지만 오순절 성령의 역사를 중심으로 하는 순복음 신앙에 대한 오해, 그리고 목회적 갈등으로 박규봉 목사가 사임해 떠나게 되었고 이후에 발전과 분열을 몇 차례 겪게 되었다. 담임목사 자리가 공석일 때 김기철 목사와 박여호수아 목사가 잠시 교회를 맡아 주었으며, 한국에서 오 근 목사(신당동 순복음교회 담임 역임)가 왔지만 얼마 되지 않아 떠나게 되었다.

또한, 감리교신학교를 졸업하고 캔자스시티에 있는 나사렛신학교로 유학을 왔던 송병혁 목사가 잠시 목회했지만, 신학적 차이로 인해 나가서 캔사스중앙감리교회를 새롭게 세웠다. 그리고 박수영 목사(파리순복음교회 담임 역임), 최길현 목사(레븐월스순복음교회로 분리 개척)도 혼란 가운데 있었던 교회를 수습하면서 교회를 섬기기도 했지만, 개척초기 부흥의 모습은 찾아볼 수 없었다.

분열의 아픔 속에서 교회가 유지될 수 있도록 중요한 역할을 했던 목회자가 김순종 목사이다. 김순종 목사는 캔사스순복음교회의 개척 초기 성도였던 임관섭 집사의 처남이었다. 김순종 목사(개명 전 이름은 김종국)는 한국에서 목회하다가 1975년 1월에 아내 임도상 집사와 함께 가족 초청을 받아 캔자스로 오게 되었다.

이민 온 김순종 목사는 미국 장로교회에 성도로 출석하면서 직장생활을 하고 있었는데, 박규봉 목사와 배규영 목사가 김순종 목사가 한국에서 목회 활동을 했었다는 것을 알게 되었다. 그들은 김순종 목사에게 캔사스순복음교회에서 장년부 성경공부반과 청년부를 지도해 달라고 부탁, 김 목사가 교회사역에 동참하게 되었다. 그러나 몇 년 후 김순종 목사는 여러 사정으로 교회를 사임, 주변에 있는 캔사스한인장로교회에 출석, 평신도로서 성가대 지휘자를 하고, 청년부를 도왔다고 한다.

박규봉 목사가 떠난 후에 교회는 여러 차례 갈등을 겪었다. 1986년도에는 최길현 목사가 나가서 레븐월스순복음교회를 개척할 당시에 성도들이 거의 다 떠나가고 다섯 명 정도 남은 상태였다. 남아서 교회를 지키던 성도들은 예전에 캔사스순복음교회에서 잠시 사역했던 김순종 목사를 찾아가 "목사님이 예배 인도를 해주지 않으면 교회 문을 닫으려 한다" 하면서, "오후라도 좋으니 와서 주일예배를 인도해 달라"고 간청했다.

김순종 목사가 간절한 성도들의 부탁을 외면할 수 없어서 자신의 교회에서 오전에 행해지는 주일 사역이 끝나면, 오후 2시에 캔사스순복음교회에 와서 주일예배를 인도했다. 김순종 목사는 성도들의 부탁을 받고 두 달 정도 예배를 인도하다가 이대로는 안 되겠다는 생각이 들어, 기도하면서 하나님의 뜻을 물었다. 그리고 캔사스순복음교회로 가는 것이 하나님의 뜻이라고 확신한 김 목사는 순종을 결심하고, 이름을 김종국에서 김순종으로 개명하고, 우리 교회를 담임하게 되었다.

교회의 회복과 통합

김순종 목사의 헌신적인 목회로 교회가 조금씩 회복되고 성도들이 다시 모이기 시작해, 1989년 9월에 현재까지 사용하고 있는 미국 교회 건물(1424 S. 55th. St. Kansas City, KS 66106)을 구매하고, 10월 29일 순복음세계선교회 북미총회 총회장인 박종순 목사를 초청, 부흥회 겸 헌당예배를 드렸다. 캔사스순복음교회는 순복음 신앙인들을 중심으로 창립되었지만, 이후에 갈등과 분열 속에서 성령 중심의 삶과 실천이라는 신앙적 특성을 잃어버리고, 순복음교단과의 교류도 단절된 채 거의 독립교회처럼 유지되고 있었다.

김순종 목사도 우리 순복음교회에서 담임목회를 하고 있었지만, 이때까지 목회자로서 순복음 교단에는 가입하지 않은 상태였다. 그러나 헌당예배를 통해서 김순종 목사도 순복음세계선교회 교단에 정식으로 가입하고, 우리 교회도 총회와 관계를 회복하면서 순복음교회로서의 정체성을 확립하게 되었다. 하지만 또다시 갈등과 분열로 인해 1991년에 김순종 목사가 사임하고 나갔다. 그리고 노스한인침례교회에서 분리 개척된 샘물교회의 개척 목사가 떠나면서, 샘물

2022년 부활절예배 후 전 교인이 기념촬영을 했다

교회가 김순종 목사에게 목회를 부탁하였고, 김 목사는 그 교회에서 목회를 계속했다. 캔사스순복음교회 성도 중에서도 몇몇은 김순종 목사를 따라 샘물교회로 옮기기도 하였다.

캔사스순복음교회는 김순종 목사가 떠난 후에 한바울 목사, 김영석 목사가 성심성의껏 목회를 했지만, 갈등과 분열의 양상이 반복되었는데, 1999년 10월에 박엘리사 목사가 부임하면서 또 한 번의 전환을 하게 되었다. 1999년 즈음에 김순종 목사가 목회 은퇴를 고민하면서, 샘물교회 성도들의 신앙 성장과 더불어 자신이 전에 섬겼던 우리 교회의 부흥을 위해 기도하게 되었다. 그리고는 박엘리사 목사를 만나 캔사스순복음교회와 샘물교회를 통합하기로 결의하였고, 모든 재정과 목회에 대한 전권을 박엘리사 목사에게 위임해서, 샘물교회는 캔사스순복음교회에 통합되었다. 그리고 현재까지 이 성도들을 중심으로 김학근 목사, 유덕필 목사, 공영식 목사가 차례로 목회하며 캔사스순복음교회가 존재하고 있다.

현재는 2015년 7월 27일 김경민 목사가 16대 담임으로 부임했다. 처음 부임했을 때 김경민 목사가 지역모임에서 "캔사스순복음교회 담임으로 새로 부임해 왔다"라고 인사하면, "저도 예전에 순복음교회 성도였어요"라는 말을 많이 들었다. 그만큼 캔사스순복음교회는 45년의 역사 가운데 어려움도 많이 겪었지만, 끊임없이 순복음 신앙을 전파해서 지역사회로 하여금 '뜨거운 성령의 역사를 경험하게 하는 큰 역할을 했음이 분명하다.

성령의 인도로 창립되었던 역동적인 교회의 모습을 되새기면서 다시금 오순절과 같은 성령 침례와 성령 충만을 기대하며, 성령의 능력으로 변화되고 복음을 전하는 성도의 사역을 회복하고 실천하고 있다.

지금까지 인도하신 좋으신 하나님께 감사와 영광을 올려드리며, 주님 오시는 그날까지, 주님 앞에 가는 그날까지 캔사스순복음교회는 성령의 인도하심을 따라 하나님 나라를 위해 그리스도의 몸 된 교회로서의 사명을 감당하고자 한다.

역대 담임목사

초대 박규봉 목사, 김기철 목사, 오 근 목사, 송병혁 목사(감리교회로 분리해 나감), 박수영 목사, 최길현 목사(레븐월스순복음교회로 분리해 나감), 김순종 목사(1986년 3월 8일-1991년 6월), 한바울 목사(1994년 1월-1994년 4월 30일), 김영석 목사(1994년 7월 6일-1999년 10월 10일), 박엘리사 목사, 김학근 목사, 유덕필 목사, 공영식 목사, 김경민 현 담임목사(2015년 7월 27일-현재)

Kentucky

교회 주소: 5937 Six Mile Ln., Louisville, KY 40218
전화: (502) 499-7916/ www.fkbcol.com

루이빌제일한인침례교회
The First Korean Baptist Church of Louisville
(창립 연대: 1972년/ 창립 목사: 고 이승만 목사)

김민수 목사

루이빌제일한인침례교회 담임
버지니아 새순교회 음악 및 청년담당 목사 역임
대전침례신학대학교 기독교교육학(B.A.), 신학(M.Div.), 상담심리(M.A.C.E)
리버티침례신학대학원 실천신학(Th.M.), 목회학박사(D.Min.) 논문과정 중

고 이승만 창립 목사

루이빌제일한인침례교회는 1972년 켄터키주에서 최초로 세워진 한인 교회다. 루이빌제일한인침례교회는 죽어 가는 영혼들에게 복음을 전해 예수님을 믿게 한 후, 예배와 성도의 교제 가운데 하나님을 깊이 만나며, 말씀을 배우고 다양한 신앙훈련을 받아 삶이 전적으로 변화되어 사역자로 준비되어서, 성령님의 인도로 교회와 세상 속에서 봉사와 선교적 삶을 살아가는 성도가 되게 하려는 사명을 가지고 있다.

"신앙훈련으로 무장돼서 세상을 책임지는 교회"라는 비전을 실천하고자 하는 루이빌제일한인침례교회는 1972년 10월 29일 고 이승만 목사를 예배 인도자로 더글러스 블러버드(Douglas Blvd.)에 있는 기독교회(Christian Church)에서 창립예배를 드렸다.

1931년 3월 25일 평양에서 출생한 고 이승만 목사는 미국 켄터키주 루이빌신학교 석사과정을 졸업하고 목사안수를 받았다. 1958-1973년에 켄터키주 보스턴장로교회와 웨스트민스터교회에서 목회를 했고, 1961-1973년에는 켄터키주 루이빌대학교 교수 및 교목으로 사역했으며, 이 시기에 켄터키주 최초의 한인 교회인 루이빌제일한인침례교회를 세웠다.

루이빌제일한인침례교회는 1974년 10월 20일 비치우드교회(Beechwood Church)로 예배 장소를 이전하고 초대 담임으로 안형직 목사가 부임했다. 1976년 8월 15일 미국 남침례교단(SBC)에 등록하면서 교회 명칭을 "루이빌제일침례교회"(The First Korean Baptist Church of Louisville)로 변경했다. 1979년 3월 18일 안형직 목사가 이임하고, 제2대 담임으로 이종상 목사가 부임, 1980년 8월 4일 밀턴 에비뉴(815 Milton Ave.)에 교회를 구입하고 교회 명칭을 "밀턴에비뉴침례교회"(Milton Avenue Baptist Church)로 변경했다.

1980년 11월 30일 김영철 집사 안수식, 1981년 8월 6일 이세용 집사 안수식이 있었고, 1981년 10월 27일 이종상 목사가 이임하고, 1981년 12월 30일 이병옥 목사가 제3대 담임목회자로 부임했다. 1982년 8월 15일 이현택 집사 안수식, 1986년 8월 17일 김광선 집사 안수식을 거행했으며, 1988년 8월 2일 식스마일 레인(5937 Six Mile Ln.)에 있는 교회건물을 구입해서 이전했는데, 이곳이 현재의 예배당이다.

1992년 8월 2일 송상법 집사 안수식이 있었으며, 1995년 1월 12일 이병옥 목사가 이임하고, 제4대 담임으로 노순구 목사가 부임했다. 1999년 8월 15일 김성식 집사 안수식, 이원섭 집사 명예집사 추대식을 거행했으며, 2002년 8월 11일 이세용 안수집사를 원로안수집사로, 손한규 집사를 명예집사로 추대했다. 2003년 9월 28일 노순구 목사가 이임하고, 2004년 3월 28일 제5대 담임으로 김학수 목사가 부임해서 교회를 섬기다가, 2006년 9월 17일 이임했다.

2007년 7월 15일 제6대 담임으로 김민수 목사가 부임, 현재까지 교회를 섬기고 있다. 2008년 5월 18일 이승환 전도사 목사안수식, 2009년 8월 16일 최병환 전도사 목사안수식이 거행되었다. 같은 해에 한국의 대전늘사랑침례교회 담임 정승룡 목사를 초청, 가을 부흥회를 개최했다. 10월 18일부터 21일까지 열린 부흥회의 전체 주제는 "주님을 닮게 하소서"였다.

2010년 2월 28일 김제임스 전도사 목사안수식, 8월 15일 김혜성 전도사 목사안수식, 이그돌 전도사 목사안수식, 최향일 집사 명예집사 추대식, 12월 5일 손보승 집사 안수식, 박영욱 집사 안수식 등의 큰 경사가 있었다.

2012년 5월 20일 김도형 전도사 목사안수식, 2013년 8월 11일 조상도 전도사 목사안수식, 2014년 3월 2일 한밝내 전도사 목사안수식, 심용훈 전도사 목사안수식을 거행했다. 같은 해 5월에는 제5회 가정 세미나를 매주 수요일(2일, 9일, 16일, 23일, 30일) 저녁 7시 30분에 개최했다. "성장하는 가정"이라는 주제로 열린 세미나에서 김민수 목사가 "성경적인 가정사", 신정환 목사가 "행복한 부부", 김도형 전도사가 "가정과 교회성장", 심용훈 전도사가 "아버지의 위치와 어머니의 역할", 신지나 전도사가 "성경적인 자녀양육"이라는 주제로 가정의 신앙교육을 실시했다.

2015년 8월 9일(일) 오후 5시 비전센터(Vision Center) 건축 감사예배와 교회 창립 39주년 기념예배를 드리고, 이현택 안수집사의 원로안수집사 추대식을 거행했다. 그리고 이를 기념하기 위하여 8월 7-8일 저녁 7시 30분 이병옥 목사(제3대 담임목사 역임)를 초청, "건강한 교회"(골 1:3-8)라는 주제 아래 부흥회를 개최했다. 이 목사는 이틀 동안 "예배의 회복"(벧전 1:3-7), "믿음의 회복"(마 17:14-20)이라는 주제로 말씀을 전해, 온 교회는 창립 39주년을 맞아 하나님께 감사와 영광을 돌리며, 은혜를 나누게 되었다.

2016년 6월 12일 송준석 전도사 목사안수식을 행했으며, 같은 해 8월 12-14일 교회 창립 40주년 기념 KM과 EM이 함께 하는 부흥회와 감사예배를 드렸다. 강사는 김제이(Jey Kim) 목사로, 조지워싱턴대학 상담심리학 박사이자, 워싱턴가족생활연구소(WELI) 디렉터이며, 버지니아제일침례교회 담임목사였다. 김 목사는 "보기를 원하나이다"(I want to see!)라는 전체 주제 아래, 12일 저녁 "눈을 뜨게 하소서"(막 10:46-52), 13일 "승리하게 하소서"(히 12:1-3), 창립기념예배를 드린 14일 주일에는 "하나 되게 하소서"(빌 4:1-5)라는 제목으로 말씀을 전해 주었다.

2019년 10월 14일(월)부터 16일(수)까지 "2019년 목회자 세미나"가 뉴송교회에서 "예수님의 목

현재 교회 예배당

회 벤치마킹, Execution, 실행"이라는 주제로 개최되었다. 남침례교 한인총회 교육부가 주관한 이번 세미나는 14개 주에서 120여 명의 목회자와 평신도지도자들이 참석했는데, 강사 중 한 명이었던 김민수 목사는 "실행하는 리더가 되어야 하며, 예수님의 섬김과 긍휼의 영적 리더십을 본받아야 한다"고 강조했다. 2020년 12월 27일

루이빌제일한인침례교회 단체 사진

이경주 집사 명예집사 추대식, 2021년 8월 15일에는 교회 창립 45주년 기념 감사예배를 드렸다.

현재 김민수 담임목사는 대전 침례신학대학교에서 기독교교육(B.A.), 목회학(M.Div.), 상담심리학(M.A.C.E)을 전공했으며, 미국 리버티침례신학대학원에서 실천신학 신학석사(Th.M.)를 취득하고, 목회학박사(D.Min.) 논문과정 중에 있다. 또 린치버그한인침례교회 아동 담당 목사(2004년), 버지니아 새순교회 음악 및 청년 담당 목사(2005-2006년)를 역임했다.

역대 담임목사

창립 목사 이승만 목사, 초대 담임 안형직 목사, 제2대 이종상 목사, 제3대 이병옥 목사, 제4대 노순구 목사, 제5대 김학수 목사, 제6대 김민수 현 담임목사

Louisiana

교회 주소: 7001 Canal Blvd., New Orleans, LA 70124
연락처: (504) 215-5844/ www.kpcno.org

뉴올리언즈한인장로교회
Korean Presbyterian Church of New Orleans
(창립 연도: 1981년/ 창립 목사: 김병호 목사)

노용승 전도사

뉴올리언즈한인장로교회 담임
명지대 무역학과 졸업
뉴올리언즈신학대학원 목회학석사(M.Div.)

1981년 1월 18일 노승문 집사 외 5명이 발기인으로 노승문 집사 자택에서 예배와 모임을 시작한 뉴올리언즈한인장로교회는 1월 25일 웨스트뱅크믿음장로교회(West Bank Faith Presbyterian Church)에 예배 처소를 마련했다. 마침 서울에서 연수차 온 김병호 목사를 담임목사로 청빙한 가운데 19명이 첫 예배를 드렸으며, 1981년 2월 22일 뉴올리언즈한인장로교회의 창립예배를 드렸다. 하지만 같은 해 9월 30일 김병호 목사가 개인사정으로 사임했다.

1982년 2월 14일 예배 처소를 웨스트뱅크믿음장로교회에서 캐롤턴장로교회(Carrollton Presbyterian Church)로 옮겼으며 1주일 뒤인 2월 21일 워싱턴 DC에 있는 김성덕 목사를 임시 당회장으로 모시고 창립 1주년 축하예배를 드렸다.

같은 해 5월 3일 예배 처소를 캐롤턴장로교회에서 제일장로교회(First Presbyterian Church)로 옮기고, 오광섭 목사를 제2대 담임목회자로 청빙하고, 9월 11일 위임식을 가졌다. 이날 위임식에는 김창권 장로 취임식, 김광한, 전성일 장로의 장로 장립식을 함께 거행함으로, 뉴올리언즈한인장로교회 당회가 조직이 되어, 조직을 갖춘 교회로서 PCUSA에 정식으로 가입, 등록하게 되었다.

창립 3주년을 맞은 뉴올리언즈한인장로교회는 1984년 4월 12일 예배 처소를 제일장로교회에서 레익뷰장로교회(Lakeview Presbyterian Church)로 옮겼다. 1987년 7월 5일 제2대 오광섭 목사가 담임을 사임했으며 8월 2일 박관준 목사가 3대 담임으로 부임

현재 교회 예배당

했다. 1988년 2월 21일 창립 7주년 축하예배 때 박관준 목사 위임식을 거행했다.

1991년 2월 25일 창립 10주년 축하예배와 더불어 건축위원회를 구성했으며(건축위원장 노승문 장로 외 5명), 1992년 10월 6일 노회로부터 건물 구입 재정지원 승인을 받았다. 이듬해인 1993년 1월 31일 자체 교회 건물을 구입, 예배를 드렸으며, 2월 21일 창립 12주년 축하예배와 함께 헌당예배를 드렸다. 창립 25주년을 맞은 2006년 2월 26일에는 창립 25주년 축하예배를 드렸다. 이날 박관준 목사 20년 시무 축하예배와 정년퇴직 축하예배를 함께 거행했다.

교회 홈페이지를 2007년 3월 4일 개설했다. 그리고 진영창 목사가 11월 1일 제4대 담임으로 부임했다. 진 목사 부임 후 2008년 1월 2일부터 2월 12일까지 새해맞이 세 겹줄 특별새벽기도회를 실시하고 성도들이 하나님을 더 가까이하고자 노력했다.

교회 창립 27주년인 2008년 2월 10일 축하예배시 진영창 목사 위임식을 거행했다. 이후 지역 한인 교회들과 연합사역을 펼쳤다. 그 일환으로 같은 해 8월 10일 새소망교회, 연합감리교회와 공동 주관으로 청년 찬양 집회를 우리 교회 본당에서 가졌다. 2008년 10월 5일 장로

2019년 장로장립식을 마친 후 목회자와 장로 등이 사진을 찍고 있다

장립식(강홍조 집사, 김성곤 집사, 김영미 권사의 장로 장립식을 가짐)을 거행하고, 이날 당회를 재결성했다.

교회 시스템을 가정교회로 전환

뉴올리언즈한인장로교회는 교회 시스템을 가정교회로 전환하기로 했는데, 그 일환으로 2007년 11월 30일부터 12월 2일까지 휴스턴서울교회에서 열린 "가정교회 평신도 세미나"에 홍석진 장로, 강홍조 집사, 김성곤 집사, 성정숙 권사, 김영미 권사가 참석했다. 이듬해인 2008년 3월 14-16일에 플로리다 잭슨빌 한인침례교회에서 열린 "가정교회 평신도 세미나"에 강춘자 집사, 김은경 집사, 박정숙 집사, 이호훈 집사, 이혜경 집사가 참석했다. 같은 해 5월 23-25일에 올랜도한인장로교회에서 주최한 "가정교회 평신도 세미나"에 이은지, 이은주, 이석민, 정혜련, 최현아 성도가 참석했으며, 5월 30일-6월 1일에 휴스턴서울교회 황인덕 목사를 초청, 목자간증집회를 가졌다.

또 2008년 8월 31일과 9월 1일 양일간 가정교회 전환을 위한 전교인 수련회를 펠리시애나수양관(Feliciana Retreat Center)에서 가졌다. 그리고 9월 7일 가정교회 전환 축하예배를 드렸다(볼리비아 목장, 스리랑카 목장, 도미니카 목장으로 시작함). 이날 특별 공동의회를 개최하고, 교회 내규를 수정했다.

말씀의 생활화와 성도 간의 교제, 그리고 교회 비전

뉴올리언즈한인장로교회는 전 교인의 말씀 생활화를 위해 매일 QT를 실시했다. 그 일환으로 2008년 1월 22일 제1기 생명의 삶 공부를 시작했다. 이어 5월 25일에는 제2기 생명의 삶, 9월 16일에는 제3기 생명의 삶 공부를 시작했다. 제1기 생명의 삶을 마친 사람들을 위해 5월 18일 졸업식을 가졌다(졸업생 명단: 강홍조, 김성곤, 김영미, 김은경, 박정숙, 성정숙, 이호훈, 이혜경, 이유지, 이은주, 이은지, 이석민, 최현아). 9월 21일에는 제2기 생명의 삶 졸업식(김은주)을 시행했다.

교회사역에서 중요한 것 중 하나가 성도 간의 교제다. 우리 교회는 2008년 1월 2일-2월 12일까지 새해맞이 세 겹줄 특별새벽기도회를 하고 2008년 4월 20일 춘계 야외예배를 드렸으며, 5월 한 달 동안 매주 월요일, 화요일, 금요일에 춘계 대심방을 실시했다. 또한 11월 26일과 27일 가을철 야외 낚시대회를 그랜드 아일(Grand Isle)에서 개최했다.

2020년 2월 23일 창립 39주년 축하예배를 드렸다. 이날 진영창 담임목사 은퇴예배가 있었다. 3월 1일 노용승 전도사가 임시 설교 목회자로 취임했다.

뉴올리언즈한인장로교회는 하나님께서 기뻐하시는 참된 예배자들이 모인 교회가 되기를 소망하며 다음의 3대 비전을 갖고 사람들을 섬기고 있다. 첫째, 창조주 하나님 아버지 안에서 안식하며 기쁨으로 예배하는 교회(창 1:31), 둘째, 예수 그리스도의 십자가 복음을 자랑하고 담대히 전하는 교회(요 19:30), 셋째, 성령님의 인도하심을 따라 그리스도의 몸을 세워가는 교회(갈 5:16)다.

Maine

교회 주소: 618 Washington Ave., Portland, ME 04103
연락처: (603) 290-9436/ rainbowumc.org

무지개연합감리교회
Rainbow United Methodist Church
(창립 연도: 1981년/ 창립 목사: 김 성 목사)

이길표 목사

무지개연합감리교회 담임
West Scarborough UMC 담임
Cornerstone UMC 담임
싱가폴의 디아스포라교회 담임 역임
목원대학신학대학과 신학대학원
애즈베리신학대학원 선교학박사

　무지개연합감리교회는 메인 주에 있는 포틀랜드라는 도시에 위치한 교회로, 예수님의 손과 발이 되어 하나님의 사랑을 증거하는 사명을 감당하는 신앙공동체이다. 다양한 문화와 인종들이 함께 어울려 살고 있는 포틀랜드를 포함한 위성도시에는 메인 주 인구의 3분의 2가 거주하고 있어 메인의 수도는 어거스타(Augusta)이지만, 포틀랜드가 메인 주의 중심도시라고 할 수 있다.

　우리 교회는 전형적인 항구도시로서 옛적의 화려했던 세월의 흔적이 곳곳에 남아 있는 포틀랜드에서 미국사람들과 한국사람들이 함께 모여 신앙생활을 하는 믿음의 공동체이다. 무지개연합감리교회가 세워지기 전, 미국인 회중은 1889년에 세워진 '워싱톤에비뉴연합감리교회', 한국인 회중은 1981년 세워진 '메인한인연합감리교회'라는 이름의 예배공동체였다.

그리고 1997년 워싱톤에비뉴연합감리교회와 연합하면서 다양한 인종과 다양한 문화를 포용하는 교회가 되고자 '무지개'라는 이름으로 변경하게 되었다. 두 교회가 무지개연합감리교회로 연합한 뒤 새로운 전통에 따라 예배와 각 회의와 모임을 이중언어(영어와 한국어)로 진행하고 있다.

현재 교회 예배당

우리 교회 성도들은 국제결혼한 가정들, 한국에서 이민온 가정들, 미국인 가정들, 유학생들 등 다양하게 구성되어 있다. 언어적으로는 영어와 한국어를 사용하는 분들이 모두 예배에 참여해서 주일 오전 11시에 이중언어로 주일예배를 드리고 있다. 수요일에는 한인들을 위한 성경공부가 진행되고 있고, 매월 둘째 주 토요일에는 미국 교회들과 연합하여 세 교회 조찬 연합모임을 갖고 있다.

교회 연혁

1980년 3월 김정숙, 김판님, 박복남, 정문희, 신봉선 등 5명이 중심이 되어 뱅고신학교에서 공부 중이던 김 성 목사와 함께 브런스윅(Brunswick) 지역에서 돌아가면서 가정예배를 드리기 시작했다. 1981년 1월 1일 뉴잉글랜드 지역 베쇼우(Bashore) 감독이 김 성 목사를 메인 지역 한인 교회 개척 목사로 임명했다. 1981년 3월 1일 메인 주 포틀랜드(Portland)

메인한인연합감리교회가 1981년 창립예배를 드리고 있다

에 있는 워싱톤교회에서 린 조셀린(Rev. Lynne Josselyn) 감리사를 모시고 창립예배를 드렸다. 주일예배는 매 주일 오전 11시에 드렸다.

1대 김 성 목사 가족

　1981년 4월 19일 처음으로 김 성 목사 집례로, 7명의 어린이(주디, 잭슨, 릴리 신, 철스 라켓, 톰 알렉산더, 티나 세인트 마이클, 테리 김)들을 위한 세례식을 베풀었다. 5월 3일 메인 연회 사업협의회 책임자 밀러 목사 초청예배를 드렸다. 이날 어린이예배 설교는 뱅고신학교에 재학 중인 트립 선생이 담당했다. 5월 17일 예배 후에 야유회를 윌리엄팍에서 가졌다. 5월 24일 한인회 주최로 한글학교를 시작했는데, 매 주일 오후 2시에 수업을 했다. 같은 날 목사관을 브런스윅으로 옮겼다.

　같은 해 6월 14일 김 성 목사가 워싱톤교회와 메인한인교회 공동 담임목사로 파송받았다. 6월 28일 예배 후 김인국 이비인후과 전문의를 강사로 초빙, 건강관리 기본 상식에 관한 세미나를 개최했다. 8월 30일 엘리엇교회 이관영 목사를 강사로 초청하여 예배를 드렸다. 10월 4일 성가대가 조직되었다. 10월 25일 미국 연합감리교 가입예배를 워싱톤교회와 공동으로 드렸다. 이날 설교는 조지 베쇼어 감독이 맡았다. 11월 29일 여선교회가 조직이 되었는데, 회장 정해자, 총무 수김 샘슨, 전도부장 김정숙 성도가 선출되었다.

　1982년 6월 20일 김 성 목사가 목사안수를 받았다. 9월 25일 한국음식바자회를 개최, 수익금 687.35달러를 선교헌금으로 사용했다. 12월 5일 100달러를 선교헌금으로 서울 은평구 부활교회에 보냈다.

　1983년 2월 6일 교사 레이몬드 칙이 이끄는 주일학교를 시작했다. 3월 6일 창립 2주년 기념 예배를 드렸다. 4월 20일 교육관 설립에 관한 모임이 있었는데, 워싱톤 뷰뉴교회와 공동으로 짓기로 합의했다. 같은 해 5월 1일 하버드 스트리트 빌딩으로 목사관을 옮겼다. 6월 19일 썬톤하이츠(Thornton Height)교회 건물 사용을 요청했으며, 허락을 받아 이전해서 7월 첫 주부터 예배를 드리기로 했다. 7월 3일 워싱턴교회에서 썬톤하이츠교회로 이전하여 첫 예배를 드렸다. 7월 15-17일에 부흥회를 개최했으며 최홍석 목사(북부 보스턴한인교회 담임)가 강사로 초청되었다.

　또 9월 5일 북부보스턴한인교회, 안디옥교회, 메인한인교회 공동으로 매츄아나 수양관에서 산상수련회를 가졌다. 수련회 강사로는 최홍석 목사와 이승호 목사(한국 북성교회 담임)가 초청되었다. 9월 11일 대한항공기 참사 추모예배를 드렸다. 9월 24일 워싱톤에비뉴교회에서 여선교회 주최로 한국음식을 판매했다. 10월 2일 제직회 모임에서 건축위원을 선정하고 건축위원장에 정대식 성도를 선출했다. 12월 25일 메인한인교회, 썬톤하이츠교회, 워싱톤교회가 연합으로 크리스마스 주일예배를 드렸다.

1984년 3월 4일 창립 3주년 기념예배를 드렸다. 이날 예배에서는 짐 영 목사(채스넛연합감리교회 담임)가 설교했다. 4월 1일 도서장비를 마련하고 도서위원으로 김혜옥, 추정석 성도를 선출했다. 같은 날 세계구제사업으로 72달러를 모금하여 감리교 본부로 보냈다. 6월 10일 김 성 목사가 메인 연회에서 정회원으로 안수받았다.

6월 24일 김 성 목사, 토마스턴 목사가 미국 교회로 발령을 받았으며 한국 대림중앙감리교회 이병준 담임목사가 메인한인교회 담임으로 파송받았다. 이날 김 성 목사 송별예배를 드렸다. 김 성 목사는 이병준 목사가 부임할 때까지 설교를 담당했다. 8월 12일 보스톤순복음교회 주선조 담임목사 초청 설교, 8월 26일 북부보스톤한인교회 최홍석 담임목사 초청 설교, 9월 30일 엘리웃교회 이관영 담임목사 초청 설교가 있었다.

이병준 2대 담임목사

1985년 4월 5일 이병준 목사가 한국에서 도착했으며 4월 7일 부활주일예배를 드렸다. 4월 21일 남선교회를 조직했으며 4월 28일 여선교회를 재조직했다. 5월 24-26일에 이병준 담임목사를 강사로 부흥회를 열었다. 6월 30일 복음신문사 사장 장진우 장로를 초청하여 "가고파" 영화상영과 간증집회를 가졌다. 9월 1일 교회학교(어린이부)를 시작했다. 9월 8일 메인한인교회 여선교회가 메인 연회 여선교회에 가입하는 행사를 가졌다.

같은 해 9월 19-20일에 시각장애인 가수 이용복 집사 초청 간증집회를 가졌으며, 9월 22일에는 한국 장로교를 시작한 언더우드 선교사의 손자 원요한(John T. Underwood) 목사 형제 초청예배를 드렸다. 10월 13일 한인회와 공동으로 메인한인교회에서 한글학교를 시작했다. 11월 3일 통역기를 구입하여 동시통역 설교를 시작했다(통역 김복혜 성도). 12월 24일 썬톤하이츠교회와 연합으로 크리스마스예배를 드렸다. 12월 29일 한국감리교 협성신학교 교수인 라영복 목사 초청예배를 드렸다.

1986년 2월 1일 목사관(162 Alfred St., So. Portland)을 구입하고 이사했다. 3월 2일 창립 5주년 예배를 드렸는데, 이날 설교는 린 조셀린(Lynne Josselyn) 목사가 맡았다. 7월 27일 산부인과 전문의 채도경 박사가 강사로 "부인병에 대한 예방과 건강관리 및 상담"이라는 주제로 특별강의를 했다. 9월 7일 신임 감리사인 클리프턴 아이브스(S. Clifton Ives) 목사를 초청하여 예배를 드렸으며, 미연합감리교 교리장정 교육을 했다(강사 김 성 목사). 10월 31일 보스톤 소망침례교회 홍성철 목사를 초청하여 태국선교 보고회를 가졌으며 선교헌금을 작정했다.

1987년 3월 2일 창립 6주년 기념예배를 드렸다(설교: S. Clifton Ives 감리사). 5월 22-24일에 한국 인천주안교회 한경수 담임목사를 강사로 초청하여 부흥사경회를 개최했으며, 10월 2-4일에 텍사스주 엘파소한인연합감리교회 함무근 담임목사를 강사로 초청, 심령부흥회를 개최했다.

1998년 3대 담임인 김형겸 목사는 한동대학교로 사역지를 옮겼다. 김 목사는 현재 한동대학교 교목으로 사역하고 있다. 김용자, 이찬배, 주장돈, 홍석환 목사에 이어 2002년 7월 배상철 목사가 8대 담임으로 취임했으며 2003년 7월 27일 교회당 증축공사 뒤 봉헌예배를 드렸다.

2014년 7월 조태섭 목사가 9대 담임으로 시무했으며, 2021년 7월부터 10대 담임으로 이길표 목사가 시무하고 있다. 이길표 목사는 우리 교회 담임으로 부임하기 전까지 지난 20년 동안 다양한 사역으로 하나님 나라를 위해 헌신했다. 싱가포르에서 선교사(2000-2005년), 이민 교회의 교육목사(2005-2007년), 대학교의 영어교목(2010-2012년), 한인디아스포라교회 담임목사(2012-2018년)로 활동했다. 2018년 7월부터는 두 미국인 교회(Cornerstone UMC와 West Scarborough UMC) 담임목사로 사역하고 있으며, 현재 다중문화회중이 소속된 무지개연합감리교회와 두 미국인 교회를 모두 섬기고 있다.

생수순회사역(Living Water Circuit Ministry)

이길표 목사는 '연합감리교회'라는 공통의 정체성을 가진 세 교회(무지개연합감리교회, Cornerstone UMC, West Scarborough UMC)가 연합할 수 있는 사역을 시작했는데, 이 프로그램이 바로 토요일 오전에 실시하는 생수 순회사역이다. 이 모임은 세 교회 교인들이 토요일 아침에 모여 함께 아침식사를 하며 교제를 나누는 "쓰리인원 펠로우십 조찬"(Three In One Fellowship

"쓰리인원 펠로우십 조찬"(Three In One Fellowship Breakfast)에 참석한 세 교회 교인들

Breakfast)이다. 세 교회 교인들은 식사와 교제를 통해 서로를 알아가고, 삶의 이야기를 나누고, '당신은 혼자가 아니다. 우리가 당신과 함께 있다. 우리는 모두 하나님의 가족이다'라는 생각을 갖게 된다.

메인 주 포틀랜드는 해운산업, 무역과 관광산업의 발전과 함께, 지속적인 인구 유입과 다양한 산업이 함께 발전하고 있는 도시다. 우리 교회는 앞으로도 다양한 나라에서 오는 사람들과 더불어 그리스도 안에서 하나 되어 예수 그리스도의 사랑과 축복을 전하는 복음의 통로가 되고자 한다. 메인 주에 있는 유일한 한인 교회로서 무지개교회는 언어와 문화와 인종을 초월하여 예수 그리스도를 통해 하나님의 한 가족이 되어, "모든 사람이 구원을 받으며 진리를 아는 데에 이르기를 원하시는"(딤전 2:4) 하나님의 꿈을 이루어드리는 교회가 될 것이다.

역대 담임목사

김 성 목사, 이병준 목사, 김형겸 목사, 김용자 목사, 이찬배 목사, 주장돈 목사, 홍석환 목사, 배상철 목사, 조태섭 목사, 이길표 현 담임목사

Maryland

교회 주소: 310 Randolph Rd., Silver Spring, MD 20904
연락처: (301) 622-5375/ wkbc1956.org

워싱톤한인침례교회
Korean Baptist Church of Washington
(창립 연도: 1956년/ 창립 목사: 김창순 박사)

박영호 목사

워싱톤한인침례교회 담임
Central Theological Seminary 교수
한양대학교 원자력 공학과(B.S.)
침례대학교신학대학원(M.Div., Th.M. 신약신학)
Southwestern Theological Seminary(M.A.C.E.)

1대 안병국 목사

워싱톤한인침례교회 설립자인 김창순 박사는 함경남도 안변에서 초등학교를 마친 후 윤치호가 설립한 한영서원(후 개성 송도중학교로 명칭 변경)에서 기독교교육을 받았다. 미국으로 유학와서 침례교신학을 마친 후 하와이 호놀룰루 기독한인교회(이승만 박사가 설립)에서 목회했다. 하지만 안수를 받지는 않았다고 한다. 1945년 미 본토로 들어왔으며 그로부터 2년 뒤 이화여대 가정과 교수와 학생과장을 역임한 유복덕 여사와 결혼한 후 워싱턴으로 왔다.

한국 침례회 진흥본부의 후원을 받아 워싱턴 DC에 있는 주택(3200 Rittenhouse St. NW) 한 채를 매입, 교회로 사용하기로 했다. 1956년 5월 6일 30여 명이 모여 첫 예배를 드렸는데, 이로써 미국 최초의 한인 침례교회인 제일한인침례교회(First Korean Baptist Church in USA)가 탄생하게 되었다. 당시 워싱턴 일대에는 200여 명의 한인이 있었는데, 우리 교회가 미 동부에서 세 번째로 창립된 한인 교회다.

예배당으로 구입한 가정집을 최활란 여사가 건물 관리자로 입주하게 되었는데 최 여사는 본래 유복덕 사모(김창순 박사의 부인)와 친분이 있었다. 이후 최 여사는 교회의 온갖 잡일을 도맡아 하며 하나님과 성도들을 섬겼는데, 특히 한국음식을 만들어 예배에 참석한 이민자들에게 큰 위로와 기쁨을 주었을 뿐만 아니라, 전도부인 역할을 감당함으로써 초기 교회 성장에 큰 힘이 되었다.

1957년 초대 목회자 강원용 목사와 최활란 여사

교회 창립의 산파라 할 수 있는 김창순 박사가 목회자로 나서기를 원치 않아, 뉴욕 유니온신학교에서 학업 중이던 강원용 목사를 초청하게 되었는데, 이 일은 최활란 여사의 소개로 가능했다. 우리 교회가 침례교회임에도 불구하고, 장로교 목사를 초빙할 수 있었던 것은 당시 교인들이 김창순 박사와 개인적 친분이 있는 서울대 농대 출신 동창들과 젊은 의사들(인턴과 레지던트)이 대부분이라, 침례교인들로서의 교단적 정체성이 거의 없었기 때문이었다. 당시 강원용 목사는 경동교회의 부목사로서 이미 한국에서의 기독학생운동과 청년운동으로 널리 알려진 상태였다. 그런 이력이 교회의 주 멤버들과 잘 맞았다. 강목사는 학위를 받고 귀국하기까지 1년 가량 매주 그레이하운드를 타고 뉴욕에서부터 워싱턴 DC로 내려와 예배를 인도하고 올라갔다.

1958년 창립 2주년 축하 만찬 식사를 하는 교인들

우리 교회는 1956년 11월 정식으로 침례교 총회에 가입이 인준되었다. 1957년 9월 강원용 목사의 귀국으로 김창순 박사는 당시 한국 교단의 안대벽 총회장에게 연락하여 종로침례교회에서 사역하고 있던 안병국 전도사를 섭외했다. 당시 34세였던 안병국 목사는 가족을 남겨두고 먼저 단신으로 도미하여 1958년 3월 첫 주일예배를 인도했다. 안 목사는 교회 2층에서 당시 몇몇 독신 교인들과 함께 유숙하며 자취생활을 했다. 안 목사 사역 기간(1958-1969년) 동안 김창순 박사와 교회 재정관리를 두고 의견 충돌이 있었다. 1959년 2월 19일 대다수 교인은 안 목사와 함께 미국 교회인 제일침례교회(First Baptist Church, 16th St., NW & O St., NW, Washington, DC)로 예배당을 이전했고, 교회 이름을 '워싱톤한인침례교회'(Korean Community Baptist Church)로 바꾸었다. 1년 뒤인 1960년 10월 하나님의 은혜로 제일한인침례교회와 워싱톤한인침례교회는 한 교회로 통합했다.

1950년대 후반부터 정부의 해외여행 정책이 바뀌게 됨에 따라 이민자들의 숫자도 급격히 늘어났고 그에 따라 교회들도 우후죽순으로 생겨났다. 1966년 6월 우리 교회 창립 10주년을 맞아 당시 지역신문인 「워싱턴이브닝스타」(Washington Evening Star, 현재 폐간됨. 재산과 건물은 「워싱턴포스트」에 매각)는 다음과 같이 보도하고 있다.

"워싱턴의 한인 교포 수는 약 천 명에 달하는데, 한인침례교회에는 110명의 교인이 모인다. 교회는 6월 26일 오후 4시 창립 10주년 감사예배를 드린다. 남침례교 총회장인 칼 틸러(Carl Tiller) 박사가 설교하고, 주미 한국대사 김현철, D.C. 지역 침례교회장 찰스 맥린스(Charles McInnes), D.C. 지역 여전도회 회장 칼턴 롱 부인(Mrs. Carleton M. Long) 등의 축사가 있을 예정이다. 예배 후에는 한국 전통음식이 제공된다"(1966년 6월 25일자).

안병국 목사가 재직하던 10여 년 동안 교회의 기초가 든든하게 세워졌다. 교회는 이를 감사히 여겨 1969년 11월 23일 안병국 목사를 공로목사로 추대했다.

1969년 10월 지난 10년간 정들었던 내셔널메모리얼침례교회(National Memorial Baptist Church)에서 템플침례교회(Temple Baptist Church)로 이전했다. 김병서 목사는 1970년 1월 사임하고, 10월 25일 김현칠 목사가 3대 담임으로 부임했다. 김현칠 목사는 1974년까지 시무했다. 김현칠 목사가 부임한 다음 해인 1971년 7월 실버 스프링(Silver Spring)에 위치한 몽고메리힐스침례교회(Montgomery Hills Baptist Church)로 예배 처소를 이전했다. 1973년 10월 주정 헌금 제도를 도입하여 재정 자립을 하게 된 교회는 1973년 12월 4일 라르고(Largo)에 있는 20에이커 부지를 구입했다.

1975년 4월 13일 새로 이전한 몬트로즈(Montrose)교회에서 여운세 목사가 4대 담임으로 취임해서 1982년까지 시무했다. 교회는 미국 교회가 창립 당시 사용했던 150명이 수용 가능한 전용 예배당에서 11시 예배를 드릴 수 있게 되었다. 여 목사가 시무하는 동안 교인들은 영적으로도 신앙이 성숙하여 소그룹 모임에서 묵인되었던 음주, 춤, 포커 등 사행성 오락행위들이 점차

사라졌다. 1976년 창립 20주년을 맞아 기념 행사를 가졌다. 당시 주일 장년 출석이 200여 명, 아이들은 100명 정도 되었다. 4월 15일부터 연속 철야기도회를 열었으며, 6월 3-5일에 조동진 목사를 강사로 초청하여 20주년 기념 부흥회도 개최했다. 당시 워싱턴 전 지역에서 많은 성도가 참석해서, 그리스도인의 가정 생활과 교회 생활, 경제 생활 등에 대해서 교육을 받았다.

6월 6일 창립축하예배를 성대히 치렀으며 20주년을 계기로 적십자사를 통한 헌혈, 대내외선교 및 구제활동을 벌였다. 당시 우리 교회 여전도회에서 후원한 한국의 미자립교회들은 전북 정읍면 정우침례교회, 전남 신안군 수련침례교회, 충남 광천읍 담산침례교회, 서울 육군 후송교회다. 사무행정에 있어서도 교회는 두 가지를 결정했다. 지금도 교회가 소유하고 있는 놀벡(Norbeck)의 묘지(117장지, 2만5천400달러)를 매입했으며, 파트타임 사무원을 고용했다.

1977년 3월부터 건축헌금 모금을 시작했다. 1차 모금은 5만 달러가 목표였는데 7만 달러 가까이 모금되었다. 그해 8월에 현 위치에 2.6에이커의 대지를 구입했고, 1979년에는 라키(Lacky) 건축회사와 계약을 맺고 4월 29일 기공예배를 드렸다. 빈부를 막론하고 전 성도의 눈물겨운 헌신이 있었다. 1978년 7월 2차로 10만 달러를 목표로 모금을 했는데 액수가 이에 미치지 못하자 이름을 밝히기를 거부한 한 성도가 나머지 금액 전부를 부담했다. 어떤 제직은 자신의 집을 사는 대신에 거금을 교회에 헌금했다.

현재 교회 예배당

마침내 건물이 완공되어, 1980년 3월 16일 주일 오후 4시 헌당예배를 드리게 되었다. 형제회장(정재성 집사)과 여전도회 회장(손정숙 집사)이 각각 태극기와 성조기를 들고 행진곡에 맞추어 입장할 때 온 성도들이 기립하고, 감격의 눈물을 흘렸다. 현 교회 건물은 미국 동부 지역에서는 해방 후 처음으로 순수 한인들의 손으로 세워진 것이다. 1981년에는 교육관을 시공했다. 크기는 길이 65스퀘어피트, 폭 38스퀘어피트로, 지상 1층, 지하 1층에 총 15개 성경공부방을 만들었는데, 공사비로 22만 3천 달러가 소요되었다.

1982년 5월 완공되어 창립 26주년 기념 주일에 봉헌예배를 드렸다. 1982년 여운세 목사가 사임했다. 당시 교세가 500명 가까이 되었다. 여 목사의 갑작스런 사임에는 다양한 원인이 있겠지만 번아웃이 주요인으로 작용한 것으로 보인다. 이로 인해 교인들이 자칫 양분되는 듯했지만, 부목사로 섬기던 김원기 목사가 직무를 승계하여 교회는 더욱 부흥하는 계기가 되었다.

1982년 12월 11일 김원기 목사가 5대 담임으로 취임해서 1990년까지 시무했다. 취임 당시 그는 30세도 채 되지 않는 미혼의 젊은 목사였다. 미국에서 대학교육과 신학교육을 마친 김 목사는 전통적 재래식 한국 교회의 목회와는 다른 맛과 생기를 교회에 불어넣었다. 이것이 김 목사의 젊음과 합하여 교회는 생동하는 모습으로 변화해 갔다. 구역활동이 왕성해졌고, 장년 주일학교를 통한 성경공부가 크게 강화되었다.

교회는 재정적으로 넉넉해져서 1984년, 1985년에는 각각 선교비로만 예산의 10%, 15%를 미국 내 각 기관, 고국의 농어촌 교회 및 교회 개척사역, 한국의 침례교단 신학교에 후원할 수 있었다. 젊은 층들이 대거 유입되자 자연스럽게 어린이 주일학교와 중고등부, 청년회가 덩달아 크게 부흥하게 되었다. 구역활동과 성경공부 역시 강화되었다.

1985년도에 들어 교회의 헌장을 개정하여 집사들이 행정사역이 아닌 목양과 청지기 직을 맡도록 했다. 1월 영접위원회가 발족되어 평교인들이 목회에 참여할 수 있도록 했으며, 위원들은 매주 목요일 성경공부와 기도회를 가졌고, 팀을 나눠 가정 심방을 했다. 9월에는 기존의 중고등부 영어 예배를 확대하여 본 예배당에서 주일 1부 영어 예배로 드리게 되었다.

1986년은 30주년을 맞은 해였다. 교회는 부흥일로에 있었고 영적으로도 성숙해갔다. 새해를 맞아 50여 명의 성도가 인근 수양관에서 2박3일 금식 기도회를 가졌다. 주차장을 포장하기 위해 모금도 시작되었다. 네 명의 신임 안수집사들이 교회에 밴을 기증했다. 4월 마지막 주 예배 후에 도로변에 세운 교회 간판에 대한 봉헌식이 있었다. 이 교회 간판은 한 해 전 18세의 나이로 괴한에게 습격받아 주님의 품에 안긴 이혜자 양을 기념하고자 부모와 가족들이 드린 헌금으로 제작되었다. 꽃다운 나이에 혜자 양은 세상을 떠났지만, 그녀와 가족들의 믿음으로 세운 교회 간판은 렌돌프 길을 지나는 무수한 사람들에게 교회와 예수님의 구원의 십자가를 알리는 표지가 되었다.

  1990년 11월 제6대 담임으로 부임한 이상훈 목사는 우리 교회에서의 사역을 마친 1994년까지 성경강론과 청지기 훈련을 병행했으며 교회학교 확장과 성장에 주력했다. 특히 성경 읽기 대회를 통해 말씀 읽기를 교회에 정착시키려고 했다. 1991년 5월 13일부터 12일간 우리 교회 성도들은 현 지구촌교회와 연합하여 당시 소련으로 단기선교를 다녀왔으며, 나승필 선교사를 안수하여 선교사로 파송했다. 그러던 와중에 교회가 분리되는 아픔을 맞기도 했다.

  제7대 신경희 목사가 1995년에 부임해서 1998년까지 시무했으며, 이승희 목사가 1999년 2월 부임해서 2008년까지 제8대 담임으로 시무했다. 이승희 목사는 2006년 5월 교회 창립 50주년, 곧 교회 희년을 맞아 역사자료집인 『Jubilee 50』을 발간했으며 중국 단기선교와 호피 인디언 단기선교를 실시했다. 그리고 나승필 선교사 선교지를 방문했다.

  2010년부터 2020년까지 제9대 담임으로 사역했던 정영길 목사에 이어, 2021년 박영호 목사가 제10대 담임목사로 부임해서 현재 사역하고 있다. 박영호 목사는 "교회는 '언덕 위의 불 켜진 도시'와 같아서 방황하는 사람들에게 삶의 목적과 방향을 제시할 수 있어야 한다. 이를 위해 먼저 교회 멤버들은 복음을 굳게 믿고 변화를 받아야 하며, 나아가 아름다운 신앙공동체를 이루어 세상의 빛과 소금이 되어 땅끝까지 이르러 복음을 증거할 수 있어야 한다"는 목회 철학을 가지고 사역하고 있다.

1991년 5월 5일 창립 35주년 기념주일 3부 예배를 마친 후 전 교인이 기념촬영을 하고 있다

역대 담임목사

제1대 안병국 목사, 제2대 김병서 목사, 제3대 김현칠 목사, 제4대 여운세 목사, 제5대 김원기 목사, 제6대 이상훈 목사, 제7대 신경희 목사, 제8대 이승희 목사, 제9대 정영길 목사, 제10대 박영호 현 담임목사

제1대 안병국 목사, 제2대 김병서 목사, 제3대 김현칠 목사, 제4대 여운세 목사, 제5대 김원기 목사

제6대 이상훈 목사, 제7대 신경희 목사, 제8대 이승희 목사, 제9대 정영길 목사, 제10대 박영호 목사

Massachusetts

교회 주소: 32 Harvard St., Brookline, MA 02445
연락처: (617) 739-2663/ kcboston.org

보스톤한인교회
The Korean Christian Church of Boston
(창립 연도: 1953년/ 창립 목사: 고 박대선 목사)

이영길 목사

보스턴한인교회 담임
서울대 의대 졸업
웨스트민스터신학교 목회학석사(M.Div.)
프린스턴신학교 신학석사(Th.M.)

1953년 11월-1961년 12월

고 박대선 창립목사

    미국 매사추세츠(Massachusetts) 주에 위치한 보스턴(Boston)은 영국에서 온 청교도(Pilgrims)들에 의해 미국 역사의 서막이 열린 역사 깊은 도시이다. 1620년 종교의 자유를 찾기 위해 메이플라워(Mayflower)호에 승선한 그들은 보스턴 남쪽 해안가 플리머스(Plymouth, MA)에 도착한 후, 어려웠던 정착 생활의 첫 일 년을 기념하면서 하나님께 감사 제단을 쌓았다.

    그로부터 300여 년이 흐른 1953년 추수감사주일에 하나님의 크신 섭리에 따라 이곳 보스턴에 또 하나의 감사 제단을 쌓게 되었는데, 박대선 목사와 소수의 한인에 의해 창립된 보스턴한인교회의 첫 예배가 바로 그것이었다. 뉴잉글랜드 지역에 처음으로 세워진 보스턴한인교회 교인들은 70년 전 한반도에서 이곳 보스턴 땅에 옮겨 심어진, 순례자들이자 신앙의 선구자들이었다.

초기 신앙공동체는 신학자와 교수, 유학생, 정착 이민자들로 구성되었고, 그들이 예배를 드리는 교회는 교파를 초월하여 뉴잉글랜드 지역의 모든 한인에게 휴식을 제공하는 안식처였으며, 이민 사회 지도자들을 길러내는 구심점이었다. 지역사회의 모든 한인을 포용하기 위해 초교파 교회를 선택하게 하심은 하나님의 크신 섭리였다. 초창기 목회자들의 사역과 교인들의 믿음으로 한인 사회에는 복음이라는 기초가 놓여졌다. 보스턴한인교회는 타향살이의 설움과 아픔, 힘든 생활 속에서도 사람을 의지하기보다는 하나님의 이름을 붙잡고 매달렸던 한인 이민자들의 헌신적인 첫 믿음의 제단이었고, 뉴잉글랜드 지역의 어머니 교회였다.

보스턴한인교회가 창립된 1953년은 제2차 세계대전 이후 급변하는 세계정세와 함께 3년을 끌던 6·25한국전쟁이 휴전으로 종결되면서, 남북이 분단되는 민족적 고난의 시대였다. 제2차 세계대전 이후 1951년에 버지니아주에 세워진 와싱톤한인교회와 1953년 9월 펜실베이니아주 필라델피아에 세워진 필라델피아한인장로교회에 이어, 1953년 11월 매사추세츠주에 세워진 보스턴한인교회는 창립 때부터 1974년까지 약 20년간 이 지역 유일의 한인 교회로서 한인들을 위한 신앙공동체를 이끌어 왔다. 또 우리 교회를 거쳐 간 많은 목회자와 석학들을 통해 여러 지역 교회들을 세운 어머니 교회로서의 역할을 감당해왔다.

보스턴한인교회는 박대선 초대 목사와 발기위원 안승화 장로, 김성하, 김술근, 김정옥, 박관두, 박돈욱, 이동일, 추애경 성도에 의해 창립되어, 1953년 11월 22일 추수감사주일 오후 2시에 보스턴대학교의 매쉬 채플(Marsh Chapel) 아래층에 있는 로빈슨 채플(Robinson Chapel)에 40여 명이 모여 첫 예배를 드렸다. 뉴잉글랜드 지역이 추수감사절의 역사가 시작된 곳이라는 것을 돌아보면, 보스턴에 창립된 첫 한인 교회가 추수감사주일에 창립예배를 드린다는 것은 큰 의미가 있는 일이었다. 또한 미국의 문화 및 사회적 중심 도시이자 하버드대학교, MIT, 보스턴대학교 등 유명대학들이 집결한 교육도시인 보스턴에 한인 교회를 세우는 것은 한인들에게 또 다른 큰 의미가 있는 일이었다. 창립 당시 박대선 목사는 젊은 한국인들, 특히 장래성 있고 우수한 한국 유학생들이 보스턴을 많이 찾을 것이라는 사실을 미리 내다보고 이곳에 한인 교회를 세우는 것이 여러 모로 큰 의미가 있다고 강조했다.

박대선 목사는 교파에 상관없이 모두가 협력하는 사회와 조직을 만드는 것이 중요하다는 것을 강조함으로써 만장일치로 초교파 교회를 세우기에 이르렀다. 교단과 관계된 또 하나의 역사적 사실은 미 연합장로교(United Presbyterian Church USA)는 1959년 전까지 "외국인으로 미국에 와서 자기 말로 예배드리는 것을 허락할 수 없고, 장로교회당에서는 누구를 막론하고 영어로 예배를 드려야 한다"는 선교정책을 고수했었기 때문에, 대부분 장로교회 배경을 가진 한인 교회들이 미국 장로교회와의 관계를 포기하고, 초교파나 감리교 쪽으로 방향을 바꿔야 했다. 4대째 장로교 집안이었던 박대선 목사를 비롯하여 1953년 당시 보스턴 지역의 많은 한인들이 장로교 출신이었지만, 미국 장로교단의 이러한 선교정책은 초교파 교회를 지향함에 있어 많은 영향을 끼쳤다.

그러나 1959년에 이르러 미 연합장로교 총회가 "외국어를 사용하는 장로교인들이 교회당을 빌려서 자기 언어로 예배를 드려도 무방하다"는 정책을 택한 이후 미 전역에는 장로교 계통의 한인 교회들이 늘어났다.

교단과 교회 명칭은 향후 보스톤한인교회의 나아갈 기본 방향을 결정하는 중요한 일이었다. 미국 감리교단의 든든한 지원을 포기한 채 모든 한인을 포용하기 위해 초교파 독립교회로서 출범한 것은 당시의 교인 숫자나 재정적으로 볼 때 상당한 어려움을 갖고 출발한 것이었다. 학업에 바쁜 학생들과 잠시 왔다가 떠나가는 교수들, 다양한 배경의 신학자들로 구성된 보스톤한인교회는 1985년에야 비로소 미국 장로교(Presbyterian Church, USA)에 가입, 교파를 정하기까지 오랜 세월 연단을 겪어야 했다.

비록 교회 유지에는 어려운 점이 많았으나, 창립 초기 모든 교인은 정성껏 교회를 섬겼고, 교파를 초월한 교회가 보스턴을 거쳐 가거나 정착하는 모든 한인에게 하나의 큰 열린 신앙공동체이자, 한인 사회의 구심점을 제공했다는 것은 매우 의미 있는 일이다. 60주년을 맞은 현재까지도 많은 보스톤한인교회의 옛 교우들은 어려운 가운데 함께 드린 예배와 찬양, 교육, 봉사, 한인 사회와의 관계 등을 잊지 않고 기억하고 있다. 또한 보스톤한인교회를 자신들의 영원한 어머니 교회로 생각하고 지금까지도 성도의 교제를 계속하고 있다.

1954년 11월 21일 추수감사주일에 교회 창립 1주년 기념예배를 드렸다. 워터타운(Watertown) 소재 추애경, 김태술 씨 자택 뒤 한 정원에서 야외예배로 드렸는데, 이날 첫 예배 장소를 제공하며 소수민족에 대한 호의를 보여준 보스턴대학교 신학대학장 월터 조지 뮬더(Walter G. Muelder) 박사도 함께 참석하였다. 교회 창립 2년 후인 1955년 보스턴대학교의 매쉬 채플(Marsh Chapel)에서는 박대선 목사의 집례로 100여 명의 한인들이 모여 3·1절 기념예배를 드렸다. 이는 보스턴에 거주하는 한인들이 최초로 가진 국가적인 기념예배였다.

1955년 매쉬 채플(Marsh Chapel)에서 3·1절 기념예배를 드린 후 박대선 목사와 교우들이 기념 사진을 찍고 있다

초창기 순례자들의 교회

1960년대 아직 전흔이 가시지 않은 한국은 4·19혁명(1960년)과 5·16군사정변(1961년), 월남전 파병(1965년), 박정희 대통령의 장기집권 및 유신독재 체제 구축(3선 개헌안 통과, 1969년) 등으로 정치 및 사회적으로 모든 면에서 혼란스러운 시기 속에 있었다. 이러한 혼란기 속에서 1965년 개정된 미국 이민법은 많은 한인이 미국으로 올 수 있는 기회를 주었고, 당시 유학 오는 것이 쉽지 않았음에도 불구하고 보스턴 지역 한인 유학생들은 눈에 띄게 증가했다.

1964년부터 보스턴한인교회는 매 주일 예배를 드렸는데, 창립 당시와 마찬가지로 주로 유학 온 목사들이 공동으로 목회하며, 대다수 학생으로 구성된 교인들과 함께 초교파 교회로서의 신앙공동체를 유지하고 있었다.

1962년부터 1971년까지 11명의 목사가 보스턴한인교회의 강단을 헌신적으로 지켰고, 한국의 많은 선구자적 목사들과 신학자들이 말씀을 선포하는 데 동참했다. 교회는 어려운 여건 하의 유학생활 속에서도 진지하게 신앙생활을 했던 유학생들로 인해 초창기 순례자 교회로서의 모습을 갖추어 갔다. 이 시기 우리 교회는 최초의 교회헌장 제정과 함께 교회 조직이 확장되는 한편, 늘어난 이민자들의 2세 교육에 대한 사업이 주일학교와 한국학교에 대한 열망을 고조시켰으며, 학구적인 성경공부 및 신앙토론회가 활발히 진행되면서 신학에 대한 학구적인 열의가 높았던, 초대교회로서의 열정이 돋보이던 때였다.

1966년에는 김광원 목사를 중심으로 앞으로의 자주적인 교회 발전과 자체 건물 건립을 위한 헌금 운동을 전개, 1967년에는 하나님의 인도하심으로 현 교회 건물로 옮겨왔다. 교우들 간의 친목활동은 여전히 활

1966년 주일예배 후 교인들이 단체 사진을 찍고 있다

발했고, '한국의 밤' 등을 통해 미국 사회와의 교류를 위한 노력도 시작되었다. 예배 순서와 형식이 안정되어 갔고, 성가대가 발족되어 적은 인원이었지만 실력있는 전문 음악인들에 의해 튼튼한 기반을 다지게 되었고, 그로 인해 많은 교회 음악행사가 이루어지고 지역 한인들도 초대되곤 하였다. 포용성과 신앙공동체로의 원만성을 가진 교회 모습은 1974년까지 20년 넘게 뉴잉글랜드 지역의 유일한 한인 교회로서의 초창기 순례자 교회의 모습을 지켜나갈 수 있는 원동력이 되었다.

1971년 11월-1977년 12월

발전하는 초기

교회 창립한 지 20여 년이 지난 1970년대 초, 보스톤한인교회는 처음으로 권진태 전임(fulltime) 목사를 맞게 되었다. 11대 권진태 전임 목사의 사역이 시작되면서 교회는 보다 체계적인 교회 조직과 구조를 갖추게 되었고, 교회 활동이 친교, 출판 등의 여러 분야에 걸쳐 활발하게 이루어지게 되었다.

등록교인 수도 120여 명까지 늘어났고 교회 예산도 증가하였다. 새로 시작된 교회 활동으로는 주말 수양회, 여름 수양회, 전 교인 수양회, 신앙강좌, 어머니 주일 찬송가 경연대회(1976년), 뉴스레터 발간, 보스톤한인교회 회보(연례보고서) 발간 등이 있었다. 헌장수정을 통한 교회의

1967년 현 교회로 이전 후 전 교인이 기념 촬영을 하고 있다

구조적 개선을 꾀하는 한편, 여신도회, 청년부, 주일학교, 성인 성경공부반, 구역모임 등의 새로운 교회조직이 시작되었다. 특히 성가대의 탄탄한 기틀이 마련되었고, 여신도회의 헌신적인 많은 봉사가 시작되어 대내외적으로 많은 사역이 이루어지게 되었다.

1973년에는 성대한 창립 20주년 행사를 가졌다. 늘어나는 교인과 교회 활동으로 공간의 제약을 더욱 느끼게 되었고, 브루클라인 제일장로교회 건물 사용에 많은 제약이 생겨서 새 교회 건물을 찾는 노력도 있었다. 대외적으로는 초교파 교회의 성격상 미국 내 다른 Christian Community와의 소통이 결여되어 이를 어떻게 극복할 것인가 하는 것이 과제로 나타났다.

교육사역의 확장

교육부를 중심으로 진행되어 온 교육사역은 평신도들의 적극적인 참여로 활발하게 펼쳐져 평신도 수양회, 하계캠프, 성경공부반, 구역별 모임 등으로 다양하게 확장되었다. 이같이 활발한 사역은 노정선(1971년), 김경섭(1972년), 김영일(1972-1973년), 길희성(1974년)으로 이어진 교육부장들의 노력과 봉사가 큰 몫을 하였다. 중고등부를 만들려는 시도가 있었으나 계획대로 되지 않아 취소되었다.

성경공부반과 구역모임 시작

평신도에 의하여 시작된 성경공부반도 이 시기 눈여겨봐야 하는 사역이다. 1972년 2월부터 시작된 평신도 성경공부반은 최시원 주관 하에 길희성이 주로 인도하였다. 처음으로 구역제도를 도입하여 교인 전체를 4구역으로 편성하고 각 구역마다 구역장과 지도목사를 임명하는 등 구조적으로 조직화하는 활동들이 두드러졌다.

1978년 1월–1986년 11월

미국 장로교 교단 가입과 선지자적 이민 교회

40대의 젊은 홍근수 목사가 1978년 취임하여 시작된 사역은 침체되어 있던 보스톤한인교회에 생기를 불어넣었고 괄목할 성장과 발전, 부흥을 가져왔다. 보스톤한인교회 역사상 처음으로 공식 청빙 절차를 통해 선임된 홍근수 목사는 그의 목회 경력과 학력을 바탕으로 새로운 선지자적인 이민 교회 이미지를 창출하고 다지는 데 많은 시간과 노력을 기울였다.

확고한 목회 신념으로 행동하는 실천사역을 펼쳤던 홍근수 목사의 부단한 노력과 제직들의 믿고 따르는 순종이 더해진 보스톤한인교회는 다양한 방면으로 성장하고 다각도로 변화를 겪으며 눈에 띄게 부흥하였다. 그중 가장 큰 변화는 홍근수 목사 시무 2년 후에 도입한 장로, 집사, 권사 제도(1980년)와 끊임없이 논의되어 왔던 교단 가입(1985년)을 성공적으로 이루어 낸 것이었다. 장로, 집사, 권사 제도의 도입은 교회 조직을 재정비시켜 더욱 체계화된 교회의 모습을 갖추게 하였고, 전 교인의 참여의식을 이끌어내며 20년 넘게 보스톤한인교회 최대의 논의 쟁점이었던 교단 가입을 은혜롭게 성사시킴으로 보스톤한인교회에 새로운 정체성과 이정표를 제시하였다.

새로 가입한 미국 장로교(PCUSA)의 체제는 보스톤한인교회의 전반적인 구조에 변화를 가져와서, 선교, 교육, 봉사 등 사역에 큰 변화와 확대가 이루어졌다. 선교사 지원은 물론 선원선교, 학원선교, 문서선교로도 선교활동을 강화했고, 교육 전임목사를 두어 청년부와 대학부를 육성시키는 한편, 중고등부 창립 등의 젊은 기독교인 육성을 위한 기독교 교육체계를 강화하기도 하였다. 그뿐만 아니라, 조직화된 제직수양회, 평신도 교육, 성경공부, 구역공부 등을 통해 교인들이 신앙적으로 청지기 직분을 잘 감당할 수 있도록 든든한 발판을 마련하는 데 힘썼다.

1983년 창립 30주년을 전후로 하여 보스톤한인교회는 대외적인 선교를 펼쳐나갈 준비를 하게 되고, 미국 사회 및 미국 장로교단 안에서도 선교활동을 펼쳐 나가게 되었다. 특히 민중신학 및 해방신학의 신념과 소명을 가지고 사역을 전개했던 홍근수 목사의 영향으로 목요기도회 지부가 설립되는 등 선지자적인 이민 교회로서의 사역 활동이 전개되기도 하였다.

보스톤한인교회의 성장기를 이끌었던 홍근수 목사가 목회 8년 만인 1986년 새로운 사역지를 향해 귀국함에 따라, 보스톤한인교회는 다시 한 번 새로운 목회자를 기다리며 기도하는 시기를 맞게 되었다.

교회 창립 32년 만에 미국 장로교단 가입

보스톤한인교회는 1985년 11월 미국 장로교(PCUSA) 보스턴노회(Boston Presbytery)의 23번째 교회로 가입하여 1985년 11월 11일 미국 장로교단 가입 축하예배와 창립 32주년 기념예배를 함께 드리면서 신임 장로 및 집사, 권사에 대한 안수식과 임직식도 같이 거행했다. 교단 가입에 관한 뉴스는 5월에 이미 신문에 게재되었고, 기념예배는 보스턴 한인 사회 및 보스턴 지역 교회들을 모두 초청하는 방식으로 진행되어 보스턴 지역 축하행사처럼 치러졌다.

1985년 미국 장로교회 가입 후 첫 장로 안수 및 임직식이 열리고 있다

1986년 12월-1995년 5월

이민 교회의 시련과 극복

보스톤한인교회가 미국 장로교단에 가입한 지 일 년 후인 1986년 홍근수 목사는 서울의 향린교회 청빙을 받아 떠나게 되어 새 담임목사의 청빙 작업이 시작되었다. 미국 장로교단의 헌법에 따른 절차에 의해 진행되어 근 일 년이 지나 채 위 목사가 시무하게 되었다. 채 위 목사와 홍근수 목사는 현실참여에 적극적인 한국기독교장로회에서 목사안수를 받은 같은 교단의 출신이었다. 홍근수 목사와 채 위 목사가 시무한 약 16년간, 보스톤한인교회는 민중신학의 목회 노선을 따랐다. 이러한 현상은 미국 내 이민 교회로서는 매우 드문 일이었다.

채 위 목사의 시무와 함께 여러 방면에서 성숙해진 이민 교회로서 전체적으로 안정된 교육,

선교, 봉사활동 등이 활발하게 전개되었다. 교육목사 및 교육전도사들이 각 교육기관의 책임자로 사역을 시작하면서 교육위원회의 각 부서가 활기를 띠며 좀 더 체계적인 이민 2세 신앙교육의 발전을 가져왔다. 보스톤한인교회 소속으로 보스톤한인학교가 개교되었고, 집사회, 여선교회, 구역모임 등이 교회의 중심부에서 주요 행사와 각종 사역들을 꾸준히 담당해 나갔다. 당회의 선교위원회와 함께 중고등부, 대학부, 청년부, 영어 예배부, 여선교회 등 각 부서가 독립적으로 선교사역을 펼쳐 나가기도 하였다.

1989년 3월 보스턴 지역에서는 처음으로 영어 회중을 위한 사역이 시작되었으며, 연단의 기간을 거친 후 헌신적인 목회자와 젊은 신학생들의 노력으로 10년 만에 독립된 미국 장로교 개체 교회가 되어 우리 교회에서 분리되어 나갔다. 여러 방면의 사역과 헌신, 봉사활동의 전개는 대외적으로 선지자적 이민 교회의 위상을 높이고 많은 한인 교회의 모범이 되기에 부족함이 없어 보였다.

그러나 16년의 민중신학과 해방신학의 복음과 사역을 강조하며 달려온 보스톤한인교회는 이 시기 자유주의 신학 노선의 영향을 받은 말씀 선포와는 포커스가 다른, 영적, 복음주의적인 메시지를 갈구하는 교인들이 증가하고 있었다. 한창 부흥하고 있던 선지자적 교회는 아픔을 겪으면서 교회 성장이 제대로 이루어지지 않았고, 신앙적으로 '시련과 정체'라는 아픔을 안겨주면서 교회공동체의 의미를 다시 되짚어 보게 했다. 그러나 성숙한 이민 교회의 기반을 다지고, 아픈 만큼 더 성숙해졌던 이 시기는 선지자적 이민 교회인 우리 교회를 더욱더 견고한 반석 위에 올려놓음으로써 또다시 다가올 부흥의 시간을 위해 준비하게 하였다.

선교위원회와 각 부서의 선교사역 활동

1985년부터 1995년 초까지의 보스톤한인교회의 선교사역은 직접적인 선교활동보다는 간접적인 선교 지원으로 노회 및 여러 선교기관 및 선교사들에게 선교비를 보조하는 협력선교의 형태였다. 선교위원회 예산 대부분이 총회에 보내는 선교헌금이었는데, 직접 선교에 사용되는 재정은 많지 않았다. 그래서 예산이 많이 소요되지 않는 봉사 형태의 선교활동에 주력하게 되었다. 교회 각 부서들은 선교위원회에서 예산을 보조받는 것이 아니라, 독자적인 선교기금을 모금하고, 그 규모에 따라 선교 및 사역 활동을 계속하였다. 중고등부는 이웃을 돕는 기금 모금을 위해 "Walk for Hunger", "Spoon Decoration"에 참여하였고, 집사회의 협조를 받아 부활절 바구니(Easter Basket)을 만들어 불우한 아동들에게 전달하였다. 여선교회, 대학생부, 청년부에서는 점심식사 판매, 바자회 등을 통한 선교모금으로 자체적인 선교사역 활동을 계속하였다.

성가대 찬양사역과 다방면의 활동

1982년부터 성가대 지휘를 맡은 변화경 장로의 예배음악사역에 대한 헌신적인 노력과 지휘자를 성심으로 돕는 여러 반주자들, 성가대원 및 임원들의 열성으로 성가대는 해를 거듭할수록 더욱 성숙한 찬양을 드렸다. 뛰어난 음악인들이 많이 유학을 오는 보스턴의 이점을 살려 성가대는 명실공히 자타가 공인하는 최고의 음악으로 하나님께 영광을 돌렸다.

이미 피아니스트로 최고의 수준에 있는 변화경 장로의 음악에 대한 열정은 고스란히 찬양사역에 나타났고, 신앙 간증이 더해진 음악은 보스톤한인교회 교인들뿐만 아니라 모든 음악을 사랑하는 사람들의 마음을 움직이는 찬양으로 승화되었다. 또 세계적으로 유명한 제자 연주자들이 지휘자를 도와 반주자로서 성가대에 봉사했으며, 국제무대에서 수상 경력을 가진 솔로이스트들이 팀을 이뤄 예술적으로나 신앙적으로 훌륭한 찬양을 올리며 예배의 품격을 높였다. 반주자 겸 오르가니스트로는 이미혜, 이성심, 백혜선 등이 있고, 독창자로는 이재숙, 이정일, 곽현주, 조유미 씨 등이 있다.

1995년 6월-2014년 6월

부흥, 첫 희년, 그리고 60주년

채 위 목사의 은퇴예배를 1994년 5월에 은혜스럽게 드리고, 보스톤한인교회는 곧 새 교역자를 모시기 위한 준비를 시작하였다. 1995년 6월 18일 15대 담임목사로 부임한 이영길 목사의 위임예배를 드렸다. 초대받은 각계 인사들과 교인들의 환영 속에서 드린 예배는 보스톤한인교회의 큰 축복이었다. 1995년 이영길 목사의 시무는 보스톤한인교회에 새로운 활력을 주었고, 하나님의 은총으로 현재까지 발전과 성장을 계속하고 있다.

현재 교회 예배당

이영길 목사의 복음적인 이야기식 설교와 목회철학은 교인들에게 새로운 영성을 불어넣어 주었고, 아름다운 이야기를 만들어가는 순례의 길을 다시 시작하게 해주었다. 한인 사회의 발전과 함께 많은 젊은 교인들이 교회를 찾아왔고, 어린이, 중고등부, 청년 대학생들이 늘어나면서 더욱 활기를 띠게 되어, 2000년대 중반에는 교회 전체적으로 볼 때 거의 3배에 가까운 외형적 성장을 가져오게 되었다. 1997년부터는 1, 2부로 예배를 드리기 시작했고, 같은 해 9월에 보스톤한인교회가 브루클라인제일장로교회로부터 예배당 건물을 인수받아 헌당예배를 드리는 축복이 있었다.

2000년을 기점으로 해외선교를 시작, 페루, 니카라과 등지에 매년 단기선교단을 파송했고 연변 희망촌을 지원하였다. 이어 콜롬비아, 도미니카공화국, 최근에는 프랑스까지 선교에 나섰다. 지역선교를 위해 2002년부터는 이웃초청 한국문화축제를 개최하기 시작했고 최근에는 이웃초청 Oasis Cafe 등 문화사역과 북미 원주민사역도 시작하였다. 2003년에는 첫 희년을 맞이해서 미주 한인 이민 교회로서는 처음으로 자체적인 "희년신앙고백서"를 만들었고, 2004년에는 이민 교회로서의 제2의 희년을 바라보는 4대 비전을 선언했다. 어린이부터 어른까지 3세대가 함께 배우며, 이웃과 함께 한민족의 문화와 역사를 나누고, 세계를 향하여 복음을 들고 나아가며, 사랑으로 정의를 이 땅에 세워가는 교회를 추구했다.

2014년 8월 전교인 수양회에서 단체로 사진을 찍고 있다

교회 성장에 따라 2010년에는 오랫동안의 기도와 모금으로 Education and Community Center(ECC)를 건립하여 봉헌하였으며, 새로운 공간과 시설은 3세대가 함께 배우며 더욱 성장할 수 있게 해주었고 교회가 새로운 사명을 안고 지역사회로 사역을 넓혀 갈 수 있게 하였다. 이는 단순한 공간의 확장이라기보다 교회가 보다 적극적인 지역선교와 문화선교를 수행할 수 있게 되었고, 자라나는 후세들에게는 밝고 아름다운 예배 및 교육공간으로 사용되고 있다.

보스톤한인교회는 지역사회에서 역사와 전통을 이어가는 어머니 교회로서의 모습을 갖춰가면서 지도자적인 교회상을 정립하고 한인 사회를 넘어 미국 교회 내에서도 영향력을 가지는 주목받는 교회로 성장하였다. 제2차 세계대전 후 미국 내에 두 번째로 세워진 한인 이민 교회로서 2013년에는 60주년을 맞는 축복의 예배를 드릴 수 있었고, 뉴잉글랜드의 어머니 교회로서, 현재 미국 장로교 보스톤노회에서 두 번째로 큰 규모를 가진 교회로서 하나님께서 보여주시는 푯대를 향해 계속 순례의 길을 가고 있다.

2014년 6월-현재

2014년 6월 27일 이영길 목사가 포틀랜드에서 열린 미국 장로교회 한인 교회 제43회 정기총회 및 전국대회에서 NCKPC 총회장에 취임했다. 6월 27일-7월 8일에 프랑스 단기선교단을 파송했다. 2015년 7월-8월에는 도미니카공화국 선교단을 3차 파송했으며 니카라과 목회자세미나를 지원했다.

2019년도 제직 임명식 후 담임 이영길 목사와 임직자들이 기념 사진을 찍고 있다

11월에는 창립 60년 주년 기념 『보스톤한인교회 60년사』가 발간되었다. 2017년 7월 과테말라(해외선교), 뉴멕시코(국내선교)로 단기선교단을 파송했으며 10월에는 케냐 이민자 교회를 위한 자선 음악회, "Hana Concert"를 개최했다. 2018년 11월 창립 65주년 기념 한국 문화 축제와 창립 65주년 기념예배를 드렸다. 2020년 3월부터 시작된 코비드19 팬데믹으로 인해 2021년 7월까지 온라인을 통해 3세대가 함께하는 주일예배를 드렸다.

2021년 11월 21일 교회 창립 68주년 기념예배를 드렸다.

역대 담임목사

초대 고 박대선 목사, 2대 고 박봉랑 목사, 3대(공동) 고 김용식 목사, 고 조찬선 목사, 고 한승호 목사, 4대 고 한승호 목사, 5대(공동) 고 이계준 목사, 고 이상현 목사, 고 함성국 목사, 6대 고 함성국 목사, 7대 고 안상엽 목사, 8대 고 김광원 목사, 9대 고 이상호 목사, 10대 고 김광원 목사, 11대 권진태 목사, 12대 김갑동 목사, 13대 고 홍근수 목사, 14대 채 위 목사, 15대 이영길현 담임목사

Michigan

교회 주소: 27075 W. Nine Mile Rd., Southfield, MI 48033
전화: (248) 356-4488/ www.kpcmd.org

디트로이트한인연합장로교회
Korean Presbyterian Church of Metro Detroit
(창립 연도: 1967년/ 창립 목사: 황관일 목사)

주광우 목사

디트로이트한인연합장로교회 부목사
전남대학교 영어영문학과 졸업
장로회신학대학교 신학대학원 목회학석사(M.Div.)
Dubuque Theological Seminary(Master of Art of Religion)
시카고신학대학원(Ph.D. Theology/ Cultural Criticism)

디트로이트한인연합장로교회는 미시간에 세워진 첫 번째 한인 교회로, 1967년 5월 넷째 주일(5월 28일)에 역사적이고 감동적인 첫 예배를 드렸다. 1960년대의 미국은 월남전과 반전운동, 흑인민권운동과 정치지도자 암살, 그리고 히피로 대표되는 반문화(counter-culture) 운동 등으로 국론이 분리된 복잡하고 암울한 시대였다. 특히 디트로이트는 1967년 인종폭동(43명 사망, 1,189명 부상)으로 사회적으로나 정치적으로 매우 불안하고 위태로웠다.

하지만 암울한 시대 속에서도 주님께서는 4명의 성도들(황관일 초대 담임목사, 이춘재 장로, 김기택 집사, 김충규 집사)로 하여금 함께 모여 예배하기 위한 복음 동산을 시작하게 하셨다. 이 시작을 기점으로 지난 55년 동안 주님께서는 이방인의 나라에서 서로를 의지하며 함께 예배하는 성도들의 삶을 신실하게 인도하셨고, 교회는 주님의 은혜로 지금까지 정체기 없이 성장해 올

수 있었다.

"저는 시냇가에 심은 나무가 시절을 좇아 과실을 맺으며, 그 잎사귀가 마르지 아니함 같으니 그 행사가 다 형통하리로다"(시 1:3)라고 하신 말씀처럼 전능하신 사랑의 하나님께서, 오묘하신 섭리로 우리 교회를 은혜의 시냇가에 심으시고, 철을 따라 꽃을 피우고 과실을 맺으며, 잎사귀가 마르지 않도록 인도해 주셨다.

우리 교회가 미시간 땅에 처음 씨앗을 뿌린 개척 당시 미국의 사정은 1965년 이민법의 개정으로 한인 이민 할당이 연간 2백 명에서 2만 명으로 증가되었고, 한국에서도 경제발전이 시작되어 이민이 활성화되고, 정부 또한 이민을 적극 권장하던 시기였다. 특히 월남전으로 미국에 의사가 부족함에 따라 외국인 의사들의 이민이 장려되면서, 1965년 이후 미시간에도 의사들의 이민이 급증, 한인 교회가 성장할 수 있는 외부적인 여건이 조성되었다. 디트로이트한인연합장로교회는 이런 시대적, 지역적 특성상 의사, 간호사, 엔지니어들이 교회 구성원의 주를 이루게 된다.

초대 황관일 담임목사는 8인의 교인과 함께 1967년 5월 28일 우드워드 애비뉴(Woodward Avenue)장로교회 지하 휴게실에서 창립예배를 드린 후 점차 교세가 늘어감에 따라 1968년 11월 3일부터는 예배 처소를 웨스트민스터(Westminster)장로교회 예배당으로 옮겨 목회를 이어갔다.

남대문을 배경으로 한 교회의 최초 로고

이후 2대 담임목사였던 김득렬 목사와 함께 교회는 비약적인 부흥과 성장을 경험한다. 당시 연세대학교 신학대학 종교교육학 교수로 안식년을 맞아 시카고 맥코믹(McCormick)신학대학에서 연구하던 김득렬 목사가 말씀 증거를 위해 매 주말 시카고를 방문하면서, 한인 신앙공동체의 필요를 느끼게 되고, 헌신을 결심하게 되었다. 김 목사는 한국인의 자존심과 정체성을 중심으로 이 땅에서 당당한 한국계 미국인이자 그리스도인으로 자리잡을 수 있도록 지원하는 것이 이민 교회의 사명이요, 미래라고 생각하고, 한인 목회를 시작했다.

황관일 초대 담임목사

한인 2세의 한글과 영적 신앙교육을 강조하였고, 이를 위해 주일학교 육성과 한글학교인 '세종학교'를 시작하여 모든 교인뿐 아니라 디트로이트 교민 전체 자녀들에게도 혜택이 돌아갈 수 있게 했다. 교회사역은 독자적 개교회 활동만을 말하는 것이 아니라 지역 내 교회들끼리 긴밀한 유대관계를 가지고 연합하는 일임을 깨달아, '미시간한인교회협의회'(MCKC)를 창립하고 지금까지 아름다운 관계와 협력 사역을 이어가고 있다.

1967년 전 교인 사진

1977년에는 창립 10주년을 맞이하여 교회 예배당과 교육관을 자체적으로 건립하여 주님께 봉헌했는데, 미주 한인 교회 사상 최초의 일이었다. 우리 교회는 일찍부터 미국 장로교단과 교류했으며 1971년 10월 3일에 미국 연합장로교회 디트로이트노회(Detroit Presbytery of PCUSA)에 정식으로 가입하였고 디트로이트를 대표하는 교회로 지역사회에서 그 역할을 감당하고 있다. "여호와께서 큰일을 행하셨음이라"(욜 2:21).

디트로이트한인연합장로교회는 지난 2017년 창립 50주년, 곧 희년을 맞이했다. 우리 신앙인에게 50주년 곧 희년은 단순히 지난 역사를 회고하고, 추억을 돌아보는 특별한 기념일이 아니다. 우리는 희년을 통해 우리 교회의 역사가 아바 아버지이신 여호와 하나님께서 큰일들을 이루어 오신 놀라운 은혜의 역사라는 것을 깨닫고, 감격하며 찬양했다. 돌아보면, 우리 교회는 55년의 역사 속에서 단 한 번도 분열하거나 갈라진 적이 없이 소폭이지만 꾸준히 성장하고 그 지경을 넓혀온 공동체였다.

지난 55년 교회의 역사를 담임목사 사역을 기준으로 6단계로 나누어 정리하면 다음과 같다.
1. **요람기(1967-1970년)**: 초대 황관일 목사가 교회의 기초를 닦은 기간.
2. **정착기와 성장기(1971-1991년)**: 2대 김득렬 목사가 부임해서 급격한 성장을 이루고 미주 최초로 자체 교회를 신축하고 미국 장로교단(PCUSA)에 가입, 교회의 기본 틀을 세운 기간.

2018년 5월 창립기념예배와 권사 임명식 후 전 교인이 함께 사진을 찍었다

3. 성숙기(1992-2003년): 3대 김인순 목사가 미국 장로교단의 중추적인 역할을 감당할 지역을 대표하는 교회로서 그 체제를 일구며 재정비한 기간.

4. 전환기(2004-2008년): 4대 박원호 목사가 한국에서 주재원으로 이주하는 젊은 교인들을 위한 새로운 목회비전을 세우며 준비한 기간.

5. 선교적 적응기(2009-2019년): 5대 유승원 목사가 새로운 시대적 변화에 맞춰 선교에 대한 새로운 개념을 세우고 학습하여 교회를 재정비하고 재도약을 준비한 기간.

6. 은혜의 전파기(2022-현재): 6대 김해길 목사가 팬데믹이라는 어려운 상황에서 부임해서 주의 은혜가 온 교회와 함께하고, 그 은혜가 우리 공동체를 통해서 세상으로 흘러나가게 하자는 비전을 세우고 전진해가는 기간.

우리는 먼저 하나님께서 디트로이트한인연합장로교회를 한 몸 된 신앙공동체로 성장하고, 이 지역을 섬길 수 있도록 허락해 주신 것에 감사를 드린다. 우리 교회는 새 시대를 향해 말씀하시는 하나님의 마음을 바로 알아 분별하고, 그에 합당한 탄력적 비전을 세우고 이를 실천하기 위해서 애쓰고 있다. 단순히 이미 갖춰져 있는 체계 속에서 안주하며 우리끼리의 공동체로 만족하는 것이 아니라, 세상과 예수 그리스도를 연결하며 중개자 역할을 감당할 수 있는 선교적 교회로 계속 성장해 갈 것을 주님께 서원하며 헌신하고 있다.

2022년 전 교인 사진

역대 담임목사

1대 황관일 목사(1967-1970), 2대 김득렬 목사(1971-1993), 3대 최인순 목사(1992-2004), 4대 박원호 목사(2004-2007), 5대 유승원 목사(2009-2019), 6대 김해길 현 담임목사((2022-현)

왼쪽부터 1대 황관일 목사, 2대 김득렬 목사, 3대 최인순 목사, 4대 박원호 목사, 5대 유승원 목사, 6대 김해길 목사

Minnesota

교회 주소: 2708 33rd Ave., NE, Saint Anthony, MN 55418
연락처: (651) 633-2434

미네소타연합감리교회
Korean United Methodist Church of Minnesota
(창립 연도: 1976년/ 창립 목사: 조창식 목사)

백승범 목사

미네소타연합감리교회 담임
볼티모어 에덴한인연합감리교회 교육목사 역임
목원대학교 신학과, 목원대학교 대학원 신학과(Th.M.) 졸업
웨슬리신학대학원(M.A.) 졸업

하나님께서는 미네소타의 복음화를 위해 1976년 8월 29일 일곱 가정(성인 31명, 어린이 15명)을 택하셔서, 당시 잠시 미국여행을 온 조창식 목사와 함께 아일랜드 레이크(Ireland lake) 주변에서 창립준비예배를 드리도록 허락하셨다. 그리고 같은 해 9월 5일 로즈빌에 있는 센테니얼연합감리교회에서 창립예배를 드렸다. 조창식 목사는 10월 5일 여덟 명의 지도자를 선발해 여선교회를 조직했다.

같은 해 12월 5일 조창식 목사가 귀국하고, 12월 12일 로스엔젤레스감리교회를 섬기던 김동형 목사가 제2대 담임목사로 미네소타연합감리교회를 섬기기 시작했다. 이듬해인 1977년 3월 28일, 연합감리교회 동부 지역 미네소타 연회에 가입하여 연합감리교회 장정에 따라 교회평의회를 조직했다(성인 82명, 어린이 29명).

1970년부터 1980년까지 미국으로의 한인 이민 증가로 교인이 늘어나면서 센테니얼연합감리교회와 건물을 공유하기 어려워지면서 다른 곳에서의 예배를 위해 기도하기 시작했다. 1978년 12월 24일 우리 교회는 오크데일(Oakdale)에 있는 호프교회(Hope Church)로 이전하고 첫 예배로 성탄예배를 드렸다(193명).

현재 교회 예배당

교회 건물은 5에이커의 땅에 250명을 수용할 수 있어 우리 교회에 적당한 크기였다. 1979년에는 교회 건물을 위해 남선교회를 조직하여 관리하기 시작했다. 당시 교인들이 살던 곳에서 교회의 위치는 상당히 멀었지만 교인들은 비가 오나 눈이 오나 부지런히 하나님을 섬겼다. 하나님의 은혜로 교회는 계속 성장했고, 4년 만에 새로운 교회 자리를 찾아야 했다. 1983년 미네소타연합감리교회는 학교 건물과 7에이커의 땅을 매입했다. 학교 체육관이 450석 규모의 성전으로 바뀌었다.

1986년 김동형 목사가 다시 LA로 이주해 교회를 개척했고, 텍사스 웨슬리한인연합감리교회를 섬기던 이덕균 목사가 담임으로 섬기기 시작했다. 지난 10년 동안 교회는 영적으로 성장했고 다음 세대를 위한 훈련을 시작했으며 칠레에서 선교를 시작했다. 1993년 미네소타연합감리교회는 세인트 앤토니 선셋(St Anthony Sunset) 묘지에 성도들을 위한 교회 묘지를 구입했다.

1999년 이덕균 목사가 뉴저지갈보리연합감리교회로 이임했고, 노스캐롤라이나 주 그린즈버러연합감리교회를 섬기던 김광태 목사가 우리 교회를 섬기기 시작했다. 우리 교회는 유카탄반도, 멕시코, 중국 등지에서 단기선교와 제자훈련 및 차세대 영어사역을 시작했다.

2004년 6월 김광태 목사가 시카고 제일한인연합감리교회로 이임하고, 7월 11일 손용옥 목사가 사역을 시작했다. 그동안 교회에 있었던 크고 작은 갈등 속에서도 미네소타 땅에 복음을 전하기 위해서 전 교인이 한마음으로 열심히 봉사했다.

2014년 7월 신동훈 목사가 우리 교회로 새롭게 파송받았으며, 2017년 12월 뉴브링턴(New Brighton)에 있던 건물을 팔고, 세인트앤토니(St. Anthony)에 있는 훼이스연합감리교회(Faith UMC) 건물을 함께 쓰고 있다.

2018년 6월 백승범 목사가 부임했다. 백 목사는 연약해진 교회에 부흥의 불을 지피고 있으며, 팬데믹 중에서도 온라인 예배와 성경공부, 선교사역을 계속 감당하고 있다.

2019년 전 교인이 한 자리에 모여서 기념 사진을 찍고 있다

Mississippi

교회 주소: 360 Towne Center Blvd., Ridgeland, MS 39157
연락처: (601) 922-8459 / www.jackson.jc1.kr

미시시피잭슨한인교회
The Korean-American Church of Jackson
(창립 연도: 1979년/ 창립 목회자: 최덕성 전도사)

장기원 목사

미시시피잭슨교회 담임
서울 가좌제일교회 담임 역임
안양대 신학과(M.Div.) 졸업
달라스 CFNI 졸업
풀러신학대학원 목회학박사(D.Min.)

    미시시피잭슨한인교회는 1979년 7월 15일 미시시피 한인 이민자들과, 리폼드신학대학원(Reformed Theological Seminary)에 유학 중인 한인 학생들을 중심으로, 임계순 씨 자택에서 최덕성 전도사의 인도로 첫 예배를 드렸다. 당시 한인 인구가 굉장히 적어서 한국 사람이 미시시피로 이사를 왔다고 하면 김치를 만들어 2시간 거리라도 찾아가서 만남과 교제의 시간을 가졌다.
    1979년 10월에 예배 장소를 제일장로교회(First Presbyterian Church)로 옮겨서 예배를 드렸다. 1980년 4월 13일 김영진 목사가 2대 담임목사로 부임했으며, 1981년 예배 장소를 마운트 살루스교회(Mt. Salus Church)로 이전했다.
    미시시피잭슨교회는 리폼드신학대학원으로 유학 온 신학생들을 중심으로 개척되었기에 담임사역을 하던 목회자가 졸업을 하게 되면 한국이나 미국의 다른 주로 청빙을 받아 이주하는 경우가 많았다. 그러므로 자연스럽게 담임목회자의 변화가 많았다. 42년의 역사 가운데 현재 목회를 하고 있는 장기원 목사가 16번째 담임목회자이다.

현재 교회 예배당

미시시피잭슨교회는 1985년 9월 22일에 공동의회를 통해 PCA 교단에 가입하였다. 그 이후 지금까지 PCA 교단에 속해 있으며, 동남부 한인노회에 소속되어 있다. 1991년 2월 3일 새 예배당 구입을 만장일치로 결의하고 대지 2에이커의 교회 건물(1659 Springridge Rd., Raymond, MS 39154)을 구입하였다. 1991년 5월 26일 새 성전 입당예배를 드렸다. 1998년 10월 4일 교회 증축 공사를 결의하여 기존건물에 연결하여 본당을 새롭게 증축하고, 기존에 사용하던 본당을 친교실로 사용하였다. 그 후 교육관 건물을 건축하여 다음 세대 교육과 영성 훈련에 힘썼다.

2021년 3월 공동의회를 통해 교회 건물을 구입하기로 결의했다. 6월 임시 예배 처소로 이사했으며, 8월에는 새 건물 구매를 계약했다(360 Towne Center Blvd., Ridgeland, MS 39157). 2022년 1월부터 새로운 장소에서 예배를 드리고 있으며 본당 공간을 리모델링하기 위해 준비 중에 있다.

잭슨한인교회는 미시시피에 세워진 최초의 한인 교회로서 미시시피 한인 복음화에 최선을 다하고 있다. 미시시피의 한인 이민자들은 대부분 미용 재료 공급업체(Beauty Supply)를 운영하고 있다. 많은 한인들은 교회가 위치한 잭슨(Jackson) 지역뿐만 아니라 미시시피 내에 작은 소도시에 들어가서 비즈니스를 운영하는 경우가 많다. 이런 도시들은 보통 2시간에서 3시간 운전을 해야 갈 수 있는 거리이다. 그렇기 때문에 매 주일예배에 참석하기 어렵고, 작은 도시마다 한인 가정이 두세 가정밖에 되지 않기 때문에 한인 교회가 있을 수 없다.

최덕성 창립 목사

2011년 창립 기념 감사예배를 마치고 온 교인들이 사진 촬영을 하고 있다

2007-2010년에는 당시 인터넷이나 한국어방송이 없어서 설교 CD와 복음 내용을 담아서 매주 발송하였고, 전 지역을 1년에 한 번 3-4일에 걸쳐서 방문 심방하고, 부활주일과 추수감사주일에는 초청해서 연합예배를 드렸다. 예배에 참석한 분들은 지금까지도 감사의 마음을 전하고 있다.

또한 교회는 한국 사이버외국어대학 한국어 교사 과정 학생들과 연계하여 한국어 캠프를 2009년부터 2014년까지 진행하였다. 성도들의 자녀뿐 아니라 지역 한인 자녀들이 한국어 캠프에 참여해 일주일간 교회에서 숙식하며 한국어와 한국 문화를 배웠다. 한국에서 온 10여 명의 한국어 교사 과정 학생들이 양질의 캠프를 운영해 주었다. 캠프 마지막 날에는 1주일간 배웠던 "심청전", "흥부와 놀부" 같은 한국 동화나 소설들을 연극으로 만들어서 부모님들 앞에서 한국어로 연기를 하는 시간도 있었다. 또한 매년 6월이면 6·25 참전 용사들을 초청하여 그분들의 헌신과 수고에 감사하며 한국이 그들의 수고와 헌신을 잊지 않고 있음을 알렸다.

미시시피는 한인회가 없었는데, 2년 전에 처음으로 한인회가 구성되었다. 그 이전에는 교회가 한인회의 역할을 감당하여 지역 한인 모임에 주축이 되었고, 주미대사나 미국 하원의원인 베니 톰슨이 와서 강연할 때 우리 교회가 장소를 제공했다. 특히 2005년 카트리나 태풍으로 뉴올리언스가 큰 피해를 당했을 때 북쪽으로 2시간 정도 떨어져 있어서 태풍에 안전하면서도 피해 지역과 가장 가까운 우리 교회가 어려움을 당한 사람들과 가족이 임시로 머물 수 있는 장소를 제공했다. 그뿐만 아니라 당시 텍사스와 타주에서 여러 도움의 손길들이 있었는데, 이때에도 우리 교회가 센터 역할을 해서 서로 소통이 이루어지면서, 피해 당한 분들이 어려움을 극복할 수 있도록 도움을 드릴 수 있었다.

잭슨한인교회는 지금까지 두 명의 장로가 있다. 교회 역사에 빼놓을 수 없는 분들이다. 먼저 2000년 10월에 장로 임직받은 고 이호림 장로는 미시시피 한인 이민 역사의 첫발을 내디딘 성도다. 나체스(Natchez)로 이민 온 이 장로는 아내 이경림 권사와 함께 미용재료 공급업체(Beauty Supply)를 운영하면서 미시시피잭슨교회가 개척될 때 개척 멤버로 섬겼다. 이 장로 부부는 나체스에서 교회까지 2시간 거리를 일주일에 두 번씩 오가며 예배와 성도들을 섬겼는데, 특히 이 장로는 목수처럼 훌륭한 기술을 가져서 교회의 모든 곳을 수리 보수해서, 구석구석 그의 손길이 닿지 않은 곳이 없었다. 특별히 교회 증축과 교육관을 건축할 때 이 장로의 주도 아래 모든 공사가 이루어졌다. 이호림 장로는 2020년 9월 하나님의 부르심을 받았다.

2019년 10월 13일 주일예배 후 교인들이 사진을 찍고 있다

두 번째 장로는 애틀랜타제일장로교회에서 장로 임직을 하고, 미시시피로 이사 와서 우리 교회를 섬기다가 2003년 7월에 시무장로로 임직된 이재근 장로다. 이 장로는 아내 이연화 권사와 함께 비즈니스를 운영하면서 모든 예배와 교회 프로그램을 우선순위로 생각하고, 교회를 섬겼다. 특별히 목회자의 사역에 힘이 되도록 지지해주었고 성도들을 돌아보며 신앙과 삶에 본이 되었다. 부정적인 말보다는 언제나 긍정적인 말을 해서 모든 성도와 지역사회로부터 존경을 받았다.

현재 잭슨한인교회는 새로운 장소로 이전하여 리모델링을 준비하고 있다. 42년의 역사를 발판으로 하여 새롭게 개척하는 마음으로 사역을 준비하고 있다. 특히 이스라엘 백성이 하나님께서 약속하신 가나안 땅에 들어가서 정착하고 주신 말씀대로 살고자 한 것처럼, 우리 교회를 '약속의 땅'(Promised Land)으로 알고 이곳에서 믿음생활을 하면서 지역사회에 선한 영향력을 발휘하는 신앙공동체가 되려는 비전을 가지고 있다. 또한 우리 교회는 다음 세대를 교육하고, 한인들에게만이 아니라 경찰서나 소방서 등 지역사회를 위해서 헌신하는 사람들을 돕는 사역도 계속해서 감당할 것이다.

Missouri

교회 주소: 10 McKelvey Rd., Maryland Heights, MO 63043
연락처: (314) 275-2661/ hopestl.org

세인트루이스한인소망교회
Korean Hope Presbyterian Church
(창립 연도: 1968년/ 초대 목사: 강원용 목사)

강원용 목사

세인트루이스한인소망교회 초대 담임 역임
호프 아파치인디언 선교사
총신대학 신학대학원(M.Div.)
커버넌트신학대학교(Th.M.)

  미주리주 최초 한인 교회는 세인트루이스한인교회로 1968년 3월 첫째 주 김대하 장로(평양 장대현교회 출신, 건축가), 김시창 장로, 남정직 장로(의사), 배상진 장로(의사)를 중심으로 100여 명 교인이 미국 교회를 빌려서 첫 예배를 드림으로써 시작되었다. 당시는 세인트루이스에 한인 교민들이 많지 않아서, 거의 모든 사람이 세인트루이스한인교회에 참석했는데, 심지어 승려 한 명도 교회에 출석했다는 이야기가 있다.
  세인트루이스에는 유명한 신학교가 세 곳 있는데, 루터교 교단신학교인 컨콜디아신학교, 미국 PCA 교단신학교인 커버넌트신학교, 또 PCUSA 계통의 이든(Eden)신학교가 있다. 당시 세인트루이스한인교회에서의 설교는 컨콜디아신학교와 이든신학교에 유학 온 목사들이 담당했다.
  세인트루이스한인교회가 설립된 지 약 6, 7년 후에 세인트루이스한인장로교회(PCA)와 세인트루이스제일장로교회(PCA)가 분리되어 개척을 해서, 세인트루이스한인교회, 세인트루이스한인장로교회, 세인트루이스제일장로교회로 나뉘게 되었다. 교회의 분리 설립 후 세 교회에서는 한동안 유학 온 목회자들이 설교를 감당했지만, 이후에는 담임목사들이 교회를 섬겼다.

세인트루이스한인교회는 현재 '세인트루이스한인소망교회'가 그 최초 교회 역사를 이어받은 것으로 이야기되고 있다. 세인트루이스한인소망교회는 강원용 담임목사가 부임한 5년 뒤인 1997년 하나님의 은혜로 세인트루이스한인교회와 연합하게 된다. 연합된 교회 이름은 세인트루이스한인소망교회로 정했다. 연합 당시 교인은 100명 정도였으며 소망교회 교인은 약 70명, 한인 교회 교인은 약 30명이었다. 그리고 교회 설립 연도를 한인 교회가 설립된 1968년 3월 첫째 주로 하기로 했다.

연합한 후 1997년 11월 새로 구입해서, 현재까지 사용하고 있는 예배당(2210 McKelvey Rd, Maryland Heights, MO 63043)에서 첫 예배를 드렸으며, 통합교회 담임으로 강원용 목사가 부임했다. 강 목사는 2018년 12월까지 담임목사로 사역했다.

현재 교회 예배당

1998년 3월 1일 교회 설립 30주년기념 주일예배를 드렸다. 설립 30주년이 되던 해에는 첫 번째 봄 야외예배(5월 24일), 첫 연합 어린이 성경학교(8월 10-14일), 첫 가을 야외예배(9월 16일), 첫 Youth 수련회(12월 27-29일)를 실시했다. 또한 첫 번째 청년부 수양회를 1999년 1월 22-24일까지 실시했다.

우리 교회는 1999년 9월 5일 미주 한인 예수교장로회(KAPC)에 가입했다. 2012년 4월 15일 교육관을 아가페 홀이라 명하고 헌당예배를 드렸다. 아가페 홀이 마련된 후 교육부 사역을 이곳에서 진행하게 되어, 그해 10월 7일부터 주일 영아부예배를 이곳에서 드렸다.

강원용 담임목사가 아파치인디언사역을 결정하고 담임목사 은퇴를 결정하자, 후임 담임목사를 청빙하게 되었는데 2018년 10월 7일 공동의회에서 김성직 목사를 담임으로 청빙하기로 결의했다. 2018년 12월 1일 김성직 목사가 담임목사로 부임했으며 1대 담임인 강원용 목사와 강순옥 사모는 12월 31일 은퇴식을 가진 후 아파치인디언 선교사역을 위해 선교사로 파송받았다.

2019년 1월 20일 제2대 김성직 담임목사 위임예배를 드렸다. 김성직 목사 부임 이후 교회는 예수님의 제자를 만들기 위해 제1기 남녀 제자훈련을 시작했다. 2019년 4월 28일-7월 14일에 실시한 제자훈련은 13명(남 6명, 여 7명)이 수료했다. 2019년 말에 중국에서 시작된 코로나19의 미국 상륙으로 교회는 대면으로 진행했던 모든 프로그램을 중단하고 온라인체제로 들어갔다. 예배는 3월 29일부터 전면 온라인으로 진행하게 되었다.

현 담임 김성직 목사

김성직 목사는 말씀 중심의 목회 철학에 따라 교인들을 말씀 속에 거하게 하기 위해 "매일 큐티하는 삶"이란 주제로 큐티세미나를 월요일부터 토요일까지 온라인으로 진행했다. 또한 전 교인 성경필사(요한복음)

2019년 1월 20일 김성직 목사 위임예배 후 전 교인이 사진을 찍고 있다

를 실시하여 말씀생활을 생활화하게 했다. 58명이 참여한 가운데 진행된 성경필사는 책으로 엮어서 발간되었다. 또한 코로나19 속에서도 2020년 5월부터 함께 신앙서적을 읽고, 기독교 영화를 보며, 더욱 성숙한 믿음으로 어려움을 극복하는 신앙공동체가 되고자 노력했다.

5월 3일부터 한 주간 동안 담임목사가 드라이브웨이 심방을 통해 교인들을 돌보았으며, 10일에는 사랑의 나눔운동으로 쌀, 라면, 물, 화장지를 어려운 사람들에게 나누어 줌으로 함께 어려운 시기를 극복해나갈 수 있도록 격려했다. 8월 11일부터 9월 18일까지 온 교인이 함께 40일 릴레이금식기도를 실시하여 '코로나19' 속에서도 주님을 더 가까이하는 삶을 살게 했다. 5월 24일부터 예배를 온라인과 오프라인으로 실시했다. 오전 9시 예배는 오프라인, 오전 11시 예배는 온라인으로 드렸다. 7월 12일부터는 오전 11시 예배를 온라인과 오프라인으로 동시에 드리게 되었다. 오프라인 예배는 구역별로 격주로 나눠 참석하도록 했다.

선교사역

우리 교회는 세상을 사랑하셔서 육신을 입고 찾아오신 하나님의 관심과 목적에 따라서 잃어버린 영혼을 찾아 전도하여 구원하고 잘 양육하여, 그들 또한 하나님의 뜻에 따라 또 다른 잃어버린 영혼을 찾아 구원에 이르게 함으로써 하나님을 기쁘게 해드리는 것이 우리가 감당해야 하는 선교라고 정의를 내리고, 예수님의 지상명령인 복음 전파를 위해 타 인종을 향한 전도와 선교에 헌신하고 있다.

강원용 목사 부임 후 우리 교회는 두 가지 사역을 중점적으로 하게 되었다. 하나는 다운타운의 홈리스와 빈민사역이다. 처음에는 매주 예배 후에 다운타운에 나가서 노방전도를 했는데, 나중에는 한 달에 한 번 정도 나가서 음식과 옷과 다과를 나누면서 집집마다 다니며 전도를 했다. 하나님의 은혜로 많은 영혼을 구원하게 되었고, 많은 성경적인 기적도 체험했다.

두 번째는 인디언사역이다. 처음에는 여름방학 기간에 체로키인디언 보호지역에 가서 선교를 했는데, 후에는 아파치인디언 보호지역으로 가서 선교를 했다. 우리 교회가 다운타운사역과 인디언사역에 초점을 맞추게 된 이유는, 우리를 이곳 미국 땅에 보내신 하나님의 선하신 뜻 중의 하나가 이 미국 땅의 영혼 구원을 위함이라고 생각했기 때문이다. 흑인 빈민과 인디언들은 미국 백인들이 전도하기 힘든 대상이다. 그들에게는 가슴 깊은 곳에 백인들에 대한 증오심이 있다. 그래서 이민 온 우리 한국 교회가 이 일을 해야 한다고 생각했다. 흑인 빈민과 인디언들은 한국인에 대해서는 전혀 거부감이 없기에 전도하는 데 어려움은 없다.

우리 교회는 선교의 지경을 넓혀 멕시코 단기선교를 실시하고 있는데, 2000년 7월 30일부터 8월 10일까지 실시한 첫 유스 멕시코 단기선교에 18명이 참여했다. 또한 황규식, 이선영 선교사를 2014년 6월 19일 요르단으로, 2018년 12월 31일 초대 담임인 강원용 목사와 강순옥 사모를 아파치인디언 지역에, 2020년 3월 22일 배종원, 이운순 선교사를 태국으로 파송했다.

우리 교회는 현재 전 세계 10곳에서 행해지고 있는 선교사역에 동참하고 있다. 현재 돕고 있는 선교지와 선교사들은 다음과 같다. 태국(배종원 선교사), 중국(이주애 선교사), 케냐(이영규 선교사), 모로코(김영목 선교사), 멕시코(성명구 선교사), 캄보디아(유한호 선교사), 콜롬비아(황신재 선교사), 북한 고아 돕기(크로스미션), 방글라데시(임대휘 선교사), 아파치인디언(강원용 선교사).

Montana

교회 주소: 713 Avenue D., Billings, MT 59102
연락처: (347) 656-6541
www.facebook.com/koreanchurchbillings

한미연합교회
Korean American Community Church
(창립 연도: 1992년/ 창립자: 전은택 장로)

정 부 목사

한미연합교회 담임
장로회신학대학 신학과 졸업
장로회신학대학 신대원 졸업

몬태나주 빌링스에 살고 있던 고 전은택 장로는 목사의 아들이었다. 그는 자신처럼 목사가 되기를 바라는 아버지의 기도와 소망을 따르지 못해서 늘 빚진 마음이었다. 세월이 지나도 그는 아버지의 바람과 기도를 잊을 수 없었다. 그리고 마침내 그는 비록 목회자가 되지는 못했지만 '한인 교회 불모지와도 같은 몬태나 주에 교회를 세워 목회자 못지않은 헌신으로 한인들을 복음화시켜야 하겠다'고 결심하게 되었다.

전 장로는 몬태나 주의 주요 도시, 이를테면 빌링스(Billings), 보즈만(Bozeman), 미줄라(Missoula), 그레이트폴(Great Fall)에 한인 교회를 세우기로 다짐하고 아내 전영춘 권사(현재 애리조나에 거주)와 함께 기도하면서 자신의 재산을 하나님께 드리며 미션을 수행해 나갔다. 그는 빌링스 지역 한인 교회를 위해 교회 건물을 확보하고, 이어서 보즈만 지역 한인 교회를 위해서

현재 교회 예배당

건물을 사서 교회로 하나님께 바쳤다. 이어서 미줄라에서도 예배를 드리는 등, 그의 미션 행보는 계속되었다.

그가 첫 번째 봉헌한 빌링스에 있는 한미연합교회의 예배당 구매 과정에는 알려지지 않은 하나님의 특별한 은혜가 있었다. 전 장로가 교회 설립을 위해 기도하던 중, 경매에 참여, 빌링스 도심 지역의 꽤 넓은 땅을 낙찰받았다. 그런데 그 소식을 들은 어느 건축업자가 빌링스의 한 미국 교회가 이전해서 자신이 교회 건물을 구입했는데, 그 건물을 줄 테니 낙찰받은 땅과 바꾸자고 해서, 별도의 큰 비용 부담 없이 지금도 사용하고 있는 빌링스의 한미연합교회 예배당을 구입하게 된 것이다.

부인 전영춘 권사는 그의 회고에서 "전 장로의 기도를 들으신 하나님께서 예배당을 주셨다"라고 고백했다. 1992년 이전부터 미국 교회를 빌려서 예배를 드리며 한인 교회를 시작했지만 그에 관해 전해지는 이야기는 있지만 기록은 별로 없다. 남은 기록에 의하면 1992년 1월 첫 주일에 한미연합교회는 본 예배당에서 대망의 첫 예배를 드렸다.

또한 보즈만한인교회의 경우는 전 장로 내외가 보즈만에 거주하고 있던 윤수룡, 노계선 집사 댁에서 예배를 드림으로 시작되었다. 전 장로 부부는 보즈만한인교회 예배를 위해 주택 하나를 매입했고, 이어서 온 교인들이 힘써 헌금하고, 특히 마이클 개리티 햄너(Michael Garrity Hamner, 아내 나영숙 집사가 건물을 신축할 수 있을 정도의 헌금을 하나님께 바침으로써 오늘날의 예쁜 예배당이 되었다.

미줄라한인교회는 미줄라에 있는 미국 교회를 빌려서 예배를 시작했다. 지금은 믿음 좋은 집사 한 분의 헌신으로 그 명맥을 유지하고 있다. 그레이트폴한인교회도 꽤 긴 역사가 있지만 지금까지 이 두 교회는 미국 교회를 빌려서 예배를 드리고 있는 실정이다. 예배당이 있는 빌링스와 보즈만교회가 역시 그나마 교회로서 보다 더 안정적으로 사명을 잘 감당하는 것으로 보인다.

이렇게 해서 빌링스 한미연합교회의 미션 역사는 시작되었고 오늘에 이르렀다. 보즈만교회는 몬태나 주립대학교(MSU)와 관련된 교인들이 대부분이지만, 나머지 대다수 몬태나 주 한인 교인들은 지금은 매우 연로하신 분들로, 주로 미군과 결혼해서 이민 온 사람들이 주축이 되어 왔다. 몬태나 주 한인 교회들 대부분의 현실은 거의 마지막 추수 기간이지 않나 싶다. 유입되는 한인 인구는 거의 없어서 한국과 관련한 새로운 미션을 찾아야 할 순간에 직면하고 있다.

2014년 주일예배 후 온 교우들이 사진을 찍고 있다

우리 한미연합교회(Korean American Community Church)는 1992년 이래로 꽤 많은 목회자가 다녀갔다. 기록이나 자료가 남아 있지 않아서 그분들에 관해 기록할 내용이 별로 없다. 개척 당시부터 참여한 전영춘 권사와 윤수룡 집사의 증언에 의하면, 부임해 온 목사들이 짧게는 6개월, 길게는 1년을 시무하고 떠나갔다고 한다. 이런 상황의 원인은 역시 매우 열악한 목회 환경 때문이라고 추정된다.

현재의 교회 상황을 이야기하고자 한다. 필자(정 부 담임목사)가 한미연합교회에 부임했을 때는 2019년 4월 15일이다. 필자가 부임하기 전 한미연합교회는 1년 이상 교회가 폐쇄된 상태였다. 당시 교회 이사(Board Member)였던 전영춘 권사, 마이클 개리티 햄너(나영숙 집사의 남편), 클락 존슨(Clark Johnson, 권영희 집사의 남편), 그리고 이사들(Board Members)의 Speaker로 참여한 노계선 집사(보즈만교회의 첫 예배 장소를 제공했었던 윤수룡 집사의 아내)가 빌링스 한미연합교회의 재오픈(Reopen)을 결의하고, 필자를 담임목사로 청빙했다.

2019년 부활절예배이자 필자의 부임 후 첫 번째 예배에는 교회 설립자인 전영춘 권사(Arizona 거주)와 마이클 개리티 햄너와 나영숙 집사 부부(Bozeman 거주), 클락 존슨과 권영희 집사 부부와 보즈만에서 온 윤수룡, 노계선 집사 부부, 그들과 함께 온 전미애, 김미정 성도, 윤수룡 집사의 아들 윤태영, 빌링스에서는 로리 라이스(전 디렉터), 신영수, 노영란 집사 부부, 신영화와 유경희 성도, 장선자 집사와 주일학교 어린이 강한나 양과 우리 내외가 참석했다.

2019년에는 한인들이 빌링스의 어디에 사는지 정확하게 아는 사람이 없었기 때문에 필자는 시간 나는 대로 마켓에 다니면서 한인들과의 접촉을 시도했다. 그 과정에서 한인 입양자들을 몇몇 만났지만 별 성과는 없었다. 이래서는 교회가 자립할 수 없겠다는 생각에 미국 사람들에게도 한미연합교회를 소개하기 시작했다. 처음에는 한국어로만 예배를 드렸는데, 시간이 갈수록 영어로도 예배를 드려야 하는 상황에 직면하였다.

50세에 미국에 온 필자로서는 무척 당황스러울 수밖에 없었다. 그래도 영어로도 예배를 드려야 한다는 절박한 현실 때문에 결국 영어와 한국어를 함께 사용하는 예배를 시작하였다. 예배뿐만 아니라, 미국인 교인에게 심방 가는 경우 당연히 영어로 기도해주어야 했다. 영어로 강력한 믿음과 간절한 마음을 전할 수 있는 기도를 하기 위해, 새벽기도나 개인 기도할 때 영어를 사용하기 시작했다. 기도하다가 막히는 단어가 나오면 잠시 기도를 멈추고 단어를 확인하고 기도했다. 1년이 지나니 영어로도 제법 간절한 기도를 하나님께 드릴 수 있게 되었다.

예배 중 찬송은 어떻게 부를 것인가를 생각하던 중에, 1절과 3절은 한국어로, 2절과 4절은 영어로 부르게 되었다. 젊은 날 음악공부를 잠시 할 때, 외국 가곡을 원어로 부르곤 했던 그 훈련이 영어 찬송을 부르는 데 큰 용기가 되었다. 그러면서 지금은 제법 모양을 갖춘 영어와 한국어를 함께 사용하는 예배를 드릴 수 있게 되었다.

그래서 이제는 한국 사람이든 미국 사람이든 상관없이 누구나 우리 교회 예배에 초대할 수 있게 되었다. 우리 교회에 물론 주일학교도 있다. 비록 3-4명 정도 모이지만 매 주일 그 어린이들을 위해 기도하는데, 크리스틴(Kristen) 선생이 교사로 수고하고 있다. 지금 이곳에서는 물론 영어만 사용하고 있지만, 어느 때가 되면 한국어도 동시에 사용하는 주일학교가 되기를 소망하고 있다.

몬태나주의 한인 인구는 날로 줄어들고 있고, 한국어를 사용하는 한인들도 줄어들고 있다. '한인 교회가 이에 대해서 어떻게 대비해야 할까?'가 큰 기도제목이다. 미국의 전 한인 교회들 중에서 몬태나가 가장 먼저 그 현실을 목도하고 있다고 생각된다. 이 시대에 있어 한인 교회의 비전이 무엇일까? 하나님은 무엇을 원하실까를 많이 기도하면서 생각한다. 그 중 하나가 한국과 관련된 미션이다. 특히 교육미션이다. 대한민국에 도움이 되면서도 몬태나주의 한인 교회들이 생존할 수 있는 것은 한국과 관련된 교육미션 개발이라 생각하고 있다. 아직 구체적으로 실행하고 있지는 못했지만 한국에 있는 기독교학교들과 조인해서 한인 크리스천 리더들을 길러내는 일에 보탬이 되고자 계획 중에 있다.

또한 몬태나의 주요 자랑 중의 하나가 아름다운 자연경관이다. 글레이셔국립공원(Glacier National Park)과 옐로우스톤국립공원(Yellowstone National Park)이 있는데, 빌링스에서

2019년 4월 정 부 목사 취임예배 후 교인들이 단체 사진을 찍고 있다

옐로우스톤국립공원까지는 그리 멀지 않다. 한국에서 쉽게 만날 수 없는 자연환경을 가지고 있는 것이다. 또한 베어투스산(Beartooth Mountain)은 거의 1만2천 피트(약 3,658m)에 이르는 고산지대다. 고산지대 경험 역시 한국에서는 쉽게 할 수 있는 것이 아니다. 색다른 자연환경을 갖춘 몬태나를 한국과 관련지어 어떻게 한인 교회를 발전시켜 나갈 것인가가 주요 관건이다. 하나님은 모든 문제의 답을 가지고 계신다는 것이 우리의 확신이다. 단지 우리가 구하지 않고, 보지 못할 뿐이라고 생각한다.

문제는 목회자이다. 몬태나에 와서 3여 년 동안 목회하고 있지만 계속해서 이곳에서 목회를 할 수 있을지는 나 자신도 확신할 수 없다. 풀타임 목회자의 생활비가 나올 수 없는 구조 때문이다. 한인들이 많이 사는 주나 도시에서처럼 부업(Second Job)을 병행하기도 쉽지 않다. 동양인을 보는 몬태나의 미국인들은 아직도 거의 신기한 존재를 보는 듯하다. 마켓에 가면 아이들도 신기한 듯 한참 동안 나를 쳐다본다. 때로는 중고등학생쯤 되어 보이는 아이들이 소리를 지르며 놀리기도 한다. 매우 신기하다는 뜻일 것이다. 부업을 얻기 위해 시도했다가 멈춘 적이 많았다. 많이 주저되고 자신도 없다.

어떻게 생존하면서 한인 교회를 향한 하나님의 미션을 지혜롭게 수행해 갈 것인가는 항상 나의 기도 제목이다. 몬태나의 목회는 생명의 위협을 받는 목회는 아니지만 인생을 거는 목회라는 것은 사실인 것 같다. 항상 양자택일의 순간을 만난다. 머물 것인가, 떠날 것인가이다. 이 문제에 관한 한 나도 해답을 모른다. 한 가지 분명한 다짐은 "주님, 저는 항상 주님의 뜻을 따릅니다"이다.

Nebraska

교회 주소: 14015 Q St., Omaha, NE 68137
연락처: (402) 733-3383/ www.omahakpc.org

오마하한인장로교회
Korean Presbyterian Church of Omaha
(창립 연도: 1977년/ 창립 목사: 정영수 목사)

이조연 장로

2000년 미주 네브래스카 오마하 이민
2012년 오마하한인장로교회 안수집사
2022년 오마하한인장로교회 장로 장립

박선진 현 담임목사

네브래스카 주를 대표하는 도시 중 하나인 오마하(Omaha)는 워런 버핏의 도시로 알려질 정도로 금융업의 중심지이다. 미 전략사령부 본부가 있어 미국에서도 중요한 위치를 차지하는, 이 지역은 특히 우수한 의료진과 병원 시설, 또한 식품 가공업의 중심지로도 유명하다. 워낙 한인 인구가 적은 지역이라 한인 교회가 많지 않지만 서로 협력하고 교류하며 한인 행사를 위해서 지역복음화와 선교를 위해 협력하고 있다.

오마하한인장로교회는 개혁교회의 신앙고백을 바탕으로 성삼위 하나님과 이웃을 섬기는 네브래스카주의 유서 깊은 믿음의 공동체이다. 우리 교회는 김순복 장로를 중심으로 모여서 가정예배를 드린 것을 시작으로 1977년 2월 27일

현재 교회 예배당

창립되고 PCUSA(미주 미주리벨리노회)에 등록되어 금년에 45주년을 맞이했다.

우리 교회는 모든 초점을 하나님께 예배드리는 것에 두고 오직 예수, 오직 믿음, 오직 은혜, 오직 말씀을 중심으로 하나가 되려고 애쓰는 그리스도의 공동체이다. 지난 3년간 코비드19 팬데믹이라는 어려움 속에서도 이 모든 상황 역시 하나님의 은혜이자 섭리라고 믿고, 우리가 드리는 예배와 나누는 말씀이 사랑과 희망이라는 생명력을 품고, 흩어진 교회로 확장되어 이 시대 우리를 통해 이루실 하나님의 나라와 그분의 뜻이 온전히 이루어지기를 소망하고 있다.

우리 교회는 현재 박선진 담임목사의 목회 아래, 지난 6년간 국외적으로는 멕시코, 과테말라, 콩고를 지속적으로 섬기고 지원하며, 국내적으로는 노숙자사역과 오마하 내 한인 커뮤니티의 발전을 위해 지속적인 섬김 사역을 펼침으로써 구원 선포 사명자로서의 역할을 감당하고 있다.

박선진 목사는 장로회신학대학 교회음악 학사를 거쳐 시카고 매코믹 신대원에서 목회학석사를 받았다. 2001년 디트로이트한인제일장로교회에서 목사 안수를 받고 8년간 담임목회를

1978년 10월 15일 창립 교인들과 창립자 정영수 목사(앞줄 왼쪽에서 세 번째)와 손원태 장로(맨 왼쪽)

2006년 5월 7일 새 성전에서 온 교우가 기념 사진을 찍고 있다

했다. 본래 선교사가 꿈이었던 박 목사는 2015년 멕시코 장기선교사로 파송되었으나 개인적인 사정으로 2016년 다시 미국으로 오게 되었다. 교단 중서부한미노회를 통해 오마하한인장로교회 임시목사를 맡게 되었다가 이후 담임목사로 시무하고 있다.

Nevada

교회 주소: 7570 Peace Way, Las Vegas, NV 89147
연락처: (902) 454-2525

라스베가스제일장로교회
First Korean Presbyterian Church of Las Vegas
(창립 연도: 1973년/초대 담임: 차원태 목사)

장기상 장로

라스베가스제일장로교회 시무
현재 Bellagio Hotel에서 근무
35년간 호텔 종사
1987년에 금성사(현 LG전자)에서 근무 중 도미

황신확 현 담임목사

반세기 전에 이곳 라스베이거스 한인회 임원들과 뜻이 있는 몇 사람이 먼 이국땅에서의 신앙생활의 필요와 2세들의 신앙 교육에 관한 관심이 어우러져, 한인 교회의 필요성을 느끼고 평신도가 중심이 된 한인 교회를 세울 것을 결정했다. 그 당시 라스베이거스에 잠시 머물던 차원태 목사를 초대 담임으로 모시고, 1973년 5월 20일 트리니티교회(1515 W. Charleston Bl, L.A. NV89102)에서 '라스베가스한인교회'(Las Vegas Korean Church)라는 이름으로 창립예배를 드림으로써, 우리 교회의 역사가 시작되었다.

1974년 11월 김순일 목사가 2대 담임목사(임시)로 부임했다. 1976년 11월 우리 교회는 미국 장

1985년 김용인 목사와 교인들이 옮겨간 파라다이스장로교회 앞에서 교회 간판을 세우고 기념사진을 찍고 있다

로교회(PCUSA) 네바다노회에 가입하면서, 전통적인 장로교회의 면모를 갖추게 되었다. 1974년 11월 김창호 목사가 3대 담임으로 부임했다. 1977년에는 새로운 예배 장소(4412 S. Maryland Pkwy., Las Vegas, NV 89109)로 옮겼다. 1980년 5월 2일 교통사고로 소천한 김창호 담임목사의 부인 이수경 사모의 영결식이 있었다.

1982년 9월 김용인 목사가 4대 담임으로 부임했으며, 1985년 11월 미국 교회인 파라다이스장로교회(Paradise PresbyterianChurch, 3500 E. Harmon)로 예배 장소를 이전했다. 그리고 다음 해인 1986년 11월 이 교회 건물을 인수, 입당예배를 드리며 성장의 기초를 다지게 되었다.

1988년 9월 장제언 목사가 5대 담임으로 부임했다. 10월 주님이 네바다에 제일 먼저 허락하신 한인 교회이기에, 교회 이름을 현재 사용하고 있는 '라스베가스제일장로교회'로 변경했다. 1992년 장제언 목사가 사임하고, 1993년 3월 조다니엘 목사가 학생 목사로 부임했다. 1994년 12월 15일 조다니엘 목사가 6대 담임으로 취임했다. 이날 이태우 안수집사와 장기상 안수집사가 장로로 장립되었다. 조다니엘 목사는 2년간 시무한 후, 미국장로교회(PCUSA)를 떠났다.

1996년 7대 담임(임시)으로 부임한 송요섭 목사는 교회의 갈등과 분리로 상처받고 힘들어하던 성도들을 사랑과 인내로 회복시키고, 다시 성장할 수 있는 기틀을 만들었다. 1996년 10월 6일 남선교회를 조직했다. 1997년 1월 5일 남국정화 중국 선교사, 탱카얀 넬슨(Thankayyan Nelson) 인도 선교사, 그리고 최영빈 우크라이나 선교사를 후원했다. 1997년 8월 31일 교회 버스를 구입했으며 1998년 5월 17일 남선교회 주관으로 교회문고(도서실)를 설치하고, 8월 23일 청년회 모임을 시작했다.

1999년 3월 14일에 중고등부 모임이 시작되었으며 6월 27일 성전 증축을 위한 건축위원회가 구성되었다. 송요섭 목사의 리더십과 노회의 재정협조, 온 교우들의 기도와 건축위원들의 헌신으로 교회 건물이 증축되었는데, 총 2년 반의 기간이 소요되었다. 담임목사를 사임한 송요섭 목사는 협동목사의 신분으로 지난 2년 동안 진행해 온 교회 증축사업을 건축위원회 위원들과 함께 마무리했다. 송요섭 목사가 시무한 5년은 우리 교회가 성령으로 충만하고 영적 은혜가 넘

1999년 창립 29주년을 맞아 온 교우들이 단체사진을 찍고 있다

치며, 새롭게 성장할 수 있었던 시기였다.

2001년 3월 4일 강준수 목사가 제8대 담임으로 부임했으며 10월 21일 새 성전 입당예배를 드렸다. 새 성전은 기존 본당을 3배 정도 늘려서 증축된 것이다. 이날 권사임직, 명예권사 취임, 안수집사 위임식도 함께 열렸다. 2002년 1월 박광배 러시아 선교사를 후원했다. 2003년 2월 2일 교회내규 2차 개정을 했으며 2월 3일 권사회가 조직되었다. 2003년 5월 18일 창립 30주년 기념예배를 드렸는데 30주년을 기념하여 권사취임 및 임직, 명예권사 취임, 그리고 창립 30주년 기념책자 『라스베가스의 빛』을 발간했다. 2004년 강준수 목사는 노회와의 불편한 관계로 사임했다. 강준수 목사 사임 후 박상철 목사가 담임으로 부임했다. 박 목사는 5년 후 교차청빙 되었으나 곧 사임했다. 이렇게 여러 번 교회가 분리되는 아픔을 겪고 있을 때는 노회에서 지명한 은퇴목사들이 시무했다.

2018년 황신확 목사가 담임목사로 부임, 시무하고 있다. 2021년 7월 11일 라스베이거스 서쪽으로 이전, 새 성전에서의 첫 예배를 드렸다. 2021년 7월 주님이 우리 교회에 허락하실 새로운 사역과 비전을 가지고 현 장소(7570 Peace Way, Las Vegas, NV)로 이전했다.

2022년 창립 50주년 기념을 맞이하며, 그동안 우리 교회에 베풀어 주신 주님의 은혜와 우리 교회가 성장의 뿌리가 된 라스베이거스 한인 교민들에게 감사와 사랑을 나누기 위하여 5월 14일 사랑 나눔 경로잔치를 가졌다. 함께 모이기 쉽지 않은 시기임에도 불구하고, 100여 명이 넘는 어르신과 교민들이 함께하여, 지난 반세기 동안 우리 교회를 지켜 주신 주님의 사랑과 영광이 풍성하고, 아름답게 빛나는 자리가 되었다.

　5월 22일에는 창립 50주년을 감사하며, 기념예배를 드렸다. 이날 예배는 우리 교회를 지켜주신 주님의 은혜에 감사드리는 영광스러운 예배였다. 또한 지난 반세기 동안 즐거울 때나, 어려울 때나 교회를 위하여 함께 헌신과 수고로써 청지기 사명을 감당하였던 교우들을 치하하고, 지금은 흩어져 자신이 있는 곳에서 전심으로 주어진 사명을 감당하고 있는 옛 교우들을 초대해서 감사드리며 함께 예배를 드리는 자리였다. 이 예배를 통해서 우리 교회는 주님이 우리 제단에 허락하셨던 첫 사랑, 첫 사명을 되새기며, 이 지역에서 다시금 다음 세대를 향한 새로운 복음 사역을 성실히 감당할 것을 결단했다.

　이러한 지난 반세기 동안 우리 교회의 역사 중에서 가장 큰 흐름의 중심은 교회를 향한 주님의 사랑이다. 때로는 이러저러한 이유로 제단을 떠난 적도 있고, 어쩌면 지금도 우리가 주님 보시기에 멀어져 있는지도 모른다. 그러나 주님은 라스베가스제일장로교회를 버리신 적도, 떠나신 적도 없고, 지금도 함께하신다. 변함없는 주님의 한결같은 사랑이 지난 반세기 동안 부족한 우리가 모인 이 제단의 불을 꺼지지 않게 한 강력한 불씨요, 심지였다.

　또 다른 흔적은 우리 교회를 향한 주님의 변함없는 사랑 안에서 꽃 피우고 열매 맺었던, 하나님께서 기쁘게 받으시고, 기억하실 우리의 신앙 선배들이 보여준 보자기 사랑이다. 옛날 우리 어머님들이 도시락을 싸 주시던 그 보자기 같은 사랑이다. 겨울 난로에 올려놓아 그을리고, 찌그러진 양은 도시락이라 할지라도 어머님이 보자기로 싸 주시면 전혀 창피한 줄도 모르고 들고 다녔던 그 보자기 같은 사랑이 항상 우리 교회에 있었다.

　그 보자기 같은 사랑을 보여주신 신앙의 선배들을 소개하려고 한다. 교회 상황을 어렵게 만든 목회자들도 있었지만, 전임자가 남겨놓은 어려운 상황 속에서도 교회를 다시 일으켜 세우고, 회복시키셨던 목회자들도 계셨다. 그러기에 상처받은 성도들이 다시 주님을 바라볼 수 있는 용기를 얻을 수 있었다. 새벽 제단을 지키시는 목사가 외롭지 않도록 새벽 제단을 함께하셨던 권사들… 그러기에 기도의 제단이 계속 불타오를 수 있었다. 주일이면 제일 앞에 앉아 목사의 설교에 "아멘!" "아멘!"으로 화답한 연로한 권사들… 그러기에 목사의 설교에 힘이 있을 수 있었다. 문화와 언어가 다른 이곳에서 힘든 직장생활을 하고 피곤한 가운데서도 음식을 만들어 친교를 담당했던 권사들, 집사들… 그러기에 이민생활의 고달픔을 달랠 수 있었고 힘을 얻을 수 있었으며, 즐거운 친교가 가능했다. 선교 기금이 필요하다면 두 팔 걷고 나서서 김치를 담그고, 철을 따라 나물을 채취하여 팔고, 바자회를 여는 등, 정성스럽게 선교 기금을 마련해 준 여선교회 회원들… 그러기에 우리 교회는 늘 선교 비전을 가질 수 있었다.

현재 교회 예배당

그 보자기 같은 사랑이 우리 교회의 기도를, 설교를, 친교를, 선교를 잘 감싸 주었다. 이 사랑들이 주님이 지난 50년간 이 제단을 포기하지 않으셨던 가장 큰 이유가 아닐까 생각을 해본다. 이 자리를 빌려 그분들의 사랑의 수고에 감사드린다. 지금도 우리 교회를 향한 주님의 사랑이 함께하심을 믿는다. 왜냐하면 아직도 우리 교회의 모든 것을 감싸는 보자기 사랑을 펼치고 있는 목사, 권사들, 집사들, 그리고 묵묵히 교회를 섬기는 성도들이 있기 때문이다. 이것이 주님께 보고할 수 있는, 여러분들과 함께 나눌 수 있는 우리 교회의 소개이고 역사이다.

현 황신확 담임목사는 1976년 청소년 시절 가족과 함께 브라질 상파울로로 이민하여 그곳에서 대학을 졸업한 후 총신대학원과 미국 탈봇신학대학원(Talbot School of Theology)을 졸업한 후 1993년 미국장로교회(PCUSA) 한미노회에서 목사안수를 받았다. 1994년 브라질 현지인 지도자 훈련을 위해 브라질로 파송받아 5년간 선교사역을 하던 중, 브라질서울교회를 담임하였고, 그 후 행복한교회를 개척하였으며, 2009년 도미하여 로스앤젤레스내셔널한인교회, 그리고 현재 라스베가스제일장로교회를 섬기고 있다.

New Hampshire

교회 주소: 25 Dearborn Rd., Greenland, NH 03840
연락처: (603) 430-2929

그린랜드연합감리교회
Greenland United Methodist Church
(창립 연도: 1982년/ 창립 목사: 정광훈 목사)

한상신 목사

그린랜드연합감리교회 담임 은퇴
뉴잉글랜드 한인교회협의회 회장 역임
동북부지역 한인연합감리교회 협의회 회장 역임
고든콘웰신학교(M.Div.) 졸업

뉴햄프셔는 미국 동북부 지역에 위치한 주로, 주 이름은 영국 남부의 햄프셔카운티에서 따온 것이라 전해진다. 남쪽으로는 매사추세츠주, 서쪽으로는 버몬트주, 동쪽으로는 메인주와 대서양이 펼쳐지며, 북으로는 캐나다 퀘벡의 국경선과 맞닿고 있다. 미국 50개 주 중에서 면적은 45번째, 인구는 41번째로 작은 주다. 1776년 1월에 영국의 식민 통치에서 해방하고 6개월 후 미합중국을 설립한 주요 13주 중의 하나다. 1788년 6월에 미국 헌법제도를 아홉 번째로 승인했으며, 최초로 주 헌법을 만들었다.

뉴햄프셔주에서 미 대통령 선거를 본격적으로 시작하는 예비 선거를 가장 먼저 시작한다는 사실은 세계적으로 알려져 있다. 수도는 콩코드이며 가장 큰 도시는 맨체스터이다. 주 내에서는 소득세와 판매세가 부가되지 않는 것을 자랑한다. 2020년 조사에 따르면 뉴햄프셔에 현재 살고 있는 한인은 2천231명이다.

그린랜드교회 약사(Brief History of Greenland UMC)

창립 전(Pre-Founding Period)

그린랜드교회는 뉴햄프셔 주에서 가장 먼저 세워진 한인 교회로, 창립 전에는 북부 보스톤교회의 하나의 속회(화평 속회)로, 약 1년 2개월 간 격주에 한 번씩 집회를 가졌다. 당시 북부 보스톤교회를 담임하던 라영복 목사는 1981년 4월에 Pease 공군부대를 방문, 몇몇 교우들을 만났다. 그리고 같은 해 5월 30일 부대 내의 제2채플에서 첫 속회 예배를 드렸다(당시 설교는 라영복 목사, 기도는 장명선 권사가 했다). 그리고 북부 보스톤교회의 후임자 최홍석 목사가 계속해서 우리 교회의 전신인 화평 속회를 인도했다.

창립(Founding Period)

1982년 7월 25일 10명이 모여 첫 주일예배를 드리고 같은 해 8월 1일 우리 교회 창립예배를 드렸다. 초창기에는 교회의 명칭이 '새싹한인연합감리교회'였으며 설교는 초대 설립자인 정광훈 목사, 기도는 북부 보스톤교회의 김원엽 장로가 맡았다. 창립 교인들은 정 목사의 가족(김정숙 사모와 두 아들 승철, 승현)을 비롯하여 유정예, 김순옥, 김미숙, 이묘숙, 강순덕, 김남희, 심상숙, 심만춘, 손계선, 김동숙, 정정희 교우 등으로 알려지고 있다.

창립 후(After Founding Period)

1999년 6월-2003년 12월: 필리핀 원주민교회 11개 교회 건축 완공
2002년-2009년: 베트남 한인 선교사 후원
2002년 4월-현재: UMC 선교국 몽골 선교 지원
2003년 10월-현재: 인도 안디옥신학교 신학서적 9천여 권 지원
2004년-2009년: 멕시코 유카탄신학교 후원
2004년 1월-2009년: UMC 선교국 카자흐스탄 후원
2007년-현재: 필리핀신학교에 신학서적 4천 5백여 권 지원
2010년 1월-현재: 중남미 웨슬리신학교 후원
2011년 11월-현재: 라오스직업학교 및 현지 사역자 연장 교육

현재 교회 예배당

초대 정광훈 담임목사(1982-1985년)

정광훈 목사는 부친 정수창 목사와 모친 김갑진 씨 사이에 1942년 둘째 아들로 태어났다. 배재고등학교를 졸업하고 서울 감리교신학교를 졸업하였다. 그리고 유한공고의 교목으로 사역하다가 1997년 가족들과 함께 미국으로 왔다. 정 목사는 1984년 친형 정광호 목사와 함께 기독교대한감리회에서 미 연합감리교회(뉴햄프셔연회)로 소속을 옮기고, 뉴햄프셔연회에서 1984년 정회원 목사가 되었다.

정 목사는 우리 교회의 초대 담임으로 1982년부터 1985년 6월까지 약 3년간 사역을 감당했다. 2001년 뉴잉글랜드연회 저널에 따르면, 정 목사가 사역한 네 개 미국 교회는 다음과 같다. Lawrence UMC(MA) 협동목사(1/4), Memorial UMC(Hallowell, ME), Grace UMC(Haverhill, MA), Endfield UMC(CT). 정 목사는 미국에서 신학공부를 한 적은 없었지만 영어를 유창하게 구사했다. 그리고 그의 메시지는 복음적이었고 열정적이었다. 많은 교인의 사랑과 존경을 받았는데 안타깝게도 일찍 소천해 많은 이에게 슬픔을 안겨 주었다.

제2대 담임 한상신 목사(1985년 6월 30일-2020년 6월 29일)

한상신 목사는 그린랜드교회에서 만 35년 사역하고 2년 전에 은퇴했다. 한인들이 별로 없는 지역에서 성도들과 함께 넓은 대지에 아름다운 교회를 건축(1997-1998년)했다. 지나간 30여 년간 특별히 해외선교에 관심을 갖고 약 50회 이상 선교현장을 다니며 후원에 최선을 다하였다. 저서는 『21세기 지구촌 선교를 위한 한영 예식서』(도서출판 바울), 『그린랜드교회 이야기』(30년사), 『미연합감리교회 한인총회 40년사: 회고와 전망』 등이 있다.

2020년 6월 28일 그린랜드연합감리교회에서 35년을 사역한 한상신 목사 부부의 은퇴예배가 열렸다 (사진: 수필가 신영)

제3대 임종선 담임목사(2020년 7월-현재)

임종선 현 담임목사

임종선 목사는 그린랜드교회에 부임하기 전부터 19년간 미국 교회들을 성실하게 섬겨왔다. 임 목사는 세인트니콜라스연합감리교회, 웨이마우스연합감리교회, 리스본연합감리교회, 훼이스연합감리교회 담임을 역임했으며, 연세대 신학과 및 동대학신학대학원, 보스턴신학대학원(M.Div. 와 STM)에서 학위를 받았다.

댄 위버 목사(Rev. Dan Weaver)와 다른 EM 사역자들

댄 위버 목사는 은퇴한 다음에 그린랜드교회에 와서 협동 목사로 당시 한상신 담임목사와 함께 17년을 사역했다. 그린랜드교회와 성도들을 정말로 사랑한 귀한 성직자이다. 그런가 하면 지금까지도 최선을 다하여 EM 사역을 감당하고 있는 폴 에스티(Paul Estey) 장로의 충성심은 많은 이에게 본보기가 되고 있다. 또한 집사 목사인 헤티 스톨츠퍼스(Rev. Hattie Stoltzfus)도 10년째 EM 사역을 돕고 있다. 물론 이분들 외에도 지난 35-40년간 이름도 없이, 빛도 없이 평신도로서 교회를 열심히 섬겨준 헌신적인 귀한 분들이 많이 있다.

지난 약 30년간 우리 교회는 선교에 더욱 박차를 가해, 중남미 여러 나라와 아시아의 여러 나라에게 도움의 손을 뻗칠 수 있었다. 물론 물질적으로 많은 것을 감당할 수 없었지만, 선교

현장에서는 물질 이상의 일들이 수없이 많이 요구된다. 우리 교회는 아프리카, 필리핀, 몽고, 카자흐스탄, 인도, 라오스, 캄보디아, 멕시코, 도미니카, 브라질 등 선교 현장을 돌아보며, 동일하신 하나님께서 다양한 나라와 문화권에서 다양한 방법으로 역사하심을 느낄 수 있었다. 또 원주민 교회가 꼭 필요한 곳에는 건축할 수 있도록 건축비용을 감당했다. 필자는 개인적으로 10년간 원주민 평신도 집회와 목회자 연장 교육을 인도했다. 또한 신학서적이 절대적으로 필요한 인도 안디옥신학교에 9천여 권, 필리핀 민다나오의 한경수감독신학교에 4천 5백여 권의 영어 신학서적을 보냈다.

2019년 부활절예배를 마치고

향후 40년을 내다보며

지난 3년간 코로나로 모든 것이 달라졌다. 우선 교회들의 대면, 비대면 예배부터 달라진 것을 볼 수 있다. 이제 목회자들은 물론 교회 중직들도 차세대를 위하여 철저히 준비해야 한다. 현실에 안주하기보다는 미래의 사역을 위하여 과감하게 변신해야 될 것이다. 앞으로 한인 목회자들도 미국 문화와 영어에 익숙하지 않으면 교회를 이끌어 가기에 많이 버거울 것이다. 그러므로 이제부터는 이민 교회라는 굴레에서 벗어나 과감히, 그리고 도전적으로 미국 주류사회를 파고 들어가는 시도를 해야 한다. 지역사회의 행사나 정치에도 적극 참여하고, 적어도 지역사회에서 인정받는 교회가 되어야 할 것이다.

New Jersey

교회 주소: 2681 John F. Kennedy Blvd., Jersey City, NJ 07306
연락처: (201) 333-2121/ firstchurch.tv

뉴저지제일한인교회
The First Korean Church of New Jersey
(창립 연도: 1971년/ 초대 담임: 박재영 목사)

강상석 목사

뉴저지제일한인교회 담임
노스캐롤라이나 샬롯 갈보리교회 담임 역임
고신대학교 신학대학원 목회학석사(M.Div.)
Northern Baptist Theological Seminary(MA) 과정 수료

현재 저지시티에 있는 뉴저지제일한인교회(The First Korean Church of New Jersey)의 창립은 1971년 4월 10일에 모인 교회설립위원회에서부터 시작되었는데, 첫 예배는 부활주일 다음 날인 4월 11일 오후 2시 올드베르겐교회(Old Bergen Church, 1 Highland Ave., Jersey City, NJ 07306)에서 드렸다. 초대 담임으로 박재영 목사가 초빙되었고, 첫 예배에서 말씀을 전해 주었다. 같은 해 5월 16일에 교회 이름을 '브룸스트리트복음자유교회'(Vroom Street Evangelical Free Church)로 명명한 후 창립축하예배를 드렸고, 7월 14일 뉴저지 주에 비영리종교단체로 정식 등록하였다. 1973년에는 1월에 한국의 교회들을 돕기로 하고, 한국 선교를 시작했다.

1975년 현재 교회 건물(2681 Kennedy Blvd., Jersey City)을 구입하기로 결정하고, 1976년 11월 성전을 봉헌했는데, 이는 뉴저지 지역에서 첫 번째로 한인 교회가 자체 성전을 봉헌한 날이었

초대 담임 박재영 원로목사

다. 1978년에는 한인들을 대상으로 한 성서대학을 개교하였다. 1982년 12월에는 익명의 독지가로부터 묘지 1만2천926기를 기증받았고, 1986년 1월 재미 한인 예수교장로회 총회에 정식으로 가입했으며, 1987년 5월 뉴저지교회협의회가 창립되자, 우리 교회 박재영 담임목사가 초대회장이 되었다.

2001년 11월 박재영 목사 원로목사 추대 및 김은태 목사 담임 위임식이 열렸다. 2008년 9월 제2대 담임 김은태 목사가 사임하고, 2009년 4월 제3대 김두식 목사가 담임으로 위임되었다. 2010년 6월 김두식 목사가 사임했다. 2011년 8월 14일에 대학부, 고등부를 대상으로 고 이삼순 권사 장학금 수여식이 열렸는데, 박남현, 오수경, 박선영, 문민지, 그리고 문찬영 학생이 장학생으로 선발되었다. 2011년 10월 제4대 강상석 담임목사의 위임식이 열렸고, 현재까지 교회는 전 교인이 하나 되어 빛과 소금의 역할을 감당하고 있다.

교회의 주요사역과 선교활동

2003년에 시작한 경로대학 제2기 졸업식이 12월 13일에 열렸으며 첫 4년 졸업생 12명과 3명의 8년 수료자를 배출했다. 2013년 4월 5-7일까지 교회설립 42주년을 기념하는 부흥성회를 "성숙한 그리스도인"이란 주제로 개최했다. 이번 부흥성회는 정주채 목사(향상교회 담임)를 강사로 초청했다. 5월 8일에는 찬양예배 시간에 선교보고 시간을 가졌는데, 양성식 선교사(아마존 삼국 경신학교)가 선교 현황을 보고했다. 5월 13일 가정의 달을 맞아 장동신 목사(오늘의교회)를 초청해서 가정세미나를 개최했다.

2013년 9월 1-2일 양일간 펜실베이니아 마운트 베델의 컨퍼런스센터인 투스카로라 인 및 수양관(Tuscarora Inn & Conference Center)에서 전교인 가족수양회를 개최했다. 강사로는 김성권 목사(SI중앙장로교회)가 초청했다. 9월 22일에는 전교인 산상기도회를 크리스천아카데미에서 가졌다. 10월 25-27일에 2013년 추계부흥회를 "하나님의 위대한 교회를 세우라!"라는 주제로 개최했는데, 박은조 목사(은혜샘물교회)가 말씀을 전해주었다. 12월 11일에는 수요찬양예배 시간에 황기수 선교사(캄보디아)가 선교보고를 했다.

2014년 3월 2일에는 3부 예배를 "세대를 이어가는 교회"(요일 2:13-14)라는 주제로 온 교회 가족이 함께 드리는 찬양예배로 드렸다. "세대를 이어가는 교회"는 2013년말 발표된 담임목사의 목회비전 중 첫 번째 목표이다. 우리 교회는 저지시티에 위치하고 있어서 한인들의 이민 정착 및 신앙생활에 많은 도움을 주었는데, 특별히 한인 교회를 찾기 어려웠던 1970-1980년대에 많은 한인 이민자들에게 마음의 안식처가 되었다. 2000년대 이후에는 분열과 갈등의 역사를 갖게 된 한인 교회가 많이 있었지만, 우리 교회는 큰 위기 없이 하나 된 신앙공동체를 유지하고 있다. 특히 현재 강상석 담임목사 부임 후 교회의 본질과 그리스도인의 매일의 삶을 고민하며 한인 교회가 미주 사회에 선한 영향력을 끼치기 위해 앞으로 나아가고 있다.

2014년 12월 21일 세르파어 성경번역 봉헌식이 열렸고, 번역에 수고한 이상용 선교사에게 감사패가 전달되었다

2014년 4월 4-6일에 "건강한 교회, 행복한 성도"(행 2:42-47)라는 주제로 김상수 안양일심교회 원로목사를 강사로 초청, 교회설립 43주년 기념 부흥회를 개최했다. 7월 19-25일에는 몇몇 교인들이 중앙아메리카에 있는 아이티로 단기선교를 다녀왔다. 그해 12월 21일 우리 교회에서 지원해온 네팔의 성서번역선교회의 이상용 선교사가 방문, 말씀을 전해주었고, 이 선교사가 지난 1988년 5월부터 2014년 3월까지 27년간 셰르파(Sherpas) 부족어로 번역한 "셰르파 성경 봉헌식"을 가졌다.

2015년 3월 6-8일에 "사람을 살리는 교회"란 주제로 김철봉 목사(부산사직동교회 담임)를 강사로 초청, 교회설립 44주년 기념 춘계

셰르파(Sherpas) 부족어 성경

부흥회를 개최했다. 4월 19일부터 TEE 세미나 훈련을 시작했다. 이번 훈련은 지도자반 과정으로 1기와 2기를 10주 동안 담임목사가 인도했다. 7월 12일 아이티 단기선교팀 파송식을 가졌다. 단기선교사로는 2명의 교역자, 4명의 성인, 4명의 청년, 13명의 청소년 등 총 23명이 파송받았다. 단기선교팀은 7월 18일 현지로 출발하여 25일까지 선교하고, 미국으로 돌아온 뒤 8월 2일에는 단기선교 보고회를 가졌다.

우리 교회는 1년에 두 차례 "삼 대가 함께하는 찬양예배"를 드리고 있는데, 2015년 9월 20일에 드린 가을예배에서는 담임목사가 "하나님이 세우시는 가정"(시 127:1-5)이라는 제목으로 말씀을 전하고 유초등부, 정문수 성도 가정, 문병국 장로 가정, 정진완 장로 가정이 특별찬양을 했다.

같은 해 11월 18일 선교박람회가 열렸다. 1남선교회와 1여선교회는 강병화 선교사(포르투갈), 2남선교회는 강광수 선교사(브라질), 2A여선교회는 김기석 선교사(파라과이), 3남선교회는 한원강 선교사(페루, 브라질), 3여선교회는 곽상호 선교사(스페인), 4남선교회는 김익수 선교사(남아공 레소토), 4여선교회는 김주만 선교사(태국)를 후원하고 있어, 각 선교회별 선교현황을 보고받았다.

2016년 4월 20일 2B여선교회 주관으로 아이티선교를 위한 바자회를 개최했으며 4월 24일에는 라마나욧기도원에서 봄산상기도회를 가졌다. 5월 15일에는 5월 가정의 달을 맞아 뉴저지

2016년 8월 가족수양회에서 참가자들이 단체 사진을 찍고 있다

리틀 페리에 있는 비영리단체 패밀리터치(Family Touch) 원장 정정숙 박사를 강사로 초청한 가운데 자녀양육세미나를 실시했다. 아이티 선교 파송식이 7월 10일에 있었다. 선교팀은 7월 16일 아침 현지로 출발하여 22일까지 단기선교를 다녀오고, 31일에 이를 위한 재정보고 시간을 가졌다. 8월 18-22일에 3박4일 동안 펜실베이니아 포코노 스프링 캠프(Pocono Spring Camp)에서 가족수양회를 가졌다. 11월 13일 선교박람회를 개최했는데, 이번 박람회에서는 제5남여선교회가 후원하는 김억수 선교사(남아공 레소토), 제5남여선교회가 후원하는 익명(중국)의 선교사의 선교 현황 보고, 그리고 교회의 아이티 선교에 관한 설명회가 열렸다.

2017년 4월 21-23일에 창립 46주년 하형록 목사 초청 부흥회가 "하나님께 참으로 예배하는 교회"라는 주제로 열렸다. 하형록 목사는 세계적인 주차빌딩 건축회사인 팀 하스(Tim Haahs) 회사의 대표이다. 10월 20-22일에 추계부흥회가 "하나님을 가까이하라"는 주제로 열렸다. 이때 부흥회는 부산 은혜로교회 김은태 담임목사(우리 교회 2대 담임)가 강사로 참여했다.

2018년 2월 21일 우리 교회가 후원해서 지은 아이티 교회 예배당 헌당식이 아이티 현지에서 열렸다. 이를 위해 20-22일(화-목) 3일간 선교팀 다섯 명(강상석 담임목사, 나금순 권사, 김완순 집사, 김대원 집사, 변복영 집사)이 현지를 다녀왔다. 2월 23일 아이티 선교팀의 단기선교 보고가 있었는데, 이날 송한나 학생과 김은규 집사가 간증했다. 4월 30일 교회 내 각급 주일학교의 활동상황을 발표하고 소개하는 교육박람회를 가졌다.

2022년 4월 24일 교회 창립 51주년을 맞아 기념식이 열렸다(왼쪽에서 세 번째가 강상석 담임목사, 그 다음이 초대 담임 박재영 원로목사)

같은 해 10월 26-28일까지 추계부흥회가 박석현 목사(산호세한인장로교회)를 강사로 초청한 가운데 열었으며 28일에는 임직식을 가졌다. 11월 11일 각 기관별 후원선교사와 사역을 소개하는 선교박람회를 가졌다. 선교박람회에서는 남선교회가 후원하는 베트남(양승봉 선교사), 2남선교회가 후원하는 말레이시아(이경근 선교사), 여선교회가 후원하는 네팔 성경번역(이상용 선교사), 2A여선교회가 후원하는 파라과이(김기석 선교사), 2B여선교회가 후원하는 남아공(이영무 선교사), 3남선교회가 후원하는 아마존(한원강 선교사)의 활동상황을 발표하는 시간을 가졌다. 12월 17일에는 11-13일에 다녀온 2018년 동계 아이티선교에 관한 선교보고회를 가졌다.

2019년 1월 1일부터 전 교인 신구약 성경필사를 시작했으며 12월 29일에 출판기념행사를 개최했다. 그리고 가을에는 선교박람회를 열었는데, 10월 26일 김억수 선교사(남아공 레소토)와 김주만 선교사(태국), 11월 9일 김영무 선교사(남아공)와 한원강 선교사(아마존), 11월 10일에는 이상용 선교사(네팔), 이경근 선교사(말레이시아), 그리고 11월 19일에는 베트남 하노이에서 사역하는 황기수, 양승봉 선교사가 선교 상황을 보고했다. 2020년 8월 30일 장학금 수여식이 있었다(장학생 : 구태현, 문민서, 문민우, 정예찬, 김초원, 신유리 학생). 2022년 4월 24일 교회 창립 51주년 감사예배를 드렸으며, 이날 선교사 출신인 백운영 목사가 말씀을 전했다.

역대 담임목사

초대 박재영 목사, 제2대 김은태 목사, 제3대 김두식 목사, 제4대 강상석 현 담임목사

New Mexico

교회 주소: 3315 Tower Rd., SW. Albuquerque, NM 87121
연락처: (505) 331-9584

앨버커키한미침례교회
Korean American Baptist Church of Albuquerque
(창립 연도: 1979년/ 창립 목사: 임세영 목사)

윤성열 목사

앨버커키한미침례교회 담임
노프 노스터(Knob Noster)침례교회 담임 역임
미드웨스턴침례신학교 목회학석사(M.Div.)

뉴멕시코 주는 1848년에 끝난 멕시코와의 전쟁을 통해 미국의 영토가 되었고, 1921년 1월 미국의 47번째 주로 편입되었다. 이곳을 대표하는 도시는 주도 산타페(Santa Fe)와 가장 큰 규모를 자랑하는 앨버커키이다. 뉴멕시코 인구는 212만1천220명(2020년 현재)이며 앨버커키에는 6만 명 정도가 살고 있다. 뉴멕시코의 한인 수는 대략 4천 명으로 추산되며 앨버커키에 사는 한인 수는 대략 2천 5백 명 선으로 추정된다.

뉴멕시코는 해발 6천 피트에 이르며, 커틀랜드 공군기지(Kirtland Air Force Base) 등 주요 공군부대가 여러 곳에 주둔하고 있다. 따라서 교회 구성원들 중에는 국제결혼한 가정들이 많다. 이들은 계속해서, 한국에서 형제자매 등 가족들을 초청, 한인 이민 사회 형성에 큰 역할을 하고 있다.

왼쪽 파란색 건물이 창립 당시 교회당이다

또한 뉴멕시코는 핵무기(Nuclear Weaponry) 산업의 요충지(일본 나가사키와 히로시마에 떨어진 원자폭탄이 이곳에서 만들어졌음)로서, 그 유명한 로스앨러모스(Los Alamos) 연구소 등이 있고 여기서 일하는 여러 명의 탁월한 한국인 엔지니어들 또한 지역사회의 중요한 구성원들이 되고 있다. 그리고 널리 알려진 뉴멕시코대학(University of New Mexico)에도 한국 유학생들이 상당수 공부하고 있으며 교환학생들의 방문도 매년 이루어져 지역 한인 사회에 생동감을 더하고 있다.

뉴멕시코 최초의 한인 교회 설립

앨버커키한미침례교회(Korean American Baptist Church of Albuquerque)는 1979년에 설립된, 뉴멕시코에서 가장 오래된 한인 교회이다. 우리 교회는 미국 남침례회(SBC, Southern Baptist Convention)에 소속된 교회로서 설립 당시 임세영 목사를 초대 담임으로 모셨고 현재 8대 윤성열 목사가 지난 2004년 12월부터 시무하고 있다.

1979년 설립 당시 150여 명에 이르던 우리 교회는 지역의 어머니 교회로서 지역사회를 섬기기 위한 많은 유익한 활동들을 벌였다. 특히 초기에 교회 자체로만 한글학교를 설립, 운영하다가 지역사회의 발전을 위해 한인회와 한글학교를 통합, 운영하여 좋은 호응을 얻었는데, 이후 한글학교는 한인회의 중요한 사역으로 오늘날까지 계속 발전, 성장해온 것은 참으로 보람된 일이었다.

또한 지역 한인 교회들의 어머니 교회로서의 긍지와 자부심을 갖고 나라와 민족을 섬기기 위한 사역들을 이끌어 왔다. 특별히 한인 북한선교 기도단체인 "그날까지 선교연합"(UTD- KCC, 고 손인식 목사) 사역에 동참하여 지역 교회 연합을 주도, 지역의 대표 거점교회로 선정되어 북한의 자유를 위한 포럼과 통곡 기도회 등을 주관하는 사역을 감당했다.

또한 전 해병대 부사령관 김기홍 장로를 초청하여 지역 연합성회를 가졌는데 가장 많은 인원이 참가, 조국에 대한 긍지와 자부심을 한층 더 고양할 수 있었다. 여러 차례 지역 교회들과 연합해 부활절연합행사에 참여했고, 뉴멕시코 베테랑 공원(New Mexico Veterans' Park) 한국전 참전 기념비 제막식 및 행사에 참가하여 윤성열 담임목사가 축사를 하기도 했다. 또 여러 해 동안 지역 중요 행사인 아시안 축제(Asian Festival)에도 참가하여 소수민족 연합에 일조했다.

2010년 3대 담임목사였다가 일본선교사로 활동 중인 박인배 선교사를 초청, 지역교회가 연합하여 선교의 밤 행사를 가졌다. 뒷줄 중앙이 윤성열 담임목사

또 조권능 목사가 담임으로 시무하고 있던 2002년에서 2004년 사이에 뉴멕시코 북단에 있는 화밍턴(Farmington)에 교회를 개척했으며, 이 화밍턴침례교회에 신경일 목사를 담임목회자로 파송하기도 했다.

앨버커키한미침례교회의 특징

앨버커키한미침례교회는 설립 이후 줄곧 도시의 남서 지역(SW)에 위치하고 있다. 설립 당시 150여 명에 이르는 든든한 교회였으나 시간이 지나면서 나뉘어지면서 1982년 감리교회 및 장로교회, 이후에는 순복음교회 등 여러 교회로 각기 분립해 나갔다. 2002년 2월 15일 앨버커키한미침례교회(임동섭 목사)와 뉴멕시코 한미제일침례교회(조권능 목사)가 합병하고, 교회명을 "앨버커키한미침례교회"라고 바꾸었다.

2022년 현재 이 지역은 침례교회를 비롯하여 감리교회, 장로교회 2곳, 오순절교회 및 교회 밖에서 모이는 몇몇 그룹들도 생겨났다. 문제는 믿지 않는 사람들을 전도해서 새 교인으로 만들기보다는 기존 교인들이 교회를 옮겨 다니는 수평이동 현상으로, 다른 지역에서처럼 교회와 교회, 목회자와 목회자들 사이의 갈등 요인이 되기도 한다.

앨버커키한미침례교회는 원래 한미가정들이 주류를 이루던 교회로서 왕성한 사역을 했었으나, 세월이 지나면서 다른 이민 교회들처럼 부침과 갈등을 겪었다. 그러나 성도들의 헌신으로 교회 건물의 모기지를 모두 지불했으며, 현재 히스패닉 교회가 렌트해서 함께 사용하고 있다. 다만 교회가 교인들이 거주하는 지역과는 먼 SW 지역에 위치하고 있어 앞으로 교회 발전을 위해 NE 지역으로 이전하는 문제가 거론되고 있다.

그동안 교회는 1979년 설립 이래 여기에 다 기록하지 못할 수많은, 의미있고 유익한 사역을 전개해 왔다. 이 지역의 좀 연세있는 분들 가운데 대부분이 과거 우리 교회 교인들이었다는 점은 잘 알려진 흥미로운 사실이다. 그들은 앨버커키한미침례교회의 역사를 존중하며 사랑하는 분들이다. 또한 그동안 교회를 섬기고 수고와 헌신을 다하신 전임 목사님 한 분, 한 분이 귀하고 고마운 분들이다. 그리고 어렵고 만만치 않은 이민생활 가운데 수많은 분이 교회를 위해 수고하고 헌신하셨다. 그들의 수고와 헌신이 장차 이곳에 힘있는 한인 사회를 건설해가는 동력이며, 한인 동포들과 그 자녀들에게 자랑스러운 신앙유산으로 전해질 것이다.

현재 교회당 앞에 모인 교인들

역대 담임목사

1대 임세영 목사(1979년 9월-1984년 6월), 2대 이명수 목사(1984년 9월-1987년 8월), 3대 박인배 목사(1987년 10월-1992년 11월), 4대 신종은 목사(1992년 12월-1994년 12월), 5대 정문필 목사(1995년 2월-2000년 5월), 6대 임동섭 목사(2001년 9월-2002년 2월), 7대 조권능 목사(2002년 2월 24일-2004년 10월), 8대 윤성열 현 담임목사(2004년 12월- 현재)

을 기념하고 대한독립을 선포했다.

이를 계기로 자신과 나라의 구원을 이룩하자며 한인 교회 건립의 뜻을 모은 이들이 1921년 4월 18일 뉴욕한인교회를 설립했다. 1921년 창립 이후 뉴욕한인교회는 서재필, 이승만, 조병옥, 강용흘, 김활란, 김도연, 장덕수, 정일형 등 근현대 한국 정치지도자들이 때로 기숙하거나 거쳐 갔고,

1932년 6월 4일 제7회 동부학생대회 총회에 참석한 유학생들

각종 강연회와 토론회를 벌인 한인 사회 활동의 중심지가 되었다. 뉴욕 인근 한인들이 독립운동 자금을 건네려고 찾아왔고 해방 전후 한인회와 학생회, 국민회, 동지회, 흥사단 등 각종 단체의 집회와 일시 거소로도 활용되었다. 드라마 "미스터 션샤인"으로 잘 알려진 황기환 애국지사와 염세우 애국지사는 뉴욕한인교회 교인이었다. 황기환 애국지사는 프랑스에서 미국으로 온 후, 뉴욕한인교회에서 독립운동을 하다가 조국의 독립을 보지 못한 채 40대 초반에 심장마비로 소천했다.

뉴욕한인교회는 초기엔 매디슨애버뉴감리교회의 삭크만 목사 주선으로 현지 교회를 빌려 쓰다가 1923년 감리교단의 지원과 동포들의 성금을 모아 맨해튼 남단(459 West 21 St.)에 독자적인 교회 건물을 마련했다. 이때 'Korean Methodist Church and Institute'란 독특한 영어 명칭을 사용했는데, 그것은 단순한 신앙공동체 역할만이 아니라 민족과 사회를 위해 헌신하는 공동체라는 의미를 담고 있었다. 1927년 10월 건물을 팔고 컬럼비아대학교와 허드슨강 인근인 114가에 건물을 매입, 이전했다. 교회 내 구성원 중에서 상당수가 컬럼비아대학교의 한인 유학생들이라, 유학생 중심의 활동이 많아져서 교회도 대학 인근으로 이전한 것으로 보인다. 해방 이전 뉴욕 거주 한인들은 100명 내외였으며, 그 가운데 상당수가 유학생이었다.

뉴욕한인교회 창립 70년을 맞아 발간한 『강변에 앉아 울었노라』에 따르면 "삼일운동은 뉴욕한인교회 창립과 가장 긴밀한 사건"이다. 뉴욕한인교회에는 안익태가 애국가를 작곡할 때 사용한 피아노를 비롯, 독립운동 시절의 수많은 사진과 문서 자료들, 교회 간판과 성수잔 등이 보존되어 있다. 우리 교회 역사편찬위원회가 공개한 자료들 가운데 1934년 6월 4일 동부학생대회 총회 사진이 있는데, 독립운동가 김마리아(1891-1944) 여사를 비롯한 한인 지도자들과 당시 유학생들, 미국인 등 약 40명의 초기 교인들과 독립운동가들의 모습을 찾아볼 수 있다.

김마리아 여사는 1919년 도쿄 유학생들이 주축이 된 2·8독립선언과 3·1만세운동에 적극

안익태 선생이 애국가를 만들 때 사용한 피아노

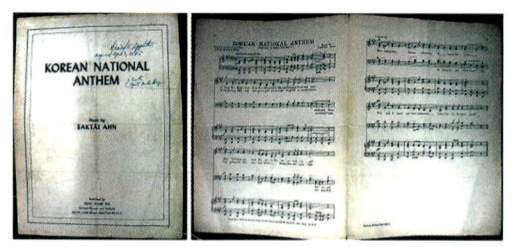

뉴욕한인교회가 1944년 발간한 애국가 악보(사진: KBS)

참여한 주인공으로, 이듬해 미국인 선교사의 도움으로 상해로 탈출, 그곳에 있었던 대한민국 임시정부의 황해도 대의원이 되었으며, 1923년에는 미국으로 건너왔다. 파크대학교와 시카고대학교(석사)를 거쳐 뉴욕에서 신학을 공부한 김마리아 여사는 뉴욕에서 황애덕, 박인덕 등과 함께 재미 대한민국애국부인회(근화회)를 조직하고 회장을 맡았다.

또한 우리 교회에는 민주정치의 세계화를 꿈꾸던 정치가 조병옥 박사와 문학가 초당 강용흘, 세계적 교육가 김활란, 박인덕, 애국가를 작곡한 안익태가 함께 신앙생활을 했다.

1920년대 말부터 김활란 박사에 의해 교회 성가대가 시작되었다. 1927년 교회를 114가로 옮겨 올 당시 뉴욕의 한인들은 통틀어 100여 명에 불과했다 당시 예배당 건물 가격이 3만5천 달러였는데, 이전 건물을 매각한 대금 1만7천 달러, 미국 감리교회 지원금 1만2천 달러에 유학생과 한인동포 20명이 모은 6천 달러로 매입할 수 있었다. 당시 미국은 경제대공황의 시기여서 사상 최악의 불경기였다. 하루 종일 일해도 5달러 벌기도 힘든 시절, 한인들은 남의 집에서 허드렛일을 하거나 조지워싱턴 브리지 공사현장에서 막노동하며 번 돈을 십시일반 모아서 6천 달러를 헌금한 것이다.

이용보 목사는 "백인들과 감히 식탁에 마주할 수도 없는 지독한 인종차별을 견디며 생계도 어려운 경제대공황 시기에 우리 선조들이 뼈 빠지게 일해 6천 달러를 모아 예배당 구입을 위한 성금으로 바친 것은 그야말로 신앙의 힘과 민족, 그리고 독립의 열정이 아니고서는 불가능한 일"이라고 평가했다.

1930년 황 창, 윤홍섭 등이 이곳에서 한국경제회를 발족, 경제잡지 「산업」을 발간했고, 1931년 컬럼비아대학교에 '재미조선문화회'도 결성했다. 작곡가 안익태가 필라델피아에 있는 템플대학에서 학업 중일 때, 뉴욕에 연주회가 있을 때마다 우리 교회에 와서 체류했다. 안익태 선생은 1935-1936년 교회에서 숙식하며, 애국가를 완성하였다. 「신한민보」 1936년 1월 16일자는 "지난 12월 28일 안익태가 새로 작곡한 애국가를 직접 연주했다"고 보도했다. 새 가락을 붙인 애국가의 악보는 1942년 김준성 목사가 뉴욕한인교회에서 영문으로 출판하였다. 애국가는 1940년경에 상하이에 있던 대한민국 임시정부에 전해졌지만, 한반도에는 일제의 검열로 전해지지 못했다. 1942년 8월 29일 개국한 "미국의소리 한국어 방송"은 애국가 1절을 매일 방송했다고 한다.

뉴욕한인교회를 찾은 독립운동 단체는 1945년 해방까지 10여 개에 달했다. 뉴욕한인공동회, 한인공동회, 중앙위원회, 재미조선문화회, 근화회, 미주동부대한인부인회, 조국광복사업후원회, 뉴욕재만동포옹호회 등 7개 단체가 창립되었고, 국민회 뉴욕지방회, 동지회 뉴욕지부, 흥사단 뉴욕지부 등 6개 단체가 뉴욕한인교회를 중심으로 활동했다. 한국 유학생들이 만든 「한국학생회보」(The Korean Student Bulletin)와 「자유한국」(The Free Korea), 「삼일신보」, 「우라키」 등의 잡지와 신문도 우리 교회에서 제작된 것으로 알려졌다.

뉴욕과 뉴저지를 연결하는 조지워싱턴브리지 건설 현장을 비롯해 뉴욕 일대에서 막노동하면서 조국에 돌아갈 날을 그리워했던 노동자들도 우리 교회에서 시름을 달랬다. 꼬깃꼬깃해진 달러를 호주머니에서 꺼내 독립운동자금으로 건네기도 했다. 또 1960년도에 성가대가 확장하여 김정신, 김헬렌(김활란) 박사가 성가대복을 장만해주었다. 특히 1970년대부터는 성가대 활동이 활발했으며 한국의 기라성 같은 음악가들이 뉴욕에서 유학을 하며 성가대원으로 봉사를 했다. 그러면서 성가대가 뉴욕의 카네기홀에서도 음악회를 갖기도 했다. 또한 공병우 타자기의 완성으로 한글의 우수성과 그 문화를 세계 첨단에 우뚝 세워 놓았다. 지금도 세계적 석학들과 새 문화를 창달할 일꾼들이 뉴욕한인교회를 중심으로 활동하고 있다. 세계를 향한 교회의 전통은 계속 이어져 세계를 이끌어 갈 인물들이 지금도 뒤를 이어가고 있다.

1971년 4월 18일 유니언신학교 제임스 채플에서 역대 담임목사들과 한인 사회 지도자들, 연합감리교회의 미국 목사들을 초청한 가운데 교회는 창립 50주년 감사예배를 드렸다. 일제의 만주침략 후에는 기성의 대한인국민회원과 동지회원 등이 힘을 합쳐 독립운동을 전개하는 등 뉴욕한인교회는 계속해서 명실공히 뉴욕 내 한인 민족운동의 중요 거점으로 활용되었다. 1960년대부터 1980년대까지는 뉴욕 등 미 동부에서 조국의 민주화를 위해 헌신한 사람들의 요람이었던 뉴욕한인교회는 건물 노후로 2015년 7월부터 전면적인 개축 공사에 들어가 교인들은 인근 미국장로교회(PBC)에서 예배를 드렸다.

교회는 50여 년 전인 1970년대부터 이미 성전 신축을 위한 논의를 시작했고, 교인들은 성전 신축을 위해 헌신적으로 헌금하고, 참여하며 준비했다. 하지만 이민 사회의 흐름과 선교적인 목적을 위해 성전을 옮기자는 의견과 역사의 현장인 현 성전을 지켜야 한다는 의견을 두고 논의하며, 의견을 수렴하는 과정에 오랜 시간이 소요되었다. 옛 교회 건물을 예배당으로 계속 사용하기에는 공간적인 제약과 노후화로 인한 안전 문제가 겹쳐 있었다. 그로 인해 수년간 예배를 주변 학교 건물에서 드렸다.

2012년 창립 91주년 기념 음악회가 열렸다

2014년 교회총회를 통해 현 위치의 역사적 의미를 높이 평가하고, 경제와 예술의 중심지인 맨해튼에 소재한 뉴욕한인교회를 재건축하기로 결의, 2015년 8월 16일 건축회사와 계약을 맺고 공사를 시작한 이래, 광야를 지나는 듯한 7년의 파란만장한 과정을 거쳐 마침내 4월 18일 입당예배를 드리게 되었다. 원래 1년 6개월로 예정되어 있던 공사가 햇수로 7년이 지난 2021년에야 끝날 수 있었던 데는 몇 가지 예상치 못한 난관들이 있었다.

첫째는 컬럼비아대학교와의 문제였다. 뉴욕한인교회를 제외한 블럭 전체가 컬럼비아대학교 소유지라, 컬럼비아대학교는 이 지역을 허물고 고층 빌딩을 세우기 위해 지난 몇 년간 우리 교회에 예배당을 학교에 팔고 다른 곳으로 이전하라고 권유했다. 그러나 우리 교회는 재건축을 결의, 이를 위해 인접한 컬럼비아대학교의 개발동의서(Access Agreement)를 받아야 했다. 맨해튼에는 많은 건물이 서로 붙어 있어 건물을 새로 지으려면 옆 건물의 허락을 받아야 하는데, 그것이 바로 개발동의서이다.

컬럼비아대학교는 그 대가로 교회에 10만 불을 요구했고, 교회는 그 돈을 지불했다. 그런데도 컬럼비아대학교는 돈만 받고 개발동의서에 서명해주지 않았다. 교회는 컬럼비아대학교가 서명을 해주지 않으면 대학교 앞 거리에서 예배를 드리겠다고 통보하자, 컬럼비아대학교가 개발동의서에 서명을 해줬고, 그제야 교회는 공사를 시작할 수 있었다. 그러는 동안 1년이라는 세월이 흘렀다.

둘째는 뉴욕 시가 뉴욕한인교회 건물을 역사적 건물(Landmark)로 지정한 것이다. 역사적 건물로 지정되면 그 건물을 증, 개축하는 데 어려움이 크다. 이로 인해 교회당 전면을 현 상태 그대로 보존한 채 개축하겠다는 변경안을 제출하고 시와 협상을 했으며, 건축 허가를 받는 데 9개월이 걸렸다.

셋째는 작년 3월, 그 누구도 예상치 못한 코로나19로 인해 불가피하게 다시 몇 개월 동안 공사를 중단해야만 했다. 넷째는 교회 재건축 논의를 시작할 당시만 해도 그동안 적립한 건축헌금으로 융자 없이 공사를 마칠 수 있었다. 그러나 앞에서 말한 세 가지 난관들을 해결하는 데에만 2년의 세월이 흘렀고, 총 햇수로 7년이 지나는 사이 뉴욕 시의 건축 비용이 급격히 상승, 교회는 부족한 건축 예산을 위해 교단의 연합감리교개발기금(United Methodist Development Fund)으로부터 융자를 받아야 했다.

2016년 2월 28일 97주년 3·1절 독립운동 기념식을 통해 30인의 독립유공자를 발표하고 애국지사의 후손들이 함께하는 뜻깊은 시간을 가졌다. 이날 기념식에서는 임 초 애국지사와 105인 사건 체포 장면을 포착한 사진, 김마리아가 1927년 뉴욕에서 흥사단에 가입할 때 제출한 파크대학 졸업사진, 김마리아의 탈출과 망명을 도와준 윤산온(George McCune) 선교사 등의 모습이 담긴 희귀 사진들과 "한국계 미국인 문학의 아버지"로 불리는 강용흘의 1931년 작품 『초당』(The Grass Roof)과 작가의 서명 등이 공개되었다.

애국지사 30인은 안창호, 이승만, 서재필, 장 면(이상 대한민국장), 천세헌, 김마리아, 윤병구, 조병옥, 정한경(이상 독립장), 곽림대, 김도연, 황애덕, 정일형, 이복원, 황기환, 배민수, 김 경, 김양수, 변준호(이상 애국장), 김여제, 안정수, 임 초, 남궁염, 정태진(이상 애족장), 이진일, 최용진, 김창세, 차진주, 김홍기(이상 건국포장), 신마실라(대통령 포장) 등이다.

이날 기념식에는 남강 이승훈의 외손자인 주영빈 장로를 비롯, 스티븐스를 저격한 장인환 의사의 증외손녀 정이경 선생, 도산 안창호의 처조카 소신호 권사, 애국지사 이 탁의 외손자 김문조 선생, 청산리 전투의 역사 기록을 바꾼 이우석 애국지사의 딸 이춘덕 권사 등 미국에 있는 독립유공자의 후손들이 사상 처음으로 한자리에 모여 눈길을 끌었다. 이날 기념식에서는 도산 안창호 선생을 직접 모셨던 뉴욕한인교회 한승인 장로가 그의 저서 『민족의 빛 도산 안창호』 100권을 교회에 기증하는 순서도 이어졌다.

2021년 4월 17일 창립 100주년 기념 및 새성전 입당 감사예배를 드렸다. 감사예배에서는 이용보 목사 사회, 김성찬 감리사와 임연희 감리사 기도, 교회 건축 완공 예식, 솔리스트 팀이 특송했으며, 토마스 빅커톤 UMC 뉴욕연회 감독이 누가복음 24장 36-53절과 에베소서 1장 15-23절을 본문으로 "생각보다 쉽습니다"라는 제목으로 설교를 맡아주었다. 토마스 감독은 "지금 미국

2021년 4월 새성전 입당 감사예배 후 목회자와 관계자들이 기념 사진을 찍고 있다

에서는 긴장이 고조되고 있다. 종교에 대한 호감이 시들해지고, 교회를 바라보는 시선은 회의적이고, 냉소적이며, 의심으로 가득하다. 그래서 크리스천들은 때때로 주저하게 되고 불안하지만 불확실한 도전에 맞설 수 있는 것은 그리스도를 향한 우리의 강하고 변함없는 믿음뿐이다" 라는 메시지를 전했다.

역대 담임목사

임종순 목사(1921-1923), 김영섭 목사(1923-1927), 윤병구 목사(1927-1936), 장석영 목사(1928), 림창영 목사(1936-1942), 김준성 목사(1942-1944), 배민수 목사(1944-1945), 윤응팔 목사(1945-1966), 림순만 목사(1966-1968), 정달빈 목사(1968-1970), 김병서 목사(1970-1975), 최효섭 목사(1975-1988), 차원태 목사(1988-2001), 이근애 목사(2001-2003), 한성수 목사(2003-2005), 장철우 목사(2005-2012), 이용보 목사(2012-2022), 최현덕 현 담임목사(2022-현재)

1대 임종순 목사, 2대 김영섭 목사, 3대 윤병구 목사, 4대 장석영 목사, 5대 림창영 목사, 6대 김준성 목사

7대 배민수 목사, 8대 윤응팔 목사, 9대 림순만 목사, 10대 정달빈 목사, 11대 김병서 목사, 12대 최효섭 목사

13대 차원태 목사, 14대 이근애 목사, 15대 한성수 목사, 16대 장철우 목사, 17대 이용보 목사, 18대 최현덕 목사

North Carolina

교회 주소: 116 Tom Wilkinson Rd., Durham, NC 27712
연락처: (919) 471-1168/ cafe.daum.net/nckpcorg

노스캐롤라이나한인교회
Triangle Korean Church(현 North Carolina Korean Church)
(창립 연도: 1968년 / 창립 목사: 김관련 목사)

채 건 장로

노스캐롤라이나한인교회 시무
미국 보건연구원 역임
서울대학교 약학대학 졸업
노스캐롤라이나대학(약학박사)

박창원 현 담임목사

노스캐롤라이나의 최초 교회는 '트라이앵글한인교회'(Triangle Korean Church)로, 1972년 '노스캐롤라이나한인교회'로 이름이 변경되었다. 노스캐롤라이나에 우리 교포가 삶의 터전을 닦게 된 것은 1950년대부터이다. 더햄(Durham)의 듀크대학(Duke University), 채플힐(Chapel Hill)의 노스캐롤라이나대학(University of North Carolina), 랄리(Raleigh)의 노스캐롤라이나주립대학(North Carolina State University) 등 저명한 교육기관들이 있는 이곳 리서치 트라이앵글(Research Triangle, 이하 RTP) 지역에 유학과 연구 목적으로 온 한인들은 낯선 땅에서의 어려운 학원생활 가운데서도 하나님 말씀을 사모하고 갈급해 하면서 함께 모여 하나님께 예배드릴 제단을 만들기로 했다.

1989년 창립 21주년 기념예배 후 전 교인 기념 사진을 찍고 있다

    이곳 RTP 지역 대학을 중심으로 모인 교수, 학생, 연구원들 몇 명이 듀크신학대학원에 유학 온 기독교대한감리회 소속 김관련 목사와 1968년 4월 7일 부활절주일에 예배를 드림으로써, 노스캐롤라이나한인교회가 시작되었다.

    특정 교파에 소속이 되지 않은 초교파적 개신교회이자, 노스캐롤라이나에서는 처음으로 설립된 한인 교회라서, 교회 명칭을 '트라이앵글한인교회'(Triangle Korean Church)라고 부르기로 했다. 주일이 되면 더햄, 채플힐, 랄리, 이 세 지역을 돌아가면서 미국 교회를 빌려서 예배를 드렸다. 초기의 교인은 주로 이 지역 대학에 유학 온 학생들과 교수들의 가정이었다.

노스캐롤라이나한인교회의 역사

1986년 자체 교회 건물을 구입, 헌당예배를 드렸다

    김관련 목사 이후 1969년 나원용 목사가 제2대 목사로 부임했으며, 이후 1972년에는 듀크대학으로 유학 온 장치본 목사가 제3대 목사로 부임했다. 그리고 그동안 세 지역을 돌아가면서 드리던 주일예배를 더햄(Durham)의 트리니티연합감리교회(Trinity United Methodist Church)에서 드리기로 하고, 교회 명칭을 '노스캐롤라이나한인교회'로 개칭했다. 1974년 권사, 안수집사를 임명하고

처음으로 제직회가 구성되었다. 1975-1980년 박병률, 채 건, 박병운, 박재영 안수집사와 김경환, 김은순 권사로 구성된 제직회가 운영되었다.

1981년 장치본 목사가 사임하고 이 철 목사(대한예수교장로회 소속)가 제4대 목사로 부임했다. 1982년 공동의회에서 노스캐롤라이나한인교회 헌법을 제정했다. 1982년 예배 장소를 더햄제일침례교회(Durham First Baptist Church)로 이전했다.

1984년 이 철 목사가 사임하고, 소교민 목사(대한하나님의성회 소속)가 제5대 목사로 부임했다. 1985년 노스캐롤라이나 주정부에 비영리단체로 정식 등록했으며, 1985년 교인들의 힘과 정성으로 현 교회 건물을 매입하고 같은 해 9월 1일 입당예배를 드렸다. 교회 건물은 외부 교단의 도움 없이 교인들이 구입했는데, 이 또한 노스캐롤라이나에서는 한인들이 처음으로 자체 교회 건물을 소유하게 된 것이다. 1986년 5월 교회 헌당, 장로 장립, 안수집사 취임예배를 드리고 당회가 구성되었다(시무장로 박대근, 박병률, 채 건, 박병운, 박재영).

1987년 소교민 목사가 사임하고 김성완 목사(대한예수교장로회 소속)가 제6대 담임으로 부임했다. 1988년 RTP 지역의 대학교를 중심으로 많은 모이는 한인 2세들을 위해 교육전도사를 임명하고 영어권 목회를 시작했다. 1990년 소성전을 보수 개조하여 교회학교 예배실로 사용했다.

1991년 대학생, 중고등부 학생들을 담당하는 전도사가 취임, 독립적으로 영어권 예배와 활동을 시작했다. 1991년 김성완 목사가 사임하고 권영배 목사(PCUSA 소속)가 제7대 담임으로 부임했다.

1993년 교회 창립 25주년 기념예배 및 안수집사 안수식을 거행했다. 교회 창립 때부터 계속 교파에 속하지 않고 독립 초교파 교회로 있다가, 1993년 공동의회에서 권영배 담임목사가 속한 PCUSA 교단에 가입하기로 했다. 1994년 4월 미국 장로교단(Presbyterian Church USA)에 가입예배를 드리고 교회 명칭을 '노스캐롤라이나한인장로교회'(North Carolina Korean Presbyterian Church)로 변경했다.

1998년 권영배 목사가 사임하고, 1999년 방수성 목사가 제8대 목사로 부임했다. 2000년 쟈슈아 문(Joshua Moon) 전도사를 대학부, 영어권 교인담당 목회자로 임명했다. 이즈음 RTP 지역의 세 대학, 대학원에 재학 중인 영어권 교인(한인 1.5, 2세)이 200여 명에 이르렀다. 2003년 한어

1998년 30주년 창립기념예배 후 전 교인 단체 사진

권 담당 부목사가 부임했다.

2004년 방수성 목사가 사임하고, 황인성 목사(PCUSA 소속)가 제9대 목사로 부임했다. 2008년 황인성 목사가 사임하고, PCUSA New Hope노회 행정위원회 주관 하에 교회운영을 위해 교회운영위원회를 구성했다. 2009년 한혜원 목사(PCUSA 은퇴 목사)가 임시 당회장 목사로 부임했다. 같은 해 12월 서기남 목사(PCUSA 소속)가 제10대 목사로 부임해서, 교회를 섬기다가, 2012년 사임했다. 2012년 6월 권형주 목사가 설교 목사로 부임했으며, 교회 명칭을 '노스캐롤라이나한인교회'(North Carolina Korean Church)로 변경해서 주정부에 등록했다. 2013년 4월 교회 창립 45주년 기념예배 및 유택현 장로, 권사 취임예배를 드렸다.

2016년 2월 권형주 목사가 사임하고 3월 장희창 목사가 설교목사로 부임했다. 2018년 4월 교회 창립 50주년 기념예배를 드렸다. 2019년 12월 장희창 목사가 사임하고, 2020년 1월 박창원 목사가 제11대 목사로 부임했다. 2022년 4월 교회 창립 54주년 기념예배를 드렸다.

역대 담임목사

초대 김관련 목사, 2대 고 나원용 목사, 3대 장차본 목사, 4대 이 철 목사, 5대 소교민 목사, 6대 고 김성완 목사, 7대 권영배 목사, 8대 방수성 목사, 9대 황인성 목사, 10대 서기남 목사, 11대 박창원 현 담임목사

초대 김관련 목사, 2대 고 나원용 목사, 3대 장차본 목사, 4대 이 철 목사, 5대 소교민 목사, 6대 고 김성완 목사

7대 권영배 목사, 8대 방수성 목사, 9대 황인성 목사, 10대 서기남 목사, 11대 박창원 목사

North Dakota

교회 주소: 5555 S. Washington St., Grand Forks, ND 58201
연락처: (213) 500-9900/ www.gfkhope.org

그랜드폭스한인소망교회
Grand Forks Hope Korean Church
(창립 연도: 1985년)

석성유 목사

그랜드폭스한인소망교회 담임
세계비전교회 부교역자
총신대학교와 한동대학교 졸업

    미국 장로교회(PCUSA) 소속 한인 교회인 그랜드폭스한인소망교회는 1985년 9월 3일 지역 거주 한인 성도 몇 명이 모여 예배를 드림으로 시작했다. 우리 교회가 위치한 노스다코타주 그랜드폭스시(Grand Forks, ND)에는 공군부대가 주둔하고 있다. 이 부대는 당시 주한 미 공군 오산 기지와 연관이 있는 부대로 알려졌는데, 한국에서 미군과 결혼해서 이곳에 온 한인 여성들이 중심이 되어 예배가 시작되었다. 창립 후 37년이 지난 오늘날 교회를 돌아보면 창립 당시 함께 신앙생활을 하던 성도들은 모두 흩어졌고, 그들의 소식은 접할 수 없었다.
    우리 교회는 자체 건물이 없는 관계로 여러 미국 교회를 옮겨 다니면서 예배를 드리다가, 2006년경부터 현재 위치(5555 S Washington St., Grand Forks, ND 58201)에서 주일 오후와 금요일 저녁, 매일 새벽에 예배를 드리고 있다. 자체 건물이 없는 상태에서 예배를 드리다 보니 창립 당시 교회 자료들은 남아 있지 않다. 창립 목회자를 비롯 몇 명의 사역자들이 우리 교회에서 어떻게 사역을 해왔는지에 대해 알려진 바는 없다. 파악된 목회자는 서울 미아교회 담임으로 시무 중인 탁균호 목사(2008-2012)와 현재 담임인 석성유 목사(2012-현재)이다.

현재 교회 예배당

그랜드폭스한인소망교회가 위치한 그랜드폭스 시의 지리적 특징은 캐나다와 국경을 접한 미국 최북부 중앙에 있는 노스다코타주의 동쪽 끝에 있다. 시의 인구는 약 5만5천 명이며 대부분 스칸디나비아 출신 백인 후손들이 주축이 되어 살고 있다.

그랜드폭스(Grand Forks)는 파고(Fargo)와 주 수도인 비즈마크(Bismarck)에 이어 노스다코타주에서 세 번째로 큰 도시이다. 오래전 한국에서 본 한 커피회사 TV광고의 배경음악(Red River Valley 홍하의 골짜기) 속에 나오는 레드리버(Red River)가 굽이굽이 흐르고 있다. 레드리버는 물은 깨끗하지만 늘 흙탕이 섞여서 흐르기 때문에 붙여진 강 이름이다. 레드리버 사이에 다리가 있는데 다리 서쪽은 그랜드폭스이며, 다리 동쪽은 미네소타 주에 속한 이스트그랜드폭스(East Grand Forks)다.

이곳에는 노스다코타대학교(University of North Dakota)가 소재하고 있는데, 특히 유명한 전공과목은 항공학과 석유공학이다. 그리고 일반 학부들과 의대, 간호대, 법대 등이 있는데, 학부와 대학원이 함께 있는 노스다코타에서 가장 규모가 큰

2008년 7월 22일 예배 후 단체 사진을 찍고 있다

종합대학교이다. 참고로 석유공학과는 노스다코타의 셰일 가스석유 산업과 관련이 있다고 할 수 있다. 항공학과는 최근 몇 년 전부터 한국과 미국 여러 주에서 많은 동포 청년들이 파일럿의 꿈을 품고 유학하고 있다. 일반항공 조종, 관제 및 항공사업 분야는 미국에서 탑클래스라고 한다.

2019년 10월 13일 야외예배를 드린 후 교인들이 기념사진을 찍고 있다

우리 교회에서 미네소타주가 있는 동쪽으로 30분 정도 가면 크룩스톤(Crookkston, MN)이란 도시가 나오는데 그곳에는 미네소타대학교(University of Minnesota, Crookston) 분교가 있다. 이곳에도 한국에서 유학을 온 청년들이 많이 있다. 이곳을 거쳐 미네소타대학 본교로 전학하는 이들도 여럿 있었다.

그랜드폭스에서는 지리적으로 산과 언덕을 보기가 쉽지 않다. 이 지역 중간을 가로지르는 산이 없어, 노스폴(North Pole)에서 불어오는 바람이 그대로 지나간다. 그래서 겨울은 매우 춥지만, 여름은 무덥지 않고 시원하다. 겨울에는 밖은 매우 추워도 실내는 히터를 켜면 지내는 데는 지장이 없다. 그런데 실내에 사람이 없어도 히터를 계속 켜놓는 이유는 히터 사용이 불규칙하면 배관이 쉽게 동파되기 때문이다. 흙은 거름기를 풍성하게 품고 있는 검은색 흑토이다. 겨울에 많이 오는 눈은 토양과 식물재배에 큰 도움이 된다. 따라서 주의 동쪽에서는 석유를 시추하고, 그 외 지역에서는 콩, 밀, 사탕무, 감자, 해바라기, 카놀라 등을 대량으로 재배한다.

그랜드폭스한인소망교회의 구성원의 특징은 주로 미 공군 소속 부대와 연관된 성도들, 노스다코타대학(University of North Dakota)과 미네소타대학(University of Minnesota)에 유학 중인 한인 청년들, 한인 교직원 가족으로 구성되어 있다. 최근에는 노스다코타대학에 젊은 한인 교수들이 여러 명 부임하는 추세이다. 이곳에는 한인들이 많지 않아 교회가 분열되거나 통합될 여지가 없다. 그동안 하나님께서 교회가 존재할 수 있게 하신 것만으로도 감사하다.

Ohio

교회 주소: 4839 Pearl Rd., Cleveland, OH 44109
연락처: (216) 459-8512/ www.ckpc.us

클리블랜드한인장로교회
Cleveland Korean Presbyterian Church
(창립 연도: 1969년 / 초대 담임: 이병희 목사)

임병회 목사

클리블랜드한인장로교회 담임
LA 주님의영광교회 부목사 역임
계명대학교 신학과 졸업
서울신학대학교 신대원 목회학석사(M.Div.)
아주사퍼시픽신학교 목회학박사 수료

제1대 이병희 담임목사

오하이오주에서 세워진 첫 번째 한인 교회인 클리블랜드한인장로교회는 1969년 이민 초기에 들어온 한인들의 자발적인 노력과 헌신으로 세워진 교회다. 클리블랜드는 뉴욕, 시카고처럼 1960년대 철강과 중공업의 발달로 미국에서 성장률이 가장 높았던 도시 중 하나였다. 도시가 갑작스럽게 활성화되자 의료 인력이 부족하게 되었고, 오하이오주정부는 한국 의사들을 초청하여 의료인력을 보충하고자 했다. 이때 이민 오게 된 한국 의사들을 중심으로 한인 사회가 형성되었고, 먼저 들어온 의사들과 간호사들의 초청으로 가족들도 이민을 오게 되어, 한인 사회가 급격히 성장하게 되었다.

이에 한인 교회의 필요성이 제기되었고, 이민자들이 목회자가 없는 상황에도 먼저 교회를 세우고 함께 예배를 드리게 되었다. 그것이 클리블랜드한인장로교회의 시작이다. 1969년 4월 27일 클리블랜드 다운타운에 위치한 마일즈연합장로교회(Miles United Presbyterian Church)를 빌려 매월 1회씩 예배 모임을 가짐으로 클리블랜드한인장로교회가 시작되었다. 초창기에 37명의 성도들이 함께 모여 목회자는 없지만 한국어로 찬양하며, 감격의 눈물로 예배를 드렸다는 증언이 있다.

시간이 조금 흐른 뒤 클리블랜드한인장로교회는 평신도들을 중심으로 교회가 시작되고, 교회를 담당하는 목회자가 없는 상황이었지만, 월 1회 모이는 것보다 매주 모이는 것이 좋을 것 같다고 판단, 당시 유학 중이던 목회자들을 초청 강사로 모셔서 돌아가며 말씀을 듣는 방식으로 예배를 드리기로 했다. 이에 1971년에 중심지인 유니버시티 서클(University Circle)에 있는 커버넌트교회(Covenant Church)를 빌려서, 당시 유학 중이던 이병희 목사, 김윤국 목사, 김용준 목사, 원달준 목사, 한순남 목사를 초청하여 매주 예배를 드렸다. 교회가 매주 예배를 드리고 친교하자, 많은 한인이 매주 우리 교회로 모여들었다.

이후 교회가 성장하고 담임목회자의 꾸준한 목회사역의 필요성이 제기되어 그동안 섬겨주었던 여러 목회자 중 한 분을 담임목회자로 청빙할 것을 결의하였다. 1973년 7월에 이병희 목사(현 세계복음선교회 회장)를 초대 교역자로 청빙하고 위임하였다.

이병희 목사가 담임목회자로 부임하고 목회가 안정을 찾게 되자 교회는 폭발적으로 부흥하기 시작했다. 70-80명 정도였던 성도들이 150명까지 주일예배에 모이게 되고, 공간이 부족해 간이의자까지 놓고 예배를 드리는 등 교회는 아름답게 성장했다. 특히 이병희 목사가 담임목회자로 사역하던 중에 특별한 부흥회를 경험하게 된다. 1975년에 클리블랜드를 방문한 최자실 목사(여의도순복음교회)의 부흥회를 통해 온 교회가 성령을 뜨겁게 체험하게 되었으며, 이후 이병희 목사가 성령운동으로 목회방향을 설정, 주일예배뿐 아니라 매주 수요기도회, 주일 저녁예배, 월 1회 철야예배에서 성령 체험을 강조하는 목회를 추구했다. 당시의 성도들은 매일 저녁 교회에 나와 방언과 통성기도로 뜨겁게

1971년 다운타운에서 월 1회씩 모일 때 교회 성도들이 함께 사진을 찍었다

기도하는 것이 교회의 분위기였다고 증언한다. 성령운동의 결과, 수많은 성도가 회심하고 성령 체험과 방언은사를 받음으로 교회가 매주 뜨겁게 예배드렸다.

그러나 이병희 담임목사가 성령운동을 중심으로 목회를 해나가자 교회 안에 이에 대해 불만을 가진 성도들이 생겨났다. 뜨거운 기도보다 조용히 기도하면서 예배드리기 원했던 성도들이 나가서 1977년 구영환 목사를 모시고 연합교회를 개척했다. 클리블랜드에 한인 교회가 나뉘지는 아픔을 그때 처음 경험했다. 분명 담임목회자였던 이병희 목사는 성령운동을 중심으로 교회를 성장시키고 있었다. 그 성령운동은 힘들고 어려운 이민자들에게 나름의 선한 영향력을 발휘하고 있었다. 그러나 성령운동과 부흥회를 중심에 둔 목회에 반대하는 몇몇 보수적인 장로교인들이 중심이 되어 교회가 나뉘어진 것이다. 당시 클리블랜드 지역에는 고학력 의사들이 중심이 된 이민자들이 있었는데 그들 가운데 성령운동에 대한 부정적인 분위기가 있었다. 그들이 세운 연합교회(지금은 클리블랜드중앙장로교회)는 이후 한 번도 분열하지 않았으며, 지금은 클리블랜드에서 가장 큰 교회(현재 출석교인 약 400명)로 성장했다.

이후 클리블랜드한인장로교회는 1978년 현재 예배를 드리고 있는 펄 로드(4839 Pearl Rd.)에 있는 교회당을 구입하고 헌당예배를 드림으로, 교회가 더욱 안정되고 성장하는 기회가 되었다. 또한 그 이듬해인 1979년 에쉬타빌라 지역의 한인들을 위해 지교회를 설립하고 매주일 오후에 담임목사가 그 지역으로 가서 예배를 인도하였다. 에쉬타빌라 지역은 클리블랜드에서 약 1시간이 소요되는 지역인데, 지교회를 세우고 난 후 약 10년이 지나자 그 지역의 한인들을 중심으로 자체 목회자를 청빙해, 지교회가 아닌 자체 교회가 되어서 지금까지 독립된 한인 교회로 쓰임 받고 있다.

이후 클리블랜드에는 여러 교단의 목회자가 들어오면서 교단별로 교회가 세워지기 시작했다. 한국에서 신앙생활을 해오던 성도들 신앙 배경이 서로 다르고 믿음에 관한 생각이 달라 여러 가지 문제가 발생, 교단별로 교회가 분열되는 문제가 생겼다.

1981년에 감리교회가 당시 부목사였던 정춘수 목사를 중심으로 파생되었고, 1983년에는 침례교회, 그리고 1987년에는 나사렛교회(성결교단)가 분열, 개척되었다. 마지막으로 1999년 고신교단을 중심으로 분리되어서 한미장로교회가 생겨났다. 교단별로 신앙의 정체성을 찾기 위해 분열된 경우는 그나마 안정적인 분열이었지만, 교회 안의 다툼으로 인한 분열도 많이 발생했다. 1997년 2대 위임목사였던 전덕열 목사의 사임 후, 자격이 부족한 목회자가 담임목사로 부임하면서 교회 안에 여러 다툼이 발생했고, 그 분쟁과 다툼으로 교인들이 빌립보교회를 세웠다. 특별히 교회의 중직자들과 대부분의 성도들이 이에 합세, 교회와 당회는 큰 타격을 입었고, 이에 문제의 담임목사가 사임하고, 교회가 빌립보교회와 통합함으로 문제가 해결되었다.

당시 빌립보교회에 담임으로 청빙되었던 김선기 목사(3대 위임목사)가 클리블랜드한인장로교회의 새 담임으로 청빙되어, 통합에 중요한 역할을 감당했다. 그러나 가장 최근 2016년에는 목회자의 노회

2001년 김선기 목사 사역 당시 성도들

가입 문제로 당시 목회자가 약 50명의 성도들을 데리고 나가서 클리블랜드시온한인교회를 세운 일이 있었다. 특별히 이 분열은 교회 안에서 성도 간의 법적 분쟁으로 이어져 서로에게 많은 상처를 남긴 사건이 되었다.

2018년에는 현 담임목회자인 임병회 목사가 부임하여 새로운 교회로 나아가기 위해 열심히 사역하고 있다. 임병회 목사 부임 이후 교회에는 새 성도들이 많이 정착했고, 특별히 2020년 팬데믹으로 직접 모여 예배드릴 수 없는 상황이 되었을 때, 온라인 예배와 주중 온라인 방송(한빛 예배) 등을 활용함으로써, 목회가 안정적으로 이루어지고 있다.

2022년은 클리블랜드한인장로교회가 창립된 지 53년이 되는 해이다. 지난 53년 동안 지켜주신 하나님의 놀라운 은혜가 있었음을 보게 된다. 교회가 분리되고 상처받고 여러 가지 어려움 속에서도 교회가 유지되고 지켜진 것 자체가 은혜다. 이는 수많은 성도의 눈물과 헌신이 있었기에 가능한 것이다. 목회자 중심으로 세워진 교회가 아닌 평신도들의 헌신과 눈물로 세워진 교회가 바로 클리블랜드한인장로교회다.

또한 클리블랜드한인장로교회는 한인 사회에 꼭 필요한 사역들을 감당했다. 특별히 우리 교회를 중심으로 클리블랜드한인회가 세워져 지금까지 한인들을 위해 봉사하고 있다. 한인회가 주관하는 한글학교를 운영, 지금까지 교회에서 무료로 제공하는 교육관에서 한인 2세들에게 한글을 가르치고 있다. 또한 영사관 업무, 투표소 업무 등 한인들을 위한 모든 행정적, 사회적 도움을 주기 위해 노력하고 있다.

그뿐 아니라 클리블랜드한인장로교회는 수많은 선교사를 후원하고 있다. 특별히 김선기 담임목사가 목회방향을 선교 중심으로 정해, 우즈베키스탄과 중국, 러시아로 수차례 단기선교를 다녀왔고, 또한 멕시코에 지교회를 세움으로써 히스패닉 지역이 복음화되도록 꾸준히 후원

현재 교회 예배당

하고 있다(지교회 위치는 티화나, 비카리오 지역이다).

클리블랜드한인장로교회는 오하이오 클리블랜드의 첫 번째 교회, 어머니 교회로 이 지역사회를 품고, 섬기는 교회로 성장해 갈 것이다. 어머니가 자녀의 모든 연약함을 품어주듯 이 지역의 한인들과 다른 교회들도 품고 섬기며 사랑으로 보살필 수 있는 교회가 되기 위해 기도하면서 맡겨진 사명을 감당해 나갈 것이다.

역대 담임목사

초대 이병희 목사, 2대 전덕열 목사, 3대 김선기 목사, 4대 임병회 현 담임목사

초대 담임 이병희 목사, 2대 전덕열 목사, 3대 김선기 목사, 4대 임병회 목사

Oklahoma

교회 주소: 1100 SW., 66th St., Oklahoma City, OK 73139
연락처: (405) 528-2665/ www.okckfpc.org

오클라호마한인제일장로교회
Oklahoma Korean First Presbyterian Church
(창립 연도: 1974년/ 창립 목사: 피원균 목사)

백종석 목사

오클라호마한인제일장로교회 담임
조선대학교 인문학사(B.A.)
안양신학대학원 목회학석사(M.Div.)
미드웨스턴침례신학대학원 목회학박사(D.Min.)

오클라호마시티에는 3천 명 정도의 한인들이 거주하고 있다. 한인 인구의 유입은 많지 않으나 초기 정착한 한인 1세대들이 많이 거주하고 있고, 오랫동안 동고동락을 해왔기에 서로 간의 유대관계가 매우 끈끈한 곳이 오클라호마시티다. 이러한 지역에서 우리 교회는 성도들에게 여전히 영혼의 안식처가 되고 있고, 하나님의 뜻과 사명을 계속해서 감당해 가고 있다.

2022년, 49주년을 맞은 오클라호마한인제일장로교회는 오클라호마주의 첫 번째 한인 교회로 오클라호마 한인 이민 역사와 함께한다. 오클라호마한인제일장로교회는 1974년 3월 17일 피원균 원로목사의 개척으로 시작되었다.

피 목사는 월남전쟁의 한복판에서 군목으로 활동하다가 LA로 도미, 목회를 하던 중 교회 개척에 대한 비전을 품게 되었다. 당시 LA에는 한인 교회들이 많다고 판단한 피 목사는 한인

피원균 창립목사

교회가 아직 없는 주에 교회를 개척하겠다는 뜻을 가지고 개척지를 찾는 중 오클라호마시티로 이주하여 교회 개척을 하게 된 것이다.

1974년 4월 14일 가정집(525 NW 31st St., OK 73106)으로 예배 처소를 옮기게 되었고 임성택, 임창국, 박명순, 임태빈, 안종근, 박명근, 최영근 성도 외 7명의 성도가 함께 모여 예배드렸다.

LA지역의 한 한인 교회에서 성경 60권을 보내주기도 하고, 여러 곳에서 지원을 받으며 교회는 조금씩 성장해 갔다. 다음 해인 1975년 제2장로교회(1008 N. Mckinley)로 예배 처소를 이전했다.

오클라호마주에 한인 인구 유입이 꾸준하게 늘어가고 있었고, 피원균 목사는 이주해 온 한인들의 필요를 따라 아파트, 직장, 자동차 구입을 도와주며, 때로는 영어 통역으로 한인 성도들과 한인 사회 전반에 도움을 주며 목회사역을 감당했다.

1982년 6월 20일 피원균 목사는 PCUSA 교단에 가입, 담임목사 위임을 받으며, 태천석, 김영기, 김복원, 세 명의 장로를 처음으로 장립했다. 1986년 12월 24일에 미국 제일장로교회(1001 NW., 25th St., Oklahoma City)로 이전했다.

현재 교회 예배당

2004년 2월 22일 피원균 목사는 성역 30년으로 은퇴하여 원로목사로 추대되었다. 그동안 배현수, 이명은, 최재율, 이동준, 정우영, 권명만, 이동호 목사 등 일곱 명의 목회자가 사역했으며, 10명의 장로를 임직자로 세웠다.

2004년 2월 피원균 목사의 은퇴와 함께 제2대 담임목사로 박문석 목사가 위임을 받아 사역했다. 부임 후 2년 뒤인 2006년 1월 66가(1100 SW 66th St., Oklahoma City)에 있는 교회를 구매, 이전했다. 한국 교회의 목회 상황에 맞게 친교실을 확장 및 보강하고, 부지를 추가 구입해서, 같은 해 체육관 시설까지 건축했다.

교회는 지역사회에 많은 영향력을 끼치는 교회로 성장하게 되었고, 250여 명의 성도들이 함께 모여 예배하는 아름다운 교회로 성장할 수 있었

2018년 2월 백종석 목사(중앙) 담임목사 위임식 후 기념 사진
(왼쪽에서 다섯 번째가 1대 담임인 피원균 목사)

다. 남아프리카공화국, 멕시코 엔세나다, 필리핀 엘도라도, 감비아 태권도 선교에 동참하며 후원선교를 감당하였을 뿐만 아니라 남아프리카공화국에는 교회를 건축하기도 했다.

2017년 11월 제3대 담임으로 백종석 목사가 위임받았다. 우리 교회에는 크고 작은 어려움도 있었지만 3대 담임목사로 이어져 오는 사랑과 은혜가 넘치는 공동체다.

2023년이 되면 50주년을 맞게 된다. 지난 50년의 시간들을 추억하고 이제 앞으로 50년을 향해 힘 있게 달려갈 수 있는 교회가 될 수 있기를 꿈꾸며, 하나님이 함께하시는 아름다운 교회가 될 수 있기를 소망해 본다.

2019년 야외예배 후 참석자들이 단체 사진을 찍고 있다

Oregon

교회 주소: 17415 NW., Walker Rd., Beaverton, OR 97006
연락처: (503) 531-8444/ www.youngnak.org

포틀랜드영락교회
Youngnak Presbyterian Church
(창립 연도: 1964년/ 창립 목사: 고 김관규 목사)

박성하 목사

포틀랜드영락교회 담임
단국대학교 경제학 학사
총신대학교 신학대학원 목회학석사
사우스웨스턴신학대학원 기독교교육 석사 및 교육 목회학박사 과정 중

포틀랜드영락교회 역사

오리건주 포틀랜드 지역에 세워진 최초의 교회인 포틀랜드영락교회는 1964년 2월 4일 대한예수교장로회 소속 김관규 목사(작고)의 자택(3544 SE Main St., Portland)에서 '포틀랜드한국인교회'란 이름으로 창립되었다. 이어 1965년 5월 2일 후렌즈 서북연회(Northwest Yearly Meeting)의 재정지원으로 23가 길(5138 NE 23rd Ave, Portland OR)에 있는 교회당(90여 명 수용)으로 예배 처소를 이전했다.

1970년 3월 29일 최초로 제직회가 구성되었다. 제직으로는 목사 김관규, 부목사 김승규, 전도사 임용근, 권사 이종수, 그리고 여덟 명의 서리집사로 구성되었다. 1974년 8월 3일 옥민권 교육목사가 부임했으며, 한글학교가 문을 열었다. 1976년 초대 담임인 김관규 목사가 사임, 4월 6

일 공로목사로 추대되었다. 같은 해 8월 2대 담임으로 진계완 목사가 부임해서 1988년 7월 4일까지 사역했다. 그리고 8월 15일 우리 교회는 당회를 구성했다.

1976년 10월 3일 우리 교회는 건축위원회를 조직(위원장 최국주 집사)하고, 1977년 10월 포틀랜드제일복음교회(Portland First Evangelical Church) 건물을 12만1천950달러에 구입했다. 그리고 1978년 1월 1일부터 이곳에서 예배를 드렸으며, 3월 5일 헌당예배를 드렸다. 이날 최국주, 김형길, 김석두 장로 장립, 유태정 권사 취임식을 가졌다. 1979년 6월 창립 15주년 기념예배를 드렸다.

김관규 초대 담임목사

우리 교회는 지역사회 복음화에 관심을 갖고 1980년 5월 19일 벤쿠버한인장로교회 창립에 협조했다. 1989년 7월 30일에는 링컨시티 구역을 중심으로 링컨시티장로교회가 창립되었다. 1989년 1월 6일 박성도 목사가 3대 담임으로 부임, 1992년 2월 7일까지 시무했다. 그가 시무하던 때에 포트랜드한인교회 내규가 공표되었다(1989년 1월 6일).

박 목사 사임 후 김승규 목사를 임시 당회장으로 추대하고 담임목사 청빙위원회를 구성했다(1992년 2월 8일). 1992년 4월 12일 진영길 목사가 4대 담임으로 부임, 2010년 8월 31일까지 시무했다. 우리 교회는 1992년 5월 23일 '포트랜드영락교회'로 교회 명칭을 변경했으며 같은 해 9월 25일 미주한인장로회 서북노회에 가입했다.

1997년 4월 27일 레이크 오스베고(1040 C Ave., Lake Oswego, OR 97034)에 있는 교회 건물로 이전했으며, 1998년 9월 13일 헌당예배 및 임직식을 거행했다. 1999년 1월 24일 교회 내규를 발효(항존 직분자 선출, 임명에 관한 내규 공동의회 통과)했다.

2003년 1월 31일에는 교회 창립 40주년을 기념하여 예수님을 만난 사람들의 변화된 삶을 그린 예배용 뮤지컬 "알렐루야"(William J. Gaither 작)를 공연했으며, 2월 1일에는 교회 창립 40주년 기념예배를 드렸다. 이날 예배에서는 총회장 박종무 목사가 설교했으며 자매교회인 서울 응암교회 황칠수 목사가 축사했다.

2006년 4월 16일 성극(노아방주) 공연을 했다. 같은 해 10월 10일 우크라이나, 러시아 단기선교를 실시했다. 2009년 7월 17일 비버튼(17415 NW., Walker Rd., Beaverton, OR 97006) 소재 교회 건물로 이전했으며. 10월 14일 입당예배를 거행함으로 레이크 오스베고(Lake Oswego) 시대를 마감하고 비버튼(Beaverton) 시대를 열었다.

현재 교회 예배당

    2011년 4월 17일 송한웅 목사가 5대 담임으로 부임했으며 7월 24일 취임예배를 드렸다. 2012년 6월 3일 교회 홈페이지(www.youngnak.org)가 재단장되었으며 다음 해인 2013년 3월 24일 모바일 홈페이지 서비스를 시작했다. 2014년 2월 2일 박희민 목사를 강사로 초청한 가운데 창립 50주년 감사예배를 드렸으며 4월 20일 희년 감사 전교인 찬양 축제를 열었다.

    2016년 6월 30일 송한웅 목사가 사임했다. 같은 해 12월 30일 한동민 담임목사가 6대 담임으로 부임했으며, 2021년 1월 21일까지 시무했다. 같은 해 5월 30일 현재 담임 박성하 목사가 7대 담임으로 부임했다. 그리고 6월 6일 교회 이름을 '포트랜드영락교회'에서 '포틀랜드영락교회'로 수정했다. 2022년 2월 창립 58주년 기념예배를 드렸다.

포틀랜드영락교회 주요사역

복음전도

    1980년 5월 19일 벤쿠버한인장로교회의 창립 협조와 1989년 7월 30일 링컨시티 구역의 링컨시티장로교회 창립을 통해 하나님 나라 확장을 경험한 우리 교회는 2004년부터 본격적인 전도와 선교에 박차를 가하게 된다. 2004년 8월 중국 단기선교 실시를 기점으로, 2006년 10월 10일 우크라이나, 러시아 단기선교, 2012년 9월 20일 선교비전 트립(베트남, 태국, 중국)을 다녀왔다. 같은 해 10월 5-7일에는 "그리스도를 본받아-선교적 교회, 선교적 삶"(요 20:21)이란 주제로 가을부흥회를 열었으며, 정민영 선교사가 강사로 나서 도전의 말씀을 전했다. 2013년 7월 11일과 2014년 7월 14일은 인디언 원주민 단기선교를 실시했으며, 2014년 10월 6일 일본과 몽골로 비전

2021년 5월 박상하 담임목사 취임예배를 마치고 찍은 단체 사진

트립을 다녀왔다.

2015년 7월 20-23일까지 인디언 원주민 단기선교를 실시했으며, 같은 해 9월 21일부터 10월 3일까지 티벳으로 비전트립을 다녀왔다. 2017년 7월 24일부터 27일까지 코스타리카에서 비전트립을 실시했다. 같은 해 10월 29일에는 김광열 목사를 강사로 초청한 가운데 이슬람선교세미나를 가졌다. 2018년 2월 4일 창립 54주년을 맞이하여 윤천석 선교사를 강사로 초빙한 가운데 선교 세미나를 갖고 주님의 지상명령인 복음전파에 대해 도전받는 시간을 가졌다.

2018년 3월 4일 새생명축제 태신자 작정 주일, 2018년 6월 16일 단기선교 기금 마련을 위한 김치 바자회, 2018년 7월 22-29일 코스타리카 카르피오 지역에 단기선교를 실시, 총 20명이 참여해 복음을 전했다.

해마다 실시된 단기선교는 포틀랜드 지역의 로컬선교로 이어지게 되었다. 새생명축제는 11월 18일에 실시되었으며 다음 해인 2019년 3월 3일은 새생명축제 작정 주일로 지켰으며, 7월 20일은 선교 기금 마련을 위한 나눔 축제를 가졌다.

또한 우리 교회는 하나님 나라 사역을 위해 가장 기본이 되는 가정을 위해 가정세미나를 마련했다. 7월 26-27일에 황성철 교수를 강사로 초청한 가운데 가정세미나를 열었다. 2019년 10월 29일-11월 2일에 새생명축제를 위한 특별새벽기도회를 열었으며, 11월 3일에는 전교인 전도세미나를, 11월 24일에는 새생명축제를 열었다. 코로나19 상황 속에도 복음전도의 열정은 가라앉지 않았다. 2020년 3월 1일은 새생명축제 작정 주일로, 11월 22일은 새생명축제를 가졌다.

영락소식지 출간

우리 교회는 소식지를 출간했다. 2011년 8월 20일 「영락소식지 여정」 1호를 비롯, 2012년 3월 4일 「영락소식지 여정」 2호, 2012년 6월 3일 「영락소식지 여정」 3호, 2012년 9월 9일 「영락소식지 여정」 4호까지 네 차례에 걸쳐 소식지를 출간했다.

말씀집회

우리 교회는 2011년 8월 17일 제자반을 개설하고 내실을 기하기 시작했다. 제자반은 총 네 개 반으로 구성했으며 교인들에게 참 제자의 삶에 관하여 교육했다. 2012년 9월 1-3일 조용환 목사를 강사로 전교인수양회(Aldersgate Retreat Center)를 개최했다.

2014년 9월 12일 창립 50주년 말씀 축제는 지구촌교회 이동원 목사를 강사로 초빙한 가운데 열렸으며, 2015년 8월 7일 안산동산교회 김인중 목사를 강사로 초청한 가운데 말씀 축제를 개최했다.

2018년 2월 24-25일 양일간 조희창 목사를 강사로 주일학교 교사 및 학부모세미나를 열었다. 우리 교회는 듣는 말씀에서 읽고 마음에 새기며 매일매일의 삶을 말씀과 함께하고자 사순절 기간 동안 복음서 통독대회를 가졌다. 2018년 3월 12-31일에 진행된 통독대회는 전 교인이 말씀을 읽으며 말씀을 통해 도전을 받는 기회가 되었다. 또한 오리건 지역 교회연합으로 말씀세미나를 개최했다. 2018년 9월 15-16일 양일간 진행된 오리건벤쿠버교회연합회 말씀세미나는 박대영 목사를 강사로 초빙한 가운데 개최되었다.

또한 2020년 1월 24-26일에 교회 창립 56주년 기념 부흥회를 가졌다. 부흥회는 김한요 목사가 강사로 참여해 말씀을 전했다. 2020년 코로나19 팬데믹 상황에서도 말씀에 대한 열정이 이어졌다. 6월 23-26일에 온라인으로 여름성경학교를 열었으며 여름성경학교를 통해 다음 세대들에게 말씀을 심어주는 기회가 되었다.

Pennsylvania

교회 주소: 5842 Hoffman Ave., Philadelphia, PA 19143
연락처: (215) 476-8000/ www.philapres.com

필라델피아한인장로교회
Philadelphia Korean Presbyterian Church
(창립 연도: 1953년/ 창립 목사: 고 오기항 목사)

고 오기항 목사

[필라델피아한인장로교회의 역사는 고 오기항 목사가 저술한 『필라델피아한인장로교회 50년사』에서 발췌한 것임. - 편집자주]

미 독립의 발상지 필라델피아 시의 첫 열매

필라델피아한인장로교회는 성경공부와 기도모임에서 시작되었다. 당시 대부분의 한국 유학생들 처지가 그랬듯이 성경공부를 인도했던 오기항 목사(당시 평신도 교사)도 시간적으로나 경제적으로나 학교 공부 이외의 다른 시간을 낼 수 있는 처지가 아니었다. 그럼에도 불구하고 이 모임을 위해서 주말을 바칠 수 있었던 이유는 전쟁으로 폐허가 된 한국을 재건해야 할 기회와 사명이 유학생들에게 있다고 생각하고, 만날 때마다 이들이 그리스도의 마음으로 준비되어 귀국한다면 얼마나 좋을까 생각하면서 그런 기회가 주어지기를 기도하며 원했기 때문이다.

오기항 선생이 미국에 온 지 일 년이 지났을 때였다. 미국 내에 산재해 있는 유학생들은 순회심방에 필요한 비용을 준비하기 위해 약 두 달간의 여름 일을 끝냈다. 오 선생이 속했던 학교 기도모임의 한 친구가 자신의 차로 함께 순회하자고 제안해서, 이들은 가을학기가 시작되기 전까지 약 한 달 반 동안 유학생 심방을 실시했다.

이렇게 시작된 미국 내 유학생 순회심방은 그 후 겨울방학과 여름방학을 합쳐 6년간 계속되었다. 오기항 선생은 첫 번 순회를 마치고 필라델피아 지역을 중심으로 캠퍼스 성경공부와 기도모임을 시작했다. 이날이 순회에서 돌아온 후 맞은 첫 주일이자, 1953년 9월 셋째 주일인 9월 27일이었다. 펜실베이니아대학교 캠퍼스(University of Pennsylvania, 이하 펜캠퍼스)에서 처음 가진 성경읽기와 기도를 위해 모인 날로, 후일 이날이 필라델피아한인장로교회 설립일로 정해졌다.

초창기 또는 캠퍼스 기간(1953년 9월 27일-1959년 8월)

펜대학 캠퍼스 구내에 있는 기독학생회 건물 2층의 채플룸에서 주일예배를 드렸다

오기항 선생이 필라델피아 시 북부 엘킨스 파크에 있는 페이스신학교에 유학 온 시기는 1952년 가을학기가 시작되려는 무렵이었다. 당시 이 신학교의 한국 학생은 6·25한국전쟁 전부터 와 있던 그레이스 김이라는 여학생 한 명뿐이었으며 전영창 목사, 김동명 목사, 오기형 교수, 김성선 목사는 이미 졸업하고 떠난 후였다. 또한 페이스신학교 근처에 있는 웨스트민스터신학교에도 안용준 목사, 한태동 박사, 김철현 박사가 학업을 마치고 떠난 후라서, 한국 유학생은 없었다. 당시 오기항 선생은 펜대학 대학원 언어학과 교수 루코프(Lukoff) 박사의 부탁으로 동 대학원에 나가 그를 돕고 있었다. 오 선생은 대학원에서 일을 하면서 한국 학생들을 만날 수 있게 되었는데, 그 학생들과 함께 소그룹으로 시작한 한국 학생 모임이 훗날 필라델피아한인장로교회가 되었다.

학생 숙소에서 성경공부 및 기도모임이 시작되었지만, 주일예배를 위해 모임 장소를 펜대학 캠퍼스 구내에 있는 기독학생회 건물(Christian Association Building)로 옮기고, 주일에는 2층에 있는 채플룸에서 모였다. 1955년을 앞둔 시점에는 한국에서 온 유학생 또는 각종 프로그램으로 미국에 온 사람들의 증가로 예배 참석자들이 20명에 가까웠다. 참석자는 김희수 여사, 임이선의사, 교환교수로 온 오기송 교수 등이었다. 이들은 여러 면에서 교회 봉사에 힘을 썼으며 이 때부터 이 모임을 '필라델피아한인교회'라고 부르기 시작했다. 1955년에는 첫 번째 하기 신앙수련회를 페이스신학교 캠퍼스에서 가졌으며 강사는 알랜 맥그래이(Allen MacRae) 박사(페이스신학교 총장)와 에드워드 영(Edward Young) 박사(웨스트민스터신학교 구약학 교수)였다.

오기항 선생은 1952년 당시 유학차 와 있던 한인유학생을 전도하고 친목을 갖게 할 목적으로 새사명선교회를 시작하고, 순회팀을 조직해서, 1953년 8월부터 1955년 9월까지 방학 기간을 이용하여 4차례 유학생 순회심방을 실시했다.

심방 결과, 미네소타 미니애폴리스시와 오하이오 콜럼버스시에서도 같은 모임이 시작되었다. 10월에는 군사훈련차 메릴랜드 라포드카운티에 있는 미 육군기관 애버딘시험장(Aberdeen Proving Ground)에 파견되어, 훈련받고 있는 한국인 장교단을 방문해 함께 예배도 드리고 친교를 갖기도 했다. 그 후 감사절과 성탄절 같은 특별한 때에 그들을 교회에 초청해 예배와 식사를 통해 친목을 다지기도 했다. 그 후 심방은 한국 장교단이 교대로 파견되어 오는 동안 계속되었다. 1956년 여름에는 제5차 유학생 순회 심방을 실시했다. 1957년 5월 교회 강단을 위해 드랍시대학에서 박사학위 과정을 밟고 있는 최의원 목사가 무보수 강단 목사로 부임했다. 최의원 목사는 부임 후 금요성경연구반, 캠퍼스 학생심방 외에 특별활동 계획을 세워나갔다.

오인호 군 참사

1958년 4월 25일 펜대학 대학원 학생이자 우리 교회 교우인 오인호 군(오기항 교사 조카)이 한국에 있는 부모에게 보낼 편지를 들고 캠퍼스 부근에 있는 우체통에 갔다가 11명의 흑인 청소년에 의해 살해당했다. 당시 오인호 군의 부모는 피의자들을 미국 법이 허락하는 한도 내에서 가장 관대히 처리해 줄 것과 자신들의 슬픔을 기독교 신앙으로 승화시킬 수 있기를 바란다는 편지를 보냈다. 주류 언론은 오인호 군 사연과 부모의 편지가 "한국에서 온 서한"(An Epistle from Korea)이라는 영화로 제작되어 사람들과 교회에 감동을 일으켰다고 보도했다.

오인호 군은 미국에서 가장 오랜 장로교회이자 미 독립회관 구역에 소재한 올드파인장로교회(Old Pine Presbyterian Church) 정원묘지에 다른 미 독립애국자들과 함께 묻혀 있다. 그리고 펜대학 캠퍼스에서 가까운 곳에, 열매를 맺지 못하고 떨어진 오인호 군의 비전과 뜻, 그의 부모와 가족들의 기독교 신앙을 기리기 위한 '오인호기념코리아센터'가 설립되었다. 이 오인호기념코리아센터는 선교사업, 사회사업, 그리고 교육사업을 전개하고 있다.

제2기 또는 우드랜드 기간(1959년 9월-1966년 10월)

약 6년간인 이 시기에는 주일예배 모임을 펜대학 캠퍼스에서 가까운 우드랜드장로교회 부속건물인 친교실(Fellowship House)에서 가졌다. 그곳은 펜대학 캠퍼스에서 가까운 곳(42nd and Pine St, Philadelphia)이었다. 당시 우드랜드장로교회 스텐리 캠벨 담임목사는 학생교회인 필라델피아한인교회를 위해 예배 처소를 내어주었을 뿐만 아니라 특별집회 때에는 교회 본당도 사용할 수 있게 했다.

1959년 8월 12일부터 11월 9일까지 3개월간 한국에서 이성봉 목사가 방문하여 필라델피아 지역에 머물며 유학생 복음화 집회를 인도했다. 집회는 주로 필라델피아한인교회에서 열렸다. 12월 13일 교회 소식지가 창간되었다. 교회 소식지는 필라델피아 지역 한인 커뮤니티에 교회 소식을 알리는 일을 하였다.

최의원 목사가 6월 박사학위 취득과 함께 한국에서 교수로 초청받아 떠나게 되어, 7월 사임했다. 그리고 12월 고현봉 목사가 강단 목사로 부임했다. 고현봉 목사는 한국에서 목회하다 페이스신학교에 유학 와서 공부하던 중이었다. 고 목사는 학생 신분이어서 시간이 허락하는 대로 강단을 도왔으며, 1962년 9월 19일 사임했다.

1962년 5월 20일 교회위원회에서 교회의 공식 이름, 신조, 교파에 관한 문제를 매듭지었다. 초창기에는 신조나 교파의 구별 없이 함께 모여 성경을 읽고 한국을 위해서 기도하는 데 중점

현재 교회 예배당

을 두었지만 시간이 지나감에 따라 자연히 신조와 교파 문제들이 논의되었다. 교회에 출석하는 교인 중에 신학생과 목회자들, 그리고 장로교 배경을 가진 교우들의 수가 많아진 결과, 논의 끝에 최종 결론이 내려졌다.

우리 교회의 공식 이름은 '필라델피아한인장로교회'(Philadelphia Korean Presbyterian Church)로 결정되었으며 신조는 대한예수교장로회 신조와 헌장을 채택했다. 9월 17일 교회는 펜실베이니아 주정부에 법인등록을 완료했다. 교인 법인이사로는 고현봉, 백병건, 오기송, 김익찬, 오기항, 최옥엽이었고 다섯 명의 미국 시민이 법인이사로 참여했다.

1962년 10월 백병건 목사가 임시로 강단 목사로 부임했다. 당시 페이스신학교 학생이었던 백 목사는 이듬해인 1963년 4월 6일 정식으로 강단을 맡게 되었다. 1963년 7월 9일 워싱턴 DC에 소재한 국제학생교회에서 오기항 집사가 목사안수를 받았다. 백병건 목사가 신학교를 졸업하고 한국으로 귀국하게 되면서 1963년 8월 교회를 사임했다. 그리고 9월 20일 오기항 목사가 필라델피아 한인 교회 담임목사로 취임했다. 취임예배 설교는 김지석 목사가 맡았다. 1965년 2월 25일 오기송 장로 장립식이 있었는데, 우리 교회가 처음 실시한 장로장립식이었다.

제3기 또는 체스터 에비뉴 기간(1966년 11월-1974년)

약 8년인 이 시기에는 주일예배와 기타 모임을 펜대학 캠퍼스에서 멀지 않은 연합장로교회(First United Presbyterian Church, 52가와 체스터 에비뉴)에서 가졌다. 교회를 이전하게 된 이유는 스탠리 캠벨 목사가 교통사고로 별세하고 새로 온 젊은 목사가 한인 교회와 같이 사용하는 것에 대해서 불편해했고, 우리 교회 교인들이 늘어나면서 두 교회가 사용하기에 공간이 협소했기 때문이다.

1970년 1월 25일 주일예배 후에 열린 공동의회에서 교회헌장(교회법)이 채택되었다. 1974년 12월 8일 예배 후에 예배당 이전을 위한 임시 공동의회가 있었다. 공동의회에서는 예배 처소를 이스턴침례교회(Eastern Baptist Seminary Chapel)로 이전하는 것에 대해서, 만장일치로 결정을 보았으며 12월 15일부터 새 예배 처소에서 예배를 드렸다.

제4기 또는 이스튼 채플 기간(1975-1979년)

약 4년간인 이 시기에는 펜대학 캠퍼스에서 서쪽으로 약 5마일 떨어진 이스턴침례신학대학원(Eastern Baptist Seminary) 채플에서 주일예배를 드렸다. 1976년 7월 1-11일에 미 독립 200주년을 기념하는 필라델피아한인복음화대회가 우리 교회 주도하에 이스턴대학 캠퍼스에서 개최되었다. 이 대회에서는 평신도 집회, 청소년 집회, 분과별 세미나와 좌담회, 그리고 특별기도회가 열렸다. 강사로는 한국에서 이권찬 목사, 장운상 목사, 오기형 교수, 곽선희 목사, 일본에서 이성덕 목사가 와서 메시지를 전해 주었다.

제5기 또는 자체 예배당 기간(1979년 12월-2003년)

우리 교회는 이 시기에 자체 교회당 건물을 갖게 된다. 예배당은 펜대학 캠퍼스에서 멀지 않은 호프만 에비뉴(5842-58 Hoffman Ave.)에 있다. 1980년 1월 20일 헌당예배를 드렸는데, 오상백 집사의 장로장립식도 함께 개최되었다. 1983년 4월 18일 지역 목사간담회가 우리 교회 주최로 오인호기념코리아센터에서 열렸다. 강사는 한국 영락교회 고 한경직 목사가 초빙되었다. 2003년 8월 17일 우리 교회 설립 50주년 기념예배와 행사가 개최되었다. 오철호 장로 사회와 오기송 원로장로의 기도로 시작된 예배에서는 오기형 선교사가 설교했으며 오기항 목사가 축도했다.

2004년부터 현재

현재 필라델피아한인장로교회는 오철호 장로가 당회장으로, 오수강 목사가 담임목사로 사역하고 있다. 우리 교회는 오기항 목사에 이어 2대 담임으로 김 준 목사가 2013년까지 사역했다. 김 준 목사가 사역하고 있을 때 2005년 10월 22일 오기항 원로목사의 자서전 『여명』 출판 기념회가 필라 교외 라이라이레스토랑에서 열렸다. 100여 명이 참석한 이날 출판 기념회에서 오기항 목사(86)는 "손녀가 할아버지의 경험담을 학교 리포트로 발표하겠다고 한 것이 이 책을 쓰게 된 시초였다"고 밝혔다.

이성흠 목사가 3대 담임으로 2012년 7월 15일부터 2014년 6월 22일까지 사역했다. 2013년 2

월 17일은 선교주일로 지켰다. 이날 선교주일은 미국 장로교의 선교국인 M.T.W.에서 파송한 중동선교사의 선교보고 및 후원하는 시간을 가졌다. 2013년 7월 14일(주일)에는 2대 담임이었던 김 준 목사 가정이 한국으로 귀국, 환송회를 가졌다. 김 준 목사는 귀국 후 총신대학교 상담대학원 교수로 사역하고 있다.

역대 담임목사

1대 고 오기항 목사, 2대 김 준 목사, 3대 이성흠 목사, 4대 오수강 현 담임목사

1대 고 오기항 목사, 2대 김 준 목사, 3대 이성흠 목사, 4대 오수강 목사

Rhode Island

교회 주소: 546 Budlong Rd., Cranston, RI 02920
연락처: (401) 339-4713/ www.koreanucc.org

로드아일랜드제일한인교회
First Korean Church of Rhode Island
(창립 연도: 1979년/ 창립자: 유철옥 목사, 정정욱 장로)

노용환 목사

로드아일랜드제일한인교회 담임
한신대학교 기독교교육학과
센트럴신학교 박사과정

로드아일랜드제일한인교회 창립 개관

1979년 12월 23일 성탄주일에 한인 교회의 필요를 공감하던 36명의 그리스도인이 뜻을 모아 유철옥 목사와 함께 첫 예배를 드렸다. 유철옥 목사는 서울대 철학과 학부와 대학원, 엔도버뉴튼신학교, 리치몬드 유니온신학교를 거쳐 보스턴대학에서 조직신학석사와 철학박사학위를 받고 미 그리스도연합교회(United Church of Christ, 이하 연합교단)에 15년째 소속된, 경험 많은 목사로서 로드아일랜드제일한인교회의 초대 담임이다.

이후 5년간 목회하며 집중적으로 연합교단 정신을 교회의 정체성으로 뿌리내리게 하였는데, 개인의 영적 구원과 사회 구원을 동시에 중요시했으며 오늘날까지 그 정체성은 이어지고 있다. 목회 방향은 상당히 지적이며 진보적인 한편, 순수한 성품으로 다양한 처지의 교인들을 품어 안았다. 초기 이민 사회에서 국제결혼한 교인이나 영어가 불편한 한인들의 법적 문제 통역을 비롯해 여러 차례 숨은 봉사를 했다.

현재 교회 예배당

첫 예배를 드린 장소는 우드릿지회중교회(Woodridge Congregational Church, UCC)로 크랜스톤(546 Budlong Rd, Cranston, RI 02920)시에 있었는데, 이곳은 교통의 중심지였다. 현재는 새로 입주한 몰과 홀푸드마켓이 위치해 있다. 이 장소에서 지금까지 은혜로운 관계로 43년째 미국 교회와 실질적 언약 관계를 이어오고 있다.

처음 장소 사용을 문의했을 때까지만 해도 우리 교회 창립위원들은 환대를 기대하지 못했다. 그러나 "환영합니다"(Welcome)를 외치고 나선 우드릿지교회(Woodridge Church) 운영위원들과의 특별한 인연을 통해서 연합교단의 '급진적 포용'(Radically Inclusive) 정신에 기반한 뜻밖의 환대를 경험하게 되었다. 그뿐만 아니라 이후로도 수십 년간 따스하고 전폭적인 지지를 통해 우리도 어느새 같은 행동 방식을 취하게 되었다. 한인 회중들 또한 교회의 기본 언어로 포용(Inclusive Language)을 자연히 받아들였고, 그 전통은 오늘까지 이르고 있다.

이러한 영향으로 초기 이민 커뮤니티 특성상 설령 종교가 없거나 불교, 가톨릭 신앙을 가지고 있는 한인들일지라도 두 팔 벌려 환영했다. 점차 교세가 확장되면서 국제결혼한 이들이 상당수 찾아오게 되었다. 초창기 교인 구성을 보면, 의사들이 절반을 차지했지만, 점차 의사, 국제결혼한 사람, 그리고 자영업자 및 직장인이 각각 삼 분의 일씩 어우러지며 균형 잡힌 구조로 정착되었다.

창립 동기

우리 교회는 윌리엄 실버트(William Silbert) 목사가 시무하던 미국 제일장로교회(The First

1대 담임 유철옥 목사

Presbyterian Church, PCUSA) 한인 예배부에서부터 역사가 시작되었다. 당시 서울성남교회의 교회 창립 7인 위원 중 한 사람이자 초대 장로로 봉사 후 도미했던 박여호수아가 1960년 제일장로교회에 한인으로는 처음으로 등록하여 장로로 시무하였다. 이후 한인들이 점차 모이기 시작하면서 도상희 장로의 봉사로 예배 시 동시통역기를 사용하여 설교를 들을 수 있게 되었다.

자연스레 형성된 박여호수아 장로와 도상희 장로의 리더십 아래서 한인 성경공부반을 시작하게 되었다. 1975년에 정정욱이 한인 최초로 집사 안수를 받고 한인 예배부 운영위원장이 되면서 리더십이 차세대로 자연스럽게 계승되었다. 훗날 정정욱은 지역 한인 최초로 장로안수를 받게 되어 제일한인교회에서 리더십을 이어간다.

이후 한인 예배부에 담당 교역자를 모시게 되어 교인들의 기쁨은 말로 할 수 없었다. 1977년에 노정선 목사가 제일장로교회 부목사로 부임하면서 영어 예배 동시통역과 한인 예배 및 심방, 성경공부 등 제반 책임을 맡았다. 1978년 가을 유철옥 목사가 담당 교역자로 부임한 후, 한인 예배부는 날로 발전했다. 어느새 60여 명이 모여, 수적으로나 재정적으로 미국 교회의 과반 이상의 비중을 차지하게 되었다.

그러나 한인들에게는 당회 의결권이 없었던 관계로, 한국에서 방문한 외부강사의 강연 초청 시한을 놓치는 등, 기민한 운영이 늘 어려웠다. 이러한 어려움을 한인 예배부의 재정과 운영 방안의 건으로 취합하여 당회에 상정하였으나 부결되었다. 게다가 한인 예배부의 예산 삭감, 그리고 유철옥 목사의 계약 연장까지 중단되었다는 소식을 듣고 대부분의 한인 회중이 발기인으로 서명하고 독립 교회를 세우기로 했다. 성가대 8인(정정욱, 이길자, 이천각, 허영자, 김재흡, Mrs. 김, 임순성, 최선행)이 주축이 되어 행동으로 이어졌다. 이것이 제일한인교회가 세워진 역사적 동기이자, 민주적이면서 환대하는 교회를 꿈꾸게 된 이유다.

교회의 간략한 역사

지역의 축제로서 창립축하예배를 드리다

1980년 6월 1일 창립축하예배를 드렸다. 이 지역에서 처음으로 한인 믿음의 공동체가 세워지자, 비종교인을 자처하는 브라운대학의 차승만 교수도 흔쾌히 축하의 인사를 전했고, 종교를 불문하고 지역 한인들이 축하의 마음으로 자리를 가득 채웠다. 이후 제일한인교회는 누구나 드나드는 마당 역할을 감당했고, 지역의 첫 한인 결혼식, 첫 한인 장례식을 비롯하여 교인 등록 여부와 관계없이 한인들의 대소사의 향연이 펼쳐졌다.

연합교단 가입을 결정하다

교단 가입을 결정할 때 한국인에게 익숙한 장로교 PCUSA를 염두에 두었다. 그러나 초기 역사의 일부였던 제일장로교회 측의 반대로 불가능했다. 이에 유철옥 담임목사가 소속된 연합교단에 가입할 것을 표결한 결과, 찬성 27, 반대 9의 민주적 절차를 거쳐 1980년 8월에 공식 가입했다. 진보적이고 지성을 중요시하는 유철옥 목사의 성향에 따라 홍근수 목사, 유동식 교수, 한완상 교수, 이승만 목사가 초청되어 사경회와 강연회를 가졌고, 연합교단 소속 교회에 걸맞게 차츰 시야를 넓혀나갔다.

운영위원회, 여선교회와 직분제 도입

교회가 시작된 이래 5년 동안은 연합교단 방식으로 직분 없이 운영위원회를 통해 주요 안건

1980년 교회 창립 축하예배 후 교인들이 사진을 찍고 있다

을 심의 결정했다. 실제 당시 주보 순서지를 보면, 목사조차 직분이 기재되지 않았다. 그러던 중 이민 문호가 열리고 다양한 배경의 새 교인들이 입교하면서 요청에 따라 장로, 집사제도 등 직분제도를 고려하게 되었다. 1985년 4월 14일 공동의회에서 직분제를 채택, 장로와 집사를 투표로 선출하여 같은 해 6월 2일 창립기념예배에서 안수 및 취임식을 거행했다.

사회 참여와 지성의 조화

1986년에 감리교단 출신의 최종식 목사가 부임했다. 뉴저지버겐장로교회로 전임한 유철옥 목사 못지않은 리버럴한 신학과 목회방침으로 징을 쳐서 경건한 예배의 시작을 알리기도 했다. 그는 교회의 사회참여와 역사의식을 강조하여 뉴잉글랜드 목요기도회의 일원으로 참여했다. 당시 한국 시민사회를 눈뜨게 했던 박종철 군을 위한 추모예배를 드리고 "금관의 예수" 공연단을 초청했으며, 한국 필코(Philco) 노동쟁의를 후원하는 자선 헌금을 모았다. 교회는 그가 이임하는 순간까지도 부산한울장애자센터에 선교의 마음을 전달했다.

더불어 창립 초창기부터 이어진 지성적 신앙의 추구도 멈추지 않았다. 사경회와 초청 강연으로 곽노순, 김 성, 박성진, 서광선, 김찬국, 이병준, 은준관 등이 우리 교회 강단에 섰고, 훗날 정현경, 이삼열, 손덕수, 한상렬, 오강남, 장호준 등이 뒤를 이었다. 이러한 사회적 실천과 강연들은 교회에 다니지는 않지만 양심 있는 사람들과 느슨한 연대의 끈이 되었고, 결과적으로 교회의 울타리를 넓혀 선교의 장이 확장되는 결과를 가져왔다.

해산의 고통: 분열의 상처를 직시하다

1991년에 감리교단 출신의 오정선 목사가 부임했다. 이민 문호가 활짝 열려 교인 수가 120명이 넘게 되었고, 복음교단 출신의 지관해 전도사가 교육 담당으로 성경공부를 맡아주어 교회는 더욱더 활기를 띠게 되었다. 그러나 급격한 성장 끝에 진통이 발생했다. 감리교 출신의 오 목사가 프로비던스의 한인감리교회와의 통합을 시도하다 받아들여지지 않자 교인 40여 명을 이끌고 연합감리교단으로 나갔다.

이어서 후임 목사 청빙 문제로 다시 잔여 교인의 절반인 40여 명이 침례교 성향의 독립교회로 분열되어 나갔다. 결국 특정 교파를 고집하지 않는 교인들만 남아, 서로를 위로하고, 서두르지 않고 상처를 직시하며, 성찰하는 시간을 가졌다. 세월이 흘러 리더십들은 지적인 교회나 성공하는 교회가 아닌 창립 정신의 보전을 원하시는 하나님의 섭리의 과정이었다고 이 아픔을 고백했다. 더 나아가, 자식을 줄줄이 낳은 어머니의 숙명, 즉 해산의 고통으로 승화시켜 로드아일랜드의 여러 한인 교회 중 그 모체가 되게 하심에 감사하고 있다.

한인 사회에 대한 기여

초창기 한인회와 한인 사회의 주축 멤버들은 사실상 거의 우리 교인이었다. 따라서 책임을 다하는 차원으로 장학기금을 여러 차례 조성했고, 이를 위한 모금 활동 차원에서 주로 음악회를 마련했다. 자발적 모금이기에 가족 단위로 누구나 부담 없이 와서 문화를 향유할 수 있었다. 비교적 인프라가 적은 로드아일랜드의 지역 특성상 문화생활이 용이하지 않았기에, 이른바 비가 오나, 눈이 오나 교회의 역량 여부와 관계없이 지역 주민들을 섬기는 마음으로 각종 행사를 개최했다. 캐나다 합창단, 조영남, 데이빗 김, 강미자, 뉴잉글랜드 컨서버토리 외에 지역 뮤지션들과 유학생들에게도 관문을 열어 자리를 마련했다. 더불어 사회참여적 연극과 5·18 20주년 기념행사, 통일 강연회 등을 통해 보수적인 지역사회에 진보적인 의제를 던지곤 했는데, 예상치 못한 곳에서 의식 있는 학생들과 동포들이 적극 참여했다.

김대중 선생과의 만남

박지원 씨가 수행비서로 망명 중이던 김대중 선생을 모시고 와서 제일한인교회 담임 유철옥 목사의 집에 들렀다. 제일한인교회 리더십의 수고로 급하게 지역의 한인 사회 지도자 20여 명 가량 모여 간담회를 가졌다. 망명 인사를 공식적으로 도와줄 수 없던 서슬 퍼런 시절이었으나, 십시일반으로 여비와 생활비를 후원했다. 훗날 김대중 선생이 대한민국의 대통령이 되어 최초의 민주정부를 세웠을 때 오래전 함께 사재를 털었던 일부 지역 인사들은 우호적인 마음을 갖게 되었다.

의료적, 행정적 기여

초창기 의사들을 중심으로 세워진 교회인 만큼, 지역 주민들에 대한 의료적 기여는 꾸준히 지속되었다. 비단 한인 사회뿐만 아니라, 각자의 병원에서도 보험이 없거나 형편이 어려운 이들을 그리스도의 정신으로 꾸준히 도왔다. 더욱이 교회 내에서 무료 수술과 처방 및 상담이 언제든 열려 있었다. 그러한 의료 선교에 지속적으로 앞장섰던 정정욱과 이길자는 아이티와 라오스까지 지평을 넓혀 제3국의 열악한 현실 속에서 묵묵히 헌신했다. 또한 영어 사용이 여의치 않은 분들과 동행하여 병원과 법원, 특별히 시민권 신청에도 꾸준한 도움을 주었다.

회복의 길을 걷다

분열의 아픔 가운데서 의지할 곳은 하나님밖에 없었다. 묵묵히 예배의 자리로 나아오면서 동시에 이웃의 아픔도 훨씬 성숙하게 헤아릴 수 있게 되었다. 1994년 부임한 장로교단 출신의 박승환 목사는 온 성도들이 합심하여 기도생활을 할 수 있도록 안내했다. 당시 한국기독교장로회 전북노회와 UCC 로드아일랜드 컨퍼런스가 헤이스 목사(Conference Minister)의 노력으로 파트너십을 맺게 되었는데, 지역 교단 유일의 한인 교회인 우리 교회가 주도적인 역할을 감당했다. 한국을 알리고 양국간 교류 협력에 힘쓰는 과정에서 교회에 참 기쁨과 새 소망이 싹텄다.

그 뒤를 이어 2000년 부임한 장로교단 출신의 신중현 목사는 전공인 작곡 실력을 살려 찬양으로 교인들을 위로했고, 말씀과 실천의 신앙적 균형을 유도했다. 5·18 강연이나 북한기아어린이돕기, 기후 위기 특강, 브라운대학 한인 학생회와 공동으로 미국으로 입양된 한인들을 초청하는 등 교회의 사회적 책임을 다하고자 노력했다. 또한 교인들이 지역사회에서 소금과 빛의 역할을 감당할 수 있도록 물심양면으로 도왔다.

2005년 부임한 장로교단 출신의 정원진 목사는 자타공인 'Hard Worker'로서 예배와 소그룹, 말씀과 기도, 선교와 구제 모든 방면에서 교회다운 면모를 갖추도록 힘썼다. 특히 월드비전을 통해 지구촌 아동 결연 후원을 통해 한 사람이 한 아이를 후원하도록 도왔다.

2010년부터 설교 목사로 초청된 이창주 목사는 은퇴 이후 말씀을 전할 수 있는 곳이 있다는 것에 대해 감사한 마음으로 교인들을 위로하고 편안하게 신앙생활할 수 있도록 섬겼다. 2017년 연합교단의 장호준 목사를 초청해, UCC 교단의 청빙을 위한 교육과 절차를 밟은 결과, 유철옥 목사 이후 최초로 연합교단 소속의 노용환 목사를 2018년 청빙했다.

선교적 교회를 꿈꾸는 노용환 목사는 성도들이 하늘의 위로를 받을 뿐 아니라 서로 사랑하고 중보하며, 이웃을 섬기는 주체가 될 수 있도록 견인하고 있다. 어떤 상황에도 예배하는 공

2004년 교인들이 야외에서 사진을 찍고 있다

동체, 복음을 삶으로 증거하는 공동체, 정의와 평화를 추구하는 공동체 형성을 위해 전례의 회복과 더불어 연합예배와 연합 구제를 활성화하고, 교회학교를 재조직하며 공동체 성서읽기를 통해 기초를 다지고 있다.

동시에 우리 교회는 신나는 협동조합에 가장 큰 금액을 후원하고 있다. 특별히 코로나바이러스가 창궐한 이후 홈페이지와 페이스북, 유튜브 등을 개설하여 온라인사역으로 전환하고, 격주로 대면 심방을 지속하여 상호 중보의 공동체로 단단해질 수 있도록 힘썼다. 2022년 현재 대면 예배가 재개되고, 유아세례식을 갖고, 새 교우들을 맞이하는 등 하나님의 인도하심을 기대하며 한 걸음씩 나아가고 있다.

역대 담임목사

1대 유철옥 목사(1978-1985), 2대 최종식 목사(1986-1991), 3대 오정선 목사(1991-1993), 4대 박승환 목사(1994-1999), 5대 신중현 목사(2000-2004), 6대 정원진 목사(2005-2010), 7대 이창주 목사(2011-2017), 8대 노용환 현 담임목사(2018-현재)

1대 유철옥 목사, 2대 최종식 목사, 3대 오정선 목사, 4대 박승환 목사, 5대 신중현 목사, 6대 정원진 목사

7대 이창주 목사, 8대 노용환 목사

South Carolina

교회 주소: 1412 Richland St., Columbia, SC, 29201
전화: (803) 765-2500/ http://www.sckcpc.org

콜럼비아한인연합장로교회
Korean Community Presbyterian Church Columbia

(창립 연도: 1975년/ 창립 목사: 김순권 목사)

김동영 목사

콜럼비아한인연합장로교회 담임 역임
메릴랜드 솔즈베리한인장로교회 담임 역임
홍익대학교 졸업
텍사스의 어스틴장로교신학대학원 졸업

교회의 시작

콜럼비아한인연합장로교회는 1975년 7월 6일 사우스캐롤라이나대학(University Of South Carolina) 내 미국 장로교단(PCUSA)의 커크(KIRK) 학생회관에서 조의혁, 최영호 장로가 예배드림으로 창립된 이래, 꾸준히 사우스캐롤라이나 지역의 장자 교회로서 주님께서 맡겨주신 지역 복음화의 사명을 감당해 오고 있다. 초창기에는 장로들이 돌아가며 말씀을 증거했고, 1975년 9월부터 컬럼비아국제대학(Columbia International University)에 유학 온 김순권 목사가 설교 목사로 섬겼다. 그해 11월 2일 제일장로교회로 예배 처소를 이전했다.

1976년 2월에 1대 김정국 목사(1976.2-1976.9)를 모셨고, 그해 7월 6일에 '한인연합교회'(Korean

Community Church)라는 이름으로 주정부에 비영리단체로 등록했는데, 서명자는 심기련, 최영식, 신의항, 김재건, 최영호 성도 다섯 명이었다.

1977년 2대 김선배 목사(1977.5-1981.8)가 부임하여 교회의 기본 틀을 세웠다. 1978년 2월에 PCUSA 교단에 가입했고, 3월에 '콜럼비아한인연합장로교회'(Korean Community Presbyterian Church)로 개명 후 조직교회가 되었다. 1980년 현재 위치의 미국 교회를 인수 후 이전했다.

3대 이종안 목사(1981.11-1991.6)는 교인들을 훈련시켜 부흥성장의 토대를 다졌고, 4대 손상웅 목사(1992.1-1996.11)는 1994년 5월 성전을 신축하고 1995년 4월에 입당했다. 5대 김사무엘 목사(1997.6-2004.6)는 제자훈련의 기틀을 세웠고, 6대 이상현 목사(2005.1-2014.3)는 미디어 설비와 팀사역을 구축했고, 2008년 7월 은혜기도원을 신축, 2009년 7월에 헌당했다.

1980년의 교회 예배당 모습

7대 김동영 목사(2015.12-현재)는 유학생사역과 이민자사역에 집중했고, 2016년 2월 교회 옆 3층 벽돌 건물을 인수하여 리모델링 후 차세대의 비전을 품은 그레이스 채플(Grace Chapel)이라고 명명하고 동년 8월에 봉헌했다.

1960-1970년대 이민 온 1세대 성도들

1960년대, 1970년대에 이민 온 1세대 성도들은 한국에서 전혀 경험하지 못했던 직업전선에서 오는 어려움과 인종차별을 교회생활에서 얻은 믿음으로 극복했고, 주님의 은총에 감사함으로 교회를 섬겼기에 교회 공동체가 이민생활의 구심점이 되었다. 자녀들은 교회에서 살았고, 온 성도가 대가족 아래 모인 친인척 같았기에, 그들은 교회가 아이들을 키웠다는 믿음의 고백을 하게 되었다.

이민 사회 역사에서 나타난 전형적인 1세대 이민 그룹의 경제활동 특성 중 하나는 사업자본의 부족과 언어장벽, 직업 및 사회생활 경험 결여로 인해, 우선 쉽게 진입할 수 있는 노동력 제공 중심의 직업군에 종사해서 가족 생계를 해결해야만 했다는 것이다. 점차 이민 생활의 경룬이 쌓이면서 소규모 자본으로 시작할 자영업으로 전환하는 성도들이 증가했다.

초창기에는 가발 및 보석 상점, 옷수선, 구두수선, 컨비니언스 스토어(잡화상), 세탁소, 주유소 등을 운영했고, 다음 단계에서는 뷰티 서플라이, 스포츠웨어, 여자 패션 및 뷰티크숍, 카워시, 식당 등 사업 투자금 규모가 좀 더 큰 업종으로 진화하는 현상이 나타났다. 나아가서, 1.5세와 2세 그룹은 미국에서 받은 고등교육의 배경을 기반으로 다양한 전문직 분야에 진출할 수 있게 되었다.

지역적 특성

컬럼비아는 사우스캐롤라이나 주도로서 전략적인 위치에 있다. 주정부 행정기관, 대학, 3개 대학병원 및 의료기관과 미국에서 가장 오랜 역사를 가진 신병훈련소인 포트 잭슨(Fort Jackson)이 있는데, 매년 3만6천 명의 군인을 배출한다. 우리 교회 성도들의 구성도 인종 및 가족 구성, 사회적 배경에 있어 다양하다는 것이 특징이다.

첫째, 포트 잭슨의 현역 및 은퇴군인 출신의 부군을 둔 한인 여성 그룹이 상당한 비율을 차지했다. 다문화 가정 여성들의 부군들은 다양한 인종과 문화적 특성을 가졌기에, 그들의 신앙 성장과 공동체 참여를 위해 '안드레'(Andrew)회를 조직했고, 초장기에는 그 회원들이 교회 중직으로 큰 공헌을 하였다.

둘째, 컬럼비아에는 사우스캐롤라이나대학(University of South Carolina), 컬럼비아대학(Columbia College), 컬럼비아국제대학(Columbia International University), 베네딕트대학(Benedict College), 알렌대학(Allen University), 사우스캐롤라이나 주립대학(South Carolina State University) 등 고등교육기관이 있는데, 여기에는 한국 출신 교수, 한국 유학생 및 타주에서 학업으로 이주한 한국계 학생들이 상당수 있다. 유학생들은 석·박사과정 중에 있는 사람이 대다수였고 기혼자들도 많아 가족과 함께 교회 활동에 참여했다. 특히, 음대 교수 및 유학생들이 성가대 지휘자 및 반주자로 섬겼었다. 유학생 그룹의 구역을 배정해서 구역예배 및 성경공부와 교회봉

현재 교회 예배당

사에 적극 참여하도록 했다.

셋째, 다운타운 재개발 사업인 "The Bull Street District"이 우리 교회에서 도보로 5분 거리에 활발하게 진척되고 있다. 마이너리그 야구장과 공원이 신설되었고, 타운하우스 및 주상복합 건물과 의과대학이 이주할 예정이다. 최근에는 뉴베리 지역에 삼성세탁기 공장이 세워져, 협력업체들이 입주하고 있고, 다양한 직종의 한인들이 새롭게 유입되고 있다.

분열의 아픔과 열매

우리 교회는 반세기 역사를 통해 한 번의 진통을 겪었고 그 결과 1970년 인근 지역에 캐롤라이나한인장로교회가 개척되었다. 그 아픔을 통해 공동체의 소중함을 깨닫게 되었고 은혜롭게 마무리함으로 이전보다 더욱 성숙해졌다. 우리 교회에서 한 시간 거리에 썸터 쇼(Shaw) 공군부대가 있는데, 5천400명의 군인과 가족들까지 1만1천 명이 거주하고 있다.

그들을 영적으로 돌보기 위해 1981년 2월 썸터 구역을 신설했고, 이들을 중심으로 1984년 3월 '썸터한미장로교회'(Korean American Presbyterian Church)를 개척, 독립 교회로 성장하여 오늘에 이르고 있다. 또한 1세, 1.5세 및 2세 목사님을 배출한 자랑스러운 역사를 지니고 있는데, 우리 교회 출신의 젊은 사역자들인 김명배 목사, 진종호 목사, 김진성 목사, 김피터 목사, 백다니엘 목사는 군목으로, 이민 목회자로, 2세 사역을 담당하고 있다.

지역사회 봉사와 섬김

우리 교회는 요한복음 10장 10절을 기초로 "생명사역과 행복사역" 두 축에 초점을 두고 있다. 7개 위원회, 44개 팀 사역, 13개 선교회, 7개 교구와 14개 목장을 통해 효과적인 선교 사명을 감당하고 있다. 매주일 오전 10시에는 13개의 QT그룹에서 말씀과 삶을 나눈다. 5주간 새가족 모임을 수료해야 멤버가 된다. "평신도를 깨운다"라는 이름의 제자훈련과 중보기도 훈련, 청지기 세미나, 단기선교, 성경 학습 세미나 등으로 성도들을 양육한다. 100세 시대를 맞아 연 2회 8주간의 실버사역을 통해 인생의 후반전에서 킹덤 확장을 위한 선교적인 제2의 삶을 위해 뛸 수 있도록 알찬 프로그램을 준비해서 시니어들을 섬기고 있다.

2022년 2월 27일 제7대 담임목사로 교회를 섬겨온 김동영 목사의 은퇴예배가 열렸다

코리언 페스티벌

2005년에 교회 내 행사로 시작했다가 매년 성장하여 이제는 지역의 명품 축제로 자리매김했다. 한국 문화(K-Culture)의 인기와 더불어 6시간 행사에 4천 명이 넘는 방문객이 찾는다. 매년 10월 마지막 토요일 도로를 막고, 대형 무대를 설치하고, 40개 이상의 부스를 설치한다. 카운티 쉐리프와 경찰서에서 경관들을 파견, 안전과 예상치 못할 사태를 철저히 미리 막아주고 있다. 또 조 윌슨(Joe Wilson) 연방하원의원도 매년 빠지지 않고 참석한다. 수익금(매년 4만 달러 내외)은 지역 내 자선기관들에 기부하고 있다.

선교

11명의 선교사를 6개 대륙에 골고루 파송해서 2년씩 섬기도록 돕고, 에티오피아 명성의대생을 후원한다. 또 매년 단기선교팀을 미국, 멕시코, 온두라스, 코스타리카, 페루, 수리남, 한국 낙도, 탈북민 두리하나, 북한자유방송, 중국, 미얀마, 인도, 캄보디아, 필리핀, 독일, 헝가리, 케냐, 에티오피아, 기니, 우간다, 레바논 등에 파송한다.

코비드 대안 섬머 캠프

코비드 팬데믹 동안 많은 학부모들이 집 안에서 아이들을 돌보기 위해 고군분투하며 답답함과 우울증으로 고생하는 것을 보고, 교회가 그들이 잠시나마 쉴 수 있는 오아시스를 제공했다. 교회의 장점은 넓은 공간, 주방, 놀이터다. 교회 뜰에 세 종류의 간이 수영장을 설치, 어린 자녀들이 답답한 집 안에서 받았던 스트레스를 마음껏 분출할 공간을, 부모들에게는 함께 식사하고 교제하며 삶과 말씀을 나누는 섬김의 기회를 제공했다. 처음에는 두 가정이 참여했는데 좋다는 소문에 규모가 점점 커졌고 어린이예배 부흥의 시발점이 되었고, 자연스럽게 부모들이 주님의 사랑으로 자원하여 사역에 동참함으로 교회를 더욱 사랑하는 계기가 되었다.

도전과 소망

역사상 유례없는 팬데믹을 통과하는 길목에서 여전히 하나님의 나라에 도전하는 세속주의, 쾌락주의, 물질주의, 다원화 시대의 영적 도전에 직면, 우리 교회는 세상을 이기신 주님이 주시는 성령의 능력으로 열방에 복음을 증거하기 위해, 벅찬 기대와 소망을 가지고 전진하며 인내하고, 도전할 것이다. 주님은 말씀하신다. "내가 네게 명령한 것이 아니냐 강하고 담대하라 두려워하지 말며 놀라지 말라 네가 어디로 가든지 네 하나님 여호와가 너와 함께하느니라"(수 1:9).

역대 담임목사

제1대 김정국 목사(1976.2-1976.9), 제2대 김선배 목사(1977.5-1981.8), 제3대 이종안 목사(1981.11-1991.6), 제4대 손상웅 목사(1992.1-1996.11), 제5대 김사무엘 목사(1997.6-2004.6), 제6대 이상현 목사(2005.1-2014.3), 제7대 김동영 목사(2015.12-2022. 2), 제8대 김종현 담임목사(2022.2-현재)

South Dakota

교회 주소: 2300 S. West Ave., Sioux Falls, SD 57105
전화: (605) 223-1667/ kpcsiouxfalls.wixsite.com/church

수폴스한인교회
Korean Church of Sioux Falls
(창립 연도: 1988년/ 창립 목사: 이종득 목사)

남영식 목사

수폴스한인교회 담임
장로회신학대학원 목회학석사(M.Div.)와 조직신학석사(Th.M.)
풀러신학대학원 목회학박사(D.Min.)

    수폴스한인교회는 사우스다코타 동부와 아이오와 북서부, 미네소타 남서부 지역을 포괄하는 넓은 목회 지역을 가지고 있다. 이곳은 소수의 한인들이 넓게 흩어져 살기 때문에, 여느 대도시에서처럼 한인 공동체가 형성되어 있지는 않다. 그럼에도 불구하고 이곳에 교회가 세워져 지속되고 있는 것은 기적과도 같다. 그것은 하나님의 크신 은혜와 섭리 때문이며, 이 교회를 지켜왔던 수많은 교우들과 목회자들의 수고가 있었기 때문이다.
    지역 특성상 한인 교회는 앞으로도 소수의 공동체로 존재하게 될 것이다. 그러나 교회가 존재하는 한, 교회는 주어진 하나님 나라의 사명을 다할 것이다. 이곳 지역의 신앙 중심지로서, 그리고 지역 한인들이 마음을 두고 의지하고 위로를 받을 수 있는 곳으로서 주어진 역할을 감당할 것이다.

수폴스한인교회 약사

수폴스한인교회

　1988년 11월 16일 공한순, 이숙희, 교우, 이종득 목사(1988-1991년)가 수폴스본향교회(침례교회) 창립예배를 서든벱티스트교회(Southern Baptist Church)에서 드리다.
　1992-1994년 최성학 목사가 시무하다.
　1995년 김죽경 설교 전도사가 사역하던 동안에는 홀리 하나님의성회교회(Holy Assemble of God)에서 예배드리다.
　1996-1997년 12월 14일 김제호 설교 목사가 시무할 때로, 교우 가정을 순회하면서 예배드리다.
　1998-2003년 4월 30일 신유경 목사가 시무할 때로, 웨스트민스터교회(Westminster Church)에서 예배드리다.
　2000년 10월 1일 PCUSA의 웨스트민스터교회(Westminster Church)의 부속교회(nesting church)가 되다.
　2003년 10월 1일-2007년 4월 30일 김용현 목사가 시무할 때로, '수폴스한인장로교회'로 이름을 변경하다. 웨스트민스터교회(Westminster Church)에서 예배드리다.
　2004년 10월 1일 수폴스한인장로교회가 웨스트민스터교회(Westminster Church) 부속교회(nesting church)에서 분립하다. 제일장로교회(First Presbyterian Church)에서 예배드리다.

2006년 3월 5일 PCUSA 사우스다코타노회에 '수폴스한인장로교회'(Korean Presbyterian Fellowship of POSD)라는 이름으로 1만1천134번째 교회로 등록되다.

2006년 12월 3일 주택(5709 W 40th St.)을 구입, 예배 장소와 사택으로 사용하다.

2007년 5월 1일-8월 31일 배수호 목사가 임시 담임으로 시무하다.

2007년 9월 1일 남영식 목사가 담임으로 부임해서 현재까지 시무하고 있다.

2015년 2월 22일 예배 장소를 제일장로교회(First Presbyterian Church)로 옮기다.

2018년 6월 29일 사우스다코타노회에서 조직교회(Congregation)로 승인되다.

2019년 1월 1일 '수폴스한인교회'(Korean Church of Sioux Falls)로 교회 이름을 변경하다. 8월 11일 장로 장립식(김숙경, 김은희, 노순희, 장지열, 황인자)을 갖다. 당회가 조직되다.

2021년 2월 7일 우리 교단의 "마태복음 25장 교회 되기" 운동에 참여하기로 하다.

현재 담임인 필자는 우리 교회가 하나님 나라에 봉사하는 좋은 공동체가 되기를 소망한다. 우리 공동체가 우리 안에 이미 와 있는 하나님의 나라를 맛보길 원하며, 하나님이 이루어 가시는 그 귀한 사역에도 작은 힘이지만 동참하기를 원한다.

2016년 추석 이웃들을 초청해서 함께 예배드린 후 단체 사진을 찍고 있다

Tennessee

교회 주소: 916 Old Hickory Blvd., Brentwood, TN 37027
연락처: (615) 373-0880/ www.nkumc.net

내쉬빌한인교회
Nashville Korean United Methodist Church
(창립 연도: 1974년/ 창립 목사: 김찬희 박사)

김찬희 박사

전 클레어몬트신학대학 교수
내쉬빌한인교회 창립 목사
연세대 철학과 졸업
밴더빌트대학 신약학 박사

내쉬빌(Nashville)의 대학들과 한인 유학생들

한인들이 이곳에 오게 되어 한인 교회가 생기게 된 역사를 알려고 하면, 왜 그들이 테네시주 내쉬빌에 오게 되었는지, 먼저 이 도시와 한국의 장로교회와 감리교회와의 역사적인 관계, 또한 한국 정부와의 관계를 알아야 할 필요가 있다. 이와 함께 이곳에 있는 밴더빌트대학(Vanderbilt University)과 지금은 없어졌으나 건물은 미 연합감리교회 여성회의 훈련센터로 사용되고 있는 스카릿대학(Scarritt College for Christian Workers)과 지금은 밴더빌트의 교육대학이 된, 조지피바디교육대학(George Peabody College for Teachers)이 한국과 한인들에게 어떤 의미가 있는 학교들인지 알아볼 필요가 있다.

현재 교회 예배당

내쉬빌은 남북전쟁 이전에 남감리교, 남장로교, 남침례교의 본부가 있던 곳이어서 남북감리교회와 장로교회가 각각 서로 통합한 후에도 장로교회(UPCUSA)의 선교부, 감리교회의 세계선교부를 제외한 대부분의 부서와 기관들, 남침례교회의 본부가 아직도 자리 잡고 있어 뉴욕과 함께 '미 개신교단의 바티칸'이라고 할 수 있는 곳이다. 그러기 때문에 한국의 장로교와 감리교단 지도자들이 미국에 오면 늘 이곳을 방문하곤 하였다. 이밖에 위에서 언급한 세 대학도 한국과 연관이 있어 한인 유학생들이 많이 찾아오게 되었다.

1945년 8월 15일에 조선이 일본 통치에서 해방된 직후, 남쪽에서 1948년 8월 15일 대한민국이 설립될 때까지, 만 3년 동안 남조선은 미 군정(US Military Government)이 통치하고 있었다. 이때 미국은 남조선의 교육 재건을 위하여 당시 3대 교육대학의 하나였던 피바디대학(Peabody College)과 계약을 맺고, 조선의 교육제도와 커리큘럼 등 모든 교육분야의 개혁을 도와주었다. 이러한 관계로 이후 한국의 많은 교육계 인사들이 이 대학에 와서 공부하고 학위를 취득하거나 연구를 하고 귀국하였다. 필자가 이곳에서 공부할 때, 특히 서울대 사범대학을 졸업한 교수 여러 명이 유학하고 있었다. 70여 년이 지난 지금도 교육학을 전공하는 이들이 이 대학에 유학하러 온다. 이 대학이 한국 교육 현대화에 미친 영향은 매우 크다고 인정할 수 있다.

스카릿기독교대학도 그 이름이 말하는 대로, 교회의 평신도 사역자들, 특히 선교사들의 연장 교육 및 선교 지역의 평신도 지도자들을 위한 교육기관이었으며, 감리교 여선교회가 운영하고 있던 학교였다. 그래서 한국을 포함하여 전 세계에서 감리교회 평신도 지도자들과 선교사들이 유학을 많이 왔던 대학이다.

밴더빌트대학교는 미국 남북전쟁의 여파로 생겨난 대학이다. 이 전쟁에서 패한 남부 감리교회 지도자들은 남부를 재건하는 길은 오직 고등교육 기관을 설립하여 인재를 양성하는 길밖에 없다고 믿고, 뉴욕의 백만장자였던 코넬리우스 밴더빌트(Cornelius Vanderbilt)에게서 당시 백만 달러의 기부를 받아서 세운 남감리교회의 대학이었다. 이 대학 신학부에 온 한인 유학생이 있었는데, 그는 내쉬빌 땅을 밟은 최초의 한인이자, 한국 감리교회의 첫 감리교인이며, 구한말 한국의 개화에 크게 공헌한 윤치호였다. 그는 1888년 9월에 밴더빌트 신학부 영어과정에 입학하여 1891년에 수료증을 받았다. 상해에서 남감리교회 교인으로 세례를 받은 윤치호이기에 남감리회에서 세운 이 학교에 유학 오게 된 것이다. 그러나 밴더빌트대학이 한국의 남감리회 계통과 오랜 인연이 있지만, 이보다 더 중요한 것은 한국의 경제 발전과 더 밀접한 관계가 있다는 사실이다.

미국 정부는 외국의 전문인 양성을 위하여 주요한 미 대학에 특정한 분야를 맡아 줄 것을 지정하여 주었는데, 밴더빌트대학에는 개발도상국가의 경제 발전 문제를 맡겼다. 이로 인하여 한국의 경제담당 관료들이 지금도 계속 유학 오고 있다. 필자가 내쉬빌에 있을 때는, 두 사람이 경제기획원에서 왔는데, 전두환 정권 때 부총리 겸 경제기획원 장관이었던 서석준과 재무부 차관이었던 이기욱이었다. 특히 서석준은 청와대 경제담당 수석비서였던 김재익(스탠퍼드대학 출신)과 함께, 박정희 정권 때 닦아 놓은 경제개발 터전 위에 오늘의 한국 경제 발전의 초석을 다져 놓은 전두환 정권의 두뇌들이었다. 밴더빌트는 오늘의 한국 경제 성장과 번영에 도움을 준 대학이다.

이렇게 내쉬빌과 거기에 있는 세 대학을 언급하는 이유는, 이 대학들 때문에 유학생들이 주로 이곳에 많이 왔고, 이들을 중심으로 한인 교회가 생기고 발전하게 되었다는 사실을 밝히려고 하기 때문이다. 또한 이 대학들이 한국 유학생들을 통하여 한국의 교육과 경제 발전에 크게 공헌하였다는 사실을 동시에 밝히기 위함이다.

내쉬빌한인교회가 생기기 이전

내쉬빌의 한인 인구는 1960년대 후반과 1970년대 초반에, 그 주변 도시들을 포함하여 400여 명도 채 되지 않았다. 수십 명의 유학생들과 그 가족들, 인턴이나 레지던트 의사들 가정 이외에, 영주하는 한인들은 미군과 결혼한 부인들의 가족들 외에 별로 없었다.

먼저 이곳에 온 필자를 빼고 우연히 세 명의 신학생들이 1965년 이후에 밴더빌트신학대학원에서 Ph.D. 과정을 밟기 위하여 오게 되었다. 필자도 1961년에 이곳에 와서 신학사(BD) 과정을 마치고 1965년부터 박사과정을 시작하게 되어, 연령별로 고 고범서, 고 박봉배, 고 서광선, 김찬희 등 네 명이 동시에 수학하게 되었다. 이 가운데 박봉배와 김찬희는 감리교단에서 안수받은 목사였고, 고범서와 서광선은 장로교의 평신도였다. 1967년경에 서광선의 주도로 유학생

1971년 1월 5일 가운데가 필자 김찬희 목사

들과 의사 가족들을 중심으로 필자가 일하던 "다락방"(The Upper Room) 채플실에서 한 달에 한 번, 주일 오후에 예배를 드리고 친교하는 시간을 가졌다. 이것은 어떤 공식적으로 조직된 교회도 아니었고, 몇몇 한인 크리스천들이 친교와 예배를 위해 모였던 모임이었을 뿐이다. 당시 박봉배는 에모리대학 전 총장 짐 레이니(Jim Laney)가 한국에서 돌아와 밴더빌트신학대학원의 교수로 있으면서 섬기던 시골의 한 작은 교회 사택에 살면서 그와 함께 그 교회를 섬기고 있어서 모임에는 참석하지 못하였다.

1969년 후반에 고범서를 제외한 세 사람은 학위를 위한 모든 과정을 끝마치고 박봉배는 감신대학 학장으로, 서광선은 이화여대 기독교학과 교수로, 필자는 좀 늦게 1971년 2월에 연세대학 교양학부 종교주임으로 모두 내쉬빌을 떠났다. 서광선이 떠났을 때 필자가 한인 학생들의 신앙 모임을 맡아 당분간 이어 갔으나, 필자도 이곳을 떠난 후, 모임은 중단되었다. 그러다가 이곳에 공부하러 온 제자교회의 최순국 목사가 잠시 맡아 수고하였으나, 그가 곧 떠남에 따라 이마저 중단되었다.

내쉬빌한인교회의 창립

한국에 정착하지 못한 필자는 1972년 여름에 미국에 다시 와서 몬태나대학(University of Montana)에서 일 년 동안 객원 교수로 지내다가, 1974년 9월, 전에 일하던 "다락방"에 다시 파송받아 미국 내쉬빌로 돌아왔다. 미국에 다시 온 필자는 내쉬빌에도 한인 교회를 하나 세워야 되겠다는 생각을 하고, 뜻 있는 대여섯 명의 유학생들과 의사인 홍덕언 장로를 불러 모아, 그해 늦가을에 아무 가구도 없는 필자의 집(835 Rodney Dr.) 리빙룸에 모여 교회 설립에 대해 의논했다. 당시 참석자들이 누구였는지 그들의 얼굴과 이름은 기억나지 않는다.

내쉬빌과 그 주변 도시의 한인 인구는 당시 매우 적었다. 그래서 어떤 한 교파에 속하는 교회보다 초교파적인 교회로 만들자고 필자가 제의했고, 이에 대해서 모두가 찬성해 교회 이름을 '내쉬빌한인교회'로 정했다. 이 교회가 나중에 미 연합감리교회에 가입하여 영어 이름이 지금의 'Nashville Korean UMC'로 변경되었지만, 한어 이름은 옛날 그대로 지금도 '내쉬빌한인교회'로 남아 있다. 1974년 11월 24일 주일에 내쉬빌의 3201 Hillsboro Pike에 있는 트리니티장로교회(Trinity Presbyterian Church)에서 첫 예배를 드렸다.

필자는 1968년에 미 연합감리교단(이하 UMC)이 탄생할 때 완전히 새로 개편된 개체 교회의 구조를 그대로 따라 교회를 조직했다. 당시 참석 인원은 20명 안팎으로 기억한다. 그러나 미국 교회에서는 우리가 주일 오후 2시에만 예배를 드릴 수 있으므로, 주일 아침에 예배를 드릴 수 있는 벨몬트연합감리교회 채플(Belmont UMC Chapel)로 예배 처소를 옮겼다. 첫 담임목회자는 필자가 되었고, 그 당시 밴더빌트신학대학원에 유학 와 있던 박성상 목사, 장로교의 김동익 목사와 나채운 목사, 그리고 제자교회의 유근희 목사가 필자를 도와주었다. 필자가 내쉬빌을 떠날 무렵의 교인은 어린이들을 합하여 모두 50여 명이었다.

1974년 늦가을 김찬희 박사 자택에서 교회 창립에 대해서 논의했다

첫 시련과 연합감리교회 가입

교회가 설립된 후 얼마 되지 않아 큰 시련을 겪게 되었다. 1975년 5월에 갈홍기 박사가 가족들이 살고 있던 내쉬빌에 와서 우리 교회 담임목회자가 되기를 원한 것이다. 갈 박사가 얼마나 유명한 인사인지는 교인 대부분이 알고 있었다. 그러나 그의 행적을 잘 아는 몇몇 교인들은 강하게 반발했다. 이에 반하여 물론 그를 모시자는 교인들도 있었다. 이리하여 교회는 갈라지게

되어, 그를 모시기를 원하는 교인들은 나가서 새로 교회를 개척했다.

갈 박사는 우리 교회가 초교파교회이기에, 자신은 감리교 목사이니 감리교를 세워야겠다고 생각하고, UMC 국내 선교국과 연락해서 감리교회를 만들었다. 그 당시 UMC는 교단 차원에서 소수민족 교회를 강화하는 프로그램을 시행하는 때여서, 그 교회는 넉넉한 재정적인 지원을 어렵지 않게 받을 수 있었다. 그러나 그 교회는 3년 안에 자립하지 못하여 UMC의 지원이 끊어지자, 간판을 PCUSA 교회로 바꾸어 이후 3년 동안 계속 그 교단에서 지원을 받았다. 이렇게 되자 내쉬빌교회는 할 수 없이 교단 가입의 필요성을 느껴, 1980년 10월 5일에 UMC에 가입할 수밖에 없게 되었다.

필자가 1977년 7월 1일부로 클레어몬트(Claremont)신학대학원 교수로 부임하게 되는 것이 거의 확실시 되자, 새 목사가 1977년 1월 1일부터 시무할 수 있도록 1976년 12월 31일자로 담임직을 사임하였다. 그래서 필자의 뒤를 이어 박성상 목사가 박사 과정을 밟고 있는 동안 1984년 6월 말까지 제2대 담임자로 8년 6개월 동안 이 교회를 섬겼다.

그가 서울 감신대 교수로 떠날 때까지의 이 기간에 우리 교회는 단단한 뿌리를 내리게 되었다. 출석 교인도 100여 명 이상 늘었고 한글학교를 비롯하여 주일학교 강화, 한인 사회를 위한 봉사 활동 등 모든 전형적인 교회 선교사역을 하였고, 교회 재정도 많이 늘었다. 이민 온 한인들도 차츰 이곳에 와서 정착하기 시작하여 한인 인구도 조금씩 늘기 시작하였다.

1984년부터 2000년까지

제3대 목사로 최요한 목사가 우리 교회에 부임했다. 이 시기를 필자는 우리 교회의 전환기로 본다. 그 주요한 이유 중의 하나는 이제 교회가 유학생이 아니라, 영구적으로 살려고 온 이민자들 중심의 교회로 발전하기 시작했고, 불편한 셋방살이에서 벗어나 자체 건물을 소유한 교회로 발전하는 계기가 되었으며, 최 목사가 처음으로 풀타임 목사로 테네시연회에서 파송받아 왔기 때문이다. 다행히 연회에서 다 완성하지 못했지만, 임대를 주고 있던 교회 건물이 있어서, 우리 교회는 재정적인 큰 부담 없이 좋은 조건으로 연회로부터 건물을 구매할 수 있었다. 그곳은 비행장 근처로서 1943 Dabbs Ave.에 있었는데 2.74에이커나 되는 대지에 세워진 건물이었다. 이뿐만 아니라 이 시기에 목사관도 처음으로 구입했다. 이제 교회는 처음으로 자체 건물을 갖게 되었고, 교회 사역도 동시에 다양하게 성장하기 시작했다.

1988년 12월 최요한 목사는 탐파한인연합감리교회로 파송받아 떠나고, 이듬해 1989년 3월에 이준영 목사가 LA 인근 플라센치아에서 교회를 개척하여 사역하다가 이곳으로 파송받았다. 그의 부인인 오혜식 목사가 교단 출판부 한어 자료 편집인으로 오게 되어, 마침 비어 있는 이 교회의 4대 담임목사로 오게 된 것이다. 조금 후에 오 목사도 우리 교회의 교육목사로 일하기도 하였다. 이들은 교인들의 제자화 훈련에 역점을 두고 사역하였다. 장년들뿐만 아니라 어린이들을 위한 영성 훈련에도 적극적이었다. 교인들은 대예배실을 건축할 것을 결의하고, 실행에 옮기기 시작하였다. 이때 오혜식 목사가 이화외국어고등학교 교장으로 파송받아 서울로 떠나게 됨에 따라 이준영 목사도 1995년 5월에 사임하고 한국으로 함께 떠났다.

약 반 년 동안 우리 교회 임시 담임자로 사역하였던 서기종 목사를 연회 감독이 1995년 7월 1일부로 5대 담임자로 파송했다. 이때 그동안 계획했었던 대예배실(300석) 건축이 교인들의 헌금으로 완성되어 1997년 2월 23일에 입당예배를 드렸다. 이제는 교회 시설이 모두 완성된 셈이다. 이 당시 예배 출석 인원은 어른들만 150여 명이었다. 이 목사에 이어 서 목사도 제자가 되는 영성 훈련에 힘썼으며 단기선교와 입양가족사역을 시작하여 오늘날까지 계속하고 있다. 서 목사가 2000년 4월 서울 동대문감리교회의 담임목사로 청빙받아 떠나게 됨에 따라, 2000년 7월 1일부로 강희준 목사가 담임목회자로 파송받아 왔다.

2018년 11월 18일 주일 오전 11시 추수감사 및 창립 44주년 기념예배를 드렸다

교회의 성장과 부흥, 2000년 이후

새천년에 들어서면서 내쉬빌과 그 주변 소도시에 큰 변화가 일어나기 시작하였다. 미국의 주요한 큰 기업들이 그 사업을 이곳에서 확장했기 때문에, 특히 IT와 관계된 많은 일자리가 여기에 생겼고, 이에 따라 많은 젊은 한인 가족들이 내쉬빌로 오게 되었다. 1970년대 초보다 열 배가 넘는, 6천여 명의 한인들이 이곳에 정착하여 살고 있어서 교회도 신도가 늘어날 수 있는 요건을 갖추게 되었다.

지금 교인이 600여 명으로 늘어나고, 2009년 8월 10에이커가 넘는 대지에 성곽 같은 새 교회 건물을 916 Old Hickory Blvd.에 완공하고, 500석이 넘는 대예배당(main sanctuary)을 하나님께 봉헌할 수 있었던 것은, 교인들의 헌신적인 노력과 믿음의 결과이자, 강희준 목사의 리더십이 맺은 열매다. 이는 참으로 하나님께서 내려주신 큰 복이며 베푸신 큰 은혜라고 고백할 수밖에 없다. 파송제도를 시행하고 있는 교단에서 지난 22년 동안 한 교회에서 이렇게 오래 사역한다는 것은 그리 쉬운 일이 아니다. 이것은 어떤 은사가 있기 전에는 불가능한 일이다. 내쉬빌한인교회는 많은 복을 받아 강희준 목사 같은 훌륭한 목사를 모시게 됨을 감사할 따름이다.

우리 교회는 많은 나라를 찾아가서 단기선교사역을 계속하고 있으며, 특별히 속회를 통하여 신도들의 영성 훈련을 계속 강화하고 있다. 2022년은 교회가 개척된 지 48년째 되는 해이다. 내쉬빌에는 그동안 한인 인구가 늘어남에 따라 많은 한인 교회들이 생겨나고 있다. 그러나 내쉬빌한인교회는 여전히 장자 교회답게 내쉬빌 한인 사회를 위해 많은 공헌을 하고, 한인들의 영적 생활을 위해 헌신하고 있다.

역대 담임목사

1대 김찬희 목사, 2대 박성상 목사, 제3대 최요한 목사, 4대 이준영 목사, 5대 서기종 목사, 6대 강희준 현 담임목사

Texas

교회 주소: 1855 N. Josey Ln., Carrollton, TX 75006
연락처: (972) 245-1419/ www.yonhap.org

달라스연합교회
The Korean Church of Dallas
(창립 연도: 1966년/초대 목사: 고 석보욱 목사)

이요한 목사

달라스연합교회 담임
캔사스선교교회 담임 역임
풀러신학대학원 목회학석사
달라스신학대학원 신학석사

교회의 탄생(1966-1976년)

　달라스연합교회는 1966년 8월 15일 석보욱 목사를 모시고 달라스에 있는 화이트록레이크(White Rock Lake)에서 광복절 기념 및 첫 예배를 드림으로써 시작되었다. 달라스연합교회가 창립될 무렵의 이민 교회는 조국을 떠난 이민자들의 교제와 생활 정착을 위한 각종 정보 및 미국 생활의 편의를 제공하는 구심체 역할을 하는 곳이었다. 특히나 이곳 텍사스는 카우보이가 있는 황량한 곳으로 알려져 있었으며, 이곳으로 온 유학생들이 모일 만한 곳이 별로 없었던 때라, 달라스신학대학원(Dallas Theological Seminary)에서 석사과정을 마친 석보욱 목사 댁에서 고국의 정취를 마음껏 느끼면서 동포들과 만나는 일은 누구에게나 크나큰 즐거움이고 늘 기다

초대 담임 석보욱 목사

려지는 일이기도 했다.

텍사스 A&M대학(Texas A&M), 달라스신학대학원(Dallas Theological Seminary), 남감리교대학(Southern Methodist University), 노스텍사스대학(University of North Texas) 등의 대학이나 대학원을 다니고 있는 몇 안 되는 유학생들과 간호사로 취업 중인 동포들이 석보욱 목사 댁에서 황수옥 사모의 정성 어린 고국 음식을 먹으며, 고국에 대한 향수를 달랬으며, 이러한 모임을 통해서 중남부 최초의 한인 교회가 달라스 지역에서 탄생하게 되었다.

1967년 2월 동양인의 밤을 개최, 음악예배와 한국 전통음식을 선보이면서, 이 지역에 최초로 한국 교회가 탄생했음을 미국 사회에 알렸다. 이즈음 유학생과 이민자들이 조금씩 증가하면서, 창립멤버들은 교파를 초월한 초교파적 교회를 원해 교회 명을 '달라스한인연합교회'로 정했다. 1965년은 케네디 대통령의 이민법 개정 이후라 한인들의 미주 이민이 급속도로 증가했다. 한국은 1960년대 혁명정부가 들어서면서 해외 이주를 장려, 남미로의 농업이민이 활성화되면서 미국으로의 이민문호도 크게 넓어졌다. 많은 이민자와 유학생들이 미국 동부와 서부로 유입되었다.

1971년 달라스 이민자들의 정신적 지주이자, 창립 목사였던 석보욱 목사가 사임하고 손명걸 목사가 2대 담임으로 부임했다. 1972년 오크론연합감리교회(Oak Lawn United Methodist Church)로 예배 장소를 이전하고, 텍사스 주정부에 '달라스한인교회'(The Korean Church of Dallas)라는 이름으로 비영리단체 등록을 하여 중남부 최초의 한인 교회의 모습을 갖추었다.

손명걸 목사의 헌신적인 노력 후, 당시 남감리교대학 신학대학원(SMU)을 졸업한 이군호 목사가 3대 담임으로 부임했다. 아울러 송수석 목사가 부목사로 함께 섬겼다. 이군호 목사는 감리교 출신이고 송수석 목사는 장로교 출신으로, 초교파적으로 어느 교단에도 속하지 않았던 우리 교회는 갈등이 생기게 되고, 자연히 몇 안 되는 교인들도 각자의 교파와 각자의 의견에 따라 갈라지게 되었다. 갈등이 심화되면서 1975년 말, 송수석 목사와 일부 교인들이 교회를 떠나 "달라스한인장로교회"(현 달라스빛내리교회)를 세웠다. 1976년 2월 이군호 목사가 한국의 목원대학교 교수로 떠나고(그 후 목원대학교 총장 역임), 이정봉 목사가 4대 목사로 부임하였으나 6개월여 만에 사임했으며, 교회는 시련을 넘어서는 강인함을 키우게 되었다.

성장기 (1976.8-1987.3)

김택규 목사 부임

이정봉 목사의 갑작스러운 사임으로 담임목사 청빙이 시급하게 되자, 당시 신도 대표 안덕윤 집사(후에 장로 시무)와 이사회 전원이, 한국에서 해병대 군종차감(군목)으로 복무하고, 당시에는 남감리교대학신학대학원에서 공부하려고 텍사스에 와 있던 김택규 목사를 청빙하기로 했다. 김 목사는 1976년 8월 5대 담임으로 부임했다(30여 명 참석).

이 당시 우리 교회의 몇몇 성도들은 먼 곳에 살기 때문에 한 달에 한 번, 혹은 두 번밖에 예배에 참석할 수 없었다. 이들 가운데 이정식 씨 부부는 달라스에서 동남쪽으로 4시간 거리에 있는 루이지애나주의 슈리브포트(Shreveport)라는 곳에 살면서, 도매 물건 구입 차 달라스를 방문해 주일예배에 참석하곤 했다.

이정식 씨는 교회에 지교회 설립을 권유, 이사회 결의 후 1978년 2월 19일 안덕윤 장로와 주명찬 집사(후에 장로 시무)가 슈리브포트에 도착하여 YMCA 강당에서 첫 예배를 드림으로 첫 번째 지교회가 설립되었다. 왕복 8시간 정도 소요되는 관계로 당시 담임목사가 한 달에 두 번 예배를 인도하다가, 1979년 1월 21일 당시 알래스카에서 온 정윤걸 목사를 담임으로 파송했다.

미 남부 최초의 한인 교회당 건축

다운타운에 위치한 오크론 에비뉴(Oak Lawn Ave.)의 주변은 대부분 멕시코계 미국인들이 거주하고 있었고, 한인 동포들은 좋은 학군이 있는 북쪽 지역에 주로 거주하고 있었다. 또 미국 교회를 빌렸기 때문에 주일예배를 오후 1시 반에 드려야 해서, 한인 교인들은 여간 불편한 것이 아니었다. 무엇보다도 미국 교회를 빌려 쓰고 있다 보니 자라나는 2세들에게도 많은 제약이 있었고, 한국 문화와 미국 문화의 차이도 있어서 불편했다.

이에 대다수의 교인 가운데서 교회 이전, 또는 건축의 필요성이 공론화되기에 이르렀으며 결과적으로 주명찬 장로, 문병수 집사(후에 장로 시무), 안예모 집사(장로), 강희구 집사(장로) 등 4명을 위원으로 하는 '교회건축 연구 및 추진위원회'를 구성하였다. 본 위원회에서는 교회 건축을 위한 특별 기금 마련을 위한 행사를 기획, 집행하였다. 교회 건축이라는 큰 역사를 위해 먼저 영적 신앙부흥운동이 필요함을 인식한 이사회는 뉴욕 아스토리아연합교회를 섬기는 부흥사 김성남 목사를 강사로 초청, 첫 부흥회를 개최하였다. 4일간 집회마다 성황리에 모여 은혜 넘치는 집회가 되었다.

1980년 1월 18일 성전 헌당식을 마치고

    1년여 동안 건축을 위한 음악회, 부흥회. 그리고 온 성도들이 정성으로 기도와 헌금으로 준비하던 중, 당시 동포들의 세금보고서 작성을 도와주면서 투자회사(Investment Co.)를 운영하던 김인곤 집사가 케롤턴(Carrollton)에 매물로 나와 있던 부동산을 김택규 목사에게 소개했다. 김택규 목사는 주명찬 장로, 강희구 집사(당시 이사회 총무)와 현장을 보고 와서, 이사회의 결의를 받은 후, 인수 작업을 진행했다. 1979년 10월 17일 보증금(Down Payment) 10만 달러에, 나머지 31만 달러는 12년간 매월 3천759달러 83센트씩 갚기로 계약하고, 1980년 1월 8일에 인수작업을 끝냈다.

헌당예배와 석보욱 목사 부임
    성전건축 운동을 시작하며, 이를 위하여 온 성도들이 정성 어린 땀과 정성을 다하며 헌신을 바친 지, 2년여 만에 온 교우들과 달라스 인근의 많은 동포가 참석한 가운데 1980년 1월 18일 감격의 헌당예배를 드렸다. 성장의 진통을 앓았던 우리 교회는 헌당예배를 마친 후 그동안 이사회 형식의 운영방식으로 교회를 이끌던 모습에서 벗어나 처음으로 장로제도를 도입, 당회와 제직회를 구성하였다. 지난 6년여 동안 사역한 김택규 목사가 사임, 캐나다 토론토중앙연합교회 담임으로 가고, 초대 담임이었던 석보욱 목사가 1982년 12월, 6대 담임 목사로 부임했다. 그동안 석보욱 목사는 미국인 교회인 텍사스의 마운트플레즌트제일크리스천교회(First Chirstian

Church of Mt. Pleasant)와 타일러대학교회(University Christian Church of Tyler) 담임으로 10년 사역했다.

안정기 (1987.4~2006.6)

교회 내적으로는 말씀 충만, 외적으로는 지역사회를 섬기는 교회의 모범을 보이며, 다시 한 번 열정을 보여준 석보욱 목사는 또 다른 교회 개척(달라스 베다니장로교회)을 위해 사임했다. 그리고 노스캐롤라이나에서 더햄한인장로교회를 섬기던 소교민 목사가 1987년 5월 1일부터 부흥회를 인도하고, 제7대 담임으로 부임했다.

하나님의 놀라운 역사를 이미 체험한 당회원들은 증가하는 교인들과 자녀들을 위한 체육 진흥과 주일학교 및 친교를 위한 시설이 필요함을 인식하고, 공동의회에 교육관 및 체육관 기공을 발의했다. 신축공사를 착수, 1991년 5월 19일 드디어 눈물과 기쁨으로 첫 삽을 뜨는 기공예배를 드렸다. 그리고 기공예배를 드린 지, 6개월 만에 드디어 헌당예배를 드렸다. 건축위원장 권혁초 장로가 열쇠를 소교민 담임목사에게 증정하고 감격의 악수를 함으로써 온 성도들의 꿈이 현실로 드러나게 되었다. 김종열 장로의 감격에 겨운 감사기도와 어느 때보다 힘찬 찬송 소리 가운데 헌당예배가 드려졌다.

1987년 4월 부임 후 6년여 교회를 섬긴 소교민 목사가 새로운 소명을 위해 떠나고, 캐나다 토론토의 메트로장로교회를 담임하던 김낙중 목사가 1993년 11월 부임, 12월 12일 취임예배를 드렸다. 1994년 1월 2일 교회 이름을 '연합장로교회'로 개칭하고, 1994년 12월 18일 미주한인장로회(현 해외한인장로회 수도노회)에 가입하여 오랫동안 유지하던 초교파 성향을 벗어나 장로교회로서 모습을 갖추게 되었다. 1994년 10월 2일 우리 교회는 성서장로교회와 통합하기로 하고 2세 목회 기금 3만3천883달러 79센트를 통합 교회 회계부로 입금했다. 1999년 7월 교회 웹페이지(www.yonhap.org)를 개설했다. 이후 전국 어디서나 교회 소식은 물론 목사 설교까지 들을 수 있게 되었다.

김낙중 목사가 2003년 1월에 있었던 제직수련회에서 사임을 공포, 같은 해 9월 28일 고별예배를 마지막으로 사임했다. 목사청빙위원회(위원장 이현규 장로)가 한국에서 장은일 목사를 청빙하기로 했으며, 임시공동의회에서 가결되었다.

2004년 4월 제9대 장은일 목사 부임 전까지 6개월여 동안 하나님 말씀을 전해줌으로써 성도들의 영적 건강을 위해 수고한 목사들은 김기봉 목사, 민영기 목사, 이대호 목사, 조동선 목사, 김진현 목사, 최종남 목사, 류동원 목사, 권오규 목사였으며 온 교우들이 이들 목회자들에게 진심으로 감사의 마음을 전한다. 2005년 5월 1일 장은일 목사의 안수로 제8대 김종원, 신철영 장로를 장립하였다.

현재 교회 예배당

미래를 바라봄(2006.7.5-현재)

2004년 4월 부임한 장은일 목사는 1년여 기간 동안 담임한 후 사임하고, 2006년 7월 5일 김신일 목사가 제10대 담임목사로 부임하였다. 2006년 8월 13일 창립 40주년 기념예배와 함께 취임예배를 드리고, 새로운 장을 열었다. 달라스연합교회의 부흥과 성장을 이끌던 김신일 목사는 2014년 12월 자신의 출신 교단 교회인 유니온교회(캘리포니아 웨스트코비나 소재)의 청빙을 받아 사임했다.

청빙위원회(위원장 주종근 장로)는 남가주사랑의교회 부목사인 김상태 목사를 제11대 담임으로 청빙, 2015년 9월 부임했다. 김상태 목사는 2020년 3월 사임하고 달라스 새로운교회(Carrollton, TX)를 개척했다.

김상태 목사 사임 후 청빙위원회(위원장 김주교 장로)는 우리 교회에서 오랫동안 사역하다가, 당시에는 캔사스선교교회 담임으로 사역하고 있던 이요한 목사를 청빙했고, 이 목사는 2020년 11월 제12대 담임목사로 부임했다.

2006년 8월 13일 창립 40주년 감사예배 및 김신일 목사 취임예배 후 전 교인 기념사진

역대 담임목사

1대/6대 석보욱 목사, 5대 김택규 목사, 7대 소교민 목사, 8대 김낙중 목사, 10대 김신일 목사, 11대 김상태 목사, 12대 이요한 현 담임목사

1대/6대 석보욱 목사, 5대 김택규 목사, 7대 소교민 목사, 8대 김낙중 목사, 10대 김신일 목사, 12대 이요한 목사

Utah

교회 주소: 1945 S. Redwood Rd., Salt Lake City, UT84109
연락처: (801) 322-0222/ www.kpcutah.com

유타한인장로교회
Korean Presbyterian Church of Utah

(창립 연도: 1976년/ 창립 목사: 이요한 목사)

한만식 목사

유타한인장로교회 담임
유타한인교회협의회 회장
장로회신학대학대학원 졸업(M.Div.& Th.M)
풀러신학대학원(D.Min. 과정 수료)

교회 시작과 존재 목적

유타한인장로교회는 유타주 수도인 솔트레이크시티(Salt Lake City)에 위치하고 있다. 1976년 7월 11일, 하나님의 은혜와 섭리로 이요한 목사를 중심으로 중앙침례교회(Central Baptist Church)에서 20여 명의 성도들이 모여 첫 예배를 드렸다. 일찍이 이민을 온 위성만 집사를 중심으로 유타대학의 유학생들이 교제와 모임을 가지면서 한인 교회에 대한 비전을 가졌고, 후에 이민 온 몇 가족들과 함께 교회가 시작되었다.

교회의 존재 목적은 "예수 공동체를 통한 하나님 나라의 세움"이다. 먼저는, 아름다운 예수 공동체를 세우는 것이다. 그리고 교회가 있는 유타 땅과 지역사회에 교회를 통해서 하나님 나라를 세움이다. 하나님의 구원과 사랑의 역사가 유타와 온 땅에 가득하기를 기다리며 그 도구로 쓰임 받기 위하여 힘쓰고 있다. 더 나아가, 하나님 나라와 미국을 위해 미래의 믿음 좋은 자녀들로 키우려는 꿈도 가지고 있다. 이것이 우리 교회의 존재 목적이다.

유타는 몰몬교 본부가 있고 몰몬교인들이 성지로 여기고 있는 땅이다. 중심지는 60%, 외곽은 99%의 몰몬교인들이 살고 있다. 몰몬은 적극적인 전도와 조직으로 해마다 교세가 증가하고 있다. 그들은 철저하게 교리를 지킬 것을 강조하고 있다. 몰몬은 기독교라고 하지만 실질적으로는 많이 다르다. 하나님, 천국, 성령, 예수님, 구원을 다르게 가르치고 그것을 믿고 있다.

통계적으로 유타는 미국의 다른 주에 비해서 크리스천 비율이 가장 낮은 주다. 실질적인 핍박은 없지만 주님의 교회가 성장하고 성숙하기는 참 어려운 특별한 곳이다. 영적인 싸움터라고 할 수 있는데 그렇기에 유타는 미국에서의 선교지다. 유타한인장로교회는 이런 땅에 세워진 첫 한인 교회이기에 특별한 의미가 있는 교회다.

2019년 12월 30일 2부 예배를 드린 후 전 교인이 단체 사진을 찍고 있다

교회의 발자취

처음에는 초교파로 모였다. 얼마 후에 침례교인과 장로교인의 제안으로, 이요한 목사와 침례교인은 기존의 교회에 남기로 했고, 장로교인들은 장로교회를 유지하기로 했다. 1977년 9월 11일 약 35명의 교인이 제일장로교회(First Presbyterian Church)에서 예배를 드렸다.

장로교로 분립한 후에 김상철 목사, 조수경 목사, 김규문 목사, 이두섭 목사, 조병철 목사, 김수광 목사, 김성택 목사를 거쳐서 지금의 한만식 담임목사가 재직 중이다. 이민 교회로서 이런저런 아픔과 좌절의 시간이 있었지만, 그때마다 하나님의 지켜 주심과 성도들의 굳센 헌신으로 여기까지 왔다. 우리 교회는 1980년 4월에 미국 장로교회(PCUSA)에 가입, 로키마운틴시노드(Rocky Mountain Synod, Utah Presbytery)에 속해 있다.

교회 초기에는 미국 교회를 빌려서 사용하였다. 그러나 좀 더 자유로운 교회 공간 이용을 위해서 자체 건물에 대한 필요성이 논의되었다. 1981년 5월, 솔트레이크시티, 다운타운에 있는 건물을 매입하여 리모델링을 하고 교회로 사용하던 중 6개월 후에 헌당예배를 드리고, 7인의 장로를 세웠다.

이 건물을 계속 교회로 사용하면서 더 넓은 공간의 필요성이 대두되었고 2012년 새 성전을 짓기로 하고 건축헌금을 시작했다. 그러나 교회를 짓는 과정이 쉽지 않았다. 허가와 여러 절차가 자꾸 연기되었다. 결국 짓지 말고 다른 방법을 찾아 보자는 의견으로 모였다. 교회로 사용할 수 있는 건물을 찾던 중 지금의 교회를 매입하고 2013년 12월 22일 이전하여 예배를 드렸다(대지 3.6에이커, 건물면적 7,600스퀘어피트).

교회의 선교와 지역사회 섬김

교회 초기에는 멕시코, 러시아, 중국, 짐바브웨에 단기선교를 돕고 파송하면서 선교의 실천에 발을 들여놓았다. 그 후에는 아시아, 아프리카, 그리고 우리가 떠나온, 은혜를 입은 고국의 농어촌 미자립교회를 도왔다. 아프리카의 잠비아에 우물 파기 사역, 케냐, 이슬람지역권의 파키스탄, 특별히 브라질 선교는 현지 선교사 양준석 선교사와 협력하여 아마존 인디오 마을인 에스빠란사 지역에 부족 교회를 세웠고, 그 지역에 교회와 현지인 목사 양성을 위한 신학교로 함께 사용할 수 있는 건물을 봉헌했다. 지금은 브라질 교회가 자체적으로 신학교와 교회를 운영하고 있다. 올해 2022년에는 필리핀 무 교회 지역에 현지 선교사와 협력하여 교회를 짓기 위하여 준비하고 있다. 주님의 지상명령인 선교, 하나님 나라 세움에 힘써 참여하고 있다.

유타는 이민 사회가 크지 않다. 초기에 교회는 모든 교회가 그런 것처럼 이민자들과 방문자들을 위한 정보와 교제, 그리고 나눔에 많은 이바지를 할 수 있었다. 지금 유타는 미국에서 많은 인구가 유입되는 주 중의 하나이다.

유타한인장로교회는 유타주에 처음으로 세워진 어머니 교회이다. 힘 있는 대로 교단을 초월하여 지역 교회들을 섬기는 사명을 다하고 있다. 지역의 어려운 교회들을 돕고 있으며 지역

2016년 3월 17일 교회학교 어린이들이 찬양을 하고 있다

교회 연합행사, 지역 교역자들과의 연합과 목회 증진을 위하여 기회와 장소를 제공하고 있다. 한글학교를 오픈하였고, 유타한인청소년 웅변대회, 한국 가곡의 밤, 고국 합창단 초청공연, 야외소풍, 의료지원, 주택임대 도움 등의 봉사를 통해서 한인 이민 사회를 섬겼다.

아울러 한인뿐만이 아니라 지역 주민을 위하여 시에서 운영하는 매일 점심 도시락 배달(Meals on Wheels) 섬김, 그리고 매년 크리스마스 시즌이 되면 성탄구두상자 모음 센터(Christmas Shoe Box Collecting Center)를 오픈해서 이 지역에 그리스도의 사랑을 실천하고 있다.

교회는 현재 150여 명의 성도가 출석하고 있으며, 교역자는 전도사 2인, 협동목사 1인과 담임목사로, 어린이, 유스, EM, KM 청년부, 장년부예배를 인도하고 말씀을 가르치고 있다.

Vermont

교회 주소: 130 Maple St., Essex Jct., VT 05452
연락처: (802) 876-7622

버몬트한미연합감리교회
Vermont Korean America UMC
(창립 연도: 1995년/ 1대 목사: 김귀덕 목사)

구정훈 목사

버몬트한미연합감리교회 담임
조지아연합감리교회 담임 역임
에모리대학교 목회학석사(M.Div.)
고든콘웰신학교 신학석사(Th.M.)
드류대학교 목회학박사(D.Min.)

버몬트주(State of Vermont)

버몬트주는 미국 동부 뉴잉글랜드의 주이다. 북쪽으로 캐나다의 퀘벡주와 국경을 접하며, 동쪽으로 뉴햄프셔주, 남쪽으로 매사추세츠주, 서쪽으로 뉴욕주와 접해 있다. 뉴잉글랜드에서 유일하게 대서양을 접하지 않은 주다.

원주민들(아베나키, 이로쿼이 연방)이 살던 버몬트주는 프랑스가 쳐들어와서 영토를 차지하고 있었으나 프렌치 인디언 전쟁에서 프랑스가 패배한 뒤 영국 소유가 되었다가, 1791년 미국의 14번째 주가 되었다. 버몬트주는 풍경과 낙농제품으로 유명하다. 미국에서 생산되는 메이플시럽 중 최고의 상품을 생산해내는 곳이다. 주도는 몬트필리어이며, 가장 규모가 큰 도시이자 대도

2013년 교인들이 단체 사진을 찍고 있다

시는 벌링턴이다.

교회 발자취

버몬트 한미연합감리교회는 1995년 7월 2일 사우스 벌링톤에 위치한 사우스 벌링턴 팍(S. Burlington Park)에서 '한미연합교회'라는 이름으로 시작되었다. 창립자는 이희재 박사였다. 8월 11일 그레이스연합감리교회에서 첫 번째 예배를 드렸다. 이희재 장로와 부인 이 권사가 몬트리올 캐나다에서 선교사로 파송을 받고 1991년 사우스벌링턴(South Burlington)으로 이주해서 개척교회를 도와 주었는데, 1대 담임은 김귀덕 목사다. 이후 2000년 4월 찰리 양 목사가 담임으로 파송된 후, 2002년 6월 버몬트한미연합교회가 연합감리교회 트로이연회 그린마운틴 지방회에 가입되면서 교회 이름이 '한미연합감리교회'가 되었다. 2008년 6월 김상우 담임목사

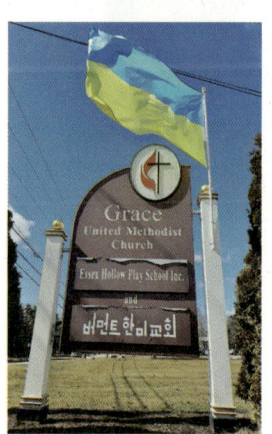

교회 표지판

가 사임한 뒤 2009년 9월 김태근 목사가 담임으로 파송이 되기 전인 2009년 8월까지 우리 교회에는 시무하는 목회자가 없었다. 1년간 담임목사가 없는 상태에서 예배를 드리고 있던 우리 교회는 새로 파송될 목회자를 위해 2009년 3월 27일 목사관으로 사용할 건물(61 Pearl St., #28, Essex Junction, VT)을 16만 8천 달러에 구입했다.

현재는 2020년 7월부터 구정훈 목사(James Koo)가 담임으로 파송되어 섬기고 있다.

역대 담임목사

1대 김귀덕 목사, 2대 찰리 양 목사, 3대 김상우 목사, 4대 김태근 목사, 5대 홍종욱 목사, 6대 배상철 목사, 7대 구정훈 현 담임목사

1대 김귀덕 목사, 2대 찰리양 목사, 3대 김상우 목사, 4대 김태근 목사, 5대 홍종욱 목사, 6대 배상철 목사

7대 구정훈 목사

Virginia

교회 주소: 1219 Swinks Mill Rd., McLean, VA 22102
연락처: (703) 448-1131/ www.kumcgw.org

와싱톤한인교회
Korean United Methodist Church of Greater Washington

(창립 연도: 1951년/ 창립 목사: 김태묵 목사)

박영환 장로

와싱톤한인교회 장로
말알선교단 이사
워싱턴 DC 한미장학재단 창립 및 현 이사
워싱턴 가톨릭대학 도시 및 지역개발계획 석사
오하이오주 마이애미대학 건축설계 학사

이민 교회로의 첫 제단을 쌓고 (1951년)

1951년 10월 14일 워싱턴 시내에 있는 미국 파운드리(Foundry)감리교회 예배실을 빌려 '화부 한인교회'라는 이름으로 버지니아주에 첫 이민 교회가 시작되었다. 워싱턴 지역의 한인 교포들을 위한 첫 '믿음의 샘터'가 세워진 것이다. 첫 예배에 교포 32명이 참석하였고 헌금은 17달러 5센트였다고 역사는 기록하고 있다. 6·25전쟁의 포화 속에서 시달리는 조국을 위해 함께 기도할 것을 다짐하며 모인 것이다.

그 당시 워싱턴에는 한국 대사관 직원을 비롯하여 불과 100여 명이 넘는 교포들이 전쟁 중인 조국의 아픔과 신음소리를 들으며 민족 생존을 위해 가슴을 졸이고 있었다. 당시 이곳은 미

첫 예배를 드린 파운드리(Foundry) 연합감리교회

국에 와서 공부하고 있던 초기 유학생들을 비롯하여 미국으로 훈련 받으러 온 군인들로 구성된 작은 교포사회였다. 서로가 의지할 수 있는 교포단체도 없었고 모두 경제적인 미약함으로 생계유지도 어려운 형편이었다. 이렇게 힘든 여건이었지만, 이들은 정기적으로 모임을 갖고 함께 기도와 예배에 힘쓸 것을 결의한 것이다.

이후 교회는 갈 곳 없고 외로운 교포들과 한국에서 온 방문객들에게 안식처를 제공하면서 믿음의 공동체로서의 의미 있는 흔적을 남기기 시작했다. 초대 김태묵 목사와 제2대 오창희 목사는 별도로 정규 직장을 가지고 일하면서 주말에 시간을 내어 봉사했다. 이민 교회로서 뿌리를 내리기 위해 이들 목회자는 사명을 다하고자 노력하면서 각각 2년 정도 교회를 섬기고 은퇴했다.

1955년에는 교회 이름을 화부한인교회에서 '와싱톤한인교회'로 바꾸고 워싱턴 시정부에 정식으로 등록하였다. 재정적인 여유도 미약해서 교회 운영이 힘들고 목회자들은 무보수로 봉사해야 하는 형편이었다. 몇 년 지난 후에는 운영비 조달이 힘들어 교회 운영을 잠시 중단해야 했던 때도 있었다. 그러나 교회는 존속의 어려움을 극복하면서 다시 워싱턴 지역의 교포들에게 믿음과 생명의 샘터가 되었고, 마침내 그들 속에 신앙공동체로서 뿌리를 내리기 시작했다.

광야의 시련과 은혜(1957-1975년)

1960년대로 들어서면서 교회로서의 기반이 조금씩 마련되기 시작하였다. 제직회를 비롯하여 성가대, 여선교회, 그리고 교회학교가 먼저 조직되고 운영되기 시작했다. 그리고 재정능력은 없었는데도 자체 건물을 갖고자 하는 갈망은 깊어서 건축위원회가 조직되었다. 교회 제반적인 운영은 여선교회가 주동이 되었다. 교회의 모든 모임이나 행사는 주로 여선교회의 헌신적인 노력으로 이루어졌다.

교회학교 교실과 모임 시설의 부족으로 우선 작은 건물이라도 마련하자는 의견이 모여서, 현 교회에서 멀지 않은 곳에 위치한 개인 주택을 3만5천 달러에 매입하여 '우리집'이라고 이름 짓고 각종 집회와 모임을 이곳에서 갖기 시작했다. 그즈음에 여선교회, 성가대, 청년회 등 숨은 봉사자들의 활약으로 교회사역이 활성화되기 시작하였다. 1967년에는 교회소식지 「화부한인교회소식」을 발간하였고 나중에

현재 교회 예배당

그 이름을 「아가페」로 바꾸어 교회역사에 관한 기록과 간증지로서의 역할을 감당하기 시작했다.

1968년경 미국의 맥카란 이민법이 통과되어 한국으로부터의 이민자 수가 늘기 시작함에 따라 교인 수도 늘기 시작하여 재정적인 여유도 생기기 시작했다. 따라서 교회사역도 활발하게 확장되기 시작했으며, 커져가는 교포사회에 따라 점차 교회의 운영조직과 체계가 잡히기 시작했지만 이민 사회와 가정에는 시련도 함께 따라왔다. 낯선 미국 땅에서 정착하는 과정에서 생기는 피할 수 없는 시련과 어려움으로, 이민자들은 언어와 풍습과 사회질서에 대한 적응이 서툴렀고, 남아 있는 인종차별 문제도 만만치 않았다. 더욱이 2세와 부모들의 문제도 심각해서 부모 자식간의 관계가 원만하지 못해서 가정의 갈등과 사회적 문제들이 생기기 시작했다. 그러나 "미국의소리" 방송국에서 근무하던 황재경, 김성덕 두 장로교 목사가 1956년부터 협동목사로 부임, 교회의 어려웠던 시기를 감당하면서 교회 운영의 체계가 세워지기 시작했다. 하지만 재정적인 어려움은 여전히 계속되었다.

미국 연합감리교단의 일원으로(1977-1981년)

1970년대 중반에 이르러 교회는 후임목사 청빙 문제, 예배당 건물 매입 문제, 엇갈린 의견들, 신앙 태도의 불일치 등으로 여러 차례 아픔과 갈등을 겪게 되었는데, 더욱이 설립 때부터 장로교 체제로 운영되어 오던 교회가 미 연합감리교(이하 UMC) 교단에 가입할 것을 결의한 것도 그 원인이었다. 그리고 1977년 UMC의 볼티모어연회에서 선윤경 목사를 첫 담임으로 파송했다.

자체 교회 건물을 마련하려고 했으나, 이 일이 이루어지지 않자 교회 내에서 신앙적 사기가 떨어지고 교인들의 출석 수도 줄어들기 시작했다. 이런 어려움 속에서도 교회 분위기를 새롭게 바꾸면서 27년간 세들었던 파운드리(Foundry)감리교회를 떠나 워싱턴 조지타운에 위치한 성누가교회로 이전하였다. 그리고 수요성서 연구, 성경통신학교, 기독교신앙 강좌 등 의욕적인 활동을 펼치기 시작하였다. 그러나 성누가교회 측과 예배당 시설 사용 관리 문제가 불거지면서 다시 자체 건물에 대한 소망이 더욱 불타올랐다.

그리스도의 비전을 찾아, 일어나 빛을 발하는(1982-1998년)

1980년 초기에 예배당 구입 문제를 둘러싼 논란의 후유증이 더해가면서 성누가교회로 이동할 때 지녔던 새로운 의욕이 하나둘씩 사그라들었다. 그러나 1982년 버지니아주의 맥클린 시 소재 윌리암워터스감리교회와 작은 주택을 포함하는 5에이커 대지를 45만 달러에 매입하면서 자체 건물에 대한 꿈이 30년 만에 이루어졌다.

1983년 조영진 목사가 제6대 담임으로 부임하면서 "그리스도의 비전을 분별하는 교회"라는 장기계획을 세워 내적으로 성숙한 교회로 성장하기 위해 정성을 들였다. 그리고 내일을 예비하고 그 내일을 주님께 드리는 교회가 되기 위해 평신도사역의 활성화를 실천하고, 구역제도의 확장, 성인교육의 체계화, 그리고 단기선교사역을 활성화했다. 1983년에는 1차 성전건축을 시작하여 1984년에 완성, 처음으로 자체의 예배당을 마련하는 기쁨이 이루어졌다.

조영진 담임목사는 1985년 교회발전 5개년 장기계획을 세우고 오랜 염원이었던 2세들을 위한 영어목회를 시작했다. 교회는 날로 확장되어 갔고 체계적인 5개년 장기계획으로 1990년에는 2차 성전 건축과 1998년 3차 건축이 완성되는 결실을 얻게 되었다. 그리고 선교사역의 전반적인 방향을 해외 단기선교로 전환하기 시작했다. 한때는 평신도사역팀이 50개를 넘었으며, 교인 수도 1천 명 이상으로 늘어났다.

새 시대의 각성과 도전(2000년, 21세기를 맞으며)

2000년 21세기를 맞아 새로운 꿈과 비전의 아침이 밝아왔다. 평신도사역의 활성화를 위해 행정구조도 개편되었다. 선교사역도 체계적으로 확장되었고 예배를 비롯한 모든 교회행정 운영의 성숙함을 지향하며 행정체제가 하향적인 개념에서 상향적인 방안으로 개편되었다. 선교 사역도 멕시코를 비롯하여 중국, 도미니카공화국, 니카라과, 아프리카로 확장되었다. 2002년에는 중국 북만주 지역의 연화마을에서 진행하는 장애인 양로원과 예배당 건축에 참여해서 중국선교의 문을 열었다. 그리고 2007년에는 멕시코 유까탄 반도의 까깔첸 마을에 선교관을 세우고, 2012년에는 학교를 세워 선교사역을 확장했다.

2005년에는 조영진 목사가 버지니아 알링턴 지역의 감리사로 선출되었고, 김영봉 목사가 제7대 담임으로 파송되어 영성 회복을 위한 목회를 추진했다. 제5차 장기계획을 준비하면서 "사귐과 섬김의 공동체"를 향하는 목표를 세우고 교회의 성숙한 성장을 시도하게 되었다. 또한 교회개척위원회를 세우고 지교회 설립 계획을 시작, 2007년에는 매나사스에 처음으로 지교회를 설립했다. 또한 2009년에는 5차 장기 계획을 채택하고 공동체 내에서 이웃과 세상을 향한 사귐과 섬김을 더욱 강조하고 실천하는 계기로 삼았다.

2012년에는 조영진 감리사가 미 연합감리교회 감독으로 선출되었고, 2016년 김영봉 목사가 '와싱톤사귐의교회' 담임목사로 이임해가고, 후임으로 김한성 목사가 8대 담임으로 취임해서, '한 지붕 한 가족'이라는 목표 아래 주님과 함께, 하나 되는 교회를 지향하는 목회를 시작했다.

70주년과 함께 찾아온 코로나 팬데믹(2019-2021년)

2019년 7월 김영훈 목사가 제9대 담임으로 취임하여, 하나님 나라를 추구하며 영성의 회복과 부흥이라는 목회 방향을 세우게 되었고, 교회는 새로운 도전과 희망을 품게 되었다. 하나님에게 중심을 맞추고 교회의 본질인 사랑과 섬김과 영성의 회복을 목회의 목표로 삼게 되었다. 2020년의 시작과 함께 돌연히 시작된 코로나 팬데믹으로 인하여 3월부터 교회의 정규적인 대면 예배를 중지하고 온라인 예배를 시작했다.

팬데믹은 점차로 전 세계적으로 퍼지고 2021년 말에는 미국에서만 66만명의 코로나 사망자가 생기는 극단적인 현실을 직면하게 되었다. 1차와 2차 세계대전, 그리고 베트남 전쟁의 사망자 모두를 합친 수보다 더 많은 사망자를 배출하게 된 미국 사회의 절망적인 현실을 맞아 사회의 질서와 보편적인 가치관은 무너지는 듯했다. 보편적인 질서가 무너지고, 점차로 새로운 행태들이 생기기 시작했다. 교회도 이 현실을 피할 수 없었다. 교회는 대면모임을 잠시 접고 줌(Zoom)을 통한 비대면모임만을 운영하게 되었고, 영적인 사기도 떨어졌다.

이러한 역경 속에서 와싱톤한인교회는 설립 70주년을 맞게 되었다. 지난 5년 동안 추진해 오

와싱톤한인교회에서 교인들이 예배를 드리고 있다

던 웨슬리윙 증축공사도 기적적으로 완성되어 8월에 입당예배를 드렸다. 그러나 코로나바이러스의 변이로 팬데믹은 아직 끝나지 않고 계속되고 있다. 어제와 오늘은 암담하고, 내일의 희망도 보이지 않지만, 교회는 바라볼 수 없는 것들 속에서, 보이지 않는 것들 속에서 계속되고 있는 우리를 향한 하나님의 사랑과 섭리를 놓치지 않고 있다. 70년을 맞은 버지니아주 최초 한인 교회인 와싱톤한인교회는 그에 대한 믿음과 기대를 계속해서 일깨우기 위해 그 어느 때보다 환하게 불을 밝히는 등대가 될 것이라고 믿는다.

역대 담임목사

초대 김태묵 목사(1951-1953), 2대 오창희 목사(1954-1955), 3대(협동 목회) 황재경 목사(1955-1977), 김성덕 목사(1955-1973), 4대 선윤경 목사(1977-1981), 5대 박종렬 목사(1981- 1983), 6대 조영진 목사(1983-2005), 7대 김영봉 목사(2005-2016), 8대 김한성 목사(2016-2019), 9대 김영훈 목사(2019-2022년), 임시 담임목사 이효중 감리사(2022년 7월-현재)

초대 김태묵 목사, 2대 오창희 목사, 3대(협동 목회) 황재경 목사, 김성덕 목사, 4대 선윤경 목사, 5대 박종렬 목사,

6대 조영진 목사, 7대 김영봉 목사, 8대 김한성 목사, 9대 김영훈 목사, 임시 담임 이효중 감리사

Washington

교회 주소: 3727 240th St., SE., Bothell, WA 98021
연락처: (425) 488-1004/ www.hyungjae.org

시애틀형제교회
Community Church of Seattle
(창립 연대: 1971년/ 창립 목사: 최용걸 목사)

권 준 목사

시애틀형제교회 담임
전 두란노서원 원목
바이올라대학 졸업(교육학)
탈봇신학대학원 졸업
풀러신학대학원 졸업(M.Div.)

시애틀형제교회는 1971년 1월 시애틀의 한인 수가 약 1천 명이 되지 않는 때에 하나님의 섭리로 15명이 모여, 하나님이 주신 사도행전적 공동체를 세우자는 비전을 가지고 시작한 교회다. 그해 7월에 1대 담임인 최용걸 목사를 청빙하고, 시애틀 다운타운의 미국인 교회였던 시애틀제일장로교회의 채플을 빌려 30여 명의 성도가 형제교회 창립예배를 드렸다.

그렇게 시작된 시애틀형제교회는 1980년 초 이민의 문호가 열리면서 많은 한인이 시애틀로도 이주하는 가운데 성도들의 헌신과 섬김으로 성장과 부흥을 맞게 되었다. 2세들을 위한 한국학교도 세워 민족의 얼을 심기도 했다. 하지만 그 기쁨은 오래가지 못했다. 시애틀형제교회의 성장으로 불편을 겪은 미국제일장로교회가 우리 교회의 이전을 원했고, 1985년, 이전과 건축 문제로 갈등이 생겨서 교회가 크게 분열되는 아픔을 겪게 되었다. 이로 인해 많은 성도가 교회를

1986년경 심관식 목사가 교회를 섬기던 당시 전체 성도

떠났고 14년을 목회한 최용걸 목사도 시애틀을 떠나야 했다.

분열의 아픔 속에 남은 성도들이 다운타운 가까운 곳의 오래된 건물을 구입, 교회를 이전하고, 2대 담임인 심관식 목사를 청빙했다. 새로 부임한 심관식 목사는 분열의 상처를 보듬어 가며 성도들의 신앙 성숙에 초점을 맞추고 새롭게 도약할 수 있는 교회로 세워나갔다. 그리고 1999년 12월, 14년의 목회를 마치고 은퇴했다.

2000년 1월, 3대 담임목사로 권 준 목사가 부임하면서 목회의 새로운 패러다임이 도입되었다. 이때부터 가정사역을 중심으로 지역사회에 신선한 충격을 주었고 교회가 변하고, 부흥할 수 있다는 소망을 품게 되었다. 온 성도가 그 어떠한 변화에도 두려워하지 않기로 결단하고 교회를 섬기는 가운데 하나님의 놀라운 은혜로 성장과 부흥을 거듭하고 있다.

이후 가정사역은 물론 선교사역, 회복사역, 여성사역, 실버사역 등 다방면에 걸쳐서 지역사회와 미국, 세계 열방에 선한 영향력을 끼치고 있으며, 가정과 사회, 한인 2세와 3세, 그리고 미국은 물론 세계와 민족의 복음화를 위해 최선을 다해 뛰고 있다. 하나님이 가라 하시면 어디든 마다하지 않는 신앙과 열정이 성도들의 가슴에 불타고 있다.

1972년 시애틀형제교회에서 첫 안수집사 위임식이 열렸다

형제교회는 하나님의 꿈, 곧 기성교회도 변해 부흥할 수 있다는 것을 보여주는 교회, 나라와 민족을 섬기는 교회, 1세대와 2세대가 함께 부흥하는 교회, 세계 열방의 구원을 향해 나아가는 교회가 될 것을 선포했다. 그리고 이 하나님의 꿈을 이루어 드리기 위해 선포하고, 소망하고, 기도했던 일들을 지난 20

현재 교회 예배당

년 동안 하나님께서 놀랍도록 이루어 주셨다.

새 성전이 건축되고, 기독초등학교 UCiC가 세워졌고, 벨뷰와 다운타운 두 곳에 캠퍼스교회가 세워졌다. 시애틀형제교회의 비전은 "하나님의 나라가 이 땅에 실현되는 예수 공동체"를 이루는 것이다. 그리스도의 몸으로서의 형제교회는 ⑴ 가정이 세워지는 공동체 ⑵ 신앙이 성숙되는 공동체 ⑶ 성령이 역사하는 공동체 ⑷ 선교에 동참하는 공동체로 살아감으로 하나님의 나라가 이 땅에 실현되는 예수 공동체를 이루려는 것이다.

이를 위해서 첫째, 형제교회는 하나님이 세우신 가정이 하나님 나라가 경험되는 건강한 가정을 세우는 비전에 헌신했다. 가정이 무너지면 사회가 무너질 수밖에 없다. 아버지학교, 어머니학교, 행복한부부학교 등을 통해 각 가정이 건강하게 세워지도록 돕고 있다.

둘째, 형제교회는 사람이 느는 교회가 아니라 사람이 크는 교회를 지향한다. 새가족 4주 만남으로 시작하여 말씀묵상인 QT, 일대일 제자양육을 비롯한 양육 과정을 제공함으로 성도들이 교인으로 남는 것이 아니라 영향력 있는 그리스도의 제자로 세워지도록 돕고 있다.

셋째, 형제교회는 성령의 임재가 있는 예배가 되기 위해 최선을 다하고, 기도를 통해 성령의 능력을 나타낼 수 있도록 성령 집회와 기도 사역에 힘쓰고 있다.

넷째, 형제교회는 "IM교회!"라고 외친다. "IM, I'm a Missionary!"(나는 선교사다) 우리 모두가 선교사로서 선교적 삶을 살아가며, 복음이 필요한 나라에 선교사를 파송함으로 하나님 나라를 확장하는 선교적 사명을 이루고자 힘쓰고 있다.

2018년 5월 "세상을 향해"라는 주제로 컨퍼런스가 열렸다

형제교회는 2021년 50주년을 맞았다. 50주년을 맞은 형제교회는 앞으로 다가올 내일을 생각하며 예수님이 꿈꾸시는 '바로 그 교회'를 세우기 위해 '바통터치'에 초점을 두고 달리고 있다. 육상 계주에서 각 선수의 스피드보다 더 중요한 것은 정확한 바통터치이다. 바통터치에서 실패하면 순식간에 우승과는 거리가 멀어지고 만다. 지난 20여 년 동안 형제교회가 변화하며 쓰임받는 기쁨을 누리게 된 것은 크게 세 가지의 바통터치가 이루어졌기 때문이다. 그렇기 때문에 형제교회는 미래를 위해 다음 세 가지 바통터치에 힘쓰고자 한다.

첫째, "30-40세대를 영향력 있는 일꾼으로 세우는 공동체"가 되고자 한다. 형제교회는 3대 담임인 권 준 목사가 부임할 당시 성도의 평균 연령이 55세가 넘었다. 60세가 넘은 성도가 교회의 3분의 1이나 될 정도로 노인이 많은 교회로 알려져 있었다. 그런 형제교회가 37살인 권 준 목사를 담임으로 청빙하면서 30-40세대가 교회의 주역이 되기를 바라는 소망을 갖게 되었다. 그리고 30-40세대가 주역이 되어 사역할 수 있도록 50-60세대가 적극적으로 응원해주고 이끌어주었다. 예배에 있어서도 연로하신 분들이 30-40세대를 위해 자신의 익숙함과 편안함을 추구하지 않고 불편함을 택했다. 30-40세대의 부흥을 꿈꾸며 불편을 감수하고 한 단계 더 나가 불편함을 감사로 여겼다.

이제 지난 20여 년간 열심히 뛰어준 30-40세대가 50-60세대가 되었다. 50-60세대는 앞으로 다가올 미래를 꿈꾸며 자신들의 손에 있는 바통을 30-40세대에게 넘겨주기로 했다. 30-40세대가 사역의 주역이 되고, 50-60세대와 연장자들이 그들을 격려하며 이끌어 주는 교회를 지향한다. 그렇게 함으로써 형제교회는 더욱 역동적인 교회로 하나님께 쓰임 받을 수 있다고 믿기 때문이다.

둘째, "부모 세대보다 다음 세대가 더 부흥하는 공동체"가 되고자 한다. 형제교회는 다음 세대를 건축하는 교회가 되기로 결단했다. 그래서 첫 교회 건물을 지을 때도 다음 세대가 좋아하는 건물을 짓기로 했다. 부모 세대를 위한 본당을 짓기보다는 체육관을 지었다. 부모 세대는 다음 세대가 마음껏 뛰놀 수 있는 공간을 주기 위해 예배드릴 때 의자를 놓고, 예배 후에 치우는 불편함을 택했다. 다음 세대가 더 큰 부흥을 이룰 수 있다면 부모 세대는 고생하며 신앙생활을 하는 것을 희생이 아니라 기쁨으로 여겼기 때문이다. 하나님은 코로나 팬데믹을 통해 다음세대에게 영상을 통해 복음을 창의적으로 전하라는 사명을 주셨다. 그래서 "그루터기 스튜디오"(Tree Stump Studios)라는 이름의 사역으로 영상을 제작하여 온라인으로 복음을 전하는 일에 헌신하고 있다. 전 세계 어린이들이 좋아할 수 있는 창조적이고 재미있는 영상을 만들어서 그들에게 복음을 전하는 사역이다. 하나님 나라 확장을 위해 다음 세대를 역사의 무대에 세우는 사명에 부모 세대가 기도와 물질로 섬기고 있다.

셋째, "하나님 나라 확장을 향해 더욱 선교에 힘쓰는 공동체"가 되고자 한다. 하나님은 50년 전에 시애틀형제교회를 세우실 때, 우리 교회 하나 잘되는 것을 바라고 세우지 않으셨다. 세상을 구원하기 위해 우리 교회를 세웠음을 확신한다. 그래서 지금까지 60여 명의 선교사를 해외에 파송하고, 선교에 힘쓰고 있다. 형제교회가 교회 될 수 있었던 것은 바로 선교에 힘써 왔기 때문이다. 우리는 계속해서 하나님 나라 확장을 위해 복음을 필요로 하는 곳에 선교사를 보낼 것이다. 그리고 시애틀에 있으라고 하시면 이곳에서 IM(I'm a Missionary)으로, 선교사로 살아가고자 한다. 그래서 우리는 고백한다. "나는 선교사입니다! Yes, I Am!"

30-40세대를 영향력 있는 일꾼으로 세우는 공동체, 다음 세대를 부흥케 하는 공동체, 하나님 나라 확장을 향해 선교하는 공동체를 소망할 때 우리는 할 수 없지만 하나님이 함께하시면 가능할 줄로 믿는다. 주님께 쓰임 받는 형제교회가 되기를 소망한다.

West Virginia

교회 주소: 308 Elmhurst St., Morgantown, WV 26505
연락처: (304) 598-8370/ www.mtkcma.org

모건타운한인교회
Morgantown Korean Church of C&MA
(창립 연도: 1979년/ 1대 목사: 김성화 목사)

박태석 목사

모건타운한인교회 담임
미주장로회신학대학교(M.Div.)
Hope International University(교회음악 전공)

교회 역사

모건타운한인교회는 1978년 10여 명이 김민자 성도의 자택에서 처음으로 기도회를 시작하다가, 1979년 8월 12일 모건타운한인교회 창립기념예배를 드렸다. 그 이후 1993년까지 감리교단 교회로 있었다. 그러나 그때 자료는 남아 있지 않다.

1993년 5월 16일 C&MA 교단 김성화 목사가 부임하면서 감리교회에서 C&MA 교회로 교단을 옮겼다. 새로운 교단에서부터 시작해서 올해 교회 창립 30주년을 맞았다. 1993년 처음 교회를 개척하면서부터 현재 건물인 모컨타운교회(CMA Church of Morgantown)를 사용하고 있다.

1993년 11월 5일부터 7일까지 창립 1주년 교단 가입기념 부흥회(강사 김시환 목사)를 시작으로

현재 교회 예배당

매해 창립기념 부흥회를 개최했다. 1997년에는 창립 5주년 기념으로 전교인 및 신입생 환영 수련회를 개최했다. 2001년에는 북한선교세미나를, 2006년에는 박종호 성가사 초청예배를 드렸다. 그리고 탈북자들로 이루어진 무용팀을 초청해서 특별집회도 가졌다.

2016년 이후로 3년 동안 창립기념 전교인 수련회를 개최하고, 창립기념 및 한인들을 위한 음악회를 외부 성악가들을 초청하여 열었다. 또한 2017년부터는 코비드19 팬데믹이 터지기 전까지 해마다 1대 담임목사였던 김성화 선교사가 사역하고 있는 도미니카 단기선교를 다녀왔다. 2018년에는 도미니카공화국과 과테말라에 단기선교팀을 파송하였다. 2018년에는 2번의 침례식(홍승호, 박지한)이 있었다.

2019년에는 지역선교를 위해서 헌팅턴 지역문화 선교사역을 했고, 유학을 마치거나 새로운 직장 때문에 한국으로 떠나는 사람들을 훈련시켜서 '기도 선교사'로 파송했는데, 5월, 6월, 7월까지 파송식을 3회 개최했다. 또 같은 해 12월에는 6개월 단기선교사 파송식을 개최했다.

2019년 12월 31일에 가진 송구영신예배는 같은 교단인 미국 교회(CMA Church of Morgantown)와 중국 교회(CMA Chinese Church)와 연합예배를 드렸는데, 타인종 세 교회 연합예배는 2021년까지 계속 이어졌다.

2020년 2월 큐티세미나를 개최하고 한 달에 한 번 큐티모임을 가졌지만 3월 코비드19로 인해 모든 상황이 모두 정지되고 온라인 예배를 드리기 시작했다. 하지만 이러한 어려운 와중에서 목회협력위원회 세미나, 어린이부 달란트 시장, 성경암송대회 등을 개최했다.

2021년에는 온라인으로 여러 선교사님을 초청하여 선교세미나를 개최했는데, 몽골, 중국, 북한, 도미니카공화국 등의 선교사들이 참여했다. 또 지역선교 차원에서 설날을 맞이하여 떡을 주문해서 지역의 모든 한인에게 전달했다. 코비드 팬데믹으로 서로 만나지 못하는 상황 속에서 잠시나마 설날 기분을 낼 수 있었던 기쁨의 시간이었다.

또 4월 10일 "봄의 선율"이라는 온라인 음악회에 참여했는데, 웨스트버지니아한인회 주관으로 이루어진 이 음악회를 통해 코비드19로 어려운 시절이지만 잠시나마 음악을 통한 위로의 시간이 되었다. 10월에는 버지니아와 메릴랜드 지역에서 음악대학 교수님들로 이루어진 "Pro Voice Washington" 팀(단장 정세영)이 방문, 아름다운 찬양의 선율이 널리 퍼졌다.

2018년 가을을 여는 음악제가 지역사회를 위해서 개최되었다

교회의 특징

모건타운은 현재 3만 명의 인구가 살고 있다. 1900년대 중반까지만 해도 철강산업이 강세였고, 석탄을 채취하는 산업이 성행했던 지역이었다. 하지만 철강산업이 쇠퇴하면서 석탄산업 또한 쇠퇴의 길로 들어서게 되면서 이 지역의 경제와 생활도 점점 더 퇴보했다. 현재는 대학교 중심으로 경제가 돌아가는 대학타운이 되었다. 이 지역의 한인들은 학력이 굉장히 높다. 대학 교수 및 연구원이 주민이다 보니 많은 사람이 박사학위 소지자들이다. 교회의 성도 중에도 고

학력자들이 많고 청년들, 특별히 유학생들 가운데는 석사 및 박사과정 학생들이 많다.

웨스트버지니아는 한인이 많이 사는 지역이 아니다. 그렇지만 우리 교회가 위치한 모건타운 지역에는 100~150여 명 정도 한인이 살고 있다. 이곳에는 주립대학과 미국 질병통제예방센터(CDC) 산하에 있는 미국 국립직업안전위생연구소(NIOSH, National Institute for Occupational Safety & Health)와 국립에너지기술연구소(NETL, National Energy Technology Laboratory)가 있다. 모건타운에 사는 한인들은 주로 웨스트버지니아대학 교수, 그리고 두 연구소의 연구원들이다. 그리고 약간의 유학생들이 있다. 그 외에는 외국인들과 결혼해 다민족 가정을 이룬 사람들도 있다.

1979년부터 시작된 교회의 모임은 처음에는 '연합감리교회'에 소속된 교회였다. 1990년대 초반 연합감리교회에서 성도들이 나오게 되면서 얼마 동안 야외에서 예배를 드리게 되었다. 이후 교회 예배당을 찾던 한인 성도들이 현재의 교회(CMA Church of Morgantown)에 정착하게 되고, 한인 총회에 목사님을 요청, 초대 김성화 목사가 1993년부터 사역을 했다.

김성화 목사가 담임으로 교회를 섬긴 19년 동안 교회에는 많은 사람이 거쳐 갔다. 모건타운 한인 교회의 특성 중 하나는 안식년으로 오는 교수, 훈련 및 교육을 받으러 오는 군인, 유학생, 교수로 채용되어 다른 지역의 대학으로 다시 떠나는 사람 등 영구 거주자들보다는 거쳐 가는 사람들이 많다는 것이다.

김성화 목사가 이후 '선교사역'을 감당하기 위해서 교회 사역을 사임하고, 도미니카공화국으로 떠났다. 김준형 목사가 2대 담임으로 부임한 이후 교회에 약간의 어려운 일도 있었지만, 그

2022년 신년예배 후, 코비드19가 한창이라 마스크를 쓰고 있다(오른쪽 끝이 박태석 담임목사)

럼에도 불구하고 3년 동안 교회를 잘 섬겨준 김준형 목사와 성도들이 있었기에 우리 교회는 오늘도 예배를 드리고 있는 것이다.

2016년 3대 박태석 목사가 부임한 이후 특별히 교회와 모건타운에는 음악을 통한 사역이 많이 펼쳐졌다. 우리 교회가 가입된 C&MA 교단은 선교를 중심적으로, 그리고 중점적으로 하는 교단이다. 교회가 존재해야 하는 이유는 이 선교사역을 감당하기 위함이다. 해외선교사역 뿐만이 아니라, 우리 지역의 선교사역을 감당하기 위해서 노력하고 있다. 특별히 박태석 목사가 음악을 전공했기에, 다윗이 물맷돌을 사용하여 거대한 골리앗을 무너뜨린 것처럼 '음악'이 다윗의 물맷돌이 되어 이 지역의 모든 사탄의 세력을 넘어뜨릴 수 있기를 소망하며 사역하고 있다. 가장 중요한 것은, "예수의 이름으로 하라"(골 3:17)는 말씀처럼, 모든 일을 예수님의 이름으로 하려는 신실한 마음으로 사역에 임하고 있다.

우리 교회는 보통 3년이 지나면 교회 인원의 절반 이상이 바뀌는 대학타운에 있기 때문에 플랫폼(platform) 교회를 추구하고 있다. 잘 훈련시켜, 잘 내보내는 프로그램을 통해 선교네트워크를 형성해가는 교회를 추구하고 있다. 그리고 성도들을 '기도 선교사'라는 이름으로 훈련시켜서 파송하고, 자신이 담당해야 할 선교지역을 위해 기도하고, 가능하면 그곳을 방문하고 후원하게 하고 있다. 현재는 약간의 어려움이 있지만, 이제 다시 선교적 교회를 향해 전진하며 계속 나아갈 것이다.

역대 담임목사

1대 김성화 목사(1993-2011), 2대 김준형 목사(2012-2015), 3대 박태석 현 담임목사(2016-현재)

1대 김성화 목사, 2대 김준형 목사, 3대 박태석 목사

Wisconsin

교회 주소: 2020 E. Drexel Ave., Oak Creek, WI 53154
연락처: (414) 856-9456/ Lifecreek.org

라이프크릭교회
Life Creek Church
(창립 연도: 1970년/ 창립 목사: 양치관 목사)

문성호 목사

현 라이프크릭교회 담임
에모리대학 석사
장로회신학대학교(서울) 목회학석사
베일러대학 박사

교회의 시작

라이프크릭교회는 1970년 6월 28일 '밀워키 한인 교회'(Korean Church of Milwaukee)라는 이름으로 시작되었다. 당시 밀워키 지역(1274 N Cass St. Milwaukee, WI 53202)에서, 양치관 목사에 의해서 창립되었다. 인근 도시인 시카고에 거주하고 있었던 양 목사는 1969년부터 1년 동안 시카고 근교 도시들을 순회 방문하고, 교포들을 모아서 함께 예배드렸다. 이 근교 도시들은 일리노이주 워키건(Waukegan), 일리노이주 자이언(Zion), 위스콘신 밀워키(Milwaukee) 등이었는데, 특히 밀워키에서는 밀워키위스콘신대학(University of Wisconsin at Milwaukee)의 유학생이었던 안효근, 공창민을 중심으로 교포들과 함께 예배드렸다. 1970년 당시 밀워키에 거주하던 교포는 150명

교회를 창립한 양치관 목사와 제2대 선우철 담임목사

정도였다고 한다.

창립예배에 참석한 교우들은 모두 여섯 명이었고 같은 해 7월부터는 C&MA(Christian Missionary Alliance) 선교교회 교단 헤크맨(Heckman) 목사의 주선으로 First Alliance Church에서 예배를 드리게 되었다. 1971년 3월 28일 다섯 명의 교우를 첫 집사로 임명하였으며, 그해 7월 4일에는 공동의회를 통해 C&MA 선교교회 헌장을 통과시키고 C&MA 교단에 가입하기로 결의하게 된다.

이후 1973년 양치관 목사의 신병으로 제2대 담임목사인 선우철 목사가 1973년 5월 13일부터 교회를 맡게 되는데 당시 교인은 총 16명이었다. 이후 1977년 10월에 김장환 목사를 초청, 첫 부흥회를 가졌는데, 이때 교우들은 등록세대가 44가정, 장년이 105명, 유년이 56명, 장년 수세자가 28명, 유아세례자가 25명으로, 밀워키 지역의 많은 한인들이 우리 교회를 통해 함께 예배하고 교제할 수 있게 되었다.

교회의 성장

이후 교인 수가 더 늘어나자, 예배당이 협소하고 지역적으로도 밀워키 중앙이 아니었기 때문에, 교우들은 밀워키 중앙 지역에 교회를 세우기 위해 기도했다. 1985년 6월 하나님께서 밀워키 중앙 지역인 73가(N 73rd St.)에 소재한 학교 건물을 허락하셔서, 1985년 6월 2일 입당예배를 드렸다. 이곳에서 20년간 하나님의 은혜 가운데 교회가 부흥 성장했다. 2005년 현재 위치에 교회 건물을 짓고 이사하기까지 우리 교회를 통해 열 명의 목회자들과 선교사들이 배출되었다.

교회의 현재와 미래

라이프크릭교회는 이처럼 밀워키 지역의 최초의 한인 교회로서 초기 이민자들에게 삶과 믿음의 터전이 되었고, 이곳 한인들을 지체로 하는 그리스도의 몸으로 자라왔다.

현재는 전 세계 14명의 선교사님들을 후원하고 있으며, 지역선교를 통해 어려운 이웃들과 도움이 필요한 곳에 하나님의 사랑과 복음을 전하고 있다. 또한 현재는 미국 교회와 아프리카 이민자들로 구성된 교회가 주일에 우리 교회의 소예배실을 빌려 예배드리고 있다.

지난 52년 동안 밀워키 지역에서 한인 동포들과 유학생들에게 복음을 전하고 하나님 나라를 세워가는 사명을 감당했던 우리 교회는, 2005년 지금의 예배당을 건축하고 이름을 '라이프크릭교회'로 개명하면서, 한인들을 위한 교회가 아니라 우리 주위에 있는 타민족들도 감싸 안기 위해 복음을 통해 그들에게 다가가는 교회가 되어야 한다는 꿈을 갖게 되었다. 에스겔서에서 나오는 것처럼, 성전문 밑에서 흘러나온 물이 이르는 곳마다 생명이 살아나고 열매가 넘치게 되었던 것처럼, 우리 교회가 이름 그대로 하나님의 생명과 회복의 물줄기가 되기를 꿈꾸며 기도하고 있다.

라이프크릭교회는 현재 교단에 소속되어 있지 않은 독립교회(Independent Church)지만, 신앙고백과 교회제도는 장로교 전통을 따르고 있다. 우리 교회가 신앙고백과 제도에 있어서 장로교 전통을 따르면서도 교단에 소속되지 않은 독립교회인 이유는, 교단과 제도를 떠나 서로 복음 안에서 하나가 되어 하나님을 함께 예배하며 교회의 참된 사명을 함께 감당하기 위해서이다.

2005년 새 성전 입당예배

2019년 성탄절예배 후 전 교인이 단체 사진을 찍고 있다

역대 담임목사

1대 양치관 목사(1970-1973), 2대 선우철 목사(1973-2000), 3대 양성일 목사(2001-2014), 4대 이범찬 목사(2015-2018), 5대 문성호 현 담임목사(2019-현재)

Wyoming

교회 주소: 3524 Myers Court, Cheyenne, WY 82001
연락처: (307) 637-6737

샤이엔한인장로교회
Cheyenne Korean Presbyterian Church
(창립 연도: 1981년/ 창립 목사: 김성웅 목사)

조윤각 목사

샤이엔한인장로교회 담임
한인포트랜드장로교회 담임 역임
장로회신학대학원 졸업(M.Div.)
캐나다 토론토대학, 녹스대학(Knox College) 신학석사(Th.M.)
보스턴대학교 목회학박사과정 수료

샤이엔 지역의 배경과 교회 역사

와이오밍주의 크기는 영국보다 3%가 더 크다. 영국에는 6천580만 명이 살고 있지만, 와이오밍주에서는 57만8천803명(2021년 통계)이 살고 있다. 와이오밍주 수도인 샤이엔(Cheyenne)은 와이오밍주에서 가장 인구가 많은 도시로서 약 6만5천 명이 살고 있는데, 백인 89.5%, 흑인 2%, 아시안 계 미국인 1.5%이다.

샤이엔은 와이오밍주 남동쪽 끝에 있는데, 남쪽으로는 고속도로 I-25를 통해 100마일을 달려가면 콜로라도주의 덴버, 서쪽으로 고속도로 I-80를 타고 52마일을 달려가면 라래미시에 소재한 와이오밍대학교에 도착한다. 미사일 부대인 프랜시스 E. 워렌 공군기지(Francis E. Warren

현재 교회 예배당 알림판

Air Force Base)와 지역공항이 있으며, 라래미카운티커뮤니티대학(Laramie County Community College)이 있다. 샤이엔에는 또 37마일 길이의 산책로 그린웨이(Greenway)가 있어서 공원들을 이어주고 있다.

한인 공군 가족들이 가끔 교인으로 합류하는데 근무기간 3~4년 동안 함께 신앙생활 하다가 다른 임지로 떠나기 때문에 교회를 떠나곤 한다. 또 와이오밍대학교에 유학 온 한인학생들이 30명이 넘었을 때는 많은 학생이 우리 교회에 다니면서, 예배와 성경공부, 기타 활동 등에 참여하여 활기를 북돋아주기도 했다. 그래서 우리 교회는 머물다 돌아간 군인 가족이나 유학생들이 많다. 지금은 그 발걸음이 뜸해졌다. 성도의 자녀들이 성장함에 따라, 대도시로 공부하러 떠나거나, 대도시에서 직장생활을 하거나 결혼하여 정착하는 이들이 많아, 젊은이들이 줄어들고 있으니 이 또한 기도제목이기도 하다.

우리 교회의 뼈대는 이 지역에서 오랜 세월 정착한 교포들이다. 이들은 주로 모텔 사업을 하거나, 식당을 운영하거나, 미용실에서 일하거나, 웨딩드레스샵을 운영하거나, 은퇴한 사람들이다. 주님과 교회를 사랑하며 열심히 신앙생활하고, 구제와 선교에도 힘쓰고 있다. 20여 년 전에, 교회의 일부 성도들이 우리 교회에서 나가, 샤이엔주님의교회를 설립하여 현재 샤이엔 지역, 아니 와이오밍주에는 2개의 한인 교회가 존립하고 있다.

샤이엔한인장로교회는 1981년 10월 15일 김성웅 목사의 인도로 처음 예배를 드림으로 교회가 시작되었다. 당시 예배 처소로는 미국 장로교에 속한 하일랜드장로교회(Highlands Presbyterian Church, Cheyenne, WY)를 사용했다. 미국 교회인 하일랜드교회 당회는 10월 19일 김성웅 목사를 텐트메이커(tentmaker, 다른 직업을 하면서 동시에 목회하는) 협동목사로 받아들이기로 결의했다. 당시 우리 교회는 하일랜드장로교회 내 한인 사역부였다.

김성웅 목사는 부임 2년 만인 1983년 10월 15일 취임했으며 1986년 4월 10일 사임했다. 그리고 5월 1일 허인회 목사가 2대 담임목사로 부임, 1990년 4월 30일까지 사역했다. 우리 교회는 1990년 9월 예배 처소를 미국 감리교회로 옮겼으며 이 교회를 사용하고 있을 때 독립교회로 출발했다.

1990년 12월 2일 현경봉 목사가 3대 담임목사로 부임했다. 1991년 2월 10일 여선교회를 조직했으며 같은 해 4월 21일 피터 펀치 박사(Dr. Peter B. Funch), 김선배 목사, 그리고 정종관 목사가 내방, 교회 운영위원들을 임명함으로 조직교회로서의 모습을 갖춰 나가게 되었다. 이때 임명된 운영위원은 홍완표, 안순도, 윤연하, 박상철, 허안자, 김옥회, 김명자, 하연정 씨였다.

1992년 5월 21-24일에 허봉랑 전도사를 강사로 초청한 가운데 부흥성회를 개최했다. 1993년 3월 10일 그동안 빌려서 사용하고 있었던 미국 감리교회의 예배당을 매입했으며 5월 9일 주일학교를 개강했다. 또한 이듬해인 1994년 2월 13일 성가대가 조직되었다. 1994년 5월 19-22일, 그리고 9월 29일-10월 2일에 최창욱 목사를 강사로 초빙, 두 차례 부흥성회를 개최했다. 1995년 4월 23일 콜로라도스프링스한인장로교회 성가대를 초청해 "찬양의 밤"을 가졌다. 그리고 같은 해 5월 18-21일에 강계찬 목사를 강사로 모신 가운데 부흥성회를 개최했다.

1996년 7월 28일 현경봉 목사가 은퇴했다. 1996년 8월 4일 4대 담임 박성식 전도사가 부임했다. 박성식 전도사는 이듬해인 1997년 3월 2일 목사안수를 받았다. 안수식은 오드리 웰즈 노회장의 인도로 열렸으며, 미국 장로교 총회 카운슬(Council) 의장인 조영일 장로가 축사했다. 1997년 11월 19-22일에 "하나님 중심으로 살자"라는 주제로 부흥성회를 실시, 임형태 목사가 강사로 참여해 도전과 은혜의 말씀을 전했다.

1998년 9월 13일 드디어 미국 장로교 내 조직교회로 정식으로 출범하게 되었다. 3명의 장로(안순도, 허안자, 서영미), 6명의 집사(남복성, 박귀화, 윤영숙, 장정숙, 문은조, 옥순영)가 선출, 안수 임직되었다. 2000년 9월 24일 박성식 목사가 사임했다.

2001년 5월 27일 5대 담임 허태경 전도사가 취임했으며 10월 25일 목사안수를 받았다. 2001년 11월 30일-12월 2일까지 열린 선교부흥회에서는 이상길 선교사(모스크바 선교사역)가 말씀을 전해주었다.

2003년 3월 허태경 목사가 사임하고, 4월 12일 장석현 목사가 6대 담임목사로 부임했다.

2006년 10월 13-15일까지 창립 25주년 심령대부흥회를 열었으며 최성칠 목사가 강사로 나서 은혜의 말씀을 전했다. 2006년 10월 22일 장석현 목사가 사임했다.

2007년 6월 15일 현재 담임인

2003년 크리스마스주일 전 교인들이 기념 사진을 찍고 있다

조윤각 목사가 7대 담임으로 부임했다. 우리 교회는 교인들의 친교를 위해 남선교회 주최로 2007년 7월 1-3일까지 캠핑을 실시했다. 2007년 9월 14-16일까지 심관식 목사(시애틀한인형제교회 원로)를 강사로 초청한 가운데 부흥사경회를 개최했다.

2007년 9월 16일 조윤각 담임목사 취임예배 및 박귀화 집사, 윤영숙 집사의 권사취임 감사예배를 드렸다. 이때 설교는 심관식 목사, 당회장 임직예배는 리 위켈(Lee Wickel) 노회장이 인도했다. 2007년 10월부터 3구역으로 나누고, 매월 1회 구역예배를 드렸으며, 10월 26일 라래미에서 대학생 성경공부를, 그리고 12월 2일 크로스웨이 성경대학을 시작했다.

2008년 8월 18-20일까지 김기홍 장군(장로) 간증 부흥성회를 개최했다. 2009년 2월 15일 심상대 목사(토론토 부활의교회 원로목사)를 강사로 모시고 제직(청지기)세미나를, 10월 15-18일에는 조성걸 목사를 강사로 초청한 가운데 부흥사경회를 개최했다. 2010년 7월 18일 중고등부 과외활동으로 그랜도에 가서 낚시대회를 했다. 2011년 4월 10일 성경읽기 교재 '구슬꿰기'를 시작했다.

2019년 9월 29일 옛 교회 간판을 새것으로 바꿨다. 2021년 3월 14일엔 기록적인 폭설과 눈보라로 인해 주일예배를 드리지 못했다. 10월 3일 세계성찬주일예배를 드리고, 평화와 세계 복음화를 위한 헌금을 드렸다.

2020년 3월 1일 세계적으로 퍼지는 코로나바이러스 재앙에 대하여 우리 자신과 세계인들의 영적인 각성과 회개, 하나님의 치유 역사와 수고하는 의료진들, 환자들의 회복, 예방제와 치료제의 개발을 위하여 중보기도를 시작했다. 또한 코로나 사태 속에서 교인들의 안전과 예방적인 조치로서, 3월 15일부터 예배 후 친교식사와 구역예배를 비롯한 소모임을 당분간 갖지 않기로 했다. 3월 22일부터 당분간 주일예배는 1부 10시 30분, 2부 정오 12시에 나누어 드리기로 했다. 5월 8일 예정되었던 샤이엔 지역 구제품 기증의 날(Day of Giving)은 코로나 사태로 연기되었다.

연방정부와 와이오밍 주지사의 권고로 2020년 4월 30일까지, 새벽 기도회와 수요예배를 취소했는데, 이 일은 5월 15일까지 연기되었다. 5월 17일 와이오밍 주지사가 사회적 거리두기, 마스크 착용, 손 세척제 사용 등 안전수칙을 지킨다면 교회도 모임을 가질 수 있다고 허락함에 따라, 주일예배를 정오 12시에 한 번만 드리도록 조치했다. 6월부터 수요예배와 새벽기도회를 다시 시작했다. 6월 21일에는 안전을 고려한 성찬예배를 드렸다. 10월 4일에 세계성찬주일예배를 드리고, 평화 조성 헌금을 드렸는데, 이를 연례적으로 드리기로 했다.

선교 및 구제 활동과 커뮤니티 봉사활동

2010년 2월 7일 아이티 지진 피해자를 돕기 위한 구제헌금, 2011년 4월 17일 일본 지진 피해자를 돕기 위한 구제헌금을 드렸다. 2011년 5월 13일에 열린 샤이엔 지역 구제품 기증의 날(Day of Giving) 행사에 참여했다. 이날 이후, 매년 연례적으로 이 행사에 참여했다. 2013년 3월 29일 수난절 금요예배 때 모금된 헌금은 구제헌금으로 보냈으며

2015년에 열린 장로 집사 안수식 후 임직자들과 조윤각 담임목사(중앙)가 함께 사진을 찍고 있다

연례적으로 구제헌금으로 보내게 되었다. 2014년 5월 11일 세월호 구제헌금을 보냈다. 2018년 5월 13일 당회에서는 지역 구제사역을 확장하여 실시하기로 했다.

2018년 5월 20일 오순절(성령강림)주일 오순절 헌금을 드렸는데 이 헌금은 어린이와 청년들 전도 및 사역, 그리고 세이프하우스(Safe House)의 가정폭력 피해 여성과 어린이를 위한 구제사역, 보이즈앤걸스클럽(Boys & Girls Club)의 6-18세의 가난한 가정의 자녀를 돕는 사역에 사용되었다. 2019년 12월 29일 세이프하우스, 보이즈앤걸스클럽에 더하여 부모나 보호자가 없는 학생들(16-20세)을 돕는 Unaccompanied Students Initiative 사역에 참여했다. 2020년 3월 22일과 11월 30일 세이프하우스에서 요청한 물품을 구입하여 전달했다. 그리고 12월 22일 부모나 보호자가 없는 학생 돕기운동(Unaccompanied Students Initiative)에 동참, 성탄 선물을 보냈다.

2021년 4월 11일에도 지하수 암반 우물파기 선교비 1만5천 달러를 미국 장로교 총회 선교부에 보냈다. 아프리카의 남수단과 나이지리아에서 우물파기가 시행될 예정이다.

2008년 1월 한글학교를 개강했다. 우리 교회는 와이오밍대학교(University of Wyoming)에 다니는 한국 학생들을 위한 행사를 많이 했는데 2009년 1월 24일 한국 학생들을 위한 설 행사를 열었다. 그리고 이듬해인 2010년 2월 14일에는 한국 학생들과 교수님들을 초청해서 함께 구정 행사(떡국 잔치와 윷놀이)를 가졌다. 또한 2010년 8월 29일에는 이 대학교 한인 신입생들 중 우리 교우들을 환영하는 시간을 가졌다.

2014년 4월 20일 우리 교회에서 와이오밍주에서 순회영사 서비스를 실시했다. 이후 몇 차례 더 우리 교회에서 순회영사 업무가 실시되었다. 2017년 4월 29일 샤이엔문화축제(Cheyenne

Culture Festival)에 참여, 시민들에게 한국 문화와 관련된 것들을 전시하고, 한국 음식들을 맛보게 했다. 그리고 9월 25일 제15차 샤이엔 지역 구제품 기증의 날(Day of Giving)에 참여했다.

역대 담임목사

1대 김성웅 목사, 2대 허인회 목사, 3대 현경봉 목사, 4대 박성식 목사, 5대 허태경 목사, 6대 장석현 목사, 7대 조윤각 현 담임목사

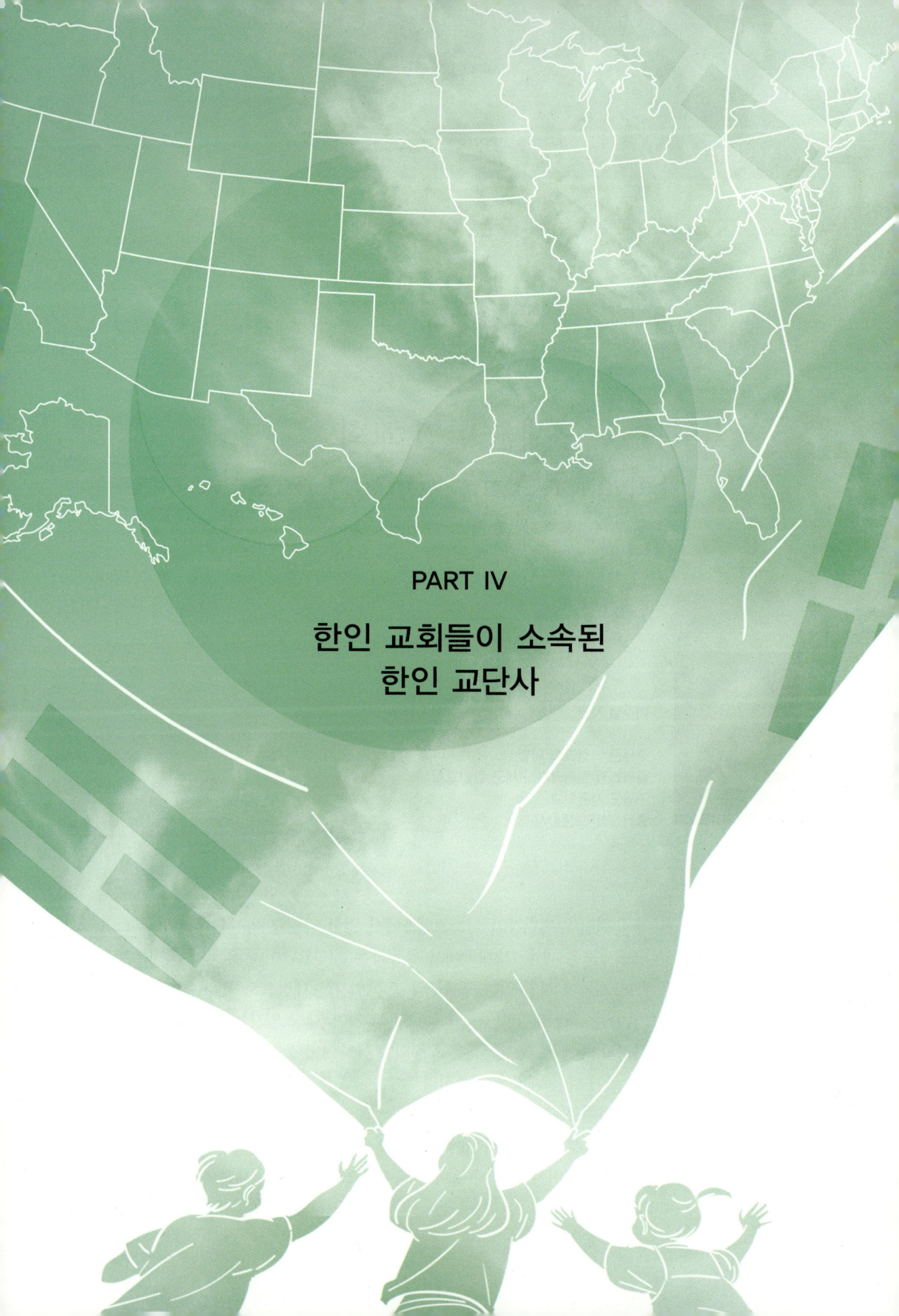

PART IV

한인 교회들이 소속된
한인 교단사

구세군 한인 교회
Salvation Army Korean Corps
(창립 연도: 1978년)

이주철 사관

구세군 나성교회 담임
알라스카 앵커리지 구세군 한인교회
구세군 사관학교
풀러신학대학원(MAIS)

    구세군은 1865년 영국 런던의 빈민가인 이스트엔드에서 영국 감리교 목사인 윌리엄 부스에 의해서 시작되었다. 구세군은 세계 132개국에서 활동하는 개신교단이며, 영국에 국제본부를 두고 있다. 전 세계 132개국에 퍼져 있는 구세군의 총 책임자는 대장으로 불리는데 현재는 2018년도에 선출된 브라이언 피델 대장(General Brian Peddle)이며, 대장 임기는 은퇴 연령인 65세까지로, 각 나라의 사령관 중에서 후보를 세우고 총회를 통하여 선출하는 방법을 사용한다. 대장이 은퇴하면 총회를 열어 다음 대장을 선출한다.
    구세군의 조직은 각 나라별로 군국(Territories)이 존재하고 군국을 책임지는 군국 사령관이 존재한다. 국제 구세군은 5개 부(Zone)로 나뉘어 운영되고 있다. 한국에서는 일찍이 1908년에 영국인 로버트 호가드가 일본을 거쳐 한국에 들어와 사령관으로 부임해 구세군이 시작되었으며, 2022년 현재 220여 개 교회와 220여 개 사회복지 시설을 운영 중이다. 현재 한국 구세군 총본부는 구세군 대한본영이라고 하고 그 최고 책임자는 미 서군국 출신인 장만희 사령관이다(2020년 임명-현재).

상항구세군교회(현재는 구세군 올네이션스교회로 이름을 바꾸었다)

이민 교회의 시작은 이민자들 또는 교단의 목사들에 의해서 시작되었지만 다른 교단과 달리 미주 내 구세군 한인 교회는 미국 구세군에 의해서 시작되었다. 미주 내 최초의 한인 교회는 LA 한인타운에 위치한 구세군 나성한인교회이다. 구세군 나성한인교회의 시작은 1978년 8월 서울 후생학원(고아원) 악대가 나성을 방문, 공연하던 중 한인 예배를 요청하면서 당시 성결교단의 오영석 목사 및 전직 사관 임호성 특무, 노광우 특무로 개척 사역이 이어졌다.

처음 한인들이 모인 장소는 다운타운에 위치한 웨스트 9가(860 West 9th St., Los Angeles, CA 90015, Congress Hall Corps)로, 당시에도 100년이 넘은 역사가 오래된 구세군 건물에서 시작했다. 남가주 지방의 본부 건물이 옆에 있었는데 두 건물 모두 2021년에 매각되어 이제는 역사 속으로 사라졌다.

구세군 나성한인교회는 1978년 8월 27일 개척예배를 드렸는데, '나성한인사역부'(Los Angeles Congress Hall Corps-Korean Ministry)라는 이름으로 시작했다. 개척 당시 사역자는 오영석 목사, 임호성 특무, 노광우 특무였다. 이렇게 한인들이 모여서 예배를 드리고 있는 가운데 이들을 인도할 한인 구세군 사관이 없으므로, 미국 남가주 지방은 한국 군국에 한인 사관을 요청했다. 그러자 한국 구세군에서 1980년 11월 김민제, 김연숙 사관을 파송했다.

2014년 5월 13-16일 제10회 한인사역협의회 및 제1차 구세군 한인성장대회가 캘리포니아 롱비치에서 열렸다

한국에서 구세군 사관이 부임한 후, 한인사역부는 정식으로 '구세군 나성한인교회'라는 명

칭으로 창립하게 되는데 그때가 1981년 1월 25일이며, 올해 2022년은 창립 41주년이 되는 해다. 한인 이민 교회로서 1호인 구세군 나성한인교회를 시작으로 미 전역에서 개척을 위해서 노력하는 한편 미국 구세군 사관학교에 있는 한인 후보생들을 발굴하거나 한인이 입학하기 시작했다.

처음 나성교회가 세워지고 41년이 지난 현재 캐나다에 2개, 미주에 20여 개 한인 교회, 그리고 다수의 미국 교회, 사관학교, 본부, 마약 갱생원과 같은 시설에서 사역하는 한인 사관들을 포함하여 120여 명이 사관으로 사역하고 있다.

미주에서 개척된 구세군 한인 교회의 창립 역사

1978년부터 1990년까지

구세군 나성교회(1978. 8. 27), 워싱톤 한인교회(1985. 2. 10), 뉴욕 한인교회(1986. 6. 1), 토론토 한인교회(1986. 6), 샌프란시스코 한인교회(1988. 7. 24)가 있으며 구세군 샌프란시스코 한인교회는 1998년에 현재의 교회로 이전하고, 2012년 창립 24주년을 맞이하여 교회 이름을 '구세군올네이션스교회'(All Nations Church)로 변경했다. 오클랜드 한인교회(1988. 8), 시카고 메이페어 한인교회(1988. 12. 4)가 세워졌다.

1992년부터 1999년까지

뉴저지 잉글우드한인교회(1992. 11. 15), 라스베가스 주님의교회(1994. 6. 19), 알라스카 앵커리지 한인교회(1995. 1. 8), 애틀랜타 다민족교회(1995. 4. 5), 새크라멘토 한인교회(1995. 5. 22), 필라델피아 한인교회(1997. 3. 2), 밴쿠버 한인교회(1997. 6), 피닉스 사랑의교회(1997. 9. 1)

2000년 이후

투산 한인교회(2000. 9. 23), 휴스턴 다민족교회 개척(2002. 6), 서니베일 은혜한인교회(2002. 7), 커너스빌 한인교회(2005. 7), 로렌스빌 한인교회(2005. 8. 7), 트라이시티 한인교회(2007. 7), 터스틴 랜치 한인교회(2007. 10), 벧엘 한인교회 개척(2012. 1. 8) 등이다.

한편 터스틴랜치, 오클랜드 구세군교회는 사관이 은퇴한 후 문을 닫았으며, 옥스나드, 하와이, 시애틀 등 여러 한인 교회들도 개척되었다가 수년이 지난 후 문을 닫은 기록이 있다.

한인사역협의회 및 구세군 한인성장대회

미주 지역은 동서남북 4개의 군국(Territories)으로 구성되어 있는데, 목회자들만의 모임인 한인사역협의회는 3년에 한 번씩 3박4일, 혹은 4박5일 동안 열린다. 한인사역협의회 전국 모임은 4개 지역 군국이 돌아가면서 주최하고 있는데, LA 등 서부 지역은 서군국, 뉴욕 지역은 동군국, 애틀랜타 지역은 남군국, 시카고 지역은 북(중앙)군국이다.

한인사역협의회가 열린 중요한 대회는 다음과 같다.

제1회는 한인사역협의회 1987년 3월 24-26일 뉴욕본부, 제2회는 1990년 11월 5-9일 캘리포니아 샌페드로, 제8회 미주 및 1차 국제한인사역협의회는 2008년 9월 30일-10월 3일 한국의 구세군사관학교에서 개최되었다. 제10회는 2014년 5월 13-16일 캘리포니아 롱비치 마야호텔에서 개최되었는데, 이 모임에서 제1차 구세군 한인성장대회도 함께 열렸다.

2018년 12월 16일 연말을 맞아 한 한인 가족이 김스전기 앞 자선냄비에 이웃을 위한 온정을 전하고 있다 (사진: 미주한국일보)

한인성장대회는 목회자만이 아니라 평신자 지도자들도 함께 모인다. 이 대회에서 목회자들은 평신도 지도자들에게 구세군 한인교회가 얼마나 성장했는지를 알리고, 사역의 성과에 관한 간증을 나누는 한편 또 어느 지역에 한인 교회를 개척할지 함께 논의하고 이를 결의문으로 만들어서 본부에 제출한다. 본부에서는 이를 검토하고, 개척교회에 관한 내용을 결정하면 예산을 지원해준다.

구세군 자선냄비와 그밖의 사회봉사 활동

구세군의 사회봉사 활동으로 가장 널리 알려진 것이 구세군 자선냄비를 통한 모금 활동과 기부이다. 자선냄비는 미국 샌프란시스코에서 시작되었는데 모금함이 냄비인 이유는 1891년 샌프란시스코에서 한 여객선이 표류하는 사고가 발생해서 1천 명 가량의 난민이 발생, 이들을 구제하기 위해 "이 냄비를 끓게 합시다!"라는 구호를 내걸고 수프 끓이는 큰 냄비에 기부를 받은 것이 시초라고 한다.

한국에서는 1928년 12월 15일 박준섭 사령관에 의해, 미주 지역에서는 나성한인교회가 창립된 해인 1978년부터 시작되었다. 코로나19로 경기가 위축되었던 2020년에는 다소 감소세를 보였지만, 2020년에는 총 5만2천 달러를 모금한 것으로 알려졌다.

한편 구세군 나성교회는 "코로나 극복을 위한 사랑 나누기"라는 이름의 구제활동을 지난 2020년부터 계속하고 있는데, 제3차 행사가 2022년 2월 11일 오전 10시에 열렸다. 이날 아침 오전 7시부터 사람들이 구세군 나성교회 앞에 줄을 서기 시작했는데, 구세군 관계자는 "이날 행사에 참여한 사람들은 미리 등록한 260명을 포함 300명 정도 된다"며, "이들에게 15파운드 쌀 1포, KN95 마스크 40장, 어린이용 마스크 24개(필요한 가정에게만 제공), 패션 마스크 10장, 손세정제(스프레이) 1박스(20개), 어른용 퍼즐 1개를 전달했다"고 밝혔다.

국제포스퀘어복음교회(ICFG) 한인교구
International Church of the Foursquare Gospel

(창립 연도: 1980년/ 초대 한인교구 감독: 정영삼 목사)

육기드온 목사

소금과빛교회 담임
현재 포스퀘어 미주 한인 대표
라이프퍼시픽대학(성경학 전공/ B.A.)
풀러신학대학원(M.Div.)

국제포스퀘어복음교회의 시작

국제포스퀘어복음교회(ICFG: The International Church of the Foursquare Gospel)는 하나님의 아들 예수 그리스도의 중요한 사역과 역할을 다음의 네 가지로 정리하고 있다. 그것은 첫째, 죄인들을 죄와 죽음에서 구원하시는 구원자, 둘째, 믿는 자들에게 성령으로 세례를 주시는 성령 세례자, 셋째, 영육 간에 약한 자들을 치유하시는 치유자, 넷째, 이 세상을 심판하시고 다스리실 곧 오실 왕이다.

'포스퀘어복음'(Foursquare Gospel)이라는 용어는 20세기 초 유명한 부흥사요, 포스퀘어 교단 설립자인 에이미 셈플 맥퍼슨(Aimee Semple McPherson) 목사가 1922년 캘리포니아 오클랜드에서 수천 명의 청중을 상대로 부흥집회를 인도할 때 임한 성령의 감동에서 나온 용어로, 에스겔 1장에 기록된 에스겔의 환상을 통해 하나님께서 그녀에게 준 환상에서 비롯되었다. 그것은 몸과 혼과 영과 영원을 위한 완전하고 온전한 복음이며 모든 면에 반듯하게 균형(square)을 이루어 성립되었고, 영원히 지속되고 있는 그리스도의 네 가지 중요 사역을 의미한다.

에이미 셈플 맥퍼슨(Aimee Semple McPherson) 목사는 17세에 깊은 신앙적 회심을 경험하고 그 후 여러 가지 극적인 삶을 경험한 후, 소명을 받고 전국을 다니며 부흥회를 인도하기 시작했다. 그러던 중 1918년 그녀는 캘리포니아 LA에 본부를 세우고, 1923년에는 다운타운이 훤히 보이는 에코팍(Echo Park) 호수 북편에 마치 도심을 향해 선포하듯 스피커 모양의 5천300명 좌석을 가진 앤젤러스템플교회(Angelus Temple)을 헌당했다. 그리고 이곳에서 하루에 세 번씩 일주일 동안 계속해서 집회를 개최했다.

이곳은 많은 사역자의 영적 고향이 되었는데, 포스퀘어복음을 가르치는 사역의 기초를 확장하려는 염원에 따라 선교사들을 파송하고 후원하는 교회 조직이 생겨났다. 국제포스퀘어복음교회의 어머니 교회인 앤젤러스템플교회는 대규모 사회봉사를 펼쳐왔는데, 대공황 때는 150만여 명에게 식사를 제공했다. 구제품을 나누어주며 지역사회를 섬기는 이러한 사역은 LA 시의 구제활동보다 더 신뢰할 만한 것이었다고 한다. 또한 목회자와 사역자 양성을 위해 앤젤러스템플교회 내에 라이프성경학교(LIFE Bible College)가 설립되고, 이 교회가 모교회가 되어 국제포스퀘어복음교회라고 불리는 교단이 창설된다.

1970년대에는 여러 명의 포스퀘어 목사들이 폭발적인 성장과 영적 대각성 사역을 시작했다. 이것은 순수한 포스퀘어운동에 강한 도전을 주었는데, 그들은 캘리포니아의 처치온더웨이(Church on the Way)의 잭 헤이포드(Jack Hayford) 목사, 오리건 유진의 로이 힉스 주니어(Roy Hicks Jr.) 목사, 오리건 비버톤의 로널드 D. 멜(Ron Mehl) 목사 등이며, 교단 신학교를 졸업하고 포스퀘어 목사로 사역을 시작했던 갈보리채플의 척 스미스(Chuck Smith) 목사나 하와이 뉴호프교회(New Hope Chapel)의 웨인 코르데이루(Wayne Cordeiro) 목사도 이 영적 각성운동의 파도를 타고, 기록적인 교회성장을 경험했다.

포스퀘어교회는 '변형된 감독제'(Modified Episcopal)를 가지고 있다. 이 구조형태는 개교회 회중들과 교단의 지도자 사이에 든든하고 균형 있는 유지 관계를 마련해 주기 위한 것이다. 이 균형은 개교회 목회자가 재정적 걱정은 최소화할 수 있도록 도와주면서도, 직무에 관련된 문제들에 대해서는 최대한의 조언과 돌봄을 받게 한다. 이러한 구조는 각 개교회에 건실함과 힘을 더해 주고 있다.

2021년 현재 국제포스퀘어교회는 전 세계적으로 150개국, 6만7천500개 교회에서 10만여 명

2006년 8월 28-30일에 열린 목회자 수련회(포스퀘어교회 한인교구의 초창기 모습)

의 목회자와 사역자들이 8백80만 명의 교인을 섬기고 있다. 현재 미국에는 약 2천 개 교회가 있으며, 행정적으로 6개 교구(District)로 나뉘어져 있다.

　LA 근교인 샌디마스 지역에 교단 신학교인 100년 전통의 라이프퍼시픽대학(LIFE Pacific University, www.lifepacific.edu)이 있으며 국제포스퀘어선교부(FMI: Foursquare Missions International, www.foursquaremissions.org)는 현재 147개국의 10만 개 지역교회들과 연결되어 선교사역을 진행하고 있다. 또한 포스퀘어교회는 전국복음주의연합회, 미국성서공회, 북미오순절 및 카리스마교회연합, 세계오순절협의회, 그리고 복음주의선교협력기관 등과의 사역에 적극적으로 참여하고 있다.

한인교구의 시작

미국에 있는 첫 포스퀘어 한인 교회는 1980년 초 LA 인근 사우스베이 (Southbay) 지역에 설립되었다. 그 후 2002년 11월 교단의 다교구화 (Multi-district) 일환으로 한인 교구(Korean District)가 설립되었으며 초대 한인 교구 감독으로 가디나 지역에서 온누리교회를 개척, 담임하던 정영삼 목사 (2003-2006년)가 취임해서 한인 목회자들의 영입과 교회 개척, 그리고 정착시키는 일에 심혈을 기울여 기틀을 마련했다.

정영삼 목사

2006년에는 교단 신학교 출신으로 교단신학과 정책에 밝은 1.5세 목회자인 육기드온 목사가 2대 한인교구 감독으로 취임하여 교육과 돌봄을 통해서 포스퀘어 한인 목회자들을 섬겼다(2006-2009년). 그 후 교단의 정책이 대교구화로 변경되며, 한인교구가 한인지구(Area)로 격하되었지만, 영향력은 전 미주 지역으로 확장되어, 육 목사는 현재 미국 포스퀘어교회 한인 대표로서 한인 교회와 목회자들을 돌보며 계속해서 섬기고 있다.

국제포스퀘어교회는 2023년 1월이 되면 100주년을 맞이한다. 그러나 역사가 짧은 한인교구는 2022년에 20주년을 맞았다. 현재 한인 교회 숫자는 15개이며 교단 소속 한인목회자(Licensed Ministers)는 약 25명이다.

한인포스퀘어교회연합회의 주요활동과 사역

한인포스퀘어교회 2018 컨퍼런스

남가주한인포스퀘어교회연합회가 주관한 "한인포스퀘어교회 2018컨퍼런스"가 2018년 2월 17일(토) 오후 4-9시에 더락(The Rock) 한인교회(박정기 담임목사)에서 열렸다. 정범수 목사(새소망교회)의 사회와 빛나는교회 찬양팀의 찬양인도로 시작된 저녁 컨퍼런스에서는 제리 디어맨 (Jerry Dirmann) 목사(더락교회 공동 담임)가 환영사를, 킴벌리 디어맨(Kimberly Dirmann) 목사(더락교회 공동 담임)가 말씀을 전했다.

한편 이날 첫 번째 낮 강의는 정범수 목사가 "칠복"(계 1:1-3)이라는 제목으로 말씀을 전했고 두 번째 낮 강의는 박정기 목사가 "견고한 삶 세우기"라는 제목으로 강의했다.

2020년 2월 3일에 목회자수련회가 열렸다

2020년 동영상 성탄절예배

2020년 연말 포스퀘어 한인교회 목회자들은 코비드19 팬데믹으로 함께 모여서 서로를 축복하고 위로를 나누지는 못하지만 온라인 예배를 통하여 함께 찬양하고 말씀으로 위로받기 위해서 동영상을 제작했다. 12월 18일에 드린 성탄절예배에서 포스퀘어 교단이 강조하는 예수님의 4대 사역을 근간으로 네 명의 목사들이 말씀을 전했다. 정범수 목사(새소망교회)가 "예수님은 구원자", 서순형 목사(빛나는교회)가 "예수님은 성령으로 세례를 베풀어주시는 분", 김송국 목사(새생명한인교회)가 "예수님은 치료자", 육기드온 목사(소금과빛교회)가 "예수님은 곧 다시 오실 왕"이라는 제목의 성탄 메시지를 전하고, 이 말씀을 통해서 곧 오실 예수님에 대한 우리의 소망과 감격이 넘치기를 기원했다.

기독교대한감리회(KMC) 미주 자치연회
The Korean Methodist Church of The Americas

(창립 연도: 1986년/ 초대 관리자: 조창오 목사)

지성은 목사

새생명교회 담임
밸리연합감리교회 부목사 역임
감리교신학대학과 신학대학원 졸업
에즈베리신학대학원 졸업

기독교대한감리회의 미국 교단 역사는 1980년대 한인들의 디아스포라와 밀접한 관련이 있다. 기독교대한감리회는 해외에 있는 한인 교회들을 국외 선교연회로 조직했는데, 최초의 해외지방은 1986년 12월 11일 한국총회의 실행부위원회가 인준한 독일선교지방으로, 이로써 국외 선교연회가 태동하게 되었다. 참고로 기독교대한감리회 교단은 5개 조직으로 구성되는데, 개교회는 당회(교인총회)와 구역회(임원회), 15-20

미주 선교연회 초대 관리자 조창오 목사   한기형 초대 감독

개의 교회가 지방회(장로교의 노회)를 구성하며, 행정구역과 지역으로 연회를 구성한다. 그리고

모든 법과 행정의 최고의결기구는 2년마다 열리는 한국의 총회이다.

역사적 사실만을 근거로 기독교대한감리회 미주 자치연회의 역사를 정리하였는데, 이는 역사적 의미나 평가가 관점에 따라 다를 수 있다는 점을 감안해서이다. 미주의 기독교대한감리회는 국외 선교연회로 시작해서 미주 선교연회, 미주 특별연회 그리고 현재 미주 자치연회라는 이름으로 운영되고 있다.

기독교대한감리회 국외선교연회 조직연회가 창천교회에서 1993년 4월1일부터 2일까지 개최됐다

국외 선교연회

1992년 10월 30일 기독교대한감리회 총회는 국외 선교연회 조직을 결성하기로 결의하였으며, 감독회에서 경기연회 최기순 감독을 국외 선교연회 관리감독으로 선임했다. 1993년 3월 30일-4월 1일 제4회 경기연회에서 미서부지방, 미중부지방, 미서북부지방, 남미지방, 태평양지방을 영입하였고, 4월 1-2일 역사적인 제1회 국외 선교연회(조직 연회)가 개최되었다. 각 연회에 소속된 국외 지방들을 국외 선교연회로 일괄 이관하여 유럽선교지방, 뉴욕지방, 캐나다지방, 미서부지방, 미서북부지방, 미중부지방, 남미지방, 태평양지방, 동남아지방 총 9개 지방이 서울 창천교회에서 모여 표용은 감독회장의 개회 선언과 최기순 관리감독의 사회로 국외 선교연회가 개최

되었다.

1994년 4월 5-6일 제2회 국외 선교연회가 LA에 있는 나성한인교회에서 최기순 관리감독의 사회로 개최되었는데, 원통선교지방과 원주민교회로 구성된 방글라데시 임주민지방 조직을 인준했다. 1995년 4월 26-27일 제3회 국외 선교연회가 캐나다광림교회에서 백문현 감독의 사회로 개최되었다. 이 연회에서 당시 뉴욕지방이 미동부선교지방과 미중북부선교지방으로 분할되고, 남태평양지방이 태평양지방에서 분할되어 13개 지방이 되었다.

1996년 4월 9-11일 제4회 국외 선교연회가 뉴욕세계선교교회에서 백문현 감독의 사회로 개최되었으며, 당시 아프리카지방 조직을 인준했다. 1997년 4월 24-25일 제5회 국외 선교연회가 서울 경신교회에서 김영수 감독의 사회로 개최되었다. 당시 미서부지방이 LA지방과 미서남부지방으로 분할되고, 캄보디아지방 조직을 인준하여 16개 지방이 되었다.

1998년 4월 15-17일 제6회 국외 선교연회가 LA 남가주빌라델비아교회(미서남부지방)에서 김영수 감독의 사회로 개최되었는데, 당시 모스크바지방, 태국선교지방 조직을 인준하여 18개 지방이 되었다. 1999년 4월 14-15일 제7회 국외 선교연회가 서울 창천교회에서 박만용 감독의 사회로 개최되었다.

미주 선교연회

1999년 10월 28-30일 정동교회에서 개최한 정기 입법의회에서 국외 선교연회가 미주 지역의 지방으로 구성하여 '미주 선교연회'로 개명되고, 미주 선교연회에 소속되지 않은 5개 지방(유럽, 남태평양, 태평양, 원동, 방글라데시)은 국내의 연회로 소속되었다.

2000년 4월 5-6일 제8회 미주 선교연회(제1회)가 미중부지방 피닉스한인교회에서 박만용 감독의 사회로 개최되었는데, 4월 6일에 열린 실행부 회의에서 조창오 목사가 미주 선교연회 총무로 선출되었다.

2001년 4월 4-5일 제9회 미주 선교연회(제2회)가 캐나다광림교회에서 박상혁 감독의 사회로 열렸으며, 2002년 4월 17-18일 제10회 미주 선교연회(제3회)가 워싱턴 DC의 크리스천휄로우쉽교회에서 박상혁 감독의 사회로 개최되었다.

2003년 4월 23-24일 제11회 미주 선교연회(제4회)가 LA의 나성동산교회에서 한정호 감독의 사회로 개최되었는데, 국외 선교연회로부터의 역사성을 승계하기 위하여 2003년의 제4회 미주 선교연회를 제11회 미주 선교연회로 바꾸는 동의안을 만장일치로 가결했다.

2004년 4월 21일 제12회 미주 선교연회(제5회)가 남가주빌라델비아교회에서 한정호 감독의 사회로 개최되었다. 또한 제12회 미주 선교연회를 통하여 기독교대한감리회 역사상 최초로 영어권 사역자들을 위한 '2세 목회자 위원회'(Emerging Ministry Committee)가 조직되었다.

2004년 4월 30일 김진호 감독회장에 위해 조창오 목사가 미주 선교연회 관리자로 임명되었으며, 2005년 4월 27-28일 제13회 미주 선교연회(제6회)가 인천 숭의교회에서 신경하 감독회장의 사회로 개최되었다.

미주 특별연회

2005년 10월 25일 제26회 입법의회를 통하여 미주 선교연회가 정연회로 승격되면서 명칭을 '미주 특별연회'로 변경했으며, 2006년 5월 10-11일 제14회 미주 특별연회(제1회)가 하시엔다교회에서 신경하 감독회장의 사회로 개최되었다.

2007년 5월 2-3일 제15회 미주 특별연회(제2회)가 나성동산교회에서 신경하 감독회장의 사회로 개최되었다. 같은 해 10월 제27차 총회에서 미주 특별연회가 정연회가 됨으로써, 연회의 감독을 선출할 수 있으며, 감독에 의해 목사안수 및 행정을 독자적으로 운영할 수 있게 되었다.

2008년 5월 6-8일 제16회 미주 특별연회(제3회)가 참사랑교회에서 신경하 감독회장의 사회로 개최되었다. 5월 8일 조동삼 목사가 총무로 임명되고, 같은 해 9월 25일 한기형 목사가 미주 특

2017년 5월 3-4일 기독교대한감리회 미주 자치연회가 LA 밸리하나로교회에서 열렸다

별연회 초대 감독으로 선출되었다. 2009년 4월 28-30일 제17회 미주 특별연회(제4회)가 나성동산교회에서 한기형 감독의 사회로 개최되었다.

2010년 5월 5-6일 제18회 미주 특별연회(제5회)가 어서스타한인교회에서 한기형 감독의 사회로 개최되었다. 감독선거를 쟁점으로 심각한 분열을 겪게 되고 결국 뉴욕 측과 LA 측으로 나누어져 연회를 하지 못하고 사고연회가 되었다. 감독이 선출되지 못하거나 연회가 정상적으로 운영되지 못할 시에는 연회의 기능을 상실하게 되고 본국의 관리감독을 통해 치리받게 된다.

2012년 9월 서울연회 김종훈 감독이 미주 특별연회 관리감독으로 임명되었다.

2013년 2월 5일 제20회 미주 특별연회(제6회)가 하시엔다교회에서 김기택 임시 감독회장의 사회로 개최되었으며, 같은 해 5월 29일 제21회 미주 특별연회(제7회)가 하워드존슨인플러턴호텔 컨퍼런스센터에서 김기택 임시 감독회장의 사회로 개최되었다.

2014년 4월 29일 제22회 미주 특별연회(제8회)가 남가주빌라델비아교회에서 김영헌 감독의 사회로 개최되었으며, 5월 3일 시카고 홀리데이인호텔에서도 김영헌 감독의 사회로 연회가 개최되었다.

2015년 4월 29-30일 제23회 미주 특별연회(제9회)가 클레어몬트대학에서 전용재 감독회장의 사회로 개최되었다.

2016년 4월 26-28일 제24회 미주 특별연회(제10회)가 볼티모어 러블리레인연합감리교회(Lovely Lane United Methodist Church)에서 전용재 감독회장의 사회로 개최되었다. 제30회 입법의회의 결의에 따른 미주 자치법에 따라 연회 명칭을 '미주 자치연회'로 변경했으며, 박효성 목사가 미주 자치연회 감독으로, 김영민 목사가 총무로 선출되었다.

미주 자치연회

2017년 5월 3-4일 제25회 미주 자치연회(제1회)가 밸리하나로교회에서 박효성 감독의 사회로 개최되었으며, 미주 자치연회 자치법 개정안이 통과되었다.

2018년 5월 8일 제26회 미주 자치연회(제2회)가 알래스카예광교회에서 박효성 감독의 사회로 개최되었고, 연회에서 은희곤 감독, 이근우 총무가 선출되었다. 같은 해 10월 31일 기독교대한감리회 제33회 총회에서 미주 자치연회 은희곤 감독이 취임했다.

2019년 1월 28-29일 제1회 미주 자치연회 입법의회가 캘리포니아 플러턴의 남가주빌라델비아교회에서 개최되었다. 같은 해 5월 7-8일 제27회 미주 자치연회(제3회)가 LA 나성동산교회에서 은희곤 감독의 사회로 개최되어, 나성동산교회 안에 기독교대한감리회 미주 자치연회 사무실과 유지재단 현판식, 그리고 미주감리교신학대학교 현판식을 가졌다. 이때 총 303개 교회 1만7천563명의 교인이 보고되었다.

2020년 7월 2일 제28회 미주 자치연회(제4회) 1차 임시 화상연회를 열방사랑교회(김성도 감리사)에서 은희곤 감독의 사회로 개최되었다. 같은 해 8월 12일 제28회 미주 자치연회(제4회) 2차 임시연회가 열방사랑교회(김성도 감리사)에서 은희곤 감독의 사회로 개최되었으며, 임승호 목사가 제34회 총회 감독으로 선출되었다.

2021년 1월 25일 2019년 1월에 개최되었던 제1회 미주 자치연회 입법의회가 무효화됨으로 말미암아 제1회 미주 자치연회 정기 입법의회가 온라인으로 다시 개최되어, 자치법 개정안이 의결되고 공포되었다. 같은 해 5월 4일 제29회 미주 자치연회(제5회) 연회를 남가주빌라델비아교회(임승호 감독)에서 임승호 감독의 사회로 개최되었다. 현재의 교세는 교회 수 245개와 1만3천 명의 교인이 등록되어 있다.

2019년 제27회 미주 자치연회가 나성동산교회에서 열렸다

남침례회(SBC) 한인교회 총회
Council of Korean Southern Baptist Churches in America
(창립 연도: 1982년/ 초대 총회장: 김동명 목사)

허종수 목사

한마음교회(TX) 담임
비영리단체 Ethnic Group Academy(EGA) 설립, 이사장
한양대학교(B.S.)
풀러신학대학원(D.Min.)
사우스웨스턴침례신학대학원(Ph.D.)
저서: 「미주 남침례회 한인교회사 1956-2021」(요단출판사)

미주 남침례회 한인교회 총회 개요

미주 남침례회 한인교회 총회(CKSBCA)는 남침례교단(SBC)에 속한 한인 침례교회들로 구성되었으며 회원 교회들은 북미 전역과 남미 지역에 분포되어 있다. 미주 한인 침례교회는 성경의 절대권위(The Absolute Authority of the Scripture)를 견지하며 남침례회(SBC)의 신앙과 실천을 잘 드러낸 "침례교 신앙과 메시지 2000"에 동의한다. 많은 교회들이 장년주일학교 시스템과 협동 선교 헌금에 참여하며, 복음적, 보수적, 선교지향적 특징을 갖고 있다. 미주 한인 침례교회는 1956년에 처음 설립된 이후 2021년을 기준으로 65년의 역사를 가졌으며, 한인교회 총회는 1982년 1차 총회 이래로 2021년까지 40차 연차 총회를 진행해왔다.

남침례회 한인교회 제40차 정기총회가 2021년 테네시 주 내쉬빌에서 열렸다.

교단 현황(교회 및 교인 수)

남침례회(SBC)에 소속된 한인 교회는 2020년 기준으로 총 973개이다. 남침례회 산하 한인 교회에 등록한 교인 수는 약 7만 6천 명이며 출석교인은 약 4만 2천 명이다. 미주 남침례회 한인교회 총회에 소속한 한인 교회는 2021년 기준으로 726개이며, 총회 소속 목회자 수는 1,006명이다. 한인 교회 총회(CKSBCA) 자체적으로 파악한 등록교인 수와 출석교인의 통계는 없다.

교단 발전사

미주 한인 침례교회는 감리교회(1903년)나 장로교회(1906년)에 비해 약 반 세기 가량 늦게 시작되었다. 대표적인 이유는 20세기 전반까지 한국에서 침례교회라는 이름으로 교단이 존재하지 않기 때문으로 볼 수 있다. 미주 지역의 첫 번째 한인 침례교회는 1956년 5월 6일에 김창순 박사가 설립한 '미주제일한인침례교회'(현, 워싱톤한인침례교회)였는데, 출발 당시에는 남침례교단에 속하지 않았다.

교회 개척 당시 김동명 목사와 독립운동가 안이숙 사모

남침례회의 정체성을 갖고 출발한 첫 번째 한인 교회는 1957년에 김동명 목사가 국내선교부(Home Mission Board)의 후원으로 개척한 로스앤젤스한인침례교회(현, 남가주새누리교회)이며, 이후 14년이 지난 1971년에 문대연 목사가 개척한 산호세한인침례교회가 세 번째 세워진 한인 침례교회이다.

1970년대에 한인 이주민이 급증하면서 한인 침례교회는 개척의 급물살을 타며 성장가도에 오르게 되었다. 문대연 목사가 국내선교부 본부사역으로 옮겨가면서 국내선교사로서 한인 침례교회 개척사역에 큰 공헌을 했다. 이 당시에 한국에서 온 침례교 목회자들과 미주 지역에 있는 타교단 출신 목회자들이 미 남침례회 국내선교부를 통해 지원을 받고 교회개척에 가담했다. 미주 여러 지역에 흩어져 목회를 하던 한인 침례교회 목회자들이 해마다 열리는 남침례회

연차총회에 참석하면서 상호간에 네트워크를 형성하나가 1981년에 북미 한인 남침례회 교역자 연합회를 조직하였는데 총회 성격을 띤 조직은 아니었다.

미주 남침례회 한인교회 총회는 1982년에 '북미 남침례회 한인교회협의회'라는 이름으로 처음 구성되었다. 총회 형성 배경은 크게 세 가지인데, 첫째, 한인 침례교회들의 급격한 수적 성장 때

1991년 5월 미주제일한인침례교회(현, 워싱톤한인침례교회) 창립 35주년 기념사진

문이었다. 한인 침례교회는 1976년에 50개, 1982년에 203개, 그리고 1983년에 253개로 성장하였다. 둘째, 한국 침례교회 출신 목회자들이 미국 이민 목회에 참여했기 때문이었다. 셋째, 한인 목회자들의 지역적, 언어문화적 한계 때문이었다.

1982년 뉴올리언스에서 열린 1차 총회에서 초대 회장으로 김동명 목사를 선출했다. 이후로 총회는 미주 내에 1000개 교회개척운동을 전개했고, 1980년대에 꾸준한 수적 성장을 경험했다. 해외선교 활동으로는 1980년부터 남미 지역 교회 개척, 1987년 이후로 중국 선교, 1989년 3월에는 총회 목회자 14명의 북한 방문 및 중국 연변신학교(1993년 개교) 사역, 그리고 1990년부터 진행한 소련 선교를 들 수 있다.

총회는 1994년에 '북미 남침례회 한인교회 총회'로 명칭을 바꾸었고, 1970년대 후반부터 시작된 남침례회 보수주의 개혁운동이 2000년 초반에 마무리되었다. 1995년 3월 28일에 버지니아 타이트워터 한인침례교회 출신으로 남침례회 해외선교부(IMB)를 통해 1993년 6월 러시아 하바로프스크에 의료선교사로 파송된 이주현, 이계월 선교사가 선교지에서 피살당함으로 순교했다. 1990년대에는 교회들 가운데 성장 둔화의 조짐들이 나타나기 시작했으며 반면에 교회의 내적 건강에 대한 관심이 고조되었다. 총회 발전을 위한 유급 전담 총무제도가 시작되어 1대 이지춘 목사(2001-2004), 2대 박태환 목사(2005-2006), 3대 엄종오 목사(2007-2016), 4대 강승수 목사(2017-2022년 현재)로 이어가고 있다.

2005년에 총회는 명칭을 '미주 남침례회 한인교회 총회'로 변경했는데, 이것은 북미에서 미

주 전역으로 선교적 외연이 확장되었음을 의미했다. 총회는 캐나다 지역 회원 교회 35개, 목회자 44명, 남미지방회의 회원 교회 16개 교회를 추가로 포함하게 되었다.

신학교 설립

미주 남침례회 한인교회 총회는 1개의 총회인준 신학교가 있고, 6개의 남침례회 교단 신학교에서 사역자를 훈련하고 있다. 6개 교단 신학교는 2021년 현재 한인 학생 수 1280명, 전임 한인 교수 16명을 두고 있다. 신학교 이름은 게이트웨이신학교(Gateway Seminary), 뉴올리언스침례신학교(New Orleans Baptist Theological Seminary), 미드웨스턴침례신학교(Midwestern Baptist Theological Seminary), 사우스웨스턴침례신학교(Southwestern Baptist Theological Seminary), 사우스이스턴침례신학교(Southeastern Baptist Theological Seminary), 서던침례신학교(Southern Baptist Theological Seminary), 남침례신학대학 & 대학원(Southern Baptist College & Seminary)이다.

2022년 6월 13-15일 제41차 정기총회가 LA에 있는 새누리교회에서 1,070여 명이 참석한 가운데 열렸다

선교사 파송 현황

남침례회 해외 선교부(IMB) 파송 한인 선교사는 대략 200여 명으로 추산하며, 2021-2022년 한인 총회 파송 및 협력 선교사는 57명(32가정)이고 20개국에서 선교사역을 감당하고 있다.

역대 총회장

1대 김동명 목사(1982), 2대 이싱훈 목사(1983), 3대 김승학 목사(1984), 4대 박근서 목사(1985), 5대 안병국 목사(1986), 6대 남용순 목사(1987), 7대 서정구 목사(1988), 8대 조효훈 목사(1989), 9대 박승환 목사(1990), 10대 유선규 목사(1991), 11대 서석구 목사(1992), 12대 이용봉 목사(1993), 13대 이병옥 목사(1994), 14대 김세복 목사(1995), 15대 이원희 목사(1996), 16대 박성근 목사(1997), 17대 이재규 목사(1998), 18대 문창선 목사(1999), 19대 이강호 목사(2000), 20대 도지덕 목사(2001), 21대 박대순 목사(2002), 22대 길영환 목사(2003), 23대 김만풍 목사(2004), 24대 김기탁 목사(2005), 25대 박승빈 목사(2006), 26대 노순구 목사(2007), 27대 한충호 목사(2008), 28대 백신기 목사(2009), 29대 류복현 목사(2010), 30대 최창섭 목사(2011), 31대 김승호 목사(2012), 32대 황준석 목사(2013), 33대 위성교 목사(2014), 34대 김상민 목사(2015), 35대 반기열 목사(2016), 36대 이호영 목사(2017), 37대 최영이 목사(2018), 38대 이성권 목사(2019), 39대 이성권 목사(2020, 연임), 40대 김경도 목사(2021), 41대 이행보 목사(2022)

1대 김동명 목사, 5대 안병국 목사, 36대 이호영 목사, 37대 최영이 목사, 40대 김경도 목사, 41대 이행보 목사

대한예수교장로회 국제총회(PCIGA)
The Presbyterian Church International General Assembly

(창립 연도: 2008년/ 창립 총회장: 고 김광신 목사)

김종옥 목사

예장 국제총회 상임총무
홀리랜드성경연구소(Bible Institute of Holy Land) 대표
연세대학교 건축공학과(B.S.)
탈봇대학대학원 목회학석사(M.Div.)

탄생 배경

대한예수교장로회 국제총회(PCIGA, The Presbyterian Church International General Assembly)의 역사는 1982년 5월 9일 캘리포니아 오렌지카운티의 플러턴(Fullerton)에서 세 가정의 창립멤버(Seed Member)들이 77명의 성도들과 함께 첫 예배를 드림으로써 시작된 은혜한인교회의 설립 시기로 거슬러 올라가야 한다.

1982년 당시 김광신 장로(후에 목사가 됨)는 탈봇신학대학원(Talbot Seminary)에 재학 중이었는데, 은혜한인교회를 개척하면서 주님께서 교회를 세운 궁극적인 목적이 선교임을 깨닫고 교회 재정의 50%를 선교비로 사용하겠다고 서약했다.

얼마 후 은혜한인교회가 설립한 신학교를 졸업한 부교역자들이 목사안수를 받고 교회를 개척하면서 '미주연합노회'를 창립하게 되었다. 2004년 5월 3-8일 미주연합노회, 2004년 9월 21-24일 세계선교대회, 2005년 4월 4일 미주연합노회 목회자세미나(Every Day교회 주관), 2005년 10월 17일 미주연합노회(Washington D.C. 포도원교회), 2006년 3월 20-24일 미주연합노회(하와이갈보리교회), 2006년 10월 9-13일 미주연합노회(강사 김종필 목사)가 열렸다.

2016년 9월 19-23일 GMI 세계선교대회 및 국제총회 개회식에서 말씀을 전하는 고 김광신 목사

미주연합노회는 한국의 대한예수교장로회 보수합동총회에 미주연합노회로 가입, 2008년 1월 25일까지 한기총에 속한 보수합동총회 소속으로 있었다. 이날 보수합동총회와 협의하여 미주연합노회를 국제총회로 승격시켜 독립하는 것에 합의하고, 2008년 3월 3-12일 이스라엘과 요르단에서 미주연합노회가 열렸다. 같은 해 10월 14일에는 이스라엘 예루살렘에서 국제총회 창립총회를 개최하고 초대 총회장으로 김광신 목사를 선출하고 국제총회의 조직을 갖추게 되었다. 2019년에는 한국교회연합회(한교연)에 회원교단으로 가입했다.

국제총회 및 세계선교대회 역사

국제총회는 창립 이후 정기총회를 매년 9월 셋째 월요일부터 목요일까지 3박4일 일정으로 연 1회, 세계선교대회는 4년에 한 번씩 개최하고 있다. 국제총회 및 세계선교대회가 열린 일시와 장소는 아래와 같다.

2009년 9월 28일-10월 1일 국제총회(사랑의 빛 선교교회), 2010년 9월 20-23일 국제총회(주님의 영광교회, 신승훈 목사)에서 한기홍 목사가 제2대 총회장으로 취임했다. 2011년 9월 19-24일 국제총회 및 세계선교대회가 열렸다.

2012년 9월 17일-20일 은혜한인교회에서 국제총회 및 세계선교대회가 개최되었다. 이때 선교대회는 "선한 싸움을 싸우며 믿음을 지키는 동역자"라는 주제로 한기홍 목사를 비롯한 김용의 선교사, 마원석 교수 등이 강사로 나서서 말씀을 전해주었다. 선교대회는 선교사 간증의 시간, 금요특별집회(북한선교 보고), 특별공연, 선교 부스 및 먹거리 장터 등 다양한 프로그램으로 구성되었다. 이 선교대회에는 전 세계 65개국에서 사역하는 300여 명의 선교사와 150여 명의 현지인 사역자가 참석했다.

2013년 9월 16-19일 국제총회, 2014년 9월 23-26일 국제총회, 2015년 9월 21-24일 국제총회가 열렸다.

2016년 9월 19-23일 GMI 세계선교대회 및 국제총회는 "일어나서 함께 가자!"(아 2:10)라는 주제로 은혜한인교회에서 개최되었다. 전 세계 750여 명의 선교사들과 현지인들, 그리고, 총회 산하 목사들과 교인들이 한자리에 모여 세계 선교의 비전과 간증을 나누는 시간이 되었다. 국제총회 상임총무 김종옥 목사의 개회 선언과 현지인 복장으로 입장한 선교사들의 모습은 모두에게 흥분과 감동을 안겨주는 순간이 되었다.

개회사에서 김광신 목사는 "우리 교회의 선교 방법과 비전"에 관한 말씀을 통해 다시 한번 선교란 무엇인가에 대해 도전하는 메시지를 전달했으며, 참석한 모든 사람이 하나 되어 함께하는 선교대회를 이루자고 다짐하는 귀한 시간이 되었다.

2017년 9월 18-22일 GMI 세계선교대회 및 국제총회, 2018년 9월 17-20일 GMI 세계선교대회 및 국제총회, 2019년 9월 16-19일 국제총회가 열렸으며, 2020년에는 행사가 열리지 않았다. 2021년 9월 20-22일 시애틀에서 열린 국제총회에서 박병섭 목사(샌디에고사랑교회)가 제7대 총회장으로 선출되어, 2023년 9월 정기총회까지 섬기게 되었다.

현재 국제총회 산하에는 미주노회(노회장 이동준 목사), 한국노회(노회장 김태규 목사), 유럽노회

2012년 9월 17-19일 은혜한인교회에서 국제총회 및 선교대회가 열렸다

(노회장 윤덕수 목사)의 3개 노회가 있어, 각 노회별로 매년 한 차례(봄) 노회를 개최한다. 미주노회, 한국노회와 유럽노회에 소속된 교회 및 기관은 현재 111개이다.

미주노회(미국, 캐나다) 정기노회는 매년 3월 셋째 주 월-수(2박3일)에, 한국노회(한국, 일본, 베트남) 정기노회는 매년 5월에, 유럽노회(독일, 오스트리아, 프랑스) 정기노회 역시 매년 5월에 열린다.

2016년 9월 19-22일까지 은혜한인교회에서 열린 국제총회 및 GMI 세계선교대회

교단 신학교로는 1995년에 설립된 그레이스미션대학(Grace Mission University, 총장 최규남 목사)이 있는데, 현재 45명의 교수의 지도 아래 350명이 학사학위와 석사학위, 그리고 선교학박사와 교차문화학 철학박사, 그리고 교육학 철학박사 학위과정이 있다. 그레이스미션대학은 미 교육부(USDE, United States Department of Education)가 학위를 인정하는 ABHE(Association For Biblical Higher Education), TRACS(Transnational Association of Christian Colleges and Schools), ATS(Association of Theological Schools)의 정회원 학교다.

은혜한인교회를 비롯하여 본 교단에 소속된 교회들은 현재 70개국에 500여 명의 선교사를 파송하고 있으며, 각 선교지에 19개 신학교를 설립하고, 복음을 전할 현지 사역자를 양성, 세계 선교를 지향하고 있다.

역대 총회장

1대 고 김광신 목사, 2대 한기홍 목사, 3대 안동주 목사, 4대 이 서 목사, 5대 신승훈 목사, 6대 최홍주 목사, 7대 박병섭 목사

1대 총회장 고 김광신 목사, 2대 한기홍 목사, 3대 안동주 목사, 4대 이 서 목사, 5대 신승훈 목사, 6대 최홍주 목사, 7대 박병섭 목사

대한예수교장로회 미주합동총회
The General Assembly of Korean Presbyterian Church in USA
(창립 연도: 1980년/ 창립 총회장: 고 황규석 목사)

한선희 목사

세계한인기독교이단대책연합회 상임위원, 사무총장, 이단대책위원장
미주기독교이단대책연구회장, 미주기독교이단상담소협회장
세계기독교이단상담연구소장
대한예수교장로회 미주합동총회 39대 총회장 및 이단대책위원장

대한예수교장로회 미주합동총회 소개

한국의 전통적이고도 보수적인 대한예수교장로회 합동총회의 신학과 신앙을 고수하는 본 교단은 그동안 여러 차례 분열과 통합으로 쉽지 않은 시간을 보내면서도, 세상이 점점 부패하고 완악해져 가는 이때 오직 진리를 전하고 보존하기 위해 애쓰고 있으며, 보수신학과 전통적인 신앙인으로의 후학양성에 최선을 다하고 있다.

특히 이단과 사이비의 세력 및 잘못된 영성들이 왕성한 차제에 2011년부터 이단사이비대책위원회를 상설기구로 두고 전문가를 통하여 지속해서 이단사이비단체나 개인에 대한 심도 깊은 연구와 발표 및 규정 등을 총회요람에 게재함으로, 총회 산하 지교회의 천하보다 귀한 성도

한 사람, 한 사람에게 비진리가 침범하지 못하도록 최선을 다하고 있다.

2018년에는 사이판에 큰 태풍이 불어와 교단 산하 6개 지교회의 피해가 커서 긴급재난지원금을 직접 전달하여 큰 힘을 주었으며, 같은 해부터 목사장로수련회를 개최해 기도의 불을 붙여 이후 해마다 정기적으로 실시해 오고 있다.

2013년 제34회 총회가 필라델피아 블루벨장로교회에서 열렸다

또한 비록 지금은 함께하지 못하고 있지만, 이전의 같은 보수신학과 신앙을 유지하는 미주 내의 형제교단과의 합동을 꾸준히 추진하고 있다. 그리고 무엇보다도 급변하는 현대사회의 트렌드인 미디어시대인 만큼 보다 총회원들과의 긴밀한 협조 및 관계를 유지하기 위해 2016년부터 총회 홈페이지(www.kpcusa.org/ www.kpcusa.com)를 개설하고 보다 체계적이고도 조직적으로 교단 사역을 해나가고 있다. 2022년 현재 교단 교세는 8개 노회, 회원 교회 66개, 목사 96명, 강도사 2명, 전도사 15명, 선교사 8명, 장로 27명이다.

대한예수교장로회 미주합동총회 연혁과 주요 총회

미주합동총회는 1980년 3월, 대한민국의 대한예수교장로회 합동총회 산하 '미주대회'(제1회 대회장 황규석 목사)라는 이름으로 출발했다. 미주대회는 제1회를 1980년 뉴욕장로교회에서 개최했는데 이때 대회장은 황규석 목사였다. 미주대회 설립 10주년 기념예배가 1989년 6월 21일 나성남부교회(정고영 목사)에서 열렸는데, 이때 강사는 총회장 이성헌 목사였다.

제10회는 1989년 평강교회(CA)에서 동부대회, 서부대회 합동대회(대회장 김혜성 목사)로 열렸다. 제11회는 1990년 영생교회(CA)에서 개최되었으며, 이때 대회장은 정고영 목사였다. 11회 대회에서 미주대회를 '대한예수교장로회 미주총회'로 명칭을 변경할 것을 가결했다(미주 안에서는 총회로, 한국 총회와의 관계에서는 여전히 대회로 함). 제16회는 1995년 9월 27-30일 안디옥장로교회(CA)에서 열렸는데, 미주대회가 한국 총회로부터 독립(단절)하기로 했다.

제20회에서는 1999년 엠마오한인교회(CA)에서 열려, 21당회를 조직하고 한국 총회에 가입하기 위하여 기존대회 명칭을 '합동미주노회'로 개명했다. 제21회 미주노회가 2000년 포코노수양관(필라델피아)에서 열렸으며, 2001년부터 한국의 총회와는 형제교단으로 관계를 유지하기로 했다.

제30회는 2009년 블루벨한인장로교회(PA)에서 열려, 대한예수교장로회 미주총회(합동)과 대한예수교장로회 합동미주총회가 통합총회로 모여서 명칭을 '대한예수교장로회 미주합동총회'로 하기로 결의했다. 제34회는 2013년 블루벨장로교회(PA)에서 열렸으며, 대한예수교장로회 미주합동총회와 대한예수교장로회 해외합동총회가 통합총회로 모여 이후 명칭을 '대한예수교장로회 미주합동총회'로 하기로 했다.

2014년 제35회 총회가 캘리포니아의 예수커뮤니티교회에서 열렸다

제43회 정기총회는 2022년 4월 26일 캘리포니아 라미나다에 있는 예수커뮤니티교회(박경일 담임목사)에서 열렸다. 새로 선출된 임원들은 총회장 박경일 목사(서부아메리카노회), 부총회장 오정길 목사(동북노회), 박영근 장로(동북노회), 서기 지윤성 목사(미주서부노회), 부서기 장명석 목사(해외노회), 회의록 서기 이광열 목사(서부아메리카노회), 회의록 부서기 강신억 목사(미주서부노회), 회계 권대근 목사(서부아메리카노회), 부회계 최다윗 목사(가주노회), 총무 신인석 목사(서부아메리카노회), 부총무 하재식 목사(미주서부노회), 해외부총무 김명구 목사(태평양노회)이다.

역대 교단장

제1회 고 황규석 목사, 제2회 최화정 목사, 제3회 정연발 목사, 제4회 조정칠 목사, 제5회 차문현 목사, 제6회 김상규 목사, 제7회 정여창 목사, 제8회 이영희 목사, 제9회 최태원 목사, 제10회 김혜성 목사, 제11회 정고영 목사, 제12회 김재환 목사, 제13회 윤철주 목사, 제14회 박성만 목사, 제15회 정고영 목사, 제16회 신상휴 목사, 제17회 나광삼 목사, 제18회 전순영 목사, 제19회 김사무엘 목사, 제20회 신청기 목사, 제21회 김재환 목사, 제22회 김상규 목사, 제23회 심항구 목사, 제24회 김에녹 목사, 제25회 박재웅 목사, 제26회 허동근 목사, 제27회 양상순 목사, 제28회 오병우 목사, 제29회 정갑식 목사, 제30회 이희태 목사와 홍명철 목사, 제31회 문광현 목사, 제32회 전요한 목사, 제33회 신상원 목사, 제34회 신청기 목사, 제35회 최순길 목사, 제36회 정승회 목사, 제37회 박등배 목사, 제38회 조 환 목사, 제39회 한선희 목사, 제40회 강인중

목사, 제41-42회 정종섭 목사

6대 김상규 목사, 7대 정여창 목사, 15대 정고영 목사, 20대 신청기 목사, 31대 문광현 목사, 32대 전요한 목사

34대/38대 조 환 목사, 35대 최순길 목사, 36대 정승희 목사, 39대 한선희 목사, 40대 강인중 목사, 41-42대 정종섭 목사

미국장로교(PCUSA) 한인교회 전국 총회
National Caucus of Korean Presbyterian Churches
(창립 연도: 1972년 / 초대 총회장: 김성덕 목사)

이유신(구 이유방) 목사

현 NCKPC 역사위원, 미국장로교 역사협회 이사
NCKPC 전국총회의 회계, 사무총장 역임
UC Davis 교수 역임 및 은퇴
위스컨신대학(석사 및 박사학위)
상항장로교신학대학원(신학석사 및 목회학석사)

한인장로교회의 시작(1906년)

20세기가 동터 오던 1903년 1월 3일, 하와이 사탕수수 농장에 102명의 한국 노동자와 가족이 도착한 이래, 1905년까지 수차례 하와이에 도착한 노동자와 가족은 7천200명이었고 그들 중 교인이 400여 명이었다. 열악한 환경에서 혹사당한 노동자들 중 천여 명이 1905-1907년 사이에 농장을 탈출하여 미국 본토(주로 캘리포니아주)에 도착하였고 주로 로스앤젤레스와 샌프란시스코에 정착하게 되었다.

한국 선교사로 나가 평양신학교 교장이었던 마포삼열 목사의 주선과 북장로교의 도움으로 1906년 5월 10일 주일에 18명의 교인이 모여 감격스러운 예배를 드림으로 나성한인연합장로교회가 창립되었다. '미주한인장로교회의 어머니 교회'라 불리는 이 교회는 2006년 창립 100주년 기념예배를 드렸으며, 미국장로교 한인교회 전국총회(이하 NCKPC) 가운데 가장 오랜 역사를 가진 교회로 현존하고 있다.

미국연합장로교(United Presbyterian Church USA) 한인교회협의회 창립(1972년)

연합장로교의 산하에 교단이 공인한 4개 소수민족 그룹의 하나인 아시안계 목사와 평신도 대표가 1972년 3월 16-19일에 북가주 세인트헬레나(St. Helena)에 모여 교단 역사상 처음으로 아시안계 장로교협의기구인 '아시안장로교협의회'를 창립했다.

이 모임에 참석하였던 19명의 한인 교회 목사와 평신도들이 회기 중에 별도로 모여 '전국한인교회협의회'(National Korean Presbyterian Council)를 창립함으로 오늘의 '미국장로교 한인교회 전국총회'(이하 NCKPC)가 시작되었다. 창립총회에서는 김성덕 목사를 회장으로 선출하고 요람기 한인 교회의 교단 참여, 목회전략 수립, 미래 세대 지도력 개발을 천명한 "한인장로교회 선언문"(A Statement of Concerns of Korean Presbyterians)을 채택했다.

1978년 미국 연합장로교 전국한인교회협의회 제7회 정기총회에 참석한 회원들

미남장로교(Presbyterian Church in the US) 한인장로교협의회 창립(1979년)

미국 남부지방에 산재한 한인 교회들이 1970년대 후반에 남장로교와 유대관계를 맺기 시작하면서 교단적 차원에서 한인 교회의 발전과 선교 활성화의 필요성을 가지게 되었다. 교단 총회 세계선교부 아시아 지역 담당 총무였던 김인식 목사의 산파 역할로, 1979년 4월 26일에 애틀랜타 미남장로교 총회센터에 한인 목회자 18명이 모여 '한인장로교협의회'(Korean Presbyterian Council of the Presbyterian Church in the US)를 창립했다. 초대 회장에 김성덕 목사가 선출되었고, 회원 간의 긴밀한 유대관계, 지교회 발전과 교회개척, 지도력 개발과 교회교육 발전을 강조한 선언문이 채택되었다.

통합총회와 전국대회

남북전쟁으로 122년 동안 갈라졌던 미국 연합장로교와 남장로교회가 1983년 6월 10일에 애틀랜타에서 역사적인 통합총회로 모여 미국장로교(The Presbyterian Church USA)가 되면서 양 교단에 속하였던 한인교회협의회도 통합에 착수했다. 연합장로교 한인교회협의회를 대표해서는 정용철 목사와 천방욱 목사, 남장로교 한인교회협의회를 대표해서는 송수석 목사와 김선배 목사가 통합추진위원회를 구성하여, 1984년 5월 25-27일에 미주 최초의 한인 장로교회인 나성연합장로교회에서 역사적인 통합총회를 개최함으로 미국 전역을 포함하는 '미국장로교 전국한인교회협의회'(National Korean Presbyterian Council, PCUSA)가 출범했다.

1996년 제25회 정기총회 및 전국대회가 뉴햄프셔 맨체스터에서 열렸다

통합총회 회칙에 명시된 목적에는, 교단의 선교 참여, 회원 상호 간의 유대 강화와 공동관심사와 사업의 협의 수행, 한인 교회 권익 옹호와 지도력 개발, 타종족 교회와의 긴밀한 협력, 그리고 다음 세대를 위한 연구개발과 사업수행이 강조되었다. 총회장에는 천방욱 목사, 총무에는 김선배 목사가 선출되었다. 통합 무렵에 총회 산하 한인 교회의 교세는 조직교회 123개, 개척교회 54개, 미국 교회 내 한인 회중교회 3개로 총 180교회였으며 활동교인 수는 2만5천여 명이었다.

통합 이전에는 목회자들의 친목이 중심이었는데, 통합 이후부터는 친교와 함께 지도력 개발, 교회개척과 목회전략을 위한 프로그램이 강화되어 유익하고 생산적인 대회로 발전하였으며 특히 남녀 평신도들의 참여와 활동이 활발해지는 전환기를 맞이하게 되었다.

본 총회는 창립 초창기부터 매년 6월 말에 정기총회 및 전국대회를 개최했는데, 총회 주제는 이민 교회의 미래를 전망하면서 이민 교회의 과제와 방향을 수립하며, 성숙한 교회를 위한 중요한 사명인 증인, 교육, 청지기 직분 등을 다루었다. 그리고 한반도의 평화와 통일을 위한 선교적 사명과 정의와 자유의 실현을 모색했다.

지난 50년 동안 열렸던 총회 중에서 기념적인 총회를 간단하게 소개하면 다음과 같다.

- **제25회 정기총회 및 전국대회**: 1996년 7월 16-20일에 뉴햄프셔 맨체스터에서 지난 25년간의 광야교회의 발자취를 돌아보고 미래를 준비하기 위해, "약속의 새 땅을 향하여"라는 주제로 열렸다. 21세기 새 시대를 준비하고 맞이하는 목회전략을 세우고 실천하기 위한 전

국대회였다. 지난 25년의 발자취를 정리하여 『25년사』(편집책임자 최창욱 목사)를 출간했다.

- **제32회 정기총회 및 전국대회**: 미주 한인 이민 100주년을 기념하는 총회로 "그리스도 안에서 백 년의 꿈을 함께"라는 주제로 2003년 6월 24-27일 하와이 호놀룰루에서 개최되었다. "21세기를 향한 NCKPC의 비전선언문"을 결의하고 채택했다.
- **제36회 정기총회 및 전국대회**: 한국 교회의 초창기에 회개와 부흥운동을 일으킨 1907년 평양대부흥운동 100주년을 기념하기 위해 2007년 6월 13-16일 원주에 있는 명성수양관에서 "우리 시대에도 부흥케 하소서"라는 주제로 개최되었다. 이때 "회개와 실천의 신앙선언문"을 채택하고 산하 교회들이 함께 실천할 것을 촉구했다.
- **제39회 정기총회 및 전국대회**: 선교의 열정을 회복하기 위해, 중미 코스타리카의 산호세(San Jose)에서 2010년 6월 22-25일 "보라! 희어져 추수하게 되었도다"라는 주제로 개최되었다. 또한 6·25한국전쟁 발발 60주년을 맞아, 이날을 기념하고 "조국 통일과 화해를 위한 메시지"를 채택했다.
- **제50회 정기총회 및 전국대회**: NCKPC의 첫 희년을 공포하는 희년기념총회를 코비드19 팬데믹으로 인해 대면 총회로 모이지 못하고, 2021년 5월 19일 온라인으로 휴스턴한인중앙장로교회에서 "희년의 자유와 해방을 내려주소서"라는 주제로 개최했다.
- **제51회 정기총회 및 희년 기념 전국대회**: 2022년 4월 26-28일 오하이오주 클리블랜드한인중앙장로교회에서 "주의 은혜의 해를 전파하게 하려 하심이라"(눅 4:19)라는 주제로 개최되었다. 지난 50년의 역사를 돌아보고 미래의 새로운 사역을 조명하는 역사적인 전국대회였다.

NCKPC의 주요 활동과 공헌

- **한영찬송가 편찬**: 본 총회의 창립 초기에 1세와 2세를 위한 이중언어로 된 한영대조 찬송가의 필요성을 실감하고, 한영찬송가 발간을 위한 한영찬송가위원회(김득렬 목사, 심상권 목사, 노원철 목사, 정용철 목사)를 조직, 17명의 편찬위원을 위촉했다. 수차례 모임을 통해 찬송가 401곡과 교독문 44편을 선정하여 1978년 부활절을 기해 5천 권을 출판, 보급하기 시작했다. 이렇게 초판이 발간된 후 4판까지(1983) 총 3만2천500권을 출판, 보급하고, 1985년 11월 2세와 3세 청소년을 위한 찬송 111곡이 수록된 『손에 손을』(Hands on Hands)이라는 이름의 찬송가 책 1만 권을 간행하여 보급했다.

- **개척교회 운동 전개**: 제25회 총회(1996)는 앞으로 2005년까지 10년에 걸쳐 산하 교회 수를 500교회로 배가하는 "교회성장 결의문"을 채택하고 적극 추진하기로 했다. 이 배가운동의 배경에는 미국장로교 교단의 제208차 총회(1996)에서 산하 소수인종교회/교인 배가운동을 실시하기로 한 결의가 있었고, 이에 힘입어 한인 교회가 이 운동에 주도적으로 동참하기로 한 것이다. 본 총회는 개척교회위원회(위원장 이종민 목사)를 조직하고 교단 총회의 한인 목회실(총무 김선배 목사)과 긴밀한 파트너십을 가지고 개척교회 주일헌금 캠페인, 개척교회 선정과 지원, 개척교회 목회자 훈련에 힘쓴 결과, 400교회, 5만 활동교인의 목표를 달성, 미국장로교 총회 산하 소수인종교회 중 흑인교회 다음으로 크게 성장한 열매를 맺었다.
- **3M 캠페인(2003-2008)**: NCKPC는 제32회 총회(2003)에서 채택한 비전선언문의 결의를 이루기 위한 재정적 뒷받침으로 3M캠페인을 선언하고 그 위원회(위원장 이종민 목사, 총무 이유신 목사)를 구성하였다.

3M이란 "$3 Million Giving, 3 Mission Projects, 3 Minutes Prayer"를 의미하는데, 2003년부터 2008년까지 5년 동안 3백만 달러의 선교기금을 모금하고, 이를 위해 온 회원이 매일 3분 기도하면서 다음 세 가지 프로젝트를 실현하기 위한 운동이다. 첫째, 미래를 열어가는 교회-KM, EM 및 차세대 목회자와 평신도 지도자의 개발 육성, 새 목회 패러다임의 개발과 보급, 건강한 교회성장을 위한 교육과 훈련, 둘째, 교회의 지경 넓히기 운동(500교회 목표 달성을 위한 지원), 2세 및 다문화 교회와 캠퍼스 사역의 육성, 셋째, 교단 살리기 운동(교단의 $40 million 선교기금 모금에 동참)과 해외선교사 파송을 추진하는 것이었다. 이 야심찬 캠페인을 통해 53만 달러가 모금되어 전국 목회자 컨퍼런스, 평신도 비전 컨퍼런스, 교회개척 및 개척교회 목회자 훈련, 2세 목회자와 대학생 컨퍼런스, NCKPC 선교사 지원, 미국장로교 총회 Mission Initiative 지원 등의 사역에 사용되었다.

2019년 5월 제48회 정기총회 및 전국대회가 플로리다 올랜도에서 열렸다

- **NCKPC 사역 재단의 발족**: 3M 캠페인을 통해 긍정적이고 발전적인 교회 성장을 가져온 것을 바탕으로, 미래의 한인 교회 목회 증진과 건강한 성장을 위한 장기적이고 지속적인 재원의 확보를 위한 NCKPC 사역 재단 설립이 제40회 정기총회(2011)에서 승인되고, 2013년 10월 2일에 발족되었다(이사장 이귀호 장로, 회장 이유신 목사). 현금 기증, 유산 증여, 그리고 재산 계획 등을 통한 회원들의 물질적 기부금을, 200여 년의 투자 경험을 가진 미국장로교 재단을 통해 영구적으로 투자해 자산을 증식해가면서, 투자액에 대한 분배 이익금을 NCKPC 사역에 사용할 계획이다. 기부금 목표액은 2백만 달러였다.

2022년 4월 26-28일 오하이오 클래블랜드한인중앙장로교회에서 열린 제51회 NCKPC 정기총회 및 희년 기념 전국대회를 마치고 임원들이 단체사진을 찍고 있다

- **미국장로교 총회 예배실 완성에 주도적 역할**: 미국장로교 총회본부가 루이빌로 옮겨서 사무실 건물을 수리하고 업무를 시작했지만, 총회예배실로 사용하기로 한 공간은 그 당시까지 수리를 하지 못한 빈 공간이었다. 총회본부를 방문한 한인목회실 자문위원회의 한인 목사들이 기도 가운데 총회 예배실의 완성을 결의하고, 남가주 한미노회를 통하여 예배실 완성을 건의하는 헌의안을 총회에 제출했다. 그리고 이 헌의안이 통과되어서 "Chapel Completion Committee"가 구성되었다. 이에 NCKPC를 비롯한 국내외 한인 교회들의 지원과 교단 내 독지가들의 참여로, 본부의 아름다운 예배실이 완공되어, 1995년 9월 29일 헌당예배를 드렸다. 이 일에 조영일 장로가 위원장으로, 천방욱 목사가 위원으로 수고했다. 이 예배실은 초기 개척기부터 교단 내 한인 교회의 발전을 위해 힘써준 미국장로교에 대한 사랑과 감사를 전하는 대표적 상징으로 길이 기억될 것이다.

2021년 말 교세

개체교회 수: 308교회

목회자 수: 545명(현역목회자 365명, 은퇴목회자 180명)

NCKPC 역대 총회장

제1대 김성덕 목사, 제2대 신성국 목사, 제3대 김윤국 목사, 제4대 권희상 목사, 제5대 김득렬 목사, 제6대 유효근 목사, 제7대 권영배 목사, 제8대 박영희 목사, 제9대 최창욱 목사, 제10대 우상범 목사, 제11대 이종욱 목사, 제12대 정용철 목사, 제13대 천방욱 목사, 제14대 이진삼 목사, 제15대 유제선 목사, 제16대 김선배 목사, 제17대 김상증 목사, 제18대 오은철 목사, 제19대 강형길 목사, 제20대 김영한 목사, 제21대 조영일 장로, 제22대 송요섭 목사, 제23대 정남식 목사, 제24대 김대균 목사, 제25대 안중식 목사, 제26대 허중호 목사, 제27대 임원준 목사, 제28대 정시우 목사, 제29대 심관식 목사, 제30대 노재상 목사, 제31대 조덕현 목사, 제32대 김성웅 목사, 제33대 황태준 목사, 제34대 장윤기 목사, 제35대 최명배 목사, 제36대 이종민 목사, 제37대 안창의 목사, 제38대 이승태 목사, 제39대 정인수 목사, 제40대 고태형 목사, 제41대 임형태 목사, 제42대 유승원 목사, 제43대 이영길 목사, 제44대 배현찬 목사, 제45대 심평종 목사, 제46대 지선묵 목사, 제47대 원영호 목사, 제48-49대 최병호 목사, 제50대 이재호 목사, 제51대 김성택 목사

제1대 김성덕 목사, 제2대 신성국 목사, 제3대 김윤국 목사, 제4대 권희상 목사, 제5대 김득렬 목사, 제6대 유효근 목사, 제7대 권영배 목사, 제8대 박영희 목사

제9대 최창욱 목사, 제10대 우상범 목사, 제11대 이종욱 목사, 제12대 정용철 목사, 제13대 천방욱 목사, 제14대 이진삼 목사, 제15대 유제선 목사, 제16대 김선배 목사

제17대 김상증 목사, 제18대 오은철 목사, 제19대 강형길 목사, 제20대 김영한 목사, 제21대 조영일 장로, 제22대 송요섭 목사, 제23대 정남식 목사, 제24대 김대균 목사

제25대 안중식 목사, 제26대 허중호 목사, 제27대 임원준 목사, 제28대 정시우 목사, 제29대 심관식 목사, 제30대 노재상 목사, 제31대 조덕현 목사, 제32대 김성웅 목사

제33대 황태준 목사, 제34대 장윤기 목사, 제35대 최명배 목사, 제36대 이종민 목사, 제37대 안창의 목사, 제38대 이승태 목사, 제39대 정인수 목사, 제40대 고태형 목사

제41대 임형태 목사, 42대 유승원 목사, 제43대 이영길 목사, 제44대 배현찬 목사, 제45대 심평종 목사, 제46대 지선묵 목사, 제47대 원영호 목사, 제48-49대 최병호 목사

제50대 이재호 목사, 제51대 김성택 목사

미국장로교(PCA) 한인교회협의회
Presbyterian Church in America, Coalition of Korean Churches

(창립 연도: 1997년/ 초대 회장: 서삼정 목사)

박상목 목사

가주 주님의교회 담임 은퇴
아프리카 선교사 역임
오렌지카운티기독교교회협의회 회장 역임
버지니아 공대/WVU 공대 학사(B.S.)
잭슨리폼드신학대학원 목회학석사(M.Div.)
마데테스개혁신학대학원 철학박사(Ph.D.)

미국장로교의 시작과 역사

미국장로교의 영어명은 Presbyterian Church in America로서 보통은 줄여서 PCA라고 부른다. PCA는 '남장로교'(Presbyterian Church of United States, PCUS)가 점차 성경의 권위와 정확 무오설에서 벗어나, 자유주의 신학을 추구해 온다고 판단하고, 이를 반대하는 약 260교회(약 4만1천 명의 등록교인)의 총대들이 1973년 12월 4일 앨라배마주의 버밍햄(Birmingham)에 위치한 브라이어우드장로교회(Briarwood Presbyterian Church)에서 모임을 갖고 새 교단을 설립하기로 했다.

설립 초기부터 교단의 목표를 "성경에 충실하며, 개혁신앙을 고수하며, 그리스도의 지상명령에 순종한다"(faithful to the Scriptures, true to the reformed faith, and obedient to the Great

Commission)는 주제에 맞춰 전도와 선교, 그리고 기독교 교육에 중점을 두고 있는 교단이다.

2020년 북미주와 캐나다에 걸쳐 2천700여 개 교회들과 89개의 노회, 그리고 45만여 명의 신자가 소속된, 미국에서 두 번째로 큰 개혁주의 장로교단이다. 개혁주의란 캘빈주의 신학을 따르는 것을 의미한다. 미국장로교는 1982년, 복음주의 장로교회와 북미주 개혁장로교회 총회가 합병하여 1965년에 결성된 '개혁주의 복음주의 대회'(Evangelical Synod)가 합류하면서 큰 성장의 기회를 맞았고, 1645년 이래 장로교에서 중요한 교리적 표준으로 삼은 웨스트민스터신앙고백과 교리문답에 대해서 확고한 믿음을 가지고 있다.

한인교회협의회 초대 회장 서삼정 목사

PCA 교단 설립 초기부터 세계선교를 강조, 60여 개국에 519명의 전임선교사, 169명의 2년 단임선교사, 6천500명 이상의 단기선교사가 있으며, 130개국 이상을 커버하는 690명의 직업 선교사를 통해 30개 이상의 선교단체와 세계선교 사이의 돈독한 관계를 유지하고 있다. 또한 군대, 재향 군인 관리국, 교도소, 병원 등에 파송된 500명 이상의 군목과 50명 이상의 대학캠퍼스 목회자와 함께, 일반적인 전도 채널로는 도달할 수 없는 전 세계 여러 곳곳의 수많은 사람들에게 복음을 전하고 있다.

교단 산하의 신학교와 대학은 미주리주의 세인트루이스에 있는 언약신학교(Covenant Theological Seminary)와 조지아주의 룩아웃 마운틴에 있는 언약대학교(Covenant College)이다. 미국장로교(PCA) 교단을 대표하는 인물 중에는 뉴욕 리디머장로교회의 팀 켈러 목사, 애틀랜타 퍼리미터교회의 랜디 폽 목사, 라브리공동체를 설립한 프란시스 쉐퍼 목사, 전도 폭발을 시작한 제임스 케네디 목사, 그리고 휘튼대학교 총장인 필 라이컨 목사 등이 있다. 우리 교단과 협력하고 있는 신학교로는 필라델피아의 웨스트민스터신학교(Westminster Theological Seminary), 사우스캐롤라이나의 그린빌장로교신학교(Greenville Presbyterian Theological Seminary), 플로리다 올랜도의 리폼드신학교(Reformed Theological Seminary in Orlando)와 낙스신학교(Knox Theological Seminary), 앨라배마의 버밍햄신학교(Birmingham Theological Seminary), 미시시피 잭슨의 리폼드신학교(Reformed Theological Seminary in Jackson), 텍사스 달라스의 리디머신학교(Redeemer Seminary), 캘리포니아 에스칸디도의 웨스트민스터신학교(Westminster Seminary California), 펜실베이니아 피츠버그의 퓨리탄개혁장로교신학교(Puritan Reformed Theological Seminary) 등이 있다.

한인교회협의회(Coalition of Korean Churches, CKC)의 탄생

미국장로교(PCA)는 다른 교단과는 달리 총회가 하나뿐이므로 미국장로교 한인총회라는 것은 따로 존재하지 않는다. 다만 미국장로교 교단 내에 '한인교회협의회'(Coalition of Korean Churches, CKC)라는 단체가 있어 해마다 개최되는 연례 총회에 맞춰, 하루 혹은 이틀 전에 한인 목회자들이 먼저 모여 연합수련회를 갖고, 새로운 회장을 선출하며, 정보와 교제를 나누는 등 활발하게 활동하고 있다.

미국장로교의 교인은 여전히 대부분 백인으로 전체의 80%를 차지하고 있으며, 20%는 한인, 흑인, 히스패닉, 중국인, 일본인 등의 소수민족이다. 그중에서도 9개 한인노회에 350개 이상의 한인 교회, 그리고 700여 명의 한인 목사가 차지하는 비중은 15%로, 한어권과 영어권이 적절하게 균형을 이루며 다른 소수민족에 비해 월등하게 뛰어난 활동을 하고 있다. 처음 미국장로교와 접촉한 그룹은 고 차남진 목사, 고 박형룡 목사, 고 임택권 목사 등 주로 한국의 총회신학교 출신의 합동측 목사들로서 신학적으로 동질성을 느껴 1970년대 초에 가입하게 된 것이다.

시간이 흐르면서 차츰 더 많은 한인 목사들이 가입하게 되자 언어의 어려움과 한계를 겪게 된 이들이 한국어노회의 필요성을 총회에 상정했다. 이 이슈를 중요하게 여긴 총회에서는 영어권 이외에도 최초로 다른 언어를 사용하는 노회를 구성할 수 있도록 허락, 1982년 한인 언어노회(Korean Language Presbytery)를 조직하게 되었다.

이어서 1983년 지역적 문제로 인해 동부노회와 서부노회로 나뉘게 되고, 그 이후 중부노회가 1985년 독립하고, 동부노회가 1986년 동부노회와 동남부노회로 분립되고, 1988년 남부노회가 새롭게 조직되었다. 점차 교회와 목사 회원 수가 늘어나면서 1992년 동남부노회는 동남부노회와 수도노회로 분립되고, 서부노회는 서남노회와 서북노회로 분립되었다.

전 세계적으로 정보화 시대에 접어들던 1990년대 말인 1997년 한인 노회 간의 교제와 정보 교환, 그리고 원활한 소통을 이유로 당시 신성종 목사가 시무하던 미주성산교회에 100여 명의 한인 목회자들이 모여 '한인교회협의회'(Coalition of Korean Churches, CKC)를 결성했다. 이때 제1대 회장으로 애틀란타제일장로교회에서 시무하던 서삼정 목사를 선출했으며, 한인교회협의회는 현재 25대 회장인 이인승 목사(휴스턴 새믿음장로교회)까지 이어져 오고 있다.

그 이후 매년 한인교회협의회 주최로 각 노회가 주관하여 연례수련회 및 총회를 개최하며 귀한 만남의 광장을 제공하고 있다. 그뿐 아니라 한인 교회의 사정을 잘 이해하던 고 드와이트 린튼(Dwight Linton, 한국명 인도아) 목사의 기도와 주선으로 총회 산하의 국내선교부(Mission to North America) 내에 한인 교회를 위한 상임총무를 두게 되었는데, 1985년 1대 상임총무에 애틀랜타의 성약교회를 섬기고 있던 김대기 목사가 부임, 1992년까지 사역했다. 2대 상임총무에는 필라델피아의 임마누엘교회를 섬기던 고인호 목사가 1993년 부임, 25년간 수고하고, 3대 상임총무에 애틀랜타의 새교회를 섬기던 심수

2018년 동남부노회 제66차 노회에 참석한 목회자와 사모들이 단체 사진을 찍고 있다

영 목사가 2019년부터 부임해서 사역했으며, 2022년부터는 새크라멘토산돌교회를 섬기는 박수현 목사가 사역하고 있다.

특히 고인호 목사가 상임총무로 사역하던 당시 현재 1세 중심의 한인 교회의 미래 사역을 위해, 해마다 2-3세 중심의 영어권 목회자들을 대상으로 EM 포럼(Forum)을 개최해서 많은 지지와 협력을 받았다. 그리고 이를 통해서 지금의 차세대 리더십과 관련된 '칼리'(KALI, Korean-American Leadership Initiatives)가 탄생했다. 칼리(KALI)는 한국어를 사용하지 않는 'EM 목회자'들을 위한 단체로, 한국어를 사용하는 목회자들과 협력적인 관계를 유지하는 동시에 2세 및 3세 한인 목회자, 장로, 여성 사역자의 양성을 지원하고 있다. 이 일을 위해서 경쟁이 아닌 네트워킹과 친목을 도모하고, 목회자들과 그 가족이 목회 가운데서도 영적인 활력을 얻을 수 있도록 격려하며, 문화적으로 상황에 맞는 지도력 개발 및 사역 훈련을 제공하고, 교회 개척과 교회 부흥을 위한 사역자를 양성하는 일에 헌신하고 있다. 현재 알렉산더 전(Alexander Jun) 박사, 오웬 리(Owen Lee) 목사, 모제스 리(Moses Y. Lee) 목사 등이 칼리를 이끌고 있다.

그러던 중 이동 거리와 행정업무 등을 고려해 동부노회는 2012년 동부노회와 동북노회로, 서남노회는 2014년 서남노회와 서남OC노회로 각각 분립되어 총 9개의 노회로 증가되면서 교단 내에서의 한인 교회는 더욱 활발하게 사역의 폭을 넓히게 되었다. 중요한 것은 첫 한인언어 노회가 조직될 때, 언젠가 앵글로노회에 합류할 것이라는 제한을 가지고 출발했지만 미국장로교 제39차 총회가 2011년 6월 6-10일까지 버지니아비치 소재의 컨벤션센터에서 "세상을 위한 그리스도"(Christ for the World)라는 주제로 개최되었을 때 한인 교회들만의 노회가 제한 없이 계속 활동할 수 있도록 만장일치로 허락했다는 점이다.

실상 한인 교회들은 교단의 지도력과 교회 전반에 상당한 기여를 해왔다. 대표적으로 2013

년 마이클 오(Michael Oh) 목사가 세계복음화를 위한 로잔위원회의 대표로 임명되었고, 2014년에는 로이드 킴(Lloyd Kim) 목사가 세계선교부(Mission to the World) 위원장으로 임명되었고, 2017년에는 첫 번째 비앵글로 총회장으로 알렉산더 전(Alexander Jun) 장로가 선출되었으며, 같은 해 조엘 킴(Joel Kim) 목사는 캘리포니아 웨스트민스터신학교의 총장으로 임명되었다.

2019년에는 월터 김(Walter Kim) 목사가 전미복음주의협의회(National Association of Evangelicals)의 회장으로, 그리고 2020년에는 줄리어스 킴(Julius Kim) 교수가 복음연합회(Gospel Coalition)의 회장으로 선출되었다. PCA 교단 내의 30대 대형 교회 중 가장 큰 3대 교회 중의 두 교회가 캘리포니아 애너하임에 있는 남가주사랑의교회(담임 노창수 목사)와 버지니아의 센터빌에 있는 워싱턴중앙장로교회(담임 류응렬 목사)이다.

2022년 6월 20-24일 PCA 제49차 정기총회가 "Purified to Proclaim"이라는 주제로 앨라배마 주 버밍햄제퍼슨센터(Birmingham Jefferson Convention Center)에서 열렸다. 같은 기간에 PCA-CKC 제25차 정기총회 및 수련회가 힐튼 버밍햄 호텔(Embassy Suites by Hilton Birmingham)에서 열렸다. 이번 제25차 PCA-CKC 정기총회에서는 22일 저녁 7시 90여 명의 목사와 장로들이 모여 신임 임원진들을 선출했는데, 신임 회장에 이인승 목사(남부노회, 휴스턴 새믿음장로교회 담임)가 선출되었다.

2022년 제59차 한인서북부노회가 열렸다

한인 교회의 특징

현재 '미국장로회'(Presbyterian Church in United States of America, PCUSA)를 비롯하여 미국의 여러 장로교회가 종교다원주의 및 천주교와의 연합에 동의하거나, 혹은 동정적인 입장을 취하는 것과는 달리 미국장로교(PCA)는 이에 대하여 분명하게 "아니오"라고 대답하고 있고, 특히 동성결혼과 같은 사회적 이슈에 대해서는 일반적인 "1남 1녀 간의 결혼"을 수정하여, "태생적인 1남 1녀의 결혼"으로 교회 헌법에 명시할 만큼 보수적인 입장이라 한인 교회들의 절대적인 지지를 받고 있다.

교회 직분에서는 여성 목사나 여성 장로는 허용하지 않지만 여성의 역할에 대해선 전통적인 입장을 고수하며, 여성들이 활발하게 봉사할 수 있도록 '여선교회'(Women in the Church, WIC)를 조직, 사역을 할 수 있도록 배려하고 있다. 무엇보다 한국 장로교의 모든 한인 교회에서 여성이 교회에서 다른 여성들을 돌볼 수 있도록 임명되는 여성 서리집사와 여성 권사의 선출이라는 관행에 대해 이해하며, 사역 보조자들로 인정하고, 비록 교회 직분자가 아니고, 안수를 받아야 할 사람도 아니지만 병자, 과부, 고아, 죄수, 기타 곤란한 사람들을 돌아보기 위해 경건한 남녀 교인을 선임하는 것이 효과적일 때가 많다고 교단헌법에 명시하고 있다.

이에 따라 한인 교회들의 관행과 문화적 전통은 지키면서도 교단헌법에 따라 모든 사역을 질서 있게, 그리고 행정적 권위를 갖고 사역할 수 있다는 장점을 지닐 수 있게 되었다. 신학적으로도 미국장로교가 성경의 영감을 믿고 캘빈주의 신학에 입각한 교단들의 연합체인 '북미주 장로교 및 개혁주의교회협의회'(North American Presbyterian and Reformed Council, NAPARC)의 회원으로 있으므로 이들 단체들과 교류하며, 훌륭한 신학의 뿌리를 공유할 수 있다는 특징을 갖게 되었다.

미연합감리교회(UMC) 한인전국연합회
The Association of Korean Church in the United Methodist Church

(창립 연도: 1974년/ 초대 회장: 고 송정률 목사)

한상신 목사

그린랜드연합감리교회 담임 은퇴
뉴잉글랜드 한인교회협의회 회장 역임
동북부지역 한인연합감리교회협의회 회장 역임
고든콘웰신학교(M.Div.)

    요한 웨슬리(1703-1791)는 영국과 미국의 감리교 창시자로, 신학자이며 사회운동가였다. 웨슬리의 사역과 저술은 감리교의 활동만이 아니라 19세기 성결운동과 20세기 오순절운동 및 기독교 사회복지운동에 큰 영향을 끼쳤다. 감리교로부터 사회운동을 강조하는 구세군, 성결교, 오순절운동 등이 생겨났다.

    연합감리교라는 큰 교단의 한인 교회들이 처음 연합체를 이룬 것이 연합감리교회 한인전국연합회였다. 1974년에 조직된 전국연합회는 1970년대부터 한인 이민 물결이 일기 시작하면서 한인 감리교회의 숫적 증가도 눈에 띄게 늘어날 때였다. 샌프란시스코의 상항연합감리교회는 송정률 목사가 담임하고 있었고 시카고에는 차현회 목사가 시카고제일연합감리교회를 담임할 때였다. 이들이 주축이 되어 1974년 제1차 창립총회로 모인 곳은 조남은 목사가 시무하던 LA다운타운에 있는 LA감리교회였다. 지금은 그 교회가 존재하지 않는다.

그때를 회고하는 차현회 목사는 "내 기억으로는 30여 명이 모였다. 교역자수양회 성격의 모임이라고 할 수 있었다. 창립총회를 하고 2년에 한 번씩 모이기로 기본적인 회칙을 정했다. 조남은 목사 교회에서 총회를 하고, 숙소는 LA코리아타운의 대표적인 한인운영 호텔 '올림피아호텔'에서 머물렀다"고 회고했다.

차현회 목사 2대 회장 ／ 고 김해종 감독 3대 회장

1대 회장 송정률 목사에 이어 2대 차현회 목사가 회장이 되었을 때 손명걸 목사와 김찬희 박사가 협력하여 전국연합회 헌장이 마련되었다고 한다. 3대 회장으로 선출된 김해종 목사는 한인연합감리교회 최초의 뉴스레터인 「열린문」(Open Door)을 발행하기 시작했다. 발행인은 김해종, 편집위원은 라영복, 손명걸 목사, 그리고 김종수 장로였다. 지역 책임자는 시카고 맹승섭, 달라스 동원모, 로스앤젤레스 계동춘, 샌프란시스코 차원태, 디트로이트 윤영봉, 하와이 이동진 목사 등이었다.

고 박대희 목사가 회장으로 재임할 때인 1986년 한인 선교구가 창설되었다. 한인 선교구 산하에 5개의 한인 선교구(Korean Mission Jurisdiction)를 두기로 하고 동북부 지역 선교감리사에 차풍로 목사, 중남부 지역 감리사에 구본웅 목사, 서부 지역 선교구에 김광진 목사가 선임되었다.

한인 이민 85주년을 맞아 1988년 시카고 휘튼칼리지에서 제1차 세계선교대회가 개최되었다. 이 대회가 지금까지 존속되면서 지금은 가장 역사 깊은 미국 내 한인선교대회(KWMC)로 자리 잡게 되었다. 이 대회의 산파 역할을 맡은 이는 전국연합회 2대 회장을 맡았던 차현회 목사였다. 시카고제일연합감리교회를 담임하고 있던 차 목사는 시카고제일교회 창립 60년을 맞이했을 때, 하와이에서 세계선교대회를 열 계획을 세웠으나, 하와이 지역이 주저하는 바람에 이를 미루다 1988년에 이르러 휘튼칼리지에서 초교파적으로 열리는 데 앞장섰다.

이 초교파적 선교대회에 영향을 받은 한국 감리교회와 한인 연합감리교회가 중심이 되어 세계선교대회를 개최했는데 그것이 1994년에 개최된 감리교세계선교대회였다. 공동대회장은 차현회와 한국의 표용은 감독, 그리고 김무영 목사가 사무총장을 맡았다. 한국과 미국에서 1천500여 명의 목회자와 가족들, 그리고 선교사들이 참가했다.

한인 연합감리교회가 전국적으로 300개 이상으로 성장하자, 한인 목회자들의 머릿속에 찾아든 발상이 한인 교회로만 구성된 한인연회(Korean Language Conference)를 구성하자는 것이었다. 미 연합감리교회의 거대한 조직 속에 소수인종 교회로서 서서히 성장하고는 있지만 언어의 한계는 곧 목회의 한계이기도 했다. 감리사나 감독과의 관계에서 언어 문제로 불이익을 당하는 경우가 허다했고 회의가 많기로 유명한 연합감리교회의 연회, 지방회 차원의 회의에는 참석해 봐야 적극적인 의견 개진이 쉽지 않다 보니 밖으로 도는 경우가 많았다. 언어의 문제는 1세 목회자들의 가슴 아픈 한계요, 단점이었다. 이같은 1세 목회자들의 문화적 좌절감은 곧 연합감리교회 안에서 우리끼리 우리 언어로 교회 성장을 말하고 교회를 치리하는 한국어 연회를 창설해 보자는 발상으로 이어졌다.

1992년 2월 애틀랜타에서 열린 전국연합회 임시총회에서 청원안이 전국 문서로 발의되었다. 한인선교회 연회 청원안의 골자는 한인 선교연회의 수를 동북부, 중북부, 서부 지역에 하나씩 두기로 하고 그 기간은 1996년부터 2024년까지로 잡았다.

전국연합회는 1996년 4월 콜로라도 덴버에서 열리는 연합감리교회 4년차 총회에 한인 선교연회 청원안을 상정하기로 하고, 1995년 12월 31일 주일을 '한인 선교연회 주일'로 지켜줄 것을 요청하고, 청원안이 통과되도록 합심기도운동을 벌이고, 교인 1인당 1달러 헌금으로 재정적 후원을 해달라는 캠페인을 벌였다. 그러나 한인 교회 전체의 노력에도 불구하고 교단총회에 정식 안건으로 상정되지 못하고 부결되면서 한인선교회 연회의 꿈은 수포로 돌아갔다. 전국연합회가 산하 모든 소속그룹으로부터 일치된 의견을 끌어내는 데 실패했고 UMC 교단 자체가 한인연회의 탄생을 반대하는 여론이 적지 않았기 때문이었다. 특히 청원안이 가결되어 시행될 경우 한인 여성 목회자들이 불이익을 받을 수 있다고 판단하여 총회 현장에서 이들의 노골적인 반대가 결국은 청원안을 백지화시키는 결과를 초래했다.

이 한인 선교연회 청원이 실패로 돌아가자 2000년 오하이오에서 열린 교단 4년차 총회에서

1999년 한인연합감리교회 전국지도자대회가 열렸다

는 한인 교회들의 실망감을 의식했는지 한인목회강화협의회(Korean Council of Ministries)를 발족시켰다. 3대 실천 목표인 차세대 목회자 지원, 목회자 자질향상과 지도력 개발, 개척교회 지원 등의 사역 지원을 위해 수백만 달러의 예산을 편성하여 한인 교회들의 지원을 시작했다. 강학순 목사가 사무총장을 맡아 웨슬리 전통과 한국적 영성을 합하여 세상의 변화를 가져올 예수 그리스도의 제자를 길러내는 사역을 하고 있다.

전국연합회 산하에는 교회성장위원회, 세계선교위원회, 청소년목회위원회, 은퇴목회위원회, 교단관계위원회, 연회관계위원회, 한인목회위원회, 영어목회위원회, 이중문화목회위원회, 여성목회위원회, 트랜스제너레이션 및 2세 목회위원회, 양육 및 훈련위원회, 통일위원회, 캠퍼스목회위원회 등 다양한 위원회가 존재해 왔다. 그러나 한인 교회를 담임하는 한인 교회 목회자들이 전국연합회의 주축이 되긴 했으나 다른 여성 목회자 그룹이나 타인종 목회자 그룹, 차세대 목회자 그룹과의 보이지 않는 갈등이 내재해왔다. 전국연합회가 한인총회로 이름을 바꾸고 발전해오다 교단의 동성애 문제로 진통을 겪게 되었다.

대부분의 한인 교회 목회자들은 동성애를 반대한다며 동성애 문제에 유연성을 보이는 다른 그룹 간의 마찰을 경험하게 되었다. 마침내 한인총회 내 한인 교회와 목회자들로만 구성된 한인교회총회(한교총)가 조직되었고, 한인총회 내 중심축을 이루던 한인 교회가 빠져나가자 한인총회는 숫적 감소와 재정면에서 크게 위축되는 상황을 맞게 되었다.

따라서 한인총회 내 한인 교회들은 동성애 반대를 주장하며 연합감리교회를 탈퇴하여 GMC(Global Methodist Church)에 합류하겠다는 교회들과 동성애에 반대할지라도 우선은 교단 탈퇴를 보류하고 당분간 연합감리교회에 잔류하겠다는 그룹으로 양분될 처지에 놓여 있다.

2019년 4월 29일-5월 2일에 한인총회가 남플로리다 한인연합감리교회에서 열렸다(사진: 연합감리교뉴스)

역대 한인총회장(전신, 전국연합회)

제1대 고 송정률 목사(1974-1976), 제2대 차현회 목사(1976-1978), 제3대 고 김해종 목사(1978-1980), 제4대 이응균 목사(1980-1982), 제5대 김성욱 목사(1982-1984), 제6대 선윤경 목사(1984-1986), 제7대 고 박대희 목사(1986-1988), 제8대 조은철 목사(1988-1990), 제9대 권진태 목사(1990-1992), 제10대 계동춘 목사(1992-1994), 제11대 박이섭 목사(1994-1996), 제12대 이승운 목사(1996-1998), 제13대 이처권 목사(1998-2000), 제14대 한상휴 목사(2000-2002), 제15대 김상모 목사(2002-2004), 제16대 김광진 목사(2004-2006), 제17대 이훈경 목사(2006-2008), 제18대 김정호 목사(2008-2010), 제19대 이성철 목사(2010-2012), 제20대 안명훈 목사(2012-2014), 제21대 이성현 목사(2014-2016), 제22대 김광태 목사(2016-2018), 제23대 류재덕 목사(2018-2020), 제24대 이철구 목사(2020-현재)

현재 243개의 한인연합감리교회가 있으며 남성 649명, 여성 183명의 현역 목회자들이 사역 중이다. 휴직상태의 교역자 16명, 은퇴한 목회자는 남성 193명, 여성 33명으로 UMC한인 총 1천 73명이 소속되어 있다.

연합감리교회 한인교회총회(한교총)는 2021년 4월 27일 정기총회를 열고, 현 회장 이철구 목사의 연임을 결정했다. 이철구 회장은 개회사에서 "한교총은 지난 2019년 초에 열린 특별연회에서 기존의 전통적인 동성애 정책과 다른 안의 통과가 유력한 상태에서 한인 교회의 신앙적인 정체성을 지키고, 분리 과정에서 한인 목회자들이 불이익을 당할 상황에 대비해서 한인 교회들이 연합하기 위해 시작되었다"고 한교총의 핵심가치를 설명했다.

한편 한인연합감리교회 내에 이런 일로 인하여 교단이 분리되는 것을 반대하는 모임이 결성되었다. PSKUMC(Post Separation Korean UMC: 회장 안명훈 목사)는 앞으로 UMC 교단이 분리될 수도 있는 상황에 대비하기 위한 모임이다. PSKUMC의 입장은 다음과 같다. (1) 동성애에 관한 성서적이며 한국 교회의 전통적 입장을 고수한다. (2) 교단 내에서 이러한 신앙적 입장을 보호받을 수 있다면 굳이 교단을 탈퇴할 필요가 없다. (3) KUMC교회들은 교단 내에 남아서 UMC의 새로운 신앙개혁운동을 위한 시대적 사명이 있다고 믿는다.

미주복음주의장로교회 총회(KEPCA)
Korean Evangelical Presbyterian Church in America
(창립 연도: 1997년/ 창립 총회장: 고 김의환 목사)

신원규 목사

좋은마을교회 담임
미주복음주의장로교회 총회 전 총회장
캘리포니아침례대학 졸업
아주사퍼시픽대학 하가드신학대학원(목회학 박사)

　미주복음주의장로교회(KEPCA, Korean Evangelical Presbyterian Church in America)는 1997년 6월에 이민 교회들이 모여 개혁주의 신앙을 바탕으로 보수적이며 복음주의 신앙을 세워가기 위해 세워진 교단이다. 1995년에 김의환 목사, 변영익 목사, 김재연 목사, 신원규 목사가 섬기는 교회(나성한인교회, 벧엘장로교회, 벨리장로교회, 삼성장로교회)를 중심으로 CPC(Christian Presbyterian Church) 교단을 세워 개혁주의 신앙을 세워가는 중, 1997년 6월에 이민 교회가 특수목회 선교지임을 감안해서 이민 교회가 교단으로부터 교회정치에 매몰되지 않고 개교회 중심으로 사역하기 위해 '미주복음주의장로교회협의회'로 명칭을 바꾸고 새롭게 협의회 헌법을 수정하여 출발하였다.

　창립은 충현선교교회 정상우 목사, 벨리장로교회 김재연 목사, 삼성장로교회 신원규 목사,

살리나스 영광교회 오중길 목사를 중심으로 이루어졌다. 이후 협의회에서 총회로 명칭을 변경하여 현재에 이르기까지 역대 총회장들의 수많은 노고가 있었다. 본 교단은 한인 디아스포라 교회의 연합과 성장을 위해 지속적으로 힘쓰는 교단으로 발전해가고자 한다. 또 총회는 교회요 교회는 총회의 개념으로 모든 주님의 교회가 하나로 연합하여 이민 교회의 이민 1세와 2세의 교량역할을 하고자 한다. 더 나아가서 주님의 지상 명령인 선교사역에 미약하나마 전력하고자 한다.

창립 총회장 고 김의환 목사

주요 총회는 다음과 같다.

2006년 9월 8일 성서장로교회에서 총회 임원회를 가졌는데, 논의된 내용은 다음과 같다. 첫째, 미주복음주의 장로교회 총회 챠터 서류 신청, 둘째, 찬양축제를 2006년 12월 3일(미주양곡교회)에 갖는다. 셋째, 교역자 친교모임을 2006년 10월 29일(팜스프링 미라클 호텔)에 갖는다.

2009년 5월 4일 제13차 총회가 삼성장로교회에서 개최되었는데, 안건은 Annual Member Retreat(Imperial Health Resort, NV)에 관한 것 등이었다. 2010년 5월 17-18일 제14차 총회와 Annual Member Retreat이 Holiday Inn(피스모비치)에서 개최되었다. 2011년 5월 23일(오전11시) 제15차 총회가 벧엘장로교회(변영익 목사)에서, 제16차 총회가 2012년 5월 21일 성서장로교회(Gardena, CA)에서 열렸다.

2014년 1월 6일 제18차 총회 및 신년하례식이 열렸으며, 2016년 6월 23-24일에 제20차 정기총회가 가디나선교교회(이호민 목사)에서, 2017년 5월 15일 제21차 정기총회가 가디나선교교회에서, 2019년 5월 20일 제23차 정기총회가 벧엘장로교회에서 열렸다. 2019년 9월에는 총회의 홈페이지(www.kepca.org)를 제작했으며, 팬데믹으로 임원회를 1-7차까지 줌(Zoom)으로 개최했다.

제25차 미주복음주의장로교회 총회 정기총회가 2021년 5월 24-25일 "복음을 가득 담은 새 비전과 새 땅을 향한 총회"라는 주제로 Church of Nazarene(Bishop CA)에서 열렸다. 이때 제25대 총회장으로 신원규 목사(좋은마을교회)가 선출되었고, 5월 25일(화) 박성민 박사(전 아주사 퍼시픽대학교 부총장) 초청 세미나(기독교 윤리 1-2강)가 열렸다. 이때 추영욱 목사(남가주 안디옥교회 목사), 정순원 목사(남가주 안디옥교회 목사), 이흥식 목사(대구 평산교회 원로목사)를 새 회원으로 영입했다.

2021년 7월 코비드 팬데믹으로 인해서 Zoom으로 정기임원회를 개최했다. 2021년 3차 임원회가 7월 28일 Zoom회의로 열렸는데, 중요 안건은 신규회원 가입건과 바울선교센터 설립예배 건이었다. 또한 신규회원이 영입되었는데, 윤흥규 목사(The Bridge Fellowship Church Of Chicago/

한중섭 목사 추천), 김조안나 선교사(애틀랜타 바울선교관 총무), 심옥회 선교사(애틀랜타 바울선교관/최광석 목사 추천)이며, 애틀랜타에 있는 바울선교센터 설립예배는 2021년 8월 22일(주일)에 드리기로 했다.

2021년 10월 16일 샘 신(Sam Shin) 목사, 갈보리새생명교회 민승기(John Min) 목사를 영입했으며, 2022년 1월 11-12일 "구속사적인 관점에서 성경해석과 설교"라는 제목의 세미나를 갈보리새생명교회에서 개최했다. 강사는 박성일 목사(필라델피아 기쁨의교회 담임)였다.

2022년 5월 23-24일 제26차 정기총회가 "내가 이 반석 위에 내 교회(총회)를 세우리니"(마 16:18)라는 주제로 오렌지힐스장로교회(전모세 목사)에서 열렸다. 이날 열린 특별세미나에서는 첫날 오후에 이정현 박사(KAPC 개혁장로회 대학 및 신학대학원 총장)가 "목회자의 소명"이라는 주제로, 두 번째 날에는 김선중 박사(KAPC 총회신학교 교수 및 상임 교육연구위원장)가 "목회의 도전과 영광"이라는 주제로 특강을 진행했다.

미주복음주의장로교회총회(KEPCA) 현재 교회 수와 목회자 수

개체 교회: 총 35개 교회(미주 내 31개, 한국 4개)

선교기관 및 신학교: 총 5개

목회자 수: 총 45명(목사 35명, 선교사 5명, 원로목사 2명, 회원 목사 1명, 장로 2명)

2022년 5월 제26차 정기총회 참석자들이 단체 사진을 찍고 있다

역대 총회장

창립 고 김의환 목사, 제1-2대 김재연 목사, 제3대 정상우 목사, 제4-5대 신원규 목사, 제6-7대 오중길 목사, 제8-9대 지용덕 목사, 제10-11대 나민주 목사, 제12대 신원규 목사, 제13대 김재연 목사, 제14대 오중길 목사, 제15대 정요한 목사, 제16-17대 심태섭 목사, 제18-19대 김병용 목사, 제20-21대 이호민 목사, 제22-24대 장광춘 목사, 제25 신원규 목사, 제26대 전모세 목사

미주성결교회(KECA)
Korean Evangelical Church of America
(창립 연도: 1980년/ 초대 총회장: 고 안수훈 목사)

이상복 목사

연합선교교회 담임
38대 미주성결교회 총회장
미주웨슬리안협의회 회장
풀러신학대학원 목회학박사

    한국성결교회는 성결의 도리를 주창한 요한 웨슬리의 가르침과 마틴 냅(Martin W. Knapp)과 셋 리스(Seth C. Rees)가 창립한 만국성결교회의 신앙 교리를 토대로 신앙 개조를 삼아 교회, 가정, 사회, 개인 모든 영역에 중생, 성결, 신유, 재림의 복음을 전하고, 가르치며, 적용하도록 지도하는 교단이다.

    미주성결교회 로고에 그려진 가시와 백합화는 그리스도의 고난과 부활을 의미하는 동시에 가시밭과 같은 세상에서 영원한 생명과 부활의 소망 중에 그리스도의 향기를 발함을 뜻한다. 잎사귀 4개는 사중복음(중생, 성결, 신유, 재림)을 의미하며, 하늘색은 영원한 성결을 상징하며, 초록색은 교단의 부흥과 발전을 뜻한다.

    한국성결교회의 역사적 배경과 기원은 다음과 같다. 18세기 말엽에서 19세기 초기에 하나님께로부터 동양의 모든 곳에 복음을 전하라는 사명을 받은 카우만 (Charles Elmer Cowmann)과 길보른(Ernest Albert Kilborune) 두 사람이 동양 선교회(Oriental Mission Society 현재는 One Mission Society)를 조직하여 일 본에서 선교를 시작하고 동경에 성서학원을 설립, 현지 전도사를 양성 하고 있었다. 때마침 한국의 김상준, 정 빈 두 사람이 이 성서학원을 졸 업하고 카우만, 길보른 두 선교사와 함께 1907년 5월 30일 경성 염곡(현 서울 종로1가)에 동양선교회 복음전도관을 개설하고 중생, 성결, 신유, 재 림의 은혜로운 복음을 선포하기 시작하였는데 이것이 성결교회의 기원 이다.

초대 총회장 고 안수훈 목사

성결교회 최초 사역자 정 빈, 김상준 두 사람은 동경성서학원을 졸업하면서 경성에 성서학 원 설립의 꿈을 갖고 있었다. 그들은 교회를 통해 복음을 전도하면서도 그 꿈을 버리지 않았 기에 1911년 3월 경성성서학원(현 서울신학대학교)을 설립하였고 그 꿈과 같이 훌륭한 교역자들 을 양성하게 되었다.

그러나 동양선교회가 한국에 전도 사업을 시작한 지 15년이 지났음에도 성장이 매우 어려 웠던 것은 조직이 없었기 때문이다. 1921년 길보른 선교사가 한국에 상주하면서 교역자회라는 이름으로 모임이 있었으나 정치적인 활동을 하지 못하였고 1929년에 이르러 연회를 창립하게 되면서 감독제도 아래 완전한 정치적인 조직을 이루게 되었다. 1932년 연회 대의원 전체의 '성 결교회 총회' 조직을 결의함으로 성결교회 총회가 창립되었다. 그뿐만 아니라 복음전도관이란 이름이 교회 발전에 이롭지 못하다는 판단 하에 '조선예수교동양선교회 성결교회'로 바꾸었다 가, 후에 1949년 4회 총회 시 '기독교대한성결교회'로 바꾸었다.

한편 성결교회가 온 세계로 뻗어나가는 가운데 태평양 연안의 교회와 성결인들이 함께 모 여 성결의 복음을 온 땅에 매진하는 일에 도움이 되고자 조직한 것이 '태평양성결연맹'이었다. 후에 다른 지역들이 동참하게 되어 전 세계에 흩어져 있는 성결교회들이 함께 모이게 됨으로 '세계성결연맹'(World Evangelical Holiness)으로 이름을 바꾸었다. 한국 성결교회, 미주 성결교회, 일본 성결교회, 대만 성결교회, 인도 성결교회, 인도네시아 성결교회, 태국 성결교회, 네팔 성결 교회, OMS 등이 3년에 한 번씩 모여 평신도 교육과 선교 분과별 행사를 갖고 성결의 복음을 온 세계에 전하는 일에 매진하고 있다.

미주성결교회의 기원과 주요사역

미주 땅에 이민의 문호가 열리며 많은 사람이 미주로 이주하는 가운데 성결교회 출신 목회자들과 성도들이 미주 땅에 이민, 유학을 오게 되었고, 성결교회를 설립하게 되었다. 1965년 남미 브라질에 상파울로에 중앙교회가 설립되고, 1970년 LA 지역에 나성성결교회가 설립되었으며, 이

2015년 36회 총회 참석자들이 단체 사진을 찍고 있다

후 캐나다 토론토, 시카고, 샌프란시스코, 뉴욕 지역 등에 성결교회가 설립되었다. 교회들이 차차 늘어나게 되자, 미주 지역에 한인 성결교회 지방회를 조직하자는 의견이 드높아졌다. 그래서 1973년 1월 21일에 나성성결교회에서 목사 12명, 장로 1명이 회집되어, 기독교대한성결교회 미주지방회를 조직하게 되고, 한국 성결교회 직할지방회로 인준을 받아 지방회 활동을 시작했다.

그러나 한국과의 거리, 미주 사회만이 가지고 있는 특성 등 여러 문제로 미주총회가 있었으면 좋겠다는 의견이 나왔다. 1979년 3월 17일에 나성성결교회에서 목사 22명, 장로 4명이 참석해서 제7회 서부지방회(회장 안수훈 목사) 및 제2회 동부지방회(회장 정승일 목사)가 개최되었다. 그리고 이사회 결과, 한국의 '기독교대한성결교회'와는 별도로 미주총회를 창설하기로 결의하고, 1979년 4월 18일에 캘리포니아 주정부에 등록을 마쳤다.

1979년 12월 14일 상항성결교회에서 모였던 이사회에서는 ① 미주 안에 몇 개의 지방회가 조직된 점, ② 각 지방회가 한국총회 직할이 되면 횡적 연락이 문제 된다는 점, ③ 교회 발전을 위한다는 점, ④ 주정부에 등록되었다는 점 등의 이유로 미주창립총회를 1980년에 개최하기로 결의했다. 1980년 2월 26일 오전 10시 나성성결교회에서 목사 16명, 장로 4명, 전도사 3명 참석해서 '기독교미주성결교회' 창립총회를 개최했다(초대 총회장 고 안수훈 목사).

1995년 5월 15-19일 워싱톤한인성결교회에서 제16회 총회가 개최되었는데, 이 총회에서 기독교대한성결교회와 기독교미주성결교회가 통합을 결의했다(총회장 신광철 목사). 당시 전체 교세는 8개 지방회, 130개 교회, 281명의 교역자, 장로 209명, 권사 499명, 집사 3,151명, 총 교인 1만5천835명이었다.

2001년 5월 7-11일 제22회 총회가 로고스교회에서 개최되었다. 효과적인 미주 선교 전략과 주정부의 등록을 근거로 명칭을 '기독교미주성결교회'라 정하며, 헌법의 1장부터 4장까지는 기독교대한성결교회의 헌법을 함께 사용하고, 5장 이하는 미주 실정에 맞게 헌법을 개정하여 사용하기

로 결의하고, 9월 한국총회에서 통과되었다(총회장 김석형 목사). 당시 교세는 지방회 7개, 교회 157개, 목사 211명, 전도사 137명, 장로 253명, 권사 632명, 집사 3천322명, 총 교인 1만7천235명이었다.

2021년 4월 19-21일에 제42회 총회를 온라인 줌(Online Zoom)으로 개최했다(총회장 윤석형 목사). 현재 교세는 지방회 13개, 교회 189개, 목사 391명, 전도사 130명, 장로 440명, 권사 1천354명, 집사 4천340명, 총 교인 1만8천134명이다.

2022년 4월 18-22일에 제43회 총회가 필라한빛교회에서 개최되었다. "일어나 빛을 발하는 미주 성결교회"(사 60:1-3)라는 주제로 열린 총회에서 이대우 목사가 새 총회장으로 선출되었다.

성장과 현재의 교세와 전망

초창기 미주 지역에 한인 성결교회(Korean Evangelical Church of America)를 세우는 일에는 어려움이 너무 많았다. 예배 장소를 빌리는 일, 교역자 수급의 문제, 미국 교단으로부터 지원받을 수 있는 교단이 아니라는 점, 신자와 언어 문제 등이다. 초창기 성결교회들이 교회를 창립하고 교회당을 빌려 교회를

2022년 4월 18-22일 제43회 총회가 필라한빛교회에서 개최되었다

시작해도, 성결교회 간판 아래서는 타교단 출신 신자들이 오지 않았을 뿐만 아니라, 무엇보다도 미주 안에 한국 성결교회와 관련된 교단이 없어서 도움 받을 길이 전혀 없었다. 그래서 나사렛, C&MA 교단 등과 연합하려고 했지만, 사중복음의 정신을 고수하고자 하는 성결의 용사인 목회자들이 독자적인 교단 안에서 모든 어려움을 이기고 오늘까지 성장해 올 수 있었다.

온갖 어려움 가운데 한국 성결교회 출신 교역자들만으로는 교단이 성장할 수 없기에 미주성결대학교(American Evangelical University)를 세워 목회자 수급 문제를 해결하고자 했다. 특별히 성결인들이 마음을 모아 적극 후원함으로 미주성결대학교는 ATS(북미신학교협의회), ABHE(성서적고등교육협의회) 정식회원 학교로, 미주 내 유수 신학교들과 어깨를 나란히 하고 성장하고 있다. 그뿐만 아니라 미군 군목을 파송하는 교단으로 인준이 되어, 현재 성결교회 출신 미국 군목 15명은 군대라는 특수사역 현장에서 복음 전파에 앞장서고 있고, 많은 군목 후보생들이 군선교를 준비하고 있다.

미주성결교회는 총회에서 정한 행정구역 내에 5개 이상의 당회 또는 10개 이상의 지교회로 조직되었는데 2021년 12월 말 현재, 남미(브라질, 아르헨티나, 파라과이, 우루과이, 멕시코), 남서부(LA 남부 시역), 동부(뉴욕, 보스턴), 동남부(애틀랜타, 앨라배마), 로스앤젤레스, 로스앤젤레스 동(LA 동부 지역), 북가주(산호세, 샌프란시스코), 서북부(시애틀, 포틀랜드, 밴쿠버), 워싱턴(버지니아), 중남부(텍사스), 중부(시카고), 중앙(뉴욕, 뉴저지), 캐나다(토론토, 몬트리올) 등 총 13개 지방회, 450명 교역자, 220교회, 2만2천 성도와 멕시코, 파라과이, 브라질의 원주민 성결교회들이 한마음으로 성결의 복음을 증거하고 있다.

미주성결교회는 이제 1세대와 다음 세대가 함께하며, 미주 한인 교회들과 원주민 교회들이 함께하는, 곧 한인들과 타민족이 주님과 함께함으로써(with Jesus) 전 세계가 성결복음으로 하나가 되기를 소망한다. 이를 위해 미국의 모든 주, 특별히 대도시들 중에 아직도 성결교회가 없는 곳에 교회를 세우려는 개척전략을 적극 추진하고, 멕시코, 파라과이, 브라질 지역에 원주민 성결교회를 집중적으로 개척하며, 선교센터를 세워 성결의 빛을 남미 전 지역에 비추기 위해 매진하고 있다. 또 땅끝까지 복음의 증인이 되라는 주님의 명령에 따라 아프리카, 중동 등 복음이 필요한 곳에 구원의 말씀과 성결의 삶을 전하기 위해 앞장서고 있는 목회자들과 성도들의 헌신을 통해서 나날이 부흥, 성장하고 있다.

역대 총회장

제1대 고 안수훈 목사, 제2대 고 정승일 목사, 제3대 허경삼 목사, 제4대 고 임병오 목사, 제5대 고 장중열 목사, 제6대 고 조명석 목사, 제7대 장석진 목사, 제8대 이용원 목사, 제9대 이정근 목사, 제10대 고 박재호 목사, 제11대 고 김태구 목사, 제12대 이석호 목사, 제13대 고 이우호 목사, 제14대 고 김석규 목사, 제15대 고 김말준 목사, 제16대 신광철 목사, 제17대 박수복 목사, 제18대 최승운 목사, 제19대 고남철 목사, 제20대 최치규 목사, 제21대 유지화 목사, 제22대 김석형 목사, 제23대 박성삼 목사, 제24대 고 이보현 목사, 제25대 고 정진수 목사, 제26대 김요환 목사, 제27대 송증복 목사, 제28대 최낙신 목사, 제29대 홍피터 목사, 제30대 윤종훈 목사, 제31대 김광수 목사, 제32대 이의철 목사, 제33대 김광렬 목사, 제34대 차광일 목사, 제35대 김병곤 목사, 제36대 조종곤 목사, 제37대 황하균 목사, 제38대 이상복 목사, 제39대 최경환 목사, 제40대 김용배 목사, 제41대 김동욱 목사, 제42대 윤석형 목사, 제43대 이대우 목사

제1대 고 안수훈 목사, 제2대 고 정승일 목사, 제3대 허경삼 목사, 제4대 고 임병오 목사, 제5대 고 장중열 목사, 제6대 고 조명석 목사, 제7대 장석진 목사, 제8대 이용원 목사

제9대 이정근 목사, 제10대 고 박재호 목사, 제11대 고 김태구 목사, 제12대 이석호 목사 제13대 고 이우호 목사, 제14대 고 김석규 목사, 제15대 고 김말준 목사, 제16대 신광철 목사

제17대 박수복 목사, 제18대 최승운 목사, 제19대 고남철 목사, 제20대 최치규 목사, 제21대 유지화 목사, 제22대 김석형 목사, 제23대 박성삼 목사, 제24대 고 이보현 목사

제25대 고 정진수 목사, 제26대 김요환 목사, 제27대 송증복 목사, 제28대 최낙신 목사, 제29대 홍피터 목사, 제30대 윤종훈 목사, 제31대 김광수 목사, 제32대 이의철 목사

제33대 김광렬 목사, 제34대 차광일 목사, 제35대 김병곤 목사, 제36대 조종곤 목사, 제37대 황하균 목사, 제38대 이상복 목사, 제39대 최경환 목사, 제40대 김용배 목사

제41대 김동욱 목사, 제42대 윤석형 목사, 제43대 이대우 목사

미주한인나사렛성결교회
Association of the Korean Church of the Nazarene
(창립 연도: 1990년/ 초대 디렉터: 전윤규 목사)

이계선 목사

LA 찬양교회 담임
현 미주한인나사렛성결교회 서기
달라스에서 알링턴안디옥교회 개척 담임 역임
나사렛신학대학원(Nazarene Theological Seminary)에서 수학

나사렛성결교회는 19세기 초 미국에서 일어난 성결운동과 영적 대각성운동으로부터 시작되었다. 우리 교단은 요한 웨슬리의 신학, 영성, 영향, 설교, 가르침을 받은 후손들이다. 하나님을 사랑하는 웨슬리의 마음이 나사렛 교단에 용해되었고, 미주한인나사렛성결교회의 토대를 이뤘다. 요한 웨슬리의 신학적 세 가지 특징은 "믿음을 통하여 은혜로 거듭나는 중생, 믿음을 통하여 은혜로 주어지는 그리스도인의 완전, 또는 성결, 그리고 은혜의 확증에 대한 성령의 내적 증거"이다.

1857년 늦가을 남북전쟁이 끝날 무렵 미국에서 영적 대각성운동(The Second Evangelical Awakening)이 일어났다. 이때 교파를 초월해 수많은 크리스천이 깊은 영적 갈급을 느끼고, 회개와 기도에 동참하는 운동이 일어나고, 수십만 명의 회심자들이 성결운동에 동참했다. 미국의 나사렛교회는 18세기 요한 웨슬리의 설교와 가르침에 기반을 둔 대각성운동과 1907년에 일어난 성결운동으로 말미암아 시작되었다. 이후 나사렛 성결교회는 긍휼사역(Compassional Ministry), 교육사역(Educational Ministry), 그리고 선교사역(Missional Ministry)에 대한 열정으로 미국 사회에서 개혁운동과 기도운동과 성결운동을 벌여왔다.

미국에서의 한인나사렛성결교회는 이민 역사와 함께 시작되었으며, 한인 디아스포라들이 미국에 정착하기 위해 힘든 이민자의 삶(언어의 벽, 외로움의 벽, 3D 업종의 과중한 업무)을 살면서도 교회를 세우고자 하는 헌신에서 비롯되었다. 비록 이방인으로서 많은 어려움과 장벽들이 있었음에도 불구하고, 북가주에서 시작된 한인나사렛성결교회는 서부, 중부, 동부로 확대되어 갔다.

1970년 5월 20일에 성결교 목사였던(1966년에 목사안수) 박노수 목사가 그 당시 북가주 지역 나사렛연회 감독인 재커리 박사(Dr. E. E. Zachary)의 도움을 받아 '산호세 나사렛교회'를 개척함으로 한인 나사렛교회가 시작되었다. 그 교회에서 33년간 사역한 박 목사는 1997년에는 노스할리우드에서 한인 목회자 회장으로 선출되어 2001년까지 한인 나사렛교회들을 섬겼다.

1969년에 심슨(Simpson)대학으로 유학 온 황성택 목사가 1971년 6월 4일 샌리앤드로(San Leandro)에서 두 번째 나사렛교회를 개척했으며, 1985년에는 새크라멘토 나사렛교회, 1988년에는 훼어휠드 나사렛교회, 그리고 1991년에는 발레호 한인교회를 네 번째로 개척한 후 2002년 은퇴했다.

2017년 목회자세미나 및 정기총회가 열렸다

미 중부 지역에서의 한인 나사렛교회의 시작은 1974년 김종수 목사가 시카고에서 한인 나사렛교회를 개척한 것을 시작으로, 1975년 전윤규 목사가 오클라호마에서 개척했고, 1979년에는 무이시애나주에서 정윤걸 목사가 레드리버 한인 나사렛교회를 개척했다.

남가주에서는 1971년 2월 14일 캘리포니아 LA에서 한수근 목사의 개척을 시작으로, 1975년 권구철 목사가 제일나사렛교회를 개척했고, 그 이후 1980년 초 이봉환 목사가 웨스트체스터(West Chester)에서 개척했다. 동부에서는 1978년 이문구 목사가 뉴욕 한인교포교회를 개척한 이후, 1982년 최웅렬 목사가 후러싱 나사렛교회를 개척하고, 1983년에는 이병홍 목사가 뉴욕에서 개척을 했다.

한인 나사렛성결교회는 1990-1997년까지 전윤규 목사가 한인 교회 디렉터로 사역했는데, 정식으로 '한인 선교 디렉터'가 탄생한 것은 1997년으로, 북미주 선교 디렉터였던 고 탐 니스 박사(Dr. Tom Nees)의 요청으로 김인경 목사가 선출되어 2005년까지 사역을 했고, 2005-2015년까지는 이봉하 목사가, 2015-2022년 현재까지는 이성헌 목사가 맡고 있다.

첫 번째 한인 교단장은 당시 한인 교회 디렉터였던 전윤규 목사로, 1997년까지 사역했다. 그 이후 1997-2001년까지 박노수 목사(산호세 나사렛교회)가 담당했고, 2001-2005년까지 이문구 목사(뉴욕 한인교포교회), 2005-2007년까지는 강영석 목사(내쉬빌갈보리교회), 2007-2013년까지는 김성대 목사(LA 찬양교회), 2013-2015년까지는 이봉하 목사(애나하임 아름다운교회), 그리고 2015-2022년까지는 이성헌 목사(뉴욕 행복한교회)가 맡아서, 한인 나사렛교회들이 미 전역에서 목회와 선교에 힘쓰도록 도와주었다.

미주한인나사렛성결교회 총연합회의 주요 활동

현재 미국 내 한인 나사렛교회에는 100여 개 교회가 소속되어 있고, 목회자는 127명이다. 2년에 한 번씩 미주한인나사렛총연합회 총회가 열리며, 한인나사렛성결교회 교역자 부부와 평신도 대표, 해외선교사들과 한국의 교역자 등이 참석한다. 또 총회 중에 목회자세미나 및 선교대회도 함께 개최한다. 그리고 2년에 한 번씩 각 지방회를 주축으로 목회자 가족수련회를 갖고 나사렛 한 가족으로서의 친목을 나누고 나사렛의 정체성을 재확인한다.

2005년 6월 13-17일 콜로라도 힐튼 덴버 윈터팍호텔에서 정기총회(총회장 이문구 목사)를 개최했다. 이 대회 주강사는 G-12 창안자로 교회 부흥과 발전에 크게 공헌한 김삼정 목사(카자흐스탄 선교사)이며, 세미나에서는 이문구 목사와 류수현 목사(나사렛성결교회 한국 총회장), 김영백 목사(전 나사렛성결교회 한국 총회장) 등이 강의했다.

미주한인나사렛성결교회 총연합회(총회장 이봉하 목사)는 또 2014년 9월 29일-10월 2일에 목회자세미나를 캘리포니아 애나하임의 아름다운교회에서 개최, 50여 명의 목회자가 참석했다. 목회자세미나에서는 특별히 교단 내 『마스터플랜』(Master's Plan)의 선구자인 크레이그 랜치(Craig W. Rench) 목사의 제자훈련 강의와 DCPI(Dynamic Church Planting International, 이하 DCPI)에서 제공하는 교회개척 프로그램(Church Planting Essentials, 이하 CPE)에 관한 강의가 있었다.

크레이그 목사는 애나하임 제일나사렛교회의 담임목사이며 『마스터플랜』(Master's Plan)의 저자로, 1천 페이지가 넘는 이 제자훈련 교재를 참석자들이 사용하도록 허락해주었다. 영문 책자는 시카고 나사렛교회를 담임하는 양정석 목사에 의해 번역되었다. CPE는 교회개척을 위한 실제적인 이론, 실행계획 및 시간표(Timeline) 등을 총체적으로 배울 수 있는 프로그램으로, 총연합회 회장 이봉하 목사, 총무 이원규 목사가 이에 관해서 강의했다. 프로그램 이수자에게는 DCPI에서 제공하는 수료증이 전달되었다.

2015년 9월 28일-10월 1일에 정기총회 및 목회자세미나가 샴버그나사렛성결교회에서 개최되었다. 함께 개최된 목회자세미나에서는 "역사, 지리적 배경에서 보는 성경"이라는 주제로 성서지리연구원 대표 이주섭 목사가 강의했다.

2017년 12월 11일 미주한인나사렛성결교회 남서부지방회(회장 전성천 목사)가 LA 찬양교회(김성대 목사)에서 성탄절 감사예배를 드리고 송년회를 개최했다. 이날 이원규 목사의 기도 후, 이봉하 목사는 설교를 통해 "모든 나사렛성결교회가 한 몸으로 연합하여 충성스럽게 주의 사역에 헌신한 한 해였다. 오늘 성탄의 기쁨을 함께 나누며 감사하는 마음으로 송년과 새해를 맞이하자"고 하면서 목회자들의 수고를 치하하고 격려했다.

2018년 6월 25-28일 미주한인나사렛성결교회 총연합회(총회장 이성헌 목사)는 애리조나 그랜드캐니언에서 가족수련회를 개최했다. "건강한 가정, 건강한 목회"라는 주제를 열린 수련회에 152명의 나사렛 가족이 참석했다. 또 한국에서 한국나사렛대학교 임승안 총장, 류두현 증경 감독, 양영호 목회학연구위원장, 곽호경 나사렛교회 담임목사가 참여했다.

2019년 10월 28일-11월 1일에는 정기총회(총회장 이성헌 목사) 및 목회자세미나가 플로리다 마이애미에서 개최되었다. 이성헌 목사가 만장일치로 총회장에 연임되었다. 특별히 이 총회와 세미나는 마이애미에서 크루즈를 타고 키웨스트, 멕시코 코즈멜 등지를 탐방하는 가운데 열렸다. 목회세미나에서는 김성남 목사가 세 번의 강의를 통해 목회자 부부의 행복지수를 재점검하는 시간을 가졌다. 또 한국에서 온 양영호 목사는 "나사렛, 우리는 과연 누구인가?"라는 질문을 통해 나사렛교단의 정체성을 재확립하도록 도전하는 메시지를 강의했다. 남서부지방회장인 이원규 목사는 "아동보호 및 안전수칙 교육"이라는 제목의 강의에서 교회 안에서 발생할 수 있는 성범죄의 예방 및 발생시 조치사항에 대해서, 이수정 사모는 "자기 대면의 삶"이라는 제목의 강의에서 크리스천들도 걸릴 수 있는 우울증 증세에 관해서 설명했다.

역대 한인총회장

제1대 전윤규 목사, 제2대 박노수 목사, 제3대 이문구 목사, 제4대 강영석 목사, 제5대 김성대 목사, 제6대 이봉하 목사, 제7대 이성헌 목사

제1대 전윤규 목사, 제2대 박노수 목사, 제3대 이문구 목사, 제4대 강영석 목사, 제5대 김성대 목사,
제6대 이봉하 목사, 제7대 이성헌 목사, 제8대 이원규 목사

미주한인예수교장로회(KAPC)
Korean American Presbyterian Church

(창립 연도: 1978년/ 창립 총회장: 이인재 목사)

오세훈 목사

세계소망교회 담임
미주한인예수교장로회 현 총회장
KAPC 개혁신학교 졸업(M.Div.)
Reformed Theological Seminary(D.Min.)

교단 창립

1970년대 초부터 이민자의 급증과 함께 북미주 각처에 교회들이 세워지던 중 대한예수교장로회 합동측 장로교회가 이민자들의 밀집 지역에 개척 설립되면서 독립적인 노회를 형성하게 되었다. 그중에서 로스앤젤레스의 가주노회, 뉴욕의 뉴욕노회, 필라델피아의 필라델피아노회, 시카고의 중부노회, 토론토의 캐나다노회 등 5개 노회들은 모국 총회에 가입을 원했으나 상황이 여의치 않아 독립교단을 설립하자는 의견이 모아졌고, 가주노회 대표로 조천일 목사가 산파 역할을 담당하여, 1978년 2월 8일 필라델피아에서 미주한인예수교장로회를 창립하게 되었다.

이날 "추수할 때는 지나가는데"라는 주제하에 당시 필라델피아노회의 노회장이었던 장상선 목사의 사회로 창립총회가 시작되었다. 보수신학의 산실인 웨스트민스터신학교의 밴틸홀(Van Til Hall)에서 개최된 창립예배에서는 당시 교장이었던 클라우니 박사가 축사하였다. 다음날 2월 9일 밸리 포지(Valley Forge)의 프리덤화운데이션(Freedom Foundation)에서 회의가 속개되어 초대 총회장에 최고령자이며 옥중성도(독립운동가) 이인재 목사를 선출하였다.

창립 총회는 미국과 캐나다 지역의 5개 노회로부터 목사와 장로 32명이 참석하였는데 창립 총회에 참석한 노회와 회원들은 다음과 같다.

노회명: 가주노회, 뉴욕노회, 필라델피아노회, 중부노회, 캐나다노회

창립 총대: 계화삼, 고응보, 공광식, 김병도, 김수흥, 김영욱, 김영환, 김용진, 김재광, 김치묵, 문인기, 박정식, 박치순, 안병한, 이익관, 이인재, 이종표, 임근하, 임대훈, 장상선, 장영춘, 정영규, 조천일, 최학도, 최헌우, 황보연준(이상 목사 총대 26명)

김영식, 김처호, 박산석, 임현덕, 정찬봉, 조신명(이상 장로 총대 6명)

교단 분립과 확장

5개의 노회로 시작한 본 교단은 발전을 거듭하였다. 1978년 가주노회, 뉴욕노회, 필라노회, 중부노회, 캐나다노회 이상의 5개 노회가 총회로 설립된 후, 그 해에 1978년 가주노회로부터 북가주노회가 분립하였다. 이어서 1981년 뉴욕노회로부터 동남부노회가 분립하였고, 1982년 가주노회로부터 남부노회가 분립되었으며, 1983년 미주서북노회가 가입하였다.

1984년에는 뉴욕노회로부터 워싱턴 DC를 중심한 수도노회가 분립되었고, 1985년에는 중남미(파라과이)노회가 가입하였다. 1987년 가주노회로부터 남가주노회가 분립되었고, 1990년 남미노회가 중남미노회로 병합되었다. 1992년에 뉴욕노회에 뉴욕서노회가 가입, 이듬해인 1993년 총회에서 뉴욕노회는 뉴욕동노회로 개명, 뉴욕노회는 2개의 노회로 분립 확장되었다.

1994년에는 가주노회로부터 서가주노회가 분립되었고 같은 해에 브라질노회가 가입하게 되었다. 이어 1996년에는 하와이노회와 미주동북노회가 가입하였고, 같은 해 뉴욕동노회로부터 뉴잉글랜드노회가 분립하였다. 1998년 뉴질랜드노회가 가입하였으며, 1999년에는 대한예수교장로회 대회 측에 소속되었던 동미주노회가 스스로 해산하고 현지 본 노회로 가입하기로 결정하였으며, 대회 측 서북노회가 가입함으로 가미노회와 합병하여 서북미노회로 개칭하였고, 같은 해 뉴욕서노회와 동북노회가 또한 합병하여 명칭을 뉴욕서노회로 하기로 하였다.

2000년에는 필라노회로부터 펜실바니아노회가 분립되었고 2002년에는 2세들의 필요를 충족시키기 위해 영어노회 설립을 허락했다. 이어 2003년에는 북미주노회라는 명칭으로 영어노회가 설립되었으며, 북가주노회가 동노회와 서노회로 분립되었고, 또한 가주노회로부터 로스앤젤레스노회가 분립되었다. 2005년에는 북가주서노회에서 북가주남노회로, 2008년에는 수도노회로부터 워싱톤노회가 분립되었다.

2009년에는 태평양노회가 가입하였으며 뉴욕동노회 분립을 허락하였으며, 2012년에는 로스앤젤레스노회로부터 LA중앙노회가, 중부노회로부터 록키마운틴노회가 분립하였다. 2013년에는 서북미노회에서 가미노회가 분립되었고, 2014년에는 뉴욕노회로부터 가든노회가, 서가주노회로부터 동가주노회가 분립되었다. 2015년에는 북가주남노회, 북가주동노회, 북가주서노회가 북가주노회로 통합되었다. 2017년에는 남가주노회로부터 서남노회가 분립되었고, 2018년에는 동남아노회를 아시아노회로 개명하였다. 2019년에는 로스앤젤레스노회와 LA중앙노회가 로스앤젤레스노회로 통합되었다. 2020년에는 북미주노회를 북미주동노회와 북미주서노회로 분립하였다.

총회의 특기할 만한 내용

제2회 총회(총회장 계화삼 목사)는 북미주개혁장로교단협의회(NAPARC)에 대표를 파견하였으며, NAPARC의 정식 회원이 되었다. 제3회 총회(총회장 이현달 목사)는 총회 헌법을 제정하여 총회가 지향하는 신앙과 정치의 근본 골격을 개혁신앙으로 확인하였다. 그리고 국제개혁신학교를 접수하였다. 제4회 총회(총회장 김치묵 목사)에서는 총회의 직영신학교인 개혁장로회신학교가 탄생하였다. 제8회 총회(총회장 조천일 목사)는 극단적 자유주의, 불건전한 신비주의자들과 강단교류를 금하기로 하였으며, 각 지교회는 목사 은퇴연금으로 사례비 10%를 적립하도록 결정하였다.

제9회 총회(총회장 김병도 목사)는 중남미노회(파라과이)를 설립하기로 하였다. 제10회 총회(총회장 황보연준 목사)는 개혁장로회신학교 중남미분교를 설립하기로 하였으며, 브라질에 신학교 분교 설립을 허가하였다. 제11회 총회(총회장 김복출 목사)는 트리니티(Trinity)신학교와 고든 콘웰(Gordon Conwell)신학교를 인준하고, 개혁장로회신학교의 동부신학교 분립을 허락하였다. 제12회 총회(총회장 서재승 목사)는 온타리오신학대학원을 인준하였다. 제14회 총회(총회장 김화일 목사)는 워싱턴개혁장로회신학교와 상항성서신학대학, 대학원을 인준하였고, 강단교류는 복음주의 교단에만 허락함을 확인, 결정하였다.

제15회 총회(총회장 안병한 목사)는 『한영헌법』과 『한영세례문답서』를 출판하였으며, 제16회 총회(총회장 김재창 목사)는 총회 산하 신학교의 명칭을 제정하였다. 제18회 총회(총회장 김용천 목사)는 브라질국제선교신학대학, 남미개혁장로회신학교를 인준하였다. 제19회 총회(총회장 류도일 목사)는 남미개혁장로회신학교의 ASIT를 신청하도록 허락하였다. 북미주를 비

1995년 6월 20-23일 19회 총회가 퀸즈장로교회에서 열렸다

롯하여 남미 지역에 이르기까지 직영 및 인준 신학교가 8개가 되었다. 그뿐만 아니라 웨스트민스터신학교를 비롯한 북미주의 신학교 중에 개혁신학을 견지하는 신학교들을 인준 신학교로 정하였다.

제21회 총회(총회장 이근신 목사)는 영어목회부를 신설하기로 하였다. 제22회 총회(총회장 최헌우 목사)는 회원의 2중 교단직이 불가함을 확인하고 징계되어 제명된 목사의 타노회로 가입이 불가함을 확인하였다. 제23회 총회(총회장 조동소 목사)는 워싱턴(서북노회 직영)신학교를 인준했다. 제24회 총회(총회장 천성덕 목사)는 신조, 웨스트민스터신앙고백서, 대요리문답, 소요리문답, 정치, 헌법적 규칙, 권징조례, 예배 모범의 헌법채택을 확인하였다.

제25회 총회(총회장 이영섭 목사)는 예배당 내에서는 어떠한 깃발이라도 게양하지 않는 것을 확인하고 영어노회 설립을 허락하고 설립조직위원회를 결성하였다. 제26회 총회(총회장 송용걸 목사)는 북미주노회를 설립을 허락하여 미주에 있는 한국 교단으로는 최초로 영어노회(북미주노회)를 설립한 총회가 되었다. 북미주노회는 모든 회의를 영어로 진행하기 때문에 2세들과 그 외에 영어권의 사역자들이 자유롭게 활동할 수 있게 되었다.

제27회 총회(총회장 김경진 목사)는 신학교특별관리위원회를 설립하도록 허락하여, 3년 동안 현지를 출장하며 직영 신학교와 인준 신학교를 감독 관리하였다. 제28회 총회(총회장 황은영 목사)는 총회 산하에 KAPC 세계선교회를 설립하였다. 동 선교회는 2005년 7월 11일 정관과 조직을 갖추어 출범함으로써 본 교단은 미주에서 선교회를 가진 최초의 교단이 되었다.

제32회 총회는 한국 합동 측 및 총신과의 행정교류를 더욱 강화해 나가기로 하였으며 합동 측

총회 제93회 총회(2008.9.22-26)에서도 이를 추진하기로 하였다. 또한 『총회 30년사』를 발행하고 수정된 헌법 책을 발행하였다. 제33회 총회(총회장 송찬우 목사)는 각 노회의 규칙을 통일하기로 하였으며, 남·여전도회 연합회를 조직하고 칼빈 탄생 500주년 기념 평신도대회를 개최하기로 하였다.

제34회 총회(총회장 문성록 목사)는 상임위원회를 설치하고, 헌법 체제를 개편하도록 하였다. 대한예수교장로회(합신)와의 교류가 체결되었으며, 우리 교단과 대한예수교장로회총회(합동)와의 행정교류 협정이 미주에서는 유일하게 지난 합동 측 제95회 총회에서(2010.9.20-24) 정식으로 체결됨으로써 양 교단과의 교류가 확대되었다.

제35회 총회(총회장 강기봉 목사)는 신사도 운동 IHOP의 이단성에 관한 문제에 대하여는 불건전한 신학과 신앙운동이므로 일체의 참여 및 교제(교류)를 금지하기로 하였다.

제36회 총회(총회장 김남수 목사)는 베리 칩이 예수 그리스도의 구속의 은혜를 좌우할 수는 없다는 것과 손기철 장로와 김종필 목사 등 신사도운동에 관련된 자들을 경계하고 교류를 금하였고 "인터콥선교회의 선교정신과 사역은 우리 교단이 표방하는 개혁주의 정신에 위배되며 탈교회적이고 반지성적, 반이성적이므로 교류를 금한다"라고 결정하였다.

제37회 총회(총회장 엄영민 목사)는 재판국 판결로 총회기소위원의 고소장에 대하여 헌법 제7편 권징조례 제7장 즉결 처단의 규례 제48조와 제6장 직원에 대한 재판 규례 제42조에 의거하여 난동자 11인과 이탈자 9인에게 면직을 선고하였다.

제41회 총회(총회장 유재일 목사)는 고신교단과 MOU를 체결하였으며, 제42회 총회(총회장 김재열 목사)는 목사·장로기도회를 7개 지역(동부, 서부, 중부, 캐나다, 동남아, 중남미, 가미)으로 나누어 실시하기로 하였고 교단 내 목회자 연장교육 'KAPC 목회와 신학 포럼'을 매년 실시하기로 하였다.

제44회 총회(총회장 조문휘 목사)는 유래 없는 COVID19 팬데믹으로 인해 원근 각지 5대륙에서 총대들이 비대면으로 참여하는 최초 ZOOM 화상총회로 개최되었다. 또한 처음으로 총회

2022년 5월 10-13일 제46회 총회가 시카고 헤브론교회에서 열렸다

제46회 총회장 홍귀표 목사

준비위원회를 선거관리위원회로 하여 전자메일 투표를 통해 부총회장을 선출하였다. 총회는 COVID19로 어려움을 당하는 60개 교회를 돕는 운동을 벌였다. 상임교육위원회 주최로 "목회와 신학 포럼"을 비대면 화상강좌로 진행하였으며, 교육부는 "청교도 400주년" 강좌를 화상으로 진행하였다.

제45회 총회(총회장 오세훈 목사)는 지속되는 팬데믹 상황 속에서도 비대면 화상총회로 모였다. 어려운 여건 속에서도 세계 각 지역에서 311명의 총대가 온라인으로 접속, 참석하였고 9년 전 분실된 총회 휘장(깃발)을 새롭게 제작하여 총회 석상에서 선보였으며 한국 교단의 친선 사절들과 전직 총회장들의 축하 영상을 상영하였으며 총회 은급 프로그램으로 RBI(PCA를 비롯한 네이팍교회들의 은퇴 플랜)에 가입하자는 청원을 허락하고 매년 총회 예산의 10%를 은급비로 책정하여, RBI에 가입한 회원에게 보조금으로 주는 청원을 허락하였다. 청소년지도부의 다음 세대 교육을 위한 상임위원회 준비 연구를 허락하고 청소년을 위한 특강 준비를 위한 강의를 허락하였다.

미주한인예수교장로회 제46회 총회가 "교회의 기초와 권세"(마 16:13-20)라는 주제로 5월 10일(화)부터 13일(금)까지 시카고 힐튼호텔과 시카고 헤브론교회에서 열렸다. 2020년 3월 팬데믹 후에 정기총회를 2년 동안 화상, 그리고 대면과 비대면 화상으로 열었으나, 마침내 올해는 화상참여가 없는 대면방식으로 열렸다.

교단의 교세

미주한인예수교장로회 총회는 31개의 노회에 1,250여 명의 목사와 7만여 명의 세례교인을 가진 교단으로 해외에서는 가장 큰 한인장로교단으로 성장하였고, 그 지역 범위가 넓은 교단으로 장족의 발전을 하게 되었다. 이와 함께 지교회는 약 650개 교회로, 세례교인은 약 70,000명, 유아세례 교인도 약 10,000명으로 파악되고 있다.

또한 2022년 3월 현재 총회 KAPC World Mission Society가 파송한 선교사가 30여 개 나라에 105가정이며 PRCC의 정회원인 본 교단 목사 중 미국의 육군과 해군에서 활약하는 군목도 34명이 되었다.

복음언약장로교(ECO)
A Covenant Order of Evangelical Presbyterians

(창립 연도: 2012년/ 초대 한인 교회 코디네이터: 고태형 목사)

고태형 목사

선한목자교회 담임
버지니아 리치몬드중앙교회 담임 역임
연세대학교 정외과 졸업
장로회신학대학 신대원 졸업
유니온장로교신학대학원(Union-PSCE) 기독교교육학 박사

복음언약장로교(A Covenant Order of Evangelical Presbyterians) 교단은 2012년 1월 장로교회의 한 신생교단으로 출범했다. 2022년 2월 현재 419개의 교회와 12만7천 명의 세례교인이 회원으로 등록되어 있다.

교단의 출범

2010년 여름 이후 PCUSA의 몇 교회 담임목사들이 급격한 교단 회원의 감소세에 염려하며 새로운 목회 방향을 촉구했다. 이와 더불어 2011년 여름에 PCUSA는 헌법을 수정하여 동성애자들도 목사, 장로, 집사로 안수받고 교회 지도자가 되는 것을 허용했다.

이에 PCUSA 안에 있는 복음주의 진영의 지도자들이 진보성향의 지도자들과 만나 교단 헌법에 수록된 결혼의 정의를 바꾸지 말 것과 교회 재산권을 개교회에 돌려줌으로써, 교회 재산을 교단을 떠나지 못하게 하는 억제 수단으로 삼지 않겠다는 것을 선언할 것을 요청했다.

그러나 이와 같은 제안들이 거부되었다. 따라서 복음주의 진영은 신학적인 차이로 인해 부득이 PCUSA 교단을 떠날 수밖에 없는 교회들을 위하여 급히 새로운 교단을 시작하는 문제를 결정했다. 이 결정으로 2012년 1월 플로리다 올랜도에서 2천200여 명이 모여 '복음언약장로교'(A Covenant Order of Evangelical Presbyterians, 이하 ECO)라는 새로운 교단을 결성하게 되었다.

2016년 1월 ECO 교단 총회가 캘리포니아 뉴포트비치의 세인트앤드류스교회에서 열렸다

교단의 이름

복음언약장로교(ECO)라는 이름은 교단의 영어 이름 약자는 아니다. ECO는 개교회들의 영적인 생태계(Ecosystem)를 강화하려는 열정을 상징하는 이름이다. 교회는 성장하고, 발전하며, 증식하기 위해 계속해서 생명력을 제공하는 영적 자원을 필요로 하는 살아 있는 유기체이다. 따라서 ECO 교단은 목회자들과 교회들이 성장할 수 있도록 건강하고 다양한 자원을 제공하는 생태계를 키워나가는 일에 헌신하고 있다.

교단의 영어이름 "A Covenant Order of Evangelical Presbyterians"는 다음의 의미를 가지고 있다.

Covenant   지도자들을 책임 있는 관계로 연결시키고 협력사역을 격려한다.
Order   함께 고백하는 신학적인 핵심을 중심으로 서로 연합하면서 생명의 길에 헌신한다.
Evangelical   예수 그리스도의 복음을 증진시키며 새로운 선교적 커뮤니티를 개척한다.
Presbyterian   개혁교회 유산 안에 서 있는다.

한인 교회들

텍사스 내 한인 교회로는 처음으로 달라스베다니장로교회(당시 박준걸 목사, 현재 장햇살 목사)가 2013년 9월 10일 미국장로교단(PCUSA)으로부터 민주적 절차를 밟아 '관계해소'가 되어 마침내 10월 17일 ECO에 가입했다. 민주적 절차에 따른 관계해소를 가능하게 한 것은 PCUSA의 은혜로운 결별정책(Grace Dismissal Policy)이었다. 이러한 결별은 미주 내 한인 교회로서는 처음 있는 일로, '관계해소' 후 ECO로의 진입이라는 선례를 남겼다.

휴스턴사랑의교회(장천재 목사)도 2016년 PCUSA를 탈퇴하고 ECO 교단에 가입하기로 했는데, 이러한 과정은 공동의회를 통한 교인 100%의 찬성으로 이뤄졌다.

달라스의 빛내리교회(정찬수 목사)도 지난 2017년 10월 1일 'PCUSA 교단과의 결별 및 ECO 교단 가입에 대한 투표'에서 활동교인 84% 참석, 총 687명 투표, 찬성 98.3%라는 압도적인 결과로 교단 탈퇴가 가결되었다. 그리고 같은 해 12월 1일에는 1976년부터 속해 있던 PCUSA 교단을 공식 탈퇴하고, ECO 교단에 가입했다.

2019년 1월 교단 총회가 콜로라도스프링스제일장로교회에서 개최되어 총회 기간에 한인 교회 지도자들이 간담회를 하고 있다

또 1997년에 설립되어 뉴저지 주요 대형 교회로 발전한 필그림교회(양춘길 목사)가 2017년 8월 13일 임시공동의회에서 20여 년간 소속되었던 PCUSA 교단 탈퇴안이 1천22명 투표 98.1% 찬성으로 가결, ECO교단 가입안이 96.7% 찬성으로 가결하여 같은 해 9월 12일 ECO에 정식 가입, 복음언약장로교단 동북부노회에 소속되었다. 교회는 파라무스에 있는 1천200만 달러 상당의 예배당 건물을 PCUSA에 비워주고 새로운 장소로 이전했으며, 교회 이름을 '필그림선교교회'로 바꾸었다.

한편 캘리포니아에서는 산호세온누리교회(김영련 목사)가 2015년 교단 탈퇴에 관한 교인들의 의견을 수렴한 결과 94%가 탈퇴에 찬성, 이때부터 미국장로교 산호세노회와 교단 탈퇴 절차와 교회 건물 사용 등 협상에 나섰으며, 마침내 2017년 5월 6일 PCUSA에서 탈퇴 절차를 마치고 ECO에 가입했다.

치노힐스 선한목자교회(고태형 목사)도 2015년 3월 29일 열린 공동회의에 활동교인 745명이 참석한 가운데 교단 탈퇴 찬성 709명, 반대 33명, 무효 3명의 압도적인 찬성표로 교단 탈퇴 안건이 가결되어 교단 탈퇴를 선언하고, 2015년 3월 29일 PCUSA를 탈퇴 후 5월 21일 ECO에 가입했으며, 10월 1일 많은 교인이 PCUSA에 남아 있는 로렌하이츠의 선한목자장로교회에서 나와서 치노힐스로 이전, 선한목자교회를 새롭게 세웠다.

워싱턴주에서는 타코마중앙장로교회(이형석 목사)가 2014년 11월 16일 공동의회에서 PCUSA 교단 탈퇴 결정(88% 찬성), 2016년 4월 24일 공동의회에서 교단과 관계해소 및 재산권을 합의한 후, 6월 7일 ECO로 교단을 변경했다.

타코마중앙장로교회에 앞서 페더럴웨이 지역의 최대 한인 교회인 평안교회(강성림 담임목사)도 2015년 12월 27일 공동회의에서 PCUSA 교단과 관계해소에 대해 찬성 282명, 반대 16명, 기권 8명으로 결론나서, 관계해소 절차에 들어갔다. 2016년 2월 28일 ECO 교단 가입을 공동회의에서 결정하고, 4월 19일 시애틀노회에서 평안교회의 교단 관계해소를 결의했다. 같은 해 7월 1일에 정식 ECO 교단 교회로 이전되었다.

ECO 소속 한인 교회들은 2022년 2월 현재 18개로, ECO-KCN(Korean Church Network)으로 연결되어 있다. 여기에 속한 교회들은 달라스베다니장로교회, 뉴저지드림교회, 반석장로교회, 산호세온누리교회, 선한목자교회, 어스틴한인장로교회, 올림피아하나장로교회, 타코마중앙교회, 타코마연합장로교회, 테메큘라한인장로교회, 평안교회, 필그림선교교회, 휴스턴사랑의교회, 달라스 빛내리교회, 산라몬 호산나교회, 클락스빌교회, 파나마시티 아가페장로교회, 코퍼스 크라스티한인장로교회 등이다.

한인 교회들의 모임은 2017년부터 네트웍이 구성되었는데, 코디네이터로는 고태형 목사(CA 치노힐스 선한목자교회), 총무로는 권기현 목사(NJ C&G 교회)가 섬기고 있다.

북미루터교회 한인총회
The Korean Ministry Conference of the Lutheran Church Missouri Synod
(창립 연도: 1986년/ 초대 총회장: 문상익 목사)

송진엽 목사

베다니루터교회 담임
루터교단 편목
EZ Financial 금융회사
콩코디아대학교 얼바인 수료

한인총회 출범

루터교회 미주리시노드(Lutheran Church Missouri Synod)는 미국 복음주의루터교회(Association of Evangelical Lutheran Churches)와 함께 미국의 2대 루터교회 중 하나이다. 19세기 초에 독일에서 이민 온 루터교인들이 미국에 정착하였는데, 미주리주에 가장 많이 정착해 미주리시노드라는 이름이 붙었다.

한국에 들어간 최초의 개신교 선교사 칼 귀츨라프(Karl Friedrich August Gutzlaff)는 루터교 목사였다. 1832년 황해도 몽금포에 도착, 백령도를 거쳐 충청남도 고대도로 갔다고 알려졌으며, 그곳에서 25일간 체류하며 주민들에게 한문성경을 주었고 주기도문을 한글로 번역하려고 했다고 한다. 1958년 지원용 목사가 한국인 최초 루터회 선교사로 파송받아 미국인 선교사 3명과 함께 한국으로 입국했다. 이때 설립된 루터교회가 기독교한국루터교회다. 그러나 북미루터교회 한인 교회들은 한국의 루터교단과는 상관없는 루터교회 미주리시노드에 속한 교회들이다.

초대 총회장 문상익 목사

북미루터교회 한인총회는 1986년 4월 7일(월) 미주리주 세인트루이스에 위치한 루터교회 미주리시노드 국제빌딩 424호 회의실에서 루이스 함스 박사(Dr. Louis Harms)의 인도로 창립예배를 드림으로 발족했다. 참석자 루이스 함스 박사, 에드워즈 웨스트코트 박사(Dr. Edward Westcott), 리너츠 목사(Rev. Leenerts)와 문상익 목사, 최영식 목사, 장승철 목사, 고창수 목사, 홍영환 목사, 송천호 목사, 김동진 목사(총 10명) 등을 발기인으로, 마틴 루터의 종교개혁 정신을 계승하여 한인 사회에 "오직 믿음, 오직 은혜, 오직 성경"의 정신을 전파하기 위해 한인총회가 시작된 것이다.

주요 한인총회 및 연합 행사

2002년 6월 6-8일 제17차 북미주한인루터교 목회자협의회 총회가 개최되었다. 총회에서는 권영만 목사가 "미래 목회의 방향"(Vision for Internet and Mission)이라는 제목의 세미나에서 강연했다.

2004년 6월 21일-23일에는 라스베이거스에 위치한 제일선한목자루터교회에서

2002년 6월 6-8일 열린 제17차 북미주한인루터교 목회자협의회 총회 배너

제19차 정기총회를 열고, 총회장에 권영만 목사(모레노밸리은총교회)를 선출했다. 개회예배는 권영만 목사의 사회, 이동기 목사 기도와 문상익 박사(얼바인 콘코디아대학교 부총장)의 "협력하여 선을 이루자"라는 제목의 설교에 이어 홍영환 목사(중앙루터교회)의 집례로 성찬식이 행해졌다. 이날 새로 선임된 총회임원은 총회장 권영만 목사, 부총회장 강만석 목사, 서기 손성근 목사, 회계 이동기 목사이다.

2017년 10월 21일 LA한인타운 소재 중앙루터교회(중앙루터교회 담임)에서는 "종교개혁 500주년 기념 연합예배"를 드렸다. 당시 총회장 홍영환 목사 인도로 시작된 연합예배는 개회기도, 마

2017년 10월 21일 종교개혁 500주년 기념 연합예배가 중앙루터교회에서 열렸다

틴 루터가 지은 찬송가 384장 "내 주는 강한 산성이요"를 부른 뒤, 회중의 "죄의 고백" 등의 순서가 이어졌다. 이어서 장시몬 목사(뉴욕 임마누엘교회) 기도, 송진엽 목사(베다니선교교회)의 시편 46편, 김신호 목사(예수사랑교회)의 예레미야 31장 34절, 김창수 목사(아틀란타 산믿음교회)의 로마서 3장 19-21절 등의 성경봉독이 있은 후, 임성우 목사(뉴욕 은혜교회)가 마태복음 7장 21-27절을 본문으로 메시지를 전해 주었다. 홍 목사는 이날 말씀을 통해, "종교개혁은 혁명이 아니고 교회개혁 운동이었다. 교회개혁운동의 핵심은 '오직 성서로만, 오직 은혜로만, 오직 믿음으로만'으로 요약할 수 있다"며, 루터의 신학은 "십자가의 신학"이라고 강조했다.

2019년 6월 27일에는 오후 4시부터 29일(토) 정오까지 웨스트민스터에 있는 베다니선교교회(송진엽 목사)에서 정기총회를 가졌다. 이날 정기총회는 "다시 말씀으로 돌아가자"라는 주제로 열렸는데, 문현봉 총회장은 "마틴 루터 킹의 종교개혁 사상을 이어서 말씀 중심의 교회를 확장해 나가자"라고 말했다.

교단의 현재 및 문호개방, 그리고 편목제도(Colloque)

현재 북미주한인루터교회에 소속된 목회자는 2021년 기준 90명이며, 북미주 전역에 30여 한인 교회가 분포되어 있는데, 루터교 한인총회는 더욱 많은 한인 목회자들을 길러내고 영입함으로써 하나님의 건강한 교회를 세워 나아가기 위해 앞장서고 있다. 미국 교단과의 긴밀한 협력으로 목회자 재교육 및 각종 재정지원, 교회건물 사용 등의 혜택을 제공할 수 있는 건강하고 튼튼한 자원을 갖추고 있다.

우리 교단은 한인 목회자들에게 문호가 개방되어 있다. 루터교회의 정신 아래 세워진 컨콜디아대학(Concordia University)에서 신학과 학문을 연구할 수 있도록 편의를 제공하고 있다. 또한 미주리주 세인트루이스와 인디애나주 포트웨인(Fort Wayne)에 위치한 컨콜디아신학대학원(Concordia Seminary)에서는 우수한 강사진을 통해 훌륭한 목회자들을 배출하고 있으며, 타교단에서 이미 신학을 마치고 안수를 받은 목회자들을 위한 편목(Colloque)교육도 실시하고 있다. 본 교단에 가입을 원하는 목회자들은 2년에 걸친 교육을 이수하며, 루터교회가 고수하고 지향하는 예배 예선과 성예의식, 종교개혁 정신에 기초한 복음의 내용을 교육받게 된다. 편목에 대한 자세한 문의는 김영규 목사가 담당하고 있다.

역대 총회장

1986년에 문상익 박사가 초대 총회장을 했고 그 다음이 1989년부터 뉴욕의 장승철 목사, 그 다음으로는 1993년부터 홍영환 목사, 2004년 권영만 목사, 그 이후에는 자료가 없으며, 2015년 경부터는 문현봉 목사가 맡고 있다.

PART IV. 한인 교회들이 소속된 한인 교단사 | 811

북미주개혁교회(CRC) 한인교회협의회
Christian Reformed Church in North America
(창립 연도: 1970년대)

박동건 목사

현 지도자계발 전문 선교단체 CRM/NOVO Korea 국제 대표
CRC 교단 한인사역 디렉터 역임
서울대학교 상대 경영학과(BA)
UCLA 경영학석사(MBA)
풀러신학대학원 목회학석사(M.Div.)

북미주개혁교회의 설립 배경

미국과 캐나다를 아우르는 북미주개혁교회(Christian Reformed Church in North America)는 16세기 종교개혁에 그 뿌리를 두고 있다. 네덜란드 칼빈주의자들이 약 200년 전 박해를 피해, 혹은 보다 나은 생활을 위해 북미주로 이주했고, 그중 미시간주 홀란드에 정착한 이민자들 중에서 보수주의자들이 1857년, 미국개혁교회(Reformed Church of America, RCA) 교단에서 나와서 북미주개혁교회라는 교단을 공식적으로 시작했다. 북미주개혁교회 로고에 나오는 삼각형은 삼위일체(성부, 성자, 성령)의 한 하나님을 믿는 신앙고백을, 십자가는 우리의 구원자 되시는 예수님의 희생적 죽음을 의미한다.

다른 많은 이민 교회들처럼 CRC 교회들도 처음에는 모국어인 네덜란드어로 예배했고, 교단의 정체성도 다분히 민족적이었으나, 점차 소수민속의 흔적이 사라지고 북미의 일반적인 교단이 되었다. 1960년대에 들어 쿠바와 라틴아메리카의 이민자들과 난민들이 플로리다에서부터 점차 대륙 곳곳에 퍼져 정착하던 무렵, CRC 교단도 처음으로 스페인어 회중들을 맞았다. 이후 CRC와 관련된 한국의 장로교인들이 북미주로 이민 오면서 CRC 교단에 가입한 교회에 다니기 시작하고, CRC 한인 교회들은 캘리포니아를 중심으로 성장해 나갔다. 현재 한인 교회는 CRC 교단의 10%를 차지하고 있다.

현 협회장 문상면 목사

CRC 교단의 규모

1천300여 개의 교회와 23만여 명의 교인들이 CRC 교단에 소속되어 있다. 교회들 중 75%는 미국, 25%는 캐나다에 있으며, 그중 약 56%는 대도시에 위치하고 있다. 한인 교회는 120여 개가 있으며, 이 중 58%는 캘리포니아와 워싱턴주 등 서부 연안에 집결되어 있다.

교단 산하 직영학교는 미시간주 그랜드래피즈(Grand Rapids)에 있는 칼빈대학교(Calvin University)와 칼빈신학대학원(Calvin Theological Seminary)이 있다. 또한 국내외 선교(Global Mission)는 글로컬화(영어 Global과 Local의 합성어로 세계적이면서 동시에 지역의 특색에 맞추어지는 것을 뜻한다) 되어가는 시대적 변화에 발맞추어, '레조넷글로벌선교부'(Resonate Global Mission)가 담당하고 있는데, 이 선교부는 국내 미자립교회 및 개척교회, 기성교회 지원과 훈련 등 여러 사역을 통해 지도자 양성과 전 세계 교회의 활성화를 돕고 있다.

해외선교사는 현재 한국계 선교사 9명을 포함하여 250여 명의 CRC 선교사들이 세계 30여 국가에서 사역하고 있다. 국제방송선교부(ReFrame Ministries)는 교단의 라디오방송과 TV방송을 통해 미국, 캐나다 및 세계 여러 곳에서 영어, 프랑스어, 아랍어, 중국어, 러시아어, 스페인어 등 여러 나라 언어로 복음을 전하고 있다. 그리고 국제 구제부는 전 세계 30개국에서 가난과 어려움을 당하는 사람들에게 구제사역과 지역사회 개발을 통해 주님의 사랑과 복음을 전하고 있다. 그 외에도 캐나다 원주민사역부, 사회문제참여센터, 장애인사역부, 사회정의사역부, 인종관계사역부, 안전한교회사역부 등에서 자비와 정의로운 사역을 계속하고 있다.

CRC 교회 조직과 직분의 특징

CRC의 교회 조직(카운실, 노회, 총회)들은 교단의 의결, 행정기관이며, 그리스도의 유기체로서 교회의 각 직분들을 통해 그분의 다스림을 잘 수용하고 적용해 나가도록 조직되어 있다. 카운실은 지역교회의 공식 의결기관으로서 목사, 장로 2인, 안수집사 2인 이상으로 구성되며, 노회는 지역교회들의 연합으로서 각 교회 카운실에서 파송한 대표로 구성되고, 연 2~3회 모임을 가지며, 총회는 전국 노회의 파송 대표(목사대표 2명, 장로, 집사대표 2명)로 구성되고, 연 1회 모임을 갖고 있다.

한인 교회들이 소속된 노회는 Ko-Am, Hanmi, California South, Greater Los Angeles, Central California, Pacific Northwest, Hackensack, Hudson 등이 있는데, 이중 Ko-Am, Hanmi노회는 한인 목회자들만 속해 있다. CRC 내의 한인교회협의회(Korean Council)의 시작은 1970년대로 알려졌는데, 교단 자료에 따르면 2021년 현재 120개 한인 교회에 150명의 한인 목회자가 있다.

교회 직분자들은 교회나 회중의 대표자들이 아닌, 그리스도의 대표자들이며, 하나님의 백성들을 인도하며 세워 나간다. 교회 직분과 안수, 그리고 정치체제에 있어 장로교회와 개혁교회의 분명한 차이점은, 개혁교회는 항존직이 없으며 안수가 사람 개인에게 주어지는 것이 아니고, 그 개인이 맡을 목회 사역 위에 주어진다는 것이다. 교회 직분 간의 구별이 있으나 이는 "기능상 구분" 혹은 "필요에 의한 구분"으로, 무엇보다도 균형을 중요시한다.

CRC 카운실 제도와 임기제의 장점은 계급구조와 권위주의를 탈피하고 동역 관계를 만들어 갈 수 있다는 점에 있다. 지도층의 확대로 다양한 은사 개발과 활용이 가능하며, 업무의 과중한 부담을 피하고 전문성을 개발해 나갈 수 있다. 또한 카운실 제도 안에서는 새로운 지도자를 발굴하고 훈련이 가능하기 때문에 지도자의 지속적인 개발이 가능하다. 지도자들이 성장하고 성숙해감으로써 교회 전체가 성장하고 성숙해가게 된다.

교회의 주요 이슈에 대한 교단의 입장

여성의 교회 직분

CRC의 모든 교회는 여성이 목사, 장로, 집사, 혹은 전도목사의 직분으로 섬길 수 있도록 허용한다. 여성의 교회 직분에 관해서는 성경해석상 다른 관점과 확신이 있다는 점을 인정한다.

각 노회의 성경적 입장에 대한 이해에 따라, 여성을 노회의 임원으로 위임하지 않을 것을 명시할 수 있다.

동성애

"동성애 행위는 성경에 나타난 하나님의 뜻에 불순종하는 것으로서 정죄"해야 하나 그러한 성향을 가진 자들은 교육과 돌봄을 통해 올바른 삶의 방향으로 인도해야 한다는 것이 기본 방침이다.

낙태

"생명의 존엄성을 파괴하는 행위로서 금지"되어야 하지만 특수한 상황을 고려해야 한다는 입장을 견지한다.

CRC 한인교회협의회의 주요 행사

2014년 11월 17-19일에 또감사선교교회에서 열린 "글로컬교회컨퍼런스"에서는 글로컬 교회와 선교적 교회라는 두 가지 개념에 입각해 교회의 사역과 미래를 토론했다. CRC 교단이 주도한 행사이지만 칼빈신학교, 풀러신학교, 크리스천리폼드홈미션, 크리스천리폼드월드미션 등의 단체가 협력했다. 한국에도 잘 알려진 신학자이자 선교적 교회 운동가인 앨런 록스버그를 비롯해 뉴송교회의 데이브 기븐스 목사 등이 강사로 참여했으며, 한인 중에도 크리스천리폼드홈미션의 디렉터 정모세 박사, 국제신학대학원(ITS)의 총장 제임스 리 박사 등이 강연을 맡았다. 이 외에도 팀 소런스, 스티브 팀머맨스 등 선교적 교회 운동 전문가들이 참여했다.

이 컨퍼런스에는 특별히 한인 트랙이 별도로 개설되었다. 고승희 목사(아름다운교회), 김동일 목사(LA생명찬교회) 등이 한인 트랙에서 강의했다. 아름다운교회는 중국 화교, 일본인들이 교회당을 빌려 함께 사용하며 공존하는 선교모델을 만들어가고 있으며, LA생명찬교회는 카페와 저가 식당을 통해 지역사회를 섬기고 장애인들의 일자리를 창출하는 교회였다. 이처럼 한인 트랙의 강사들은 선교적 교회에 대한 현실적 목회 감각을 가진 이들로 구성되었다.

2019년 Korean Council 한인 총회가 4월 22-25일까지 워싱턴 DC에서 열렸다. 크라운 플라자 워싱턴 내셔널 에어포트(Crowne Plaza Crystal City-Washington, DC, an IHG Hotel)에서 총회와 숙박을 했으며, 성경박물관에서 강의와 견학에 참여했다.

2019년 4월 1-3일에 글로컬미션컨퍼런스가 미서부 LA에 위치한 또감사선교교회(최경욱 목사)에서 "New Wineskins for Mission Everywhere"(눅 5:33-39)라는 주제로 열렸다. 첫날인 월요일에는 참석자들이 누가복음 5장 33-39절까지 묵상하면서 대회를 시작했다. 이 성경본문을 여성 참석자 한 사람, 남성 참석자 한 사람이 차례대로 읽었다. 이후 테이블 별로 앉아 함께 본문을 나누고 요점들을 다시 정리해서 함께 듣는 순서를 가졌다. 저녁 강의에서는 C. 르네 파딜라(Rene Padilla)의 딸인 루스 파딜라 드보리스트가 나와서 본문의 의도와 의미에 대한 전반적인 해석과 적용을 제시했다.

둘째 날 오후 강의에서는 ANC 온누리교회 김태형 담임목사가 강사로 나서, ANC 온누리교회의 선교 중에서 특히 티후아나 지역을 중심으로 한 멕시코 선교가 어떻게 이뤄졌는가를 이야기했다. 처음에는 '주는 선교'를 하다가 올해부터 멕시코 현지에서 가르치고 키워낸 현지인 사역자들과 파트너로 동역하는 식으로 선교 패턴을 바꾸었더니 호응이 완전히 달라졌다고 전하면서, 그들도 주체적으로 선교하기를 바라고 있다는 사실을 확인했다고 보고했다.

2019년 5월 1-9일에 교단 영입 프로그램 "KIM 2019"이 미시간 그랜드래피즈에서 진행되었다. 교단 영입 프로그램 "KIM"은 교단에 가입하지 않은 목회자를 대상으로 열린다. 이번 훈련에는 캐나다 캠룹스(Kamloops), 레드리버, 밴쿠버와 미국 동부 뉴욕, 뉴저지, 텍사스 플래노, 디트로이트, 남가주 웨스트코비나, 애나하임, 플러턴, LA에서 목사 12명이 참여, 개혁신앙에 대해 배우며 쉼과 교제의 시간을 가졌다.

2019년 8월 25-27일, 2박3일 동안 멕시코와 미국 국경에서 30여 분 떨어진 로사리토(Rosarito) 인근 지역에 위치한 Nueva Vida 선교센터에서 남가주 목회자 "Just Show Up 수양회"를 가졌

2019년 Korean Council 한인 총회

다. 총 26명이 4개 노회(GLA, Cal South, 한미, 코엠)에서 참여했는데, 쉼, 배움, 나눔을 통해 가을을 준비하는 좋은 기회가 되었다. 수양회 기간 동안 Drama Bible을 통해 말씀 안에서 실질적이고 효과적으로 시역할 수 있는 사여 틀(tool)에 대해서 나누었고 또 팀 켈러(Tim Keller) 목사에게 『정의란 무엇인가』(Generous Justice)를 함께 듣고, 읽고 나누는 시간을 가졌다.

2019년 10월 14-18일에 4박5일 "리폼드 잉클링스"(Inklings)가 칼빈신학교에서 열렸다. 이 모임에서는 "변화하는 세상 속에 어떻게 살아야 할까?"라는 주제로 강영안 교수 등이 강의했다. 북가주와 남가주, 서중부지역의 CRC 목회자들과 칼빈신학교에서 안식년을 보내고 있는 선교사들(인도, 요르단, 필리핀, 캄보디아, 키르기스스탄) 20명이 모여, 3권의 책, 본회퍼의 『성도의 공동생활』, 강영안 교수의 『일상의 철학』, 그리고 제임스 헌터의 『기독교는 세상을 어떻게 변화시키는가』를 배우고 생각을 나누는 시간을 가졌다.

2020년 6월 16일(화) 서부시간 오전 10시, 동부시간 오후 1시에, 조지 플로이드 사건이 드러낸 미국의 원죄 '인종차별'과 이민 교회로서, 또 이민자로서 우리는 어떻게, 무엇을 배우고, 도

2022년 CRC 북미한인 목회자 컨퍼런스가 샌디에이고에서 열렸다

전받고 감당해 나가야 하는지에 관해 의견을 나누는 시간을 가졌다. 필라델피아 흑인 빈민가에서 2003년부터 17년간 사역을 하고 있는 이태후 목사를 초청했는데, 이 목사는 CRC 교단의 영과진리휄로우십교회(Spirit and Truth Fellowship)에서 파트너로 사역하고 있다. 이 목사는 그 교회 담임목사이자 동부 웨스트민스터신학교 교수인 매니 오르티스(Manny Ortiz) 목사에게 영향을 받아 흑인 빈민가에서 거주하며 커뮤니티사역을 하고 있다.

2022년 1월 26-28일, 캘리포니아 LA 근교에 위치한 온누리교회 수양관에서 전국의 한인 CRC지역과 노회를 대표하는 목회자들이 "CRC 한인 교회와 교단의 미래를 위한 컨설테이션"이라는 주제 아래 모임을 가졌다. 사흘에 걸쳐 "마음열기", "상상하기", "결단하기"라는 소 주제를 가지고, 다섯 번의 세션을 통해 "나눔과 경청", "소그룹 토의", "발표와 경청", "실행을 위한 브레인스토밍과 분별", "다음 스텝에 대한 결론" 등을 다루었다.

2022년 5월 25일 "CRC 한인목회자컨퍼런스"가 캘리포니아 샌디에이고 메리엇호텔에서 열렸다. 이번 컨퍼런스에서는 북미주개혁교회 한인사역과 미래를 나누기 위해 약 160명이 참석했다.

세계복음선교연합회
World Evangelical Mission Alliance(WEMA)
(창립 연도: 1987년/ 창립 총회장: 고 임동선 목사)

남종성 목사

LA 디사이플교회 담임
월드미션대학교 신약학 교수
세계복음선교연합회 총회장 역임
풀러신학대학원 철학박사(Ph.D. 신약학)

세계복음선교연합회 약사

세계복음선교연합회(World Evangelical Mission Alliance: 약칭 WEMA)는 1987년 7월 11일 로스앤젤레스에 있는 동양선교교회에서 창립되었다. 세계복음선교연합회가 태동하게 된 이유가 있었는데, 첫 번째는 동양선교교회의 부흥이다. 1970년에 설립된 동양선교교회는 날로 부흥을 거듭했다. 세계복음선교연합회가 세워진 1987년에는 교인 출석수가 장년 2천245명, 유초등부가 820명, 중고등부가 375명, 대학·청년부 145명, 총계 3천585명이 출석했다. 1994년에는 출석교인 5천 명이 넘었다(『동양선교교회 30년사』, 2002, p. 674). 그뿐만 아니라 시간이 지나면서 국내뿐만 아니라 전 세계에 지교회가 설립되고 해외선교사들과 협력교회들이 늘어나기 시작했다.

1대 총회장 고 임동선 목사

두 번째는 선교적 목적이다. 동양선교교회를 설립한 임동선 목사는 "지구촌은 나의 목장이다"라는 소명을 가지고 선교에 힘을 쏟았다. 임동선 목사는 세계 방방곡곡을 다니며 복음을 전했다. 대부분의 지역이 개척지였다. 교회가 없는 곳에 교회를 세우고, 척박한 환경에 있는 선교지에 가서 말씀을 전하고 선교사들에게 힘을 주었다. 임동선 목사의 선교사역에 동양선교교회 선교부는 적극적으로 후원했다. 그 결과 선교지의 선교사들과 세워진 교회들이 동양선교교회와 연결되어 있기 때문에, 선교사들과 선교지를 위한 선교네트워킹이 필요했다.

세 번째는 현실적인 문제가 있었다. 동양선교교회가 초교파적으로 세워지다 보니 동양선교교회에서 사역하던 사역자들이 목사안수를 받을 때 다른 교단이나 기관에서 시무경력을 인정해 주지 않았다(『동양선교교회 30년사』, 2002, p. 389). 동양선교교회와 지교회, 그리고 동양선교교회와 연관을 가진 선교지의 사역자들에게 목사안수의 필요성이 절실하게 되었다. 또한 교회 안에 지교회와의 협력을 위해서 설립했던 'OMC 협력회'가 OMC 교단이라는 오해를 사기 시작했다.

이런 이유와 필요성을 가지고 1987년 7월 11일, 임동선 목사의 목회정신과 창립정신을 같이 하는 18개 교회가 동양선교교회에 모여 "세계복음선교연합회"가 탄생되었다. 창립총회에는 지교회, 선교사 등 5개국에서 24명의 목사와 29명의 장로가 참석했다. 세계복음선교연합회는 세계 선교와 지역 교회의 상호 발전을 위하여 교단이 아닌 선교연합회 정신으로 설립이 되었다.

세계복음선교연합회의 정신

선교단체는 설립자의 정신과 삶이 그 선교단체를 이끌어 가는 원동력이 된다. OMF는 허드슨 테일러(Hudson Taylor)의 정신과 삶이, WEC은 C.T. 스터드(C.T. Studd)의 정신과 삶이, 그리고 예수전도단(YWAM)은 로렌 커닝햄(Loren Cunningham)의 정신과 삶이 그 선교단체들을 이끌어 왔다. 세계복음선교연합회 역시 설립자인 임동선 목사의 정신과 삶이 이끌어 왔다. 임동선 목사가 가진 선교정신을 다음과 같이 정리해 볼 수 있다.

첫째로, 임동선 목사 선교관의 핵심은 복음이다. 십자가와 부활이다. 그의 선교 동력은 복음에 대한 열정이다. 그는 농사짓는 데 밭보다 씨가 더 중요한 것처럼, 선교의 방법보다는 내용이 훨씬 중요하다고 말했다. 선교의 내용은 "예수 십자가와 부활"임을 항상 강조했다.

둘째로, 임동선 목사는 하나님이 보내셨다는 철저한 사명감을 갖고 있었다. "눈을 감을 때까지 선교하는 것"이 자신의 사명이며, "지구촌 전체가 내 선교 무대"라고 평소에 말했다. 바울처럼 선교사는 분명한 소명의식과 사명의식이 있어야 한다고 강조했다. 그뿐

2012년 제26차 총회 후 단체 사진을 찍고 있다

만 아니라 직업적으로 선교를 해서도 안 되며, 선교를 자신의 이익을 위한 수단으로 사용해서도 절대 안 된다고 강조했다.

셋째로, 임동선 목사는 선교적 교회를 추구해 왔다. 교회 이름에 '선교'를 붙인 것은 동양선교교회가 선구적이다. 임동선 목사는 교회의 존재 목적을 선교로 본다. 마태복음 9장 35절에 근거하여 예수님의 3대 사역을 선교, 교육, 봉사로 보았다. 동양선교교회는 선교뿐만 아니라 교육과 봉사에도 많은 기여를 했다. 이민 자녀들의 신앙교육에 지대한 영향을 주었고, 구제와 봉사에도 많은 힘을 기울였다. 지역사회는 물론 지구촌에 재난이나 어려움이 있을 때마다 가장 먼저 발을 벗고 나섰다.

넷째로, 임동선 목사는 '가는 선교'를 강조했다. 그는 지역 교회를 목회했기에 선교사로 선교지에 머물면서 사역을 한 것은 아니었지만, 많은 선교여행을 통해서 선교사들과 현지인들을 돌보았다. 가서 말씀을 증거하고 위로하고 모범을 보였기에 선교지가 부흥할 수 있었다. 그는 선교사들에게 항상 경의와 감사를 표했다. 그의 이러한 마음이 사람들에게 전달이 되어 많은 사람이 선교사로 헌신하게 되었다. 그는 선교지를 다녀오면 설교를 통하여 선교사들이 얼마나 수고하고 헌신적인지 성도에게 생생하게 전달했다. 모든 성도를 마치 선교지 현장으로 이끌고 가서 직접 현장을 보여주는 듯하여 성도 자신이 이런 선교에 동참하고 있다는 것에 대해서 자부심을 느끼게 했다.

다섯째로, 임동선 목사는 자립 선교를 실천했다. 임동선 목사는 지교회를 세울 때 철저하게 자립하도록 했다. 모교회의 간섭이 거의 없다. 자립할 때까지 지원을 하고 그 다음은 철저히 지교회가 자치적으로 발전하도록 도왔다. 임동선 목사의 경우는 물질보다는 복음을 주었고, 돈보다는 자신의 삶을 투자했다. 필요한 경우 물질의 지원을 해주었지만 궁극적으로는 네비우스의 3자(自)원칙처럼 자립할 수 있도록 도왔다. 임동선 목사의 이런 사역철학이 세계복음선교

연합회를 움직이고 있다고 볼 수 있다.

세계복음선교연합회의 현황

세계복음선교연합회는 2022년 현재 21개의 지교회, 34명의 선교사들이 전 세계에서 활동하고 있다. 임동선 목사의 소천과 COVID19로 인하여 전성기에 비해 숫자는 줄었지만 여전히 임동선 목사의 목회철학과 선교관 그리고 그의 삶을 묵묵히 따르고자 하는 신실한 사람들이 남아, 임동선 목사의 뜻을 계승하고 있다. 또한 북미지역협의회, 남미지역협의회, 유럽 및 아프리카지역협의회, 아시아지역협의회 등이 있어서 지역의 특색에 맞게 활동하고 있다. 특별히 브라질을 중심으로 한 남미지역협의회는 매우 활발하게 활동하고 있는데, 포르투갈어를 사용하는 브라질 원주민들과 브라질 한인 2세 중 목회 준비가 된 사람에게는 목사안수를 줌으로써 브라질 교회와 선교에 크게 이바지하고 있다.

2022년 5월 10-13일 제34차 정기총회가 월드미션대학교에서 열렸다

세계복음선교연합회는 1988년에 실시한 2차 총회부터 시작하여 2021년까지 34년간 208명에게 목사안수를 베풀었다. 목사안수를 받은 사람들은 미국은 물론 전 세계에서 목회자, 또는 선교사로 헌신하며 복음 전파에 최선을 다하고 있다. 1989년에는 개신교복음주의에 입각하여 지성, 영성, 전문성을 갖춘 목회자, 선교사, 평신도 지도자를 육성하기 위해서 월드미션대학교(총장 임성진 박사)가 설립되었다. 월드미션대학교는 2006년에 기독교대학연합회(Association of Biblical Higher Education, ABHE)의 정회원 자격 취득과 2009년 기독교대학대학원연합회(Transnational Association of Christian Colleges and Schools, TACCS) 정회원 자격을 취득했다. 그리고 2013년에는 신학대학원 최고의 인가기관인 신학대학원협의회(Association of Theological Schools, ATS)에 한인 신학교 최초로 정회원 자격을 취득했다.

월드미션대학교는 계속해서 교육 프로그램을 확장하고, 온라인 교육을 강화하여 국제화와 디지털시대에 부응하는 교육을 제공하면서 발전하고 있다. 월드미션대학교를 졸업한 동문들이 북미, 중남미, 유럽, 중동 및 아프리카, 서남아시아, 동북아시아, 중앙아시아, 동남아시아, 한국, 일본, 호주 등지에서 활발하게 복음을 전파하고 있다. 월드미션대학교를 졸업한 학생 중 많은 사람이 세계복음선교연합회를 통하여 안수를 받고 하나님께서 부르시는 곳으로 가서 사명을 감당하고 있다.

세계복음선교연합회는 이민 교회가 세운 세계선교연합체의 모델이라는 평가를 받고 있다. 2세, 3세들은 교단이나 교파보다는 선교적 연합이라는 관점에서 초교파 독립교단을 선호하고 있는 추세다. 세계복음선교연합회는 복음적이며 개방적인 선교연합체로서 앞으로도 이민 사회와 세계선교에 계속해서 기여하리라고 믿는다.

역대 총회장

1-2대 고 임동선 목사, 3대 고 이기홍 목사, 4대 고 석태운 목사, 5-6대 고 이기홍 목사, 7대 고 석태운 목사, 8대 고 이기홍 목사, 9대 박광철 목사, 10대 이중용 목사, 11대 강두호 목사, 12대 윤기성 목사, 13대 안용식 목사, 14대 김건태 목사, 15대 한평우 목사, 16대 김진광 목사, 17대 윤한두 목사, 18대 이태종 목사, 19대 강준민 목사, 20대 황은철 목사, 21대 이재현 목사, 22대 손주영 목사, 23대 윤경호 목사, 24대 정수일 목사, 25대 김용식 목사, 26대 윤경호 목사, 27대 한도수 목사, 28대 임성진 목사, 29-30대 박형은 목사, 31-32대 남종성 목사, 33대 남윤희 목사, 34대 김대성 목사

세계예수교장로회(WPC)
World Presbyterian Church
(창립 연도: 1974년/ 초대 총회장: 고 김윤찬 목사)

박헌성 목사

나성열린문교회 담임
국제개혁대학교(IRUS) 신학대학원 총장
서울 총신대학교(B.A.)
리폼드신학대학원(Reformed Theological Seminary, Th.M.)
트리니티신학대학원(Trinity Theological Seminary, Ph.D.)

　세계예수교장로회(World Presbyterian Church)는 1974년 대한예수교장로회 합동총회에서 미주 지역에 최초로 한인 미주서부노회(Western Presbytery of the Hapdong in USA)를 조직하고 초대노회장 김윤찬 목사를 선출하면서, 그 역사가 시작되었다. 1978년 1월 대한예수교장로회 합동총회에서 미주대회 조직위원을 위촉했지만, 1978년 2월 본국 총회 비주류를 중심으로 북미주에 가주노회, 중부노회, 뉴욕노회, 필라델피아노회, 캐나다노회가 중심이 되어 '미주한인예수교장로총회'(Korean American Presbyterian Church, KAPC)를 독립적으로 조직하여 초대 총회장에 이인재 목사를 선출했다.
　한편, 한국의 합동총회 미주대회 조직위원회는 1980년 합동총회의 결의에 따라 미주서부노회를 중심으로 총회 서부노회, 대뉴욕노회, 중부노회, 서북노회, 중남부노회가 중심이 되어 미주대회(The Synod of the Korean Presbyterian Church in the United States of America)로 승격하여, 초대 대회장에 황규서 목사를 선출했다. 그리고 수십 년이 흐른 후, 미주대회는 합동 총회외는 행정 교류하기로 하고 대한예수교장로회 미주합동총회(The General Assembly of Korean Presbyterian Church)로 승격, 초대 총회장에 김재환 목사를 선출했다. 그러므로 본국 대한예수교장로회 합동 총회에 뿌리를 둔 두 해외교단으로 양존하게 되었다.

초대 총회장 고 김윤찬 목사

제37회 WPC 총회는 임원회와 교단발전위원회에 회의를 느낀 개혁주의 노회들이 2013년 5월 KAPC 총회로부터 분립하여 세계예수교장로회(WPC)로 개명하고, 새로운 총회로 출발했다. 그리고 대한예수교장로회 합동총회의 전폭적 지지를 받아 하나님 중심, 말씀 중심, 교회 중심의 신본주의 총회로 오대양 육대주 해외 이민 교회와 세계 교회를 아우르는 총회로 발전하게 되었다.

제41회 총회 때 대한예수교장로회 총회의 전통을 이어받은 두 해외교단 세계예수교장로회 총회(WPC)와 미주합동총회(GAKPC)는 개혁주의신학과 신앙의 노선이 같은 교단으로 보다 더 큰 비전과 사명을 가지고 두 총회가 합동하게 되었다. 명실상부한 본국 합동총회에 뿌리를 둔 해외의 두 총회가 연합하여 사당동 총신 출신을 중심으로 합동측 해외총회를 주도해 나가게 된 것은 하나님의 크신 섭리이며, 하나님의 위대하신 계획이라고 할 수 있었다. WPC 총회는 세계를 향한 하나님의 비전을 가지고 매년 미국 동부와 서부로 나눠 총회 주관 세미나와 기도회를 가져, 목회자 유대강화와 영성관리를 위해 힘쓰고 오대양 육대주에 흩어져 사역하는 모든 목회자, 선교사, 교회들을 서로 도우며 세계 복음화, 세계 선교를 위해 더 크게 사역할 수 있게 되었다.

한편 WPC 총회 직영 신학교인 국제개혁대학교와 신학대학원(International Reformed University & Seminary, 이하 IRUS)은 1977년 개교해서 초대 학장에 김의환 박사와 학감 이진태 박사, 교수 이상근 박사, 마이클 드브리스 박사(Dr. Michael de Vries)가 중심이 되어서 개혁주의 보수신학을 전수하고 이민 교회 목회자를 양성해 왔다.

학교는 계속 발전하여 총장 조천일 박사 재직시 캘리포니아 주정부 교육국에서 B.A., M.A.,

2012년 대한예수교장로회 합동총회 설립 100주년 해외선교대회에서 예장합동 및 한기총 증경총회장 길자연 목사가 설교하고 있다

M.Div., D.Min. 학위인가를 받았다. 그리고 미 연방교육부 산하 ABHE의 인가를 받았다. 또 2013년 2월 ABHE(Association of Biblical Higher Education)로부터 B.A., M.A., M.Div. 학위인가를 받았고 2014년에는 목회학박사(D.Min.) 학위인가를 받았다. 그리고 ESL영어 어학연수과정을 허락받았으며, 2016년에는 새로운 학위과정인 교회음악학사(BACM), 교회음악석사(MACM), 상담학석사(MAC) 과정도 인가를 받았고, 2022년에는 교차문화학 철학박사(Ph.D./ ICS)와 전문박사(Dics.) 학위인가를 받아 정식 학위를 수여하고 있으며, 유아교육기관 자격과정(ECE)도 있다.

한편, WPC총회는 주님께서 주신 지상명령인 세계선교를 효과적으로 수행하기 위하여 총회 세계선교회(World Mission Society)를 독립기구로 설립했다. 그리고 한국 합동총회 내 세계선교회(Global Mission Society)와 협력선교의 기획과 감독 및 훈련, 지원 등 막중한 선교 업무를 효과적으로, 그리고 지속성 있게 감당하고 있다.

2012년 5월 29-31일 대한예수교장로회 합동총회 설립 100주년 해외선교대회를 "은혜의 100년 빛으로 미래로"라는 주제로 LA 나성열린문교회에서 개최했다. 한편 우리 총회는 평양대부흥 100주년 기념대회를 해외한인장로회 해외통합총회와 연합해서 뉴욕, 필라델피아, 워싱턴, 토론토, 시카고, 시애틀, 샌프란시스코, 로스앤젤레스에서 개최했다.

WPC 제43회 총회 때 영어노회를 설립해서 2, 3세 외국인 목회자를 양성 관리하게 되었다. 제45회 총회는 채플린부에서 추진하던 미국 군목(Evangelical Chaplains Commission)에 가입, 정회원이 되었고 우리 교단의 다수의 군목들과 병원 원목들이 열심히 사역하고 있다. 채플린부는 앞으로 군목, 원목들을 위한 후원과 군목 지원자 모집 등 군목 활성화를 위해 더 많은 노력이 필요하게 되었다. 특별히 한국의 합동총회와 미국 WPC 총회는 동반자 관계로, 대한예수교장로회 합동총회의 직할노회 미주동부노회와 미주서부노회로 조직, 정회원이 되어서 본국 총회에 총대를 파송하는 형제의 기쁨을 누리게 되었고, 세계선교를 통해 우주적 교회를 만들어 하나님을 경외하며 함께 예배하는 꿈을 꾸게 되었다. WPC 총회는 이 모든 일을 더 효과적으로 감당하기 위해 세계교회를 하나로 네트워크해서 새로운 소식과 교회 정보를 교환하고 회원 유대를 강화하기 위해서 '세계복음신문사'(World Gospel Times)를 운영하고 있다. WPC 총회는 본국의 합동총회와 형제 교단으로서의 사명과 책임을 다

2019년 5월 21-23일 43회 총회가 시애틀 빌립보장로교회에서 열렸다

하고 독립된 WPC 총회로서의 세계 복음화를 위해 총회 산하 목회자와 성도, 교회가 힘차게 선신하고 있다. 2022년 현재 교회 수 512개, 목회자 수 1천25명, 세례교인 5만 명이다.

제45회 총회에 모인 목회자들이 단체사진을 찍고 있다

역대 총회장

제1회 이인재 목사, 제2회 계화삼 목사, 제3회 이현달 목사, 제4회 김치묵 목사, 제5회 이익관 목사, 제6회 고응보 목사, 제7회 장영춘 목사, 제8회 조천일 목사, 제9회 김병도 목사, 제10회 황보연준 목사, 제11회 김복출 목사, 제12회 서재승 목사, 제13회 이희봉 목사, 제14회 김화일 목사, 제15회 안병한 목사, 제16회 김재창 목사, 제17회 송영성 목사, 제18회 김용천 목사, 제19회 류도일 목사, 제20회 윤종호 목사, 제21회 이근신 목사, 제22회 최헌우 목사, 제23회 조동소 목사, 제24회 천성덕 목사, 제25회 이영섭 목사, 제26회 송용걸 목사, 제27회 김경진 목사, 제28회 황은영 목사, 제29회 이용걸 목사, 제30회 전덕영 목사, 제31회 김상덕 목사, 제32회 박헌성 목사, 제33회 송찬우 목사, 제34회 문성록 목사, 제35회 강기봉 목사, 제36회 김남수 목사, 제37회 이운영 목사, 제38회 강득영 목사, 제39회 국남주 목사, 제40회 이규보 목사, 제41회 김광석 목사, 제42회 조의호 목사, 제43회 최인근 목사, 제44회 정우용 목사, 제45회 나정기 목사

32회 박헌성 목사, 33회 송찬우 목사, 34회 문성록 목사, 35회 강기봉 목사, 36회 김남수 목사, 37회 이운영 목사, 38회 강득영 목사, 39회 국남주 목사

40회 이규보 목사, 41회 김광석 목사, 42회 조의호 목사, 43회 최인근 목사, 44회 정우용 목사, 45회 나정기 목사

순복음세계선교회 북미총회(AG)
Full Gospel North America Missions

(창립 연도: 1975년/ 창립 목사: 고 조용기 목사)

김판호 목사

현 베데스다대학교 총장
순복음시카고교회 담임 역임
서울신학대학교 신학과 졸업(Th.A.)
감리교신학대학교 신학대학원 졸업(Th.M.)
마인즈(Mainz)대학교 신학부 신학석사(Th.M.)
본(Bonn)대학교 신학부 신학박사(Dr. Theol.)

순복음 북미총회 역사

교단 창립자 고 조용기 목사

미국 로스앤젤레스의 아주사(Azusa) 거리에서 1906년부터 3년 이상 매일 계속된 윌리엄 세이모어(William Seymour) 목사의 부흥운동은 미국 하나님의성회(The Assemblies of God USA)뿐만 아니라 수많은 오순절 교단을 탄생시켰고, 이후 미국 및 세계 여러 지역에서 일어난 크고 작은 성령운동의 모델이 되었다. 20세기 초 미국에서 일어난 오순절 운동은 동시 다발적인 양상을 띠며 전 세계로 확산, 북미는 물론, 노르웨이, 스웨덴, 영국, 덴마크, 네덜란드, 독일, 폴란드, 그리고 인도와 중국, 중남미, 아프리카 등지로 거의 동시에 퍼져나갔다. 그리하여 20세기를 '성령의 세기'로 바꾸어놓는 획기적인 부흥과 성장이 세계 교회에서 일어나게 되었다.

아주사 부흥운동 이후, 신학적 정체성의 확립과 새롭게 탄생한 오순절 교회들의 목회적 요청에 따라 교단의 필요성이 대두되었으며, 이에 1914년 아칸소 주 핫스프링스(Hot Springs)에서 미국 '하나님의성회'(The Assemblies of God)라는 교단이 창립되었다. 이후 미국 하나님의성회 교단은 미국 오순절 교단 중 가장 영향력이 있는 교단으로 발전했다. 한국에 들어온 하나님의성회의 최초 미국 선교사는 매리 럼시(Mary C. Rumsey) 선교사로, 1928년 입국해서 포교활동을 했다. 럼시 선교사는 나중에 목사가 된 허 홍과 최초의 하나님의성회 교회를 세웠는데 그곳이 바로 서빙고교회였으며, 이 교단에서 최초로 목사안수를 받은 사람들이 허 홍, 박성산, 배부근 등 3명이다. 하나님의성회 교단이 '순복음교회'(Full Gospel)라고 불린 것은 1953년이다.

1953년 4월 8일 체스넛 선교사와 허 홍 목사에 의해 기독교대한하나님의성회(The Assemblies of God Korea)가 설립되었다. 1958년 5월 18일 당시 최자실 전도사와 조용기 전도사가 대조동에서 대조동순복음교회를 설립했는데, 후에 이 교회가 여의도순복음교회가 되었으며, 단일교회로서는 가장 큰 교회로 성장했다.

1975년 4월 1일 조용기 목사는 해외선교를 위해 '순복음세계선교회'를 발족시켰다. 1975년 5월 나성순복음교회에서 순복음북미연합회를 결성하여 1회 순복음세계선교대회도 함께 개최했다. 연합회 결성 직후 10개의 지교회를 설립하고 16명의 선교사를 파송했다. 이듬해 1976년에는 하와이순복음교회에서 제2차 순복음북미연합회 모임을 가졌는데, 이 자리에는 선교사들과 성도 등 130여 명이 참석했으며 조용기 목사를 강사로 모셔 성회를 가지며 결속을 도모했다.

1982년 2월 11일 오순절 하나님의성회에 당시 96명의 교역자가 첫 지방회에 등록하고, 1986년까지 하나님의성회 회원으로 활동했다. 1987년 7월 순복음 미주연합회로 다시 돌아가기 위해서 샌프란시스코 순복음교회(오관진 목사 시무)에서 창립 총회를 개최했다.

1990년 '순복음세계선교회 북미총회'가 결성되었다. 1996년 1월 17일 제21차(1975년 순복음세계선교회부터 계산함) 정기총회를 플로리다 올랜도에서 개최했다. 21차 총회는 하나님의성회 한국총회가 해산해서 통합총회로 모이게 되었다. 통합총회는 하나님의성회 한국총회가 해산총회를, 그리고 북미총회가 총회를 각각 가진 후에 곧이어서 "하나님의성회 순복음한국총회"로 제1차 통합총회가 개최되었다.

하지만 '순복음세계선교회 북미총회'는 미국 하나님의성회와 여러 가지 면에서 같이 할 수 없어서 통합 2년만인 1998년 3월 31일 다시 순복음세계선교회 북미총회로 환원하기로 하고 제23차 정기총회를 5월 18-19일 로스앤젤레스에 있는 옥스포드팔레스호텔에서 개최했다. 2008년 이영훈 목사가 순복음세계선교회의 이사장으로 취임하여 오늘에 이르고 있다.

순복음세계선교회 북미총회의 선교사역 현황

현재 순복음세계선교회 산하 아세안, 아프리카, 중국, 중남미, 유럽, 오세아니아 등 지역별 총회 가운데 하나인 북미총회에는 162개 교회, 327명 교역자가 소속되어 있어 사실상 최대 규모다. 순복음북미총회는 미국과 캐나다 지역의 교회와 선교사들이 소속되어 있다. 총회는 미국 50개 주와 캐나다 지역을 나눠 동북부, 동중부, 동남부, 중북부, 중중부, 중남부, 서북부, 서중부, 서남부, 캐나다동부, 태평양 11개 지방회로 세분되었다.

동북부지방회는 뉴햄프셔, 매사추세츠, 코네티컷, 뉴욕, 펜실베이니아 등에 14개 교회가 있고, 27명의 목회자가 활동 중이다. 동중부지방회는 메릴랜드, 워싱턴 DC, 버지니아 등에 16개 교회가 있고, 38명의 목회자가 활동 중이다. 동남부지방회는 노스 & 사우스캐롤라이나, 조지아, 플로리다, 테네시 등으로 24곳의 교회에서 36명의 목회자가 활동 중이며, 캐나다동부지방회는 토론토, 몬트리올, 캐나다 동부 지역에 해당하며 산하에 12개 교회와 21명의 목회자가 활동 중이다.

중북부지방회는 일리노이, 인디애나, 오하이오, 노스 & 사우스다코타, 미네소타, 위스컨신,

2016년 41차 북미총회 후 단체 사진을 찍고 있다

네브래스카, 미시건, 켄터키 지역을 포함하고 있는데, 12개 교회가 있고, 22명의 목회자가 활동 중이다. 중중부지방회는 와이오밍, 아이다호, 캔자스, 유타, 애리조나, 네바다 등 9곳에 교회가 세워져 18명의 목회자가 활동 중이며, 중남부지방회는 뉴메시코, 테사스, 오클라호마, 루이지애나가 포함되며 18개 교회에서 24명의 목회자가 활동 중이다.

서북부지방회에는 워싱턴, 오리건, 알래스카, 그리고 캐나다 서부 지역인 캘거리, 밴쿠버, 앨버타 등에 20개 교회가 세워졌고 45명 목회자가 활동 중이다.

서중부지방회는 북캘리포니아에 있는 샌프란시스코, 프레즈노, 베이커스필드 등에서 활동하며 산하에 11개 교회가 있고, 12명의 목회자가 활동 중이다. 서남부지방회 LA 지역은 남캘리포니아인 로스앤젤레스 카운티를 포함하고 있으며 12개 교회가 있으며, 북미 선교사 중 가장 많은 51명의 목회자가 활동 중이다. 서남부OC 지역은 남캘리포니아, 오렌지카운티 지역으로 7개 교회가 있고, 25명의 목회자가 활동 중이다.

마지막으로 태평양지방회는 하와이, 사모아 미국령인 태평양 지역으로, 7개 교회가 있고, 8명 목회자가 활동 중이다.

이를 총괄하면 현재 순복음북미총회는 11개 지방회와 162개 회원 교회, 그리고 327명 목회자가 소속되어 있으며, 미국과 캐나다 지역을 향한 중차대한 선교의 교두보 역할을 담당한다는 사명의식을 갖고 최선을 다해 사역하고 있다.

순복음 북미총회의 선교사역 비전

선교역사 47년을 자랑하는 북미총회는 선교 초기 이민 1세대는 고달픈 이민생활을 오순절 성령체험적인 신앙의 힘으로 극복해 나갈 수 있었기에 그 열정으로 1.5세, 2세 등 차세대 목회자에게 이어질 수 있도록 차세대 지도자 양성에 중점을 두고 선교 사역을 감당하고 있다. 전문적인 교육과 훈련을 위해 교단과 MOU를 맺고 있는 ITS(International Theological Seminary)신학대학원의 한국어프로그램과 교단 신학교인 베데스다(Bethesda)대학교를 통해 성경적인 세계관, 그리스도 중심의 삶, 오순절적 성령사역의 전문성 교육과 훈련을 실시하고 있다.

순복음북미총회는 "너희는 온 천하에 다니며 만민에게 복음을 전파하라"(막 16:15)는 주님의 지상명령에 따라 오순절의 성령사역, 오중복음과 삼중축복 그리고 4차원의 영성으로 절대긍정과 절대믿음, 절대감사의 신앙으로 무장하여 북미와 캐나다 지역을 선교하고 있다. 순복음북미총회의 선교사역은 남미권과 제3세계권을 대상으로 선교하는 교회, 또한 나눔을 실천하

2021년 46차 북미총회

는 교회로서, 각 지역에서 홈리스 사역도 활발히 전개하고 있다. 순복음북미총회는 매년 총회 소속 선교사들이 한자리에 모여 성회를 열고 사명감과 영성 회복에 최선을 다하고 있다. 또한 매년 5월 중에 순복음세계선교회는 여의도순복음교회에서 세계선교 보고 및 선교사들을 위로하며 영성 회복을 위해 세계선교대회를 갖고 있다.

역대 총회장

박여호수아 목사, 존 허스턴(John W. Hurston) 목사, 김기홍 목사, 이창길 목사, 박종선 목사, 양태홍 목사, 오관진 목사, 이호선 목사, 김남수 목사, 조이식 목사, 안병태 목사, 김성수 목사, 이자용 목사, 이태근 목사, 김상의 목사, 이영규 목사, 이용우 목사, 김충남 목사, 지원갑 목사, 목동주 목사, 강태욱 목사, 이만호 목사, 양승호 목사, 진유철 목사, 김판호 목사, 안 현 목사

예수교미주성결교회(미주예성)
Jesus Korea Sungkyul Church in America
(창립 연도: 2003년/ 초대 총회장: 고 정창남 목사)

강양규 목사

남가주새언약교회 담임
대한민국 육군 소령 전역
성결대학교(Sungkyul University, B.A.)
아주사퍼시픽대학원(Azusa Pacific University, D.Min.)

예수교미주성결교회의 탄생 배경

예수교미주성결교회(약칭 미주예성)는 한국의 예수교대한성결교회를 모태로 하고 있다. 한국의 예수교대한성결교회의 설립에 지대한 영향을 미친 두 사역자는 미국인 C.E. 카우만(Charles Elmer Cowman)과 E.A. 길보른(Ernest Albert Kilbourne)이다. 이 두 사람은 일찍이 하나님께 부름을 입어 예수를 믿고 확실한 구원 체험을 받은 후, 구령에 불타는 심정으로 요한 웨슬리의 성경적 복음신앙을 이어받아 동양 모든 나라에 성결의 복음을 전하려는 사명감에서 동양선교회를 조직하고, 1901년에 일본 동경으로 가서 직접 전도하며 성서학원을 세우고 전도자를 양성했다. 그리고 이 학원을 졸업한 정 빈, 김상준 두 전도자들이 한국으로 귀국해서 1907년 5월

30일 동양선교회 복음전도관을 설립하여 전파하기 시작한 것이 본 교단의 기원이다.

예수교미주성결교회는 2003년 10월 27일에 북미를 기반으로 남가주에 있는 놀웍성결교회에서 초대 총회장 정창남 목사에 의해 제1회 창립총회를 개최하고, 교단 명칭을 '예수교미주성결교회'로 정했다.

초대 총회장
고 정창남 목사

정기총회로 본 간략한 교단역사

2001년 11월, LA지역의 4개 교회로 미주서부지방회로 출범했다. 2002년 10월, 북미 4개 지역(미서부, 미동부, 캐나다 서부, 캐나다 동부) 통합, 미주지방회로 승격했다. 미주지방회는 3회의 목사안수식을 통해 11명의 목사 배출, 2개 교회 개척, 총 21개 교회로 교단의 역사적 첫발을 내디뎠다.

2003년 10월 27-29일 제1회 창립총회가 미국 서부 지역인 LA 로텍스호텔에서 개최되고 미주총회 헌장(제1판)을 발간, 초대 총회장에 정창남 목사를 선출하였으며, 목사안수식을 거행했다.

2005년 2월 14일 제2회 정기총회를 미국 서부 지역인 LA 미주예성교회에서 개최하고 총회장에 정창남 목사를 선출했으며, 헌장(제2판)을 개정하고 목사안수식을 거행했다. 같은 해 10월 17-20일 제3회 정기총회를 미국 동부 지역인 뉴저지 아름다운주님교회에서 "내가 새 일을 행하리라"는 주제로 개최하고 총회장에 성성용 목사를 선출했으며, 목사안수식(안수자 8명)을 거행했다. 이때 정창남 목사, 김인두 장로, 이용대 장로에게 공로패를 수여했다. 교단 명칭을 '예수교미주성결교회'로 약칭은 '예성미주총회'로 결의하고, 헌장을 전면적으로 개정하기로 결의했다. 강사 최종인 목사(서울평화교회)를 모시고 "부흥하는 교회"라는 주제로 연합부흥회를 개최했다.

2006년 8월 21-24일 제4회 정기총회를 캐나다 밴쿠버에 있는 보내심을 받은 생명의소리교회(The Church of the Sent)에서 "성결교회 100년과 미주선교"라는 주제로 교육총회로 개최했으며 이어서 목사안수식(안수자 5명)을 거행했다.

2007년 6월 18-20일 제5회 정기총회를 미국 서부 지역인 남가주빛내리교회에서 개최하고 총회장에 구성모 목사를 선출하였으며 목사안수식(안수자 6명)을 거행했다. 교단 명칭을 "예수교대한성결교회 미주 지역총회"로 개정하고, 헌장(제3판)을 개정했다.

2008년 10월 27-30일 제6회 총회를 미국 동부 지역인 아름다운주님교회에서 "다음 세대를 위한 전진"이라는 주제로 교육총회로 개최했으며, 이어서 목사안수식(안수자 6명)을 거행했다. 국제복음주의연맹(IFFEC)에 가입을 결의했다. 이동석 목사(목동능력교회)를 강사로 모시고, 성결

선교대회(Sungkyul Mission Rally)를 개최했다. 목회자세미나를 개최하기도 했는데, 강사는 EFCC 총회장 윌리엄 테일러(William Taylor) 목사 외 3명이었다.

2009년 8월 25-27일 제7회 정기총회를 미국 서부 지역인 남가주빛내리교회에서 "세상에 희망을 주는 교회"라는 주제로 개최하고, 총회장에 박용덕 목사(남가주빛내리교회)를 선출했으며, 목사안수식(안수자 3명)을 거행했다. 이영희, 김성곤 선교사가 선교보고를 했다. 목회자세미나는 박용덕 목사를 강사로, "존 웨슬리의 영성연구"라는 주제로 개최되었다.

2010년 9월 6-9일 제8회 정기총회를 캐나다 밴쿠버에 있는 임마누엘교회에서 개최하고 총회장에 구성모 목사를 선출했으며, 목사안수식을 거행했다. 2011년 8월 2-5일 제9회 정기총회를 미국 동부 지역인 아름다운교회에서 개최하고 헌장(제4판)을 개정하였으며, 목사안수식을 거행했다.

2012년 9월 24-27일, 제10회 정기총회를 미국 서부 지역인 놀웍성결교회에서 개최하고 총회장에 최한오 목사를 선출하였으며, 목사안수식(안수자 3명)을 거행했다. 2013년 9월 9-12일, 제11회 정기총회를 미국 서부 지역 남가주빛내리교회에서 "비전과 목적을 가지고 성장하는 총회"라는 주제로 개최하고, 총회장에 송영진 목사를 선출했으며, 목사안수식(안수자 5명)을 거행했다.

2014년 9월 15일 제12회 정기총회를 미국 동부 지역인 오늘의목양교회에서 개최하고 총회장에 장동신 목사를 선출했다. 2015년 10월 26-28일 제13회 정기총회를 미국 서부 지역에 있는 남가주새언약교회(담임 강양규 목사)에서 "함께 가는 행복한 동행"이라는 주제로 개최하고, 총회

2018년 열린 제16회 정기총회 참석자들이 단체 사진을 찍고 있다

장에 최한오 목사를 선출했으며, 목사안수식(안수자 1명)을 거행했다.

2016년 10월 24-26일 제14회 정기총회를 미국 동부 지역 운광교회에서 "깨어 있으라"는 주제로 개최하고, 총회장에 최강인 목사를 선출했으며 목사안수식(안수자: 정현숙)을 거행하고 헌장(제5판)을 개정했다. 전략적인 선교차원에서 미국서남지방회 설립을 인정하기로 결의했다. 또 개척교회 지원금으로 4개 지방회에 각 1천 달러씩을 지원하기로 했다(운광교회가 후원함).

2017년 10월 23-25일 제15회 정기총회를 캐나다 서부 지역인 밴쿠버의 '보내심을 받은 생명의 소리 교회'에서 "기본에 충실하자"라는 주제로 개최하고, 총회장에 이남규 목사를 선출했다. 또 개척교회 지원금으로 4개 지방회에 각 1천 달러씩을 지원하기로 했다(운광교회가 후원함).

2018년 10월 22-24일 제16회 정기총회를 미국 서부 지역인 남가주빛내리교회와 부에나팍(Buena Park)에 소재한 라퀸타 인 & 스윗 호텔(La Quinta Inn & Suites Hotel)에서 "성결교회여 일어나 빛을 발하라"는 주제로 개최하고, 총회장에 박용덕 목사(남가주 빛내리교회)를 선출했다. 개척교회 지원금으로 5개 지방회에 각 1천 달러씩 지원하고 총회 소속 선교사들 중에 참석한 3명에게 선교비를 각 1천 달러씩 지원했다. 미군 군목 김상현 목사, 김효석 목사에게 공로패를 수여했다. 강사 최종인 목사가 "한인 교회의 미래"라는 주제로 목회자세미나를 인도했다. 미국과 캐나다 정부에 교단을 정식으로 등록하기로 결의하고, 신학교 설립을 위한 추진위원회를 발족하기로 결의했다.

2019년 10월 21-23일 제17회 정기총회를 미국 동부 지역인 뉴저지 섬기는교회에서 "거룩한 교회! 성결과 섬김!"이라는 주제로 개최하고, 총회장에 박순탁 목사를 선출했으며, 목사안수식(김성진, 이충식, 이미애, 임희철)을 거행했다.

2020년 10월 19일 제18회 정기총회를 코로나 팬데믹으로 인해 대면회의가 아닌 비대면 화상회의로 열었다. 이때 주제는 "성령이여 하나 되게 하소서"였으며, 총회장에 송영진 목사를 선출했다. 개척교회 지원금으로 4개 지방회에 각 1천 달러씩 지원했다.

2021년 10월 18-20일 제19회 정기총회를 미국 서부 지역인 남가주벧엘교회와 부에나팍에 소재한 라퀸타 인 & 스윗 호텔(La Quinta Inn & Suites Hotel)에서 "하나님, 이제 회복하게 하소서"라는 주제로 개최하고, 총회장에 오병익 목사(남가주벧엘교회)를 선출했다. 캐나다지방회를 동부와 서부로 분리하기로 결의했다. 각 지방회 정기지방회 시기를 매년 7월 중에 소집하기로 하고, 이중 교적에 따른 교직자들의 대의원권은 허락하되, 피선거권을 제한하기로 결의했다. 또 총회 정족수를 기존 3분의 2에서 과반수로 조정 결의했다. 내년(2022년) 총회 설립 20주년을 위한 특별준비위원회를 발족하기로 결의했다. 총회에 참석한 대의원들에게 코로나 위로금 500달러, 지방회별 1천 달러를 지원하기로 했다(남가주벧엘교회가 후원함).

2021년 10월에 열린 제19회 정기총회 참석자들이 단체 사진을 찍고 있다

현재 교단의 개체교회와 목회자 수

현재 교단의 교세는 북미 지역(미국과 캐나다)에 총 6개 지방회에 총 70개 교회, 152명의 목회자, 7명의 남미 선교사, 3명의 미군 군목, 10개의 선교회 및 비영리단체가 소속되어 있다.

역대 교단장 명단

제1-2대 고 정창남 목사, 제3-4대 고 성성용 목사, 제5-6대 구성모 목사, 제7대 박용덕 목사, 제8-9대 구성모 목사, 제10대 최한오 목사, 제11대 송영진 목사, 제12대 장동신 목사, 제13대 최한오 목사, 제14대 최강인 목사, 제15대 이남규 목사, 제16대 박용덕 목사, 제17대 박순탁 목사, 제18대 송영진 목사, 제19대 오병익 목사, 제20대 장동신 목사

고 정창남 목사, 고 성성용 목사, 구성모 목사, 박용덕 목사, 최한오 목사, 송영진 목사, 장동신 목사, 최강인 목사

이남규 목사, 박순탁 목사, 오병익 목사

예수교장로회 국제연합총회(UPCA)
United Presbyterian Church in America
(창립 연도: 2004년/ 초대 총회장: 정영수 목사)

이창성 목사

뉴저지 팰리세이드교회 담임
조지아크리스천대학(B.A. & M.A.)
조지아크리스천대학(M.Div.)
뉴욕신학대학원(D.Min.)

초대 총회장 정영수 목사

　예수교장로회 국제연합총회는 창립 총회부터 10회까지는 태동기로 그 발판을 든든히 하였고, 11회부터는 도약기의 과정을 거치면서 현재 볼리비아, 중국, 태국, 과테말라, 아프리카, 파키스탄 등, 전 세계에 노회와 회원을 둔 범 세계적인 교단으로 발돋움하게 되어 오늘에 이르렀다. 예수교장로회 국제연합총회는 다음과 같은 취지로 창립되었다.

　"급속한 개혁과 변화를 요구하는 시대에 한국의 기독교 역사도, 우리 한인의 미국 이민의 역사도 100년을 넘어 2세기로 접어들었다. 또한 21세기라는 새천년의 정보화, 세계화 시대로 전환되었으나, 우리의 사고와 교회의 모습은 아직도 수십 년 전의 폐습과 악습에 젖어 자기도 모르는 사이에 전통이라 위로받으며 급변하는 세대에 낙후되어 가고 있었음을 고백하지 않을 수 없다.

이에 수많은 뜻있는 주의 종들이 모여 다음과 같이 새 시대 새 비전에 걸맞은 참신한 교단을 창립한다. ▶이른바 학연, 지연, 혈연, 인연의 집단 이기주의적이고 정치 기구화된 교권주의를 배격하고, ▶개 교회에 오히려 피해를 주는 중앙집권적이고 전근대적 교단 정치를 지양한다. ▶교파주의가 아닌 새 시대를 수용할 수 있는 신선하고 전혀 새로운 양태의 교단을 만들고자 한다. ▶복음주의적이고 선교 지향적 협력체로 갈급한 영혼을 해갈시키고, 우리의 소망이신 예수 그리스도를 기쁘시게 할 새 모습으로 태어나고자 한다."

이에 본 교단은 1600년대의 웨스트민스터신앙고백과 청교도 신앙, 1700년대의 뉴잉글랜드를 중심으로 일어났던 조나단 에드워즈의 대각성 운동, 1800년대의 무디의 순수복음 전도운동, 1900년대의 C&MA(Christian and Mission Alliance)의 창시자 알버트 심슨 박사의 선교운동 정신을 계승하여, 2천년대의 새로운 교회문화 창달을 목적으로 예수교장로회 국제연합총회를 만들었다.

총회 연혁과 주요 활동

창립총회가 2004년 3월 22일 오후 3시부터 24일까지 LA에 소재한 갈보리중앙교회에서 4개 노회(동노회, 서부노회, 동남노회, 볼리비아노회)와 한국 등 여러 지역에서 모인 총 47명의 창립총대원들이 회집되어 주요 회무를 가결했다. 서부노회 정영수 목사를 초대 총회장으로 추대하고, 부총회장에 볼리비아노회 정은실 목사, 서기에 동노회 황의춘 목사, 회계에 동노회 한성묵 장로를 선임했다. 또한 교단 명칭을 '예수교장로회 국제연합총회'로 확정하고, 본 교단의 설립목적, 취지, 신조 등을 교단설립 준비위원장 황의춘 목사가 낭독하고, 본 회의에서 이를 채택, 가결했다. 그리고 2개 신학교 곧 미주장로회신학대학(뉴욕), 볼리비아신학대학(볼리비아)을 총회 인준 신학교로 허락했다. 성회 강사로는 최학량 목사(LA 창조교회)가 수고했다.

2005년 3월 7-9일 뉴저지에 소재한 트랜톤장로교회(황의춘 목사)에서 열린 2회 총회에서 2대 총회장에 정은실 목사를, 부총회장에 황의춘 목사를 선출했고 동북노회와 남가주노회의 신규 가입을 허락하고 아프리카노회(조규보 선교사) 설립추진을 허락했다. 그리고 미주한인기독교총연합회 회원교단으로 가입했다.

2006년 3월 21-22일 양일 간 뉴저시에 있는 트랜돈장로교회(황의춘 목사)에서 "만민을 그리스도에게로"라는 주제로 열린 제3회 총회에서는 총회장에 황의춘 목사, 부총회장에 김경서 목사를 선출했으며, 뉴욕장로교회 이영희 목사가 성회 강사로 수고했다.

2007년 4월 17-19일 조지아 노크로스에 위치한 심슨우드 컨퍼런스센터에서 "여호와의 영광을 세계와 열방에"라는 주제로 열린 제4회 총회에서 총회장에 정무찬 목사를 선임했으며 부총회장에 김경서 목사가 유임되었다. 또한 성회 강사로 고석희 목사(KWMC 총무)가 수고했다. 이때 총회는 총회 중요직의 단일회원권 강화, 일반회원의 이중직은 허용하되 지역 부총회장, 실행위원, 총회회장단은 이중직 회원이 아닌, 본 교단만 가입한 회원에게만 허용하기로 했다. 그리고 중국 동북노회 가입을 허락했으며 C&MA 교단과 자매결연을 맺기로 가결했다.

2008년 4월 1-3일까지 "함께 지어져 가는 교회"라는 주제로 캘리포니아 산후안 캐피스트라노에서 열린 제5회 총회에서 김경서 목사를 총회장에, 차세대 부총회장에 손바울 목사, 차기 총회장에 김상우 목사를 선출했다. 주요 결의사항으로는 동남노회가 동남노회와 플로리다노회로, 그리고 동북노회가 동북노회와 뉴욕노회로 분립했다. 그리고 동남노회에서 청원한 강용규 선교사를 인도네시아 파송선교사로 임명했다. 이때 성회는 전 장신대학장 박창환 교수가, 찬양집회 강사로는 노문환 목사가 수고했다.

2009년 4월 21-23일 뉴저지에 위치한 트랜톤장로교회에서 "열매 맺고 뿌리 내리는 교단"이란 주제로 열린 제6회 총회는 총회장에 김상우 목사를 차기 총회장에 손바울 목사, 그리고 차세대 부총회장에 정수현 목사를 선출했다. 성회 강사로 백태현 목사가 수고했다.

2010년 4월 13-15일 아이오와주 디모인에 위치한 시온성교회에서 "예수 그리스도는 세계의 소망"이라는 주제로 열린 제7회 총회는 총회장에 손바울 목사, 차세대 총회장에 김명진 목사, 차세대 부총회장에 신상훈 목사를 선출했다. 성회 강사로 한국 용인 기쁨의교회 정의호 목사가 수고했다. 주요 결의사항으로는 동노회에서 청원한 중국 하얼빈(H)노회 설립 건이 허가되었으며 김한맥 목사를 총회 파송 아시아 선교사로 임명했다.

2011년 5월 3-5일 뉴저지 더몬트(Dumont)에 위치한 한밝교회에서 "하나님 나라의 회복"이란 주제로 열린 제8회 총회는 김명진 목사를 총회장에, 정치현 목사를 차세대 부총회장에, 그리고 명윤건 목사를 차기 총회장에 선출했다. 그리고 성회 강사로 양춘길 목사(필그림교회)가 수고했다. 이때 총회는 장로 부총회장직을 신설했으며 초대 장로 부총회장에 곽영조 장로가 선출되었다.

2012년 4월 16-19일 아이오와주 윌리엄스버그에 위치한 클라리온인 아만나 콜로니즈 앤 와서반 워터파크리조트(Clarion Inn Amana Colonies & Wasserbahn Waterpark Resort)에서 "사명을 새롭게"라는 주제로 열린 제9회 총회는 총회장에 명윤건 목사, 차세대 부총회장에 정치현 목사, 차기 총회장에 황의춘 목사, 그리고 장로 부총회장에 한상우 장로를 선출했다. 그리고 심진석 목사(한국 성천교회)가 성회 강사로 수고했다. 이때 총회는 총회창립 10주년 기념 특별위원회를 조직하고 10주년 행사를 트랜톤장로교회에서 갖기로 결의했다. 그리고 동부 지역 3개 노회가 공동으로 설립한 '국제연합총회 총회 인준 신학교'를 총회직영 신학교로 결정했다. 그리고 아시아 H노회가 청원한 중국 헤이룽성 연신신학교를 총회 인준 신학교로 허락했다.

2012년 7월 10일 황의춘 목사가 미기총(미주기독교총연합회) 14대 대표회장으로 선출되었다. 2013년 3월 8일 세계기독교총연합회 회원교단으로 가입되었으며 황의춘 목사가 미기총 14대 대표회장 임기 중 미기총의 외연을 확대하고, 2013년 3월 5일 한교연과 일본 교회 지도자들과 협의, 세기총 설립을 위한 발기 총회와 2013년 3월 8일 한국기독교회관에서 창립된 세계기독교총연합회 창립에 주도적으로 기여했다.

2013년 4월 8-11일 "은혜와 지식에서 자라거라"라는 주제로 뉴저지 소재 트랜톤장로교회에서 열린 제10회 총회는 총회장에 노규창 목사, 차세대 부총회장에 정치현 목사, 차기 총회장에 이영훈 목사, 그리고 장로 부총회장에 한상우 장로가 선출되었다. 성회 강사로 이우배 목사(한국 금포교회 담임)가 수고했다. 주요 결의사항으로는 볼리비아 시노드 신설을 허락했으며 아메리

2010년 제7회 총회가 아이오와 주 디모인에 있는 시온성교회에서 열렸다

카신학대학교의 총회신학교 인준을 허락했다. 또한 중국 송원노회 설립이 허락되었다.

메릴랜드 노스이스트에 위치한 샌디코브선교회에서 2014년 5월 6-8일까지 "새롭게 하소서"라는 주제로 열린 제11회 총회는 총회장에 이녕훈 목사, 차세대 부총회장에 징지띤 목사, 차기 총회장에 하사무엘 목사, 그리고 장로 부총회장에 한상우 장로가 선출되었다. 그리고 특별강사로 김상우 목사와 황의춘 목사가 수고했다. 주요 결의사항으로는 서부노회가 헌의한 "한반도 통일문제 연구위원회" 설치 요청 건이 허락되었으며 위클리프신학교가 총회 인준 신학교로 허락되었다.

플로리다 주 셀러브레이션에 위치한 올랜도미스틱듄스리조트(Orlando Mystic Dunes Resort)에서 2015년 4월 14-16일 "네 지경을 넓히라"(사 54:2)라는 주제로 열린 제12회 총회는 총회장에 하사무엘 목사, 차세대 부총회장에 육민호 목사, 그리고 차기 총회장에 김영빈 목사, 장로 부총회장에 한성묵 장로가 선출되었다. 그리고 이영희 목사가 성회 강사로 수고했다. 주요 결의사항으로는 서울노회를 서류 보충 조건으로 받기로 했으며 도르가의 집(배임순 소장)이 총회 기관으로 인준되었다.

남가주 부에나팍에 위치한 래디슨 호텔에서 2016년 4월 4-6일에 열린 제13회 총회는 총회장에 김영빈 목사, 차세대 부총회장에 김대용 목사, 차기 총회장에 이영희 목사, 그리고 장로 부총회장에 한상우 장로를 선출했다. 그리고 성회 강사로 노문환 목사가 수고했다.

제14회 총회가 2017년 4월 25-27일 뉴욕 아너스헤븐리조트앤스파(Honor's Haven Resort & Spa)에서 "주여! 들으소서"라는 주제로 미국, 한국, 중국, 볼리비아, 아시아, 아프리카, 파키스탄, 과테말라 등 20여 노회에서 200여 명이 참석한 가운데 총회 준비위원장 뉴욕예람교회 이영희 목사와 위원들의 수고로 개최되었다. 이때 총회장에 이영희 목사(뉴욕예람교회), 부총회장에 최승일 목사(동남노회)가 선출되었다.

제15회 총회는 2018년 4월 10-12일 애틀랜타 클라리온호텔앤컨퍼런스센터(Clarion Hotel & Conference Center)에서 개최되었다. 이때 총회는 총회장에 최승일 목사, 차기 총회장에 정치현 목사(볼리비아), 장로 부총회장에 한상우 장로(동부: 필라델피아교회) 차세대 부총회장에 정창수 목사(동부)를 선출했다. 그리고 김균배 선교사 파송식을 가졌다. 예수교장로회 국제연합총회 직영학교인 크로스신학대학원의 2018년도 가을학기 개강 및 총장·이사장 취임식이 9월 9일(주일) 트랜톤장로교회에서 열렸다. 신임 총장 황의춘 목사와 신임 이사장 한상우 장로가 취임했다. 이 학교는 한국, 중국, 남미, 아프리카 등지에 분교를 개설하고, 세계 각처에서 각기 다른 민족 문화권의 영적 지도자를 양성하며 동시에 선교의 거점으로 삼는 것을 목표로 학사 운영을 하고 있다.

제16회 정기총회가 "왕 같은 제사장으로 하시는 덕"(벧전 2:9)을 주제로 2019년 5월 7-8일에

라스베가스안디옥교회에서 열렸다. 총회에서 총회장 정치현 목사(볼리비아), 부총회장 한상우 장로, 차세대 부총회장 양선길 장로, 서기 육민호 목사, 회계 김미아 목사, 회의록 서기 어태용 목사 등을 선출했다.

제17회 총회는 "강권하여 내 집을 채우라"(눅 14:23)라는 주제로 2020년 9월 28일부터 2일간 열렸다. 총회는 원래 4월에 제주도에서 열릴 예정이었으나 코비드 팬데믹으로 뉴저지에서 대면으로, 타주에서는 비대면으로 열렸다. 지역 총대들은 뉴저지트렌톤장로교회에 모였으며, 타지역에서는 줌(Zoom)을 통해 화상회의로 참가했다. 총회장에 한상우 장로(동부노회), 차기 총회장에 한위현 목사(동부노회), 차세대 부총회장에 정참수 목사(동북노회 유임), 장로 부총회장에 김기호 장로(동남노회)를 선출했다.

총회에서 유럽노회가 청원한 남수단 벧엘신학교의 총회신학교 인준 청원과 벧엘신학교 유럽분교 총회신학교 인준 청원(허락), 유럽노회가 청원한 총회선교사 파송 건(허락), 서울성서노회가 청원한 성서노회로 노회 명칭 변경 청원(청원 철회), 제주 중국선교노회(가칭) 청원한 노회 가입 청원, 회원 가입 청원, 8개 교회 가입 청원(허락), 인도네시아노회(20교회)가 청원한 교단 가입 청원(허락), 가칭 미주남부노회가 청원한 교단 가입 청원(1회기 유보), 아프리카 중부노회 명칭을 콩고노회로 바꾸고, 부룬디노회 분리 청원(허락), 동남노회로부터 남부노회(가칭) 분립(실행위가 화해조정특별위원회로 보내기로 제안하고 투표하여 찬성 29, 반대 4로 통과)되었다.

2021년 4월 19-20일 "예수의 마음을 품으라"(빌 2:5-8)는 주제로 열린 제18회 총회 역시 코비드19로 인해 대면과 비대면으로 열렸다. 대면 장소는 뉴저지에 위치한 트랜톤장로교회였다. 총회장에 한위현 목사, 차기 부총회장에 김종인 목사, 차세대 부총회장에 정참수 목사를 선출했다. 주요 결의사항으로 헌법 및 규칙개정 위원회를 구성, 다음 세대 사역 소개를 위한 비대면 세미나 개최, 지역사회를 위한 코로나19 방역용품 지원 및 중보기도사역, 쿠데타로 억압 받고 있는 미얀마 현지 기독교 교단 지도자들에게 교단 명의의 위로 전문 보내기, 재정을 일반 재정과 선교 재정으로 분리 운영하기, 재정적으로 어려운 미자립 교회들을 돕기 위한 기도와 물질 후원 등을 의결했다. 그리고 임원회가 선정한 교단 선교지 18곳에 천 달러씩 코로나 긴급 지원금을 보내기로 했다. 동남노회가 동

2021년 총회 때 참석자들이 단체 사진을 찍고 있다

남노회와 평안노회로 분립이 되었다. 총회 신학대학 및 신학대학원인 크로스신학대학원(Cross Theological Seminary)의 2021학년도 제18회 졸업예배 및 학위수여식이 5월 22일(토) 오후 5시에 트렌톤장로교회(담임 최치호 목사)에서 거행되었다.

19회 정기총회가 2022년 4월 26-28일 "성령께서 하나 되게 한 것을 굳게 지키라"(엡 4:3-4)를 주제로 하와이 백향목교회(김덕환 목사)에서 열렸다. 제19회 총회에서는 김종인 목사를 총회장으로 선출했다.

역대 총회장

1대 정영수 목사, 2대 정은실 목사, 3대 황의춘 목사, 4대 고 정무찬 목사, 5대 고 김경서 목사, 6대 김상우 목사, 7대 손바울 목사, 8대 김명진 목사, 9대 명윤건 목사, 10대 고 노규창 목사, 11대 이영훈 목사, 12대 하사무엘 목사, 13대 김영빈 목사, 14대 이영희 목사, 15대 최승일 목사, 16대 정치현 목사, 17대 한상우 장로, 18대 한위현 목사, 19대 김종인 목사(현 총회장)

1대 정영수 목사, 2대 정은실 목사, 3대 황의춘 목사, 4대 고 정무찬 목사, 5대 고 김경서 목사, 6대 김상우 목사, 7대 손바울 목사, 8대 김명진 목사

9대 명윤건 목사, 10대 고 노규창 목사, 11대 이영훈 목사, 12대 하사무엘 목사, 13대 김영빈 목사, 14대 이영희 목사, 15대 최승일 목사, 16대 정치현 목사

17대 한상우 장로, 18대 한위현 목사, 19대 김종인 목사

재미한인예수교장로회(KPCA, 고신)
The Korean Presbyterian Church in America

(창립 연도: 1985년/ 창립 총회장: 박재영 목사)

나삼진 목사

오렌지카운티 샬롬교회 담임
에반겔리아대학(Evangelia University) 교수
풀러신학대학원 졸업(D.Min.)
고신대학교 대학원 기독교교육학과 졸업(Ph.D.)

재미한인예수교장로회 신앙적, 역사적 배경

재미한인예수교장로회 총회(KPCA, 고신)의 형성은 한국 교회의 역사와 깊은 연관을 가지고 있다. 1910년 대한제국이 멸망하고 일제강점기에 한글을 빼앗기고 학교에서 일본어로 공부해야 했고, 창씨개명 강요로 성과 이름도 빼앗겼으며, 1930년대에 접어들면서 신사참배 강요로 신앙의 자유도 빼앗기게 되었다. 신사참배에 반대하던 성도들은 진리를 위해 2천여 명이 장단기로 투옥되었고, 주기철 목사를 비롯한 50여 명이 순교당했다. 투옥되었던 이들은 6년 동안 평양감옥에서 옥고를 치렀고, 제2차 세계 대전이 끝나면서 20여 명이 출옥했다.

해방 후 한국 교회는 신앙의 훼절을 회개하고 친일행위를 청산하며 신앙정기를 회복해야 했는데, 이는 교회쇄신운동으로 나타났다. 그리고 한상동, 주남선, 손양원 목사는 한상동 목사의 옥중의 구상에 따라 신학자 박윤선 목사와 힘을 합쳐 1946년 9월 20일 고려신학교를 설립했다. 교회쇄신운동은 친일권위주의자들이 장악한 총회파와 갈등을 계속하였고, 6년 동안의 지리한 갈등을 거쳐 총회파는 공식적인 노회였던 경남(법통)노회 총대의 총회 입장을 거부하는 형식으로 총회에서 축출했다. 그 결과로 1952년 9월 대한예수교장로회 총노회를 발회하여 독자적인 치리회를 구성하여 대한예수교장로회 고신교단이 형성되었다.

창립 총회장 박재영 목사

재미한인예수교장로회(고신)은 한국의 고신교단의 교회쇄신운동의 신앙을 따르는 이들이 중심이 되어 미국에 형성된 교단이다. 출옥성도들의 신앙을 따르던 학생들은 고려신학교 청소년 수양회를 통해 학생신앙운동(SFC)이 형성되었고, SFC는 강령에서 자신들의 사명으로 '개혁주의 신앙의 대한교회 건설과 국가와 학원의 복음화, 개혁주의 신앙의 세계교회 건설과 세계의 복음화'를 주창했다. 이들이 미국 유학을 오면서 홍반식, 이근삼, 오병세 등이 중심이 되어 SFC라는 이름으로 수양회를 가졌다. 이후에 미국과 한국 교회의 지도자가 된 박재영, 손봉호, 김명혁 등도 함께했다. 이 수양회는 웨스트민스터신학교가 있는 필라델피아에서 모였고, 1960년대에는 「SFC 동문회보」를 간행하며 유학생들의 친교가 강화되었고, 한국 교회의 미래를 내다보며 토론도 했다.

재미한인예수교장로회의 형성

1978년부터 미국에서 교단 조직의 꿈이 싹트게 되었는데, 개혁주의선교회 조직(1978), 고신후원회 조직(1980), 노회 조직을 위한 준비모임(1982) 등이 있었으나, 성사되지 못했다. 그러던 중 미국문화원 방화사건(1981)이 발생하여 책임을 지고 학장직에서 물러났던 이근삼 박사가 미국에 체류하던 중에 제자들이 뜻을 모아 회갑 축하 겸 고신인 모임(1983)을 가졌고, 노회 조직 원칙을 합의하고(1984), 제3회(1985) 고신인 모임에서 노회를 발족하기로 했다.

제3회 고신인 모임이 1985년 11월 11일부터 사흘간 펜실베이니아 주 포코노수양관에서 열렸는데, 이 모임에 공식적으로 4교회가 참석, 목사 13명, 강도사 1명이 모여 발기예배와 발기총회를 개최했다. 발기위원들은 헌장 제정위원을 선출하여 헌장을 준비해 11월 12일에 재미한인예수교장로회 총노회 창립총회를 갖고, 헌장 초안위원들이 준비한 총회 규칙을 통과시켰다. 이어 임원 선거에 들어가 총노회장 박재영 목사, 부회장 신현국 목사, 김만우 목사, 서기 임종수 목사, 회계 윤정태 목사를 선출함으로써 오랜 숙원이던 재미한인예수교장로회 총노회가 조직되었다.

재미한인예수교장로회 총회의 발전

재미한인예수교장로회 총노회는 참여하는 교회가 늘어 제4회(1988년) 총노회에서 동부노회와 서부노회로 분립하면서 총회로 승격되었고, 이후에도 꾸준한 성장을 보이고 있다. 재미총회의 35년 발전과정에 중요한 사항을 정리하면 다음과 같다.

첫째, 초기에 공개 신학강좌를 개최한 일이다. 1992년에 한국 교회에는 다미선교회가 중심이 된 불건전한 종말론 열풍이 불었는데, 미국의 한인 교회들도 적지 않은 영향을 받았다. 이때 재미고려신학교는 이근삼, 오병세, 홍반식 교수를 강사로 종말론 공개 신학강좌를 개최하였는데, 1991년 1월에 로스앤젤레스, 필라델피아, 애틀랜타, 뉴욕의 네 지역에서 개혁주의 신학의 종말론을 제시하고 신학적으로 혼돈된 교포 교회에 경각심을 울렸다. 이런 공개 신학강좌는 1994년에 브라질에서, 1995년에 시카고, 산호세, 로스앤젤레스, 휴스턴 등에서도 개최되었다.

둘째, 신학교 설립과 신학교육이 이루어졌다. 재미총노회가 조직되면서 독자적인 신학교육

2016년에 열린 제32차 정기총회 참석자들이 단체사진을 찍고 있다

의 필요성이 논의되었고, 1990년 9월에 뉴저지에서 재미고려신학교, 1993년 9월에는 서부고려신학교를 설립하여 자체적으로 목회자를 양성하기 시작했다. 이근삼 박사가 고신대 총장을 끝으로 은퇴하여 미국으로 이주하면서 동부의 재미고려신학교를 잠시 맡았다가, 한인들이 많은 남가주로 옮겨 1995년 가주고려신학대학원이 설립되었다.

가주고려신학대학원은 미국침례회 계통의 대학을 인수하여 에반겔리아대학(Evangelia Univertsity)으로 교명을 변경하며 재미총회 직영 신학교육기관으로 발전하였고, 이후 동부와 서부의 두 신학교는 정리되었다. 초대총장 이근삼 박사는 고려신학교를 졸업한 후 커버넌트신학교와 웨스트민스터신학교를 졸업하고 네델란드 자유대학교에서 박사학위를 받고, 귀국해 모교에서 평생 가르치면서 고려신학교 교장, 고려신학대학 학장, 고신대 총장을 역임했다. 그는 정년 은퇴 후 미국에서 12년 동안 개혁주의 신학교육을 위해 수고하다 소천했다.

셋째, 노회의 조직과 행정 발전이 이루어졌다. 재미총노회는 제4회(1988) 총노회에서 동부노회와 서부노회로 분리하고, 총회로 승격했다. 제10회 총회(1994)에서는 동부노회를 동부노회와 중부노회로 분리하였고, 제13회 총회(1997)에서는 동부노회에서 캐나다노회를, 서부노회는 북서노회를 분립했다. 몇 차례 노회 분립과 조정은 제23회 총회(2007)와 제32회 총회(2016)에서 노회 구역조정이 이루어져 지금은 8개 노회로 구성되어 있다.

넷째, 재미총회에서 고신교단 세계선교대회가 시작되었다. 1992년 제2회 세계선교대회가 1992년 7월 시카고 휘튼대학 빌리그레이엄센터에서 개최되었는데, 고신 측 교회 출신 선교사들도 대거 참여하면서 재미총회 산하 교회들이 힘을 합쳐 20여 명의 선교사 항공료와 참가비를 지원했다. 이 대회에 참가한 선교사들과 한인 교회들이 힘을 합쳐 세계(고신)선교협의회를 창립하면서 제1차 세계선교대회를 함께 개최했다. 제2회 대회를 1993년 시드니에서, 제3회 대회를 1995년 한국 부산에서 개최한 후, 이 대회는 한국총회 세계선교위원회(KPM) 사업으로 이관해 4년마다 선교대회를 개최하고 있다.

2017년 교단 서부지구의 학생 신앙운동단체 SFC가 개최한 Summer Conference 참석자들이 단체 사진을 찍고 있다

다섯째, 학생신앙운동 활동이 활발히 운영되고 있다. 재미총회에는 각 노회에 학생신앙운동(SFC)이 조직되어 활동하고 있다. 한국 고신교단은 전국 교회와 대학에서 SFC 운동이 활발하게 진행되고 있고, 전담간사만 100명을 넘고 있다. 학생 시절에 SFC에서 중요한 역할을 했던 박재영 목사가 중심이 되어 동부 지역에서 교회연합 SFC 수양회를 개최했다.

제1회 수양회(1979) 이후 제6회까지 매년 활발하게 개최했고, 1985년부터는 뉴욕과 뉴저지, 필라델피아, 워싱턴 DC 등 세 지역으로 분리해 수양회를 개최하다가, 지금은 노회 단위로 SFC 수양회를 개최하고 있다. 이후 4년마다 전국대회를 개최하기로 해 1999년에 제1회 대회를 가졌는데, 교단 산하 전국의 교회 학생들이 함께 모여 신앙훈련을 해오고 있다.

재미한인예수교장로회 총회 현황

첫째, 재미총회에는 동부, 수도, 중부, 중남부, 서부, 서중, 북서, 남미노회 등 8개 노회에 135교회가 소속해 있다. 재미총회 직분자는 목사 247명, 협동목사 9명, 은퇴목사 46명, 강도사 4명, 전도사 74명, 선교사 19명, 장로 164명, 협동장로 31명, 은퇴장로 77명이다.

각 노회는 한국 고신총회와의 행정협정으로 시무지 이동이 자유롭고, 의료협정을 통해 고신대 부속 복음병원, 세계로병원 등 여러 병원에서 진료의 할인 혜택을 제공하고

2022년 10월 제38회 정기총회를 마치고 참석자들이 단체 사진을 찍고 있다

있다. 또 한국총회 노회들과 자매결연을 하여 상호 교류하며 동역하는데, 북서노회의 경우 한국 서울남부노회와 두 차례 공동으로 개척교회를 설립해 이름답게 성장하고 있다. 재미총회는 북미장로교개혁교단협의회(NAPARC)의 회원교단으로, 제45회 총회(2019) 주관 교단으로 봉사한 바 있다.

둘째, 재미총회는 총회 직영 신학교육기관으로 에반겔리아대학(Evangelia University)이 있다. TRACS의 인가로 신학사, 목회학석사, 기독교교육학석사, 선교학석사, 선교학박사, 교육학박사, 목회학박사 학위 프로그램을 운영하고 있다. 2020년 김성수 박사는 경북대학교 교육학과와 대학원, 고려신학대학원에서 수학했으며, 남아공화국 포쳅스트룸대학교에서 박사학위를 받고,

고신대 교수로 37년간 봉사하였고, 정년 은퇴한 후 제3대 총장에 취임했다. 에반겔리아대학은 2019년 ATS 준회원교로 받아들여졌고, 2년 동안 집중적으로 교수진 보강과 프로그램 혁신을 통해 2021년 self study를 제출하고 2022년 2월 실사를 거쳐 6월에 정회원교로 받아들여졌다.

셋째, 재미총회는 세계선교에 힘쓰고 있다. 제3회 총회에서 김진경 선교사를 중국에 파송, 연변과학기술대학과 평양과학기술대학을 설립해 봉사해오고 있다. 현재 17명의 선교사가 남미 아마존, 페루, 쿠바, 우간다, 필리핀 등 모두 12개국에서 선교활동을 전개하고 있다. 한국 고신총회 세계선교회(KPM)과 협력해 선교하고 있으며, 순회선교사 1인을 두어 측면에서 지원하고 있다. 재미총회 선교위원회에서는 전략적으로 아마존 선교에 힘써 삼국경신학교를 운영해 현지 지도자 양성과 생활개선사업을 추진하고 있는데, 2021년 제33회 과테말라에 선교센터를 설치하기로 결의, 여러 교회의 협력으로 선교센터를 구입, 중미선교의 전진기지로 삼았다.

넷째, 재미총회는 그동안 재난을 당했을 때도 적극 참여하여 아이티 재난상황 등에도 교단적으로 모금활동을 전개해 적극적으로 지원 활동을 했다. 그 외에도 2020년 총회 은급재단을 설치하여 목회자 은퇴 후를 대비하여 금융 관련 평신도 전문위원들의 자원봉사에 힘입어 큰 수익으로 호응을 얻고 있다. 또 재미총회는 4명의 군목을 파송하여 군선교를 활발하게 전개하고 있다.

역대 총회장

1,10대 박재영 목사, 2,11대 고 신현국 목사, 3대 고 전재린 목사, 4,12대 김만우 목사, 5대 정필흠 목사, 6대 김용출 목사, 7-8, 14대 임종수 목사, 9대 변의남 목사, 13대 강위상 목사, 15-16대 고 장희선 목사, 17대 조봉환 목사, 18대 최학량 목사, 19대 윤정태 목사, 20대 손창호 목사, 21대 구자경 목사, 22대 조봉환 목사, 23대 고 이유량 목사, 24대 명병헌 목사, 25대 한기원 목사, 26대 우영종 목사, 27대 박종창 목사, 28대 박대근 목사, 29대 전성철 목사, 30대 전병두 목사, 31대 박재철 목사, 32대 윤대식 목사, 33대 박승순 목사, 34대 박석현 목사, 35대 김형권 목사, 36대 이신구 목사, 37대 정지호 목사, 38대 한태일 목사

PART IV. 한인 교회들이 소속된 한인 교단사 | 851

박재영 목사, 고 신현국 목사, 고 전재린 목사, 김만우 목사, 정필흠 목사, 김용출 목사, 임종수 목사, 변의남 목사

강위상 목사, 고 장희선 목사, 조봉환 목사, 최학량 목사, 윤정태 목사, 손창호 목사, 구자경 목사, 고 이유량 목사

명병헌 목사, 한기원 목사, 우영종 목사, 박종창 목사, 박대근 목사, 전성철 목사, 전병두 목사, 박재철 목사

윤대식 목사, 박승순 목사, 박석현 목사, 김형권 목사, 이신구 목사, 정지호 목사, 한태일 목사

크리스천교회(제자회)
Christian Church(Disciples of Christ)
(창립 연도: 1976년/ 초대 회장: 고 최순국 목사)

엄규서 목사

윌셔크리스천교회 원로목사
남가주목사장로부부찬양단 단장
샌프란시스코신학대학원(M.A.)
라이프대학교(Th.D.)

크리스천교회(제자회)의 역사

크리스천교회(제자회) 교단의 상징인 성배(Chalice)는 1971년 세인트루이스(St. Louis) 총회에서 채택되었는데 제자교회 예배의 중심이 성만찬임을 보여주는 성만찬의 잔(Chalice 빨간색)에 X자 형태인 사도 안드레의 십자가(St. Andrew's Cross 흰색)를 넣었다(사도 안드레는 순교당할 때 주님과 같이 똑바로 선 십자가에 못 박힐 수 없다 하여 옆으로 누운 십자가에 달렸다). 성 안드레는 자기 형제 베드로를 주님께 인도했을 뿐 아니라 교단 창설의 주역들(캠블과 스콧)의 고향인 스코틀랜드의 수호 성자로 이 두 전통을 살려 만든 것이 본 교단의 상징(Logo)이다.

19세기 초반에 미국에서 일어난 기독교 개혁 및 교회 부흥운동에서 시작된 크리스천교회(제자회) 교단은 북미 대륙에서 유일하게 발생한 개신 주류교단 중 하나다. 1800년대 초반 제2차 영적 대각성(Second Great Awakening)운동을 주도했던 사람들이 교회의 분열로 교파가 나눠지는 현실을 개탄하면서 인위적인 교리와 헌장을 버리고 "성경으로 돌아가자"(환원)는 초대교회의 회복론과 "사도적 신앙"을 회복하여 모든 교회가 "하나 되자"(일치)라는 기치를 들고 시작했다.

당시 환경에서 교회 지도자들이 권력에 저항하기 시작한 것은 그리 놀라운 일이 아니었다. 제임스 오켈리가 감리교회를 이탈한 상당수의 교회를 이끌었고 그들은 교회 명칭을 '그리스도의 교회'라 명명했다. 노스캐롤라이나와 버지니아를 중심으로 조직을 펼쳐 나갔으며 애브러 존스와 엘리 스미스는 뉴잉글랜드 지역에서 1801년 독립교회를 세우고 '그리스도의 교회'라 명했다.

같은 해 바톤 스톤(Barton Stone, 1772-1844)은 수천의 개척자에게 지대한 영향을 미친 콘릿지(Cone Ridge) 집회에서 "성경만이 신앙의 유일한 권위이며 인위적으로 만든 교리와 교파를 떠나야 하며, 모든 교회는 그리스도의 몸으로 하나가 되어야 된다"며 교파주의를 강하게 부정했다. 이어 1804년 1월 28일 스톤은 "The last will and testament of the Springfield Presbytery"를 발표하고 장로교회부터 분리해서 만든 교단 조직을 해산하게 이른다.

2016년 세계대회에 참석한 목회자들이 파이팅을 외치고 있다

스코틀랜드에서 이민 온 젊은 석학 월터 스콧은 부흥회식 감정주의를 지양하고 진리의 합리성을 강조하며, 인위성이 없는 성경적 선언 "예수가 그리스도이시다"만이 확실한 신앙고백이라고 강조했다. 그는 구원의 과정을 "다섯 손가락 운동"(Five-Finger Exercise)으로 설명했는데, 이를 요약하면 "첫째, 믿고, 둘째, 회개하고, 셋째, 세례받고, 넷째, 죄 사함 받고, 다섯째, 성령을 선물로 받아 구원(영생)을 얻게 된다"는 것으로, 손가락을 하나씩 꼽아가며 전개하는 전도 전략을 세워 폭발적인 호응을 받기에 이르렀다. 이 전도전략을 통해 1860년에는 2천100여 개 교회와 20만 명의 교인으로 크게 성장하게 되었다.

남북전쟁 이후 예배 때 악기를 사용하는 문제, 개교회를 넘어서서 선교회의 조직에 대한 문제, 직업적인 성직자에 대한 명칭과 권위 문제가 성서적이냐, 아니냐 하는 이슈가 부각되었다. 이로 인해 남부 연방에 집중된 '그리스도교회'(Churches of Christ)가 형성되었고 1906년 무악기 아카펠라 그리스도교회(Churches of Christ)로 분리, 중서부 위쪽에는 '그리스도제자교회'(Disciples of Christ)가 생겨났다. 1909년 연방종교센서스(Federal Religious Census)에 두 그룹이 따로 개별적 교단 이름으로 올라가게 되고, 1968년 제자회(Disciples)에서 'A Provisional Design for Christian Church'(Disciples of Christ)를 무기명으로 투표, 채택하고 Sect에서 그리스도의 지체인 제자회가 재조직하게 되었다.

미국의 유일한 목회자로 대통령이 된 제임스 가필드(20대 대통령)를 배출한 교단이기도 한 제자교회는 사회, 정의, 교육에 앞장서고 있다. 또한 다민족 사역에 지대한 관심을 갖고 선교와 후원에 앞장서고 있는 교단 중 하나다. 특히 차세대를 위해 교육지원과 양성을 위한 특별한 장학기금이 있는데, 아시아계 신학생들에게만 지급되는 두 개의 장학기금인 데이빗 카기와다(David T. Kagiwada)와 최순국 목사 장학기금이 있다. 또 목회자 양성을 위해 텍사스 포스워스(Fort Worth) 소재 텍사스크리스천교회(Texas Christian University)의 브라이트신학교(Brite Divinity School)에 한인신학연구소를 두어 한인 목회자를 양성하고 있다. 그 밖에 제자회신학대학원 기금(Disciples Seminary Foundation)을 통해 지속적인 성장을 창출하는 교단이기도 하다.

제자교회는 태동 이후 1968년까지 165년에 걸쳐 북미주 종교개혁운동에서 교단으로 변모하게 된다. 1967년 그동안 '국제대회'(International Convention)라고 부르던 세계대회를 '크리스천교회(제자회) 전국총회'(General Assembly of the Christian Church, Disciples of Christ)라고 개칭하고 2년마다 총회를 갖기로 했다.

한인 제자교회의 태동과 주요 정기 총회

아시아 대륙 선교사역이 1882년도부터 시작된 반면 국내사역은 1891년 여선교회 선교협회에서 포틀랜드에 중국인 교회를 세우면서 시작되었다. 1901년에 일본인교회 설립 요청으로 1908년에 로스앤젤레스에 발족되었다. 그러나 제2차 세계 대전의 발발과 함께 미국 내의 일본인들을 강제 수용소에 감금시키면서 사실상 30년 동안 제자회 아시안 사역은 휴무 상태가 되었다. 그리고 1965년 존슨 대통령의 주도하에 새 이민법이 통과돼, 아시아 대륙에서 이민자들이 대거 이주해 온 1970년대에 다시 활성화되었다. 이 영향에 힘입어 1976년 로스앤젤레스에 '월셔한인기독교회'(Wilshire Korean Christian Church, 현 월셔크리스천교회)라는 이름의 최초의 제자회 한인 교회가 창립했다.

제자교회는 교단본부를 인디애나폴리스에 두고 전국 총회(General Assembly) 36개 지방회(Regions)와 12개 행정기구(Administrative Units)를 두고 있다. 또한 북미주 태평양과 아시안 제자회(North American Pacific/ Asian Disciples, NAPAD)가 있다. 한인 총회는 1995년 1월 시작으로 '그리스도의 교회(제자회) 한인교회총회'라는 명칭으로 매년 1월에 총회를 가지며 총회장의 임기는 2년이다. 짝수 해는 정기총회로, 홀수 해는 임시총회로 모인다. 2022년 현재 한인총회 소속 교회는 121개 교회이다.

한인정기총회 또는 임시총회와 주요 행사

그리스도의교회(제자회) 미주 한인 교회는 2004년 1월 21-24일 남가주 팜스프링의 사하라수양관에서 제6회 정기총회를 열고, 안대진 목사(사우스베이한인교회)를 임기 2년의 신임 총회장으로 선출했다. 미국과 캐나다의 총회 소속 교역자와 교회 대표들이 참석한 이 총회의 개회예배에서 유근희 목사(교단본부 아시안 목회 담당)는 "일어나 걸으라"는 제목으로 말씀을 전했다. 또 "승리하는 이민 교회"라는 제목으로 박희민 목사(전 나성영락교회)가 세미나를 인도했다. 이 총회에서 새로 선임된 총회 임원은 부총회장 노동국 목사(늘푸른그리스도의교회), 총무 엄규서 목사(월셔중앙교회), 서기 이성도 목사(나성중앙교회), 회계 강징자 목사(그리스도의세계선교회)이다.

2014년 8월 4-6일 한인총회가 처음으로 시카고에서 열렸다. 제자회 교단의 한인 목회자들이 주로 캘리포니아에 집중되어 있어 매년 캘리포니아를 중심으로 1월 말에 총회를 열어 왔으나, 2014년에는 격년마다 열리는 NAPAD(North American Pacific/ Asian Disciples) 총회가 시카고에서 열리므로, 1월 한인총회를 8월로 연기한 것이다. 한인총회는 시카고한인크리스천교회, NAPAD 총회는 시카고대학교에서 열렸다.

2016년 1월 18-21일 올랜도에서 열린 12회 정기총회에서는 큰샘교회 이은수 목사가 2년 임기의 총회장으로 추대되었다. 2017년 1월 16-19일 전국에 흩어졌던 한인제자회 목사들과 사모들, 그리고 전도사들이 함께 모여 13회 임시총회를 가졌다. 주제는 "여호와를 알기에 힘쓰는 제자회"(호 6:1-3)이고, 세미나 주제는 "이민 목회와 인문학"이며, 강사는 이승종 목사였다.

한인정기총회가 2018년 1월 22-25일 나흘간 사우스베이한인교회에서 개최되었다. 이때 총회는 "회복과 화합으로 하나 되는 예수님의 제자"(사 43:19)라는 주제로 열렸으며, 새로운 회장단 선출과 상정된 주요 회무를 처리했다. 신임 총회장으로 선출된 남윤수 목사는 "새로운 중책을 겸손한 마음으로 회원들과 협력하여 믿음으로 잘 감당할 것"이라고 인사했다.

한인총회가 2019년 1월 14-17일 4일간 북가주 산호세에 소재한 알라메다제일크리스천교회(패드릭 윌리암스 담임목사)에서 열렸다. 양형철 목사의 인도로 진행된 개회예배에서 박소영 목사가 대표 기도하고, 총회장 남윤수 목사가 "수고를 하였으되"(눅 5:4-10)라는 제목으로 설교했다. 이어 라타유나 바이넘 목사(북가주지방회장)와 패드릭 윌리엄스 목사(알라메다제일크리스천교회)가 환영사를 했으며, 남가주한인목사회 부회장 김정한 목사(실버레익한인교회 담임)의 축도로 예배를 마쳤다. 예배 후에는 유근희 목사가 "목회상담의 실제와 원리"(I, II)라는 주제로 세미나를 인도했다.

역대 교단장

초대 회장 고 최순국 목사, 2대 고 안재관 목사, 3대 고 함명철 목사, 4대 김순철 목사, 5대 안영섭 목사, 6대 안대진 목사, 7대 최선준 목사, 8대 엄규서 목사, 9대 이성도 목사, 10대 홍종국 목사, 11대 이재영 목사, 12대 이은수 목사, 13대 남윤수 목사, 14대 김효철 목사, 15대 서해남 목사

하나님의성회 한국총회
Assemblies of God Korean District Council

(창립 연도: 1974년/ 초대 총회장: 고 박여호수아 목사)

심상은 목사

갈보리선교교회 담임
하나님의성회(AG) 한국총회 현 부총회장
도쿄크리스천대학(B.A.) 졸업
탈봇신학대학원 목회학 박사(D.Min.)

하나님의성회 한국총회의 태동

하나님의성회(Assemblies of God)는 오순절교회 계통의 기독교교단이다. 20세기 초 로스앤젤레스의 아주사 거리에서 일어난 오순절 성령운동의 영향으로 1914년 아칸소 주 핫스프링스에서 '하나님의성회'라는 교단이 탄생했다. 현재 본부는 미주리주 스프링필드에 있으며 예수님의 속죄와 삼위일체, 예수님의 부활을 믿으며 중생, 성령충만, 신유, 재림 등을 주요 교리로 삼고 있다.

1970년대에 들어오면서 한국 하나님의성회 교단에 속해서 사역을 하던 교역자들은 순복음의 신앙을 세계에 전파하기 위하여 해외로 진출하기 시작했다. 일부는 전쟁이 불붙고 있던 월

남에 선교사로 나가 월남 주민에게 복음을 전했고 또 다른 일부는 독일에 나가 있던 한국 간호사들과 광부들에게 순복음의 신앙을 전했으며 또 다른 일부는 미국으로 건너와 이민의 물결이 일기 시작한 한국 교포 사회에 순복음의 말씀을 전하기도 했다.

약 10년이 흐르자 해외로 진출한 선교사들의 숫자도 점차 많아져 이들은 서로 연락하여 함께 신앙을 나누며 서로를 돌아볼 수 있는 모임이 절실히 필요함을 느꼈다. 마

2019년 4월 21-25일 제38차 총회가 캘리포니아 코로나 감사한인교회에서 열렸다

침 이때 조용기 목사가 시무하는 여의도순복음교회의 '순복음세계선교회'에서 1981년 10월 24일 서독의 백림교회를 빌려 제2차 순복음세계선교대회를 개최하게 되었다. 이때 북미주에 와서 복음을 전하던 김남수 목사, 한용석 목사 등 총 65명이 참석했으며, 이 대회에서 16명의 전도사들이 목사안수를 받았다. 이들은 그 후 미국으로 돌아와 미국 하나님의성회 안에 있는 한국지방회에 속한 목회자로 활동하면서 서로 우의를 다지고 지금까지 복음을 전파하는 사역에 헌신하고 있다.

1971년 4월, 한국에서 북미주에 초대 선교사로 파송된 고 박여호수아(재영) 목사를 비롯, 그 후 미국으로 들어온 선교사들은 나성과 뉴욕 지역을 중심으로 교회를 세우고 열심히 오순절 신앙을 전하기 시작했다. 박여호수아 목사는 이렇게 모여온 선교사들이 북미주에서 오순절 신앙으로 뭉칠 필요가 있음을 느끼고 1974년 6월에 '순복음세계선교회 미주연합회'를 창설하고 초대 연합회장으로 취임했다. 이 연합회가 바로 하나님의성회 한국지방회를 결성할 수 있게 한 초석이라고 볼 수 있다.

미주에 온 선교사들은 오순절 성령의 역사를 전파할 교역자들을 양성하기 위하여 1977년 김기홍 목사가 로스앤젤레스에서 다섯 명의 학생들을 시작으로 '나성순복음신학교'(현 베데스다신학교의 전신)를 세운 이후, 김남수 목사가 이듬해인 1978년 2월 16일 뉴욕에, 김명남 목사가 1980년 4월 13일 시카고에 각각 신학교를 세우고, 오순절 신학에 입각한 하나님의 말씀을 가르치기 시작했다. 이민생활의 어려움을 신앙과 폭발적인 성령의 능력으로 극복하려는 수많은 영혼에게 희망의 메시지를 전해줄 교역자들을 기르는 요람인 이 신학교들은 성장에 성장을 거듭하게 되었다. 고 김기홍 목사는 이때를 회상하며 "재정적 뒷받침이 없었기에 RN간호사였던 사모가 우리 가정의 경제를 책임지는 가운데서도 정성과 시간을 들여 가르쳤는데, 4년이 지나

자 학생이 100명이 되는 놀라운 성장을 이루게 되었다"라고 말했다.

이렇게 열심히 배우고 가르친 결과 몇 해 지나지 않아 여러 명의 졸업생이 배출되었고 오순절의 신앙노선을 따르는 교역자들이 많아져, 미주지역에도 한국인만의 하나님의성회 교단에 소속된 지방

2021년 8월 16-18일 39차 정기 총회가 뉴욕 프라미스교회에서 열렸다

회가 있어야 할 필요성을 절감하게 되었다. 그들은 한국인들 중심으로 모일 수 있는 교단을 세울 수 있는 길을 찾기로 했다. 이때 미국에 있는 한국 선교사들이 모두 미국 하나님의성회 안에 있는 미국지방회에 가입되어 있었다. 그리하여 한국인 대표들이 1981년, 미주리주 스프링필드(Springfield, Missouri)에 있는 하나님의성회 본부에 찾아가서 한국 교역자들로만 구성된 한국지방회를 인가해 줄 것을 건의한 결과, 받아들여져서 미국 하나님의성회에 속한 지방회 중 57번째의 지방회로 출범하게 된 것이다.

AG한국총회는 2021년 7월말 현재 회원 총 315명(목사 241, 전도사 74), 교회는 총 94개 교회가 소속되어 있다.

역대 총회장

제1차 존 허스턴(John Hurston) 목사(1982년), 제2-6차 고 김기홍 목사(1983-1987년), 제7-8차 김남수 목사(1988-1989년), 제9-10차 김명남 목사(1990-1991년), 제11-12차 고 김기홍 목사(1992-1993년), 제13차 고 김종기 목사(1994년), 제14차 김명남 목사(1995년), 제15차 김남수 목사(1996년), 제16차 조이식 목사(1997년), 제17-18차 함윤식 목사(1998-1999년), 제19-20차 김도언 목사(2000-2001년), 제21-22차 이재선 목사(2002-2003년), 제23-24차 이우용 목사(2004-2005년), 제25-28차 김영길 목사(2006-2009년), 제29-30차 이창언 목사(2010-2011년), 제31-32차 이광희 목사(2012-2013년), 제33-34차 정영효 목사(2014-2015년), 제35-36차 김명옥 목사(2016-2017년), 제37차 지용웅 목사(2018년), 제38차 김명옥 목사(2019년), 제39차 김웅철 목사(2021년)

해외한인장로회(KPCA)
Korean Presbyterian Church Abroad
(창립 연도: 1976년 / 초대 총회장: 고 김계용 목사)

이상명 박사

미주장로회신학대학교 총장
계명대학교(B.S.)
장로회신학대학교(M.Div.)
클레어몬트대학원에서 신약학으로 박사학위(Ph.D.)

해외한인장로회(KPCA)의 역사 개요

해외한인장로회(Korean Presbyterian Church Abroad, 이하 KPCA)는 미국 내 독립장로교단으로 1976년 3개 노회가 연합하여 설립했다. 서부 로스앤젤레스노회, 동부 뉴욕노회, 중부 시카고노회 소속 소수 교회들이 모여 1976년 '한인장로회 미주총회'로 창립한 후, 1978년 '미주한인장로회'로 개명하였고, 2009년 총회에서 '해외한인장로회'로 변경했다.

이후 KPCA 교단은 캐나다, 중남미, 뉴질랜드, 호주, 일본과 유럽을 포함하는 해외한인 교단 중 가장 큰 규모의 글로벌 네트워크를 구축한 교단으로 성장했다. 현재 19개 노회, 427여 개 교회, 983명 목회자와 15만7천5백여 교인들이 180여 개국에 거주하면서 해외 750만 명의 디아스

초대 총회장 고 김계용 목사

포라 한인들을 섬기는 교단으로 발전하여 현재에까지 이른다.

KPCA는 현재 미국교회협의회(NCCCUSA)에 속한 36가맹 교단 중 유일한 아시안 교단이며, 2007년에 발족한 1억2천만 회원이 속한 미국교회연대(Christian Churches Together)의 창립회원 교단으로 미국 주류사회에서 활발히 활동 중이다. 미국장로교회(PCUSA)와 한국통합(PCK)교단과는 목회자 이동과 친선교류 차원의 협력관계를 맺고 있다. 2009년부터 PCCMP(Presbyterian Council for Chaplains and Military Personnel) 회원 교단으로서 미 군목으로 파송한 인원은 현재까지 10명이다.

KPCA 사명 선언과 한인장로교회 노회의 태동

KPCA는 해외에 흩어진 한인 디아스포라들을 중심으로 소요리문답과 웨스트민스터 신앙고백을 근본으로 세운 복음적 교단이다. "복음을 땅끝까지 전파하라"(행 1:8)는 그리스도의 분부를 지상명령으로 알고 이를 실천하기 위해 교단과 교파를 초월하여 같은 신앙을 고백하는 교회들과 연대하는 폭넓은 신학적 자세를 견지한다. 나아가 세계 교회들과 협력하면서 "비전 선언"에 명시한 지침에 따라 세계에 흩어진 자리에서 하나님 백성으로 복음 전파와 인류 평화를 위한 봉사와 책임을 다하기 위해 설립한 교단이다.

한국에서 온 초기 이민자들은 1903년 구한말 하와이 사탕수수밭 농부로 계약, 7천776명이 하와이 땅에 첫 이민의 발을 디뎠고, 1905년에는 미 본토 서해안에도 상륙했다. 초기 이민자 중에는 개신교 교인 가운데 다수가 감리교회 교인이었는데 이는 한국에 파송되었던 감리교 선교부가 하와이 농업 이주에 많은 역할을 하였기 때문이다. 1965년 미 이민법이 수정되기까지는 미국에 유학생 신분으로 온 장로교인들은 자연스럽게 미국장로교회를 찾게 되었고, 미국 교회에서 언어 장벽과 문화 갈등을 경험하면서 장로교 출신 목사들을 중심으로 1960년 후부터 장로교회를 세우기 시작했다.

1960년경 이민 온 한인 장로교 목사들은 장로교회를 세우고 미국장로교회를 마치 어머니 교회같이 생각하며 행정적 지원을 기대하고 미국장로교회 가입을 시도했으나, '미국연합장로교회'(United Presbyterian Church in USA, 이하 UPC)는 뜻밖에 냉담한 반응을 보였다. 한국으로 선교사를 파송하며 복음을 전해준 이들이 한인 교회에 비협조적이었던 이유는 미국에 왔다면 미국 교회에 등록하는 것이 당연하지 않느냐는 기본적 인식 때문이었을 것으로 짐작한다. 아울러 미국 교단에 이미 가입해 있던 한인 목사들이 해당 교단에 새로 가입하려는 다른 한인 목사들을 폄훼하는 일로 인해 그들의 미국장로교회 가입에 어려움이 발생한다. 이러한 이유로 한인장로교회는 자생하면서 독자적 길을 걷게 된다.

당시 한국 총회는 총회 내 몇몇 인사들을 제외하고 멀리 미국에 세워진 한인장로교회의 상황을 제대로 알지 못했을 것이다. 미국을 왕래

2011년 제36회 총회가 버지니아 서울장로교회에서 개최되었다

하던 소수 한국 총회 지도자들은 미국 내 한인 교회를 지도해 줄 방안을 강구하지 않은 채, UPC 총회에 이미 들어가 있던 한인 목회자들의 주장만을 듣는다. 이로 인해 그들은 미주 한인 교회가 UPC에 들어가라는 조언만 듣던 상황에서, 소형 교회들이 연합하여 현재의 KPCA 교단을 창립하고, 발전할 것이라고는 짐작조차 못했을 것이다.

UPC의 배척과 한국 총회의 무관심 속에서 미주 한인 장로교회들과 목사들이 선택할 길은 다음 세 가지로 압축된다. 첫째, 환영과 협력이라는 전제 하에 타 교단에라도 가입하는 방안, 둘째, 교단 가입 없이 독립교회로 존속하는 방안, 셋째, 한인 장로교회들이 연합하여 노회를 구성한다는 것으로 이 세 가지 방안 중 하나를 선택할 수밖에 없었다.

이런 상황 속에서 세 번째 방안을 채택한 한인 장로교회들은 1973년 9월 16일 로스앤젤레스에서 '한인장로회 미주노회'를, 1974년 11월 2일 시카고를 중심으로 '한인장로회 재미노회'를, 1975년 6월 6일 필라델피아와 뉴욕을 중심으로 '한인장로회 동노회'를 각각 조직하기에 이르렀다. 이렇게 조직된 세 노회는 그 뿌리가 한국 통합측 장로교회에 있었기에 통합교단과 상호 간 연락했다. 그러던 중 통합총회와 긴밀한 관계 유지를 위해 정식으로 총회에 "미주노회인준청원서"를 제출하게 되었고(1974, 1975), 이 청원과 관련하여 한국총회는 제60회 총회(1975년 9월)에서 미주에 설립된 세 노회를 '연합노회'(Union Presbytery)로 인준하기로 결의했다.

한인장로회 미주총회 창립

1975년 12월 4일, 시카고 근교 스코키, Holiday Inn에서 한인장로회 미주노회장 김계용 목사, 한인장로회 재미노회장 양치관 목사, 한인장로회 미주동노회장 이병규 목사 등 세 노회장이 모여 앞으로 나아갈 길에 대해 논의한 결과 다음과 같은 주요 사항들을 결의했다.

첫째로 노회 명칭을 한인장로회 미주(동, 중앙, 서)노회로 통일하기로 하고, 둘째로 각 노회 지역을 동노회(펜실베이니아, 뉴욕, 웨스트버지니아, 노스캐롤라이나, 앨라배마), 중앙노회(동노회와 서노회가 아닌 중앙 지역), 서노회(몬태나, 아이다호, 유타, 애리조나, 캘리포니아 서부 지역)로 구분하고, 마지막으로 세 노회는 그 진로와 행동을 통일하기 위하여 '한인장로회 미주대회'를 조직하기로 했다.

2014년 제39회 총회가 캘리포니아 훌러톤장로교회에서 개최되었다

세 노회장 회의에서 결의한 대로 1976년 8월 9일에 일리노이 주에 있는 시세로 한인장로교회(21220 S 60th St., Cicero, Illinois)에서 21명의 총대가 모여 한인장로회 미주총회 창립총회라는 역사적 첫 회의를 개최했다. 한인장로회 미주총회는 규칙(7장 26조)을 시행법으로 통과시키고, 1954년 이전의 대한예수교장로회(통합) 총회헌법을 본 총회헌법으로 임시 채택, 사용하기로 하며 김계용 목사를 창립 총회장으로 선출했다. 창립총회는 총회의 입장을 밝히기 위해 "우리의 다짐"을 발표했다.

1977년 교단총회가 일리노이 주정부에 비영리단체로 등록되었다. 남가주장로회신학교(현, 미주장로회신학대학교)가 나성영락교회 교육관에서 수업을 시작했다. 1978년 7월 21일에 로스앤젤레스 소재 나성영락교회 예배당에 모인 제3회 총회에서 본 총회의 명칭 '한인장로회 미주총회'를 '미주한인장로회'(Korean Presbyterian Church in America, 약칭 KPCA)로 변경했다. 뉴욕장로회신학교가 뉴욕한민교회에서 개교했다. 1979년 캐나다노회가 신설되었다. 1985년 미주한인장로회 헌법을 제정 공포하고, 임기 3년의 유급 전임총무를 선임했다.

1986년 대한예수교장로회(통합) 총회와 선교협정을 체결하고, 교단 로고를 채택했다. 재일대한기독교 총회와 선교협정을 체결했다. 1987년 미국장로교협의회(NCCUSA)에 32번째 회원 교단으로 가입했다. 1989년 서노회에서 서남노회가 분립 조직했다. 동노회에서 뉴욕노회와 뉴저지노회가 분립 조직했다. 남가주장로회신학교가 교명을 '미주한인장로회신학대학'(KPCA Presbyterian Theological Seminary)으로 변경한 후 캘리포니아 주정부로부터 인가받았다.

1990년 서노회에서 서북노회가 분립되고, 1991년 중남미지역에 중남미노회가 조직되었다. 1992년 동노회에서 수도노회가 분립 조직되었으며, 1994년 교단 기관지 「장로공보」를 창간했다. 1995년 하와이노회가 조직되었다.

1996년 교단 창립 20주년 기념대회를 개최하고 『교단 20년사』를 발간했다. 미주한인장로회 장로회신학대학이 건물을 구입, 입주했다. 2000년 수도노회에서 동남노회를 분립 조직했다. 캐나다노회를 캐나다동노회와 캐나다서노회로 분립 조직했다. 2001년 서남노회에서 서중노회가, 2002년 서노회에서 로스앤젤레스노회가, 2003년 뉴욕노회에서 동북노회가 분립 조직되었다.

2005년 뉴질랜드를 중심으로 뉴질랜드노회가 조직되고,

2022년 5월 제46회 정기총회가 캘리포니아 새크라멘토에서 열렸다

2007년 호주를 중심으로 호주노회가 가입했다. 수도노회에서 필라노회가 분립 조직되고, 서북미장로회신학대학 설립이 제32회 총회에서 결의되었다. 2008년 유럽을 중심으로 유럽노회가 가입했다. 미주한인장로회신학대학이 교명을 '미주장로회신학대학교'(Presbyterian Theological Seminary in America)로 변경했다.

2009년 교단 명칭을 '미주한인장로회'에서 '해외한인장로회'(Korean Presbyterian Church Abroad, 약칭 KPCA)로 변경, 공포하고 전면 개정된 새 헌법도 공포했다. 2010년 영어를 사용하는 회중을 중심으로 영어노회를 설립했다.

2011년 미주장로회신학대학교가 성서고등교육협의회(Association for Biblical Higher Education, 약칭 ABHE) 정회원으로 가입 허락을 받았다. 2013년 일본노회가 가입하고, 2014년 서북노회에서 퍼시픽노회가 분립 조직되었다. 2016년 서북노회에서 서북남노회가 분립 조직됨으로써 전체 22개 노회로 조직되었다.

2018년 미주장로회신학대학교가 북미신학대학원협의회(The Association of Theological Schools, 약칭 'ATS') 정회원으로 인준받았다.

2020년 호주노회와 뉴질랜드노회가 통합되고 명칭을 남태평양노회로 했다. 2021년 유럽노회와 퍼시픽노회를 폐쇄했다.

2022년 5월 10-12일까지 제46회 총회가 새크라멘토한인장로교회에서 열려, 새 총회장으로 박상근 목사가 선출되었다.

역대 교단장

1대 고 김계용 목사, 2대 고 양치관 목사, 3대 고 이병규 목사, 4대 고 정원희 목사, 5대 고 이관숙 목사, 6대 김형훈 목사, 7대 고 이기덕 목사, 8대 고 김재광 목사, 9대 없음, 10대 고 최창덕 목사, 11대 고 방신학 목사, 12대 박희소 목사, 13대 고 최광수 목사, 14대 문장선 목사, 15대 김정국 목사, 16대 고 라무열 목사, 17대 김용주 목사, 18대 고 김도석 목사, 19대 김창길 목사, 20대 김상구 목사, 21대 고 김리관 목사, 22대 박희민 목사, 23대 이선영 목사, 24대 김대순 목사, 25대 고 손인화 목사, 26대 김인철 목사, 27대 한세원 목사, 29대 허영진 목사, 30대 최종남 목사, 31대 송병기 목사, 32대 황천영 목사, 33대 김인식 목사, 34대 서욱수 목사, 35대 정해진 목사, 36대 김재동 목사, 37대 강대은 목사, 38대 호성기 목사, 39대 노진걸 목사, 40대 김종훈 목사, 41대 유영기 목사, 42대 박성규 목사, 43대 원중권 목사, 44대 이기성 목사, 45대 이재광 목사, 46대 박상근 목사

C&MA 한인총회
Christian and Missionary Alliance

(창립 연도: 1975년/ 초대 디렉터: 방지형 목사)

정재호 목사

워싱턴제일교회 담임
선교단체 LGM(Love Global Mission) 사무총장 및 대표
조지아공과대학(GIT) 박사(Ph.D. Electrical Engineering)
장로회신학대학 신학대학원 목회학석사(M.Div.)

초대 지역 디렉터 방지형 목사

    C&MA는 The Christian And Missionary Alliance의 약자로서 줄여서 The Alliance라고 부르기도 한다. C&MA는 오직 성령의 능력으로 복음을 전파한다. C&MA는 1887년에 심슨 목사를 중심으로 뉴욕시의 맨해튼에서 7명이 예배드림으로써 시작되었다. 거기서부터 복음이 아프리카로, 중국으로, 그리고 전 세계로 전파되기 시작했다.

    오늘날 C&MA는 미국의 2천여 교회에서 50만 명의 신자가 매주일 35개의 언어로, 전 세계 84개 국가의 2만3천여 교회에서 650만의 신실한 신자들이 '오직 예수'의 일념으로 복음을 전파하면서 하나님 나라의 확장에 크게 기여하고 있다. 미국에서 파송된 1,000여 명, 기타 국가에서 파송된 500여 명의 전문선교사들 가운데 절반 이상은 미전도종족들 가운데서 사역하고 있으며, 점점 더 많은 선교사가 기독교를 박해하는 미전도국가와 지역으로 파송되고 있다. 수십 명의 특별히 훈련된 선교사들은 세계의 가장 가난한 사람들 가운데서 구제 긍휼 사역을 통해서 복음을 전하고 있다.

C&MA는 사중복음(중생, 성결, 신유, 재림)이라는 독특한 슬로건을 가지고 있다. 이것은 교리가 아니라 교단의 목표와 가르침을 강조하는 구호이다. 사중복음은 예수 그리스도의 전인적 구원을 4개의 모토로 표현한 것으로 한국의 성결교단을 비롯하여 많은 나라에 전파되었다.

C&MA 한인총회

C&MA 한인총회는 1975년 C&MA 본부에서 미국 내 소수민족들의 다른 언어와 문화특성을 인식하여 복합문화선교국(Intercultural Ministries)을 창설하면서 'Alliance Korean Ministries'란 이름으로 시작되었다. 방지형 목사가 초대 지역 디렉터(Field Director)로 수고했다.

1978년 4월 17-18일 '기독교복음선교회'(The Christian and Missionary Alliance Korean Specialized Ministry)라는 이름으로 창립총회가 개최되었다.

2019년 4월 22-25일까지 제36차 정기총회가 뉴욕 어린양교회에서 열렸다

그 당시 시카고의 휄로쉽교회, 시카고성결교회, 서부교회, 서울교회, 시카고복음교회가 주축이 되었다. 방지형 목사를 이어 나윤태 목사가 2대 지역 디렉터(Field Director)로 수고했다.

1988년 방지형 목사가 3대 총무로 취임했다. 1991년에 김 길 목사가 4대 감독으로, 2001년에는 이흥구 목사가 5대 감독으로, 2004년은 문형준 목사가 6대 감독으로 취임했다. 2007년 시애틀 24차 총회에서 한국어 번역 명칭을 없애고 'C&MA 한인총회'(Korean District of the C&MA)로 부르기로 결정했다.

2010년 제27차 연례총회에서 한국 지역회를 조직했으며, 2018년 4월 한국에 있는 C&MA 교회들과 교역자들이 한인총회에서 독립하여 'Alliance Church in Korea'(ACK)를 결성하고 교단이 되었다. 2011년 7월에 백한영 목사가 7대 감독으로 취임하고, 2021년 1월에는 정재호 목사가 8대 감독으로 취임, 현재까지 그 일을 감당하고 있다.

C&MA 한인총회는 현재, C&MA 교단의 세계 선교에 있어서 매우 중요한 한 축을 담당하고 있다. 한인총회는 현재 7개 지역회, 90개 교회, 180명의 교역자로 구성되어 있으며 본부는 뉴저지의 리지필드팍(Ridgefield Park)에 있다. 그리스도의 복음을 각자의 지역과 미국과 전 세계에 전파하여 그리스도의 대사명을 이루기 위하여 오늘도 최선을 다하고 있다.

2022년 4월 C&MA 한인총회 제39차 정기총회 참석자들이 기념사진을 찍고 있다

C&MA 한인총회 제39차 정기총회가 "부흥을 향한 거룩한 열망, 부흥을 위한 과감한 시도"라는 주제로 4월 26일(화) 사우스캐롤라이나 주에 있는 찰스톤진리의교회(임경묵 목사)에서 열렸다. 오프라인으로는 50여 명이, 줌을 통한 화상회의에는 30여 명의 목회자가 참여했다.

한인들에게 널리 알려진 C&MA 한인 교회와 한인 목회자

한인들에게 알려진 C&MA 한인 교회와 한인 목회자로는 얼바인에 위치한 베델교회, LA에 있는 세계등대교회, 시카고의 휄로십교회 등이 있으며 목회자로는 고 손인식 목사, 이상남 목사, 김홍수 목사가 있다.

남가주 얼바인의 베델교회

베델교회(담임 김한요 목사)는 남가주의 오렌지카운티 남단에 있는 아름답고 기후 좋은 계획도시 얼바인에 위치하고 있으며, 1976년 9월 창립되었다. 창립 목사는 윤용오 목사였으며 2대 백태현 목사, 3대 손인식 목사를 거쳐 2014년 1월부터 김한요 목사가 4대 담임으로 사역하고 있다.

본 교회는 오직 복음을 선포하여 교회를 교회되게 하고, 예배를 예배되게 하는 교회다. 그리고 온 세상에 빛과 소금이 되어 땅끝까지 복음을 증거하는 교회다. 거시적인 눈으로 보면 소수 민족을 위한 교회로 출발했지만, 지금은 교회 역사 반세기를 향하여 가고 있는 교회로서 지역사회를 넘어 세계 선교를 사명으로 품고 가는 교회이다. 다음 세대를 위한 교회를 독립시켜 한 캠퍼스에서 교회학교를 같이 세워가는 파트너십으로 믿음의 전수를 실천하고 있으며, 더 나아가 기독교 명문학교를 설립하여, 미국 주류사회에 건강한 영향력을 미칠 인재 양성에 최선을 다하고 있다.

일리노이주 시카고의 휄로쉽교회

이민 가정의 애환과 곤고함을 달래주면서 영적 갈증을 해소해주기 위해 1971년 10월 12일 3가정이 모여 첫 예배를 드림으로써 창립된 휄로쉽교회(김형균 담임목사)는 성도 수가 계속 증가하면서 여러 번 이사를 거듭한 끝에 1990년 현재 예배 장소인 시카고 인근 호프만 에스테이트에 성전을 마련하게 되었다. 초대 김홍수 목사, 2대 최석범 목사에 이어, 1997년 김형균 목사가 3대 담임목사로 부임하면서 내적치유사역, 평신도지도자 양성, 국내외 선교, 전 교인 성경공부 등이 균형 있게 이루어지면서 휄로쉽교회는 시카고 한인 사회를 품어 안는 성숙한 교회, 누구나 안식을 얻을 수 있는 사랑의 공동체로 발돋움하는 데 성공한 사례로 손꼽히게 되었다.

휄로쉽교회는 평신도가 교사로 참여하는 성인주일학교 프로그램을 운영하고 있다. 현재 출석교인 500여 명 중 2분의 1 이상이 참석하고 있는 성인주일학교 프로그램은 20여 개 과목에 이르고 있다. 휄로쉽교회는 셀교회를 운영하고 있는데, 소그룹모임을 통해 성도들이 깊은 교제를 나누면서 대형교회에서 발생되는 군중 속의 고독과 소외감 문제를 해결하고 있다. 소그룹 성인주일학교와 셀교회가 어우러지면서 1천여 명에 이르는 휄로쉽교회 가족들은 이 땅에서의 천국을 사랑의 공동체 안에서 누리며 신앙적인 성장을 추구하고 있다.

남가주 LA의 세계등대교회

1983년에 '한인등대교회'라는 이름으로 설립된 2003년 이름을 '세계등대교회'(이상남 담임목사)로 변경하고, 온갖 풍랑 속에 한인 교포 사회 차원을 넘어 전 세계를 비추어주는 세계 차원의 등대로서 주님의 지상명령에 순종해 땅끝선교에 앞장서겠다는 비전을 가지고 사역을 펼쳐왔다.

이상남 목사는 성결교신학대학을 졸업하고, 숭실대학과 서울신학대학 대학원을 졸업한 후, 캘리포니아신학대학원(California Graduate School of Theology)에서 목회학박사 학위를 받았다. 왕

의복음선교센터(The King's Gospel Institute) 원장과 이스라엘 회복선교회(Israel Restration Mission) 대표도 맡고 있다. 저서로『인생의 본질과 급선무』,『복음과 종교』,『주와 동행하는 생활(왕의 복음)』,『복음의 핵심』외 여러 권이 있다.

역대 교단장

초대 방지형 목사, 2대 나윤태 목사, 4대 김 길 목사, 5대 이홍구 목사, 6대 문형준 목사, 7대 백한영 목사, 8대 정재호 목사

초대 방지형 목사, 2대 나윤태 목사, 4대 김 길 목사, 5대 이홍구 목사, 6대 문형준 목사, 7대 백한영 목사
8대 정재호 목사

> 편집후기

편집을 마감하면서

　한인 이민 120주년을 목전에 두고 시작된 『미주한인교회사』 프로젝트가 드디어 열매를 맺게 되었다. 감사한 것은 1년 정도 주어진 시간 속에 120년 역사를 담아내야 하는 긴박함 속에서도 이 모든 과정이 큰 무리 없이 진행되었다는 점이다. 우선 각 주별로 모교회 즉 최초로 창립된 교회 혹은 현존하는 가장 오래된 교회의 역사를 담아내는 데 해당 교회 목사님과 장로님들의 적극적인 협조가 있었다. 물론 아쉬운 점도 있었다. 미주 이민 교회 역사를 담아내기 위해 각 주별로 최초교회에 해당되는 목회자와 연락을 취했을 때 연락이 되지 않거나, 어떤 주는 최초 교회 내부사정으로 두 번째 최초인 교회사로 대신해야 했다. 반면 가장 오래된 교회로 소개되었던 교회보다 더 오랜 역사를 가진 교회를 찾아내기도 했다.

　『미주한인교회사』 편찬작업을 하면서 안타까웠던 점은 머지않은 미래에 어떤 주는 한인교회의 흔적이 사라져버릴 수도 있겠다는 우려가 들었다는 것이다. 몬태나주의 최초 교회 목회자의 솔직하고 절절한 고민 토로, 버몬트주의 최초 교회는 연락이 되었던 목회자가 더 이상 그곳에서 사역하지 않고 다시 온 사역자도 아직 없다고 알려왔다. 이러한 고충은 이민자로서, 그리고 신앙인으로서 기도 제목으로 들려졌다. 이제 『미주한인교회사』 영문판으로 제작이 될 터인데 그때쯤 각 주별 최초 교회사는 어떤 변화가 있게 될지 의문과 걱정이 밀려온다. 하지만 120년을 함께해 주신 우리 주님께서 앞으로 120년, 아니 그 이후에도 함께하시고 이끌어가실 것을 기대한다.

　마지막으로 본서에 기록된 연도, 지명, 이름, 사건에 대한 기술은 해당 저자의 표기에 따랐음을 밝힌다.

조영숙 국장, 박준호 기자

1903-2023
미주 한인 이민 120주년 기념
미주한인교회사

인쇄일	2023년 3월 20일
발행일	2023년 4월 1일
발행인	박희민
발행처	재미한인기독선교재단(KCMUSA)
	https://kcmusa.org
	kcmusa@kcmusa.org
표지디자인	Woo Lee/ Kevin Kim
교회 그림	작가 김동혁

제작처 쿰란출판사 / **등록** 제1-670호(1988.2.27)

인쇄소 혜성프린팅

© 박희민 2023 ISBN 979-11-6143-815-3 93230

※ 이 출판물은 저작권법에 의해 보호를 받는 저작물이므로 무단 복제할 수 없습니다.
This publication is a copyrighted work protected by copyright law and may not be reproduced without permission.